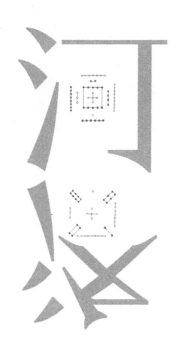

河洛文化研究丛书

河洛文化与台湾文化

中国河洛文化研究会　编

河南人民出版社

图书在版编目（ＣＩＰ）数据

河洛文化与台湾文化／中国河洛文化研究会编.
— 郑州：河南人民出版社，2018.2
（河洛文化研究丛书）
ISBN 978－7－215－11341－1

Ⅰ．①河… Ⅱ．①中… Ⅲ．①文化史—河南—
文集 ②文化史—台湾—文集 Ⅳ．①K296.1－53
②K295.8－53

中国版本图书馆 CIP 数据核字（2018）第 027160 号

河南人民出版社出版发行

（地址：郑州市经五路66号 邮政编码：450002 电话：65788063）
新华书店经销 北京虎彩文化传播有限公司印刷
开本 710 毫米×1000 毫米 1/16 印张 54.25
字数 650 千字
2018 年 2 月第 1 版 2018 年 2 月第 1 次印刷

定价：378.00 元

目　　録

河洛文化與臺灣文化

河洛文化與客家文化

河洛文化與海外華人文化

河洛文化與宗族姓氏傳承

河洛文化與文化創意產業

河洛文化的傳承與發揚

加強合作　整合力量　不斷拓展

陳雲林

　　眾所周知,河洛地區是中華民族的重要發祥地,河洛文化作為中華民族的核心文化在中國傳統文化中居於主幹地位。在中國歷史上,由於戰亂等原因,地處中原的河洛漢人曾多次大規模地向南方播遷,其中最著名的有四次,這就是西晉末年「五胡亂華」造成的「永嘉之變」、唐代天寶年間「重用胡沙」釀成的「安史之亂」、唐末農民起義中的「光州人南下」和北宋末年的「靖康之難」。中原漢人的南下不僅使閩贛人口激增,其文化積澱又促成了客家民系在贛閩粵地區形成與發展。明清兩季,富有開拓精神的客家人後裔又不斷地走向澎湖和臺灣,繼而走向東南亞和世界各地,這就是至今許多客家人還自稱「河洛郎」,還念念不忘「根在河洛」的根本原因,也是河洛文化不同於一般地域文化而影響深遠的原因。正是基於此,十屆全國政協副主席羅豪才先生極力倡導積極開展河洛文化研究,並多次到河南進行調研,在他的關心和指導下,2006 年春天在北京成立了中國河洛文化研究會,羅豪才副主席除親自擔任顧問外,還推薦、邀請張思卿、陳奎元、張克輝三位副主席擔任研究會的顧問。中國河洛文化研究會的首任會長是郭東坡先生。在他的指導下,先後在河南召開了四次河洛文化國際研討會。2008 年全國政協換屆之後,根據研究會章程的規定,在理事會的推舉下,我當選為第二任會長。去年秋天,在河南省平頂山市召開了第八屆河洛文化國際研討會。我雖然直接參與研究會的工作時間不長,但由於長期從事海峽兩岸的工作,深感研究河洛文化意義重大,也深感擔任會長一職責任重大。我願意與國內外專家學者一道,與河南、廣東、福建、江西四省政協的同志和專家學者一道,繼續

推動河洛文化的研究,並通過這項工作,擴大視野,推動政協港澳臺僑工作的提高與發展。今天,有幸與來自海內外的專家學者一起交流,感到十分高興,並藉此機會談一點自己的想法和意見,供大家參考。同時也希望各位學者、同志和嘉賓就今後河洛文化研究工作建言獻策,以推動此項研究向新的深度和廣度發展。

一、不斷加深對河洛文化研究重要意義的認識

我們之所以重視河洛文化研究,是因為河洛文化在中華民族發展史上具有與其他地域文化不同的地位與作用。深入持久地研究河洛文化不僅具有十分重要的學術意義,而且具有重大的現實意義。

1. 深入研究河洛文化有利於中華文明探源

關於世界文明的發展,長期以來,西方學者一直在宣傳「歐州中心論」,即認為世界最古老的文明在西方,亞洲文明包括東方的黃種人都源於西方。有的學者甚至對中國有五千年的文明史公開表示懷疑。前些年國家投入很大人力物力所進行的「九五」重點科技攻關項目「夏商周斷代工程」就是對那些否定中華古老文明的人的響亮回答。眾所周知,世界古代有四大文明發源地,這就是尼羅河流域的古埃及、兩河流域的古巴比倫、印度河恒河流域的古印度以及黃河長江流域的中國。然而,除了中國之外,其他三大文明都中斷了。研究表明,在中國,古代文明的起源也是多元的,在全國各地發現了許多遠古文化及其遺存,如東北的紅山文化、東南的良渚文化、西南的三星堆文化,它們距今都在 7000~3000 年之間。然而,令人遺憾的是,中古文化的斷層,這些文化是從哪裡來的,之後又是如何傳承的,至今還是一個個謎團。但在河洛地區,也即以嵩山、洛陽為中心的中原一帶,考古工作者在這裡發現了距今七八千年前的裴李崗文化、距今五六千年的仰韶文化、距今四五千年的河南龍山文化、距今三千多年的二裏崗文化和二裏頭文化。在這裡還發現了夏代和早商的都城。這些相銜如環的考古學文化向世人有力地證明,中華文明既古老又燦爛,既先進又厚重。繼「夏商周斷代工程」之後,2004 年,國家又啟動了「中華文明探源預研究」項目(正式名稱為「中華文明起源與早期發展研究」,共選擇了八個考察項目,除襄汾的陶寺在山西省外,其餘七個全在河南,而且都在洛陽、鄭州轄區即河洛地域之內。研究表明,淵源深遠的河洛文化孕育了中華文明,並以其強大的生命力、輻射力、同化力以及根

源性、厚重性、包融性,充分反映了中華民族文化的博大與成熟,也再一次以鐵的事實表明,中華文明根在河洛,河洛文化是中華文化的重要組成部分。因此,組織專家學者深入研究河洛文化,對中華文明探源具有重要的促進意義。

2. 深入研究河洛文化有利於海內外炎黃子孫對中華文化的認同

剛才我已經談到,歷史上北方漢人的南遷促進了客家民系的形成,同時也傳播了先進的中原文明與河洛文化。正像許多專家指出的那樣,客家文化、閩南文化和嶺南文化從一定意義上說,都是受河洛文化蘊育而在我國南方產生的新的地域文化,這些文化既充滿朝氣,又有豐厚的河洛文化底蘊,均可視為河洛文化的亞文化。正因為如此,生活在臺灣及東南亞各地的閩南人、客家人等都認為自己的家 500 年前在閩粵,1000 年前在河南;也正因為如此,他們才自豪地稱自己為「河洛郎」、「根在河洛」。改革開放以來,很多的臺灣同胞及居住在海外的華人華僑回大陸參觀訪問,大家雖然從未相識,有些甚至是艱難地用母語表達自己的感情,但一說到「根在河洛」,一種巨大的親和力和凝聚力,促使人們產生親如一家的感覺。河洛文化具有鮮明的「根文化」的特性。深入研究河洛文化,有利於海峽兩岸和世界華人華僑對中華民族的認同,對中華文化的認同,對祖國母親的認同,有利於國家的和平統一,有利於中華民族的振興與新的崛起。

這裡,我要特別說一下河洛文化在兩岸關係中的特殊地位和作用。作為中華傳統文化的根源和主幹,河洛文化在發展兩岸關係、促進祖國和平統一的偉大進程中,具有不可替代的精神紐帶作用。佔臺灣絕大多數人口的本省籍同胞的祖先都來自河洛,根在河洛。臺灣同胞大多數人所講的閩南語或「客家話」均源自於「河洛話」。臺灣同胞的民俗文化、宗教信仰均可尋根至河洛文化之中。因此,臺灣與大陸有著文化和血緣上的天然聯繫,臺灣同胞依然絡繹不絕地回祖籍祭祖尋根。這充分說明,中華民族對文化傳統的認同,能夠超越時空限制,超越社會制度和意識形態差異。當前,兩岸關係已站在一個大交流、大合作、大發展的新的歷史起點上,包括宗教、民俗、宗親在內的各種富含河洛文化因素的兩岸文化交流正在蓬勃開展,為新形勢下河洛文化的研究和推廣提供了更廣闊的發展空間和機遇。我們要繼續花大氣力加強河洛文化研究的廣度和深度;更加側重面向臺灣同胞、港澳同胞和海外僑胞,進一步強化河洛文化精神紐帶,增強兩岸同胞的民族感情,切實使河洛文化研究為兩岸關係和平發展、為祖國和平統一

大業服務。

3. 深入研究河洛文化有利於中華和諧社會的構建

2006 年 4 月，胡錦濤先生在美國耶魯大學演講時說：「中華文明歷來注重社會和諧，強調團結互助，中國人早就提出了「和為貴」的思想，追求天人和諧、人際和諧、身心和諧，嚮往人人相親、人人平等、天下為公的理想社會」。他還用一句中國古老哲學的術語提出了對當代國際關係的建議：「和而不同」。

「和為貴」與「和而不同」兩句話出於《論語》，這是大家都比較熟悉的，但這並不是「和諧」思想的源頭。最早提出和諧理念並實踐這一思想的，都是發生在河洛地區。

據《國語·鄭語》記載，西周末年，周幽王的叔父鄭桓公的封國為鄭，國都在今天陝西的華縣。當時，由於周幽王無道，諸侯國與周天子離心離德。鄭桓公預感到天下要發生動亂，就請教周太史史伯，自己該怎麼辦。史伯認為，周朝之所以出現衰落，原因很多，但周幽王親小人、遠賢臣、背離百姓意願、獨斷專行，「去和而取同」是一重要原因，並進而指出：「和實生物，同則不繼。」意思說是，社會及各種事物無不包含著多樣性和差異性，存在著各種矛盾與衝突，只有「和」才能使社會或事物在一個新的層面達到統一與協調，向前發展；如果一味地求同，只允許一種事物或思想存在，社會或事物就不可能發展和進步，這就是「同而不繼」。史伯還用做飯要用多種調料才能做出美味、不同韻律結合才會有動聽的音樂、多種色彩才能構成絢麗圖案作比喻，說明只有社會和諧才會穩定和發展的道理。

史伯對鄭桓公還說，你現在的封地距離天子太近，你要全身遠害，要發展，就趕快把國都遷到洛陽以東。於是，鄭桓公向周天子要求國都東遷，東遷後的都城就是今天的河南新鄭。鄭國遷都之後，鄭桓公的兒子鄭武公在河洛地區實行許多和諧親民的大政方略，鄭國很快就強大了起來。

由此可知，河洛地區曾是中國歷史上構建和諧社會的首善之區。因此，深入研究河洛文化，對我們正確了解中國和諧思想的起源、發展與傳承，正確理解文化在綜合國力競爭中的重要性，弘揚民族優秀文化傳統、借鑒人類有益的文明成果，倡導和諧理念，培育和諧精神，具有重要的理論指導作用。

二、不斷深入對河洛文化及閩臺、贛鄱、嶺南、客家文化內涵與特色的研究

在中國諸多的地域文化中，河洛文化及閩臺、贛鄱、嶺南、客家文化在海外華人華僑中有著與眾不同的深遠影響。河洛文化、閩臺文化、贛鄱文化、嶺南文化與客家文化不僅相互有著密切的、千絲萬縷的地緣、血緣、法緣、文化關係，而且都被臺灣同胞和海外華人華僑公認有著同一祖根的關係。但是，作為地域文化，它們又各自具有自己的內涵與特色。回顧改革開放以來對上述文化的研究，雖然都取得了豐碩的成果，但總的來說，多側重於宏觀與總體認識，還相當籠統與粗放。而對具體的內涵與特徵，具體的事象、事件及人物，還缺乏系統與過細的研究，缺乏周密的田野調查。

地域文化的產生、發展是一個歷史過程。在其發展的進程中，與其他地域文化既有碰撞，也有交流；既有排斥，也有融合。因此，深入研究河洛文化與閩臺、贛鄱、嶺南、客家文化，還必須深入進行各地域文化之間的比較研究，以弄清楚它們之間各自的優長與不足，如何地交流、滲透、融合與發展，以及同與異、源與流、幹與支等關係。

此外，近些年來，地域文化雖然引起了地方政府和有識之士的重視，不少地方在很大程度還主要是「文化搭臺，經濟唱戲」，沒有作為一個學科認真地給予財力與人力支持，沒有培養出專門從事此項研究的專家和學者。

上述情況，與日益擴大的兩岸交流與國際交流還很不適應，因此，我們在看到取得的成績的同時，还要清醒地認識到存在的不足。

千百年來，中華民族自豪地稱自己為「炎黃子孫」。而河洛地區是炎黃二帝的主要活動區域，他們在河洛地區帶領四方人民披荊斬棘、篳路藍縷，開啟了華夏民族的文明之路，並使河洛地區成為華夏民族的搖籃。他們身上所體現的自強不息，奮發進取的精神，已成為整個中華民族團結向上，蓬勃發展的永久動力。當前，歷經百年磨難滄桑，中華民族迎來偉大復興的難得歷史機遇，承載民族精神的文化傳統愈發顯示出強大的凝聚力和生命力。希望河洛文化研究再接再厲，乘勢而上，更深入地挖掘中華文化的優秀傳統和精神價值，更廣泛地融入兩岸文化交流，更有力地發揮團結兩岸同胞、港澳同胞和海外僑胞共同繼承和弘揚中華文化優秀傳統、凝聚推動兩岸關係發展的共同意志，形成共謀中華民族偉大

復興精神力量的重要作用。

　　（作者爲海海峽兩岸關係協會會長、中國河洛文化研究會會長。此文為作者 2010 年 9 月 28 日在第九屆河洛文化學術研討會開幕式上的講話摘要）

追本溯源、振興民族：論河洛文化的播遷與臺灣及海外華人之關係

簡漢生

　　據統計，現今分佈在世界各地的海外華人華僑已有四千萬以上之眾，他們絕大多數是由廣東、福建兩大僑鄉移居海外。而臺灣百分之八十以上的同胞，是近四、五百年間陸續從福建、廣東等地遷徙而來，再往上溯，則可以發現福建、廣東及臺灣同胞大都來自於「河洛地區」即黃河和洛水交匯的地區，這裏是中華民族各宗親氏族及文化自北方向南遷的「轉運站」，也是中華民族及中華文化最重要的發源地。

一、河洛文化是臺灣閩南、客家文化的共同根源

　　河洛地區是華夏文明與中華民族最重要的發祥地之一，然而，大部份的臺灣同胞與海外華人，也許都知道其祖先來自福建、廣東，因而屢屢到閩、粵尋根問祖、祭祀先人，卻不一定知道更早的先祖卻是來自河洛地區。另一方面，不少人誤把河洛文化與閩南文化劃上了等號，將河洛文化的範圍和內涵狹義化了。遷臺的閩南同胞自稱「河洛人」、「河洛郎」，講的閩南話叫做「河洛話」，這固然沒有錯，但卻忽略了河洛文化向南傳播所涵蓋的範圍，並不只局限於閩南地區，而是廣泛地包括了今天長江以南的東南各省區如江西、福建、浙江、廣東、海南、臺灣等，甚至進一步傳揚到了中南半島及東南亞各地。以「開漳聖王」廟為例，祖廟固然是福建漳州雲霄縣的威惠廟，但除了福建以外，江西、浙江、海南、廣東、臺灣乃至於東南亞的菲律賓、印尼、馬來西亞及中南半島的越南、高棉、寮國、泰國、緬甸等地也都有「開漳聖王」廟。據估計，開漳聖王的信眾全球共有八千萬之

眾。在臺灣地區的「開漳聖王」廟,共有三百多所,其中有八十多所是以「開漳聖王」為正神供奉的,如內湖碧山巖、士林芝山巖惠濟宮以及基隆廟口的聖王廟(奠濟宮)等,這些廟宇往往是地方民眾信仰與精神文化的中心,香火鼎盛,但大部分的信眾卻不一定知道「開漳聖王」陳元光大將軍正是唐朝初年自河南光州固始率軍眾「入閩平亂開漳」的先民始祖。

另一方面,全世界的客家同胞有六千多萬人,分佈於世界五大洲近百個國家和地區,光是在臺灣的客家同胞就有四百餘萬。客家文化是有名的移民文化,客家先民自西晉末年永嘉之亂後幾次從河洛地區南遷,進而分佈至世界各地。以「開漳聖王」陳元光大將軍入閩開漳為例,許多河南光州固始籍軍民的後裔固然多扎根於閩南地區,但也有不少後裔因擴散到客家同胞聚集區而成為客家人,這在客家民系姓氏族譜中都有翔實的紀錄。據學者考證,客家人和閩南人同一姓氏的大都有著共同的祖先、堂號和郡望,都記載著隨陳元光大將軍入閩的內容。資深家譜學專家廖慶六先生曾蒐集閩粵臺地區的陳元光裔孫族譜,考證出無論閩南、客家,其祖先原本都是從中原光州固始南渡者。相關研究表明,至少有60個姓氏的客家族譜記有「秦漢以降,聚族於河南光州」的字樣。客家姓氏,絕大多數根在中原,源於信陽的安、黃、賴、孫、潘、廖在客家姓氏中排名在前,還有一些光州固始郡望姓氏陳、林、王、鄭等。而廣東梅州市地方志匯編的《客家姓氏淵源》記載了客家77姓氏中有48姓淵源於河南,佔總數的62.3%。

在臺灣其實也不難發現,客家同胞的姓氏、堂號、民風民俗、節日慶典及祭祖觀念也都源於中原禮俗,語言也保留了較多的中原古音韻。客家同胞「根在河洛」,河洛文化也是客家文化之源,已經是相關學者專家的共同看法。雖然遷臺的閩南同胞自稱「河洛人」、「河洛郎」;講的話叫做「河洛話」;流行於臺灣地區的歌仔戲,稱為「河洛歌仔戲」,似乎「河洛」只指閩南,而自然地將客家排除在外,但學術研究及考證卻都在說明「閩南」、「客家」本是一家,追本溯源都根源於「河洛」!

二、河洛文化與臺灣——促進海內外中華民族的團結與振興

河洛文化固然隨著先民從一千多年前的唐朝時代自中原南遷,傳到福建、廣東、江西等地,再傳到臺灣和東南亞。然而,這一千多年來,中原地區迭遭兵燹,

兼有異族的統治，固有文化迭遭破壞，而孤懸海外的臺灣，近百年來卻在許多特殊環境和條件的因緣際會下，竟然最完整地保留了先民最傳統的中原河洛文化，這是對河洛文化有研究的學者專家所共認的事實，值得我們重視與珍惜。

臺灣不僅保留了傳統的中原河洛文化，更可貴的是因為臺灣地理環境和歷史背景的特性，與國際接觸較早、較多，糅合了其他文化的特色，加上臺灣民眾創新的精神，發展出以傳統文化為核心，和外來文化及創新作為融合的中華文化新面相，也就是所謂的「臺灣本土文化」。它融貫中西，孕育出同中有異，異中有同，且具有地域特質的新河洛文化，讓傳統的河洛文化因而得以創新而生生不息，造就了博大精深，與時俱進的內涵，進而開創了河洛文化的新境界。因此，臺灣在河洛文化研究中成為不可或缺的一環。

另一方面，河洛文化從在中原遷至閩、粵，又從閩、粵遷至臺灣，再由閩、粵、臺遷至海外的民族遷徙過程中，又使得傳統的中原河洛文化變成了海外華人社會中最重要的文化組成部分。當今海外華人華僑雖然生活在文化迥然不同的各個異國他鄉，但仍千辛萬苦地保留中華文化的精髓，延續著炎黃子孫血緣與文化的命脈，使河洛文化成為中華文化在海外傳承的主流，與僑界的生存發展及與母體文化的聯繫，都有最直接且不可分割的關係。因此河洛文化又可說是維繫海外華人向心及促進中華民族復興最重要的紐帶之一。

中華僑聯總會一向以服務數以千萬的海外華僑、僑團、僑社、僑校為宗旨，而凝聚海外華人向心的，厥為「中華文化」以及「中華民族」的血脈傳承關係。中華僑聯總會的重要工作方針之一，就是復興並光大中華文化。而河洛文化就是海外中華文化的根本，臺灣又是保存中原河洛文化最完整的地區，且糅合了臺灣特有的文化特色，因此中華僑聯總會有這個立場與使命，與中國河洛文化研究會共同在臺灣主辦第十屆河洛文化研討會，將河洛文化的研究推向更高的境界，發展出更具有創新與前瞻的意涵。在此要特別對中國河洛文化研究會陳兼會長雲林先生及研究會同仁們對合辦本屆研討會的付出與合作表示由衷的敬佩與感謝。

此次「河洛文化與臺灣」學術研討會在臺灣召開，也受到各方學者、專家們的高度肯定，紛紛來稿響應，總計本次會議收到論文 120 多篇，從歷史學、政治學、人類學、語言學、社會學、生態學等不同研究領域，以及人文、藝術、科技等多元的角度探討河洛文化與臺灣文化、客家文化、海外華人文化、宗族姓氏傳承、文

化創意產業之關係,不僅擴大了研究範疇,更由於題材新、程度深,而且順應了時代的潮流與歷史的演變,可以說已經將「河洛文化」的研究融合到現實生活之中,並推向另一新的研究領域。

　　中華民族的復興,不僅是經濟的復興,更應該是文化的復興,而河洛文化是中華文化的根本,是文化復興的載體。我們很高興地看到當今兩岸都有著為發揚中華文化共同努力的神聖目標,而河洛文化的研討可說是兩岸最根本也最務實的文化共識,也是臺灣展現軟實力最好的平臺,河洛文化研討會首次在臺灣召開,更象徵著河洛文化的傳承與發揚邁向了一個新的紀元,對加強兩岸文化交流,弘揚中華固有文化,以及促進中華民族的偉大復興跨出了歷史性的一步。祝研討會取得圓滿成功,並且謝謝大家的支持與合作。

　　　　　　　　　　　　　　　　　　（作者為中華僑聯總會理事長）

河洛文化研究的六個關係

陳義初

這幾年來,關於河洛文化的研究已經引起海內外專家學者的重視,連續舉辦9年的河洛文化學術研討會也收到很多論文,並就河洛文化展開了熱烈的討論。

但是,迄今為止,關於河洛文化研究的一些問題在學術界還有很多不同的看法。總結這些不同看法,大概有以下六個方面的關係問題

下面我就河洛文化研究中的六個關係講一下我的看法。

一、狹義和廣義

要研究河洛文化,首先要回答什麼是河洛文化? 對於這個問題學術界有很多不同的定義,但是歸納起來,主要有狹義和廣義之分。

所謂「狹義」的河洛文化,指的是中國古代河洛地區的文化。河洛地區指的是黃河中游潼關至鄭州段的南岸,洛水、伊水及嵩山周圍地區,包括潁水上游登封等地,大致包括北緯34°至35°、東經110°至114°之間的地區。概言之,就是今天河南省的中西部地區。河洛地區南為外方山、伏牛山山脈,北為黃河,西為秦嶺與關中平原,東為豫東大平原,北通幽燕,南達江淮,在古代雄踞於中原,為「天下之中」(《史記·周本記》),即所謂「中國」(西周何尊銘文),是古代中國東西南北的交通中樞,地理位置十分優越。

研究河洛文化的典籍之一就是河圖洛書。河圖洛書是中華文明之始。《易經·系辭上》說:「河出圖,洛出書,聖人則之。」《論語》上講:「鳳鳥不至,河不出圖。」《竹書紀年》裏講:黃帝在河洛修壇沉璧,受龍圖龜書。太極圖反映的是河洛交匯的自然現象,這是因為太極圖很像是黃河洛河交匯形成的旋渦,通過這個自然現象觸發靈感,人祖伏羲才創造出太極和八卦。

　　而所謂「廣義」的河洛文化,我以為就是中原文化。其內涵博大精深,包羅萬象,諸如以精美彩陶為特徵的仰韶文化,具有夏文化特徵的河南龍山文化,神秘莫測的河圖洛書,甲骨文,三代的史官文化,周公制禮作樂的禮樂文化,以孝為核心的倫理文化,最早產生於洛陽的道學、佛學、漢代經學、魏晉玄學以及宋明理學,根於河洛的姓氏文化,以及最早發明於河洛地區的科學技術、音樂、美術等等,都屬於河洛文化。河洛文化(或中原文化)的特質或涵義,在於它是中國文化的源頭,並且表現為是一種經過了不同文化或思想融合而形成的源頭。在先秦,諸子百家思想在這裏融合,魏晉時期儒、道在這裏融合;宋代,佛學在這裏被消化,儒學發展為理學。這些都是中國古代文化的精神根源。河洛文化的研究之所以與其他地域文化的研究應有不同的走向,主要在於顯現它是中國文化的根源特點。

　　雖然學術界對「河洛文化」的定義有狹義和廣義之爭,但是對於我們來講,我比較傾向於「廣義」的河洛文化的定義,這主要是因為,一是這樣的定義符合歷史的事實,二是這樣的定義能夠更加符合時代的變化,三是這樣的定義也能夠使得更加多的學者來參與我們的研究工作。所以,我希望按照這個「廣義」的定義開展研究,開好我們一年一度的研討會。當然這樣的定義並不排斥一部分學者專門按照「狹義」的定義去研究河洛文化。

　　有些人會問,這樣廣義的河洛文化,內容廣泛,延續中國歷史幾千年,能不能開好這樣的研討會?這個問題很簡單,我們會在每次研討會上選取一個課題,大家集中來討論,這樣積少成多,就能夠攀登河洛文化研究的「高峰」

二、典籍和民俗

　　大家知道,進行人文學術研究的主要依據是典籍和文獻。因為只有很好的研究典籍,闡釋其真正的含義,才能弄懂其相互的關係。在這些方面,實在是需要付出艱苦的努力,淺嘗輒止是不行的,「想當然」也是不行的。

　　下面我以蘇軾的《念奴嬌‧赤壁懷古》作為例子,說明一字之別的重要。

　　現在社會上流行的蘇軾《念奴嬌‧赤壁懷古》的斷句都是這樣的:

　　　大江東去,浪淘盡、千古風流人物。故壘西邊,人道是、三國周郎赤壁。

亂石崩雲,驚濤裂岸,卷起千堆雪。江山如畫,一時多少豪傑!

遙想公瑾當年,小喬初嫁了,雄姿英發。羽扇綸巾,談笑間、檣櫓灰飛煙滅。故國神游,多情應笑我、早生華髮。人生如夢,一樽還酹江月。

這樣的斷句有沒有問題呢?比較一下「念奴嬌」的其他詞,例如辛棄疾《念奴嬌·瓢泉酒酣,和東坡韻》:

倘來軒冕,問還是、今古人間何物?舊日重城愁萬裏,風月而今堅壁。藥籠功名,灑壚身世,可惜蒙頭雪。浩歌一曲,坐中人物三傑。

休歎黃菊凋零,孤標應也,有梅花爭發。醉裏重揩西望眼,惟有孤鴻明滅。萬事從教,浮雲來去,枉了沖冠發。故人何在?長庚應伴殘月。

又如李清照《念奴嬌·蕭條庭院》

蕭條庭院,又斜風細雨,重門須閉。寵柳嬌花寒食近,種種惱人天氣。險韻詩成,扶頭酒醒,別是閑滋味。征鴻過盡,萬千心事難寄。

樓上幾日春寒,簾垂四面,玉欄幹慵倚。被冷香消新夢覺,不許愁人不起。清露晨流,新桐初引,多少游春意!日高煙斂,更看今日晴未?

為什麼下半闋其他的「念奴嬌」,包括辛棄疾和李清照的詞都是「6,4,5」,而蘇詞確是「6,5,4」。不是蘇錯了,而是一千年來,斷句錯誤,應該是「遙想公瑾當年,小喬初嫁,了雄姿英發」。這裏的「了」,作副詞,解釋為「全然」,「整個」,「活脫」。了 liǎo【副】完全,全然——與「無」、「不」連用,用在動詞或形容詞前面,表示範圍,相當於「完全」、「完全【不】」。如:了無懼色;了不相涉;了不可得(到最後也得不到)。

「了」的這種用法在古代詩詞中隨處可見,例如:宋秦少遊《好事近》:

春路雨添花,花動一山春色。行到小溪深處,有黃鸝千百。
飛雲當面化龍蛇,天驕轉空碧.醉臥古藤陰下,了不知南北。

另外,古代的地名也是需要仔細考證的,如果「想當然」必定會出大笑話。

如漢代的揚州包括安徽的大部,江蘇南部,浙江和福建。基本上是現在的華東地區,而且在長江以南。

而現代的揚州只是一個城市,而且在長江以北。

一個字,一個地名都如此重要,就更不要說研究經典典籍的精細含義了。

除了要研究典籍外,在河洛文化的研究中還需要重視民俗文化的研究,例如我們必須研究固始地區的民俗文化:包括語言,飲食,起居,住房,婚喪等。因為民俗中包含了大量的「遺傳」資訊。

有的時候,看起來是非常「小」的資訊,卻能夠帶來非常「大」的效果。我原籍浙江鎮海,最近,我讀到一篇沈宏非先生的文章《寧波菜空城計》,其中有一張寧波菜的菜單,我就非常有感觸。

《寧波菜空城計》中的菜單:

剝皮大烤	小芋奶燠雞
蠣黃豆腐羹	大小黃魚
海瓜子	烏賊混子
石撞	新鮮豆瓣酥
筍乾豆	黑洋酥豬油湯糰
幹煎帶魚	蛤蜊燉蛋
黃牛肉	水磨年糕
團子	面拖蟹
烤子魚	米點魚頭羹
鯊魚羹	龍頭烤
鰻鯗	糟青魚
蚶子	

一張菜單引發我的鄉情,同時也激發我小時候美好的回憶。所以對於河洛文化研究來說,民俗的研究也是非常重要的,例如,能不能研究固始菜和閩南菜有什麼傳承關係等。

所以,研究河洛文化的學者,一方面要能夠沉下心來,在書齋中鑽研典籍;另

一方面要走出書齋,進行田間調查,在民間的「活化石」中找到有用的資訊。然後兩者結合,這樣河洛文化的研究才能夠取得成功。

三、河洛與閩臺

這個題目我們主要是要討論一下河洛文化和其他地域文化的關係。由於閩臺文化和河洛文化的關係最為直接和緊密,再加上在這個傳承關係上還有不同的看法,所以以「河洛與閩臺」作為小標題如果說河洛文明在一定程度上是四方輻輳的結果,是在文化熔爐中產生的話,那麼,在進入文明時代以後,尤其是在商周以後,基於其深厚的文化底蘊,河洛文化長期作為中華文化的「根」文化、「母」文化、「幹」文化,充分顯示了文化的凝聚力和影響力,迸發出了無窮的輻射四方的力量。

我們今天探討河洛與閩臺之間的關係,實際上是與河洛文化的這種融合性密切相關的。從史前以及夏商周時期有關河洛地區與周邊地區文化的關係中,已經證實了根在河洛的命題。就河洛與閩臺文化的關係而言,閩臺文化的淵源同在河洛。眾多專家學者均認同,占臺灣總人口2%的先住民(絕大部分是高山族)是大陸百越先民的後裔。所謂的百越,是對古越人的統稱,其中包括了於越、揚越、甌越、閩越、南越、駱越等分支。從夏商時期直至漢代的不同時期,古越人從我國東南沿海渡到了臺灣島,為開發臺灣做出了貢獻。通過對考古資料和文獻資料的分析,可以證明古越人與中原人很早就有著緊密的聯繫。無論是「桀奔南巢」或是「太伯奔吳」,抑或是河洛地區中央政權統治勢力的向南擴展等,不同的民族融合與交流形式,大大縮短了古中原人與古越人之間的距離,增強了文化間的相互影響,其中主要的是中原文化對古越文化的影響。除先住民外,「占臺灣總人口98%以上的漢族人,大都是從東南沿海的閩粵移民臺灣的,即我們所說的閩南人(河洛人)和客家人;而閩南人和客家人,又都是秦漢以後歷經唐、宋、元、明、清,北方中原河洛地區的士族、黎庶因不堪戰亂、災疫肆虐等大批逃往閩粵的」。其中,中原人大規模南遷入閩的有:晉「永嘉之亂」時期河南固始江淮間的士族集團陳、林、黃、鄭、詹、丘、何、胡八族入閩;唐代河南固始人陳政父子在福建開屯建堡,建立漳州,故陳元光有「開漳聖王」之稱;唐朝末年河南固始人王潮、王審知兄弟率眾人閩,統一福建,並對福建大規模的開發與治理,王

審知被封為「閩王」；南宋時期，隨著中央政權的南遷，中原人再次掀起移民高潮。從這幾次大的南遷可以看出，在閩臺地區開發的大舞臺上，中原人始終扮演著十分重要的角色。正是有這樣一個堅實的人文基礎，河南人與福建、臺灣人血脈相通，有著割捨不斷的情感。如閩臺的許多民間信仰習俗，直追中原；閩臺民間方言的故鄉在河洛地區；閩臺人的姓氏大部分可以在河洛地區找到源頭。在歷史的長河中，中原和閩臺形成了共同的語言、共同的生活習俗和共同的民族文化心理。因此河洛文化作為中華民族文化之根，作為閩臺文化之源是無可置疑的。

同樣的理由，雖然現在各地的地域文化：如齊魯、三晉、荊楚、燕趙、嶺南、江浙、海派、徽文化的研究工作都開展得蓬蓬勃勃。這說明文化是一個國家綜合國力的重要內容，是國家的軟實力，而地域文化是中華文化的重要組成部分。河洛文化雖然也是地域文化、但是河洛文化作為中原文化的核心，也是中國傳統文化的根源和主幹，在中國五千年文明史中佔有重要地位。研究河洛文化的起源、傳承及影響，不僅對繼承、弘揚中華民族優秀傳統有重要作用，而且對其他地域文化的研究有著特殊的意義。

那麼為什麼現在还有些專家學者不承認河洛文化是「源文化」，「祖文化」呢？

我想，這恐怕主要是因為文化發生了的融合與演變。河洛文化傳播到一個地區以後，不可避免地要受到當地本土文化的影響，融合進了一些新的成分，體現出了一些有別於源文化的個性特徵。另一方面，河洛文化傳播到其他地區的是在幾百年甚至千年之前，它當然會隨著時間的推移而演變發展。適應性與發展性是河洛文化的重要特性，也正因為此，使得河洛文化在不同地區呈現出多樣化的外在表現。我們可以從歷史中去追溯這個過程。

一是政治中心的變化。

中國歷代王朝，在北宋之前一直是在河洛地區，所以河洛文化在北宋之前處於鼎盛時期。北宋末，首都南遷到臨安，由於政治社會中心的南移，河洛文化在宋代以後就在本土呈現出衰落的跡象，這種衰落的趨勢對於當時中心城市洛陽的影響是顯而易見的，而中心城市的衰落又進一步加劇了這一文化現象走向終極。而南方其他地域文化在宋代以後則呈現出蓬勃的發展趨勢。這反映在當

代,就出現了某些地域文化的發展和繁榮優於河洛文化的狀況。

二是經濟上的原因。

中國從南宋後,主要的經濟中心從黃河流域向長江流域轉移。經濟的發展帶動了文化的繁榮。而且經濟的發展也使得人們的思想更加開放,反轉過來又促使了地域文化更加迅速的發展。以科舉來衡量,清代一共有 112 名狀元,江蘇省就出了 49 個,而蘇南的蘇州地區出了 25 個。文化重心的轉移從中可見一斑。

鑒於以上情況,我們必須注意兩種傾向,一是作為河洛文化的研究者,以「老大」自居,不虛心吸收其他地域文化的優勢,來豐富自己的研究成果。另一方面,是有些地域文化的研究者依靠目前當地的繁榮經濟,「財大氣粗」「一闊臉就變」,不承認河洛文化是「源文化」,數典忘祖。我覺得,這兩者都是要不得的。

以長江為例:

長江全長 6380 公裏,是世界第三大河。長江最寬處是長江口,長江口門南北兩嘴(蘇北嘴和南匯嘴)寬 90 公裏;隨著河口延伸,江面逐漸縮窄;鎮揚河段和江陰河段江面寬分別縮為 2.3 公裏和 1.5 公裏;南通河段江面寬到 7.0 公裏左右。長江的源頭位於青海省南部唐古喇山脈主峰格拉丹東大冰峰,冰川水融化,形成一條小河,叫沱沱河。我們不能因為其小而不重視它,因為沒有其潺潺溪流就沒有下游的滔滔大江。

這就是河洛文化作為源文化之重要性。

四、排斥與聯合

在這樣的情況下,應該如何來研究河洛文化?研究河洛文化是不是只是河洛地區的事,或者就是河南省的事?

由於河洛文化是中華文化的核心,是源文化,祖文化;其他很多地域文化都是從這裏起源,同時,不斷地發展和壯大。因此,這些文化之間具有傳承的關係,它們之間的聯繫是割不斷的。

要深入研究河洛文化必須從其他地域文化中去吸取「營養」。而要研究其他地域文化,也無法不對河洛文化進行學習和研究,以便追宗溯源。

因此研究河洛文化必須進行地域文化研究的大聯合,而不是相互排斥。

五、提高與普及

我這裏說的「提高」不是指提高廣大民眾的素養,而是指研究品質的提高。現在學風有些不正,浮躁之風的危害不可低估。因此,要認真研究一些問題,必須能夠潛下心來做學問。我感到,要切實提高我們的研究水準和研究品質,有兩點很重要。一是能耐得住寂寞,甘願坐幾年「冷板凳」,甚至坐一輩子「冷板凳」。學問的積累,學養的提高都不是一朝一夕能夠做到的,要非常、非常敬業才行。其次,要敢於講真話。講真話是一個學者的人格所在,品質所在。我非常敬佩一些前輩學者,他們在非常困難的環境下,堅持研究,堅持講真話。

歷史的經驗表明,一些好的作品,不是一面世就會被人們認識、賞識的。梵高的畫是如此,音樂家巴赫的作品也是如此。20 個世紀 50 年代梁思成關於北京城市建設規劃的意見,馬寅初關於中國人口發展要控制的意見,都是後來才被人們認為是正確的。所以,學術研究切記不能急功近利,不能人云亦云。

另外,學術研究也不能自認為清高,把自己關在象牙塔中,要重視普及工作。我讀過國學大師錢穆先生的一些著作,一些在學術上很複雜的問題,他用很少的篇幅,很通俗的語言,就能說得很清楚、很明白。這從一個角度說明,寫通俗的東西也是很需要功底的,只有在提高的前提下,普及工作才能做得好。另外,學術研究也必須走出小天地,才能發揮更好的社會效益,起到提高全民族素質的作用。因而,我是主張在進行高深研究的同時,能夠使其在較大範圍內,在更多的老百姓中加以普及。因為越普及,就越有民眾基礎,反過來也就越能促進提高。所謂普及,主要是將其內容用廣大民眾容易接受的喜聞樂見的形式加以承載,加以表現。比如語言比較通俗,沒有艱澀的辭彙,生僻的文字,拗口的句子,適當插用一些圖片、照片等,使大眾看起來既直觀又明瞭。

這幾年我們在這兩方面都做了一些工作。在提高方面:《河洛文化研究——河洛文化的起源、傳承與影響》被全國哲學社會科學規劃領導小組批准列爲國家社會科學基金 2004 年度重大課題。歷時近 4 年,於 2007 年年底完成。該項課題研究,共發表學術論文 14 篇(約 14 萬字),編輯出版論文集 3 部(4 冊,203 萬字),專著 6 部(196 萬字),總計 413 萬字。

在普及方面,我們出版了《圖說河洛文化》;支持拍攝了電視劇《開漳聖王陳

元光》,《大將軍韓信》,電影《熱血中原魂》;洛陽市舉辦了河洛文化節。這些都對河洛文化的普及工作起到了一定的作用。

但是,不論在河洛文化研究的深入程度和河洛文化在群眾中的普及程度,我們還是有很大差距,還有很多工作要做。

六、成果與效益

那麼如何來評價我們的工作成果呢?

文化作為存在物而具有精神和物質的雙重屬性。正是文化的雙重屬性,決定了文化在社會發展過程中不可忽視和不應偏廢的兩大重要作用。文化的重要作用之一是它對社會經濟政治也包括文化自身發展的影響力。從上層建築的相互關係上說,文化既是精神之父,同時又是「體制之母」(借用喀麥隆學者埃通加‧曼格爾‧丹尼爾「文化體制之母」的說法);從與經濟基礎的關係說,文化既是經濟發展之根,又是經濟發展之果。文化的影響力有正逆之分,這是作為精神力和制度力基礎的文化的本質屬性所產生的。不同的文化對社會發展的作用也不同,先進文化推動社會進步與發展,落後文化則阻礙社會的進步與發展,無論是東方還是西方,文化對社會發展的影響力如今都已得到確認。

因此,我們研究河洛文化,其研究成果一定要體現文化的這種精神屬性。中華優秀傳統文化是中國各民族、各地域共同創造的精神財富。傳統文化中一些有價值的思想,經過數千年的積澱,形成了中華民族的風骨和氣度,培育了我們的民族品德和精神,成為維繫所有中華兒女的精神紐帶。文化的力量,深深熔鑄在民族的生命力、創造力和凝聚力之中,是體現一個地區綜合實力和國際競爭力的重要內容,是一種必須的「軟實力」。廣大研究工作者要從更高的層次、更寬的視野、更新的角度來加強對傳統文化的研究,創造出既體現傳統文化特色又富有時代精神的先進文化,促進文化資源的可持續發展。為此,要進一步整合研究力量,拓展研究視野,闡釋河洛文化的豐富內涵,為發展中華先進文化提供思想資源;要弘揚河洛文化的優良傳統,積極挖掘傳統文化的現代意義,為弘揚民族精神,構建和諧社會提供文化前提;要大力發展文化生產力,努力培育新的經濟增長點,為實現中華民族的偉大復興提供精神動力。

文化的另一個重要作用亦即文化生產力或文化經濟力,是指文化作為滿足

人類精神文化生活需求所蘊含所擁有的物質財富的創造力,簡言之是指文化在產業創意和產品生產流通領域中創造價值的能力,這是文化的商品屬性。

如果說河洛文化學術研究方面的成果主要是依靠財政的支持,那麼,它所產生的效益則是長期的、無形的,是不能夠單純用貨幣來衡量的。但是,在談及河洛文化的「普及」成果時,我們也必須強調它們的商品屬性,因為在某種意義上說,只有用「票房」「排行榜」來衡量,才能看出民眾對於這些成果的喜愛程度,而只有廣大民眾願意「掏腰包」來購買這些「產品」,普及的目的才能夠真正達到。

所以,無論是提高或者普及,我們都需要出成果,也都需要有效益,只是其衡量的標準不同。

以上是我對河洛文化研究的幾點意見,希望和大家共同討論。我相信,如果大多數專家學者能夠取得共識的話,河洛文化的研究必定會「更上一層樓」!

（作者為第九屆河南省政協副主席、中國河洛文化研究會常務副會長。此文為作者在 2009 年 10 月 22 日第 8 屆河洛文化國際研討會閉幕式上的講話）

河洛文化與臺灣文化

河洛文化與臺灣文化

葛建業

Abstract：Nowdays it's fair to say that Taiwan culture is actually Heluo culture. For Taiwanese regard themselves as Heluo people and they believe Taiwan dialect is exactly Heluo dialect. The fact didn't change in the past and will not change in the future. Some time earlier certain politicians in Taiwan stated some different views such as "desinification" i. e. the removal of Chinese culture and history from Taiwanese's mind, but the view backfired on them and finally disappeared. The reason lies in the fact that the idea of cultural transmission is pervasive and will not waver because of certain political view or pressure. The Dutch's 38 – year invasion of Taiwan cannot change the fact; neither can the Japanese's 50 – year colonization over Taiwan. Heluo culture will carry on and be brought to a great height of development in Taiwan！

一、臺灣島位於中國東南沿海大陸棚架上

1. 臺閩陸地曾相連

早在中生代末,距今約兩千四百萬年前,因中國的大陸緣東南端向太平洋伸展且突出,遭到擠壓而成褶皺,致緣後平原斷陷下沉,奠定了臺灣而後成為大陸島的格局。至中新世末,因緣後斷陷下沉之平原遭到海水的灌入,造成臺閩兩地第一次一水相隔。到晚新世末至全新世,發生了蔚為壯觀的臺灣造山運動,因係受到菲律賓海板塊不斷向西擠壓之結果,造成臺灣中央山脈急劇上升,產生了強

烈的弧後擴張及向大陸增生，使海水退出，又使臺灣與大陸（臺閩）陸地相連。迄至全新世開始之後，距今約一萬一千年前，全球進入冰後期，氣候轉暖，海水逐漸上升。距今約七千年前，海面已升到目前的高度，緣後陸地又遭海水淹沒，臺灣遂與大陸（臺閩）又被海水分隔迄今。

從下面幾則地質構造與臺閩兩地的自然環境暨考古發現，就可以證明上述大陸棚架的變遷與臺灣島是在大陸棚架上之格局，所言不謬：

（1）東海大陸棚架和臺灣海峽峽底如今仍保存著古臺閩兩地河谷殘留沉積的地貌，以及地質學家採集於東海深處的樣本分析結果，證明臺閩兩地曾是相連的。古時候的滾滾長江貫穿整個臨海大平原，比現在長約兩百七十公裏，在釣魚臺與赤尾嶼之間直瀉沖繩海槽。孕育著成群的納馬象、野牛、梅花鹿和披毛犀，從北國南下，在嫩草叢生的大平原上安家落戶。至今還保存在臺灣島上的黃鼬、梅花鹿、小鹿及豹貓等，都是當時從大陸移居過來的後裔。

（2）臺灣海峽連通中國東海與南海，呈北窄南寬的佈局。北界由福建平潭至臺灣的富貴角。南界從福建東山至臺灣的鵝鑾鼻。南北長約三百八十公裏。東西寬約一百九十公裏。海峽深度大部份淺於六十公尺，是個淺海峽。海峽之中南部橫亙一條淺灘帶，一般深度只有四十公尺上下。西起東山島東南向東延伸至寬闊的淺灘，經澎湖直抵臺西平原，這就是有名的「東山陸橋」，也叫做「閩臺陸橋」，是古臺閩兩地的通道。

2. 臺閩兩地人文地理均為一脈相承：

（1）臺灣島上最早發現的古人類化石及遺址的有兩處，一為「左鎮人」，一為「長濱文化遺址」。其使用的石器器具均為水裏磨滾礫石而製成的。其與大陸南部出土的舊石器時代的用具相似，均約距今一萬年前後。另「左鎮人」又與福建東山島上發現的古人類肱骨化石「東山人」及清流縣發現的古人類牙齒化石「清流人」及漳州發現的古人類脛骨化石「甘棠東山人」等相似，他們都屬於中國南方舊石器時代晚期的智人。

（2）至於新石器時代文物在臺灣出土的就更豐富了，幾乎均可以在大陸上找到源頭。例如：

「卑南文化」分佈於臺東縱谷與恆春半島，主要遺址在卑南的東南麓，卑南溪的右岸。出土有大片墓葬，有成排的石棺，共有石器和陶器等文物兩萬多件。

距今約在兩千五百年至三千年前，也可能持續到比巨石文化更晚的時代。考古學家指出，「卑南文化」男女都佩掛有四個方形突角的石塊，這種文物在廣東「石硤文化」也有發現。另外，在卑南遺址發掘的石棺中，包含有四十七個死者頭部罩著陶器的石棺。這一覆頭罐葬儀式在「馬家濱文化」與「青蓮崗文化」遺址中均有發現。由此可見，在史前海峽兩岸之間存在著十分發達的文化互動關係。

二、臺灣漢族社會與河洛文化

自秦漢以降，隨著漢族社會與「河洛文化」在大陸東南沿海地區的建立，臺灣原住民（高山族）即開始吸收漢族的文化，並在「河洛文化」的基礎上與對岸聯繫交流，加速了臺灣與大陸「河洛文化」的一致性。茲分項與分階段加以說明：

1. 臺灣名稱的演變

秦漢時期稱「東鯤」，三國時期的吳國稱「夷州」，隋代時期稱「流球」，元代時期是轉音寫成「留求」或「琉球」。

明代因古稱「琉球」的「沖繩」來朝進貢，故而將「沖繩」稱為「大琉球」，將臺灣稱為「小琉球」，以資區別。但在明代的文獻中還有多種寫法，如「大員」、「臺員」、「大圓」、「大灣」、「臺灣」等。

清代，康熙二十二年，施琅在破了反清復明的鄭氏政權後，成立了「臺灣府」，屬福建省管轄，並下轄「諸羅、臺灣、鳳山」三個縣。直到光緒十二年（1886），劉銘傳上疏，認為臺灣地理位置十分重要，遂建請准予建省，並在獲朝廷批准與獲頒臺灣省巡府關防後，才正式稱為「臺灣省」，沿用到至今。

2. 河洛文化在臺灣

（1）傳述期

《史記・東越列傳》載：「建元六年（公元前135），閩越進攻南越，南越求救於朝廷。大行王恢、大農韓安國率軍從豫章、會稽兩地馳援。閩越王郢固守以禦。其弟餘善與相、宗族，考慮到頑抗的結果必然滅族。因而密謀刺殺郢，以謝天子。天子聽，罷兵、固一國完；不聽，乃力戰；不勝，即亡入海」。這裡在閩越國危在旦夕的情況下，餘善等閩越國王族首先考慮到的「敗就入海」。筆者認為所指的「入海」就是逃亡到臺灣去避難。因而推論，當時的臺灣土著（高山族）與閩越族之間早已是一家了。否則，即如《左傳》所說：「非我族類，其心必異。」那麼

餘善等人斷不敢投奔臺灣,自取滅亡吧!

「河洛文化」在這一時期主要是以農耕文化領先四夷。既然閩越王國是受封於漢高祖而建國的,當然就會接受漢朝的農耕文化或漢朝廷給予的輔導了。而臺灣的閩越族人又與閩越王國是一家人,自然也就會群起仿效了。兩岸的考古學家就證明了這一點,說此一時期,兩邊的農耕器具極為相似,但又苦無證據顯示漢人已經介入臺灣了。故列為是傳述期。

孫權征夷洲是黃龍二年(230),沈瑩在孫皓執政時任丹陽太守,就寫了一本《臨海水土志》,曾有不少文字提及閩越國與臺灣之間的淵源。例如《太平御覽》卷七八〇就說:《臨海水土志》曰:「夷洲在臨海東南、去郡二千裏,土地無霜雪,草木不死,四面是山,眾山夷所居,山頂有越王射的正白,乃是石也。」夷洲的居民(即高山族的先民),其物質生活,風俗習慣多與閩越族相同。如斷髮紋身,蛇的圖騰,巢居,鑿齒,獵人首,犬祭,喜食貝殼類等。臺灣地區的閩越族,因內地的「閩越王國」被除國而失去依靠,後又受限於臺灣海峽一水之隔,及住在島內又因是高山交通不便等因素,故漢化程度與速度均為緩慢,如今還能保存部分閩越族的傳統與習俗,並不是壞事。但臺灣的河洛文化,並未因此而停止,後來的漢人卻補充了一些空白。

(2)傳入期

漢族人民向臺灣的遷徙,可追溯到盛唐時期。在十三行遺址中還發現漢代的「五銖錢」。可以表明漢人抵達臺灣活動的歷史是相當早的。另據文獻及史料記載,明末曾遊歷臺灣的普陀山僧人華佑說:他曾在「劉」(即裏腦、今宜蘭縣冬山鄉襪城村)見過唐代石碑、上書有「開元」二字,且分明可辨是唐碑。

元朝還在澎湖設巡檢司,隸屬福建晉江縣管轄。

(3)確立期

延至明代永樂年間,因福建人口激增及因逃避沉重賦稅等雙重壓力下,閩南一帶的漢人衝破海禁,加快向澎湖與臺灣移動,並在北港附近靠海岸的平原上建起村莊,又因商販等關係,漢人便深入西南平埔族的住地,做起生意來,漸漸就與其打成一片了。

明朝嘉靖年間開始,中國東南沿海崛起一批海上武裝力量,他們也出沒於臺灣各地。公元1625年,鄭芝龍繼承顏思齊的武裝班底,在臺灣建立起根據地,還

設官分司,對北港一帶的居民實行管理,也吸引了更多的福建漢人前來臺灣。

1628 年,已就撫於明朝政府的鄭芝龍,經福建巡撫熊文燦的批准,從閩南募集了數萬漢人到臺灣來屯墾。這是中國歷史上第一次有組織的向臺灣移民活動。他們都是兩晉期間,因「八王之亂」從黃河流域向南方遷徙的後裔,以及「永嘉之亂」衣冠南渡的或是唐初唐末赴南方平亂的後裔,而他們的原鄉(根)都是來自「河洛地區」故自稱是「河洛郎」,所操的閩南語當然就是「河洛話」了,所以此一時期稱之謂「河洛文化」的確立期。

1661 年,鄭成功收復臺灣後,臺灣又迎來一次漢人移民高潮,到了鄭氏政權的末期,臺灣的漢人口已超過十二萬人。

1683 年,康熙統一了臺灣後第二年,便開放了海禁,凡農工士商到臺灣來去自如。臺灣地方官員也以招徠為能事。如當年因平臺有功被晉封靖海侯、靖海將軍兼福建水師提督的施琅,就曾被招徠。臺灣於是出現「流民歸戶者如市」、「內地入籍者為眾」的現象。

依據清廷檔案記載,乾隆二十八年(1763)臺灣漢民人口為六十六萬零四十人;到了嘉慶十六年(1811)增至一百九十萬一千八百三十三人。可見漢人人口增加的快速,自乾隆時代以後,臺灣儼然已形成了漢人(河洛人)的社會了。

(4)鞏固期

清光緒二十一年(1895)中日甲午戰爭,清廷慘敗後,於日本本州的馬關簽下了割地賠款,喪權辱國的條約,將臺灣、澎湖及遼東半島割讓日本。當時曾激起全國人民的憤慨,知識分子勇者不懼,留下不少感人肺腑,令人激憤的詩篇。其中譚嗣同寫出:「四百萬人齊下淚,天涯何處是神州」;作家「鍾肇政」借用他作品中人物口述:「吾兒,你曉得你的祖國嗎?他不是日本、而是中國!我們的祖先都是從中國來的,我們的血液都是中國人的血液,骨頭也是中國人的骨頭!」每個字鏗鏘有力,擲地有聲,體現了當時同胞在日本殖民統治下,對祖國的依偎與思念!

日本因貪得無懨,復又於 1937 年 7 月 7 日悍然發動了侵華戰爭。經過我全國軍民奮勇抵抗,浴血八年,陷日軍於窮途末路。又因原子彈的爆炸威逼,使日本不得不於 1945 年 9 月 9 日,宣佈「無條件投降」!

中國則依據《開羅會議宣言》之宗旨:「同盟國之目的,在於要剝奪日本在

1914 年第一次世界大戰以後在太平洋所奪取或占領之一切島嶼,以及將日本向中國所盜取之滿洲、臺灣、澎湖列島等一切地域歸還中國」,及依中、美、英三國領袖的《波茨坦協約》等,光復臺灣與澎湖列島。並於同年 10 月 25 日交接完畢。

1949 年播遷來臺後,因「發展經濟、建設臺灣」等策略收效,曾使臺灣繁榮昌盛,成為四小龍之首。

1967 年,臺灣成立了「中華文化復興運動推行委員會」,由陳立夫先生擔任副會長兼召集人,邀約島內學者專家數十人座談,並出版多種有關「中華文化」專書及期刊等。對臺灣「河洛文化」的鞏固起過很大的作用。

兩蔣過世之後,曾經李登輝執政(十二年),陳水扁執政(八年)的反其道而行,並將「中華文化復興運動推行委員會」由凍結而後撤銷,並廢因繼承中國道統的「三民主義」與減少中國文史課程等。

但在緊要關頭臺灣人民不但不為所動,還施以懲罰,使臺獨黨三輸,即「2005 年縣市長選輸;2007 年「立委」選輸;2008 年「總統」選輸」。這就是民意的使然,也是「河洛文化」發出的力量,不可抗拒也!

三、河洛文化的傳承與發揚

「河洛文化」演變到今天,已是世界性的主流文化了。正如德國社會學家韋伯說:「代表西方的基督教文化是出世的;代表東方的儒家文化是入世的。」

何謂出世的文化呢?

他們必須在現實人生世界之外,創造一個神的國度、設立教堂或寺廟,設立神職人員並有等級制度。如:猶太教、基督教,回教等屬之。儘管他們之間衝突很大,但他們都接受一元上帝,並設置超離世俗的中介。如:耶穌基督、穆罕默德等,作為上帝與人世間溝通的橋梁,又稱為先知,只有他們才能傳達上帝的旨意和福音。

為此,西方文化就具有了宗教的獨占性,再加上西方文化把人類的競爭看成是動物世界的生存競爭,以及把羅馬的政治、人權、法律制度看成是當然的基礎。有此三者,所以西方文化就具有了強烈的好鬥性。他們自認為自 19 世紀以來,以歐洲強悍的軍事與經濟實力,曾贏得了世界霸權的地位;並蠻橫地倡言,歐洲

就是世界的中心,以提供他們向外侵略與殖民的藉口,曾強極一時,如今已出現強弩之末,似乎已難以為繼了。

何謂入世的文化呢?

入世的文化是以宇宙或人世為中心,即像中國的儒家文化,以親和禮讓、態度寬容,格物致知,修己安人等風格對待人類與萬物,使中國從未形成過政教合一與侵略殖民的國度。

歷史已證明,中國「儒」與「釋、道」乃至其他一切宗教,縱有衝突,終能相容,縱有分歧,終能相通,不具宗教的色彩與獨占性,並隨著時代的演進,他們經過不斷的努力,揚棄和納新之後,終於在 21 世紀的今天,找到一個合理的位置,並以「天下為公、世界大同」的信念向前推進!

所以,美國的知名學者亨廷頓(Samuel P. Huntington)就說:「四百年來西方文明(文明就是具體的文化)的根本核心就是盲目而自我為中心,挾著濃厚的佔有慾向前奔馳和發洩。而中國文明的『傳統世界觀與人性論』將獲得各方面的認同與獲勝。所以未來世界秩序的重建,若不是中西兩大文明思想在高峰會合,融合和調適,就是西方文明萎縮,沒有其他的選擇」!(摘自「文明衝突與世界秩序重建」一書)

因為中國文化是以「中」這個概念為基礎,凡事均要求得「中」,才能達到公平合理恰到好處的境界。而這種「中」的文化又包含很多義理,成功地滿足了事物的各方面的需求。例如:堯曰:「法天,允執厥中」;仲尼曰:「君子而時中」;孔子曰:「舜其大智也與……執其兩端,用其中於民」;《書經‧商書》曰:「王懋昭大德,建中於民」;《中庸‧第二章》曰:「中也者,天下之大本也;和也者,天下之達道也;致中和,天地位焉,萬物育」等。總之,人與人間相處,雙方滿意,事乃克通,就是公平,乃是得「中」;若有偏頗,則不公平,不公平則不和,就是未得「中」之結果。進而如「修齊治平」都得要求得「中」,不得「中」就會走上極端;如墨子兼愛,揚子為我,故孟子闢之也。

這種「中」的文化與當今西方「兩極對立或單極」的思維方式不同;「中」是立足於建設,面對的是整體價值觀,強調把握事物雙方的互養互成與共存共生,強調把握事物的平衡支點做到不偏不倚無過不及。因此,此種「中」的文化就是以「尚和」為核心,不僅表現於全面的「和諧」,而且還表現為心態的「平和」與行

為的「適當」。始終在謀求多元發展的空間,與不同主體之間對話交流,自由發展,引領世界和平進步與中國的建設。所以說,這種「中」的文化就是當今全世界人類所要尋求的孔子智慧或稱為「主流文化」是也!

此種「中」的文化主要理源就是「允執厥中」;韓愈在其「原道」一文中說,「允執厥中」就是中國的「道統」;孔子集大成之後稱之謂「中道」;柳詒徵在其《中國文化史》一書中說,「中道」就是「中國命名的由來」。

是故,孔子在《論語‧子路篇》說:「不得中行而與之(中行即是行中道之人;與之即是傳授),必也狂狷乎!狂者進取,狷者有所不為也」。又在《中庸‧第二十章》說:「誠者,天之道也;誠之者,人之道也。誠者,不勉而中,不思而得,從容中道,聖人也」。即聖人就是行中道的,行中道的就是聖人也!

所以說:「中道」就是未來世界文化的新語言新高點!也就是「河洛文化」發展的新裏程碑!

(作者中華綜合發展研究院民族文化研究中心教授)

參考書目:

1.《閩臺文化》第 3 期,泉州閩臺關係史博物館,1999 年 6 月。

2.《閩臺文化》第 4 期,泉州閩臺關係史博物館,2008 年 8 月。

3. 陳在正《臺灣海疆史研究》,廈門大學出版社,2001 年 3 月。

4. 楊碧川《日據時代臺灣人反抗史》,稻香出版社,1988 年 11 月。

5. 連橫《臺灣通史》,(臺北)新聞局出版,1987 年 1 月。

6. 連橫《雅堂文集》,臺灣文獻叢刊第 208 集。

7. 張光直《中國考古學論文集》,臺北三聯書店,1999 年。

8. 張光直《中國東南海岸考古與南島語族起源》,成都出版社,1987 年。

9. 陳奇祿《臺灣土著文化研究》,聯經出版事業,1992 年。

10. 周定成《臺灣海峽地質及礦產》,科學出版社,1986 年。

河洛文化在臺灣的傳播與影響

程有為

Abstract：Heluo Culture is a culture rooted in Heluo Region, also the main stream and core of Huaxia(Chinese) Culture. Although the distance between Taiwan and Heluo Region is very remote, the Heluo Culture still spread to Taiwan directly or indirectly. So – called indirect spread means that it first spread to Fujian, Guangdong, especially the South Fujian Area to form the South Fujian Culture, then it formed the Hakka Culture in Fujian – Guangdong – Jiangxi Areas.

河洛文化是中國古代的一種地域文化，它根植於河洛地區。所謂河洛地區，是指黃河中游幹流與其支流伊洛河交匯的地區。這一地區古稱「天下之中」，是華夏部族和漢族的中心區，也是許多王朝的腹裏地區和都城所在地。河洛文化是生活在河洛地區的華夏部族、漢族及其他民族的人民群眾所共同創造，同時它也得益於河洛地區與週邊地區文化的交流與互動，能吸收其他地域文化的營養成分，以不斷發展和完善自己，從而長期在全國處於領先地位。河洛文化是中原地區乃至黃河流域的核心文化，是中國傳統文化的源頭和主流。

河洛地區位於中國大陸的黃河中游，臺灣則是中國東南部的一個海島，兩地相距數千裏之遙。但是就文化而言，臺灣和河洛地區關係卻相當密切。河洛文化向臺灣的傳播是通過兩波移民浪潮而實現的。

一、中國古代的兩波移民浪潮

1. 河洛漢人的南遷閩粵

河洛地區的漢族人民在西晉末、唐代和北宋末曾經大規模南遷，其中大批漢

人徙居閩粵地區。

　　西晉末永嘉年間,北方胡族軍隊進入中原,給漢人帶來極大的災難,史稱「永嘉之亂」。中原漢人被迫南遷江淮,史稱「永嘉南渡」。何喬遠《閩書》說:「永嘉二年,中原板蕩,衣冠始入閩者八族,林、黃、陳、鄭、詹、丘、何、胡是也。」路振《九國志》亦言:河洛「衣冠入閩者八族,所謂林、黃、陳、鄭、廖、丘、何、胡是也」。詹烍詩稱:「永嘉亂,衣冠南渡,流落南泉,作《憶昔吟》:憶昔永嘉際,中原板蕩年。衣冠墜塗炭,輿輅染腥膻。國勢多危厄,宗人苦播遷。南平頻灑淚,渴驥每思泉。」①

　　唐高宗總章二年(660年),光州固始人陳政奉命率軍民入閩開漳。據《雲霄縣志》記載:「泉、潮間蠻獠嘯亂,民苦之。咸乞鎮帥有威望者,以靖邊方。朝廷以政剛果敢為,而謀猷克慎,進朝議大夫,統嶺南行軍總管,鎮綏安。」於是陳政率府兵3600人,將吏120人,「前往七閩百粵交界」處「開屯建堡」。稍後又有58姓將校攜家眷前往增援。陳政病死,其子陳元光任鷹揚將軍,平定嘯亂。遂屯墾雲霄山下,致力農桑,推廣文教。武則天時以為漳州刺史。陳元光率領中原移民燒荒墾植,興修水利,務農積粟,惠工通商。「由是北距泉興,南逾潮惠,西抵汀贛,東接諸島嶼,方數千裏無烽火之警,號稱樂土」,因而獲得了「開漳聖王」的美名。唐玄宗天寶末年,安祿山、史思明率叛軍攻陷洛陽、長安,釀成「安史之亂」,河洛漢人再次大批南遷,一部分人到達閩地。第三次是唐末的黃巢起義,王緒起兵響應,攻陷光州固始(今屬河南),以王潮為軍正。後來王緒領兵到達南安(今屬福建)。由於他猜忌濫殺,被將士處死,推王潮為帥。王潮先後攻克泉州、福州,平定閩地。「乃創四門義學,還流亡,定租稅,遣吏巡州縣,勸課農桑,交好臨道,保境息民,人皆安焉。」②唐朝廷以王潮為威武軍節度使,福建管內觀察使。王潮病死,其弟王審知立。後梁建國,封為閩王。

　　北宋末的「靖康之亂」,金兵攻陷宋都開封,宋室南遷。「中原士民扶攜南渡,不知幾千萬人」,③其中也有不少民眾移居閩地。

　　中原漢人三次大規模的南遷,特別是唐高宗時和唐末河洛漢人大批入閩,增

---

①　詹烍《憶昔吟》,見《全五代詩》卷八十七。
②　吳任臣《十國春秋》卷九十《閩一‧司空世家》,中華書局。
③　李心傳《建炎以來系年要錄》卷八十六,臺灣文海出版社。

加了勞動人手,帶去了先進技術,實施了閩地兩次大規模的開發,促進了社會經濟的發展。眾多的河洛南遷漢人到閩南定居,形成福佬民系和閩南文化;一部分河洛漢人遷到閩、粵、贛三省交界處的山區,形成了客家民系和客家文化。

2. 漳泉漢人遷居臺灣與臺灣的開發

早在唐代,已有大陸漢族人民遷居澎湖列島,「及唐中葉,施肩吾始率其族遷居澎湖。」「歷更五代,終及兩宋,中原板蕩,戰爭未息,漳泉邊民咸來臺灣。」①宋代「七閩地狹人稠,為生艱難,非他處可比」②,有不少人移居澎湖,逐漸形成了移民群體。南宋時人說:「海中大州號平(澎)湖,邦人就植粟、麥、麻。」③中土的農作物已從福建傳到澎湖。乾道七年(1177)泉州知府汪大猷在該島建房200間,派水軍駐守。元代澎湖「有草無木,土瘠不宜禾稻。泉人結茅為屋居之」,從事放牧,「山羊之孳生,數萬為群。」④泉州百姓移居並開發澎湖,促進了當地的畜牧業和農業的發展。

明清時期,福建人民大規模遷往臺灣。南安鄭氏是河洛南遷漢人之後裔,其先祖為南北朝時期著名的滎陽鄭氏。明天啟年間(1621~1627),以南安人鄭芝龍為首的海商集團在臺灣築寨定居,召晉江、南安沿海居民3000多人遷臺。崇禎元年(1628),鄭芝龍降明,又招沿海饑民數萬人,「人給銀三兩,三人給牛一頭,用船舶載至臺灣,令其芟舍開墾荒地為田」。這是最早的大規模的閩南移民,此後閩南人成為大陸向臺灣移民的主體。順治二年(1645),鄭芝龍擁唐王在福州建立南明隆武政權。次年鄭芝龍降清,後被殺。其子鄭成功,爵封南平郡王,在南澳(今屬廣東)起兵抗清。順治十八年(1661),鄭成功帶領水陸官兵眷口三萬多人自廈門出發,在臺灣禾寮港(今臺南)登陸。時臺灣為荷蘭殖民者侵佔。鄭成功圍攻赤嵌城(今臺南),擊潰荷蘭援軍。康熙元年(1662)二月一日,荷蘭總督揆一投降,臺灣重回祖國懷抱。鄭成功在臺灣建立行政機構,推行屯田,又派人到漳泉等地「招沿海居之不願內徙者數十萬人東渡,以實臺地」,促進了臺灣社會經濟的發展。鄭成功病死,其子鄭經嗣位。

① 連橫《臺灣通史》卷一《開闢記》,第5頁,商務印書館。
② [宋]廖剛《高峰集》卷二。
③ 《汪大猷神道碑》,見《周文忠公全集》卷六七。
④ [元]汪大淵《島夷志略·澎湖》。

　　康熙二十二年(1683)六月,施琅率領戰船 300 餘艘,水師兩萬餘人,攻佔澎湖,鄭克塽等出降,清軍進駐臺灣。清廷在臺灣設臺灣府,下轄臺灣、諸羅、鳳山三縣,隸屬福建省,又置臺廈兵備道。不僅實現了祖國的統一,也帶來了臺灣經濟、文化的進一步振興。雍正年間大批福建人尤其是閩南人舉家遷臺。臺灣漢族人口迅速增加,清治臺初約有 15 萬人,到 1811 年增至 194 萬人。光緒十一年(1885 年),臺灣獨立建省。

　　此外,還有一次移民浪潮,就是 20 世紀中葉第二次世界大戰結束,日本將臺灣歸還中國,後來國民黨政府遷至臺灣,大批官員及眷屬、士兵、文化人隨遷。

　　正是第一波移民浪潮,將河洛文化帶到閩南及閩西、贛南和粵東,形成了閩南文化和客家文化。第二波移民浪潮,將閩南文化和客家文化帶到臺灣,形成了臺灣文化。

二、河洛文化在臺灣的傳播

　　人群是文化的載體,文化的傳播離不開人群的流移。明鄭政權時期,大批漢人移往臺灣。除隨鄭氏父子到臺灣的士兵及家眷約五萬人外,漢人到臺開墾者估計不下四五萬人,再加上原有漢族居民,當時臺灣漢族人口約有 15 萬人,與原住民的人數大體相當。明鄭政權設官田,安置文武官兵及其家眷屯田,又設私田,募民開墾,徵收田賦。大陸先進的生產經驗傳到臺灣,稻米、蔗糖產量迅速增加;冶鐵技術傳入臺灣,促進了各種手工業的發展。又建聖廟,立學校,行科舉。鄭經「命各社設學校,延中土通儒以教子弟。凡民八歲入小學,課以經史文章。」「州試有名者移府,府試有名者移院,各試策論,取進者如太學」①。臺灣歸清廷管轄後,教育、科舉之制更為完備。要之,明鄭政權對臺灣的開發,奠定了臺灣社會經濟基礎,移植了中華文化。

　　臺灣是一個移民社會。臺灣現有人口 2300 萬,原住民不到 40 萬人,其他都是從大陸遷去。由於移居臺灣的時間先後和移出地區的不同,形成了所謂四大族群:一是當地土著的「原住民」(高山族),一是明末清初先後由福建的漳、泉二州移入的所謂「閩南人」,一是清代由廣東潮州移入的所謂「客家人」,再一個就

---

①　連橫《臺灣通史》卷十一《教育志》,第 188 頁。

是於當代在抗戰勝利後,臺灣光復時赴臺的接收人員以及在 1949 年隨國民黨到臺灣的軍政人員及眷屬,臺灣當地所稱的「外省人」。據臺灣官方 1985 年戶口普查的統計,閩南人約占 74.85%,客家人約占 13.19%,外省人約占 9.85%,原住民約占 2.37%,而外國人約占 0.09。① 所謂「(臺灣)本省人系行政上之一種名詞,其實均為明清以來大陸閩粵移民,亦即河洛與客家之苗裔。可見絕大多數的臺灣居民,其祖先是從河洛南遷閩粵,然後渡海來臺,因此早年的臺灣人習慣自稱『河洛人(郎)』,其中來自福建的又叫做『福佬人』,相對於來自廣東的多為『客家人』」②。在臺灣,漢族人口占 82.7%。其中 80% 是由福建去臺灣的閩南人,20% 是祖籍廣東的客家人。

　　臺灣文化是一種移民文化。作為河洛漢人後裔的閩南人與客家人大批渡海到臺灣謀生,將河洛地區的生產方式、生活方式和文化觀念傳播到臺灣,對臺灣的早期開發及文化發展起到較大的作用。臺灣文化主要是閩南人和客家人的文化。閩南文化和客家文化都來源於河洛文化。閩南文化的載體是閩南人。閩南人是由以中原移民為主,加上閩越族人、玻斯等外國人、廣東等鄰省人在閩南地區居住,經過長期融合而形成的。「正因為這樣,閩南文化之源是河洛文化,河洛文化和閩南文化的關係是源和流的關係。包括臺灣閩南文化在內的所有閩南文化都是中原河洛文化的流。」③

　　清人丁紹儀說:「臺民皆徙自閩之漳州、泉州,粵之潮州、嘉應州,其起居、服食、祀祭、婚喪,悉本土風,與內地無甚殊異。」④閩南人既占臺灣人口的 80% 以上,由閩南人帶入的閩南文化便自然地成了臺灣文化的主要組成部分。臺灣人的祖籍地是閩南,臺灣文化是以閩南文化為主體,兼采其他地域文化和異國文化逐漸形成的。在臺灣,通行的語言是閩南話,盛行的民俗是閩南民俗,生活習慣主要是閩南的一套。閩南文化和客家文化有許多河洛文化的因素,移植到臺灣後,成為臺灣文化的主體。在臺灣文化中,可以看到河洛文化的很多因素。

　　河洛文化在臺灣的傳播以遷移擴散為主,而且主要是以閩南文化與客家文

---

① 戴國輝《臺灣總體驗》第 26 頁,臺灣遠流出版社,1995 年。
② 《臺灣省通志》卷二《人民志·禮俗篇》第 2 頁,臺灣省文獻委員會,1972 年。
③ 胡滄澤《河洛文化與閩南文化》,《河洛文化與漢民族散論》,河南人民出版社,2006 年。
④ 丁紹儀《東瀛識略》。

化為傳播中介。河洛文化主要是從福建、廣東傳播到臺灣,臺灣文化帶有濃厚的閩南文化、客家文化的色彩。

河洛文化在臺灣的傳播主要是間接的,但是也不排除直接傳播。清代以來,一些河洛人到臺灣做官或生活,直接將河洛文化帶到臺灣。清代有兩位河南籍士人在臺灣任職。曹謹(1786～1849),字懷樸,號定庵,懷慶河內(今河南沁陽)人,道光十七年(1837)調任臺灣鳳山縣知縣,後升淡水同知。在臺灣八年,發展經濟,興辦水利工程,灌田數萬畝。興文教,崇實學。鴉片戰爭期間三次大敗侵臺英軍,道光皇帝稱他「智勇兼備,大揚國威」。咸豐十年(1861)臺灣人民在鳳山修建「曹公祠」。陳星聚(1817～1885),字耀堂,河南臨潁人。同治十年(1871)調任臺灣淡水、鹿港同知。光緒四年(1978)臺北建府,擔任首任知府,主持建造臺北城。「在任五年,頗多善政」。在中法戰爭中,英勇保衛基隆、臺北,卒於官。臺北為他建「陳公祠」。抗戰勝利至 1949 年,國民黨帶領大陸黨政軍包括文化人 60 多萬撤至臺灣,一些河南籍的著名人士,例如甲骨學家南陽人董作斌、偃師人石璋如,文史工作者柏楊等也隨遷臺灣,數十年來,他們為臺灣文化的發展做出了重要貢獻。

因為日本入侵而離開河洛本土的許多文物也被運至臺灣。1949 年 11 月,河南古物共 38 箱從重慶運至臺灣。1993 年成立河南古物清查小組,對這批古物進行清點,計有銅器、陶器、玉器、織錦、編磬、書籍、甲骨等七大類共計 4999件,之後出版《河南省運臺古物圖錄》及《甲骨文專集》。[①] 這批河南運臺文物對傳播河洛文化也起到一定作用。

三、河洛文化在臺灣的影響

在歷史上,臺灣主要是通過閩南人和廣東客家人遷臺而受到河洛文化的影響。從閩粵移入臺灣的漢人,基本是以祖籍地籍關係進行組合,形成了具有大陸原居地文化特徵的社會群體。他們對宗族神靈的祭祀和人際交往的原則等只能按原來面貌進行。此外,村落建築、耕作形式等也是按照家鄉的樣式,一些地名也反映了移民在祖籍地緣關係上的深厚觀念。這種文化包括了宗族家族觀念、

---

① 楊祥麟《中原河洛文化》,《根在河洛》下冊,第 415 頁,大象出版社,2004 年。

民間宗教信仰、生活方式等方面的內容。下面我們從姓氏源流、語言、民間信仰、風俗等方面說明河洛文化對臺灣文化的影響。

姓氏源流

臺灣姓氏與河洛姓氏存在着源流關係。據《臺灣通志·人民志·氏族篇》記載,1953 年臺灣省的戶籍統計,共有民戶 83 萬,姓氏 737 個,其中 500 戶以上的大姓 100 個。在這 100 個大姓中,陳、林、黃、張、李、王、吳、蔡、劉、楊等十大姓氏占臺灣人口的 59.1% 。臺灣有「陳林半天下,黃張排成山」和「陳林李許蔡,天下占一半」的說法。這些大姓大多來自河洛地區。例如陳姓以國為氏,源於陳(今河南淮陽);林姓源於淇縣、衛輝一帶;黃姓以國為氏,源於今河南潢川;張姓始祖揮,源出濮陽;李姓以老子李耳為始祖,源出河南鹿邑;王姓(一支)以周靈王太子晉為始祖,源出成周(今河南洛陽);鄭姓以國為氏,源出新鄭;蔡姓以國為氏,源出河南上蔡;許姓以國為氏,源出河南許昌;劉姓始祖劉累,源出河南魯山。從臺灣族譜所傳遞的資訊來看,臺灣 100 個大姓中有 63 個姓氏的族譜記載其先祖由河南遷至福建,再由福建遷入臺灣。這 63 姓的總戶數為 67 萬,人口為臺灣總人口的 81% 。臺灣許多姓氏的郡望也在河洛地區,例如陳姓郡望潁川(今河南許昌),林姓郡望西河(今河南安陽),鄭姓郡望滎陽,等等。臺灣人尋根問祖,首先到達閩粵,再到河洛。

語言

在 2300 萬臺灣人民中,講閩南話的約有 1400 萬人,講客家話的約有 450 萬人。在臺灣,稱閩南話為河洛話或福佬話。閩南人和客家人的祖先都是從中原來的,所以他們的語言保有漢族的古漢語成分。臺灣著名史學家連雅堂的《雅言》指出:「夫臺灣之語傳自漳泉,而漳泉之語傳自中土。」所謂中土,即指中原河洛地區。現在臺灣的閩南話中,保留了很多古代河洛地區的語言因素,如平、上、去、入分陰陽的「四聲八調」,是魏晉河洛地區人們所使用的語言的特色,即古漢語的特色。臺灣話即閩南話在某種程度上也可以說是古代河洛語言的活化石。

民間信仰

河洛百姓信奉多神,臺灣人對神化的人或傳說的神都作為神靈崇拜,建廟祭祀。其崇祀的對象多與河洛地區有關。

臺灣有開漳聖王廟55座,分佈於臺南、鳳山、雲林等地,祭拜唐代光州固始(今屬河南)人陳元光。新竹龍鳳宮,祀開閩聖王、河南固始人王審知,又有三聖宮,祀開漳聖王、開臺聖王、保生大帝。

臺灣有保義尊王、保義大夫廟三十七座,祭祀唐代鄧州南陽(今屬河南)人張巡和浙江海甯人許遠。安史之亂時,張巡、許遠率領軍民堅守睢陽(今河南商丘),使叛軍不能南下江淮,事蹟可歌可泣,被作為保義尊王與保義大夫祭祀。

臺北縣、臺北市和澎湖有清水祖師廟,祭祀的是宋開封府(今屬河南)人陳昭應。他在民族英雄文天祥麾下為忠正將軍,後退隱泉州安溪清水岩。元末其子孫參加朱元璋的反元義軍,屢建奇功。當地人將他作為保護神,建祠祭祀。宜蘭碧霞宮有岳王廟,供奉宋代河南湯陰人岳飛。岳飛是抗金英雄,曾收復中原失地,被秦檜殺害。臺南有精忠廟。

澎湖有程朱祠,祭祀洛學的創建者河南洛陽人程顥、程頤和閩學的創建者新安(今江西婺源)人朱熹。程顥人稱明道先生,臺北有明道書院。臺南有五子祠,祀宋代理學家周敦頤、程顥、程頤、朱熹、張載五子,澎湖有文石書院,講堂亦祀五子。

此外臺南、澎湖、新竹縣有水仙宮,祭祀虞夏之際治水的大禹等。鳳山鳳儀書院內有曹公祠,祀鳳山知縣、淡水同知河南沁陽人曹謹,淡水德政祠亦曾祀曹謹。臺北有陳公祠,祀首任臺北知府河南臨潁人陳星聚。

風俗

連橫說:「臺灣之人,中國之人也,而又閩、粵之族也。閩居近海,粵宅山陬,所處不同,而風俗亦異。故閩之人多進取,而粵之人重保存。」[①]臺灣風俗與閩粵大同而小異。閩粵風俗則承襲河洛漢人。臺灣人的婚喪嫁娶、節日禮儀大多來

---

① 連橫《臺灣通史》卷二十三《風俗志》,第423頁。

自中原河洛地區。臺灣人高緒觀說:「臺灣人文禮俗,源於中土。相襲入閩,舉凡信神拜佛、敬天祭祀、婚喪喜慶、衣冠禮樂、四時年節,以及習俗人情,皆是祖宗流傳而來。」①臺灣舊式的婚禮、喪禮、生子、節儀等,其許多細節都與河洛地區相同。

　　總之,河洛文化是中國的一種根文化,原生文化;臺灣文化則是一種亞文化,次生文化。閩南文化和客家文化是聯繫臺灣文化與河洛文化的紐帶。河洛文化主要以閩南人和客家人為載體,通過移民傳播到寶島臺灣,並對臺灣文化產生了重大影響。

　　　　　　　　(作者為河南省社會科學院歷史研究所研究員)

---

　　①　高緒觀《臺灣人的根——八閩全鑒》。

以河洛文化為兩岸交流文化紐帶的思考

張新斌

Abstract：Heluo Culture is one of the most important part of China Regional Culture. With the representation of Humanities Ancestor Culture, Surname & clan relatives Culture, Historical Celebrities Culture, Group Communication Culture and deities & Belief, Heluo Culture is also the cultural bond of communication across Taiwan Straits. Celebrations, the development of culture resource, tourism and the economic development on Heluo Culture will do a great contribution to bring the people across Taiwan straits to a win – win situation.

　　河洛文化是中華地域文化的重要組成部分。近年來,圍繞河洛文化已進行了多次的學術研討,並對河洛文化相關的內涵,有了基本的共識。「河洛文化是以洛陽為中心的古代黃河與洛水交匯地區的物質與精神文化的總和,是中原文化的核心,也是中華傳統文化的精華和主流。河洛文化以『河圖』、『洛書』為標志,體現了中華傳統文化的根源性;以夏、商、周三代文化為主幹,體現了中華傳統文化的傳承性;以洛陽古都所凝聚的文化精華為核心,體現了中華傳統文化的厚重性;以『河洛郎』南遷為途徑,把這一優秀文化傳播到海內外,體現了中華傳統文化的輻射性。」①河洛文化以河洛為原點,成為號稱「河洛郎」的閩南人與「根在河洛」的客家人的「原鄉」,河洛文化也成為連結海峽兩岸的精神紐帶與文化紐帶。

---

① 這一段標志性表述,最早出現在 2006 年 2 月,中國河洛文化研究會成立大會時河南省政協主席王全書的講話中,後已放在「河洛文化研究叢書」的封底,成為河洛文化內涵表述的重要成果。

一、河洛文化與兩岸交流的文化紐帶

河洛文化就地域而言有狹義與廣義之別。「狹義的河洛應該是洛陽與河、洛交匯一帶，廣義的河洛嚴格說應該是鄭州以西的丘陵區①，即在潼關或函谷關以東，黃河以南，伏牛山以北的豫西丘陵地區。」朱紹侯先生提出了「河洛文化圈」的概念，但「河洛文化圈應該覆蓋河南全部地區」②，也即狹義的中原所在，因此河洛文化圈也等同於狹義的中原文化③。

1. 人文始祖紐帶

中華民族以炎帝與黃帝作為中華人文始祖，並以此形成共同的文化認同。人文始祖，除炎黃外，還包括了諸多的上古時的「古帝」，尤以「三皇五帝」為代表。從文獻典籍中可以看出，「三皇」最少有 7 種說法，「五帝」也有 5 種說法④。但最常用的說法為，「三皇」為伏羲、女媧與炎帝；「五帝」為黃帝、顓頊、帝嚳、堯、舜。

「三皇五帝」為代表的人文始祖群體，在黃河流域有三個較為集中的活動區。其中，伏羲、炎帝、黃帝都和渭水上游的天水、寶雞地區有著淵源關係，這一地區似乎有著文化「原點」的象徵意義⑤。以晉南為代表的河東地區，則有著炎帝、堯、舜的遺存。但在河南，有著更為集中的人文始祖聖跡的分佈。伏羲是中華文化源頭的象徵⑥，也是中華姓氏的源頭⑦。其定都與終葬於陳（今河南淮陽），淮陽至今還保留有歷代公祭伏羲的伏羲陵。在離淮陽不遠的西華縣則保留有大量的女媧傳說，留存至今還有「女媧城」以及相關的廟宇。女媧是中國上古人文女祖群體中最具代表性的人物⑧，在上古文化中她與伏羲構成了中國版的「夏娃」與「亞當」，具有「人祖」的意義。炎帝則以發明農業而著名，又稱「神

① 張新斌《河洛文化若干問題的討論與思考》，《中州學刊》2004 年第 5 期。
② 朱紹侯《河洛文化與河洛文化圈》，《尋根》1994 年第 3 期。
③ 張新斌《中原文化與商都文化初論》，《黃河科技大學學報》2007 年第 4 期。
④ 陳建魁《伏羲、伏羲時代與伏羲文化散論》，《伏羲與中華姓氏文化》，黃河水利出版社，2004 年。
⑤ 張新斌《渭河上游地區是中華民族與中華文化的地域原點》，《中華傳統文化研究與評論》（第一輯），人民教育出版社，2007 年。
⑥ 張新斌《伏羲與炎黃共為中華人文始祖》，《中州學刊》2007 年第 5 期。
⑦ 張新斌《伏羲與中國姓氏之源》，《伏羲與中華姓氏文化》，黃河水利出版社，2004 年。
⑧ 張新斌《嫘祖與上古中華人文女祖群體的文化學考察》，《嫘祖文化研究》，文物出版社，2007 年。

農氏」,其都城之地也在陳,即今河南淮陽,因此河南淮陽在中華文化尋根方面,具有「指標」意義。

黃帝被列為「五帝」之首,這是史馬遷的說法。黃帝的貢獻是全方位的。是中國大一統綱領中最具代表性的人物。黃帝都有熊,有熊之地在今河南新鄭,新鄭不僅有故里遺跡,也有大量的黃帝相關的傳說與史跡,尤其是在新鄭的具茨山發現了大量的「岩刻」圖案①,也為研究黃帝文化提供了更多的線索。與黃帝關係最密切的顓頊與帝嚳,其都「帝丘」,地點在今河南濮陽,二帝陵則在河南內黃,從內黃所發現的大量的祭碑可以看出,這裏是歷代祭祀二帝的官方指定場所②。

實際上,「三皇五帝」作為中華人文始祖並不僅僅具有象徵性,從歷史時期所構築的上古譜系可以看出,炎黃二帝,以及黃帝與顓頊、帝嚳都有著明確的血親聯繫③。從目前依人口數量排列的 120 大姓中,屬於黃帝族有 86 姓、屬於炎帝族有 6 姓,兼屬黃帝與炎帝族的姓氏有 11 姓,其中黃帝族姓氏大多都出自顓頊與帝嚳族④。

2. 姓氏根親紐帶

姓氏是每一個中國人與生俱來的文化與血緣符號。由家譜所承載的姓氏文化,對於每個華人的文化認同,具有特殊的意義。

河南所處的「天下之中」特殊的地理位置以及長期作為國都的政治中心的地位,決定了這裏與中華姓氏的起源,具有密切的關聯。據中科院 1987 年公佈的 300 大姓排序中,有 171 個姓氏起源於河南;100 大姓中有 77 個起源於河南⑤;在 2006 年中科院最新公佈的 100 大姓排序中,有 78 個姓氏起源於河南⑥。李姓祖地在鹿邑、王姓祖地在偃師、張姓祖地在濮陽、劉姓祖地在魯山、陳姓祖地在淮陽、林姓祖地在衛輝、鄭姓祖地在新鄭、黃姓祖地在潢川、宋姓祖地在商丘、

---

① 尹全海、張新斌《黃帝文化與具茨山文化圈》,《中州學刊》2010 年第 5 期。
② 張新斌《顓頊、帝嚳二帝及其葬地與祭祀考》,《炎黃文化研究》(第五輯),大象出版社,2007 年。
③ 張新斌《中華人文始祖的血親聯繫與和諧文化傳統的形成》,《炎黃文化研究》(第八輯),大象出版社,2008 年。
④ 謝鈞祥《顓頊帝嚳與中華姓氏》,《顓頊帝嚳與華夏文明》,河南人民出版社,2009 年。
⑤ 張新斌《尋根文化與尋根戰略》,《黃河文化》2004 年第 2 期。
⑥ 《張新斌研究員認為河南仍是「根」文化大省》,《大河報》2006 年 1 月 16 日 A17 版。

蔡姓祖地在上蔡、蔣姓祖地在淮濱、葉姓祖地在葉縣、鄧姓祖地在鄧州、賴姓祖地在息縣、溫姓祖地在溫縣、謝姓祖地在南陽,以及楊姓郡望地在靈寶、鄭姓郡望地在滎陽、丘姓郡望地在河南(偃師)、謝姓郡望地在太康等,已得到海外華人的廣泛認同,均已在祖地舉行過大型的尋根祭祖活動。

3. 歷史名人紐帶

河南是古代的政治與文化中心,歷史名人數量之多,在全國排名絕無僅有。在二十四史中有紀傳的名人 5700 人,僅漢、唐、宋、明四個朝代河南籍名人達 912 人,在各省排第一①。河南有謀聖姜太公、道聖老子、墨聖墨子、商聖範蠡、醫聖張仲景、科聖張衡、字聖許慎、詩聖杜甫、文聖韓愈、畫聖吳道子、律聖朱載堉等聖賢。可以說,在北宋及以前的大多數名人,謀大業要到中原、幹大事要到中原、出大名要到中原、成大器要到中原,中原是成就大事、成就大業的「福地」。

河南還有一些涉臺人物,如祖籍河內(今沁陽市)的曹謹,祖籍臨潁的陳星聚。曹謹(1787～1852),道光年間曾任臺灣府鳳山縣知縣,他在任時曾在當地興修水利,修建了「曹公圳」,並修築城防。在任談水廳同知時,率眾抗擊英國侵略者而大獲全勝。直到現在,在臺灣高雄縣所轄鳳山市,仍保留有曹公廟,有紀念曹謹的曹公小學、曹公路、曹公巨樹等,百餘年來當地民眾對曹公的祭拜從未間斷②。陳星聚(1817～1885),同治年間他補任臺灣府談水廳同知。光緒年間任臺北府首任知府,他在任期間修建孔廟和書院,修建臺北府城,帶眾抵禦來犯的法軍,因積勞成疾而病逝於任所,當地民眾設置陳公廟,以紀念他的功績③。

4. 族群交流紐帶

族群交流,最主要的是中原士民的南遷,南遷居民不僅帶去了先進的中原文化,其後裔也成為正宗的中原族裔。

中原南遷居民,在歷史上雖然不計其數,但對南方族群影響最大者共有三次:

一是西晉末年,中原士民大規模南遷。這次南遷活動雖然涉及徐、兗、幽、冀、青、並、司諸州,南遷的族眾達 90 萬之多,但猶以洛陽為核心的河洛地區最具

① 張新斌《中原歷史名人與新世紀的中原》,《中州今古》2002 年第 1 期。
② 齊天昌《一代循吏曹謹》,中州古籍出版社,2007 年。
③ 譚建昌《臺北知府陳星聚》,臨潁縣文史資料(第十一輯),2009 年。

代表性。《閩書》在論及這次南遷活動時,專門提到「衣冠入閩者八族,林、黃、陳、鄭、廖、丘、何、胡是也。」這次南遷的中原士民,最早應該主要分佈在長江沿線,但在以後的遷徙中,逐漸遷移到東南地區。而在南方居住的客家人,將客家先民最早的南遷活動,主要認同屬於這批中原移民①。因此「根在河洛」是客家人長期以來所形成的共識。

二是唐代兩次「光州固始」的移民向福建的遷移。唐高宗時,固始人陳政受命帶府兵 3600 人到閩南平定蠻獠嘯亂。陳政在戰事中病死後,其子陳元光平定局面後落藉閩南,建立漳州,被奉為「開漳聖王」。唐末中原大亂,固始人王潮、王審知兄弟帶領族眾在福建建立閩國,使當地經濟文化有了較快的發展,為明清時東南文化的繁榮打下了堅實的基礎。這二次移民在福建、臺灣地區影響較大,閩南人號稱「河洛郎」。據我們統計,至少有 60 餘個閩臺姓氏在家譜中記載先祖來自於「光州固始」。可以說,「光州固始」是閩南人心目中的「大槐樹」②。

三是北宋末年,金兵南下,中原士民南遷,除將都城遷往臨安(今浙江杭州)外,中原族眾還大規模南下嶺南,廣東南雄「珠璣巷」是中原族眾南下嶺南的移民集散地。據稱「珠璣巷」得名於北宋都城開封的一個街巷,廣東的廣府人,客家人,潮汕人,都有著從中原南遷的歷史,他們的最早源頭,無疑是在中原,在河洛地區。

除了中原南遷居民之外,明清時期,也有臺灣人回遷中原的的現象。清初,降清的鄭明舊部有一部分受命到河南屯墾落籍,這批族眾號稱「閩營人」,其中蔡祿所部蔡、田、江、康、聶、湯、孫 7 姓,落籍懷慶府濟源、河內(今沁陽市)等縣。黃廷所部,黃、餘、塗、楊、陳、郭、蘇、翁、許、馬、林、蔡等 10 餘姓,落籍南陽府鄧州、裕州(今方城)、唐河、新野、鎮平等縣,在今臥龍區也有閩營人後裔分佈。此外,今魯山縣有林、張等閩營後裔,洛甯、宜陽有張姓等閩營後裔分佈③。在鄧州還有陳氏族裔,為臺灣高山族鄒族,他們至今還保留著本族的習俗,並於近年專程到臺灣尋根認親,為兩岸交流增添了新的佳話。

---

① 張新斌《試論客家先民首次大規模南遷紀念地的確立》,《河洛文化與閩臺文化》,河南人民出版社,2008 年。

② 張新斌《論固始尋根》,《中州學刊》2002 年第 3 期。

③ 張富春《論中原閩營人及其媽祖信仰》,2010 年固始與閩臺淵源關係研討會交流論文。

5. 神靈信仰紐帶

河南是中國道教祖師老子的故鄉,也是佛教東傳後最早建立 漢傳佛教寺院的地方,河南洛陽關林為埋葬關公首級的地方,三皇五帝以及河南籍名人,如鬼穀子、岳飛、陳元光、王審知、曹謹等,也都成為臺灣廟宇祭祀的對象。

臺灣最多的寺廟,除祭祀媽祖的天后宮,祭祀孔子的孔廟及文武廟外,與河南有關者,還有祭祀伏羲的臺北縣鶯歌碧龍宮;祭祀神農的臺北縣福和宮、先嗇宮、青雲殿;祭祀鬼穀子的南投禪機山仙佛寺;祭祀關公的臺北中和南山福德宮、行天宮,臺南祀典武廟,宜蘭協天廟,高雄市、新竹關帝廟,漳化、南投文武廟,桃園善濟堂,屏東鎮南宮;祭祀玄奘的南投玄奘寺,紀念陳元光的臺北芝山惠濟宮、碧山岩、廣濟宮、行修宮、明聖宮,雲林福興宮,桃園福仁宮、景福宮、善濟堂,新竹廣濟宮,雲林門福宮,南投陳將軍廟,高雄鳳山市開漳聖王廟,以及高雄鳳山市曹公廟,等等①。這些挂一漏萬的統計,可以看出臺灣的神靈人物,與河南有著密切的聯繫。

二、河洛文化與兩岸文化交流的路徑及原則

河洛文化在兩岸交流中,佔有特殊的地位,尤其在吸引臺灣同胞到中原來,具有指標意義。因此,在對相關文化產品開發時,必須尋找最佳的路徑,並以此形成文化產品開發的原則。

1. 學術研究與文化產品相結合

學術研究是確定文化產品價值的基礎,在涉及兩岸交流的過程中,這種研究對文化資源價值的確定具有重要意義。

在對中華劉氏祖地確定的過程中,我們從魯山昭平臺水庫邱公城遺址做起。邱公城遺址位於水庫中央的邱公城島上,文化內涵包括仰韶、龍山、二裏頭、東周等多個時段。1999 年我們首次調查時發現了二裏頭文化遺存,這與劉累為夏時人,提供了實物依據。正是立足於文獻、考古、傳說等多個證據鏈,邀請專家寫文章 ,在論證的基礎上形成了學術共識②。2001 年在泰國的世劉大會上拿到了世

---

① 《臺灣好神》,臺灣大興出版社股份有限公司,2009 年。
② 《劉姓始祖劉累暨龍文化專集》,《黃河文化》2000 年第 2、3 期。

劉大會的主辦權,2004 年在平頂山召開了第 4 屆世劉懇親大會,至今已成為全球劉氏尋根祭祖的文化聖地。

「光州固始」在東南地區影響很大,自 80 年代開始有閩臺族群的零散尋根活動,但在研究過程中,缺少實證研究。本世紀初我們從閩臺 60 餘個姓氏的家譜方志資料中,進行實證研究,發表了相關成果。2002 年應當地領導之邀到固始進行專題考察,並對固始尋根文化資源開發,提出了可行性報告,提出將「固始尋根文化節」作為固始尋根資源開發中的主打品牌①,使這一文化在兩岸發揚光大。

2. 常規產品與特色產品相結合

河南是文化資源大省,文化產品的層次比較高。河南有世界文化遺產 3 處,全國重點文物保護單位 189 處(198 項),河南省文物保護單位 951 處。河南的地下文物、館藏文物在全國數第一,地上文物在全國數第二。洛陽龍門石窟,為中國三大佛教藝術寶庫。安陽殷墟,為中國殷商文化發現的聖地,出土了大量的甲骨卜辭和青銅器,代表了中國早期文明的最高水準。登封「天地之中」歷史建築群,包含了少林寺、中嶽廟、漢三闕等,代表了中國古代的宇宙觀與價值觀,也代表了中華建築藝術瑰寶。這些都是吸引海外華人的常規文化旅遊產品。

從尋根的角度以及文化產品的深層開發可以看出,將這些常規高端產品與特色文化產品有機對接,以此啟動特定人群到中原尋根。如果說,河南的中華文化品質游,以鄭、汴、洛文化精品景點為常規產品,在河南博物館、少林寺、嵩山、龍門石窟、白馬寺、雲臺山、相國寺、清明上河園、開封府等之外,張姓可加上濮陽揮公陵園,李姓可加上鹿邑太清宮,林姓可加上衛輝比干廟,劉姓可加上魯山劉氏陵園,黃姓可加上潢川黃國故城,陳姓可加上淮陽陳胡公墓,宋姓可加上商丘微子祠,蔡姓可加上上蔡蔡國故城,鄭姓可加上新鄭鄭韓故城等,從而形成特色文化產品,這樣的產品組合,對吸引特定人群,具有較強的吸引力。

3. 大型活動與文化體驗相結合

大型文化活動包括大型節典與世界大會。一是大型節典。周口圍繞伏羲陵這一特定資源,將伏羲文化中的重要元素「定姓氏」疏理出來,從而確定周口是

---

① 張新斌《固始縣尋根資源開發的可行性研究》,《黃河文化》2002 年第 3 期。

中華姓氏的發源地,圍繞這一結論,推出「中華姓氏文化節」。這一節會,在 2004 年、2006 年先後舉辦了兩屆,取得了較為明顯的效果。河南內黃縣是顓頊與帝嚳二帝的陵墓所在地,也是歷代官方祭拜二帝的指定場所,自 20 世紀 80 年代從沙堆中清理出大量歷代公祭的石碑之後,其地點的權威性得到了學術界的公認。新世紀以來,每年都舉行二帝祭祖活動,近年來圍繞二帝的姓氏文化也作了一些文章,二帝姓氏後裔的族眾十分龐大,其在海外華人中的影響力也將越來越大。

圍繞類似的大型節會,將節會與文化體驗有機結合,也會產生較好的效果。

三、河洛文化與兩岸文化交流水準的提升

1. 以慶典為平臺,強化民族認同

圍繞河洛文化的挖掘,河南已形成了「新鄭黃帝故里拜祖大典」、「國際華商文化節」(商丘)、「中華姓氏文化節」(周口)以及「河洛文化國際研討會」等大型文化節會。此外,河南還有「洛陽牡丹花會」、「鄭州國際少林武術節」等一大批在省內外有影響的旅遊文化節會。要充分利用好大型節會慶典這樣的平臺,通過慶典所體現的「血脈同根、文化同源」的主題,加強兩岸的交流,邀請更多的臺灣高端人士,到河南來,持久性地擴大兩岸的交流,拉近兩岸民眾的感情,強化民族認同,並以此擴大兩岸交流的管道。

2. 以活動為抓手,深化兩岸交流

近年來,豫臺兩地的大型文化交流活動,如「中原文化臺灣行」、「情系中原——兩岸文化聯誼行」等,雙向互動,已為兩岸文化交流的深化,奠定了扎實的基礎。今後要以大型文化交流活動為抓手。一是要進行專題規劃,有計劃、針對性、可持續地開展兩地文化的交流工作。二是交流的內容可以更加廣泛,如豫劇、宗教、武術、書法、攝影、學術、文物等,擴大交流的種類,達到轟動性。三是活動要在文化上下工夫,要以親情化拉近兩岸的距離,使活動的效果最大化。

3. 以文化為內涵,深入挖掘資源

要深入挖掘厚重的中原文化資源。一是要做好姓氏文化這篇大文章,要加強姓氏祖根地、郡望地、名人故里與終葬地的研究與開發,以此加強豫臺兩地的聯繫。二是要圍繞涉臺歷史人物,如曹謹、陳星聚、陳元光、王審知的研究,與影視結合,與藝術結合,形成文化藝術精品,叫響海內外。三是要加強對當代臺灣

政要、商界名人祖根的研究,以此為契機,吸引他們對祖地的關注。四是要加強對固始這一閩臺尋根的文化符號的研究與宣傳,將相關研討活動推向寶島,推向深入。

4. 以旅遊為載體,加強民間互動

河南不僅有豐厚的文化資源,也有美麗的山水資源,要以旅遊為載體,走出去,請進來,以此加強民間的互相理解。一是要邀請島內旅行社及行會,以及媒體,到河南采風。或以適當形式向島內推介河南文化與山水,並形成持續性的宣傳與推介。二是要破除瓶頸,著力解決河南旅遊發展的障礙,尤其是交通問題、景區門檻過高問題,為臺灣民眾成批次、成規模到河南旅遊,創造條件。

5. 以發展為動力,深化兩地合作

河南已有臺商投資園區十餘個,藍天、臺塑、頂新、統一等臺灣知名企業紛紛落戶河南。要充分利用河南人緣、地緣、文緣的優勢,圍繞文化作文章,以文化為紐帶,以發展為動力,形成豫臺兩地發展的雙贏局面。一是要利用姓氏祖地的優勢,形成姓氏為紐帶的產業園區,以親情促發展。二是要向臺商宣傳好河南的地緣優勢,讓他們感受到河南在未來的產業轉移中,具有較強的優勢,以好的政策、好的位置、好的環境,吸引更多的臺灣好企業好項目到河南來紮根。三是要以具有競爭力的產業項目,吸引臺商,加強合作,實現雙贏。

總之,河洛文化在兩岸交流中的獨特優勢,是其他東西所不可替代的,要認真研究和挖掘河洛文化的內涵,使其在兩岸的文化交流與社會的發展過程,起到更大的作用。

(作者為河南省社會科學院歷史與考古研究所所長、研究員,河南省河洛文化研究中心執行主任)

河洛文化作爲華夏民族根性文化的再認識

龔國光

Abstract：In ancient civilizations, many civilizations come and go hurriedly, Some of them have even completely disappeared and become eternal mystery。 This prompted us to focus attention on the Chinese national and cultural root。 In the ancient legend of the Chinese nation, "history" and "regalist" constitute the Chinese – style mythology model, the ancient mythology has not only been recorded in a variety of classics, but also been indexed and annotated constantly by society elites of various dynasty with all their life, this culture of "social solidarity" is impregnable. Therefore, the deep cultural carrying capacity of Heluo is the result of high degree of cohesion of the Chinese nation. It lays the cornerstone of a unified multi – ethnic country in which the Han is the main body.

　　鞏縣(今河南鞏義市)是個神秘的地方。這裏有創建於北魏孝文帝太和年間(477~499)雕刻精湛絕妙的石窟寺;有北宋龐大的「七帝八陵」皇家陵墓群;有站街鎮南瑤灣村筆架山下的杜甫故里等;更有一處古稱「洛汭」的地方令人神往,「汭」,音瑞,意指河流匯合或彎曲的地方。發源於陝西冢嶺山的洛水,經洛南、洛寧、宜陽而入洛陽偃師,匯伊、瀍、澗等水後至鞏縣南河渡注入黃河。我們在南河渡附近下車,迎面有巨幅廣告牌,上書「河洛交匯處」。沿着清澈的洛水由南向北前行,蒼茫雄渾的黃河由西而東橫亘在我們眼前,大自然的鬼斧神工使人們意往神馳。這是怎樣一個壯闊的圖景:當洛水出口流依黃河時,奔騰的濁水瞬間把清洛推向一個奧區,形成一個方圓數裏的巨大旋渦,清濁之水交融一起,隨着旋渦的回流,呈現在人們面前的是一幅碩大無朋的太極圖像,給人一種無言

的心靈的震撼。據説,黃河與洛水同時暴漲時,這種自然景象更會使人瞠目結舌,驚魂奪魄。由此引起我們對於河洛根性文化的一些思考。

一、伏羲臺與河圖洛書

「伏羲臺」位於河洛交匯處以東的夾角地帶,在黃河的南岸有一巨丘突兀而起,面積近 6 萬平方米。站立此臺,八面來風,駭目振心,西看黃河五十裏,東望奔流四十八,這座由大自然風化而成的丘陵臺地,蘊藏了太多的神秘色彩和承載着厚重的文化積澱。據傳,伏羲正是在這裏日夜觀察黃河洛水的包孕推衍,融合涵化,從而構演八卦。隋文帝開皇二年(582),於臺丘之上敕建羲皇祠,就是説,後人對於伏羲在此静觀河洛,推演八卦是信其有的。伏羲的八卦,經周文王演爲六十四卦,從此,這部充滿聖人智慧,代表了華夏文化之源的最高水準的《易經》,成爲後世人們永遠探究不盡的一種文化密碼,正如北宋理學家邵雍所言:「蓋天地萬物之理盡在其中矣。」於是,又有「河圖洛書」的傳説,《周易‧繫辭上》説:「河出圖,洛出書,聖人則之。」孔安國注:「河圖者,伏羲氏王天下,龍馬出河,遂則其文以畫八卦;洛書者,禹治水時,神龜負文而列於背,有數至九,禹遂因而第之以成。」「河圖洛書」的出現,實是黃河流域原始社會在沒有出現文字之前,先民生產與生活實踐經驗文化總結的一種曲折反映。上述是從人的方面來述説伏羲的,從神的角度看,伏羲則更爲豐滿和生動。伏羲是雷神之子,「蛇身人首,有聖德」,能緣天梯,建木以登天。《淮南子‧時則訓》載:「東方之極,自碣石山,過朝鮮,貫大人之國,東至日出之次,搏木之地,青土樹木之野,太皞、句芒之所司者萬二千裏。」高誘注:「太皞,伏羲氏,東方木德之帝也;句芒,木神。」在神話傳説中,伏羲是五帝中的東方天帝。在漢代伏羲女媧石刻畫像中,清晰表現一種「人頭蛇身」的伏羲女媧交尾像,這類題材在河南、山東及四川的漢代石刻畫像中,都有充分體現。他們是兄妹,當時天下沒有人民,他們來到崑崙山結爲夫妻,於是,伏羲女媧創造了人類。在中華民族發展史中,伏羲的地位是作爲人類始祖和上古創世神而確立的。

北宋著名文學家、史學家歐陽修,江西廬陵(今永豐沙溪)人,宋仁宗天聖八年(1030)進士。他曾來到鞏義河洛交匯處,與黃河進行了首次接觸,並寫下《鞏縣初見黃河》長詩,其中有句云:「河決三門合四水,迸流萬裏東輸海。鞏洛之山

夾而峙，河來嚙山作沙嘴。……我生居南不識河，但見禹貢書之記。其言河狀鉅且猛，驗河質書信皆是。昔者帝堯與帝舜，有子朱商不堪嗣。皇天意欲開禹聖，以水病堯民以潰。堯愁下人瘦若臘，衆臣薦鯀帝曰試。試之九載功不效，遂殛羽山慚而斃。禹羞父罪哀且勤，天始以書畀於姒。書曰五行水潤下，禹得其術因而治。鑿山疏流灘畎澮，分擘枝派有條理。萬邦入貢九州宅，生人始免生鱗尾。功深德大夏以家，施及三代蒙其利。……」敘説自己生在南方不識黄河，只是讀《禹貢》時，知道黄河的巨大與猛烈，今天親歷驗証，果然與書的記載相吻合。接着用精煉的語言，概括了河洛地區從黄帝以下至大禹治水有功受禪稱君的古史風貌，並開啓了夏、商、周三代「蒙其利」的歷史進程。

二、黄帝的有關記載與神話傳説

《史記》一百三十卷，首卷便是《五帝本紀》，其卷尾有司馬遷評語：「太史公曰：學者多稱五帝，尚矣。然尚書獨載堯以來，而百家言黄帝，其文不雅訓，薦紳先生難言之。……餘嘗西至空峒，北過涿鹿，東漸於海，南浮江淮矣，至長老皆各往往稱黄帝堯舜之處，風教固殊焉，總之不離古文者近是。」①所謂「尚矣」，《索隱》注：「尚，上也，言久遠也」；所謂「古文者」，《索隱》注：「古文即帝德、帝係二書」。全段意思是説，不少士大夫説五帝過於久遠，而黄帝的傳説又多來自民間的不雅觀，縉紳們很難説出口。然而我親至各地考察，許多前輩都跟我談到黄帝堯舜的各種事迹，與古文上的記載幾乎没什麼區別。於是，黄帝作爲中華民族始祖被載入《史記》的開篇。司馬遷作爲我國實踐史學先驅者，實在功均天地，明並日月。

在神話傳説中，黄帝在「五天帝」中是中央的一個天帝，《淮南子・天文訓》載：「中央土也，其帝黄帝，其佐后土，執繩而制四方」。黄帝與炎帝是同父异母的兄弟，各有天下一半，黄帝行道而炎帝不聽，「故戰於涿鹿之野，血流飄杵。」據《列子・黄帝》載，這場戰争規模極其壯觀，其前驅有熊、羆、狼、豹、貙、虎；旗幟則有雕、鶡、鷹、鳶等。炎帝戰敗，炎帝後裔蚩尤復仇，又敗；炎帝之裔，或炎帝之臣繼續復仇，直至滅亡。《史記》卷二十八《封禪書》云：「黄帝採首山銅，鑄鼎於

---

① 《史記・本紀第一》卷一。

荆山下。鼎既成,有龍垂鬍髯下迎黄帝,黄帝上騎。」有關黄帝的神話傳説,集中到一點無非説明一個問題,即:黄帝神通廣大,庇蔭天下子民,但其首要的艱巨的任務,就是千方百計將分散的華夏土地統一起來。

滕守堯説:「中國神性智慧是在陰陽、水火、上下、天人、師生等種種對立範疇之間的對話和融合中生成的,陰陽魚之間的 S 就是這種智慧的基因、原型或符號。」①我們無須過於認真地去考證這些神話傳説中的真與僞,歷史學家湯因比説:「藉助於神話的光亮,我們已經略爲窺到了一些挑戰和應戰的性質。我們已經瞭解到創造是一種遭遇的結果,而起源是交互作用的産物。……這些富有創造力的人們在生活方式的改變中是徹底地從采集食物和狩獵生活中改變到了耕種生活。」②這是一種「集體無意識」的民族認同,如果没有這一群「富有創造力的人們」豐富的想像力,由低級向高級生活方式的轉變是根本不可能的。列維·布留爾也説:「神話則是原始民族的聖經故事。……對原始人思維來説,神話既是社會集體與它現在和過去的自身,以及與它週圍存在物集體的結爲一體的表現,同時又是保持和唤醒這種一體感的手段。」③我們爲什麽對「河洛交匯」的旋渦和「伏羲臺」的神聖以及黄帝的「兼併」頂禮膜拜,爲什麽對「河圖洛書」深不可測的圖式和奇偶之數如此痴迷? 並不在於它們的神秘色彩,而在於它爲一個民族提供了大量的文化信息,並潛移默化流淌在這個民族同類的血液之中,成爲一種象徵的力量而具有超强的凝聚力。謝選駿説:「將神話本身化爲歷史傳説,這是中國式的。……中國上古神話的歷史化,在把零散的神話形象加以歷史化的同時,也完成了中國式的神話的『帝係』化,其結果是中國體系神話的誕生。」④中國神性智慧就是這樣在「歷史化」與「帝係化」的過程中,成爲中國文化的中堅。我們走近河洛,認識河洛文化就是從這裏開始的。

湯因比在《展望 21 世紀》的對話中説:「東亞有很多歷史遺産,這些都可以使其成爲全世界統一的地理和文化的主軸。……在漫長的中國歷史長河中,中華民族逐步培育起來的世界精神。……人的目的不是狂妄地支配自己以外的自

① 　滕守堯《文化的邊緣·自序》第 5 頁,作家出版社,1997 年。
② 　(英)湯因比《歷史研究》上册,上海人民出版社,1986 年。
③ 　(法)列維·布留爾《原始思維》第 437 頁,商務印書館,1985 年。
④ 　謝選駿《神話與民族精神》第 337 頁,山東文藝出版社,1986 年。

然,而是有一種必須和自然保持協調而生存的信念。」①深邃的華夏民族文化,尤其是在它的根性文化部分,最能表達一種「和自然保持協調而生存的信念」。

三、關於中國古代文明起源的認識

過去由於考古學的相對滯後,關於中國古代文明起源的認識單一淺顯,除「黃河文明」之外,剩下的是一些不成系統的散碎記憶。隨着長江流域大量史前考古的發現,我們的認識開始發生質的變化,四川廣漢南興鎮三星堆文化經歷千餘年後突然消失,留下許多難解之迷。而在成都郊區又令人難以置信地發現了金沙文化遺址,據説,這是三星堆先民在遭遇某種不測後,其中的一支遷移金沙所致,以此説明這兩處文化遺址的繼承關係。以三星堆青銅神樹上的立鳥爲例,在金沙文化遺址中,鳥的地位被大大强化與突出了,精美而充滿神秘感的「太陽神鳥」引起世界的震撼與讚嘆,據解説員説,金沙遺址中有關鳥圖騰崇拜,對江西的崇拜習俗有深刻影響。説者無心,聽者却有心,江西先民在信奉虎圖騰的同時,還真的特別信奉鳥圖騰崇拜,新干大洋洲出土的青銅雙尾虎脊背上伏有一只長尖嘴小鳥,再如青銅器蓋、青銅鼎耳、陶器製品及玉雕羽人等,無不顯示出江西原始先民對鳥的喜愛與崇敬。而在長江下游的良渚文化遺址中,也是信奉鳥圖騰崇拜的,在其大量的出土玉器中,不少刻有鳥圖案,有一件價值連城的玉琮王,上面就刻有精美的鳥紋。無獨有偶,《詩經》云:「天命玄鳥,降而生商」,商代人認爲他們的先祖就是「玄鳥」,信奉鳥圖騰崇拜也是情理之中事。因此,有關鳥圖騰崇拜,給了我們以下啓示:

第一,長江流域和黃河流域一樣,是中華民族文明發源地之一,這是毋庸置疑的。蘇秉琦先生根據這一實際情況,提出中國文明起源「滿天星斗」説,非常形象而生動。中國是個多民族國家,僅江南土著的越人就不知有多少名目,只得以「百越」統稱之。巴人、蜀人、楚人、越人及北方燕人,他們就是這樣生生不息地創造着自己本地域的文明。

第二,人們在對這種種截然不同的文明起源發出驚嘆的同時,又發現它們之間有着某種文化的互動與交流,構成一種「多元一體」的文化格局。數千年來,

---

① (英)湯因比、(日)池田大作《展望 21 世紀》第 287 頁,國際文化出版公司,1985 年。

它們爲何聚而不散,最終統一在華夏民族這個大的文化體系之中,就因爲它們在文明起源的地域雖然「各自爲政」,表現形式可謂异彩紛呈,但其表現形式的各項材質,諸如青銅、玉器和陶器却是高度一致的,其文化内涵所表達出的某種精神訴求更是有着驚人的相似。這種景觀,也只有在中國這樣的國家才能做到。

第三,在中國古代文明起源「滿天星斗」説中,我們又發現不少的文明起源可以用「來去匆匆」來形容,它們既無自己的遠古神話傳説,而且消失得又如此迅速,爲後世留下千古之謎。對於這種特殊的歷史狀况,湯因比有以下見解:「文明衰落的實質可以總結爲三點:少數人的創造能力的衰退;多數人的相應撤銷了模仿的行爲;以及繼之而來的全社會的社會團結的瓦解。」①這應是不少文明起源所以留下的千古之謎的實質所在。

第四,反觀黄河流域,遠古的神話傳説不僅被記載在中國最早的各種典籍之中,而且歷代社會精英以畢生精力對其不斷索隱與説解,這種文化的「社會團結」是堅不可摧的。湯因比認爲安逸對於文明是有害的,他以黄河流域經常泛濫成灾,河流改道與長江流域的氣候温和,常年通航作一比較,他的結論是:「然而古代中國文明却誕生在黄河岸上而不是誕生在長江流域。」這個論點顛覆了「哪裏適合生存,哪裏即産生文明」的傳統認識。因此,河洛文化雖然和其他地方一樣同屬於地域文化的一種,但不同的是它的承載力却是華夏民族文化高度凝聚的結果。其價值就在於它的豐富的思想創造力,成就了一種特別重要的精神遺産。到了春秋戰國時期,這是一個政治上分崩離析,道德上危機四伏的時代,而在文化上却迎來一個百家争鳴,學術活躍,流派競放的時代。這是一次中華文明思想能量的大釋放,是一次中華文化結構的重大調整,爲構建華夏民族文化心理結構的歷史進程和有序發展,起到一種不可替代的作用,從而奠定以漢族爲主體的,統一的多民族國家的基石。

（作者爲江西省社會科學院研究員、江西省文史研究館館員）

---

① （英）湯因比《歷史研究》中册第4頁,上海人民出版社,1986年。

參考書目：

1.《河洛匯流與河洛文化》,《河南鞏義文史資料第 29 集》,2007 年。

2. 楊海中《圖說河洛文化》,河南人民出版社,2007 年。

3. 程有爲《河洛文化概論》,河南人民出版社,2007 年。

4. 周月亮《中國古代文化傳播史》,北京廣播學院出版社,2000 年。

中原王朝對臺灣的開發與治理

李玉潔　盧清林

Abstract：This article discusses the relationship between the Central Plains and Taiwan. About 15,000 years ago, "Dongshan Bridge," the first communication link with the mainland, Taiwan, and later when the climate warming, sea level rise, "Dongshan Bridge" be submerged. China and Taiwan, Penghu, off the sea between. However, since the Qin and Han period, the Central Plains people have searched for Taiwan, and many of the Central Plains residents gradually migrated to the south, after the arrival of Fujian to Taiwan.

中原地區自古就與臺灣有着密切的聯繫。古代典籍稱臺灣為島夷、夷洲、澶洲、員外、東鯷等；自秦漢時期，中原人民已經尋訪了臺灣，得到了臺灣的許多資訊。中原人民對臺灣的開發作出了巨大的貢獻。

一、「東山陸橋」最早溝通了臺灣與大陸的聯繫

遠古時期，臺灣島與大陸是聯繫在一起的，即臺灣與福建省的東山島之間有一個淺灘相連。臺灣與福建省的東山島之間的淺灘深約 40～50 米，淺灘之外的海水深約 100 多米。在海峽中南部的這一條淺灘帶，是由大陸到臺灣的通道。學者們把這個有淺灘連成的淺灘帶稱為「東山陸橋」。

大約在 15000～30000 年之前，「東山陸橋」曾是地面上的由大陸到臺灣的通道。「在距今 3 萬至 1 萬年的第四紀末次冰期，氣候變冷、海平面下降，臺灣海峽形成所謂的「東山陸橋」。陸橋之上棲息著可能為躲避寒冷來自北方（從動物群的組成看應該是華北南部和淮河流域）的哺乳動物群，而「東山人」（或者叫他

們「海峽人」）也可能在這裏創建了他們自己的家園包括屬於他們自己的史前文化。可是,隨著全新世的到來,氣候變暖、海平而複又回升,臺灣海峽再度形成,「東山陸橋」上的動物和人連同它的史前文明,一起被淹沒於海峽之中。如今,考古工作者從大海中撈到了人和動物的化石,從動物化石上發現了種種人工痕跡,這些原始的刻錄無不透露著遠古的資訊,我們依稀窺視到已消失的『東山陸橋』史前社會的一絲景象。」①

臺灣還發現了古人類的化石。「1971 年,考古學家宋文薰、地質學家林朝棨等前往臺南鑒定左鎮鄉菜寮溪發現的犀牛化石時,在一些標木中發現了石化的人類右頂骨殘片,長約 21.6 釐米、寬 12.7 釐米。1974 年,日木古生物學家鹿間時夫博士又得到同一地點採集到的人類左頂骨殘片化石。這兩片人類頭骨化石,由鹿間博士帶回日木研究。由解剖學的觀察,兩片頭骨皆屬於現代人,其年代距今約 2～3 萬年。這一史前人類被命名為左鎮人。其後又在左鎮發現了四件人類頭骨化石及牙齒化石。經鑒定,這些頭骨可能是一個成年男性的,其年代大約與左鎮人同時。宋文薰認為,如果第一片頭骨的斷代無誤的話,那就是長濱文化時代人類的遺核了。」②

「左鎮人」與生活在大陸的「山頂洞人」屬於同一時期。臺灣海峽中發現很多只有在陸地上才能見到的沉積物,以及大型哺乳類古動物骨骼化石,應是在「山頂洞人」時期,中原人南下,通過「東山陸橋」,到達臺灣。「左鎮人」最早開發了臺灣。

二、秦漢時期中原對臺灣的尋訪

當臺灣與大陸被海水隔斷之後,以當時的科技和航海水準,人們是無法再與臺灣溝通。但是,中國人民自古以來就不乏勤勞勇敢的探險開拓的精神,而且大陸上生活在水邊的民族在石器時代就發現有「舟」,甲骨文中就有「舟」字。自殷代中華民族就有航海的能力。大陸歷朝歷代皆有人到臺灣島上,或者一探究竟,或者漂流海島,定居於此,於是臺灣又進入人們的視野。

---

① 陳立群《東山陸橋動物化石上的人工痕跡》《汕頭大學學報》2006 年 5 期,36 頁。
② 姚同發《左鎮人:大陸開發臺灣第一人—臺灣歷史文化淵源之一》《黃埔》2007 年第 1 期。

秦始皇「發童男女數千人入海求仙人」的故事在我國廣泛流傳。《史記·秦始皇本紀》記載:「齊人徐巿(fú)等上書言海中有三神山,名曰:蓬萊、方丈、瀛洲,仙人居之,請得齋戒與童男女求。於是遣徐巿發童男女數千人入海求仙人。」徐巿是戰國至秦朝時期的一個方士。徐巿,亦稱徐福;巿,福同音假借。

秦始皇「發童男女數千人入海求仙人」,是到臺灣、還是到日本,皆有傳說。日本至今還有徐巿墓;但也有記載,當然也是推測,說到了臺灣。

《後漢書·東夷傳》記載:「會稽海外有東鯷人,分為二十餘國。又有夷洲及澶洲。傳言秦始皇遣方士徐福將童男女數千人入海求蓬萊神仙不得,徐福畏誅,不敢還,遂止此洲,世世相承,有數萬家人民;時至會稽市,會稽東冶縣人有入海行,遭風流移至澶洲者,所在絕遠,不可往來。」

《三國志·吳志·孫權》記載:(黃龍)二年春正月,「遣將軍衛溫、諸葛直將甲士萬人浮海求夷洲及亶洲。亶洲在海中,長老傳言,秦始皇帝遣方士徐福將童男童女數千人入海求蓬萊神山及仙藥止此洲不還,世相承有數萬家。其上人民時有至會稽貨布。會稽東縣人海行,亦有遭風流移至亶洲者,所在絕遠,卒不可得至。但得夷洲數千人還。」

筆者認為,秦始皇「入海求仙人」的故事影響太大,所以人們把所見到的海島就認為是秦始皇「入海求仙人」之處。《後漢書·東夷傳》和《三國志·吳志》所記載的東鯷、夷洲、澶洲、亶洲,是否就是秦始皇「發童男女數千人入海求仙人」之處;秦始皇「入海求仙人」,是到日本、還是到臺灣,還可以再研究。但是這裏所說的東鯷、夷洲、澶洲、亶洲,絕不是我國古籍中記載的日本,而應該是臺灣。

《三國志·魏志·倭人》云:「倭人在帶方東南大海之中,依山島為國邑,舊百餘國。……土地山險,多深林道路,如禽鹿徑有千餘戶,無良田,食海物自活,乘船南北市糴。」倭人,是我國古代對日本的稱呼。帶方,是東漢王朝在今朝鮮地區設立的帶方郡,在樂浪郡(今平壤)之南。倭國「帶方東南大海之中」,而且「無良田,食海物自活」。

《後漢書·東夷傳》和《三國志·吳志》所記載的東鯷、夷洲、澶洲、亶洲的地理環境與我國古籍中記載的日本是絕不相同的,而與現在的臺灣有相同之處。東鯷、夷洲、澶洲、亶洲,所指的當是臺灣。

三國時期,孫權派遣將軍衛溫、諸葛直將甲士萬人浮海求夷洲及亶洲,得知

島上居民是中國大陸所移居，世相承有數萬家。島上人民時有至會稽貨布。會稽東縣人海行，亦有遭風流移至亶洲者。衛溫、諸葛直「得夷洲數千人還」。

三、隋煬帝對臺灣的征伐與臺灣對唐朝的納貢

隋唐時期，我國把臺灣稱為流求。隋煬帝曾對流求進行征伐。《隋書·流求國列傳》記載：大業元年（605），「海師何蠻等，每春秋二時，天清風靜，東望依希似有煙霧之氣，亦不知幾千裏。三年，煬帝令羽騎尉朱寬入海求訪異俗。何蠻言之，遂與蠻俱往，因到流求國。言不相通，掠一人而返。明年，帝複令寬慰撫之，流求不從。寬取其布甲而還。時倭國使來，朝見之曰：『此夷邪久國人所用也。』帝遣武賁郎將陳棱、朝請大夫張鎮州率兵自義安浮海擊之，至高華嶼，又東行二日至𪚥嶼，又一日便至流求。初棱將南方諸國人從軍，有昆崙人，頗解其語，遣人慰諭之。流求不從，拒逆官軍。棱擊走之，進至其都，頻戰皆敗，焚其宮室，虜其男女數千人，載軍實而還，自爾遂絕。」

關於朱寬、何蠻、陳棱、張鎮州到臺灣「求訪異俗」之事，司馬光《資治通鑑》有更詳細的記載。《資治通鑑·隋紀五·煬皇帝》記載：隋煬帝大業三年（607），「帝復遣朱寬招撫流求，流求不從。帝遣虎賁郎將廬江陳棱、朝請大夫同安張鎮周，發東陽兵萬餘人，自義安泛海擊之；行月餘至其國，以鎮周為先鋒，流求王渴刺兜遣兵逆戰。屢破之，遂至其都。渴刺兜自將出戰，又敗退入柵。棱等乘勝攻拔之，斬渴刺兜，虜其民萬餘口而還。二月乙巳，棱等獻流求俘，頒賜百官。進棱位右光祿大夫，鎮周金紫光祿大夫。」

由於陳棱對流求的征伐，立下不朽的功勳，隋煬帝封陳棱右光祿大夫，張為鎮周金紫光祿大夫，而且後代也為陳棱立廟祭祀。

唐宋時期，臺灣被稱為琉球、流求等。唐王朝已經開始「押藩舶使」，對海外諸島，包括流求，進行管理。海外諸島要向王朝進貢。

唐柳宗元《柳河東集·嶺南節度饗軍堂記》記載：「唐制：嶺南為五府，府部州以十數。其大小之戎，號令之用，則聽於節度使焉。其外大海多蠻夷，由流求、訶陵、西抵大夏康居，環水而國以百數，則統於押藩舶使焉。內之幅員萬裏，以執秩拱稽，時聽教命。外之羈屬數萬裏，以譯言贄寶，歲帥貢職。」

也就是說，唐朝的制度：大陸嶺南分為五府，管轄部州以十多個，由節度使統

轄;而海上諸島,如流求、訶陵等,則由「統於押藩舶使」管理。流求等數萬裏的海上諸島,帶著當地的寶物特產,還帶著翻譯,每年前來進貢,即「歲帥貢職」。

四、大陸與臺灣的貿易往來

大陸與臺灣的貿易往來自唐代就開始了,唐朝設立的「押藩舶使」,就是管理貿易往來船舶的機構和長官。隨著社會生產力的發展,貿易業更加繁榮。宋代以後,大陸和臺灣的貿易日益繁榮起來。海外的象牙、犀牛角、珠璣、金器、海貝、名香、寶布等這些中原地區認為很寶貴的物品,每年海水平靜時,用大船舶從流求地區流入內地。在福建沿海地區停靠著許多海外的船舶。泉州城外每年停泊數十艘貿易貨船,被稱為泉州外府。如果有爭訟之事,則到晉江縣決訟。而臺灣也設置館舍招待中華所去的商賈客人。

鄭方坤《全閩詩話‧六朝唐五代》記載唐代施肩吾所寫關於福建風土情況的詩文曰:「《泉郡志》云:東出海門,舟行二日程,曰彭湖。嶼在巨浸中,環島三十六,如排衙然。昔人多僑寓其上,苫茅為廬,推年大者為長,不畜妻女,耕漁為業,牧牛羊散食山谷間。各務耳為記,訟者取決於晉江縣。城外貿易歲數十艘,為泉之外府。後屢以倭患,墟其地,或雲抗於縣官,故墟之。今鄉落屋址尚存。唐施肩吾《島夷行》云:『腥臊海邊多鬼市,島夷居處無鄉裏。黑皮年少學采珠,手把生犀照咸水。』即其處也。今彭湖已設遊兵汛守焉。」由此可見,唐代臺灣與內地的貿易已經非常頻繁了。

宋朝之後,臺灣與大陸互設立館舍,以供往來的商賈居住。(宋)李複《潏水集‧書牘》在《與喬叔彥通判》的書信中云:「某嘗見張丞相士遜知邵武縣,日編集《閩中異事》云:泉州東至大海一百三十裏,自海岸乘舟無狂風巨浪,二日至高華嶼。嶼上之民作鯗(xiǎng)臘　者千計。又二日至黿嶼。黿形如玳瑁。又一日至流求國,其國別置館於海隅,以待中華之客。」

南宋無名氏所編著的《東雅堂昌黎集注‧序‧送鄭尚書序》記載:「其海外雜國,若耽浮羅、流求、毛人、夷、亶之州,林邑、扶南、真臘、於陀利之屬,東南際天地以萬數。或時候風潮朝貢,蠻胡賈人舶交海中。」

是時,琉球國尚無鐵器,他們常越過海峽到內地搶掠鐵器。如《宋史‧流求國》:「流求國在泉州之東,有海島曰彭湖。煙火相望,其國塹柵三重,環以流水,

植棘為藩;以刀、稍、弓、矢、劍、鼓為兵器,視月盈虧以紀時;無他奇貨,商賈不通。厥土沃壤,無賦斂,有事則均稅。旁有毗舍邪國,語言不通,祖裸盱睢,殆非人類。淳熙間,國之酋豪,嘗率數百輩,猝至泉之水灣圍頭等村,肆行殺掠;喜鐵器及匙箸,人閉戶則免。但刓其門圈而去,擲以匙箸則俯拾之,見鐵騎則爭;刓其甲騂首就戮,而不知悔。臨敵用標鎗系繩十餘丈為操縱,蓋惜其鐵不忍棄也。不駕舟楫,惟縛竹為筏,急則羣昇之泅水而遁。」

又《續通志‧四夷傳一》曰:「流求國,亦曰瑠求……宋淳熙間,其酋豪嘗率數百人猝至泉之水灣、圍頭等村肆掠,喜鐵器,人閉戶則刓其門圈而去,縛竹為筏,急則羣昇之泅以遁。元世祖至元二十八年,以海船副萬戶楊祥充宣撫使持詔往諭,竟不能達其旁,有毗舍邪國,亦語言不通。又有三嶼國,亦近流求,居民不及二百戶,時有至泉州為商賈者。」

(元)楊翮《佩玉齋類藁‧序‧送王庭訓赴惠州照磨序》:「世傳嶺南諸郡近南海。海外真臘、占城、流求諸國,蕃舶歲至。象、犀、珠璣、金、貝、名香、寶布,諸凡瑰奇珍異之物,寶於中州者,鹹萃於是。」

(明)蘇伯衡《蘇平仲文集‧別集‧空同子瞽說》「海賈謂漁者曰:我之賈於江海也。大舟如山,後不見前,檣高入雲,航廣彌天,奇貨異寶,填委其間。真臘、流求、川蜀、荊蠻,乘風駕浪,朝往夕還,獲利至速,以博用力,至逸以安爾。何不操我之舟以利天下?」

五、元明清時期臺灣正式納入了中國的版圖

自元代開始,臺灣成為中國的轄地。元朝曾在臺灣設立巡檢司,向臺灣澎湖等島嶼課稅,對臺灣進行管轄。臺灣正式納入了中國的版圖。

元朝初年,元世祖忽必烈曾派遣使者到流求宣讀詔書,要求流求歸降大元帝國。《元史‧瑠求》記載:至元二十八年(1288)冬十月,「(元世祖)乃命楊祥充宣撫使,給金符吳志鬥、禮部員外郎阮堅、兵部員外郎並給銀符,往使瑠求詔曰:『收撫江南已十七年,海外諸番,罔不臣屬,惟瑠求邇閩境,未曾歸附。議者請即加兵,朕惟祖宗立法,凡不庭之國,先遣使招諭,來則按堵如故;否則必致征討。今止其兵,命楊祥、阮鑒,往諭汝國。果能慕義來朝,存爾國祀,保爾黎庶;若不效順,自恃險阻,舟師奄及,恐貽後悔,爾其慎擇之。』」

元成宗元貞三年(1298),福建省長官高興嘗試性的到臺灣搶掠人口。《元史·瑠求列傳》記載:「福建省平章政事,高興言:今立省泉州,距瑠求為近,可伺其消息,或宜招、宜伐,不必他調兵力。興請就近試之。九月,高興遣省都鎮撫張浩、福州新軍萬戶張,進赴瑠求國,禽生口一百三十餘人。」

(元)汪大淵《島夷志略》「彭湖」條下云:「島分三十有六,巨細相間,坡隴相望;乃有七澳居其間,各得其名。自泉州順風二晝夜可至,有草無木,土瘠不宜禾稻。泉人結茅為屋居之,氣候常暖,風俗樸。野人多眉壽,男女穿長布衫,系以土布,煮海為鹽,釀秫為酒,采魚蝦螺蛤以佐食,蓺牛糞以爨,魚膏為油。地產胡麻、綠豆。山羊之孳生,數萬為羣,家以烙毛刻角為記,晝夜不收,各遂其生育。土商興販以樂其利。地隸泉州晉江縣。至元年間立巡檢司,以週歲額辦鹽課中統錢鈔一十錠二十五兩,別無科差。」

根據《島夷志略》的記載,元代至元年間(1264~1294),元王朝已經在這裏正式設立巡檢司,行使行政管轄權,每年在臺灣澎湖地區課稅「錢鈔一十錠二十五兩」,臺澎已劃歸中國版圖,其所屬為福建泉州晉江縣。

《明史·琉球列傳》曰:明太祖洪武初年,琉球「有三王:曰中山、曰山南、曰山北,皆以尚為姓,而中山最強」。洪武五年(1372)正月,朱元璋「命行人楊載以即位建元詔告其國。其中山王察度遣弟·期等隨載入朝貢方物。帝喜賜大統歷及文綺紗羅有差」。以後,臺灣三國中山、山南、山北每年朝貢,甚至一年兩貢。明王朝賞賜臺灣的則是他們所喜歡的瓷器、鐵器、金等物。臺灣三國每年派遣他們的上層貴族子弟到明朝京師學習文化知識,學習儒學。他們派遣到京師學習的有臺灣三國的上層貴族子弟、寨官之子,而且還有女學生。洪武二十九年(1397)春,臺灣「遣使來貢令山南生肄國學者歸省,其冬複來。中山亦遣寨官子二人及女官生姑魯妹二人先後來肄業,其感慕華風如此」。① 是時,臺灣三國對明朝「奉貢不絕」,而且無論是冊封太子、國有大事,皆需明朝政府昭准。

臺灣之名源於明朝天啟年間。明朝時期,濱海都督俞大猷征伐流寇林道乾,追及澎湖,因「港道紆回水淺,舟膠不敢進逼」,②臺灣才開始有「臺灣」之稱。

---

① 《明史·琉球列傳》,中華書局,1984年。
② 《福建通志·建置沿革》,清同治七年(1868)

《福建通志・建置沿革》記載:「天啟元年,漢人顏思齊為東洋日本國甲螺,引倭屯聚於此,鄭芝龍附之。未幾,荷蘭人舟遭風飄此,欲借片地暫為棲止,後遂久假不歸。日繁月熾,尋與倭約,全與臺地,每歲貢鹿皮三萬。張倭乃以全臺歸荷蘭。崇禎八年,荷蘭始築臺灣、赤嵌二城。荷蘭又設市於臺灣城外,漳泉之商賈皆集焉。」注:「甲螺,即頭目之類。臺灣城,即今安平鎮;赤嵌城,即今紅毛樓,名城而實非城。」

民族英雄鄭成功曾改臺灣為「東郡」;其子鄭經繼位時,又更名為「東寧」;鄭克爽投降清朝後仍更名為「臺灣」,並設置臺灣府,隸屬於福建省,這是臺灣的正式定名。

《大清一統志・臺灣府》:臺灣府「明天啟中為紅毛荷蘭夷人所據,屬於日本。本朝順治六年,鄭成功逐荷蘭夷據之,偽置承天府,名曰東都,設二縣:曰天興、萬年。其子鄭錦改東都曰東寧省,升二縣為州。康熙二十二年討平之,改置臺灣府屬福建省,領縣二。雍正元年,又分諸羅置彰化縣,領縣四」。

藍鼎元《平臺紀略・朱一貴之亂》曰:「康熙二十三年甲子四月己酉,上諭:戶部兵部,臺灣僻處海外,新入版圖,應設立郡縣營伍,俾善良寧宇,奸宄消萌。教化既行,風俗自美。著於赤墩,設臺灣府。附郭為臺灣縣,鳳山為鳳山縣,諸羅山為諸羅縣。設一道員分轄,又設總兵一員,副將二員,兵八千名,分為水陸八營。澎湖設副將一員,兵兩千名,分二營。每營設遊守千把等官。」

(李玉潔,河南大學黃河文明與可持續發展研究中心教授;盧清林,四川大學在讀博士)

參考書目:

1.《史記,》中華書局 1982 年。

2.《後漢書》,中華書局 1982 年。

3.《三國志》,中華書局 1984 年。

4. 田文鏡《福建通志》,清同治七年(1868)。

5.《隋書》,中華書局 1973 年。

6. 嵇璜、劉墉《續通志》,浙江古籍出版社 1988 年。

7.《明史》,中華書局 1984 年。

8.《資治通鑑》,北京圖書館出版社 2006 年

9. 羅浚《寶慶四明志》引文淵閣四庫全書(影印本),臺灣商務印書館 1986 年。

10. 宋濂《元史》,中華書局 1976 年。

11. 汪大淵《島夷志略》引文淵閣四庫全書(影印本),臺灣商務印書館 1986 年。

河洛文化在臺灣的傳承與發揚

齊衛國

The topic is「Inheritance and Development of Heluo Culture in Taiwan」, the major points are

1. Look for the roots of Taiwan Culture – describe the content of the culture，Taiwanese come from Fijian and Guangdong, Fijian and Guangdong people come from Heluo, as well as Taiwanese aborigines, all together to have integration.

2. Taiwan Culture's transmission and absorption – describe the culture from migration people, they absorb foreign culture to create today's achievements.

Closed – door police is not workable, we should absorb foreign culture, together with Chinese culture, to make the world harmoniously.

一、前言

「求木之長者，必固其根本；欲流之遠者，必浚其泉源；思國之安者，必積其德義。」這是唐朝的太子太師魏征在《諫太宗十思疏》中的話。考其意義，豈是單指木、水、國而言，施之於文化方面亦然。自民國三十八年政府播遷來臺整軍經武，勵精圖治，已是物阜民豐、安居樂業的狀況。國民所得平均一萬三千美元，成為世界上政治、經濟的奇蹟，此乃堅持中華文化使然也。然而中華文化在臺灣源流是怎樣的？其傳承如何？又是怎樣得到發揚的？本人願陳芻蕘之見，敘述於後。

二、臺灣文化溯源

1. 文化的內涵

要知臺灣文化的源頭，首先說明「文化」的內涵。對此兩字的解釋，人言言

殊,各有見地。兹總撮其要:文化是人類運用智能所開創的一切,就時間言,是人類從草昧到文明,不斷的積累和進步,都是文化的過程;就空間言,凡人類智能所及,言行所表,生活所依,不論是物質的和精神的都是文化的領域,由此可知文化的内涵了。① 至於一般的說法,是指文字、文學、學術、教育、出版而言,明乎此,再進一步說明「河洛」的名稱。

2. 河洛的名稱及史蹟

「河洛」以地理名稱而言,是指黃河與洛水,此兩水在現今的河南省鞏縣交會。按《易經·繫詞上》說:「河出圖,洛出書,聖人則之。」《史記·封禪書》上有「昔三代之君,皆在河洛之間……」《書經·顧命》有「河圖、八卦,伏羲王天下,龍馬出河,遂則(效法)其文以畫八卦,謂之河圖。」孔安國以為河圖是八卦,洛書是九疇(聖人治天下之九章大法),這說明河洛是中華文化的搖籃。

有了八卦、九疇,後代又重而為六十四卦,歷代又取象而發明,這河圖洛書就成了河洛文化的源頭,這也就是我們中國人以河洛文字、語言以自居的依據。

3. 臺灣同胞來自閩粤

我們認清了「河洛文化」,那麼身在臺灣、澎湖的同胞與河洛文化有什麼關係? 從歷史上說:夏朝時分天下為九州,把臺灣劃為「揚州」所轄(西漢地理志載);三國時東吳孫權,曾於黃龍二年(230)遣將軍衛温、諸葛直率官兵萬餘人來臺(事見三國志);隋朝曾派兵來臺,歷時月餘而還(大業三年事);宋朝已將澎湖正式收入版圖;元朝時對臺灣曾兩次招撫;明朝時顏思齊、鄭芝龍來臺灣,至天啟四年(1624)來臺漢人已有十萬,鄭成功驅荷蘭人,光復臺灣;清朝康熙二十二年(1683年)將臺灣統治;民國三十四年(1945)抗日勝利光復臺灣,臺灣人口已有六百萬,這是歷朝歷代從閩、粤兩地遷來的同胞,占總人口的百分之九十以上。②

4. 閩粤同胞來自河洛

我們進一步研究,閩粤同胞何以說「來自河洛」? 這要從歷史和臺灣地名說起:當晉朝「八王之亂」時,五胡(匈奴、鮮卑、羌、氐、羯)乘機亂華,此時的富商、學者、官員紛紛隨政府南遷到閩粤兩地;嗣後的唐代黃巢之亂,宋朝的金人南侵,

---

① 萬驪《中國文化概論》,臺北市 1970 年 1 月。
② 賴淮《臺灣與大陸》,臺北市 1964 年 3 月。

這些戰爭都使河洛一帶的中原人氏，大量遷到閩粵地區，還有旱害、水災、瘟疫等原因，有些人就投親靠友，遷到了南方，遷徙到南方的人，又遷到臺灣而居了。這個說法是有根據的，可用臺灣之地名為證。例如：

泉州厝——厝是廈、家、屋的意思，大廈稱大厝，稱林家為林厝、幾間房屋稱幾塊厝。泉州厝即是現在臺灣彰化縣新港鄉泉州村，意謂著泉州人居住的家屋。

南靖厝——今之新北市鶯歌的南靖裏。原是福建省漳州府的一個縣名，該地人遷到臺灣後，其居宅遂稱為南靖厝，久之，居宅名就成了地名。

潮州——即臺灣屏東縣的潮州鎮。潮州原為廣東省潮州府府名，先民移來臺灣，為紀念其家鄉，乃將其居地，名為潮州。

北埔——為客家村落，即今新竹縣的北埔鄉。廣東人喜用「埔」字作地名，來臺後仍沿舊習，如：新竹縣的新埔；新北市的二重埔、三重埔、三角埔；屏東縣的內埔、鹽埔；苗栗縣的大埔，起初都是粵人落戶時之地名。[1]

由以上簡單說明，即知「臺灣同胞來自閩粵，閩粵同胞來自河洛」的這句話，是鐵證如山的了。

至於臺灣的少數民族——泰雅族、布農族、阿美族、排灣族、雅美族、賽夏族、卑南族、鄒族、太魯閣族、撒奇萊雅族、噶瑪蘭族、賽德克族、邵族、魯凱族，共十四族，據我國民族學者凌純聲先生的說法，這些少數民族，是在公元前自大陸遷到南洋各島，有的又遷到臺灣來的。他們沒有文字，風俗習慣、語言也各不相同，現都融入中華民族了。

三、臺灣文化的傳承與吸收

大家都知道，英國小說家狄福的《魯賓遜漂流記》，記述了一个人在航海時漂流到一個荒島上，孤苦伶仃在荒島上生活的情形。他為什麼還能活著？就是他在原住地的智慧、能力、耕種、採果、漁獵，這些文化都在記憶中一一施展出來，所以他不致於死亡。明乎此，就知河洛人南遷就把文化帶到閩粵，閩粵人遷來臺灣，就把文化帶到了臺灣。不只是代代傳承，而且是發揚光大。茲舉數事可資證明：

---

[1]　同前註。

1. 語文教育相同

閩南語俗稱福佬話，即是福建人的話，這是河洛兩字的雙音，這是晉朝時的國語。現在仔細辨別，都是古音字，如「小孩」叫嬰郎，「八」讀背，「火」讀燬；文教方面：在清朝時，考秀才、舉人、進士，讀書教四書五經，學習做人做事，都和大陸相同。日據時代，雖強迫學日本語文，但臺胞仍以學漢文為主。

2. 宗教信仰相同

信道教的，即拜玉皇大帝、太上老君、三官大帝、城隍爺、關聖帝君、張天師等神明；信佛教的，即拜觀音佛祖、釋加牟尼佛、阿彌陀佛、彌勒佛、地藏菩薩、清水祖師，又拜孔廟、昌黎廟、鄭成功廟、岳飛廟、媽祖廟，信回教的拜清真寺，這些宗教信仰都和大陸相同，都有慎終追遠的觀念。

3. 社會習俗相同

春節，我國以農立國，向以農曆為本，以農曆元旦為春節，家家燃鞭炮，人人穿新衣，拜祖先，請財神，貼春聯，送紅包，這些習俗至今不衰；元宵節，道教以正月十五為上元，亦為燈節，城市鄉村，普遍慶祝，射燈虎（猜燈謎），提燈籠，甚是熱鬧；清明節，是掃墓的日子，宋朝的詩「南北山頭多墓田，清明祭掃各紛然。」即是形容子孫不忘本、「祭之以禮」的孝心；端午節，以農曆的五月五日為端午節，這一天家家戶戶都插艾草，製香包，吃粽子，飲雄黃酒，划龍船比賽，也在這一天；中秋節，八月十五日居三秋之中，故叫中秋節，在農曆八月十四至十六日，月亮又圓又亮，因此就有「天上圓、地上圓、家家團圓」之說，在外經商或工作的人，都趕回家過團圓日子；如不能回家的，就長嘆一聲「月圓人不圓」了；這一晚要擺上月餅、瓜果、桃梨來敬上天，希望諸事圓滿；除夕，以農曆十二月末日之夜半為除夕，意思是舊歲至此夕而除，故有「故歲今宵盡，新年明日來」、「一夜連雙歲，五更分兩年」之語，這一夜有的人徹夜不眠，叫做守歲，全家圍爐，長輩們述說祖先的光榮事蹟，使子孫賡續為善，不光彩的事，也說出來，使子孫引以為戒，圍爐談話是非常有益的事。

從語文教育、宗教信仰、社會習俗等方面來看，臺灣對河洛文化的傳承，是有脈絡可循的，是無愧為炎黃子孫的。至於吸收外來文化方面，如：基督教是由荷蘭人據臺時傳來的，天主教是由西班牙人傳來的，佛教的曹洞宗、臨濟宗是日據時代傳來的，在科技的知識技能，清朝時修的鐵路、水庫，日本據臺時，自日本移

來的科技,也都予以吸收。李遠哲先生還得到「諾貝爾獎」呢。可見不是閉關自守、盲目排外的。

四、臺灣對文化的發揚

1. 以史為鑑

我們讀《中國近代史》,自清朝道光二十二年(1842)鴉片中英戰爭,割地賠款以後,接踵而來的《中英天津條約》、《中法北京條約》、《中日馬關條約》、八國聯軍……都是喪權辱國,真令人廢書三嘆![1] 考其原因,是清廷排斥西人來華傳教經商,西學因之中斷。在明清之際的西學,因衰竭而停滯不前,對西方的政治、經濟、武器彈藥,茫然無知,此閉關之害也,文化亦復如是。懲前毖後,絕不能再蹈前人之覆轍! 要做到先總統蔣公在《中國之命運》中所說:「要吸收外來文化,而廣被以中華文化。」這是秉國鈞者極正確的方向。

談到人才方面,就想到李斯的《諫逐客書》中的「臣聞地廣者粟多,國大者人眾,兵強者士勇。是以泰山不讓土壤,故能成其大;河海不擇細流,故能就其深;王者不卻眾庶,故能明其德。……此五帝三王之所以無敵也。」[2]再看現在世界上富強的美國,就是不分畛域,不計人種,廣設獎學金,羅致優秀人才,此所以富強之基也。吾人宜思古鑑今而急起直追;大陸政府在世界各地設「孔子學院」兩百所,此正是廣被以中華文化之最佳措施也。

2. 臺灣對文化的發揚

默察臺灣對文化的發揚,有政府和民間兩方面:政府方面,在公立大學設外籍學生獎金(私立大學也有如此者),民間方面,設華語補習班,教外籍學生學語言文字,每年皆有「華語演講比賽」,以驗收其成果;抑又有進者,餘前年到美國旅遊,至同鄉楊立、呂瓊麟夫婦家,何光天、呂桂清夫婦家,他們教子女能說山東話,更識華文,楊立當社區華人主席,教外國人學華語文,並訂作茶杯贈給學生,餘見其茶杯頗有紀念意義,特索兩個攜回家中。(茶杯上有以「做中國為傲」、「喜瑞都中文學校」字樣,餘甚愛之)這是把中華文化發揚於外國的最佳証明。

---

[1]　齊衛國《中國近代史》,臺北市,1981 年 1 月。

[2]　李斯《諫逐客書》,《古文觀止》。

五、結語

盱衡世界上五大文明古國及文化五大巨流,有的中斷,有的消失,獨我中華文化,雖有時暗淡,有時昌盛,然而均能危而復安,暗而復明者,在乎固其根本、浚其源流及傳承與發揚而已!國父孫中山先生曾主張「對中華文化,從根救起,對外國文化,迎頭趕上。」願我炎黃子孫,踵武前賢,後來居上,使河洛文化光芒萬丈、燭照天下,則中華幸甚!世界幸甚!

世界「諾貝爾獎得主」,在 1988 年於巴黎會議時發表宣言,其結論為:「二十一世紀,必以儒家思想為世界文化之中心。人類如需在二十一世紀繼續生存,則必須回頭吸取二千五百年前孔夫子的智慧。」[1]讀者諸君,此乃世界碩學鴻彥所倡之共識,願我中華兒女,切勿妄自菲薄,宜念茲在茲拳拳服膺,達到己立立人,己達達人之目的,使世界人類和諧共處,以開萬世之太平。

(作者為臺灣中華文藝界聯誼會員,曾任「知風草文教服務協會」理事長)

參考書目:

1. 萬驪《中國文化概論》,臺北市,1970 年 1 月。

2. 賴准《臺灣與大陸》,臺北,1961 年。

3. 同註 1。

4. 齊衛國《中國近代史》,臺北,1981 年 1 月。

5. 李斯《諫逐客書》,《古文觀止》。

6. 孔子學會,《印書封底語》,臺北,1988 年。

---

[1] 　孔子學會《印書封底語》,臺北,1988 年。

從邶鄘衛風詩看《詩經》
時代河洛地區的自然名物

何祥榮

The poems of "Bei Yong Wei" inside the "Books of Songs" produced in the "Yan 's country fair", belong to the Heluo district. From those poems 's using of different objects, can lead us to scrutinize the culture and custom of Objects Using inside the Heluo district within the *Shi Jing* period. "Objects Using" means "concrete objects which have special names and characteristics". It can divide into "natural objects" and "man made objects". The wei's people have different characteristics by using different objects include "daily life tools", "war tools", and "dancing tools". For the "natural objects", the Wei's people have special knowledge towards animals, for instance, wild goose has special function in wedding ceremony. Wei's district also produce special botany.

一、衛人對動物的認知及其生活應用

1. 衛人以「倉庚」為歌聲動聽之鳥

《邶風‧凱風》:「睍睆黃鳥,載好其音」。詩中的「黃鳥」屬於「黑枕黃鸝」類。據《詩經動物釋詁》,《詩經》中的黃鳥,在現代動物學中的分類有兩類,一類是「黃雀」類,一類是「黃鸝」類。《凱風》中的黃鳥,以及《豳風‧東山》:「倉庚於飛,熠耀其羽」;《小雅‧出車》:「倉庚喈喈,采蘩祁祁」的「倉庚」是同類,皆屬黃鸝,主要依據舊注及黃鸝的特性與詩意合。《毛傳》:「黃鳥,搏黍也」又:「倉庚,鸝黃也。」陸機《草木鳥獸蟲魚疏》:「黃鳥,黃鸝留也。或謂之黃栗留。幽州人謂之黃鶯,或謂之黃鳥。一名倉庚,一名商庚,一名鵹黃,一名楚雀。」《詩集傳》:

「黃鳥,鶬也」,又云:「倉庚,黃鶬也」。《爾雅》:「皇,黃鳥。」郭注:「其俗衙黃離留,亦名摶黍。」更重要的是黃鶬有善鳴及音聲圓轉的特性,《本草綱目》卷四十九引《禽經》云:「鶯鳴嚶嚶」;李時珍亦云:「其音圓滑,如織機聲,乃應節趨時之鳥也。」故與《凱風》:「睍睆黃鳥,載好其音」的詩意相合。

2. 衛人對雉、翟為衣飾、車蔽及跳舞器具

邶鄘衛地多雉鳥。《邶風》中出現「雉」的詩篇有二:《雄雉》及《匏有苦葉》,《雄雉》更以「雉」命名。「翟」其實也是「雉」類,詩篇有《簡兮》、《鄘風·君子偕老》、《衛風·碩人》。《雄雉》云:「雄雉於飛,泄泄其羽」、「雄雉於飛,下上其音」。《匏有若葉》:「有瀰濟盈,有鷕雉鳴」,《簡兮》:「左手執籥,右手秉翟」。《鄘風·君子偕老》:「玼兮玼兮,其之翟也」、《衛風·碩人》:「朱幩鑣鑣,翟茀以朝。」。

綜觀古籍之解釋,「雉」是長尾的山雞,身上有文采。朱熹《詩集傳》云:「雉,野雞。雄者有冠,長尾,身有文采。」[1]《本草綱目》卷四十八有「雉」條:「〔釋名〕:「雉,野雞。」至於「翟」字有兩個含義:一是指雉的羽毛,一是與「雉」同義。《毛傳》:「翟,翟羽也」[2],即訓「翟」為羽毛。《說文解字》則曰:「翟,山雉也,尾長」[3],即指長尾的山雞。故「翟」與「雉」其實是異名同物。

衛人把「雉」形繪於衣服上作祭服,《君子偕老》云:「其之翟也」,孔疏曰:「傳以翟,雉名也。今衣名曰翟,故謂以羽飾衣……鄭注周禮三翟,皆刻繪為翟雉之形,而彩畫之以為飾。」[4]可見,衛人已有翟衣,而且以彩色繪畫作為裝飾,色彩鮮明。此外,《簡兮》:「左手執籥,右手秉翟」中之「翟」,即《毛傳》中之「翟羽」,可知,衛以右手持「翟」的羽毛以跳舞。

3.「雁」在衛國婚禮上的作用

邶鄘衛地在婚禮上也有「納采」及「奠雁禮」的風俗。《儀禮·士昏禮》:「主人揖人,賓執雁從……主人升西面,賓外北面奠雁,再拜稽首。」[5]雁是候鳥,雁是摯鳥,雌雄終身為伴。一方死後,另一方不再找配偶,故雁也象徵婚姻的忠貞。

① 朱熹《詩集傳》,中華書局,1983年,第19頁。
② 毛公傳、鄭玄箋、孔穎達疏《毛詩正義》,中華書局,1991年,第308頁。
③ 許慎《說文解字注》,上海古籍出版社,1986年,第138頁。
④ 毛公傳、鄭玄箋、孔穎達疏《毛詩正義》,中華書局,1991年,第314頁。
⑤ 《儀禮注疏》,中華書局,1991年,第966頁。

隨氣候變化而南遷北徙,是順從陰陽的表現,故能象徵男女婚姻的陰陽和合。此外,因此,周代已有男方向女方獻雁之禮,並向雁鞠躬行禮,稱為「奠雁禮」。班固《白虎通·嫁娶》亦謂:「取其隨時而南北,不失其節,明不奪女子之時也;又是隨陽之鳥,妻從夫之義也。又取飛成行,止成列也。明嫁娶之禮,長幼有序,不相逾越也。」《匏有苦葉》:「雝雝鳴雁,旭日始旦」,詩人聽到「雁」鳴聲,即想到自己的婚嫁,渴望夫早日回來行雁禮。而「士如歸妻,迨冰未泮」,則透露當時嫁娶習慣在「秋冬」時節,故詩人要求男方娶妻,應趁著寒冰仍未融化之時,即秋冬時節。

4. 衛人以鶉、鵲象徵堅貞

衛國詩人喜以「鶉」、「鵲」作比興,取其成雙成對之意。換言之,衛人相信鶉、鵲有固定匹偶,均為用情專一之鳥。《鄘風·鶉之奔奔》:「鶉之奔奔,鵲之疆疆。人之無良,我以為兄。鵲之疆疆,鶉之奔奔,人之無良,我以為君」。《爾雅翼》:「鶉,鳥之淳者,其居易容,其欲易給。竄伏淺草之間,隨地而安……尾特禿,若衣之短結。《傳》稱子夏貧衣若縣鶉,又今有鶉公鳥者,名襤褸,亦短禿之名,意相類也。」可知,鶉鳥經常在淺草之間竄伏棲息,尾部羽毛特禿,故常借以比喻貧陋者所穿的短衣。鶉鳥隨地而安,無固定居所,故稱隨地而安之人為「鶉居」。鶉鳥雖無常居,卻有定偶。

喜鵲的特性是善築巢,朱熹《詩集傳》:「鵲善為巢。其巢最為完固」。《埤雅》:「鵲知人,喜作巢。取在木杪枝,不取墮地者。」故《詩經·召南》有《鵲巢》篇。喜鵲也善鳴,像向人報喜一樣,故其名字與其特性不無關係。《本草綱目》卷四十九鵲:「鵲鳴唶唶,故謂之鵲。鵲色駁雜,故謂之駁。靈能報喜,故謂之喜。」喜鵲另一特性是形影皆雙,長年利用老巢繁育後代。「鵲之疆疆」即形容摯鳥在天空形影相隨地飛翔的姿態,飛翔時像一支張開的弓箭。《詩經的科學解讀》認為「疆」字從「弓」,「表示喜鵲飛翔時張開翅膀,連同前伸的頭部容長長的尾部,形同一副張開的弓箭。」①正因為喜鵲成雙地如箭飛翔,故衛地詩人喜以之喻情侶專一。

5. 衛人喜以旄牛尾裝飾旗幟

衛國有用旄牛尾裝飾的旗幟,在衛邑「浚」的郊外,便可輕易見到。《鄘風·

---

① 胡淼《詩經的科學解讀》,上海人民出版社,2007年,第90頁。

干旄》：「孑孑干旄，在浚之郊，素絲紕之，良馬四之」。「干旄」便是用犛牛尾為裝飾的旗幟，飾於旗竿頂端。陳奐《詩毛氏傳疏》：「注犛牛尾於竿之首，謂之干旄。下章干旟、干旌，皆同干旄也。」①這些特立的干旄，在浚城的郊外飄揚，「浚」，衛邑名。酈道元《水經注》：「浚城距楚丘只二十裏」。犛牛一般盛產於中國西部至西藏高寒地帶，故衛地雖非西藏地帶，然《莊子‧逍遙遊》也有提及犛牛，則知中原地帶或有其加工品，對犛牛並不陌生。

6. 衛人以籧篨、戚施為醜惡之物

衛人對「癩蝦蟆」已有認識，並視之為醜惡之物。《邶風‧新臺》：「燕婉之求，籧篨不鮮」、「燕婉之求，籧篨不殄」、「燕婉之求，得此戚施」。聞一多以為「籧篨」、「戚施」均為「蟾蜍、癩蝦蟆」之類的東西。（《全集. 天問. 釋天》）。《韓詩》亦謂：「戚施，蟾蜍也。戚音蹴。」《太平御覽》亦指出「戚施」即「蟾蜍」，《太平御覽‧蟲豸部》引《薛君章句》云：「戚施，蟾蜍，喻醜惡。」「蟾蜍」的出現，已有悠久歷史，早見於古籍，於《爾雅》作「蟾諸」，郭璞注：「似蝦蟆，居陸地，淮南謂之去蚊。」《本草綱目》則謂《說文》作「詹諸」。現代動物學的解釋，「蟾蜍」又名「癩蝦蟆」，前肢粗壯，指側具緣膜，指間無蹼，後肢粗短，頭頂平滑，多棲息在陰濕草叢中、土洞裏、磚石下、亂草堆中，或在河岸、滿渠邊、田埂、地邊及房屋週圍。乾蟾可入藥，除濕熱、散腫、消疳積，拔毒殺蟲等。②

二、邶鄘衛的植物特產及其生活運用

1. 衛地盛產「酸棗」

衛地盛產的植物有「棘」。《邶風‧凱風》：「凱風自南，吹彼棘心。棘心夭夭，母氏劬勞。凱風自南，吹彼棘薪」。「棘」屬於棗類，陸佃《埤雅》指出兩霉的分別：樹身高大的是「棗」、矮小的是「棘」。「棘」今名酸棗，《詩經植物圖鑑》指出，「皮較細，莖的棘刺較多，葉似棗而小，果紅紫色且較圓小；多生長在崕壁上，形體較小，且長成大木者小。」③，酸棗又名「樲棗」，（《孟子》：「舍其梧檟，養其樲棗」），多生於山野荒郊及路邊，果可食，核仁、花、葉、棘刺、根皮均可供藥用。酸

① 陳奐《詩毛氏傳疏》，學生書局，1995 年，第 145 頁。
② 參見高明乾《詩經動物釋詁》，中華書局，2005 年，第 88 頁。
③ 潘富俊《詩經植物圖鑑》，貓頭鷹出版社，2001 年，第 63 頁。

棗仁可養肝、寧心、安神、斂汗,治虛煩失眠,驚悸怔忡等症。樹幹可作綠籬或砧木。

2. 衛人善用「匏」作腰舟以渡水

《邶風‧匏有苦葉》揭示了邶鄘衛地用腰舟渡水的風俗。「匏」是「葫蘆科的一年生攀援性草本植物……全株有軟毛,卷鬚有分枝。葉蒼綠色,卵形或腎狀卵圓形,基部心形,單葉互生。嫩時稱匏瓜,方綠肉白,作蔬菜,柔滑可口,成熟木質化,外方變白,稱匏。剖開可作瓢用。」到了秋天,匏葉枯黃,匏果老了,摘下來晒乾後,可作浮球繫於腰間以涉渡河水,稱為「腰舟」。故詩云:「匏有苦葉,濟有深涉。深則厲,淺則揭。」

3. 衛人食用根莖類植物:葑、菲

邶鄘衛地大抵也盛產根莖類植物作為副食。《邶風‧谷風》:「采葑采菲,無以下體」,不論從舊注或現代植物學的解釋觀之,「葑」、「菲」均為根莖類植物无疑。陸機《草木鳥獸蟲魚疏》:「葑又名蕪菁」,塊根大部露在地面上,膨大成卵球形蘿卜狀,地下只有鼠尾狀直根和鬚根。《後漢書》:「諸葛武侯引兵所至,令軍士獨種蔓菁,取其才出土,可生啖。」「菲」即蘿卜,《詩經注析》:「菲,又名萊菔,今名蘿蔔」[1],「主根是圓直肥大的肉質塊根,富含糖類,維生素及鈣質,是人類的重要疏菜。」[2]

4. 衛地盛產「唐」、「麥」

衛國盛產「唐」、「麥」,特別在首都「朝歌」及其北部、東部。《鄘風‧桑中》:「爰采唐矣,沬之鄉矣」、「爰采麥矣,沬之北矣」、「爰采葑矣,沬之東矣」。程俊英《詩經注析》:「沬,亦作湏,衛都朝歌」。[3] 可見,在《詩經》時代,朝歌已盛產「唐」、「麥」、和「葑」。至於三種植物為何物?「葑」已見前《谷風》:「采葑采菲」。「唐」,《爾雅》稱為「唐蒙」,又名菟絲,朱熹《詩集傳》:「唐,蒙菜也,一名菟絲。」菟絲是藤狀的植物,特性是攀附其他植物,吸取其養份,否則無法自立。菟絲的種子發芽後,長出黃色細絲,細絲上部向空中畫圈,碰到其他植物,便會緊緊纏繞,產生吸器,開始寄居的生活。菟絲子全草皆可入藥。《神農本草經》:「汁去面黯」,菟絲子的汁液可去除臉上的黑色素,是古代去斑美白的原料。

---

[1][2][3]　程俊英《詩經注析》,中華書局,2009 年,第 92 頁。

5. 衛人善用榛、栗、梓、漆、桑為經濟作物

衛人喜歡種植榛、栗、梓、漆、桑作為生財的植物。《鄘風‧定之方中》是讚美衛文公從漕邑遷至楚丘重建國家的詩,詩中便提到在楚丘一帶,種植榛栗等樹木。詩云:「字之方中,作於楚室。揆之以日,作於楚室。樹之榛栗,椅桐梓漆,爰伐琴瑟。」詩中明言種植榛栗等樹,是為了加工製作琴瑟。其實,榛栗梓漆桑等,都是優質的建材,對經濟的恢復,起著一定的作用。榛在周代已是供應周天子及嬪妃之用,多用以祭祀和宴饗賓客。《禮記‧曲禮下》:「婦人之摯,棋、榛、脯、脩、棗、栗」①。「榛果有健身美容作用,故作為饋贈宮廷貴婦的佳品。」②榛樹枝幹通直,材質堅韌,可製作槍矛等兵器,故也有軍事價值。

「栗」又名「板栗」,是野生果實,生於陽坡、河邊,抗旱耐澇,材質堅實,耐水濕,可供建築、造船、枕木、礦柱、家具之用。葉可飼「柞蠶」,果實、葉片、殼斗,樹皮均可藥用。果實有養胃健脾、補腎強筋、活血止血等功效。

板栗是周族的標志樹,《論語‧八佾》:「夏后氏以松,殷人以柏,周人以栗」。在《禮記》中的記載,也是饋贈貴婦的恩物。

梓樹與梧桐同為歷史悠久的優質樹種,故春秋時有以梓樹比喻優良的人材。《左傳‧襄公二十六年》:「晉大夫與楚孰賢,對曰:『晉卿不如楚,其大夫則賢,皆卿材,如杞梓皮革。』」③梓樹與衛國關係密切,據《史記‧周本紀》:「初,管、蔡畔周,周公討之,三年畢定,故初作大誥,次作微子之命,次歸禾,次康誥、梓材,其事在周公之篇。」④《尚書‧康誥》:「成王既伐管叔、蔡叔,以殷餘民封康叔,作《康誥》、《酒誥》、《梓材》。」⑤可知,周公平定三監之後,特別提及梓樹,三監乃後來衛國之地,故衛地或與梓樹關係密切。

漆樹的歷史也相當悠久,經濟價值也高。在夏禹時,漆已是貢物,《尚書‧禹貢》:「厥貢漆絲,厥篚織文。」漆樹是河南省的特產。《逸周書‧職方》:「河南曰豫州,其利林漆絲枲。」《鹽鐵論‧本議》亦謂:「袞、豫之漆絲絺紵,養生送終之具也,待商而通,待工而成。」可見,「漆」與「絲」、「絺」、「紵麻」,自古已是河南名

①② 《禮記注疏》,中華書局,1991年,第1270頁。
③ 《左傳正義》,同注2,第1991頁。
④ 瀧川龜太郎《史記會注考證》,臺灣洪氏出版社,1983年,第73頁。
⑤ 《尚書正義》,中華書局,1991年,第202頁。

產。

《定之方中》又云:「降觀於桑」,可見,種植桑田,也是當時衛國的經濟策略。桑樹自古是重要的經濟作物,《孟子・盡心下》:「五畝之宅,樹牆下以桑,匹婦蠶之,則老者足以衣帛矣。」桑的經濟價值在於其用途廣泛,《詩經植物圖鑑》即指出,桑葉可用以養蠶,桑葚味甜可食,既可救荒充飢,亦可釀酒。桑皮可入藥,樹皮可製紙。桑木緻密可製弓,《禮記・內則》:「射人以桑弧蓬矢六。」故與榛同有軍事價值;又可製農具、器具、車轅等。

6. 衛地盛產「蝱」以治病

衛人有食用「貝母」以治咳嗽、抑鬱的習俗,也可見衛地盛產「貝母」。《鄘風・載馳》:「陟彼阿丘,言采其蝱」。登上「阿丘」,便可采擇「蝱」。阿丘是偏高的山坡,毛傳:「偏高曰阿丘」。一說是衛國山丘名,《詩毛氏傳疏》:「阿丘所在未聞,疑衛丘名。」至於「蝱」,《說文》:「蝱,齧人飛蟲」。蝱釋為飛蟲,是指「牛虻」。《詩經的科學解讀》指出,牛虻為昆蟲綱雙翅虻科,是最常見的大型吸血昆蟲。但詩中女詩人是上山采摘的,顯然不是作為動物的牛虻,而是「貝母」。《詩經植物圖鑑》並同此說。從文字學解釋,蝱,《魯詩》作「茵」,兩字互為假借。《爾雅・釋草》:「茵,貝母。」貝母鱗莖的外形就像聚合的貝殼,因此稱為「貝母」,《神農本草經》載,貝母功能清熱潤肺,止咳化痰。貝母生於高山草地及低濕灌叢中,也可治吐痰咯血、心胸鬱結等症。許穆夫人或因操勞過度,常憂心國事,以致在回國途中,親自上山採集貝母,以治療咳嗽及憂鬱之症。

7. 衛人喜以柏木為舟以渡河

衛國人所乘的船隻,採用柏木加工而成。《邶風》及《鄘風》均有《柏舟》篇。《邶風・柏舟》:「泛彼柏舟,亦泛其流」,《鄘風・柏舟》:「泛彼柏舟,在彼中河」。柏木為優質建材,也適宜製作船隻。故毛傳云:「柏木,所以宜為舟也」。按現代植物學,柏木分為「柏」與「側柏」兩種。柏木與側柏不同處主要在高度及顏色。柏木「高達 35 米,樹皮淡褐灰色裂成窄長片。小枝細長下垂」,側柏「與柏木是近緣種,高達 20 米,幼樹樹冠尖塔形,老樹為廣卵形。木材淡黃褐色,芳香」。此外,側柏因「其葉皆側向中生」,常指向西方,故名「側柏」。兩者相同之處,均為堅重、耐腐、耐水,「可造船用。」

三、結論

可見,《詩經》時代,河洛地區中的衛人對動、植物等自然名物已有相當的認知,並廣泛應用於日常生活之中。如以「倉庚」為歌聲動聽之鳥、以「雁」應用於婚姻禮儀、雖「鶉」、「鵲」象徵堅貞、以牦牛尾作旗幟的裝飾等;植物方面,衛地盛產「酸棗」、「唐」、「麥」,食用「葑」、「菲」,並以「榛」、「栗」、「梓」、「漆」、「桑」為經濟作物、又善用「匏」作腰舟以渡水及以「蝱」治病等,均見河洛地區的衛人擅用名物的智慧。

（作者為香港樹仁大學教授）

從河洛文化到閩南文化再到臺灣主流文化

——談中原河洛移民對閩南文化形成的影響

何　池

Abstract：This article discusses the Central Plain HeLuo culture with the several immigrants transmission and then spreads in MinNan. Collision of ancient FuJian cultures blends to form MinNan culture. Through the descendants of those immigrants development of Taiwan and transmission from MinNan to Taiwan，，turn into mainstream culture of the historical process. This proess eloquent indicate that：Taiwan compatriots origin，culture roots in the mainland，in HeLo，Taiwan and the mainland are interconnected since ancient，also is an integral part of the Chinese nation.

中原地域是中華文明的重要發祥地,河洛文化是中華民族的核心文化,在中國傳統文化中居於主幹地位。河洛文化在歷史上隨著中原河洛移民幾次大遷徙從中原至閩南沿海,在閩南與古閩越文化相交融而形成閩南文化,再由閩南沿海隨著河洛人移閩南人口的後裔進入臺灣開發而傳播至臺灣,成為今天臺灣的主流文化。今占臺灣總人口近百分之九十的閩南人仍稱自己「根在河洛」,為「河洛郎」,把自己講的話稱為「河洛話」,演唱的戲稱為「河洛歌仔戲」。

本文所要探討的就是,河洛文化與古閩越文化產生碰撞與交融而形成閩南文化,之後又傳播到臺灣的歷史過程。

一、歷史上的中原河洛移民入閩

1. 中原河洛地區是中華文明的發源地。

現在我們所說的中原,一般指河南省,河南省的中心是河洛地區。河南大學

著名歷史學教授陳昌遠先生說：「洛邑成周居天下之中，因此稱為『中土』」，這應是後來稱河南省地區為「中州」或「中原」名稱的由來。著名學者李學勤先生說：「河洛地區處於中原的中央，河洛文化是中原文化的核心，也可以說代表著中原文化。」因此，史學界普遍認為：河洛是中華文明的發源地。

中原河洛地區是華夏民族的搖籃。據有關統計資料表明，僅河南起源的姓氏就占了中華姓氏的五分之一。尤其是固始，該縣地處江淮之間，自古是中原人口第一大縣。隋末唐初固始縣就有人口 4～5 萬人，①居當時河南地區縣級之冠。（現全縣有 160 萬人口，仍是河南人口第一大縣），這裡有許多諸侯封國，是中華民族許多姓氏的源頭。又因地處古代中原人南行東部大通道的樞紐地帶，從這裡大量輸出人口和姓氏便成為歷史的必然。據固始地方史記載，西漢初年，漢武帝北遷閩越人於江淮間，閩固兩地的血緣紐帶由此搭起。

2. 固始三次較大規模的移民入閩

（1）永嘉之亂，中原士族大量南遷，其中固始人居半

晉武帝於公元 290 年逝世後，從晉惠帝永興元年（304）開始，北方匈奴貴族劉淵、羯族石氏、鮮卑族慕容氏、氏族符氏、羌氏姚氏相繼稱帝，分據中原，爭戰不已，史稱「五胡之亂」。光熙元年（306 年）晉惠帝死，司馬熾嗣位，是為懷帝，改元永嘉。晉懷帝永嘉年間（307～313）是「五胡之亂」最劇烈的時期，故稱「永嘉之亂」。永興元年，劉淵在左國城（今山西離石）起兵反晉，遣石勒等大舉南侵，屢破晉軍，勢力日益強大，永嘉二年（308 年）正式稱帝。劉淵死後，其子劉聰繼位。次年，劉聰遣石勒、王彌等率軍攻晉，在平城（今河南鹿邑西南）殲滅十萬晉軍。永嘉五年（西元 311 年），匈奴兵攻陷西晉京師洛陽，俘虜了晉懷帝。縱兵燒掠，殺王公士民三萬餘人。之後，懷帝被匈奴人所殺，其侄湣帝被擁立於長安，西晉王朝名存實亡。公元 316 年，匈奴兵攻入長安，俘虜了湣帝，西晉至此宣告滅亡。晉元帝司馬睿東渡於建康（今江蘇南京）建立東晉，收輯人心，義安江左，南方荊、揚、江、湘、交、廣之地，比起烽煙四起的中原安靜得多。於是中原士民相率舉族南遷，避難斯土。

---

① 　固始縣史志研究室編，《歷史姓氏》，第 85 頁。

「永嘉之亂,衣冠南渡,始入閩者八族」①《三山志》載有林、黃、陳、鄭、詹、邱、何、胡八姓,這八姓是中原大族,又據固始《黃氏宗譜》記載:固始黃姓「永嘉之亂,中原板蕩,流閩者百五十餘戶。」②

(2)唐初陳政陳元光奉詔入閩南平亂與開發

唐高宗執政初年,閩南一帶還是中央政府管理的盲區,這裡的「蠻獠」山越族酋長連結漢族中的一些反唐勢力,在福建的泉州(治在今福州)和潮州中間中央政府政令鞭長莫及的雙不管地帶,攻城掠地,嚴重影響了當地群眾的生產生活,給經濟社會帶來很大破壞。唐總章二年(669),陳政奉詔率領府兵三千六百名,將領一百二十三員,風塵僕僕從中原千裏戍閩南安邊,拉開了唐王朝綏靖與開發東南邊陲略部署的序幕,年方 13 歲的陳元光隨行。之後,因「兵困九龍山」,陳政母親魏(篋)親率 3000 援軍來援,戍閩唐軍才得以解圍進軍蒲葵關(今盤陀嶺),進入雲霄,屯營火田。

由陳政、魏媽率領赴閩南的前後二批固始「河洛郎」連同家眷、隨軍能工巧匠共達萬人左右,可考的姓氏有陳、馬、王、沈、李、盧、戴、湯、何、陸、林、楊、方、張、吳等 85 姓。而當時閩南「泉潮之交」的漳州區域,還是地廣人稀的「炎荒絕域」,當時這片地區才有人口 1690 戶,③以平均每戶 5 人計算,才有人口 8000 多人。也就是說,陳政陳元光所帶來的戍閩將士及其家眷、能工巧匠總人數在當時已超過本地居民數。

(3)唐末五代「三王」(王緒王潮王審之)的移民入閩

唐末光啟元年,固始人王緒統兵來閩,進入福建後,發展很快,「八月,緒率部至漳浦,有眾數萬。」隨著部隊的壯大和發展,王緒忌才多疑的性格也逐漸暴露出來。「見將卒有勇略逾已及氣質偉岸者皆殺之。」搞得軍中人人自己危。於是王潮殺掉王緒,被擁為首領。

王潮領軍後一改王緒「所至剽掠」的作風,軍風整肅地過境泉州,給泉州的老百姓留下了良好的印象。那時泉州的百姓正飽受刺史廖彥若貪暴的苦難。王潮順應民心,攻克泉州,殺刺史廖彥若,遂有其地。光啟四年十一月,唐王朝正式

---

① 　(宋)梁克家《三山志》。

② 　固始縣史志研究室編,《歷史姓氏》,第 84 頁。

③ 　《漳州市志》卷三·人口,中國社會科學出版社,1999 年,第 231 頁。

敕授王潮為泉州刺史;翌年晉封為工部尚書,唐昭宗大順元年(890年)加戶部尚書。大順二年,任命王潮為福建觀察使,王審知為副使。至此,王潮、王審知完成了對福建省的統轄。

跟隨「三王」入閩的將佐、軍校、兵士、眷屬、民眾究竟有多少姓氏,歷來說法不一。新編《固始縣志》據現存族譜與其他資料統計有34姓。《泉州文庫》楊清江先生從1996年起進行細心考核,他先後從新舊《五代史》、《八閩通志》、《閩書》、《福建通志》、《十國春秋》、《泉州府志》、《八閩掌故·姓氏》等史志、史書和族譜中艱苦查尋,共考證出隨「三王入閩」共有王、陳、林、劉、李、吳、郭、謝、鄭、周、張、黃等67姓。[①] 而關於三王率領入閩的固始人數,清末固始進士何品黎考證「王審知帶領固始鄉民5000人入閩。」[②]《新唐書·僖宗紀》載:進入福建後發展很快,許多老百姓加入義軍,「有眾數萬」,可見,該起義軍是進入福建之後才發展到「數萬人」。

二、三次移民入閩對閩南文化形成的不同影響

實際上,歷史上中原人民大量南遷還有南宋時期,南宋朝廷偏安江南一隅,又一次出現中原人口南遷,其人數之多,超過以前各次南遷的人口。但其遷徙以江浙為主,當然也有一部分進入閩粵地區。

數次的南下移民都帶去了中原文化,都對閩文化的形成產生深刻的影響,但因以下情況而導致對閩南文化影響的程度各有不同:

1.「永嘉之亂」移民對閩南文化形成影響不大

「永嘉之亂入閩的中原人士遍佈「江東」各處。當時的「江東」是一個很大的地域概念,漢初的江東指吳中一帶,中心在今天的蘇州;三國時,孫權依太湖一帶作為根據地,當時把吳統治下的整個地區稱作江東。從廣義上講,當時的「江東」指整個江南地區,狹義上指太湖一帶;相對而言,當時的「江西」也不是今天的江西,廣義上講是指長江以北直至中原一帶,而狹義上是指淮河以南長江以北地區。由此可見,中原士民南遷「江東」的地點十分廣泛,包括今天的安徽東南

---

① 許野弩、楊清江,《隨「三王」入閩諸姓考》,載《根在信陽》,湖北教育出版社,2006年4月,第50頁。

② 固始縣志研究室編《歷史姓氏》,第88頁。

部、江蘇、浙江、江西、湖南、廣東和福建等省。在福建則多集中在閩北、福州、莆田等較早開發的地區，有一些人也到達今泉州地區，中原文化對這些地區的影響比較顯著，現在這些地方還有（福州）晉安區、（泉州）晉江縣、晉江等地名可以佐證。因此，《福建省志》載：「相傳中州八姓（林、黃、陳、鄭、詹、邱、何、胡）入閩，主要聚居在閩北建溪、富屯溪、閩江下游以及晉江沿岸，交通方便、土地肥沃的地方。」[①]漳州地區其時尚未開闢，屬「化外之地」，是刀耕火種、以漁獵為主的剽悍的山越人聚居之處，地理上又有戴雲山山脈阻擋，故能夠進入漳州地區的中原士族極少。所以這次的中原移民帶來的中原文化對這片土地影響微乎其微。

2. 唐末「三王」入閩對閩南文化形成的影響有促進作用

唐末至五代的「三王」入閩，雖然帶來的起義部隊基本上都是固始士民，也有五千多人，但這些人被安置到全省各地，其時福建有漳州已創建 220 多年，全省有福、建、泉、汀、漳五個府級建制。大部分的固始移民集中到生活環境較好的福州，對閩文化的形成有較大影響。而當時漳州、汀州相對於福州而言生活環境較差，又被列為下州。因此到漳州定居的固始人士也就相對少一些，來自中原文化的影響自然就比較弱，儘管如此，但對閩南文化的形成仍有促進作用。

3. 陳政、魏箴率領的二批固始移民對閩南文化的形成起重要作用

唐高宗總章二年（669）陳政、魏（箴）太夫人相繼率領的固始軍眷入閩南平亂與開發，這是歷史上進入閩南人數最多的一次中原移民，其數量甚至超過了當地土著人口。這次移民因朝廷指示的平亂和開發雙重任務，地點也指定在「泉潮之間」的閩南地區。於是，這片號稱蠻荒絕域的「化外之地」首次有近萬名中原固始移民（比本地土著居民人數還多）集中在這裡進行戰爭、生產和生活，而且戰爭結束後由陳元光向朝廷奏請創建一州（漳州）獲得批准，就在這片土地上定居生活、世代繁衍，成為這裡的永久居民，其所帶來的中原文化影響力理所當然也就達到最大化，效果也最為顯著。

創建漳州之後，陳元光實行「畿荒一德、胡越和同」的民族融合政策。對歸附的「蠻獠」山民免除其賦稅徭役，促進了生產。用中原先進生產技術取代這裡刀耕火耨的落後生產方式。創辦學校，傳播中原文化藝術，促使當地山越民族改

---

① 《福建省志·大事記》，永嘉（307～312 年）末年，方志出版社，2000 年 7 月。

變陋習,融入主流社會。提倡民族通婚,鼓勵部將與當地女子結為秦晉之好。陳元光這些政策的施行,促進「胡越百家,愈無罅隙」,促使漢族和當地土著民族的融合,推進了還處於部落時期山越土著的封建化進程。他留下的《龍湖集》成為福建現存最早最完整的一部古詩集。其中的「教民祭臘」詩,成為閩南除夕過大年習俗的最早源頭。另外,固始軍民帶來的中原戲劇藝術、飲茶文化、歲時風俗、宗教、祭祀文化都開始在這裡紮下了根,並與這裡閩越族文化相互交融與碰撞,成為今天閩南民俗的發端。而他們帶來的中原古音與這裡的土著方言相互交融,成為今天閩南方言形成的最初源頭。

在他政策的感召下,官民開荒墾田,種稻種茶養蠶,發展多種經營,形成熱潮,處處是「較斧開林驅虎豹,施罟截港捕魚蝦」①。在漳州大地上,呈現出:「火田黃稻俱甘旨,綱水金魚洽醉醺」②、「農郊卜歲豐,帥閫和民悅」③的喜人景象。此外,曬鹽,造船,制瓷,治陶,冶鐵,織染,農機具製造等中原手工業技術也在這裡得以傳播。「海船近通鹽」④,既道出了當時船舶製造技術的進步,也反映了制鹽業的發展和海上貿易的初步繁榮。

由此可見,正是唐初陳元光及其部將和固始移民的開漳活動促成了閩南文化的產生,成為閩南文化的最初源頭。

三、閩南文化通過明末清初閩南人對臺灣的開發而傳播臺灣

1. 閩南文化的基本內涵

閩南文化孕育於西晉,形成於隋唐,成熟於宋元,發展於明清。閩南文化的內涵博大精深,十分豐富,以至於至今許多學者對什麼是閩南文化,閩南文化的內涵等問題仍沒有統一的定論。我認為:閩南文化是所有閩南人在社會活動中所創造的物質財富與精神財富的總和,就其外延來說,閩南地域是閩南文化的載體和發祥地,它隨著閩南人向省外、臺灣和海外的遷徙而傳播到廣東等地,傳播到臺灣,傳播到海外各國閩南人聚居之地。就其內涵來說,閩南文化離不開閩南的人、事、物。「人」即閩南人物,主要是歷史人物,包括僑居海外的閩南人物;「事」即發生於閩南地域、閩南人當中的事,包括歷史事件、歷史故事以及語言、

---

①②③④　陳元光《龍湖集》。

著述、藝術、制度、組織、民風民俗、思想思維、人文性格、宗教信仰、民間故事等等。「事」又可分為實事、虛事(即精神方面的事);「物」即閩南實物,包括自然存在物和人工制造物等。它包括了產生於閩南人中、閩南地域上的一切,涵蓋了政治、經濟、軍事、文化等方方面面。既有物質的,又有精神的;既有古代的,又有現代的。

2. 閩南文化隨著臺灣的開發傳播入島

明清時期,隨著閩南人大量進入臺灣開發墾殖,具有地域特色的閩南文化就傳播延伸到了寶島,成為今天臺灣的主流文化。其中僅陳元光後裔「開漳聖王派」的陳姓,在明末清初開發臺灣的熱潮中也大舉遷臺,就有霞葛派(以詔安陳為主)、溪南派、赤湖派(均以漳浦陳為主)、大溪派、蘆溪派(均以平和陳為主)等20～30個宗支,他們雖分居臺灣各地,但世代相傳的族譜都寫著「固始衍派」,以陳元光為「唐山祖」。據1953年臺灣戶籍統計資料稱:當年臺灣全省戶數在500戶以上的100個大姓中,有63個姓氏的族譜上均記載其先祖來自河南固始。這63個姓氏共有670512戶,占當年臺灣總戶數828804戶的80.9%,[①]他們當中,絕大部分的開臺祖來自閩南漳州,而這些開臺祖的先祖就是唐初跟隨陳政陳元光入閩南平亂和開發的中原將士。正因為如此,今天的許多臺灣同胞不僅回漳州謁祖,甚至不辭辛苦,千裏迢迢到河南固始尋根。

3. 閩南文化成為今天臺灣的主流文化

(1)儒家文化傳入臺灣,深深影響了臺灣一代代人。在明末清初臺灣的大開發過程中,中華文化的代表儒家文化和科舉制度隨著大陸移民傳入臺灣,它最先由漳籍陳永華在臺南建立第一座文廟,第一所府學、縣學、義學,並首次把大陸的科舉制度推廣到臺灣。臺灣歸清後,儒學教育得到清政府仕臺官員的鼓勵和引導,所教內容更為全面深入。另外,社學的普遍設立,「番社」子女得到教育機會更多。這些措施使得儒學得以在臺灣全面而普遍地傳播開來。

(2)閩南民間宗教文化的傳播。臺灣的民間宗教信仰非常盛行,這是由於臺灣艱難的自然條件和社會條件等原因使然。大陸民眾到臺灣要渡過波濤洶湧的海峽黑水溝,古時臺灣又是一個瘴癘肆虐之地,加上地震颱風等自然災害頻

---

① 劉懷廉《光州固始與閩臺淵源》,載《根在信陽》,湖北出版社2006年4月,第4頁。

繁,大陸群眾到臺灣真正能活下來留下來的不多。入臺開發的墾民面對著不可抗拒的自然力、瘟疫等自然災害,只能祈求冥冥之中各種神祇的庇佑,宗教信仰應運而生,他們帶去了閩南家鄉的神祇香火,在墾殖地點立廟朝拜。如今擁有信眾最多的四大宗教崇拜中,「開漳聖王」(陳元光)以及「保生大帝」(吳夲)和關帝全都從漳州分靈,甚至媽祖廟也有許多是從漳州的媽祖廟分香。

(3)漳州腔閩南話成為臺灣的主流方言。

現臺灣島內占80%多的人口講閩南話,而其中約占全島總人口的一半左右的人口是講漳州腔的閩南話。有專家記錄了臺灣同胞講的閩南話單詞,發現常用的單詞有四千個左右,而其中竟然有3500個單詞與漳州話的腔韻相同。這就是今天臺灣主流方言的腔調最接近漳州話的原因。

(4)中華文明及閩南民俗文化在臺灣紮根

明清時期大量閩南移民促使了中華傳統文化及閩南區域民俗文化在臺灣的傳播與紮根,這方面內容十分豐富,現僅介紹如下四項。

一是婚姻儀式:臺灣民眾締結婚姻嚴格遵循「父母之命,媒妁之言」,並按照如下程式進行,即:問吉(互送甲庚卜吉)、探家風、訂盟、納采、請期、迎親、拜堂。這不僅是漳州一帶的傳統婚嫁習俗,而且是中華民族的婚嫁禮俗,即「六禮」。「六禮」是從西周開始形成的婚姻成立的必經程式,這一締結婚姻的程式因其相對的合理性而受到廣泛的接受,至今仍在海峽兩岸的民間得以流傳;

二是喪葬儀式:基本上與閩南漳州一樣,人死後要搬鋪、請水、洗淨、飯祭、守靈、哭棺、停柩、入葬、七七轉紅收魂、七七之後親友畢至止吊,百日卒哭除靈謝吊,分胙於吊者,謂之答紙。這些喪儀基本與閩漳無異;

三是歲時民俗:康熙三十四年臺廈道兼理學政高拱乾編纂的《臺灣府志·風俗》對當時臺灣的歲時民俗作了詳細記載:

「除夕祀先,禮神,爆竹之聲不絕,謂之『辭歲』,老少圍爐坐以待曙,謂之『守歲』。正月元日早起,少長鹹集,禮神,祭先,飯後,詣所親及朋友故舊賀歲,俗謂之『賀正』,至五日乃止,謂之『隔開』。」

至今,除夕日,臺灣民眾家家戶戶在操辦「圍爐飯」之前,都要先煮一桌酒菜祭拜祖先。這與漳州民俗完全一樣。

此外,歲時的「端午節」門懸蒲艾,吃粽子,劃龍船;六月一日(農曆)吃「半年圓」;七月七日「乞巧節」;七月十五,「中元節」做「普渡」;「中秋節」,制大餅,進行「博餅」活動;「冬至」吃湯圓;臘月二十四「送神上天」;正月初四「迎神」下地;等等。與漳州歲時民俗毫無二致,在漳臺兩地代代相傳,完整地保留至今。

綜上所述,經過大陸移臺墾民及其後裔近四百年的代代傳承、薰陶與發展,中華民族傳統文化及其子文化——閩南文化已經完全在臺灣紮下了根,成為了如今臺灣的主流文化。而它的源頭,正是起於明末清初以漳籍人士為主力軍的大規模開發活動,如若再往前追溯,則是唐初開漳活動中從固始傳播過來的中原河洛文化。

(作者為福建漳州市委黨校教授、漳州市閩南文化研究會副會长)

清代三種《臺灣府志》風俗記述之比較

安國樓

Abstract：During a period of Qing Dynasty from Kangxi to Qianlong, three books of *Taiwan Fuzhi*, respectively compiled by Jiang Yuying（Year 27, Kangxi）, Gao Gongqian（Year 35, Kangxi）, and Fan Xian（Year 12, Qianlong）, embrace a large number of source materials, particularly information concerning the early immigration conditions and the cultural customs in Taiwan. The paper tends to probe into the literature descriptions in Taiwan Fuzhi of Taiwan on folk customs, household registration, literary theories etc; to explore certain early Chinese cultural traditions in Taiwan, the source regions and the proportion of Taiwanese and immigrants from the Mainland, to investigate into issues related to changes of social cultural features of Taiwan ; to analyze the spread and influence of inherent or root Chinese cultural traditions of Mainland in the Taiwan region.

臺灣自康熙統一後,有清一代凡六修府志,其中自康熙至乾隆年間,分別由蔣毓英、高拱乾、范咸等主修的三部具有代表性的《臺灣府志》,保存了較多的原始資料,尤其是早期臺灣移民狀況及文化風俗的資料。

第一部《臺灣府志》十卷,由蔣毓英主修,楊芳聲、季麒光同纂,康熙二十七年刻本。康熙二十三年至二十七年,蔣毓英任臺灣首任知府,當時清政府頒令各地纂修地方志書,此志便成為第一部臺灣府志,保存了較多的臺灣區域原始資料。李秉乾主編的《臺灣省方志論》中提到:「《蔣志》保存了許多原始史料,其內容多為《高志》所沿襲和《諸羅縣志》引用。因此,《蔣志》彌足珍貴,是臺灣府志

之嚆矢。」①

　　第二部《臺灣府志》十卷,首一卷,由高拱乾等纂修,康熙三十五年刻本。其修志「凡例」第一條稱:本志「雖博采群言,較諸郡守蔣公毓英所存草稿十已增其七八,而才愧三長,仍慮掛漏。」「凡例」中又提到有關大陸移民事跡的記錄:「其自內地來此者,始於明季之通商,繼以偽鄭之俘掠,前後生聚七八十年間,有奇行可書、大節難泯者,得之傳聞,務為采入。」②可見,高志比蔣志內容更豐富。康熙三十四年(1695)楊廷耀《志序》中評價該志:「見其分野畫疆辨若指掌,文事武備燦焉畢具,既詳於政治、風俗、奢儉、緩急之故,復究於形勢、厄塞、封疆、壺柝之計。而且田賦、壙壚、龜魚、篠簜,以及山藪川浸、男女畜擾,罔有或遺脫,非殫精治道、刻意民生者,未克臻此。」③後來范咸所編府志中也認為,「《高志》十卷以封域、規制等為十綱,各附以目,序列有體。」然與下一部范氏府志相比,仍顯得「多失之略」④。

　　第三部(重修)《臺灣府志》二十五卷,首一卷,由六十七、范咸纂修,乾隆十二年刻本。與前兩部府志相較,此部府志最為詳細。「府志體例之可觀者,實始於此志的重修。」⑤該志「為綱十二,為目九十有二」,「所徵引較前志尤多」。⑥ 因此,受到較高評價。喀爾吉善《志序》中說:此「志書二十五卷,吏治民俗,文教武略,洞源竟委,麟麟炳炳,幾與中土埒而恢詭有過焉。」⑦陳大受《志序》評論:「今觀是書,體力嚴密,力大思精。」⑧乾隆十二年(1747)明福《志序》中更認為:「其視前志加詳,而體要典則尤為加核,是有良史之才而達於政體者也。……今是志之修,既熟悉全臺之風土、人物,則其政治之宜民,條理本末,必有卓然可觀者,不獨其文之詳核可以方班、劉而匹歐陽也。」⑨

　　以上是三部《府志》的大致情況,下面主要針對三部《府志》中關於移民及風

① 李秉乾主編《臺灣省方志論》,吉林省地方志編纂委員會、吉林省圖書館學會出版,1988 年。
② 高拱乾《臺灣府志》(下稱《高志》)卷首《凡例》。
③ 《高志》卷首楊廷耀《臺灣府志序》。
④ 范咸等《臺灣府志》(下稱《范志》)卷首《凡例》。
⑤ 李秉乾主編《臺灣省方志論》,吉林省地方志編纂委員會、吉林省圖書館學會出版 1988 年。
⑥ 《范志》卷首《凡例》。
⑦ 《范志》卷首喀爾吉善《重修臺灣府志序》。
⑧ 《范志》卷首陳大受《重修臺灣府志序》。
⑨ 《范志》卷首明福《重修臺灣府志序》。

俗方面的記述進行簡要分析。

一、中國早期傳統的部分記述

在蔣氏《府志》中,已記述許多顯示中國早期傳統或者說大陸根文化的風俗。如臺島颶風較多,人們對颶風已形成一些習慣稱法,如正月初九為玉皇颶,十三日為關爺颶,三月十五日為真人颶,二十三日為媽祖颶,四月初八為佛子颶,五月初五為屈原颶,十三日亦名關爺颶,九月十六日為張良颶,十九日為觀音颶等。[①] 這些習慣性稱法,顯然是在清統一臺灣之前早已形成的,也透視出與大陸居民同有的某些中國早期傳統文化理念。蔣氏纂修府志之時,上據康熙二十二年(1683)統一臺灣僅隔數年,當時雖有一府三縣建置,但均無新建城郭,「應設府城一,縣城二,今尚未建。」[②]不過,如臺灣府城區域,早已有城隍廟、東嶽廟、上帝廟、關帝廟、觀音廟等之類的廟宇建築。[③] 顯示出在神靈信仰與崇拜方面,類同於內地居民的某些風尚。

在歲時習俗方面,臺灣地區與大陸尤其是閩粵地區的民風頗多一致。如蔣志記述:正月初一「元日早起,少長咸集,禮神祭先祖,羹飯後詣所親友、朋友、故舊賀歲,主人出辛盤相款洽,俗謂之賀正。」正月十五放燈,「庵祠廟院及所居門首,各懸繩索竹竿掛紅紙燈籠一盞,……謂之鬧傘。更有裝束道巫仙佛及昭君、龍馬之屬,向人家歌舞作慶,謂之鬧元宵。」三月清明節,「人家無論男婦老幼,謁拜墳墓,……俗謂之上墳。」冬至日人們「以米粉作丸,遍祀群神及家先,合長幼團圓而食之,謂之亞歲。」年末「歲除之日,親友各以牲羞相餉,謂之餽歲。是夕,各門外爆竹聲傳,謂之辭歲。設酒肴,一家老少合坐而食,謂之圓爐。蓋終歲之勞,一夕之歡,皆係內地人民流寓到臺,則與內地相仿佛雲。」其他還有七月七日乞巧會,中元節盂蘭盆會等。[④] 當然,這些習俗主要表現在流寓者較為集中的地區。其他在宗教神及多神信仰方面也是如此。如有「佞佛諂鬼,各尚茹素,或八九齋、朔望齋或長齋,無論男女老幼,常相率入禮拜堂誦經聽講,僧俗罔辨,男女

---

①　蔣毓英《臺灣府志》(下稱《蔣志》)卷一《風信》。
②　《蔣志》卷六《規制》。
③　《蔣志》卷六《廟宇》。
④　《蔣志》卷六《歲時》。

混淆。」①不過，蔣志的記載仍顯得十分簡略。清統一十餘年後所修的高志中，以及乾隆時修的范志中，所記述的歲時風俗大體相類，其中也強調主要表現在移居民戶地區。「凡此歲時所載，多漳泉之人流寓於臺者，故所尚亦大概相似雲。」②

由流寓者所組成的群體，人身來源不一，多屬非親緣家族，所以其祭祀活動、方式等與內地存在著差異。「臺鮮聚族鳩金建祠宇，凡同姓者皆與，不必其同枝共派也。祭於春仲秋仲之望，又有祭於冬至者。祭則張燈結綵作樂，聚飲祠中，盡日而罷。常人祭於家則不然，忌辰生辰有祭，元宵有祭，清明有祭，或祭於墓。中元祭、除夕祭、端午則薦角黍，冬至則薦米圓。泉人日中而祭，漳人質明而祭。泉人祭以品羞，漳潮之人則有用三牲者。此之謂祭祀之俗。」③流寓群體中的祭祀活動多以姓相從，祭祀方式或因移居者的地緣而異。

臺島的番民地區，也有其不同的民風民俗，當然有些顯然是受了大陸流寓之民的影響。如將志中提到，「番中亦有聰慧能通漳泉言語，間能作中州語者。」④這裏的土著番民，很早即「稱內地為唐」，稱內地流居者為「唐人」。故有詩云：「年來不用愁兵馬，海外青山盡大唐。」「舊有唐人三兩家，家家竹逕自回斜。小堂蓋瓦窗明紙，門外檳榔新作花。」⑤同時，由於內地流寓者入臺的時空範圍跨度很大，應該說每個時期都有大陸居民入居，因此，有些時期又有舊唐人、新唐人之分。可見從歷史角度去認識，臺島所謂的「土著」之民，應是一個相對的概念而已。如「有土產者，有自海舶飄來及宋時零丁洋之敗遁亡至此者，聚眾以居，男女分配，故番語處處不同。」⑥那麼，大量的土著之民，還應屬宋末零丁洋之後的移居者，「隸斯籍者，非有數世高曾之土著也，有室有家，父而子，子而孫，即為真土著矣。」⑦

二、臺島人口與流寓人口問題

不同的歷史時期，都會有或多或少的大陸居民入居臺灣。臺島「僻在海外，

① 《蔣志》卷五《風俗》。
② 《高志》卷七《風土志·歲時》。
③ 《范志》卷十三《風俗一·習尚附考》引《臺灣縣志》。
④ 《蔣志》卷五《土番風俗》。
⑤ 《范志》卷十四《風俗二·番社風俗一附考》。
⑥ 《范志》卷十九《雜記·叢談》引《沈文開雜記》。
⑦ 《高志》卷七《風土志·漢人風俗》。

曠野平原,明末閩人即視為甌脫。」①這三部府志中均記述,自鄭成功入臺之後,移民數量急劇增加。如蔣志記載:「臺灣自紅彝僭竊以來,因仍草昧,鄭氏父子相繼,民非土著,逋逃之淵藪,五方所集處,未盡同風而易俗。」②高志康熙三十四年楊廷耀《志序》中提到:「傳自明季天啟間,方有倭奴、荷蘭屯處,商販頗聚。繼為鄭成功遁踞,流亡漸集,數十年來,不過為群盜逋逃藪耳。」③高拱乾《捐修諸羅縣學宮序》中也說:「迨鄭氏遁踞,舊家世族或從而東,生聚有年。」④又據范志施琅《陳海上情形疏》中說:「自故明時原住澎湖百姓有五六千人,原住臺灣者有二三萬,俱系耕漁為生。至順治十八年,鄭成功挈去水陸偽官兵並眷口共計三萬有奇,為伍操戈者不滿二萬。又康熙三年間,鄭經復挈去偽官兵並眷口約有六七千,為伍操戈者不過四千。」這些為兵者又「散在南北二路,墾耕而食,上下相去千有餘裏。……內中無家口者十有五六,多係閩地之人。」⑤施琅《請留臺灣疏》中又稱:清統一前,大陸居民「潛至生聚於其間者,已不下萬人。」⑥當然,這後者應該是大致的估計。

關於臺灣人口、流寓人口及其來源地問題,三部府志中均有不少記述。其中直接的人口統計資料顯示:蔣志記載當時臺灣島區一府三縣的人口統計為:臺灣府民戶12727,口偽額21320,續招徠3550,實在民口30229(男子16274,婦女13955),實在番口8108;臺灣縣民戶7836,口偽額11782,續招徠1496,實在民口15465(男子8579,婦女6886);鳳山縣民戶2455,口偽額5126,續招徠694,實在民口6910(男子3496,婦女3414),實在番口3592;諸羅縣民戶2436,口偽額4412,續招徠1360,實在民口7853(男子4199,婦女3650 此兩項合計有誤差),實在番口4516。⑦ 以上統計,應是康熙二十二年統一臺灣之初的資料。其中「偽額」應指明鄭時期。「續招徠」指後來入居的人口。根據以上統計合計,臺灣島區一府三縣的人口數為:偽額42640,續招徠7100,實在民口60457(男子32548,

① 《范志》卷十三《風俗一·序》。
② 《蔣志》卷五《風俗》。
③ 《高志》卷首楊廷耀《臺灣府志序》。
④ 《高志》卷十《藝文志·(高拱乾)捐修諸羅縣學宮序》。
⑤ 《范志》卷二十《藝文一·(施琅)陳海上情形疏》。
⑥ 《高志》卷十《藝文志·(施琅)請留臺灣疏》。
⑦ 《蔣志》卷七《戶口》。

婦女 27905），實在番口 16216。由此看來，清統一之初，包括番口在內的臺灣實在人口數已達到 76673 口，遠多於明鄭時期 42640 口的統計。這一時期人口之所以大量增加的原因，除了諸如官兵及眷屬增加、流民回歸、自然增長等因素外，來自大陸的非身份性移民數量的增加，無疑是一個重要的方面。由於其他原因自發性外來移民的入居，應大於「續招徠」7100 的數額。

時隔近十年之後所修的高志中，所記一府三縣的戶口統計資料，其戶數竟與蔣志完全相同，口數似乎只是以蔣志所記的男子口數為基數，分別為：臺灣府 16820 口，至康熙三十年新增 630 口，戶仍前；臺灣縣 8579 口，至康熙三十年新增 441 口，戶仍前；鳳山縣 3496 口，另八社番 3592 口，至康熙三十年新增 118 口，戶仍前；諸羅縣 4199 口，至康熙三十年新增 71 口，戶仍前。[①] 這裏人口的基數，除臺灣府有出入外，其他三縣則等同於以上蔣志統計實在民口中的男子口數，而非所有實在民口。再者，至康熙三十年各府縣都有新增人口，但戶數均為「仍前」。時隔數年之後，臺灣一府三縣的戶數卻沒有任何增減，似乎難以理解，這其中顯然有疏於統計的因素。

范志所記的一府三縣戶、口舊額，以及康熙三十年新增口數，同於高志所記。同時，又增加記錄了以後每五年的新增口數。從康熙三十年至康熙五十年共計新增「民丁」（實為口數）分別為：臺灣府 2007，臺灣縣 1165，鳳山縣 582，諸羅縣 260。[②] 其他彰化縣、淡水廳、澎湖廳人口較少。但是，無論任何時期，無論人口如何增加，其戶數卻均為「仍前」，而且，從不顯示自然減損的人口數量，只是將新增口數向原始「舊額」口數基礎上簡單的累加，以此作為通府或通縣的「合計」口數。如此統計，顯然是不準確的。

此外，其他文論中也涉及一些人口信息資料。如蔣志《風俗》記載，清統一後在臺設一府三縣，其初，「統臺郡三邑之人民，計之共一萬六千餘丁，不及內地一小邑之戶口。又男多女少，匹夫猝難得婦，生齒奚能日繁。地廣人稀，蕭條滿眼，蕞爾郡治之外，南北兩路一望盡綠草黃沙，綿邈無際，故郭外之鄉不曰鄉，而總名之曰『草地荒村』，煙火於叢草中見之。」[③] 這裏清統一之初「共一萬六千餘

---

① 《高志》卷五《賦役志》。

② 《范志》卷五《賦役二・戶口》。

③ 《蔣志》卷五《風俗》。

丁」的說法,或是大致估計,或是對納賦丁口的約數統計,從76673人口的基數來看,顯然不可能如此丁口之數。

以上關於人口資料的記述,儘管存在不準確、不完整、大致估計等因素,但自鄭氏入臺後大陸移居人口較快增長的史實,是顯而易見的。同時,從以上資料可以看出,這些早期渡臺的大陸流寓者,主要是與臺島相近的閩粵居民,「臺灣始入版圖,為五方雜處之區,而閩粵之人尤多。」①而其中又以閩人居多。上文所謂「多係閩地之人」,且多為「無家口者」。第一部蔣志中還記載一則民間傳說,「傳聞古鳳山有石忽開一隙,內有讖云:鳳山一片石,堪容百萬人,五百年後閩人居之,俄而復合。」②後來陳昂《詠偽鄭遺事》詩云:「片石能容百萬人,天遺圖讖應南閩。也知中國全歸漢,妄托仙源可避秦。」③周昌在《詳請開科考試文》中也提到:「蓋在臺灣戶口,盡屬南閩之人,天資多有聰慧,機智多有明敏,一經學問,化同時雨。」④這顯然正說明閩地移民眾多的事實。

後期流寓者,則以粵民居多。如乾隆五年(1740),巡視臺灣御史兼提督學政楊二酉奏稱:「粵民流寓在臺年久,入籍者臺屬四邑均有戶冊可稽,緣係隔省流寓,恐占閩童地步。」⑤這裏的「恐占閩童地步」,是指由於粵童數量的增加,擔心會因此佔用閩童應有的應試名額。同時,後期流居者中,也應有不少閩地或其他地區之民,由此便形成了越來越多的流寓者族群。如至乾隆十年前後,「比年以來,戶口既盛,而地不加辟,內地流民日聚。」⑥范志中記載:「臺屬閩之海東郡,昔患土滿,今患人滿地不加辟,賦不加增,所入恒至不敷軍需。」⑦其中,臺灣府「西北近海多平地可耕,土番及人民聚落以百數。」⑧鳳山縣「由縣治南至金荊潭稍近喬野,自淡水溪以南,番漢雜居,客莊尤夥。」⑨

由於後期粵人移居者增多,便形成閩粵之民異樣的聚居特徵。「雖在臺地

① 《范志》卷十一《武備三·義民附考》引《理臺末議》。
② 《蔣志》卷十《災祥》。
③ 《范志》卷二十四《藝文五·(陳昂)詠偽鄭遺事》。
④ 《高志》卷十《藝文志·(周昌)詳請開科考試文》。
⑤ 《范志》卷八《學校·臺灣府儒學》。
⑥ 《范志》卷二《養濟院·附考》。
⑦ 《范志》卷四《賦役一·序》。
⑧ 《范志》卷十三《風俗一·習尚》引《海防志》。
⑨ 《范志》卷十三《風俗一·習尚》引《舊志》。

者閩人與粵人適均,而閩多散處,粵恒萃居,其勢常不敵也。」後來形成「萃居」聚落的粵人,其勢力顯然要強於早期散居的閩人,若作為「義民」,「粵莊在臺能為功首」。① 可見,當時不同區域流寓者所表現出的居處特徵,應該是比較明顯的。藍鼎元《論閩粵民人》疏中提到:「汝等漳泉百姓但知漳泉是親,客莊居民又但知客民是親。……汝等客民與漳泉各處之人,同自內地出來,同屬天涯海外離鄉背井之客,為貧所驅,彼此同病,幸得同居一郡,正宜相愛相親。……漳泉海豐三陽之人經過客莊,客民經過漳泉村落,宜各釋前怨,共敦新好,為盛世之良民。」②

這些大陸移居之民,無論是早期還是後期,也無論是閩人還是粵人,其中有不少應屬於大陸客家地區的居民,因為閩西粵東範圍,是歷史上形成的重要的客家族群聚居地,且歷史上不同時期都有大量客家人外遷。如據范志所記,在臺灣縣的番社地區,「羅漢內門外門田,皆大傑巔社地也,康熙二十四年,臺諸民人招汀州屬縣民墾治,自後往來漸眾,耕種采樵。」③閩西汀州所屬,即客家聚居地區。只不過在多數情況下,這些流寓者的來源地缺乏明確記錄而已。同時還應該說明的是,這些大陸移居之民絕大多數乃屬單身丁壯。如藍鼎元《記十八重溪示諸將弁》中提到,在距離諸羅縣治五十裏的十八重溪地區,「今居民七十九家,計二百五十七人,多潮籍無土著,或有漳泉人雜其間,猶未及十分之一也。中有女眷者一人,年六十以上者六人,十六以下者無一人,皆丁壯力農,無妻室無老耆幼稚。」他們均屬於招徠耕墾土地的「客民」。④

明鄭時期以及清統一後,大量內地居民的流入,加速了臺島開發的進程,「先時鄭逆竊踞,海上開墾十無二三。迨鄭逆平後,招徠墾田報賦。」⑤清統一十餘年後的臺灣地區,已呈現出「人居稠密,戶口繁息,農工商賈各遂其生」的景象。⑥ 而四十年後,藍鼎元《覆制軍臺疆經理書》中說:「國家初設郡縣,管轄不過百餘裏,距今未四十年,而開墾流移之眾延袤二千餘裏,糖穀之利甲天下。」⑦蔡

---

① 《范志》卷十一《武備三・義民附考》引《理臺末議》。
② 《范志》卷二十一《藝文二・(藍鼎元)《論閩粵民人》。
③ 《范志》卷十四《風俗二・番社風俗一・臺灣縣附考》引《番俗六考》。
④ 《范志》卷二十二《藝文三・(藍鼎元)記十八重溪示諸將弁》。
⑤ 《范志》卷十一《武備三・義民附考》引《理臺末議》。
⑥ 《高志》卷十《藝文志・(施琅)請留臺灣疏》。
⑦ 《范志》卷二十一《藝文二・(藍鼎元)《覆制軍臺疆經理書》。

世遠《安海詩序》稱道:「四十年來休養生息,衍沃富饒,顧土著鮮少,火耨草辟,多閩粵無賴子弟。」①《送黃侍御巡按臺灣序》中又稱:「臺灣鮮土著之民,耕鑿流落多閩粵無賴子弟,土廣而民雜,至難治也,……聚數十萬無父母妻子之人。」②可見,這些最初主要為謀求生計而來的流寓者,在臺島的開發過程中發揮了重要作用。

三、臺灣區域社會文風的變化

從三部府志的記載來看,隨著流寓人口的增加,臺島的社會文風也發生了重大變化。

自鄭成功入據之後,臺灣形成初步建置,流民人數大量增加,社會文風逐漸發生了轉變。據高志記:「順治間鄭成功取臺灣,稍為更張,設四坊以居商賈,設裏社以宅番漢,治漢人有州官,治番民有安撫。然規模不遠,殊非壯觀。」鄭成功子鄭經嗣位後,進行了行政體制改革,同時,「興市廛,構廟宇,招納流民,漸近中國風土矣。」③范志中也說,臺灣「初為逋藪,繼作倭巢,自偽鄭拾荷蘭之遺,城市室廬頗近中土。」④之後,自清施琅「率師討平,郡縣其地,設官置鎮,星羅棋佈,數年以來,聲名文物,駸駸乎與上國比隆。」⑤因此,康熙三十四年靳治揚《志序》中說,臺灣「析置一郡三邑,建設文武諸司,數年以來,生齒漸繁,草萊漸辟,商旅往來,番民和輯,彬彬乎有內郡風焉。」⑥

在流寓民戶為主的地區,明鄭時期,「民間秀良子弟頗知勵志詩書」。清統一後經歷十幾年時間,「臺士之彬雅者,其父兄非農工即商賈也,求其以世業相承者百不一二,由其俗尚勉學,咸知具修脯延,塾師授經,故咿唔之聲往往相聞,雖村落茅簷間亦不絕焉。……商旅多四方所輻輳,而舟楫之往來皆安,車牛之絡繹甚便。舟車所至,無非聲教所敷,亦俗之善者也。」因此,高志《漢人風俗》中稱:「迄今風俗凡幾變矣。其自內地來居於此者,始而不知禮義,再而方知禮義,

---

① 《范志》卷二十二《藝文三·(蔡世遠)安海詩序》。
② 《范志》卷二十二《藝文三·(蔡世遠)送黃侍禦巡按臺灣序》。
③ 《高志》卷一《封域志》。
④ 《范志》卷一《封域》。
⑤ 《高志》卷首高拱乾《臺灣府志序》。
⑥ 《高志》卷首靳治揚《臺灣府志序》。

三而習知禮義。」①范志中也記載:「自鄭氏挈內地數萬人以來,迄今閩之漳泉、粤之潮惠,相攜負耒率參錯寄居,故風尚略同內郡。我國家生聚教養六十年於茲,雕題黑齒且習衣冠,水土天時漸移風氣。」②可見,隨著社會的穩定和發展,主要為維持生計需要的流寓之民,其社會文風已發生了很大變化。

在番民地區,同樣受到這種文教氛圍的影響。高拱乾《捐修諸羅縣學宮序》中說,清統一後,「分設郡縣,招徠愈眾,十餘年間,聲教大通,人文駸駸蔚起,即深山邃谷文身黑齒之番,皆知向風慕學。」③高志記載:「今向化者,設塾師,令番子弟從學,漸沐於詩書禮義之教。」④雍正十二年(1734),經巡道張嗣昌建議,在土番民社地區「各置社師一人,以教番童,令各縣學訓導,按季考察。」之後,在各縣的土番地區,相繼設立了許多社學。⑤ 到乾隆時期,范志記載:臺島已「作育數十年,沐浴涵濡,駸駸乎海東鄒魯矣。……島嶼文明因之日盛,而且番社有學,文身者亦習絃歌。」⑥南北番社「各僮至能背誦四子書及《毛詩》,歲科與童子試,亦知文理。有背誦《詩》、《易》經無訛者,作字頗有楷法。番童皆剃發、冠履、衣布帛如漢人,有番名而無漢姓。」⑦在彰化縣的東螺貓兒干番社,「間有讀書識字之番,有能背誦《毛詩》者,口齒頗真,往來牌票亦能句讀。」⑧

所有這些,即說明臺灣地區總體社會文風的變化和進步。

由於資料、見識所限,不妥之處,謹請與會學者尤其是臺灣地方的專家學者批評指正。

（作者為鄭州大學歷史文化學院教授）

① 《高志》卷七《風土志·漢人風俗》。
② 《范志》卷十三《風俗一·序》。
③ 《高志》卷十《藝文志·(高拱乾)捐修諸羅縣學宮序》。
④ 《高志》卷七《風土志·土番風俗》。
⑤ 《范志》卷八《學校·土番社學》。
⑥ 《范志》卷八《學校·序》。
⑦ 《范志》卷十六《風俗四·番社通考》引《臺海采風圖》。
⑧ 《范志》卷十五《風俗三·番社風俗二附考》引《番俗六考》。

臺北首任知府陳星聚與臺灣

任崇岳

Abstract：Chen Xingju was an outstanding figure in modern Chinese history. In Emperor Tongzhi's reign of the late Qing dynasty, Chen had been the county magistrate of Shunchang, Jian'an, Minxian, Xianyou, and Guxian in Fujian province. While he was in office, Chen had carried out a series of reforms and made great achievements. In 1876 Chen was promoted to be the Tongzhi of Lugang, and in 1878 the Tongzhi of Danshui. Later he was promoted to be the prefect of Taipei. The construction of Taipei began in January, 1879 and ended in 1882, during which Chen Xingju had made great efforts. Chen was honest and upright; in his administration in Taiwan, he concerned about people's lives, advocated education and resisted foreign aggression. He was an upright official, a national hero, and a person who made great contribution to the development of Taiwan.

在我國近代史上,有不少仁人志士居官清廉,秉政勞民,抵禦外侮,毀家紓難,誓死如歸,表現了中國人民的錚錚硬骨。他們的高風亮節,足以風範後世,激勵往來。在這個璀璨的星群裏,清朝光緒年間的臺北知府陳星聚便是其中的一個。

首任臺北知府,興利除弊

陳星聚字耀堂,河南省臨潁縣臺陳鄉陳村人,嘉慶二十三年(1817)出生於一個普通農民家庭。道光二十九年(1849),33 歲的陳星聚鄉試中舉,但卻功名蹭蹬,直至同治三年(1864)才被任命為福建順昌縣知縣,後來又調任建安(今福

建建甌)、閩縣(今福建閩侯縣)、仙游、古田縣令。在任縣令期間,他情系百姓,關心民瘼,政平訟理,弊絕風清,表現出了非凡的政治才能。同治十二年(1873)陳星聚因政績卓異,被擢升為淡水廳同知。當時臺灣尚未設省,歸福建省管轄,臺灣的官員多由福建調入。其時陳星聚已 57 歲,兩鬢染霜,羸弱多病,但他還是束裝就道,渡過波濤洶湧的臺灣海峽,來到了淡水。

　　淡水廳設於雍正元年(1723),治所在今臺灣新竹縣,管轄北從基隆南至嘉義的廣大地區。同知的官階為正五品。直至光緒元年(1875)淡水廳改為淡水縣,治所才由新竹遷入淡水。當時淡水還是未曾開發的瘴癘之鄉,僻在海陬,居民稀少,盜賊出沒,秩序不靖。「淡水地廣,延袤數百裏,而銅鑼灣、三角灣、大科嵌皆僻居山內,為盜賊藪,劫殺頻仍,前任同知以是被劫。」(《臺灣省通志·人物》)有個叫吳阿來的匪首,基隆人,猾黠狡詐,與其弟吳阿富等殺人越貨,荼毒鄉裏,弄得人心惶惶,一夕數驚,陳星聚的前任竟然也被劫持。百姓無奈,紛紛至淡水廳告急。陳星聚一面懸賞緝捕,一面調集兵力,攻打吳阿來的巢穴雞籠山。鏖戰半月,終於將吳阿來擒獲,械至竹塹,明正典刑,斬於市曹。淡水從此盜賊斂跡,秩序井然。陳星聚在任淡水廳同知期間,「居官廉潔,省約自奉。治民一以愛恤為心,而待於士則尤厚。同治十三年(1874),議籌番銀二千圓,交殷紳生息,每屆鄉試,視廳屬應試之人數多少,將所入利息照數分攤,至今士子猶沾潤焉。」(光緒《苗栗縣志》)光緒二年(1876),陳星聚調任鹿港廳(今臺灣彰化縣西南)同知,但為時甚短,只兩年光景,便又回到了淡水廳。

　　光緒四年(1878),陳星聚由正五品的淡水同知升任從四品的臺北知府,開始了他另一段可圈可點的從政生涯。原來光緒元年(1875)十二月,清廷批准設立臺北府,下設 3 縣:附郭一縣為淡水,原淡水廳改為新竹縣,噶瑪蘭廳改為宜蘭縣,雞籠改為基隆,設通判,同轄於臺北府,府治設於艋舺(今臺北市萬華區)。此時雖設了臺北府,但還沒有臺北市,加上康熙二十三年設立的臺灣府(治臺南),臺灣共有兩個府。直至光緒十一年(1885)臺灣正式建省,由劉銘傳任首任巡撫,改臺灣府為臺南府,十三年又增設臺灣府,府治在臺中。至此,臺灣共有 3 府 1 州、3 廳 11 縣。臺北雖在光緒元年設府,但知府一職一直空缺,直至光緒三年(1877)五月,清廷才「准以江蘇海州直隸州知州林達泉試署」。(《臺灣省通志·大事記》)十個月之後,即光緒四年(1878)三月,林達泉才到臺北府履新,府廨

設在淡水廳署所在地新竹。林達泉的官職雖由從五品的知州升為從四品的知府，但這裏是不毛之地，與風光旖旎、物產豐饒的海州（今江蘇連雲港西南）不可同日而語，林達泉心情抑鬱，加上政務叢脞，其父又突然病逝，經此打擊，他在任僅7個月，還未來得及施經綸、展抱負，便染屙不起。知府一缺由時任淡水廳同知的陳星聚接任。《新竹縣採訪冊》一書記載：「光緒四年，臺北新設府治，淡水同知裁缺。時新設臺北知府林達泉、陳星聚先後蒞任，皆暫以淡水廳署為府署。到閏五年三月，淡、新分治，知府陳星聚始移治臺北。」文中說林達泉以淡水廳署為府署，淡水廳在新竹縣，也即竹塹。他雖為臺北知府，但並未去過臺北，直到光緒五年（1879）陳星聚才移治臺北，他才是名副其實的首任臺北知府。

在臺北知府任上，陳星聚興利除弊，改革陋俗，重文興教，陶鑄人才，境內大治。臺北地區經濟落後，百姓貧瘠，鰥寡孤獨、煢煢無依之人甚多，陳星聚甫蒞任，便在艋舺建養濟院，收養那些衣食無著、度日維艱之人。臺北文化也欠發達，學塾既少，兒童入學者也寥寥無幾。陳星聚籌措資金，先建淡水縣儒學，又將臺北考棚擴建為書院，命名為「登瀛書院」，並聘臺北府儒學教授陳季芳為院長。淡水儒生楊克彰滿腹經綸，學富才贍，聚徒講學，名噪四方，且事母至孝，陳星聚舉薦他為賢良方正，又聘江呈輝等人為書院監督。從此，莘莘學子負笈入學者絡繹不絕，一向僻在遐荒海陬的臺北傳出了琅琅書聲。

最值得稱道的還是他取消「埋葬稅」這一陋習的舉措。他初到臺北時，見到居民家家門口都厝放著棺材，十分詫異，詢問之下，才知是官府規定，凡死人之家，須先報告官府，並交納三至五兩的埋葬稅，否則不准安葬。蚩蚩小民度日已經艱難，哪有餘錢交稅？無奈之下，只得把棺材厝放在庭院或門口。埋葬稅顯然是一項蠹國害民的弊政，這些銀子悉數都流入了貪官的私囊，弄得民怨沸騰，人人詈罵。陳星聚立即張貼告示，宣佈取消埋葬稅，凡死人家官府資助白銀3兩，作為安葬費用。百姓莫不歡呼雀躍，額手稱慶。陳星聚足跡所到之處，覃恩信，除弊政，充分展示了一個政治家的襟抱。《臺灣省通志》、連戰的祖父連橫先生的《臺灣通史》在提及陳星聚時都讚譽有加，把他列入《循吏傳》，還不是溢美之辭，陳星聚當之無愧！

修建臺北城，功在千秋

早在光緒元年（1875）六月，以欽差大臣身份赴臺處理對日交涉事宜的沈葆

楨就給光緒帝上過《臺灣擬建一府三縣折》，指出噶瑪蘭（今宜蘭）、淡水政令皆統於臺灣府（府治在今臺南），鞭長莫及，治理不便，而淡北又地廣人眾，政冗事繁。由於山水阻隔，交通不便，噶瑪蘭和淡水的學子往往貽誤臺灣府的科舉考試。再加上臺北港口為貨物集散之地，帆檣林立，舳艫相銜，洋樓、客棧、闤闠喧囂，因此，「非區三縣而分治之，則無以責其成，非設知府以統轄之，則無以挈其綱領。」建議設立臺北府，噶瑪蘭、淡水廳分別改名為宜蘭縣、新竹縣，另於艋舺設淡水縣。這年年底，光緒帝允如所奏，同意成立臺北府。此為臺北設府之始。

臺北府雖正式成立，但建城設署不可能一蹴而就，直到光緒五年（1879）陳星聚開府臺北，才著手擘畫建城事宜。臺北府城建在哪裏？一時眾說紛紜。有人主張建在新竹，因那裏原是淡水廳廳治所在，城市已略具規模，因利乘便，稍加修葺，便可使用，不必大動干戈。沈葆楨則主張選在艋舺，因為這裏四山環抱，山水交匯，創府治於此，足以收山川之靈秀。且艋舺距福建省會才三百餘裏，公務往來方便（當時臺灣尚未建省），建府於此，最為妥善。新竹、艋舺兩地紳民為建城爭執不休，都想建在自己一方。陳星聚權衡利弊，經過深思熟慮，否定了在新竹和艋舺建城的方案，把府城選在了艋舺與大稻埕之間的田野裏。這既可平息雙方之爭，新址又坦平如砥，地勢開闊，便於勾畫藍圖，應該說這是建城的最佳方案。

府城選址雖然敲定，但建城還有兩個難題。首先是臺北財政拮据，陳星聚辦公已是囊中羞澀，建城經費更是無從籌措。他號召百姓自行建房，「至於建造多寡，或一人而建數座，或數人而合造一座，各隨力之所能，聽爾紳民之便。」希望「踴躍爭先，多多益善」。但紳民們認為，與其在這荒涼不毛之地建房，不如在大稻埕、艋舺等商埠投資穩便，因而響應者寥寥。陳星聚不得不改弦更張，向官紳募捐。但他們心態各異，有樂於輸捐者，有不聞不問者，也有散佈流言蜚語，阻撓捐助者。直到臺灣富豪林維源、廈門人李春生率先釀資修建了「千秋」、「建昌」兩條街道後，商戶始聯翩而至，開辦商行、店鋪，臺北城的修建才得以順利進行。其次是建城之地土質鬆軟，難以承載城牆、城門之重，必須先夯實地基方可施工。陳星聚在預定城牆線上植竹培土，以期三、四年後能承載重壓，因此在光緒六年、七年先建臺北府衙、文廟和考棚。迨至光緒八年（1882）一月，臺北城才正式破土動工，至十年（1884）十一月告竣，歷時近 3 個寒暑，陳星聚宵衣旰食，為建城

傾注了巨大心血。這座城全用石頭築成,「週一千五百有六丈,池略大之,辟五門:東曰照正,西曰寶成,南曰麗正,北曰承恩,小南曰重熙,而東、北兩門又築一郭,題曰『岩疆鎖鑰』。既成,聚者漸多。」(《臺灣通史·城池志》)此後,臺北人煙輻輳,熙熙攘攘,店鋪林立,市肆繁榮,蔚為一大都市。光緒十一年(1885)臺灣建省,光緒二十年(1894)繼劉銘傳之後的第二任巡撫邵友濂將省會由橋孜圖(今臺中市)移至臺北,從此臺北成了臺灣政治、經濟、文化的中心。

抵禦外侮,以身許國

臺灣在康熙年間正式收入版圖,臺灣府隸屬福建省管轄。當時正是祖國多難之秋,英、美、法、日等帝國主義者紛至沓來,蹂躪我國東南沿海,寶島臺灣物產豐饒,自然也成了侵略者垂涎、覬覦的對象。光緒九年(1883)法國侵略越南,清廷下詔臺灣為東南海疆重地,必須未雨綢繆,嚴加防備,命令駐紮在臺南的臺灣兵備道劉璈擔負守土之責,同時命兩江總督左宗棠派兵增防臺灣,歸劉璈調遣,又命福建陸路提督孫開華率 3 營之兵辦理臺北防務。當時法國軍艦遊弋沿海,窺伺臺灣,時任臺北知府的陳星聚當即鳩工庀匠,重修了淡水炮臺,並籌集款項,購置武器,招募丁壯,守禦臺北。

光緒十年(1884)三月十八日,法艦一艘竄入基隆瞭望繪圖,強行購煤,意在挑釁,清廷命令閩督何璟嚴防臺灣。五月二十六日,法艦再窺基隆,因戰和未定,清兵未予阻止。閏五月清廷以前直隸陸路提督劉銘傳督辦臺灣軍務,賞給巡撫銜。劉銘傳於二十四日抵達基隆,二十八日駐臺北府城。他見臺灣兵力不足,守禦薄弱,「奏請臺灣孤懸海外,非兵船不能設守,請飭兩江總督調兵船來臺備用。」(《臺灣省通志·大事記》)但清廷沒有答復。這年夏天,疾病流行,臺灣兵民死亡甚多。不久,法艦攻基隆,劉銘傳率提督曹志忠等拒戰,法軍敗去。七月間,法軍因在臺灣未能得手,轉攻福州,趁著這一空隙,劉銘傳得以稍整軍備。68歲的陳星聚為籌畫臺北城的防務,夙夜匪懈,席不暇暖,隨時準備迎戰入侵之敵。八月間法軍進攻基隆,又被劉銘傳打敗,便轉攻滬尾。滬尾即臺北所屬的淡水港,在臺北以北 30 裏處,此港為臺北的要害,此地一失則臺北不守。劉銘傳下令撤基隆守軍保衛臺北,只留 2000 名士兵戍守獅球嶺。法軍欲進攻臺北,獅球嶺是必經之路,基隆雖然隆落敵手,但獅球嶺地勢險要,一夫當關,萬夫莫開,雙方

相持匝月，法軍仍不能越雷池一步。法軍無奈，只得改派軍艦4艘進攻滬尾。九月十九日黎明，法艦將要闖入滬尾港口，被岸上的炮臺擊走。次日敵兵又至，雙方展開了肉搏戰。此時臺北城千鈞一髮，危若累卵，陳星聚親臨滬尾前線，督率丁壯奮通殺敵。他早已置生死於度外，下決心與臺北城共存亡，他讓妻子帶領闔家老小十餘口，團團圍坐在府衙後花園的水井旁邊，一旦城池陷落，即舉家殉國，決不受辱。臺灣軍民同仇敵愾，眾志成城，法軍望風披靡，「大敗爭舟，多溺死，陣斬五十，俘馘三十，於是法軍不敢窺臺北矣。」（《臺灣省通志·政事志軍事篇·戰爭》）捐軀赴國難，誓死忽如歸。在劉銘傳、陳星聚指揮下，清軍終於取得了臺北保衛戰的勝利，為中國人民譜寫了一曲響亮的正氣歌！

　　光緒十一年（1885）法軍攻佔澎湖，法軍統帥孤拔欲以澎湖為根據地進攻臺灣。但是法軍在越南卻連遭敗績，先是海軍受阻於浙江鎮海海口，這年二月，法國陸軍攻佔諒山，乘勝於三月進攻鎮南關時，遇到了守將馮子材的迎頭痛擊，被殲1000餘人，這就是歷史上有名的鎮南關之役。馮子材接著收復文淵（在今越南北部）、諒山，法軍狼奔豕突，潰圍而走。西路的劉永福、岑毓英等也頻傳捷報，馮、岑、劉打算連袂進攻法軍，將法國軍隊逐出越南。法軍連連失利，被迫求和。李鴻章乘機上奏朝廷：「諒山已複，若此時平心求和，和款可無大損，否則兵又連矣。」（《李鴻章全書·電稿》）他認為若於此時求和，損失尚小，若法軍增兵，中國連求和的機會都沒有了。昏庸的清廷採納了他的建議，這年六月中法在天津簽訂了《中法新約》，承認越南為法國的保護國，在廣西、雲南邊界上開闢兩個通商口岸，中國在西南各省修鐵路時聘用法國人。打了勝仗反而簽訂不平等條約，消息傳來，陳星聚憂憤不已，加上他積勞成疾，疽發於背，群醫束手，百藥罔治，終於乘鶴西去，享年69歲。他是循吏，是民族英雄，也是開發建設臺灣的功臣！

（作者為河南省社會科學院研究員）

曹謹由人到神的啟示

楊海中

Abstract: Cao Jin, the county magistrate of Fengshan, Taiwan in the late Qing dynasty, was nothing but an ordinary man, a low – class official. But in his administration he scrupulously abided by his duty and worked for the welfare of the people, thus was regarded as the "first – class person" by people. After Cao's death, the local people built a memorial temple for him to show their respect, and over one hundred years later, Cao was enshrined and treated with more reverence by the local people, thereby turning from an ordinary man to a god. Just as what Mencius said, everyone can be Yao and Shun——the ancient sages in China. Cao was neither a high ranking official nor of great renown in China, but nonetheless he would exist perpetually among people for his lifelong dedication to the benefits of people and the country. Therefore, the criterion to appraise officials is not their ranks but their affinity to the people.

一、曹謹其人

曹謹(1786～1849),字懷樸,清懷慶府河內縣(今河南省沁陽市)人。嘉慶二十二年(1817)以大挑一等簽發直隸為知縣候補。道光十四年(1834)調任福建任知縣,曾兼福州海防同知。道光十七年(1837)春,調臺灣鳳山任縣令。(以下略)

曹謹步入仕途之後,先後在直隸平山、曲陽、饒陽、寧津、威縣、豐潤為知縣,前後十餘年,道光十四年(1834)春調任福建,先後為將樂、閩縣為知縣。其間,

還兩次因「任內失察」遭人彈劾,被議落職降級①,為此,曹謹不得不找到年已63歲、告老還鄉且有病在身的陳壽祺出面請託,還「捐」了些銀兩,才得幸未被免職而降級調用。曹謹在淡水同知任上雖抗英有功,但最後仍因投降派的得勢掌權而被免職。

二、曹謹其事

作為封建社會的一個下層官吏,由於所受儒家思想的影響,曹謹從政的基本原則和理想仍是當好的「父母官」②,造福一方,為國效力。因此,他不論在直隸、在閩臺,都恪盡職守,篤行為民之旨。

1. 賑災懲盜

道光三年(1823),饒陽大澇,由於曹謹親自到救災第一線發放所賑糧款,「日走鄉曲,察戶口多寡,被災輕重分給之,不經胥吏手,」「無絲毫私,民大悅,」故而受到了直隸總督蔣礪堂的表揚,「數稱於眾」。寧津縣社會治安不好,匪盜猖獗,曹謹「行清莊聯莊法,獲其梁首,餘皆遠遁。總督益能之。」③對此,《清史稿》亦評價甚高:「初官直隸知縣,歷署平山、饒陽、寧津,皆得民心。賑饑懲盜,多惠政。」④道光十七年正月曹謹奉調臺灣鳳山知縣後,深感治安形勢嚴峻,認為必須雙管齊下,賑災使民「足食」之同時,還要強力「弭盜」。在他的指揮和帶領下,官民結合,擒獲匪首劉蘭及其爪牙近300人,使鳳山縣的局勢很快得到穩定。

2. 興文重教

曹謹在直隸任上,不僅重視民生,而且重視發展教育。在他主持下先後修了文廟,擴建了學宮,增加了生員,「興教勸士,敦品勵行,遠近翕然。」⑤1929年所修《威縣志》中即收錄有他於道光九年(1829)撰寫的《重修學宮碑記》。

到臺灣之後,他一如既往,除對鳳山縣原有的鳳儀、前河、屏山、屏東四座書院進行修繕、增加經費外,還每月兩次到書院授課,傳播中原文化,以忠、義、誠、

---

① 張調元《佩渠文集·曹君事狀》,《張調元文集》(下)。中州古籍出版社,2004年12月。
② 《禮記·大學》「詩云:『樂只君子,民之父母。』民之所好好之,民之所惡惡之,此之謂民之父母。」宋代王禹偁《謫居感事》詩:「萬家呼父母,百裹撫惸嫠。」自註曰:「民間呼令為父母官」。
③ 李堂階《曹謹墓志》,《一代循吏曹謹》附錄3。中州古籍出版社,2007年11月。
④ 《清史稿》卷478,列傳265《循吏三·曹謹》。中華書局,1977年12月。
⑤ 《清史稿》卷478,列傳265《循吏三·曹謹》。中華書局,1977年12月。

信等傳統的道德化育百姓。在淡水同知任上,他續建了文甲書院,增設多所鄉塾,並到明倫堂講解聖諭和諸經,「淡水之文風自是盛。」①

3. 練勇禦侮

鴉片戰爭爆發的第二年(1841)年七月,曹謹升任淡水廳同知。面對毫無城防可言的淡水,曹謹清醒地認識到形勢的嚴峻與險惡。「謹以班兵無用,請停防洋經費,專練鄉勇。」②此舉非同凡響,它一方面表現了曹謹的膽力和卓識,一方面表現了他的組織能力和軍事素養。早在道光十七年(1837)他初知鳳山縣時,就曾向臺灣巡道周凱及姚瑩呈遞過《籌議練兵稿》,力陳臺灣實行班兵制的弊端,提出訓練精兵及招募鄉勇的建議。經過曹謹訓練過的鄉勇不僅會使用一般武器,能在陸地作戰,而且懂得使用火砲和在海上戰鬥,故先後在二沙灣、大武港痛擊入侵之英軍中,擊沉敵艦,擊斃、生擒英酋各上百人。這是鴉片戰爭以後清軍第一次大勝英軍,故而道光皇帝聞訊後也異常興奮,譽之為「辦理出力,甚屬可嘉」。除提督銜臺灣鎮總兵達洪阿著賞換雙眼花翎外,下屬皆有褒獎③,認為兩月之中數勝英夷,「破舟斬馘,大揚國威,實屬智勇兼施,不負委任」。④

4. 平抑械鬥

自清乾隆後期海禁廢止後,閩粵百姓遷臺者日多。為了生活、生產便利,這些移臺百姓大多同地聚集而居,從而形成了泉州幫、漳州幫以及粵潮幫。臺灣巡道姚瑩在《東溟奏稿》中說:「臺灣之民不以族分,而以府為氣類。漳人黨漳,泉人黨泉,粵人黨粵,潮雖粵而亦黨漳。」⑤他們之間常常因土地、山林、水利、商業利益甚至習俗之異引起糾紛和衝突,且動輒激化為規模不一的械鬥,不僅造成族群對立,而且常常焚毀村莊、店鋪,使很多民眾死傷於無辜。如咸豐三年(1853)發生在基隆魴頂的械鬥,一次死亡百姓達 108 人。

曹謹在臺多次平抑械鬥,其中最重要的是琅嶠和中壢。道光十七年(1837)七月,地處臺灣最南端的琅嶠地區(屏東縣恆春一帶)土著居民「土生囡」與閩粵村寨因爭奪水源發生械鬥,曹謹聞訊後立即派熟悉情況的貼身幕僚林樹梅帶人

①　李堂階《曹謹墓志》,《一代循吏曹謹》附錄 3。中州古籍出版社,2007 年 11 月。
②　連橫《臺灣通史·曹謹傳》,華東師範大學出版社,2006 年。
③　《清宣宗實錄選輯》卷 359,《臺灣文獻叢刊》第 188 種。臺灣銀行經濟研究室,1964 年。
④　《清宣宗實錄選輯》卷 370,《臺灣文獻叢刊》第 188 種。臺灣銀行經濟研究室,1964 年。
⑤　姚瑩《東溟奏稿》卷四,《臺灣文獻叢刊》第 49 種。臺灣銀行經濟研究室,1959 年。

前往處理。林樹梅在瑯嶠深入番寨粵村一個多月,最終說服了雙方頭人,使之握手言和,並共同劃定了田、林、水界。道光二十四年(1844),淡水地區的中港、後壟一帶漳泉居民出現械鬥,曹謹立即趕到當地,召集雙方耆老,曉以大義並要求他們對子弟進行管束。為防止不測,抑制事態,曹謹與從人駐紮在大甲40多天,隨時親自處理各種問題。雙方和解後,曹謹還特地邀眾座談,約法三章,要求雙方切記「四海兄弟」之訓,倡「守望相助」之風,行「互相保結」之利,以達到「爾無我詐,我無爾虞……共享昇平之樂」之目的。[①]

曹謹勸抑中壟泉漳械鬥影響了全閩臺,清廷對此十分重視並高度評價。曹謹辭職的第二年,即道光二十六年九月十九日(1846年11月7日),道光皇帝頒行上諭:不僅要恢復曹謹官職,還加了知府銜,明確候補待用。道光二十七年六月二十一日(1847年8月1日)再頒上諭予以表彰:「臺灣泉漳民人械鬥案內,捐輸撫卹及獲犯出力之官紳、義民人等,自量予恩施,以昭激勸。告病淡水廳同知曹謹,著賞戴花翎,加升銜。」[②]

5. 興修曹公圳

熊一本任臺灣知府之初,看到鳳山一帶「平原高阜之田,往往行數十裏而不見有溝渠之水」,百裏良田常因乾旱而禾苗槁枯,因而主張開渠灌田。但由於當地農民習慣於粗放耕作,縣吏「目為迂遠而不肯實為其事」,因而眼睜睜看著清清的激流注入了大海。曹謹到任時,熊一本曾提及此事,「首言及此,大令頷之而不輕諾」。[③] 曹謹到任之後便深入災區作實地考察,當他「親視隴畝,至下淡水溪畔」看到不盡的滔滔流水時,不禁眼前一亮,「慨然歎曰:是造物者之所置,而以待人經營者!」[④]

經過一番勘察後,曹謹決定動工興建引水工程。當時最困難的一是缺乏資金,二是渠道所經之處遭到一些老百姓反對,他們以破壞風水為由進行阻撓。但由於此項工程為惠民利國,曹謹決心很大,親自坐鎮指揮,不僅動員鄉紳富戶捐資,貧民百姓以工代賑,還動員宿耆大德出面排解各種民事糾紛,以及時疏通群

① 曹謹《勸中壟泉漳和睦碑記》。該碑今存臺灣苗栗縣竹南鎮中港慈裕宮。
② 洪安全主編《清宮諭旨檔臺灣史料》第五冊。臺北故宮博物院,1996年。
③ 熊一本《曹公圳記》碑。該碑今存臺灣鳳山曹公廟內。
④ 連橫《臺灣通史·曹謹傳》。華東師範大學出版社,2006年。

眾情緒。就這樣,在他的精心指揮下,從道光十七年四月到十八年冬天,一條 5 座涵閘、44 條支渠、全長 132 公裏、可澆灌良田 31500 餘畝的水渠修成了。

熊一本對曹謹不要國庫分文撥款並於不長的時間內完成此項工程相當震驚,深為感動,欣然將工程命名為「曹公圳」,並撰寫了《曹公圳記》碑文,對曹謹大加稱讚:「得俗吏百,不如得才吏一;得才吏百,又不如得賢吏一也。」

不久,在曹謹的領導下,鳳山又修建了第二條水渠。鳳山一帶改「靠天田」為水澆地後,稻穀收成連年增長,百姓每論及此事,對曹謹無不感恩戴德。咸豐十年(1860),士民為感念開圳德澤,特在縣城建曹謹祠一座,每逢曹謹誕辰,全縣舉行公祭以示懷念之情。1992 年,高雄農田水利會根據公眾要求,又將祠內長生牌位改換為曹謹雕塑金身,並於 11 月 1 日舉行儀式,將「曹公祠」正式更名為「曹公廟」。

在鳳山、淡水一帶百姓心目中,曹謹是當之無愧受人尊崇的神。

三、曹謹由人而神的啟示

神是人創造的,這一現象反映了人的精神訴求。

中國人的多神信仰或多神崇拜,既是傳統文化「天人合一」觀念的反映,也是「以人為本」為核心之價值觀的折射。

所謂「天人合一」,就是要正確處理好人與自然的各種關係,自然界與人要和諧相處。所謂以人為本,就是孟子說的「民為貴,社稷次之,君為輕」,①就是列子說的「天生萬物,唯人為貴」②,也就是說,人是社會的核心,為國者、當政者應以民為本,以民生作為一切行為的出發點和歸宿。

雖然人是萬物之靈,然而,就個人與大自然相比,人不論各方面都顯得十分渺小,因而人們企盼能有各種各樣在在智力上、體力上、能力上、權力上既知往來、察微末且又能為人帶來福祉的「神」。曹謹就是在這樣的背景下由人而成為神的。

作為封建社會最基層的官吏——曹謹從縣令走上神壇,這在中國文化史上是不多見的。這說明了什麼呢?

---

① 《孟子·盡心下》。
② 《列子·天瑞一》。

一、再次表明清官文化有著強大的影響力

馬克思在《德意志意識形態》一文中指出：「統治階級的思想在每一時代都是佔統治地位的思想。」①國家發展的歷史表明，這裡說的「佔統治地位」，是指宏觀社會而言，若就統治階級的每一個具體成員來講，則並非如此。這就是為什麼統治階級高唱「為民」、「廉政」而大小貪官污吏層出不窮的原因之一。在中國百姓大眾眼中，清官就是中國的脊梁，他們有功德於社稷、黎庶，是正義的化身，是道德的楷模，在情感上與民眾相連，因而長期以來，中國百姓就有著割不斷的清官情結。

近代以來，在反封建的口號下，也有一些人對「清官」及「清官情結」持嚴厲的否定與批判態度，認為清官比貪官還要壞，清官使人民看不穿封建統治階級的醜惡面目，認為「清官之風靡是百姓的不幸」，「清官情結是法律的悲劇」。不言而喻，這些認識是很片面的，它最多只說明了事物的一半。實際上，清官文化反映的是普遍的民意，代表了百姓對握政柄者的一種想像和要求，是對正義執法的企盼，對政治掮客及贓官的否定。因此，簡單地說「清官是人治的產物」並不符合實際。這一說法，否定了人的能動作用，否定了道德的作用。事實是，在同樣的社會制度、同樣的法制環境，同樣的為民口號下，有的官員能踐行「公生明，廉生威」之理念，有的則利用手中之權貪腐無度，徇私斂財。

在臺灣民眾心中，曹謹就是一位清官。曹公廟的興建也生動地說明清官文化在當今仍具有強大的生命力。

二、再次表明「賢人政治」和「為政在人」為世人所認同

在傳統的中國政治文化中，「依法治國」和「以德治國」思想一向並存，二者同等重要，應相輔相成，完美地結合。但在歷史上，有時候有人偏偏把「依法治國」說成是法家主張，把「以德治國」說成是儒家主張，並認為二者是對立的。法家及儒家最典型的代表人物並非如此。韓非及其流派從來都不排斥德，而孔孟也不排斥法，所反對的只是苛法。究其原因，不論法家和儒家，他們對中國政治

---

① 《馬克思恩格斯選集》第 1 卷，人民出版社，1995 年 6 月。

思想的源頭即商周尤其是周代的政治思想、政治制度都是肯定的,主張為政要「明德慎罰」,這裡,「法」就是「天命」,「德」就是「敬天保民」。總之,中國傳統政治倫理的總架構、總格局歷來就是「以天為宗,以德為本」的賢人政治。①

有人認為賢人政治是中國封建社會的產物,也有人認為是西方的精英政治,人們要走出其「誤區」。這些說法雖有道理,但也很片面。其實,不論封建制度、現代民主制度以及有中國特色社會主義制度,其體制都是在不斷改革中完成的,而推動改革的政治權勢集團的領導人,無一不是擁有民眾基礎的政治精英。無數歷史事實表明,一個政權的興衰,莫不繫於用人,幹部路線的正確與否起著關鍵的作用。毛澤東說「政治路線確定之後,幹部就是決定的因素」②,歷來被視為經典的原因也在此。春秋時期的思想家管仲認為,握權柄者應有高尚的道德,他視禮義廉恥為「國之四維」,斷言「四維不張,國乃滅亡!」③毛澤東非常重視幹部個人的品質,對四維說十分認同。他在一次談話中語重心長地說:「我們殺了幾個有功之臣也是萬般無奈。我建議重讀一下《資治通鑑》,治國就是治吏。禮義廉恥,國之四維,四維不張,國將不國。如果臣下一個個寡廉鮮恥、貪污無度、胡作非為而國家還沒有辦法懲治他們,那麼天下一定大亂,老百姓一定要當李自成,國民黨是這樣,共產黨也是這樣。殺張子善、劉青山時我講過,殺他們兩個,就是救兩百個、兩千個、兩萬個啊。」④其實,毛澤東關於教育、使用、關心、識別幹部的思想,在一定成分上反映的還是中國傳統文化中「為政在人」的思想。

據《禮記》載:「哀公問政,子曰『文武之政,佈在方策。其人存,則其政舉;其人亡,則其政息,故為政在人』。」⑤所謂「為政在人」,其所強調的是為政在於得人,得人者得天下,得人者事業必昌。此處所說之「人」即「賢人」。

歷史上「人存政舉,人亡政息」的現象表明,有了好人、賢人,才會有好的製度,好制度也才能很好地得以實行;如果為政者品質低下,再好的製度和法律也無法保證人民與國的利益。彼時的「好人」、「賢人」,用今天的話來說就是「人才」。人才是事業興衰成敗的決定性因素,「國以才立,政以才治,業以才興。人

---

① 《莊子・天下》
② 《中國共產黨在民族戰爭中的地位》,《毛澤東選集》第二卷。人民出版社,1991年。
③ 《管子・牧民第一》。
④ 轉引自《黨建經緯》(長春)1998年第1期。
⑤ 《禮記・中庸》。

才是事業發展最可寶貴的財富」。① 在曹謹知鳳山縣之前，臺灣知府熊一本曾希望鳳山縣興修水利，造福於民，但由於縣令們的畏葸不前，毫無成就可言。在同樣的背景下，曹謹上任兩年而曹公圳得以告竣。曹謹受到百姓愛戴與祀奉，表明「賢人政治」和「為政在人」傳統思想仍具有一定的現實意義和借鑒意義，故而能為世人所認同。

三、再次表明社會需要廟文化

中國廟文化之所以源遠流長，其根柢在於深厚的民族傳統，「國之大事，在祀與戎」②便是對其最好的註腳。據《禮記·中庸》記載：「宗廟之禮，所以序昭穆也。」這說明，廟最初只是用來供祀祖宗的地方，後來才發展為奉祀祖先、前代聖哲、神明以及宗教佈道之場所。

20 世紀 50 年代至 80 年代，大陸的廟文化曾一度沉寂，改革開放以後逐步走上繁勝。60 年來，除原有一些古廟宇得到國家的保護之外，還興建了很多新的建築，以紀念歷史上一些重要人物。不過，這些新式建築不再稱為「廟」，而是叫做紀念館、紀念堂或名人故里等，如林則徐紀念館、楊靖宇紀念館、楊闇公陵園、許世友故居等。

凡到過臺灣的人，無不感到臺灣廟文化之發達。寶島不僅廟宇多，建造輝煌，而且香火旺盛，各種類活動豐富多彩。考各地廟宇中的神明，多為臺灣先民從大陸原鄉奉帶而來，如關帝、保生大帝、三山王、媽祖、開漳聖王等，一部分為對歷史上有功之人的紀念，如民族英雄岳飛、鄭成功、清之義民以及曹謹等。

廟文化是一種向善文化。曹謹能夠被供奉在廟中，有力地向人們證明「人皆可為以堯舜」③是一條真理，道德標準並不是高不可攀的，「凡人善舉」、「敬業奉獻」的基本要求是從自我做起，只要「見賢思齊」，就能成為賢人。人民讓賢人走上了神壇，人民讓正義走上了神壇。

（作者為河南省社會科學院副研究員）

---

① 胡錦濤 2007 年 12 月 12 日在庆祝中国首次月球探測工程圆满成功大會上的讲话。

② 《左傳·成公十三年》。

③ 《孟子·告子下》。

從哈布瓦赫集體記憶理論
探討大甲鎮瀾宮的形塑

吳信漢

Abstract：Because of the multiple developments of religions in Taiwan, various religions all together are harmonious and broad – minded. Since the belief of Mazu was spread to Taiwan, it has well developed with worships. This belief has changed with the life styles of Taiwanese and became part of the central belief; it also made the belief in Mazu not only the worships for religions or gods, an attitude toward life, but also the central idea of the public. Dajia Jenn – Lann Temple for example, the holy pilgrimage of Dajia Mazu during every third month of the lunar calendar is considered one of the three biggest religious events; it is obvious that Dajia Jenn – Lann Temple powerfully influences the society believing in Mazu. The interdependent relationship between religious belief and people's lives is also collective memory regarding to people's early – perioded belief in Dajia Jenn – Lann Temple.

一、前言

　　每年農曆三月期間固定舉行的大甲媽祖遶境活動,被喻為全球三大宗教盛事之一①,可見大甲鎮瀾宮在臺灣的信仰力量,以及它對人民的生活意義。臺灣本島的媽祖信仰可上溯至清朝康熙年間②,大甲鎮瀾宮從雍正十年(1732)建廟③

---

① 張雯嬋《百年遶境一夕爆紅大甲媽全紀錄》,《一步一腳印》(2010 年 5 月 9 日)。取自 TVBS 新聞臺,網址：http://www.tvbs.com.tw/NEWS/NEWS_LIST.asp · no = blue20100509224906。
② 廟名標榜「開臺媽祖」的嘉義縣新港鄉奉天宮,為康熙三十九年(1700)建廟,鄰近的雲林縣北港鎮朝天宮同為建於同年,朝天宮廟名雖未標榜開臺媽祖,但和奉天宮之間卻有其開臺之爭論。
③ 郭金潤主編《大甲鎮瀾宮志·歷史風華》財團法人臺中縣大甲鎮瀾宮董事會,2005 年。

迄今,代表漢人遷移至大甲地區開發的歷史進程,對大甲居民所標示的歷史意義有精神的、道德的、建設的、文化的。① 宗教信仰融入生活亦延續著早期人民對大甲鎮瀾宮信仰的集體記憶(collective memory)②,對照大甲鎮瀾宮集體記憶發展下的演變,更可以從中探索出人民對它的生活依賴、中心思想以及所在地文化的不同面貌。臺灣各地媽祖廟共計至少約有3000多座,平均每7座寺廟中就有一座,全世界共有4000多座媽祖廟,臺灣佔了四分之三。③ 信仰穿越時空將近三百年之久,從時間線的延續到未來全面性的開展,人民記憶的傳遞必然是其中因素,但一人凝聚眾人的集體力量產生,便是依靠著集體記憶對它不斷重建。「僅管集體記憶是在一個由人們構成的聚合體中存續著,並且從其基礎中汲取力量,但也只是作為群體成員的個體才進行記憶。順理成章,推而論之:在一個社會中有多少群體和機構,就有多少集體記憶。」④故筆者在本研究中以哈布瓦赫《論集體記憶》一書為論點參照,從社會觀察的角度深入理論,探討大甲鎮瀾宮在臺灣社會的形塑,並解釋大甲鎮瀾宮在現今臺灣社會的精神象徵。

二、傳統道教信仰與民間宗教信仰的集體記憶釐清

從宗教角度來討論大甲鎮瀾宮的定位時,回到原始起點追溯會提及媽祖是宋代年間在福建沿海地區羽化登仙的傳奇人物,進而聖化為道教的神祇,在當時更成為福建沿海地區所盛行的地方信仰。媽祖隨著漢人渡海來臺後傳入,在這將近三百年歷史的信仰力量傳遞下,引發蘊釀的效應也讓媽祖信仰成為道教色彩中不可或缺的重要文化,並藉由立足臺灣為基地擴展至全球,大甲鎮瀾宮在這樣的角色扮演上亦是其中的重要推手。從臺灣人民的角度來看待這段進程,在臺灣開墾歷史記憶的歲月裡,媽祖扮演著人民艱苦生活的心靈依靠,加上民間故事的流傳

---

① 　陳明終《大甲風貌》,臺中縣大甲鎮鐵砧山青年社,1981 年。

② 　「集體記憶」一名詞為哈布瓦赫(Halbwachs,1877～1945)最早提出,他指出這不是一個既定的概念,而是一個社會建構的概念。筆者認為大甲鎮瀾宮的集體記憶不是單純一個既定的宗教記憶,它和傳統道教發展下的宗教脈絡已不全然相似,在社會和人民的不斷記憶建構下,它已深入民間信仰的精髓,甚至供奉佛教神祇(如觀音菩薩)和當地人格成神(如貞節媽),強調當地人民生活和它的頻繁接觸,浩大的遶境規模亦是當地社會建構下的一個概念,更是它集體記憶的一環。

③ 　宋全忠《媽祖信仰在臺灣》,《尋根》2007 年第 4 期。

④ 　莫裏斯·哈布瓦赫(Halbwachs)著、華然及郭金華譯《論集體記憶》,上海人民出版社,2002 年 10 月。

與信仰延續,不容否認媽祖信仰文化已深深融入民間,大甲鎮瀾宮就是在這樣的民間宗教信仰中來累積壯大。若從學者觀點來探討民間宗教信仰形塑的集體記憶時,「可以說社會中的不同團體可能組織他們自己的記憶,而這些記憶也可能和社會上流行的歷史詮釋不同。」①

　　從上述觀點探討大甲鎮瀾宮的媽祖信仰定位時,不容否認它已經是從傳統道教信仰的色彩中,跳脫成為民間宗教信仰的產生。傳統道教信仰和民間宗教信仰之間的差異,這兩者之間亦為不同的個體,因為從哈布瓦赫的集體記憶理論分析時,發現傳統道教信仰的集體記憶,結合一部份民間宗教信仰的集體記憶,「其途徑只是通過移用後者的部份地方記憶,同時又將其對整個歷史空間的視角加以轉化。當一個地域性的群體與另一個擁有更為神聖,也更為古老的土地的群體聯合的時候,就會發生這種情況:通過對這種方式,這個群體自己的領地也身價倍增、聲名遠播。」②大甲鎮瀾宮的信徒認同媽祖信仰,不代表對傳統道教信仰的忠誠,道教最高神祇三清③為何方神聖可能也無過多概念;傳統道教的修行者精於探索宗教精義裡面的道,他們雖認同媽祖信仰在道教的地位④,但差別是修行者對媽祖信仰沒有像大甲鎮瀾宮的信徒狂熱。《大甲鎮志》亦指出當地民間信仰廟宇雖登記為道教,但缺乏道教應有的傳承,因之列為民間傳統信仰,而不將之歸類為道教。⑤ 大甲鎮瀾宮的信仰在將近三百年歷史發展下,從傳統道教的形體調整融入民間,發展出一種宗教和民間相依互存的特殊信仰面貌,「對於集體記憶來說,只要支持它的社會一直存在,集體記憶也就會獲得滋養,不斷推陳出新,得以強化和豐富,就不會喪失它逼真的色彩。」

三、媽祖信仰文化與大甲鎮瀾宮的集體記憶關係

　　集體記憶和大甲鎮瀾宮的發展關係,哈布瓦赫釐清了「集體記憶不是一個

---

① 蕭阿勤《集體記憶理論的檢討:解剖者、拯救者、與一種民主觀點》,《思與言》第35卷1期(1997年)。

② 莫裏斯・哈布瓦赫《论集体记忆》,頁366。底線部份為筆者更正,原書內容書寫為「明」。

③ 三清道祖分別為元始天尊、靈寶天尊及道德天尊。

④ 在道教神明溯源系統中,將天上聖母定位為後天真聖階級,屬於功國神靈之一。

⑤ 廖瑞銘總編《大甲鎮志(下冊)》,臺中縣大甲鎮公所,2007年。

既定的概念,而是一個社會建構的概念。」①可以說大甲鎮瀾宮的定位認知是有經過時間性的凝聚蘊釀,同時藉由記憶不斷累積的形成,不斷重建屬於它所象徵的記憶脈絡,亦可從學者的研究中進一步來對集體記憶進行理解②。透過儀式紀念和實踐體驗的行為,往往會成為記憶傳承的重要方式,對照每年農曆三月大甲鎮瀾宮的媽祖遶境活動,信徒透過對媽祖神威感召來敬奉祂,進而實際投入步行遶境的活動,來達到對媽祖虔誠信仰記憶的再現。而大甲鎮瀾宮的遶境活動由來已久,據《大甲鎮瀾宮志·進香儀典》的記載中了解,在日治時代以前的遶境活動是透過海路到湄洲祖廟,及至日治時期的緊張時局才改而由陸路到北港朝天宮,後來又再轉換到新港奉天宮③,信徒對媽祖信仰和遶境參與就算經歷不同時空背景,「文化的連續性功能使我們在一個與過去的事件和事物有因果關係的脈絡中體驗現在的世界,」④藉由從信仰活動的延續下,體現集體記憶在過去與現在的關係。

全臺灣各地大大小小類似於大甲鎮瀾宮的媽祖遶境活動比比皆是,大家會將大甲鎮瀾宮的媽祖遶境活動視為標準,並且在近幾年間開始受到極度重視,這無疑是「記憶有建構的意涵,而權力在本質上操縱了記憶。」⑤從觀光行銷的推動及正向善信的理念宣揚下,大甲鎮瀾宮在媽祖信仰社會中刻意營造一種信仰的集結,致使信徒參與遶境活動規模逐年擴大,將原本屬於地區性的宗教活動發展成整體信仰社會的主角,無形中讓信徒的信仰記憶深刻,演變成臺灣文化意象的重要一環⑥,在這記憶脈絡下讓人直接聯想媽祖的代表就是大甲鎮瀾宮⑦,對照記憶再現過程的權力關係,官方力量的投入,正是成為掌控著集體記憶建構形成

---

① 莫裏斯·哈布瓦赫《论集体記忆》,頁39。
② 王海玲、莫琪《淺析莫裏斯·哈布瓦赫的集體記憶》,《重慶科技學院學報》2008年第12期,頁37。
③ 郭金潤主編《大甲鎮瀾宮志·進香儀典》,財團法人臺中縣大甲鎮瀾宮董事會,2005年。
④⑤　王海玲、莫琪《淺析莫裏斯·哈布瓦赫的集體記憶》,《重慶科技學院學報》2008年第12期,頁37。
⑥ 2010年上海世界博覽會,臺灣館主題曲《臺灣的心跳聲》,歌詞寫道:「……媽祖永恆,世世代代的虔誠。……」
⑦ 王見川、李世偉《臺灣的民間宗教與信仰》博揚文化事業有限公司,2000年11月。

的操控者①。

四、節慶儀式下的集體記憶再現

大甲鎮瀾宮從認知中的傳統道教信仰色彩蛻變,融入民間轉變成區域性的文化信仰,這兩者之間的轉變從廟會節慶活動的產生,可以清楚說明這樣的社會現象。傳統道教修行者追求個人的道,而民間宗教信仰則是透過一種集體的歡騰②,聯繫著該區域性的信仰群體,創造屬於這個區域才擁有的集體記憶,哈布瓦赫進一步認為「存在於歡騰時期和日常生活時期之間的明顯空白,事實上是由集體記憶填充和維持著的,這種集體記憶以各種典禮性、儀式性的英雄壯舉的形式出現,並且在詩人和史詩性詩歌中得到紀念,它們使記憶在除此之外單調乏味的日常生活的常規實踐中保持鮮活,」③在宗教慶典的過程中,信徒透過節慶活動的參與和聚集,使人們回憶媽祖信仰對生活的依存,每一個參與的陣頭或信徒都成為節慶活動的主題,並且以他們來做為信仰宣揚的道具。因此「每一個事件都具有一種超出事件本身的意義,在整個歷史中擁有一個符合邏輯的位置,構成一個事件鏈條中的一環。」④

媽祖信仰隨著漢人來臺開墾的傳入,「古老群體的傳統成為一個新的共同體記憶的天然支撐物,這個新的共同體建立並保存了這些傳統,儼然是傳統的護衛者。這些記憶漸漸地獲得了權威性和一種神聖性」⑤。民眾參與大甲媽祖遶境活動的熱鬧場景,對照想像成遶境就像是遠行出航的景象,這段歷史回溯不僅巧妙地刻劃當初漢人渡海來臺的險境,也更將媽祖庇佑航行安全的神話摻入,對照媽祖生前的偉大傳說,無疑都是從生活中對媽祖信仰崇拜而產生的意象。「信徒們獻身給他們的宗教,這便構成了一種環境,正是在這樣的情境中,創造出了對聖地的崇拜。他們的記憶與紀念儀式、崇拜、典禮、宗教節日以及宗教遊

---

① 張伯鋒:「1999 年擔任臺中縣議會議長的顏清標當選了鎮瀾宮的董事長……從顏清標擔任鎮瀾宮董事長至今,進香的駐駕廟宇增加數量相當多,並且主要有 3 條路線不在原本的進香路線之上,是歷任以來增加與擴張幅度最大者。……鎮瀾宮的發展似乎和顏清標的政治地位有著相互的關係。」收錄於《大甲鎮瀾宮新港遶境進香的路線變遷》,臺灣師範大學地理學系碩士班碩士論文,2008 年。
② 涂爾幹(émile Durkheim,1858～1917)認為「集體歡騰」是人類文化創造力的溫床。轉引莫裹斯‧哈布瓦赫《论集体记忆》,頁 43。
③④⑤

行緊密相關。」①本著人民對自然神聖的崇奉,表達對信仰的投入,也創造出對神聖崇拜的環境,透過一年一度遶境活動的信徒聚集,大甲鎮瀾宮的聖地形象就此漸漸刻畫產生。

從信徒獻身參與遶境的節慶活動開始,忠誠信仰強化他們認為的聖地印象,這也是現今臺灣社會的媽祖信仰中,大甲鎮瀾宮會成為獨具特色的信仰主體原因。然而「在集體記憶中,一般而言,總會有一些十分突出的特殊人物、年代和特殊時期。這些人物、年代和時期都把其他人物和發生在別的時候的事件吸引到自己的身邊來。」在遶境活動向來無法缺席的「報馬仔」角色,它獨特殘破的形象裝扮,總是吸引大家的焦點注目,遶境遊行總是走在最前頭,他的「功能除了探路外,遇到沿途有居民觸犯禁忌,得需通知避開,以及告知居民準備香案迎轎,」②「報馬仔」是一種無法具體化的人物,但透過想像與強化他來凸顯媽祖遶境中不可或缺的重要性,甚至成為一種不可替代性,因為報馬仔的形象已轉化成為媽祖信仰的象徵符號之一,透過信徒的參與扮演來示現,也在裝扮造形的意涵上巧妙傳達宗教真善美的勸世形象③,在集體記憶的延續與形塑下,也再次闡明信仰的真理。

五、文化連續性④的集體記憶聯繫

上述的節慶儀式,只算是集體記憶形塑的其中一個方式與過程,因為哈布瓦赫認為「集體記憶在本質上是立足現在而對過去的一種重構,」⑤所以聯繫「過去」和「現在」的正是先前提到文化的連續性功能。當一個集體記憶在歷史時空不斷形塑,蛻變成一個新個體時,勢必將融合其他個體成為新的集體記憶,彼此正是依靠著文化的連續性功能來聯繫。有一方學者認為「集體記憶常是不連續

---

① 分別見莫裏斯・哈布瓦赫《论集体記忆》,頁44、頁383、頁373、頁381。

② 劉還月《臺灣民間信仰小百科・迎神卷》臺原出版社,1994年。

③ 例如嘴巴「含煙」的形象,代表「感恩」(臺語含煙諧音);腳上的「瘡疤」傷痕,有提醒世人別揭人瘡疤。因象徵項目過多,在此不一一列舉。

④ 學者從哈布瓦赫理論中,進一步談到「文化的連續性功能」,筆者試圖從此一觀點角度來深入探討集體記憶,同時也將其他學者提出集體記憶為不連續的說法來解釋說明。

⑤ 莫裏斯・哈布瓦赫《论集体記忆》。

的，是受到社會特定群體為追求利益所塑造。」①筆者認為集體記憶連續與否，應該回歸到漢人對天地自然的敬畏態度，當人民生活充滿威脅、恐懼與未知時，祈求存在於無形的上天庇佑，這樣的祈願模式在漢人文化發展下，已構成精神層面的「文化的連續性」。但信仰群體對這種文化的連續性，仍然存在著接受與否的問題，所以關鍵在於信徒靈驗經驗的繼承，因為「靈驗經驗的傳播過程成了傳教儀式，而宣教人員就是這些擁有靈驗經驗的信徒，雖然沒有制度化宗教的一些傳教方式，大甲媽祖透過在進香中靈驗經驗的傳播，擴大其信仰。」②

哈布瓦赫認為「信仰和見證曾經都是以堅固耐久的物體的形式出現的。確實，這些客體本身，正如他們向我們所呈現的那樣，是一個在更早的時候對從過去繼承而來的信仰進行改造，以使其適應現在信仰的產物；同時，它們也是改造後者以適應古代信仰的物質遺跡的結果。」漢人對天地自然的敬畏，亦是和無形客體的關係互存，客體無法定型化，只能依照人的想像來塑造，如同漢人對上天的形象客體化為老天爺，信徒亦將媽祖塑造為臺灣社會中重要的民間信仰精神，大甲鎮瀾宮的主體建築和媽祖神像，正是將近三百年的信仰歷史下流傳的堅固耐久物件。媽祖信仰誕生至今已有約一千年左右的歷史③，媽祖信仰尚未傳入臺灣之前約七百年的過程中，臺灣社會要填補這段空窗亦是一個問題的產生。站在「過去」和「現在」的時間點上，文化的連續性功能便讓信徒對媽祖的信奉幻化成神話想像，將約七百年臺灣社會無法參與的空白串連。哈布瓦赫亦認為「這些確實存在的村莊或城市，由於沒有地方傳統保存對這些純屬創造出來的事實的記憶，人們也就只能通過他們的名字來對它們加以想像了。」④媽祖在福建沿海的神話傳說事蹟，信徒將它拿來填補臺灣社會的信仰空缺，合併成為一個新的集體記憶。

信徒透過神話想像將對岸大陸的彼端連結，暫且不論大甲鎮瀾宮的信徒是否到過對岸彼端，但他們確實是以原始中心（大甲鎮瀾宮）為放射連結到對岸。媽祖信仰的其他群體（大甲鎮瀾宮的分靈或海內外信徒）有可能沒有到過、看過

---

① 胡正光《從柏格森到阿布瓦希：論集體記憶的本質》，《政治與社會哲學評論》第 21 期，2007 年 6 月。
② 洪瑩發《戰後大甲媽祖信仰的發展與轉變》《臺南大學臺灣文化研究所碩士論文》，2004 年。
③ 郭金潤主編《大甲鎮瀾宮志·歷史風華》。文中指出媽祖誕生於宋太祖建隆元年（960）。
④

大甲鎮瀾宮的形體,也沒有親身在大甲媽祖的神像前祈願,亦可從另一端的原始
中心(大甲鎮瀾宮的分靈或海內外信徒)放射來連結,與他們心中認為的聖地
(大甲鎮瀾宮)來進行想像。哈布瓦赫認為「他們所想像的這個意象,首先要從
這些地方汲取其內容。但是符號性反思的結果卻將這些地方與它們所處的物質
環境相剝離,而把它們與群體的信仰聯繫起來。毋庸置疑,這個意象的穩定性說
明了信仰得以持續這麼一個事實。」①集體記憶排除空間限制,文化的連續性功
能亦聯繫了不同的時間個體,對完全沒有去過、看過大甲鎮瀾宮的臺灣人民,他
們所屬地區的媽祖信仰群體必然能帶給他們部份文化相似的想像,但對於海外
的信徒來說,他們可能也沒有到過臺灣,亦可透過他們所屬地區的信仰意象來傳
達,說明信仰持續的可能性,新的集體記憶亦可能就此產生。「設若一個群體被
一分為二,一些成員留在老地方,物質客體仍然存在,他們仍與這個物質客體保
持著聯繫;其他人則離開此地,但都帶著關於這個物質客體的意象。」②回想當初
漢人帶著媽祖神像渡海來臺,正是將當時福建沿海的媽祖信仰一分為二,因而讓
媽祖信仰在臺灣社會蓬勃發展,大甲鎮瀾宮率領信徒回到湄洲祖廟進香,正是強
調與物質客體保持聯繫的現象。

六、結論

　　筆者先是將傳統道教信仰與民間宗教信仰的集體記憶衝突創造出對話空
間,以釐清問題意識的脈絡。更從民間宗教信仰的發展氛圍談論媽祖在臺灣社
會的信仰地位,並扣緊大甲鎮瀾宮的集體記憶主題,探討兩者之間的發展關係,
以凸顯大甲鎮瀾宮異於臺灣其他媽祖信仰地區的價值。除了從哈布瓦赫節慶儀
式的角度切入之外,亦帶入學者提出的文化連續性觀點來討論。

　　信仰和社會發展相依存,媽祖一詞也成為描述人物特徵的專有代名詞③。
精神延續不受時空的轉移、政權的更替、地域的限制,不僅直向接連時代,也同時
橫向遍佈到不同區域。大甲鎮瀾宮是現今臺灣媽祖信仰社會裡的標準,從這樣

---

①　莫裏斯‧哈布瓦赫《论集体记忆》。②　莫裏斯‧哈布瓦赫《论集体记忆》。
③　如嘉義的許世賢(1908～1983)被稱為「嘉義媽祖婆」;彰化的賴和(1894～1943)亦有「彰化媽祖
　　」之稱。兩人皆為醫生背景,秉持醫德至上的精神為病患行醫,甚至不收取費用,其良好醫德
　　更凸顯了和媽祖相似的慈悲形象,在地方極受百姓愛戴,兩人同時亦極積的參與社會政治運動,
　　在當時臺灣社會奉獻上皆有佳話流傳,而這亦是屬於人民對他們建構的集體記憶。

的現象發展定位大甲鎮瀾宮時，也透過其他學者的觀察來看待這段集體記憶，認為「集體記憶的運作應視為是在維繫及強化社會共識基礎上的工具，」①對照媽祖信仰的發展初衷，將正向善信的理念傳達至社會來落實，大甲鎮瀾宮在現今的媽祖信仰群體下，更是角色扮演的重要實踐者。

（作者為彰化師範大學臺灣文學研究所碩士生）

---

① 夏春祥《文化象徵與集體記憶的競逐——從臺北市凱達格蘭大道談起》，《臺灣社會研究季刊》第31期，1998年9月，頁91。

臺灣宜蘭與河洛文化

高雙印

Abstract：Yilan lies in Northeastern Taiwan. It is traditionally the residence of the Atayal aboriginals und the Kavalan people. The area is surrounded by the Pacific Ocean on one side and by mountains on the remaining three sides, which isolate Yilan from the adjacent areas. Therefore, the plain belongs to one of the lattest regions of Taiwan cultivated. It is not until the 1st Jiaqing year of the Qing Dynasty (i. e. the 1st year of the 5th Qing emperor's tenure, 1796 A. D.) that WU Sha, a Han person, led economic migrants from the Zhang County and the Quan County (both of the Min Province) as well as from the Yue Province to acquire the area. Fifteen years later the Qing Dynasty annexed the region. The regional research on Yilan thus provides a scale model of how the Taiwan Island was developed. The current study verifies the framework within which the He – Luo culture (i. e. the culture emerging from the drainage basins of two rivers：the Yellow River, which the phonetic transcription Huang He refers to, and the Luo River) was passed from the Yu Province (through which the Yellow River and the Luo River flow) to the Min Province (in which the Zhang County and the Quan County are located) and eventually to Taiwan. Moreover, the current investigation thereby outlines how the Han Chinese, originating from the drainage basin of the Yellow River, implemented the Confucian concept of governance (i. e. to govern by virtue) to expand territories and to integrate diverse ethnic groups for peaceful coexistence and mutual benefits.

一、前言

臺灣與大陸福建僅一衣帶水之隔,先民們或基於生存需要而遷徙,或藉季風浪濤而飄流,均可朝發夕至。臺灣原住民來自何處、始於何時? 則無信史可考。漢人入墾形諸文字記載者約自明代。鄭成功復臺,清領初期也僅限於臺南一隅。宜蘭地處臺灣東北角,三面環山、一面臨海,東對太平洋,南界花蓮臺中,西連新竹桃園、西北與臺北相接,①地形相當封閉,不但是漢人較遲開發的地區,也是受現代工商發展浪潮衝擊較少的地區。著名史學家許倬雲教授在其《十九世紀上半葉的宜蘭》論文中,認為宜蘭地區的歷史發展,不僅反映了整個臺灣,甚至反映了整個中國發展的傾向,可補足中國歷史上若干事例的不足。②

二、漢人入墾前的宜蘭

宜蘭自古為原住民泰雅族(Ataya)及噶瑪蘭族(Kavalan)諸社聚落之所。噶瑪蘭族人多勢眾,佔據平原地帶,與漢人接觸較早,故有「甲子蘭」、「蛤仔難」等名稱之音譯。清領時期正名為「噶瑪蘭」廳,後升格改稱「宜蘭」縣,③因譯意優雅,沿用至今。

1. 宜蘭的原住民來自何處?

宜蘭的原住民來自何處? 眾說不一,根據史學家梁嘉彬氏的考證,認為臺灣山胞實為我國百越氏族之一支。張松氏著《臺灣山地行政要論》也說山胞係越族之一部,與閩粵祖先相同;南洋史學專家李長傅氏引述日人金關丈夫、國分直一《臺灣考古志》,臺灣史前黑陶文化,已為中國黑陶文化之末流,但非由華北直接傳入,似係由閩粵傳入者,故臺灣山胞原為越族,大有可能。④ 宜蘭的原住民當不例外,無論是泰雅族或噶瑪蘭族,因戰爭、疾病,或經濟上遭受壓迫等因素,在閩粵無法生存,渡海遷徙臺灣,輾轉來到宜蘭,應為合理的推論。

---

① 《宜蘭縣志》卷一土地志、第一篇地理篇,宜蘭縣文獻委員會,1969 年 12 月。
② 廖風德《宜蘭歷史與蘭陽精神》。
③ 同註 1,大事記。
④ 吳秀玉《開蘭始祖——吳沙之研究》。

2. 漢人何時與宜蘭原住民接觸？

明天啟四年(1624)荷蘭人佔領臺南安平,[①]此時業已控制菲律賓的西班牙人為發展其與中國、日本間的貿易,也在天啟六年(1626)派兵佔領臺灣北部的社寮島(今基隆市和平島)並築城作為根據地。[②] 傳聞蛤仔難有金及漁獵等天然資源,遂加以佔領統治,其間多藉漢人接濟糧食、招撫番社、通商殖民,多藉漢人之力。[③] 西班牙人對臺灣北部的經營震驚了南部的荷蘭人。崇禎十五年(1642)派兵北上,將社寮島之西班牙人驅逐,並多次征討蘭地番社及探勘金銀礦藏,亦藉漢人之力擔任運輸等工作。[④] 永曆十五年(1661)鄭成功驅逐南部之荷蘭人後,永曆二十年(1666)揮師北上掃蕩其殘眾,也將屯墾區擴張至新竹,並將罪犯、降虜遷徙雞籠(基隆)、淡水等地,漢人社會逐漸在臺灣北部建立。清康熙二十三年(1683)鄭氏王朝歸順大清,惟清廷治理臺灣態度消極,宜蘭竟被視為化外之地,且「封界」嚴禁漢人進入。唯蘭地豐富的資源,可獲利倍蓰,故禁不勝禁。《諸羅縣志》對漢人與蛤仔難番社交易有下列的記載:「各社夏秋划蟒甲(獨木舟名),載鹿脯、通草、水藤諸物,順流出近社,與漢人互市。漢人亦用蟒甲載貨(鹽、鐵等)以入,灘流迅急,船多覆溺破碎;雖利可倍蓰,必通事熟於地理,乃敢孤注一擲。」到了康熙六十一年(1721),漢人與蘭地番社的貿易活動,已由個別的冒險擴大到有組織的集體活動。藍鼎元《東征集》載:「查大雞籠社夥長許略、干豆門媽祖宮廟祝林助、山後頭家劉裕、蛤仔難夥長許拔,四人皆能通番語,嘗躬親跋涉其地,贌社和番。」[⑤]漢人與蘭地原住民因互市頻繁,進而建立了互信。再者,「康熙壬寅(1722)漳州把總朱文炳帶卒更戍,船在鹿耳門外為風飄至南路山後,歷三晝夜至蛤仔難,船破登岸,番疑為寇,將殺之;社有何姓者,素與番交易,力為諭止。」[⑥]化解了彼此間的誤會,可見此時漢人在蘭地番社已經具有相當程度的影響力。

---

① 何懿玲《日據前漢人在蘭陽地區的開發》。
② 《宜兰縣志》,卷首下,史略,頁5。
③ 同上註,頁8。
④ 唐羽《臺灣採金七百年史》,頁32。
⑤ 藍鼎元《東征集》卷二,頁25。
⑥ 陳淑均《噶瑪蘭廳志》卷之一建置附考,頁61。

三、漢人開發宜蘭的先驅

1. 番割與羅漢腳

所謂「番割」，就是久與番社交易互市的漢人。能通番語、解番情、識地理。[①] 有了番割作漢番之間的溝通橋樑，取得原住民的信任，才能減少阻力，為漢人開發宜蘭打下基礎。番割的構成份子則為「羅漢腳」，《噶瑪蘭廳志》銓釋：「臺灣一種無田宅無妻子，不士不農，不工不賈……，曷言乎羅漢腳也。」這當與前述流放之罪犯降虜有關。他們雖為官方和社會所遺棄，卻冒險犯難，披荊斬棘，為開疆拓土作出重大貢獻，所以《噶瑪蘭廳志》評論：「譬之漢人……其冒險而希冀徼倖者……非番割即羅漢腳耳……臺(灣)中而盡無此輩，土地又何日闢耶？平心而論，功過正適相半。嚮者．之蠢屯蝟集，無非為盛世先驅耳。要在平時處置得宜，朝廷可相安於無事。俟其日久，彼將不化而自消矣。」[②] 足證番割、羅漢腳可良可賊，為政者之態度和處置乃是關鍵。

2. 漢人對宜蘭拓墾的試探

宜蘭僻在萬山之後，地形封閉，生番為害。清廷置之化外，但蘭地的天然資源可獲暴利，仍然吸引「番割」、「羅漢腳」冒險前來與番社互市，久之，發現這竟是一片溪流分注、沃野三百餘裏，可闢良田萬頃、容十萬戶[③]的人間樂土。而仍過著原始漁獵生活的番民，並不顧惜。加之乾隆年間，北部淡水廳耕地開墾漸趨飽和，於是乃有漢人集體入墾之舉。《宜蘭縣志》載：「乾隆三十三年(1768)，有林漢生者，召眾入蘭開墾，為番所殺，事雖無成，然已開漢人有計畫移殖之端，為吳沙開拓蘭地之先河矣。」林漢生，福建漳州人，是漢人入墾宜蘭的第一人。事雖無成，卻鼓舞後繼者吳沙接踵而至，終底於成。

四、吳沙入墾宜蘭與清廷納入版圖設官治理

宜蘭雖僻在萬山之後，地形封閉，但西班牙人、荷蘭人均曾意圖染指，海盜也多次覬覦，惟獨清廷置之化外，且以「封山」示禁，視為棄土。幸而漢人基於生存

---

① 蓝鼎元《東征集》卷二。
② 陳淑均《噶瑪蘭廳志》，卷五下，《風俗下，番俗附考》，頁 418。
③ 蕭竹友，《甲子蘭記》，見《噶瑪蘭廳志》卷之一，《山川附考》，頁 86。

需要，冒險犯難，以民間的力量開拓後版圖。

1. 吳沙開蘭始末

吳沙，福建漳州人，於乾隆三十八年間渡海來臺。最初在淡水為人「執役」，並不適意，[①]乃前往更荒僻的三貂（今澳底）另謀發展。三貂界臨蛤仔難，吳沙如同「番割」和「羅漢腳」一般，從事冒險，往來於番社間互市。據其後世孫所作的《吳氏家譜》記載：「吳沙於乾隆三十八年，他四十三歲，由淡水廳移居三貂社。」[②]又據《噶瑪蘭廳志》卷之七載：「吳沙因久住三貂，間闢出物與番交易，見蘭中一片荒埔，生番皆不諳耕作，亦不甚顧惜，乃稍稍與漳、泉、粵諸無賴者，即其近地而樵採之；雖藋棘披荊，漸成阡陌之勢，番故不禁之也。……此乾隆五十二年間事也。」[③]兩相對照，知吳沙到達三貂十四年間，先是「出物與番交易」，再進一步「近地而樵採之」，終於能「藋棘披荊，漸成阡陌之勢」，因為他只是在三貂與宜蘭交界的地方開墾，原住民並沒有禁止，所以準備再深入蘭地，進行大規模的集體拓墾。惟蘭地沃野三百餘裏，可闢良田萬頃，不但工程十分浩大，且係私墾行為，再者前有林漢生集體開墾遭番民殺害的先例，不得不預作週密防範的籌謀。他首先以守法來獲得淡水「同知徐夢麟以吳沙言為可信，每每有招撫蘭番之意」，[④]建立與官方互信的關係；其次是資金的籌措，賴有淡水富豪柯有成、何績、趙隆盛資助；[⑤]再就是「番害」的防範，為此他任用熟悉番情的番割許天送、朱合、洪掌和懂得番語者二十三人，保護墾民安全的壯士二百多人，不生事而聽從指揮的三籍墾民一千多人，[⑥]經過長期而週密的籌劃，於嘉慶元年（1796）九月十六日趁大潮乘船，自三貂出發，在宜蘭平原北端之烏石港登陸，築土圍墾之，建立漢人在蘭地的第一個立足點，名曰「頭圍」。[⑦]　不過這種大規模的拓墾行動，也立即引發原住民的驚恐和抵抗，《宜蘭縣志》：「方入頭圍時，番眾驚怖，傾其族相抵拒，彼此鬥爭，殺傷日眾，沙弟吳立且戰死。」[⑧]可見雙方戰況之激烈，其後吳沙暫

---

① 陳淑均《噶瑪蘭廳志》，卷七，《雜識，紀人》，頁511。
② 吳沙第八代孫吳旺橘，《吳氏家譜》，未標頁數。
③ 陳淑均《噶瑪蘭廳志》，卷之七，《雜識，紀人》，頁512。
④ 同上註。
⑤ 姚瑩《噶瑪蘭原始》，見《噶瑪蘭志》卷七，《紀文、奏疏》，頁588。
⑥ 盛清沂《吳沙傳——姪化附》。
⑦ 安倍明義，《臺灣地名研究》第二章宜蘭縣，頁120。
⑧ 陳譯主編，《臺灣先賢先烈專輯》第二輯，頁55。

退三貂社，並遣人告知番民：「海賊要來佔據蛤仔難，盡滅諸番，我是奉官令來堵賊……」①緩和了彼此間的緊張情勢；又「會番社患痘，沙出方施藥，全活者眾，番人德之……鬥乃漸息。」②此後墾地日廣，墾民日眾，為管理有所依據，乃到淡水廳請領墾照。同知何如蓮發給「吳春郁」義首的印戳俾便宜行事，③奠定了漢人在蘭地拓墾的社會基礎。可惜到嘉慶三年（1798）十二月，吳沙以六十八歲高齡，積勞成疾而病逝。吳沙既歿，其侄吳化繼為墾首，在既有的開墾基礎上，由北而南陸續發展。嘉慶七年，濁水溪北之地業已闢透，十五年溪南亦已墾竣。④

2. 宜蘭納入版圖

明鄭驅逐荷蘭人收復臺灣，清康熙二十三年鄭氏王朝納降，歷雍正、乾隆二朝，均視蘭地為化外和棄土，直到嘉慶元年吳沙以一介平民率眾拓墾，建立了以漢人為主體的社會秩序，然「猶惴惴以私墾為防……而鰓鰓以歸化為請。」⑤且「願出賦為請設建署。」⑥請求官方納入版圖並自願出資建立署衙，清廷竟置之不理，真是不可思議。吳沙開蘭僅二年三個月以歿，侄吳化繼為墾首，而漳、泉、粵風聞而來蘭地之墾民日眾，拓地日廣，雖因利益衝突時有糾紛甚至械鬥，仍未能引起官方的重視。直到嘉慶十一年海盜蔡牽率徒眾佔據蘇澳並寇犯烏石（頭圍）後，臺灣候補知府楊廷理才覺得事態嚴重，奏請當局稱：「理汲汲欲開噶瑪蘭之見，實緣洋匪李培、蔡牽、朱濆先後窺伺，圖作賊巢；理耳聞目擊，不勝惶悚。若再不及時收入版圖，設官經理，萬一水陸奸究互相勾結，負嵎拒險，勢必全臺驚擾。」⑦終蒙詔可。

3. 清廷對宜蘭的設官治理

宜蘭因海盜的侵襲，臺灣知府楊廷理親臨蘭地平亂，並勘察地勢，調查戶口。並將蛤仔難正名為噶瑪蘭，他向閩浙總督方維甸提出調查報告：「噶瑪蘭南北約長六、七十裏，東西約寬二、三十裏不等，漳人四萬二千五百餘丁，泉人二百五十

---

① 陳淑均《噶瑪蘭廳志》，
② 連雅堂《臺灣通史》卷三十二，列傳四，頁853。
③ 盛清沂等編，《臺灣史》，頁460。
④ 廖風德《清代之噶瑪蘭》，頁101，臺北裏仁書局，1982年6月。
⑤ 陳淑均《噶瑪蘭廳志》，卷之七，《雜志，紀人》，頁513。
⑥ 柯培元《噶瑪蘭志略》。
⑦ 楊廷理《議開臺灣後山噶瑪蘭（即蛤仔難）節略》，見《噶瑪蘭廳志》，卷之七，《紀略》，頁587。

餘丁,粵人一百四十餘丁,熟番五社九百九十餘丁,歸化番三十三社四千五百百十餘丁。」①嘉慶十五年奉令入蘭,「四月初四日,面奉(閩浙總督方維甸)委扎,並發章程十八則、丈繩一副……次日捧檄入山。」②到達蘭地後有下列重要治理措施。

(1)重定噶瑪蘭全圖及築九芎城

宜蘭在納入版圖前,其地理形勢圖志皆甚簡略,不足作為治理之依據,所以楊廷理面奉閩浙總督方維甸委扎入蘭時,除發章程十八則外,特發丈繩一副,可謂用心良苦。楊廷理也不負所望,入蘭第一件大事便是實地勘察丈量,重定《噶瑪蘭全圖》,據謝金鑾《蛤仔難紀略》載:「若其形體之大備,東西勢之分屬,民番之錯處、莊社、田園、道途、裏至畢具,則惟楊太守之圖為得其詳焉。」③楊廷理也做詩以紀其盛:「尺幅圖成噶瑪蘭,旁觀慎勿薄彈丸。一關橫鎖炊煙壯,兩港平鋪海若寬。金面翠開雲吐納,玉山白映雪迷漫。籌邊久已承天諾,賈傅頻煩策治安。」④宜蘭雖彈丸之地,卻是臺灣東、西兩部相連的鎖鑰地帶,形勢險要,若不設官治理,將是治安上之一大隱憂。其次便是選擇適當的地點築城建署,作為蘭地的行政中心,那就是宜蘭平原的中心——五圍(今宜蘭市)。廳志載:「蘭城為五圍適中之地,有民居兩列,皆東西向,餘悉新墾田。初無城寨,嘉慶十五年委辦知府楊廷理始植竹為城,環以九芎樹木……」⑤蘭境九芎木與北方楊柳同性,楊廷理環城植之,故又稱九芎城,似也有中原、閩粵、臺灣一脈相承之意。

(2)教化番社並加留餘埔以保障其生活

蘭地番民「茹毛飲血,蓬髮露體,男女無別,婚姻無時,野合擇配,聽人自便,不識五倫,不諳歲次。」⑥仍生活在原始的野蠻時代,楊廷理入蘭後「舉漢人為各社總理,設立通事、土目,約束社眾,造報丁冊,教以人事,薙髮著衣,始知置備耕牛、農具,漸通漢人語言。」⑦也就是以教化的方式導引原住民由漁獵而進入農

①　方維甸《奏請噶瑪蘭收入版圖狀》,見《噶瑪蘭廳志》,卷之七,《奏疏》,頁517。

②　楊廷理,《議開臺灣後山噶瑪蘭(即蛤仔難)節略》。

③　謝金鑾《蛤仔難紀略》,見《噶瑪蘭廳志》,卷之七,《紀略》,頁570。

④　楊廷理,《東遊詩草》,見《噶瑪蘭廳志》,卷之八,《紀文下,詩》,頁630。

⑤　陳淑均《噶瑪蘭廳志》,卷之二,《規制,城池》,頁93。

⑥　同上註,《番俗附考》,頁108。

⑦　同上註,頁109。

耕,由野蠻走向文明。又自吳沙嘉慶元年,率一千二百人入蘭開墾始,至嘉慶八年已達二萬餘人,十五年更增至四萬餘人。反之原住民僅五千餘人,雙方約為九與一之比,且原住民並不重視土地,任由漢人佔墾,若不由官方作出保護措施,勢將嚴重壓迫原住民的生存空間,楊廷理即以「各(番)社近埔處所存,給之大社二裏、小社一裏,謂之加留餘埔,仍官為召佃,以三籍頭人為佃首,經理徵收,按社計丁而分給之,社番坐受焉。」①保障原住民的生活,促進漢番之間的共存共榮。

（3）草創仰山書院、文風丕振

宜蘭在漢人入墾前,固然是蠻荒之區,而入墾者之漳、泉、粵三籍流民,亦皆強悍之冒險者,所謂「王化未及,人不知義,番不識理」②楊廷理深諳治蘭之道,文治教化才是根本之途,乃草創書院,名曰「仰山」,寓意一語雙關,其一為宜蘭地標龜山島、巍然海上,無論自陸、海路入蘭,皆首先映入眼簾,十分明顯。且風景絕佳,「龜山朝日」列為蘭地八景之首;其次為仰慕宋代理學家楊時(號龜山先生),楊時,福建將樂人,師承河洛程頤、程顥兄弟之學,得其真傳,「程門立雪」傳為美談,足見其尊師重道之誠。學成南歸,程顥曰「吾道南矣」,其學傳至朱熹益發揚光大。朱熹也以繼承伊洛之學為己任,長期在崇安、建安講學,成一代宗師。書院落成之日,楊廷理賦詩以記其盛曰:「龜山海上望巍然,追溯高風仰宋賢。行媲四知留榘範,道延一線合真傳。文章運會關今古,理學淵源孰後先。留與諸生勤努力,堂前定可兆三鱣。」③仰山書院創立後,「不但化蘭民獷鷙為善良,狉榛以秩序,一時文風四起,家絃而戶誦,講義而型仁。」④使「淡蘭文風為全臺之冠」,⑤且於臺灣割日本時,學子建岳王廟(碧霞宮)寓「盡忠報國」精神於民俗信仰之中,期有朝一日「還我河山」,重歸祖國懷抱,可見其影響之深遠。

五、民族精神的傳承與發揚

日本自明治維新後,野心勃勃,處心積慮侵略中國,甲午之後(1894)清廷戰敗,割讓臺澎,宜蘭隨之淪陷。此後五十年,蘭民或明或暗所進行的民族革命運

① 陳淑均《噶瑪蘭廳志》,頁105。
② 蕭竹友《甲子兰記》,頁87。
③ 楊廷理「蘭城仰山書院新成志喜」,見《噶瑪蘭廳志》,卷之四,《上書院附考》,頁279。
④ 吳秀玉《開蘭始祖——吳沙之研究》,頁204。
⑤ 盛清沂,《臺灣史·清代之治蘭》,頁378,臺灣文獻委員會,1977年。

動從未中止。①

1. 抗日義首林大北

臺灣於乙未（1895）年割讓後，臺民不服，遂擁唐景崧等成立臺灣民主國，終因抵抗無效，遂告瓦解。正當日本宣佈臺灣全島平定的時候，蘭民林大北率領義軍首先發難，襲擊瑞芳、進圍宜蘭。② 同時引發臺北、新竹等地義軍蜂起響應。③ 使日本軍警疲於奔命。翌年日本自本土派兵增援，宜蘭之圍遂解，林大北抗日義軍轉戰月餘，終因寡不敵眾，臺北等地義軍皆敗，在孤立無援下潰散。林大北被擒身殉，此役義軍及受株連而死難之蘭民殆三千餘人。然而影響所及。臺民各地的武裝行動如霧社事件等長達二十年之久，從未間斷。抗戰期間臺民內渡組織義勇隊、青年團、醫療隊等奉獻犧牲。蘭民青年林貴傑等人被迫參加日軍，於派駐海南島期間，聯絡臺籍同志，反正起義，編組臺籍抗日義勇隊與游擊隊會合，襲擾日軍，直到抗戰勝利。

2. 民族正氣楊士芳

楊士芳祖籍福建漳州，遷居臺灣已歷三世。同治七年（1868）考中進士，原本分發任浙江紹興知縣，旋因父疾回鄉侍奉，父去世後守制，不再出仕。林大北事件已使楊士芳意識到武裝抗暴無效，欲隱藏民族精神於民俗信仰之中，於是發起募捐興建岳廟、藉表「盡忠報國」之心，期有朝一日「還我河山」，重歸祖國懷抱。④ 他在建廟榜文中說：「維甲午乙未之交，海疆多事、四境不寧，且庸臣誤國，致鼙鼓東來，臺島鼎沸，今割地易歲，桑梓晦冥……是固愚等乃祈奉精忠武穆岳夫子堂廟一所，宜講忠孝節義，警頑立廉……今雖桑梓沉淪，四方皆敵，然亡秦必楚……待勤王一舉，必可還我河山，投懷上國矣。」⑤為避日人耳目，以扶鸞求得詩籤曰：「晦暗江山實可嗟，斯民所住是吾家，但期正氣長留此，碧血丹心望曉霞。」故取最後詩句之意，名曰「碧霞宮」⑥廟於 1899 年落成，建材全自福建運來，採閩南宮殿式建築，古色古香，岳飛神像係由杭州岳廟分香迎進安座，其祭岳三

① 《宜兰縣志》，卷首下，《史略》，頁 34。

② 《宜兰縣志》，卷九，《抗日篇》，頁 6。

③ 同上註，頁 17。

④ 同上註，卷三，第四章祠廟，第二節碧霞宮，頁 34。

⑤ 《宜蘭縣文武二聖祭祀專輯》，頁 29，岳武穆王宜蘭碧霞宮印贈，無日期。

⑥ 《口述歷史》，筆者於 2001 年 3 月 19 日採訪宜蘭碧霞宮管理委員會李肇基主委時記錄。

獻大典儀式也同時引進，日據時期，每年岳王誕辰均秘密行禮如儀。臺灣1945年光復後，1950年宜蘭恢復縣制，由首任縣長方家慧主祭，地方黨政首長陪祭，上面指派何應欽、張群、吳伯雄等要員為祝壽官，爾後年年如此，形成慣例。儀式程序共三十三項，約進行一小時，其莊嚴隆重媲美祭孔大典，是當今碩果僅存之文化瑰寶。

（作者為退休教師，現任宜蘭縣河南同鄉會理事長）

河南南陽天妃廟創建與施琅平臺關係考

張富春

Abstract：Mazu temple in Nanyang was built in 1696 by vice – commander of Nanyang Zhen of Henan Province Chen Bin of Putian of Fujian Province. Shi Lang promised he would request imperial court to confer a title on Mazu. But imperial court didn't allow his request. Shi Lang contributed his salary to build Mazu temple in Taiwan and Chen Bin built Mazu temple in Nanyang when he hold vice – commander of Nanyang Zhen. So the building of the Mazu temple in Nanyang had nothing to do with merchant seaman and businessman including businessman of Fujian Province.

南陽天妃廟,或稱天后宮,位於今南陽市宛城區南關朝山街東側,始建於康熙三十五年(1696),是中國北方內陸地區少有較完整保存至今的媽祖廟宇。該廟現存戲樓、東配房、東廊房、卷棚、大殿等古建築,集南北風格於一體,占地二千三百平方米,建築面積近六百平方米,基本保留了原佈局。1989 年,天妃廟列入南陽市重點文物保護單位,2006 年晉為第四批河南省文物保護單位。關於天妃廟,當地文化人士或云「媽祖廟(南陽人叫天妃廟)和水大王廟為船民所建」①;或云「外地來宛的及本地的船商、船戶、商人很多,為了祈求海神媽祖的保佑,特建媽祖廟於宛城的白河岸畔」②。有學者亦云「我覺得天妃廟跟閩商的關係密切,它建立在康熙統一臺灣之後」,「南陽的天后宮是當時政治大環境與地方商

---

① 殷德傑《老南陽:舊事蒼茫》,第 13 ~ 14 頁,河南人民出版社,2005 年。
② 呂風林《南陽拾古》,第 316 ~ 318 頁,中國文化出版社,2005 年。

業貿易需要的產物」①。然而,我們通過對至今仍保存在廟內的康熙三十五年《南陽天妃廟碑》及功德碑碑刻殘塊進行考證,發現天妃廟創建與船戶及包括閩商在內的商人毫無關係。

一

康熙三十五年《南陽天妃廟碑》碑文云:

> 餘友西翁陳公與餘同官於宛,公為民祈福,首建天妃廟於郡城,鎮憲郭公、副戎林公共襄盛事。宛人無遠近胥趨蹌鼓舞,慶祝於斯,固知神之陟降於斯也。我聖天子之廟謨成算而神效靈,水營將士仰視雲端,麾幢隱現空中,聞劍槊聲如萬馬突陣。於是迅掃臺灣,開立郡縣,溥海內外,悉隸版圖。……參知南陽府事加一級古虞朱璘盥沐撰文,榮祿大夫左都督管南汝鎮標中□(軍?)遊擊兼左營事世襲拜他喇布勒哈番又一拖沙喇哈番仍帶餘功蒲田陳斌鼎建立石,時□(吏?)部候選教諭陳三捷書,於皇清康熙三十有五年歲次(?)丙子端月穀旦立。

此碑為榮祿大夫左都督管南汝鎮標中□(軍?)遊擊兼左營事世襲拜他喇布勒哈番又一拖沙喇哈番仍帶餘功蒲田陳斌所立,南陽知府古虞朱璘撰寫碑文,□(吏)部候選教諭陳三捷書丹。

榮祿大夫為封贈官階,左都督為武職加銜。清代河南總鎮下設河北、南陽二鎮,南陽鎮亦謂南汝鎮或南鎮。「南汝鎮,鎮守南汝總兵官一員,駐劄南陽府,標下左右二營,管轄鄧新營、汝寧營、歸德營、襄城營、陳州營。」②清廷招降或招募的漢軍以綠旗為營標,故曰綠營兵。「標、協、營為綠營營制三大系統,總督、巡撫、提督、總兵官所屬叫做標,副將所屬叫做協,參將、遊擊、都司、守備所屬叫做

---

① 蕭放《天妃與楊泗爺》,載《文史知識》,2005 年第 5 期。按:關於南陽天妃廟的來源,蕭氏復引《大河報》2005 年 12 月 2 日「天下旅遊」版題為《尋訪南陽媽祖廟》的文章,云:「這裏將南陽天妃廟歸為福建軍屯官兵所建。這種說法,僅備參考。」《尋訪南陽媽祖廟》乃鄧州人肖華錕之文,文中所謂閩營人創建者為鄧州天后宮,而非宛城天妃廟,蕭氏誤以為一,故有「僅備參考」之疑。
② 《古今圖書集成·經濟彙編·詮衡典》第六十三卷《官制部》,第 672 冊第 29 頁,1934 年,中華書局影印本。

營。」①直屬總兵者曰鎮標。「為總兵總理營務的遊擊，稱鎮標中軍遊擊。」②碑文「鎮標中□遊擊」所殘之字為「軍」。《河南通志》卷三十九《職官十·（南鎮）左營遊擊》云：「陳斌，福建人，投誠，康熙三十年（1691）任。林焯，福建人，功加，康熙三十八年（1699）任。」③陳斌實為鎮標中軍遊擊兼領左營，康熙三十年供職南陽，三十八年離任。

清世爵分九等，世襲拜他喇布勒哈番又一拖沙喇哈番漢稱外衛指揮僉事，正四品。「授爵自拖沙喇哈番始，舊為半個前程，漢稱外所千總，正五品。遞上為拜他喇布勒哈番，漢稱外衛指揮副僉事，從四品。再一拖沙喇哈番，稱外衛指揮僉事，正四品。阿達哈哈番，三等稱外衛副同知，二等稱外衛指揮同知，俱從三品。一等稱外衛指揮副使，再一拖沙喇哈番，稱外衛指揮使，正三品。……乾隆元年（1736），定精奇尼哈番漢字為子，阿思哈尼哈番為男，阿達哈哈番為輕車都尉，拜他喇布勒哈番為騎都尉，拖沙喇哈番為雲騎尉，滿文如故。」④仍帶餘功意謂其軍功授諸街、職外仍有餘。

碑文謂西翁陳公首建天妃廟於宛郡。《漢書》卷七十六云：「會田延年為河東太守，行縣至平陽，悉召故吏五六十人，延年親臨見，令有文者東，有武者西。」⑤西翁或出此，意謂武官。西翁陳公即鼎建立石之蒲田陳斌，其事見光緒《興化府莆田縣志》卷二十九《人物》：

陳斌，字朝岐，廷武侄，幼習儒業，兼通韜略諸書。值閩多故，乃投筆從戎。康熙癸卯（1663）秋，以戰功劄授都僉。……時海氛方熾，總督姚啟聖知其才，調赴漳州郡。連克陳州等一十九寨，並克復金、廈二島，功授左都督，世襲雲騎尉。康熙癸亥（1683），隨靖海侯施烺（即施琅）師出銅山，擊殺偽鎮邱輝等，得澎湖三十六島，全臺就撫，加世襲騎都尉，遷南陽鎮中協，授榮祿大夫。己卯（1699）春，乞休歸裏，年七十卒。⑥

①　羅爾綱《綠營兵制》，第 116 頁，中華書局，1984 年。

②　王者悅《中國古代軍事大辭典》，第 738 頁，國防大學出版社，1991 年。

③　《河南通志》卷三十九第十五頁，文淵閣四庫全書本。

④　《清史稿》，第 3362 頁，中華書局，1977 年。

⑤　《漢書》，第 3206 頁，中華書局，1962 年。

⑥　汪大經、廖必琦、林黌纂修《興化府莆田縣志》卷二十九《人物·武烈傳》第十頁，中國國家圖書館藏光緒五年（1879）刻本。

　　前揭《河南通志》謂陳斌投誠,此云康熙二年(癸卯)以功授都僉,實諱言其降清也。陳斌在漳州郡克陳州等十九寨及金門、廈門,授左都督,世襲雲騎尉。康熙二十二年(1683)隨施琅平臺澎,加世襲騎都尉,遷南陽鎮中協,授榮祿大夫。南陽鎮總兵下不設副將,左、右營遊擊即相當於副將,陳斌以中軍遊擊兼左營事,副將所屬為協,故謂之中協。

　　「鎮憲郭公」、「副戎林公」襄助陳斌創建天妃廟。憲舊指朝廷委駐各行省的高級官吏,鎮憲即總鎮,亦謂總兵。《河南通志》卷三十九《職官十‧總鎮》云:「郭文魁,順天人,將材,左都督,鎮守南陽,康熙三十一年(1692)任……雷如,蒲州人,將材,鎮守南汝,康熙三十七年(1698)任。」其下「右營遊擊」云:「林國賢,福建人,行伍,康熙二十八年(1689)任。管世榮,河南人,行伍,康熙三十九年(1670)任。」①鎮憲郭公即郭文魁,副戎林公即林國賢。如前揭《莆田縣志》謂陳斌為中協,朱璘碑文亦謂林國賢副戎,即副將。

　　碑文水營將士云云即媽祖佑助清軍平臺之事。「及康熙二十二年六月十六、二十二(1683年7月10日、16日)等日,臣在澎湖破敵,將士咸謂恍見天妃如在其上,如在其左右,而平海之人俱見天妃神像是日衣袍透濕,與其左右二神將兩手起泡,觀者如市,知為天妃助戰致然也。」為酬答神佑之功,施琅奏請朝廷加封媽祖。「臣擬於班師敘功之日,一起題請加封,近接邸報,冊封琉球正使汪楫以聖德與神庥等事具題請封,因先以其靈異詳陳,伏乞皇上睿鑒敕封,並議加封,奉旨該部議奏。」②然施琅所請未能獲允:「康熙二十三年甲子八月二十二日乙卯(1684年9月30日)早,福建水師提督施琅請封天妃之神,禮部議不准行,但令致祭。上曰:『此神顯有默佑之處,着遣官致祭。此本着還該部另議。』」③

　　為彌補請封未果有負神明之愧,施琅於康熙二十三年在臺灣同諸鎮將士捐俸建媽祖廟。蔣毓英纂修《臺灣府志》卷六《廟宇》云:「天妃宮二所,一在府治鎮

---

① 《河南通志》,分別見卷三十九第三頁、第十六頁。

② 林清標《媽祖圖志》卷一第六十四至六十五頁,2001年,江蘇古籍出版社影印同治刊本。按:是書書名頁、版權頁均署作者為孫清標,《出版說明》亦云:「本書原名《天后聖母聖跡圖志》,二卷,清康熙時福建惠安縣儒學教諭孫清標在歷代《顯聖錄》等書的基礎上,分門別類,廣搜博采,增刪編訂而成。」據是書所載林清標《敕封天后聖母圖志原序》,「康熙」誤,當為「乾隆」;「孫」字誤,當為「林」。

③ 中國歷史第一檔案館等《清代媽祖檔案史料彙編》,第1頁,中國檔案出版社,2003年。

北坊赤嵌城南。康熙二十三年臺灣底定,將軍侯施同諸鎮以神效順功,各捐俸鼎建,廟址即寧靖王故宅也。」[①]陳斌身歷平臺戰事,熟稔媽祖佑助神跡,且以戰功加世襲騎都尉,遷南陽鎮中協,授榮祿大夫。故如同施琅,陳斌在南陽亦鼎力倡建天妃廟。閩籍游宦士人於媽祖信仰傳播起着舉足輕重的作用,原因則如蒲田人劉克莊《到任謁諸廟·聖妃廟》所云:「某,妃邑子也,屬時多虞,愓然恐懼。妃其顯扶默相,使某上不辱君命,下不貽親憂,它日有以見魯衛之士,妃之賜也。」[②]林國賢亦為福建人,郭文魁為陳、林上司,故二人共襄陳斌創建天妃廟。

二

在南陽天妃廟院內我們還發現四小塊漢白玉殘碑,經過拼接,可斷定為同一碑刻。其中三塊有碑文:一為碑額殘塊,僅存一「鎮」字;另二為可拼接之碑體殘塊。由此三殘塊可見出是碑碑文行數。現將所殘碑文用標楷體錄之如下,1、2……謂碑文行數,2.1、2.2……謂×大行內小字行數。

1. 鎮(下殘)[帶]餘功六[次]

2.1 知縣平鄗鼎　2.2 知縣張光祖　2.3 陽知縣陳時[泰]

3. 哈番又一拖沙喇

4. [賢]　中軍 4.1 都司管　4.2 守備事傅為斗

5.1 啅　5.2 邵登雲　5.3 劉伏振分防 5.1 陳州　5.2 鄧新營守備

6.1□楝　姜大成　王得貴　許喜　6.2 楊都　吳建　林雄　楊□　6.3 黃猛　劉文煥　方鼎　許□

7. 世襲阿達哈哈番

8. 戶(下殘)一級林麟焻

9.1 祥　郭廷祺 9.2 經　蕭士瑛

10. 年歲次

「帶餘功六次」、「哈番又一拖沙喇」疑為陳斌封銜。《河南通志》卷三十七《職官八·南陽府屬知州知縣》之唐縣(今唐河縣)云:「平鄗鼎,浙江山陰人,監生,康熙三十三年(1694)任。傅夢熊,山西汾西人,歲貢,康熙三十六年(1697)

① 《續修四庫全書》,第 712 冊第 357 頁,上海古籍出版社影印上海圖書館藏康熙刻本。

② 劉克莊《後村集》卷三十六第十四頁,文淵閣四庫全書本。

任。」南陽縣云：「張光祖，山東歷城人，監生，康熙二十九年（1690）任。宋征烈，奉天遼陽人，進士，康熙三十六年任。」舞陽縣云：「陳時泰，江南溧陽人，進士，康熙三十三年任。羅秉漢，江西新建人，舉人，康熙三十七年任。」卷三十九《職官十》之右營守備云：「傅為斗，浙江人，難蔭，康熙三十三年任。張應炤，湖廣人，武進士，康熙四十一年（1702）任。」專為副將統領營務之都司稱為中軍都司，傅為斗又為右營守備，故碑文云「中軍都司管守備事傅為斗」。汝寧營守備云：「邵登雲，直隸人，進士，康熙二十五年（1686）任。鄔應斗，江西人，武舉，康熙三十九年任。」襄城營守備云：「劉伏振，陝西人，隨征官，康熙二十九年任。李養心，陝西人，行伍，康熙四十四年任（1705）。」陳州營守備云：「方凱，陝西人，外委，康熙三十年（1691）任。吳烈，徽州人，進士，康熙三十五（1696）年任。」鄧新營守備云：「李得時，河南人，行伍，康熙三十三年任。宋早一，湖廣人，年滿，千總，康熙三十七年任。」①碑文所云陳州營守備或為康熙三十至三十五年在任的方凱，或為其三十五年的繼任者吳烈。鄧新營守備即李得時。

阿達哈哈番漢稱為輕車都尉，從三品或正三品。

碑文所列平鄖鼎諸人任職南陽均逢陳斌創建天妃廟之時，故此碑當為建廟功德碑。但碑文中亦處相對顯要位置的林麟焻則非任職南陽。

《清史列傳》卷七十《文苑傳一》云：「林麟焻，字石來，福建莆田人，康熙九年（1670）進士，官內閣中書。二十一年（1682），檢討汪楫奉命冊封琉球，麟焻為副，卻宴金廩費，琉球人德之。使還，除戶部主事，晉員外郎。」②林麟焻《天妃顯聖錄序》末署名云：「賜進士出身、戶部江南清吏司主事、前內閣撰文中書舍人加一級、辛酉順天同試官、奉命冊封琉球、賜蟒玉、加正一品、族孫麟焻盥沐拜識。」③碑文「戶」字下所殘字可據此補。《貴州通志》卷十八《職官·提督學政》云：「林麟焻，莆田人，進士，康熙三十三年任。卜景超，固安人，進士，康熙三十六年任。」④康熙三十三至三十六年林麟焻任職貴州學政，所以不遠千裏積極參與修建南陽天妃廟，一則麟焻亦是莆田人，且為媽祖族孫；二則出使琉球途中亦

---

① 《河南通志》，分別見卷三十七第六十八頁、六十七頁、七十九頁及卷三十九第十七至二十頁。
② 王鐘翰點校《清史列傳》，第 18 冊第 5765 頁，中華書局，1987 年。
③ 《臺灣文獻叢刊》，第 77 種第 6 頁，臺灣銀行經濟研究室。
④ 《貴州通志》卷十八第四頁，文淵閣四庫全書本。

受媽祖佑護,回國後曾稍先施琅為媽祖請封,且亦未獲允。

出使琉球,路途遙遠,驚濤駭浪,卷雪翻雲,舟行其中,危險重重。夏子陽、王士禎《使琉球錄》卷下《群書質異‧使職要務》云洪武、永樂時出使琉球,「(舟中)又藏棺二副,棺前刻『天朝使臣之柩』,上釘銀牌若干兩。倘有風波之惡,知其不免,則請使臣仰臥其中,以鐵釘錮之,舟覆而任其漂泊也。庶人見之,取其銀物而棄其柩於山崖,俟後使者因便載歸。」舟中藏棺以備使臣遇險之需,可見出使之悲壯。琉球與湄洲嶼隔海相望,使琉球由閩南出海,佑護航海安全的媽祖為使臣及船夫重要的精神支柱。是書卷下謝傑《琉球錄撮要補遺‧敬神》云:「航海水神,天妃最著……使者往還,每值風發,必有先征:或為蜻蜓、蛺蝶,或為黃雀、紅燈籠,令人得豫為之計,然亦頗標其奇。」[1]每遇風發,媽祖即化作蜻蜓、蛺蝶或者黃雀、紅燈籠示警,令人得以提前防備。大海之上,風濤常有,身蹈險境,求生之望愈強,虔奉之心益誠。逢凶化吉、遇難呈祥者將之歸功於虔心禱祀媽祖,後繼者踵其跡而加屬,故媽祖得以為靈昭昭。

太監柴山洪熙、宣德年間四次出使琉球。「日夜棲跡海洋之間,三軍有安全之歡,四際息風濤之患。或夜見神光,或朝臨瑞氣,此天地龍神護佐之功,何其至歟!於是重修弘仁普濟之宮……」[2]柴山重修天妃廟之舉對其後繼者影響非同尋常。郭汝霖《廣石廟碑文》云:「成化七年(1471),給事中董旻、行人張祥使琉球新之。嘉靖十三年(1543),給事中陳侃、行人高澄感墜板異,復新之。」[3]嘉靖三十七年(1558),郭汝霖、李際春奉命冊封琉球,二人循陳、高故事而行,所異者惟將修繕廣石天妃廟時間提至出洋前。明清鼎革,此俗一如既往,風濤中汪、林亦是禱求媽祖,其冊封回朝後為媽祖請封的奏疏云:

臣等當百死一生之際,惟有忠誠自信,必無他虞。而煙灶盡委逝波,無由得窺彼岸。於是肅將簡命,共籲天妃,謂神既受封聖朝,自應佑臣返節。如其獲濟,

---

① 《續修四庫全書》,第742冊第675頁、691頁,上海古籍出版社影印上海社會科學院圖書館藏臺灣學生書局明代史籍匯刊影印抄本。

② 嚴從簡《殊域周咨錄》,第129頁,中華書局,1993年。

③ 《四庫全書存目叢書》,史部第49冊第686頁,濟南:齊魯書社影印中央民族大學圖書館藏明抄本,1996年。按《明史》卷三百二十三《外國四》云成化十五年(1478)「(琉球)王卒,世子尚真來告喪……乃命給事中董旻、行人張祥往封,而不從其請」(第8366頁,1974年,中華書局)。疑此「七」前脫「十」字。

當為神乞春秋祀典，永戴皇恩。虔禱方終，神應如響。於時束桅之鐵箍已斷十三而桅不散，系篷之頂繩一斷不可復續而篷不墮，桅前之金拴裂逾尺而船不壞。有此三異，可歎神功。伏乞敕下禮臣，議舉春秋二祭，着令地方官敬肅奉行，則海疆盡沐神庥，履坦無非聖澤矣。

然二人奏請亦未果：「查祀典岳瀆諸神載有春秋二祭。又康熙十二年二月內雞公山廟神奉特旨着該地方官每年春秋二次致祭。此外如敕封黃河、運河、洞庭湖等神俱無春秋二祭之例。今檢討汪等奏請海神天妃春秋祀典之處，應無庸議可也。」①

以族孫自居的林麟焻於媽祖情感非同尋常，林麟焻《天妃顯聖錄序》云：「異哉其丕著如斯乎！奇感殊應，孰不稱神，孰不疑誕？苟非處身變現之景，安知英光之昭灼如是其離離也！又安信紀錄之傳載如是其歷歷弗誣也！八百載靈慈於今為烈，利濟詎不大哉！今者，奉俞旨榮貤特降春秋肆祀盛典，以答鴻庥，夫豈過舉？」②身蹈險境時為媽祖請春秋祀典的許諾因奏疏未獲准而落空，林麟焻亦覺有負神明，故積極為同鄉陳斌創建天妃廟捐資，其名列功德碑顯著位置亦屬自然。

河南南陽鎮鎮標中軍遊擊兼左營事陳斌倡建天妃廟，總兵郭文魁、副戎林國賢襄助，知府朱璘撰寫碑文，貴州學政林麟焻積極參與，無怪乎南陽眾多軍政要員踴躍捐資。其中福建籍官員起了非常重要的作用，他們以自己親歷的神跡和強烈的信仰贏得上司和地方政府的支持，繼而使眾多下屬捐資。簡言之，南陽天妃廟創建與商人、船戶無絲毫關係，其建廟大背景是康熙二十二年施琅收復臺灣，直接動因則是施琅為媽祖請封與汪楫、林麟焻為媽祖請春秋二祭均未獲允。

（作者為河南師範大學文學院教授，山東大學歷史學流動站博士后）

---

① 黃潤華、薛英《國家圖書館藏琉球資料彙編》，第 871～876、881～882 頁，北京圖書館出版社，2000 年。
② 《臺灣文獻叢刊》第 7 種。

黃河流域岩畫與臺灣萬山岩畫初探

周興華　魏淑霞

Abstract：Through the comparative study of Yellow River Rock Painting and Taiwan Wanshan Rock Painting, this paper concludes that the two have the same mage, connotation, function and painting skill, and both belongs to Yan－Huang culture；The early Yellow River Rock Painting was long before Wanshan Rock Painting, and Wanshan Rock Painting should originate from Yellow River Rock Painting；Yellow River Rock Painting were created by the early ancestors living in the inland of Asia, and spread to the southeast coast of the mainland and some islands such as Taiwan, and later extended to the Circum－Pacific coast and the Americas.

一、黃河流域岩畫與臺灣萬山岩畫發現簡況

20 世紀 80 年代以來，黃河流域陸續發現了大面積的史前岩畫。

據三皇五帝時代的「墳典」及《詩經》、《國語》、《水經注》等古文獻記載與今人調查，今青海、四川、甘肅、寧夏、內蒙、山西、陝西、河南、山東等黃河流經地區均遺存有岩畫。據實地調查，沿黃河源頭順流而下，其流經地區的青海有海南岩畫，四川有阿壩岩畫，甘肅有紅山峽岩畫，寧夏有黑山峽岩畫、香山岩畫、西山岩畫、大麥地岩畫、靈武岩畫、賀蘭山岩畫，內蒙古有桌子山岩畫、陰山岩畫，山西有吉縣柿子灘綵繪岩畫，河南有具茨山鑿刻岩畫，山東有平陰岩畫等等。

黃河流域的岩畫多種多樣，例如：天體圖像，如太陽、月亮、星辰、雲紋。地物圖像，如河流、湖泊等。植物圖像，如樹木、花艸。動物圖像，獸類有岩羊、馬鹿、大角鹿、長頸鹿、虎、豹、牛、狼、狗、狐狸、熊、野豬、兔、馬、驢、駱駝等；鳥類有駝鳥、雕、鷹、雀、水鴨、鷄等；爬行類有蛇、龜、晰蝪、蛙等。還有許多難以辨認的飛

禽走獸。人物圖像,如人頭像、人形像、巫師等。象徵性偶像,如手印、足印、獸頭、蹄印、靈物等。工具與武器圖像,如弓箭、棍棒、繩索等。建築物圖像,如金字塔形物、尖頂屋、平頂屋、脊頂屋、柵欄等。符號類圖像,如圓點、凹坑、圓圈、同心圓、不規則圓、不閉合圓、直交綫條、斜交綫條、曲綫、孤綫、螺旋紋、編織紋等等。上述圖像還不包括由各種單體圖像組合而成的多種多樣的組合圖像。

　　1978 年,臺灣長榮大學高業榮教授首次發現了臺灣的萬山岩雕(大陸學者通稱岩畫,包括岩雕與摩崖壁畫)。據高業榮教授著《萬山岩雕》介紹:萬山岩雕1 號岩雕「略可分爲:蛇紋、人頭像、全身人像、雲紋、圓渦紋、重圓、生命曲綫、欄柵、老鷹、人頭圓渦結合紋、杯狀坑、凹點等十餘類。蛇紋 21 例中又可分爲:單曲綫、雙曲綫蛇紋兩種;人頭像九例中又可分爲:自然形、有放射綫、菱形狀以及不完整的頭像七例;人像共有四例、大者一例;小者三例……」2 號岩雕之圖像「只有足掌紋、杯狀坑,散置的廿幾個凹點。」3 號岩雕「岩雕頂端原就有一個自然的大凹坑,坑內被敲鑿了密密麻麻的凹點,使得這大凹坑像是人爲的大型杯狀坑一般。由於整個岩體呈半球體狀態,自凹坑以下即延伸出長長卷曲的抽象綫條,有的地方交叉著,有的地方迴轉著,有的地方既繞圈子又分叉,所以無法分區。」①

　　臺灣萬山岩畫地處深山老林,地形險惡,加之一些岩塊上青苔遍佈,目前面世不多。較之於黃河流域岩畫的掩埋發現情況,估計臺灣藏而未露的岩畫還有,它們的面世尚有待於機緣。

二、臺灣萬山岩畫與黃河流域岩畫之圖像比較

　　從高業榮著《萬山岩雕》及《苔灣長榮大學岩畫學術交流論文集》②的介紹並對照其照片、拓片及綫圖知道,與現已公佈的所有臺灣萬山岩畫圖像相同、相似、相類的圖像,在黃河流域乃至亞洲內陸腹地都大量存在。這裏需要説明的是,岩畫均係古人各自的手工創作,加之各地製作岩畫的岩石、畫材、工具質地不同,故全球岩畫絶無完全一模一樣的兩幅圖像。所以,本文所説的「相同、相似、相類」圖像,是指兩個以上單體岩畫的基本輪廓與示意元素相像的,便稱之爲

---

①　高業榮《萬山岩雕》1992 年 10 月(待版本)

②　《臺灣長榮大學岩畫學術交流參觀論文集》2005 年 7 月(交流本)

「相同、相似、相類」。

　　現將高業榮教授著錄的萬山岩畫圖像與黃河流域已著錄的岩畫圖像試做比較,擇其相同、相似、相類者舉例如下(附:萬山岩雕圖1～圖4。均採自高業榮著《萬山岩雕》原圖):

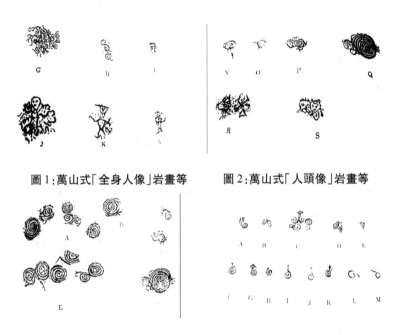

圖1:萬山式「全身人像」岩畫等　　圖2:萬山式「人頭像」岩畫等

圖3:萬山式「圓渦紋」岩畫等　　圖4:萬山式「蛇紋」岩畫等

　　全身人像。萬山岩畫中的「全身人像」(圖1),不論是「大人像」,還是「小人像」,大陸岩畫學者將其通稱之為「人形像」。「人形像」岩畫在黃河流域很多。萬山式「全身人像」岩畫基本寫實,它與許多「全身人像」岩畫不同的特點是其臉面部鑿有示意五官。萬山式「全身人像」岩畫與黃河流域所見此類岩畫相同、相似、相類的,見之於以下地區的岩畫著作:寧夏中衛《岩畫探秘》P225T340、P231T365、P231T369(「P」為所引著作頁碼,「T」為插圖編號。下同。)[1];寧夏《賀蘭山岩畫》P47T231、P68T335、P180T875[2];內蒙古《桌子山岩畫》P21T14(右

①　周興華《岩畫探秘》,寧夏人民出版社2002年6月。
②　許成、衛忠編著《賀蘭山岩畫》,文物出版社1993年6月。

圖）、P23T18（左上）、P31T26（右圖）①,《陰山岩畫》P306T1237（右下）、P311T1255②；河南《具茨山岩畫》P66T46、P67T47③。

　　人頭像。萬山岩畫中的「人頭像」（圖2），大陸學者多稱其爲「人面像」，也有將其稱爲「人頭像」或「類人首」的。人頭圓渦結合紋，大陸學者將其統歸入母體岩畫「人面像」中。萬山式的「人頭像」從頭飾看，可分爲有頭飾、無頭飾兩種；從頭形看，可分爲圓形、上大下窄形、橢圓形、方形四種。萬山式的「人頭像」「人頭圓渦結合紋」與黃河流域所見此類岩畫相同、相似、相類的，見之於以下地區的岩畫著作：《新疆岩畫》P305T1（人形像中夾置的人頭像）、P305T2（人形像中夾置的人頭像）④；寧夏《中衛岩畫》P157T29、P157T30、P202T346、P300T1075、P300T1078、P344T131、P364T280、P364T281、P369T3

　　13. P369T317、P394T2⑤,中衛大麥地《岩畫探秘》P175T83、P191T158、P221T320、P235T390；《賀蘭山岩畫》P54T266、P77T372、P80T387、P87T426、P97T467、P101T482、P106T506、P107T5

　　13. P113T551、P116T563、P118T569、P118T570、P203T1026、P203T1027；内蒙古《陰山岩畫》P104T399、P195T776、P231T912、P231T9

　　13. P259T1038、P397T1421、P408T1470,《烏蘭察布岩畫》P123T558⑥。

　　蛇紋、圓渦紋。萬山岩畫中的「蛇紋、圓渦紋」（圖3、圖4），大陸學者將其混稱爲「螺旋紋」「龍紋」或「蛇紋」。萬山式「蛇紋、圓渦紋」的特點是多圈式緊密圓盤形或蜷曲形。萬山式「蛇紋、圓渦紋」與黃河流域所見此類岩畫相同、相似、相類的，見之於以下地區的岩畫著作：《新疆岩畫》P134T32、P204T1、P204T2、P205T3、P226T8、P226T9；寧夏《中衛岩畫》P165T68、P171T110、P186T231、P288T986,中衛《岩畫探秘》P237T405、P239T404；内蒙古《烏蘭察布岩畫》P33T120、P95T412、P76T326。

　　重圓紋。萬山岩畫中的「重圓紋」，大陸學者稱之爲「同心圓」。萬山式的

---

①　樊振華《桌子山岩畫》，文物出版社 1998 年 9 月。

②　蓋山林《陰山岩畫》，文物出版社 1986 年 12 月。

③　劉五一《具茨山岩畫》，中州古籍出版社 2010 年 3 月。

④　蘇北海《新疆岩畫》，新疆美術攝影出版社 1994 年 1 月。

⑤　周興華《中衛岩畫》寧夏人民出版社 1991 年。

⑥　蓋山林《烏蘭察布岩畫》文物出版社 1989 年 12 月。

「重圓紋」是黃河流域岩畫中的常見紋飾。萬山式的「重圓紋」與黃河流域所見此類岩畫相同、相似、相類的，見之於以下地區的岩畫著作：《新疆岩畫》P40T1、P348T1；寧夏《賀蘭山岩畫》P153T742、P159T769、P165T801、P203T1027；內蒙古《陰山岩畫》P75T255、P168T667、P176T696、P204T806、P209T830、P226T899、P247T990、P333T1348、P390T1378，《烏蘭察布岩畫》P76T326、P77T331。

杯狀坑。萬山岩畫中的「杯狀坑」，大陸學者稱其爲「凹坑」「凹穴」。萬山式的「杯狀坑」是黃河流域一些地區岩畫中的常見圖像。萬山式的「杯狀坑」與黃河流域所見此類岩畫相同、相似、相類的，見之於以下地區的岩畫著作：寧夏《賀蘭山岩畫》P167T807；內蒙古《陰山岩畫》P71T239、P164T651、P172T683、P399T1428、P399T1429、P399T1432、P404T1452、P404T1456、P404T1457。河南具茨山是杯狀坑岩畫大面積、大存量最集中的地方。河南《具茨山岩畫》中杯狀坑岩畫有：單凹穴、雙凹穴、散狀凹穴、雙排凹穴、梅花狀環凹穴等。

凹點。萬山岩畫中的「凹點」，大陸學者稱其爲「圓點」或「敲鑿麻點」，這是黃河流域岩畫中的普遍現象。

雲紋。萬山岩畫中的「雲紋」，大陸學者亦稱其爲「雲紋」。萬山式「雲紋」與黃河流域所見此類岩畫相同、相似、相類的，見之於內蒙古《烏蘭察布岩畫》P234T1144。

水流紋。萬山岩畫中的「水流紋」，大陸學者稱之爲「水流圖」或「水利圖」。萬山式「水流紋」與黃河流域所見此類岩畫相同、相似、相類的，見之於以下地區的岩畫著作：《新疆岩畫》P387T21、P521T15；河南《具茨山岩畫》P88T24。

足掌紋。萬山岩畫中的「足掌紋」，大陸學者多稱之爲「足印」、「腳印」、「大腳印」等，黃河流域岩畫中常有。「足掌紋」分實心、空心兩種，萬山式「足掌紋」屬空心「足掌紋」。萬山式「足掌紋」與黃河流域所見此類岩畫相同、相似、相類的，見之於以下地區的岩畫著作：寧夏《中衛岩畫》P344T133、P351T178；內蒙古《陰山岩畫》P169T672。

欄柵紋。萬山岩畫中的「欄柵紋」，大陸學者稱其爲「柵欄紋」。萬山式「欄柵紋」與黃河流域所見此類岩畫圖像相同、相似、相類的，見之於寧夏《中衛岩畫》P283T950。

老鷹。萬山岩畫中的「老鷹」，兩岸學者稱謂相同。萬山式「老鷹」與黃河流

域所見此類岩畫相同、相似、相類的,見之於以下地區的岩畫著作:寧夏中衛《中衛岩畫》P354T203;内蒙古《陰山岩畫》P320T1287。

　　從岩雕圖像的狀貌及分佈看,臺灣萬山岩畫與黄河流域岩畫相同、相似、相類,有親緣傳承關係。

三、臺灣萬山岩畫與黄河流域岩畫之年代推測

　　岩畫年代的測定,難在絕大多數岩畫找不到與當時製作岩畫有直接關係並能據以測定岩畫製作年代的客觀物証。除歐洲個別洞穴壁畫碰巧發掘出了做畫用的顏料、畫筆可用 C14 測定其製作岩畫的準確年代外,其餘山崖石壁上鑿刻的岩畫,至今尚無任何科學方法可以直接測定其鑿刻年代。

　　20 世紀 90 年代以來,國内一些學人套用自然科學領域一些學科的現代科技測年方法,對岩畫進行過各種單一方法斷代。由於岩畫環境的千變萬化,岩石質地的千差萬別,科技測年的要件與岩畫測試樣品的局限,被測材料與鑿刻對象關係的似是而非,特別是至今尚無任何科技手段能够直接測試岩麵人工刻痕的年代等原因,所以,包括 C14 測年、陽離子測年,還有所謂的「麗石黃衣測年」、「微腐蝕測年」等等,用於岩畫斷代,往往是自相矛盾,前後衝突,與歷史記載不符,與考古證據不符,與岩畫產生的普遍規律不符,與人類社會發展史不符,大多很難自圓其説。這類用於岩畫的所謂的現代科技測年方法,都與岩麵人工刻痕的年代無必然關聯,都非岩麵人工刻痕的直接斷代,所測岩畫的鑿刻年代基本上都是主觀推測或臆説,並無立論的直接證據或真憑實據,使人難以信從。基於上述原因,多數學者仍將綜合推斷方法作爲推測岩畫年代的主要方法。

　　綜合推斷岩畫年代的方法,一般來説,主要依靠古代文獻記載、史前考古學、文化人類學、民族史志學等社會科學知識,參照百年來根據製作岩畫的直接考古證據在斷代方面取得共識的一些岩畫圖像狀貌,對需測岩畫的内容風貌、製作材料、工具技法等展開比較分析,進行綜合性研究。用綜合性研究推斷出的岩畫年代,總的來説,是比較符合岩畫發生學和人類社會發展史的實際狀況的。

　　臺灣萬山岩畫的年代,高業榮教授依據岩雕圖像與排灣族、魯凱族的族源信仰、木雕紋飾、麒麟文化、琉璃珠、古陶壺及其原始風俗進行綜合推測,將萬山岩畫的年代推測在公元前後。

　　黃河流域岩畫的年代，從20世紀80年代以來，我們一直從各方面尋照斷代依據。

　　多年來，我們經過實地踏勘，全面調查，現發現大麥地至少遺存有7處古人類生活遺存，包括各種打制石器、磨制石器、各色陶器、原始聚落遺址。這至少證明，從舊石器時代中期、晚期到新石器時代，大麥地岩畫的所在地區確實居住過原始族群，人類過着狩獵、遊牧、原始農業生活。因爲這裏是原始人類活動的主要區域之一，遺存有包括岩畫在內的史前遺産是必然的。這些重要發現，爲探索大麥地岩畫的創作主體、製作工具及時代背景提供了極爲珍貴的科研資料。我們根據古代文獻記載，依據原始社會史、原始思維、史前考古學、人類學、民族學、民俗學、宗教學、藝術史、類型學等學科的相關資料及研究成果，對比經科學考古斷代確定的岩畫資料，參照相關考古學知識，觀察岩畫的內容、風格、技法、刻痕、色澤和圖像保存狀況，將大麥地岩畫綜合斷代爲：早期岩畫遠自公元前2~3萬左右的舊石器時代，大部分岩畫在公元前1萬年前後的中石器、新石器時代，少量岩畫延續到公元前1000年左右的青銅時代。

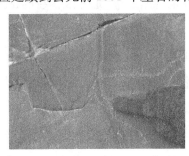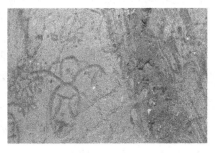

圖5：冰川擦痕打破大麥地動物岩畫　圖6：冰川擦痕打破賀蘭山人面像岩畫

　　對大麥地岩畫年代的推測，是否經得起相關自然科學研究成果的驗証？幸運的是：2009年12月12日下午4時，在大麥地一處岩畫圖像上發現了十分清楚的冰川擦痕遺迹，岩畫圖像上有一條長長的溝槽自上而下貫穿了3幅動物岩畫。溝槽一端比較寬深，一端比較窄淺，邊緣及底部擦痕齊整，溝槽顯係自然磨擦成形，無任何人工鑿刻痕迹，與岩畫的鑿刻溝槽痕迹截然不同。岩面右上部還遺存有2條呈釘頭鼠尾狀的磨擦溝槽。觀察冰川擦痕與3幅動物岩畫的交錯關係，冰川磨擦痕迹與岩畫鑿刻痕迹的叠壓貫穿層次清晰，這分明是岩畫鑿刻在先，冰川擦痕覆蓋在後，應該是先有岩畫，後有冰川擦痕，冰川擦痕打破動物岩畫的上

下磨擦痕迹與人工鑿刻岩畫的敲鑿痕迹判然有別(圖5)。

　　冰川擦痕打破岩畫的這一自然遺迹也同樣發生在東距大麥地岩畫區約200公裏的賀蘭山岩畫區。賀蘭山岩畫區地處寧夏銀川市黃河西岸,這裏以各種各樣的人面像最爲著名。2003年,冰川地質學家周昆叔在賀蘭口岩畫點參觀岩畫時,偶然在賀蘭口岩畫點發現了幾處冰川擦痕遺迹。賀蘭口冰川擦痕爲自上而下的黑色條狀擦痕,它與幾幅人面像交織在一起。如果冰川擦痕遺迹在前,人面像的溝槽刻痕在後,則人面像的溝槽刻痕邊緣清晰,稜角分明;反之,如果人面像的溝槽刻痕在前,冰川擦痕遺迹在後,則冰川擦痕處人面像的稜角低凹,坡度平緩,邊緣模糊。賀蘭口冰川擦痕遺迹與人面像溝槽刻痕交織的情形明顯屬於後者,即人面像溝槽刻痕在早,岩畫上的冰川擦痕遺迹在後,冰川擦痕打破人面像溝槽刻痕的交錯痕迹也是清清楚楚(圖6)。

　　大麥地、賀蘭山等北方岩畫一般是在岩面上用鑿刻技法制成。只要是觀察研究過岩畫製作技法的人,有生産、生活和實踐經驗的人,一眼即可看出:大麥地、賀蘭山這幾處冰川擦痕打破岩畫的痕迹是自然遺迹,是客觀存在的,是毋庸置疑的。

　　中國科學院地球環境研究所、西澳大利亞大學和美國亞利桑那大學的科學家們通過對中國北方黃河大拐彎地區的沙漠——黃土高原過渡帶提取的大量古環境變化信息的研究,這一地區的末次盛冰期發生在距今21000年～13000年①。據「西北地區自然環境演變及其發展趨勢分析」研究,西北地區末次盛冰期距今2萬～1.4萬年②。據蘭州大學祁元《晚更新世以來騰格裏沙漠及其鄰區湖相沉積及環境氣候意義》研究,騰格裏沙漠及其鄰區末次冰期最盛期距今3.2～1.6萬年③。據冰川地質專家研究,蘭州地區末次冰期開始於距今2.7萬年④。巴丹吉林和騰格裏兩大沙漠經歷的末次盛冰期發生在距今約2.0萬年至1.4萬

---

① 新華社西安電(記者李樑)《中美澳三國科學家合作研究證實人類活動使中國沙漠南進300公裏》。

② 劉東生主編《西北地區自然環境演變及其發展趨勢分析》科學出版社,2004年4月。

③ 祁元《晚更新世以來騰格裏沙漠及其鄰區湖相沉積及環境氣候意義》網址:http://www.buylunwen.com/view-73374-1.html.

④ 陳發虎 潘保田等《蘭州地區晚更新世古風成砂的發現及環境變化》《中國砂漠》1990年02期。

年①。以上各家對蘭州、騰格裏沙漠及賀蘭山地區末次盛冰期的研究結論基本一致,即這一地區的末次盛冰期發生在距今二萬年或三萬二千年時期。因此,冰川擦痕打破大麥地動物岩畫、賀蘭山人面像的自然遺迹亦當發生在距今二萬年或三萬二千年這一時期。由此可以斷定,冰川擦痕打破的這幾處大麥地動物岩畫、賀蘭山人面像的産生時代當在第四紀末次盛冰期以前,即距今二萬年或三萬二千年以前。

第四紀末次冰川擦痕打破大麥地動物岩畫、賀蘭山人面像的這一自然遺迹爲國内外首見,是確認黃河流域早期岩畫産生於距今二至三萬年以前的舊石器時代晚期的客觀物証。依據冰川擦痕打破岩畫的自然遺迹,將被打破的大麥地動物岩畫、賀蘭山人面像斷代爲二萬年或三萬二千年以前的這個結論,代表了黃河流域早期岩畫的産生年代。

四、黃河流域岩畫與環太平洋岩畫的關係

黃河流域岩畫與臺灣萬山岩畫的關係。從岩雕的産生年代看,黃河流域岩畫産生於舊石器時代晚期至新石器時代,萬山岩畫産生於公元前後。從岩雕的内容看,黃河流域岩畫與臺灣萬山岩畫相同、相似、相類,二者確有淵源傳承關係。從地理位置看,臺灣位於祖國大陸東南沿海的大陸架上,距福建海岸以東150公裏,地處太平洋東岸。遠古時代,臺灣與大陸相連,後來因地殼運動,相連接的部分沉入海中,形成海峽,出現臺灣島,與祖國大陸隔海相望。所以,無論是從岩雕産生的年代、内容看,還是從地緣關係看,臺灣萬山岩畫起源於黃河流域岩畫是没有疑義的。

黃河流域岩畫與「環太平洋岩畫帶」的關係。20 世紀 30 年代到 70 年代,蘇聯的一些考古人員在阿穆爾河、烏蘇裏江下游及西伯利亞濱海地區發現了許多石器時代的岩畫,主要是薩卡奇－阿樑岩畫。薩卡奇－阿樑岩畫的主要圖像是各式人面像、螺旋紋、編織紋、麋、鹿及禽鳥等。根據考古發掘,經放射性碳素測定,螺旋紋及居住遺址的可靠年代在「公元前第三千紀中葉(4520＋60)」至「公元前第二千紀中葉(3590＋60)」。

---

① 劉東生主編《西北地區自然環境演變及其發展趨勢分析》科學出版社,2004 年 4 月。

　　1972年，前蘇聯 A・Π・奧克拉德尼科夫院士根據薩卡奇－阿樑岩畫中的人面像、螺旋紋的分佈走向，他在其《遠東地區考古學的新成就》中提出了一個「環太平洋岩畫帶」與遠東文明起源的觀點。

　　（周興華爲寧夏博物館原館長，副研究館員；魏淑霞爲寧夏中衛市教育局教研室教研員）

論河洛漢語特色及長存閩臺之印證

謝魁源

Abstract：The language in Heluo area can be divided into four types chronologically：namely modern Chinese，medieval Chinese，ancient Chinese and archaic Chinese；while spatially there are languages used in different provinces. Chinese characters are instruments by which people record Chinese language. In ancient times some nations that had language but no characters adjacent to China such as Japan，Korea and the Manchu minority of China also used the Chinese language，but the language was not necessarily pronounced in the way people did in China. Taiwan language，or the so－called southern Min dialect，contains medieval Chinese and ancient Chinese. If people read ancient poems with modern Chinese pronunciation，there might be cases of homophone resemblance，disharmony of words and so on. This is sound proof of the fact that the southern Min dialect originated from ancient Chinese language.

　　河洛漢語是指漢人所使用的語言，從時間上分類有：近代漢語、中古漢語、古漢語、上古漢語四種；從空間上分佈則有各省的南腔北調。

　　漢字是記錄漢語的工具，但是古時候漢人的左鄰右舍，都是一些只有語言沒有文字的民族，所以他們理所當然地借用漢字，導致漢字未必皆發漢音，如日本人則發「日語」，韓國人則發「韓語」，滿洲人則發「近代漢語——北京話」；只有以「閩南語」發聲才叫「漢語」，以「閩南語」讀古文，才叫「漢文」，以「閩南語」讀古詩，才叫「漢詩」，但「閩南語」無法完整讀畢「近代漢語白話文」，因為白話文中的「的、了、嗎、呢」等介詞，古漢文中並沒有的緣故。

近代漢語就是臺灣地區的「國語」,大陸地區的「普通話」,以及受近代漢語影響很深同樣沒有「入聲」的各省南腔北調方言;「中古漢語」是唐、宋時代的語言,「古漢語」是漢、晉、南北朝時代的語言,「上古漢語」是夏、商、周、秦時代的語言。

臺灣話也就是所謂的「閩南語」,「閩南語」含有中古漢語、古漢語、上古漢語;「閩南語」的「泉州語音」近似中古漢語(唐詩、宋詞)及古漢語(漢賦、駢文);「閩南語」的「漳州語音」近似上古漢語(詩經、楚辭)。

漢字以「六書」構造而成,具字形、字義、字音三要素,並且有「一字多音」及「一字多義」的特色;「漢語」除有聲、韻、調三要素;更有平、上、去、入「四聲」,四聲又分「陰陽」之故,有「陰平」、「陰上」、「陰去」、「陰入」、「陽平」、「陽上」、「陽去」、「陽入」等共計「八調」。

近代漢語是「胡漢混音」,現在的國語——北京話是「胡化漢語」,是千餘年來,盤據中國北方的北魏、遼、金、元、清諸異民族的語言,加上漢語所形成的胡漢混合語言,「平仄紊亂」,「入聲消失」,說話要「捲舌」、「撇唇」、「咬牙」、「切齒」,與漢語「出口成聲」大異其趣。

近代漢語——現在的國語,只有「陰平」、「陽平」、「陰去」、「陰上」四調,無法完全解讀「有韻」的古文,千年來使漢文化造成了「中風」似的「半癱瘓」狀態;漢語的入聲字音,現僅存在真正的河洛古漢語——閩南語的第四聲和第八聲之中;另外閩南語的旁系語言——客家話、廣東話、日本話、韓國話,也依稀存有一些入聲字音,但它們的語音卻已經走調。

閩南語——河洛古漢語是世界上最優美、最典雅、最複雜的語言;它兩字連讀,前一字變調,三字連讀,前二字變調;它是一種「前位移音」的「有機動態語言」,不但有「詞面」的「表意意涵」,更有「詞底」的「表音狀態」。

古漢語有 844 個音素《瑞典漢學家高本漢研究數據》,有漳州語系與泉州語系兩類,而且有「白話」及「文言」之分,語音豐富多元;近代漢語因「異化」的關係,簡化到只剩 411 個音素《瑞典漢學家高本漢研究數據》,只有白話,沒有文言,所以交談、溝通比古漢語容易,但對漢語字音「一字多音」的特色,不易區別。

以下諸例系國語一字一音,音素單調之印證:

一、一字多音對國語及普通話的難辨困擾例證：

※以教會羅馬字注古漢語,阿拉伯數字表示漢語八聲;若 7－3 則表原屬第 7 聲,連接兩字成複合名詞後,前一字轉讀成第 3 聲。

1. 香港買的香〈hiunn1〉真香〈pang1〉,香! 香! 香!,所以我買香〈pang1－7〉香〈hiunn1〉兩〈lng7－3〉兩〈liunn2〉。

2. 無柳先生傳之一 ※無柳先生傳為作者所撰※

先生不知何許人也? 家住臺北「市外桃園」,假仙鄉,虛無路,漂渺巷,零號;居處花木扶疏,惟無柳樹,因以為號焉。

平日沉默而不寡言,乃一介「不笑之徒」;自唬人大學中國文學見笑系畢業後,亦曾遠赴海外,留學日本「早到田」及英國「牛筋」等國際知名學府。

回國之後承繼家業「大雄寶店」,幸賴「祖上積得」,猶可日日「坐以待幣」,天天「朝酒晚舞」,幾成「舞林人物」。

未料前年遭逢世界金融海嘯,致令「國汰人瘦」,景氣奇差,每下愈況,只得兼職,另謀生計,設帳教授家傳漢學,冀得天下英才,以求一樂。

慕名從學者甚夥,先生竭盡所能,「毀人不倦」,「有叫無淚」,「悟人子弟」,「有教無累」,此蓋私塾臨風堂之盛況也,如此「萬世失表」,豈能「致勝先師」乎?

3. 無柳先生傳之九

先生何許人也? 先生「非長人」也! 雖歷任各社團會長,依然「身長不露」,其總會長乎? 性嗜酒,時於祖傳「大雄寶店」,勤唸「大杯咒」,練就「杯必下流」神功。

每飲酒,必與儕輩「同歸於盡」,否則自盡;一時嚇倒多少豪傑,「震驚九國」,遂博得「大盃尊者」名號;酒精不醉,精酒不醉,是以得隙,時興「問醉之師」,酒助詩興,動輒「引勁高歌」,自鳴得意而不知其所止,親友皆曰:「醉不可赦」。

雖「鳴聲大噪」,然意猶未盡,乃廣收門徒,傳習漢學及古琴,教唱以時;更邀得同道七人,共組「臺北雅集」,人稱「竹林七閒」,自號「竹林七嫌」;從茲絃歌不輟,白丁絕跡,鴻儒群聚,樂在其中,臺北遂多一詩詞「賣吟集團」矣! 其妻「牽手觀音」,亦為成員之一云。

4. 無柳先生傳之十

先生何許人也？先生「老大之國」之「國之大老」也；畢業於「夜路大學」，曾任「國家猿首」。

任滿後，不甘寂寞，迺另組「影子政輔」，自兼「行政怨長」、「立髮院長」、「撕法院長」、「烤柿院長」、「煎茶院長」；行有餘力，更接掌「臺大笑長」。

似此能者無所不能者，除身兼吏、戶、禮、兵、刑、工六部之明太祖——朱元章，差可比擬，其後無來者乎？

二、國語普通話的障礙※以教會羅馬字注古漢語，阿拉伯數字表示漢語八聲。

1. 押韻不諧／漢語相諧

朝為行雲，暮為行雨；朝朝暮暮，陽臺之下。（宋玉 高臺賦）

※漢語相諧：雨〈u2〉暮〈bu7〉下〈hu7〉

千夫之諾諾，不如一士之諤諤。（詩經）

※漢語相諧：諾〈lok8〉諤〈gok8〉

普天之下，莫非王土。（詩經）

※漢語相諧：下〈hu7〉土〈thu2〉

近朱者赤，近墨者黑。

※漢語相諧：赤〈cek4〉黑〈hek4〉

天雨栗，馬生角。

※漢語相諧：栗〈lek8〉角〈kek4〉

燕草如碧絲，秦桑低綠枝；當君懷歸日，是妾斷腸時；

春風不相識，何事入羅帷？（《春思》——李白詩）

※漢語相諧：絲〈si1〉枝〈zi1〉時〈si5〉帷〈i5〉

2. 國語同音莫辨／漢語異音可辨

龍門石窟、龍門石哭、龍門石枯、龍門石骷、龍門石刳。

※漢語異音可辨：窟〈khut4〉哭〈khok4〉枯〈khoo1〉骷〈koo1〉刳〈khoa1〉

竹林七賢、竹林妻賢、竹林漆賢、竹林欺賢、竹林谿賢。

※漢語異音可辨：七〈cut4〉妻〈ce1〉漆〈cek4〉欺〈khi1〉谿〈khe1〉

獨守深閨、讀守深閨、獨守讀閨、獨手詵閨、毒手伸軀。

※漢語相諧：獨〈tok8〉讀〈thok8〉守〈siu2〉深〈cim1〉閨〈ke1〉軀〈kui1〉

愛齊女子、我愛奇女子、我愛騎女子。

※漢語相諧：齊〈ze1〉奇〈ki5〉騎〈khi5〉

　　下列是舉易經、詩經、楚辭、漢賦、唐詩、宋詞、古文為例，以印證臺語的古老，臺語才是如假包換的河洛古漢語，如其不信，請過目為憑！〈韻腳以教會羅馬字注河洛古漢語正音〉

一、易經古韻審音正讀

※紅色為仄韻，綠色為另一仄韻，紫色為平韻，藍色為另一平韻※

小畜卦 九三 輿脫輻〈hok4〉夫妻反目〈bok8〉

否卦 上九 傾否〈phi2〉先否〈phi2〉後喜〈hi2〉

噬嗑卦 六三 噬臘肉〈jiok8〉遇毒〈tok8〉

頤卦 初九 舍爾靈龜〈kui1〉觀我朵頤〈i5〉

習坎卦 六四 樽酒〈ziu2〉簋貳用缶〈hiu2〉納約自牖〈iu2〉

上六 係用徽纆 置於叢棘〈kek4〉三歲不得〈tek4〉

大壯卦 上六 羝羊觸藩 不能退〈thui3〉不能遂〈sui7〉无攸利〈li7〉

明夷卦 初九 明夷於飛 垂其翼〈ek8〉君子於行 三日勿食〈sek8〉

睽卦 六三 見輿曳 其牛掣〈cek4〉其人无且劓〈ek4〉

夬掛 九四 臀无膚〈hu1〉其行次且〈zu1〉

升卦 上六 冥生〈seng1〉利於不息之貞〈zeng1〉

困卦 初六 臀困於株木〈bok8〉入於幽谷〈kok4〉三歲不覿〈tok8〉

九四 劓刖〈siat4〉困於赤紱〈phoat4〉乃徐有說〈soat4〉

井卦 九三 井渫不食〈sek8〉為我心惻〈cek4〉可用汲〈khek4〉王明並受其福〈hek4〉

九五 井洌〈lek8〉寒泉食〈sek8〉

鼎卦 初六 鼎顛趾〈zi2〉利出否〈phi2〉得妾以其子〈zi2〉

鼎有食〈sit4〉我仇有疾〈zit8〉不我能即〈zit8〉吉〈kit4〉

九三 鼎其革〈kek4〉其行塞〈sek4〉雉膏不食〈sek8〉

九四 鼎折足〈ziok4〉覆其餗〈sok4〉其形渥〈ok4〉

艮卦 艮其背 不獲其身〈seng1〉行其庭〈teng5〉不見其人〈jeng5〉

漸卦 九三 鴻漸於陸〈liok8〉夫征不復〈hok8〉婦孕不育〈iok8〉

六四 鴻漸於木〈bok8〉或得其桷〈kok4〉

歸妹卦 九四 歸妹愆期〈ki5〉遲歸有時〈si5〉

渙卦 上九 渙其血〈hit4〉去逖出〈cit4〉

二、詩經

詩經　召南　《摽有梅》　法遠　校韻

摽有梅　其實七〈cit4〉兮　求我庶士　迨其吉〈kit4〉兮

摽有梅　其實三〈sann1〉兮　求我庶士　迨其今〈tann1〉兮

摽有梅　頃筐塈〈ki3〉之　求我庶士　迨其謂〈ui7〉之

詩經　秦風【蒹葭】法遠　校韻

蒹葭蒼蒼　白露為霜　所謂伊人　在水一方

溯洄從之　道阻且長

溯遊從之　宛在水中央

蒹葭淒淒〈ci1〉　白露未晞〈hi1〉　所謂伊人　在水之湄〈bi5〉

溯洄從之　道阻且躋〈zi1〉

溯游從之　宛在水中坻〈ti1〉

蒹葭采采〈ci2〉　白露未已〈i2〉　所謂伊人 在水之涘〈si7〉

溯洄從之　道阻且右〈i7〉

溯游從之　宛在水中沚〈zi2〉

三、楚辭

屈原　原作　《離騷》　法遠　校韻

帝高陽之苗裔兮　朕皇考曰伯庸〈iong5〉

攝提貞於孟陬兮　惟庚寅吾以降〈hong5〉

皇覽揆餘初度兮　肇錫餘以嘉名〈beng5〉

名餘曰正則兮　字　餘曰靈均〈keng1〉

紛吾既有此內美兮　又重之以修能〈leng5〉

扈江離與辟芷〈zi2〉兮　紉秋蘭以為佩〈pi7〉

汩餘若將不及兮　恐年歲之不吾與〈i2〉

朝搴阰之木蘭兮　夕攬洲之宿莽〈bu2〉

日月忽其不淹兮　春與秋其代序〈su7〉

惟草木之零落兮　恐美人之遲暮〈bu7〉

不撫壯而棄穢兮　何不改乎此度〈tu7〉

乘騏驥以馳騁兮　來吾道夫先路〈lu7〉

宋玉　原著《悲秋》法遠　校韻

悲〈pi1〉哉！

秋之為氣也；蕭瑟兮草木搖落而變衰〈sui1〉；

憭慄兮若在遠行，登山臨水兮送將歸〈kui1〉。

泬寥兮天高而氣清，寂寥兮收潦而水清〈ceng1〉；

憯悽增欷兮薄寒之中人〈jeng5〉，

愴怳懭悢兮去故而就新〈seng1〉；

坎廩兮貧士失職而志不平〈peng5〉，

廓落兮羈旅而無友生〈seng1〉。惆悵兮而私自憐〈leng5〉。

燕翩翩其辭歸兮，蟬寂漠而無聲〈seng1〉；

鴈廱廱而南遊兮，鵾雞啁哳而悲鳴〈beng5〉。

獨申旦而不寐兮，哀蟋蟀之宵征〈zeng1〉；

時亹亹而過中兮，蹇淹留而無成〈seng5〉。

悲憂窮戚兮獨處廓〈kok4〉，有美一人兮心不繹〈tok8〉。

去鄉離家兮徠遠客〈khok4〉，超逍遙兮今焉薄〈pok8〉？

專思君兮不可化〈go5〉，君不知兮可奈何〈ho5〉！

蓄怨兮積思〈si3〉，心煩憺兮忘食事〈si7〉。

願一見兮道餘意〈i3〉，君之心兮與餘異〈i7〉。

車既駕兮朅而歸〈kui1〉，不得見兮心傷悲〈pi1〉。

倚結軨兮長太息〈sek4〉，涕潺湲兮下霑軾〈sek4〉。

慷慨絕兮不得〈tek4〉，中瞀亂兮迷惑〈hek8〉。

私自憐兮何極〈kek8〉？心怦怦兮諒直〈tek8〉。

四、漢賦

江淹 原作《恨賦》法遠校韻

試望平原〈gun5〉，

蔓草縈骨，拱木斂魂〈hun5〉。人生到此，天道寧論〈lun5〉！

於是

僕本恨人，心驚不已〈i2〉，直念古者，伏恨而死〈si2〉。

至如

秦帝按劍，諸侯西馳〈ti5〉，削平天下，同文共規〈kui1〉，

華山為城，紫淵為池〈ti5〉。

雄圖既溢，武力未畢〈pit4〉。

方

架黿鼉以為梁，巡海右以送日〈it4〉。一旦魂斷，宮車晚出〈cit4〉。

李華 原著《弔古戰場文》法遠 校韻

浩浩乎！

平沙無垠〈gun5〉，敻不見人〈jun5〉，河水縈帶，群山糾紛〈hun1〉。

黯兮慘悴，風悲日曛〈hun1〉。

蓬斷草枯，凜若霜晨〈sun5〉。

鳥飛不下，獸鋌亡群〈kun5〉。

亭長告餘曰：「此古戰場也。常覆三軍〈kun1〉，

往往鬼哭，天陰則聞〈bun5〉。」

傷心哉〈zaih4〉！秦歟〈ih4〉？漢歟〈ih4〉？將近代歟〈ih4〉？

杜牧 原著《阿房宮賦》法遠 校韻

六王畢〈pit4〉，四海一〈it4〉。蜀山兀〈git8〉，阿房出〈cit4〉。

覆壓三百餘裏，隔離天日〈zit4〉。

驪山北構而西折，直走咸陽〈iong5〉。

二川溶溶〈iong5〉，流入宮牆〈ciong5〉。

五步一樓,十步一閣〈kok4〉。

廊腰縵迴,簷牙高啄〈tok4〉。各抱地勢,鉤心鬥角〈kok4〉。

盤盤焉,囷囷焉,蜂房水渦,矗不知乎幾千萬落〈lok8〉。

長橋臥波,未云何龍〈liong5〉? 複道行空〈khong1〉,不霽何虹〈hong5〉?

高低冥迷,不知西東〈tong1〉。歌臺暖響,春光融融〈iong5〉。

舞殿冷袖,風雨淒淒〈ce1〉。

一日之內,一宮之間,而氣候不齊〈ze5〉。

五、古文：再三玩味之,乃察覺本文下半段,竟系「駢體」,誰曰駢文始自六朝？

戰國策《蘇秦以連橫說秦》法遠 校韻

蘇秦始將連橫說秦惠王,曰:「大王之國,西有巴、蜀、漢中之利;北有胡貉、代馬之用;南有巫山、黔中之限;東有殽、函之固。田肥美,民殷富,戰車萬乘,奮擊百萬,沃野千裏,蓄積饒多,地勢形便,此所謂天府,天下之雄國也! 以大王之賢,士民之衆,車騎之用,兵法之教,可以並諸侯,吞天下,稱帝而治。願大王少留意,臣請奏其效。」

秦王曰:「寡人聞之,毛羽不豐滿者,不可以高飛;文章不成者,不可以誅罰;道德不厚者,不可以使民;政教不順者,不可煩大臣;今先生儼然不遠千裏而庭教之,願以異日。」

蘇秦曰:「臣固疑大王之不能用也! 昔者,神農伐補遂,黃帝伐涿鹿而禽蚩尤,堯伐驩兜,舜伐三苗,禹伐共工,湯伐有夏,文王伐崇,武王伐紂,齊桓任戰而霸天下;由此觀之,惡有不戰者乎?

古者,使,車轂擊馳,言語相結〈kit4〉,天下爲一〈it4〉;

約從連橫〈hong5〉,兵革不藏〈zong5〉,

文士並飭〈sek4〉,諸侯亂惑〈hek8〉,

萬端俱起〈khi2〉,不可勝理〈li2〉。

科條既備〈pi7〉,民多僞態〈thi3〉;

書策稠濁〈ziok4〉,百姓不足〈ziok4〉;

上下相愁〈ciu5〉,民無所聊〈liu5〉;

明言章理〈li2〉，兵甲愈起〈khi2〉；

辯言偉服〈hek8〉，戰攻不息〈sek4〉；

繁稱文辭〈si5〉，天下不治〈ti5〉；

舌敝耳聾〈long5〉，不見成功〈kong1〉；

行義約信〈sin3〉，天下不親〈cin3〉。

於是，乃，廢文任武〈bu2〉，厚養死士〈su7〉；

綴甲厲兵〈piong1〉，效勝於戰場〈tiong5〉；

夫，徒處而致利〈li7〉，安坐而廣地〈ti7〉；

雖，古五帝、三王、五霸，明主賢君，常欲坐而致之〈zih4〉，

其勢不能，故以戰續之〈zih4〉；

寬則兩軍相攻〈kong1〉，迫則杖戟相撞，然後可建大功〈kong1〉，

是故，兵勝於外〈goe7〉，義強於內〈loe7〉；

威立於上；民服於下。

六、唐詩
杜甫 原作《登高》法遠 校韻

風急天高猿嘯哀〈ai1〉，渚清沙白鳥飛迴〈hai5〉；

無邊落木蕭蕭下，不盡長江滾滾來〈lai5〉。

萬裏悲秋常作客，百年多病獨登臺〈tai5〉；

艱難苦恨繁霜鬢，潦倒新停濁酒杯〈pai1〉。

七、宋詞
李清照 填詞《聲聲慢》謝魁源 校韻

尋尋覓覓〈bek8〉、冷冷清清、淒淒慘慘戚戚〈cek4〉。

乍暖還寒時候，最難將息〈sek4〉。

三杯兩盞淡酒，怎敵他、晚來風急〈kek4〉。

雁過也，正傷心、卻是舊時相識〈sek4〉。

滿地黃花堆積〈zek4〉，憔悴損，而今有誰堪摘〈tek8〉。

守著窗兒，獨自怎生得黑〈hek4〉。

梧桐更兼細雨，到黃昏、點點滴滴〈tek4〉。

這次第，只一個、愁字了得〈tek4〉。

柳永 填詞《雨霖鈴》法遠 校韻

寒蟬淒切〈ciat4〉對長亭晚 驟雨初歇〈hiat4〉

都門帳飲無緒 留戀處 蘭舟催發〈hoat4〉

執手相看淚眼 竟無語凝噎〈iat4〉

念去去 千裏煙波 暮靄沈沈楚天闊〈khoat4〉

多情自古傷離別〈piat8〉更那堪 冷落清秋節〈ziat4〉

今霄酒醒何處 楊柳岸 曉風殘月〈goat8〉

此去經年 應是良辰好景虛設〈siat4〉便縱有千種風情 更與何人說〈soat4〉

（作者為臺灣中華文化藝術交流協會理事長、漢學臨風堂創辦人）

河洛音樂文化的傳承與發揚

——臺灣民謠在教學上的應用與教育價值

盛勝芳

Abstract：The largest and earliest Han population among Taiwanese people immigrated from Fujian and Changchuan, commonly known as hoklo, which means Holo in Taiwanese. Holo music was brought to Taiwan as a significant cultural legacy-Taiwanese folk music, and serves both as positive educational value and entertainment.

一、前言

　　臺灣民謠不論福佬系或客家系甚至原住民系，多少應該與河洛音樂文化有些淵源。《臺灣通史》記載：「終及兩宋，中原板蕩，戰爭末息，漳泉邊民漸來臺灣。」①大概是臺灣漢人移入較早的歷史記載。根據《臺灣通史》記載：「嘉靖四十二年，海寇林道乾亂，遁入臺灣，……從者數百人」。「崇禎十年，荷人犯粵東，乞互市，不許，歸而整現臺灣。…而華人來者日多，凡有一萬五六千人」。② 至永曆十五年(1661年)鄭成功進攻臺灣時，率兵二萬五千人，清人入臺時，臺灣人口已達十萬人。閩南語發音福佬即「河洛」，福佬人與客家人均源自中原漢人，為避開一次又一次之戰亂，逐漸南移至閩粵地區定居，再渡海來臺。最早移民來臺其中人數最多的漢族是來自福建漳州、泉州兩地的居民，屬於閩南語系語言，在臺灣稱之為福佬人（臺灣人），福佬系語在臺灣也稱之為「臺語」，從福佬語（臺

---

① 許常惠《臺灣音樂史初稿》，頁119。
② 同註1。

語)中保存相當多漢秦中原古音,又從許多臺灣的習俗裡發現,與北方中原文化之相似度及關聯性,可以猜測及證實福佬人源自中原、黃河流域的可信度及確實性了。

二、河洛音樂文化的傳承與發揚

河洛音樂經由先民帶來臺灣,追本溯源「其源流可溯至宋元時代,某些成分甚至保存了漢唐時代之音樂古風」。[①] 例如,「晋書樂志說:『相和,漢舊歌也。絲竹更相和,執節者歌』。……南管音樂演唱「曲」時,唱的人手拿拍板(即節),並有絲類樂器:二弦、三弦和琵琶;竹類樂器:洞簫在伴奏,可以說保存了相和歌的遺風」。[②] 無論是歌謠或北管、南管器樂曲、戲曲,河洛音樂曾是祖先開闢臺灣時的重要精神支持與糧食。數百年來,河洛音樂在臺灣受到不同的種族語言、地理環境、風俗習慣、社稷背景等影響,一方面接受到土地的滋養和灌溉,一方面在經歷不同的政權統治、時代變遷、族群融合後,已逐漸發展出屬於自己的民間音樂藝術,是臺灣特有的本土文化,包括臺灣民謠、臺灣地方戲曲音樂等。「臺灣的戲劇種類多,系統複雜,在全中國可算是擁有戲劇音樂極豐富的一省」。[③] 臺灣音樂除了是重要的文化遺產,也是河洛音樂文化的傳承與發揚,臺灣音樂是河洛音樂的移植,河洛音樂也在臺灣開出了更美麗的花朵。

臺灣民謠除了曾陪伴著老祖先渡過艱苦的歲月,更鼓勵他們樂天知命,勇敢面對災難、疲憊。唱歌解憂悶雖是慰藉品,臺灣民謠更兼具教育功能。「在早期臺灣的漢族移民多屬於農民、漁夫或商人,而且是比較辛勞的平民。生活悠閒的士大夫階級,或技藝高超的藝匠們,並沒有參加開拓臺灣的移民行列」。[④] 早期臺灣的漢族移民多半並非飽學之士,知識的來源有時來自民謠傳唱,或藉由「歌仔冊」。[⑤] 唱民謠不僅教化人心,懂得忠孝節義,民謠更有善化風俗習慣的妙處,臺灣民謠之於先民有寓教於樂的教育價值。

「臺灣民謠是祖先們從生活歷程中,所共同感受,相互激盪出來的結晶。它

---

① 許常惠《音樂史論述稿》,頁 3。
② 許常惠《音樂史論述稿》,頁 66。
③ 許常惠《音樂史論述稿》,頁 179。
④ 許常惠《音樂史論述稿》,頁 224。
⑤ 林珀姬,《唸歌唱曲解憂悶談臺灣福佬歌謠的唱法》,《2009 恆春民謠學術研討會論文集》,頁 13。

反映出地方民族的性格、思想、信仰、德行、愛憎及生活背景等特性」。① 由此觀之,民謠有激發民族意識情感的功能。當日據時代日人推行「皇民化運動」時,「企圖以摧毀臺灣民俗歌謠為手段,來消蝕臺胞的民族意識和漢族的傳統文化,並達成其侵略的政治野心。」②雖然如此,臺灣民謠還是偷偷的被保存下來,這種捍衛國家、鄉土的強烈民族意識及情感皆歸功於民謠所激發之浸染力及凝聚力。

三、臺灣民謠——河洛音樂的發展

臺灣雖然是小小一座島嶼,卻有極其繁複的種族及人種文化。由於臺灣與大陸在地形上的分離,加上臺灣在歷史上發生的許多特殊史實,長期以來原住民土著、漢族與外來族之間的通婚、族群融合等因素,影響了臺灣在音樂藝術上的發展特色,與大陸的情形迴異。其原因如下:

1. 居民的人種文化

(1)臺灣的土著民族,語言系統上屬於馬來印尼語系,現今人類學將他們劃入南島語族(Austronesian),他擁有非常豐富而複雜的民族音樂。

(2)臺灣的漢族,大量的移民始於明末清初,分為多數的福佬系與少數的客家系。前者來自福建泉州與漳州。後者來自廣東惠州與嘉應州,他們擁有古老而多采多姿的民俗音樂。

2. 外來文化接觸

(1)臺灣自明代天啓四年(1624)至永曆十五年(1661)共38年,被荷蘭人佔據了先是南部,後來全島。

(2)臺灣自明代天啟六年(1626)至崇禎十五年(1642),被西班牙人佔據了北部。但西班牙人於1642年被荷蘭人驅逐。

(3)臺灣自清代光緒二十一年(1895)至民國三十四年(1945)共50年,割讓給日本統治。

3. 政治背景

(1)臺灣自明代永曆十五年(1661)至永曆三十七年(1683)共23年,由延平

---

① 簡上仁《臺灣民謠》,頁12。

② 許常惠《音樂史論述稿》,頁14。

郡王統治。

（2）臺灣自清代康熙三十二年（1683）至光緒二十一年（1895）共 213 年，由清政府統治。

（3）臺灣自 1949 年至今，在行政管理上與大陸分裂。①

經歷不同的居民種族文化、外來文化、政治背景，形成不同的社會文化環境，導致臺灣在音樂藝術上的發展與大陸不同。臺灣民謠的三大系統：包括原住民語系民謠、福佬（臺語）系民謠及客家語系民謠，而種族之間長期共同生活下來，通婚、交易、文化交流、相互融合的情形，明顯表現在民俗音樂、藝術上，例如：在恆春地區，「保存了臺灣最獨特的民歌，這是其他地區所沒有的。一般人稱『恆春調』」。② 福佬系與客家系在音樂民謠上自然融合的例子諸多見，例如「雪梅思君」使用的情形在兩系皆十分普遍，「相褒歌」、「採茶歌」本是北部客家民歌的總稱，③也經常獲福佬系族群青睞而拿來翻唱。而福佬系民謠與原住民系之間的融合情形亦很多見，最好的實例是：有四分之一原住民血統的已故說唱藝人陳達述說「草螟弄雞公」及「臺東調」二首歌曲之源起。據陳達說：「小時候我所聽到的『草』『臺』兩曲，係由祖母口授給母親，再由母親傳唱下來，應是漢化了的山地民謠」。④ 據簡上仁教授研究：源自「平埔調」的福佬系民謠《牛犁歌》正是族群融合的象徵，試觀很多臺灣民謠之原住民民謠風格很濃郁，因為都是漢族民謠與平埔族原住民民謠融合之故。⑤ 而另一首「『牛母伴』是恆春最早出現的古老民謠，可能由排灣族古老曲調轉換而來」。⑥ 甚至據簡上仁教授調查：根據人類學研究，從人體構造上顯示出，臺灣幾乎每個人都有一點原住民血統基因，可以從「小腳趾」趾甲來判斷。⑦ 以上諸多融合的例子可說是河洛音樂的發展，也可算是一種河洛音樂的傳承與發揚吧！

「一般所謂之『臺灣民俗歌謠』基本上包涵古老自然民謠及富有濃郁臺灣鄉

---

① 詳見許常惠著《臺灣音樂史初稿》，頁 255－256。
② 許常惠《音樂史論述稿》，頁 124。
③ 許常惠《音樂史論述稿》，頁 148。
④ 簡上仁《臺灣民謠》，頁 10。
⑤ 簡上仁「臺灣民謠與文化」專題演講，「臺灣文史與本土音樂導覽」計畫，臺東：99 年。
⑥ 蔡佩珊著，《從民謠看臺灣女性的堅韌以〈青蚵仔嫂〉為例》，《恆春民謠學術研討會論文集》，頁 172。
⑦ 簡上仁《臺灣民謠》，

土氣息的創作歌謠」。① 但本文所探討之臺灣民謠定位在:「由民眾集體創作,作者無可考,在臺灣民間流傳久遠,具有本土氣質和傳統精神,而可用於詠唱或唸誦的歌謠」,②即「自然民謠」。「在國民政府遷臺之前,福佬人約佔全臺人口的百分之七十五左右,」③本文所探討的方向也以福佬系民謠為主。至於臺灣光復前後產生的一些「創作民謠」,甚至20世紀70年代流行至今的所謂「校園民歌」等,雖然常讓人留連忘返、欲罷不能,「因它們均有作者不得列入所謂『民謠』之林」,④本文暫且不探討。

四、臺灣民謠在教學上的應用與教育價值

民謠既然有潛移默化的教育功能,臺灣民謠更能有效激勵國民的鄉土意識,讓下一代有愛國、愛鄉的情操等,拿它來當課程教材,培育國家新生代幼苗是最恰當不過了。依照筆者已往之教學經驗,臺灣民謠在教學上的應用,大約可歸納下列幾種方式進行:

1. 臺灣民謠—音樂與跨領域的結合

音樂與跨領域的結合,素材多半使用學生已十分熟悉的旋律較佳。例如:《天黑黑》及《西北雨直直落》這二首大家能朗朗上口的臺灣民謠,設計跟「雨」相關的主旨,再結合其他領域例如:臺灣文學、臺灣生態環境、臺灣動、植物研究等。又如《六月茉莉》或《白牡丹》這兩首,可結合臺灣花卉、植物的研究等。課程教學在跨領域結合之下,可以讓低年級學生知識豐富起來,高年級生也因此了解並發展自己專業領域以外的世界,在人文藝術教學上是一大突破。

2. 配合合唱教學與節奏樂器同步進行

民謠教唱除了合唱,最好再配上簡易節奏樂器伴奏比較有趣,感覺不會枯燥乏味。不管是童謠《點仔膠》或唸謠《手提一匹布》,用鈴鼓、三角鐵等節奏樂器配合歌聲,跟隨著樂曲詮釋變換張力、速度、節奏等進行。其實用臺語唸誦,音韻中已充滿聲調之美,如再搭配節奏樂及詮釋表情,歌詞之意境更完美被發揮出的

---

① 簡上仁《臺灣民謠》,頁2。
② 簡上仁《臺灣民謠》,
③ 簡上仁《臺灣民謠》,頁6。
④ 簡上仁《臺灣民謠》,

話,歌曲當然討人喜歡。例如:

《手提一匹布》①

手提一匹布,走到雙叉路,慌忙進當舖,當錢一千五,

走到雙叉路,買了一擔醋,擔到雙叉路,看見一隻兔,

放下醋,去追兔;(一點一點加緊、加快)

掠着兔,脫了褲;(稍停)

跑了兔,咬破褲,走了兔,放下醋,去追兔,撞倒醋;(更緊張,加快到忽

然停止! 嘆息!)

也無褲,也無兔,也無醋;(很慢! 很沮喪! 強調尾音!)

氣死那一個姓,布。(慢慢唸出每個字,最後二個字,分開唸及加重)

3. 設計相關之討論議題

民謠當素材用時,除了讓學生欣賞與解說歷史,更應隨時不忘「潛移默化」的目標,設計適當之議題讓學生討論,訓練獨立思考。例如:

(1)《一隻鳥仔哮啾啾》是一首反映臺灣重要時代的民謠,當然必須先詳述臺灣的歷史背景;先從自然民謠、福佬系彰南地區民謠等談起,再敘述甲午戰爭清廷戰敗後臺灣被割讓給日本,日軍佔據臺灣初期抗日英雄劉永福等組織民兵奮勇抵抗的情形。《一隻鳥仔哮啾啾》長期已來被認為是「英勇的抗日同胞,在抵禦日人侵臺時所唱的感傷民謠」。② 欣賞歌曲之餘學生也了解臺灣歷史、增強了文史概念知識可以說是一舉兩得。亦可與其他領域、臺灣鳥類生態、節奏樂、討論等結合進行。

(2)《思想起》這首有名的恆春民謠,由於曲調非常受人喜愛,不斷被填上不同的歌詞演唱。據筆者經驗,以下這二種《思想起》歌詞較富特色,較適用於(高年級生)教材。

第一種,《思想起》歌詞如下:

---

① 簡上仁《臺灣民謠》,頁234。

② 簡上仁《臺灣民謠》,頁38。

A. 思想起,桃花含唇(伊都)有胭脂

李阿花獻白(伊都)無香味哎唷喂

舊情再來思想起哎唷喂

甘蔗好吃(伊都)雙頭甜(伊都)哎唷喂

B. 思想起,綠竹開花(伊都)綠竹青

大某娶了(伊都)娶細姨,哎唷喂

小姨娶來人人愛,哎唷喂

放棄大某(伊都)可憐代(伊都),哎唷喂①

使用第一種,《思想起》歌詞之討論議題可以是:學術界三角戀情頻傳,有大學教授「娶細姨」,大學教授甘願「當細姨」,對細姨的看法如何? 細姨的法律刑責是什麼? 細姨古今中外的各種「不雅」稱謂?

經過這麼多必須思考的問題之後,相信這些年輕人(孩子)一定比較認真去規劃他自己的未來感情世界了。

第二種《思想起》歌詞是已故說唱藝人陳達自創。以「孝道」為主,更富教育性,更適合編入教材。歌詞如下:

思想起,第一界大就是天和地

第二界大就是老母親老父啊喂

若不信伊大家加以詳細哎唷喂

骨頭是老父給咱,肉就是老母的啊喂②

(3)「山伯英臺」這首哭調的討論議題可以是:《山伯英臺》是臺灣說唱音樂及歌仔戲重要戲碼,「梁祝」與西方「羅密歐與茱麗葉」都是淒美「合葬」結局;現代人經常離婚、再娶,當父母離開人世後,作子女的應該如何處置?

五、結語

總結本文,臺灣民謠是河洛音樂的傳承,它的發揚光大也須要靠後代子孫繼續積極努力。臺灣民謠除了是重要的文化遺產,臺灣民謠更兼具教育價值,有寓

---

① 簡上仁《臺灣民謠》,頁 59。
② 簡上仁《臺灣民謠》,頁 59。

教於樂、激發民族意識情感的功能。在教學應用上，民謠教學能讓學生學習到：

　　1. 從臺灣民謠的背景中了解了臺灣歷史，豐富人文知識及強化文史概念。

　　2. 從臺灣民謠歌詞涵義中吸取了做人的道理及學習身為「人」的素養。

　　3. 從臺灣民謠鄉土音樂中感受到美感，不但美化人生，更能培養出愛民族音樂的情操，進一步有「熱愛」國家、愛鄉的民族情感。

　　歸納以上幾點，善用臺灣民謠教學，能教育下一代幼苗成為有用的國民。

　　　　　　　　　　（作者為臺灣臺東大學音樂學系副教授）

河洛郎文化臺灣

許竟成

Abstract：After the delineation of Kyushu following Yu Wang's surveying territory of China. Taiwan, which was called "Dao Yi" at that time, was authoritatively in charge of Yangzhou. Taiwan Island then was wild and deserted, with its residents dressed in grass clothing. However, these islanders were all Chinese, whose ancestors had lived in the Central Plains as Fu Xi clan. In the Warring States period, people ever living in Yue immigrated to the island. The King of Yue was actually the younger generation of Yu Wang, while people of Yue were originally from Yan Huang clan. The islanders of Taiwan share the same source with the mainlanders during Xia, Shang and Zhou Dynasties. From Han Dynasty to Jin and Tang Dynasties, Heluo Clan constantly moved to Lingnan, especially in Tang period, during which a great number of people of Heluo area settled in Fujian. Their offsprings are called Heluo Lang. In the period of Ming and Qing, Heluo Lang living in coastal areas settled in Taiwan and began to develop and construct the island. By that time, following the imperial edicts of Chinese emperors, they set official levels and formed administration, built schools and revitalized education, initiated benevolence and love, promoted etiquette and regulated ethics, which laid the cultural foundation for the Socio – economic development of Taiwan. So, all the people living in both sides of the Strait share the same roots and culture.

一、臺灣上古稱島夷

1. 夏代揚州島夷

今臺灣省在夏商周三代為揚州島夷。《尚書·禹貢》記載：夏禹王勘察疆土，劃定區域分九州，於揚州域內記載：「淮海惟揚州」，域內海上有「島夷卉服」。《史記·夏本紀》記載夏代疆域，有如《禹貢》同樣的記載，所記揚州域的範圍，北自淮河而南至海疆，海上有「島夷卉服」。海島上居有以草編織為衣的人。兩書所記揚州「島夷」，與所記冀州「島夷」不同；兩書所記冀州島夷為「皮服」。冀州「島夷皮服」，即冀州「島夷」居住的是以皮料製作為衣的人。冀州「島夷」在東北，揚州「島夷」在東南，分別穿著不同的草衣與皮衣。這是因為適應不同的氣候，或利用不同的物資條件而形成的差異。商與周代九州之名，雖個別稱謂有更易，而揚州之名仍如夏稱。起自夏代就有的揚州夷島，居住穿著草衣的先民海島，即今日臺灣。

2. 揚州島夷出自中華

四千年前揚州「島夷卉服」之民出自何處，《尚書·禹貢》沒有提及，而後世《野史》卻提供了線索。明代福建連江縣學者陳第，於萬曆三十年（1602年）到「東番」考察，寫了《東番記》，提出了「島夷卉服」之民來歷的線索。《東番記》引《野史》記曰：「異哉東番，從烈嶼諸澳，乘北風航海，一晝夜到澎湖，又一晝夜至加老灣，近矣。乃有不日不月，不官不長，裸體結繩之民，不亦異乎？」「曆日書契，無以不聞」，「其無懷、葛天之民乎？」《野史》，《新唐書·藝文二·雜史類》記有公沙仲穆撰《大和野史》。無懷氏，傳說上古之帝號，其民甘食而樂居，懷土而重生。葛天氏，上古之帝號，其治世不言而信，不化而行。傳說無懷、葛天氏皆在伏羲氏之前。東晉元帝關內侯葛洪，自稱其先為葛天氏。以《野史》氏之說，「島夷卉服」之民，源於伏羲之前氏族，源出中華河洛之地。「島夷卉服」之地，地在南裔海疆，屬於荒服。

上古中原部落氏族徙居邊區，常因流放，見於史載者有《左傳·文公十八年傳》：昔帝鴻氏（黃帝）有不才子「渾敦」（驩兜），少皞（金天氏）有不才子「窮奇」（共工氏），顓頊氏有不才子「檮杌」（鯀），縉雲氏有不才子「饕餮」，謂之四凶。堯帝臣舜「流四凶族」，將其「投諸四裔，以禦魑魅」。舜所投諸於四裔的「四凶

族」，並非短時期間形成，他們融有以前的伏羲、葛天、無懷氏族之裔。在歷史的進程中，這些部落氏族不斷地融合、繁衍、播遷，有些播遷到九州四邊。揚州「島夷」，也是由這些部落族裔播遷所致。「島夷卉服」，與後世穿著麻織衣、絲織衣者，除了氣候條件之外，與社會經濟發展關係也只是步履尚未邁及，沒有種族之別。江淮之間農民，於民國時期，尚有腰系草繩、腳穿草鞋者。固始縣城東關原有三皇廟壁畫，伏羲穿皮衣，炎帝穿樹葉草衣。

3. 揚州島夷由荒服到服朝

島夷由荒服到服朝於楚。揚州島夷，在夏商周三代屬於荒服之地。所謂荒服之地，是謂無朝廷封君之地，荒於朝廷管理與奉朝。《禹貢》記載九州之域，王城外分五服：甸服、侯服、綏服、要服、荒服。荒服之區，「三百裏蠻，二百裏流」，是蠻民與流民處居的地方。《國語·周(上)》記載：「戎狄荒服」。注「戎狄去王城四千五百裏至五千裏也。」四千五百裏是大較之數，表示遠而不易開發的地方。四千多年前限於科技水準，對於高山大川勘測不會像後來精確。皇甫謐《帝王世紀》稱，禹劃定九州，「四海之內則東西二萬八千裏，南北二萬六千裏，出水者八千裏，受水者八千裏」，也應該是大較之數。三代以河洛千裏王畿為中，對四方邊遠人民稱東夷、南蠻、西戎、北狄。揚州島夷，在東夷之南，也屬夷民，故稱島夷，而不稱島蠻。

周代，九州之域服奉於朝有所變化，《周禮·夏官·職方氏》記九州之域有九服，都城週圍「方千裏曰王畿」，其外每至遠「方五百裏」曰侯服、甸服、男服、采服、衛服、蠻服、夷服、鎮服、藩服。較之夏之五服，周之蠻服、夷服也是荒服。

周朝至春秋，諸侯紛爭，禮制崩毀，諸侯擴地。戰國，揚州「島夷」，本屬於越，越為楚敗，又屬於楚。《史記·越王句踐世家》記載：「楚威王(公元前 339～公元前 329)興兵伐越，大敗越，殺王無疆，盡取吳(含越)地」，而「越以此散，諸族子爭立，或為王，或為君，濱於江南海上，服朝於楚。」服朝於楚，楚國強盛，惠王「問鼎中原」，即欲以楚代周。秦王政二十四至二十六年(公元前 223～公元前 221)，秦滅楚、滅趙、滅燕、滅齊，統一全國，越王無諸及東海王搖廢為君長，以其地置閩中郡，治侯官(今福建省閩侯縣)。

漢初，君長無諸與搖帥越民佐漢，漢高祖複立閩越王與東海王(東越王)，王閩中故地。漢武帝朝，因閩越地反復多患，詔「軍吏將其民徙處江淮之間，東越

地遂虛」,越王宗族早有「亡入海」之意者。「亡入海」,即徙居海島,為島夷。揚州「島夷」,複為荒服。閩中之地以冶邑(閩侯縣境,有閩越王都冶山遺址)為會稽郡一縣。東漢,光武帝更冶縣名為章安縣;永和三年(138),以章安縣東歐鄉為永寧縣。其東南海上「島夷」,仍荒服。

三國、晉及南北朝,天下紛爭,立號稱帝者皆為炎黃裔孫,沿用天子之制,樹「混壹九州」之志。四方邊遠雖荒,但猶屬三代九州,「島夷」仍屬揚州。及《北史》有載「流求」,即古揚州域「島夷」。史載:「先王設教,內諸夏而外夷狄」。《四夷傳》:「流求國,居海島,當建安郡東。」可知,三國洎南北朝,揚州「島夷」荒為「流求」。流求之名,竊思或因素為流亡地之故。

隋至元朝,揚州「島夷」仍名「流求」。隋大業四年(608),煬帝遣武賁將軍陳棱、朝請大夫張鎮,至流求詔諭服朝,流求王不從,「虜其男女數千人,載軍實而還」。《唐書》無聞。《宋史》記載流求,在泉州之東,有海島曰澎湖。流求人「喜鐵器及匙箸」,有古越族人之特徵。《元史》記載流求,「在南海之東」,在「漳、泉、興、福四州界內,澎湖諸島與流求相對」。元代成宗鐵穆耳,欲征流求服於朝;不從進軍征討,流求王帥眾逃徙,王城治所設於東海支島。明洪武五年,流求王受太祖詔諭,十五年受冊封,奉朝始終。清代,流求奉朝篤勤。光緒五年,日本滅流求,易為沖繩縣。

流求本島、揚州「島夷」,明初名為「雞籠」,也名北港、東番;萬曆後期易名為臺灣。天啟四年(1624),荷蘭人侵佔臺灣。明永明王朱由榔永曆十五年(1661),將領鄭成功率軍收復臺灣,置府、縣。清康熙二十二年(1683),將領施琅率軍統一臺灣,臺灣府隸屬福建省。光緒十三年(1887),臺灣府改置臺灣省。

二、河洛郎文化臺灣

1. 河洛郎入居臺灣

在歷史的長河中,人口播遷流動處於常態。上古,人口流動往往有以氏族顯示標記;秦漢以後,人口流動的標記則多有地域與姓氏。自漢晉洎唐宋及明清中原士民徙居閩臺,有一條清晰的線條,這一條線的起點在河洛地區,終點在臺灣,並帶有以姓氏為標志。

漢末河洛郎徙居河洛奧區。東漢靈帝時,朝政衰靡,黃河南北「黃巾起義」。

《資治通鑒》獻帝初平元年(190)記：董卓擅權，挾獻帝西遷長安，洛陽都邑京畿「二百裏內室屋蕩盡，無複雞犬」。其中有些士族逃至豫南河洛奧區。河洛奧區，是河洛郎徙居豫南後懷念故土而起的地名，將河洛南部淮西地區冠以河洛。此稱清《光州志》序文有表述。

西晉末年河洛郎徙居閩地。西晉惠帝及懷帝年間(290～313)，匈奴族劉淵建漢，與晉爭據中區河洛。《晉書·帝紀》與《資治通鑒·懷帝永嘉五年》記：懷帝永嘉五年(311)四月，京都洛陽「百官死傷者三萬餘人」，「時海內大亂」。冬十月，羯族石勒攻佔豫州，「諸軍至江而還」。此時河洛及河洛奧區「士民避亂者多南渡江」。南宋梁克家撰《三山志》記：「爰自永嘉之末，南渡者率入閩，陳、林、鄭、黃、詹、邱、何、胡，昔時先之閩。」從福建諸姓族譜上看，其時入閩者不只八姓，還有葉、張、阮等姓。這些河洛「衣冠士族」都是大家族，數千裏入閩族人都不在少數。他們逃難到邊遠荒涼的地方，不忘榮耀的家族歷史，不忘自己是河洛郎，這是入閩的首批河洛郎。河洛郎之「郎」者，於秦漢唯為官稱；其後有官稱，也有對一般男子的尊稱。晉代入閩的河洛郎，多是原河洛地區士族、官宦之家，其意是官稱，也是尊稱。

唐代大批唐人河洛郎徙居閩地。唐朝初期，嶺南泉州與潮州之間，西晉末年入閩的河洛郎與梁山蠻民互有繁衍，開發土地有紛爭，地方不靖。高宗總章年間(668～670)，朝詔領軍衛翊府左郎將陳政及子陳元光領兩次募得光州府兵及眷屬八千多人，安撫蠻民「嘯亂」。武則天垂拱二年(686)，陳元光奉詔建置漳州與屬縣，府兵與眷屬成為州縣籍民。唐朝末期，僖宗光啟年間(885～888)，王潮、王審邦、王審知率光州義軍與眷屬八千多人入閩，除暴安民；昭宗朝(889～904)期間，王潮為福建觀察使，王審邦為泉州刺史，王審知為福建威武軍節度使，後梁時封為閩王，隨「三王」入閩的軍眷成為閩人。唐代入閩的軍眷，皆有漢人姓氏，大多數姓氏的郡望在中原、在河洛。他們出自唐朝，是唐人；他們的先祖是河洛郎，他們也襲稱河洛郎，唐人也是河洛郎。

宋代河洛郎徙居閩粵。北宋之末靖康年間(1126～1127)，金兵南伐，擄宋徽宗、欽宗因北。高宗南渡，京師由汴京遷至杭州臨安。南宋之末，元兵南伐，德佑二年(1275)迫臨安，宋室先後流移至福州、潮州、廣州崖山。朝臣、軍兵、士民，一路隨遷。《宋史·本紀第四十七·瀛國公二王附》記載：祥興二年(1279)

二月己卯日,臣陸秀夫負主衛王趙昺投海,七日「浮屍出於海十餘萬人」。兩宋之季,河洛士民入居閩、粵者有兩路,一路由河洛、河洛奧區,經贛州入閩、粵;一路隨宋室經江浙入閩、粵。因為他們自認為是臨時逃於兵荒,有王師北定中原之望,入閩、粵有為客暫居之意,故為客家人。客家人之先也是河洛郎。

明代河洛郎入居臺灣。《明史·列傳第二百十一·雞籠》記載:雞籠,「故名北港,又名東番」。至萬曆末年,「稱臺灣」。「臺灣在澎湖島外,距漳、泉止兩日夜程,地廣而腴。初,貧民時至其地,規漁鹽之利」。此記表明,在明萬曆年間有漳、泉之民河洛郎入居臺灣;而大批河洛郎入居臺灣則在明、清之際。明末,唐王聿鍵立於福州,號隆武,進鄭芝龍侯爵,賜其子鄭成功朱姓。隆武二年(1646)十一月,永明王朱由榔立於肇慶,號永曆,封鄭成功為延平郡王。永曆十五年(1661),鄭成功率師驅逐荷蘭人,收復臺灣,遂有漳州、泉州、潮州沿海之民河洛郎二萬五千人入居臺灣。清康熙二十二年(1683),福建水師提督施琅率師統一臺灣,又有沿海之民河洛郎入居臺灣。

2. 河洛郎文化臺灣

明清之際,大批河洛郎進入臺灣,以河洛文化風化臺灣,使臺灣社會發生跨越式的發展,大體同於閩地。河洛郎以文而化蠻區,首要為實行王制,於蠻荒之區開設職方建置,融合氏族,組織社會,貫徹朝廷法令,以王朝文化風化地方。明代王朝文化是夏、商、周三代乃至於宋元王朝文化的延續與進步發展。

時至明末,河洛郎使揚州荒島有了王朝文化,這是民族英雄河洛郎鄭成功的歷史功績。《清史稿·卷二百二十四·列傳·鄭成功》記載:鄭成功收復臺灣對荷蘭人說:「土地我故有,當還我;珍寶恣爾載歸。」遂「號臺灣為東都」(置一府二縣),準備為明宗室桂王作臨時都城。「制法律,定職官,興學校。」並「招漳、泉、惠、潮四府民,辟草萊,興屯聚,令諸將移家實之。」清初,施琅率師二萬統一臺灣,「東都」改置臺灣府,屬福建省,進一步加強臺灣的文化。光緒十三年,臺灣府改置臺灣省,領三府一州十一縣。

明、清之際,閩、粵沿海大批河洛郎徙居臺灣,成為臺灣府縣社區籍民,中華社會組織形式迅速降臨荒區,臺灣很快得到河洛郎傳播的河洛文化,其社會倫理道德,信仰觀念,風俗習慣,同於福建,同於河南,同於古豫之河洛。

三、海峽兩岸同根同文

臺灣與大陸人民同根。今臺灣高山族,即海域邊疆少數民族,有秦漢古越人,有三代島夷人。島夷人為炎黃氏族逸民,有無懷、葛天氏遺風。高山族祖先可溯自炎黃氏族,可溯自炎黃。炎、黃,是上古多部落、多氏族融合的代稱。因為炎帝八代,八代帝王多子多孫,多分封,分封到各部落為首領,形成氏族;黃帝二十五子多分封,其子孫又多分封。據《史記‧五帝本紀》記載,帝顓頊、帝嚳高辛、帝堯、帝舜,乃至夏、商、周諸王,皆多子孫,皆為黃帝裔孫。至於河洛郎,都有姓氏族譜;姓氏族譜上溯祖宗,可溯至漢晉官宦士族,可溯至三代炎黃氏族,甚至可溯至炎黃諸帝。

例如兩岸大姓中之陳、王、鄭、施、許、盧、方、姜等等,溯其遠祖皆共炎黃。陳氏,有唐代開漳聖王陳元光之裔孫,始祖為周初陳胡公,帝舜之裔;王氏,有唐末五代閩王王審知之裔孫,始祖為周靈王太子晉;鄭氏,有明末民族英雄鄭成功宗族裔孫,始祖為周厲王少子友;施氏,有清初靖海侯施琅宗族裔孫,始祖為魯惠公之子施父。此四姓皆為黃帝裔孫。許氏,為唐初與唐末入閩許氏將士裔孫,先祖為周初受封許國之許文叔,出自姜姓;盧氏,為唐初與唐末入閩盧氏將士裔孫,始祖為齊文公玄孫高傒,受封盧邑,出自姜姓;方氏,為唐初與唐末入閩方氏將士裔孫,始祖為神農炎帝之九世孫雷,受封方山;姜氏,先祖為呂望姜太公,出自姜姓。此四姓皆為炎帝裔孫。

臺灣與大陸風俗同文。風俗是社會百姓生活文化的表現,包括禮儀、風尚、習慣等諸多內容形式。民國二十二年上海商務印書館版《辭源》解釋風俗:「上之所化為風,下為所化為俗」。宋朱熹《四書集注‧大學章句序》中言:「國家化民成俗」,道出風俗文化的意義。風俗有時代性與地域性。風俗形式表現於百姓生活諸多方面,其精神表現人們的道德與情操。九州方域廣袤,東西南北,山水有別,氣候有差,各地風俗豐富多彩,其精神趨於同一,且可永久流傳。河洛地區,三代京畿之地所在,地居方中,河洛王朝風教代代播行方國、郡縣,以使全國各地法度、禮儀趨同。時至春秋,子思《中庸》語:「今天下車同軌,書同文,行同倫。」秦始皇統一天下,進一步統一文字,統一度量,使郡縣風俗大同。自漢代風行儒教,孔孟總結歸納三代治國方略之仁愛、忠敬、誠信思想及其禮儀、道德風教

全國。唐代,由豫入閩的河洛郎,其先為河洛士族,具有河洛文化的風範。明清由閩入臺的河洛郎,繼承河洛文化的傳統。由此,臺灣與大陸同風同俗。

　　總之,河洛郎文化臺灣,臺灣與大陸,同根,同文,同體,同魂。

　　　　　　　　　　（作者為河南省固始縣史志研究室副編審）

河洛文化與臺灣

楊祥麟

Abstract: With a long history started from a distant source and enriched with splendid content, Heluo culture represents one of the oldest historic cultures conceived in China, our ancestors living in the Heluo area were forced to move southward to Jiangzhe, Fujian and Guangdong regions. In the course of time, the Hakka ethnic group gradually formed. After Song and Yuan Dynasties, due to reasons concerning politics and economics, a large number of Hakkas, immigrated from the north long time ago, sailed across the Taiwan Strait to move to Taiwan and make Taiwan and Penghu (the Pescadores) Hakka's land for immigration. At the end of the Ming Dynasty, Zheng Cheng – gong, holding the flag of Anti – Ching and Revive Ming, led his army to Taiwan and instituted the county system here, which was later included into the territory of the Ching Dynasty. The Office of Taiwan was first set up under the authority of Fujian Province. Therefore, the people of Taiwan are actually people of the Central Land, the land of Taiwan is actually the territory of China, and the sovereign rights of Taiwan are actually the sovereignty of China. the people of Taiwan had never forgotten their motherland and had revolted against Japanese many times during the Japanese occupation, heroically sacrificing their lives for the eternity of the Chinese national spirit.

一、概述

　　河洛文化是中國最古老之歷史文化，乃世界四大文明古國之一，歷史悠久，源遠流長，內容豐富、光輝燦爛，中國遠在三代之初，始祖沿黃河中下游即今中原

河南一帶生息繁衍,逐漸形成哲學、倫理、政治、醫學、天文、水利農業、美術、書法、音樂、舞蹈等古老之河洛文化。中國大陸氣候北寒南溫,北旱南潤,河洛地區乃當時政治、經濟、交通之中心,軍事活動又很頻繁,生活在河洛地區的先民,屢受戰亂及自然災害之苦,一些先民被迫南遷至江浙、閩、粵等地,逐漸形成客家族系。宋元以後,因政治及經濟等方面之原因,大批南遷之客家人,又渡海至臺灣,臺澎即成為客家人移民之地。明末鄭成功為抗清復明率眾入居,建有郡縣制,入清版圖,初置臺灣府,屬福建省,清光緒時又擴改置行省。故臺灣之民即中土之民,臺灣之土地即中國之領土,臺灣之主權即中國之主權,不幸甲午中日之役我清政府無能,臺灣被迫割讓,喪權失土,淪於夷狄,然臺灣之人民,表面雖為日人所統治,而時刻未忘祖國,多次起義抗日,民國二十六年七月七日抗日侵略戰爭爆發,浴血抗日八年於民國三十四年八月十五日,日本終於宣告無條件投降,洗雪國恥臺灣光復了。

二、河洛先民遷徙南方,把河洛文化帶到閩粵

晉永平元年(291)至南朝宋元嘉(424)之間,「五胡之亂」、「八王之亂」、「永嘉之亂」,連年動亂,民不聊生,生活在中原河洛地區之先民,陷於水深火熱之中,為逃避戰亂,他們紛紛舉家南徙,進入蘇、皖、贛、粵、閩地區,稱為第一次客家人南遷。唐朝南詔之亂及黃巢起義,中原地區戰亂又起,河洛百姓再次成批南遷,成為第二次客家人南遷。北宋滅亡,宋高宗南渡,客家先民又分批南徙至廣東各地,成為第三次客家人南遷。第四次大迁徙,起因有二:一、是人口膨脹、二、是滿清入主中原,義軍抵抗失敗,被迫潛逃南方。清康熙中期至乾隆之間,居住在廣東的客家人,和當地人發生矛盾,釀成長達十餘年的土客大戰,官府出面調解,客家人大部份再次南下和東渡,是為客家人第五次南遷。這些南遷的客家人雖然遠離中原河洛地區多年,仍保持及發揚中原河洛文化的傳統。如客家人的堂號堂聯、文化教育、生活習慣、語言發音、婚喪禮儀、年節慶典等,無不沿襲著河洛人之根底,古河洛文化乃客家文化之根。

三、河洛人從閩粵東渡臺灣,使河洛文化在臺灣生根

臺灣居民,多來自閩粵。歷次入閩之河洛後裔,及由河洛南遷至廣東等地的

客家人,後來大部份渡海至臺灣謀生。他們將河洛地區之生產方式及文化觀念傳播到臺灣,對臺灣之早期開發及文化發展起到較大之作用。據統計顯示,目前臺灣之客家人有六七百萬之多,這些根在河洛地區之客家人,主要是明末清初自大陸遷來,比較集中的移民行動,可歸納為三次,第一次在明崇禎年間,閩省旱情嚴重,大臣鄭芝龍奏請皇上允許「以船載居民數萬至臺灣」,從此開始對臺灣有組織的大規模移民。二次高潮在鄭成功逐荷抗清期間,鄭成功組織大批子弟兵渡海至臺灣進行屯墾,並在臺灣進行文治建設,對臺灣政治、經濟、文化貢獻巨大,影響深遠。他們的子孫落籍臺灣繁衍至今。第三次大移民是在清朝康熙統一臺灣之後,大批移民進入臺灣,從事各種生產活動,這些大陸移民,多來自閩粵沿海地區,以福建泉州為數最多,而移民中十之八九是由中原河洛地區南遷的客家人,這些移民也把河洛地區之生產方式和河洛文化帶到臺灣。據臺灣 1953 年戶口統計漢族人占全臺人口的 82.7%,其中 80% 是福建去臺灣之河洛人,20% 是祖籍廣東的客家人。以姓氏而論,臺灣陳、林、黃、鄭等十大姓氏,從十大姓氏堂號源流考查,大多數源於大陸之中原河洛地區。除此十大姓氏之外,其家譜均記載著根在河洛。再從生活、民俗、文化等方面看,人民之生活類型,不外物資層面、社會層面、精神層面三部分,物資生活之臺灣人則上衫下褲中國式也,食以米為主其做法與大陸同,住則用磚瓦築屋式樣和風格同大陸一模一樣。社會生活層面,婚姻不廢古禮,仍保留著河洛婚姻古禮。家制仍為大家庭制,家有規、族有長,年節慶典活動、清明、端午、中秋等節日活動,均沿用河洛之傳統禮俗。文字方面更是和大陸完全相同,無任何差別。綜上所述從生活物資、社會活動、精神文明三個層面上看臺灣文化和河洛文化千絲萬縷,血肉相連,臺灣文化根源在河洛。

四、河洛文化在臺灣之傳播

河洛古聖先賢,民族英雄,岳武穆王,生於公元 1103 年,姓岳名飛,字鵬舉,宋相州今河南省湯陰人。少負氣節,好學《左氏春秋》、《孫吳兵法》,生有神力能左右開弓,百發百中,一生征戰遍及黃河、長江、珠江流域,經歷二百餘戰,每戰必捷,皆謀定而後動,運籌帷幄堪稱神謀。統軍抗金屢建戰功。明、清歷代皇帝均以民族英雄為祀,武聖之尊。臺灣日月潭、宜蘭等地,均建有岳武穆王廟,精忠報

國遺訓,滿江紅歌詞,文官不貪財、武官不怕死之金科玉律,仍廣傳於臺灣民間。唐朝高僧玄奘大師,系河洛人士今河南省偃師人。其佛骨經臺灣各界人士發動從日本恭迎到臺灣。祀奉於臺灣日月潭,廟宇宏偉莊嚴,香火鼎盛,香客遊客絡繹不絕,顯示臺灣同胞對佛教、對河洛高僧之崇敬心情。宋朝名臣,包丞坐鎮汴京為官清正廉明,執法如山,鐵面無私,正義懍然,在臺灣廣為民間歌頌,小說、電視、戲劇、電影均對包公的為官公正表現之淋漓盡致,人心振奮,百看不厭,震古鑠今。

　　汴京宋朝名將,楊繼業將軍,忠貞愛國,國家棟梁,全家數十口,滿門忠烈,楊門廉垂四知,盛德揚芬,楊家將的忠貞愛國事迹,通過戲劇、小說在臺灣廣為流傳,臺灣花蓮市建有壯麗的楊家將廟宇,受世人崇敬模拜。

　　陳昭應鄉長,河南開封人,三峽長福巖清水祖師公,香火鼎盛。康熙十三年甲寅,西魯番造反,少林寺眾武僧參於平息,為國家建立戰功,而後清帝輕信讒言,於某日遣兵放火焚燒少林寺,時值夜間,當時僅有十八名僧人逃生,官兵又派人追殺,最後僅剩下五人逃生。此五人南下逃至福建漳州,途經當地佛教長林寺(即今之南少林寺),巧遇該寺僧長萬雲龍,相談河南少林寺的苦難經過之後,萬雲龍僧長至表同情並與南逃之五僧相結拜,在萬雲龍僧長的號召下,群情共憤,集結眾人成立天地會,與清兵多次大戰,因寡不抵眾,起義終告失敗。在戰亂中也不知此南下少林寺五僧人之去向,傳說此五少林僧人,乘漁船潛逃臺灣,仍沿用天地會名義進行反清復明濟世救人之活動。目前臺灣已聽不到天地會,或者與當地之洪門派合併,或者即洪門派之前身,目前洪門派,在臺灣勢力龐大,現臺灣政要、名人中如「立法院」院長王金平均為洪門派兄弟,洪門派兄弟多為河洛人。

　　河南地處中原,為中華民族文化發祥地,歷史所遺古物既多,地下蘊藏尤為豐富,歷史文物多系稀世珍寶,對我國歷史文化之研究,很是珍貴。這些文化古物多存於河南省博物館內。

　　1937 年,日寇侵華,抗戰軍興,為保全河南博物館所藏珍貴文物,將古文物,由開封運至武漢,因戰局變化,又從武漢運到重慶。1945 年抗戰勝利,日本投降,隨之國內戰爭又起,1949 年 11 月,又將河南古物共 38 箱,從重慶運至臺灣,由國立歷史博物館陳列展出,該項古物之主權,仍為河南省所有。1949 年成立

河南省運臺古物監護委員會,於鎮州為主任委員,閆振興為會長,李鐘聲、劉延濤、呂佛庭、盧博文、張正伸、宋彤、喬寶泰、耿雲卿、趙少康、王廣亞、曹世昌、龐靖宇、趙其文、李德武、秦茂松、張潤書、范功勤、朱鳳芝、董玉京、張繹溥、趙禎祿、劉達運、丁淑芳、鄭建國、蔣家祥等為委員,筆者也添附驥尾。1993年成立河南古物清查小組,1996年開始古物清點工作,1997年清查竣事。河南運臺古物計有銅器、陶器、玉器、織錦、編磬、書籍、甲骨等七大類共計4999件,出版《河南省運臺古物圖錄》及《甲古文專集》,這批文物對傳播與宏揚河洛文化作用很大。

　　近六十年以來,河南人士來臺灣人口大為增多,此等來臺河南人,多從事政治、教育、文化、軍事、藝術、工商等行業。由於繼承河南人忠厚勤奮、刻苦好學之精神,他們在臺灣踏踏實實,勤奮努力,在各行各業都做出較大成績,為臺灣的繁榮進步做出重大貢獻。更進一步傳播與弘揚河洛文化,成績卓著者,不勝枚舉,僅將所知者,臚列於後。王撫洲鄉長字公簡河南正陽人,任職位分類委員會主任委員,證券管理委員會主任委員,勇於創新,實踐履行,為臺灣人事制度改革、經濟發展成績卓著,王鄉長為宏揚河洛文化,創辦中原文獻社,使中原河洛文化在臺灣聲譽日盛。張金鑑鄉長字明誠,河南安陽人,學貫東西,治學有恆。為中國行政學之開山之祖,桃李滿天下,喜有弟子滿半朝,著作等身。周南鄉長字一南,河南郟縣人,宅心仁厚,守正不阿。臺灣實行夏令時間,民間習俗極感不便,尤以國際航空時間不一致,遭受種種紊亂,應予停止,及實施簡体字,使文化遭受斷層,深感有慮,應予緩議,據理舌戰,終獲臺立法大會圓滿通過,如願以償。王廣亞鄉長,鞏義市人,為人正直,作風勤簡,畢生從事教育事業,早期在臺灣白手起家,歷盡艱辛,終於成為當代之教育家。在北京、包頭、臺北、中壢、苗栗等地創建大專院校十校,在校及先後畢業學生已達數十萬餘人,為培養人才,發展教育事業功在國家。王任生鄉長,河南新安縣人,歷盡千辛萬苦創辦企業,在臺灣之工商界已頗有聲望,為思鄉愛鄉,給河洛多作貢獻,在鄭州、洛陽、深圳等地創建丹尼斯百貨公司,貨物齊全、物美價廉、生意興隆,使廣大人民得到實惠方便,並為河洛子弟開創數萬多個就業機會。李安鄉長字子平,河南湯陰人,歷史學家,在臺灣著有岳飛、楊繼業、包丞等著作,記載河洛地區古聖先賢史績之著作,對宏揚河洛文化及其在臺灣的傳播,發揮極大作用。同鄉中榮膺博士學位,尚有卓越成就者如王廣亞、王育文、張國臣、郭文林、載鴻超、楊炳麟、翟安迪、董憲鏗、潭光

豫、吳海生、施秀榮、郭真知、錢建嵩、楊衛蓮、楊雅涵、王登源、張明文、張秀明、陳奎佑、楊鎧行、理小龍、趙廣輝、黃一農、簡玉成、張立、陳光耀等,奈以肇者,見聞甚少,知一漏萬者,尚祈賢達惠予諒宥。河南地方戲之首豫劇,揚名海外,受臺灣人士所愛戴,臺灣豫劇皇后王海玲(湖南人),榮獲國家最高文藝大獎,洛陽豫劇團名演員馬金鳳女士來臺演出,倍受歡迎,所到之處,均很轟動,所演之戲,場場暴滿。全球楊氏總會理事長楊寶發,觀賞馬金鳳所演楊家將戲以後,讚不絕口,用四個大金字「揚我祖德」贈送馬金鳳,以示敬意。國家佛教會副會長釋永信方丈,率河南少林寺武術團來臺訪問,所到之處,高潮迭起,引起轟動,河洛文化蜚聲海內外。此外《易經》、道教均創始於河洛地區,為我國傳統文化寶庫中,最早之珍貴文化。中國本土宗教道教創始於河洛地區經福建傳入臺灣。河南道教會會長黃至傑應繳曾來臺,歡迎盛況熱烈。《易經》又稱《周易》是上古社區闡明變化道理之書,其基礎結構是八卦,分別象徵天、地、雷、風、水、火、山、澤八種自然現象。《易經》之太極學說乃其哲學基礎,現電腦之標示圖,洵乃中國之太極圖。《易經》八卦奠定逢二進位制數學之基礎,使中國成為最早使用二進位制之國家。17世紀著名哲學家、微積分發明人之一萊布居茲,從中國陰陽八卦中受到启發,發明二進位成為現代電腦語言之理論根源。《易經》可稱為世界科學之祖。河洛文化不僅是中國最原始、最具生命力之文化,對世界現代文化仍有巨大影響。

五、結語

河洛地區是上古中國政治、經濟中心,夏、商、周三代皆建基於此,河洛文化是中華文明之根,古今華人或大陸、或臺港澳,或海外無論走到哪裡,只要講中國話用中國字,行中國禮俗,認中國宗親,食中國飯菜,便是認同了河洛文化,因為,中國最古老的文字,是河洛先人們所創;以及農業、水利、醫學、禮俗、音樂、舞蹈、美術、書法等等,皆發端於古河洛地區。河洛文化乃中國最古老、最權威的文化,河洛文化,孕育了中國最原始、最具生命力的藝術。泛言之,古河洛,即今河南,改革開放以來,目睹一批批以(河南話)為母語,以(河洛郎)自居的海外僑胞,臺港澳同胞,他們或白髮蒼蒼,或稚聲未退,海天茫茫,關山萬裏,不憚艱辛,輾轉顛沛,前來河南尋根祭祖者絡繹不絕,我們至為敬佩並深深感動,遙在天涯,尚且如

此,生於斯,衣食於斯,既承先祖開創中華之盛譽,更當知繼往開來之責任,研究河洛文化發揚優秀傳統,增進民族團結,加強民族情感,使中華民族屹立於世界強國之林,使中華文化在全球光茫萬丈。

（作者為臺灣中華博遠文化經濟協會榮譽理事長）

河洛文化與臺灣文化

彭聖師

Abstract：HeLuo Culture is a regional culture in the area between Yellow River and Luo River. It is the place where the *River Map* and the *Luo Book* appeared. It is the birthplace of Huaxia civilization, the core and flowing source of Chinese culture. It radiates in all directions. It has a far away source and flows long continuously forever.

HeLuo Culture disseminated from the Central Plain to every corner of China, to the sea coast of Fujian and Guangdong provinces, to Taiwan island and to all the corners over the world. Every local culture is the pregnant and mixture from HeLuo Culture.

The compatriots in Taiwan all came from the mainland of China. No matter when they immigrated, they are the disseminators of HeLuo Culture and the creators and contributors of Taiwan culture.

As a result of the turmoil of the great times, Taiwan has been not only the shelter, successor and preserver of Chinese culture; but also the great melting furnace of Chinese regional cultures. No matter the Cultures of Hakka, Fujian Guangdong, Huxiang, and Central Plain, it has been melted into an organic whole as "Taiwan Culture" or "New HeLuo Culture" or Chinese Culture.

一、河洛文化

河洛文化,是指以洛陽為中心,河洛地區古代物質文明和精神文明的總和,是植根於河洛地區的一種地域性文化。河洛文化也是河南的地區文化,是中原

文化的一個組成部分,也是中原文化的主流。河洛文化也是炎黃文化,意指遠古傳說時代黃河和長江流域的文化。據此而言,河洛文化的歷史源頭,屬於炎黃文化的範圍。換言之,河洛文化的淵源主要來自黃帝系統的文化。現在我們都稱中華民族為炎黃子孫,廣義的炎黃文化,實際上成了中華民族傳統文化的代稱。因此,河洛文化就成了炎黃文化的一個重要組成部分。河洛文化時間跨度很大,上溯到傳說中的三皇五帝直到我們現在。現在交通發達,人民播遷頻繁,加上西方文化的交流和地球村的形成,地域文化特點日益消泯。因此,本文提出的《河洛文化與臺灣文化》,只是作歷史「尋根之旅」;着重在探討二者間之淵源、內涵和關係。

二、河洛文化的影響

河洛文化既屬於地域文化,同時也屬於歷史文化,影響極其深遠。從形成到發展,河洛文化已融入中華文化體系,並長久地影響著中華文化的進程。以博大廣闊胸懷,吸納融合外域文化,彌補其不足;並以強勁飽滿的能量,向外域揮發和輻射作用,積極影響週邊文化。

河洛文化恪守傳統,兼收並蓄,開拓進取,由河洛而溶入中原,由中原而廣播全國,終於由地域文化,發展成為中國傳統文化主流。成為中華文化的核心文化,是中華民族共有的賴以生存的精神源泉,是中華民族自強不息的靈魂和動力。

河洛文化博大精深,源遠流長,既是中原文化的核心,也是中華傳統文化的主流和精萃。以《河圖洛書》為標志,以十三朝古都的文化積澱為主幹,具有傳統性、開放性、先導性等鮮明特徵,對中國古代政治、經濟和文化都產生了深遠影響。

對炎黃子孫而言:河洛文化是一種「根文化」。它誕生於洛陽地區,繁榮於洛陽地區,並由此傳播到全國及世界各地,影響中外歷史發展長達數千年。它不僅具有強大的生命力,而且也具有強大的凝聚力和親和力,成為連結海內外同胞的重要精神紐帶,是華夏人文資源的巨大寶庫。

今天我們在臺灣研討河洛文化與臺灣文化,意義深遠;一則以傳承博大精深的河洛文明,並使之與臺灣社會和現代社會相銜接,推動文化創新,提高全民素

質;再則以完成中華民族團結和統一大業,使廣大炎黃子孫,更加熱愛中華文化,更加熱愛中華民族,這是我們今天的歷史責任,我們義不容辭。

三、河洛文化與臺灣文化的淵源

綜上所述,河洛文化在中華民族史上擁有巨大廣泛的影響,也是中華民族的「根」文化;因之,河洛文化與臺灣文化即有蜜切相連的淵源和關係,茲就五方面分析如下:

1. 就姓氏族譜言

臺灣同胞的族屬是炎黃子孫,其「根」在河洛。臺灣總人口 98% 以上是漢族,大都是從中國東南沿海各省移民渡海來臺的,我們叫他們為閩南人、河洛人、和客家人,都是秦漢以後,歷經唐、宋、元、明、清等朝代,北方中原河洛地區的士族和黎庶,因不堪戰亂和災疫肆虐等而大批遷往閩、粵,由閩粵沿海來到臺灣。

此外,根據考證,臺灣總人口 2% 的少數民族「原住民」,他們的始祖是從大陸東南渡海來臺的「古越人」,「古越人」是華夏先祖夏禹後裔,大禹的始祖又是軒轅黃帝。在中華民族的「尊祖」史上,夏后氏尊崇奉祀的宗祖正是黃帝、顓頊、鯀和禹。所以《國語・魯語上》說「夏后氏禘黃帝而祖顓頊,郊鯀而宗禹。」清楚說明臺灣的「原住民」也是炎黃子孫,和漢族一樣,共同的始祖是我們中華民族的人文始祖炎黃二帝。

中華文化數千年一脈相承,從未中斷,由其固有的文化背景、經濟土壤、社會結構、政治制度、思想學術的連續性而決定,同時也來自於祖輩代代傳遞下來的歷史文化活化石——姓氏符號、家譜和族譜。族譜能自然地、親切地把兩岸同姓聯在一起,使尋根尊祖情結,歸屬於同一文化淵源的民族認同。臺灣住民家家戶戶都保存郡望和堂號,非常眷念大陸祖籍;連許多「去中國化」的民進黨首領,也不例外。

1988 年,臺灣出版《臺灣族譜目錄》,收錄多姓萬餘譜牒,這些家族開基祖先,大部分來自中原河洛。臺灣共有 1694 個姓氏,其中陳、林、黃等十大姓氏,其堂號源流,大多數都源於中原河洛地區。

臺灣有一句俗話「陳林半天下,黃鄭排滿街」,而福建則有「陳林滿天下,黃鄭排滿山」之語。其中陳、林、黃、鄭的根源均在中原河洛;故海外華僑,臺灣和

香港同胞稱自己為「河洛郎」,稱自己的母語為「河洛話」者大有人在。他們泉湧奔流的「思鄉熱」和勃然興起的「尋根熱」,證明作為炎黃子孫的臺灣同胞,把臺灣和大陸、和中原都緊緊地連在一起。

2. 就語言詞彙言

大多數臺灣同胞所講的閩南語或「客家話」,都源自於「河洛話」。語言是人類交通的工具,是我們祖先世代積累下來極寶貴的資產。臺灣原住民的族語,是由大陸古越人的語言發展而來。臺灣同胞中,不論是閩南話,還是客家話,從其語音、詞彙、和語法習慣等各方面研究,都是由北方中原河洛方言發展演變而來;所以說,今天臺灣同胞講的臺灣話,許多都是河洛方言。這種「鄉音無改」的客觀存在,進一步證明臺灣同胞與中國大陸血肉相連的事實。

臺灣漢人使用的語言,是和閩、粵一樣的閩南話和客家話。倘從泉州知府汪大猷在澎湖建造房屋並派水軍駐守算起,閩南話在臺灣已流行八百多年。臺灣現有 2300 多萬人口,說閩南話者至少 1600 萬人。1986 年,泉州歷史文化中心出版的《泉南文化》第二期上說;閩南方言係源於六朝雅言的「河洛話」。隨著大批中原河洛人的入閩,河洛漢語也被帶入,形成新的閩南話。因此,閩南話又叫河洛話。

臺灣著名歷史學家連橫曾編成四卷本《臺灣語典》;臺灣學者黃敬安又從《十三經》中,找出與臺灣方言(閩南話)有關係的條目 131 條,編成《閩南方言證經舉例》一書。以上二著證明,臺灣方言「言多周秦之語,聲含中原之音」,是中國大陸語言的一個重要組成部分。

嘉應大學陳修先生《客家稱謂新說》一文,從語言角度與古漢語演變的相互關係論證,「客家」乃是「河洛」二字的轉音。清代黃遵憲著述中,反復提到客家人乃河洛人,均說明客家文化與河洛文化之間的千絲萬縷淵源關係。

由此可知,無論是閩南話或客家話,其根源均在河洛地區。源於閩粵,根在中原的臺灣方言,使臺灣同胞在中國大陸毫無語言障礙,成為臺商赴大陸投資與成功的首要因素。

3. 就民俗文化言

臺灣的民俗文化事像,可追尋至「河洛」文化之中。源於人類天性的民俗,最能體現「慎終追遠、落葉歸根」的民族感情。在臺灣,無論歲時令節,喜慶婚

喪,以及傳統信仰,祭天敬祖,無不處處表現閩粵風尚,事事彰顯中原色彩。

臺灣民俗的「揀骨」習俗,形成於先祖從「唐山」渡海抵臺之初,不管落籍時間多久,總不忘記在父母去世後,把靈柩運回大陸祖籍安葬。在條件不具備的時候,則先把父母棺木暫時埋葬在臺灣,以後再揀拾遺骨帶回大陸老家安葬。這種風俗,造就了千千萬萬民眾絡繹不絕地回籍祭祖尋根,並且不斷警示後人對「落葉歸根」的重視。

漢族的傳統節日,作為中原文化的重要組成部分,大體上被保留在今日臺灣社會生活中,並對臺灣人的個人心理和社會風尚等有著深刻影響,成為臺灣與大陸密不可分的又一佐證。

臺灣人的傳統節日,有一部分源於晉代的江淮文化,和南朝至隋唐發展起來的長江文化習俗。這是河洛先民和客家先民在第一次遷徙的僑居地所創造的文化。在其進入華南,最後遷移臺灣的過程中,產生一些適應其政治、經濟、文化,生活需要的節日與習俗。這些習俗源於中原,並且與中原有著千絲萬縷的聯繫和深厚的淵源關係。

臺灣民間民俗豐富多彩,不論是原住民的風俗風情,或是漢族的生產生活方式與精神文化習俗,都與大陸有著千絲萬縷以至水乳交融的關係。這種民族文化的傳播、滲透、融合在生活各方面,仍保留著北方中原「河洛文化」的傳統。從原始社會到今天,歷數千年而不衰,成為中華民族「根」文化,也就是「河洛文化」,具有強大的民族凝聚力和向心力。

4. 就民間信仰言

臺灣的民間宗教信仰分兩大類,即佛教和道教,其中以道教居多。佛教和道教均源於河洛地區,由河洛到閩粵,再由閩粵渡海到臺灣的,與河洛宗教文化一脈相承。

中華民族是炎黃子孫、龍的傳人,無論在大陸中原還是東南沿海,或是寶島臺灣,到處都有炎帝、黃帝、堯、舜、禹等先聖的形跡和傳說,到處都有龍的形像。鄭成功和老子、關羽、韓愈等歷史人物,都名列史乘;而玉皇大帝、織女、魁星、孫悟空、觀世音菩薩等宗教神話人物,都家喻戶曉。所以從無孔不入的臺灣宗教和民間信仰來說,究其本源,多為河洛文化之餘脈。舉凡信神拜佛,敬天祭祀,婚喪喜慶,衣冠禮樂,四時令節,以及習俗人情,皆是由祖宗代代流傳下來的。

　　歷史上進入臺灣的漢族移民有兩種類型:一是因為生計漂洋過海來臺進行墾殖開發的經濟型移民;二是由於政權更迭或其他原因流亡來臺避難或待機發展的政治型移民,他們目的的實現,都是在大陸。

　　臺灣移民不是以離開自己的家鄉為目的,而是以重返自己家園為宗旨。因之,臺灣社會具有普遍而強烈的祖籍觀念和民族意識;伴隨而來的民間信仰成為臺灣文化的主流。就整個我國民間宗教文化的歷史來看,臺灣的神教所具有的中國傳統文化特色,是非常濃厚的。而追根溯源,這些中國傳統文化現象,大都與河洛文化有著直接或間接的傳承關係。

　　5. 就媽祖文化言

　　媽祖文化與河洛文化一脈相承。媽祖原名林默,宋建隆元年(西元960年)陰曆三月二十三日出生於福建莆田湄州灣口之仕宦人家。她自幼識天文、通醫理、善舟楫。從塾師啟蒙讀書,過目能誦,聰明穎悟。長大後立志以行善濟人為事,矢志不嫁。一生致力做慈善公益事業,平素精研醫理,為人治病,教人防疫消災。她熱心為人,為鄉親排難解憂。她通曉天文氣象,熟習水性,常帶領村民救助遇難漁舟和商船。宋太宗雍熙四年(987)林默與世長辭。後人為了紀念她,在福建湄州島上建立了一座媽祖廟。自宋至清,歷代朝廷先後36次褒封媽祖,封號由「夫人」、「妃」、「天妃」、「天上聖母」,直至「天后」,和孔子關羽等,一同被列為清朝各地最高祭典。

　　從民間被神聖化的媽祖,由人變為海上救護之神。此後,航海者傳說常見媽祖身著紅衣飛翔海上,救助遇難呼救的人。因此漁民普遍供奉媽祖神像,祈求航行平安順利。媽祖信仰逐漸從湄州島走向世界,據不完全統計,目前全世界共有媽祖廟近5000座,信奉者近2億人。

　　臺灣是媽祖信仰者集中之地,島上有大小媽祖廟800多座,信仰者超過臺灣總人數的三分之二,每年專程到湄州媽祖廟朝拜的臺灣民眾均在10萬人以上。

　　從古到今,不同人群對媽祖一致認同,她是以河洛文化為源頭的中國傳統文化培養出來的女英雄,是海內外千千萬萬華人所尊崇的中華民族精神的代表,是一位集中華傳統美德於一身的文化形象。媽祖文化凝聚了中華傳統美德,是海峽兩岸文化交流的橋樑。

四、結論

綜上所述,臺灣地方文化與中原河洛文化,有著深厚不可分割的淵源關係,已為臺灣人與河洛人所認同。河洛文化是河洛地區的地域性文化,是炎黃文化重要組成部分,是中華文化的核心,也是臺灣文化的源泉;無論從姓氏族譜、語言詞彙、民俗文化、民間信仰、媽祖文化來研究,均可證明河洛文化與臺灣文化是合二而一,密切相關牢不可分的。

早期隨閩粵移民進入臺灣的中華文化,是中原河洛文化南移後所形成的一種地域文化:即閩南文化和客家文化。其與中原文化同質殊相的特點,是在語言習俗中,保存著純粹的古風。在長期漂離原來文化環境之後,產生了對本土社會的特殊關注,和對本土文化的自我體認。當日本統治者企圖以「皇民文化」來滅絕中華文化時,以本土面目出現的中華文化,實際上起了與「皇民文化」相抗衡的積極作用。在當時政治環境下,因為不能講「民族」只好講「鄉土」;而這種「鄉土」即是臺灣,其背後就是中國,具有很高的民族同質性。臺灣所謂的「鄉土文化」與中華文化是一體兩面的。中華文化在臺灣是全面性的移入,不是局部的傳播和影響。

我們漢族河洛人是移民臺灣的主要組成部分,是推動臺灣地方文化發展的主體,尤以 1949 年隨政遷臺的「外省人」,都是河洛文化的傳播者,中華文化的傳承者,也是近代臺灣文化的創造者;我們曾經創造了臺灣的政經奇蹟,我們更要積極地建設臺灣,發揚中華文化,使河洛文化宏揚於世界,永垂無疆之庥。

(作者為世界孔子文教基金會主席、美國中華文化促進會會長、《湖南文獻》社長、中華湖湘文化發展協會常務理事、僑聯總會理事)

參考書目:

1. 林道衡《臺灣族譜目錄》,臺灣省文獻委員會,1988 年。

2. 連橫《臺灣語典》。

3. 黃敬安《閩南方言證經舉例》。

4. 陳修《客家稱謂新說》,嘉應大學校刊。

5. 周文順 徐寧生《河洛文化》。

6. 鄭淑真 蕭河 劉廣才《根在河洛》。

7. 張華 蕭河 劉廣才《臺灣河洛郎》。

8. 劉登翰《從原鄉到新土・臺灣文化剖析》,《港臺資訊報》1998 年 2 月 10 日。

9.《中國民間文化探索叢書總序》,北京師範大學出版社,1999 年。

淺論臺灣文化對河洛文化的傳承與發展

黃　勇　陳文華

Abstract：Heluo Culture has a huge and profound impact on the Taiwanese culture. After the Heluo area Ancestors gradually moved to Taiwan which is a environment to them, they gradually formed a unique Taiwanese culture. The folk culture in Taiwan reflects the Heluo Culture's profound impact on Taiwanese culture and the Heluo area Ancestors'deep thoughts on their hometown, the Heluo area. the pietistic worship and religion of Ancestors and colorful folk festivals and cultural activities in Taiwan show their worship and miss their hometown, the Heluo area. Taiwanese culture is still putting focus on clan culture, through ancestral temple, the forms of worship to their Ancestors and family tree etc.

河洛地區是炎黃子孫的共同故鄉,河洛文化是中華民族的主幹核心文化。河洛文化對臺灣文化產生了巨大而深遠的影響。在中國古代歷史上,戰爭、瘟疫、災荒等多種因素導致河洛地區的先民出現大規模的南遷移民現象,其中就有許多河洛先民南遷到了臺灣地區。「河洛郎」到了臺灣地區後,漸漸地形成了獨具特色的臺灣文化。臺灣地區的民俗文化帶有顯著的河洛文化烙印,體現了「河洛郎」對故鄉河洛地區的深切思念。

一、崇祖信仰

追根溯源、尋根認祖和崇敬祖先是中華文化的傳統。河洛文化中有著十分濃厚的尊敬和崇拜祖先的信仰。宗族在中國古代社會一直是基本的地方組織單元。在上古的五帝時代,華夏先民們就形成了姓氏家族組織,創造出了燦爛輝煌

的華夏文明。《史記‧五帝本紀》:「黃帝者,少典之子,姓公孫,名曰軒轅。①」河洛地區在夏朝就出現了一些大家族,例如:斟鄩氏(今河南鞏縣西)、昆吾氏(今河南濮陽東)和韋氏(今河南滑縣東南)等等。河南安陽殷墟的甲骨文卜辭中也有許多家族姓氏的名稱。周代的分封制和宗法制形成了以宗族為中心的社會。宗族一般都會組織盛大容重的祭祀先祖的活動。《詩經‧周頌‧載芟》:「為酒為醴,烝畀祖妣,以洽百禮。有飶其香。邦家之光。有椒其馨,胡考之寧。匪且有且,匪今斯今,振古如茲。②」《國語‧楚語下》:「國於是乎蒸嘗,家於是乎嘗祀。百姓夫婦,擇其令辰,奉其犧牲,敬其粢盛,絜其糞除,慎其采服,禋其酒醴,帥其子姓,從其時享,虔其宗祝,道其順辭,以昭祀其先祖,肅肅濟濟,如或臨之。③」夏商周三代之後,崇敬先祖的信仰風俗已經融入華夏子孫的血脈,成為中國傳統文化的重要組成部分。《紅樓夢》第五十三回「甯國府除夕祭宗祠,榮國府元宵開夜宴」就描寫了榮甯二府賈氏族人在「賈氏宗祠」祭祀先祖的場面,「只見賈府人分昭穆排班立定:賈敬主祭,賈赦陪祭,賈珍獻爵,賈璉賈琮獻帛,寶玉捧香,賈菖賈菱展拜毯,守焚池。青衣樂奏,三獻爵,拜興畢,焚帛奠酒,……凡從文旁之名者,賈敬為首,下則從玉者,賈珍為首,再下從草頭者,賈蓉為首,左昭右穆,男東女西,俟賈母拈香下拜,眾人方一齊跪下,將五間大廳,三間抱廈,內外廊簷,階上階下兩丹墀內,花團錦簇,塞的無一隙空地。鴉雀無聞,只聽鏗鏘叮噹,金鈴玉珮微微搖曳之聲,並起跪靴履颯遝之響。④」在當代,崇敬先祖的信仰風俗文化已經是中華民族根深蒂固的文化傳統。

　　臺灣地區有著濃厚的崇敬先祖的信仰,體現出臺灣文化對中原文化的傳承與發展。臺灣姓氏的發源地基本都是河洛地區。例如:臺灣有「陳林半天下,黃鄭排滿街」的諺語,「陳」、「林」、「黃」、「鄭」四姓氏均為臺灣地區的大姓。如果追根溯源,陳姓則為今河南禹縣,林姓則為今河南衛輝,黃姓則為今河南潢川,鄭姓則為今河南滎陽。各個宗族都以郡望和堂號等,例如:陳氏潁川郡(今河南禹縣)和「德星堂」。這些郡望和堂號都具有家族發祥地的標志意義,表達出臺灣

①　《史記》,頁2716,中華書局,1959年。
②　李學勤(主編),《毛詩正義〈十三經注疏〉》,頁1598–1599,北京大學出版社,2000年。
③　徐元誥(撰)《國語集解》,頁519,中華書局,2002年。
④　曹雪芹(著),高鶚(續),俞平伯(點校),啟功(注),頁581～582,《紅樓夢》,人民文學出版社,2002年。

同胞對先祖的敬仰和崇拜,以及對故鄉中原河洛地區的深切思念。在臺灣地區,祭祀先祖的主要方式主要有家祭、祠祭和墓祭。家祭指在居家內進行的祭祀儀式。家祭一般是在祖宗的祭日進行的。一家人按輩分和年齡次序祭拜祖宗,表達對先人的懷念和表示不忘祖宗的恩澤。祠祭主要是在家族祠堂、家廟裏進行,也是十分隆重的祭祀活動。祭祀時,族人畢恭畢敬的肅立,供桌上擺滿各種祭品。儀式開始後,爐主迎接祖靈,鼓樂響起,族人下跪,以示對祖靈的尊敬和崇拜。隨後,司儀宣讀祭文,爐主念睱文,燒睱文和金銀紙,禮畢,祭祖儀式結束。墓祭也是一種常見的祭祖活動,一般是在清明節進行,通過墓祭寄託對先人的悼念和哀思。此外,遇到喜慶大事,如結婚、添丁、架屋等,也要通過祭祀,向祖先報喜,以示後代不忘祖宗祐護①。通過纂修族譜,臺灣同胞表達出對祖先的尊敬和崇拜。原聚居於晉江縣石壁村的玉山林氏家族遷臺人數極多,其族人廣泛分佈於臺北、基隆、淡水、彰化等地。早在道光年間,海峽兩岸的族人就聯合修過家譜。現存的民國甲寅續修本也是由兩地林氏族人共同倡議修纂而成的,十分詳實地記載了其族人遷臺的歷史②。祠堂建築也表現出對先祖的崇敬之情。臺中市南區國光路的林氏宗祠初建於清嘉慶年間,後曾多次修葺。殿門額上所懸的「文魁」匾是清光緒十九年(西元 1893 年)林文欽中舉時所有,神龕上懸著「忠孝堂」匾,還有三川門的木匾都顯現出尊宗敬祖之誠和祖德流芳之讚。

二、節日民俗文化

春節是最為重要的節日。在古代,春節標志著新一年的開始。在中原河洛地區,由於農業生產的需要,先民們通過觀測天文星象與氣象規律,在三皇五帝時代就創立了曆法。《尚書·堯典》:「乃命羲和,欽若昊天,曆象日月星辰,敬授人時。③」夏朝以正月為歲首,商朝以十二月為歲首,周朝以十一月為歲首,秦朝以十月為歲首,漢朝初年還沿襲著秦朝舊制,以十月為歲首。漢武帝時,頒行《太初曆》以正月為歲首。從此,歷代都沿襲著以正月為歲首,正月初一則成為新的一年開始的標志。在古代,正月初一,朝廷要舉行盛大的朝賀儀式。民間則

①　蔣伯英(主編)《閩臺關係》,頁 83～84,武漢出版社,2002 年。
②　莊為璣、王連茂(編)《閩臺關係族譜資料選編》,頁 30,福建人民出版社,1984 年。
③　李學勤(主編)《尚書正義(十三經注疏)》,頁 33,北京大學出版社,2000 年。

有燃爆竹、掛桃符、貼春聯、拜年等等風俗，慶賀新的一年的開始。臺灣和大陸各地一樣，春節也是最為盛大隆重的傳統節日。在臘月三十除夕之夜，一家人團團圓圓在一起吃年夜飯，年夜飯的多數菜名都含有吉利的意義。除夕之夜，還有守歲的風俗。正月初一，人們開始正式慶祝新年，親友之間互相拜年，恭賀新年的到來。

元宵節是正月十五，又稱「上元節」。在唐宋時代，中原河洛地區已有元宵玩燈的習俗。特別是在北宋都城東京（即今河南開封），元宵節賞燈習俗十分盛行。《宋史・嘉禮志》：「自唐以後，常於正月望夜，開坊市門然燈。宋因之，上元前後各一日，城中張燈，大內正門結彩為山樓影燈，起露臺，教坊陳百戲。天子先幸寺觀行香，遂禦樓，或禦東華門及東西角樓，飲從臣。四夷蕃客各依本國歌舞列於樓下。東華、左右掖門、東西角樓、城門大道、大宮觀寺院，悉起山棚，張樂陳燈，皇城雉堞亦遍設之。其夕，開舊城門達旦，縱士民觀。後增至十七、十八夜。①」臺灣的元宵節習俗大抵與大陸相同。在臺灣，龍陣是元宵節主要娛樂項目，代表著喜慶與吉祥的寓意，龍陣可單獨表演，也可以雙龍或多龍合演。

中秋節是八月十五，中原又稱「團圓節」。中秋之夜，明月高懸，如盤似玉，古人視圓月為團圓的象徵，因此又可稱為「團圓節」。中秋節除了食月餅、賞月等風俗外，在古代，還有祭月的風俗，即把月餅、果品等放在案上祭嫦娥，把毛豆和水放在案下祭玉兔。臺灣元宵有「搏狀元餅」之俗，即於中秋餅中，朱書一「元」字，用骰子擲四紅以奪之，取「秋闈奪元」之義。連橫《臺灣通史・風俗志》：「八月十五日，謂之中秋。……士子遞為・飲，制月餅，朱書元字，擲四紅奪之，以取秋闈奪元之兆。②」在延平郡王鄭經之時代，臺灣就已有「舉試」。連橫《臺灣通史・教育志》：「其聰穎者則旁讀古文，橫覽史乘，以求淹博。父詔其子，兄勉其弟，莫不以考試為一生大業，克苦勵志，爭先而恐後焉。舊制三年兩試，一為科考，一為歲考。③」清朝統一臺灣之後，臺灣地區刻苦博學、勵志科舉功名的氛圍很濃厚。連橫《臺灣通史・教育志》：「天興、萬年二州三年一試，州試有名

①　《宋史》，頁2697～2698，中華書局，1977年。
②　連橫《臺灣通史（下冊）》，頁72，商務印書館，1983年。
③　連橫《臺灣通史（上冊）》，頁188～189，商務印書館，1983年。

者移府,府試有名者移院,各試策論,取進者入太學。①」因此,臺灣中秋節有「搏狀元餅」之俗還是有緣由的,反映出中原文化對臺灣文化的影響和輻射。由此可見,中原河洛文化對臺灣文化的影響之深。

三、閩南語源於中原河洛古音

閩南語是具有河洛中原古音的方言。隨著河洛先民的南遷,在閩地從而形成閩南語。閩南語是臺灣地區的重要方言,被廣泛地使用於社會生活之中。這展現出河洛先民遷居臺灣地區的客觀歷史現象,閩南語表達出「河洛郎」對故鄉中原河洛地區的深切懷念。

在古代,河洛地區的語音是古漢語語音,也是中原文化的標志和中華文明的象徵。中原移民入閩開始於秦漢時代,盛於唐宋時代。河洛先民雖然離開了故鄉中原河洛地區,但是,他們「離鄉不離腔」,仍然保持著中原河洛古音,寄託著對家鄉的思念。於是,在閩地逐漸形成了閩南語。其後,又有許多移民遷居臺灣地區,特別是在明清時期,大量的漳州人、泉州人遷居臺灣地區。清代康熙年間以後,大量閩粵移民移居臺灣,他們把閩南地名也帶到了臺灣,地名則用「厝」和「寮」來稱呼,例如:臺北有泉州厝、漳州寮,臺中有同安厝,嘉義有安溪寮,臺南有招安厝,這些都是閩南的州縣名,即以縣名作鄉村名。以「厝」(閩南話用作「房屋」義)來命名地名,這同中原漢人南遷入閩的歷史有關②。閩南語於是被「河洛郎」帶到臺灣地區,並且逐漸成為臺灣的重要方言,被廣泛使用於社會生活之中。

閩南語是一種具有中原河洛文化意蘊的方言。閩南語的子音(聲母)直接繼承了中原古漢語的聲母系統。在這一方面,閩南語並沒有受到後來漢語系語音演變的影響。現在普遍認為上古漢語有19個聲母,按照傳統的閩南語十五音分析,閩南語的聲母有15個,就是說上古漢語的19個聲母閩南語保留了15個。閩南語的語音系統保留了較多的古音,其中既有秦漢上古音的殘餘,即所謂的「古無輕唇音」,「古無舌上音」,「古多舌音」。閩南語保留有隋唐中古音,在母

---

① 　同上,頁188。

② 　陳榮嵐《閩南方言與閩臺文化溯源》,廈門大學學報(哲社版),1995年第3期。

音方面,完整保存著中古音的 6 個複音韻韻尾。在聲調方面,中古音「平上去入各分陰陽」的特點在閩南語也有體現。閩南語還保留有歷代語音的變異。閩南語保留了相當數量的中國古代特別是唐、宋時期語言的語音、辭彙,被海內外語言專家學者稱讚為中國古代漢語的活化石。閩南語詞匯有很多屬於中原古漢語的成份,其中最為古老的一些,可以上溯到先秦時代。例如:《詩經·小雅·信南山》云:「祭以清酒,從以騂牡,享於祖考。執其鸞刀,以啟其毛,取其血膋。①」閩南語俗話「日時走拋拋,暗時點燈膋」中也有這個「膋」,可見其為先秦時代的語言。這些辭彙正是不同歷史時期的中原古漢語在閩南話中留下的烙印。閩南方言的語音系統有文讀音和白讀音兩種讀音的區別,在社會交際中這兩種讀音又是並行不悖地使用。文讀音與《切韻》一系韻書所反映的中古標準語音系比較一致,所以用文讀音吟誦唐宋詩詞就顯得韻律和諧,平仄相合。因而,用閩南話讀誦中華傳統文學作品,如:《詩經》、漢樂府詩、六朝駢文、唐詩宋詞等等,都是琅琅上口,意韻高雅,「餘香滿口」。因此,從臺灣地區的閩南語中體現出了「河洛郎」對故鄉中原河洛地區的深切懷念。

四、結論

河洛文化對臺灣文化產生了巨大的影響。臺灣文化繼承而且發展了河洛文化。臺灣地區有著虔誠的崇祖信仰文化,尋根祭祖、修建祠堂和家譜等等形式展現出臺灣同胞對祖先的崇拜和對故鄉中原河洛地區的懷念,同時也加強了人與人之間的團結與和睦,實現了社會的安定和諧。臺灣文化繼承和發展了中原河洛文化的傳統節日民俗文化,豐富了人們的生活。閩南話是具有河洛中原古音的方言。臺灣地區既展現出河洛先民遷居臺灣地區的客觀歷史現象,又表達出「河洛郎」對故鄉中原河洛地區的深切懷念。

（黄勇、陳文華分別為湖北省社會科學院楚文化所副研究員、助理研究員）

---

① 李學勤(主編)《毛诗正义(十三經注疏)》,頁 969。

河洛文化與中華民族精神

李　力　李　珞

Abstract：He-Luo culture refers to the early formation in Xia, Shang, Zhou dynasties period, distributed mainly in He – Luo area (the middle Yellow River, LuoShui basin) region culture. He – Luo culture influenced China and finally from regional culture to the mainstream of Chinese traditional culture, and is sparkling the immortal brilliance in the history. It reflects the honest and harmony, compatibility and toleration, hard work and patriotic spirit as the core component of the Chinese spirit, has led the Chinese people strive constantly for self – improvement, go forward.

在我國漫漫歷史長河中,河洛文化作為構成中華民族傳統文化的根本和源頭,以其頑強的生命融入中華文化的體系中并長久地影響著中華文化的裏程。河洛文化既屬於地域文化概念,同時也屬歷史文化概念。河洛文化在發展過程中,以博大的胸懷,最大限度地吸納、融合外域文化,彌補其不足;又屢屢以強勁的態勢和飽滿的能量向外域揮發和輻射,給週邊文化以積極的影響。由河洛而澤中原,由中原而廣播中國。河洛文化是中國最核心的、生命力最強的文化,是中華民族共有的賴以生存的精神源泉,是中華民族自強不息的靈魂。深入研究河洛文化,對於進一步深化研究中華民族核心文化以及促進統一多民族國家的發展具有重大的現實意義。

一、河洛文化的內涵

在論及中華民族三代之史時,司馬遷在《史記·封禪書》中說:「昔三代之

居,皆在河洛之間①」。一些典籍記載得更為具體,稱「禹都陽城」、「商都西亳」、「周都洛陽」。從此,「河洛」一詞作為一個文化概念無數次地出現於中國浩瀚的典籍之中。「河洛」一詞既有地域上的意義,更有人文的廣博內涵。所以,河洛文化是一種地域文化,更是一種歷史文化。

首先,作為一種地域文化,河洛文化最初形成於夏商周時期,主要分佈於河洛地區(黃河中游、洛水流域)。河洛地區南為外方山、伏牛山山脈,北為黃河,西為秦嶺與關中平原,東為豫東大平原,北通幽燕,南達江淮,在古代雄踞於中原,為「天下之中」②,即所謂「中國」(西周何尊銘文)。司馬遷《史記·貨殖列傳》曰:「昔唐人都河東,殷人都河內,周人都河南,夫三河在天下之中。③」河洛地區是古代中國東西南北的交通中樞,地理位置十分優越。

正是由於河洛地區地處「天下之中」的優越地理位置,又率先跨人「文明門檻」,中華先民在此創造形成了以農耕為中心的政治、經濟、生活、習俗以及由此產生的信仰、禮儀等文化。它既包括物質方面的文明,也包括精神方面的建樹。在以後的長時期內河洛地區又是我國政治、經濟、文化、交通中心,這不但使河洛文化在由「野蠻」進人「文明」的大變革時期搶占了先機,充分展示了它的先導性,并為它最終成為中華民族的主體文化,為它的正統性打下了寬厚堅實的基礎。

其次,作為一種歷史文化,河洛文化可以定義為是由「河圖洛書」衍生的古代文化。河圖洛書作為中華文明之始已經的到了廣泛的認同。易經系辭上說:「河出圖,洛出書,圣人則之。」《論語》上講:「鳳鳥不至,河不出圖。」《竹書紀年》裏講:「黃帝在河洛修壇沉璧,受龍圖龜書。」「河圖」、「洛書」的古老傳說反映了河洛地區史前文化、河洛文化在中華文明史上獨特而重大的作用。相傳伏羲氏時,有一匹龍馬從黃河浮出,背負「河圖」;還有一只神龜從洛河浮出,背負「洛書」,伏羲依此「圖」和「書」畫作八卦,就是后來《周易》一書的來源。《易經·系辭上》說:「河出圖,洛出書,圣人則之。」在后來的長時期裏,人們對「河圖」、「洛書」作了種種推測、探索、解釋,甚至譽為「中國先民心靈思維的最高成就」。

---

①　《史記·封禪書》,中華書局,1959 年。
②　《史記·周本記》,中華書局,1959 年。
③　《史記·貨殖列傳》,中華書局,1959 年。

　　再次,河洛文化是中華文化的主要根底和源頭。具體體現在以下幾個方面:其一,中華姓氏之根。《中華姓氏大典》記載的 4820 個漢族姓氏中,起源於河南的有 1834 個,所包含的人口占漢族總人口的 84.9% 以上。無論是李、王、張、劉這中華四大姓,還是陳、林、黃、鄭這南方四大姓,均起源於河南。其二,元典思想之根。河洛文化的思想源頭肇始於「河圖洛書」,凝結了古代先哲神秘的想象和超凡的智慧。其三,制度禮儀之根。河洛地區最早出現了國家治理的雛形。夏、商、周三代皆在河洛地區建立過國家,創立的各種典章制度和禮儀規范對華夏幾千年歷史都產生了重要影響,具有奠基意義。其四,文字文藝之根。歷史上的河洛地區首創漢字,并開啟中華文學藝術之門。我國第一部詩歌總集《詩經》中,屬於今河南境內的作品有 100 多篇,占總篇目的三分之一以上。其五,農耕文明之根。我國農作物品種的出現、農業技術的發明、農業思想的形成,無不與河洛地區密切相關。①

二、中華民族精神是河洛文化基本精神的繼承與發揚

　　秦以降,中國結束了春秋戰國時四分五裂的局面,統一的多民族國家逐漸形成。在車同軌,書同文,度、量、衡整體化一的同時,四面八方彼此獨立的區域性文化(山東齊魯文化、河北燕趙文化、山西晉文化、陝西秦文化、兩湖荊楚文化、江浙吳越文化、川渝巴蜀文化等)也就隨著國家政治的融合而不斷融合。由於河洛文化具有其他地域文化所沒有的正統性,在它吸收了週邊地域文化的精華后,作為區域性文化的「河洛文化」也隨之與其他區域性文化逐漸合流。進而成為中華民族的主流文化,對中國歷史的發展與社會進步產生了巨大的影響。

　　在河洛文化的延續下,中華民族成為了在世界文明史上是唯一始終沒有割斷文明血脈的偉大國家和偉大民族傳承。從「崇尚忠義,反抗壓迫,義不帝秦」,到魯迅《自題小像》詩:「靈臺無計逃神矢,風雨如磐暗故園。寄意寒星荃不察,我以我血薦軒轅」;從「篳路藍縷,以啟山林」,到「紅旗渠精神」;從「雖楚有材,晉實用之」,到鄭和的遠渡重洋;從「大道之行也,天下為公」,到「俯首甘為孺子牛」;從「仁者無敵」到現今我國對亞非拉貧困國家的數億元的無償援助等等。

---

　　① 史善剛《河洛文化論綱》,河南人民出版社,1994 年。

這麼一個國家,文明延續垂數千年,創造了無數的輝煌與燦爛,而且不管如何艱難,總能復興再起。危難關頭,在絕境的時候,總有仁人志士出現,以他們的血肉靈魂,重新延續著這個文明,這個國家。總有一種精神,它讓我們淚流滿面;總有一種力量,它讓我們信心倍增;總有一種人格,它驅使我們不斷尋求自我完善。斑斑青史,這點民族精魂意氣,不絕如縷。這正是河洛精神的延續,也是河洛文化的存在意義。

綜合國內國外諸多專家學者的探討,可以將河洛文化所體現的基本精神歸納為以下六點:一是獨立自主、維護統一的愛國精神,二是艱苦奮鬥、自強不息的奮鬥精神,三是與時俱進、不斷開拓的創新精神,四是崇實求真、經世致用的實事求是精神,五是天下為公、公而忘私的忘我精神,六是協和萬邦、愛好和平的和諧包容精神。這也正是中華民族精神的精要所在。

中華民族精神的這六大精神特征,互相依存、互相滲透,融為一體。而其中最根本、最核心的是獨立自主和自強不息的民族性格,這是中華民族的主體精神,也是中國傳統文化諸多特性的核心所在。

回眸中華文化奔流不息的歷史長河,就可發現,中華文化之所以經久不衰,就在於它具有海納百川的胸襟,博采眾長、兼收并蓄的傳統,才使中華民族能渡過難關,綿延不絕,開拓創新,屹立於世界東方。這種文化,積聚著中華民族最深層的精神追求,包含著中華民族最根本的精神基因,代表著中華民族獨特的精神標志。不僅為我們民族提供了豐富滋養,也為人類文明進步做出了獨特貢獻。

三、河洛文化與中華民族精神是牽系兩岸關系和平發展的精神紐帶

1. 河洛文化是推動兩岸和平發展的基石

臺灣曾有一句俗話「陳林半天下,黃鄭排滿街」,其中陳、林、黃、鄭的根源均在中原河洛—陳姓源於河南淮陽;林姓源於河南衛輝;黃姓源於河南潢川;鄭姓源於河南滎陽。至今,許多臺灣同胞稱自己為「河洛郎」,稱自己所運用的母語為「河洛話」。2005 年 4 月 29 日,國民黨主席連戰在北京大學熱情洋溢地講演:「在臺灣,我們有原住民、有客家人,我們大多是河洛郎。①」正是這一行為的最高體現。甚至可能「臺灣」這個名稱也反映出那段感人肺腑的遷徙歷史。《臺灣通

---

① 　楊海中《圖說河洛文化》,河南人民出版社,2008 年。

史·開闢紀》:「當明中葉,漳、泉人已有入臺僑住者,一葦可航,聞見較確。或曰,臺灣原名埋冤,為漳、泉人所號。明代漳、泉人入臺者,每為天氣所虐,居者輒病死,不得歸。故以埋冤名之,志慘也。其後以埋冤為不祥,乃改今名,是亦有說。①」由此可見,「臺灣」可能原名為「埋冤」,這也反映出「河洛郎」篳路藍縷的「開臺」歷史。因此,河洛文化伴隨著河洛先民的南遷輻射和影響到臺灣地區,促進和推動了臺灣文化的形成和發展。

臺灣同胞不遠千裏萬裏漂洋過海來到中原河洛尋根。有為尋覓中華民族之根到龍都淮陽伏羲太昊陵、黃帝故里新鄭朝拜;有為尋找林姓祖根到黃河北岸拜謁比干廟,有到葉縣祭掃葉姓得姓始祖—葉公的,還有為紀念大義赴國難,視死如歸,使江南人民免受戰亂之苦的民族英雄張巡,到豫東重鎮商丘「六忠祠」,到南陽朝「二忠祠」等等。其情其景,十分感人,這確確實實是中華民族凝聚力的生動再現。

臺灣同胞潛涌奔流的「思鄉熱」和勃然興起的「尋根熱」,有力地證明了作為炎黃子孫的臺灣同胞一片真摯深沉的愛國愛家之心,正是這種愛國愛家之心把臺灣和大陸、和中原緊緊地連在一起。

2. 中華民族精神是促進兩岸和平發展的核心

1949 年,中國國內戰爭結束,但大陸與臺灣兩岸從此走上了不同的政治發展道路。然而,無論兩岸如何對立,但同為炎黃子孫卻是抹殺不了的事實,這種游子的思鄉情結早已深深地植根於每一個中國人的心中。這種情節并不因為兩岸政體的不同而有所減弱,相反,無論是大陸或是臺灣的領導人無以例外地都以中華民族精神而自豪,這在他們的諸多發言中得到了體現。2009 年溫家寶在西班牙馬德裏塞萬提斯學院出席文化交流會時指出:「中國傳統文化的一些主要精神有:自強不息、剛健有為的進取精神、以和為貴、和而不同的和諧精神、民為邦本、民貴君輕的民本思想、天人合一、民胞物與的人與自然相統一的思想。②」馬英九先生在國民黨 17 大上的演講時指出:「臺灣原本是個移民社會,我們的祖先當初渡海來臺的祖先為了在此生存發展,更為了讓后代子孫有出頭天,傳承

---

① 連橫《臺灣通史(上冊)》,商務印書館,1983 年。
② 新華網 2009 年 02 月 01 日,《溫家寶總理同西班牙文化界人士、青年學生座談時的談話》。

了許多美好的品德與性格,其中最顯著的有:勤奮、務實、認真、正直、堅忍、善良與包容,這些品格形成了臺灣人的基本核心價值,也加速了臺灣的進步與發展。」在他就任臺灣地區最高領導人時又說:「臺灣人民一同找回了善良、正直、勤奮、誠信、包容、進取這一些傳統的核心價值。」

千百年來,中華民族精神一直作為海內外華人魂牽夢繞的精神寄托。「遙遠的東方有一條河,它的名字就叫黃河……古老的東方有一條龍,它的名字就叫中國。」這支由臺灣著名作曲家侯德健作曲的唱遍海峽兩岸的著名歌曲《龍的傳人》,唱出了億萬炎黃子孫的心聲。歷史證明,中華民族無論經歷怎樣的風雲變幻,總是回歸大一統,龍的傳人無論離開故土多遠,他們心儀「中土」的情懷不變。

四、結語

拿破侖曾說:「世界上有兩種力量,一是思想,一是利劍,而思想最終總是戰勝利劍。」[1]這一句簡單的話可以有很多種解釋,最本質的解釋則是:思想代表文明信仰,信仰的力量也許短時間內沒有太大的威力,但它卻有著極其強大超乎尋常的生命力,可以無視時間與空間的存在,從而流傳千年,甚至是貫穿整個人類的發展史。而河洛文化,正是在數千年的風風雨雨中千錘百煉所形成的一種優秀的、睿智的思想,一種精神。正如南宋愛國詩人陸游所說:「永懷河洛間,煌煌祖宗業。」幾千年來,當初和中國并稱的古國,早就消失在歷史的風煙當中,不見了蹤影。而正是經過拓展后的河洛文化,所形成的中華民族精神煥發出來了強大的凝聚力和向心力,使中華民族屢經挫折而不屈,屢遭坎坷而不衰,久經磨難而不敗,一直在延續著炎黃子孫的血脈。這種精神挺起了我們民族的脊梁,鑄就了我們國家的尊嚴,滋潤著千年中華生生不息。

《易·賁》說:「觀乎人文,以化成天下」。如今,中華民族正處在偉大的民族復興的新時期,我們必須繼續發揚以河洛文化為主流思想的中華民族精神,使中華民族朝氣蓬勃的發展,早日屹立於世界強國之林。

(李力,湖北省社會科學院文史研究所研究生;李珞,長江大學文學院研究生)

---

① 拿破侖著,陳太先譯《拿破侖文選》,商務印書館,1982年。

河洛文化是臺灣文化之源

肖　洋

Abstract：Heluo Culture which has a long history is the origin of the Taiwanese culture. In the Chinese history, because of the war and other reasons, the Heluo area Ancestors had several immigrated to the south. They had gradually moved southward to the Fujian and Guangdong areas, and then gradually moved from the Fujian and Guangdong areas to Taiwan, so as to form the Taiwanese culture. the pietistic worship and religion of Chen Yuanguang, Wan Chao and Wan Shenzhi in the Taiwanese culture is the reflection of the objective historical phenomenology of the southward migrations of the Heluo area Ancestors.

　　河洛文化是臺灣文化的源頭。河洛先民南遷臺灣地區是一個展現出篳路藍縷精神的漫長歷史過程。在中國歷史上，河洛先民由於戰爭等原因曾經陸續從河洛地區南遷到閩粵地區，再從閩粵地區遷徙到臺灣地區。河洛文化隨著南遷的河洛先民深刻地波及和輻射到臺灣地區，從而形成了豐富多彩的臺灣文化。

一、河洛先民南遷閩臺地區

　　河洛地區是中華文明的發源地。河洛地區對中華民族的形成和發展產生了重要的影響。《史記·劉敬叔孫通列傳》：「成王即位，周公之屬傅相焉，乃營成周洛邑，以此為天下之中也。①」《史記·封禪書》：「昔三代之（君）〔居〕皆在河洛之間。（張守節《史記正義》注曰：「《世本》云：『夏禹都陽城，避商均也。又都平

---

① 《史記》，頁 2716，中華書局，1959 年。

陽,或在安邑,或在晉陽。』《帝王世紀》云:『殷湯都亳,在梁,又都偃師,至盤庚徙河北,又徙偃師也。周文、武都豐、鄗,至平王徙都河南。』案:三代之居皆在河洛之間也。」)①《漢書・五行志》:「昔三代居三河,河洛出圖書。(顏師古注曰:「謂夏都安邑,即河東也;殷都朝歌,即河內也;周都洛陽,即河南也。」)②」上古時代的《河圖》和《洛書》則是河洛文化的重要標志。《周易・繫辭上》:「河出圖,洛出書,聖人則之。③」《漢書・公孫弘傳》:「麟鳳在郊藪,龜龍遊於沼,河洛出圖書。④」隨著河洛先民的南遷,河洛文化影響和輻射的範圍不斷擴大。

　　河洛先民的南遷是一個漫長的歷史過程。在中國歷史上,由於戰爭等因素導致河洛先民離開河洛故土,逐漸遷居到南方地區。例如:西晉的永嘉之亂和唐代的安史之亂等戰亂都嚴重地導致河洛地區的社會經濟瓦解和崩潰,迫使河洛先民大批地向南遷徙,從而形成了一波又一波規模巨大的南遷移民潮。《晉書・孝懷帝紀》:「至是饑甚,人相食,百官流亡者十八九。⑤」《晉書・慕容皝載記》:「自永嘉喪亂,百姓流亡,中原蕭條,千裏無煙,饑寒流隕,相繼溝壑。⑥」《晉書・王導傳》:「俄而洛京傾覆,中州士女避亂江左者十六七。⑦」《舊唐書・郭子儀傳》:「夫以東周之地,久陷賊中,宮室焚燒,十不存一。百曹荒廢,曾無尺椽,中間畿內,不滿千戶。井邑榛荊,豺狼站嗥,既乏軍儲,又鮮人力,東至鄭、汴,達於徐方,北自覃懷,經於相土,人煙斷絕,千裏蕭條。⑧」《舊唐書・權德輿傳》:「兩京蹂於胡騎,士君子多以家渡江東。⑨」《舊唐書・劉晏傳》:「函、陝凋殘,東周尤甚。過宜陽、熊耳,至武牢、成皋,五百裏中,編戶千餘而已。居無尺椽,人無煙爨,蕭條凄慘,獸遊鬼哭。⑩」《舊唐書・史朝義傳》:「時洛陽四面數百裏,人相食,州縣為墟。⑪」李白《為宋中丞請都金陵表》:「今自河以北,為胡所淩;自河之

---

①　《史記》,頁1371。

②　《漢書》,頁1438～1439,中華書局,1962年。

③　李學勤主編《周易正義(十三經注疏)》,頁341,北京大學出版社,2000年。

④　《汉书》,頁2613～2614。

⑤　《晉書》,頁122,中華書局,1974年。

⑥　《晋书》,頁2823。

⑦　《晋书》,頁1746。

⑧　《舊唐書》,頁3457,中華書局,1975年。

⑨　《旧唐书》,頁4002。

⑩　《旧唐书》,頁3513。

⑪　《旧唐书》,頁5382。

南,孤城四壘。大盜鼉食,割為洪溝……天下衣冠士庶,避地東吳,永嘉南遷,未盛於此。①」李白《永王東巡歌十一首》:「三川北虜亂如麻,四海南奔似永嘉。但用東山謝安石,為君談笑靜胡沙。②」河洛先民起初是由河洛地區遷居到了閩粵地區,其後,又遷徙到臺灣地區。連橫《臺灣通史·開闢紀》:「歷更五代,終及兩宋,中原板蕩,戰爭未息,漳、泉邊民漸來臺灣。……宋末零丁洋之敗,殘兵義士亦有至者,故各為部落,自耕自贍,同族相扶,以資捍衛。③」《臺灣通史·戶役志》:「臺灣為荒服之地,當明中葉,漳、泉人之至者已數千人。……(鄭氏)其時航海而至者十數萬人,是皆赴忠蹈義之徒……是臺灣之民,此時(鄭氏時)已近二十萬。④」《臺灣通史·經營紀》:「(雍正十年)大學生鄂爾泰奏言,臺灣居民准其攜眷入臺,從之。於是至者日多,皆有辟田廬長子孫之志矣。……(道光五年)秋七月,詔曰:『臺灣向系漳、泉、粵三籍人民分莊』……(道光六年)十二月,詔曰:『臺灣所屬系閩、粵兩籍居住……』⑤」《臺灣通史·戶役志》:「乾隆二十五年,福建巡撫吳士功奏言:『居其地(臺灣)者,俱系閩、粵濱海州縣之民』……臺灣之人,漳、泉為多,約占十之六七,粵籍次之,多為惠、嘉之民。⑥」由此可見,許多南遷到閩粵地區的河洛先民後來又遷居到了臺灣地區。甚至可能「臺灣」這個名稱也反映出那段感人肺腑的遷徙歷史。《臺灣通史·開闢紀》:「當明中葉,漳、泉人已有入臺僑住者,一葦可航,聞見較確。或曰,臺灣原名埋冤,為漳、泉人所號。明代漳、泉人入臺者,每為天氣所虐,居者輒病死,不得歸。故以埋冤名之,志慘也。其後以埋冤為不祥,乃改今名,是亦有說。⑦」由此可見,「臺灣」可能原名為「埋冤」,這也反映出「河洛郎」篳路藍縷的「開臺」歷史。因此,河洛文化伴隨著河洛先民的南遷輻射和影響到臺灣地區,促進和推動了臺灣文化的形成和發展。

---

① 唐李白著,清王琦注,《李太白全集》,頁1212~1213,中華書局,1977年。
② 同上,頁427。
③ 連橫《臺灣通史》(上冊),頁5~6,商務印書館,1983年。
④ 同上,頁114。
⑤ 同上,頁50、58。
⑥ 同上,頁116~117。
⑦ 同上,頁18~19。

二、對陳元光、王潮和王審知的崇拜與信仰

臺灣文化中對陳元光、王潮和王審知有著虔誠的崇拜與信仰。

「開漳聖王」——陳元光為維護閩地的安定和開發閩地作出過卓越的貢獻，被百姓所稱頌崇拜，並且逐步成為民間信仰文化。陳元光年少時就隨其父陳政離開了故鄉河南光州，遠赴閩地戍衛邊疆。陳元光不僅戰功卓著，而且上奏朝廷建議創立漳州。清朝順治十七年孟俊修纂的《光州志·人物考》：「陳元光，光州人，字廷炬，丰姿卓異，博覽經書。年甫十二，領光州鄉薦第一，遂從其父政，領將兵五十八姓以戍閩。父薨，代領其眾，任玉鈐衛翊府左郎將。會廣寇諸蠻陳謙、苗自成等攻陷潮陽，守帥不能救，公輕騎平之。詔進嶺南行軍總管。垂拱二十年，上疏請建一州於泉潮之間，以控嶺表，乞注刺史以主其事。時宰相侍叢裴炎、婁師德等以為非公不可，遂可其請，俾建漳州……仍世守刺史，州自別駕，縣自簿尉以下，聽自注用。由是方數千裏無桴鼓之警，未幾蠻寇潛抵嶽山，公往討之，步兵後期，為賊所殂。民哭而祀之。事聞，詔贈官賜諡忠毅文惠，宋孝宗加封為靈著順應昭烈廣濟王，有司春秋祀之。三十六世孫陳燁來為光州知州，表揚先德士民，為立廣濟王祠於學之左。[1]」陳征、陳元光父子以及許多來自中原河洛地區的將士們為維護閩地的安定和開發閩地貢獻出了畢生心血。千百年來，「開漳聖王」陳元光將軍被漳州民眾和漳州籍同胞所尊崇，其影響遍及閩臺地區和海外。開漳聖王信仰是臺灣民眾四大信仰之一，其帶有血脈傳承的祖根文化意義。以親緣與神緣為紐帶的開漳聖王信仰文化奠定了兩岸同胞血濃於水的民族感情。紀念陳元光的開漳聖王巡安民俗起源於雲霄，在福建、廣東、臺灣等地廣為流傳，其為民間祭祀開漳聖王陳元光的傳統節日風俗，是我國重要的非物質文化遺產。每年農曆元宵節，凡立有聖王廟的城鎮或村社，民眾必入廟焚香禮拜，並約請戲班演戲娛神，抬舉神像巡遊，以表達民眾對開漳聖王的尊崇和懷念。陳姓是臺灣地區人數最多的姓氏，臺灣臺北市寧夏路陳氏宗祠聯云：「箕裘全子，袍份文孫，穎川郡鳳毛世宵；南國放旆，東宮衣缽，李唐時虎拜龍庭。」其中的「李唐時虎拜龍庭」應是指「開漳聖王」陳元光。彰化縣中華路的聖王廟（即威惠王廟），始建

---

[1]　清孟俊，《順治光州志》，頁351～352，書目文獻出版社，1992年。

於清雍正十一年，主祀「開漳聖王」陳元光之神位。桃園市中正路的景福宮，始建於清嘉慶十四年，主祀「開漳聖王」陳元光之神位。景福宮俗稱桃園大廟，臺灣民間所言的趕赴桃園大拜拜，即指景福宮的祭典。

王潮、王審知對閩地的安定和開發在歷史上發揮過重要的作用。《新五代史·閩世家》：「王審知字信通，光州固始人也。父恁，世為農。兄潮，為縣史。唐末群盜起……是時，泉州刺史廖彥若為政貪暴，泉人苦之，聞潮略地至其境，而軍行整肅，其耆老相率遮道留之，潮即引兵圍彥若，逾年克之。光啟二年，福建觀察使陳岩表潮泉州刺史……唐即以潮為福建觀察使，潮以審知為副使……乾寧四年，潮卒，審知代立。唐以福州為威武軍，拜審知節度使，累遷同中書門下平章事，封琅琊王。唐亡，梁太祖加拜審知中書令，封閩王，升福州為大都督府。[1]」王審知維護閩地安定和開發閩地的功績十分顯著。《十國春秋·司空世家》：「司空姓王，名潮，字信臣，光州固始人也。五代祖曄，為固始令，民愛其仁，留之，因家焉。及父恁，業農，頗以貲顯。……潮即得泉州，招懷離散，均賦繕兵，吏民悅之。……潮乃創立四門義學，還流亡，定租稅，遣吏巡州縣，勸課農桑，交好領道，保境息民，人皆安焉。……開平時，為潮立廟，稱曰水西大王。[2]」《十國春秋·太祖世家》：「（王審知）雖據有一方，府舍卑陋，未常葺居，恒常躡麻履，寬刑薄賦，公私富實，境內以安。[3]」唐末福建民眾請求為王審知立德政碑，五代後梁太祖皇帝朱溫賜封王審知為「閩王」。《舊唐書·哀帝紀》：「閏十二月己酉朔，福建百姓僧道詣闕，請為節度使王審知立德政碑，從之。[4]」《舊五代史·太祖紀》：「福建節度使王審知封閩王。[5]」王潮兄弟從中原河洛地區南下閩地，同時帶來了大批王氏族人，開發閩地。後來，王氏族人逐漸遷居臺灣地區。因此，王潮兄弟被不少臺灣地區的王姓宗族奉為始祖。2008 年 1 月 9 日，閩王王審知金身巡安金門，4 天之中巡行 13 個王氏宗祠，臺灣王氏宗親族人舉行了盛大容重的迎駕。2008 年 4 月 18 日，「首屆閩王文化節」在福州晉安開幕，臺灣王氏宗親 130 人，閩南王氏宗親代表 200 人，福州王氏宗親代表 500 人共祭閩王王審知。

① 宋歐陽修，《新五代史》，頁 845～846，中華書局，1974 年。
② 清吳任臣撰，《十國春秋》，頁 1297、1299～1300，中華書局，1983 年。
③ 同上，頁 1310。
④ 《旧唐書》，頁 808。
⑤ 《舊五代史》，頁 68，中華書局，1976 年。

三、臺灣文化中保留的河洛文化傳統

雖然南遷於臺灣地區的「河洛郎」遠離故鄉中原河洛地區,但是,臺灣文化中至今仍然保存有河洛文化的印記。例如:在先祖崇拜、歲時節日和方言等方面,臺灣文化繼承和傳承了河洛文化優秀的文化傳統。

臺灣文化中有著濃厚的先祖崇拜信仰,河洛文化也是十分重視對先祖的敬仰和崇拜的。河洛文化的重要標志——《河圖》和《洛書》即是對中華民族上古時代的記憶,又展現出對中華民族先祖的景仰和崇拜。許多商周時代青銅器上的銘文就有對家族先祖功績的讚頌和追憶,體現對先祖的崇拜和敬仰。《禮記·祭統》:「夫鼎有銘,銘者自名也,自名以稱揚其先祖之美,而明著之後世者也。……銘者,論譔其先祖之有德善,功烈、勳勞、慶賞、聲名,列於天下,而酌之祭器,自成其名焉,以祀其先祖者也。顯揚先祖,所以崇孝也。……古之君子論譔其先祖之美,而明著之後世者也。①」臺灣文化繼承和發揚了河洛文化中的先祖崇拜信仰。臺灣的許多姓氏都是源自故鄉中原河洛地區,臺灣同胞對先祖有著深厚的感情,感念先祖恩德。臺南市忠義路的鄭氏家廟原為延平郡王鄭經創建於永曆十七年(1663)。祠廟內供奉著鄭氏遠祖和鄭成功。清朝統一臺灣時,施琅將軍曾在此拜祭鄭成功。乾隆二十三年(1758),宗親族人將其重修,改稱為鄭氏大宗祠。以後常有修葺,至今保存完好,保持著古代祠廟的風貌。臺中市西屯區西安街的張廖家廟始建於清光緒十二年(1886),奉祀張廖氏歷代祖先。每年九月二十日為天與公祭辰,各派裔孫在次日到廟中祭祀祖先,共敘天倫之樂。

臺灣地區的許多民俗歲時節日,例如:春節、元宵節、清明節、端午節、七夕節、中秋節和重陽節等,其實都是源自於大陸。春節是中原河洛先民在上古時代就有的節俗,其標志著上一年農業生產的結束和下一年農業生產的開始。《爾雅·釋天》:「夏曰歲,商曰祀,周曰年,唐虞曰載。②」《史記·天官書》:「正月旦,王者歲首。③」與中原各地一樣,春節在臺灣地區也是一個重要的節日。臘月三十,家家戶戶祀神祭祖。除夕之夜,各家團圓歡聚守歲。正月初一,親友之間互

---

① 李學勤主編《禮記正義(十三經注疏)》,頁1590、1592,北京大學出版社,2000年。
② 李學勤主編,《爾雅注疏(十三經注疏)》,頁188,北京大學出版社,2000年。
③ 《史記》,頁2716。

相拜年,共祝新年萬事如意。中秋節是中華民族傳統節日。在北宋都城東京(即今河南開封),中秋節就已經是十分熱鬧盛大的節日。宋人孟元老《東京夢華錄》:「中秋夜,貴家結飾臺榭,民間爭占酒樓玩月。絲篁鼎沸,近內庭居民,夜深遙聞笙竽之聲,宛若雲外。閭裏兒童,連宵嬉戲。夜市駢闐,至於通曉。①」中秋節在臺灣地區也是重要的節日。在臺灣,一家人團圓家宴,飲酒賞月,食月餅、水果等物。親友之間也特意在此明月團圓之時,邀以飲醇酒、品香茗和賞明月。

　　閩南話是臺灣地區重要的方言。閩南話流行於閩南、粵東、臺灣等地,其實,它是保留了中州古音的一種方言。以閩南話讀唐詩宋詞,琅琅上口,很符合韻律之美。雖然秦始皇統一了文字,但是地域方言卻還是依然存在。在古代,河洛地區是中原王朝重要的政治經濟核心區,河洛地區的語音是古漢語的語音。宋人陸遊《老學庵筆記》:「中原惟洛陽得天地之中,語音最正。②」後來隨著大批的河洛先民南遷,河洛地區的古漢音也傳播到了閩地,逐漸形成了閩南話。其後,又隨著歷史上的大批移民遷臺閩南話從而成為臺灣地區重要的方言。蘊涵中州古音的閩南話頗為接近隋唐時代的官音《切韻》,因此也被著名語言學家王力、黃典誠等均認為閩南話是中原古音河洛話的活化石。閩南話帶有濃厚的河洛文化烙印,有力地證明瞭河洛文化是臺灣文化之源。

四、結語

　　河洛文化是臺灣文化的源頭。在歷史上,河洛先民逐漸南遷到閩粵地區,然後又由閩粵地區逐漸遷徙到臺灣地區,從而形成了臺灣文化。對陳元光、王潮和王審知的虔誠信仰與崇拜是對河洛先民南遷歷史的紀念。在先祖崇拜、歲時節日和方言等方面,臺灣文化繼承和傳承了河洛文化優秀的文化傳統。可見,河洛文化是臺灣文化之源。

(作者為湖北省社會科學院楚文化所碩士研究生)

---

① 孟元老《東京夢華錄》,任叔寶主編《中國歷代筆記英華》(上冊),頁237,京華出版社,1998年。
② 陸遊《老學庵筆記》,任叔寶主編《中國歷代筆記英華》(上冊),頁143,京華出版社,1998年。

傳承與發展:河洛文化在臺灣

——以客家優良傳統為例

劉加洪

Abstract：The culture of Central Plains of China significantly inherits and spreads throughout the world; moving along with Central Plains people to Guangdong, Fujian and Jiangxi Province, the culture gradually turned into Hakka culture. Since Hakka people moved south to Taiwan, they have inherited and developed a series of fine Hakka traditions, such as tradition of self–improvement, innovation, tradition of advocating traditional culture and valuing education, loving the motherland and hometown, tradition of selflessness and fearless, tradition of thrift, conscientiousness, unity and development.

客家人原是中原漢人,因戰亂或災荒,幾經遷徙,輾轉至閩粵贛邊區,大約在宋末元初,形成漢族獨特的一支民系。因為身在異鄉,對於故鄉河洛地區的眷戀,自稱「河洛郎」。臺灣與祖國大陸隔海相望,一衣帶水,且相對閩粵贛邊區而言謀生容易,於是大量客家人東遷臺灣。由於對故土文化的偏愛和執著,由於生活環境和氛圍的相似或接近,客家人在臺灣篳路藍縷、開天闢地時,繼承著客家優良傳統,並將之發揚光大。

一、「自強不息、開拓創新」的客家優良傳統在臺灣的傳承

早期客家先人的東渡來臺,以及他們前往各地區從事墾殖,並不是像一般移民的從容乘船過海,然後安然入墾;而是冒著九死一生,克服人為與天然的惡劣境遇後所獲致的。他們的自強不息、開拓奮鬥的優良傳統值得我們感念與敬佩。

1. 百折不撓、頑強拼搏

清朝收復臺灣後,解除海禁,允許沿海商漁船可以出海到臺灣貿易或捕魚。但滿清政府對臺灣始終放心不下,恐怕再成為反清的「盜藪」,於是接受了靖海將軍施琅的建議,再定頒三條規定,加以限制。其中第三條規定「嚴禁粵中惠、潮之民,不許渡臺」。① 廣東客家人渡臺,因多受一條政令的限制,比起福建人民,他們所遭遇到的危險困難更多更深更重。

客家人傳唱的《渡臺悲歌》曰:「勸君切莫過臺灣,臺灣恰似鬼門關。千個人去無人轉,知生知死都是難」。② 這是作者依據客家人渡臺的口碑傳說和體驗事實寫成的長詩,反映了客家人渡臺的悲慘辛酸。它述說的種種艱難和禍害,反映了客家人渡臺的歷史是一部充滿血淚的苦難史。

雖然如此,他們還是不斷地發揮堅忍刻苦、冒險犯難、開拓進取的傳統,陸續偷渡來臺,前往各地區墾殖。

2. 艱苦創業、奮發圖強

三百多年前,闖蕩臺灣的客家人,就在那裏披荊斬棘,墾殖耕耘,用血汗和奮鬥譜寫著一頁頁拓荒史詩。

早期的客家先人冒險偷渡來臺後,向南端的煙瘴地帶和中北部的山丘隔離地帶開墾,處在「瘧」、「痢」及各種熱帶傳染病盛行的窮山惡水間。③ 他們能夠發揮大無畏的勇氣,冒著瘴癘的侵襲,拓荒奮鬥,披荊斬棘,篳路藍縷,以啟山林。

客家人開墾臺灣的另一大敵是番害。「番」指的是原住民。進入內山的客家人被迫與臺灣原住民雜處,所以常常遇到原住民的侵襲,這就是「番害」。其中為害最嚴重的地區,當推屏東地區及新竹到苗栗一帶的山丘地區。

上饒堡水口社石頭鄉的林先坤,偕兄林居震於乾隆十四年(1749)入墾臺灣莆沙。乾隆二十三年(1758)林先坤回老家招引大批族人到竹北拓墾。「每天早上出門種田的時候首先要開炮,集合大家,然後四五百人一起出發去耕田,中午吃飯的時候也要先開炮,再幾百人一起開飯」。上饒堡康賓鄉張姓族人,從乾隆初至末年的五六十年間,該鄉族人死於臺灣彰化一帶,屍骨拋荒露野的數百具。

---

① 陳運棟《客家人》,聯亞出版社,1979 年,127 頁。
② 劉佐泉《觀瀾溯源話客家》,廣西師大出版社,2005 年,220 頁。
③ 同註 1。

後族人張顯文等倡建叢塚,「計收聚骨骸一百六十七缶」。①

上述例子,不啻是臺灣客家人艱苦創業史的縮影。在這些範例中,我們清楚看到了臺灣客家人面對的艱難困苦環境,以及貫穿其中的客家人的意志、品質、理想、追求。

3. 銳意進取、開拓創新

遷徙的本身就是開拓的體現。只要機遇存在,一遷再遷以謀求更大發展者大有人在。他們也不以經營一業為滿足,而往往在一業有成後拓展別的行業。這種不滿足於現狀、勇於進取的精神,十分難能可貴。

客家人在臺灣,由於移民較晚,墾拓的地區大都為丘陵山區或貧瘠之地,每每遭逢戰禍或天災,生活便無以為繼,造成許多人的再遷徙。

在臺灣開發史上,最負盛名的當推胡焯猷。胡焯猷,福建省汀州府永定縣人。乾隆年間遷臺,「當時的興直堡一帶,多未墾辟」,有「荒土之地」的古稱。胡焯猷赴淡水廳請墾,出資募佃,建村落,築陂圳,大興水利,盡力農功,「不十數年,啟田數千甲,翹然為一方之豪矣」。②

在臺灣開發史上,值得大書特書的莫過於「金廣福墾號」了。「金」代表官方,「廣」代表廣東移民,「福」代表福建移民,以廣東陸豐客家人姜秀鑾為領導。他們以大隘興莊為基點,開發了今新竹縣橫山以南的南隘、寶山、峨眉、雙坑、大崎等地。③ 在臺灣,「金廣福」的開發之功可謂家喻戶曉,婦孺皆知。陸豐客家姜氏,從平凡的移民後裔,一躍成為臺灣開發史上貢獻卓越的家族。

二、「耕讀傳家、崇文重教」的客家優良傳統在臺灣的傳承

重視文教、崇尚讀書是客家人的優良傳統,也是客家人的共同特性。遷居臺灣的客家人,不僅把民風民俗、宗教信仰帶入臺灣,同時也把河洛文化的興學重教和好學進取的優良傳統移植臺灣,使得客家人居住區文物豐盛,人才輩出。

1. 文化遺跡見證優良傳統

臺灣客家住區的許多文化遺跡見證了臺灣客家人耕讀傳家、崇文重教的優

---

① 劉佐泉《觀瀾溯源話客家》,214 頁。
② 高峻、俞如先《清代福建汀州人入臺墾殖及文化拓展》,福建師大學報 1994 年第 1 期,111 頁。
③ 包恒新《臺灣知識詞典》,福建人民出版社,1987 年,32 頁。

良傳統。臺灣的客家村莊中，幾乎大多數的鄉鎮都有文昌廟，沒有文昌廟的地方，供奉其他主神的大廟，往往也都配祀有文昌帝君。① 此外，唐代文學家、哲學家韓愈，祖籍河北昌黎，世稱韓昌黎。因曾數度被放逐嶺南，對開啟客家文風有非常重要的功勞，因而也成了客家人敬祀的文明之神。屏東縣的內埔鄉，便有一座專祀韓文公的昌黎祠，始建於清嘉慶八年（1803），是內埔鄉人昭武都尉鐘麟江為了推展文教，發揚客家人尊崇文士的觀念而倡建的。②

2. 傳統習俗見證優良傳統

客家人敬重文明，另一個重要表現便是「敬惜字紙」的舊習。傳統客家人心目中，文字便是聖神的化身，因此寫有文字的紙張不能隨便丟棄，必須集中收到專門燒字紙的「聖跡亭」或「惜字亭」中焚燒，讓那些文字「過化成神」，飛回到天上。清朝時，各地都有雇請專人收集字紙的風俗，因此每逢初一、十五，都會有些老人自動到村中收集字紙。③ 臺灣的客家分佈區如桃園、新竹、苗栗、屏東、高雄等地，還保留了不少惜字亭，生動地反映了客家人深厚的崇敬文化的優良傳統。二十世紀以後，這種內涵豐富的文化活動，仍保留在許多古老家宅或者寺院裏的字紙簍，這些都是客家人惜文字、敬聖跡的最佳見證者。④

3. 民謠楹聯見證優良傳統

崇文重教、讀書求貴的人生價值觀，還反映在臺灣民間歌謠裏。有一首民謠唱道：「高山頂上起學堂，兩邊開窗好透涼；阿哥讀書望高中，阿妹讀書望戀郎」。⑤ 這首民謠一方面說明了客家地區興辦了學校，客家人非常重視教育；另一方面說明了客家地區男女都接受了教育，男女地位比較平等。

再看看「六堆」萬巒五溝水劉氏宗祠堂號、門匾、對聯，均是典故。門樓背面懸掛一門匾「大乙重光」，典故出自劉向。「太乙真人」是要勸勉族中後人，要有勤學、好學精神。劉氏宗祠的名聯是宗祠大門兩側浮雕和畫像上所題的「一等人忠臣孝子，二件事讀書耕田」。從上述對聯可得知客家人「忠君孝親」、「勤於耕讀」的優良傳統。

---

① 劉還月《臺灣的客家人》，常民文化出版社，2000 年，335 頁。

② 同註 1，113 頁。

③ 同註 1。

④ 同註 1，261 頁。

⑤ 謝重光《客家文化在臺灣的承傳》，《華僑大學學報》2004 年第 4 期，64 頁

4. 地方實例見證優良傳統

關於臺灣客家人耕讀傳家、崇文重教,有一個非常典型的實例,那就是著名的客家文化鎮美濃。美濃地區的客家人,一直保留著重視文教的古老的優良傳統。據20世紀70年代初的統計,全鎮有國民小學8所,初中1所,在校學生逾一萬三千餘人。[①]這些年來,美濃人受教育的普及程度和學歷層次又有更大的提高,僅取得博士、碩士學位服務於世界各地的就有三百多人。這些事例,是客家人崇文重教、文風鼎盛的見證。

屏東「六堆」客家人也非常重視文化教育,早在道光九年(1829年)即設立了獎勵子弟應試的「六堆科舉會」,有3人中了進士,占當時鳳山縣進士數的五分之三。嘉慶二十四年(1820)後的舉人各科及格者,全縣28名中「六堆」子弟占20名,[②]成績斐然。「六堆」萬巒五溝水劉家,自從前清入墾這一帶之後,不僅是子孫興旺,更是人才輩出,有不少弟子中過進士、秀才、入貢生,稱得上是書香世家;最盛時,曾有上百位學子集聚劉家習文論經,一時蔚為風氣。

三、「愛國愛鄉、無私無畏」的客家優良傳統在臺灣的傳承

國難當頭,客家人每顯出英雄本色;國破家亡,客家人總率先挺身而出。臺灣客家人繼承了這種「愛國愛鄉、無私無畏」的愛國主義傳統。為了抵禦外侮,勇拋頭顱,奮灑熱血;為了保家衛國,視死如歸,義無反顧;為了抗倭複臺,挺身赴難,至死不渝。

1. 抵禦外敵,一馬當先

300多年前,福建汀州客家人劉國軒被民族英雄鄭成功任命為收復臺灣前軍大將,為驅逐荷蘭殖民者,收復臺灣立下了汗馬功勞。

1894年中日戰爭爆發後,臺灣客家人為抗擊日軍侵臺,更是發揮了不同尋常的特殊貢獻。他們有的振臂高呼,揭竿而起;有的毀家舒難,招兵買馬;更有數不勝數的客家人群起響應,遙相吶喊,手握刀槍,馳騁於槍林彈雨之中。

---

① 謝重《客家文化在臺灣的傳承》,63頁。
② 葉炳輝《臺灣客家人》,張衛東、王洪友《客家研究第一集》,同濟大學出版社,1989年,164頁。

苗栗客家人丘逢甲，傾家財以為兵餉。他身先士卒，率領臺灣義軍和客家鄉親，跟入侵日軍浴血奮戰。在新竹、臺中一帶轉戰月餘，後因寡不敵眾，揮淚內渡廣東蕉嶺縣。

苗栗客家人吳湯興、徐驤、賴永興，新竹客家人姜紹祖，組織客家鄉親，編成義軍，成為保衛臺灣最堅強的子弟兵。他們跟日軍殊死戰鬥，在新竹爭奪戰、尖筆山之戰、苗栗之戰、大甲溪伏擊戰、八卦山之戰、嘉義地雷戰、臺南保衛戰、曾文溪之戰中，每一次都打得日軍血流成河、屍橫遍野，使日軍聞風喪膽，付出沉重的代價。

在抗擊日軍入侵臺灣的行列中，還有一支由客家人組成的「六堆」義軍。史載：「義勇兄弟也越戰越勇，時及正午全莊無一不中彈，火海沸騰血肉如風雨，硝煙朦朧天日俱昏。……敵人以炮火盲目地掃射，死傷者不計其數」。「這個神聖的牙城也被燒成光禿禿的焦土，堪稱寸草不留。於今長興莊被稱為『火燒莊』，其來由也在此」。[①]

2. 烽火不息，戰鬥不已

在日本佔據臺灣的五十年間，臺灣人民的抗日烽火始終沒有停息過。臺灣客家人，亦始終沒有放下手中的武器。新竹客家人胡阿錦，曾與黃娘盛等一起，組織起三千多人的抗日民團，在桃園龍潭坡一帶阻擊從臺北南下的日軍。屏東客家人林少貓，於1896年聚眾數百人於臺南鳳山城南鳳嶺起兵抗日，隊伍迅速擴大至數千人，曾襲擊鳳山縣城、阿猴街等處日軍。

苗栗客家人羅福星，於1913年3月奔走於臺中、臺北、臺南、苗栗等地，發動民眾，佈置起義計畫。遇害前曾索紙筆作絕筆書曰：「不死於家，永為子孫紀念；而死於臺灣，永為臺灣同胞紀念耳」！[②] 受羅福星之感，臺中客家人陳阿榮，組黨抗日，被稱為「南投事件」；臺中客家人張火爐，起義抗日，被稱為「大湖事件」；臺南客家人李阿齊，集同志圖起義，被稱為「關帝廟事件」；苗栗客家人賴來，夜襲日人東勢支廳，被稱為「東勢角事件」。[③] 抗日事件的不斷發生，使得日軍惶恐不安，終日提心吊膽，如臨大敵。

---

① 鐘孝上《臺灣先民奮鬥史》，臺灣文藝社發行，1983年，285～286頁。
② 賴雨桐《蕉嶺客家人移民開發臺灣略述》，邱權政，《中國客家民系研究》，中國工人出版社，1992年，45頁。
③ 陳運棟《客家人》，408頁。

3. 關心桑梓,報效故土

由於歷史的原因,大陸與臺灣曾分隔幾十年,但分隔卻分離不了臺灣客家人的心,濃郁執著的愛國愛鄉情結滲透於他們的血脈中。大陸改革開放以後,隨著兩岸關係的好轉,交往愈來愈密切,關心家鄉建設的臺胞也愈來愈多。

改革開放以來,廣東蕉嶺臺胞捐資興辦各項公益事業累計 1.6 億元人民幣,興辦實業累計 2000 多萬美元。①〔從 1985 年第一個臺商到福建三明投資發展以來,至今已有 171 家臺資企業「落戶」三明,總投資 1.5 億美元。②

據統計,贛州市目前累計臺資企業已達 227 家,總投資近 3 億美元;臺屬企業 1841 家,不少成為納稅大戶。③

近兩年來,在金融危機影響下,大部分臺商都調整了自己的發展規劃,臺資向河南轉移的力度也越來越大,體現了承接產業轉移趨勢。2009 豫臺經貿合作洽談會,雙方簽約 112 億元,合同臺資 103 億元。④

同宗同族同心聲,隔山隔水難隔情。臺灣客家人慷慨解囊、捐資捐物、興資開工廠、修橋築路,與祖國人民和衷共濟、共建家園,共同發展,體現了血濃於水的手足情誼,反映了他們的拳拳愛國之心、眷眷戀土情懷,這正是河洛文化「愛國愛鄉、無私奉獻」優良傳統的充分體現。

一粒水珠,可折射出太陽的光輝。一個個鮮活的例子,無不反映著臺灣客家人的「自強不息、開拓創新」,「耕讀傳家、崇文重教」,「愛國愛鄉、無私無畏」的優良傳統。這說明,臺灣與大陸在地緣、血緣、情緣、文化、政治、經濟等方面是一脈相承的;海峽兩岸血肉相連,同根、同祖、同文化。臺灣客家人根在河洛,情系中原。河洛文化在臺灣客家人心中根深蒂固,客家優良傳統是臺灣客家人的強大精神動力。可以相信,有包括客家人在內的臺灣民眾對和平統一大業的支持,華夏兒女一定會早日迎來中華民族的偉大復興。

（作者為嘉應學院社科部教授、副主任）

---

① 《第二屆世界蕉嶺同鄉聯誼大會在蕉城隆重召開》(蕉嶺黨建網 http://dj. jiaoling. gov. cn)2004 – 11 – 18.

② 巫瑞萬《170 家臺資企業「落戶」我市》《三明日報》2000 – 03 – 13。

③ 李平《贛臺經濟文化交流日趨活躍》新華網 http://news. xinhuanet. com,2002 – 11 – 17.

④ 王海聖《臺企向河南產業轉移趨勢明顯》大河網 http://www. dahe. cn,2009 – 04 – 21.

論臺灣民間信仰的區域特色與河洛底色

唐金培

Abstract：In today's Taiwan, either from the temples, gods, and the number of believers or religious activities from the scope and frequency of view, no system of religion can not be compared with the folk beliefs. Taiwanese folk religion, while having obvious local characteristics, but mainly directly from the Fujian and Guangdong, He luo has a deep background. Summarized and analyzed the basic characteristics of Taiwanese folk religion, folk belief in Taiwan and the He luo culture, the origins of relations and promoting interaction between Henan Fujian folk religion, the strengthening of Taiwan compatriots on the Chinese traditional culture, identity, promoting reunification of the motherland and national rejuvenation are important Active role.

臺灣民間信仰文化雖然直接來自閩粵，其根柢卻在河洛。臺灣民間供奉的神祇中，關聖帝君、福德正神等神明是從河洛經閩粵等地「二傳」到臺灣的。開漳聖王、開臺聖王等原產福建或臺灣的眾多神祇，其本身就是河洛移民或其後裔。本文試圖在借鑒已有研究成果的基礎上，通過歸納臺灣民間信仰的基本格局及其主要特點，分析臺灣民間信仰與中原河洛的歷史淵源關係，探討加強豫閩臺兩岸三地民間信仰互動的當代價值。這對進一步增進兩岸三地人民之間的相互瞭解和文化認同，促進區域經濟社會文化的合作與交流等都有重要現實意義。

一、臺灣民間信仰格局及其主要特點

明清以來，隨著閩粵居民遷移臺灣，民間信仰及其神像、佛像也隨著移民浪

潮而遷往臺灣,經過幾百年的發展逐漸形成當今臺灣民間信仰多元一體的基本格局。臺灣民間信仰的特點歸納起來主要表現在以下幾個方面。

1. 臺灣民間信仰呈現出明顯的廣泛性。臺灣民間俗神廟宇之多、香火之盛、活動之頻繁,實屬少見。一是民間信仰所崇拜的神靈種類多且以人物崇拜為甚。據臺灣省文獻委員會 1960 年出版的《臺灣省寺廟教堂調查表》稱,臺灣地區的主祀神有 247 種之多。其中,佛教神 19 種、道教神 13 種、自然崇拜神 20 種、庶物崇拜神 1 種,其餘 195 種都是諸如媽祖、關帝等靈魂崇拜之神。二是臺灣寺廟數量多且明顯呈上升趨勢。據 1981 年餘光弘《臺灣地區民間宗教的發展——寺廟調查資料之分析》一文的統計,臺灣寺廟總數 1918 年、1930 年、1960 年、1966 年、1975 年和 1981 年分別為 3476、3661、3840、4786、5338 和 5539 所。三是臺灣民間信仰的神明以閩籍居多且相對比較集中。據 1981 年統計數字,臺灣民間信仰近 300 種神明,其中前 20 位神明的寺廟占總數的 83% 以上。媽祖、王爺、保生大帝、清水祖師、開漳聖王、廣澤尊王、開臺聖王等而閩地或閩籍神明位置明顯靠前。

2. 臺灣民間信仰呈現出明顯的海洋性。臺灣與大陸隔海相望。險惡的臺灣海峽因受季風影響,海水流速強,漩渦大,海面伴有不同顏色的斑紋,素有「黑水溝」之稱。往來船舶一旦陷入漩渦不是觸礁沉沒就是隨波漂流得不知去向。正如《臺灣通史》所載:「明代漳、泉人入臺者,每為天氣所虐,居者輒病死,不得歸。」為擺脫各種恐懼不安,渡海移民者只能祈求和依靠神靈的護佑。由於地理上的海洋性特點,使臺灣民間信仰神明大多被賦予入「海能搏浪救生,進山能扶傷治病」的職能,即便是原本從河洛地區傳來的神靈也是如此。如關帝本為軍神、財神,傳入福建後已變成無所不能、無所不管的保護神;奉祀入臺後又,同樣神通靈驗,居臺灣民間信仰神明前茅。又如城隍,本非海神,而在平潭等地,人們出海前均向城隍祈求平安①。至於海上保護神馬祖在臺灣民間信仰中的地位及影響更是遠遠超過馬祖的故鄉福建②。這些都是移民為適應新的環境所作的權益性調整。

---

① 段凌平《閩臺民間信仰異同研究》,《中共福建省委黨校學報》,2008 年第 8 期。
② 張華、蕭河、劉廣才《臺灣河洛郎》,華藝出版社,2003 年,頁 249。

3. 臺灣民間信仰呈現出明顯的移民性。由於明清時期實行海禁,遷入臺灣的閩粵移民因比較零散不易組成較大的家族集團。所以,臺灣的民間信仰不像中原和福建等地那樣具有明顯的宗族性,而是以各自的府縣祖籍在較大區域內組成相應的信仰群體。如漳州的開漳聖王、三平祖師,泉州的清水祖師,嘉應州的三山國王,汀州的定光古佛,福州的五福大帝等。臺灣各地域之神靈具有相互排斥性,不像福建等地那樣,本村本地神明如祈求不應,可到外鄉外村祈求。在臺灣,泉州籍人一般不奉開漳聖王,漳州籍人一般不奉定光古佛。來自不同地域的移民之間的糾紛還會破壞對方的神像神廟。如在清代臺北漳泉分類械鬥中,泉州籍人故意攻擊漳州籍人的開漳聖王廟,並搗毀其廟宇,損壞其神像。這表面上是為爭水爭地發生的械鬥,實質上是不同地域移民的信仰意識衝突。

4. 臺灣民間信仰呈現出明顯的融合性。在臺灣、媽祖、金門、澎湖等地同一個廟宇中,佛、道、儒三教及眾多民間神祇往往同時受到供奉。這種越來越普遍的民間廟宇諸神合祀現象體現了中華傳統文化的相容並蓄精神。如臺北的慈護宮正殿祀媽祖,陪祀孔夫子、釋迦佛、太上老君及王母娘娘,東西廡側分祀水仙尊王、福德正神、神農大帝、關聖帝君等。媽祖列島民間廟宇,在祭奉主神外,也有從祀、寄祀等擺滿神龕的信仰習俗。桃園縣的閩臺宮媽祖廟,除主祀媽祖之外,還供奉威武將軍、通天府、鐵甲將軍、臨水夫人諸神位。南竿山隴的白馬尊王廟,除了祭祀白馬三郎和白馬夫人之外,尚有華光大帝、五靈公、福德正神、臨水夫人、虎將軍、雲滿爺等神靈,也是集中供奉了山隴各社團所信奉的神祇。坐落在東莒島大坪村的福德宮廟,正殿供奉土地公、左殿奉祀臨水夫人、右殿奉祀五位靈公等。

5. 臺灣民間信仰呈現出明顯的功利性。一般老百姓崇拜鬼神的目的幾乎都是想得到萬能神靈的保佑,實現各自祈福消災的目的。在中原及福建等地廟宇多由宗族主持,而在臺灣,廟宇多由地方富戶主持。如雲林縣玄天上帝廟於「嘉慶年間,街長盧光順、何春梅出首捐緣公建。至道光年間,街長劉深池、江騰仁、何房先等,出首捐緣再建後進一大間。」開漳聖王廟,「道光甲子年,富戶薛大有倡首捐金,紳民公建」。元天上帝廟「同治四年,頭人餘永順捐緣重修。」①一些

①　陳小沖《臺灣民間信仰》,鷺江出版社,1993年,頁16。

有錢人往往通過組織各種信仰活動增強其在地方的號召力，並通過神明來控制地方。這些人在修廟建寺的過程中，出資最多，也最有發言權。臺灣富戶本來就是開墾與聚落經濟活動的組織者，因此他們必然要在宗教信仰等文化、政治活動方面獨樹一幟①。

二、臺灣民間信仰的河洛淵源

當今絕大多數臺灣人都是閩粵移民，臺灣民間信仰絕大多數是從閩粵等地移植過去的。而絕大多數閩粵人又都是中原移民的後裔。臺灣民間信仰文化中無處不彰顯著深深的中原印記和綿綿的河洛情結。

1. 臺灣民眾普遍尊奉的「福德正神」、關聖帝君等神祇信仰，主要是從河洛經由光州固始「一傳」到福建，再從福建等「二傳」到臺灣。我國道教、儒教都起源於河洛，佛教最先傳入河洛，作為儒道釋混合體的傳統民間信仰也發軔於中原河洛。在中原稱土地公的福德正神是臺灣最基層的地域神。相傳土地公原名張福德，自小聰穎至孝，擔任過朝廷總稅官，為官清廉正直，體恤百姓之疾苦，做了許多善事。102 歲辭世。死了 3 天其容貌仍未改變，有一貧戶以 4 塊大石圍成石屋奉祀，過了不久就由貧轉富。百姓都相信是神恩保佑，於是合資建廟並塑金身頂禮膜拜。人們相信「有土就有財」，於是被奉為財神和福神。據統計，現今臺灣以土地公為主神的祠廟多達 669 座②。至今仍有不少臺灣人把土地公迎進家裏逢初一和十五祭拜。家中沒有供奉土地公的，也在每月的初二和十六，在自家門前設香案、燭臺、供品祭拜。關帝聖君信仰在臺灣相當普遍，就是在大陸的不少臺資企業和餐館都供奉著關帝爺的神位。近年來，無論是臺灣還是福建等地城鄉的關帝廟數量都呈上升趨勢。以「忠勇仁義」著稱的關帝爺既是道教之神，又是佛教之神和儒教之神。據 1960 年調查，臺灣供奉關帝的廟宇共有 192 座之多。觀音菩薩位居各大菩薩之首，是我國佛教信徒最崇奉的菩薩，在臺灣地區也信眾較多，影響較大。

2. 臺灣民間信奉的神祇中不少是有功於國、有恩於民的歷史人物的神格

---

① 段淩平《閩臺民間信仰異同研究》，《中共福建省委黨校學報》，2008 年第 8 期。
② 黃偉華《同根同源的閩臺民間信仰》，佛學研究網（ http：//www. wuys. com）2008－5－2.

化。這些歷史人物有的本身就來自河洛地區,如陳元光、王審知等;有的是河洛移民的後裔,如鄭成功、施琅等。「開漳聖王」陳元光就是河南固始人,因開漳有功,漳州人紛紛建廟紀念他。在開發臺灣的過程中,「隨漳人來臺為守護神,後建廟塑像祀之」①。隨陳政、陳元光父子入閩的將士與後援的 58 姓軍校及其家眷約萬餘人,大多來自河洛,經過千餘年的繁衍,後裔遍佈閩、粵、臺灣和海外,他們都尊崇陳元光為「開漳聖王」,奉其父子為神靈,設神廟祠堂常年祭祀。據不完全統計,臺灣有「開漳聖王」廟 300 多座,比較著名的有桃園縣福仁宮、桃園景福宮、基隆市奠濟宮、宜蘭縣永鎮廟等②。唐宋以後,歷代對陳元光不斷封贈謚號,加上方志家譜對其形象的神化,歷代州官、縣官每年都要率當地士紳到威惠廟舉辦春祭、秋祭,儀式莊嚴而隆重。唐朝末年,王潮、王審邦、王審知兄弟帶領河洛鄉民入閩。王審知因開發閩地有功被後樑朱溫封為閩王。據福建新聞網消息,2008 年元月 9 日至 12 日,應金門王氏宗親的盛情邀請,閩王王審知金身塑像由廈門直赴金門巡安。金門王氏族人和各界人士,以祥獅獻瑞、鼓吹吉樂、神輿旌旗等五個規模龐大的「陣頭」迎駕,並依照唐禮古制舉行盛大儀式,共祭閩王。祖籍今河南固始的鄭成功和施琅,因為統一祖國有功,而被閩臺一帶奉為神明。鄭成功去世後,臺灣人民在清初即建「開漳聖王」作為紀念。光緒元年(1875)清廷賜鄭成功延平郡王稱號。據統計,今天臺灣共有鄭成功廟五六十座。施琅原為鄭成功部屬,後投清任水師提督,因有功於朝廷被封靖海侯,在臺灣澎湖等地有施琅祠(施琅廟)。

　　3. 原產臺灣的神祇也不是天外來客,而是古代南方閩越族傳統信仰和中原漢族傳統信仰相撞擊、匯合、交融的產物,是以儒、釋、道三家互補為基本框架的基礎上結合當地生活特點塑造出來的。如關帝信仰傳入福建後,隨著宋元時期福建商業的繁榮和海外貿易的發達,從原來的忠義化身演變為財神和海上保護神。唐末宋元時期,由於福建海外貿易發達,產生了不少土生土長的航海保護神,泉州通遠王海神廟、晉江真武海神廟、莆田的靈感廟、祥應廟、大蚶光濟王廟、福州的演嶼廟、閩清的武功廟以及遍佈東南沿海的媽祖廟,所供奉的神靈都有平

---

①　丁世良、趙放《中國地方志民俗資源彙編·華東卷》(下),書目文獻出版社,1995 年,頁 1826。

②　徐朝旭《論儒學對民間神明信仰的影響—以閩臺民間神明信仰為例》,《宗教學研究》,2007 年第 2 期。

定海盜與風浪，保護航海一帆風順的職能①。儘管如此，這些神明幾乎都有人物原型，而且這些人的姓氏和生活習尚都與河洛先民不無關係。被尊為海上保護神的媽祖天后林姓，世居莆之湄洲嶼，是五代閩王時都檢林願之第六女。據不完全統計，目前全世界共有媽祖廟近 5000 座，信奉者近 2 億人。其中，臺灣就有大小媽祖廟 800 多座，信仰人數超過臺灣總人口的三分之二。近年來，每年專程從臺灣到湄州媽祖廟朝拜的民眾均在 10 萬人以上②。「保生大帝」吳夲，北宋福建同安白礁鄉人。據統計，全臺奉祀的廟宇「多至 112 所」，「年中信徒膜拜不絕」③。被尊為婦幼保護神的臨水夫人（又稱大奶夫人或順懿夫人），原為福州下度一位名叫陳靖姑的農村婦女。傳說她做過斬蛇和保護婦女生產之類的事，被福建和臺灣等地民眾奉為地方守護神和送子娘娘，並立廟奉祀。據姓氏譜牒研究表明，福建林姓、吳姓、陳姓等姓氏的祖根地都在河洛。

三、推進兩岸三地民間信仰互動的時代價值

改革開放以來特別是近年來，豫閩臺兩岸三地在挖掘本地歷史文化資源，推進區域民間信仰等傳統文化交流與合作等方面做了大量工作。這對進一步增進兩岸三地「同根同源」的瞭解與認同，促進區域經濟社會文化交流與合作，弘揚優秀傳統文化，促進祖國統一與民族振興都有重要現實意義。

1. 民間信仰互動可以進一步加深臺灣同胞對祖根地的文化認同，增強親和力和凝聚力。民間信仰活動儀式在地方民間具有區域認同、社會整合的功能，可以起到加強內部團結和外部聯繫的作用。臺灣民間信仰蘊涵著豐厚的中華民族傳統文化積澱，具有鮮明的民族品格和強烈的民族意識。一方面在心理上能夠給那些在他鄉謀生或創業的人以更大的寄託和保障；另一方面，在觀念上能夠起到維繫人們對故土和祖先的認同。臺灣同胞和海外僑胞在某種程度上正是以媽祖崇拜等民間信仰文化為紐帶，在年復一年的迎神、祭神、娛神等民間慶典活動中進一步強化了民族意識和歸屬感。富有認同感的民間信仰文化已經開始成為

---

① 林國平《閩臺民間信仰的興衰嬗變》，《世界宗教研究》，1998 年第 1 期。

② 趙新社《河洛文化與媽祖》，《統一論壇》，2006 年第 1 期。

③ 丁世良，趙放《中國地方志民俗資源彙編·華東卷》（下），書目文獻出版社，1995 年，頁 1782 ~ 1783。

兩岸三地團結合作的基石、橋樑和紐帶。中原河洛不僅是臺灣地區的「祖源」所在,而且是臺灣地區的「神源」所在。通過這些活動不僅有助於強化臺胞和海外僑僑胞的地域、家族和文化認同意識,而且有助於加強海內外華人的社會聯繫和經濟文化交流與合作。

2. 民間信仰互動可以進一步加強地區經濟文化交流與合作,實現區域經濟社會互利共贏。民間信仰不僅以「神聖」名義保存和承載豐富的傳統文化基因,而且擁有數量不菲的信眾。改革開放後,大陸宗教信仰自由政策真正得以落實,臺灣民間信仰文化與內地的交流與往來越來越密切。一些臺灣同胞紛紛到大陸尋根問祖,捐資翻修民間宗教場所。充分利用有關民間信仰方面的傳統文化資源,通過舉辦研討會、文化節等各種形式的活動,邀請更多的臺灣民眾到中華文明的重要發祥地來走一走、看一看,有利於促進和帶動以「尋根遊」為龍頭的旅遊經濟。通過廟會等文化活動形式還可以促進物資交流,發展商貿經濟,吸引更多臺灣等地人士到自己的祖籍地投資興業。

3. 民間信仰互動可以進一步弘揚優秀民間傳統文化,豐富大人民群眾精神文化生活。民間信仰作為民間文化的重要組成部分,具有一定的藝術價值與美學價值,它在發展民間文化、豐富人民群眾的精神文化生活等方面具有一定的積極作用。許多民間寺廟就像一座藝術宮殿,一些民間祭祀的物器本身就是一件件精美的藝術品,而那些民間信仰的神化傳奇故事、活動儀式等都包含有豐富的文學藝術與美學價值。開發相應的文化藝術品不僅可以彰顯民間信仰的文化內涵,提升民間信仰的文化品格,而且可以使廣大群眾體會民間信仰活動的文化情趣,豐富群眾業餘文化生活。

4. 民間信仰互動可以進一步推進祖國統一和民族振興,實現整個社會的和諧與安定。優秀的民間信仰是人們生活的精神支柱。民間信仰所宣揚的一些世代相傳的良風美德和傳統優秀道德價值觀念,不僅能夠約束人們的行為,而且能夠規範人們的生活方式。深入挖掘民間信仰的積極成分,如對創世神的崇拜、對英雄祖先的崇拜、對愛國志士的崇拜等。使之在社會主義精神文明建設中,還能起到一些法律、法規所起不到的作用,有利於維護社會的和諧與穩定。通過科學管理和正確引導,使民間信仰在滿足一部分信仰者精神需要的同時,挖掘和發揚其中的積極成分,克服和清除其中的封建糟粕,充分調動廣大民間信仰者建設和

諧家園與社會主義新農村的積極性,為實現祖國統一和民族振興貢獻自己的力量。

（作者為河南省社會科學院歷史考古研究所副研究員）

「臺灣文化」的構成要素：
河洛文化、南島文化及日本文化

陳建傑

Abstract：Heluo culture, the main culture of Chinese politics, economy and culture in history, is of great significance. With the migration of people from the Central Plains to the south, Heluo culture spread to the southern part of China, bringing into being Minnan culture in Fujian. During the Ming and Qing dynasties, people in southern Fujian migrated to Taiwan and brought with them Minnan culture, which became the main part of Taiwan culture. Because of Japan's 50 – year rule over Taiwan, there are lots of Japanese factors in Taiwan culture. One should value the merging of the three cultures with a correct perspective.

一、前言

「文化」一詞在近代人類學上的專門意義,始於1871年英國人類學家泰勒(Tylor)的定義:「文化或文明……是一種複雜叢結之全體,其中包括知識、信仰、藝術、道德、法律、風俗以及任何其他的人所獲得的才能和習慣,這裡的人。」而美國人類學家克魯伯(A. L. Kroeber)和克羅孔(Clyde Kluckhohn)合著《文化,關於概念和定義的檢討》(Culture：A Critical Review of Concepts and Definitions),其中羅列從1871年至1951年八十年間關於文化的定義至少有164種,大致可以分為記述性、歷史性、規範性、心理性、結構性、發生性等六種定義。① 對於如此多種的定義,我們要認知文化,最好是接近研究文化為專業者所做切實經驗的研

---

① 殷海光《中國文化的展望》,臺大出版中心,2009年,頁39、51。

究成果,並且從研究成果之中知道他們對於文化所下的定義。而「中國」一詞具有文化之概念,含有處在四方蠻夷「中」的文明之邦的意思,因此凝聚中國人的記憶,主要包括兩種不同的記憶。一則以「華夏的起源」來凝聚中國人;一則是「異族的起源」,將另一人群置於中國邊緣,藉此由外強化中國人的凝聚。可以說,前者是民族內部的凝著劑,後者是民族外部包裹。目的皆在於強化中國人的認同。[①] 古代的「中國」,號稱九州,河南為豫州,居九州之腹地,為天下之中,故又稱為中州,即為中原。中原的概念,有狹義與廣義之分,狹義系指河南一帶,而廣義而言,指黃河中下游地區(包括陝西、山西、河北、山東)或整個黃河流域。[②]中原地區是中華民族發祥地,中原文化是中華文化的主體,而中原文化正是河洛文化發展的擴張,兩者有密不可分的關係。河洛文化產生於黃河流域,是中國最古老的文化,是中國文化的核心,也是歷史上中國政治、經濟及文化的主體文化,其重要性不言可喻。在歷史的洪流中,河洛文化經歷西晉末期、唐朝初期及唐朝末期三次因戰亂導致中原人士南遷,亦使得河洛文化向南傳播。在福建地區河洛文化與當地閩越族文化經過長期的交流與融合產生了「閩南文化」。明清時期,閩南人士長期遷移臺灣,成為臺灣居民主要的成分,亦將閩南文化帶入臺灣,成為「臺灣文化」的主體。

二、河洛文化

河洛文化是以洛陽為中心的古代黃河與洛水交匯地區的物質與精神文化的總和,是中原文化的核心,也是中華文化的精華與主流。河洛文化以《河圖》與《洛書》為標志,體現中華文化的根源性;以洛陽古都凝聚的文化精華為核心,體現中華文化的厚重性;以「河洛郎」南遷為途徑,將此優秀文化傳播至海內外,體現中華文化的幅射性。河洛文化誕生在中原,繁榮在中原,其影響歷史發展數千年。因此河洛文化的研究對於弘揚中華傳統文化與推動文化創新,具有重要意義。[③]

1. 河洛文化的發展

夏、商、周三代是河洛文化逐步形成時期。夏朝時期,河洛文化無疑地已經

---

① 王明珂《華夏邊緣:歷史記憶與族群認同》,允晨文化,1997 年,頁 12～15。
② 龐靖宇《河洛文化的發展與中原文化的擴張》,《中原文獻》38 卷 4 期,2006 年 10 月,頁 91。
③ 董麗燕《河洛文化與建構和諧社會》,《歷史月刊》243 期,2007 年 4 月,頁 67。

進入文明階段,河洛地區的文化面漸趨統一。文獻記載夏朝活動的中心位於嵩山週圍與伊、洛河一帶。《逸周書‧度邑解》云:「自洛延於伊,居易無固,其有夏之居。」,《戰國策‧衛策》稱夏桀之國於:「伊洛出其南。」《國語‧周語》云:「伊、洛竭而夏亡。」,從上文獻可以知道夏朝主要活動的中心位於今河南。至商朝,河洛文化的形成又前進了一步,商朝前期以鄭州與偃師為政治中心,盤庚遷殷之後 殷都(今河南安陽西北)成為政治中心,並且對於週邊廣大地區實行有效的統治。河洛文化的正式形成時期是在周朝,《史記‧周本記》記載:「武王營周居於洛邑而後去,遂遷九鼎於洛邑。」可知雒邑是周朝的政治與文化中心,而《尚書》、《周易》、《詩經》、《周禮》及《老子》等大多於周朝時期成書,對於中國政治、哲學、文學、史學產生廣泛且深遠的影響。[①] 漢魏時期是河洛文化發展的高峰,素有「漢魏文章半洛陽」之說。[②] 此時期的河洛文化特徵是文化與藝術繁榮,隨著戰亂平息,社會隨之復興,掀起文學的浪潮,如王充著《論衡》、班固的《漢書》更是中國第一部紀傳體斷代史書,張衡的《四愁詩》開創中國七言詩之先河。玄學是為魏晉時期的一種哲學思潮,主要以老莊思想融合儒學的經意以代替兩漢時期的經學,為中國思想增添新的一頁。[③] 隋唐時期,作為東都的洛陽,同樣具有重要的歷史地位,此時期河洛地區佛教鼎盛,鑿窟造像、佛經翻譯等宗教活動絡繹不絕,佛教各宗派也在此時期形成。[④] 至宋朝,中國經濟中心向南遷移,但東京開封與西京洛陽仍是當時的政治中心,同時也是文化中心,司馬光在洛陽編寫中國第一部編年體通史《資治通鑑》,程顥與程頤的哲學思想被稱為「洛學」,為南宋朱熹等人所繼承與發展成為「程朱理學」系統。元朝之後,由於河洛地區喪失了政治中心的地位,河洛文化逐漸失去昔日光彩,成為地域文化,但其文化內涵如風俗習慣、宗教崇拜及音樂戲劇等,仍然保有自己的風格。

---

① 張國碩《論河洛文化》,中華全國臺灣同胞聯誼會研究室編《河洛文化與臺灣》,《海峽學術》,2004 年,頁 28～30。

② 孟令俊《河洛文化的幾個問題》,陳義初主編《河洛文化與漢民族散論》,河南人民出版社,2006 年,頁 15。

③ 薛瑞澤《試論河洛文化的風貌》,洛陽歷史文物考古研究室編《河洛文化論叢》第四輯,北京圖書館出版社,2008 年,頁 7。

④ 劉玉珍《河洛文化的發展及其影響》,洛陽歷史文物考古研究室《河洛文化論叢》第四輯,北京圖書館出版社,2008 年,頁 20。

2. 河洛文化的南遷

史料記載,歷史上有三次大批中原人士向南遷移,第一次是西晉末期,中州發生「永嘉之亂」,許多門閥士族攜部曲南遷,大多定居於江南的蘇、浙、皖、鄂、湘、贛等省,甚至有些人進入福建。《福州府志》引路振的《九國治》的記載:「晉永嘉二年,中州板蕩,衣冠始入閩者八族:林、黃、陳、鄭、詹、邱、何、胡是也。以中原多事,畏難懷居,無復北向,故六朝間士宦名蹟鮮有聞者。」而這些南遷閩地的中州移民,懷念古土晉朝,便將泉州境內最大的「南安江」改稱為「晉江」。① 第二次為唐代唐高宗總章二年,河南光州固始(今河南省信陽縣固始縣)陳政及其子陳元光奉命率領五十八姓及三千六百名步卒經營閩南與剿撫

總章九年,陳政病逝,陳元光繼承父業。武則天垂拱二年,陳元光上書朝廷,於泉州和潮州之間增設一州,朝廷准奏增設「漳州」,陳元光為漳州刺史,因「漳江」與河南臨漳(今河北省臨漳縣)的「漳水」相似。因此,以「漳」為水名與州名。② 陳政及陳元光父子自中原南下,帶來大批族人,所以至今仍被不少福建、臺灣陳姓家族奉為始祖。第三次於唐朝末年唐,僖宗中和元年,王潮、王審邽及王審知跟隨光、壽州兩州變民首領王緒。中和五年隨王緒轉戰福建,因王緒多疑猜忌,王潮兄弟遂發動兵變取而代之。其後王潮兄弟先攻下泉州,再攻陷福州,進而佔據福建全省。因此,唐昭宗先封王潮為福建觀察使,再封威武軍節度使。而在王潮死後由其弟王審知繼任節度使。後梁開平三年,王審知被梁太祖朱晃封為閩王,在福建地區建立地方割據政權閩國。而王潮兄弟自中原南下,帶來大批族人,所以至今仍被不少福建、臺灣王姓家族奉為始祖。河洛文化經過三次南遷至福建地區,在福建地區河洛文化與當地閩越族文化經過長期的交流與融合產生了「閩南文化」。明清時期,閩南人士長期遷移臺灣,成為臺灣居民主要的成分,亦將閩南文化帶入臺灣,成為「臺灣文化」的主體。

三、臺灣文化

筆者對於「臺灣文化」提出拙見,「臺灣文化」以河洛文化為主體,具有「中華

---

① 黃英湖《古代河洛文話的入閩及其向外傳播》,《歷史月刊》243 期,2007 年 4 月,頁 45~46。

② 謝魁源、馬永濤《河洛文化在臺灣》,《中原文獻》42 卷 1 期,2010 年 10 月,頁 70。

文化共同性」。早在明鄭時期，中華文化的政治制度、儒家文教便移植至臺灣。至清代，臺灣開始漢人的移墾，形成移墾社會。由於移入者大多數為閩、粵籍的漢人，故其風俗習慣，自是向原籍看齊，成為中華文化的分支，亦即與中國社會有共同特徵。如宗族制度、宗教信仰、儒家思想，這些風俗、習慣、制度意味著中華文化在臺灣的傳承與發展。至中日甲午戰爭前，臺灣的漢化已完成。而「臺灣文化特殊性」，筆者認為有兩點：第一是是南島文化的涵化，第二是日本文化的遺緒。①

1. 臺灣文化的南島文化涵化

論南島文化的涵化問題，於漢人移入臺灣之前，臺灣已經有南島民族居住，即為臺灣原住民。② 而臺灣原住民的文化上，有許多古老的特質，如燒墾、鹿獵、出草、黥面、拔毛、缺齒、靈魂崇拜、幾何織布、室內葬、複體葬等，在漢人的史料記載上可以尋得相關的史料如：

《臺灣府志‧風土志》：「男女皆跣足裸體，上衣短衫，以幅布圍其下體；番婦則用青布裹脛，頭上多帶花草。男女約十四、五歲時，編藤圍腰，束之使小；故射飛逐走，疾於奔馬。髮稍長，即斷去其半，以草縛之。齒用生莢染黑。各穿耳孔，其大可容象子，以 木環貫其中。身多刺記，或臂、或背；好事者，竟至遍體皆文。其所刺，則紅毛字也。手帶鐲，或銅、或鐵所鑄，多者至數十雙；且有以鳥翅垂於肩、以貝懸於項而相誇為美觀者。俗重生女，不重生男。男則出贅於人，女則納

---

① 遺續是殖民主義這種與眾不同的歷史經驗的後續。遺續可能是正面的、負面的或是中性的。荊子馨著，鄭力軒譯《成為「日本人」：殖民地臺灣與認同政治》，麥田，2006 年，頁 28。

② 原住民的族名與分類而言，大多由日本學者所命名與奠定，族名便是一種人類學者的創造，依據各族所謂的「人」這種意思去命名各族的族名。伊能嘉矩在《東京人類學會雜志》上發表了《臺灣通信（第 22 回）：臺灣各蕃族的分佈》一文，提出臺灣原住民的分類系統表，將臺灣的原住民分為「四群八族十一部」，而鳥居龍藏採七族的分法：即泰雅（Atayal）、布農（Buuun）、排灣（Paiwan）、阿美（Ami）、雅美（達悟）（Yami）、曹（鄒）族（Tsou）。然而臺北帝國大學土俗人種研究室的移川子之藏和馬淵東一在他們合著的《臺灣高砂族系統所屬の研究》採用九族的分法，便是將排灣族分為排灣（Paiwan）、魯凱（Rukai）和卑南（Puyuma）三族，其後學者都相繼採用九族的分類法。近年來的原住民運動要求「還我土地」、「正名運動」，正名後，增加了邵族、噶瑪蘭族、太魯閣族，這三族，共有十二族。詳文參見：簡後聰《臺灣史》，五南，2002 年，頁 114～120。方豪《臺灣早期史綱》，臺灣學生，1994 年，頁 5～6。陳清敏、陳昭仁、施志輝《認識臺灣》，黎明文化，1996，頁 23。洪泉湖《臺灣的族群意識與族群關係》，《百年來兩岸民族主義的發展與反省》，東大，2002 年，頁 121～123。

於家。①」

《噶瑪蘭廳志・風俗》:「其俗可考而知。內山生番延袤不知幾百裏,猶不與華通。其婚無媒妁,多贅男,完配後亦少淫亂。娶妻曰牽手,去妻曰放手。喪無棺槨,埋其屍於臥榻下,覆以土石。其居室,砌石、誅茅以蔽風雨。其飲食,近界內者,漸種五穀、具農器,薄種、薄收。歲有餘糧外,多薯芋為食,嚼米為酒。以手攫食,不用匕箸。其服飾,女結辮,男披髮、跣足,或翦髮散垂。下體無褲,前後遮以鹿皮。②」

由於清代的渡臺禁令下,嚴禁攜眷入臺,即使在偷渡的情況下,婦女也不適合冒險渡海,遂造成臺灣漢人社會中男女比例過於懸殊,產生所謂的「羅漢腳」。《臺陽見聞錄》云:「游手無賴邀遊街衢以訛索為事者,曰「羅漢腳」。③」《海東札記》云:「臺灣更有一種無賴之人,出則持挺,行必佩刀。或藪巨莊,或潛深谷,招呼朋類,謅誘蚩愚。始而伏黨群偷,繼而攔途橫奪,蓋梗化之尤者。初方目為羅漢腳。④」因此若欲婚必須與平埔女子通婚。另外,為了取得土地開發的漢人來說,迎合平埔族母系社會「招贅」的習俗,以「女婿」的身份繼承土地;恰好是取得土地開發權的方法之一。因此在漢民族與平埔族通婚的過程中,無形地產生文化之間的涵化關係。根據沈文的《開雜記》記載:「土番衣著,初以鹿皮為衣,夏月結麻抬縷縷掛於下體,後乃漸易幅布,或以達戈紋為之。」可知初期的原住民族以鹿皮為衣,而與漢民族接觸後,衣著半如漢人的形態,服飾上趨於漢化的表現相當明顯。漢人在臺灣也有受到原住民風俗的影響,最特別的是在於漢人嚼食檳榔。於諸羅縣志記載:「土產檳榔,無益饑飽,雲可解瘴氣;薦客,先於茶酒。閭裏雀角或相詬誶,其大者親鄰置酒解之,小者輒用檳榔。百文之費,而息兩氏一朝之忿;物有以無用為有用者,此類是也。然男女咀嚼,競紅於一抹;或歲糜數十千,亦無謂矣。⑤」意思是臺灣土產檳榔,可以解瘴氣,因此在漢人請客時,先於茶酒,鄰裏間若有誤會,大事者以酒勸解;小事著以檳榔勸解。當時的男女競相咀嚼檳榔,每年須數十斤。可見河洛文化在臺灣有吸取番俗文化。再看葬禮,漢

① 蔣毓英《臺灣府志》,《風土志》,臺灣省文獻委員會,1993 年,頁 187。
② 陳淑均《噶瑪蘭廳志》,《風俗・番情—附考》卷五,臺灣省文獻委員會,1993 年,頁 237。
③ 唐贊袞《臺陽見聞錄》,《風俗—羅漢腳》,永和文海,1981 年,頁 143。
④ 朱景英《海東札記》,臺灣省文獻委員會,1974 年,頁 33。
⑤ 周鍾瑄《諸羅縣志》,《風土志——漢俗:雜俗》,遠流,2005 年,頁 145。

人的文化繁節與婚禮相同,然番人的葬禮卻仍是一種落後文化的表現,室內葬、複體葬都以鹿皮裹屍,但受到漢俗的影響下,漸知用棺木,且葬於野外而不再葬於室,此即受漢俗的影響,而改變其俗習。[①] 因此筆者認為河洛文化在臺灣孤島的緣故,受到南島文化相互影響,產生了「臺灣文化特殊性」。

2. 臺灣文化的日本文化遺緒

臺灣在 1895 年甲午戰後割讓給了日本,開始了長達五十年的日治時期。臺灣人從抗拒到接受同化,甚至皇民化。在這五十的歲月中讓臺灣人與大陸人越來遠,開始有臺灣意識與臺灣文化。而臺灣文化便有日本文化的因子的存在,同化政策與皇民化運動的過程中,可以說是皇民化下的文化操作取代具體的社會議題,社會同化問題變成個人認同問題。這是一系列的運作意圖透過「國語運動」、「國語家庭」、「改姓名」、「寺廟整理」、「志願兵系統」等文化政治運動與措施,將殖民地的臺灣人轉化為帝國層面下的日本人。關於臺灣人開始日本化,如作家葉石濤回憶戰爭結束時,他甚至連臺灣話也不會說,因而斷言,當時臺灣有三分之二的人口已經日本化了。[②] 儘管這個數字只是他個人的主觀感受,卻在相當程度上揭示了日本戰敗前後當時臺灣社會之情況。而臺灣在「光復」之後日本殖民者留下的權力真空,並不是由臺灣人填補,而是由來自大陸的部隊接手。一開始,臺灣人狂熱地、樂觀地充滿回歸「祖國」之情,然而這場慶祝卻是短暫的,臺灣人的半個世紀殖民統治與大陸分離之後,殖民時期的經濟發展在殖民地臺灣與戰爭肆虐的大陸之間築起一道鴻溝,導致臺灣人在經濟與文化上已經不是完整的「中國人」。這些接手部隊之大陸人的貪污腐敗醞釀出臺灣人對大陸人的憤恨,繼而讓部分臺灣人重新建構與重新想像臺灣人與日本人之間的殖民遺續關係。[③] 國民黨政府接收臺灣之後,立刻進行臺灣文化的重建,草擬《臺灣接管計畫綱要》,其中文化教育之方案指出:「接管之後文化設施,應增強民族意識,廓清清奴化思想,普及教育機會提高文化水準。[④]」行政長官陳儀給教育長

① 林玲君《由諸羅縣志風俗志看漢、番俗間的涵化關係》,《臺灣風物》第三十二卷第三期,板橋《臺灣風物》,1982 年,頁 30～31。

② 許雪姬《臺灣光復初期的語文問題——以二二八事件前後為例》,《思與言》29 卷 4 期,思與言雜志社,1991 年,頁 158。

③ 荊子馨著,鄭力軒譯《成為「日本人」:殖民地臺灣與認同政治》,麥田,2006 年,頁 41。

④ 陳鳴鐘、陳興唐主編《臺灣光復和光復後五年省情》上,南京出版社,1986 年,頁 49。

官陳立夫私函中曾說道:「臺灣與各省不同,他被敵人佔據四十九年。在這四十九年中,敵人用種種心計,不斷地施行奴化教育……所以,臺灣五十歲以下的人對於中國文化及三民主義差不多沒有了解的機會。①」對於臺灣人被指為「奴化」問題,臺灣智識分子卻不認同「日本化」等同於「奴化」,相反地,認為「日本化」裡面含有「近代化」及「世界化」的要素,主張戰後臺灣文化的出路,除了有選擇性的「中國化」之外,同時也不需完全否定日本文化的遺產,應在兩者之間尋求平衡點,努力創造戰後新的臺灣文化。②

　　也有人認為,在日本殖民統治的現實下,漢民族意識「自然」同時成為祖國派與臺灣派的「超越現實的理想主義」。他們认爲,臺灣派與祖國派的差別並不在於認不認同中國。因為這種差異已經在行而上的層次上與包羅一切的漢民族意識所抵銷。對於臺獨思想,提出自己的意見,認為臺灣獨立運動所代表的新臺灣意識,是由地緣政治結構的轉移以及戰後世界政治的動態多重決定的,是一種臺灣殖民地位的「殊相」③。另外,正由於長達五十年的日治時期,打壓中華文化加上日本文化移植,才產生了臺灣意識。史明在《臺灣人四百年史》中提出自己的見解,認為臺灣雖是漢民族的後裔,但「自然」(臺灣海峽)與「歷史」(殖民分離)這兩大因素造成了大陸與臺灣各自的社會發展,這項差異是建立在經濟與政治的歷史脈絡中。史明在一書主張:「在這五十年當臺灣徹底與中國社會隔絕之時,中國正處於反覆的政治不穩定與社會停滯。然而,臺灣在日本殖民統治下,透過現代化轉化自身……臺灣社會雖然在日本資本主義的控制之下,卻已經進入資本主義發展與現代化的道路。舉例而言,就社會生產來說,工業化發展到幾乎與農業產值一樣的驚人地步。因此,在二次世界大戰結束之際,臺灣社會不像半封建的中國社會,已經在現代化的道路上大幅領先,兩者已經不可同日而語。④」日治時期的五十年,臺灣與大陸的隔離,使河洛文化在臺灣確實有所變化,正因為日本的殖民統治下,臺灣人想要回歸原初中國本質與中華文化,即使不是完全不可能,機會也不太大,正是筆者認為的「臺灣文化特殊性」,亦即臺灣

①　陳鳴鐘、陳興唐主編《臺灣光復和光復後五年省情》上,南京出版社,1986 年,頁 58。
②　黃英哲《「去日本化」「再中國化」——戰後臺灣文化重建(1945～1947)》,麥田,2007 年,頁 227。
③　荊子馨著,鄭力軒譯《成為「日本人」:殖民地臺灣與認同政治》,麥田,2006 年,頁 96～99。
④　史明《臺灣人四百年史》,東京都:音羽書房,1962 年,頁 440。

文化已經具有日本文化的遺緒,因此,至今在臺灣仍可見日本文化的影子。

何謂「臺灣人」? 筆者認同邱榮舉的說法,臺灣人泛指臺灣四大語族,即按照來臺發展的時間先後分類,有南島語系臺灣人(即臺灣原住民)、閩南語系臺灣人(即臺灣福佬人)、客家語系臺灣人(即臺灣客家人)及外省語系臺灣人(即臺灣外省人)。① 而「臺灣文化」,筆者認為,是在河洛文化的基礎上,加上日本文化的遺緒、南島文化的涵化所建構的。而不同時期的臺灣文化,代表不同時期的臺灣住民留下的生活軌跡。不同族群的文化,代表各群族的尊嚴與信心。臺灣文化是各群族共通、共享、共創的,應該是需要盡心認識、維護、珍惜與關懷的。

四、結論

杜維明提出的「文化中國」概念,將「文化中國」分成三個象徵世界的實體:第一實體以華人為居民的主體的大陸、臺灣、香港、新加坡四地所構成。以海外各地僑居的華人為第二實體。國際上從事中國研究與關切中國文化的學者、知識份子、自由作家、記者乃至一般讀者與聽眾構成第三實體。「文化中國」是一個從大傳統的角度出發的概念。② 「文化中國」是一種理論性、概括性的理想,但「文化中國」宗旨是以文化為基礎,去縮短兩岸及港澳地區因局部文化認知差距,暫且撇開政治經濟包袱去探討文化交流與整合之途徑,以便從諸多紛擾的事項中提昇到一個更高的層次。筆者認為兩岸除了經濟方面的交流之外,更應該著重在文化層面上的交流,從此方面交流上分享彼此的文化與歷史經驗,透過文化與歷史經驗的探討與回顧,以便消除兩岸人民文化與歷史見解之差異,從而加深與獲致真心的相互了解。

(作者為臺灣東海大學政治研究所碩士生)

---

① 邱榮舉《二二八事件與臺灣政治發展》,財團法人二二八事件紀念基金會,2002 年,頁 8～9。
② 杜維明《「文化中國」初探》,《九十年代月刊》第 245 期,九十年代雜志社,1990 年,頁 60～61。

閩臺文化之河洛基因淺探

陳學文

Abstract：Over the long history of China, Hokloh people of Central Plains migrated south owing to the constant wars and disasters. Qin and Han Dynasty saw the first strand of the migration and up to Ming and Qing Dynasty the migration tides which mainly originated from Gushi County resulted in the change of the formation of population in this area, in which Hokloh people became the majority. The tides of migration not only brought in great progress in the economy and prosperity of society but also promoted the wide spread of the culture of Central Plains and its integration of the local culture. Therefore, the Culture of Fujian and Taiwan, rooting in the history of the culture of Central Plans, carries with it the distinct and obvious signs of Hokloh origin. From the dialect and intonation to the customs, from traditional festivals to folk ceremonies, from religion rituals to anniversaries of birthdays and funeral rites and matrimonial ceremonies, from food culture to folk dancing and superstitious belief, the culture of Fujian and Taiwan shares great similarity of the Hokloh Culture from Central Plains. In every aspect of social life, the main strain of the culture of Fujian and Taiwan is of Hokloh origin.

一、中原故地,乃閩臺姓氏之原鄉

據諸多歷史文獻、姓氏譜牒記載和眾多專家學者研究表明：閩臺兩地和中原有著源遠流長的史緣、文緣、親緣關係,中原姓氏、河洛文化,是閩臺地區的姓氏之根和文化之源。

漳州市委黨校何池教授在《論固始移民對閩南文化形成及傳播的影響》中

指出:閩南文化是中華文化的重要組成部分,屬於區域文化,它源於中原文化,是中原漢文化與東南海疆古閩越族文化在漫長的歷史進程中相互碰撞與交融而逐漸形成的。隨著閩南人口的遷徙,這一區域文化首先隨著閩南人在明清時期開發臺灣而延伸到了寶島,成為臺灣的主流文化,還隨著閩南人的漂洋過海遠播到東南亞和歐美各地。

許明鎮在《臺灣百家姓固始探源》中也開宗明義:臺灣百家姓的根源在大陸,就是大家耳熟能詳的閩南與粵東兩地;而進一步考察歷史,探究閩、粵漢人來源,就在中原故地河南固始。

林永安在《淺論臺灣人與固始的淵源關係》的結語中指出:臺灣人口的主體是漢人,文化的主體是漢文化,而人口和漢文化的主體又多源自中原的「光州固始」,兩地血緣、文緣一脈相承。因之,臺灣的發展與固始有著密切淵源關係,是無可置疑的。

中國青年政治學院史學博士王大良在《閩臺姓氏的「光州固始」之根》中,論述說:在位於海峽兩岸的福建和臺灣之間,姓氏上不僅是一種同源同根的關係,而且無論在福建還是在臺灣的大多數家譜中,都赫然寫著「先世居光州固始」。也就是說,臺灣姓氏的直接根源在福建一帶,更遠的根源在「光州固始」。兩岸姓氏自古就是一家,有著共同的一個來源。

閩臺各地家譜上明確記載的「先世居光州固始」之說,其實是說其祖先來自歷史上的光州固始,亦即今天的河南省固始縣。如果再對照家譜中的世系表,還會發現兩岸各姓的祖先多半是晉代以來由河南固始縣南下入閩,然後由閩入臺的。早在1953年,臺灣曾進行過一次戶籍普查,發現在人口500戶以上的100個大姓中,有63姓在族譜上明確記載他們的先祖來自光州固始。這63姓共計67萬多戶,佔臺灣總戶數的近81%。另外在臺灣1988年出版的《臺灣族譜目錄》中,收錄了200多個姓氏的1萬多部家譜,其中大多數姓氏的家譜上都記載其開基始祖來自光州固始或光州固始所在的中原地區。這種說法當然有依據,其本源與歷史上多次由光州固始或中原地區向福建一帶大規模的移民有關。其中第一次是在西晉末年,因中原爆發「八王之亂」和「五胡亂華」所引起,當時中原「衣冠士族」為了避亂,不僅有「始入閩者八族,林、黃、陳、鄭、詹、邱、何、胡是也」,而且還另有張、劉、楊、梁、鐘、溫、巫等姓的人在此前後入閩。此後,在唐高

宗總章二年(669)，福建泉州、廣東潮州一帶發生了山民反抗官府的「騷亂」，唐高宗命光州固始人陳政、陳元光父子率3600名府兵前往平定，次年魏媽代子領固始58姓軍校前往增援，從而形成第二次向福建一帶的大規模移民。據《固始縣縣志》統計，當時隨陳政、陳元光父子和魏媽南下的將士及眷屬近萬人，85個姓氏。唐朝末年，光州固始人王潮、王審邦、王審知兄弟率鄉民5000人參加反唐起義，也從固始南下，進入福建時已有二、三萬人，並最終在福建建立閩國，中原第三次向福建一帶的大規模移民也因此形成。1127年，「靖康之變」，金兵入主中原，中原陷入長期戰亂，固始籍民又一次大批南下，入閩者尤眾。王大良博士指出，這些歷次南下入閩的軍民屬於眾多不同的姓氏，這些姓氏大多又在明清時期由福建遷入臺灣，又成為臺灣的姓氏。因此，我們說臺灣姓氏的直接根源在福建，更早的來源在光州固始或固始所在的中原地區，是有充分事實根據的。

許明鎮先生根據《臺灣區姓氏堂號考》、《臺灣省通志·氏族篇》及各著名大姓族譜等文獻資料，證知古代「光州固始」為臺灣人的原始故鄉、祖地源頭。並從1978年臺灣姓氏排序前一百大姓中，考證其先祖來自河南「光州固始」者，一共有66姓，依次為：陳、林、黃、張、李、王、吳、蔡、楊、許、鄭、謝、郭、洪、邱、曾、廖、賴、徐、周、葉、蘇、莊、江、呂、何、羅、高、蕭、潘、彭、詹、胡、施、沈、餘、趙、盧、顏、柯、孫、魏、戴、宋、方、杜、傅、侯、曹、薛、丁、蔣、唐、藍、姚、石、董、歐、湯、鄒、塗、尤、嚴、鐘、柳、錢。另有10姓(劉、江、鐘、遊、梁、翁、范、鄧、溫、卓)，則泛言來自河南光州或中原故地。由此可知，臺灣前一百大姓當中，有76姓根在中原河洛。據計算，此姓氏榜上的前十大姓人口數佔全臺灣人口的52.51%，則一百大姓的人口數，佔全臺灣人口的96.42%。這種令人震驚而難得的「根」文化紐帶，將閩臺和固始、和中原，緊密地連在了一起。(以下略)

二、河洛文化，乃閩臺文化之源頭

千百年來，徙居閩臺乃至海外的固始人，從故土帶去的禮儀文化、風俗習慣，雖然在沿襲中有所演化，但今天仍還保留著一些依稀可辨的「原鄉」的印記。眾多學者對此都有論著，著名姓氏研究專家謝鈞祥先生在其編著的《臺灣百家大姓源流》一書的緒論中，對中原河洛文化與閩臺文化的源流關係，論述的頗為精當和具體。

1. 方言土語

閩臺方言，又稱「福佬話」、「河洛話」。廈門大學著名方言學家黃典誠教授說：「福建方言就是從河南帶去的，至今稱閩語為『河南話』，稱說閩語的人為『河洛人』。」又說，閩臺河洛話的語言系統與《切韻》基本上一致，保留著中古時期河洛故國之音。《切韻》一書為隋朝陸法言撰，按反切的發聲分音，收聲分韻，以當時洛陽音為主，酌收古音及其它方言，原書已佚，今有唐寫殘本三種。據福建省文史研究館館員、考古學教授歐潭生先生考證，由於戰亂和人口遷徙等原因，今日洛陽、鄭州、開封音與《切韻》讀音相比，已有許多變化，而僻處豫東南的信陽地區固始一帶卻保留著許多中原古音，它與遙隔數千裏的閩臺方言有著驚人的相似之處。

2. 地名文化

福建、臺灣有許多地名是歷史遺留下來的，有一些明顯地帶有中原遷民的痕跡。例如，河南有一個「九朝古都」洛陽，因地處洛水之陽而得名；福建也有一個小鎮名洛陽，位於閩東南由北而南注入泉州灣的一條小河畔，這小河名叫洛陽江。河南洛陽有著名的「洛陽橋」，固始有「洛陽橋」；閩南也有「洛陽橋」。固始有「烏龍集」（現屬淮濱縣），福州有「烏龍江」，兩地都有「烏龍廟」。固始有「楊集」，楊集的人南遷到福建同安縣境，仍住在一起，便稱其地為「楊宅」。

臺灣有許多「冠姓地名」。所謂「冠姓地名」，是指以血緣關係組合、同姓聚族而居並在聚居地名前加上本族姓氏而形成的地名。例如，臺南縣的謝厝寮，六甲鄉的三姓寮（為陳、黃、吳三姓移民所創建）……而在固始，在中原，在福建和廣東，以姓氏冠名的鄉鎮、村莊及街市，同樣多如繁星，難以勝數。因此，這種地名文化從本質上說，所反映的仍然是豫、閩、臺祖同根、文同源的淵源關係。

3. 民俗文化

臺灣高緒觀《臺灣人的根——八閩全鑑》有這樣一段話：「臺灣人文禮俗，源於中土，相襲入閩，舉凡信神拜佛、敬天祭祀、婚喪喜慶、衣冠禮樂、四時年節，以及習俗人情，皆是祖宗流傳而來的。」這是說臺灣民間風俗習慣源於中原，是中原人南遷福建後照樣傳延，又隨著福建移民流傳到了臺灣。事實的確如此，在民間的日常生活裡，臺灣與大陸一脈相承的事例，實在是俯拾皆是，比如：

4. 民間文藝

　　閩南和臺灣的皮影戲，民間俗稱「皮猴戲」，有人認為它直接來源於河南固始的皮影戲。這種戲，也叫「影戲」、「燈影戲」、「土影戲」，是用燈光照射獸皮或紙板做成的人物剪影以及表演故事的戲劇。在法國巴黎出版的 1979 年第二期《歐洲漢學問題研究學會會刊》，刊載有在臺灣發掘出來的閩南皮影戲《朱文》。專家們認為，《朱文》所用方言，是漳州府西部幾個縣的方言；《朱文》劇本裏有許多詞彙，是中原戲文裡常用的詞彙，因此推斷：「閩、臺的皮影戲來自中原地區」。而固始的「皮影戲」與臺灣的「皮猴戲」，人物造刑，製作材料，刀槍劍戟，操作程式以及唱腔、唱詞，同工異曲。比如文官武將上朝時的唱段，兩地都是「邁步來自金鑾寶殿，一問萬歲、二問江山，滿朝文武可平安……」

　　福建南曲，又稱南音，是閩南的一種聲樂藝術形式，被稱為音樂界的活化石，已被列入世界非物質文化遺產，是現今我國眾多的藝術形式中唯一用唐代語言演唱的聲樂藝術，其中一些唱詞的語音，諸如：大車、大學、社稷、國家、牛、杏花、硬等，下面加點的字，讀音與固始基本相同。

　　再看戲曲。南下的中原軍民帶往閩粵地區的有許多民間歌舞、戲曲，比如「中軍樂吹，大鼓涼傘」歌舞和竹馬戲。據《臺灣通史》記載：早在明代，盤踞在臺南的荷蘭人，就曾經在元宵夜觀看竹馬戲表演。開漳發祥地雲霄一帶，民間一千多年來沿襲於元宵節期間舉行「走王」盛會。無獨有偶，明嘉靖年間編纂的《固始縣志》也載：「元夕作燈市，自十四至十六日，三夜遊玩達旦。十六日鄉遊，俗謂走百病。暮多戲劇，以盛其喜樂之氣。」這種在固始當地元宵夜演出的民間藝術活動稱為花會、燈戲，幾近「竹馬」戲處頗多。如竹扎紙糊的馬頭馬尾縛在演員的前身臀後，與固始的「跑驢舞」形式相同；扮「春、夏、秋、冬」的女孩同固始「花鼓燈」中的「四裝」（四女孩）意義相同，表演動作突出「上身和手勢的左右搖擺」、「眉間傳情」、「三進四退」、「轉身四向」等同固始「嗨子戲」中的「走要一條錢，身似水上漂，腰如風擺柳」、欲左先右、欲進先退等表演動作相同。相隔數千裏的兩地地方歌舞小戲，竟有如此之多的相同之處！無怪乎河南第一次花鼓戲研討會提出：「如今流行在福建的『大鼓涼傘舞』據漳州老藝人說是從老家（河南固始）帶去的，除還保留當年戰將的裝束外，無論叫法、道具均和豫南的地燈戲（地花鼓）大同小異「（見河南第一次花鼓戲研討會論文《談豫南花鼓戲及其係

統》)。

5. 飲食文化

從傳統食品看,糍粑、掛麵、魚丸、綠豆丸、箬葉粽子、餃子、油條、麻花、花生糖、芝麻糖等是固始著名的鄉土食品。這些在閩粵臺也似曾相識,只不過隨著歷史的變遷有所演化而已。糍粑變成了白米果,掛麵變成線面,魚丸裡加進肉餡,這些都是閩粵和臺灣民間常見的食品。閩臺人的飲食文化,茶文化,酒文化,無不延續著固始人的習俗。造酒的古老方式也大同小異,都用的是酒酵子,大桔(讀節)口。喝酒時的酒令,象「擊鼓傳花」等,閩臺與固始形式要求均為一致。

6. 民間信仰

臺灣民間信仰的神祇,大多是從中原移植過去的,正如河南省社會科學院歷史與考古研究所助理研究員唐金培,在《閩臺民間信仰的「光州固始」情結》一文中所做的翔實闡述那樣,閩臺民間信仰文化中無處不彰顯著深深的中原印記和綿綿的「光州固始」情結。

臺灣民眾普遍尊奉的觀音、關帝、土地公等神明,主要是從中原經由「光州固始」這一肇始地和中轉站「一傳」到福建、廣東,再從福建、廣東「二傳」到臺灣的。我國的道教、儒教都起源於中原,佛教的最先傳入地也是中原。作為儒釋道混合體的傳統民間信仰文化也發軔於中原。觀世音全稱尊號為「大慈大悲救苦救難觀世音菩薩」,簡稱觀音。觀音菩薩位居各大菩薩之首,是我國佛教信徒最崇奉的菩薩,在閩臺地區也信眾多,影響大。固始有觀音殿、觀音山、觀音洞,同樣是信眾頗多,香火旺盛。在福建、廣東、臺灣等地,對關帝爺的信仰也相當普遍,據 1960 年調查,臺灣供奉關帝的廟宇共有 192 座之多,中原人同樣崇拜關公。土地公是最基層的地域神,人們相信「有土就有財」,於是被奉為財神和福神。據統計,現今臺灣以土地公為主神的廟多達 669 座。在福建城鄉和固始的山邊地頭,至今能見到許多土地廟。閩臺民間信奉的神明中不少是有功於國、有恩於民的歷史人物,這些歷史人物有的本身就是固始移民,如陳元光、王審知等;有的是固始移民的後裔,如鄭成功、施琅等。據不完全統計,僅福建漳浦縣至今仍有「開漳聖王」廟 102 座,海內外著名的雲霄威惠廟、燕翼宮、漳州威惠廟、天寶威惠廟、泉州威惠廟等至今香火鼎盛。臺灣奉祀「開漳聖王」陳元光的廟宇有300 多座,比如桃園縣福仁宮、桃園景福宮、基隆市奠濟宮、宜蘭縣永鎮廟等。東南

亞諸國有 30 多座。唐宋以後,對陳元光謚號不斷封贈,歷代州官、縣官每年都要率當地士紳到威惠廟舉辦春祭、秋祭,儀式莊嚴而隆重。除陳元光外,漳州市的漳浦、雲霄等地還供奉陳元光祖母魏敬夫人及陳政、陳元光父子的部將等開漳功臣。

三、結語

回首歷史烽煙,追尋當年先民南下的足跡,探索閩臺姓氏之根、文化之源,旁徵博引,行文至此,筆者面對兩岸文化一脈相承,骨肉同胞同根共祖的歷史事實,不禁百感交集,不能自已,思親懷遠之情油然而生。彷彿穿越千年歷史隧道,又依稀看到了昔日北國的兵荒馬亂,中原的刀光劍影,固始的災荒兵患,生靈塗炭,先人們扶老攜幼,牽衣頓足,離鄉背井的揪心情景;彷彿看到了他們在南遷途中篳路藍縷、艱難跋涉的身影和謀生異地他鄉,歷經千辛萬苦的悲愴(災連禍結的歷史雖已遠去,先民們逃難的腳印雖已模糊,然而這難以忘卻的悲酸我心猶存!);彷彿看到了陳政、陳元光父子及其所率大唐將士、固始子弟,「靖寇患於炎荒,奠皇恩於絕域」,建漳立郡、造福閩粵的戎馬勞形,看到了王審知兄弟及其義軍,一統八閩,傳播文明,建功立業的僕僕風塵(每念及此,我的眼前便即刻浮現出唐初、唐末閩粵發展史上的這兩座豐碑,頓生無限緬懷與景仰之情。);彷彿看到了歷代南遷閩粵的先民後裔,為了謀生或拓展前程,或渡海入臺,或輾轉南洋,或遠行歐美,憑著中華民族勤勞、勇敢、智慧的稟性和自強不息、百折不撓的精神,在「第二故鄉」披荊斬棘,創業立身,展家族之宏圖,寫人生之華章,為當地乃至世界的文明進步奉獻才智,令世人矚目,同胞自豪,華夏增光……作為原鄉、祖地的親人,我們為他們驕傲,為他們喝彩,為他們祝福!

(作者為河南省固始縣根親文化研究會會長)

參考書目:

1. 張新斌等《固始與閩臺淵源關係研究》,人民出版社,2009 年 9 月。

2.《固始移民與閩臺文化研究》,九州出版社,2010 年 9 月。

3. 謝鈞祥《臺灣百家大姓源流》,臺海出版社 2004 年 5 月。

閩臺文化與河洛文化的特徵比較

饒懷民　陽信生

Abstract：Owing to geographically close, deep blood relatives, extensive contacts of popular and business, a deep Cultural foundation, Fujian and Taiwan formed a common cultural characteristics and mental outlook of the local culture＿Fujian – Taiwan Culture. Heluo´s people are the blood of ancestorsr of Fujian and Taiwan. Heluo culture is the root source of Fujian – Taiwan Culture. Although due to regional difference, geographical environment is different, and cultural development and adaptation, Compared with Heluo culture, Fujian – Taiwan Culture has a Obvious characteristics, such as extraversion , marine, compatibility, attention to busines, despise authority, secular and other features. But Fujian – Taiwan Culture inherit the essence and spirit of the kernel of Heluo culture in the process of cultural formation and development, and Have the same cultural characteristics as advocating readingand attention to ethics, ancestral roots awareness, aggressive and realistic. Heluo culture and Fujian – Taiwan Culture form a common quality of Chinese culture and spirit, which is a total of Jointly owned, Common glory and shared precious spiritual heritage and spiritual home of the people across the Taiwan Strait.

閩臺地緣相近、血緣相親、人緣商緣密切、文緣深厚，形成了具有共同的文化內涵、文化特質、文化品格和精神風貌的地域文化——閩臺文化，這已經成為人們的共識。而河洛人是閩臺人的血緣之祖，河洛文化是閩臺文化的母體文化和根系文化，兩者俱有很多相同的文化特徵，並蘊含著共同和共通的文化精神。同時，閩臺文化在傳承河洛文化的過程中，打上了一定的區域文化烙印，具有明顯

的地域特徵和獨特的人文風貌。那麼閩臺文化與河洛文化究竟有哪些各自相同或不同的特點，兩種文化是如何在交融中發展、創新的，文化之間的引力和張力如何雕塑著閩臺文化和河洛文化各自的風貌，各種地域文化如何在開放包容中不斷走向成熟，成為既具有自身特色，又能夠積極融入時代精神和內核的現代先進文化，這些問題值得深入研究。同時，我們希望通過閩臺文化與河洛文化特徵的比較研究，思考中華民族的內在基因──中華文化如何影響一個地區民眾的過去、現在和將來，思考中國博大精深、淵源流長的文化根系和精神血脈塑造下的民族精神如何繼承與發展，思考中華民族大家庭中的不同區域、有著不同歷史與現實的人們如何求同存異、共創和諧美好，實現我們共同的願景。

一、閩臺文化與河洛文化的歷史淵源

臺灣古稱夷州，與福建僅一海之隔，廈門可與臺灣隔海相望，閩臺兩地異常親近。兩地的政治、經濟、文化聯繫自三國時期孫權派將軍衛溫、諸葛直將甲士兵萬人到臺灣始，而後，「歷更五代，終及兩宋，中原板蕩，戰爭未息，漳泉邊民咸來臺灣。」大批河洛漢人南遷臺灣、澎湖列島，成為臺灣的主要居民。明清時期，閩臺兩地的聯繫更為頻繁。在清代，臺灣設府，隸屬於福建省，屬於福建地方治理的一部分。閩、臺地緣相近、血緣相親、人緣商緣密切、文緣深厚，閩臺無論地緣上看，或是從血統上看，或是從語言上看，或從風俗上看，都是一脈相承，休戚相關的，人們習慣以閩臺並稱。而且，臺灣雖然四面環海，卻很少從東部與世界發生聯繫，主要從西部接受由福建而來的文化影響。在長期的經濟、文化交流中，閩、臺形成了具有共同的文化內涵、文化特質、文化品格和精神風貌的地域文化──閩臺文化，這一成為學術界的共識。楊彥傑在《閩南移民與閩臺區域文化》認為閩臺文化是一個聯繫古今的概念，是福建（閩南人為主體）移民開發過程中形成的一種具有共同地方特色、同質性很高的區域文化，並形成了一種閩臺共同文化區。

同時，閩、臺與河洛地區，閩臺文化與河洛文化關係亦極為密切，具有深厚的歷史淵源。據統計，1990 年福建省總人口 2958 萬人，漢族人佔 98.45%，其中祖籍為河南固始的有 1000 多萬，加上客家人 500 多萬和河南其他地區的入閩人口，河南籍後裔占到福建人口的一半以上。在臺灣，福建移民是臺灣人口的主體

部分,閩南人占到移民總數的97%。目前,臺灣漢族人口占83%,其中,其中由閩南到臺灣的有一千二百多萬,即閩南人(河洛人)佔80%。還有通過其他渠道入臺的客家人六百餘萬,佔20%(多為祖籍廣東的客家人)。閩臺漢人的祖根大都在中原河洛地區,他們都自稱是「河洛人」、「河洛郎」等。正是由於河洛漢人移民,以河洛漢人南遷為主要載體的河洛地區與閩臺地區交流融合的歷史源遠流長,影響深遠;閩臺文化與河洛文化同根同系,是一種血緣關係、宗親關係和源流關係,河洛文化是根,河洛文化是源,閩臺文化對河洛文化的繼承與發展是兩者關係的基本特點。

二、閩臺文化與河洛文化的不同特徵

我們注意到,閩臺文化在形成、發展與演化過程中,因地理環境的不同、歷史發展的差異和與土著文化融合所產生的變異等諸種因素而形成的一種既具有漢民族文化普遍的本質屬性又擁有自己的特殊品格,與河洛文化相比具有一定的特殊性。河洛文化屬於典型的大陸文化,具有重農耕、相對內向、傳統性、正統性、權威性等特性,相較而言,閩臺文化具有明顯的外向性、海洋性、重工商、兼容性、藐權威、重世俗等特徵。

其一,海洋文化在閩臺文化中佔有重要地位,外向性、開放性、重工商成為閩臺文化的一個特殊傳統。一直以來,臨海的地理位置使福建和臺灣導致了閩臺文化形態的「海口性」,閩臺文化是從大陸文化向海洋文化過渡的多元交彙的「海口型」文化,海洋文化是浸透在閩臺民眾日常的生活方式與生產方式之中的一種本土性的文化。宋元兩朝以福建泉州為起點的「海上絲綢之路」,「每歲造船異域」的國際貿易與海上往來,已頗具規模。明清之際,雖行海禁,但臺灣海峽作為北上日本,南經東南亞諸國而通歐洲的黃金航道,從未沉寂。而且,長期以來,私人海上貿易,歷來有所禁止,但福建沿海民眾敢於衝破朝廷禁令、敢於冒險,面向海洋尋求出路,熱衷於海上貿易。明清兩代,閩粵人活躍於中國南海和南洋一帶的對外貿易領域。清顧炎武在《天下郡國利病書?郭造卿防閩山寇議》中有一段準確的描述,稱「海者,閩人之田。海濱之民走死地如鶩,往往至海外匜脫之地,去臺灣者,與紅毛蕃為市……官府即知之而不能禁,禁之而不能絕。」而商貿業的巨大發展,促進了閩臺民眾社會心理的轉變,逐步形成有別於

中原農耕文化「重農桑」傳統的海洋文化「重工商」的文化心態。

其二,明顯的外向性和開放意識。河洛文化具有一定的開放性,其先進性、滲透力、輻射性亦與此密切相關。自古以來河洛地區(中原)地處「天下之中」,交通發達,具有得天獨厚的區位優勢,週邊各地域文化都在這裡交匯、碰撞,河洛文化廣泛吸收週邊地域文化的先進因素,成為各地域文化的核心,同時又以博大的胸襟,吸收外來文化的優秀部分,並加以改造,以此保持自身的先進性。當然,古有「得中原得天下」之說,河洛文化的開放性更多體現為中心對邊緣的開放,強盛對落後的開放,這是一種政治、經濟、文化中心依托強大的影響力而選擇主動的、有實力、也是強勢心態下的開放。而閩臺文化的開放性是由於閩臺地區長期處於落後地區,由於地理環境的影響,更多由於後發地區趕超先進地區的現實要求而選擇開放,或必然走向開放,以贏得比較優勢和發展機會。後者的開放是更務實,更本質上的開放。這種開放是一種內在的特徵和現實的需要,不會因為地區經濟社會發展取得了長足發展或仍然處於比較落後狀態而改變,不僅文化開放性特徵非常明顯,而且開放幾乎成為一種區域特徵和一種固有的文化心態和現實姿態。換言之,閩臺文化的開放性體現在文化上外向的,而不是內斂的;是面向現實和麵向未來、與時俱進的,而不是封閉的、缺乏適應力和活力的;是全方位的開放,而不是有選擇性、有保留的開放,由此而論,閩臺文化具有持久而旺盛的生命力,並表現出巨大的適應性。

其三是文化的兼容性更強。在河洛文化的傳播過程中,為適應現實的需要,更加兼容並蓄,表現出了強大的適應力和內在張力。歷史上,相對於中原,閩臺是開發較晚的地區。福建的發展,主要在中唐以後,至兩宋才有一個飛躍的變化。臺灣的開發則更晚至清代才真正起步。為實現地區經濟、政治、文化的發展和繁榮,閩臺地區的民眾更加註重兼容並包,注重吸收各種有益的文化養料,形成了多元、開放、兼容的文化性格和現實風貌。如臺灣文化便是一個複雜的多元的文化綜合體,是原住民文化、漢族文化、外族文化等多元的文化形態的結合體,兼容性很強。臺灣文化中,中國傳統文化、儒家文化、河洛文化、閩粵文化、原住民文化、近代西方海洋文化、日本殖民文化、現代歐美文化和大眾消費文化等等,共生不害,共存共榮,體現了臺灣文化的豐富性與包容性。而且,閩臺的「蠻荒」狀態和地處邊陲的地理位置,使閩臺較少或較晚受到儒家正統文化的教化規範

和製約,具有非正統、非規範等特點,也更易接受外來文化影響。閩臺文化這一多元兼容特性生動地體現在閩臺人的泛神靈信仰上。民眾大多信神重佛,但無一定宗教觀,信多神,隨便信一種神或幾種神,是典型的多神信仰者。閩臺人多神信仰還表現在一地多神上,以及一個寺廟道教佛教神像並存等方面。他們認為媽祖具有佛、道兩種神性。

四是藐權威、重世俗色彩很濃。河洛地區長期以來是封建王朝的都城,河洛文化具有的官方性、正統性、神聖性等特點,甚至有帝都文化之稱。而閩臺地區長期以來遠離封建統治的中心,藐權威、重世俗的文化特徵非常明顯,是一種更具實踐性的世俗文化,如閩臺文化中重工商、重義又重利的特點,便與傳統的「士農工商」、以商為末的觀念迴異。有研究亦指出,吸收了先民某些文化要素和向海發展的文化基因,閩臺文化的原生性成分,迴異於奠立在農耕文明基礎上以儒家為代表的中原文化,形成了閩臺文化性格自由、開放的一面。

三、閩臺文化與河洛文化的內在精神譜系和共同的文化性格

關於閩臺傳統文化與河洛文化的關係,學術界的探討比較多。楊海中認為閩臺傳統文化與河洛文化同根同系,並從人際上的血緣、族緣永無了斷,閩、臺方言同系河洛語系,閩、臺習俗源自河洛古風,閩、臺民間信仰訴求與河洛相同,閩、臺習俗源自河洛古風,法理與地緣認同一致等方面分析了兩種文化的共生關係。莊錫福、吳承業等認為,閩臺文化雖具有重工商、勇開拓、藐權威、尊海神、樂兼容的海洋性特徵,但其深層仍不改華夏文化本色,表現為重工商而不廢耕讀、勇開拓而不忘根基、藐權威而昭著信義、敬海神而並尊諸神、樂兼容而不失本位。他們進一步地分析指出,閩臺文化具海洋性特徵而不失華夏文化根基之原因有三,一是中華文化多元一體的格局已有數千年曆史,有強大深厚的影響力;二是移民社會更需要五緣(血緣、地緣、業緣、神緣、文緣)文化的支持;三是近代中華民族的災難性遭遇強化了閩臺民眾的愛國心態和對中華文化的維護、發展的意識。劉登翰認為,隨同中原移民攜帶而來的大陸文化,在建構了閩臺社會之後,又一直納入在中華民族的統一國家之中,使大陸文化成為閩臺社會的主導文化;同時也使大陸文化,在與閩臺的海洋環境中生長並逐漸發展起來的海洋文化的交匯、融合和涵化中,呈現出新的特色。

　　的確,閩臺文化在形成和發展過程中深受河洛文化的浸潤和深刻影響,繼承了河洛文化的文化精髓和精神內核,鮮明地體現了河洛文化所具有強烈的崇文重德傳統、祖根意識和進取性、求實性等特徵,並形成了共同的中華文化品質和精神風貌,兩者在本質上,在文化根基上,在精神內核上,都具有共同的文化品質和文化風格。換言之,閩臺文化雖然具有一定區域特徵,但是與河洛文化為代表的中華文化和華夏文明具有高度統一性。

　　第一,閩臺文化與河洛文化都具有以儒家思想為基因的共同文化價值觀和強烈的重文重德傳統。

　　應該說,閩臺文化崇儒的基因與顯性特點是很明確的。有研究者認為,河洛道統,源起河洛;道喪千載,洛學勃興;洛學入閩,儒道弘昌;存亡續絕,儒學入臺。這比較全面地概括了河洛文化、閩臺文化與儒家文化的歷史傳承與現實聯繫。以河洛文化為根系多元融合的臺灣文化,占主體地位是儒學文化。總體來看,河洛文化是以儒家為底色和主要特徵的正統文化、官方文化、上層文化,具有濃郁的傳統色彩。由於封建統治的加強,特別是河洛漢人南遷,儒家文化亦廣播閩臺,閩臺地區形成了濃郁的重文重德傳統,捍衛儒家傳統成為閩臺地區最重要的文化現象。福建經歷一個由「蠻荒」之地到儒學之風頗盛的發展過程,後來出現了以朱熹為代表的集諸儒之大成,將儒學建成廣大精微思想體系的閩中理學,使福建成為影響深遠的理學之鄉。在臺灣,從明末鄭成功經營臺灣時開始,引入學院、府學、州學的大陸儒學教育體系,並實施「兩年三試」的科考制度,用以選取人才,儒學亦得到廣泛傳播。後鄭經任命陳永華為國子監學長,聘中土之儒以教秀士;各社設下學,教之養民。「凡民八歲入小學,課以經史文章,臺人自是始奮學。」清統一臺灣之後,大陸教育制度和科舉制度被全盤移入臺灣,臺灣的儒學教育獲得巨大發展。加上由於朱熹在閩臺學子?? 中的重要地位,有些地方專門設有朱子祠祭祀,受此影響,朱子理學在臺灣儒學的發展中具有極其重要的地位。有清一代,儒家思想為社會所普遍尊崇,成為規約臺灣社會的主導思想,與大陸無異。後來,臺灣當局自信堅守著傳統文化根脈、延續中國文化傳統,一度將其抬到意識形態高度,強化了臺灣的儒家思想地位,發揮了儒學引領社會、改良人心風俗、凝聚社會共識的作用。儒家文化是海峽兩岸共同的文化基因和文化紐帶,影響極為深遠。

　　第二，閩臺文化與河洛文化都具有強烈的祖根意識和尊崇先祖的文化傳統。

　　血緣意識是河洛文化的重要根性，也是中華文化之根。受河洛文化的影響，也與傳統宗法傳統和儒家尊祖敬宗的文化傳統有關，加上由於背井離鄉、故土難返所激發的對祖先以及血緣親情的情感依賴，閩臺文化中表現出了強烈的祖根情懷和尊祖敬宗意識，並成為閩臺文化的核心、精髓和根底。連橫在《臺灣通史‧鄉治志》中云：「臺人重宗法，敬祖先，故族大者必立家廟。」河洛「移民」都有「客居」思想，所以鄉族觀念、故土觀念、尋根觀念比在原籍更為強烈。河洛地區漢人南遷閩臺後，他們始終保持著中原河洛一帶的方言鄉音，提出「寧賣祖宗田，不賣祖宗言」」；他們還按照家族和宗族形式，重新組合了新的家庭和宗族，家族文化和宗族文化非常發達，甚至較祖居地的民眾有過之而無不及；他們始終保持著家鄉的風俗習尚，以及恪守民族文化中的禮樂教化，等等。臺灣文化的祖根意識尤其強烈。早期臺灣移民東渡時大都攜帶祖宗牌位，即使是首次渡臺沒有攜帶，待定居下來後也要專程回祖地迎來宗族牌位。移民初入臺時，還會返鄉祭組住，參加本族的重大活動，但由於渡海之不便，以及同族眾人多數難以返鄉尊宗敬祖的現實，便在臺灣建祠堂、置族田、設族長、修族譜等，祭祀共同的祖先。歲時祭祀時，組織族人參加，祭畢聚宴聯歡，其程序禮儀和一些活動內容，一如大陸祖籍的風俗習慣，說明咸、同以後，臺灣絕大部分地方完成了重建家族制度的過程，家族組織已成為臺灣地方社會具有舉足輕重的勢力。臺灣文化的祖根意識還可以從臺灣同胞到客家祖地河南固始、福建寧化、漳州等地尋根謁祖熱上得到體現。許多臺灣人不忘「根在河洛」，無時不心系中原，自稱為「河洛郎」、「河洛兒女」、「炎黃子孫」。

　　第三，強烈的自強不息、積極進取、勇於開拓的精神。

　　河洛文化一個很重要的特點便是把人的自強不息的意志與天的剛健不輟的精神和諧地統一起來，這種自強不息、奮發圖強、開拓進取的精神是河洛根性文化的重要特徵，是河洛文化的精髓，也是偉大的中華民族精神的集中體現和核心。有研究者認為臺灣河洛人源本於閩粵之閩南人與客家人，他們所強調的文化，是以吃苦耐勞、堅韌剛強、開拓進取、團結奮進的「硬頸」精神而著稱的。我們不難看到，不管是傳統的河洛人，還是移民各地的河洛人都比較出了勇於拼搏、敢冒風險與機敏靈巧、善於應變相結合的性格。河洛地區的人民有「愚公移

山」的精神,時至今日,自強不息、開拓進取的河洛文化精神仍然在勤勞樸實、坦蕩無私的河南人民身上體現得淋漓盡致。

四、結語

文化是一個國家一個地區發展的精神支撐和動力源泉,河洛文化作為中國傳統文化中的核心文化,中華民族文化中的母體文化,同時也是中華民族和炎黃子孫的根。中原地區與閩臺,祖國大陸與臺灣,因為血緣之親、宗族之親,大家永遠有「血濃於水」的骨肉感情和心靈之痛而永遠無法阻斷;中原地區與閩臺,祖國大陸與臺灣,因為河洛文化這一共同的紐帶、共同的精神家園以及這一精神所凝聚起來的共同的文化認同感、民族認同感,而永遠連在一起,並將更加緊密地連在一起。正是河洛文化的養育和孕育,大陸與臺灣具有共同的中華文化品質和精神風貌。這是海峽兩岸民眾彌足珍貴的共有、共榮、共享的精神遺產和精神家園。兩岸同胞正在為實現共同的美好願景、為實現所有華夏兒女、炎黃子孫的百年夢想,為實現中華民族的發展、復興和騰飛而不懈奮鬥!

(饒懷民,湖南師範大學歷史文化學院教授;陽信生,湖南商學院公共管理學院副教授)

臺灣人就是河洛人，臺灣話就是河洛話

楊泰鵬

Abstract：Taiwan language is a development of Heluo language, like Spanish is from Latin. Examples：During East Han Dynasty a writer Hsu Sen compiled a first Chinese language dictionary. At that time the language spoken in the area is Heluo, he used one word to read other words which only match if read with Taiwanese, proof that Taiwanese is Heluo.

Taiwanese speaks Heluo everyday and are not aware of.

Examples of Heluo spoken.

Heluo culture is a main stream ancient Chinese culture, its influence not only in China today, but also reach neighboring country such as Japan, Korea, Spain and its He Tu, Luo Su (I Jing) Yin Yang and 5 elements were used by Japanese and even Latin people to indicate weekdays.

Heluo culture is root of Chinese culture; Taiwan culture is a fruit of Heluo culture. Cultures from both shores are so tight together and inseparable. Together we should development more of Heluo culture, exchange and intercommunicate more often scholars in this field in order to elevate to a new level of Heluo culture.

一、什麼是河洛話

河洛文化是中國古代河洛地區的文化，以洛陽盆地爲中心，包括黃河中游潼關至鄭州段的南岸，洛水、伊水及嵩山週圍地區，包括潁水上游登封等地，概言之就是今天河南省的西部地區。河洛地區南爲外方山、伏牛山山脈，北爲黃河，西爲秦嶺與關中平原，東爲豫東大平原，北通幽燕，南達江淮，在古代雄踞於中原，

為「天下之中」(《史記・周本記》),即所謂「中國」,是古代中國東西南北的交通中樞,地理位置十分優越。河洛文化是中華民族主流文化,是中華文化的根。在《論語》裡孔子曾嘆曰:「鳳鳥不至,河不出图。」。河图洛書是中華文明之始。《易經・系辭上》說:「河出图,洛出書,聖人則之。」

河洛文化發源早自六千多年前伏羲時代歷經三皇五帝、夏、商、周,這都是有考古的根據的;河南安陽殷墟確實属於商代晚期都城,證明偃師商城遺址與鄭州商城遺址同樣是一座商代早期的都城遺址,對夏王朝以後的中國古代歷史發展而言,河洛地區的河南龍山文化、夏文化是孕育華夏文明、中華民族文化、漢文化的核心文化。早期的中原地區文化當是仰韶文化,中經龍山文化之後便是夏商周文化,籠統地說可以稱為中原文化。中原文化圈的地域概念,除河南全省外,還應包括晉南、關中、冀南、魯西、鄂西北。對河洛文化廣義的理解它可以作為中原文化的代表,因為它是中原文化圈中的核心文化。

夏商周三代及其後代直到北宋王朝的建都,基本上都在這個範圍以內。這個範圍內的文化實際上它早已形成了大中原文化圈,進入王朝時代更廣泛地吸收了週邊的先進文化,豐富了文化內容,增強了自身的活力,使其更加強大先進。同時,以河洛文化為代表的大中原文化,隨著歷代王朝的政治影響,逐漸向週邊甚至神州大地輻射,以河洛文化為主導的相互交融、優劣互補,最後形成大统一的中華民族文化。

河洛文化是中華民族的核心文化。夏、商、周、漢、魏、晉、隋、唐、後梁、後唐、後晉等十多個朝代都在洛陽建都。「天下之中」的地理位置,四通八達的交通條件,幾千年長期積澱形成的政治、經濟和文化中心地位,有利於它將自己先進的文化向週邊乃至遙遠的邊陲之地傳播,在河洛輻射至閩、粵、臺灣。

決定中華民族、中國人民的思想、信仰和品格,對中國人的社會、文化生活都產生了關鍵性的影響的五大學說學派:儒、道、釋、玄、理,其形成都與河洛地區有關。

唐詩用河洛語言讀起來每對詩句都有音韻,北京話讀之則無。如:

《長相思》 唐　馮延巳

滿枝,綠滿枝 宿雨慶慶睡起遲,閒庭花影移

憶歸期，數歸期 夢見雖多相見稀，相逢知幾時

《長恨歌》　白居易

漢王重色思傾國，禦宇多年求不得。

楊家有女出長成，養在深閨人未識。

天生麗質難自棄，一朝選在君王側。

回眸一笑百媚生，六宮粉黛無顏色。

　　河洛語言淵遠流長，甚至影響了鄰國的語言構造：日本、韓國的漢字幾乎都是以河洛語言發音，甚至影響了西班牙語 Té（茶）。另外，河圖、洛書、易經裡的陰陽五行「日、月」和「木、火、土、金、水」被日本用來記載星期的七日來復，天行也。連今日的英文星期日仍說「Sun－day」，星期一則說月曜日（Moon－day，Monday），拉丁語系的語言則更清楚了：（以西班牙語為例）星期一 lunes（月曜日），星期二 martes（火曜日），星期三 miércoles（水曜日），星期四 jueves（木曜日），星期五 viernes（金曜日），星期六 sábado（土曜日）。

二、臺灣話就是河洛話

　　臺灣人自稱「河洛人」，講的語言是「河洛話」，臺灣話就是河洛話的演變之一，就好像西班牙語演變於拉丁語言。

　　實例引證：東漢許慎著《說文解字》裡，以「工」字來切音：江、缸、扛、仝等字，這些字只能以臺灣話發音之，才能同音。證明今日所說的臺灣話，就是昔日東漢使用的河洛話。

　　臺灣人每日講河洛話而不知：讀冊（讀書），猶未（還沒有）鼎、好嘉哉、照紀綱、不知也、請裁等。易經如果以河洛話唸之，意自通：乾卦孔子象曰：乾者，建也！（乾、建在河洛話音近，故意亦相似）。

　　臺灣人的彼此暱稱都習慣加上一個虛字「也」。這個虛字只有古音才有，代表親暱。如：阿扁也、阿珠也、阿輝也。論語也出現過孔子稱呼弟子小名：賜也、點也。

《論語·雍也篇》「雍也,可使南面。」「回也,其心三月不違仁也」它不是一個獨立的音,而是隨著前字變化為不同的調子。今日北京文學只有「仔」字。這個字加上去意思卻完全相反:阿扁仔、阿珠仔、阿輝仔,如我們講外族人:日本仔、外國仔變成輕蔑,而不是親暱了!

臺灣話,因為它是河洛話,所以也保存了古義,如「行走」二字,如以河洛音發音之:「行」是慢走;「走」是跑。兩字不同意:「疾行曰趨,疾趨曰走」可是今日的語言「行走」是同意字。如:

《荀子》:鄉鄉而飽矣。

《孟子》:待我以橫逆,則必自反。

「鄉鄉」與「橫逆」都是臺灣話裡到今天還常使用的形容詞。北京話卻從未聽過!

淺說「北京漢語」:自從契丹人(東北人)耶律家族建立「遼國」佔領北京城(西元 907 年)起,接著女真人(東北人)完顏家族建立「金國」滅遼國,佔領北京城,接著蒙古人(東北人)鐵木真家族建立「元國」滅金國,佔領北京城,接著漢人朱元璋家族的大軍將蒙古人趕回大漠之地,佔領北京城(西元 1368 年)止.東北族群居北京城,連續長達將近 500 年,發展出了「北京漢語」! 而抹滅了河洛語。

三、臺灣人就是河洛人

這裡所謂的臺灣人,是指佔臺灣人口四大族群 75% 的河洛族群。其他三大族群是:原住民、新住民(所謂的外省人)及客家族。因為河洛族群自從西元前兩百多年開始陸續離開河洛地區向較溫暖、較少戰亂、較容易謀生的南方移居。到達臺灣以前居住在福建地區數百年,故到達臺灣後又稱「福佬人」。

占臺灣絕大多數人口的本省籍同胞的祖先都來自河洛,根在河洛。臺灣同胞大多數人所解的閩南語或客家話,都源自於「河洛話」。臺灣同胞的民俗文化、宗教信仰均可尋根至河洛文化之中。

目前,生活在臺灣及東南亞各地的閩南人、客家人等都認為自己的家 500 年前在閩粵,1000 年前在河南,他們自豪地稱自己為「河洛郎」。

臺灣的民俗文化事象可追尋至「河洛」文化之中。源於人類天性的民俗最

能體現慎終追遠、落葉歸根的民族感情。在臺灣，無論歲時令節，喜慶婚喪，還是傳統信仰，祭天敬祖，無不處處表現閩、粵風尚，事事彰現中原色彩。臺灣民俗當中的「揀骨」習俗形成於先祖從「唐山」渡海抵臺之初，那時不管落籍時間有多久，總不忘記在父母去世後，把靈柩運回大陸的祖籍安葬。在條件不具備的時候，則先把父母棺木暫時埋葬在臺灣，以後再揀拾遺骨帶回大陸老家安葬。這種風俗，造就了千千萬萬民眾絡繹不絕地回祖籍祭祖尋根，並且不斷警示後人：落葉歸根。

漢族的傳統節日，作為中原文化的重要組成部分，大體上被保留在今日的臺灣社會生活中，並對臺灣人的個人心理和社會風尚等有著深刻的影響，成為臺灣與大陸密不可分的又一佐證。臺灣人的傳統節日，又有相當一部分源於晉代的江淮文化和南朝至隋唐發展起來的長江文化習俗。這是河洛先民和客家先民第一次遷徙的僑居地創造的文化。客家先民在進入華南、形成客家民係最後遷移臺灣的過程中，河洛人在進入閩南最後遷移臺灣的過程中，都產生一些適應其政治、經濟、文化生活需要的節日與習俗。這些習俗有類似於中原漢族的習俗，也有不同於中原漢族的習俗，但卻源於中原並且與中原有著千絲萬縷的聯繫和深厚的淵源關係。

臺灣民間的民俗事象雖然豐富多彩，但仔細考察起來，不論是高山族（先住民）的風俗風情，還是漢族的生產、生活方式、精神文化習俗，都與祖國大陸有著千絲萬縷以至水乳交融的關係。這種民族文化的傳播、滲透、融合在生活的方方面面。其中許多還保留著北方中原「河洛文化」的傳統。從原始社會到今天，中華民俗文化歷數千年面不衰，成為中華民族「根」文化—「河洛文化」的有機組成部分。這就是現實和歷史的事實，這種真實的存在，具有強大的民族凝聚力，是中華民族的民族之魂！

臺灣的民族信仰與中原地區基本相象，也可從河洛文化中找到其發展軌跡。從臺灣的民間信仰上來看，許多中華歷史上的先聖先賢、民族英雄、文化創造的智者和造福一方的廉吏、解人病疫的名醫等等，都是臺灣同胞崇祀的對象。遠自華夏民族的人文始祖炎黃二帝、大禹、古越王、伍子胥、屈原、項羽等，其歷史文化淵源之久，歷歷在目。特別是近年來在臺灣興起的「黃帝教」，更具有強大的中華民族精神號召力。它不僅把對黃帝尊為華夏子孫的始祖，而且還把對黃帝的

信仰,視為中華民族的「精神中心」。這種信仰在全世界華人華僑中的強大凝聚力是不可估量的。

歷史上入臺灣的漢族移民包括祖籍中原河洛的移民,不過兩種類型:一是近於生計前來臺灣進行墾殖開發的經濟型移民;二是由於政權更疊或其他原因而來臺避難或待機發展的政治型移民。因此他們無論是為生計漂海而來,還是近於政治流亡而來,他們目的的實現,都是在大陸。這就形成了臺灣移民社會於世界上其他國家、地區的移民社會不同:他們不是以離開自己的家鄉為目的,而是以重返自己家園為歸旨的。這就賦予了臺灣社會十分普遍而強烈的祖籍觀念和民族意識。

由於避亂拓荒社會的高度不穩定和異常艱辛,以及對內地親人、對故土的強烈思念,使得移民們在精神上十分依賴信仰;再如諸政治情況的多種變化與島內居民的衝突,如平番、移民械鬥、反清、抗日等,都必須依靠宗教信仰取得心理上的平衡。當然,在異族的統治下,民間信仰更成為一種不可或缺的民族教材和精神寄託。因此,因移民所伴隨而來的民間信仰成為臺灣文化的主流。所以臺灣的民間信仰大抵非本土自然親生,相反地與移民來臺有著莫大的關係,大部分是從大陸原版移植過來的。

神教的崇信,是臺灣民間的普遍現象,自然也是臺灣開拓史上,在政治、經濟、文化等方面一直扮演重要分量的因素。就整個我國民間宗教文化的歷史來看,臺灣的神教所具有的中國傳統文化特色,是非常濃厚的。而追根溯源,這些中國傳統文化現象大都與河洛文化有著直接或間接的傳承關係。

臺灣的民間宗教信仰從宗教種類上來分,無怪乎兩大類,即佛教和道教,其中是道教居多。中國佛教和本土宗教道教均源於河洛地區,它們傳入臺灣的過程正如河洛人移民臺灣的歷史一樣,由河洛一步步到閩、粵南部,再由閩、粵渡海到臺灣的。因此臺灣的民間宗教信仰和神像雖直接來自閩、粵,但是追溯歷史淵源,又是與河洛宗教文化一脈相承的。所以從無孔不入的臺灣宗教和民間信仰來說,究其本源,多為河洛文化之餘脈。

其與中原文化同質殊相的特點,表現出兩種可能:一種是信心文化向前發展了,它不發展還得保存古制。今天我們在閩南文化和客家文化中都能發現諸如在語言、習俗等方面保存著某些更為純粹的古風。另一邊是在邊沿地帶的特殊

環境中,發現形成了某些文化特色。特別是當臺灣由漢族移民社會向漢族移民定居社會轉型以後,移民後裔成長起來的一代知識分子,在長期漂離原來文化環境之後產生了對本土社會的特殊關注和對本土文化的自我體認,這是可能理解的。但這只是中華傳統文化在傳播過程中形成的一些地域特色和新土形態,並不是另一種性質的文化,其在本質的深層結構上,並未逸出中華傳統文化的範疇,充其量只是一種區域性的亞文化類型。何況在歷史上當日本統治者企圖以「皇民文化」來滅絕中華文化時,以本土面目出現的中華文化的這一區域特徵,實際上起了與「皇民文化」相抗衡的民族文化的作用。在當時的政治環境下,因為不能講「民族」只好講「鄉土」;而這種「鄉土」是臺灣,其背後就是中國。中華文化與在這一特殊環境中被強調出來的鄉土文化在共同抗禦異族文化的壓迫面前,具有很高的民族同質性。可以說臺灣所謂的鄉土文化與中華文化的關係好象母與子的關係,中華文化是母,臺灣地方文化是子。中華文化在臺灣,是全面性的移入,不是局部的傳播和影響。

河洛人作為漢族移民臺灣的主要組成部分,成為中華文化全面移入臺灣、推動臺灣地方文化發展的主體。因為作為中華傳統文化祖根的河洛文化,在臺灣地方文化發展過程中的地位也是顯而易見的。

綜上所述,臺灣地方文化與中原河洛文化有著深厚的不可分割的淵源關係,這已以被作為中國人的臺灣人與河洛人所認同。這也是中華文化在臺灣強烈歸宗意識的體現。人要拜祖、神要認宗,即使民俗、藝術、工藝、建築等等,也要尋找自己的祖根淵源。有歷史形成了臺灣人十分普遍而強烈的祖籍觀念、民族意識、歸屬要求,以及由歷史形成了的這種文化的向心性,成為大陸與臺灣、原鄉人(祖根地人)和新土移民最強大的精神凝聚力。這也是長時期來河洛文化與臺灣地方文化血肉相連的根本原因。臺灣人的根在祖國大陸,根在中原河洛,根在炎黃先祖創造的悠久深厚的河洛文化之中。

客家人也是河洛人(Ha ka 是河洛的古音),從西晋到唐再至宋代以下,一批批河洛人因爲歷史的机缘從河南固始出發展轉來到閩粵一帶,又從哪裏走去臺灣、海南、南洋,直至世界的各個角落,形成了中國最早的海外移民,但他們始終都記得,自己是河洛人。

四、河洛話在臺灣的滄桑

經過 500 年的洗滌、改造之後,元朝以後中原民眾都已不再使用河洛話而改用北京話為正式的官話。臺灣外島在當時雖然「遠在天邊」,遷徙到臺灣的河洛人要保留住他們祖先的語言也不是容易的一件事。1889 年臺灣割日,日本政府管轄下的臺灣總督府把推行日語視為行政第一要務:採取逐漸收緊的步驟,企圖抹滅河洛人帶來臺灣的祖產—「河洛話」。公學校原有漢文科 1922 年漢文改為選修科目,1937 年中日戰爭爆發,官方乾脆敕令學校取消漢文,並禁止學生在學校說臺灣話(河洛話)。家庭使用日語的國語家庭有種種優待,許多年輕人都變成了臺語文盲,不會書寫河洛話了。

1949 年國民黨遷臺,大批外省人湧入臺灣。為了消除因為語言的隔閡而產生的誤會,臺灣加強推行國語:1956 年 5 月 13 日省教育廳頒令個中小學內,應講國語(北京語),避免講方言(河洛話),學校裡被抓到講方言者,施以處罰。千裏迢迢,流傳到臺灣的河洛話再一次被打壓! 文化局於 1997 年 12 月 1 日限定電視廣播臺語節目。

河洛話在臺灣近百年來遭受日本語、北京語等政治優勢語言的壓迫、蹂躪、摧殘已日趨飄零衰微。

五、未來的展望

河洛文化是中華文化的根,臺灣文化是河洛文化的果。兩岸的文化可以說是血肉相連、相輔相成有著不可分割的淵源關係。河洛文化還有許多方面需要我們進一步研究挖掘。應進一步加強協同研究,增進溝通交流,努力使河洛文化達到新的水準,形成同宗同源、相互依存。我們應以河洛文化為媒介,促進兩岸文化互動、共生發展。河洛文化是中華民族大團圓的精神紐帶,也是加強海峽兩岸親密合作的精神紐帶。

河洛文化強調飲水思源、慎終追遠,注重崇拜祖先、依戀故土、桑梓之情,是華人戀土歸根的本根意識的精神紐帶。河洛文化的本根意識,具有廣泛的社會心理基礎和深厚的歷史文化積澱,成為從古到今中華兒女團結和諧的源泉。民族認同根深蒂固。河洛文化內含的中華民族的共同信念、內聚凝合的情感心理,

融入中華兒女的血液,成為民族歸屬、民族認同、民族團結的精神基礎。河洛文化讓我們清晰地看到,兩岸同胞血同緣、書同文、語同聲、民同俗,這種深厚的歷史文化淵源,成為兩岸團結合作的精神紐帶,無論是歷史上還是現實中都發揮著不可替代的重要作用。今後兩岸應以兄弟互稱,河洛文化是我們的母親!

（作者為美國普林頓大學易經研究所所長、教授）

河洛文化與客家文化

從世界角度觀看族群
——河洛文化與客家文化在臺灣

盧博文

Abstract：The Hakka originated from Han ethnic group who resided in the central plain of Luoyang area in China. Two thousands years age, the Confucians already had ideals of The Whole World As One Community, and The Great Unity Society. These were written in Confucius's "The Great Together（Li Yun Da Tong）" from the chapter "The Operation of Etiquette".

The Britain philosopher Toynbee once said "The 21st Century will be the Chinese Century", which also means it will be the Chinese Culture Centruy. Therefore, we, as Chinese elite should bear the responsibility to promote the Chinese Culture and to save man from the crises.

一、為什麼要有世界觀？

理想是永續發展的保證與活力，沒有理想就走不出現實，走不出現實，就改變不了現狀。以目前世界的現狀，不僅不能令人滿意，且已到了不得不改變的十字街頭。恐怖與反恐的互相廝殺，民族與民族間的仇恨糾結，劍拔弓張，戰爭氣氛彌漫全球，科學的發達，已到了太空時代，殺人武器的精進，世界問題，已不容再由武力解決，除非人類甘願自我毀滅。因此，地球村上任何一個國家，既不可能獨霸世界，也不可能自外於這個世界之外。換言之，世界上任何地方問題，就是世界問題，如 2008 年由美國次貸而引起的世界經濟風暴，即為一例。因此，要

有「世界觀」，才有「全球化」。要有理想，才能走出現實，要走出現實，才能改變現狀，邁向理想。

二、世界文化必須向前邁進

我國國學大師錢穆博士曾說：「人類演進到國家的階段，是人類進步過程中的一大關鍵，繼此還要向前邁進。若是人類僅止於此，不再向前邁進，那只是半成熟的文化。國家可以使人團結，也可以使人群隔離，而造成國與國間的對立，集團與集團間的對抗，因而引起人類更為嚴厲的鬥爭。」如前所言，以今日殺人武器的精良，鬥爭的結果，就是大家同歸於盡，走向地球上的末日，誰也不能倖免。大哲學家羅素（Bertrand Rossu）早就說：「科學教我們的子孫如何殺人。」陳立夫先生也曾說：「科學的發達，使人對物的瞭解，天天進步；人對人的瞭解，天天退步。使人不如物，而為物所奴役。無倫常、無仁義道德，而使社會混亂，發揚中華文化，救已、救人、救世。」所以，人類文化必須向前邁進。當然我們無意貶抑科學的成就，但未雨綢繆，世界卓識者，無不同聲疾呼：科學的發展，必須以人文思想相配合與制約。

三、族群的意涵與解析

「族群」一辭是對各種人群的通稱，若詳加解析，十分複雜。概括而言，如種族、民族。種族是由血統關係所形成；民族是由文化關係所形成。而種族民族中，又有因語言、文字、籍貫（包括國籍、省籍等等）、信仰、姓氏之不同而形成另一種族群中的「次族群」。以中國而言，由於歷史悠久，地廣人多，即包括以上所舉的各種族群。而族群與族群中，又有相互重疊及同與不同的因素。如同種族、同文字、同語言，而不同信仰，或同民族，同文字而不同語言（方言）等等，不勝列舉。再以臺灣為例，一般而言，只有原住民與漢人之別。但這樣稱，站在客家人的立場，似乎把客家族群虛無化，而在別有用心政客的挑撥下，引起客家人的反彈。實際上若把眼光放大而言，所謂漢人中，當然也包括了各個不同的族群，僅以省籍、方言而言，就不勝列舉。因為漢人也就是中華民族之簡稱，尤其一九四九年到臺灣的漢人中，尚包括有各種不同的族群。不過若追溯歷史淵源，早期的臺灣客家認同是防衛性的，是面對鶴老人壓力的反彈。但是在後來的抗日過程

中,卻與鶴老人同仇敵愾,而建立了共同的臺灣意識。其後臺灣光復,由於大陸各種族群人士的大量到臺,已無彼此族群的壓力,尤其以自認為是客家人的前總統李登輝(不會客語)為例,更可證明臺灣並無族群分歧之別,若非少數別具用心政客的刻意挑撥,族群意識應已淡化。

四、客家族群源自中原河洛

客家論述,係源自中原河洛,經過亙長的遷徙,終於止於廣東、福建、及江西的原鄉,再輾轉分頭移居各方。臺灣的客家人主要來自廣東的嘉應、惠州、潮州、以及福建的汀州。其由北而南的遷徙,原因不外戰亂與天災。客族是漢族的一支,當然其遷徙原因與路線完全一致。其遷徙的分期大致分為五個階段如次:

1. 西晉永嘉之亂(311),五胡亂華,中原人隨東晉南遷長江流域,直到隋、唐(618)。

2. 唐末黃巢之亂(875),五代十國割據為王,百姓繼續南遷,直到北宋統一(960)。

3. 北宋徽、欽二帝被擄(1127),高宗南渡建立南宋,客族南遷,棲止原鄉,直到明朝中葉(1500)。

4. 清康熙、雍正、乾隆年間(1700～1800),客族回溯湖南、北徙四川、西移嶺南、東渡臺灣墾殖。

五、清同治年間(1867),嶺南客、越失和,客族轉往平原都會發展,或入廣西、海南、臺灣,或漸次遠渡南洋。

綜上所述,客家人雖然在明鄭及荷治期間,已前來臺灣,但真正大規模遷徙到臺是在清康、雍、乾、嘉、道光年間。到臺後,再二次、三次遷到臺灣各地。或後山、或都會(如高雄)。總而言之,客家人(The Hakkas)起源地於中原河洛,寄居地於嶺南廣東、截止地於臺灣;而客家文化也同樣源於河洛文化,不須多贅。

五、河洛文化與客家文化在臺灣

幾千年來,中華民族經過多少內憂外患,變亂紛爭。每次變亂都會引起人口的移動與遷徙,已如前述。不過,中國雖然幅員廣闊,語言駁雜,但血緣關係卻密不可分。文字統一,生活習慣大同小異,臺灣自不例外。先民蓽路藍縷,胼手胝

足,來臺墾殖開發,代代相傳,以迄於今,臺灣始有今日的自由民主與繁榮。飲水思源,崇功報德,為中華民族文化的優點,也是中華民族得以繁衍傳承,歷久彌堅的基本原因。

由福建渡海來臺的人,稱為「河洛人」,閩南語稱為「河洛語」。所謂河洛,即指黃河與洛水,也就是今日的河南,廣泛而言,也可稱之為中原。先民來臺,把中原文化帶來臺灣,客家文化之在臺灣更是根深蒂固,再加以政府的刻意提倡,更加發揚光大,茲就甚犖犖大者,介紹如後:

1. 在臺灣有「客家文化委員會」,馬英九當選後,每年預算以百分之二十成長編列。

2. 新竹建有「義民廟」,每年舉辦「義民文化祭典」,承傳客族忠義精神。2010 年馬英九曾親身參加義民文化祭,並親自挑擔送飯。

3. 公務人員考試,並已增設「客家事務行政類科」,以示支持客家文化的決心。

4. 每年農曆正月二十日客家文化的「天穿日」定為全國客家日(源於女媧煉石補天)。

5. 臺北市特撥億元建「客家文化公園劇場」。

6. 把臺灣打造成「全球客家文化交流與研究中心」。

總之,河洛文化、無遠弗屆、臺閩地區是漢民族數千年來向外拓展過程中最為重要的一站。它不僅繼承了河洛文化的脈絡,更為「河洛文化」繼承與保存最為完整的地區。

六、發揚中華王道文化,推動世界族群融和

《尚書‧堯典》和《史記》本紀中稱頌帝堯說:「克明俊德,以親九族,九族既睦,平章百姓,百姓昭明,協和萬邦。」這就是中華王道文化最早的源頭。孔子謂為「大同」,他的「禮運大同篇」天下為公,世界大同,就是繼承炎黃文化之餘緒,含英咀華,集我國六千四百多年文化之大成,發揚光大,而奠定了中華王道文化之道統。我們若從人類社會的演進過程看,可歸納為下列三個階段:

1. 個人本位;

2. 國家本位;

3. 世界本位。

在以上這三個階段的進程中,無論那一階段,其中都包括了無數的族群。其不同之處,乃在於族群的融和,由小而大,由近及遠。人類進入 21 世紀,就面臨了由國家本位到世界本位的關鍵時刻,族群融和必要更加擴大。本文前面所引述國學大師錢穆之言,一語道破,不需再多加解釋。

筆者認為,人類社會進入 21 世紀,已面臨了兩大危機,一為人與人爭,一為人與天(自然)爭。兩者相爭若不尋求和平與合理的解決,都將陷人類於自我毀滅的危機。因為 21 世紀,地球村上各種文化、宗教、民族(族群)林立,各是其是,各非其非,人類前途茫茫,再加以全球生態氣候的變化,人類都面臨了空前未有的危機。哈佛大學教授亨廷頓(SamulP. Hantington)說:「21 世紀是人類文化衝突的世紀。」因為無論政治、經濟、宗教、社會等等的差異,皆因文化之不同所引起。文化問題,必須用文化解決,祇有人類有了共同認同的文化,世界才能和平。因為戰爭,永遠解決不了問題。「恃德者昌,恃力者亡。」中國文化為王道文化,以德服人,因此,中國王道文化在 21 世紀文化衝突的情況下,就背負了主導世界邁向和平的責任與使命。所以英國哲學家湯恩比說:19 世紀是英國人的世紀,20 世紀是美國人的世紀,21 世紀是中國人的世紀。」早有預言,所謂中國人的世紀,也就是中國文化的世紀。此外,如羅素、杜維明、世界諾貝爾獎金得主七十餘人的巴黎集會宣言等,都有同樣的呼籲與表示。哈佛大學中國歷史與哲學教授杜維明說:「全球化趨勢的衝突,根本原因是種族、語言、土地、階級、年齡、以及信仰,這些問題並不容易解決,面對這麼多錯綜複雜的問題,應該採取中庸調和的方式,從儒家的觀點來理解,有助於我們以新的方式來思考。」而羅素早在 20 世紀 30 年代在北京演講,就曾明白指出,未來人類社會的和平,儒家文化將扮演重要的腳色。凡此種種,不勝列舉。

中國王道文化,最具體而崇高的目標,就是儒家文化的《禮運‧大同篇》所言「天下為公」、「世界大同」的世界觀,與「天人合一」、「民胞物與」的宇宙觀,其高瞻遠矚,為亘古任何文化所不及。所以澳洲邦得大學教授李瑞智說:「儒家文化有旺盛的活力,世界任何文化,無論如何發展,都超不過儒家文化。」人能弘道,非道弘人。因此推動發揚中華文化,應為當前中國知識份子的責任。在推動的程序與方式上,儒家謂:「內其國而外諸夏,內諸夏而外夷狄。」人與人和諧,人

與自然和諧,世界各種各類族群和諧,由小而大,由近及遠。所以作者近年積極倡導先由中國臺海兩岸的統一,再進而共同舉辦「中華文化與世界和平論壇」,而邁向世界的和平統一,方能解除當前人與人爭、人與天爭的危機。合作就是力量,希望大家群策群力,共襄盛舉。

最近香港作家陳冠中提出「盛世」說:「中國之所以還未真正取得世界超級大國的地位,是因為缺乏一套讓其他國家一起共享的模式。」其實我國早在兩千五百多年前,就有了這一套完整的模式——世界觀與宇宙觀。祇是我們尚未能大力有效地向世界廣為宣傳。又如胡主席的「和平崛起」說,在我國也有其文化與歷史背景,並非空談。文化背景,已如前述,不再多贅;歷史背景,元朝武力,西達歐洲;明朝早在 17 世紀,即鄭和下西洋(今日之南洋),文化、武功雙雙達到非洲東岸,悅服南洋數十個地區及國家。但不僅未亡人之國,且薄來厚往。所以李瑞智(Regianld Little)說:「中國明朝航海技術已特別發達,有殖民全世界的能力,但未征服世界,否則,人類歷史將會發生多大變化;一個世紀後,歐洲通過殖民擴張,才改變了這個世界。」

總之,21 世紀人類面臨如上所述的危機,我們必須要繼承先聖先賢的遺志,以大開大闔的遠見,胸懷與前瞻;宏觀曠達的視野與理念。對兩岸言,營造和平統一,是這一代中國人的歷史共業;對世界言,發揚中華王道文化,推動世界和平統一,是這一代中國知識份子的責任與使命。二者都是當前舉世共識的洪流與趨勢。世界有識之士,無不引領期待中國文化能帶領世界開創出一個有別於西方霸權文化的希望與願景。

(作者為臺灣中華博遠文化經濟協會會長、河南省運臺古物監護委員會主任委員、世界和平統一聯盟總會副總會長、中華民族文化發展協會副理事長)

石壁客家祖地與臺灣客家淵源

廖開順

Abstract：Ning of the cliff is a summary of Fujian Hakka and the formation of the most important breeding areas, known as the Hakka ancestral land. Taiwan Hakka came from Guangdong, the Guangdong Hakka ancestors come from Shek Pik, Shek Pik Hakka Hakka and Taiwan have far–reaching blood origin. Ning of the genetic relationship with Taiwan has more than 80 names, 35 of Taiwan's Hakka surnames have a strong 26 and would rather be related. Blood as a primary element of the Hakka, both existential and is constructive, "reverence for his ancestors"was of Hakka descent and the cultural construction of the building embodies. Roots can be seen from the cliff Hakka Hakka stick to Chinese Ethical Culture and Heritage. Taiwan Hakka Hakka and many of the same cliff and cultural phenomenon similar to Taiwan "would rather village,"the most typical. Taiwan Hakka advocating"hard neck Spirit"is the basic spirit of the Hakka, Hakka ancestors agglomeration formed in the walls, Hakka"stiff–neck spirit" is the Chinese ancestor Heluo hard to open up, inherit and carry forward the spirit of self–improvement. Taiwan Hakka Hakka Hakka Cultural Camp, Luo culture, the same strain and the Central Plains.

「石壁」，今為福建省寧化縣石壁鎮，位於閩西與贛南交界地區，處於贛江、閩江、汀江三江之源。石壁又是個歷史文化概念，它是客家民系原生地的代稱，所謂「北有大槐樹，南有石壁村」，石壁與鄱陽湖邊的筷子巷、粵北的珠璣巷都是客家歷史中最重要的發展階段的代表性符號，因此又被稱為客家祖地。在石壁研究中，「石壁」是個超越狹義的石壁村，可指古汀州府寧化縣，包括今明溪縣境

內的桐頭嶺的廣袤地區,總面積近 5000 平方公裏。此外,有研究者還將與石壁相鄰的「武夷山脈南段今江西省的石城大片山區」①納入孕育客家民系的石壁地區。因受資料和族譜查閱範圍所限,本文「石壁」指今甯化縣全境。

一、石壁客家與臺灣客家的血緣淵源

1. 石壁是客家早期的集散地和客家祖地

在中原漢人南遷的三次大潮中,偏於閩贛交界地的石壁不斷有北方漢人遷入,唐末至南宋遷入的人口最多,歷經數百年,孕育和形成客家民系。據甯化縣族譜統計,有遷入時間的姓族 198 姓,唐至宋遷入甯化的移民 162 姓族,占總數82%。「中原漢人自東晉開始南下,至唐末又從江西等地大批遷入福建甯化石壁,高度集中在以甯化及石壁為中心的地域,繁衍生息數百年,形成客家民系。南宋末,這些已『蛻變』為正宗客家人的客家始祖,又大批地繼續其遷徙生活,往閩西、粵東等地遷移,繼而往中國大陸各地、港臺、海外。」②石壁又是客家民系早期的播衍中心。石壁(甯化縣)在寶佑年間每平方公裏平均達到 15.7 戶,唐宋以前的「地曠人稀」的資源優勢不復存在,此外,南宋以來,石壁「世外桃源」的社會壞境也發生變化,寇匪肆虐,武人集團作亂,引發南宋以後石壁客家向外大量移民,因而,海內外客家(包括臺灣客家)與石壁有深厚的血緣淵源。

2. 臺灣客家與石壁客家的血緣淵源

客家人大量移民臺灣,始於清康熙 20 年代,盛於雍正、乾隆年間,延續至光緒年間。陳國強、林加煌先生 1993 年曾引 1960 年 9 月 16 日臺灣人口普查資料,說:「故廣東省系 1227745 人,可視為客家人,占全省 8158146 人的 15.05%。」他們又指出,「現在,臺灣全省已由 1960 年的八百多萬發展到兩千萬以上,幾乎增加了150%。因此,現在客家人數也應該根據上述廣東省系人數增加150%,總數當達 300 萬人左右。③ 1998 年 10 月 16 日,臺灣世界客屬總會顧問葉英超先生前往石壁參加第四屆世界客屬祭祖大典,在回答記者的採訪中,指

①　謝萬陸《再論石壁》,載《石壁與客家》第 22 頁,中國華僑出版社,2000 年。
②　巫秋玉《甯化石壁與海外客家人》,載《客家學研究》第三輯第 59 頁,上海人民出版社,1993 年。
③　陳國強、林加煌《甯化石壁與臺灣客家》,載《石壁之光》第 61 頁,廈門大學出版社 1993 年 11 月。

出,「在臺灣目前有 400 多萬客家人」①。1998 年,陳國強教授在《甯化石壁客家祖地的研究意義》一文中,2000 年中國社會科學院韓信夫研究員在《關於客家祖地寧化石壁的再認識》一文中,也提到臺灣客家人數為 400 多萬人。

　　臺灣客家與石壁客家有深遠的血緣淵源關係。陳國強先生指出,「全臺灣的 400 多萬客家人中,大多數與石壁有血源關係。」②臺灣陳運棟先生在《客家人》一書中寫道:「今日各地客家人的祖先,大部分都曾在石壁村經過。」臺灣客家的石壁客家血緣,又與臺灣客家的廣東客家血緣有關,廣東客家是臺灣客家較近的血緣,石壁客家則是臺灣客家較遠的血緣。渡臺客家人直接原籍以嘉應州屬最多,約占二分之一多,其次是惠州府屬,約占四分之一,再次是潮州府屬,約占五分之一,福建汀州府最少,僅占十分之一左右。但是,嘉應、惠州、潮州各地客家人又絕大部分都是由汀州府,特別是石壁遷出的。如,據 1992 年出版的《蕉嶺縣志》記載,按清朝中期統計資料,鎮平縣(今蕉嶺縣)有 40 多個姓,其中有 16 姓明確記載是從寧化石壁輾轉遷徙而來,約占當時整個鎮平縣姓氏的百分之四十左右。加上雖未見明確記載由寧化石壁遷徙而來,但與寧化石壁有關的 7 姓(馮、吳、肖、羅、鄭、郭、溫),則總計有 23 姓氏與寧化石壁有關,幾乎占了當時鎮平全縣姓氏的一半。另外據新編《蕉嶺縣志》載,上述 16 個姓氏中,有 11 個姓氏在全縣分佈較廣,占在全縣分佈較廣的 17 個姓氏的百分之六十五左右。③ 廣東人民出版社 1992 年出版的《梅縣志·人口》從人口普查統計的資料中列出全縣人口總數的第 1 至第 24 位的姓氏及其淵源。這 24 姓資料中,遷自寧化或其石壁的有 18 姓,未載明自寧化遷出的 6 姓,這 6 姓亦同寧化及其石壁有淵源關係。如果不計算這 6 姓,18 姓亦占 24 姓的 75%。該志列出 1988 年人口普查的這 24 姓的人口總數是 440079 人,自寧化遷出的 18 姓的人口合計為 382052 人,占 24 姓人口總數的 85%。梅縣人口情況,應可代表梅州其他縣市的一般情

---

① 張恩庭《學者專家論石壁》,載何正彬、張恩庭主編《石壁與臺灣客家》第 5 頁,寧化縣客家宗親聯誼會、寧化縣客家研究會,2008 年 4 月。
② 陳國強《甯化石壁客家祖地的研究意義》,載《「寧化石壁與客家世界」學術研討會論文集》第 2 頁,中國華僑出版社,1998 年。
③ 參見黃舜琪《寧化石壁與蕉嶺的親緣關係》,載《甯化石壁與客家世界學術研討會論文集》第 306、312 頁,中國華僑出版社,1998 年。

況。① 這些資料證明了 1912 年英國傳教士艮貝爾在其所著《客家源流與遷移》一書中提出的觀點:「嶺東之客家,十有八九皆稱其祖先系來自福建汀州府寧化縣石壁村者。按諸事實,每姓的第一祖先離開寧化而至廣東時,族譜上必登載著他的名字。」

　　石壁客家祖地與臺灣客家深厚的姓氏、血緣淵源已為眾多的客家研究專家所證明。石壁本土出身的客家研究專家、全球客家‧崇正會聯合總會執行長、文化部華夏文化促進會客家研究所研究員劉善群先生通過 20 餘年的客家族譜研究、田野調查,提出:「據統計,寧化與臺灣有親緣關係的達 80 姓以上」,「臺灣客家強勢姓氏 35 個中有 26 個與寧化有親緣關係,占 75%」②。廈門大學人類學教授陳國強於 20 世紀 90 年代以來對石壁客家進行過長期、深入的田野調查,他說,「臺灣客家和非客家的閩南人多源於寧化石壁」,「如在臺灣開基的黃氏家族中的粵香派和浦西派,正是居住在寧化縣龍上裏的黃寧後裔。遍佈臺灣南北各地的丘(邱)氏家族的『三郎公』宗派,祖先即在宋太宗真宗年間到寧化石壁丘家坊開基的『三郎公』丘法言」。③ 福建省漳州市僑聯林嘉書先生指出:「筆者據近些年臺灣的 80 餘部舊譜,及其他史料統計,臺灣至少有 60 個常見姓氏中的 600多萬人與石壁客家有關,其中 300 餘萬是客家人,另外 200 餘萬是傳自石壁,又從閩南南靖、平和、詔安、漳州等地遷臺的閩南人。」④ 1998 年 10 月 16 日,臺灣世界客屬總會顧問葉英超先生受臺灣世界客屬總會委託,全權代表該會前往石壁參加第四屆世界客屬石壁祭祖大典,在接受記者採訪時說:「寧化石壁也是我的老祖宗居住地,而且是世界客家人真正的祖地」,「臺灣有 60 多個常見姓氏與寧化石壁有關,其中 300 餘萬是客家人。這些姓氏在臺灣 36 個客家強勢姓氏中有 27 個,占 75%」。⑤ 臺北市梅州同鄉會會長、《會刊》總編輯溫懷琛先生說:「梅州八縣市區近 200 個姓氏有一半以上祖先來自福建寧化。臺灣至少有 60 多

---

① 參見劉善群《客家與石壁史略》第 255、256 頁,方志出版社,2007 年 2 月。
② 劉善群《石壁與臺灣客家》,載福建省三明市《三明客家》2006 年第 2 期。
③ 陳國強《寧化石壁客家祖地的研究意義》,載「寧化石壁與客家世界」學術研討會論文集》第 2頁,中國華僑出版社,1998 年。
④ 林嘉書《客家搖籃——石壁村》,載 1987 年 3 月 3 日《華聲報》。
⑤ 張恩庭《學者專家論石壁》,載何正彬、張恩庭主編《石壁與臺灣客家》第 5 頁,寧化縣客家宗親聯誼會、寧化縣客家研究會,2008 年 4 月編印。

個常見姓氏中的 700 萬人口與寧化石壁有關。從寧化遷到各地的人,不一定以後都成為客家人。從梅州再遷出到各地的人,則至今仍是客家人。但族譜中流居寧化、石壁者是區分客家或其後裔的標志。」①石壁客家與臺灣客家的血緣淵源也為臺灣廣大客屬所認可,如,從 1995 年 11 月至 2007 年 12 月,臺灣就有 58 個客家社團組織、688 人到石壁客家祖地尋根謁祖、文化考察。據 1987～2008 年的數據,寧化在臺鄉親返鄉探親達 2000 多人次。

二、石壁客家與臺灣客家的文化淵源

1. 從臺灣客家的文化尋根看客家倫理文化的相傳

血緣作為客家族群(指漢民族之內的族群)的一個「客觀構成要素」、「原生要素」,既是實存的又是建構的。從實存看,客家族群的很多血緣可溯,中原漢人血緣一直是客家族群認同的依據,可以從眾多的客家族譜和史料中看到客家族群血緣因素的實存。然而,客家族群的血緣又是一種建構,即在在血緣基礎上建構客家倫理文化,「慎終追遠」就是客家在血緣基礎上進行文化建構的集中體現。正如中國社會科學院近代史研究所研究員、博士生導師蔣大椿教授所說的:「客家人遷徙流動生活的另一大特色是,以血緣為紐帶,以家族宗族的核心的集體群遷。但客家先民的家族已經不同於原始人的那種純以血緣為紐帶,而是已經浸透了儒家人文精神的精神特質。」②我們可以從臺灣客家的石壁尋根看到客家對中華倫理文化的固守與傳承。如,臺灣巫氏是甯化巫氏的裔孫,石壁巫氏後裔在臺歷經滄桑,不忘族源,以族源的記載來傳承倫理文化,在族譜排序、堂聯等形式中反映出來。如,嘉慶二十年汀州八邑合建家廟於府城,並由清皇敕祀為忠義堂,堂聯為:「理學衍荊傳說禮敦詩詔我後,黃連(寧化)綿世澤經文緯武屬吾家」。道光五年永定翰林巫宜福去臺灣,為巫氏作七言四句接敘字輩曰:「有唐初祖兆汀先,千載蕃昌子姓綿。支衍南安詔翼遠,宗從甯化本源傳。」臺灣南投縣魚池塘裏地區巫氏世代輩序排列為「永建乃家基寧化,大唐初祖民基革,脈之

---

① 溫懷潾《甯化風華石壁豐碑與客家精神》,載《石壁與客家》第 199、201 頁,中國華僑出版社,2000 年。

② 蔣大椿《客家與近代中國·序》,載丘權政主編《客家與近代中國》第 19、21 頁,中國華僑出版社,1999 年。

衍臺昌於世,立業有德則可嘉」。臺灣巫氏羅俊傳下四十一世禧派二十三世起輩序為「遠資殷埔,肇自平陽,徽嗣寧化,動戀傳芳,廣昌懿範,德業馨光,鴻才蔚起,威風麟祥,全球培植,萬紀繁昌」。① 巫羅俊後裔在臺灣省高雄縣鳳山鎮北裏建有北辰宮,巫羅俊不僅僅是臺灣巫氏的先祖,而且從清代起,就作為臺灣巫氏和鄉鄰的守護神祭奉。巫羅俊後裔從福建帶來「巫府千歲小神像」和「保生大帝小神像」,由各村輪流奉祀,此後留下很多關於巫羅俊顯靈保佑後裔和百姓的傳說。1983年北辰宮建成後,又發展為社區民眾活動中心、托兒所、長壽會、後備軍聯誼會、民間藝術演練場所、農事小組會議及各種農業推廣學習場所,具有更加廣泛的文化意義,但是,對巫氏先祖的紀念仍然是北辰宮不可替代的主題。北辰宮建成後,於農曆三月一日舉行了「巫府千歲」司降儀式,慶成福醮,巫姓裔孫敬立「光宗耀祖」匾額。此外,臺灣巫氏宗親總會為巫府誕辰的六月十八日敬立「平陽之光」巨匾。桃園縣中壢市巫氏宗親會也以巫府誕辰日敬「天公爐」。北辰宮的對聯也充分顯示了巫氏後裔對客家倫理文化的薪火相傳,如,「北山臨福地魏魏廟貌昭千古,辰宿列中央赫赫神威護萬民」、「北海恩罩遍施宇安民衛國,辰宮基固獨鎮裏毓秀鐘靈」等。臺灣漳化溪湖的「通天宮」、新竹巫氏「祖堂」等都有供奉巫羅俊公神像,臺灣人稱「巫府千歲」,萬人朝拜,香火不斷。20世紀80年代以來,臺灣巫氏宗親先後五次組團到寧化參加海內外巫氏宗親懇親大會,並慷慨囊助巫羅俊懷念堂的維修與擴建。鳳山市北辰宮主任趙福蔭說:「臺灣巫氏與甯化巫氏血脈相親,文化相承,民俗相通,信仰相同,今天我第二次帶團來這裏祈福,祈求風調雨順,國泰民安。」② 2009年12月,甯化巫羅俊懷念堂管委會會長巫瑞才組團300餘巫氏宗親赴臺感受兩岸同祖血脈親情,曾受到過臺灣高雄鳳山市的「北辰宮」同胞的熱情接待。從石壁巫氏與臺灣巫氏的關係,我們看到了一種血濃於水,血緣同宗和文化同根的淵源。

2. 石壁與臺灣客家相同與相似的文化事象

臺灣客家與石壁以及閩贛粵其他客家大本營有很多相同和相似的民俗事象,以臺灣「寧化村」最為典型。「臺灣客家人還保持著許多和寧化石壁基本相

① 參見劉善群《寧化與臺灣之親緣》,載《三明客家》2006年第2期。
② 據《福建日報》4月23日張麗勃　張瑞蘭《高雄鳳山北辰宮組團一行27人來寧化拜謁巫羅俊公》。

同的風俗習慣,在衣、食、住等方面,具有共同的生活特點,特別是桃園縣龍潭鄉雲淩村的興隆新村,聚居著 25 戶甯化籍鄉親,他們自稱『甯化村』。住在這裏的甯化人,為了不忘故鄉情,凡過節令、時序,或遇婚、喪、喜、慶以及語言稱謂等方面,至今還保留著甯化老家的習俗。」①臺灣客家與石壁客家同是客家人,保持很多相同或相似的習俗是不難理解的,因為它們是客家文化的體現。廈門大學陳國達、林加煌先生曾在《甯化石壁與臺灣客家》一文中說:「現在學者,大多認為臺灣來自廣東,不過從那個尋根問祖看,應追溯到甯化石壁。因為從兩地的衣、食、住等特點看,也非常相似。」②陳國達、林加煌先生從衣飾、飲食、婚喪習俗等方面列舉了臺灣客家與石壁客家的相同和相似處,如臺灣客家婦女的「終日跣足、耕田為役,無異男子」,正月初七吃的「七樣羹」,以正廳為主體兼兩廂對稱的民居格局,以及婚喪儀式等。這一系列民俗事象,雖然在整個客家民系中大同小異,但與石壁客家存在源流關係是確實的,也是客家人不忘祖先的文化傳統的體現。客家文化最重要的標志是客家方言。廈門大學黃典誠教授稱石壁為客家方言的搖籃,他認為客家話的濁音清化是在石壁形成的。他說:「大體上客家話的定型在該村(石壁)留給全部的痕跡。如『坐』念 cuò,『生病』念 shēng piàng。凡是普通話調 b、d、ɡ、z,客話講 p、t、k、c。《康熙字典》那個《等韻切音指南》上都是一個全黑的圈子,如『永定』的『定』,一定講 tin。這個音的形成,我現在初步認為也許就在石壁村。所以現在客家話全部都有這個特點。西至四川,東至臺灣,南至南洋,沒有例外,這一口氣是從石壁村吹出來的。」③石壁客家與世界客家存在文化淵源關係,臺灣客家應在其中。

3. 臺灣客家對石壁客家先民和河洛文化根性精神的傳承

客家精神有很多的概括,但最為精練而形象的概括是「硬頸精神」,這也是在臺灣客家中最公認的對客家精神的概括。臺灣客家學者溫懷獉說:「『客家精神』的詮注,筆者認為最傳神當下可解,不必以多的文字或口頭語言闡釋直截了當而言簡意賅的,就是『硬頸精神』。記得 55 年前,曾聽族叔溫紹儀先生(當時

---

① 餘兆廷《臺灣客家與甯化石壁的淵源關係》,載《甯化石壁與客家世界學術研討會論文集》第 97 頁,中國華僑出版社,1998 年 9 月。

② 陳國強、林加煌《石壁與臺灣客家》,載《石壁之光》第 61 頁,廈門大學出版社,1993 年 11 月。

③ 見黃典誠在閩西地區專業志稿業務討論會上的學術報告,載龍岩市《閩西方志通訊》第 2 期第 86 頁。

是梅縣縣立中學校長)講我們溫氏是來自福建寧化,說到做人要有『硬頸精神』這是祖先從甯化傳下來的話,印象至為深刻。」他又說:「筆者多年理解搜證探索,是唐初時,有一批客家先民遷到了福建黃連峒(寧化),當時是莽莽蒼蒼森林茂密,山野地荒,大家都來拓墾開發,可是當時客家先民少,而其他族群和土著較多。都覬覦客家先民墾殖的成果,便無事生非做欺侮壓迫的行動,有所謂三口(禾口、江口、溪子口)鬥玉屏(石壁別稱)之說,傳說有老者率先號召大家團結起來,叫把頸脖子硬起來,大家要堅韌不屈,硬而不屈,堅而不摧,硬挺如壁,後來把不善者驅逐了,石壁人以堅硬精神戰勝克服了困難,從此把這種精神,一代一代傳下,成了耳熟能詳的話頭,代表了客家人『堅毅團結不認輸,頂天立地站起來』,只見一義,只辨是非,只認正義,只認公理,自反而縮千百人吾往矣。」。① 在客家先民集聚的石壁時期,客家人的這種品性已經基本形成。可以將客家「硬頸精神」視為客家基本精神。客家基本精神是在客家先民的遷徙和物質生產的開基拓荒過程中形成的,石壁是客家基本精神形成的最重要地區。誠然,「硬頸精神」只是一個形象化的比喻,其內涵主要體現在「四海為家」和「開拓進取」兩個方面。「四海為家」是客家獨特的品性,與母體漢民族整體的文化性格有明顯的不同,但又是對漢民族根性精神的傳承;開拓進取集中表現在四海為家中,顯示的形態則是「硬頸精神」。客家民系的成熟與壯大是以「硬頸精神」這一基本精神作支撐的。在石壁廣為流傳的客家民諺是客家基本精神的見證。如「人爭氣,火爭焰」,「只有上唔去的天,沒有過不去的山」,「不怕愕(蠢),只怕做」、「竹篙叉,又對叉,靠來靠去靠自家」,等等。臺灣客家渡海墾殖,歷經艱難,靠「硬頸精神」不斷開創新的基業。「硬頸精神」又是對中華文化的根性文化的繼承,河洛文化是中華文化的根性文化。客家與河洛既有姓氏、血緣淵源,更有文化淵源。客家自稱河洛人,客家一副長聯反映了客家根在河洛:「客系何來?本黃裔後胄,三代遺民,世居河洛,自晉初、戰亂兵凶,衣冠南下,經唐災、曆宋劫,籍寄遐荒,蓽路藍縷創四業,溯淵源、千年稱客實非客;家鄉哪處?數遠祖先賢,中原舊族,轉徙粵閩,從宋末、居安業定,駐足梅州,複明播、繼清遷,群分邊郡,瓜瓞綿延遍五洲,同根柢,四海為家就是家。」誕生於河洛地區的中華民族始祖創造了燦

_____

① 溫懷粦《甯化風華石壁豐碑與客家精神》,載《石壁與客家》第 193 頁,中國華僑出版社,2000 年。

爛的中華早期的物質文化成果,中華從此邁進了文明時代的門檻。中華始祖的頑強開拓精神是河洛文化的原初精神,它一直激勵著後人,成為中華民族精神的核心。中華始祖的頑強開拓精神在《周易大傳》中以一句話概括:「天行健,君子以自強不息。」自強不息的開拓精神是河洛根性文化的重要特徵,也是客家文化的精粹。客家民系的全部歷史就是不斷開拓進取的歷史,其遷徙的艱難和創業的艱辛為漢族其他民系所不及,所取得的成就更是舉世矚目。對這一根性精神,客家自己引為自豪,稱之為「硬頸精神」是很恰當的。無論是臺灣客家、石壁客家還是整個客家民系,之所以能夠在艱難的遷徙、拓荒過程中自強不息,其精神支撐之一就是對河洛文化中的自強不息精神的傳承和廣大。臺灣客家雖然與大陸隔海相望,但是,客家之間的文化淵源卻是不可割裂的,而客家與中原河洛的血緣、文化淵源也是割裂不斷的。

（作者為三明學院客家文化研究所所長、教授,福建省客家研究聯誼會理事,寧化縣客家研究中心顧問）

河洛文化與客家文化傳承關係之研究

劉煥雲

Abstract：：Heluo region is not only one of the origin and the orthodoxy of Chungyuan culture but the origin of Hakka culture which is around world. Min, Yue and Gan regions are home of the Hakka people now. However, tracing the Hakka origin to the past, people acknowledge that the Hakkas are the descendants of people from Chungyuan culture. There were many immigrations in Hakka history. They moved from Chungyuan region to southern China and moved to Taiwan, Southeast Asia and places throughout the world. The essay talks about the relationship between Heluo and Hakka culture and explains that the Hakka culture is inherited from Chungyuan culture. As a result, to honor Hakka culture is to honor Chungyuan Heluo culture which known for its long history.

一、前言

21 世紀是中國人的世紀,中國正走向穩健發展的道路,邁向富強、康樂與和平統一。21 世紀全球化潮流之下,海峽兩岸的中國人不得不努力追趕西方,力圖國家之現代化。但是愈追求全球化與現代化,就愈益發現傳統中國文化蘊藏的無盡寶藏,此一文化傳統富藏正是中國得以吸收西方新文化的一個重要憑藉。正如高達美(H. G. Gadamer)和麥金泰(A. MacIntyre)不約而同所說的,所有的人都是被其文化傳統所支持,使每個人擁有一個有意義的視域,透過傳統的支持

與了解,人才能夠走出封閉而對外開放,活化每一個傳統。① 今日海峽兩岸的中國人必須重新詮釋中華傳統文化,尤其是中華文化主流之河洛文化與中原文化傳統,希冀傳統文化在夠構建和諧社會,發揮思想指引的功能。

二、中原文化與河洛文化

中華文化孕育已久,豐富而又多元。中華文化起源於中原地區,「中原」一詞,最早出現於《詩經・小雅・小宛》及《詩經・小雅・吉日》,各有「中原有菽,庶民採之。」、「瞻彼中原,其祁恐有。」的字句,都提到「中原」。② 中原不僅是一個重要地區,而且是一個重要的文化區,而河洛地區又是中原地區的中心區。③

《史記・封禪書》說:「昔三代之君,皆在河洛之間。」中國之河洛,也可以稱「中國」;而河洛人士,實乃道地「中國人」,其語言是「河洛話」,也就是「雅言」,孔子以為《詩》、《書》、《禮》、《樂》皆「雅言」,也相當於「官話」。以現在來說,就是「國語」。夏、商、周、漢四代之君,皆在河洛之間,河洛地區是中國古代各民族交會、衝突、雜居和融合同化的重要地區。④ 河洛文化是中原文化與黃河流域文化的核心,河洛文化是中華民族傳統文化的主要根源,也是中華傳統文化的主流和核心,也是客家民系文化與根的源頭。

三、客家文化與河洛文化

客家先祖或以國名為姓、或以祖先封地或諡號為姓,大都是由中原因避難而往南遷居的。現今,全世界各地出版的《世界大百科全書》或辭典,都有關於「客家人」的專條,說明客家人是從北方河洛地區遷移到中國南方各省與臺灣的。客家人自認為客家文化的「源頭」與「根」是在中原。

專就河洛文化與客家文化的傳承關係而言,從以下幾點可以看出其中的傳承關係:

---

① Hams – Georh Gadamer, Truth and Method, trans. By G. Barden and J. Camming London, Sheed Ward Ltd. 1975, p245～253。及 A. Maclntyre, After Virtue – A Study in Moral Theory Univesity of Norte Dame Press, Indiana, Second Edition 1984, p222。

② 屈萬里《詩經釋義》,中國文化大學出版部,1988 年 5 月,頁 228～258。

③ 程有為《河洛文化概論》,河南人民出版社,2007 年 10 月,頁 7。

④ 程有為《河洛文化概論》,河南人民出版社,2007 年 10 月,頁 15。

1. 客家語言

語言是族群文化命脈之所繫,客家人最珍貴的共通資產就是客家話。[1] 客家話人擁有最遠古的中原語言,在歷史的發展上,許多客語字在國語的字典上找不到,必須在《康熙字典》裏才能找到。[2] 客語中有許多保留古代語言習慣用法,例如:「移動」就是「徙」,客語中「徙屋」、「徙走」、「徙開」,都是古音古字。[3] 客家語言與古籍相應者有數百條,而今日國語已不復存在的實例,以下簡要表列若干條:

表一:古例、國語與客語用字表

標號	古例	國語	客家話
1	《說文》:「歕,吹氣也。」 《文選·班固〈東都賦〉》:「吐燄生風,欻野歕山。」	吹嗩吶	歕笛せ(歕,音 pun5)
2	《荀子·王制》:「餘若丘山,不時焚燒,無所藏之。」	常常出國	不時出國
3	《禮記·少儀》:「掃席前曰拚」。 《儀禮·聘禮》:「至於朝,主人曰:『不腆先君之 ,既拚以俟矣。』」賈公彥《疏》:「拚者,掃除之名。」	大掃除	大拚掃(拚掃,音 bian sou)
4	《說文》:「葩,華也。」 段注:「葩之訓華者,艸木花也。」	一盞電燈	一葩電火(葩,音 pa)
5	《說文》:「迭,更迭也。」 《呂氏春秋·知分》:「以處於晉,而迭聞晉事。」高誘注:「居於晉,數聞三晉之事。」	一而再, 再而三地…	迭迭,音 giap giap)
6	《說文》:「晝,日之出入,與夜為介。」	下午	下晝
7	《說文》:「回,轉也。」	一定準時回來。	一定準時轉來。

① 羅肇錦《臺灣客家話的現況與走向》收於《客家文化研討會論文集》,雨虹,1994 年,頁 3~8。
② 楊政男《客家話漢字書寫問題之研究》收於曹逢甫、蔡美慧編《臺灣客家語論文集》,文鶴出版有限公司,1995 年 2 月,頁 127。
③ 楊政男《客家話漢字書寫問題之研究》收於曹逢甫、蔡美慧編《臺灣客家語論文集》,文鶴出版有限公司,1995 年 2 月,頁 129。

標號	古例	國語	客家話
8	《尸子》卷下:「海水三歲一週流,波相薄,故地動。」 《呂氏春秋・音初》:「文王即位八年而地動。」 《史記・孝景本紀》:「五月丙戌,地動,其蚤食時復動。上庸地動二十二日,壞城垣。」	地震	地動(音 tii tung2)
9	《左傳・莊二十八年》:「臧孫辰告糴於齊」,何休注:「買穀曰糴」。	買米	糴米
10	《荀子・正論》:「太古薄葬,棺厚三寸,衣衾三領。」	一件衣服	一領衫
11	《玉篇》:「踉蹡ㄌ,急行。」 ◎文天祥《五月十七日大雨歌》:「壁下有水穴,群鼠走踉蹡。」	趕快逃離。	踉蹡(音 lap fang)
12	《詩經・豳風・鴟鴞》:「餘所捋荼。」	將一穗稻米粒滑取下來	將稻米捋下來(捋,音 lut)
13	《唐書・武后傳》:「恐百歲後為唐宗室躪藉。」 《李白・李花賦》:「雖躪轢之已甚。」	千人踩芥菜	千人躪芥菜。躪,踐踏,(音 ling4)

2. 生命禮俗

客家人遷徙到各地,但都傳承著古代中原的禮俗。

(1)婚姻禮俗

從客家人的婚姻禮俗儀式中,仍可看出源自於中國古代的禮俗儀式,是以《禮記》《昏義》:「納采、問名、納吉、納徵、請期、親迎」等所謂三書六禮為依歸。[1]。試以婚後禮來論,客家婚後禮方面,有 1.「上廳」:即古禮的「廟見」或「見姑舅」之禮。[2] 2.「三朝」:新娘初次下廚作羹湯。3.「歸寧」:俗稱「做客」或「轉外家」。新婚第二天,新婚夫婦要用豬頭和菜餚祭祀祖先,虔誠跪拜祖先,稱為「上廳」,即是古禮「廟見」之遺意。[3] 新婚第三日,新娘開始下廚做菜飯,或料理家庭雜物,稱為「三朝」。唐朝詩人王建「咏新娘詩」云:「三日下廚下,洗手作羹

① 林志強、楊志賢《儀禮漫談》,頂淵文化事業有限公司,1997 年 3 月,頁 34～43。
② 見黃有志《社會變遷與傳統禮俗》,幼獅文化事業公司,1992 年 11 月,頁 89～90。
③ 陳拱初等《中原客家禮俗實用範例》,中原週刊社,1973 年 8 月,頁 5。

湯,未諳姑食性,先遣小姑嚐。」從此詩可知,客家婚姻禮俗,具有道地的中原遺風,仍舊保留了巨大中原的文化遺產。①

（2）喪葬禮俗

客家喪禮一直是傳承著出自《禮記》的《喪服小記》、《喪大記》、《祭法》、《祭義》、《祭統》、《奔喪》、《問喪》、《服問》、《閒傳》、《三年問》、《喪服四制》等章和《孝經》的《喪親章》與《儀禮》等書所記載的喪葬儀式與精神。

試舉客家臨終禮節,客家文化重倫理,篤親情,當見到病人臉色蒼白,眼耳鼻舌縮小變形時,隨即將病人由房中移至廳下臨時鋪設之禾稈或草蓆之床板上,稱為「徙舖」。客家古禮在病人氣若游絲斷氣前,會在病人口鼻前置放新棉花,測試病人是否已經斷氣,此即是《禮記・喪大祭》所謂:「屬纊以俟絕氣」的意思。②

當病人氣絕,全身逐漸冰冷時,子孫大哭,一面舉哀,一面在廳前掛上白布,稱為「孝帘」,又稱為「白遮」。③ 客家喪禮中的「辭生」,乃表示死者與生人之離別。

現今臺灣之客家傳統喪葬禮俗,大致保留了大陸客家的喪葬禮俗。

3. 客家山歌

客家民謠俗稱「山歌」,客家人在中原南遷的過程中,唱山歌早流傳了一千多年。客家山歌的起源,有兩種說法。第一,認為客家山歌源於唐詩。中國文學的發展,由河洛地區的詩經到楚辭、漢賦而唐詩,再演變而為「詞」。客家先祖因與中原正統文學的「宋詞元曲」隔絕,不過仍紹承漢賦、唐詩的流風餘緒,發展而成為山歌。④ 山歌與中原詞曲都是源於唐詩,留在中原的,發展成宋詞元曲;隨著客家人帶到南方的,就成為山歌。

第二種說法則認為山歌並非源於唐詩,山歌與唐詩都是同樣源於古代的民歌。⑤ 客家先民祖居中原,中原早在周代,就已流行民歌。客家山歌與詩詞,並非源頭與支流的關係,而是同宗同源於古代民歌。客家先民在南遷之前,即有類似山歌的民歌,他們在南遷的時候,傳播著中原文化,使用中原口音,口唱中原民

① 陳拱初等,《中原客家禮俗實用範例》,中原週刊社,1973 年 8 月,頁 5
② 見王雲五主編《禮記今註今譯》,臺灣商務印書館,1979 年 2 月,頁 571。
③ 徐清明《重修苗栗縣志住民志・卷五上冊客家族群篇》,苗栗縣政府,2007 年 3 月,頁 34。
④ 胡泉雄《臺灣客家山歌經典 3》,胡泉雄自印,2002 年 10 月,頁 8。
⑤ 胡希張、餘耀南《客家山歌知識大全》,梅州出版社,1992 年 8 月,頁 3～15。

歌。因為漢文學的發展過程,民歌與詩詞相互影響,其體裁均由四言體轉而五言體,最後為七言體取代,這就是客家山歌與各地民歌都類似唐詩而同為七言四句的原因。綜上所述,不管何種論調與說法,可以證明客家山歌與中原之河洛文化有密切的關係。

4. 客家宗族組織

家族制度為建構漢人社會重要的核心價值,而宗族是由男系血緣關係的各個家庭,在宗法觀念的規範下組成的社會群體。① 儒家對祖先的祭祀,是一套宗法觀念及禮法制度的傳承,是故「尊祖故敬宗,敬宗故收族。尊祖故敬宗,敬宗所以尊祖禰也。」②

中國歷代官方即建有家廟,宗廟是天子祭祖的場所,而公卿貴人則是在墓旁蓋祠堂祭祀祖先。③ 漢代則是在墓旁立廟以祭祀祖先。魏晉南北朝時期,允許士大夫及庶人在家中祭祀,其名稱為「家廟」;這是出現最早「家廟」的名稱。到了唐代,祭祖多半是在家廟舉行,而祠堂是屬於公眾祭祀的場所,如唐太宗「贈殷比干為太師,諡曰忠烈,命所思封墓,葺祠堂,春秋祠以少牢,上自為文以祭之。」④清人趙翼言:「唐以後士大夫各立家廟,祠堂名遂廢,若唐世所傳家廟碑、先廟碑之類,罕有名祠堂者。」⑤唐代以後,家廟取代了祠堂。

明世宗嘉靖年間(1522)採納大學士夏言的建議,正式允許民間皆得聯宗立廟,從此宗祠遍立,祠宇建築到處可見。又有所謂統宗祠,又稱大宗祠,是數縣範圍內同一遠祖所傳族人合建的。如廣東嘉應州,溫仲和在《嘉應州志·卷八禮俗》中指出:

> 俗重宗支,凡大小姓莫不有祠。一村之中,聚族而居,必有家廟,亦祠也。
>
> 州城復有大宗祠,則併一州數縣之族而合建者也。⑥

---

① 馮爾康《中國古代宗族與祠堂》,臺灣商務印書館,1998 年 9 月,頁 9。

② 萬斯大撰,黃梨洲點定《經學五書(上)》《學禮質疑·卷一·宗法一》,廣文書局,1977 年,頁 70。

③ 司馬光《司馬溫公集》卷 79《文潞公家廟碑》,臺灣中華書局,1987 年,頁 570。

④ 《舊唐書》卷 3《本紀第三》,藝文印書館,頁 57。

⑤ 趙翼撰,楊家駱主編《陔餘叢考》卷 32《祠堂》,世界書局,1990 年 11 月,頁 366。

⑥ 梁居實初吉,溫仲和覆輯,《光緒嘉應州志》卷八禮俗,成文出版社,1989 年,頁 249。

　　黃釗著《石窟一徵》卷四《禮俗一》的一段記載,清朝客家地區家廟制度非常發達,各階層家廟的規範嚴明,興建追遠報本之祠堂種類也眾多。[1] 以臺灣而言,臺灣早在康熙晚期,就有合約字宗祠的記載,如《重修臺灣府志》卷十三《風俗一》即有:臺鮮聚族,鳩金建祠宇,凡同姓者皆與,不必其同枝共派也[2]。

　　客家人大量來臺開墾之後,為懷念祖先德澤,於是興建祠堂,或籌建家廟,藉以教化子孫,永志祖訓,每年舉辦春秋二祭,紹祖繼述,敦親睦族,延續源自於中原文化祖先崇拜的傳統。

四、結論

　　中華文化有一種源自文化認同與歷史承傳的精神紐帶,正因為歷史上經常遇到考驗,更積累了內在的強韌。一國有一國的發展戰略,中國大陸的戰略目標是到本世紀中葉,基本實現現代化,致力於弘揚中華優秀文化。[3] 客家文化之傳承與創新,或建構客家文化發展戰略必須有一套方法去發展自我,亦必須提供一個適當的行動方式。[4] 要綜合與重構現代文化的意義,必須先對文化傳統進行「過濾」,才有可能創出新的文化產物。就存有學的觀點言,存有是一切開顯的原始動力。[5] 用海德格的觀念來說,一切有意義的文化,都是「存有」在某一時代開顯的結果。兩岸所有的中國人不應忘記,「人是一待成者,不是一已成者」,作為一文化主體的我們,不僅要奮勉於文化的尋根與傳承,向時也應該以文化的主體身分,進行文化的創新,共同為泱泱大國的文化建設而努力,也共同為中華傳統文化的再生及現代化中華文化的建立,奠定萬世不朽的根基。

（作者為臺灣聯合大學客家研究學院全球客家研究中心副研究員、博士）

---

[1]　黃釗《石窟一徵》宣統元年重印本,學生書局,1970 年,頁 157～158。
[2]　范咸《重修臺灣府志》,中華書局,1984 年影印本,頁 2074。
[3]　2010 年 9 月 23 日,溫家寶在聯合國大會講話。見聯合報 2010 年 9 月 24 日頭版。
[4]　參見沈清松《現代哲學論衡》,黎明文化事業公司,1985 年 8 月,頁 463～468。
[5]　Heidegger M. ,Sein und Zeit, Tubingen;*Max Niemeyer*, 1960, p. 38－42。

中原文化是閩粵臺客家文化搖籃

呂清玉

Abstract：The Heluoculture has spreded in Fujian and Taiwan through the immigaion from Henan province and zhongyuan area. The ancestors of Hakkas were from Zhongyuan area. The heluoculture as accent and folk customs of Hakkas in Fujian, Guangdong and Taiwan are the same root. The root of the culture is in zhongyuan area. The Hakkas in Fujian, Guangdong and Taiwan ofen help eachorther. They unite as dear broher. They are builtding the motherland very hard together.

《三明市志·人口》記:「東漢至西晉,中原戰亂,許多漢人南下入閩避難,與當地閩越族人共同生活,逐漸同化,形成漢族。」古代中原移民到閩臺,由移民牽線兩地結成親戚。大批移民到閩是晉代開始,唐初宋末掀起移民熱潮。客家先民從中原遷徙五大批到贛閩粵,創立了新民系:客家民系。

一、古代中原移民傳帶姓氏文化到閩粵臺

河南是姓氏根文化大省。在 300 大姓中,起源於河南的姓氏 176 個。在 100 個大姓中有 78 個姓之源頭或部分源頭產自河南,如李、王、張、劉、陳、林、鄭、黃、孫、宋、謝等。福建於秦漢時期建立閩越國. 貴族才有姓,老百姓沒姓。勾踐為無諸之後代。晉永嘉年間,中原入閩有八姓:林、黃、陳、鄭、詹、邱、何、胡。。唐總章二年(669),陳政率府兵 3066 人戰將 123 人入漳浦縣,其母、兄與兒子元光也來,共 8000 餘人 80 多姓:如陳許盧戴李顧馬張沈黃林鄭等。唐末王緒與王審知兄弟帶兵 5000 人 70 多姓入閩,有王、陳、林、劉等。宋代後期河洛人紛紛南下進閩,有趙、簡、遊、范、姜等姓。閩人祖籍在固始的有 1 千多萬人。

　　早期入臺的客家人有在臺海謀生的林道乾集團,(惠州人,1566年去臺)與吳平,曾一本的部屬等。公元1586年,廣東揭陽馬義雄周瑞森敬奉故鄉霖田廟三山國王的香火入臺,於鹿仔港登岸,轉抵漳化縣肇霖宮。明代晚期,客家人曾為荷蘭人當過翻譯。隨鄭成功遷臺的有20多姓:蕭莊簡吳張等,詔安縣邱氏(鄭馮等姓祖根都在河南)。南靖黃氏等共12萬人,客家人4.8萬人。客家人佔當時臺灣總人口的三分之一。粵東等地客家人也去很多。臺灣客家大部分是由寧化長汀梅州等地遷移而去。1926年全臺漢民375萬人祖籍閩者310多萬,佔83%強,泉州佔44.8%,漳州佔35.1%。廣東客家佔第二位。客家有68姓源自河南。1953年臺灣當局普查戶籍,在人口500戶以上的100個姓氏中有63姓的族譜記載祖籍在光州固始.共67萬多戶,佔臺灣總戶數的81%。若加上洛陽(媽祖林默等尊貴名人的祖籍在此)鄭州等地的人口,相當於閩粵人入臺的人口。1956年臺灣人口中閩南人佔74.5%,客家人佔13.2%,臺灣也沿用中原姓氏,有1542姓。2007年臺灣人口2280多萬,前十大姓為:陳、林、黃、張、李、王、吳、劉、蔡、楊,佔全省52.79%。前一百大姓佔全省人口96.54%。

二、閩粵等地客家將中原郡號傳到各地

　　郡號是某姓的祖籍祖地,由此可知其親緣關係。下面以上杭103姓與廣東梅縣100個大姓為例,說明客家祖先在中原。客家在海內外使用並宣傳了這些郡號郡望,屬河南地區的郡號共24個,佔一半以上。其餘郡號基本上屬於中原地區的。

　　民國《福建上杭縣志》卷八《氏族志》記載了該縣客家姓氏的郡號與始遷情況。其103姓的郡號中絕大部分是中原一帶的郡號:如葉方等姓在河南。

　　在梅州客家一百個姓如包、戴、卜、鄧、蔡、董、曹、杜、彭、段等姓中祖籍在河南、河北、山西、山東、陝西等省的客家先民佔94%。可見客家之根在中原。請看下表。

　　梅縣100大姓郡號與河南山西等省對照表:

　　(按:表中內容分类为序號、姓別、郡號、客家先民祖居地)

1　李　隴西　今甘肅臨兆(臺灣二十大姓);

2　張　清河　今河北清河(臺灣二十大姓);

3　黃　江夏　今湖北武漢(臺灣二十大姓);

4　陳　潁川　今河南許昌(臺灣二十大姓);

5　劉　彭城　今江蘇徐州（臺灣二十大姓）；

6　鐘　潁川　今河南許昌；

7　葉　南陽　今河南（臺灣二十大姓）；

8　楊　弘農　今河南靈寶（臺灣二十大姓）；

9　曾　魯郡　今山東曲阜（臺灣二十大姓）；

10　謝　陳留　今河南開封（臺灣二十大姓）；

11　溫　太原　山西；

12　林　西河　今山西臨汾（臺灣二十大姓）；

13　吳　延陵　今江蘇武進（臺灣二十大姓）；

14　羅　豫章　江西；　　　　　15　梁　安定　甘藷；

16　王　太原　今山西太原（臺灣二十大姓）；

17　廖　河南　河南；

18　丘　河南　今河南洛陽（臺灣二十大姓）；

19　古　新安　山西；

20　賴　潁川　今河南許昌（臺灣二十大姓）；

21　何　東海　山東；　　　　　22　鄧　南陽　河南；

23　餘　下邳　江蘇；　　　　　24　侯　上谷　河北；

25　朱　河南　河南；　　　　　26　鄒　范陽　河北；

27　熊　江陵　湖北；

28　郭　太原　今山西太原（臺灣二十大姓）；

29　肖　蘭陵　山東；

30　洪　敦煌　今甘肅敦煌（臺灣二十大姓）；

31　宋　京兆　陝西；

32　鄭　滎陽　今河南滎陽（臺灣二十大姓）；

33　盧　范陽　河北；　　　　　34　潘　滎陽　河南；

35　徐　東海　山東；　　　　　36　黎　京兆　陝西；

37　凌　河間　河北；　　　　　38　沈　吳興　江蘇；

39　周　汝南　今河南上蔡（臺灣二十大姓）；

40　蔡　洛陽　今河南民權（臺灣二十大姓）；

41	巫	平陽	河南；	42	管	平昌	山東；
43	饒	臨川	山西；	44	藍	汝南	河南；
45	彭	隴西	甘肅；	46	江	濟陽	山東；
47	范	高平	河南；	48	卜	西河	山西；
49	胡	安定	甘肅；				
50	許	高陽	今河北高陽(臺灣二十大姓)；				
51	曹	譙國	安徽；	52	馮	上黨	山西；
53	房	清河	河北；	54	湯	范陽	河北；
55	伍	安定	甘肅；	56	池	西平	山西；
57	姚	吳興	江蘇；	58	呂	河東	山西；
59	孫	太原	山西；	60	章	河間	河北；
61	高	渤海	河北；	62	翁	鹽官	浙江；
63	杜	京兆	陝西；	64	魏	鉅鹿	河北；
65	利	河南	河南；	66	夏	會稽	甘肅；
67	幸	雁門	山西；	68	邱	河南	河南；
69	傅	清河	河北；	70	趙	天水	甘肅南；
71	塗	豫章	江西；	72	闕	下邳	江蘇；
73	莊	會稽	甘肅；	74	申	魏郡	河北；
75	龔	六桂	甘肅；	76	俞	河間	河北；
77	童	雁門	山西；	78	戴	譙國	安徽；
79	程	安平	甘肅；	80	白	南陽	河南；
81	唐	晉陽	山西；	82	田	雁門	山西；
83	嚴	天水	甘肅；	84	薛	河東	山西；
85	麥	始興	廣東；	86	蘇	扶風	陝西；
87	危	臨川	山西；	88	歐	平陽	河南；
89	葛	潁川	河南；	90	詹	河間	河北；
91	顏	魯國	山東；	92	馬	扶風	陝西；
93	柯	濟陽	山東；	94	練	河內	河南；
95	陸	河南	河南；	96	方	河南	洛陽；

97　石　武威　甘肅；　　　　98　連　上黨　山西；

99　萬　扶風　河南陝西　　　100　刁　弘農　河南；

此外還有巷、沙、阮、駱、袁、韓、鮑、潘、尤、丁、褚、元、山、懷、聞人、韓、岑、樂、仇、棗、瞿、姬、終、隆、百、畢、穆、荀、茹、向、司馬、淳於、談、南門、葛、司、公羊、司空、公西、路、薊、幹、拔拓、虞、經、牧、顧、藤、蕭、諶、於、齊等也屬於河南、山西等郡治。

三、客家祖地寧化石壁，祖域三明

當前全球客家人約 1 億，贛州地帶約 800 萬，閩臺客各 500 萬左右。，閩客主要在閩西，閩西南與臺灣山區丘陵地等。

南宋王朝南遷，北方移民蜂湧而至。江西客家人往閩移進到汀州的寧化石壁地區（包括現石壁，淮土等鄉村）。由於該區土地廣闊，交通方便，物產豐富，森林密布，人員較少，容納許多人。鄰近石城的石壁成為移民中轉站，在石壁，客家語言文化民俗等有新的長進，更加成熟。聚居 100 多個姓。陳林鄭方等姓又從此遷移到長汀、上杭、梅縣等地。該地有客家公祠，世界各地及臺灣許多人來此尋根謁祖。鄭州大學教授崔燦說：「寧化石壁在客家方言整合統一方面起了重要作用，為客家民系的形成打下基礎。客家民系的形成是從這裡開始的。」當前石壁鄉較小。石壁週鄰寧化老客家社區也應屬於祖地範圍。從寧化衍播到臺灣等地的姓氏共 160 個。有李王張劉陳林等等。全球客家姓氏共有 170 多個。

「北有大槐樹，南有石壁村」。客家祖地寧化石壁的姓氏來源與中原關係密切。從統計石壁客家公祠祭祀的原 151 個姓氏中有 120 個姓來自河南、山西、河北、陝西等 6 個省份：河南 30，山西 27，河北 22，山東 14，陝西 12，江蘇 9。以下舉寧化的 2 個例子說明。1. 鄧姓，商王武丁封其季父曼公鄧（河南鄧州）建立鄧國，後裔以國為姓，以南陽為郡。寧化安遠至宋代有忠郎公自河南塗水縣遷入寧化鄧家塘，為當地一世祖。2. 丘姓，大始祖炎帝神農氏，長於陝西薑水，以薑為姓，十八世姜太公姜（呂）尚第三子穆居河南衛輝府封丘縣，後裔以地為姓即丘之始。生二子：銶、鑺。八十一世禮郎於唐長慶三年（823）遷居寧化招賢裏雙溪口石壁咀。福建三明市是客家大市，全市共 12 縣市區中有 10 個是客屬縣市區（包括寧化等），其餘 2 縣也有客家人。在 268 萬人中客家人佔絕大多數，成為客家祖域，海西明珠。梅州 200 姓氏中有以上有一半以上源自寧化。

四、閩臺客家同種同文

　　古羅馬帝國大屠殺猶太人。有識之士跪著哀求留下一所小學。君王答應。星星之火，可從燎原。這所小學成為傳播了猶太人種與文化的聖火。當今以色列成為世界有影響的國家。中國的象形文字在世上是獨創。文字富有豐富內涵，又形象化，很有創意。它保存、傳播了中華文化。中原與客家人有血緣、文緣、語緣、法緣、神緣、俗緣等。同文是很重要的特徵之一。它是教育主要工具，是社會交際的工具，文化傳承的載體。上億的古籍檔案族譜著作等都要文字傳播。如老子道德經，四書五經等。閩臺客家至今仍堅持應用自中原傳播的漢文，許多人抱著族譜與香火遷移到閩臺及國外。

　　中原文化歷史悠久，8000多年在河南舞陽湖遺址中發現原始文字。商朝文化中最突出的成就是發明甲骨文，創於安陽一帶。它記載了商代政治經濟文化等。郾城人許慎著《說文解字》是我國首部系統分析字形，考察字源的工具書，是世界最古老的字書字典之一。蔡邕創造了飛白書，潁川（今禹縣）劉德昇創造了行書。篆書楷書小楷草書等與中原有淵源關係。河洛文字在中國史上遙遙領先。北宋滅亡前3000多年洛陽、鄭州、開封等地是全國政治文化中心，人才濟濟，文化發達。南下移民與官士文人將漢文傳到閩臺。通過大辦儒府書院私塾等形式提高了閩臺人民的文字水平。

　　書中自用黃金屋。客家人以耕讀傳家，再窮也要讓孩子唸書。客家人讀書成才，人才輩出。孫中、葉劍英、郭沫若等都是風雲人物，為中國人民做出巨大貢獻。三明客家名人甚多，閩學四賢中三明有楊時、羅從彥、朱熹。揚州八怪中有黃慎，有書法家伊秉綬等。三明四位狀元都出自客家縣寧化泰寧等。臺灣教育、國學、儒學、文學等都很發達，大學100多所。醫學、國學、電子、化工等領先。臺灣大學生與大陸大學生比賽演講，各有千秋。許多學生想到臺灣求學深造，交流合作。當今臺灣仍堅持使用中國傳統文字：繁體字，國學大師南懷瑾的叢書與華嚴長老星雲大師等名師的叢書充佔大陸各地書架。馬英九、吳伯雄、宋楚渝等領導漢文水平高，口才好，喜歡寫毛筆字，批文件，常給人題字。今年2月在臺舉行兩岸記念辛亥革命－百週年書畫展覽，馬、吳、宋等領導題字。王金平先生興奮地說，以文化聯繫感情，兩岸民族感情更加深化，生動地展現出來。

中華文化深入臺灣人心,深受大眾喜愛。兩岸同文同種,是骨肉同胞兄弟姐妹,應加強交流合作,共同提高水平。

五、中原農耕文化在閩臺開花結果

《三明市志·人口》記:「中原漢民大批入閩,並在唐、五代達到高峰。這些人帶來中原先進的文化和生產技術,促進福建經濟的發展。」當時,中原以農耕技術在全國領先。今日河南仍是農業大省,主要產糧區。這主要歸功於炎帝(神農氏),他發明了農業,農具及技術等,斫木為耜,揉木為耒,教民藝五穀,率眾栽培種植百穀,種糧養活了大眾。他在中原河洛地區播下種子,倡導商品交換,發展了經濟,帶動了全國。他首次教導大眾用食用鹽,大促健康。為救治廣大農民與百姓,炎帝親口嘗試200多種草藥,因中毒而犧牲。他被尊為醫祖。

原來在閩山區的土著刀耕火種,游牧狩獵,手工生產,產量很低,生活艱難。中原移民將先輩富有幾千年種植經驗的先進農耕文化,先進工具與技術帶到閩地荒山密林,開發耕種了一片又一片土地。客家人以耕作為本,他們開闢了大批梯田,形成了閩粵贛交界的客家大社區。明代以後是中國經濟發展的非常重要時期,最典型的特徵是對山區的開發,客家人對山區農業的開發貢獻很大。明清時期是客家遷移的活躍期,也是中國的邊疆山區海島開發的重時段。清代客家大量向大西南遷移,也向臺灣等海島進軍,中原農耕文化在臺灣開花結果。閩粵客家人遷臺後在桃園、苗栗、臺中、高雄、屏東等山區開發,為臺灣的繁榮作出巨大奉獻。在臺灣已形成客家人與閩南人兩大族群社區,推動臺灣農耕文化的普及。臺灣蔗糖甜,稻米香,不是炎黃子孫河洛兄弟的功勞嗎? 臺灣成為四小龍之一,不也是中華民族艱苦奮鬥的成果嗎? 飲水不忘掘井人。吃飯不忘神農氏!

六、客家傳承中原民俗

血統、方言、風俗是區別一個民系的三大標志。客家基本保存古代中原的民俗文化。民國《長汀縣志》卷一七禮俗記:長汀「」由唐而宋,風俗氣習頗類中州。」過年過節或婚嫁時,他們沿用了中原習俗。臺灣的俗源在大陸。從閩南與臺灣的大同小異之「新年歌」詞中可看出兩岸過春節的同俗。如初一「開正」十分隆重,廳堂通明,紅彩高掛,供品滿桌,各戶大放鞭炮全家拜祭祖先神明向長輩

問安行禮。長輩發紅包。今年馬英九主席也發了許多紅包。民進黨老大也發。與民歡度佳節。初三,臺灣老鼠娶新娘,閩南初三無姿娘,都是說初三休息。初四閩臺共稱「神落天」:下凡。初五閩臺隔天:次日開市。兩岸初七七元,初八團圓,初九拜天公:玉皇大帝。臺北大放天燈(孔明燈),由惠安移民傳入。臺南大放鞭炮如鹽水蜂炮等。今年春節,廈門金門齊放煙火,共渡佳節。兩岸媽祖祖廟,臺灣朝天宮等共同開展燈會,文藝活動等。元宵節時馬祖馬尾聯辦燈會,規模盛大。由閩臺港專家設計的燈籠有天后宮燈等。媽祖燈6.2米高,創歷史之最。18支民俗隊演出,奪眾目球,人山人海,鑼鼓喧天,鎂光頻閃,電視特播,觀眾數萬,喜氣洋洋。泉州、廈門、澎湖共辦「乞龜」活動。澎湖一位負責人興奮地說:辦得很好! 將最傳統文,很刺激,吸引了大量觀眾。

在生產習俗居住習俗生活習俗婚嫁等方面如閩粵舊時的議婚訂婚明媒正娶等六禮進行。包辦婚姻,同姓不婚等,臺灣農村許多民眾仍遵循中原古禮,同宗的許,柯等也不通婚。婚禮習俗也依舊。

七、豫閩臺大眾敬祖尊師,崇拜英雄義士等

有人說,燒香拜廟是封建迷信,不是片面就是不知情。固然舊風俗中有些不當之處。但許多習俗是健康有益的。如兩岸鄭成功(祖籍光州固始)文化節,媽祖(祖籍洛陽)誕辰記念等與臺灣祭祀文天祥、玄奘大師、開漳聖王、神農大帝、孫臏祖師、保生大帝、鬼谷先師、呂洞賓、華佗仙師、義民爺、關公等,正是這些神像香火連繫了兩岸同胞情誼,促進兩岸交流與友誼。客家人敬奉祖宗與為民獻身的義士,祖師爺魯班呂洞賓,民族英雄鄭成功,崇拜老子孔子,定光古佛(同安人,姓鄭,法名自嚴) 等,充分體現他們敬祖感恩、尊師愛業、崇拜英雄好漢義士以及愛國愛民等文明向上的追求與求安保健等美好善良的祈望等。

結論:兩岸客家有血緣、地緣、法緣、神緣、商緣、俗緣、文緣、語緣,來往十分密切。近年來在龍巖、鄭州、成都、贛州、西安、臺北等地召開了世界客屬懇親大會,實現了全球客家人大團結,為兩岸和平交往與友誼作出了貢獻,為振興中華作出了貢獻。

(作者為三明市地方志編委會編輯、副秘書長)

當代西方的客家研究

孫君恒　穆旭甲

Abstract：Hakkalogy is researched more in the west today. Myron L. Cohen, Nicole Constabl, John Lagerwey, and David Faure are main scholars. Wikipedia, Encyclopedia of Modern Asia, Encyclopedia Britannica 2009, has item Hakka.

客家學(Hakkaology)是研究客家民系的歷史、現狀和未來的學問，在現代西方得到了高度重視，從歷史學、社會學、人類學、民族學、語言學、民俗學等多學科的角度，做全面的、多方位的研究。今將美國、英國、法國研究客家的代表人物和主要觀點綜述如下。

一、美國的客家研究

1. 孔邁隆的客家研究

孔邁隆(Myron L. Cohen)博士，現任美國哥倫比亞大學人類學系教授，他會講華語和其他方言，是美國著名的中國研究專家。他早年研究臺灣漢人社會，在臺灣南部美濃地區從事田野調查，寫有專著一本及論文多篇。2005年，孔邁隆教授到嘉應學院客家研究所參觀訪問，還到梅縣丙村參觀民間「招魂」儀式。臺灣交通大學主辦的2008第二屆臺灣客家研究國際研討會上，孔邁隆發言的題目是《1965年至2008年間美濃地區的族群認同與家庭生活》，他對臺灣美濃地區的客家人，從事三十多年的專門研究。孔邁隆博士後來獲頒美濃榮譽鎮民時，曾在儀式上以客家話表示感謝。

孔邁隆通過對臺灣南部客家農村家族的研究，發現只有家計的分裂才是分家的標志。也就是說，同財是「家」得以成立的充分條件，而共居則甚至未必是

「家」的必要條件。孔邁隆 20 世紀 60 年代對臺灣南部客家「煙寮」（臺南屏東縣美濃鄭鎮的一個集落，以煙草生產爲其主要特徵，故作者以「煙寮」加以命名）的調查，發現該集落的農民大部分維持著大家庭生活。他認爲之所以如此，是因爲在煙草的耕作中，按照季節集中地投入勞動力是很有必要的，最經濟、最能確保家庭勞動力的方法就是維持大家庭。[①]

孔邁隆教授首先提出方言群概念。1968 年他在研究兩廣的「客家」和「本地」兩個不同祖籍人群的關係時，認爲方言是鄉民／紳士兩分法則和宗族法則之外，中國社會結構的第三個變數，是第三種群體認同的方法。透過移民和建立聚落過程的分析，他想說明的是在廣東和廣西地區，方言的差異對於社會群體構成和聯合有很大的重要性。不過他認爲「方言群」這個概念仍需保留，因爲這個名詞指的是所有說同一種方言的人而言，顯然缺乏社會學上的分析價值。方言儘管對於社會關係有如此廣泛的影響，實在可以說是構成群體的一種重要力量，許多特殊的社會活動方式都直接與方言的差異有關係，如果不加以考慮，任何有關這一地區的社會組織和社會文化活動的研究均不算是完整的。[②]

孔邁隆教授爲謝劍、房學嘉《圍不住的圍龍屋——記一個客家宗族的復蘇》（花城出版社 2002 年版）的書所寫的序論中說，該書揭示了圍龍屋這種客家建築與社會組織之間的內在關聯，闡釋了宗族、宗教和血緣應對時代變遷所發生的變化。

孔邁隆 1961 年在臺灣美濃鎮龍肚大崎下地區進行調查，統計過當時臺灣農作每甲地所需勞力，以煙草最高，共需 789 个工作天，其次依順序爲甘薯 231、米 204.3、花生 190.2、香蕉 142.8、大豆 140.3、以及馬鈴薯 119.4。這其實是關於人類學的研究，同時也可看成是關於美濃客家地區的研究。[③] 孔邁隆的研究，事實上有兩個部分，一方面理解美濃客家是什麼，例如孔邁隆在研究清代期間美濃家族之中社會與經濟的差異時，就提到美濃地區各村落一起成爲右堆（Right Unit），加入南臺灣有名的客家六堆（Six Units）組織，這是地方的鄉團義兵，當時右堆在整個

① Cohen Myron. L：House United, House Divided：*the Chinese Family in Taiwan*，Columbia University，New York，1976

② Myron Cohen.「The Hakka or『Quest People』：Dialect as a Social – Cultural Var – Iable in Southeast China」[J]. Ethnohistory，15（3），PP. 237～292

③ Myron L. Cohen（1968）「The Hakka or『Guest People』：Dialect as a Sociocultural Variable in Southeastern China.」Ethnohistory 15. 3

六堆組織具有領導地位。另一方面是對於人類學相關理論的回應。[①]

2. 康斯塔寶的客家研究

妮可‧康斯塔寶(Nicole Constabl),現在是匹茲堡大學的人類學教授,也是人文和科學學院研究生副院長。她在 1989 年獲得美國加州大學伯克利分校的碩士和博士學位,是一個社會文化人類學家,研究興趣在工作人類學、人種、民族、歷史、性別、移民、跨國、民俗以及民族志。她專注的地理區域是中國香港、中國大陸和菲律賓。她曾多次在香港進行實地考察,研究客家華人基督教身份的建構以及菲律賓家庭傭工和紀律性。她最近的研究側重於跨國婚姻、互聯網人種學、國際婚姻經紀人管理法(International Marriage Broker Regulation Act)。她目前的研究是菲律賓和印尼在香港的工人的宗教和抗議以及親密的商品化。[②]

妮可‧康斯塔寶認爲客家人來自於中國北方。她編寫了《客家人:客家身份在中國和海外》書中分析和比較了各種客家的社會文化、政治、地理和歷史背景,包括馬來西亞、香港、加爾各答、臺灣以及當代中國。中國政府沒有把客家人列爲「少數民族」,客家是漢族多數的一部分。漢族標籤在某種程度上掩蓋了客家人的身份。許多客家人知道有衆多客家傑出華人,包括中國領導人鄧小平、臺灣前總統李登輝、前新加坡總理李光耀。客家的民間傳說、通俗文學、旅遊小冊子裏有多彩的形象、豐富的內容,學術著作和傳教也如此。客家人將成爲漢學家、亞洲研究學者、人類學家、社會學家對種族、移民、民族主義、身份的文化歷史構成等感興趣的方面。

《客家人:客家身份在中國和海外》目錄是:導論:成爲客家意味著什麼? 1. 客家或「來賓」:作爲社會文化變化的中國東南方言。2. 客家村民在香港:荃灣的原居民。3. 貧窮、虔誠與過去:客家身份的客家基督教表達。4. 馬來西亞客家文化的形態與內。5. 仍然「客家人」:客家身份在印度加爾各答的複製。6. 臺灣客家族群運動(1986 – 1991)。7. 在中華人民共和國的客家悖論:放逐、尊貴和公共沈默。

① Cohen, Myron L. , 1998,「Social and Economic Differences among Minong Family during Qing: An Essay on the Historical Anthropology of a Hakka Community in Southern Taiwan」Paper presented at The Fourth International Conference on Hakkaology, Nankang, Taipei, Taiwan : *The Institute of Ethnology*, Academia Sinica, November 4 – 7, 1998.

② http://www. anthropology. pitt. edu/faculty/constable. html

人類學家查爾斯・斯塔福德(Charles Stafford)認爲「該書作爲一個整體,提供了一個智慧化的、始終令人印象深刻的是客家族群的認同,包括中國境內和境外的客家人。」《中國雜志》(The China Journal)的元芳媛(Yuen – fong Woon)指出「這本書是一個客家學研究領域的新路徑,是中國學者和在種族與散居人口研究領域人士的必讀書。」《亞洲研究雜志》(The Journal of Asian Studies)的傑西・克盧茨(Jessie G. Lutz)強調「這本客家人的書具有重大學術價值,分析深刻。在一個民族和種族衝突上升的時代,應該多讀這樣的書。」①

妮可・康斯塔寶的《基督心靈和中國精神:香港的客家社區》仔細研究了客家人的信仰變化和觀念融合。她指出:如何在一個村莊中和解中國和基督教之間的宗教和民族身份的矛盾呢? 這一人種學研究探討在香港的種族身份轉變有重要意義。在世紀之交,客家基督徒誰試圖逃避困難和在中國的歧視,崇謙堂(Shung Him Tong)村構建了作爲一個「理想的」中國與基督教的村莊。客家基督徒接受的「傳統」的祖先崇拜、死亡儀式和世俗的形式,與他們的基督教理想不相容,提供了一個與過去與中國的身份和關鍵環節。儘管有與此相反的指責,這些村民認爲,他們既是基督徒,又仍然是中國人。②

3.《維基自由百科全書》的客家研究

Wiki(維基)發明者是一位 Small talk 程式師沃德・坎寧安(Ward Cunningham)。《維基百科》(英語:Wikipedia,是維基媒體基金會的商標),是一個基於 wiki 技術的多語言百科全書協作計劃,也是一部用不同語言寫成的網路百科全書,也被稱作「人民的百科全書」。③

《維基自由百科全書》客家詞條目錄包括:起源、文化、客家人的分佈、客語媒體等內容。客家詞條認爲,客家,或稱客家人、客家民系,是一個具有漢族特徵的分支族群,也是漢族在世界上分佈範圍廣闊、影響深遠的民系之一。唐末宋初,中原漢族居民再次大舉南遷,抵達粵、贛、閩三地交界處,融合了部分的余族、瑤族、南越等東南亞土著居民雜處,互通婚姻,經過千年演化最終形成相對穩定

①　Nicole Constable (Editor) ,Guest People:*Hakka Identity in China and Abroad*,University of Washington Press, 1996

②　Nicole Constable:*Christian Souls and Chinese Spirits*: A Hakka Community in Hong Kong ,University of California Press,1994

③　http://baike. baidu. com/view/1245. htm

的客家人。此後，客家人又以梅州爲基地，大量外遷到華南各省乃至世界各地。客家四州爲梅州、贛州、汀州、惠州。福建寧化石壁是客家傳說民系形成的中心地域，石壁被成稱爲「客家祖地」。梅州則因其爲客家人的最主要聚居區而被稱爲「世界客都」。①

《維基自由百科全書》指出，客家的移民和群體認同涵蓋了本地人、其他地點、客家作爲漢族的分支方面。其中，專門列舉的現代客家政治人物有：孫中山、宋嘉樹、宋慶齡姐妹、廖仲愷、鄧小平、葉劍英、胡耀邦、曾慶紅、廖承志、葉挺、楊成武、張鼎丞、劉複之、葉選平、薛岳、李登輝、陳水扁、馬英九、李光耀等。現代科學家客家人包括：李國豪、丘成桐等。現代文藝界客家人包括：韓素音、黃婉秋、周潤發、張國榮、黎明、鍾楚紅、羅大佑、蘇有朋等。客家各界名人不勝枚舉。②

《維基自由百科全書》認爲，客家文化主要繼承了中古時期的中原漢族文化，也混合了南越文化，進而形成特別的客家文化。客家人非常團結合作，在中國大陸多居於閩粵贛地區，故有濃厚的山區文化，客家人也被稱爲「丘陵上的民族」。由於客家人行走天下，移民世界，且在海外商界不乏成功者，因此亦有「東方猶太人」之稱。有人說：哪裏有陽光，哪裏就有客家人；哪裏有一片土，客家人就在哪裏聚族而居，艱苦創業，繁衍後代。客家話在客家族群認同上扮演著很重要的作用，客家人素有「甯賣祖宗田，莫忘祖宗言」的祖訓。

《維基自由百科全書》強調，由於客家人的農耕生活方式，客家人有一個獨特的土樓建築和社區生活的防禦基礎（客家建築）。福建土樓建築是以永定、梅州、南靖與平和的著名。客家土樓建築建於 2008 年列入教科文組織列爲世界文化遺產。③

《維基自由百科全書》讚揚客家有豐盛的美味佳肴。因爲客家族群多遷徙且居住華中、華南丘陵的丘陵山地地區，勞動出汗多，需補充鹽分以維持體力，因此飲食傾向多油多鹹的重口味菜（香油鹹爲特色），爲下飯應付大量勞力，並且好用各式處理過的醃製菜類（如酸菜、梅乾菜、芥菜），作爲食材入菜。東江鹽焗雞、糯米鴨、釀豆腐、扣肉、擂茶、盆菜、算盤子等被作爲客家特色菜肴，配有圖片，

---

① http://zh. wikipedia. org/zh－cn/％E5％AE％A2％E5％AE％B6
② http://en. wikipedia. org/wiki/Hakka_people
③ http://en. wikipedia. org/wiki/Hakka_peopleJHJModern_society

進行了專門介紹。①

4.《現代亞洲百科全書》的客家研究

《現代亞洲百科全書》認爲,客家人是中國擁有少數民族語言的少數民族。「客家」是指「來賓」或「新來者」(粤語),反映了關於 9 世紀—20 世紀初他們從中原轉移到中國南部。他們往往在不同的客家社區定居。大約有 4000 萬中國客家。大部分居住在中國南部,與廣東省有最集中,特別是在北部的梅州地區。也有相當大的人口在福建、江西、廣西、海南島、香港和臺灣。估計認爲,海外比國內可能有更多的客家人,大型海外社區在馬來西亞、美國、加拿大和澳大利亞。客家人在學術界、政治界的著名領導人有鄧小平、李登輝、李光耀、吳奈溫。在中國內外,客家是眾所週知的團結民族,這可能是一個由漢族歧視百年的產物。客家權益正通過崇正協會和美國客家協會(Tsung Tsin (Congzheng) Association and the United Hakka Association)得到發展。②

二、法國的客家研究

勞格文(John Lagerwey)教授爲法國著名的漢學家和道教研究專家,畢業於美國哈佛大學東亞語言和文化研究所(獲博士學位),現任職於法國高等研究實驗學院(Ecole Pratique des Hautes Etudes,簡稱 EPHE)。他有關道教研究的著作有:《無上秘要—六世紀道教全書》(1981 年),本書對漢魏六朝時期道教的研究有很重要的貢獻。他的《中國社會爭歷史中的道教儀式》(Taoist Ritual in Chinese Society and History)(1987 年),則是第一本關於道教儀式的英文專著。該書首次將社會學、歷史學和人類學的理論與方法系統地結合起來,全面地闡釋了道教的儀式。勞格文先生治學嚴謹,成果豐碩,被公認爲是法國道教研究很重要的學者。③

勞格文主編了「客家傳統社會叢書」,有 25 冊,由國際客家學會、海外華人研究社、法國遠東學院,在 1996～2004 出版,有很大影響。

---

① http://en. wikipedia. org/wiki/Hakka_cuisine
② Encyclopedia of Modern Asia. Copyright ? 2001 - 2006 by Macmillan Reference USA
③ 黃萍瑛 鍾晉兰:人类學視野下的客家與客家研究:勞格文教授访談録,《客家研究輯刊》2009 年第 2 期

　　勞格文在贛南、閩西和粵北所從事的客家村落的宗族、經濟與文化等的研究,得到了臺灣蔣經國國際學術交流基金會資助。勞格文、楊彥傑和譚偉倫1996～2007年在閩西、贛南和粵北等客家區域的50個縣中幾百個村落做了田野調查,屬於中國地方社會的研究。他們和香港及梅縣的學者合作,爲該地區許多村落的自然佈局繪製了地圖,在一些特定的村落比如福建培田收集了廣泛的資料。勞格文在閩西、粵北和贛南等地客家小區的研究,是很好的案例,他研究的這些村社或宗族,都宣稱他們是從中原地區移民過來,並且在位於三省交界的週邊多山地區重新建構了自身。勞格文藉由宗族、民間信仰、墟市的研究,試圖探討客家傳統社會的結構與原動力。①

　　勞格文主編的《客家傳統社會》(上、下),2006年1月在中華書局出版。此書是對我國福建、廣東、江西等省的多個客家聚居區域的歷史淵源、傳統社會結構、社會經濟以及客家人的文化傳承、宗教信仰、民風民俗、歲時節慶等的調查研究之作,有詳細的、具體的說明,是微觀、個案方面的研究成果。

三、英國的客家研究

　　科大衛(David Faure),1947年生,普林斯頓大學社會學博士,英國牛津大學中國近代史講師、聖安多尼學院院士,原來在牛津大學中國研究所,後來到香港中文大學任講座教授進行歷史研究。他主張用中西方文化交融的理念來考察與理解中國文化。正是依循這樣一種理念,柯教授長期深入地研究珠江三角洲地區的客家文化;近年來,將這方面研究拓展到歷史文化領域,而且在宗譜、族譜、宗祠、家廟的研究已經取得了很大的進展。他的《皇帝和祖宗(華南的國家與宗族)》,所要回答和解決的問題是:朝廷的法典條文,民間的禮儀習俗,二者如何交織在一起,指導著「華南」這個有意識的、歷時數百年的地域建構進程? 本書顯示:歷代王朝都致力於華南的政治整合,要培養出敬畏官府、納糧當差、安分守己的良民。隨著王朝在華南的軍事征討、行政規劃,一套關於權力的文化語言也滲透華南。這套語言有兩個互相發明的關鍵字「皇帝」、「宗族」。它們滲透到一

①　王秋桂(东吴大學)、丁荷生(麦基尔大學)歷史視野中的中國地方社會比較研究:中國村落中的宗族、儀式、經濟和物質文化,http://www.iqh.net.cn/info.asp? column_id＝7360

切禮節、身份、地位、財産權、商業習慣、社會流動、社區構建之中。華南與王朝中央之間的正統紐帶,不僅建立於裏甲與祀典之上,也建立在「宗族」這套語言之上。科大衛指出,「宗法倫理庶民化」過程是庶民利用禮教來把自己「士紳化」的過程,明初至清中葉,科舉功名的附會更爲普遍化,助長了鄉村社會的「士紳化」,其背後是國家意識形態在地方社會的認同和推廣。①

英國的幾個學術基金會前幾年就曾聯合資助過一個研究中國歷史上城鄉關係問題的專案,後來在科大衛的主持下出版了《中國的城鎮和鄉村:認同和概念》一書。②

科大衛認爲,在明朝士大夫致力追求社會地位和政治特權的同時,擴張田産、修建祠堂,把定居祖先附會爲仕宦世家的做法紛紛湧現。明清的宗族制,當然是以祖先崇拜觀念爲基礎的,對自身和祖先關係的體認,是人們終極關懷的一種表達。但是,宋明理學的宗族理論,並不只是祖先崇拜觀念本身的發揮,由祖先崇拜觀念到宗族理論,存在著一個需要跨越的鴻溝。祖先崇拜的一個基本假設,就是相信在靈魂不滅的條件下,已經死去的人具有可以影響後世生存的人的能力。③

研究中國社會史的科大衛,寫了本小書《中國與資本主義》(China and Capitalism: *A History of Business Enterprise in Modern China*; 2006; Hong Kong University Press),借用了後期韋伯(Max Weber)的方法,認爲要解釋資本主義,根本在於追尋社會哪些可以令資本累積與長期持有的制度史。債券基於人與人的信用而弄出來,而令這些信用狀可以有效交換的機構,就是我們所說的資本主義制度了。④

(孫君恆,武漢科技大學文法與經濟學院教授;穆旭甲,武漢科技大學文法與經濟學院研究生)

---

① 科大卫《皇帝和祖宗(華南的國家與宗族)》,江苏人民出版社,2009 年

② David Faure and Tao Tao Liu, *Town and Country in China*: Identity and Perception (New York: Palgrave, 2002)

③ David Faure, *The Lineage as a Cultural Invention*:The Case of the Pearl River Delta, Modern China, 15. 1(1989):4 – 36

④ China and Capitalism: A History of Business Enterprise in Modern China; 2006; Hong Kong University Press

河洛禮樂文化對客家文化的影響

張留見

Abstract：The hakka people immigrated HeLuo music culture brought to their new residence，forming the unique hakka culture. Hakka worship ancestors，heavy education，heavy genealogical they inherit the tradition of the HeLuo music culture reflect.

一

禮樂制度的確立有一個漫長的過程。傳說中的三皇五帝時代，就有了禮樂的雛形。夏商周三代，雖然出現了政權更替，但一脈相承的禮樂文化在河洛地區不但從未中斷，而且「殷因於夏禮」，「週因於殷禮」，禮樂文化得到了進一步發展。周公洛邑執政期間，在總結夏商禮樂的基礎上，制定了一套完整的禮樂制度。「呂覽·孟夏紀」說：「禮所以經國家，定社稷，利人民；樂所以移風易俗，盪人之邪，存人之正性。」周公制定的禮樂制度，內容十分廣泛，幾乎囊括了所有社會領域。其中，對社會影響較大的是尊祖敬宗的祭祀禮和重視教育的鄉射禮。

尊祖敬宗的祭祀禮。祭祀禮主要是指當時各級貴族經常舉行的祀享，喪葬，婚姻諸方面的禮儀。周禮是周代宗法的基礎，在宗法制度下，「尊尊」和「親親「是兩條根本的原則。然而，周禮更重親親，而後才及於尊尊，先父慈，子孝，而後及於君仁，臣忠。由孝推論及忠，由人倫推及君臣，周禮的這種特質是由周公最後奠基而成的。蔡邕在「明堂月令章句」中說：「明堂者，天子大廟，所以祭祀。夏后氏世室，殷人重屋，週人明堂，饗功，養老，教學，選士皆在其中。故言取正室之貌則曰大廟，取其正室則曰大室，取其堂則曰明堂，取其四時之學則曰大學，取其圓水則曰辟雍，雖名別而實同。「週人非常重視祭祀祖先，凡遇重大事情必先

向祖先稟告。周朝大夫以上男子的新婦都要於親迎之後三個月行「廟見」禮,也就是在女子嫁入夫家三個月後舉行拜祭夫家祖廟的儀式,向祖先報告「來婦」的信息。「禮記·曾子問「:」三月而廟見,稱來婦也,擇日而祭於禰,成婦之義也。「孔穎達疏曰:」大夫以上,無問舅姑在否,皆三月見祖廟後乃使成婚。

重視教育的鄉射禮。西周時期的鄉射禮,是每年春秋各州為教民禮讓,敦化成俗而舉行的射禮。周朝提倡的鄉射禮,實際上是誘導射手學習禮樂,使人心志與形體都合於「德」的教化過程。據《周禮·地官·鄉大夫》記載,行鄉射禮時,鄉大夫要向圍觀的人徵詢對射手表現的評價。評價的標準雖然也計算射中的成績,但最重要的是考查射手的德行與修養。「射不生皮,為力不同科,古之道也。」(「論語·八佾」)這裡的生皮就是射箭的靶子。射手能否射中「生皮」,主要取決於射手的體能,這是第二位的,第一位的是看射手的德行和修養。這裡的射禮與軍隊的射擊比賽有著本質的區別,它是一種以德行和修養為主的,寓教於射的活動。由射禮的禮法可知,射手一步一式都必須體現禮樂之道。四肢發達,勇力無比而不知禮義者,在射禮中是不會得到好成績的。

樂,是為配合上述典禮儀式而舉行的樂舞。《禮記·樂記》曰:「故樂在宗廟之中,君臣上下同聽之,則莫不和敬;閨門之內,父子兄弟同聽之,則莫不和親;鄉裏族長之中,長少同聽之,則莫不和順。故樂者,審一以定和,比物以飾節,節奏合以成文,所以合和父子君臣,附親萬民也。周公在執政實踐中,深感樂之魅力,於是借助樂來實現經國安邦,垂範後世,為萬代開太平「的目的。

周公在洛邑制禮作樂,使禮樂制度走向成熟和完備。周公是中華民族的文化先祖,他制定的禮樂制度成為孔子和儒家思想的主要資源。孔子在《論語·述而》中說:「鬱鬱乎文哉,吾從週。」「從週」就是追隨周公的禮樂文化。著名學者楊向奎在《宗周社會與禮樂文明》一書中說:「沒有周公就不會有傳世的禮樂文明,沒有周公就沒有儒家的歷史淵源,沒有儒家,中國傳統的文明可能是另一番精神狀態。」禮樂制度是儒家之源,周公被後人稱為「元聖」「儒宗」。洛邑是周公制禮作樂的地方,被稱為儒教祖庭。

孔子是儒家學說創始人,禮是孔子思想體系的出發點。《史記·樂書·索隱》引「大戴禮」云:「孔子適週,訪禮於老聃。」《史記·老子傳》曰:「孔子適週,將問禮於老子。」孔子向老子請教週禮的同時,通過對洛邑的參觀,進一步加深

了對周禮的理解。洛邑為週之王都,週室的圖書典籍,廟堂文物,盡薈於此。孔子適週,問禮於老聃,觀先王之遺制,廣泛地學習了周禮。孔子出生在魯國,魯國是周公的封國,《史記・魯周公世家》說:「魯有天子禮樂者,以褒周公之德也」。魯國保存了比較完整的西周文化史籍和典章制度,這些都深刻地影響到孔子的思想,為儒家學說的形成,發展奠定了基礎。

二

「君從哪裡來? 來自黃河邊。」客家人「根在河洛」,河洛禮樂文化系客家文化之源,河洛禮樂文化作為中國傳統文化的源頭和核心,對客家文化,臺灣文化等產生了巨大影響。

西晉末年的「八王之亂」,給河洛大地造成極大災難,廣大人民難以生存,紛紛南遷,形成我國歷史上第一次中原漢人大規模南遷浪潮,這便是今日各地客家人的第一批先民。安史之亂時,中原鼎沸,衣冠南走,「東周之地,久陷賊中,宮室焚燒,十不存一。百草荒廢,曾無尺椽。人煙斷絕,千裏蕭條」。唐末大亂,又有不少中原人南遷。北宋末年,金軍攻陷汴京,河洛地區成為宋金爭奪的戰場,河洛之人再次大規模南遷。章太炎先生在《客家方言序》中說:「客家人大抵來自河南。」南遷的大批漢人中,有些和當地土著居民通婚融合了,還有不少人沒有和當地人通婚融合,仍保持著漢族原有的血統,文化和風俗習慣。據統計,目前生活在我國南方及海外各地的客家人有近一億之眾,以致形成了只要有人類的地方就有華人,只要有華人的地方就有客家人的局面。在這些客家人中不乏企業家,政壇揆要,文化泰斗!「煌煌祖宗業,永懷河洛間」。客家人公認「根在河洛」,他們對河洛有著極為濃厚的感情。

客家文化,是在客家族群中一直保持下來並富有個性的文化。它既表現出早期河洛禮樂文化的內涵,又具有魏晉唐宋時期的中原世風。若從整個中國傳統文化的發展過程去認識,客家禮樂文化既表現出唐宋以前不同歷史階段河洛文化的兼容性,又表現出北宋滅亡前早期中原文化的原始韻味。客家族群,是歷史上自河洛地區南遷聚居的移民後裔群體。客家先民的主體,是在西晉八王之亂後成批南遷的,但他們不是在一定時期一次性遷到南方定居,而是經過多次遷徙而形成的。河洛先民南遷聚居並最終形成客家民系,不但經歷了長期頻繁的遷徒過程,也經歷了無數磨難和艱辛開拓。空曠貧瘠,人煙稀少的山區,成為這

些逃難移民被迫選擇的樂土。早期客家先民遷徙的主流,大致是首先集聚在江北豫,皖,鄂,魯交界地帶,而後渡江,順贛南,閩西,粵東的山嶺地區遷徙。明清及近現代,大量客家人又遷居海外,遍布世界五大洲近百個國家和地區,所謂「有海水的地方就有華僑,有華僑的地方就有客家人」

「要問客家哪裡來? 客家來自黃河邊。」客家族群之所以不同於其他民系,是因為這一族群南下後一直到今天,雖經歷千年滄桑,卻仍能始終頑強保持其移民群體的傳統和文化個性,而不被其他族群同化。黃遵憲在「人境廬詩草」中說:「中原有舊族,遷徙名客家,過江入八閩,輾轉來海濱,方言足證中原韻,禮俗猶留三代前。」說明客家與河洛在血脈,地緣上有著根系的連接。

不可否認,客家特性中不同程度地汲取了遷居地文化的因素,但從整體特徵看,客家族群的形成,的確與河洛移民南遷直接相關。客家文化的個性,的確與河洛文化有很深的淵源關係。客家人根於河洛,客家文化源自河洛。客家文化在中國,在海外的廣泛影響,透視出河洛文化,民族根文化源遠流長的生機和活力。

三

儒家禮樂文化是客家文化的基本特質。自漢武帝「罷黜百家,獨尊儒術」後,儒家思想成為中國佔統治地位的思想,儒家禮樂文化成為中國傳統文化中的強勢文化。漢族的各個民系深受儒家禮樂文化的影響,而在客家文化中,儒家禮樂文化的因子似乎比其他民系保留得更多,更濃厚也更為持久。儒家禮樂文化對客家文化的影響突出表現在崇祖先,重教育,重譜牒等方面。

崇祖先。儒家思想中有濃厚的崇祖色彩,周禮就非常重視對祖先的崇拜祭祀。儒家與祖先崇拜的密切關係,在孔子那裡得到了進一步發展。《史記‧孔子世家》說「孔子為兒嬉戲,常陳俎豆,設禮容。」孔子從小就對周禮,特別是祭祀祖先之禮,產生了濃厚興趣。《論語‧八佾》載:「子入太廟,每事問」,孔子來到太廟,對祭祀祖先的祭器,祭禮等有關事宜表現出極大興趣。在參加祭祀祖先的活動時,孔子總是畢恭畢敬,整個身心都沉浸在其中。在儒家經典「四書五經」中,有許多關於祭祖的內容。後世儒家學者繼承了孔子的崇祖思想。他們一方面在理論上宣揚祖先崇拜的意義,另一方面身體力行積極參與各王朝宗廟和祭祖制度的制訂。在他們的努力之下,中國歷代王朝的宗廟制度和祭祖制度,得以

不斷延續發展。在宋代，理學集大成者朱熹，提出了一個祭祖新方案，要求每個宗族必須建立一個奉祀高，曾，祖，祢四世神主的祠堂，初立祠堂時，按宗族內部所佔土地數量取二十分之一作為祭田，以供祭用。朱熹的主張對後世影響很大，從此，民間祠堂，義田大量湧現，家族的祭祖活動更為頻繁。祖先崇拜在儒家的倡導下蔚然成風，崇祖成為儒家文化的一個重要特徵。客家民系形成時期正是理學盛行之時，客家文化深受理學崇祖思想的影響，忠實繼承了儒家崇祖文化。其中，客家祠堂集中體現出客家人的崇祖意識。在傳統的客家社會，宗族無論大小都建有自己本族的祠堂，祠堂放置祖先牌位，置於祠堂上廳的神案上。在傳統的客家祠堂，盛行在春節掛祖宗像的做法，表示對祖先的崇敬與思念。男婚女嫁時，要在祠堂或祖廳的祖像前表示虔敬之意。新婚拜堂時，要在祖像前拜天地，祖宗與父母。客家人除建祠堂外，還重祖墳及其「風水」，這都反映出其濃厚的崇祖觀念。

重教育。儒家素有重視教育的傳統，周禮中的鄉射禮就是以教育為主的。儒家創始人孔於在打破貴族對教育的壟斷，推廣私人辦學方面做山了重要貢獻。他不但提倡「有教無類」的教育理念，而且廣招學生，先後有」弟子三千，賢人七十「，可謂桃李滿天下。後世儒生繼承了孔子的教育思想，高度重視教育。客家文化中突出地體現了儒家重視教育的精神。客家重視教育，比較突出地表現在辦祠堂學校和助學，獎學等方面。客家人主要生活在山區，經濟相對落後，在興學辦教方面存在著一定物質條件的制約。然而，客家人利用祠堂眾多的得天獨厚優勢，辦起了一所所學校。法國神父賴裡查斯在《客法詞典》中寫道：在嘉應州，我們可以看到隨處都是學校。一個不到二萬人的城市，便有十餘間中學和數十間小學，學校人數幾乎超過城內居民的一半。在鄉下，每一個村落，儘管那裡只有三，五百人，至多也不過三，五千人，便有一個以上的學校，因為客家人每一個村落都有祠堂，而那個祠堂也就是學校。全境有六，七百個村落，都有祠堂，也就是六，七百個學校，這真是一駭人聽聞的事實。賴裡查斯所說的雖然是嘉應州祠堂辦學的情況，事實上，其他客家地區這方面的情形也大致相同。客家人除辦祠堂學校外，還出資幫助族內一些有培養前途而經濟困難的子弟繼續深造，並獎勵族內學有所成的子弟。過去，客家祠堂都有祠產，有一定數量的田地，叫作「公堂田」，公堂田的收穫除用祭祖之外，相當一部分用來助學獎學，稱為「學

谷」，根據子弟考取功名的不同層次給予相應的獎勵。客家人之所以人文興盛，人才輩出，與其弘揚儒家的重教精神，積極辦學，助學與獎學是分不開的。

重譜牒。儒家素有重視譜牒的傳統，所謂「崇本報先，啟裕後昆」，皆以譜牒為依據，客家先人雖迭遭兵燹，文籍盪然，但其後人能靠口頭的傳述，子孫相傳繼。宋明以來，修譜風氣日盛，其所追記事蹟，雖有遺漏錯誤之處，但其先人遷移的源流與背景，則大致可信。廣東梅州客家姓氏，據初步調查約有一百八十多姓，各姓大都編有族譜和家譜，無論繁衍國內各省，或播遷海外，歷代子孫都繼續編撰。此項延綿不斷的姓氏族譜，不僅是各族姓氏源流，人物的重要史籍，也是海外赤子尋根問祖最有價值的依據。

總之，產生於河洛地區由周公奠基的禮樂文化是儒家文化的根文化，孔子繼承發展了周公的禮樂文化，對中國文化產生了極大影響，對客家文化的影響也非常深遠。南遷客家人，把先進的河洛禮樂文化帶到了他們新的居住地，形成了獨特的客家文化。客家人崇祖先，重教育，重譜牒的傳統正是他們繼承河洛禮樂文化的具體體現。

（作者為河南省洛陽理工學院中文系副教授）

參考書目：

1. 楊向奎《宗周社會與禮樂文明》，人民出版社，1992 年版。

2.《舊唐書》卷 120《郭子儀傳》。

3. 林曉平《客家文化特質探析》，《西南民族大學學報》（社科版），2005 年 12 期。

4. 程有為《永嘉南渡與河洛文化的南傳》，《河洛文化與閩臺文化》，河南人民出版社，2008 年。

5. 徐金星《關於河洛地區和中華姓氏的若干探索》，《河洛文化與姓氏文化》，河南人民出版社，2009 年。

6. 肖洋《河洛文化是客家文化之源》，《河洛文化與嶺南文化》，河南人民出版社，2010 年。

兩位客家詩人:黃遵憲與丘逢甲之交遊

孫瑩瑩

Abstract：It was very prosperous that the Chinese classical poetry during the late Qing period. These two representative poets which were Huang Zunxian（1848 ～ 1905）and Qiu Fengjia（1864 ～ 1912）both had Hakka background. They became friends during the last years of the Guangxu period and had replying rhyming poems to each other. It was used that the proverbs and new words in their poems and they were easy to read and reflected their views on the poetry. Meanwhile, it was also an example that showed the influence of Hakka Culture between Taiwan and the mainland

一

　　客家人的祖先是魏晉時期居住於黃河流域的漢族人民。因各代戰亂而至南方定居,唐末和宋末之際更是大量南徙,現多居閩、贛、粵、臺灣及海外各地。因寄居他鄉,故稱「客家人」。即黃遵憲詩中所謂:「中原有舊族,遷徙名客人。過江入八閩,展轉來海濱。」①由於客家人多聚族而居,不與當地居民通婚,因而在風俗習慣上異於當地民眾,方言中亦保留有大量中原古音韻。客家文化主要表現為勤勞節儉②,注重家庭觀念,富於進取和創造精神,故而歷朝歷代客家人才輩出。在宗教儀式、房屋建築乃至日常飲食方面,客家均有獨到特色,飽含中原古風。客家婦女均不纏足,而且參與戶外勞動,與宋代以來漢族婦女纏足之風形

---

① 《送女弟》其二,黃遵憲著、錢仲聯箋注《人境廬詩草箋注》,中華書局,1963 年。
② 《送女弟》其二:「儉嗇唐魏風,蓋猶三代民。」同註 1。

成鮮明對比，也成為歷來客家詩歌歌咏的對象之一。

近代以降，由於地理位置的便利，廣東成為最早接觸西方新知識和技術的地區之一。除了在廣州出現的新商業買辦之外，①廣東接受新思想的文人數量亦遠過其他地區。晚清至民國時期活躍於文壇政壇者，多粵籍人士，即是明證。粵學向來有調和漢宋的學術傳統，強調為學的經世之用。在詩歌創作上，同光之際的詩壇，出現以黃遵憲、丘逢甲等為代表的詩界革命派。光緒末年，經由梁啟超在報刊上的宣傳而廣為人知。詩界革命派主張以新事物和新詞語入詩，反對規模古人，以直接書寫性情的作品為貴。

黃遵憲（1848～1905）為詩界革命的主要代表之一，字公度，別署東海公、布袋和尚等，廣東梅縣人，世代居於廣東嘉應。丘逢甲（1864～1912）為黃遵憲之友，字仙根，號蟄仙、仲閼，又名倉海，生於臺灣，祖籍廣東蕉嶺，②光緒十五年（1889）進士。嘉應、蕉嶺均是客家人在廣東的聚居地。黃遵憲生於梅縣，長於其鄉，因此早年就寫有反映客家生活和習俗的詩歌。其贈女弟以及反映家庭成員日常生活的詩歌，富含客家風情，多見詩人真情。丘逢甲生於臺灣，乙未（1895）抗擊日本失敗之後，方渡海隱居故籍蕉嶺。因此詩中多描寫客家地區的風景，對人情的反映則較少。如《重九日游長潭》六首、《興福寺》、《景忠祠吊故明孝廉林丹九先生（一桂）》二首、《饒平雜詩》十六首等，③雖然描寫的是故鄉景致和客家風俗，但多以遊人視角出發，帶有一種外來的新鮮感和懷舊心態。丘逢甲時刻未忘自己的客家身份，《還鄉書感》其一云：「南渡衣冠尊舊族，東山絲竹負中年。」「南渡」句下注：「予族由宋遷閩。」④既追溯其族在宋末向南遷移的歷史，又以東晉典故，揭示客家人遷徙之源頭在於兩晉時期的動亂。正因如此，丘逢甲詩歌中反復出現的「南渡」意象，既是現實生活的反映，亦不失為客家文化

---

① 見梁嘉彬關於十三行的研究。最新研究有章文欽，《廣東十三行與早期中西關係》，廣州，廣東經濟出版社，2009 年。

② 丘逢甲《謁饒平始遷祖樞密公祠墓。作示族人（己亥孟秋）》：「程江風雨韓江月，海雲臺島經三遷。」黃志平、丘晨波主編《丘逢甲集》，嶽麓書社，2001 年，頁 392～393。

③ 同註 2，頁 155～156，170～172，394～397。

④ 同註 2，頁 153。

在詩歌層面上的投射。①

二

　　黃遵憲與丘逢甲之結交,始於光緒十五年(1889)。是時,黃遵憲在京師待職,丘逢甲為當科進士,殿試點工部主事。不久黃遵憲出使英國,此後常年耽游海外,二人相見日希。光緒十六年,黃遵憲作《歲暮懷人詩》組詩,其中記有在京師結識丘逢甲情形。② 臺灣被日本佔領後,丘逢甲率領義軍與日本作戰,黃遵憲則作有《臺灣行》云:「亡秦者誰三戶楚,何況閩粵百萬戶」③,當時奮力反抗的軍民中,客家人為主要力量。光緒二十五年(1899),丘逢甲有七律《寄懷黃公度(遵憲)》二首,其中有「八月靈槎虛漢使,三閭奇服怨湘妃。」、「臥病夢持明主節」等語,④所指應是光緒二十三年(1897),黃遵憲補湖南長沙寶鹽法道、復接署湖南按察使,輔助陳寶箴在湖南實行新政的舊事。次年,黃遵憲於作七律三首寄丘逢甲,詩中抒發對國事的憂慮之感。⑤

　　黃丘二人的詩歌交遊,還有吟詠名物的層面。光緒二十六年(1900),黃遵憲作《南漢休慧寺千佛塔歌》⑥。丘逢甲先於溫柳介(名仲和,嘉應人)處見塔銘搨本,是年冬,丘逢甲過訪黃遵憲,游人境廬附近之千佛塔,作《南漢敬州休慧寺千佛鐵塔歌》⑦以和之。黃詩中充滿佛教意象,典故繁多,丘詩則較為淺顯,感情洋溢,有「行看手鑄新世界」之語。1899 年,丘逢甲客於潮州,以南宋文天祥題「和平裏」作《和平裏行》⑧,黃遵憲以《和平裏行和邱仲閼》長詩作答,詩中多勤王救國之感。是時,黃遵憲在嘉應洲得北宋宣和四年(1122)古大夫宅之下馬石,以搨文示丘逢甲,故而倉海作《古大夫宅下馬石歌》以志之,⑨其詩七言為主,雜以五言和九言,詩意直白,豪氣彰顯。

----

① 如《東山感春詩次己亥感秋韻(六首)》其二:「歌殘汾水雁秋飛,北望胡塵淚滿衣。秋對春風吟水貂,六龍西幸不曾歸。」其四:「衣冠南渡避胡來,憑仗雙輪碾海開。應有田橫客相笑,春帆葉葉過登萊。」全詩感情較早年更為深厚,由客居之感出發,其著力點在推翻滿清之上。
② 錢中聯《人境廬草箋注》,頁 197。
③ 同上,頁 246。
④ 黃志平、丘晨波主編《丘逢甲集》。頁 416。
⑤ 《寄懷邱仲閼》、《感事又寄邱仲閼》二律,錢中聯《人境廬草箋注》,頁 316～318。
⑥ 錢中聯《人境廬草箋注》,頁 322～332。
⑦ 黃志平、丘晨波主編《丘逢甲集》,頁 481～483。
⑧ 黃志平、丘晨波主編《丘逢甲集》,頁 322～325。
⑨ 《丘逢甲集》,頁 480～481。

1900 年,丘逢甲與黃遵憲相見於人境廬,二人因此有交互和韻之作。所唱和詩體為七律,每韻二首,達十數韻之多。是時黃遵憲閒居於鄉,而朝中繼義和團之後,又有八國聯軍攻陷北京、兩宮西逃之事,故詩歌以憂心時局為主題。所用典故多出於史部,直指當下時事之變,諷刺意味強烈。其詩歌情感沉重,深含對國事無奈之感,頗有以詩傳史的價值。① 丘逢甲之作亦然。由黃、丘二人的詩歌酬唱可見,雖然詩人主張以新事物和俗語入詩,但在次韻之際,仍然選擇以傳統的體裁和典故互吐心聲。這說明在光緒末年,詩界革命只是作家個人的嘗試,並未形成以此標榜和交遊的風氣。

三

黃遵憲早年所作《山歌》十五首,是直接記錄客家山歌的作品。《山歌序》云:「土俗好為歌,男女贈答,頗有《子夜》、《讀曲》遺意。」②黃遵憲將客家山歌中「能筆於書者」,採錄於詩集中,生動展現出客家的風俗民情。客家山歌大致成熟於明末清初時期,在梅州尤為流行。形制上多為七言四句,語言真率質樸,常有俗諺土語闌入。多用比喻手法,與起源於唐代的竹枝詞相比,形式更為自由,受到文人的修飾亦少。山歌的內容十分豐富,有表現勞動生活、婚姻愛情、人生遭遇等③,亦有描繪天象節氣以及單純為娛樂而娛樂的作品。客家女子多參與家庭勞動,又喜唱山歌,因此山歌中多有表現女子情思的作品。黃遵憲《山歌》即多以女子口吻描繪男女之情,七言四句,借用雙關、俗語等手法,如「蓮」(憐)、「梨」(離)、「渠」、「儂」等。其中,「儂」字多見於吳歌西曲中,為古音之遺留。

丘逢甲在青年時期就創作過組詩《臺灣竹枝詞》,對於鄉土風情的觀察十分細緻。丘逢甲對客家山歌的態度十分推崇,其《論山歌》云:「粵調歌成字字珠,曼聲長引不模糊。詩壇多少油腔筆,有此淫思古意無?」④客家方言保留大量的中州古韻,與當下詩壇中浮誇之作相比,其「曼聲」之「古意」更顯突出。《游姜畬題山

---

① 均見錢仲聯箋注。如《左傳》、《漢書》、羅惇曧《拳變餘聞》、《庚子國變記》,李希聖《庚子傳信錄》等,頁 342～343。

② 《人境廬詩草箋注》,頁 19。

③ 謝重光《客家文化述論》,中國社會科學出版社,2008 年,頁 362。

④ 李樹政選注《丘逢甲詩選》,廣東人民出版社,1984 年,頁 71～72,作於丙申(1896)。此詩不載於《丘逢甲集》。

人壁二首》①,則是在詩歌中直接引用俗諺、童謠的例子。其詩以農事為主題,頗有南宋范成大之風。

　　黃遵憲的《己亥雜詩》共八十三首,《飲冰室詩話》謂此組詩為黃遵憲「一生歷史之小影」。組詩中記錄有大量客家相關的習俗和日常情態,其寫作手法多借鑒客家山歌。有敘述客家人來歷者,詩末自注云:「客人來州,多在元時,本河南人,⋯⋯禮俗多存古意,世守鄉音不改。」②將現居梅縣的客家人的先祖定為元代南遷的河南中州人,以「三代前」之禮俗異於當地人。「野外團焦嶺上田,世傳三十子孫千。元時古墓明朝屋,上覆榕陰六百年。」(其二六)以白描的手法細述客家居所的特色,用外在的事物表現客家人注重傳統和家庭觀念的習俗。其二七詩下自注中對於客家人注重譜牒、敬祖供神的傳統也有描述。其三十五、三十六兩首詩描述客家人喪葬風俗,涉及改葬、掃墓時食螺、撐紅羅傘、樂鳴銅簫等,既以詩句見之,又有注解明喻於詩後,以存史家之考。

　　黃遵憲從早年就開始對客家婦女的生活有所關注。《鄰婦嘆》和《新嫁娘詩》組詩,③是未收入《人境廬詩草》的黃遵憲早年詩作。前者以鄰家主婦的口吻敘述生活之艱難,更顯哀慟;後者則從細節出發,生動描繪出客家新娘步入婚姻前後的種種情態。客家婦女親自勞動,從早至晚,在裝束上以儉樸為尚,頗有古風:「雞鳴起汲水,日落猶負薪。盛妝始脂粉,常飾惟綦巾。」④客家人有抱養童養媳的風俗:「雙雙錦褵鴛鴦小,絕好朱陳嫁娶圖」(其三十)。又如《山歌》其七:「嫁郎已嫁三年,今日梳頭儂自憐。記得初來同食乳,同在阿婆懷裡眠。」⑤對於這一現象,詩人僅以史筆記之,不曾見到詩歌背後的情感。《己亥雜詩》其三十一模仿客家女子口吻,描述對愛情之渴望:「一聲聲道妹相思,夜月哀猿和竹枝。歡是團圓悲是別,總應腸斷妃呼豨。」⑥以直白之語道人物情思,詩中多用俗語,不避重複,頗見民間風味。在接觸西方女子束腰之風後,聯想到漢族女子纏足的

----

① 《丘逢甲集》,頁497。
② 《己亥雜詩》其二四《人境廬詩草箋注》,頁289。
③ 見北京大學中文系近代詩研究小組編《人境廬集外詩輯》,中華書局,1960,頁5~6,8~12。左鵬軍《黃遵憲〈新嫁娘詩〉淺論》,左鵬軍《黃遵憲與嶺南近代文學叢論》,中山大學出版社,2007年,頁123~127。
④ 《送女弟》其二。
⑤ 《人境廬詩草箋注》,頁20。
⑥ 《人境廬詩草箋注》,頁292。

傳統,詩人表現出對客家女子天足的自豪:「宵娘側足跛行苦,楚國纖腰餓死多。」①黃遵憲《番客行》記述南洋華僑的婚慶習俗。從門插桃柳枝,到新房的裝飾、賓客禮儀,都保留著「閩粵人」的傳統。以賦的筆法描繪南洋婦女和新人的衣著裝束,詩中充滿異域風情。②

丘逢甲詩歌中的客家文化,主要表現在其追尋家族歷史、具有尋根行為的詩歌中。五古《說潮》自潮州的歷史說起,其十七:「中原忽龍戰,九族開閩關。吾丘自固始,舉族來莆田。」③其下註釋中解釋鎮平丘姓譜牒散失之後,丘逢甲親自到福建上航、長汀考訂其誤的過程。正本清源,認祖歸宗,這種行為本身就體現出客家人重視傳統的文化觀念。

四

詩界革命派詩人在學習傳統詩歌的同時,更加主張吸收新詞語、新事物入詩,黃遵憲和丘逢甲的詩歌作品即印證了他們的詩歌主張。如黃遵憲:「欲展地球圖指看」④、「地球捧問海中央」⑤、「世間一切人平等」⑥等詩句。丘逢甲作有《題地球畫扇》二首,詩中詳細介紹西方的地理知識,有「遍全球」之語。⑦《論詩次鐵廬韻》其二:「邇來詩界唱革命」,直接標舉詩界革命的旗幟,並將當時的《民主謠》寫入詩中:「展卷重吟民主篇」。⑧ 丘逢甲庚子後詩歌,尤多「維新」、「強黃種」、「平權」、「五洲」等新詞語。詩歌之「新」,除了吸收西方新的知識和學說之外,還包括採納詩人當地的方言和風物入詩。《人境廬詩草自序》稱「其述事也,舉今日之官書、會典、方言、俗諺,以及古人未有之物、未闢之境,耳目所歷,皆筆而書之。」⑨黃遵憲和丘逢甲二人的詩歌,富含客家風情和文化景致,其創作手法亦受到客家山歌、客家民諺歌謠的影響。黃遵憲早年所作的《為小子履端寄翁翁》(庚午),詩題和詩句均十分口語化。《幼稚園上學歌》十首,詩中模仿兒童口

---

① 《己亥雜詩》其二九。
② 《人境廬詩草箋注》,頁218~227。
③ 《丘逢甲集》,頁264~165。
④ 《小女》,《人境廬詩草箋注》,頁151。
⑤ 《己亥雜詩》其八一《人境廬詩草箋注》,頁302。
⑥ 《己亥雜詩》其五三,《人境廬詩草箋注》,頁297。
⑦ 《丘逢甲集》,頁342。
⑧ 《丘逢甲集》,頁520~521。
⑨ 《人境廬詩草箋注》,頁1。

吻作歌,琅琅上口,極富童趣。① 除了直接輯錄客家山歌,黃遵憲在長詩和歌行作品中也受到客家方言的影響,尤其在用韻方面。②

丘逢甲詩風悲壯蒼涼,接近杜甫和陸遊,詩集中亦有依陸遊韻為詩者。與《人境廬詩草》相比,丘逢甲的詩作體裁多為五古、五七言近體,後期才有少量歌行之作。其語言雖亦放蕩多姿,如「當君讀禮歸田日,是我哀歌渡海年」③,但仍局限於傳統之內,在詩歌語言之豐富性及革新思想上略遜於黃遵憲。當然,這與黃遵憲較丘逢甲而言,遊歷更廣、思致更為深遠密切相關。但黃遵憲和丘逢甲同為詩界革命派之健將,其重要的詩歌主張之一是以經世為詩歌創作的目標,亦從側面反映出客家人務實進取的文化性格。

黃遵憲稱讚丘逢甲詩歌為「天下健」者④,梁啟超《飲冰室詩話》亦承繼其說。⑤ 丘逢甲對黃遵憲詩歌亦十分推崇,其《黃公度人境廬詩草跋》稱黃遵憲為詩世界之哥倫布、加富耳、俾斯麥,「能於詩中開新世界。」⑥由於黃遵憲常年任使館職,交遊遍海內,故而稱道者甚多;相比之下,丘逢甲交遊限於嶺南和臺灣,所知者較少。因此,柳亞子對黃、丘二人有這樣的評價:「時流競說黃公度,英氣終輸倉海君。」⑦總而論之,黃遵憲和丘逢甲作為傑出的近代客家詩人,繼承廣東詩歌的雄健傳統,為推動古典詩歌的現代化,宣傳客家傳統文化,做出了獨到的貢獻。

(作者為香港大學中文學院博士研究生)

---

① 《人境廬詩草箋注》,頁 62。
② 見 J. D. Schmidt 的論述。施吉瑞著;孫洛丹譯《人境廬內:黃遵憲其人其詩考》,上海古籍出版社,2010 年。
③ 《梅州喜晤梁輯五光祿(國瑞)話舊》其二,《丘逢甲集》,頁 201。
④ 黃遵憲《致梁啟超書(光緒二十八年十一月十一日)》,鄭海麟、張偉雄編《黃遵憲文集》,中文出版社,1991 年,頁 207。
⑤ 見梁啟超《飲冰室詩話》:「吾嘗推公度、穗卿、觀雲為近世詩家三傑,此言其理想之深邃閎遠也。若以詩人之詩論,則丘倉海(逢甲)其亦天下健者矣。」,人民文學出版社,1959 年,頁 30。
⑥ 《丘逢甲集》,頁 815~817。
⑦ 《論詩六絕句》其五,王晶垚等《柳亞子選集》,人民出版社,1989,頁 715~716。

以客家童謠為視角看客家優良傳統

陳申宏　　陳紅心

Abstract：The children's folk rhymes of Hakka people contain a series of good traditions：Fully and profoundly inheriting and carrying forward the good traditions of the children's folk rhymes deepens our emotions of loving our country and hometowns，stimulates our determinations of studying and training hard，and cultivates our behaviors of being hardworking and thrifty.

客家童謠，是客家人為孩子們做的短詩，通常以口頭形式流傳。它以客家方言講述，運用了大量生動形象的群眾語彙，尤其是孩童語言，且内容簡潔，通俗易懂，易為孩童學會並流傳。童謠一方面對孩子進行語言的訓練，另一方面也是對孩子的啟蒙教育。客家童謠蘊涵著豐富的「自強不息、開拓創新、憂國憂民、愛國愛鄉、勤學苦練、崇文重教、清正廉潔、勤勞節儉」的優良傳統。

一、童謠唱出了客家人自強不息、開拓創新的旋律

客家人「自強不息、開拓創新」的優良傳統，是在長期遷徙、不斷適應環境的過程中逐漸形成的。客家人在生產和生活的實踐中創作了大量的童謠傳承和發展這一優良傳統，使客家人從小就養成奮發圖強、開拓進取的習慣。

客家方言的童謠很多都具有「自強不息、開拓創新」的教育功能。如《月光光》：「月光光，好種薑。薑畢目，好種菊。菊開花，好種瓜。瓜盲黃，孫子摘來嘗。瓜盲大，孫子扛來賣。賣到錢，學打棉。棉線斷，學打磚。磚斷節，學打鐵。鐵生鑥，學劏豬。豬愛走，學殺狗。狗愛咬，學打鳥。鳥愛飛……」。「畢目」即發芽，「盲」即沒有，「劏」即宰，「愛」即要。這首童謠既講述了時令與農活的關

係，又介紹了各種動物的特性，還教育人們要腳踏實地、勤勉做事。同時，它教育孩子要不斷進取，從小就要養成熱愛勞動的好習慣，學會了這項工作接著要去學會另外一項工作，只有自強不息、掌握技能，才能在複雜的環境站穩腳跟、開闢未來。

再如童謠《舐螺哥》：「舐螺哥，出來食飯羅。脈個坐‧竹椅凳上坐。脈個綁‧豬肉魚子綁。快快食飽飯，牽條細牛出去掌」。「舐螺哥」即田螺，屬於軟體動物門腹足綱前鰓亞綱田螺科，「脈個」即什麼，「綁」即用什麼菜下飯，「掌」即放牛。這首童謠通過擬人化的手法，教育孩子要自強不息、熱愛勞動，食飽飯後就要抓緊時間，做好自己力所能及的工作

有關勸勉兒童讀書、自強不息的童謠也很多。如童謠《大蕃薯》：「大蕃薯，真糊塗，好食懶做唔讀書；唔會算，唔會除，冇頭冇腦冇目珠，搗米搞蕃薯」。「唔」即不，「冇」即無，「搗」即找，「搞」即交換。過去，白米比蕃薯珍貴，拿米去交換蕃薯，顯然是不划算的，是糊塗蟲，所以要發奮讀書、自強不息才能改變自己的命運。這童謠從反面的角度，教育孩子從小就要樹立理想，奮發圖強，認真讀書，絕不落伍。形象的比喻，生動的語言，優美的旋律，特別激勵人心，讓人終生難忘。

一首首經久不衰的旋律，激發了客家兒女自強不息、昂揚向上的志氣，鼓舞了客家兒女開拓進取、奪取勝利的信心。

二、童謠表達了客家人憂國憂民、愛國愛鄉的情懷

客家人雖然在不斷的遷徙，但是他們始終沒有忘記國恨家仇。他們經常通過童謠等方式，傳承和發展「憂國憂民、愛國愛鄉」的優良傳統，從小培養客家子弟的愛國愛鄉情操，以期望客家子弟長大成人能報效祖國、服務社會。

客家方言的童謠很多都具有愛國愛鄉的教育功能，唱出了客家人反抗外敵的英勇舉動。如「火螢蟲，唧唧蟲。……割呀割，番割，番呀番，臺灣。大家趕走番鬼佬，等涯臺灣轉唐山」。「唐山」原指「大唐江山」。史載口傳，曠日持久，「大唐江山」簡化為「唐山」，成為港澳臺同胞和海外華僑對祖國或故鄉的一種習慣稱呼，他們也以「唐人」自稱。這首童謠說明臺灣自古以來就是中國的領土，寄希望於趕走侵略軍，使臺灣回到祖國母親的懷抱，愛國愛臺之情溢於言表。

鴉片戰爭爆發後,客家人不僅僅戰鬥在抗擊英國侵略者的最前列,而且通過歌謠教育客家子弟,奮起鬥爭。如「月光光,照地堂。年三十,摘檳榔。檳榔香,摘子薑。……籮蓋圓,買只船。船無底,浸死兩個大番鬼。一個浮起來,一個沉到底」。這首童謠反映三元裏人民抗英鬥爭爆發時,廣州城東北路六社的客家人都踴躍地參加了戰鬥。童謠唱出了客家人敢於鬥爭的英雄氣概,以及血戰到底的信心決心。

在抗日救亡運動中,客家人同樣戰鬥在最前列,而且通過歌謠啟迪客家子弟,參加全民抗戰。如《刀一切兩三節》:「月光光,圓丁當。打日本,愛用槍。槍過難,用炸彈。炸彈貴,刀過利。刀一切,兩三節」。這首抗日戰爭時期流傳的歌謠,表達了客家人同仇敵愾、共赴國難,勢與日本侵略者殊死拼搏、血戰到底的的英勇氣概。又如《抗日歌謠》:「一二八,一二八,在上海,殺殺殺。軍民合作打勝仗,十九路軍頂呱呱」。十九路軍是國民革命軍的一支部隊,其將官多數為客家人,前身是鄧鏗(原籍嘉應今梅縣)為師長的粵軍第一師第四團,後改為國民革命軍第四軍。在北伐戰爭中,第四軍屢有戰果,被譽為「鐵軍」。在一二八淞滬抗戰時期戰鬥力極為強悍,是中國戰鬥力最強的軍隊。

再如《愛國將士英名揚》:「日本鬼子斬千刀,狗虱哏(那麼)大哏逞刁,番番都來打中國,唔講道理只講刀,硬敢(就這樣)亂殺我同胞。……日本想把中國亡,八路軍來上戰場,平型關上打一仗,打倒矮仔(日本人矮小)喊爹娘,這下正知(這時才知)我辣湯(利害)。這下正知我辣湯,臺兒莊上擺戰場,打到矮仔冇(沒有)路走,雙膝跪下來投降,愛國將士英名揚」。這首歌謠謳歌了八路軍將士奮勇殺敵,取得平型關大捷,是抗戰以來中國軍隊的第一次大捷,粉碎了日軍不可戰勝的神話,鼓舞了全國人民抗戰勝利的信心;也謳歌了中國軍隊不怕犧牲,取得臺兒莊大捷,沉重打擊了日本侵略者的囂張氣焰,極大地鼓舞了全國軍民堅持抗戰的必勝信心,為抗日戰爭的勝利做出了巨大貢獻。

由於客家地區山多田少,所以大部分客家男子被迫出外謀生,或經商、或從軍、或讀書、或做官,甚至於飄洋過海,創業異域。因而他們特別思念故鄉,有一首婦孺皆知的《月光光》也就成為他們夢中的故鄉:「月光光,秀才娘,騎白馬,過蓮塘,蓮塘背,種韭菜,……」。《月光光》的版本有很多,「月光光,夜夜光……」「月光光,照四方……」但無論哪一首《月光光》,但只要一聲月光光,就會勾起客

家遊子的無限遐想,仿佛又回到兒時的故鄉,故鄉的月光特別光,故鄉的蓮塘特別美,故鄉的韭菜特別香,故鄉的秀才娘特別親……童謠是帶在身邊的鄉情,凝聚著人們對於故土家園的深深情感,是陪伴一個人浪跡天涯的真實的故鄉。

三、童謠激發了客家人勤學苦練、崇文重教的熱情

客家人歷來就有「勤學苦練、崇文重教」的優良傳統,十分重視文化教育,採取了很多措施激勵子弟立志勤學,求取功名,造福桑梓,這是客家地區文化教育發達的原因。

一些在民間流傳較久的客家童謠,表述了客家人尊崇教育和熱愛學習的思想觀念,通過兒童喜聞樂見的方式,潛移默化地對兒童進行教育。如《小郎讀書》:「白飯子,白珍珠,打扮小郎去讀書。正月去,二月歸……」。這首童謠反映出客家人善於抓住機會,在小孩吃飯時都能受到教育,一粒粒的白米飯,打扮小孩去讀書,使讀書的觀念植入孩子幼小的心靈。客家人認為教育應從娃娃抓起,所以啟蒙教育的童謠也就充滿著讀書的氣味。

《月光光》有許多版本,有不少都反映了讀書的內容,如:「月光光,夜光光,船來等,轎來扛。……籬面上,一本書,送界(給)哥哥去讀書」。再如:「月光光,秀才娘。騎白馬,過蓮塘。……鯉嬤頭上承燈盞,鯉嬤肚裏做學堂。做個學堂四四方,兜張凳子寫文章。寫得文章馬又走,趕得馬來天大光」。讀書寫文章是無限榮光的事,通過童謠的渲染,使小孩子人人羨慕讀書,人人喜歡讀書,人人刻苦讀書,讀書也就形成風氣。

客家地區廣泛流傳這樣的童謠:「蟾蜍羅,咯咯咯,唔讀書,冇老婆。山鵓鳩,咕咕咕,唔讀書,大番薯」。這首童謠通過比喻的方式,教育小孩要讀書,蟾蜍羅為什麼咯咯咯叫得那麼淒慘,就是因為沒讀書而娶不了老婆;山鵓鳩為什麼咕咕咕叫得那麼悲傷,就是因為沒讀書而笨得像大番薯,這麼直白樸實、形象生動的語言,使讀書意識深深絷根於客家人心底,它給人予力量,催人奮發攻讀。

客家地區教人讀書的童謠還有《親人歌》:「公公公(爺爺),涯(我)愛(要)手輄(手鐲)半斤重。婆婆婆(奶奶),涯愛金籫籃(竹筐)。爺爺爺(爸爸),涯愛金頭釵。姆姆姆(媽媽),涯愛大閹雞。伯伯伯,涯愛新籫格。叔叔叔,涯愛雞煲粥。哥哥哥,涯愛梨木凳子坐。嫂嫂嫂,涯愛貓公攬(玩)。姊姊姊,涯愛金戒

指。姑姑姑，涯愛同阿哥去讀書」。通過對公婆爸媽伯叔哥嫂姊姑的叫喚，最後的興趣轉向跟著阿哥去讀書。又如鼓勵小孩讀書的：「……書本細細藏知識，簿本細細寫文章。誰人讀得文章識，送個『雞亂』（雞蛋）界你做生日」。只要讀書讀好了，就送雞蛋給他過生日，這對小孩子來說，是莫大的獎勵。又如教育人們懂得讀書的好處：「賭博錢，取眼前；生理錢，沒幾年；讀書錢，萬萬年」。「讀得書多百不憂，不愁耕種自然有，日裏不怕人借去，夜裏不怕賊來偷」。這兩首童謠告訴人們，讀書是讀在頭腦裏，所以不怕搶來不怕偷，旱澇保收百不憂，走遍天下都不怕，不愁吃穿萬萬年。

客家人更把這種希望寄託在子女的身上，用在客家地區耳聞能詳的童謠來激勵兒童刻苦學習：「螢火蟲，螢火蟲，掛著燈籠在那方？我要讀書沒有火，請你過來閃閃光；閃閃光，閃閃光，伴我念書好用功」。希望兒童能從小養成集螢火蟲取光、發憤讀書的好習慣。再如《送子上學堂》：「當當當，當當當。新書包，新衣裳。送子女，上學堂。有文化，有眼光。為祖國，為家鄉。爺娘面，也增光」。上學堂就有新書包新衣裳，這是一種無形的激勵作用和啟蒙教育。客家父母辛勤勞作，不為別的，就是想要自己的子女有出息、有文化，以後為國家、為家鄉添磚加瓦。可見客家人的崇文意識從幼兒就開始，育人這風無處不在。

這些童謠詼諧幽默，妙趣橫生，朗朗上口，終身難忘。雖內容不完全一樣，但反映的主題卻是相通的，客家子弟從小就被灌輸只有讀書才有出頭之日的價值觀，表達著對人類社會殘酷的生存法則的認識。

四、童謠傳承了客家人的清正廉潔、勤勞節儉的傳統

客家人雖然身居山區，但是他們深知教育的重要性。他們想盡千方百計，通過豐富多彩、形式多樣、寓教於樂的方式，繼承和發展「廉潔清正、勤勞節儉」優良傳統，使人們在耳濡目染、潛移默化、不知不覺中受到教育。

客家童謠中倡廉戒賭的曲目可謂信手拈來。如《賭博好唔好》：「賭博好不好，且看吳三保。親手造條萬盛街，親手賣掉了」。童謠中所說的吳三保是清代興寧人，一生好賭成性曾經大贏，在興寧獨資造一條「萬盛街」，即萬年昌盛的意思。但他迷賭不改，終歸又把「萬盛街」輸掉了，淪為乞丐，死在街邊。此童謠以實例教導人們，使人更加深刻體會到賭博的危害性。再如《沾了煙賭》：「沾了煙

賭,真真辛苦。著身衫褲,千補百補。沾了煙賭,人皮毛長。遇到丈老,不認婿郎。沾了煙賭,流流求求。人情世務,糊裏糊塗。沾了煙賭,六親看衰。公婆冇講,壞人做堆」。這首童謠告誡人們,千萬莫沾了大煙和賭博,否則六親不認,妻離子散,家破人亡,從而達到教育人們免沾煙賭的目的。

客家童謠中教育勤勞的比比皆是。如《火螢蟲》:「火螢蟲,唧唧蟲,桃子樹下吊燈籠。燈籠光,照四方;燈籠暗,跌落坎。坎下一枚針,揀來送觀音。觀音面前一墩(叢)禾,割到三擔過(加)一籮。大人挑一擔,細人扛一籮,扛去細妹背駝駝」。這首童謠表現出客家孩子從小就熱愛勞動,他們幫助大人,雖然辛苦,但是其樂融融。《阿爸種瓜涯織籮》:「拍拍手,唱唱歌,阿爸種瓜涯(我)織籮。涯織竹籮只只好,涯織竹籮心事多。籮大又怕阿爸挑得苦,籮細又怕西瓜大過籮」。這首童謠一方面說明客家孩子從小就參加勞動,另一方面又說明客家孩子能體諒父輩勞動的艱辛。再如《月光光》:「月光光,照四方。當當篤,上嶺崗。行得慢,打背囊。行得快,會脫囊。歇(勞碌)了三四日,肚子粘背囊。歇了七八日,金豐到下洋。每人分得兩毫子,各人討食轉家鄉」。這首童謠流行於閩粵邊境的大埔一帶,反映了舊時窮苦農民爬山越嶺,到外地打工,吃不飽睡不好,謀生之路異常艱辛,但是為了生活,只能吃苦耐勞。

在客家童謠中,也有許多讚美勤勞節儉的曲目。「懶屍姑,想嫁無轎夫;邋遢嫂,想嫁無人討」。這首童謠,教育孩子要勤勞,不要懶惰,要講衛生,不要邋遢。客家童謠中教育節儉的童謠也有不少。如《禾畢子》:「禾畢子,喙哇哇。上桃樹,啄桃花。桃花李花畀(給)你啄,莫啄龍眼荔枝花。龍眼留來拐滿子,荔枝留來轉妹家」。「禾畢子」即一種鳥;「喙哇哇」即嘴張得很大;「拐滿子」,即哄孩子;「轉妹家」即回外家、回娘家。這首童謠通過訓斥小鳥破壞花草,勸導孩子不要糟蹋果實,學會節儉。

童謠是孩子們的詩。孩子們在娛樂遊戲、追逐尋樂時,往往口中吟哦唱誦,以配合動作,慢慢譜出了童謠。客家童謠與民謠一樣語句通俗,每句尾用同韻字,朗誦起來頗富音樂性,異常順口,有歌唱之風韻。所以,只要兒時念熟了,到老年也不易忘記。

客家童謠是客家人智慧的結晶,也是一種口耳相授的教化工具,通過在嬰幼兒時期的口耳相傳,客家人的優良傳統美德、特有的精神品質得到了很好的傳

承。童謠的口耳相傳對於識字不多的兒童來說,是一種良好的接受新知識、傳承優良傳統的方式。於是大量的與客家生活有關的知識,經驗都被吸收到童謠裏去了,童謠成為了客家兒童非常便利的認識客家世界的一本無字天書。

充分挖掘客家童謠的優良傳統,一是可以充分發揮它在凝聚力量、引領風尚、教育人民方面的巨大作用,努力把它轉化為廣大群眾的價值取向、願望要求和自覺行為,進一步在全社會形成強大的精神支柱和基本的道德規範,為推動經濟社會又好又快發展提供強大的精神動力;二是可以增強我們戰勝困難的信心,激勵我們發奮圖強的鬥志,振奮我們昂揚向上的精神;三是可以激勵我們發憤忘食、認真讀書、學好知識,把我們的教育事業推向一個新的臺階,培育出更多的優秀人才;四是可以淨化我們的心靈,去跟各種醜惡現象作鬥爭,從而在物欲橫流的社會淨化我們的環境,養成勤勞節儉的好傳統。

(陳申宏,嘉應學院社科部教授、主任;陳紅心,嘉應學院社科部博士)

參考書目:

[1]梅州市民間文藝家協會《梅州風采》,嘉應文學雜志社,1989 年。

[2]馮秀珍《客家文化大觀》,經濟日報出版社,2003 年。

[3]《伴著童謠長大》(成才加油站網 http://www.ccjyz.com),2008 - 5 - 25。

[4]羅維猛、邱漢章《客家人文教育》,中國大地出版社,2003 年。

[5]餘耀南《大埔情歌雜歌精選》,中國文頤出版社,1997 年。

從童謠來看客家與河洛文化

黃彥菁

Abstract：This essay is aimed to discuss the nursery rhymes of the Hakka and Holo language on the singing, the function of enlightenment, the lyrical nostalgia and various cultures. These abundant nursery rhymes will become the most significant materials for teaching and the language promotion. In addition, the local language can be saved by compiling the nursery rhymes lest it will disappear gradually.

一、前言

童謠,是兒童間於遊戲時喜愛唸誦的歌謠,《爾雅‧釋樂》云:「徒歌謂之謠。」《毛傳》曰:「曲合樂曰歌,徒歌曰謠[1]。」意思為需要配合音樂而唱的稱之為「歌」,只有純粹吟誦的則為「謠」;孩童從牙牙學語開始,童謠便是學習語言與認識世界的一面窗戶。在臺灣早期的鄉村社會裡物資較為匱乏,不同於現今網際網路及遊樂器材的發達,當時可供兒童做為平日遊戲的項目較無多樣化的選擇,除了取材於大自然中的石子、泥沙、竹片等可自製的玩具外,童謠在當時成為了無需花費成本的娛樂,這些充滿趣味的作品,載滿溫馨與想像,是每個人心中難以磨滅的兒時記憶。

每一個族群都有其特殊的文化特徵,例如客家先民在歷經不同時期的多次遷徙後,逐漸凝聚成一種屬於客家人的生活樣貌,舉凡語言、宗教、歌謠、血統、習俗等種種客家文化,均可納入客家族群不同於其他族群的象徵[2]。由於近年來

---

① 朱自清《中國歌謠》,中華書局,1976 年,頁 1。

② 參見黃恒秋《臺灣客家史概論》,愛華出版社,1998 年,頁 5。

日益受到重視的國小鄉土語言（原住民語、河洛語、客家語）課程，在母語政策的推廣下，國小學童可以在學校自行選擇母語的課程就讀，翻閱國小鄉土語言課本，可看到多由童謠或諺語等題材改編而成，因為有押韻的關係，所以學童們讀起來琅琅上口。雖然已經成長的吾等，也因本文研究而得以再次仔細品嚐這些童謠作品，令人更覺生動有趣。

二、童謠的傳唱與教化功能

兒童的情感表達是真摯而直接的，幾個孩子在嬉戲時，會利用他們豐富的想像力盡情發揮童謠詼諧、戲謔的成份，以唱遊的方式再搭配著肢體語言及動作來呈現一種動態的遊戲活動。鍾敬文在黃詔年的著作《孩子們的歌聲》一書所做的序言提及：「童謠是表示民間自然的兒童的歌及他們母親所唱的歌謠，而『兒歌』一名詞，則用以包括一切兒童與母親及文人們為他們所唱作的歌①。」

在臺灣早期的傳統教育中，是以詩書傳家為宗旨，除平日需下田努力耕種外，亦不忘在閒暇之時勤讀詩書、學習禮義，故童謠不止是兒童的「玩具」，更是教化他們的工具；童謠雖然不是單純以介紹及教導知識為其目的，但就其文中所提及之許多事物卻往往有充實兒童知識，達到教育效果，因為童謠的內容，大體上多是描述一般日常生活的情景，以及風俗習慣與民俗節慶等的實況，例如童謠《月光光》是以「月光」這樣的自然景觀來營造出整體氣氛，交代了場景時間為夜晚，並將整個故事情節帶入到這柔美月光的愜意氛圍中，再加入如魚蟲鳥獸、草本植物、色彩、數字等名詞，讓整首童謠生動起來，更合乎了母教的溫柔與氛圍：

> 月光光，好種薑，薑必目，好種竹，竹開花，好種瓜，瓜盲大，摘來賣，賣到三個錢，學打棉，棉線斷，學打磚，磚斷節，學打鐵，鐵生鑢，學劏豬，豬愛走，學劏狗，狗愛咬，學劏鳥，鳥會飛，飛到那位？飛到榕樹下，拈到一條爛冬瓜，拿轉去，瀉倒滿廳下②。

---

① 參見黃詔年《孩子們的歌聲》，東方文化書局，1972 年，頁 4～9。
② 胡萬川《石岡鄉客語歌謠》，臺中縣立文化中心，1992 年，頁 56。

在河洛童謠中,也有以「十二生相(生肖)」作為主題,可教導兒童學習數字及動物詞彙,如下:

　　一鼠做頭名,二牛駛犁兄,三虎爬山崎,四兔遊京城,五龍皇帝命,六蛇予人驚,七馬跑兵營,八羊食草嶺,九猴爬樹頭,十雞啼三聲,十一狗顧門埕,十二豬真好命①。

另一首《月光光》客家童謠如下:

　　月光光,秀才郎,騎白馬,過蓮塘,蓮塘背,種韭菜,韭菜花,結親家,親家門前一口塘,蓄個鯉嫲八尺長,長個拿來炒酒吃,短個拿來討輔娘②。

文中「秀才」二字側面表現出讀書風氣,如起興所言,有一名「秀才」威風地騎著白馬經過蓮塘。而河洛童謠中也有一首以「秀才」為主角的作品,名為「秀才騎馬弄弄來」,以戲謔、誇張的方式來揄揶)這位秀才,如下:

　　秀才騎馬弄弄來,佇馬頂,跋落來,跋一下真厲害呫! 秀才秀才,騎馬弄弄來,佇馬頂,跋落來,跋一下真厲害,嘴齒痛,糊下頦,目睭痛,糊目眉,腹肚疼,糊肚臍,嘿! 真厲害③。

以上在這些童謠中皆出現了大量的詞彙,教導孩童認識動植物與相關事物,頗有寓教於樂的引導與應用,教化的功能很強;臺灣早期的教育並非十分普及,尤其是在鄉下地區的孩子更是難得有機會受教育,但藉由這些口耳相傳的童謠,卻帶給兒童不少生活上的知識以及語言的學習,增長他們的智慧,並啟發思想與陶冶心,甚至還灌輸了倫理道德的觀念,因為童謠也間接地負擔起兒童教育的功能與任務,其背後所蘊含的教育價值匪淺。

---

① 林金田《臺灣童謠選編專輯》,臺灣省文獻委員會,1997 年,頁 35。
② 馮輝岳《臺灣童謠大家唸》,武陵出版有限公司,1996 年,頁 82。
③ 康原《臺灣童謠園丁》,晨星出版有限公司,2009 年,頁 188。

三、童謠的抒情懷鄉之感

自古以來，人們總喜歡望物興嘆，在良辰美景下抒發情懷，並帶給人們無限的遐想，例如《月光光》就是描述在月光下所發生的趣事，產生了一連串連鎖發展的童謠，雖然起興語與後面所接的句子並無太大的關聯性，但童謠大部分的句式結構為互相連鎖的句子，也就是把音韻接近的名詞、動詞或形容詞串通起來，自由發展的結果往往有出人意表的字句結構表現，而衍生出新奇美妙的想像，並以抒情方式來表現。

月亮除了代表母性（陰性）的光輝外，她也是充滿著濃濃鄉愁的，讓身在異鄉的遊子抬頭觀望明月時，心裡總是湧起了一股不可言喻的思鄉情懷。

朱介凡說：「兒歌之中，抒情者獨多。第一，孩子們的情感生活，要有所引發。其次，成人們生活的鬱苦，每藉兒歌來發洩。⋯⋯兒歌的抒情，孩子們可並非『勞者自歌』，而彷彿是些小詩人，唱盡了人世間的苦樂①。」以客家童謠為例，如下：

> 月光光，樹頭背，鷄公礱穀狗踏碓，狐狸燒火貓炒菜，田鷄食飯脚懶懶，老虎上山拗苦柴②。

這首童謠是以擬人化的手法來描寫生活情事，文中詞彙「礱穀（意即碾米）」、「炒菜」、「食飯」與「拗苦柴（擔柴）」這些都是常見的日常作息與工作，只是利用動物來敘述更顯得熱鬧有趣。童謠除了描述日常生活與工作外，在抒情敘事中，常常以「人物」為主題，主要是描述家庭成員的生活，以父子、夫婦、兄弟姐妹為主軸，除了抒情作用，也可以讓兒童認識這些不同的親屬稱謂，例如《月光華華》：

> 月光華華，細妹煮茶，阿哥兜凳，人客食茶，滿姑洗身，跌忒手巾，麼人拈

① 參見朱介凡《中國歌謠論》，中華書局，1984 年，頁 367～369。
② 朱天民《各省童謠集》，東方文化書局，1977 年，頁 96。

到,細嫂拈到,愛還㑚也毋還㑚?大哥轉來會罵,細哥轉來會打;毋使打,

毋使罵,十七十八愛行嫁,嫁到奈?嫁到禾埕背,種韮菜。韮菜花,結親家,

親家門前一坵禾,割著三擔過兩籮,分得你來㑚　又無①。

前提多首有關《月光光》起興的童謠,由於「月光」容易引發思鄉情懷,古有
唐詩云:「床前明月光,疑是地上霜;舉頭望明月,低頭思故鄉。」這首唐詩是大家
對於「月光」所聯想到最廣為人知的詩句,尾句末三字「思故鄉」道盡多少緬懷家
鄉之情。另舉懷鄉的客家童謠,如下:

月光光,夜夜光,月華姊,在中央,探出頭來看凡間,幾多往事佢心傷②。

文中將月亮擬人化,在月夜下的月華姐(指嫦娥),她探了山頭又望呀望的,
看穿人世百態,總有許多傷心往事頓時浮上心頭,月華姐曾經以凡間為家,往事
歷歷在目,不禁令人滿懷思念而徒傷悲淒。

四、童謠所反映出的族群文化

臺灣客家童謠的分類,大抵與河洛童謠相似③,河洛童謠又稱為「囡仔歌」。
若將兩者比較起來,客家童謠衍異出許多不同的版本,這是因為和客家人居住的
環境有著密切的關係,不論是自中原南遷,亦或渡海來臺墾拓,客家人的居所均
較為偏僻,且大多靠山而居又分散於全臺各地,因為受到各地風土民情的影響,
童謠的句式結構則隨之產生種種變化;除了描寫豔情的客家山歌外,在客家童謠
中較少出現哀怨的句子。

早期臺灣的住民,只有福建出生的人,在都市裏忙碌地經營着商工業。所以
山胞和廣東出生的人,生活比較安閒簡單,因此,後二者都特別愛好歌唱④。

---

① 徐運德《客家童謠集》,中原週刊社,1996年,頁6~12。
② 徐運德《客家童謠集》,頁61~62。
③ 參見馮輝岳《臺灣童謠大家唸》,頁15~19。
④ 參見廖漢臣《臺灣兒歌》,臺灣省政府新聞處,1980年,頁38。文中所提之「福建出生的人」指的
是河洛人;「山胞」指原住民;「廣東出生的人」指客家人,這段文字皆以原文註記。

1. 受到方言影響

　　同一首童謠,卻因為受到方言影響,而變形成為兩種不同方言的版本,因為變形之後所造成的音韻之不協韻,故使得後面所接的句子也隨之變換,而以「月光光,秀才郎,騎白馬,過南塘」起興的童謠,其後句式各自趁韻①發展,以客家童謠比對河洛童謠,客家童謠版本如下:

　　　　月光光,秀才郎,騎白馬,過南塘,南塘背,種韮菜,韮菜開花結親家,親家門口有魚塘,魚塘中央種蓮花,蓮花恁靚在水中,葉仔皮皮水面浮,想愛摘花路難通,等道路通花又謝,菜籃挨　　水無採工②。

河洛童謠版本如下:

　　　　月光光,秀才郎,騎白馬,過南塘。南塘會勿 得過,掠猫來接貨;接會勿着,舉竹篙,拍獵鳶;獵鳶跋落田,却來做泔瓶;泔瓶會勿貯泔,却來做鼎竹敢;鼎竹敢會勿蓋菜,却來做斗篾;斗篾會勿篾米,却來做舂杵;舂杵會勿 舂米,一個老婆仔舂居死死死③。

　　在朱天民所搜錄《各省童謠集》一書中的這首《秀才郎》:「月光光,秀才郎;騎白馬,過南塘。南塘莫得過,拿貓兒來戴髻;戴莫着,磨刀石④。」相傳這前四句是鄭成功黨人所造,而騎白馬的秀才郎指的就是鄭成功,南塘是南京,但這樣的傳說多半是穿鑿附會。以上此兩首童謠除前四句起興語相同外,其後所接句子之內容完全相異,如果用自己的方言發音於不同方言的版本中,則會造成聲韻不協的現象,故為了因應方言不同所需,使得各自發展出另一套內容迥異之版本。其他《月光光》客家童謠的版本,如下:

①　「趁韻」是指用韻以韻腳相同或意義稍有相似。
②　胡萬川《石岡鄉客語歌謠(二)》,臺中縣立文化中心,1993 年,頁 28。
③　李獻璋《臺灣民間文學集》,龍文出版社,1989 年,頁 161～162。
④　朱天民《各省童謠集》,頁 23。

月光光,秀才娘,船來等,轎來扛,一扛扛到河中央,蝦公毛蟹拜龍王,龍王腳下一蕊花,拿分阿妹轉妹家,轉到妹家笑哈哈①。

文中這個「秀才娘」一詞,疑因在其他版本中較常出現的「秀才郎」的「郎」字與「娘」字的客語音近,而誤傳為秀才「娘」。

2. 套接

套接於句中或句尾增加、更換詞句而讓童謠更為生動有趣,一般多半發生於結尾處,因為套接的緣故,讓童謠產生了衍異,也就是說將一首童謠的一段句子放入另一首童謠的後面,而創作出新的童謠,此情況則稱為套接,又稱作綴聯。客家童謠《月光光》的各式版本是由衍異而來的,也有直接將起興語《月光光》套接於河洛童謠中,如:

草蜢公,穿紅裙,要倒去? 要等船,船倒去? 船撞破,船片倒去? 船片燒灰……油點火,火倒去? 火被老公仔吹吹熄,老公仔倒去? 老公仔死在芎蕉腳,用什麼貯? 用破豬槽,用什麼蓋? 用破米籮,啥人拜? 老子婿,啥人哀? 老妯娌②。

另外還有二首童謠作品亦有異曲同工之妙,客家童謠如下:

三十暗晡出大月光,瘸手出來偷拔秧,青暝仔看到,啞之講捉來朗③。

比對河洛童謠如下:

月仔光映映,賊仔偷挖壁;挖幾隙,一空俗一隙;水牛牽去四五隻,青暝看一見,啞口就喊掠;跛跤兮拼命追,瘸手兮走去掠;掠一下着,無影也無

---

①　徐運德《客家童謠集》,頁 59~60。
②　馮輝岳《臺灣童謠大家唸》,頁 26~27。
③　馮輝岳《客家謠諺賞析》,武陵出版有限公司,1999 年,頁 121。

跡①。

「月仔」一詞是河洛話對於月亮的慣用稱呼,或稱「月娘」,而在客語中則大多習慣稱月亮為「月光」、「月華」;在月光下,有一個瞎子看到了小賊正在偷挖壁(河洛童謠)、偷拔秧(客家童謠),啞巴於是急著直嚷大家來捉賊;修辭法是以誇飾及擬人化的手法來吟誦童謠,形成兩種不同的方言版本,但所呈現的意義卻相近,只是在句式結構上為完全不同的兩種童謠版本。

3. 客家社會中的性別平權

在傳統觀念中,客家婦女除下田從事耕種外,還要在家中相夫教子。自古以來客家婦女不裹小腳,素有「天足」之稱,扮演著家庭中裡外兼顧的角色,客家婦女從小就被訓練教育成為有傳統美德。鍾敬文②認為客家人的生活,因為他們所處的環境關係,所以終日作業於田野山嶺間的時間佔多數,並且男女俱出,沒有「男子事於外,女子事於內」之別。在客家的男性與女性的性別地位上,因為客家婦女以身心來施行內外的實際的勞動行為,故合理化了在客家社會中的女性位階與男性趨於平等,彼此之間為產生了平權尊重。雖然雲英未嫁的女子在傳統家庭中的地位較低,但仍能從客家童謠的吟唱中,看出她們自主的一面,如以《月光華華》起興之客家童謠比對河洛童謠,如下:

> 鹹菜鹹辣辣,爸母主婚無處依,手舉筆,要畫眉,要嫁童生與秀才,不嫁你這圂黨漢奴才。嫁着好夫好迌,嫁着歹夫不如無,回來我厝做姑婆,大甥叫食飯,小甥叫迌③。

客家童謠《月光華華》中的待嫁女子(滿姑)在家中雖受限於兄長,於是期待自己在十七、十八歲時趕快出嫁,至於要嫁到哪裡,她心中自有定數;而在河洛童謠中的女主角婚事需由父母作主,雖然自己希望可以嫁給秀才,可惜婚姻大事身

---

① 邱冠福《臺灣童謠》,臺南縣立文化中心,1997 年,頁45。
② 參見鍾敬文,《客家情歌》,上海文藝出版社,1991 年,頁3。原書名為《客音情歌集》,據北新書局1927 年 2 月版影印本。
③ 舒蘭《臺灣兒歌(二)》,渤海堂文化公司,1989 年,頁165。

不由已,所幸若是之後嫁到不好的丈夫,還可以回到娘家去。

另有一首客家童謠《轉妹家》:

　　　轉妹家,坐早車,正月去,二月轉,轉來雞嬤盲生卵,雞公哇哇啼,牛嬤盲
掛胎,牛子學拖犁①。

意思描述有一位媳婦回娘家待了一個月,雖然她可能會受丈夫和婆婆的嘀
咕碎念,但她認為回娘家的時間也不算長,因為返家時,母雞未生蛋、母牛也尚未
懷胎。客家婦女在家中所扮演的是一種平權而非卑屈的角色。

五、結論

囿於篇幅之故,本文僅能列舉幾首大家耳熟能詳之童謠作品,並將更詳盡的
童謠整理與歸納作為後續之研究。早期的兒童多以趣味十足的童謠為娛樂,由於
這些傳唱者身份為兒童,他們因為當時年紀尚小而不明瞭童謠的內容為何義,只會
以母語發音及背誦方式記下,然而隨著年齡增長,大都也漸漸淡忘了這些母親曾
經教導過的童謠。如今偶而聽到兒童們朗讀起「月光光,……」的聲語,使得已
經成長的我們驀然地回想起那些聲韻,「童謠」應是美好童年時光的代名詞。

一首首動聽的童謠代表著母語傳承的延續,更可與文學、音樂、藝術等結合
而衍化新作品,如:詩詞、歌曲等。「臺灣新文學之父」賴和曾詩云:「我本客屬
人,鄉語竟自忘。戚然傷懷抱,數典愧祖宗②。」忘了「鄉語」就猶如忘了「根」,
「根」就是「本」,「本」也就是「家」,如果沒有了「根」,那麼「家」在何處? 為了不
使我們的下一代忘了「鄉語」,那麼就讓我們從兒童教育開始倡導,藉由語言的
薪火相傳,讓這些歷史悠久的童謠一直傳唱下去。

(作者為政治大學民族學系博士生)

---

① 馮輝岳《臺灣童謠大家唸》,頁 54。「盲」字在原文中作「盲」,意思為「尚未」之意。
② 參見林瑞明講稿《賴和的文學及其精神》,《臺灣風物》第三十九卷第三期,1989 年 9 月第六十四
次臺灣研究研討會記錄,參見黃恒秋編,彭瑞金著《臺灣客家文學的可能性及其以女性為主導的
特質》,《客家臺灣文學論》,愛華出版社,2003,頁 88。

從臺灣客家族的祖堂和族譜
追溯古代的河洛文化

劉昭民

Abstract：The Hakka people in Taiwan originated from Yellow River basin and Lo River basin, therefore we can trace our ancestry back to Yellow River basin and Lo River basin according to the name of ancestral temple and family tree in Taiwan.

The author is going to discuss the warm and wet climate several thousand years ago influence on the culture of Yellow River basin and Lo River basin, and suppose that the warm and wet climate has advanced in culture of ancient Chinese.

一、前言

現在臺灣的客家族只要一談到老祖先的原居地,就會聯想到是在中國大陸的中原地帶,然後經過五次的遷移(其中第一次是南北朝時代五胡亂華時期),最後才形成現在的分佈情形①。因此現在居住在臺灣的客家族應該了解客家先民還沒有南遷之前的中原河洛文化,並進而將移民史加以連貫起來。而三四千年前客家先民分佈的地點和地區,吾人可以從臺灣客家族的祖堂名稱和族譜之研究中加以分析出來,因此本文首先將分析研究臺灣客家族的祖堂名稱和族譜,再根據我國歷史上氣候變遷之研究,分析數千年前至 3000 年前中原暖濕之氣候對河洛文化之影響。

---

① 曾秀氣《六堆英華》,美和出版社,1977 年,引客籍史學家羅香林教授的研究。

二、根據臺灣客家族祖堂名稱和族譜資料分析客家先民之分佈

臺灣的客家族都建有祖堂(見圖1),由於臺灣客家族的祖堂名稱是來自於先秦時代和秦漢(尤其是西漢初期)時代的郡縣,因此吾人只要查出當時的郡縣所在地,就可以了解當時的客家先民之分佈地點和分佈地區。茲根據《辭海》中的資料①,列出臺灣客家族姓氏、祖堂堂號與現在地理上之地名和區域,提供研究和分析,見表一。

表一:臺灣客家族姓氏、祖堂堂號及現在地理上之地名和區域比較表

姓氏	祖堂堂號	現在的地名和區域
劉氏	彭城堂	江蘇省北部,徐州北方的沛縣
鍾氏、陳氏	潁川堂	河南省中部和南部潁水河流域,包括禹州市和許昌市等地。
林氏	西河堂 濟南堂	山西省西北部之離石縣 山東省中部和西部,包括濟南市
羅氏、沈氏、湛氏	豫章堂	長江以北,淮河以南之地區
古氏	新安堂	河南省鐵門縣
謝氏	陳留堂 東山堂	開封東南方之陳留縣 山東省曲阜一帶
王氏、溫氏	太原堂	今日山西省太原和汾陽以南之地區

---

① 《辭海》上下冊,中華書局出版。

姓氏	祖堂堂號	現在的地名和區域
廖氏	萬石堂 武威堂	河南南部潁水河流域 甘肅省中部之武威縣和民勤縣
馮氏	始平堂	不詳
郭氏	汾陽堂	山西省汾陽縣
賴氏	潁川堂 天水堂	同鍾氏 甘肅省通渭縣西南
饒氏	平陽堂	山西省臨汾縣南之地區
范氏	高平堂	山西省晉城縣北之地區
蘇氏	武功堂	西安西方五十公裏之武功縣
藍氏	汝南堂	山西省汝寧、陳州一帶
黃氏	江夏堂	河南省泌陽縣北地區
邱氏	河南堂	河南省洛陽市一帶
吳氏	渤海堂	山東省無棣縣和河北省滄縣、河間一帶
曾氏	三省堂 魯國堂 武城堂	不詳 山東省曲阜一帶 山東省曲阜東南方之費縣及嘉祥縣
楊氏	弘農堂	河南洛陽、嵩縣內鄉（河南西南部）以西,陝西省商州市以東地區,包括湖北北部地區
傅氏、張氏	清河堂	河北省南部之清河、棗強,山東省西部之清平、高唐、臨清、武城一帶
宋氏	京兆堂	陝西省長安縣以東至華縣一帶
蕭氏	師儉堂	不詳
朱氏	沛國堂	安徽省宿州市西北
卓氏	西河堂	山西省西北部之離石縣
鄭氏	滎陽堂	河南省滎陽縣
徐氏	東海堂	山東省南部之郯城以及江蘇省北部之邳縣和東海縣
涂氏	五桂堂	不詳
何氏	廬江堂	安徽省中部巢湖西南方之廬江縣
童氏	雁門堂	山西省西北部
江氏	濟源堂	河南省開封市東北
餘氏	下邳堂	江蘇省北部徐州市東方之邳縣
梁氏	安定堂	甘肅省平涼縣以東之地區
唐氏	晉陽堂	今日山西省太原市

姓氏	祖堂堂號	現在的地名和區域
侯氏	南陽堂 上谷堂	河南省南陽市 河北省中部和西部
練氏	河內堂	河南省境黃河以北地區
李氏	隴西堂	甘肅省東南部渭河上游地區

由以上之分析,可知先秦時代及秦漢時代,客家先民還沒有向南大遷移時,都居住在東至魯南和蘇北黃海之濱,西至甘肅省中部,南至長江以北區域,北至山西省西北部地區。包括甘肅省中部和東南部,陝西省中南部地區之渭河流域、河南省、山西省、湖北省北部、安徽省中部和北部、江蘇省北部、山東省、河北省中部、西部、南部等廣大區域,而不限於山西省和河南省。

吾人要注意的是,有兩三個姓氏,歷代都沿襲同一個祖堂名稱的,例如鍾氏和陳氏的祖堂同為潁川堂,羅氏、沈氏、湛氏的祖堂同為豫章堂,表示他們的祖籍地皆為同一地區。有的姓氏有兩三個不同的祖堂名稱,表示他們的祖先曾經經過遷移,故其後代又使用遷移後之祖籍地為祖堂堂號,例如林氏先民先居住在山西省西北部離石縣,故使用西河堂,後來又移居到山東省濟南市一帶,故又使用濟南堂堂號。至於馮姓的始平堂、曾姓的三省堂、蕭姓的師儉堂、涂姓的五桂堂等,在《辭海》中查不到,故其現在地名不詳。

三、從臺灣客家族之族譜中找出最早之祖籍地

臺灣的客家族非常重視家族的族譜,所以幾乎每一個客家家庭都會保存一冊(或一套)族譜,其內容必先說明其祖先之來源,故吾人可以從族譜的記載中看出客家族的最早祖籍地。茲將《劉氏族譜》序文開頭的記載引錄如下:

「昔孔子刪書始自堯典以前,此荒遠難稽也,我劉氏出堯之後,累公受姓,前此無所考,後此商為豕韋,周為唐杜,秦有士會公,後亦祇大略,即謂傳五十六世生榮公,猶不免依稀恍惚之詞也。

受姓劉氏大始祖諱累公妣汪氏。

出堯之後,夏朝孔甲時為御龍官,卒葬沛縣。

仝安鄉妣葬良洞,傳五十六代生榮公:

自二世至五十五世,世遠無從考據,不知諱者五十四公(表示有五十四代不

知其詳）

沛縣開基祖諱榮公,字仁號,妣趙氏、梁氏,公葬瑞金大華山銅鼓村,二妣合葬鎮江府萬落鄉,生子煓公。

二世祖諱煓公,字顯初,妣李氏,公葬沛縣九龍坑,妣葬東村。

生子賈公、喜公、邦公、交公。

三世祖西漢高帝,諱邦公,字季,妣呂后、薄后,公葬南京沛縣白良村,又葬江南先華豐下。生二子盈公恒公。

四世祖西漢文帝,諱恒公,妣竇后,生子莊公。

五世祖西漢景帝,諱莊公,妣郊后,生三子徹公(即武帝)、發公、箕公。

六世祖中山靖王出彭城,諱箕公,妣林氏,合葬沛縣高村名佛洞。」①

可見劉氏最早之先民源出帝堯(公元前 2357 年～公元前 2257 年,距今4000 多年前),到了夏代孔甲時(公元前 1879 年～公元前 1848 年,距今 3943 年前)為御龍官,卒葬沛縣,其後有五十四代因年代太久,無從考據,直到戰國時代末期才有劉榮為開基祖,二世祖為劉煓,三世祖為漢高祖劉邦,四世祖為漢文帝劉恒,五世祖為西漢景帝劉莊,六世祖中山靖王劉箕出彭城,彭城堂始此。角音屬木。②

可見劉姓祖堂之名稱彭城堂於距今2240 年前左右始確定,位置是今日之江蘇省北部沛縣。

其他姓氏之族譜資料,因限於篇幅,就不再一一列舉說明了。

四、距今五千年前至兩千年前中原的暖濕氣候對河洛文化之影響

距今五千年前至兩千年前的客家先民,其活動的範圍包括渭河流域、黃河中下游流域、潁水河流域,均有河水灌溉農田之地利之便,更重要的是,當時的溫暖潮濕森林沼澤氣候,極有利於農業之發展,並創造較高水平的河洛文化和物質文明。

根據氣象學家和氣候學家的研究,距今 5000 年至 4000 年前之氣候為暖濕

---

① 《劉氏族譜》,1981 年 1 月重印,1～2 頁。
② 同上。

森林沼澤氣候①②，因為山西、河北、河南、甘肅、陝西西安附近（半坡村）等地區，曾從新石器時代後期仰韶文化地下遺址中，發掘出許多鹿、箭齒豬、魚鱉遺骸，這些動物都屬於暖濕森林沼澤氣候環境中生長者，而今日華北地區則已不存在這些動物。

　　1950 年代及 1960 年代的考古發掘，發現西安半坡地下遺址中，有大量的獐、竹鼠、貉等動物遺骸。而獐今日僅分佈在長江流域的沼澤地帶，竹鼠今日只見於南方竹林之地，而不見於陝西省境內，貉喜棲於河湖，這些動物骨骸證明距今 5000 年至 4000 年前渭河流域為暖濕森林沼澤氣候。由現世中原和長江流域年均溫分佈情形（前者 14℃～15℃，後者 16～18℃），可知距今 5000 年～4000年前，黃河流域之年均溫應比現在高 2℃～3℃（見圖 2～圖 3）。

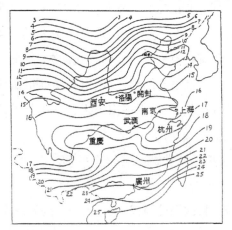

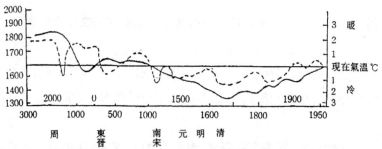

　　距今 3000 年前的殷商時代，安陽殷墟發掘之動物遺骸亦多竹鼠、貘、腫面豬、獐、聖水牛、印度象等，可見當時亦為暖濕森林沼澤氣候。而周朝的考古資料

　　① 　竺可楨《中國近 5000 年氣候變遷的初步研究》，《考古學報》1972 年第 1 期。
　　② 　劉昭民《中國歷史上氣候之變遷》，臺灣商務印書館出版，1982 年，P. 31～33。

也顯示河南、山西、陝西地下遺址,許多甲骨和銅器上有箕、竹、箇、人牽象、象等文字和符號,表示當時黃河流域竹類、象類十分普遍。氣候一如殷商時代。周朝中葉雖有短暫的冷期,但是對長期的暖濕氣候而言,起不了多大作用。

至於先秦時代和西漢時代(距今 2000 多年前),《周禮‧職方氏》有記載說:「豫州(河南),其穀宜五種,鄭注並云:黍、稷、菽、麥、稻。青州(山東),其穀宜稻麥。兗州(山東),其穀宜四種(即黍、稷、麥、稻)。并州(河北省南部),其穀宜五種(黍、稷、菽、麥、稻)。」

可見從先秦時代至西漢時代,中原氣候十分濕暖[①],故中原能生產稻、麥、小米等農作物。

由以上之分析,可見距今 5000 年前至 2000 年前中原的暖濕氣候極有利農牧業之發展,適宜於一季稻、小米、小麥之耕作,因此考古工作者曾在河南舞陽縣

發現數千年前之炭化稻米(見下圖),在河南禹州市瓦店遺址發現距今 4000 年前的小麥遺存(見下圖),是中國發現的最早小麥遺存。在喇家遺址中還發現距今 4000 年前的一隻倒扣在地面上的陶碗中有使用小米做的麵條(見下圖),是世界上最早的麵條。證明中原農業和糧食之利用已相當不錯,而且距今 4000 年前的技藝和製造水平也十分高,例如山西省襄汾縣陶寺文化遺址出土的距今 4000 年前之齒輪形銅器(見下左圖)和彩繪龍紋陶盤(見下右圖)[②]即可見一斑。

---

① 劉昭民《中國歷史上氣候之變遷》,臺灣商務印書館再版,1994 年,P. 31～P. 81。
② 參考自 2010 年 11 月 16 日～2011 年 2 月 10 日廣東省博物館展出考古研究所 60 年成果展。

　　可見古代中原的暖濕森林沼澤氣候使河洛先民的農業獲得極大的發展,也因立市集,以通貨財,促進了商業的發展,也促使河洛先民創造了較高水平的文化和物質文明,例如距今 4000 年前的山西襄汾陶寺遺址出土的扁壺上文字——「文」以及「堯」字(或解作命或易、邑、唐等字,見下左圖)①,距今 3000 多年前河洛先民更進一步發明甲骨文(見下右圖)②,對戰國時代河洛先民從銅器時代進入鐵器時代起了很大的刺激作用。

①　同上。
②　董作賓《殷庚丁時卜辭中一旬間之氣象紀錄》,《氣象學報》,1943 年第 17 卷第 1 期。

五、結論

　　從臺灣客家的祖堂堂號以及族譜的分析,可以知道數千年前至 2000 多年前客家先民分佈在黃河、洛水、渭河、潁水之情況,而當時的暖濕森林沼澤氣候,使河洛先民能夠很順利地耕種稻米、小米和小麥,進而使漁業、畜牧業也大為發展,連帶使商業也大為發展,進而發明文字和甲骨文,並逐漸從新石器時代進入銅器時代,戰國時代更進而進入鐵器時代,創造了極豐富的中原文化和高水平的物質文明,臺灣的客家文化便是傳承歷史悠久的中原河洛文化而來,因此臺灣客家族的尋根之旅也應該將中原的各個祖籍地包括在內。

　　　　　　　　（作者為臺灣中央研究院科學史委員會教授）

河洛文化與客家文化的形成

司徒尚紀

Abstract：

1. From Qin dynasty to Tang dynasty, the Inoculation period Of Hakka culture, Heluo culture collide with Fujian culture, Lingnan culture and Jiangxi culture, Hakka cultural embryo was formed.

2. Song dynasty and Yuan dynasty, a great number of people mainly from Henan immigrated to the south of China and became the main part of local people. Heluo culture integrated with the local culture and formed the archetype of Hakka culture of its own features and styles.

3. Ming dynasty and Qing dynasty, Absorbing more local and western culture.

4. Modern times, independent development period of Hakka culture, Heluo culture has become the historical origin and collective memory of Hakka culture. The cultural relationship between Heluo culture and Hakka culture is a kind of source and stream.

　　以河洛文化為核心的中原文化，隨著歷史上多次移民，不斷向閩、粵、贛等地區傳播，與當地自然人文環境相感應，發生文化蛻變與新生，形成客家文化，此後不斷向國內外擴散，在中國地域文化體系中佔有重要一席之地。客家文化形成歷史進程，主要經歷了兩個階段。

一、秦至唐：客家文化孕育時期

　　先秦時期，河洛作為中原文化核心地區，其文化處於全國主流和領先地位，

而嶺南尚在原始社會晚期,還是一片文化荒漠,中原地區還談不上有多少文化交流,自然也無所謂客家文化。

秦統一嶺南,中原軍民隨而南下,南海郡及其屬下番禺、龍川、博羅、四會、揭陽(一說為漢)政區建立,使廣東有了執行中央政令的權力機關和平臺。特別是秦將趙佗任龍川縣令,及其開發東江地區推行一系列中原文化舉措,使東江流域成為客家先民和原始客家文化最早一個搖籃。迨秦滅亡後,趙佗在番禺(廣州)稱王稱帝,建立起長達近百年的南越國,河洛文化發生比秦更大規模的向南傳播,包括中原禮俗、鐵器等生產工具、中原教育、儒學等在嶺南立足,嶺南出現以陳欽、陳元父子為代表的首批經學名家,並敢於問鼎中原,顯示嶺南禮俗文化向學術文化轉變。原始客家文化也受到滋潤,加快了自己的孕育過程,故史稱「趙佗王南越,稍以詩禮化其民」,使嶺南「華風日興」,「學校漸弘」①。漢高祖劉邦為此下詔贊「南海尉佗居南方長治之,甚有文理,中縣人以故不耗減,粵(越)人相攻擊之俗益止,頗賴其力」②。直到明末清初,屈大均《廣東新語·人語》仍稱「而任囂尉佗所將率樓船士十餘萬,其後皆家於越,生長子孫。……今粵人大抵皆中國(原)種,自秦漢以來日滋月盛,不失中原清淑之氣」。又云:「蓋越至始皇而一變,至漢武而再變,中國之人,得蒙寓教於茲土,以至今日」,甚至「南越文章,以尉佗為始」。

東晉南朝,出現我國第一次移民高潮,大批中原士人南下,進入嶺南地區,一部分在粵北、粵東北地區定居、繁衍、擴大為客家先民的隊伍,注入更多的河洛文化內涵,故史稱:「東晉南朝,衣冠望族,向南而遷,佔籍各郡,……其流風遺韻,衣冠習氣,熏陶漸染,故習漸變,而俗庶幾中州。」③

唐代,由於北方黃巢起義,導致我國第二次移民高潮。加上唐九齡開鑿大庾嶺道,南北交通更為暢便,更多中原、江南移民入居嶺南。故蘇東坡指出:「自漢末至五代,中原避亂之人,多家於此。」④隋唐時期,在嶺南俚族首領冼夫人推動下,漢俚民族融合加快,這雖然主要發生在粵西、海南地區,但對東江、興梅地區

---

① 黎崱《安南志略》。
② 嘉靖《廣東通志》卷40。
③ 《漢書·高帝紀》。
④ 道光《廣東通志》卷92。

也會產生一定程度的影響,為漢文化在這些地區的傳播廓清了障礙。在俚人社會,這時也產生一批掌握漢文化知識分子。唐太宗在漢未央宮大宴群臣。曾「命突厥頡利可汗起舞,又命南蠻酋長馮戴詠詩。既而笑曰『胡漢一家,自古未有也。』」①這廣傳為漢俚文化融合一件佳話。但總的說來,直到唐代,河洛文化南下,無論與八閩文化、江西文化還是嶺南文化都還在碰撞、交融之中,客家文化只形成自己的雛形。

二、唐元時期,客家人大遷移和客家文化的形成

只有到宋元時期,客家才作為一個獨立民系和民系文化形成,理由如下:

(1)外來人口在當地佔優勢。如果把主、客戶理解為入居時間早晚,則兩者比例關係反映外來人口對當地人口強弱。宋末元初,進入閩、贛、粵交界地區的漢人更多,大量地方文獻和譜牒記載了這個移民盛況。據羅香林《客家源流考》統計,南宋從江西、福建,以及安徽、江蘇南遷廣東龍川、五華、和平、梅縣、大埔、蕉嶺、河源、始興、南雄、興寧、惠陽、平遠、翁源、豐順、揭陽等地的有魏、曾、徐、謝、饒、丘、華、鄧、劉、巫、何、張、溫、吳、史、黃、廖、陳等 18 姓。如《五華魏氏族譜》云:「時值宋末,天下混亂……我祖兄弟,驚恐流涕,商議只得移別處逃生。……至公至惠州長樂(五華)為一世開基祖。」《興寧黃陂曾氏族譜》記:「宋政和壬辰年(1112)由南豐行徙福建寧化石壁卜居焉。因宋元兵擾,不能定居,由寧化徙廣東長樂縣家焉。現居興寧、梅縣、平遠、鎮平、五華、龍川、惠州、河源、和平、廣州、新寧(臺山)等縣之曾姓,皆為此祖之後。」劉士驥《梅州丘氏創兆堂記》云:「謹按梅州丘氏……先世由中州遷閩。……少與鄉人謝翱同歸閩,道梅州北,今鎮平之文福鄉,喜其山水,因卜居焉。」

又南雄《南陽堂鄧氏聯修族譜》曰:「名世之孫升,南宋建炎四年(1130 年)以升為散騎郎。……越三世坤鐘,避宋季亂,徙居南雄像湖。」王像之《輿地紀勝》引《梅州圖經》(已佚):「(南宋時)郡土曠民惰,而業農者鮮,悉汀、贛僑寓者耕焉,故人不患無田,而田每以人力不給廢。……然由其說可知南宋以前土著之少,而汀、贛客民僑寓之多。故《太平寰宇記》載梅州戶,主一千二百一,客三百

---

① 《蘇東坡全集‧後集》卷 15。

六十七,而《元豐九域志》載梅州主五千八百二十四,客六千五百四十八,則是宋初至元豐不及百年而客戶頓增數倍,而較之於主(戶),且浮(高)出十之一二矣。」①近年有人對209個客家氏族入居廣東的時代分佈作了調查,得到以下結果②:

209 個客家氏族遷廣東時代分佈

時代	遷廣東的客家氏族		時代	遷廣東的客家氏族	
	個數	比重/%		個數	比重/%
唐以前	2	1.0	元代	38	18.1
唐代	4	1.9	明代	27	12.8
五代	8	3.8	清代	2	1.0
宋代	47	22.4	時代不明	75	35.7
宋元間	7	3.3	合計	210	100.00

除時代不明的氏族以外,宋元入居廣東氏族佔有明確時代記載氏族135個的68%。這些氏族入居對客家系在廣東形成起了重要作用。同一項研究結果,還展示這些氏族地域分佈的集中現象③:

宋元 62 個氏族遷廣東地區分佈

州縣	氏族數	州縣	氏族數	州縣	氏族數
梅縣	17	大埔	2	河源	2
鎮平(蕉嶺)	3	潮州	1	東莞	2
平遠	2	揭陽	2	樂昌	1
興寧	7	南雄	2	廣西	1
長樂(五華)	6	歸善(惠州)	1	不明	1
龍川	2	海豐	5		

這些縣除潮州、揭陽、海豐、東莞以外,都為客家人主要遷入地。1986年南雄縣地方志編纂委員會對境內2400多個村落142姓作過來源調查,其中劉、葉、陳、黃、李、張、鄧、何、鐘、王十大姓族譜記載,他們主要自宋元從福建、湖南等地

---

① 《資治通鑑》卷194,《唐紀》。

② 光緒《嘉應州志》卷2。

③

度嶺遷入南雄,再輾轉南遷,而留在當地的有八成左右成為客家人。① 道光《直隸南雄州志》云:「稽戶口於南雄,昔也往來無定,今也安止不遷。週末越人徙此。晉遷江左,而西北縉紳隨以南焉。宋南渡而仕宦之族,徙湞水者尤眾,是嶺表之首,亦遠人之所萃也。然仙城鑑海間,自北而來者不少,望南以去者亦多。而今殊不爾矣,煙村鱗櫛,考其先世來自嶺北者十之九。」光緒《嘉應州志》也指出:「其後屢經喪亂,主愈強,至元初大抵無慮皆客,元史所載,亦不分主客,疑其時客家之名已成,無主之非客矣。」②這裏特別提到元代「客家」專稱已經形成,說明客家作為一個獨立民系至少在人口結構上已佔壓倒優勢。

(2)主客民族地位變遷。原先與客家先民共存於粵東的畬族在宋元及其後陸續他遷,向閩南、閩東、閩北等地轉移。原因除了封建王朝對畬族強化統治、濫徵賦稅以外,恐與客家先民到來有聯繫。一方面是客家先民難免與畬人有摩擦或衝突,如興寧鄧氏在《請神文式·請天神文》稱「春瘟夏瘟,秋瘟冬瘟,時瘟瘴氣,遠隔千裏,上來隔山,下來隔海,斬磧五姓賊人」(即畬族)③,將畬人與瘟疫等量齊觀,想見矛盾很尖銳。另一方面是隨著客家先民人口增加,對山多田少的山區環境壓力日益加重,人地矛盾愈加突出,而畬人以土著身份從事刀耕火種的遊耕農業對生態環境造成破壞也引起外來客家先民的不滿。但後來客家先民勢力越來越大,而畬族人口單薄,文化又處於劣勢,自難繼續與客家先民爭雄。為了保全自己,畬人只好他適,這就使得客家先民有可能反客為主,發展為一個獨立民系。

(3)共同經濟模式形成。宋以前,遷居嶺南的客家先民人數不多,他們雖然也開山闢地,耕耘荒野,但畢竟未能形成自己的經濟模式,當地仍廣泛流行刀耕火種,即燒畬。宋代以來,大批進入嶺南山區的客家先民,必須選擇適應新地 理環境的生產生活方式,包括從平原到山區,從種植小麥、稷為主的旱作轉到開

墾梯田或盆地水田為主的稻作,從大地主莊園式生產轉到以家庭或家族為單位的生產等,可以說是一種熱帶亞熱帶山區經濟模式,也是一種文化形態。北

---

① 吳松弟《中國移民史》,第四冊,福建人民出版社,1997 年,本表略有改動。

② 魏家瓊《史志文存》,廣東高等教育出版社,1996 年。

③ 光緒《嘉應州志》卷7,《方言》。

宋仁宗時,廣南(兩廣)已有「溪洞人戶爭論田地」①糾紛,這些人戶當然也包括山區客家先民和畲、瑤等族人。南宋時,僅梅州、潮州就發生多宗田戶訴訟案,其中梅州有一宗案20年仍未能了結,顯然是為了爭奪土地而產生的官司,想見土地開發規模比較大,否則不會牽動官府。由此推及土地利用已成為客家地區經濟活動的中心。

客家先民與畲、瑤族人雜處,也深受他們影響,在經濟生活中註入有益成分,構成自己經濟特色。畲、瑤族人在山嶺上遍植「畲米」,客家先民也在山坡和秋地上普遍種植「畲禾」;畲、瑤族人喜種薯蕷(後為番薯)、芋頭,並作為主糧,客家先民也同樣種植這些作物,後有「半年番薯半年糧」習俗。畲、瑤族人普遍以草木灰為肥料,客家先民也用這些肥料;畲、瑤族人採薪賣炭為一項重要副業收入,客家先民也同樣如此。這說明畲、瑤族經濟對客家農耕經濟的建立和發展起了借鑒和啟示作用。客家梯田農業即為畲、瑤遊耕農業的改造和發展,並為客家地區主要農業景觀。故至今粵東北畲字地名甚多,即為刀耕火種農業文化遺存。這種梯田農業一經形成歷久不衰,隨著客家人遷移流佈各地,成為這個民系最顯著的經濟特色。

(4)共同心理素質形成。嶺南漢族雖來於嶺外,但以入居地環境差異,他們共同心理素質也仍不同。復旦大學吳松弟博士總結了廣府系211族遷廣東記載,其中明確由外省遷來的僅65族,佔總數30.8%;而客家系209族遷廣東記載中,有206族記從外省入廣,佔總數98.6%②,說明客家系的地域觀念和宗族觀念更強更深。這與客家人由中原或江淮轉入濕熱嶺南山區環境有很大關係。在居住方面,客家人從原來民族和文化比較均的地區轉到多民族多文化雜處山區,為了避免矛盾、減少衝突、保護自我,往往聚族而居,形成新社區,並採取富有中原特色的建築形式,即客家大屋或圍龍屋。這種群體屋式可容數十戶甚至數百戶居住,內部有嚴格功能分工和佈局,充分體現客家人以宗族為核心的社會結構。據報導,這種屋式在梅縣松源(何嶺)、寶坑、隆文等地已發現建於唐代遺存遺址,但更多的是建於宋元,興盛於明清,與客家人南遷歷史相符合。在服飾方

---

①　《宋會要輯稿·食貨》。

②　吳松弟《中國移民史·第四冊》,福建人民出版社,1997年。

面,為適應山區環境和艱苦勞動需要,客家人無論貴賤都放棄原來長袍馬褂,換上適於農耕的短衣短褲。同樣,客家婦女後來不像其他民系婦女那樣普遍纏腳束胸,而一個個天足寬胸,自然健美,承擔起家庭、田間等一切繁重勞動,成為客家婦女特有的精神風貌。在教育文化方面,客家先民許多人是中原衣冠望族,來到蠻荒的嶺南山區,可供謀生的門路不多,於是發揮自己固有的文化優勢,以讀書作為求出路的一種手段,故讀書求學成為當地一種社會風氣。光緒《嘉應州志・禮俗》引南宋王像之《輿地紀勝》云:「梅(州)人無植產,恃以為生者,讀書一事耳。可見州之士喜讀書,自宋已然。」此風一經形成,長盛不衰。乾隆《嘉應州志》說:「士喜讀書,多舌耕,雖困窮至老不肯輟業。近年應童子試者至萬有餘人。前製府請改州治,疏稱文風極盛,蓋其驗也。」梅州地區成為廣東文化之鄉乃宋代奠定的基礎,發達的教育文化也成為客家民系的一個重要文化特色。

(5)客家話成為獨立的一種方言。客家先民原使用中原語言,東晉南朝以降歷經社會變動而在不同地區停留,一方面其語言與母語隔離,另一方面又與南方或少數民族語言交流、融合,逐漸脫離母語,發展為另一種方言即客家話,這個過程持續了幾百年。但在宋代以前,客家先民入居嶺南人數少而分散,在其他民族包圍下,他們不可能形成新方言。宋代在嶺南山區已出現反客為主人口格局,這個客民集團有人保持原有語言,有人使用帶有當地特點的方言。周去非《嶺外代答・風土門》說到欽州居民中「北人,語言平易,而雜以南音,本西北流民,自五代之亂,佔籍於欽者也」。這些北人,其中就有一部分是客家先民,他們使用的語言兼具南北語言特點。宋末元初南遷客民主要不是來自早年中原而是江淮、兩湖和江西。他們所操語言脫離原來語言環境,走上獨立發展道路,即一方面保存中原漢語基本特點,另一方面又發生新的變異,到宋元之際完成了從中原漢語分化的歷史過程,成為一種新方言,但時間上比粵方言和福佬方言要晚。所以清人鄭昌時比較廣東方言指出:「潮音僅方隅,其依山而居者,則說客話,而目潮音為白話……而客音去正音為近。」[1]又明中葉王士性也說廣西廉州有「四民,一曰客戶,居城廓,解漢音,業商賈」[2]。這些客民即為客家人。他們所操方言與

---

①　吳松弟《中國移民史》,第四冊,福建人民出版社,1997年。
②　鄭昌時《韓江聞見錄》,卷10,古籍出版社,1995年。

北方話接近,應為客家話,可知客家話在明之前已經形成,並隨著客家人流布四方。自此「寧賣祖宗田,莫忘祖宗言」成為客家人的信條,也是客家人一種強大內聚力,客家人無論到那裡,方言即為本民系認同,以及和其他民系相區別的一個主要標志。這樣,到宋元時朝,客家作為一個民系和民系文化,都已完全形成。它所具有的耕山農業,重教,聚族而居,使用客家大屋和獨立客家方言等文化性質,一部分源於河洛文化,一部分在新環境下形成,兩者整合,標志客家民系和文化出現在中國民系和地域文化版圖上,開始譜寫自己新歷史篇章。

三、餘論

河洛文化與客家文化淵源關係很早,從先秦到宋元客家文化主要從河洛文化吸取養分,同時採借在嶺南其他民族文化,經過文化碰撞融合,最終形成為一個獨立民系文化體系,故客家文化定型成熟以後,走上獨立發展道路,但並沒有改變河洛文化的基因,而是兩者結合得更牢固有力,在國內外贏得崇高地位,屹立於世界民族文化之林。

（作者為中山大學教授）

河洛文化與客家文化的風格

許桂靈　許桂香

Abstract：Heluo culture is the source of Hakka culture which changed and developed in the process of diffusion in the southern areas. The two have a relationship of source and stream, which is fully displayed in the features of the two culture.

Heluo culture and Hakka culture are two important parts of the multiple – in – one Chinese culture. The two, one in north, the other in south, together promote the development of Chinese history and make a positive contribution to the prosperity of Chinese culture.

河洛文化是多元一體的中華文化，一個最古老、最有內涵和最有影響的地域文化。在中國歷史發展進程中，河洛文化以其高位文化勢能，不斷向週邊地域傳播，其中南向的一支，後來發展為客家文化。這兩種地域文化，雖因形成發展地理環境和時間早晚，以及各種社會人文要素作用不同，它們的文化特質和風格有異，但基於它們具有共同的文化淵源，從不間斷的文化交流和互動，故在文化關係上應是一種同源異流關係。特別是後來產生的客家文化，在其文化風格上，處處凸現出河洛文化對其深刻影響的烙印，當然也反映出進入南方以後，與當地環境調適而改變自己文化個性的見證。這兩者的結合，最後決定了客家文化的內涵。這在兩種文化多個文化要素及其結合上都有特出的表現。明清以來客家人向國內外大遷移，但並未改變其文化風格，同樣說明客家文化的河洛文化基因，並不因時空變遷而失去它的地位和作用。

一、河洛文化陰陽五行學說南傳，形成客家人特重風水觀念，並在聚落選址與佈局上充分運用

根據河圖洛書文化經典《易經》而衍生出的陰陽五行學說，其用於風水學上，有理氣派一支，其觀點是「閱岡巒而審龍定氣，驗地中之形類，鑑砂水之吉凶，」[1]在風水實踐上，有先天八卦和後天八卦之分。先天八卦定乾坤，審來龍（龍即山），多用於占星；後天八卦辨方位，分陰陽，相五行，配卦象，多用於堪輿。先天八卦圖根據《周易·說卦》而來，「天地定位，山澤通氣，雷風相薄，水火不相射，八卦相錯」。後天八卦乃周文王從伏羲先天八卦推演而成。客家先民深受這兩種八卦影響，進入南方後，根據當地山川形勢，創造性地加以運用，形成客家聚落形態和建築文化風格。這一是在聚落選址和佈局上，特別講究聚落朝向。客家人很看重「天人感應」，常用天干地支、八卦和五行表示朝向，將大地山巒分為 24 個方位，在不同年份所建房屋地點和朝向都不一樣，非按規定方向營建不可。例如新建民居一般只在原來基地和朝向上擺佈，若原有朝向按風水說不利於新宅朝向，稱為「犯忌」，須在大門、廳堂、屋脊三個部位採取補救措施，稱為「破忌」。在粵北客家系地區，採取大門偏開或側向開門等辦法來避邪，實也是糾正朝向的一種措施。二是特別重視以山為聚落的背景。山勢是客家聚落的依托，有山靠山，無山靠岡，或借景於遠山，以上應蒼天，下合大地，達到吉祥目的。後山被視為龍脈，事關一族一姓興衰，要求山勢雄偉，狀如龜背，且來勢遼遠，有「玄武」之氣；前方地形開闊，景觀秀麗，有「朱雀」之象；左右也要山勢逶迤，水勢環回，有龍虎相護之意。乾隆《嘉應州志》對這一空間模式總結為「坐坎向離，形如奔江之龜，且西來之環抱，如獻金牌」[2]。蕉嶺丘逢甲故居所在村落，背倚雄山，山嵐不時氤氳成雲，前有兩山迤邐而至，兩山之間有一弧形山丘徐徐而起，宛如滄海旭日，構成「嶺雲海日」共生意境，故丘逢甲作品也名為《嶺雲海日樓詩鈔》）。這是以山為聚落背景的一個最佳例子。三是營造風水林。客家人聚居坐北向南，前低後高，利於採光、日照和通風，以維持良好的生態平稀。還有重要的一項是倚重風水林。每見村落背後山嶺上都生長一片濃陰綠蓋的樹林，少則幾

---

① 葉春生《河圖洛書的數碼審視》見中國河洛文化研究會等編《河洛文化與嶺南文化》，河南人民出版社，2010 年 8 月。

② 乾隆《嘉應州志》卷 7。

畝,多則數百畝,有紅椿、松柏、杉、楠等種類,稱為祖林。它們不僅美化環境,而且護坡防險,涵蓄水源,使村落得益匪淺。在客家地區鄉規民約中,歷來就有保護風水林的條款,違例者將受到懲罰。在興梅、廣西陸川等客家人聚居地,到處可見一片片鬱鬱蔥蔥的風水林,表現出無限生機。四是人工造景,即「配風水」。對不符合理想模式的地形,客家人在聚落選址和營建中很注意人工造景,除植樹造林以外,還有修路築橋,溝通地形之間的「龍脈」。如有的路修成蓮花狀,以增加靈妙之氣;深受風水說「吉地不可無水」影響,修堤挖塘對村落尤不可或缺,以增地靈之氣。乾隆《嘉應州志》說:「接巽水以匝文峰」①,以壯山川氣勢,造就英才。塘坐落村前,呈圓形或半月形,稱「風水塘」,具有消防、排污、灌溉、養魚、調節氣候、美化環境等功能。據近年新編《蕉嶺縣志》載,古代面積不到兩平方公裏的蕉嶺縣城,即有 36 口池塘,幾十個牌坊和不少石旗桿,這些人文景觀幾無不因風水所致。

　　河洛文化最大的一個亮點是周易,其中風水理論在客家民居堂屋和圍龍屋中得到充分運用,也是河洛文化在嶺南的一個長生點。按客家屋和圍龍屋形制和佈局,一個是中軸對稱,主次有序,以廳堂為中心組織院落,體現了皇權至尊思想;二是屋前必有半月形池塘,屋後也有半月形化胎(隆起土堆),兩個半圓相結合,形同陰陽兩儀的太極圖式。兩個半圓圍繞方正的堂屋,寄寓於中國古人「天圓地方」理念,將整座屋宇比喻小宇宙,又反映了「天人合一」的哲學觀,以及客家人強烈有宗法理念,民系凝聚力和向心力。溯其源,也是魏晉時期中原塢堡聚落形態在嶺南的繼承和變異,顯示河洛文化與客家文化不可分割的血脈關係。

二、儒家學說為主體河洛文化流布嶺南,形成客家俗重讀書,追求功名價值觀

　　河洛文化核心是儒家學說,自漢武帝推行「罷黜百家,獨尊儒術」政策以後,儒家作為國家正統思想流布全國,也隨著客家先民南遷和開設學校教育,在客家地區紮根、成長,形成俗重讀書社會風氣,追求功名價值觀。這到明清時期同,客家人僅依靠當地資源不足以養活過多人口,故外出謀生成為時尚。為此,必須掌

---

① 乾隆《嘉應州志》卷7。

握一技之長,讀書求學即為達此目的的一條重要途徑,這也是秉承很多客家人自稱為中原世胄傳統的表現。南宋王像之《輿地紀勝》引紹興年間梅州知州方漸的話說:「梅人無植產,恃以為生者,讀書一事耳。」可見宋代開始,讀書成為社會風尚已在梅州興起,但真正達到文風丕盛,還是明清事情。乾隆《嘉應州志》說:「士喜讀書,多舌耕,雖困窮至老不肯輟業。近年應童子試至萬有餘人。前製府請改設州治,疏稱文風極盛,蓋其驗也。」①清嘉應州含梅縣、興寧、五華、平遠、鎮平(蕉嶺)五屬,每年參加考試生員(秀才)竟有 1 萬多人,想見讀書人口比例是很高的。而這與一些官員的提倡也是分不開的。志稱「嘉(應)人知窮經談古,實倡自士奇」②。按惠士奇康熙末至雍正初任粵東學政,曾在嘉應應州「勸學興行,遴選真才」,並允許梅籍生員到潮州府屬各縣應考,以致「程鄉(即梅)梅進泮百餘人,士氣始揚」③。時廣東督學吳鴻稱「嘉應之為州也,人文為嶺南冠。州之屬四,鎮平為冠,邑雖小,以餘所評文章之士,莫能過也」④。乾隆嘉應州知州王之正曾在州衙照壁上題寫「人文秀區」四字匾,從側面反映當地學風興盛。又當地民謠諺語中有不少是勸學的,如梅縣童謠曰:「唔讀書,冇老婆……唔讀書,大番薯」;又諺曰:「子弟不讀書,好比沒眼珠」,「不識字,一條豬」,「養子不讀書,不如養條豬」等等。在梅縣還有「一科五進士」,大埔有「一科四進士」佳話,梅縣故有「文化之鄉」美稱。1963 年歷史學家郭沫若來訪,題梅州「文物由來第一流」。這表明「學而優則仕」在客家人中更有市場,於是除了從文、從教之外,也帶動了從政、從軍、從工等社會風氣。光宗耀祖、衣錦還鄉成為很多客家人追求的目標,讀書求學是客家人走出貧困的重要出路。這都與儒家學說進入客家人千家萬戶分不開的。

三、河洛文化以華夏文化正統自居南傳,形成客家人重族源、揚家聲的本根文化意識

　　嶺南客家人作為一個民系形成應在宋元,但其先人從中原南下入嶺,可追溯

---

① 乾隆《嘉應州志·廣州》,中山圖書館整理本,1991 年。
② 乾隆《嘉應州志》卷 4。
③ 乾隆《嘉應州志》卷 4。
④ 黃釗《石窟一徵》卷 2《教養》。

到很早,且與河洛文化有很深淵源。黃遵憲曾在《梅水詩傳》序中說:「此客人者,來自河洛。……而守其語言不少變。餘嘗以為,客人者,中原之舊族,三代之遺民,蓋考之於語言、文字,益自信其不誣了。」①實際上,嶺南各民系在唐以前未分化時,中原移民都是他們共同先祖,唯客家人更重族源而已。

　　基於客家人深厚中原文化基因和對故土的眷念,到新居地聚族而居,這除了進入陌生環境須相互照顧以外,更源於客家先人在漢魏南北朝時中原宗族是聚族而居的,並採取塢堡式大屋②。這種聚居方式和大屋建築形式隨著他們的南遷而帶到新居地,大屋式在山區演變成堂屋或圍龍屋。華南師範大學曾昭璇教授在研究客家屋式以後,同樣認為:「客家家屋之基本形式,乃中原型式。……今日屋式之特殊,正因其移動急速,與土著間不能立即講和,是以屋式呈堡壘形態,此與歷史或風俗學研究所得結論相同。」③此外,客家民居都以堂號、堂聯彰顯其本根文化意識。此堂號、堂聯折射了中原文化在嶺南生根、發展。堂號是祠堂的名號,是家族標志,有歷史、血統意義;而堂聯是祠堂大門對聯,上聯為本族發祥地,下聯多為讚譽祖宗功德、激勵後人文字。據侯月祥先生對廣東139姓堂號、堂聯摘輯,經粗略梳理,這些姓氏來源於陝西、山西、安徽、河南、河北、山東、江西、湖南、甘肅、江蘇、浙江等省區,分佈比較分散,但來自河南的相對集中,表示河洛文化作為中原文化之根或者代表是有根據的。例如鄧姓「南陽堂」,堂聯為「南陽世澤,東漢家聲」;鐘姓「潁川堂」,堂聯為「高山流水,金陵世德」;鄭姓「敦睦堂」,堂聯為「滎陽世澤,詩禮家聲」;丘姓「河南堂」,堂聯為「鴻臚世澤,樞密家聲」;謝姓「陳留堂」,堂聯為「烏衣世澤,寶樹家聲」;利姓「河南堂」,堂聯為「忠臣世澤,賢相家聲」④等等,都充滿儒家禮教,傳承祖居地人文精神。客家人俗重讀書,追求功名,即與此一脈相承。

---

① 黃火興等《試論客家民系形成的時間與地域》,《客家大觀園》,1998年第1期。
② 羅建忠《大埔縣客家民居之我見》,《客家研究輯刊》,2007,年第1期。
③ 曾昭璇《客家圍屋屋式研究》,《嶺南史地與民俗》廣東人民出版社,1994年。
④ 侯月祥《客家族譜中的堂號、堂聯對客家人文化意識的詮釋——以客家139姓為例》,《趙佗與客家文化學研討會論文集》,中共河源市委宣傳部印,2010年。

四、河洛文化為典型農耕文明,進入嶺南演化為山地文明,與海洋文化迥然有異

中原人生活在黃河中下游,祖祖輩輩依賴土地為生,創造了輝煌的黃河文明,即農耕文明,通俗地說是一種「土」文化。其特徵是安土重遷,踏實樸素,強調天人和諧,重視經驗傳統,並被視為中國古代文化的正統、主流,佔有主導地位。而客家人進入嶺南山區,以耕山為生,一方面,秉承中原文化傳統,另一方面也吸收土著、畲、瑤族文化和鄰近廣府文化、潮汕文化成份,近世以來,又吸收海外文化,形成多元文化風格。但基於交通不便地理環境和根深蒂固文化傳統,外來文化影響到底不能從本質上改變其山地文化特質,尤其是封閉、保守、淳厚朴實、刻苦耐勞民風,正如孔子說的「近山則誠,近水則靈」,「水性使人通,山性使人塞」;德國哲學家黑格爾也指出:「水勢使人合,山勢使人離。」這與整個嶺南特別是廣府、潮汕民系的重商、冒險、創新、包容海洋文化風格迥然有異。這雖然有多種原因,但也不能不看到,傳統文化力量是牢固有力的,這就是客家文化源頭河洛文化。

五、明清以來客家人遷移國內外,仍保持其文化特性,顯示河洛文化基因的作用力

宋元客家民系最終作為一個漢族共同體形成,其在嶺南絕大部分集中分佈於粵東北和粵北。明清時期日益增長的人口和有限土地資源的矛盾日趨尖銳,最終導致這個民系的再次大遷移,形成大集中、小分散的民系和文化分佈地理格局。據光緒《嘉應州志·食貨》統計,明洪武二十四年(1391)梅縣有 1686 戶、6989 人,平均每人佔有田地山塘 29.6 畝,到嘉靖十一年(1532)3097 戶、38366 人,人口增長了 4.5 倍,而人均田地山塘只有 8.8 畝,僅及明初的 30% 左右。到清中葉,這種人地矛盾又上升到一個更加尖銳、激烈的程度。據清《嘉慶一統志》所載人口計算,嘉慶二十五年(1820)嘉應州五屬(梅縣、興寧、長樂、平遠、鎮平)人口密度達 135 人/平方公裏,僅次於廣州府、潮州府和高州府,在廣東排第四,比肇慶、韶州、惠州、瓊州等府都高。這時粵東北客家地區已非昔日那樣地廣人稀,而變為一個地狹人稠之區了。另據同書記載,同年全嘉應州的田地山塘面積為 1203724 畝,各種丁口總數為 1385400 人(此處丁口數為原額、滋生和屯田

丁口之和），平均每丁口擁有田地山塘僅 0.87 畝，隻及時嘉靖時的 1/10。土地
不足以養活過多人口，缺糧成為嚴重的社會問題。連光緒《嘉應州志·叢談》也
指出：「嘉應、鎮平不下三十萬戶，一歲所收，僅備三月，必仰給於潮州（指洋米）。
……潮州弗時至，則遠糴於佛山。」為了改變這種狀態，一是就地擴大墾荒，二是
向外地遷移，尋找新的生存空間。故明清時客家人大量遷往海內外成為客家系
形成以後一個頗有影響的移民運動。

　　這個移民運動早期的一個指向，是部分客家人從江西、福建遷入粵北和桂
北。《明實錄》載：「廣西桂林府古田縣、柳州府馬平縣皆山勢相連，阻擋、壯恃以
為惡。我軍北進，賊即南卻；西進、則東走；軍退，即復巢穴，如石投萍，隨散隨集。
……照成化元年（1465）例，請兵二十餘萬，四面夾擊，連進三年，使民安堵，方令
班師。其係舊壯村，招撫殘壯居住……舊系村民者，招集逋民複業。或地多民
少，令各處招發流民填實。……廣東招發廣州等府南海等縣砍山流信瑤人……
並招南雄、韶州等府江西流住做工聽顧（僱）之人……俱發填塞。」①此為廣東客
家人較早遷移廣西紀實，且多來自粵北，按前述，有些客家人又來自江西、福建，
構成沿南嶺山地的移民路線。入清以後，遷居廣西的客家人大增，遍及山區各
地。乾隆五十八年（1793）桂平縣《粵東會館序》就說廣西左右江流域到處可見
廣東漢族，內中包括客家人。從粵北和粵東北遷廣西武宣、馬平（今柳州）、桂
平、陸川、貴縣、藤縣等地的客家人也不在少數。② 清桂林人龍啟瑞《粵西團練輯
略·序》指出：「粵東粵西鄰省毗連……外郡地多山場曠土，鄉招粵東客民佃種。
數世後，其徒益繁，客主強弱互易。」③有不少客家系塊板就是這樣形成的。據
民國《桂平縣志》載，太平天國起義地桂平縣金田村一帶的客家人，大部分即為
康熙年間由當地政府招民墾荒而從廣東來的。

　　廣東客家人也以境外作為一個遷移出路。清初，清廷招諭各地農民入川開
墾因戰亂荒廢了的土地，此即「湖廣填四川」運動。廣東客家人入川的人數也不
少，此不贅述。

---

①　《明實錄》卷 76。

②　參見徐傑舜《廣西客家的源流、分佈和風俗文化》，《客家聚研究》，第二輯，上海人民出版社，1998
年。

③　《皇朝經文續編》卷 68。

　　清康熙平定鄭氏政權,統一臺灣後,大批閩粵客家人移居臺灣開墾。據吳壯達統計,1926 年在臺灣的 375.16 萬漢人中,祖籍廣東的有 58.63 萬,佔 15.6% ,其中來自嘉應州和惠州府的為 45.15 萬,來自潮州府的為 13.48 萬。[①] 粵籍客家人對開發臺灣功不可沒。

　　明清之交,客家人開始流寓東南亞,揭開客家民系的海外移民史。有研究報告說:「客家人是新馬早期華族移民中的一個重要小群體,自 1786 年檳城開埠以後移入新馬地區。他們大部分是手工藝、勞工和商人,其中嘉應州客佔多數,其餘的包括惠州、大埔、豐順、永定和增城客等。」[②]在加裹曼丹,有資料顯示 1832 – 1834 年全島華人總數在 15 萬左右,其中 9 萬人左右集中在島西部金礦區,這些礦工絕大部分是客家人。[③] 鴉片戰爭以後,客家移民進入東南亞達到高潮,在泰國、新加坡、馬來西亞、菲律賓、印度尼西亞、文萊、越南、老撾、柬埔寨、緬甸等地都有上萬到數十萬不等的客家人。據 1980 年陳運棟《客家人》一書披露,分佈在海外(不含香港地區)的客家人約 500 萬人,其中分佈在東南亞的約 170 萬,佔 34%[④]。這當然是客家人世代遷移的結果。但他們能在分散世界各地的情況下卓然獨立和生存發展而不被當地人同化,這是客家系已經高度成熟,並擁有強大內聚力和吐納能力的表現;同時也表明有著遷移傳統的客家人,比其他民系少一些「安土重遷」的觀念,對外遷抱著積極態度和豁達大度氣概,這已成為客家人的一個文化優勢。而從歷史觀察,則又是客家人走出河洛,向國內外遷移並將其文化同步擴散的結果。

　　綜上所述,可見河洛文化與客家文化在歷史長河中同源異流,和而不同,你中有我,我中有你,共存共榮,作為多元一體中華文化格局中兩個重要成員,南北輝映,共同為新中國歷史發展,繁榮中華文化作出積極貢獻。

(許桂靈,廣東行政學院現代化戰略研究所研究員;許桂香,貴州民族學院民族科學研究院副研究員)

---

①　葉鈞《臺灣從軍義民紀略》,《廣東文海》卷 62。

②　顏清湟《早期新馬的客家會館》載謝劍、鄭赤琰主編《國際客家學研討會論文集》香港中文大學亞太研究所海外華人研究社,1994 年。

③　轉見李松庵《客家人的九次南遷初探》,《嶺南文史》1993 年第 1 期。

④　轉見李松庵《客家人的九次南遷初探》,《嶺南文史》1993 年第 1 期。

楚文化對客家民俗的影響

黃　瑩

Abstract：Hakka Cultrue is pluralism in an organic whole. It was necessary that Hakka culture was ifluenced by Chu cultute. It obsorbed like witchcraft worshiping, bamboo divining, fire worshiping, bamboo poetry, funeral dancing, the dragon boat festival and so on. The main body of Hakka culture is Zhongyuan Culture, had absorbed the Chu Cuture and other Culture element. Because of this integration, Hakka Cultrue has a rich content, and becomes a typical case of Chinese traditional culture.

偉大的、古老的文化總是多元的,客家文化即是如此。客家文化源於河洛文化,又吸收了百越、閩南、畬瑤等文化。客家是中原漢人南遷過程中在特定環境裡形成的漢民族的一個支系。一批批原居住在河洛地區的中原人,南遷至閩、粵、贛三角地區過程中,逐漸形成了獨具特色的客家民俗。客家人在輾轉遷徙於南楚故地的時候,深受地理環境的影響和日常生活的自然融合,使得客家民俗中保留一些楚文化的因子。

楚文化因楚國和楚人而得名,是周代的一種區域文化。「巫、俗、蠻乃是過去,現在及將來研究楚文化之奧秘之所在。」[①]「在豐富絢爛的中華文化裡面,楚文化素以奇詭瑰麗、似斷實續、影響深遠、獨樹一幟的面貌而蜚聲於世。」[②]秦滅楚後,海內一統,而楚文化在包括客家文化在內的整個中華文化發展過程中的影

① 羅運環《楚文化在中華文化發展過程中的地位和影響》,《光明日報》,2000－06－02。
② 巫瑞書《南方民俗與楚文化·自序》,嶽麓書社,1997年。

響則流傳至今。

一、尚巫

在氏族社會裡,巫一向是具有很高地位的。當勤於農耕、崇尚實際的周人入主中原河洛地區後,高度發展的農業文明使巫術的理論基礎動搖、民族融合的步伐加快,使得人間的實際事務增多,周王朝開始「尊禮尚施,事鬼敬神而遠之,近人而忠焉」[①],他們制定了一套維護人間統治秩序的禮樂制度,將祭祀鬼神作為統治國家和穩定社會的一種重要手段。於是,從前兼有史官之職的巫官,也因周王朝重視總結國家興亡的歷史經驗而發生分化或轉化。從巫官中獨立出來史官逐漸取代了巫官的地位,巫官文化也漸漸向史官文化過渡。儒家文化繼承了起源於河洛地區的周代的禮樂制度,從此,正統的中原文化的態度是「事鬼神而遠之」,以禮制的名義保留了一些形式。有識之士大多「不語怪、力、亂、神」[②],西門豹廢除「為河伯娶婦」之陋習一事,正反映了以河洛地區為中心的中原巫風遭到掃蕩的真實狀況。由於源遠流長的巫文化傳統的巨大影響和地形複雜、族居分散而造成的文化交流不便,南方楚地在很大程度上一直是巫風籠罩的神秘世界。這種巫官文化也波及到湘、沅、嶺南等南半個中國,使得客家人在居住過程中不自覺地受到影響。

巫的性質是一種虛構的超自然力,巫師則是所謂天生異稟或掌握了某種超自然法力(特別是溝通人神)能力的人。施用巫術的目的簡而言之,就是通過與神明的直接交流來祈福和禳災。一般說來,先秦巫覡的職司範圍為占筮、天官、醫藥、賽禱、祈雨、禳災、祓禊、娛神、降神、詛咒、設蠱、算命、相面、發佈預言和表演巫術性歌舞等[③]。在《荊州歲時記》中,繁紛的歲時節日裡楚人所祀之神很多,天地人鬼百物神祇都在內。主要的是:土地神(灶神)、莊稼神(稷神)——(五穀神)、山林神、路神、門神、灶神、儺神,以及祖先神等等。其中以土地神、祖先神、儺神、灶神最為突出[④]。客家地區也受到這種自然泛靈論的影響。

---

① 《禮記·表記》。
② 《論語·述而》。
③ 宋公文、張君《楚國風俗志》,武漢,湖北教育出版社,1995。
④ 同上。

　　直到清朝,客家地區仍然「乃猶波楚俗」①而尚巫。贛南是著名的客家大本營之一,也是歷史上是深受「荊楚巫風」影響的地方,至今保留著諸如跳觋、打醮、以及社公、灶神等民俗信仰。如同治《贛州府志》卷二十《輿地志·風俗》載:「贛俗信巫。婚則用以押嫁,葬則用以押喪,有巫師角術之患。」道光《寧都直隸志》卷十一《風俗志·寧都州》載:「俗信巫,頗沿用古禮而皆失其意。邱維屏曰:其執紅巾於手,則道布也。其帕襪,則蒙皮也,衣加以裙,則元衣朱裳也。鸞刀而踐牲,則守瘥之遺也。夜呼傷亡而祭,則授號旁招也。奶娘舞,則女巫歌哭請大災也。歲終和神,則按冬堂贈春招剗,而於歲會要其期也。」康熙《程鄉縣志》卷之一《輿地志·風俗》載:「疾病不刀圭信巫灸艾。」光緒《嘉應州志》卷八《禮俗》載:「郡俗信巫尚鬼。」乾隆《鎮平縣志》卷二《賦役志·風俗》云:「元旦舞獅逐鬼亦儺遺意。」張仁藩、張桃《石碧客家習俗風情》說:「信巫」。「寧化盛行的有『降童』、『降乩』等。」客家巫術從形態上看是多神的泛靈信仰;有一個龐雜的神靈體系,也有通過獻祭、致敬、許願、乞求而達到祈福禳災目的的圖騰崇拜、自然崇拜、動植物崇拜、祖先崇拜。

二、竹筊

　　客家地區流行「筊」。其法是:將竹、木分為陰陽兩塊,外名陽,内名陰。筊者將其合攏置於胸前,在神位前訴說求筊的事實與願望,請神明示。其後,將其拋擲於地。兩片為陰,名「怒」;兩片為陽,名「笑」;一陰一陽為「聖(勝)」,即吉。通常經三次投擲而定吉凶行止。對此,志書多有記載。如清·黃釗《石窟一征·禮俗》卷四:「俗神坊社廟,皆有……陽俱仰,陰俱俯,勝一仰一俯,此義畫所傳兩儀四象,占三之則成卦,而六十四具於其中。勝,今訛為聖。」近人胡樸安在《中華全國風俗志·廣東》下篇卷七:「赤溪土人禱祀卜,頗致誠敬,凡有興作大小諸事,必卜之於神。」(按:「赤溪土人」,系指清代嘉應州遷去當地的客家人。)

　　竹卜之法,源於楚人。屈原《離騷》有:「索茅與兮,命靈氛為餘占之。」楚亡後,竹筊之法在兩湖荊楚之地廣為流布。南朝宋人宗懍《荊楚歲時記》:「社日,

---

① 《同治·南安府志·歷代沿革志》。

擲教於社神,以占來歲豐儉,或折竹以蔔。(按:「擲教」,即以竹塊二枚,擲地視其向背以定吉凶。)源於故楚地的苗瑤族,也承襲此法。據清·嚴如煜《苗防備覽·風俗上》:「苗中其水旱疾疫,亦知蔔筮,曰拋木卦,刻木為二,擲之於地,視其仰伏向背。」可見,苗人之蔔,與客俗相同,其微異處只是「教」系木制而作竹制而已。上古時,中原地區流行的為「龜蔔」法。可見,客俗「竹蔔」系受南方苗瑤諸族甚至上溯楚風影響的結果。

三、崇火

楚人尊祝融為始祖。祝融部落集團的原始自然崇拜物件是火;作為人他是「為高辛氏火正」①,其後的楚君為楚成王守燎祭天,可視為繼承其衣缽,依例盡職;作為神,他又有雙重身份,即「火神也」②,或「祀以為灶神」③。《淮南子·時則篇》注,一語道破了其間的關係:「祝融,吳回為高辛氏火正,死為火神,托祀於灶。」今湖北地區崇火之風也很普遍。正月初一淩晨,各地多「長幼各執炬出門,向吉方四拜」;或「具香燭開門,視吉方拜,舞燎柴一束,照以行,謂之出天行。」④這顯然是「守燎祭天」的遺風。據《通城縣志》記:元宵夜,「門前各烘一火爐,四更加薪,以火為吉,名曰『賽火』。」火的神聖性由此可見。火能遺炭,炭也可生火。楚人由崇火而也崇炭。《太平御覽》引《莊周》云:「懸葦、炭於其上,樹桃其旁而鬼畏之。」

客家人對火的認識反映到日常生活行為中,是民俗中許多關於火的禁忌:客家人把喬遷新居稱為「入屋」,「入屋」前先要舉行「築灶」儀式(砌土灶),而「入屋」本身最重要的環節正是在新灶上點火煮第一頓飯,其火種必須引自舊宅;做飯時不准對著火罵人,否則將引發火災;不准用冷水澆滅灶火,否則會導致家運衰敗;等等。客家人也相信火有淨化驅邪作用:嫁女時,嫁妝件件要在煤油燈上繞三匝,俗稱「照火」;孩子出生,客人送的禮物要「照火」方能給孩子用;由人及物,新搭的豬欄雞枡、新置的勞動工具、孵小雞的蛋、下田的種子等都要過火。火

① 《國語·鄭語》。
② 郭璞注《山海經·海外南經》。
③ 《周禮》。
④ 《宜都縣志》。

浴也是重要的客家禮俗之一,新娘子踏進夫家門時同樣要先跨過門前的火堆;病人出院回家時也要跨火進門;而嬰兒要抱出門,則先要在其額前抹上鍋底灰,因為成灰的火能護魂。南方土著對火的崇拜在上古時期,是源自於當地卑濕地理環境下的產物,然而,久而久之,遷入的客家人也自然融合其中,成為客家民俗中的一個顯著特點。

四、弔喪用鼓樂

弔喪用鼓樂產生於原始宗教籠罩的社會生活土壤中,積澱著濃重的巫文化內涵,是巫風盛行的歷史產物。東漢王逸《楚辭章句》載:「昔楚國南郢之邑,其俗信鬼而好祠,其祠必作歌樂鼓舞以樂諸神。」唐代劉禹錫被貶郎州,感受更深:「蠻俗好巫,每淫祀鼓舞,必歌俚辭。」這種「弔喪用鼓樂」的習俗最早可見的是「莊子妻死,惠子吊之。莊子則方箕踞鼓盆而歌」,人死後,反以鼓樂作樂,「知其不可奈何而安之若命」(《莊子‧人間世》),體現出一種超脫的人生態度。這種與中原正統音樂的「哀而不傷,樂而不淫」、「發乎情,止乎禮義」的中庸性顯然不同。在湖北長陽、五峰等鄂西南地區的土家族至今仍然因襲著為亡靈擊靈鼓、唱歌、跳舞的跳喪習俗。就「跳喪」所流傳的鄂西土家族地區而言,據唐梁載言《蜀道志》稱:「施州清江郡春秋時為巴國,七國時為楚之巫郡」。這裡本是巴文化的發祥地,戰國時期,隨著楚國版圖的擴張,楚文化也成了這一地區的強勢文化,從而加速了巴楚文化融合進程化浸染滲透,所以,「清江流域和峽江地區的跳喪,雖為土家族所特有,但卻深得楚鄉道家精神」[①],「跳喪」也成為一種深受楚文化影響的文化事象。

在流傳至今的客家民俗中,在祭奠、做齋、送葬時,多用樂。奏樂的喧鬧場面,與哀痛悼念的情緒,形成強烈反差。故蘇東坡對惠州民俗有「鐘鼓不分哀樂事」之譏。因為與北方正統的喪葬制度不同,受儒家思想薰陶較深的客家士大夫,也自覺臉上無光,抨擊為「不經」、「失禮」之舉,簡直有違體統。如乾隆《歸善縣志》卷十五:「在宋多用鼓樂,或作佛事,故蘇子有『鐘鼓不分哀樂事』之句,婚喪皆用樂也。歸善之俗,沿革不變。」(按:歸善,今惠州,為客家聚居區。)民國

---

①　張正明《我對巴楚文化的認識》,《巴楚文化研究》,三峽出版社,1997年。

時期的《上杭縣志·禮俗》卷二十評述:「出殯用鼓吹,吊客款筵事,皆失禮之大者。」即使為正統社會所不容,鼓樂弔喪仍然以頑強的生命力在民間流傳。到了道光年間,仍有《長汀縣志·風俗》卷三十記載:「弔喪用鼓樂,似屬不終。蔡氏《喪論》,汀人喪事,當未殮時,延僧誦經於堂,鼓吹佐之於下;既殮,朝名奠,必用鼓樂,親朋吊哭,迎送如之。」同時期的荊楚故地《枝江縣志·喪禮》同樣是:「設祭如占虞,祭禮始終……但有擊鼓歌呼以守喪者」。

　　廣東、福建等客家民間,從宋代以來,一直沿襲在整個辦喪事過程中流行奏鼓樂之俗。這種習俗,在南楚故地的許多民族都有反映。如瑤、苗、畬諸族有「暖喪」、「鬧屍」、歌舞納屍之俗。據清朝顧炎武的《天下郡國利病書·廣東下》記明代瑤俗:「喪葬,則作樂歌唱,謂之暖喪。」清人貝青喬《苗俗記》:初殯,集親戚男婦笑歌跳舞,是為鬧屍。苗人「鬧屍」,又名「鬥屍」。其實皆一,即人死後,「笑舞浩歌」,場面極為熱鬧之意。畬俗也相類。萬曆《永春縣志·風俗》卷三:「畬民,人死刳木納屍,少年群集而歌,擘木相擊為節,主者一人,盤旋四舞,乃焚木拾骨浮葬之。」這種喪葬制度之所以廣為流傳,是有著深刻的原因的。古希臘哲學家愛比克泰德說:「可怕的事情不是死亡,而是對死亡的恐懼。」但在鼓樂弔喪時,卻用群體的力量戰勝了個人的恐懼,在群體生命的延續中,人們看到了群體生命的蓬勃。民族血脈的延續。如土家人樸素而不乏科學地認識到:「群體的生命力可戰勝脫離於群體的個體死亡的恐懼。」[1]弔喪用鼓樂便是這種豁達樂觀生存智慧的突出表現,也在客家民俗中頑強地流傳了下來。

五、竹枝詞

　　竹枝詞,或稱「竹枝歌」,「其始或手持竹枝以舞,故名」[2],為唐宋時代南方最流行的山歌具體名稱之一。唐代詩人陳基詩中出現過「竹枝已聽巴人調,桂樹仍聞楚客歌」的詩句,說明這種竹枝歌產於楚地,為巴人所謳唱(運用他們熟悉的「巴人調」)。顧況也有「渺渺春生楚水波,楚人齊唱竹枝歌。」的詩句,顯示出竹枝詞是風行於楚地的民歌。稍後,著名詩人劉禹錫在《竹枝詞九首並引》中

①　餘霞《土家人的詼諧:跳「撒爾呵」——對土家族喪儀之狂歡性的解讀》,湖北民族學院學報(社科版),2001年第4期。

②　王利器、王慎之《歷代竹枝詞(初集)·代序》,三秦出版社,1991年。

說得明白。他說：「四方之歌，異音而同樂。歲正月，餘來建平。裡中兒聯歌竹枝，吹短笛擊鼓以赴節。歌者揚袂睢舞，以曲多為賢。聆其音，中黃鐘之羽，卒章激訐如吳聲，雖傖佇不可分，而含思宛轉，有淇澳之豔音。其屈原居沅湘間，其民迎神，詞多鄙陋，乃為作《九歌》，到於今，荊楚歌舞之。故餘亦作《竹枝》九篇，俾善歌者之；附於末，後之聆巴歈，知變風之自焉。」①宋代《樂府詩集》卷八十一「竹枝」條下謂：「竹枝本出巴渝，唐貞元中劉禹錫在沅湘以俚歌鄙陋，乃依騷人九歌作竹枝詞九章，教裡中兒歌之，由此盛於貞元——元和之間。」劉禹錫之所以有感於屈原作《九歌》，正說明其時巴歌和楚歌在情調和音律上有相似之處。據考，竹枝歌這種民間山歌並非限於巴渝，而是流行於四川夔州地區並且遍及長江中游的鄂西、湘西等地的民歌形式。正如歷史上的巴人分佈較廣一樣，竹枝歌的產生和流傳也是相當廣泛的②。當然，竹枝歌的中心地帶則是昔日楚國的腹地。

唐代及其以下的竹枝歌是以悲切、愁絕為特色。《白居易詩集·憶夢得自注》云：劉禹錫「能唱竹枝，聽者愁絕。」黃遵憲《人境廬詩草已亥雜詩自注》云：「土人舊有《山歌》，……今鬆口、松源各鄉，尚相沿不改。每一辭畢，輒間以無辭之聲，正如妃呼，其哀屬而長。」竹枝詞在客家地區十分盛行。例如，清代周令樹《贛州竹枝詞》：「贛州城外贛水漩，竹屋家家傍岸懸。江水漲時高百尺，平窗平看往來船。」清代楊方立《贛江竹枝詞》：「八境臺前春水生，湧金門外萬舟橫。江頭蠹蠹斜陽裡，十裡輕風打纜聲。三月儲潭水似銀，亂鴉飛處落帆頻。危灘十八前頭近，伐鼓擬金賽水神。」③清末嘉應州人張芝由兄弟合著《梅州竹枝詞》660多首，記載了很多客家民俗和日常生活，反映出客家人能熟練運用竹枝詞這一文化方式。即使是到了民國，客家腹地的長汀等縣志中的《禮俗志》還收錄了當地人創作的大量竹枝詞，其流風餘韻一直延續到近代。

六、端午節

聞一多先生曾作《端午考》，文中道：「龍舟競渡應該是史前圖騰社會的遺

---

①　全唐詩（卷三百六十五）。
②　張紫晨等《竹枝詞與土家族山歌》，中國民間文藝出版社，1983 年。
③　同治贛州府志（卷六十三）《藝文志》。

俗。」①這一古俗在吳越民族、荊楚民族等民族(或部族)長期傳承中,先後附會於勾踐、伍子胥、曹娥以及屈原等人身上。「千百年來,歷史選擇了屈原這個實有的歷史人物,充當體現中華民族的精神的典範。……而人民則因屈原的愛國精神和所受到不公正待遇深切地寄予哀思,不僅在他的故里秭歸和投水的汨羅江畔修建了屈原廟、屈子(原)祠和屈原墓,而且還以端陽節吃粽子和賽龍舟的形式來紀念他。」②客家人亦然。同治《贛州府志·藝文志》載贛縣人徐紹鬥《息園詩鈔·端午》寫道:「我年六十六,令節五月五,少賤到年衰,年年作端午。……飽諧團黍味,醉飲蒲根酉需。……」康熙《程鄉縣志·風俗》載:「午節,泛蒲酒,競龍舟,饋遺如。」乾隆《鎮平縣志·賦役志·風俗》載:「鎮人重元旦、清明、端午節……為社會蒲節,插艾虎,食角黍,飲菖蒲酒。」在「今天,端陽節除保留劃龍船和吃粽子外,其他舊俗已很少見」③因為崇敬屈原,繼承屈原精神,所以「客家民系最富愛國保族的思想……對於外族或外國的無禮侵犯,不肯輕以屈服,似無『怯於公戰』的罪咎」④。從中可見屈原的愛國精神已經滲透到客家人的思想中,並借端午節的方式,將這種精神繼承和發揚開來。

總之,民間習俗是客家文化中保留南方文化成分最多的部分之一,也是客家文化中多文化融合表現最為集中的地方。正如著名學者費孝通先生提出了「中華民族多元一體格局」的著名論斷,客家民俗中包含楚越之風的事象就是其中一個例證。正如前文所述「海納百川,有容乃大」。客家人作為河洛文化的傳人,楚越故地的客人,其民俗中吸收融合了楚、百越、閩南、畬瑤等文化的營養並加以改造,才釀成客家文化具有特有的魅力、濃厚的內涵,而屹立於世,並成為中華傳統文化的一個典型縮影。

(作者為湖北省社會科學院楚文化研究所助理研究員)

---

① 聞一多《聞一多全集(一)》,生活·讀書·新知三聯書店,1948年。
② 梅州市地方志編委辦公室《梅州客家風俗》,暨南大學出版社,1992年。
③ 《梅州客家風俗》。
④ 羅香林《客家研究導論,客家的文教上》,上海文藝出版社,1992年。

參考書目：

1. 張正明《楚文化史》,上海人民出版社,1987 年。

2. 馮學英、趙季《交流與融合：楚文化對中原文化的引進》,天津社會科學,1997 年第 4 期。

3. 道光《寧都直隸州志(卷六)‧水利志》。

3. 蔡靖泉《楚文化史》,湖北教育出版社,1995 年。

4. 羅運環《楚文化在中華文化發展過程中的地位和影響》,《光明日報》,2000 年 6 月 2 日。

5.《梅州風采》,《嘉應文學‧民間文學專號》(總 57、58 期合刊)。

6. 馮天瑜、何曉明、周積明《中華文化史》上海人民出版社,1990 年。

7. 陳運棟,《客家人》臺北東門出版社,1991 年。

8. 宋公文、張君《楚國風俗志》湖北教育出版社,1995 年。

9. 張仁藩、張桃《石碧客家習俗風情》廈門大學出版社,1993 年。

10. 巫瑞書《南方民俗與楚文化》嶽麓書社,1997 年。

媽祖傳說的遠古神話模式解析

閆德亮

Abstract：The Ma Zu Legend which started from Fujian province of Song Dynasty becomes more and more mysterious as the change of the age and the development of the society. Ma Zu Legend has the same generation background, induced mode, Godhead characteristic and evolution path as the ancient myths which started two or three years ago in He－luo area of Central Plains. The Ma Zu Legend which started later imitates the ancient myths, it represents the original mode and spirit essence of the ancient myths, it also has the creativity and development to ancient myths, so it is the production of the new age. Ma Zu Legend is also the vivid portray and spiritual reposition of the Hakkas conquering nature, it is the Hakkas'recall to the ancient myths and the treasure to the ancient ancestry. Ma Zu Legend has the same origin and root as the ancient myths, their origins are in the Central Plains and their roots are in He－luo area.

　　媽祖，原名林默娘，宋太祖建隆元年(960年)出生於福建莆田湄洲嶼。一千多年來，通過民間對媽祖傳說的創造與頌揚，加上皇家對媽祖事蹟的褒封，媽祖由一個普通漁家女逐步被塑造升格為一個世界性的偉大海洋女神。媽祖傳說形成於中原內陸文化向海洋文化的發展過程中，是宋代以降客家人及其後裔等華夏子民創造、豐富的新神話。媽祖傳說與發生在兩三千年以前中原河洛地區的遠古神話有諸多相同的神話模式與精神內涵，本文藉此進行分析，以此說明媽祖傳說與遠古神話一脈相承，媽祖傳說根在河洛。

一、相同的產生背景

遠古時代,由於生存條件和意識的限制,先民們無法真正認識自然、瞭解自然,同時還要依靠大自然的賜予生存,於是先民認為自然界的萬物與現象都由神靈主宰,先民就把這些自然萬物及現象神化為雷公、電母、風伯、雨師、山神、水神、火神、太陽神等,這樣神話就產生了。神話是先民借助想像以征服自然力、支配自然力的形象反映,是先民們的生活準則和精神寄託。商周時代由於認識及生產力的提高遠古神話失去了產生的土壤,但開始了對遠古神話的選擇與改造,漢初五帝系統神話的定型標志著遠古神話的徹底終結。但遠古神話的終結並沒有阻止中國神話前行的步伐,隨著時代的需要與人們的祈望,與遠古神話模式相同的時代新神話仍在悄然萌生並不斷發展:媽祖傳說就是最為典型的例子。

媽祖傳說有著與遠古神話相同的產生背景。中古時期的有宋之世,福建的近海漁業及海上交通和遠洋貿易有了很大的發展,但當時的生產力水準仍低下,科學認識海洋及天氣狀況的水準也很低,很難準確預知變化莫測的海洋與天氣變化,海難屢有發生。於是人們把希望寄託於「神」,祈求一個品行高尚具有「超自然力量」的神靈救難護航保佑平安,而當時的海神龍王由於名聲不好自然不是航海者的選擇,觀音也由於事務繁多很難顧及航海者的需求而不被航海者所企望。在中國傳統文化觀念中,巫覡常常是被視為神靈的,以巫代神也符合宋代福建的時風。根據陰陽五行理論,海屬陰,這個海洋神靈還必須是個女性。這樣,身為女性生前為巫的林默娘,生長異俗神通廣大的林默娘,既能預測海上陰陽之變,又能在海難來臨之時救人於危難的林默娘,就順理成章地成了人們心目中海上保護神——海神。

宋代創造出來的媽祖海神其實是遠古神靈崇拜的延續,是把種種關於海神的神異幻想附會於具體的媽祖身上,也是把種種求助於海神幫助的希望寄託於媽祖身上,海神至此也具體化人格化了。媽祖寄託著人們戰勝和駕馭海洋的希望和信念。

二、再現的感生神話

感生神話是遠古神話的重要內容。伏羲是其母華胥氏履巨人跡而生,炎帝

是其母任姒(一說女登)感神龍而生,黃帝是其母附寶感北斗而生,少昊是其母女節感流星而生,顓頊是其母女樞感虹光而生,堯是其母慶都感赤龍孕十四月而生,舜是其母握登感大虹(一說見大鳥)所生,禹是其母吞薏苡而生,殷祖契是其母簡狄吞燕卵而生,周祖後稷是其母姜原履大人跡而生,秦之先是女修吞玄鳥卵而生,如此等等。感生神話是一種圖騰信仰,這種信仰是對神靈的崇拜,這種崇拜在社會的發展中有意無意地發揮著其元語言的作用,規範制約著後世人們的思維方式,使他們在有意與無意地延續著神話模式、書寫著自己的歷史與傳說。如:老子是其母感日精而生,孔子是其母夢黑帝而生,劉邦是其母夢神龍而生,前秦皇帝苻堅是其母夜夢與神交孕十二月而生、生進神光從天而降,拓拔珪是其母夢日而孕、生時夜明如晝,武則天是其母感龍鳳而孕、生時「龍鳳呈祥」,如此等等。

媽祖的降生是最具遠古神話感生模式的,其母「夢神吞丸而孕」、「生時天輝地香」是宋代客家人對自己遠古始祖的追憶與感念。傳說觀世音菩薩與女媧氏巡行天下,考察民間疾苦,見東海惡浪滔天,舟船傾覆,漁民喪生,於是決定派龍女下凡林家出世救濟蒼生。一天夜裡,林惟愨之妻夜夢觀音菩薩送給她一粒藥丸(一說鮮花),並說:「你家累世功德,上天當庇護你家,吞食此丸,可得一子,濟度天下蒼生。」陳氏吞下荔丸後身感有孕,懷胎十四個月,於宋建隆元年(960 年)三月二十三日傍晚時分生下媽祖。媽祖降生時一顆流星從天而降,照得湄洲嶼,山海如火,岩石紫紅。林家更是紅光沖天,異香氳氤,經久不散。媽祖生下後一月內不哭不啼,故取名「默」,又稱林默娘。在觀音菩薩與女媧大神的佑護下,媽祖自幼聰明穎慧,異能過人:5 歲即隨父出海,熟識水性;8 歲入塾讀書,過目成誦;10 歲喜靜,誦經禮佛;13 歲遇道人學玄微秘法,能預知禍福;16 歲時「窺井得符」,自此神通廣大,佑民護國,深得百姓愛戴,被稱為「神姑」、「龍女」或「通賢靈女」。

媽祖的神異出生與神性職能,是人們對遠古神話的一種摹仿,是遠古大神的時代再現,是神話演進的表現,更是人們對媽祖的企望和摯愛。

三、類比的神格特徵

神話是民族精神之所寄。在遠古神話中,大神們的重要神格特徵主要表現

在兩個方面。一方面的表現是「崇高的品行和無私的奉獻精神」。盤古、伏羲、女媧、炎帝、黃帝、顓頊、帝嚳、堯、舜、禹等等，他們十分注重品行和德操的修養，都具有崇高美德，為了人們的利益無私奉獻不怕犧牲。盤古創世後用身體化育出了世上萬物；女媧補天造人置媒為人類的生存與健康無私奉獻；炎帝為為人類尋找草藥「嘗百草之滋味，水泉之甘苦，令民知所辟就，當此之時，一日而遇七十毒」（《淮南子·修務訓》）；堯舜一生為民事，「禪讓」佳話譽滿神州，最後堯在陽城考察而生，「舜勤民事而野死」（《國語·魯語》）；大禹為了治水十年奔走，三過家門而不入，以至於「手不生毛，偏枯之病，步不相過」，最後「禹勞天下，而死為社」（《淮南子·氾論訓》）；女魃為祈雨而曝成女屍；誇父為探索太陽奧秘逐日而死；後羿射日除害而永留人間；鯀治水竊息壤而遭殛羽山。

　　媽祖伴有祥光異香的不凡降生註定了她以後的責任：為人們解厄救困。當她長大後，便決定以行善濟人排險除惡為自己的終生之事。為了能更好地實現自己的目標，媽祖精研秘法醫理，洞曉海洋氣象，嫻熟駕船技藝，並苦練其他神異本領，以便自己能隨時隨地並且有能力來濟人救困。為了能更好地承擔自己的責任，媽祖放棄了同齡人該有的休息與享樂，並矢志不嫁，一心一意為民服務，直至最後為救助海難而遇難。遇難後的媽祖仙化升天，整天一身紅衣飛在大海的上空，為航海者保駕護航，為需要幫助的人提供幫助。媽祖的這種熱愛生命、敢於擔當、勇於奉獻、舍己為民的高尚品行與聖潔德操凝聚了中華民族的真善美價值觀和道德觀，飽含著中華民族精神的實質。

　　遠古神話中主要大神們的重要神格特徵的另一方面的表現是「保民佑民的責任感」。女媧的補天造人、伏羲的畜牧業、炎帝的農業與草藥、黃帝的文化創造、顓頊的「絕地天通」、堯舜的禪讓治世、鯀禹的治水、後羿的射日、後稷的農耕等都是保民佑民的事蹟典範。另外，中國的許多大神均具有始祖神的身份，這些始祖神均是民族歷史中功勞卓越的人物，他們在為本民族的發展與壯大的過程中，或在民族的重大變故中，起到過積極巨大的作用。

　　媽祖作為人們心目中的神靈，其主要職責也是「保民佑民」：「救父尋兄」使父獲救兄屍得覓。「化草救商」使觸礁進水的商船得救。「保駕護航」，使宋宣和初甯江商人洪伯遇咫風而化險，使宣和四年宋朝出使高麗的船隊在東海遇風浪而轉危為安，使紹熙三年福州商人鄭立遇海盜而無恙，就連鄭和七次下西洋也都

賴依媽祖的佑護才得以完全返航。「靈符回生」使莆田瘟疫解除；「聖泉治疫」又使南宋紹興二十五年莆田的瘟疫解除。「禱雨止澇」分別是媽祖 21 歲和 26 歲時為家鄉解旱除澇的傳說。此外，媽祖還「降魔伏怪」——降伏了順風耳千裏眼、嘉應嘉佑、晏公、高裏鬼等，保了一方平安。如此等等。在媽祖神話色彩很濃的傳說裡，主要表現了媽祖的救難護航、袪疫療疾、祈雨解澇、降魔伏怪等神職功能，較好地體現了中華民族的忠義孝悌、樂善好施、拯危救困、見義勇為、懲惡勸善等傳統美德和尚德精神，這是遠古神話的主要內涵與精神實質，也是對遠古神話的發揚光大。

四、趨同的演進軌跡

媽祖生於宋初，她在其短暫的生命歷程中救海難護海航，成為閩南人們信仰中法力無邊的海神，或曰航海保護神，這也是媽祖最初的神職。隨著時代的變遷，朝代的更迭，媽祖漸傳漸神，在民眾的「鑄神」運動中她便成了一位無所不能、有求必應、集多種神職於一身的萬能神。除最初的海神身份外，媽祖還是河神、水神、雨神、醫神、商神、平安神等。另外，媽祖還是「生育神」：東南沿海不孕婦女都要祭媽祖，並且還要「拴娃娃」，祈求早生子女。媽祖「天上聖母」的名稱不僅帶有忠貞節孝的典範，而且還有生育女神的意義。「助戰護國」是媽祖的另一重要神職功能，故媽祖又有「軍神」的稱謂。從宋代起媽祖就有幫助官軍克敵致勝的傳說：宋開禧元年助福建舟師北上抵禦金兵渡淮河獲勝；明永樂十八年助張翯統領浙江定海衛水師大破倭寇；明萬曆三十二年助金門主官沈有容驅逐荷蘭侵略者；鄭成功收復臺灣時媽祖使潮水「加漲丈餘」而戰艦得以順利進港打敗荷蘭侵略者；清時媽祖不僅讓準備進軍臺灣的清軍 3 萬將士飲到水，還助施琅登上臺灣。隨著媽祖信仰的流布，媽祖成了世間的救世主，成了主宰一切的神靈。另外，在媽祖傳說的演進中，其中還被融入了很多道教佛教色彩，媽祖又成了道班的神仙和佛教中的大員，這從其出生中就可見一斑。

媽祖傳說的這種演進既遵循著遠古神話的演進規則，又蹈循著遠古神話的演進軌跡。翻檢文獻，遠古神話及其大神們演進的軌跡是：單一或較少神職變為複雜或多種神職，道佛的浸入使其神祇職能更加豐富。伏羲是三皇之一，其畫八卦結罔罟使其獲得了空前的文化地位，但也正因為如此，在後來的神話演進中，

伏羲又成了嫁娶、甲曆、禮樂、書契、熟食，建都、祭祀等的發明者。黃帝最初為神話中的天帝，在西漢時期演化為歷史先祖即五帝之首。但從戰國開始，黃帝開始被仙化了，他先後向甯封子、廣成子等仙人學道，還到昆侖山拜訪西王母、取不死藥、煉丹修仙等。後來，黃帝還被列入道教所繪製的神譜系統，成為道教的教主。西王母，在遠古神話中她是「豹尾」「虎齒」「戴勝」半人半獸形象的刑殺之神，是操縱著人間生死的生命之神。戰國後期至秦漢之際，西王母完全人形化，還成了天帝之女。歷經西漢，至魏晉時期，西王母形象得到了徹底的改變，成了地地道道的仙道人物。唐代以後，西王母便與玉皇大帝結合成了玉皇大帝的夫人，被稱為「王母娘娘」。在民間，西王母是棒打鴛鴦的兇神惡煞，但同時也是萬民祭祀的送子娘娘。女媧最初的神職是補天造人行媒，但隨著女媧神話的民俗化與地方化，中原(西華縣)的女媧不僅可以為百姓抵擋洪水，還可以顯靈防衛媧城免受匪患，她哭的淚滴在草上變成「女媧芪」(中醫叫黃芪)為群眾治病。如此等等。

　　遠古神話的演進，首先是文化的選擇。春秋戰國時期，百家爭鳴的諸子極力宣揚自己的社會發展藍圖，其採用的方法是「托古改制」，於是他們對遠古神話進行重塑與選擇，結果是遠古大神原有的神性被削弱，紛紛變成了人間的始祖，成了人間崇拜的偶像，人間帝王們的榜樣，遠古神話遭到篡改。其次是政治的需要，夏商周三代王朝的「天帝觀」開始了遠古神話歷史化的改造，至漢，遠古神話被改造成了皇家進行宣傳統治的工具，遠古神話帝王及英雄都搖身一變成了品德完美的人間帝王和德教典範，他們的根本職責是以天下蒼生為重，平治天下、造福人類。再次是民眾的心願，在上古及中古時期，民眾迫於生活，他們把改造自然獲取幸福歸結於神的賜助，於是他們對神話人物頂禮膜拜，並把很多好的品德多種神能迭加到他們身上，使大神們都成了萬能神。另外，道教佛教的浸入也使遠古神話多多少少都帶有道佛的成分。遠古神話通過時代與社會的洗禮，變得內涵豐富、故事完整、情節動人，遠古大神也多職多能，成了萬能的神靈。

　　媽祖由人到神，由海神到萬能神，由民間信仰到官府褒封，其演進是由低到高、由單到多。與遠古神話的演進一樣，媽祖傳說的演進也是文化的選擇、政治的需要、民眾的心願共同作用的結果。民眾對海難的恐懼產生了媽祖救難護航的神職，人們對媽祖的崇拜和希望又移情出她的祛疫、驅寇、解旱、止雨、護國、送

子等其他神職與美德,歷代皇帝及封建統治者為了其統治的穩固常常利用神權來進行輔政,媽祖的多種神職美德正好能幫助其穩定社會鞏固政權,於是歷代皇帝幾十次對媽祖進行推崇和褒封,從「夫人」、「天妃」、「天后」直至「天上聖母」,使媽祖由民間神擢升為官定的航海保護神戰神等多種神職,而且神格越來越高,傳播的面越來越廣,由海濱僻壤走向五湖四海,達到無人不知無人不曉的局面。另外,面對媽祖影響的愈來愈大,道佛也紛紛把媽祖拉向自己的陣營,這樣一來,媽祖的形象更美更善,神通更廣大。民眾與皇家對媽祖的需求中都包含著東方民族的尚德精神,透出了「修齊治平」的東方文化選擇。

媽祖傳說與遠古神話的演進,是在相同的文化背景、政治環境、民眾心理下進行的,故走出了同樣的演進軌跡,不過,遠古神話是媽祖傳說的前進座標與走向定位。

五、結語

遠古神話主要產生在兩三千年以前的中原內陸,其核心在河洛地區。就古代傳統文化而言,遠古神話其實就是中原神話,其主要內容就是河洛神話。遠古神話是河洛文化的一個重要組成部分,是河洛文化的一顆璀璨明珠。媽祖傳說是客家人創造的,其發生地是福建客家居住地。媽祖傳說及其信仰是客家文化的一部分,是客家文化的一朵奇葩。

媽祖傳說與遠古神話有著相同的產生背景、感生模式、神格特徵,就連其演進的原因與軌跡都是一致的。遠古神話與媽祖傳說的相同性與一致性說明了同一文化傳統與民族心理下的相同思考,或曰文化與民族的同源性與認同性,不過早起的遠古神話為後起的媽祖傳說提供了可資模擬的藍圖,後起的媽祖傳說在遠古神話的模式下構擬出了時代的新神話。這種時代新神話再現了遠古神話的主要內涵和精神實質,同時也對遠古神話實行了創新與發展。

媽祖傳說與遠古神話同源同根,文脈傳承,其源在中原,根在河洛。

(作者為河南省社會科學院文學研究所副研究員、副編審)

河洛文化與客家文化的差異

——以節慶為例

王遠嘉

Abstract：He luo and Hakka culture belong to the concept of regional culture, history and culture is also the concept of drains in the history of China is extremely broad and deep.

To cultural development in the trend of increasingly diversified, the need to recognize the importance of culturaldiversity, therefore, this probe into He luo culture and the Hakka culture festival in the differences in depth study of Luo culture and the root of Hakka culture festival, characteristics and spirit, in addition to great academic research value, for the construction of harmony, tolerance and coexistence between ethnic groups is also of concern on the issue.

一、前言

河洛文化乃是中原文化的代名詞，指的是華夏正統文化，也就是中央文化、國家文化、國都文化、統治文化，長期佔據著主導和統率地位，成為中國古代傳統文化的源頭和核心，它構成中國傳統文化最重要的組成部分。誠如朱紹侯先生在《河洛文化與河洛人、客家人》一文中所指稱：河洛文化是產生於河洛地區，包括原始社會的彩陶文化（仰韶文化）和河南黑陶文化以及神秘而代表河洛人智慧的《河圖》、《洛書》；應包括夏商周三代的史官文化，及集夏商周文化大成的周公制禮作樂的禮樂制度；還應包括綜合儒、道、法、兵、農、陰陽五行各家學說而形成的漢代經學、魏晉玄學、宋明理學以及與儒、道思想互相融合的佛教文化等等，

以上各種文化的總合就是河洛文化①。

　　河洛文化是中國最核心的、生命力最強的文化。河洛文化既屬於地域文化概念,同時也屬歷史文化概念。它在中國歷史上的影響極其深廣。河洛文化從形成到發展,直到以頑強的生命融入中華文化的體系中並長久地影響著中華文化的裏程,說明河洛文化在低谷階段能以博大的胸懷,最大限度地吸納、融合外域文化,彌補其不足;在高峰階段,又屢屢以強勁的態勢和飽滿的能量向外域揮發和輻射,給週邊文化以積極的影響。如此,恪守傳統,兼收並蓄,開拓進取,由河洛而澤中原,由中原而廣播中國,最後終於由地域性文化發展成為中國傳統文化的主流②。

　　然而,客家為漢族的一個民系或「次民族」。一般而言,客家民系是於唐末宋初的南遷漢族人在閩、粵、贛交界地區,融合了部分的畬族、瑤族、南越等東南亞土著居民。客家文化的主要文化特徵繼承了中古時期的中原漢族文化,也混合了南越文化,進而形成特別的客家文化。因此,「客家」的說法是作為一個漢族民系的稱謂,並非是一個種族的概念,乃文化的概念。客家族群是中華民族中的一支,在語言、地域、經濟、文化等方面具有明顯的特徵與相對獨立性的一支民系。客家祖先在近千年的遷徙發展的歷史過程中,歷經衝突、調適、融合的社會實踐,在繼承中原漢族文化傳統精神的基礎上,吸收南方各民族優秀文化而逐步形成的。近百年來,中外學者長期圍繞著「客家血統問題」而爭論,先是梅耶斯提出「土著與客家差異」的報告,後來有康普爾實地調查梅縣,發表文章指出「客家是純粹承襲了中國人血統的民族」、「客家並非混血種,而是具有純正血統的漢族,不僅比少數民族優秀,而且比土著漢族優秀,他們是有來歷的中原王朝後裔。」誠然,北京大學教授宋豫秦在第七屆河洛文化國際研討會上指出,從夏代開始的中國四千年的文明史中,有三千年的國家政治、經濟、軍事、文化中心在河洛地區。在這一地區所產生的河洛文化長期是中華民族先進生產力的代表,是中華民族先進文化的代表,也是中華民族先進社會制度的代表。這種處於正統

---

① 詳見華夏經緯網 2010.08.20 報導「客家文化源於河洛文化」——客家人根在河洛,客家文化源於河洛文化。

② 詳見華夏經緯網 2008.06.13 報導「客家文化源於河洛文化」——佔臺灣總人口 98% 以上的漢族人,大都是從東南沿海的閩移民臺灣的,即我們所說的閩南人,(河洛人)和客家人。

地位的文化,一般都具有極強的輻射性。因此,無論客家人的祖籍是否在河洛地區,都必然與河洛文化具有密切的淵源關係,至少深受河洛文化的影響①。

二、釐清族群與文化之關聯性

1. 族群各有自己的文化、習俗、規範、信仰和傳統

「族群」觀念在不同時期含有奇異、較不文明的意思。現在一般研究者對於族群所下的定義,可簡單的敘述如下:「族群是指一群因為擁有共同的來源,或者是共同的祖先、共同的文化或語言,而自認為、或者被其他的人認為,構成一個獨特社群的一群人。」這個定義很清楚地是用兩個標準來看族群,第一個是這群被他人認為所擁有的共同文化或是共同祖先與來源。很多研究者認為這是強調比較客觀的因素,他們有一些可以清楚看到的、與其他群體有差異的特質。第二個界定的標準,是一個比較主觀的因素:他們自認為構成一個獨特的社群,也得到其他的人認可。這其中牽涉到一個主觀上互相認定對方是不是構成一個族群團體的社會過程。

如果由這個定義來看的話,我們可以發現:族群對於其他團體的認同,最獨特之處,在於它以強調成員之間的「共同來源」或「共同祖先」(common descent),作為區分「我群」與「他群」的標準(王甫昌:2002)。由特定歷史背景的集體意識形態形成共享身分(identity)的群體,族群集團各有自己的文化(culture)、習俗(customs)、規範(norms)、信仰和傳統。通常還存在著一種共同的語言;不同集團成員之間維持著一定的界限(David Jary、Julia Jary:1999)。從以上論述進行歸納,我們不難對「族群」下個定義,「族群」——通常是指共同組成一個大社會中的群體,他們主張或著相信自己有某種血緣上、體質上、文化上、意識上,或其他的共同特性,足以用來和其他人進行有意義的區分(王麒鈞:2006)。

2. 族群(ethnic)強調共有的文化價值觀念和文化特徵的群體意識

人類學家納羅爾(Narroll)強調共有的文化價值觀念和文化特徵的群體意

---

① 詳見華夏經緯網 2008.09.24 報導「客家文化與河洛文化構成漢民族主流文化」——在客家族群中,河洛文化的主體或精髓不僅從未中斷,甚至不斷得以強化和弘揚。因此,在某種意義上,可以認為河洛文化與客家文化同為一支歷經數千年而延續至今的漢民族主流文化。

識,為族群集團成員關鍵因素。克瑞斯·巴克(Chris Barker)於《文化研究》說:「『族群』的形成,有賴於在特殊歷史社會與政治脈絡下發展的一套共享的文化符號(cultural signifiers);族群團體一種至少部分基於共同神話、祖先的歸屬感。然而,根據反本質主義論述的觀點,族群團體其實並非基於源初的連帶或是特定團體擁有的普遍文化特徵,而是透過論述實踐而形成的,族群性(ethnicity)形成於我們談論團體認同的方式,以及我們認同族群符號與象徵的方式。」(陳莉玲:2007)因此,族群性可包含幾種集體身分,包括文化的、宗教的、民族的和次文化的。族群性可區分為文化族群性和政治族群性。社會學家傾向於根據文化現象來識別社會群體,包括共同的習慣、制度、儀式和語言。

　　本文所要探究之族群意識,係指族群所具有之集體意識。細言之,乃族群對其族群身分與族群文化所共同具有的某種感覺、知覺、情緒、記憶、心像、觀念、認同感、榮耀心、優越感或利害共同體等自覺的心理活動。此種我族的自覺心理,通常會反映在對於族群特有物質文化與精神文化的認同上。

三、作為文化符號的傳統節慶

1. 民間信仰受到該民族生存環境與歷史傳統的作用

　　民間信仰是一個民族對於超自然力的理解、態度、信仰和祭儀的總和體。它的形成往往受到該民族生存環境與歷史傳統的作用,因此常與日常生活的內容息息相關,進而形成民俗文化的基礎,當然它也會因環境的變異而產生變化(吳福蓮,1999)。民俗文化活動要在社區裡蓬勃發展,需要抽象與具象的雙重空間。抽象空間如整個社區的民俗組織氛圍、居民認同,具象空間則是實際可用的場域;二者之間必須相互依存、彼此推波助瀾,才能蘊生出一個有機而蓬勃的民俗節慶活動(李培菁:2006)。

　　民俗也是人民生活的表徵,所謂「俗」正因代表著普羅大眾之風俗。因此民俗呈現一個族群之生活方式,反映族群社會價值觀。所以說民俗的形成是在一定的範圍的地域,相同族群,在共同的環境歷經長久的歲月,經由自主的選擇、沈澱、累積、互動,逐漸養成固定因應生活的心態、方式與知識,形塑的風俗習慣、信仰體系和價值觀念。民俗概分為風俗、信仰、歲時三大類,內容幾乎涵括所有人民的生活習慣,如結婚、生育、成年、喪葬之生命禮俗;或過年、元宵、清明、端午、

七夕、中元等歲時節令;或最具臺灣特色之信仰習俗,如宗教、諸神信仰、祭典科儀及祭祀文物等;及民眾普遍相信之占卜巫術與禁忌、民俗療法及地理風水等①。

2. 節慶反映出生活習慣和文化特色

民族一旦形成「歷史」,這個民族不僅有一個共同的空間,而且有一個共同的生活倫理、有一個共同的文化習俗,這種倫理、體制和習俗又有了一個漫長的歷史傳統。節慶,根植於一個地方的自然與社會環境,節慶是人們隨著季節、時間和物候轉移,開展為特定主題的風俗、紀念意義的社會活動……揉雜了人們的生活習慣和文化特色,更反映出人與自然,以及人與人之間的關係(陳柏州、簡如邠:2004)。因此,節慶是人類生活中重要的生命體驗,世界上各民族都有不同的節慶及慶祝方式,反映出不同文化的信仰、理念和價值觀。同時,各種慶典活動的進行,增強了人與人之間的聯繫,使得平凡的生活變得生動而有意義,凝聚了族群的向心力。

節慶是中華文化相當獨特的一環,從古代中國到現代臺灣,皆與人民生活有著密不可分的關係②。臺灣典型的傳統節慶,通常指春節、端午節、中秋節、清明節等源遠流長的節日(陳美甜:2009)。從古代中國到現今臺灣,皆與人民生活有著密不可分的關係。傳統節日是依循農曆的歲時節令產生,配合農民耕耘與收成時節,是古時農業社會民眾調節生活作息的重要依據;民俗慶典主要與神明誕辰、成道、或祭祀有關,表現出臺灣民間信仰中融合佛教、道教、和神話傳說的多神崇拜自然觀及宇宙觀。節慶祭典都具有「祈福」、「消災」、「天人合一」、「團員聚會」的性質,呈現出中國人對祖先的虔敬懷恩,及敬天畏神的傳統③。

四、河洛與客家族群之節慶差異

客家民族早期生活艱苦,勤儉營生,不甚講究美食,從客家菜的特色中反映客家人勤奮堅苦,刻苦耐勞的傳統精神。客家人生活素守儉約,對於飲食以經濟

---

① 詳見文建會文化資產總管理處籌備處 2009 年主辦「兩岸非物質文化遺產論壇(臺中場)」——《無形文化資產民俗類登錄現況研究》乙文。

② 詳見新聞局網頁——「臺灣節慶」,介紹中華文化習俗。

③ 詳見跨文化藝術交流協會國際民間藝術組織臺灣分會 ICAA, IOV Taiwan 網頁——傳統節日。

實惠為原則,擅長醃製各種醬菜,保存食物了的菁華和再次表現了客家人節儉的美德。客家族群長期在遷徙中漂泊,對於吃雖不十分講究,但是,卻非常有其特色,由於勞動成性,需要熱量大,一般來說「鹹、香、肥」乃是烹調客家菜的最大特色,隨著年節、四季盛產的山林產物的變化,從菜餚到點心零食,從主食到粄類,創造出客家多元的飲食文化,客家人地生活環境有很大的關係。而這些飲食文化、生活習慣亦反映在節令節慶中。

　　臺灣典型的傳統節慶,通常指春節、清明節、端午節、中秋節等源遠流長的節日。因此,僅就春節、清明節、端午節、中秋節等四大節慶之差異進行分析,如表所示。

表:河洛與客家族群之節慶差異

文化　節慶	河洛文化	客家文化
春節	1.送灶神在農曆12月24日開始,傳說這天灶神升天,回天庭向上帝報告民間的種種,人們為了討好灶神,就準備豐盛的牲禮祭拜,希望灶神能為自己說些好話,此外,這天也是諸神回天庭的日子,所以也需送神上天。 2.除夕前一天的主要工作是殺雞宰鴨,一般家庭都得宰殺四、五隻,分別祭拜三山國王、天公(玉皇大帝)、祖先、伯公(土地公)、等。這些雞鴨和豬肉煮熟,煮熟後的油湯留著煮「長年菜」,這道菜,從除夕一直吃到年初四、五。 3.在除夕夜,全家圍坐在一起,聊天聊過午夜12時,才可就寢,可祈求父母長壽,又稱「長壽夜」。「不睡」意同「不睏」,睏諧音困,因此,守歲又代表「不困厄」、「不窮困」的意思。 4.初二回娘家,嫁出去的女兒帶丈夫、兒女,回娘向父母拜年。門禮忌單數,宜好是成雙。	1.客家人的過年,是從臘月(農曆12月)25日算起,這天稱為「入年假」,意思是說,從今天開始過年了,在外地工作的家人,也紛紛返家。通常25、26日兩天,男人忙著辦年貨,婦女則忙著蒸甜粄、發粄、菜頭粄、肉粄等。 2.除夕當晚,家家戶戶團聚,圍爐吃年夜飯,餐桌上擺著各種帶有福氣意味的菜餚,如:魚代表「年年有餘」,青菜代表「清吉如意」,韭菜和長年菜代表「長長久久」,菜頭代表「好彩頭」,魚丸、蝦丸和肉丸代表「三元及第」。 3.客家人在過年時也要備辦牲儀,答謝上天一年來的庇佑,幾乎家家戶戶都在過年前的除夕日,選一吉時,準備五牲祭品,全家到齊,向天公表達謝意。 4.過年時拜祖先分兩次,一次在除夕日,大都在午後,全家族在公廳祭拜;第二次在年初一的清早,選吉時祭拜。過年拜祖先,除了用二牲外,要加一塊年糕(甜粄),到年初五「出年假」,才可撤去,叫做「磧神桌」。

節慶＼文化	河洛文化	客家文化
	5.初四接神日,眾神明在去年農曆12月24四日放假回天庭報到,直到今年的正月初四再返回人間,準備初五開始新年度巡 6.初五破五日,因為過年期間的諸多禁忌過這一天後可破除而故稱。破五重要的習俗活動就是送窮了,各地稱謂不一,所謂「窮」,也就是 正月初一 以來所積存的垃圾(過年期間的垃圾是不能倒的,由此可以聚財,否則就倒了「福氣」)。 7.初九為天公生日,天公指的就是玉皇大帝,當天人們會以隆重的 儀式來慶祝天公的生日,從子夜零到四時,就會鳴放鞭炮,再來擺設祭壇,放上許多的牲禮素果祭拜;祭拜前需齋戒沐浴,寺廟更是香火鼎盛,以表達對玉皇大帝的尊敬。	5.年初二是回娘家的日子,客家人稱為「轉妹/外家日」,照例要帶禮物回去孝敬父母,從前準備的禮物是雞腿、綠豆餅及檳榔,近來則改成餅乾、蛋捲及飲料等。 6.年初三是送窮鬼,客家人要到年初三才會收拾垃圾,且把垃圾拿到郊外去燒掉,代表送窮鬼,就可以「窮去富來」。 7.年初五是出年假,代表新年告一段落。 8.初九天公生,當天不可以曬衣物,也不能挑肥挑糞,以免褻瀆天公。
清明節	1.掃墳墓河洛人叫「培墓」,是因臺灣人的祖先原住北,因冬季西北風強烈,祖墳被刮,入春祭墓,培土於墓,含有「厚葬」的意思。 2.清明節吃潤餅,是閩南的傳統習俗。潤餅屬於「家宴」,是臺灣閩南人家族、全家大小團聚時,包裹分享的食物①。	1.客家人特別重視慎終追遠,在傳統禮俗快速流失的現代社會,多數家族宗祠仍不分火,祭祖儀式等同神祇②。 2.春分掃祖公,清明前二日掃祖婆。客家掃墓習俗多從春分開始,清明達到高潮。 3.客家鄉親一年一度的掃墓活動,客家人稱之為是「挂紙」。 4.許多客家人在以前農業社會時,都會要求子女在元宵過後,掛紙後才出遠門工作。

---

① 清明節又稱寒食節,只能吃冷食,潤餅便採用十餘種乾料包裹,承襲了泉州傳統吃法;而北部則是使用五、六種熱的濕料包裹成潤餅,並搭配許多小吃,從尾牙開始吃到清明,承襲廈門潤餅的吃法。

② 客家人宗親散居,宗祠不分火。河洛人在家裡奉祀神明和祖先,神明一定是正位,祖先在旁,神明比祖先高一截;客家人是「祖在家、神在廟」,在家裡祖先最大,祖先在正位,神明供奉在旁,若在廟裡則神明當然在正位,祖先要入位就在旁,分得很清楚。

文化節慶	河洛文化	客家文化
		5. 而掃墓的過程中,會在墳墓上面壓上黃紙,是所謂的「掛紙」,有替先人修繕門戶的象徵意義,並表示已經祭拜過。最後再燃放鞭炮,表達謝神之意。
端午節	1. 端午節河洛人會準備鹹粽祭拜。傳統有南北粽之區分。主要是材料不同、烹煮的方式不一樣。 2. 划龍舟是為了紀念愛國詩人屈原,增添了端午節的重要性。賽龍舟成爲了端午節的習俗。 3. 端午節時河洛人會用艾草、菖蒲、芙蓉、榕樹枝葉等綁成束,掛於門旁,故稱「蒲節」。 4. 端午節,家家戶戶還有打「午時水」的風俗。午時水指的就是端午節中午打上的井水。	1. 客家普遍稱為五月節。 2. 客家人舞龍,保了中華民族的圖騰,薪傳了中華文化的技藝,如:苗栗炸龍。 3. 挂葛藤是客家人獨有的傳統習俗,而這個習俗與黃巢起義有關。 4. 端午節前夕,客家族群會製作粽子祭神祀祖及於屋外拜地基主(先住戶之孤魂)。 5. 客家粽分為鹹粽①、米粽、鹼粽(又稱粄粽),除了鹹粽有米粒外,其他粽則把米粒磨細,吃起來比其他粽來得 Q 又有嚼勁。 6. 客家人過端午,也吃茄子及長豆、桃李等②。 7. 客家人亦有利用艾草取代鼠麴草製作「鼠殼粿」。 8. 客家人過端午須準備四份牲醴,一付拜土地公,一付拜萬善爺,一付拜附近的大廟。

---

① 鹼粽在臺灣河洛語叫「粳粽」,用鹼液和糯米拌勻,經過水煮。

② 吃茄子固然是取其長之意,吃李子則象徵子孫繁衍,有人還認為可以預防中暑。吃長豆是為不被蛇咬(因長豆形狀像蛇)。吃茄子則可預防蚊子咬(茄子客語叫做「吊菜」,而「咬」,土音為「ㄅ一ㄠ」,取其諧音)。

文化 節慶	河洛文化	客家文化
中秋節	1.中秋節這一天是「土地公」升天成仙的大日子，所以也有一些相關的祭祀活動。 2.月神是兒童的守護神。所以，每年在這個時候，有小孩的家裡在中秋節都會準備供品來祭祀月神。 3.吃柚子討吉祥，柚子與「佑子」諧音，含有吉祥之意，中秋節前後又適逢盛產期，柚子便成了中秋節的應節食物。 4.在中秋節「拜月娘」時也會準備「米粉芋」這道食物。俗話說：「吃米粉芋，有好頭路」，以臺語來發音，取「芋」、「路」近音，祈求神明保佑自己能找到好工作（好頭路）。 5.南部地區有中秋吃「麻糬」習俗；在東北部有宜蘭吃「菜餅」以及蘇澳「鞦韆賽」的習俗	1.客家人稱月亮為「月光」，中秋節則是「八月半」或「八月節」，團圓的日子。客家人在八月半這天，遊子返鄉，擺設香案「拜月華」（或「拜月娘」），行拜月儀式。所以客家人也稱月餅為「月華餅」。 2.美濃地區的客家人往往於中秋節宰食水鴨公加菜，成為當地中秋的特色。

　　河洛文化所體現的愛國愛鄉、團結統一、勤勞勇敢、自強不息的偉大民族精神；客家歷史是客家先民為了生存、發展，長期的遷徙、流浪，樹立起「四海為家」的思想。僅管在臺灣族群化同化的結果，在族群上出現許多「福佬客」，然而，臺灣河洛節慶文化與客家族群也有若干異同之處。

五、結論：

　　一、傳統節慶的神話故事，增添教育與緬懷的意義，呈現文化精髓與人文特色。無論河洛文化或者客家文化均匯聚先民宗教信仰與生活習慣的經驗，發展成較具獨特的民俗文化特色。這些傳統節慶文化傳承歷史文化、安定人們精神生活。同時獨特的民俗文化特色也保留傳統文化，呈現百姓庶民與自然共存、謝天敬地的精神。

　　二、由於時代與社會的快速變遷，為避免客家文化消逝或隱形於都會叢林

中，積極推動文化深耕，將客家傳統涵素、宗教與禮俗、古蹟建築、文物與現代生活環境相結合並融入，透過各種活動的宣傳與重構，使隱性的客家族群和廣大的社會大眾有更多的機會接觸和體驗客家文化風情。

三、傳統節慶文化是老祖先遺留下的珍貴資產，其蘊函了許多先人的智慧、文化與生活的體驗，因此更不應任其凋零、失傳。無論河洛文化、客家文化，政府單位對於從事傳統民俗文化工作者、學術機構，應給予更多實質的鼓勵與經費的支持，讓各族群文化能夠永續發展。

四、全球化人口的移動影響，使得族群認同越來越強調「社會建構」的面向，強調個人的主動性是族群認同的重要機制，原生的文化特質只有詮釋的材料，而社會互動的過程則是啟蒙族群認同的觸媒，社會互動所累積的經驗與記憶，會在不同的社會脈絡中建構成族群界限。因此，在地域文化發展日益趨向多元化的趨勢下，吾人必須體認文化多樣性的重要。

（作者為臺灣育達商業科技大學通識教育中心副教授）

傳承客家民俗　弘揚華夏文化

杜克鵬　陳世春　王東林

Abstract：As times changed, the new generation of overseas Chinese awareness of Chinese culture more and more indifferent, and the Chinese in the global political and economic situation in the increasingly important role played by the more disproportionate. Therefore, to explore and inheritance Culture, Hakka and other Chinese traditional folk culture, at home and abroad to promote national identity and cultural descendants of the feeling of belonging, to achieve the grand vision of the great rejuvenation of the Chinese nation is the history of people on both sides shared responsibility. Luo culture, Hakka culture is an important branch of the Central Plains. Jiangxi Hakka folk long history and rich in resources, Kansai Wai Wai Yan Ji Hakka cultural heritage continues the tradition of folk culture from generation to generation. In recent years, through the organization of the "World Federation of Hakka Associations Assembly" and "Hakka Cultural Festival" and other activities, the widening impact of Jiangxi Hakka culture, Hakka Hakka folk at home and abroad more and more attention Xiangxian. Recommendations to further strengthen domestic and overseas Hakka community discussions and exchanges of Hakka culture, Hakka culture and actively organize the exhibition, Hakka folk performances and enthusiastic host Federation of Hakka Associations General Assembly, the Hakka Cultural Festival and other conference activities. Overseas Hakka Hakka Xiangxian overseas compatriot organizations to the mainland regularly conduct worship, and fire communities such as the first song festival. Ancestral continent of Hakka surname or clan organizations should strengthen links with overseas groups clan, a close kin relationship. Interactive platform to build networks, attention to care about their children grow, continue to promote Hakka culture, communication, discussion and research.

中華文化歷經數千年的發展演變，包容並蓄，異彩紛呈，博大精深，源遠流長，是支撐華夏民族生生不息繁榮發展的核心支柱。起源於黃河兩岸的中原河洛文化，是中華文化的重要組成部分，由其衍生、發展起來的包括客家文化在內的歷史文化、民俗文化、族群文化及地域文化，進一步豐富和完善了中華文化的實質內涵。

一、江西客家族群的基本概況

客家是我國漢民族中的一支重要民系。自晉唐時代以來，「中原漢民數次南遷」至贛南、閩西、粵東一帶駐紮客居，形成客家族群。後又經延續幾十代的遷徙變化，客家族群遍布海內外各地，成為海外僑胞的重要組成部分。

江西的客家民俗歷史悠久，資源豐富。贛閩粵三省相連的三角區域，是客家人的發祥地和最大聚居地，是客家民系形成的搖籃。按照客家遷徙的歷史軌跡，江西客家族群主要分佈在贛南、贛西及贛西北等地區，總人口約為1250萬人，其中，以贛州市為中心的贛南地區現有客家居民800餘萬，佔贛州市總人口的95％以上。

贛南客家文化底蘊豐厚，5000年前就有先民生息繁衍，公元前214年始就有縣郡建置，是客家聚居地中行政建置最早的地區，被稱為「客家搖籃」。自秦漢以來，客家人將中原地區的文化習俗帶進贛閩粵三角區域這個相對較為封閉的環境中長期定居繁衍，與當地土著雜居交融，加之贛南「老客」、「新客」反複變遷，形成了今天贛南地區豐富而獨特的客家民俗文化。

二、江西客家民俗的種類

客家族群把從中原帶來的各種傳統習俗與遷居的地域文化相結合，形成了既有濃厚的客家特色又具有地方風情的民俗和習禮。江西客家族群歷經數千年的生活積累與文化創造，形成了豐富多彩、形式多樣的客家民俗文化。據不完全

統計,僅贛南地區客家民俗種類即多達 1000 餘種,有的民俗表現形式在不同村落間還有著較大的差異。如浸潤著濃厚贛南客家風情的客家禮儀(包括客家婚姻、誕生、壽誕及喪葬等禮儀活動)、客家燈彩(包括節慶時賽龍舟、舞雲燈、板凳龍、羅漢舞等)、客家美食(如擂茶、打黃年、板凳薯等)、客家建築(如龍南圍屋、陳家方圍、及建築風水、易經八卦,家居佈局等)、客家文藝(興國山歌、南康鼓樂、贛南方言對唱,地方採茶戲,民間曲藝等)以及客家服飾、手工藝等等。這些客家民俗雖然歷經世世代代的傳承與沿襲,但絕大部分被較完整地保留下來。

特別是通過近幾年來各地方開展的民俗研究與文化挖掘工作,一些古老或失傳的民俗得已搶救或恢復,如贛州市近年來舉辦的中國(贛州)客家美食節,吸引廣大商家踴躍參與競賽,有許多失傳的客家小吃、客家菜餚等相繼複製成功,「客家金牌菜」已成為當地餐飲業較有市場吸引力的品牌。江西豐富的客家民俗文化資源正逐步得以開發利用,並受到海內外客屬、遊客和企業的歡迎,產生了良好的社會效果。

三、江西客家民俗的海外影響

江西客家作為中原漢民遷徙過程中形成的客家族群,因此,其所形成的民俗與文化,對後來遷居閩粵乃至海外的客家族群留有深深的烙印。然而,民俗的傳承和沿襲是與所處的地域文化及歷史背景息息相關。因此,江西客家民俗與海內外其他客家族群既有共同之處,也有其獨有的特點。

聯誼交往方面,為了讓海內外客家鄉賢深入了解江西客家文化與民俗,更好地傳承各種客家民俗與文化,近十餘年來,江西各地陸續開展了各種慶典、聯誼、祭祀及學術交流等活動。2004 年,江西省贛州市承辦了「第 19 屆世界客屬懇親大會」,期間,江西省僑聯與贛州市政府還共同主辦了「中國(贛州)客家文化節」活動,來自世界 22 個國家、155 個客屬社團的 3000 多位嘉賓和海內外 80 多家媒體記者出席盛會,會議舉辦了文藝表演、鄉情報告、學術研討等多項活動,通過了旨在弘揚客家文化、光大客家精神、發展客家經濟的「贛州宣言」。召開了「客家人傑、紅土地靈」論壇,分別舉辦了「客家文化物質與客家精神」學術研討會、第二屆中國贛州楊仙嶺風水文化與旅遊開發國際學術研討會和第八屆海峽兩岸傳統民居理論(青年)學術研討會等活動。與此同時,贛南客家聯誼會、吉安客家

聯誼會以及九江修水縣、宜春銅鼓縣客家聯誼會等江西客家社團積極支持海內外文化交往活動,參加了北京「河洛文化研究會」成立大會和香港「全球客家崇正總會第三屆理事會」,拜會了曾憲梓等海內外客家名人。

文化宣傳方面,興辦了《贛南客家》(畫報)、《客家搖籃》、《贛州客家》等報刊雜志;配合19次世客會舉辦,開播了電視劇《涯是客家人》,在北京召開高規格的客屬大會新聞發布會,海內外各大新聞媒體刊播新聞889條;舉辦了中國贛州客家美術書法攝影展,出版編印了《羅光瑞客家民俗作品選》、《贛南客家古民居》、《贛州客家飲食文化論壇文集》、《客家與中華人民共和國》;在贛州網開設《客家贛州》專欄專頁,與贛州電視臺共同策劃「我是客家人」專欄節目,等等。

在社會影響方面,通過開展各項宣傳、推介和聯誼、交往活動,海內外客家鄉賢紛紛來江西參與祭祀、認宗、團聚、慶祝及觀摩等活動,江西客家傳統民俗逐步獲得了海內外客家鄉賢越來越多的認同。這些活動,使海外老一輩客家鄉賢尋找到了客家習俗的起源,新一代客家後裔感悟到了祖傳禮教的精髓。

四、江西客家文化的研究現狀

文化振興是民族復興的動力源泉。為了繼承和弘揚客家文化,促進華夏文明的傳承和發展,19世紀始,國內即已對包括河洛文化、客家民俗等在內的民族傳統文化進行挖掘和研究。20世紀初黃遵憲、丘逢甲等成立了客家源流研究會,羅香林教授《客家研究導論》、《客家源流考》的發表,掀起了我國客家民系研究第一次高潮。江西的客家研究始於20世紀80年代,相對於香港、廣東、福建等地區起步較晚。當時正值國內客家研究的復興期,在一大批熱心人士的大力推動下,江西客家民俗傳承研究進展迅速。1990年在廬山召開了「江西文化發展戰略」研討會,提出贛南客家研究課題;1991年江西師大和華東師大數位教授共赴贛南開展客家文化調研考察和宣傳活動。同年,羅勇教授在贛南師院成立「客家研究室」,韓振飛、萬幼楠在贛州博物館增設「贛南中華客家博物館」,主導客家文博研究。1992年,贛南中華客家研究會成立(2004年更名「贛州客家聯誼會」),《客家源》雜志創刊(2005年更名《客家搖籃》)。目前,在國內知名的26家客研機構中,就有江西省中國客家問題研究中心、江西師範大學客家研究所、贛南師範學院客家研究所、贛南中華客家研究會、華夏文化促進會客家研究所、

贛南中華客家博物館等6家機構。

江西的客家文化遺產保護工作進展順利。進入新世紀以來，龍南關西新圍、燕翼圍等列入全國重點文物保護單位，贛縣白鷺村、全南縣雅溪圍屋等被列為省文化保護單位，武寧打鼓歌、歌仔戲、山歌等被認定為非物質文化遺產。同時，江西與閩粵地區及海外客屬文化交往日漸活躍，影響日趨擴大。

五、江西客家民俗的海外傳承

進入新世紀以來，留學生和海外華僑的新生代逐漸成為海外華裔的主體，除了擁有在國內的血緣至親和華裔血統外，他們的文化價值觀正在發生著悄然變化，對中華文化的認同意識逐漸淡漠，然而他們從祖輩繼承下來的中華民俗及生活習慣，仍在深刻地影響著他們的生活。隨著普通話的推廣普及和信息化、全球化趨勢的加速發展，作為客家人重要標志的客家方言漸漸被人淡忘，只能在老年客屬聚會、舞臺表演等極小的範圍使用，其影響也日漸減弱。絕大多數客家民俗也因與現代經濟和現代生活聯繫不緊密、傳承延續的客觀環境變化太大而呈現出加速邊緣化趨勢，即使是在贛、閩、粵交界的客家大本營地區，許多客家民俗藝術的傳承也難以為繼。香港、臺灣等地，在客家社團的強力推動下，不乏歌仔戲、閩南話等客家民俗得以活體保護的成功範例，但印尼、新加坡、馬來西亞等海外大多數地區受體制、語言的隔閡、信息聯絡、交通條件限制和某些地區政治勢力排華等因素影響，包括河洛文化、客家民俗在內的中華民族文化傳承遇到了諸多困難，民間工藝等許多非物質文化遺產的傳承更是後續乏人。為此，建議：

1. 積極搭建會務交流平臺，加強客屬團體之間的聯繫。海內外客家社團應加強客家文化的研討與交流，積極開展客家文化研討會、客屬懇親會、客家文化節、客家民俗觀摩會等各種交流與展示活動，有計劃地整合各地優勢資源，聯手在海外華人社區或聚居區舉辦客家文化展覽、客家民俗表演與客家文化論壇活動。港澳臺及東南亞等地區客家聯誼會組織可定期組織客家鄉賢，分期分批到客家祖地開展祭祖、頌先及火社等節慶活動，大陸地區的客家聯誼組織要為海外鄉賢來祖地祭祖、頌先等活動提供力所能及的協調與服務。客家各姓氏祠堂或宗親組織要加強與海外同宗族群的聯繫，通過建立密切的宗親關係，進一步團結同宗同族的客家鄉賢，凝聚共識。要重視對海外華裔新生代的傳承教育，要把民

俗的傳承與華文教育緊密結合起來，重視其民族認同意識的教育培養，積極鼓勵、引導海外青少年參與各項民俗表演交流活動。各地客聯組織要積極組織開展客家文化傳承的教育與培訓活動，尤其要針對海外華裔新生代進行易理解、便操作的民俗宣傳與教育，提高他們對中華傳統文化的認知能力。

2. 積極搭建網絡互動平臺，促進民族文化的交流、討論與研究。建議充分利用現代信息技術，依託海內外知名研究機構和文化界權威人士，設立公益性質的全球性客家文化官網總站，兩岸各地的客家聯誼組織要通過網站平臺，進一步宣傳和介紹具有各地特色的客家史料、客家民俗和客家文化，提供認祖尋根的搜索和詢查。各僑居國客家組織網站應相互鏈接，廣泛交流信息，建立客家文化互動平臺。要通過網絡視頻、影視劇作、文學書刊及新聞媒體，生動形像地宣傳和介紹各地客家民俗的傳統和禮儀，弘揚客家崇先敬祖、熱血擔當的傳統精神，宣傳歷史和現實中海內外客家成功人士、政治領袖、商賈名人等代表人物。兩岸客家民間組織要通過開辦海外僑胞青少年夏令營、尋根之旅、祭祖認宗及傳統慶典等活動，加強對客家青年一代的傳承教育，為實現中華民族偉大復興擔綱歷史責任。

3. 切實做好客家民俗的挖掘、研究和保護工作，合理保護及開發利用圍屋等資源。保護好老祖宗遺留下來的有形與無形遺產，是當今國人責無旁貸的歷史責任。地方政府有責任、有義務保護、修繕與傳承各種客家歷史文物和傳統民俗。同時，要充分發揮民間客家聯誼組織的作用，大力挖掘各項社會資源，積極開展客家文化與歷史的研究，促進客家文化旅遊事業發展。要組織客家服飾、客家文物、客家文藝及客家傳統手工藝等赴海外展示與展覽。要組織相關的客家學專家對民俗資源進行活體保護，對難以保存的物件送入博物館，對無傳承基礎的非物質文化遺產應盡可能保留詳盡的音像資料，以備後人利用。建議建立由海內外客家人士捐助的客家文化保護基金，以支助和支持客家影視、客家書籍、客家刊物及客家博物館等攝製、編輯、出版及展示工作。

（王東林，江西師範大學教授；陳世春，江西省僑聯秘書長；杜克鵬，江西省僑聯辦公室科長）

石城縣的客家文化特質
與河洛文化的淵源

溫湧泉

Abstract：Heluo culture is the core culture of Chinese nation，the fountainhead of Chinese culture. Shicheng county of Jiangxi province is the source of the Ganjiang River，and it is also a Hakka – inhabited county. Because of its special geographic location，Shicheng county became the first stop for people from the Central Plains，who had migrated south to avoid the disorder caused by war；thus Shicheng county became a main birthplace and an important distribution center of Hakkas.

河洛文化是中華民族的核心文化,也是中原文化最重要的組成部分,是中華文化的源頭。河洛文化包羅萬象、博大精深,對中華民族五千年文明歷史產生著深遠的影響。河洛文化包括著仰韶文化、龍山文化、史官文化及「河圖」、「洛書」等等。集夏商周文化、漢代經學、魏晉玄學、宋明理學、道家經學之大成。

江西省石城縣是千裏贛江的源頭,是純客住縣。位於江西省的東南部、贛州的東北部,自古以來都是進入閩粵的咽喉要道,素有「閩粵通衢」之美稱。由於地理位置上的特殊性,石城縣成為了客家區域內在古代接納為躲避戰亂而南遷的中原漢人的第一站,從而造就了石城縣成為了客家民系的重要發祥地和客家人重要的集散地。

石城縣境內的客家文化底蘊十分深厚,客家文化的主體源於河洛文化。古代南遷的中原漢人,為躲避戰亂,帶著河洛文明,輾轉遷徙到石城。石城在歷史上為百越之地,後來又成為了畬、瑤族人的居住地。南遷的中原漢人將河洛文化與當地原住民文化,通過漫長歷史歲月的磨合、同化、兼併、創新,形成了獨具特

色的客家文化。從石城縣許多客家文化特質中可以看出,客家文化與河洛文化有著深厚的歷史淵源和緊密聯繫。

一、姓氏與郡望文

1. 姓氏文化

姓氏文化起源於河洛,是河洛文化的重要組成部分。石城於南唐保大十一年(953)建縣,周代以前石城境內無漢人居住,境內原住民先為百越人,後為畬瑤族人。自秦漢時有少量中原漢人進入石城,大量的中原漢人進入則在晉朝以後。自西晉開始的古代歷史上以中原為中心的區域出現過五次較大的戰亂,為躲避戰亂,大量的中原漢人遷入石城。據《石城井溪鄭氏六修譜》載:「晉懷帝五年(311),海內大亂,獨江東差安,中國士民避亂者多南遷奔吳……。」該譜記載,鄭氏求安之子孟達、孟遠兩兄弟從中原遷到石城小松與南遷漢人吳恭葆同居;又據《石城溫氏族譜》記載:「五胡亂華之際,溫氏族人隨中原士族南遷。

從石城各姓氏族譜中可以得出,西晉「五胡亂華」之時,有21個姓氏的中原漢人遷入石城,唐代有57個姓氏的中原漢人遷入石城,宋代有76個姓氏的中原漢人遷入石城,明朝有38個姓氏的中原漢人遷入石城,清朝有25個姓氏的中原漢人遷入石城。同時這些遷入石城的中原漢人多數來自於河洛地區,這些中原漢人的遷入,豐富了石城的姓氏文化。石城存在中原姓氏最多時達到了233個姓氏,每個姓氏隨著人口的增多,形成了聚族而居的生活習慣,並建宗祠、修族譜、立族規、訂家訓,豐富了石城姓氏文化的內容。

如石城的溫氏,從中原遷入石城後的一千多年間,現成為了石城的第一大姓氏,人口超過7萬多,保存有唐、宋、明、清時期建的溫氏宗祠三十多座,溫氏族譜進行過第十三修,立有族規、訂有家訓,姓氏文化十分豐富。如溫氏老族譜的族規中有:敦倫紀、睦宗族、正名分、輸國賦、勤生業、養人材、慎繼嗣、禁非為、斥敗類、時祭掃、謹祀禮等規定,這是對古代河洛姓氏文化的繼承和發揚。

2. 郡望文化

在古代的河洛文化中,十分講究「郡望」文化。所謂「郡望」,就是一郡之望族的意思。這一「郡望」文化在石城的客家文化中得到了傳承和發揚。如在各姓氏宗祠、神位、民居、族譜等,都會冠以「郡望」。如:鄭氏,冠以「滎陽郡」;潘

氏,冠以「滎陽郡」;葉氏,冠以「南陽郡」;騰氏,冠以「南陽郡」等等。由此可見,石城的「郡望」文化與河洛的「郡望」文化緊密相連。

二、倫理文化

倫理文化起源於河洛,是河洛文化的重要組成部分。石城的倫理文化在河洛倫理文化的基礎上,得到了進一步的發展和完善,有著顯著的特點。

1. 敬祖宗

尊祖敬宗之風在石城十分濃厚,族族建宗祠、房房修族譜、戶戶立神位,代代相傳,經久不衰。同時,以姓氏為單元,每年都要舉行多次的祭祖活動,以追思祖先、祭祀祖宗。如:春節除夕吃團圓飯前,首先必須備上三牲、酒、香燭、鞭炮紙錢,到宗祠和廳堂的祖宗神位前進行敬祖上供活動,並行叩拜禮,然後合家再吃團圓飯。正月初一的凌晨,以房族的族長公牽頭,選定最佳吉時,房族中所有男丁換上新衣服,帶著鞭炮、紙燭、香火,全部到宗祠中集中,焚香、點燭、燃爆、燒紙錢、行叩拜禮,祭祀祖宗;清明節時,房族間將所有男丁集中起來,在宗祠中焚香、點燭、燃爆、燒紙錢、供三牲、祭祀祖宗神靈,隨後分成若干小組,到歷代祖先的墳地上開展掃墓、掛紙、供三牲、燒紙錢、點燭燃爆、行叩拜禮,不能有一處祖先的墳地遺漏。最後全體男丁到宗祠中集中吃清明;中元節(七月十五),每家每戶將紙錢捆成一包,書寫上陰下某祖先收,陽上某子孫後代寄,夜晚來臨時,到一路口點燭、焚香、燒紙錢包等等,每年要開展許多次祭祀祖宗的活動,非常虔誠、莊嚴而又隆重。石城溫氏老族譜中對祭祀有這樣的族規:「春祀秋嘗,固追遠報本之意也。」「祭者所以美報也,吾族祖大有祠,各祠有祭規,陳設有定儀,在祭祖前一日齋戒沐浴,至祠司儀禮生,載牲陳設祭器,祭日黎明,各正衣冠,聽候舉祭,祭畢序坐,午刻燕飲,值祭人務照定例。」「清明,各率集子弟詣各遠近塋所拜掃,歲加植遇,有碑墓頹圮者,即告族眾擇吉日修理,此水木源本,切勿輕視。」

2. 尊名分

石城溫氏老族譜中對「尊名分」有這樣的族規:「長幼有節,昭穆有序,古訓煌煌,於今為式。世之素稱巨族者,非僅簪纓世冑之謂,謂其以名分為重耳。吾族在首,互相扶持,無須正而自正。第世際晚近不無欺凌之敝。祠後無論尊卑長幼,各循乃分。儻或逞強冒辱尊長,或持富貴而居傲長上,或因事爭鬨,不顧尊

卑,有犯此者,先正名分,後論是非,輕則罰,重則責而加罰。至於以尊凌卑恃大壓小,輕重亦如其法,概不姑徇。」

尊老愛幼,長幼有序,是石城倫理文化的重要組成部分。各姓氏的老族譜中都制訂有類似的族規,供族人嚴格執行。直到現在,如有出現不贍養父母、目無兄長、以大欺小、溺待小孩者,都會受到族人和社會的譴責。從而形成了族人團結、家庭和睦、社會和諧的良好風氣。

3. 正倫紀

石城溫氏老族譜中對「正倫紀」有這樣的族規:「晉之叔侄亂倫遺臭萬年,可見倫紀不容不肅也。吾族儻有滅紀瀆倫者,通聞族眾齊集祠下,察訪情真罪實,照族例,男則去派其某名低一格用小字仍用行禽獸四字譏刺。婦則出至,若強姦而婦大聲疾呼未受穢辱者,則婦德可嘉,而男則當黜。亦有婦不顧恥因別隙面虛誣人者,亦黜,但只加身不及其後。至於人面獸心縱妻賣姦,玷辱宗祖,壞吾族規,逐出,不許入祠。」

人倫道德,在石城客家倫理文化中,被視為做人的根本。對出現亂倫、亂淫者,其族規中都有最嚴厲的處理規定。

三、禮儀文化

禮儀文化的開山鼻祖是周公,周公在河洛輔佐成王期間,開創了禮儀文化。他這次製禮的內容非常廣泛,大到國家的政治制度,包括宗法制、分封制、國家重大活動的製度禮儀等;小的方麵包括個人婚姻、喪事、祭祀活動等等。從而使國家、官吏、庶民都有一套規範的行為準則,強化了國家的統治,也維護了社會的穩定。

石城客家禮儀中,傳承了許多周公製作的禮儀,並結合當地特點,進行了擴展和發揚,形成了許多客家民俗禮儀,包括:婚嫁禮儀、生兒育女禮儀、喪葬禮儀、祝壽禮儀、喬遷禮儀、拜師禮儀、承桃禮儀、勞作禮儀等等,這些民俗禮儀文化獨特而豐富。以石城的古代的婚嫁禮儀為例:

定親:由媒人做中間人,媒人傳換男、女雙方的生辰「八字」,經星命家推算,經認定雙方無「衝克」關係存在,男、女雙方家長就可以代表定親。男、女雙方本人婚前不可以見面。

　　納彩：定親後，男、女兩家通過媒人講好聘金（彩禮正價）、魚肉及嫁奩事宜。女方必須配的嫁奩是櫥箱，鞋襪、繩線。

　　贊鞋樣：媒人將男方的鞋樣送到女方家中，同時配上一些禮物，以作憑信。

　　傳庚：俗稱「贊八字」。定下「八字」之後，將「八字」用紅紙寫好，又稱庚貼。男、女雙方必須互傳此貼，即為正式婚書。男方家中應備上一定量的魚、肉、糖果送到女方家中，並向女方先付一部份聘金。女方家中必須設宴請親朋，並分送糖果。

　　報期：俗稱報日子。男方卜選吉日為合巹期，男方向女方備送禮物具貼請允。男女雙方家中均要請客志 喜。

　　嫁娶：娶親時男方要用花轎到女方家中接親，吹打開道。同去接親的人有：媒人一位，接親的女少年，一個親人（也稱開使禮，支配到女方家中的一切紅包錢）。女方家中要設宴兩天（每天一餐）前一天晚上設照箱酒，當日設嫁女酒。

　　女方上轎前要沐浴更衣，換上紅裝和新鞋（換鞋後女方不能再下地行走，必須坐在床上等待，然後由父親或兄長將新娘抱至廳堂，廳堂內放置一個「財桶」，上面放米篩一面，新娘坐在「財桶」前，雙腳放置於米篩上，俗稱「坐世莊」），再由父親或兄長將女方抱上轎，女方不可以回頭，並痛哭惜別。抱出女方後，要抱一個男童坐一下新娘子坐過的位置。女方家中派出親人3—9人不等，護送女方和嫁妝一起到男方家中。

　　男方家中於婚日前一晚要宴請暖房酒，並佈置好新房和廳堂。當婚日新娘快到達時，男方要派人就近接親，迎接新娘和接抬嫁妝。新娘臨近廳堂大門時，新郎及父母長輩要暫作迴避並登在高處。此時鼓樂鞭爆齊鳴以示迎接，並由一對福命俱佳的夫婦作為侍娘，扶新娘下轎，到廳堂坐歇片刻。此時，男家殺雞、點燭，新郎穿好丈母娘家陪嫁來的郎衣郎帽，在侍娘的主持下，新郎、新娘同拜天地、祖宗、父母，後夫妻對拜。禮畢新娘由侍娘引入新房。新郎在廳堂舉行書號（即取號）儀式。接著進行婚宴，侍娘帶著新郎到酒席上依次敬酒。當晚，在新房內由侍娘主持新郎、新娘合巹交杯，而後在新房內設席「鬧新房」。有的則在廳堂擺「丁字桌」吃夜酒，喊拳行令，以示慶賀。

　　次日，男家還要設「謝客飯」，對女方送嫁人員贈送紅包。其他禮儀有：

　　入廚。亦稱遊廚，新娘入門三日後，舉行參與廚事之禮儀。新娘入廚試作炊

事(作羹湯或炒豆子),有鼓樂隨後,並有廚師喝彩。

送油。嫁女後第三天,女方必須到男方家「送油」。一般送清油一斤,火籠兩隻以及剪刀、錘子、籮蓋等物品。由女方父親或兄長送到男方家中。男方家中必須設宴接待,女方家人必須當日返回。

滿月。新婚滿一月,男方家中具貼(或女婿去請),請新親家公或親家母來慶賀,並做滿月酒。

回寧。亦稱回步或上門,婚後次年或三年後的正月,女方家派人到男方家迎接女婿、女兒歸寧母家,並設宴相待。

另外在石城的一些地方的婚嫁習俗中還有「對轎聯」和「敲鑼」的風俗及「暗裡投光」的習俗。

四、樂舞文化

音樂文化的開創者也是周公,周公在河洛輔佐成王期間開始作樂。周公所作之樂,就是古代樂舞,包括歌、樂、舞等,用以引導思想、抒情勵志、調節生活。每逢祭祀、宴會、作戰、慶典等重大活動,必有樂舞助興,且有嚴格的等級之分。

古代南遷的中原漢人,將河洛的樂舞文化也帶入了石城,並得到了傳承和發展。以「石城客家燈彩」為例:

據史料記載,中原漢人舞龍、舞獅有悠久的歷史,中原燈節始於漢初。中原舞龍的習俗繼承了殷周「祭天」的遺風,龍被古人奉為吉祥之物,常常出現於慶典、祭禮之中。舞龍也包含了祈禱「風調雨順、五穀豐登」之意。古代大量的中原漢人遷入石城,河洛文化也開始影響石城,其樂舞文化也隨之而入,隨著時代的變遷和文化的創新,《石城客家燈彩》隨之形成,現在被列為國家非物質文化遺產。《石城客家燈彩》既傳承了古代河洛樂舞的元素,也吸收了當地原住民的一些文化元素,形成了獨具特色的燈彩樂舞。石城燈彩具有獨特的客家民間藝術的特點,有龍燈、獅燈、稈龍燈、茶藍燈、荷花燈、鯉魚燈等近百種,融燈具、燈歌、燈舞、燈調、燈服為一體,並具有鮮明的客家藝術特質。

1. 燈具美。燈具是石城客家燈彩的最重要的組成部分,多數燈彩都是因燈具而命名,經常用於表演的燈具有數十種之多。除稈龍燈外,其餘燈具都是用各色的紙張(亦有用綢布者)編扎、畫、剪、貼精製而成,具有形象逼真,色彩華麗,

製作精工等特點。

2. 舞姿美。石城客家燈彩中的龍燈、獅燈類側重於舞蹈,表演時踏、擺、蹲、轉、插以武藝,動作粗獷、豪放;茶藍燈、船燈類為舞唱結合,人物有旦、醜之分。其舞蹈小旦輕盈、活潑、採旦滑稽、潑辣、丑角灰諧、靈活,協同表演,情感交融,富有生活情趣。

3. 音樂美。石城客家燈彩有獨創的鑼鼓經與燈歌、燈調。《累累經》為石城特有的打擊音樂,它節奏明快,變化有致,用於龍燈、獅燈伴奏,與威武雄壯的燈具、粗獷豪放的舞姿配合在一起,給人以陽光之美的享受。而茶藍燈、船燈類,則吸收了民間的一些優美的民歌、小調,形成了獨特的燈歌、燈調,旋律優美、節奏明快,其中尤以《倒彩茶》以其輕鬆、活潑、熱情、質樸的格調,最受人們的歡迎。

4. 服飾美。石城客家燈彩的服飾講究協調、和諧、獨特。不同的燈種表演要配以不同的服飾,不同的角色其服飾也不相同。服飾設計追求自然、樸實、實用、美麗、凸現客家特色,只要穿上什麼服飾,人們就能知道會表演什麼燈種。協調的各種服飾,成為了燈彩表演的一道亮麗的風景。

5. 隊形美。石城客家燈彩源於生活,表演時創作了許多新穎動人的隊形圖案,並以動律、步法、節奏以及色彩的變化,給人以美的享受,並有較深的文化內涵。如「走四方」意為客家男兒志在四方;「卷谷筐」意為喜慶豐收;「半月形」意為花好月圓;「一字陣」意為眾志成城。

五、崇文重教

河洛地區是夏商周三代建都之地,中國的最早的教育也是在這裡誕生。夏商周三代,河洛地區的官辦教育基本形成。夏代的學校稱庠、序、校,商代有「右學」、「左學」和「瞽學」,周代有「國學」和「鄉學」。到春秋戰國時期,私人辦學在河洛地區逐漸興起。河洛地區成為了中國教育的發源地,崇文重教蔚然成風,書香門第、讀書入仕成為了有識之士的畢生追求。

古代南遷到石城的中原漢人,傳承了河洛崇文重教的遺風,將教育也帶入了石城。如:北宋仁宗寶元二年(1039),石城客家大儒溫革捐家資、辦義學、建書樓,被譽為客家私人辦學第一人。

溫革,字廷斌,南遷石城中原漢人後裔。出生於宋真宗顯德三年丙午

（1006），歿於宋神宗熙寧九年丙辰（1076）。溫革家庭較富有，他自幼聰慧過人、好學上進、博覽詩書、名登鄉貢。後舉進士不第，決心放棄科舉仕途，在家鄉興辦教育，以培養更多的客家後代。於是在北宋 1039 年，他盡捐家資，興辦義學。在汴京傾囊購書，凡當時國子監所藏之書，只要市上有售者，盡購還鄉，在石城柏中裏（今巖嶺堂下村）建起了藏書樓「青錢館」，開辦了客家區域內第一所私辦義學「柏林講學堂」。辦學之初他曾寫下：「不求諸外，盍求諸內。不在吾身，宜在吾子孫。」充分體現了其辦學育人之決心。

通過溫革的艱苦努力，辦起了相當規模的柏林講學堂，聘請了一批飽學詩書之士任教，他自己也親自講學。由於藏書豐富、師資雄厚、環境優雅、教育質量高，又能為學生提供膳食，一時學子盈門。除了贛籍學子外，閩粵湘學子也前來拜師求學，名噪江南，人才輩出。唐宋八大家之一的曾鞏和鄭潤甫都為其文友，曾鞏參觀其藏書樓和講學堂後揮毫題字「雅儒堂」。溫革熱心教育之舉及其深博的學識為世人推崇，聞名於朝野，被宋仁宗恩賜為進士，敕封為大儒。李覯為溫革辦學撰寫了《書樓記》，讚揚溫革辦學的義舉，同時還為其藏書樓贈聯：「照榻有嫦娥，齊問天香消息；登樓無俗客，共談花樣文章。」溫革捐家資興辦義學之舉載入了《大明一統志》、《江西通志》和府縣鄉等志書。溫革本人著述有《十友鎖談》、《隱窟雜志》、《說郛》等。

溫革捐家資、辦義學、育人才的創舉，有力地推動了客家辦學及崇文重教觀念的形成，也極大地激勵了客家子弟求學上進的積極性，並造就了一大批人才，其學識和遠見值得我們後人敬仰。

石城縣的許多客家文化物質，都與河洛文化有著密切的關聯。可以說，河洛文化是石城客家文化之源，石城客家文化是對河洛文化的傳承和發揚。

（作者為石城縣作協主席、石城縣扶貧和移民辦主任）

略述通俗客詩的創作與推廣
——戰後新竹作家的詩作及客俳興起

楊鏡汀

Abstract：Poems written by the Taiwanese Hakkas can be classified into three types：namely traditional Chinese poems，Hakka new poems，and popular Hakka poems，all of which are chanted in Hakka dialect．Popular Hakka poetry rises in the 1980s with a history less than 30 years．Xinzhu county of Taiwan is a crucial area for the development of Hakka literature，where there are lots of people who can produce excellent popular Hakka poems．

一、前言

2009 年 12 月，出版拙作《通俗客詩小集》一書，主張臺灣客家詩分類為：一傳統漢詩，二客家新詩，三通俗客詩三種，均以客家話吟誦。清代、日治時期臺灣只有漢詩，各地詩社林立，傳統文化藉詩社來傳承，文人雅士都會吟詩作對，戰前是傳統漢詩一枝獨秀。客家新詩的興起是解嚴以後的事，有賴母語教學的推行，短短不到三十年，已經推展到各級學校。2008 年首次舉辦閩客文學創作徵文，詩類得獎幾乎都是新詩，通俗客詩所占比率甚低，閩客都是如此（見附表）。

何謂通俗客詩？漢詩、新詩人人懂，通俗客詩一般人就沒有概念。凡是用客家話寫的七言或五言都屬之，客家話稱之為「謠歌」，客家山歌詞最顯著的例子，傳統的客家山歌是七言絕律，千百年來傳到現在，沒有改變。

傳統漢詩與通俗客詩如何界定？筆者認為傳統漢詩帶有一句客家話即屬之，舉例如下：

「回顧終戰六十秋，砲火連天得人愁。」「得人愁」是客家話，若改為「使人

愁」就是傳統漢詩。又如「悠悠歲月一甲子,昔日少年今白頭」。

《續修新竹縣志》(1951－1991)「文學篇」列出 15 位作家,本論文以前段 6 位作者的詩為對象,簡介臺灣客家詩在戰後的發展軌跡,同時介紹新近出現的客家三行詩(客俳)。在不同風土孕育的文化,透過文學展現風貌,尤以客家詩的發展,最能顯現。

漢詩千百年來傳至今日,想不到在戰後改變得如此快速。本來不分河洛、客家,如今,穿上客家新衣出現,令人面目一新,不得不正視它的新貌。

首屆(2008)閩客文學創作獎詩類得獎人數統計表

語別　組別	新詩	通俗客詩	計	語別　組別	新詩	通俗閩詩	計
客家語教師組	8	1	9	閩南語教師組	15	1	16
客家語學生組	4	0	4	閩南語學生組	14	0	14
客家語社會組	12	4	16	閩南語社會組	16	0	16

二、通俗客詩面面觀

客家人是詩的族群,日常生活與詩緊密的結合,最有特色的是山歌,沒有族群像客家,山歌詞一律用七言絕律,九腔十八調優美動聽。不僅山歌,故事、童謠、俗諺、謎語,甚至劇本,無不用傳統七言詩來表述。舉例如下:

1. 故事

(1)網無底　罾無蓋　生成愛分人做菜①

(2)夜裡落水日裡晴　魚脯又燥爽又生②

上晝南風下晝北　四副豬首愛　得

(故事請閱:楊鏡汀主編《新竹縣客家語教材試用本》1993 新竹縣政府)

2. 謎語

(1)長腳秀才夜夜來,羅帳敢係為君開。一點紅花你採去,鴛鴦枕上叫哀

---

① 這是一則故事,用詩點出重點,故事內容講述魚類不滿人類口腹之慾,而向天庭告狀,故事極富啟發性。

② 這首詩是聰明的伯婆,為滿足四個信徒極端不同的心願,要全贏得這四人願望所做的裁奪。一個是農民求雨希望麥能生成,一個是漁民,祈求放晴,好釀他晒魚脯,另兩個人是行船的,可是一個要吹南風,一個是吹北風。夜雨晝晴,上午南風,下午北風,四個人都能如願,皆大歡喜。

哀。

（2）人人講　倆公婆，自從毋識共下坐。佢嫌　个皮恁縐，嫌佢个鬚恁多。

3. 童謠

（1）先生教　人之初，教先生打山豬。阿公教　磧圍棋，教阿公 ABC。

前兩句是古時童謠，後兩句是現代世相，合起來就成為一首有趣的通俗客詩。

（2）四四方方一張枱，年年讀書　也來。讀三年毋識字，你讀三年進秀才。

（3）蟬仔咦咦咦，無爺無　趁阿姨。阿姨食个白米飯，食糜飲皮。

4. 俗諺

（1）盲種瓜　先搭棚，盲降俍仔先安名

這是一句俗諺，取笑人：「鹿都還盲打著就先取角」同樣的意思。可是科學進步，超音波可以看得出係男係女，當然可以先取名。把這句俗諺衍生如下的通俗客詩：

盲種瓜　先搭棚，好分嫩絲遞先行。超音波知係男女，當然做得先安名。

（2）爺娘想子長江水，子想爺娘一陣風。

（3）讀書讀忒多，料字寫成科。

5. 古今通俗客詩舉例

（1）古國順教授在拙著《通俗客詩小集》（2009 出版）序開頭有一首詩：

接著校長一本詩，帶等就上飛行機。坐定黏邊掀開看，一直看到日落西[1]

這首詩裡接著、帶等、飛行機、黏邊等四句客家話，是一首十足的通俗客詩，這首詩不拘平仄，只求押韻，語句淺顯，不必解釋人人懂，是典型的現代通俗客詩。

（2）坊間出土有許多客家詩，入呈詩（嘉慶十四年），如渡臺悲歌[2]，姜紹祖抗

---

[1]　古國順序，楊鏡汀著《通俗客詩小集》，2009 出版。

[2]　渡臺悲歌手抄本，有兩本，竹北彭發勝老師在昭和十三年抄本，共 2632 字，較黃榮洛版本 2464 字完整。

日歌,續修新竹縣志文學篇收有山歌詞400餘首,新竹縣每年舉辦傳統山歌詞創作優勝作品等,均屬通俗客詩的代表作①。

三、新竹縣作家詩作簡介

《續修新竹縣志》(1951～1991)「文學篇」列出15位作家,前半段6位依序為吳濁流、龍瑛宗、杜潘芳格、黃騰輝、林柏燕、范文芳,可窺知戰後客家詩作發展的概貌,可以用一首通俗客詩來概括說明:

「濁流漢詩第一功,現代詩祖龍瑛宗。客家新詩杜潘姊,范林通俗入詩筒。」

「入詩筒」:借吳濁流自題詩末句。

吳濁流的漢詩幾千首,他生前故後都有文學後輩研究他的漢詩,出刊詩集。他堅守傳統漢詩體例,講究平仄、對仗、用韻、典故一絲不拘,制式文言,堪稱戰後臺灣作家漢詩翹楚,漢詩第一功稱之無愧,他的自題詩如下:

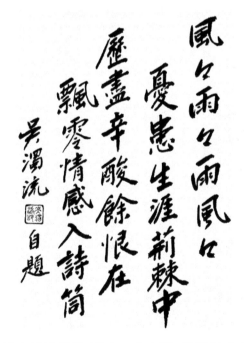

龍瑛宗崛起文壇在日治後期,適逢二次大戰,他以日文寫作現代詩,在臺灣文壇至少在新竹文壇稱他為現代詩祖。他的日文詩,收錄於龍瑛宗全集日文版

①　見楊鏡汀著《通俗客詩小集》附錄。

第六冊,葉石濤與他自譯為華文,午前之詩客譯如下:

午前の詩　龍　瑛宗

外は雨の風景である。
風がすこし出てきたやうだ。
濡れた木立がふるへてゐる。
それに落葉がとんでゐる。
私もなんだか悲しい。
なぜだらう。
私の影がひとり部屋を出てゆく。
戸口で一寸私に振りかへる。
それからすんすんと進んでゆく。
立木のある泥濘に小さくみえる。
それは過去へゆくだらうか。
それは未來へゆくだらうか。
さびしい私の影よ。

『臺灣藝術』第二卷第三期、一九四一年三月五日。

…(二〇·十七)…

上畫个詩仔

落水天

外背　風柔柔仔來

樹尾濕濕緊打震

落葉烊烊飛

也有兜仔悲

仰會按樣

魂影行出間門外

門口翻轉來看我　　　　「我」ngoi

直直行等走

樹林肚　濫泥藪　越來越細

係毋係去尋老頭擺

抑係探未來

魂影盡孤淒

杜潘芳格是客家新詩作家,戰後用日語寫新詩,出版多本詩集,係新竹最早

寫客家新詩的女詩人,新竹縣史館正廳用它的《平安戲》客家新詩作門面,是繼龍瑛宗之後寫日本新詩的女作家。

> 平安戲
> 年年都係太平年
> 年年都做平安戲
> 就曉得順從个平安人
> 就曉得忍耐个平安人
> 圍等戲棚下看平安戲
> 該係你兜儕肯佢做个呵!
> 盡多盡多个平安人
> 情願嚙菜餔根
> K甘蔗含李仔鹹
> 保持佢个一條老命

　　黃騰輝係戰後早期詩壇出道較早的作家,早期的詩洋溢著少年的浪漫情懷,他寫過不少四行詩,以精密的語言捕捉單純的心象,簡單地呈現出詩人所表達的意念。可惜他的四行詩作品未傳[1],文學篇只刊出他的新詩,以現實生活為題材,涉及工商經濟,詩風特殊。

　　林柏燕的詩不多,他打破傳統漢詩的束縛,自由奔放,不僅不計平仄,連押韻也不管,舉例如下:

北埔事件百年孤寂

北埔事件今百年,空山徒留五子碑。悲壯史實竟深埋,百年孤寂是忠魂。

　　秀巒山上風哀鳴,深壢刑場鬼夜哭。欲知先民辛酸淚,且拜慈天問仙姑。

---

①　羅瑞雲編《續修新竹縣志文學篇》2008年10月出版,新竹縣政府文化局編印。

他的《新埔庄史》長詩是典型的通俗客詩,沒有一定的體裁,不受傳統限制,三言、四言、五言、七言,間雜其中。

范文芳的客家新詩在戒嚴以後方始出現,也算早期新竹縣出刊客家新詩集的作家,雖屬新詩體裁,卻有通俗客詩的詩風,桐花入詩集的早期作家。

桐花

三四月間　油桐花開

花白如雪

八九月間　油桐落葉

葉黃如土

阿爸在世　滿山種桐

桐子商人買

阿爸過身　滿山桐花

桐花詩人的詩帶有濃厚的通俗客詩風格,誠可謂:「范林通俗入詩筒」。

觸景生情念頭擺

斗六老耕種	畜隻水牛嫲	二十零年來
早冬勤耕稼	不論晴風雨	碌磉合犁耙
人老鬢鬚白	角長老牛嫲	氣力既衰弱
田事豈復加	毋願賣分人	恐怕被人殺
安排牛養老	願送養牛家	牧草做嫁妝
頭掛大紅花	老牛知靈性	毋願離舊舍
手抓牛頭龍	摛等老牛嫲	半生相依偎
萬分情難捨	費了九牛力	正牽牛上車
想轉老頭擺	掌條牛雌嫲	年下割年草
避暑走山野	欄肚焚蚊群	筐仔刨蝨嫲
人牛真感情	到今難忘也	

筆者評審 2010 年臺灣童詩,共四百首,中學組有一首《期待下課个鐘聲》:

> 一心期待鐘聲響
> 鐘聲一響腳步響
> 雖然只有十分鐘
> 分分秒秒　都想

這首詩出自中學生,描寫學生心境與校園景象,刻畫得淋漓盡致,是一首標準的七言絕句,也是無可挑剔的通俗客詩。

四、客俳(客家三行詩)萌芽與推廣

客俳是 2010 年新興的客家詩新體裁,係仿照日本俳句(hai ku)的三行短詩。俳句只有 5、7、5,17 個音節,是世界上最短的詩,它有 400 年歷史,傳遍世界各地,由當地語言呈現。臺灣有 100 年歷史,戰後未因禁止日語而消失,目前,臺北有俳句協會,新竹關西羅家有 3 位人士參加日本俳句協會,作品豐富,輯成詩集。

2010 年 5 月,客家雜誌首先刊載羅慶士、呂清雲兩位大作,同時刊出 5 位作家的客俳,網路也出現旅美客家精英提倡客俳的消息,而且作品豐富,開創客家文學的新紀元。

10 月 14 日,旅美客家精英回臺,在關西舉辦座談會,共有關心客家的 107 位,聚集關西紅茶文化館,會中羅慶士先生贈送客俳小冊子,約 400 首,這是全世界第一本客俳詩集。

客俳雖源自俳句,但不用 5、7、5,而以 5、7、7,19 個漢字成三行,客俳獨樹一格與眾不同。

中國從日本引進俳句,創造「漢俳」,以 5、7、5,17 個漢字成 3 行,客俳在臺灣,漢俳在大陸,同被現代人欣賞喜愛。溫家寶總理 2007 年訪問日本,在歡迎會上吟詠一首:

和風化細雨,櫻花吐艷迎朋友,冬去春來早。

日本代表也回一首:

陽光滿街路,和平偉友來春風,誰阻情愛信。

上海有一位 8 歲小朋友楊妍菲,得獎的漢俳如下:

無數水寶寶,赤橙黃綠青藍紫,架成彩虹橋。

2010 年,客俳作品最多的是旅美的關西人,呂清雲先生,共有兩百五十首,用客俳一首形容他:

旅美客俳仙
創作兩百五十首

其次是關西羅慶士先生,共有客俳一百多首,他與筆者書信往來,都用客俳溝通,實際生活用客俳的第一人。

恁熱透當畫,主人打幫客
夫妻親身送帖來,承蒙指導義民祭
羅家盛情難違背,感謝先進鄉下餐

第三位是許正龍先生,他的作品數十首,叶韻者居多,是其特色。以上三位是客俳創造者,厥功至偉。三位的作品有共同特色,即關心臺灣愛臺灣,可用一首客俳來形容:

三行詩作家
愛臺熱血在心中
個個都係陸放翁

五、結語

新竹縣是客家文學發展的重鎮,吳濁流的漢詩,許多外省朋友大為驚嘆,臺

灣籍文藝作家漢詩造詣如此精湛！也有日本學者看過龍瑛宗的詩文,不敢相信是臺灣人的作品,甚至比日本人寫得還要好。杜潘芳格、范文芳的客家新詩,林柏燕的通俗客詩,影響所及,小小的新豐鄉客家文化協會,竟然連續八年,辦過全國客語童詩比賽成績斐然。

　　至於新竹縣文化局,早在十年前,就舉辦客家山歌詞創作競賽,2006年臺北縣還向新竹取經。第一本通俗客詩專輯、第一本客俳專輯也誕生在新竹。

　　2010年是客俳誕生年,它誕生在新竹關西,由關西籍客家精英創導,關西是名聞遐邇的長壽鄉,更是詩文之鄉,新竹縣的文學發展承先啟後,客家文化的深耕關西確執牛耳。

　　　　　　　　　　(作者為臺灣客家臺灣文化學會 理事長)

論河洛文化與客家文化

邱榮舉　黃玫瑄

Abstract：With the spread of Chinese culture, Heluo culture spread to Taiwan and other parts of the world. The reason for the close relationship between Hakka culture and Heluo culture lies in the fact that Hakka culture is closely related to traditional Chinese culture and that Heluo culture is the core of Chinese culture.

一、前言

河洛文化是中華文化的核心,中華文化歷史悠久,淵源流長,且傳佈至世界各國,因而隨著中華文化的流傳腳步,河洛文化也跟著流傳至世界各國。

在 17、18 世紀,華人曾有不少人從中國東南沿海如福建、廣東等,搭船移民至臺灣、南洋(現今東南亞)等地;到了 19、20 世紀又有一波波的華人移民潮,前往世界各地移墾,其中南洋(東南亞)華人來自福建、廣東、海南的華人較多,因而南洋各國華人有福建幫、廣府幫、客家幫、潮州幫、海南幫等。中華文化隨著華人而流傳世界各國,其中也含有河洛文化。

現今客家人散佈世界各國,其中大陸的客家人最多。江西省(贛)、福建省(閩)、廣東省(粵)交界地區,約有 2380 萬客家人,其中閩西約有 500 萬,粵東約有 980 萬,贛南約有 900 萬,可說是客家大本營,①後來又擴散至四川、廣西、海南,或移居臺灣、南洋。

本文的研究目的為探討河洛文化與客家文化之關係;研究問題為客家文化

---

① 參閱吳福文、張樹廷(2009)《海西〈意見〉對客家的積極影響》,《客家縱橫》,第 4 期(總第 60 期),頁 26～30。

與河洛文化有無關聯？至少可從哪些方面來檢視客家文化與河洛文化之關聯？它為什麼有關聯。經過筆者之探討，客家文化與河洛文化是有關聯的，至少可從多方面來檢視客家文化與河洛文化之關聯，它主要是因客家文化與中華文化有關聯，而河洛文化為中華文化之核心，故客家文化與河洛文化有關聯。

二、河洛文化與福建、廣東的文化關聯深厚

1. 贛閩粵客家將成為中國發展海西之重要關鍵

自從 2004 年 1 月中國福建省第十屆人大二次會議首度提出所謂「海峽西岸經濟區」（簡稱「海西」）概念以來，中華人民共和國的國務院乃特別予以重視，進而於 2009 年 5 月正式頒布《國務院關於支持福建省加快建設海峽西岸經濟區的若干意見》（簡稱《意見》），此海西《意見》將對客家產生積極影響。換言之，此海西《意見》對贛閩粵客家大本營之發展，將產生極其重大而深遠的影響，是贛閩粵客家發展之福，也是今後我們共同擴大及提昇客家文化傳承與競爭力、影響力之新契機。

贛閩粵三省交界地區，本來就是全世界客家人聚集最多且最早的客家大本營，過去，太平天國革命運動，孫中山所發動的革命起義，及中國共產黨之早期革命根據地，皆與贛閩粵客家大本營有密不可分的關係，故近一百多年來，贛閩粵客家地區與中國各朝代的政治革命與國家發展皆有相當明顯的政治關係，同時也由於這種緣故，使得贛閩粵客家在整個中國的國家發展過程中，始終扮演著舉足輕重之角色，特別是在 21 世紀的今日，海西《意見》的正式出臺，實標誌著國務院所制定的國家政策，已確認發展海西的戰略價值，及重視到贛閩粵客家大本營的發展。

目前對贛閩粵客家而言，甚至是整體中國客家而言，海西《意見》的正式頒布，可說是推動中國客家發展的新契機，機會難得，客家界必須要緊抓此一契機，好好搞好客家地區的建設與發展，好讓長久以來似乎是比較偏僻、老舊、落後的客家庄，有機會變得較發達、進步，並顯得更亮麗而富足，這種 21 世紀初中國的贛閩粵客家發展新契機，也象徵著贛閩粵客家，已能更有自信、更有條件地大力推動兩岸客家交流與合作，並推動與其他國家的交流與合作，由此可知，贛閩粵客家將成為中國發展海西之重要關鍵。

2. 福建、廣東的文化與河洛文化有關聯

中國的海西地區發展計畫,是以中國東南沿海地區的福建、廣東、江西等為核心發展地區,這些地區有許多著名的僑鄉,許多東南亞國家、日本、美國等地的華人,當初是從福建、廣東一帶出國移民發展者相當多,分別有福建幫、廣府幫、客家幫、潮州幫。福建幫的福建文化,以漳州、泉州、廈門的閩南文化為主;廣府幫的廣府文化,以廣州的廣府文化為主;客家幫的客家文化,以廣東(粵)東部(如梅州市)的客家文化和閩西(如龍岩市)的客家文化為主;潮州幫的潮州文化;海南幫的海南文化;皆是中華文化中的一種,與河洛文化有關聯。

再者,早期的福建、廣東人,在亞洲除了有許多人往南洋移民外,也有不少人前往臺灣發展。目前臺灣人口大約 2300 萬人,若按來臺灣發展的時間長短來劃分,有五大族群:南島語系臺灣人(原住民族)、閩南語系臺灣人(閩南人)、客家語系臺灣人(客家人)、外省語系臺灣人(外省人/新住民)、新移民等。其中,閩南語系臺灣人的人數約占 70%,客家語系臺灣人的人數約占 15%～20%,早期的臺灣人大多是來自福建、廣東,歷經 300～400 年,現今的臺灣仍保有中華文化,也有日本文化、美國文化等,再加上 1949 年遷后臺,提倡中華文化,使得中華文化在臺灣還算保存與發揚得相當不錯。雖然在臺灣不強調或較少討論河洛文化,但是在臺灣的中華文化實已蘊含著河洛文化。

3. 客家文化與河洛文化有關聯之總體分析

關於客家文化與河洛文化有關聯,吾人可全方位地舉證若干方面來作一簡要說明:

(1)客家源流方面

若就客家源流而言,吾人根據羅香林在其所著的《客家研究導論》(1975)或《客家源流考》之論點,認為早期客家人源自中原地區;或是根據房學嘉在其所著的《客家源流探奧》(1994)書中之觀點,認為客家人是以當地古越族人民為主,加上來自他方的漢人而形成早期客家人,這些早期客家人的客家文化,皆與黃河流域中原地區的河洛文化有關聯。簡言之,根據大陸著名客家學者的研究,早期的客家人之客家文化,實與河洛文化有關聯。

(2)客家族群屬性方面

若就客家族群而言,吾人根據大陸的政治界和學術界(如歷史學、人類學、

民族學、政治學、語言學、客家學等）學者專家之通說，認為客家是漢族的一個分支、一個民系，是中華民族的重要組成部份；或是按照臺灣的政治界和學術界之說法，認為臺灣客家族群屬漢人、是華人，皆認為客家人的客家文化與中華文化有關聯，而河洛文化為中華文化之核心，故客家文化與河洛文化有關聯。

（3）客家語言文字方面

客家文化中的客家語言文字，語言學、文字學的專家認為，客家語文有漢字古音，與黃河流域中原地區的漢字古音有關聯。例如：唐詩宋詞，若用客家語去唸特別有韻味。

（4）客家民間信仰方面

客家文化中的祖先崇拜，敬天法祖，祭拜土地神（伯公），義民祭典，迎神賽會，多與河洛文化有關聯。

（5）客家生命禮儀與家族宗族觀念方面

客家人重視生命禮儀，有較濃厚的家族、宗族觀念，強調耕讀傳家，且常聚族而居，例如：福建的土樓（圓樓、方樓）、廣東的圍龍屋。這些客家文化中的生命禮儀與家族、宗族觀念，與河洛文化有關聯。

（6）客家民居方面

中國客家大本營的贛、閩、粵交界地區，不論是江西省（贛）南部的圍屋、福建省（閩）西部的客家土樓（圓樓、方樓），或是廣東省（粵）東部的圍龍屋，它的整體設計規劃與佈局，注重風水，有易經八卦、陰陽五行的思考，也有家族、宗族觀念下的家廟、宗祠之設置，這些客家建築物的裡裡外外，充滿著古樸的耕讀傳家文化傳統，與黃河流域中原地區的河洛文化實有相當關聯。

4. 客家文化與河洛文化有關聯之個體分析：以客家民居為例證

中國地廣人多，其民居樣式也因地制宜而有不同的樣貌，且隨著朝代的更迭，社會經濟的發展，民居也有所發展與變遷。不同的民居有不同的歷史文化因素，其建築結構也各有特色。客家民居是客家文化的重要組成部分，因而吾人擬以客家民居為例證來檢視與論證有關客家文化與河洛文化有關聯。

閩粵贛之客家民居，建築形式各異，造型不同，施工和建築規模也不一樣，各

具特色。廣東東部客家文化中的圍龍屋民居建築,是中國民間五大民居建築之一,①亦是是廣東梅州市(原嘉應州府)客家地區標志性的客家民居建築。

　　客家文化中的圍龍屋多數為單層建築,依山腳而建,圍龍屋隨山坡升起,前方後圓,造型獨特,平面多為馬蹄形,在其住宅敞口的一面,有半月形的水塘,水塘的寬度大致與廳堂的寬度相等。所以圍龍屋不論大小,大門前必有一塊禾坪和一個半月形池塘,禾坪用於曬穀、乘涼和其他活動,池塘具有蓄水、養魚、防火、防旱等作用,是一種集家、祠於一體的防衛性民居,在圍中的核心位置上設有「祖堂」,並以之作為中軸線,將圍內建築對稱佈局。

　　廣東省梅州市的梅縣有「世界客都」之稱,住的居民絕大部分是客家人。原本圍龍屋在梅縣有很多,現在有不少已被拆除改建,實在令人感到惋惜與無奈。

　　臺灣的文化研究至今已發展多年,但對於客家文化之研究始終保持相當距離。一般而言,客家文化多被涵括在漢文化裏論述,加上各地文化經過時間的累積,有它在地化的特色形成。

　　我們知道,影響文化產生在地特色的因素,會受氣候、地理環境、族群關係與政治等因素影響。當我們在形塑、重構客家文化意象時,常以最能引人注意的文化元素來建構,例如客家山歌、客家戲曲、客家擂茶、客家藍衫、客家民居等,其中客家文化中的客家民居建築文化之特色,則最常被用在客家公共建築上。

　　臺灣客家移民多來自廣東嘉應州(今梅州市),因而臺灣早期也有類似於「粵東圍龍屋」造型之傳統客家民居,是客家移墾先民為適應生活環境,因地制宜所建造的房舍,並帶有粵東嘉應州的客家文化要素。

　　圍龍屋客家民居建築是中國民間五大民居建築之一,亦是粵東客家民居的典型,是一種集家、祠於一體的防衛性民居,依據中國嘉應學院客家研究院房學嘉的定義:「圍龍屋是客家文化的一個重要載體,它集中體現了客家文化的主要特徵。從哲學視野來看,它是客家人的精神空間的縮影;從建築形式來看,它是客家人建築藝術智慧的結晶。」(房學嘉,2006:86)房學嘉的研究發現:「圍龍屋的分佈以粵東梅州市為主,相關文化符號則在週邊各縣逐漸消失。」(房學嘉,

---

①　圍龍屋與北京「四合院」、陝西「窯洞」、廣西「欄杆式」、雲南「一顆印」合稱為中國傳統五大民居古建築。

2006：88）論定「圍龍屋是梅州客家地區標志性的民居建築。」（房學嘉，2006：89）

　　此外，房學嘉還考察臺灣高屏六堆地區客家文化中的客家民居，發現六堆客家民居建構的客家文化元素與粵東嘉應州客家的圍龍屋文化無異（房學嘉，2004：77）。除了上述六堆客家地區有類似於粵東圍龍屋佈局之客家民居之外，中部彰化八卦山腳下一帶，也有類似於圍龍屋的客家庄，至今仍保存得很完好。他們聚族而居，十分熱鬧。另外，臺中縣東勢、石岡一帶也有類似於圍龍屋的客家民居，可惜很多都毀於 921 地震了（黃玫瑄、邱榮舉，2008）。

　　另一可以突顯客家文化的元素即為土樓民居建築文化，然而臺灣無類似於「福建土樓」（客家圓樓）之傳統客家民居，自 1980 年代臺灣客家運動後，始有「客家土樓」（客家圓樓）形式之客家公共建築物。

　　福建土樓主要分佈在福建省的閩西和閩南地區的山區，是許多客家人基本的住宅模式。該類建築是由生土夯建而成的，通常由同一家族成員共同興建。因為樓體的外牆厚實，並且只在上面開一些小窗洞，下面則不開窗，對外出入也僅留一兩道門，因而具有強大的防禦功能。

　　土樓是閩西客家獨特的住宅模式，有圓有方。圓型土樓，當地人又稱「圓寨」。土樓裏的每一戶空間分配多是一到頂樓四個單間，一樓是廚房、二樓作為糧倉及儲藏間、三樓以上為寢室，上下樓層的往來則靠公共樓梯。土樓中間為公共空間，有祠堂和會客廳堂，所以個人與集體的生活空間是互相交錯在一起的。

　　在臺灣雖然一直沒有出現類似於「福建土樓」（客家圓樓）的客家民居，但是在客家公共建築物方面，已在近 10 年開始出現採「福建土樓」（客家圓樓）造型的客家建築作為推動客家文化之場所，例如臺北縣客家文化園區即是一個著名案例。

　　基本上，臺灣客家人在文化認同上與大陸原鄉息息相關。臺灣客家文化部分傳承自大陸的客家文化；另一方面也因地制宜形成在地化的客家文化特色。

　　綜上所述，客家文化中的客家民居，是相當具有特色的一種文化，若以客家民居為例證，吾人可知客家文化與中華文化有關聯，且客家文化也與河洛文化有關聯。

五、結　語

21 世紀初的中華文化，已傳揚至世界各國。河洛文化是中華文化的核心部

份,而中華文化又與閩南文化、廣府文化、客家文化、潮州文化、海南文化、臺灣文化等有關聯;現今的客家文化不論在中華人民共和國的江西省(贛)、福建省(閩)、廣東省(粵),或在美國、日本等國,都與中華文化有關聯,因而與河洛文化也有關聯,吾人可從宏觀的角度從多方面來檢視客家文化與河洛文化之關聯,亦可從微觀的角度例如以客家民居為例來論證客家文化與河洛文化確實有關聯。簡言之,客家文化、河洛文化皆與中華文化有關聯,且客家文化與河洛文化亦有關聯。

（邱榮舉,臺灣大學國家發展研究所教授、臺灣大學客家研究中心主任;黃玟瑄,臺灣師範大學通識教育中心專任講師、臺灣大學國家發展研究所博士生）

參考書目:

1. 王其鈞《中國民居三十講》,《中國建築》,2005 年,

2. 房學嘉《從高屏六堆民居看客家建築文化的傳衍與變異——以圍龍屋建構為重點分析》,《臺灣研究集刊》,2004 年第 2 期(總第 84 期)。

3. 房學嘉《從圍龍屋的文化功能看其歷史文化積澱——以粵東梅縣丙村仁厚祠為重點分析》,《汕頭大學學報》,2006 年第 22 卷第 2 期。

4. 黃玟瑄、邱榮舉,《臺灣海峽兩岸客家民居文化關係之研究——以粵東圍龍屋與福建土樓為例》,《2008 年激盪與迴響:亞太社會文化的展望國際學術研討會》,元智大學,2008 年12 月。

臺灣閩客語四字成詞對應關係

黃元姜

Abstract：diversity culture itself. Four – character words are presented in Min and Hakka daily life, also signify the different character of people nature.

In this paper, comparative analysis is applied for the four – character words between Min and Hakka in Taiwan. We find that Hakka four – character words are more vivid than Min.

一、前言

語言若是一道菜,生活百態就是食材,經過歷史發展的烹調時間,加以族群文化的佐料就烹調出一道道各具風味的料裡。語言是一種特殊的社會現象,同時也是人類社會演變的產物,其最大功用在於表達人們情感和意志、或動作。

河洛文化於歷史長河中,歷經多次遷移與在地族群融合,在不同遷移路徑與居住環境中,詞彙產生多元、相似或迴異的意涵。

四字成詞屬於熟語的一種,是閩、客族群將其生活經驗表現在口語和文字中,其結構多元、涵義豐富、形式固定,同時也表現出每個族群文化的特殊性。

二、四字成語的定義

語言是一種特殊的社會現象,同時也是人類社會演變的產物。若語言是一道菜,生活百態就是食材,經過歷史發展的烹調時間,加以族群文化的佐料就烹調出一道道各具風味的料裡;所以語言是文化的圖騰,代表著該族群的生活型態與思想觀念。

臺灣閩、客語的四字成詞用簡單的型態,記錄了臺灣閩、客族群的生活態度、

價值觀、思想模式,並傳承其思想文化。臺灣閩、客語四字成詞是四字成語的變體,在形式結構、語言風格、來源有些許共同性,但在閩、客語所要表達的內容、使用場合及產生的作用就有所差別。因此,了解四字成語,會有助於認識臺灣閩、客語四字成詞。四字成語,屬於熟語的一種。了解熟語更可以區別四字成語和臺灣閩、客語四字成詞的差別。

1. 熟語與成語

熟語是一族群語言與文化中最為精華的一部份,具有語言和社會文化的特點。其中在社會文化特點上,表現了漢文化的特色,反映了漢民族的生活方式、人生哲學、民間禁忌、思維方式。

而熟語的範圍包含成語、慣用語、專名語、諺語、名言和歇後語。它們的共同特色是結構上的定型性和意義上的整體性[1];結構上的定型性是指型式上或字數上的限制,意義上的整體性則是說明熟語在意義上的獨立性,往往一句話就能清楚表達詞意,無需修飾。

簡單來說,「熟語」是大眾耳熟能詳的短句或是詞組。其字數長短不一定相同且固定不能更動,內容也不同,使用範疇也不一定,不過因人們長期使用 慢慢就固定下來了,成為長期運用中約定俗成的語言單位,也是傳遞文化「經濟、有效」的表達方式。

成語是一種特殊的語言現象,本身具有一般詞語無法比擬的語言表達效果。與其他熟語最大的差別在於其固定性與習用性;如從先秦時代就開始,「四字格」為格式,就被作為固定格式使用,如《詩經》蒐羅的 305 件作品,大多數詩句具有「四字格」的成份。

熟語是上位概念[2],它的範圍很大,凡是固定用法、習慣用法、現成的詞組或短語,都在熟語的範圍內。而成語是熟語分類的一部分,是熟語固定組合詞組的其中一類。即熟語與成語是上下的「種屬關係」,或稱成語是熟語的「下義關係」。

2. 四字成語

成語是人們長期習用的,其結構穩定、形式簡潔,是意義完整的固定型短語;

---

① 盧英順《現代漢語語匯學》,《現代漢語中的熟語》,復旦大學出版社,頁 131。

② 崔希亮《漢語熟語與中國人文世界》,北京語言文化大學,頁 1～2。

同時也是組成漢語詞彙的一個重要部分,常用於書面,所以書面色彩濃厚。姜德梧所編的《漢語四字格詞典》,雖未說明「成語」二字,但蒐羅的都是漢語四字成語;說明四字成語也可被稱為四字格或是四字語。因此,在漢語中有些結合比較固定的四字詞組,就被稱為四字格或四字語;其結構中有一部分是可搭配更換的詞語,有一些則是固定不變的,如:無……無……等。

因此,四字成語即是四個字一組,也是具有特殊代表意之詞組,且其使用頻率高的口語或書面詞。屬於熟語中的一類,常取材自歷史典故、人們的口頭生活用語、寓言故事或是古代文學作品,用簡單的四字語句,表達出人們的思想、或複雜的事件本質。

從成語的形式和內容[1]來看,成語具有「固定性、習用性、完整性、精煉性、民族性」等五個特徵。與其他熟語最大的差別在於其固定性與習用性;如從先秦時代就開始的「四字格」為格式,就被作為固定格式使用。人們不只在歷史典籍中才使用成語,而在生活中靈活運用成語的現象也相當頻繁,所以習用性極為明顯。

三、臺灣閩、客語四字成詞間的對應關係

臺灣閩、客語四字成詞和漢語成語相同,以簡單的型式,將族群的生活態度和價值觀念,保留了族群的思想和文化。一言一句,都將族群的生活表達的淋漓盡致。隨著歷史的發展、時代的進步、社會快速演變,使得漢語四字成語和閩、客語的四字成詞產生異同性。

1. 四字成語與臺灣閩、客語四字成詞間的區別[2]

以下就「形式特徵、內容主題、功能作用、使用場合、來源出處」,說明四字成語與臺灣閩、客語四字成詞的區別。

---

[1] 李新建、羅新芳、樊鳳珍《成語和諺語》,大象出版社,頁5。
[2] 陳嘉華《臺灣閩南語四字成詞之研究》,臺南臺南師範學院教師在職進修國語文學分班碩士論文,頁64。

（1）形式特徵

	四字成語	臺灣閩語四字成詞	臺灣客語四字成詞
例詞	忘恩負義 瓜田李下	清彩清彩 四四正正 三不五時 了尾仔囝	偷偷摸摸 黃狗晒 朝晨暗晡 相貌堂堂 三不二時 做鬼頭路

　　四字成語，是四字格的固定詞組，常被拿來做句子裡的詞來使用，結構簡煉，不可隨意更動其中的語素，如「忘恩負義」、「瓜田李下」等。臺灣閩、客四字成詞，有一些也是四字格固定詞組，但也有些不是詞組，只是重疊詞或是其他組合，如客語「做鬼頭路」、「黃狗晒」；閩語「了尾仔囝」等等。由上述可知，四字成詞的固定性，小於四字成語。

　　（2）內容主題

	華語四字成語	臺灣閩語四字成詞	臺灣客語四字成詞
主題	人類情感 事物現象 人生哲理	事物狀態 人類情感 人生哲理 社會風情	人生哲理 當下狀態 事物現象 事物狀態 人生情感

　　四字成語大多多描述人類的情感或是事物現象，較少人生哲理；閩語則注重於人類的情感和對事物的形容描述，而對人生哲理較少著墨；客語則對當下狀態或是事物的現況等著墨多。

(3)語言風格

	四字成語	臺灣閩語四字成詞	臺灣客語四字成詞
例詞	舌燦蓮花	反喙蛇花	嘴甜舌滑
	三不五時	三不正時 三不五時	三不二時
	虛張聲勢	大雞哄雞	屙屎嚇番
	不三不四 不倫不類	不三不四 不搭不七 不顛不戒	不搭不七
	一大清早	五更透早	七早八早
	烏雲密布	天烏地暗	烏天暗地

四字成語精煉典雅,書面色彩濃厚,用語多文言文居多;臺灣閩、客語四字成詞則較生動活潑、活靈活現,用語口語成分居多。以四字成語「虛張聲勢」為例,本形容故意誇大軍容氣勢,閩南語四字成詞則是「大雞哄雞」,而客語四字成詞則是取自客家人獨有的歷史典故「屙屎嚇番」。

(4)使用場合

臺灣閩南、客家語四字成詞與成語相同,除能在書面文字中流傳,也能在正式的場合使用。臺灣閩南、客家語四字成詞更能在一般社會大眾中口耳相傳,較常在日常生活口語中使用。

(5)來源出處

四字成語多可考出處,或源自歷史典故、人物、少部分採集自民間流傳的用語。如「蕭規曹隨」、「萬世師表」。

雨青編著《客家人尋根》中,提到:「客家人的祖先南遷,是純粹的漢族,而且還是漢族的上層人士,曾經受到良好的教育,具有高度文化。因此,在其語言中,含有許多古代雅言的成分,甚至比現代的國語還文雅。」但南遷後,和南方吳楚之音有差別,受到異族混化的影響,又產生了變化,成為一獨立系統。

客家文化起因於移民生活,因長期流動生活,不斷的和陌生環境戰鬥,使得客家人養成刻苦耐勞的習慣,不畏艱難,勤儉進取的精神。

整理如下:

源自	臺灣客家語
漢語成語	日落西山
諺語	
族群的生活環境	家頭教尾
	隨來隨鬥
	煞猛打拚
	做鬼頭路
歷史典故	屙屎嚇番

　　綜合上述,發現客家語四字成詞大多和客家人的生活環境有關,少部分和客家人的歷史文化有相關。

　　陳家華說①:「過去,閩南族群讀書的人口少,書面典籍不富,歷史、人物也鮮少被記載,所以漢語用典較少,大多是取自大眾口耳相傳的口語紀錄,所以來源出處幾乎不可考。」

　　整理如下:

源自	臺灣閩南語
漢語成語	事後孔明
	三顧茅廬
諺語	錢會使鬼
族群的生活環境	賣狗母鯊
人生哲理	先佔先贏
	隨人本等
歷史典故	卡橫蔡牽
	赤跤羅漢
	喝土豆堆
	走蕃仔返

2. 臺灣閩、客語四字成詞的對應關係②

　　人體是萬物比喻的載體,呈現人類共同具有的身體部分的動作形態,閩、客

---

① 陳嘉華《臺灣閩南語四字成詞之研究》,臺南臺南師範學院教師在職進修國語文碩士學位班碩士論文,頁65。
② 羅喆《論中日慣用語、成語中身體詞彙之比喻》,《寧波教育學院學報》,第十一卷、第三期。

語中有關身體部位的比喻也極為豐富。同樣的身體器官在閩、客語四字成詞中，語義有何異同？和其文化背景、文化思維又有什麼關聯？

心理學家認為表象是人們頭腦中保持的客觀事物的形象，而比喻則是人們頭腦裡很相似的表象聯想。意思就是說，人類用某種事物做比喻形象，是取決於那種事物在人類頭腦中形成的表象的多寡和記憶的深淺。而表象的深淺和人們對事物認識程度的深淺有密切關係。每個人都有身體器官，閩客族群間的文化氣息，讓以身體為喻體所構成的成語，有相同之處和相似之處，卻又各有各的特點。

以下就其四字成詞對應比喻關係做討論。

（1）喻體與喻義一致

同樣來自黃河洛水地區的閩南族群和客語族群，對於事物的認知總有相通的地方。閩、客族群同屬漢民族，其比喻形象總是有相似或相同之處。另外人類賴以生存的一切外部條件，如生態環境、季節更替、氣候變遷、地理狀況，乃至整個人類的社會文化背景都存在著共性，這種共性成就了人類對自身及外部世界的共識。[①]

表一

	臺灣閩南語	臺灣客家語
四字成詞	有頭有臉	有頭有面
	鬼頭鬼腦	鬼頭鬼腦
	好頭好尾	有頭有尾
	好跤好手	好手好腳、有手有腳
	瘸跤瘸手	瘸手跛腳
	比跤比手	比手畫腳
	掠跤掠手	手　腳
	尖跤幼手 跤尖手幼	手尖腳幼
	直腸直肚	直腸直肚
	心驚膽嚇	心寒膽樽
	目一下矗	眨一下目

---

① 羅喆《論中日慣用語、成語中身體、詞記之比喻》。

（2）喻義相同，喻體不同

閩、客族群從河洛地區南遷，語言則隨著時代不斷的變化，走上不同發展的道路。這是因為閩、客因不同的生產、生活方式和思維習慣，因此對同一事物產生了不同的聯想。這對閩客四字成詞中身體比喻方面的聯想產生了深遠的影響，也創造了眾多不同的身體比喻。

表二

	臺灣閩南語	臺灣客家語
四字成詞	面憂面結 憂頭苦面 憂頭結面	牽腸掛肚

（3）喻體相同，喻義不同

	臺灣閩南語	臺灣客家語
四字成詞	當頭對面 厝邊頭尾	改頭換面 妝頭賣面 打斷腳骨

客家語四字成詞中，用身體器官名稱來譬喻或比擬某些特定意義，例如，「手尖腳幼」，用「手」、「腳」表行為、或勤惰、努力；「變頭變面」，用「頭」、「面」表心情或地位或「心寒膽樹」，用「心」、「膽」、「肚」形容心情或欲望；「牙」、「齒」表說話。身體的私密部位也常被拿來作使用，例如，「　」、「腋」、「膣」形容動作行為，這是其他方言要少看到的情形。閩南語四字成詞中，同樣用身體器官名稱來譬喻或比擬某些特定意義，例如，用「手」、「跤」形容勤惰或努力；用「頭」、「面」表心情或地位；用「喙」、「舌」、描寫言行心情或欲望。

四、結論

河洛文化於歷史長河中，歷經多次遷移與在地族群融合，在不同遷移路徑與居住環境中，詞彙產生多元、相似或迥異的意涵。四字成詞屬於熟語的一種，是閩、客族群將其生活經驗表現在口語和文字中，其結構多元、涵義豐富、形式固定，同時也表現出每個族群文化的特殊性。

從（1）形式特徵、（2）內容主題、（3）語言風格、（4）使用場合、（5）來源出處

方面來探討,可以發現閩客四字成詞均源於生活中,而客家四字成詞卻也生動地表現出其族群性。

（作者為國立中央大學客家語文研究所研究生）

河洛文化與海外華人文化

河洛人的入閩「遷臺」或「過番」

——以臺南七股「龍田邱氏祠堂」與檳城「龍山堂邱公司」宗族為例

邱炫煜

Abstract：Basing on Chinese migration history, taking "Long – Tian Chiu Family Ancestral Shrine"in Chiku, Tainan and "Long – Shan – Tang Khoo Kongsi" in Penang for example, the essay is to research how the Heluo people"migrated"to the Min – nan area (the southern China) and Taiwan.

一、前言

中原「河洛人」渡海到臺灣或南洋,曾歷經至少兩個階段的大遷徙。第一階段先是由中原而閩南。史載西晉「永嘉之亂」時,中原動盪,有衣冠八姓—陳、林、黃、鄭、詹、丘、何、胡等入閩,史稱「八姓入閩」。①

唐代中葉,河南固始人陳政、陳元光父子的率兵入閩,和唐末的王潮、王審知兄弟率眾南下,兩者都具有移民性質的進軍,對漢民族在閩南地區的開發作用影響甚巨。隨著大批中原「河洛人」的到來,閩南由一片蠻荒漸趨繁榮。據姓氏專家研究,陳政率府兵三千六百多人,從征將士自副將許天正以下一百二十三人入閩,這是第一批;陳敏、陳敷率五十八姓軍校入閩為第二批,這兩批共約七千餘

① 「八姓入閩」時在西晉末年,也有學者從歷史地理、移民歷史或行政區劃角度提出論辯,認為永嘉亂後中原士族遷徙入閩,缺乏直接證據。可參見朱維幹《福建史稿》,福建教育出版社,1985,頁64~70;葛劍雄《福建早期移民史實辨正》,《復旦學報》,1995 年第 3 期,頁 169–170。

人,還有的說隨陳氏父子戍閩的中原將士、眷屬共八千餘名,兩者相去不遠。戍閩的人中,可考姓氏有陳、許、盧、戴、李、歐、馬、張、沈、黃、林、鄭、魏與丘姓等六十餘個;隨軍家眷姓氏可考者約四十餘個,除去與上述姓氏重複者外,還有卜、尤、尹、韋等十八個姓氏,二者合計近九十個姓氏。可說是一支龐大的移民隊伍。[①] 至於究竟有多少中原河洛人跟隨三王(王潮、王審邽、王審知)入閩,一時難以梳理清楚,一般說法是五千名將校。雖說這五千人中未必全是中原人,但絕大部分是中原人則可以肯定。這些人中有多少姓氏,則眾說紛紜,有十八姓說者,有二十五姓說者,有二十七姓說者,有三十四姓說者,而許伙努、楊清江則考證出有:王、陳、林、劉、郭、謝、吳、張、黃、周、許、楊等五十姓。任崇岳先生認為這個說法還是可信的。他說道:「這班追隨王氏兄弟入閩的部屬,因王氏在福建的得勢,大多也成了一方新貴。他們利用政治上的優勢,各自在福建尋找合適的地點定居下來,從而成為地方上的顯姓」。[②]

而根據任氏查閱方志、族譜所見,丘姓亦有由固始隨王潮入閩的紀錄,有云「丘姓。福建《崇安縣新志·氏族志》記述『唐僖宗時有丘禎、丘祥、丘福兄弟三人,由固始隨王潮入閩,居崇安之黎陽』。」[③]

第二階段是宋元以降,中國政治、經濟中心全面南移,至明清時代,中國東南地區「依山傍海良田少」的矛盾日益尖銳,許多「河洛人」再次向臺灣與南洋大規模遷徙。

關於「河洛人」的移民入臺,《臺灣省通志》其中有一段話說:「(臺灣)本省人係行政上之一種名詞,其實均為明清以來大陸閩粵移民,亦即河洛與客家之苗裔。可見絕大多數的臺灣居民,其祖先是從河洛南遷閩粵,然後渡海來臺,因此早年的臺灣人習慣自稱「河洛人(郎)」,其中來自福建的又叫做「福佬人」,相對於來自廣東的多為「客家人」。」[④]

本文主要即選取兩個「河洛人(郎)」邱姓族人的例子加以探討。一係今日

---

① 詳參任崇岳《中原移民簡史》,河南人民出版社,2006 年,頁 79。

② 任崇岳《中原移民簡史》,河南人民出版社,2006 年,頁 97。

③ 任崇岳《中原移民簡史》,河南人民出版社,2006 年,頁 100、101;本文所論海澄新埤新江社邱氏宗族一世祖遷榮公原係曾昌公第四子,曾氏先祖亦追隨王潮入閩,居同安之嘉禾裏(廈門),可參見檳城龍山堂邱公司出版《檳城龍山堂邱公司歷史與建築》一書,2003 年,頁 2。

④ 臺灣省文獻委員會《臺灣省通志》,《人民志·禮俗篇》,1972 年,頁 2。

臺南市七股區有「龍田邱氏祠堂」一座,其所在篤加社區,至今仍維繫單姓村的聚落模式,冬至祭祖、社區營造等活動,在臺灣相當有名;而馬來西亞檳城喬治市被列入世界文化遺產保護之列,當中「龍山堂邱公司」更是世界各地遊客參觀的重要景點,從中華民族移民史的角度切入,可以明瞭河洛人「唐山過臺灣」或「唐山下南洋」的一些脈絡。

二、臺南七股「龍田邱氏祠堂」

臺南七股「篤加」社區,目前堪稱是臺灣保存最大、最完整的血緣型單姓聚落,全聚落幾乎皆為邱姓居民,以冬至祭祖活動聞名全臺。篤加聚落邱姓聚族而居已有兩百多年,傳襲至今已有 11 代。①

臺南七股地區在明鄭時期隸屬於天興縣;清初隸屬於臺灣府諸羅縣安定裏西堡,清道光三年間因洪水氾濫致曾文溪河流改道,而浮現臺江內海之陸地,才大舉開發,其中七人合股築寮於此,遂稱為七股寮。七股篤加村(裏)之行政單位建置始於清同治之後,原稱嘉義縣安定裏蕭壠堡篤加庄。日治時期初轄於臺南縣嘉義支廳,明治三十四年,篤加劃歸鹽水港廳蕭壠堡篤加庄包括土名篤加(邱姓聚落)及埔尾(外姓)二聚落。大正九年,篤加村屬臺南州北門郡七股庄篤加大字及篤加、埔尾兩小字。臺灣光復後,篤加村沿用大字名,轄篤加及埔尾兩聚落迄今。目前篤加村共有 13 鄰 335 戶,男生 554 人、女生 520 人,合計 1074 人。②

邱姓原為丘姓,清雍正三年以避孔子諱為由,諭令加「阝」為「邱」姓,故丘、邱實為一姓。篤加庄渡臺祖邱乾成於雍正七年(1729)生於福建漳州府海澄縣第三都永泰鄉申興裏鄭敦社新鞍庄(新安邱家)思堂田房。追本溯源,據龍山曾氏族譜所載,北宋昭文殿大學士曾公亮十三世孫昌公,生四子,即博、厚、高、明,明字永在號遷榮,入贅海澄縣新安邱家,後來此支系有「邱、曾」聯宗之誼,邱乾成於乾隆十三年(1748)遠渡重洋來到臺灣,後來輾轉遷至篤加,其後裔建立龍

---

① 原臺南縣七股鄉篤加村,因縣市合併於 2010 年 12 月 25 日改制稱臺南市七股區篤加裏;七股篤加邱氏宗族歷史,詳可參見林淑雅,《一個單姓村的凝聚——七股篤加邱姓村落之研究》,《國立臺灣大學臺灣文化研究所碩士論文》,2007.6(賴志彰教授指導)。

② 筆者點閱臺南市民政局七股區戶政事務所網站最新資料(2010 年 11 月統計)。

山派田房宗祠,名為「龍田祠堂」之由來。兩百餘年來,篤加先人們一直秉持著,視村為家的理念經營篤加這塊土地,為篤加子民規劃,宗族治村永不分家的制度,後代子孫也恪守這個傳統一代傳一代,形成具有濃厚宗族特色的社區。①

篤加社區是一個外姓不入的社區,在資訊不明的時代,外界一直抱著好奇的眼光凝視著,一度曾有訛傳其祖源為平埔族之爭議,造成篤加村民的困擾。

與七股篤加邱姓鄰近的陳姓家族資料有云:「先祖原籍漳州府龍溪縣二十八都劉遂鄉三十六堡,乾、嘉年間卜居嘉義縣安定裏西堡蕭壠庄西寮(今七股鹽山一帶,篤加庄西邊),傳至西寮一世祖陳四龍公經營魚農牧事業有成(公司號:四龍塭),傳子二世陳糖公於同治十一年自設公司號為墾首開墾臺江浮陸西部,建立安定裏西堡西港堡十分塭庄,是為十分塭開基祖。傳子三世陳諒公(四房)於明治年任首屆庄長。子孫繁沿至今已九世,共建有頂十分塭、下十分塭及七股十分村岸腳寮部分。先祖渡臺之時既自原鄉奉請謝府元帥香火奉祀,在西寮定居期間與篤加庄因同籍之故素有來往,篤加邱姓先祖原籍漳州府海澄縣永泰鄉申興裏新埃村,亦自原鄉分祀謝府元帥大使爺來臺開基並建有龍山(田房)宗祠一座及庄廟廣安宮。……」②

按篤加邱姓宗族的庄廟「廣安宮」是臺灣光復後新築的,前此原鄉分祀的謝府元帥與祖先牌位分由五房頭輪值迎回家供奉,1931年時,在議員邱奇聲宅前搭草屋供奉,1949年廣安宮建成,奉祀神明有謝府元帥及其二護衛太保格仔、中壇元帥、池府千歲;1985年重建完成時,自鹽分地帶將軍鄉漚汪文衡殿(大廟)迎奉關聖帝君為正殿主神,易名為『玉敕文衡殿』。

同時篤加庄亦屬臺南佳裏金唐殿(蕭壠香)十七角頭二十四村庄祭祀轄區,亦崇祀王爺信仰。慎終追遠,祈神賜福,篤加人的日常生活,其實與鄰近的河洛人聚落並無不同,只是由於是左鄰右舍皆為邱氏宗親,民風純樸,謹守祖訓,保存著農業社會傳統倫理,成為極有人文歷史特色的社區。

---

① 參見黃有興《篤加村訪問記》,《臺灣文獻》第35卷第4期,1984.12,頁151～154;篤加村邱氏宗親會彙編,《篤加村:一個外姓不入的邱家莊——之沿革與現狀》,《南瀛文獻》第30卷合刊,1985.6,頁229-233。

② 參見臺南永康,金唐閣(陳世偉部落格),《陳穎川堂奉祀南院派始祖忠順聖王及守護神謝府元帥略紀》ttp://tw. myblog. yahoo. com/jw! YvXHXTyTQU4qjDKn0LzhXxs -/article? mid = 593&prev =922&next = 541

　　數百年來,篤加社區在祖先們披荊斬棘、戮力合作之下,逐漸開創出一個純樸的美麗家園,以血緣為主的宗族自治制度,更厚實地維持著傳統倫理、和諧秩序與鄉土的情誼。

　　近年來,不僅從事社區總體營造的工作,更積極注意「環境空間」、「產業發展」兩大領域,緊密結合文化傳承、社區服務、生活學習、數位機會等工作,1972年成立篤加社區理事會,1993年改名稱為篤加社區發展協會。篤加社區發展協會設立長壽俱樂部、媽媽教室、元極舞研習班、乾成文史工作室、篤加聚落文物館等轄屬單位,經常參與活動工作人數有五十至七十人之多。

三、檳城「龍山堂邱公司」

　　檳城(檳榔嶼)位居麻六甲海峽北部,是英國在遠東的第一個殖民地,1786年開埠,今日是馬來西亞觀光名勝島嶼兼國際港口都市。18世紀末到20世紀初,中國福建、廣東的海商、礦工、勞工,曾以大量應募集體下南洋開拓,許多是同鄉和親友,在海外形成分散各地的不同方言語系聚落,逐漸形成以華人人口佔多數,保持了不少華人文化傳統的歷史名城,並以擁有為數眾多的華人宗鄉會館、宗祠聞名於世。宗祠是由隸屬同一血緣或祖籍的華人移民共同建造的家族祭祀與處理家族事務的場域。檳城眾多宗祠中,以五大姓的宗祠最為有名。

　　陳育崧先生在《新加坡華文碑銘集錄》緒言有云:「在檳城的初步試查。我們獲得若干啟示,對於幫的形成有所說明。發覺檳城華人社會結構的一些特徵,例如幫的發展帶著極其濃厚的宗親觀念,所謂五大姓邱、楊、謝、林、陳等宗親組織,其中四姓是單姓村的移民:新江邱氏、霞陽楊氏、石塘謝氏、錦裏林氏,都屬漳州、龍溪縣、三都的單姓村社,只有陳姓是從各地來的。」[①]

　　檳城民間文史工作者張少寬先生,曾經對於檳城著名的五大姓宗祠一一加以研究,針對漳州龍溪「三都」這處邱、楊、謝、林姓族人的祖籍地,曾說道:這裡所說的「三都」,是指中國漳州海澄地方的村名。原來福建民間聚族而居的傳統,由來已久,隨著遷民飄洋過海,由內地一直流傳到南洋社會。這依傳統的形

---

①　陳荊和、陳育崧編著《新加坡華文碑銘集錄》,香港中文大學出版部,1970,頁16;又可見於《南洋文摘》第十四卷第一期,新加坡世界書局出版,1973.1,頁5。

成和發展,是與早期檳城的開埠、經濟、文化的開發,緊密地結合在一起。[①]

　　檳城五大姓與其他眾多的各姓宗祠中,最為華麗或最受矚目的一座,可推龍山堂邱公司為代表。歷史學者顏清湟教授在其《新馬華人社會史》一書中,肯定龍山堂邱公司是馬來半島上具有可信記載,且延存至今的最早的宗親組織之一。他提到:「龍山堂邱公司的名稱創於1835年。這年的端午節,邱氏族人在舉行慶祝在中國的保護神大使爺的誕辰。大家一致贊同為了邱氏族人的利益創建宗祠。三天後,檳榔嶼所有一百零二名邱氏族人會商創建公司事宜,成立理事會,並當場籌集了一筆五百二十八元的資金。1850年,他們購置了一塊面積達九萬七千零三十五平方英尺的土地。1851年,美輪美奐的龍山堂邱宗祠揭幕,保護神、宗族祖先以及他們的妻子的神龕被置於其中,以供崇祀。」[②]

　　今日「龍山堂邱公司」祠堂部分,已被州政府列為受保護的歷史古蹟之一,對外開放參觀。祠堂建築物佔地兩萬餘平方公尺,仿效中國古典傳統廟宇建築方式,施以精美的雕刻、剪黏,雕樑畫棟,美輪美奐,具備形勝之美,除了受海內外遊客的垂注,參觀者接踵而至之外;不時有學者專家前往採訪資料,作為學術研究的對象,對於其展現於世人眼前的碑刻、楹聯、雕塑、匾額、譜牒文書等豐富的歷史文物。

　　檳城「龍山堂邱公司」是新江邱姓族人的大宗祠,另外還有一些邱姓宗祠,供奉各房的肇基祖傳下的歷代祖先,其中如「文山堂」(新江邱氏海房之堂號)也是檳城非常有名的「邱公司」之一。檳城五大姓的聯合公共事務運作體系中,常見邱公司對外推派的代表,除了龍山堂的家長或董事之外,也會邀請最大的一個支派(房親)文山堂董事人一起參與。關於「文山堂」的描述,名作家鄺國祥說道:本城海墘路,還有一座文山堂,也是新江邱氏的宗祠,出自龍山堂之後代分支,它的建築物,也極富麗,不過規模比龍山堂略小。……邱氏兩堂,俱擁著相當產業。龍山堂有一百六十餘幢屋子,天德園新江公塚,也是該堂的產業。文山堂也七十餘間屋子。他們的產業所得溢息,都用作該族人福利上。眾所週知者,如

---

①　張少寬《檳榔嶼華人史話續編》,南洋田野研究室出版,2003年,頁12。

②　參見顏清湟《新馬華人社會史》,中國華僑出版公司,1991年,頁69,顏清湟教授對於1835年這一時期籌募的528元,加上註解是一筆龐大的資金,當時25文錢便可吃餐好飯;又可參見張少寬《檳榔嶼華人史話續編》南洋田野研究室出版,2003年,頁13,對於龍山堂的敘述,他補充說明了龍山堂購置了一處英國人的豪華宅院土地,改建成宗祠。

新江學校,則凡邱家子弟之入該校肄(肆)業者,一概免費。甚至書籍衣物,也由堂內供給。即此一端,可例其餘。又如在戰前,凡屬龍山堂及文山堂子弟返國升大學者,年可得津貼金一百二十元,中學者六十元,赴英留學者則年貼五百金。其津貼都有年限,大抵依學制而定,逾期而尚不能畢業者,則停止津貼。自費留學返嶼者,則登堂拜祖的時候,也有「紅包」可領云。[①]

　　檳城龍山堂邱公司擁有非常多的房地產、園丘,可坐擁可觀的租金收入,檳城五大姓公司的宗族經濟之發跡,也是這個模式。近年在檳城從事文史建築研究工作的陳耀威先生,在其《殖民城市的血緣聚落:檳城五大姓公司》一文,討論檳城五大姓公司的宗族經濟,就提到:「在工商城市的檳城,一方面,五大姓主要購置房地產,其次是園丘,以租賃獲得的收入支付宗族活動的費用。由於多數先輩是商人,「賣業收(厝)稅」是他們累積宗族資本最大的方式。另一方面,五大姓公司也曾辦類似銀行服務給予族人利息,並接受處理族人身後信托保管之存款。在過去有眼光的族賢經營之下,運用存款資金投資房地產,以致五大姓成為喬治市擁有最多產業的華人社團。」[②]

四、結語

　　如上所述,吾人可以從這兩個河洛邱姓宗族在臺灣與南洋的發展得到以下的幾點認識:

　　首先,從宗族源流來看,臺南七股篤加邱姓宗族源於海澄新垵邱家,係與馬來西亞檳城邱公同源但不同房支。久為邱、曾氏族親識者所熟悉,自然是河洛人。臺南七股篤加「龍田祠堂」是海澄派邱氏田房宗祠;檳城龍山堂其實可說是南洋海澄派邱氏(岑房、田房、松房、門房、嶼房、梧房、宅房、井房、海房)大宗祠,祠名「詒穀堂」;檳城社尾街另有「敦敬堂」,是由松、嶼、門、井、梧五房合組;而前述檳城海墘新路「文山堂」,則是海房自組的邱公司。

　　其次,由神明信仰來看,臺南七股篤加邱姓宗族清初亦自漳州海澄原鄉攜有謝府元帥庇佑渡臺,兩百多年來,亦受鄰近村落共同的信仰影響,除了宗族保護

① 鄺國祥編著《檳城散記續集》,新加坡世界書局,1973 年,頁 116、117。
② 陳耀威《殖民城市的血緣聚落:檳城五大姓公司》,收入(馬來西亞)林忠強、陳慶地,(中國)莊國土、聶德寧主編《東南亞的福建人》,廈門大學出版社,2006 年,頁 183。

神,還增加了關帝信仰與王爺信仰,建立為庄頭廟宇;對照馬來西亞檳城邱公司龍山堂用「詒穀堂」總堂號位於正殿右室(供奉祖先),正殿左室為「福德祠」,正殿「正順宮」供奉王孫爺爺、大使爺爺(奉祀晉代奇勳謝安、謝玄)等神明,保持宗族保護神的信仰方式,兩者之間發展軌跡略有不同,但皆係河洛文化的表徵。

最後,由文化傳承來看,臺南七股龍田祠堂與檳城龍山堂邱姓族人都是非常成功的河洛人宗族,非常重視教育,臺南七股邱家捐地興建有篤加國小,鼓勵年輕人學習電腦,協助社區產業發展;檳城邱公司自建有新江學校,後納入為馬來西亞國民型華小,族人對於英語、華語、馬來語等三語的學習向極重視;兩地也都不約而同地設立歷史文物館,傳揚中華文化,提供各界參觀,視為佳話。

(作者為臺灣師範大學國際與僑教學院人文社會學科副教授兼學科主任)

從馬來西亞華人義山的保存
看華人如何在海外維護中華文化

黃辰濤

Abstract：Due to the lack of political protection for the early immigrant society，Malaysian Chinese mainly depended on the local Chinese society for their living and interests. What's more，Chinese culture was not brought into the mainstream culture of the country，so that the relationship between Chinese culture and the country would be under strain when there were conflicts between Chinese culture and the country's policy. This paper aims to probe into the way how the Chinese organizations preserved their traditional culture as well as the strategies Chinese organizations adopted to cope with their conflict with the country's policy.

一、獨立前華人社團演變與華人文化承襲與保存

馬來西亞華人社團歷史是伴隨著華人移民歷史而產生的。在19～20世紀，中國產生大規模移居東南亞的潮流，這批華人多以閩粵為主，他們飄洋過海，客居異鄉，不免有著工作與生活上的困難。起初，清朝將這移居海外者歸為化外之民，使得華人移民社會缺乏政府的幫助，只好自力救濟，透過各種關係結社照應。有的以地緣因素建立起操共同方言的地緣組織，如潮州會館、嘉應會館等；有的以血緣為基礎建立同姓或同宗的組織，如各地的陳氏宗祠、鐘氏宗祠等。由於當時華人移居東南亞地區並非家族動員的大舉移居，要維持原先在中國的宗族組

織相對艱辛,因此轉而由宗教信仰與鄉團組織來凝聚組織力量。① 可以說,華人團體大部分是從義塚、宗祠、神廟等具有宗教性結社組織演變而來的②。華人組織具有宗教性因素導因於敬神與慎終思想的觀念,後者尤其以設置義山為表徵。華人一向注重喪葬,對移居他地做客的華人而言,身後能被妥善安置是極為重要的,因此具領導地位的華人團體則往往控有墳地、義山的管理權,以為同性質之華人謀福利,如青雲亭控三保山、廣東會館掌理廣東義山。但隨著二戰後馬來西亞逐漸走向獨立,當地華人文化的維繫也越來越困難。

二、國家文化政策下的華人文化處境

1957 年馬來西亞獨立,華巫雙方並未就此達到族群和諧,對於華人而言,捍衛華人文化的戰爭卻早在獨立前已開始,而於獨立後越演越烈。尤其 1969 年「五一三」種族衝突事件爆發後,以東姑阿都拉曼為首的溫和派被敦阿都哈剎為代表的馬來激進派取代,國家政策開始賦予馬來人在各方面的優待。尤其文化的分歧被看做是族群暴動的原因之一,國家尋求文化一致就刻不容緩。③ 在此一前提下,華人要發展自我文化就相對困難。

「國家文化」(National Culture)議題原是文化青年體育部為塑造國家文化,於 1971 年 8 月在馬來亞大學舉辦的「國家文化大會」中所擬定出來的三原則:④

1. 馬來西亞的國家文化,必須以本地原著居民的文化為核心;

2. 其他適合及恰當的文化因素,可被接受為國家文化的一部份;

3. 回教成為塑造國家文化的重要元素。

國家文化大原則強調唯有在第一及第三原則被接受之下,才考慮接受第二原則。

從以上三項基本原則看來,當局的「國家文化」是以馬來群島原住民的文化

---

① 鄭志明《砂拉越華人社團與宗教的互動關係》,《國科會 87 至 90 年度人類學門專題補助研究成果發表會會議論文集》,中央研究院民族學研究所,頁 2。

② 駱靜山《大馬半島華人宗教的今昔》,《馬來西亞華人史》,馬來西亞留臺校友會聯合總會,1984 年,頁 409。

③ 何國忠《政治語境下的國家文化和華人文化》,《馬來西亞華人:身份認同、文化與族群政治》,華社研究中心,2002 年,頁 101。

④ 林開忠《建構中的「華人文化」:族群屬性、國家與華教運動》,華社研究中心,1999 年,頁 128。

為主流,而回教是塑造「國家文化」的重要元素。① 因此,未被納入「國家文化」主流中的華人文化,就意味著即將被邊緣化,政府不僅沒有義務去發展它,甚至還可能不允許華人發展自己的文化。

謝劍、陳美萍認為,馬來西亞政府的文化政策主要仍是延續華巫雙方既有的「邊界」,政策上雖採取「片面條件性的同化主義」,但卻未給予已同化的華人享有巫人或土著優渥的權利。政府一方面要華人無條件同化,卻又高築種族藩籬,保有土著的特權。在土著至上主義下,華人文化不被認同,華人只有更向傳統中華文化去尋求文化肯定,加深了自救的悲憤情節。② 馬來西亞華人一方面可以接受對馬來西亞的政治認同,另一方面則全力發展我群的文化認同。華巫兩者只得存有「鑲嵌式」並存,無法在文化上融合,至多做到「整合」而已,以避免被對方同化。③

王賡武著名的多重認同(multiple identities)理論中指出,馬來西亞華人在認同新的馬來西亞國家時,同時也產生自身內部的「村社認同」以維護其自身社會集團的權利,但也往往造成國家種族間的緊張關係。④ 影響村社認同的因素,很大一部份牽涉到華人社會對於內部華人文化的肯定。雖然馬來西亞華人受到「政治規範」的約束,但華人具有多重的身份認同,其「文化認同」與「國家認同」仍是可以並行的。

同樣的狀況,也可以在新加坡看到類似的影子,但華人的態度卻有所不同。曾玲以新加坡廣惠肇碧山亭在祭祀祖先的活動為例,說明其在戰後新加坡政治社會環境改變下,對延續文化與符合國家政策所因應的方式。以廣州、惠州、嘉慶三府為基礎組成的碧山亭,在殖民時代本控有三屬墳山的管理權,處理三屬先人的喪葬事宜。但新加坡獨立後,政府為市區建設需要,對此墳山行封山與徵收之限制。面對此一衝擊,碧山亭組織一方面在組織管理上給予三屬平等權利,

---

① 林廷輝、宋婉瑩《華人宗教,國家文化與國民團結》,《華人社會觀察》,吉隆坡:十方出版社,1999年,頁96。

② 謝劍、陳美萍《族群認同與文化適應:以馬來西亞吉隆坡及雪隆地區客家社團的發展為例》,頁427～428。

③ 謝劍、陳美萍《族群認同與文化適應:以馬來西亞吉隆坡及雪隆地區客家社團的發展為例》,頁438。

④ 王賡武《東南亞華人的身份認同之研究》,《中國與海外華人》,臺北:臺灣商務印書,1994年,頁238。

「淡化社群認同差異」，凝聚三屬對碧山亭的認同感，達到維繫且拓展其宗鄉紐帶的「社群認同」；另一方面配合國家發展，改土葬為火葬，興建靈塔安放先人骨灰，擴大服務對象致全體新加坡華人社會，建立起對本土社會負責的「社會認同」，以符合國家的需要。[①] 碧山亭發展的雙重認同在戰後社會狀態演變下並存，且平行發展。

以下筆者將以馬來西亞華人的兩個墳山受國家政策要求改建、遷移下為例，說明所引發華人團體對內部「社群認同」與外部「社會認同」之關係。

三、三保山事件

前文提到，早期移民多孤苦無依，客死他鄉，因而協助同鄉死者得以入土為安，埋古墳山，孤魂安息，也是會館的主要宗旨之一。馬來西亞華人稱安葬死者的墓地為義山，是不計較私利、義務性管理華人的喪葬場所。位在馬六甲的三寶山則是華人眾多義山之一。相傳三保山是鄭和下西洋的駐紮地，山麓的三保亭與三保井亦相傳為鄭和所建。另外，另外根據《馬來記年》記載，中國公主漢麗寶下嫁馬六甲王朝的蘇丹滿速沙，公主的五百名隨從就定居在此山，富有華巫間文化交流的象徵意義。四百年前，第二任華人甲必丹李君常，也是青雲亭領袖，他購買下三保山，並捐獻出來作為華人葬地。青雲亭當時領有三保山及華人社會的轄治權。[②] 青雲亭是當時馬六甲最早的華人社團最早的雛形，它是當地華人交往、聯誼的中心，具有排解華人社會糾紛的領導地位。青雲亭的亭主必定是華人甲必丹。[③] 1866 年青雲亭代表華人與當時英殖民政府立約保存三保山，為華人永久塚地。[④] 1949 年 8 月 22 日馬來聯合邦立法議會通過青雲亭機構法令，規定三保山唯一用途乃是做為華人義山，青雲亭受託管理三保山及處理華人宗

①　參見曾玲《新加坡華人宗鄉社群認同型態的歷史考察：以廣惠肇碧山亭為例》，《新馬華人：傳統與現代的對話》，南洋理工大學、新加坡亞洲研究學會、南洋大學畢業生協會，2002 年，頁 77 ~ 100。

②　馬華捍衛三保山行動委員會編《三保山：最後一道防線之斗爭》，馬華捍衛三保山行動委員會，1984 年，頁 8。

③　石滄金《馬來西亞華人社團研究》，中國華僑出版社，2005 年，頁 314。

④　鄭良樹《青雲亭及三保山史略》，收錄於陳亞才編《留根與遺恨：文化古跡與華人義山》，大將事業出版社，2000 年，頁 60 ~ 61。

教和禮俗的事務。① 此山總計有約一萬兩千五百座墳墓,為中國境外最古老的一座華人義山。

但 1983 年三保山事件卻破壞了原有規定,華人傳統文化面臨國家政策的壓迫。1983 年 10 月馬六甲首席部長致函三保山業主青雲亭管委會,表示要將三保山剷平。1984 年 2 月《通報》報導了此消息。同年 4 月,首席部長證實此消息無誤,據說政府是因為填海計畫的泥土來源,才打三保山的主意。但後來因為構想被認為太過荒唐,才改變主意為剷平兼發展,轉而有意將三保山列為屋業與商業發展用途。② 對華人社會而言,三保山不僅埋葬許多來到馬六甲開發的先驅,還具有深遠的歷史意義,三保山即將遭受剷平危機,對華人的祖先崇拜觀念與歷史文化無疑是一大嚴重的侵犯,亦破壞了原先約定。

三保山事件問題牽涉政治、文化、經濟層面,也從 1984 開始爆發,延續了將近三年。在參與華團方面:涉入此事件的華團不僅為掌管三保山的青雲亭,也不僅限於馬六甲地區的華團,可以說全馬來西亞的華人社團都參與其中。如 1984 年 9 月 23 日,包括各州中華大會堂、總商會及全國董教總所組成的十五華團,聯合各鄉團聯合會及校友會共 25 個單位向馬六甲首席部長提呈反對剷平與發展三保山的《完整保留三保山的聯合備忘錄》。③ 在文化宣傳方面,三保山的危機再度喚醒華人對自身文化保存的重視。如 1984 年 7 月 22 日由雪蘭莪中華大會堂主辦「三保山問題研討會」,邀請知名學者宣講三保山歷史並供民眾參與。④

但華人內部並非理想中的團結,三保山的開發著實有著商業與政治利益,在各方人界參與下,聲音亦多為混雜。有的政治人物礙於政治勢力或者欲利用此機會攻擊政敵,有的商業人士則暗地與政府達成妥協,以便日後的商業利益。華人內部因而產生了分歧意見,如馬華改革派首腦陳群川,接受民主行動黨秘書長林吉祥的挑戰,並邀請馬華公會的梁維泮和麥漢錦一起參與公開的辯論。主要針對彼此對三保山議題採取的不同態度,如有團體私呈三保山的藍圖予政府,而

---

① 馬華捍衛三保山行動委員會編《三保山:最後一道防線之斗爭》,頁 10。
② 何國忠《政治語境下的國家文化和華人文化》,頁 106～107。
③ 劉崇漢《馬來西亞華人社團》,頁 195。
④ 《雪蘭莪中華大會堂 80 周年堂慶史料輯(1923–2003)》,吉隆玻:雪蘭莪中華大會堂,2004 年,頁 B14。

未經過青雲亭理事會或公開與華人社會同意,展開討論,以釐清是非。①

　　在不斷地抗爭與向施加政府壓力的情況下,1986 年 7 月,馬六甲首長宣布撥款五萬元作美化三保山基金,表示政府對各族文化遺產同等的重視,三保山事件才告結束。事件的發生可看出,華人團體對於歷史文化資產的重視,與看重對傳統祖先崇拜文化的保存。相對而言,卻呈現馬來西亞國家政策一貫對華人文化的輕視。華人一方面要對抗這股外在的壓力,與「社會認同」產生矛盾,另一方面還得整合內部「社群認同」,使分崩離析的華人社群能夠一致對外。

四、吉隆坡義山搬遷事件

　　與三保山事件類似的案件發生在 1990 年代的吉隆坡。吉隆坡舊飛機場路有義山,由八個不同民族及宗教的墓園所組成,即廣東義山、福建義山、廣西義山、日本人墓園、羅馬天主教墓場、錫蘭佛教墓場、興都教火葬場與錫克教火化場。其中以廣東義山擁有土地最大,共有 263 英畝;福建義山擁有 148 英畝;廣西義山則為 20 英畝。這三座華人義山就佔有吉隆坡義山總面積的 98%。此座義山是由先賢如吉隆坡甲必丹葉觀盛等,經過多年籌畫,向當時殖民政府申請而來,1895 年後,政府陸續撥給土地供居民埋葬之用,並分別委託廣東、廣西、福建三屬人士管理。當時英殖民政府撥予土地是依人口比例而定,1891 至 1970 年這段期間,吉隆坡華人一直佔有吉隆坡全部族群的六成以上,而在 1891 年至 1901 這段期間還多,佔了七成以上,當中又以廣東籍為多數。②

　　早在 1994 年,吉隆坡市政府即開始有意收回義山,改作發展現代化城市計畫,而委託私人公司負責將原有義山之墳墓遷移。不久後,即與雪蘭莪福建會館於 1997 年作出協定,雙方同意搬遷事宜。但另一方面,廣西、廣東會館的成員皆表態不贊同搬遷,其他華團如董教總、森美蘭中華大會堂或名義上作為華團的總高領導機構－馬來西亞中華大會堂總會(華總)等亦持反對搬遷立場。政府的政策無法順利執行下,使吉隆坡市長於 1998 年 12 月 22 日直接發佈封山令,通知義山各負責人即刻停止喪葬申請活動,意圖加速處理計畫的進展。封山令的

①　《發展三保山事件,四人公開大辯論》,《南洋商報》(馬來西亞),1984 年 11 月 24 日。
②　黃文斌《論述吉隆坡華人社區的行程與客家人的參與(1859－1901)》,《2003 亞太客家文化節:客家‧族群‧多元文化研討會論文集》,苗栗:苗栗縣文化局,2003 年,頁 68～70。

發佈卻使得華人社會更加感到事情的急迫性,故紛紛表示反對封山,要求收回命令。2000 年 6 月,有 15 個打著吉隆坡廣東屬會館名義的華團成立「雪隆廣東義山管理委員會籌委會」,這籌委會意在當義山搬遷成事實後,即負責接受墳墓搬往新義山的工作。籌委會成立消息傳出,廣東屬會館全部發出聲明,表示與該籌備會無關,華團更加一致反對搬遷義山。最後是內閣順於民意,於同年 7 月 19 日宣布決定義山不搬遷,整個事件才告落幕。①

表一:贊成與反對吉隆坡義山搬遷之團體

表態不反對搬遷團體	表態日期	表態反對搬遷團體
雪蘭莪福建會館	1996.4.20.	
雪隆廣東義山管理委員會籌委會	2000.6.28	
	1997.10.20	吉隆坡廣肇會館
	1999.1.18	雪蘭莪嘉應會館
	1998.7.16	雪蘭莪潮州會館
	2000.7.18	雪蘭莪雪隆惠州會館
	2000.7.3	雪蘭莪廣西會館
	2000.7.3	雪隆葉氏宗祠
	2000.7.15	雪隆鐘氏宗祠
	2000.7.17	伍氏宗親會
	1998.4.26	董教總
	1998.7.27	華總
	1998.5.9	華總青
	1998.5.9	柔佛州留臺同學會
	1998.6.19	留臺聯總
	1998.5.9	雪華青
	1998.6.7	森華青
	1998.6.7	森鄉聯青
	1998.6.18	錫克教協會
	2000.7.16	行動黨、公正黨、回教黨

① 陳亞才編《留根與遺恨:文化古跡與華人義山》,頁 119～127。

資料來源:筆者大致依陳亞才編《吉隆坡義山搬遷事件大事記(1994~2000)》《留根與遺恨:文化古跡與華人義山》整理而成。

　　此次義山事件,由於涉及義山管理者層面較多,不僅華人內部就分成三座義山,還包括其他族群的參與,使得在凝聚共同意識時,更顯多元且複雜。華人內部要達成社群認同共識,還可分為小社群與大社群:小社群的社群認同,可以廣東義山為例。廣東義山的主要六成員為吉隆坡廣肇會館、雪蘭莪嘉應會館、雪蘭莪潮州會館、雪隆惠州會館、雪蘭莪瓊州會館與雪蘭莪茶陽會館。[①] 廣東義山主要埋葬廣東籍人士,包括了廣府與客家兩大方言群,因此如要遷移義山,也得整合廣東籍的兩大方言群形成共識。此小社群的認同,在 1998 年 6 月六會館即達成共識,表示廣東義山不搬遷。不過小社群的認同並非完全一致,福建會館就屬獨持異議,在政府公開協助遷移義山消息不久,即表態為配合國家發展,且為解決原義山土地已用罄狀況,而答應搬遷。[②] 大社群認同則是以除了義山本身成員外的華人社會社團為主,包括全國性的華總、董教總等大大小小的華人團體。這些華人團體的先人可能未埋葬屬於這座義山,但在為保存祖先崇拜文化的原則上與小社群分形同氣,持相同共識,表態不應搬遷義山,達成大社群間的彼此認同。

　　社會認同方面,由於此義山的搬遷牽涉到非華人族群的權益,因此雖然是以華人為主的抗議運動,卻亦有其他族群的表態參與。再者,相關的華人權益,亦訴諸超越幫派的聯合性華人社團總機構,求其協助。如馬來西亞中華大會堂總會,它一方面舉辦大型的研討會,討論華人墓地相關問題,以讓全國華人團體具體瞭解華人義山可能面對的困難,並提出適當的解決之道。另一方面亦收集各方對華人義山的意見呈書政府當局瞭解狀況。[③] 較小的華人團體依靠大型的華人團體發聲或處理重大事件,此事件並非首例,如 1955 年 8 月廣東義山就曾發函請當時吉隆坡地區的華團領袖──雪蘭莪中華大會堂,為其向政府處理葬地已用罄事宜。[④] 透過將自身問題升格至社會大眾之問題,是華人團體另外一種

---

① 吉隆坡廣東義山特刊編輯委員會編《吉隆坡廣東義山八十三週年紀念特刊》,吉隆坡廣東義山特刊編輯委員會,1978 年,87 頁。
② 《雪蘭莪福建會館 115 周年紀念特刊,1885-2000》吉隆坡:雪蘭莪福建會館,2001 年,頁 19~20。
③ 范立言主編《馬來西亞華人義山資料彙編》,馬來西亞中華大會堂總會,2000 年,頁 14~18。
④ 《中華大會堂第七屆董事特別會議議案錄》,《雪蘭莪中華大會堂會議簽到簿(1949~1953)》,1955 年 8 月 18 日。

變相的尋求「社會認同」。

五、結語

　　顯然,在東南亞華人國家中,馬來西亞與新加坡華人社團在爭取社群認同與社會認同有著不同的差異。在新加坡廣惠肇碧山亭的例子中,社群認同與社會認同並無太大的矛盾。[①] 但在馬來西亞的三保山與吉隆坡華人義山則呈現更多的困難。造成兩國華人有不同差異導致為對國家政策信任不同;而華人對執行國家政策有程度的認同差異,在於其華人利益是否為國家所認可。馬來人人口比例在馬來西亞,於 1960 年只佔 46.4%,直到 1980 年也只是 47.4%,這種人口上非絕對的優勢,以及華人在國內經濟上優越情形,導致以馬來人為主導的政府為要鞏固自身的特權地位,政策上始終將其他族群與巫族劃起界線,加深了族群間的不信任。[②] 新加坡則不然,華人始終佔了國家全部族群比例的七成以上,且新加坡政府主要為華人執政(人民行動黨),華人在新加坡獨立後將國家利益看為個人利益,處處以國家利益為重。並透過這種認定,奠定新加坡各種種族與華人族群間的和諧,族群、國家有著一致的方向。[③]

　　為保存華人對祖先崇拜的文化認同,華團擔起這個傳遞文化的角色。兩次義山遭國家政策的干涉,最後都以保存原來樣貌結束紛爭,從中可看出馬來西亞華人在此議題上,是抱持「如要達到代表全國族群的社會認同,應先不損害到華人社群認同的利益」的主張。它不同於新加坡華團,後者是為了符合社會認同,才凝聚社群認同來推行社會認同的工作。看來,如果馬來西亞的華人文化不能歸入國家的主流文化,取得應有的保障與權益,它就會始終有受國家政策箝制的隱憂。

（作者為中華僑聯總會編輯）

---

① 曾玲《新加坡華人宗鄉社群認同型態的歷史考察:以廣惠肇碧山亭為例》,頁 99 ~ 100。
② 何國忠《馬來西亞華人社會與文化傳承過程中的邊緣中心》《東南亞華人與中國經濟與社會》,新加坡亞洲研究學會,1994 年,頁 164 ~ 165。
③ 文平強《馬來西亞課家人與族群關係》,《2003 亞太客家文化節:客家・族群・多元文化研討會論文集》,苗栗縣文化局,2003 年,頁 97。

河洛文化與日本書道

陳福坡

Abstract：Chinese calligraphies are the method of Chinese writings and it was created in Heluo, many consider this as an art of the East.

It was not until"Ono No Imoko"visited China in Emperor Yang of Sui period and began direct transmission of Chinese culture to Japan. Before that Chinese culture was indirectly transmitted from Korea to Japan.

During the Tang dynasty, large number of Japanese monks and students went to study abroad in China to practice Chinese culture and Chinese calligraphy.

It was"Sanbi"(Emperor Saga, Kuukai, Taichibana no Hayanari) and "Sanji" (Yukinari Fujiwara, Sukemasa Fujiwara and Ono no Michikaze) who established the foundation of the " Shodou " (Japanese calligraphy) and currently, it has been practiced by more than 20 million people in Japan and has been expanding through out the world.

一、前言

河洛文化是中華文明之根,古今華人無論大陸、港澳臺、海外,不管走到哪裡,只要講中國話、用中國字、行中國禮俗、認中國宗親、喫中國菜,凡是認同中華文化者,即是黃曆4708 年文化歷史中之炎黃後裔。[①]

「書法」是中華文明文字書寫之法,萌芽於河洛地區,古傳蒼頡造字,是東方

---

① 周文順、徐寧生《河洛文化》序1,五洲傳播出版社,1998 年9 月。

民族特有的藝術。①

　　中華文化傳入日本,是先由朝鮮間接傳入,是日本學習漢文之始。隋煬帝大業三年(607)日本派遣小野妹子訪中起直接輸入。唐代派遣「學問僧」「留學生」阿倍仲麻呂、吉備真備、空海、最澄等先後到中國唐都學習中華文化、研習書法。② 後在平安朝時代,稱平安三筆者:空海、嵯峨天皇、橘逸勢;稱謂平安三跡者為:小野道風、藤原佐理、藤原行成,是日本書法(書道)最發達時代,並確立了日本書道宏基,③使日書道繼續發展。迄今日本一般家庭不分男女老幼、各級學校、社會各界人士,研習書道人員將近兩千多萬人,日本文部省並向世界拓展,宣傳弘揚日本書道文明。

　　日本學者木宮泰彥著《日本交通史》五章二節即稱:中國為日本的「文化之母國」。

二、河洛文化起源與漢字

　　中國河洛地區是古代中國政治、經濟的中心,夏、商、周三代皆建基於此;河洛文化即是中華文明之根源。河洛文化誕生了中國古代最權威的經典,河洛文化孕育了中國最原始、最具生命力的藝術萌芽之中華文化,其首要特色就是漢字文化。漢字文化是中華民族獨有的瑰寶。它的形象性、多媒體性、體系性與關係、道理的自足性是無有其匹。它強調整體、強調根本、強調事物之間的聯繫與通達,影響了幾千年的中華文明走向與中華兒女的命運。漢字在、中華在、中國人的文化自信與文化向心力在。漢字是中華民族凝結團聚的象徵,如果沒有漢字,中國早不知分裂成多少塊了。④ 現代中國大學生心目中,最具代表性的中國文化符號就是漢字本身。⑤

　　中國是世界文明發達最早的國家之一,已有將近四千年文字可考的歷史;研究河洛文化可發揚中華民族優秀的傳統,更增進民族團結,並對世界文化科技的

---

①　同上,57 頁。

②　陳福坡《中天文集》日本留唐學問僧空海,東方出版社,1997 年 10 月。

③　小松茂美《日本美術全集第 8 卷》平安、鎌倉の書、三筆/三跡,株式會社學習研社,1980 年 5 月27 日。

④　王蒙《漢字之戀》,《民族晚報日本版》,2011 年 1 月 17 日。

⑤　《中國大學生調查:漢字最能代表中國文化》,《聞聲報》,2010 年 11 月 26 日。

發展產生了深刻的影響。河洛文化是中華民族共有並賴以生存的精神源泉,河洛文化更是中華民族自強不息的靈魂。

三、書法發源於河洛

漢字書法,即文字書寫之法。書法作為一門藝術是文字書寫方法的昇華。因此,中國書法藝術之萌芽當與中國語言文字之創造亦步亦趨;精確地說,有文字便有書法。就邏輯而言,中國書法藝術萌芽於古「河洛地區」,因中國最原始之文字產生於河洛,古傳「蒼頡造字」事在河洛。而據考古發現,距今約八千年左右,活動在今河南省舞陽縣賈湖村一帶的史前人類,已經將簡單的文字符號契於甲骨之上,其筆畫與殷墟出土之甲骨文相似。無庸置疑,賈湖甲骨契刻是目前所知中國最原始之文字;遺憾的是,這一驚世駭俗的考古發現為數甚寡。我們除憑藉其做上述邏輯思考之外,未便據此對中國書法藝術做具體探討。如果說賈湖甲骨字符僅僅給我們提供了一種邏輯猜想,那麼安陽殷墟的考古發現則使「中國書法藝術發源於河洛」之論斷大白於天下。

總之,賈湖甲骨字符也好,殷商甲骨文和金文也罷,或論邏輯、或直面書品,中國書法藝術發苗於古河洛地區之結論是不容動搖的。

古河洛地區不僅為中國書法藝術之源頭,更為中國書法藝術之濫觴,自秦以降,代有人才、名家輩出。

秦相李斯、首創小篆、大篆;蔡邕首創飛白書法,貴為花隸宗師;鍾繇所書《宣示表》為現存最早的楷書;鄭道昭,北魏圓筆之宗。此外,在古河洛地區尚有蔡文姬、褚遂良、孫過庭、王鐸等書法大家。盡善盡美的王羲之、顏真卿、張芝草書,天下第一。

四、中華文化傳入日本經過

古代日本與中國的交流,首先是通過朝鮮半島傳播、發展,然後又經朝鮮半島東渡至日本。而對朝鮮和日本影響最大的莫過於中國的經學、理學和佛教,而經學又興於洛陽、理學源於洛陽、佛教源於洛陽。所以說朝鮮半島和日本與中國河洛地區,尤其是河洛文化有著千絲萬縷的關係。

上古時期,中國人對日本的觀念經歷了一系列的認識階段而趨於科學化,其

中認識最原始最生動的還是中日兩國交流所產生的許多豐富而美麗的神話與傳說故事。徐福率領三千童男童女到日本落戶的故事，就是其中之一例。

至今日本仍有徐福祠、徐福墓，日本史學界承認徐福是日本彌生文化的創始人，尊他為「司農耕神」和「司藥神」說他給日本傳去了「稻作農耕」「桑蠶醫藥」「金屬冶煉」「新陶製作」等新文化，使他們的原始生活向前推進了幾千年以上。

日本的古代文獻、現存的歷史遺跡及出土的地下文物，都生動地表現了自公元前4世紀至公元前6、7世紀之間，中日民族交往融合的歷史事實。在日本的佐賀縣唐津灣及福田都發現了關於中國的故跡；從發掘的鐵器上看，證明了日本最早的金屬工具是由中國大陸傳入的；在日本的南海岸，發現了大量的青銅器與中國大陸及朝鮮半島出土的極為相似；鐵器和青銅器的使用，使日本最終從野蠻時代進入了文明時代。

隋大業三年(607)日本派以小野妹子為首的第一次遣隋使攜帶國書到達洛陽，隋煬帝盛情款待，並命斐世清陪送日使回國。大業四年(608)3月，倭王多利思比孤人貢至洛陽；9月，日本再派小野妹子隨斐世清使隋，並率高向玄理來洛陽學佛法。

隋煬帝遷都洛陽後，是中日交往達到高峰的開始。如果說日本民族對中國文化的吸收，以前主要是通過中國移民的話，那麼自隋開始，日本人則是直接到大陸攝取更高層次的文化營養。

五、唐代「學問僧」「留學生」研習文化與書法(道)

唐代二百多年間，日本派往大陸的遣唐使、留學生、學問僧共達十九次之多，使團人數少則幾十人、多則數百人。許多留學生回日本後，在日本大化革新中都起到了骨幹的作用。太宗以後，高宗、武則天長住東都洛陽，中宗還都長安後，東西兩京並重。洛陽當時是水、陸交通的樞紐。日本使團不管從遼東半島陸路而來，還是橫大海，在長江沿岸轉之運河，都要先到洛陽才能到長安；到長安者，必經洛陽、來洛陽者，未必都涉足長安。

由上可知，自漢至唐八百年間，洛陽是中日友好的城市，而且一直處於交往的中心地區。因而河洛在中日文化的交流史上的地位也是相當重要的，其中漢字便是通過河洛傳入日本的。《日本書記》載，西晉武帝司馬炎執政時代亦即日

本應神天皇時代,漢人王仁由百濟到日本作太子的老師。日本《古事記》上更明白地說,所教的典籍是《論語》10卷、《千文字》1卷,漢字與中國典籍才正式在日本傳播開。日本開始使用漢字是在公元2~3世紀前後,直到唐代入唐留學生「吉備真備」從洛陽回國後,取漢字偏旁創制了「片假名」,另一入唐學問僧「空海」又模仿漢字草書,創造了「平假名」。自此,日本才有了自己統一的文字。①

空海在書法藝術上有很高成就,他認真研究王羲之、歐陽詢、顏真卿等各種中國書法流派,廣泛蒐集各種碑帖資料,兼習篆、隸、楷、行、草各體,為日本書道藝術開一代新風,成為日本書道宗師;空海與橘逸勢、嵯峨天皇三人被並稱為日本平安時代的「三筆」或「三聖」。嵯峨天皇看了空海的書道作品後,讚嘆不絕,當即賦詩:「花苑正開春日色,月天遍照秋夜明;對之觀者目眩耀,共賞草書笑丹青。絕妙藝能不可測,二王沒後此僧生,既知風骨無人擬,收置密府最開情。現在空海的墨跡《風信帖》等都被日本政府定為「國寶」與書法有關。空海還把中國筆墨製造的方法帶回日本,並且憑藉他的楚文知識,借用中國漢字草書創造日本文字平假名。至今日本家喻戶曉的《伊呂波歌》就是空海根據中國草書創造的日本平假名字母表。

六、書道在日本之發展與宏揚

「三筆」是日本平安時代(794~1192)初期著名書法家空海、嵯峨天皇、橘逸勢三人的合稱。平安三筆是日本書法史上的第一塊豐碑,他們共同開創了日本漢字書法的一代新風。空海(774~835)三筆之首,延曆二十三年(804)隨遣唐大使「藤原葛野麻呂」入唐,留學一年有半,傳得真言密教的正宗,後成為日本真言宗始祖。在華期間,他如飢似渴地廣求博搜墨跡碑帖,事師當時寓居長安的著名書法家韓方明,受韓《授筆要說》中的五種筆法的啟發,書藝大進又深得鍾太傅(繇)之神韻,化為己有、獨創一格,故有「五筆和尚」之美譽。歸國時,除攜回二百餘卷經典及法具外,還攜回歐陽詢真跡1卷、王羲之蘭亭碑拓本1卷,李邕真跡屏風1帖、德宗皇帝真跡1卷等,後呈獻給嵯峨天皇,在書法上空海為嵯峨天皇之師;嵯峨天皇曾有詩讚其書法:「絕妙藝能不可測,二王歿後此僧生」,把

---

① 同註1,448~449頁。

空海看作是二王以後的第一人。其書法風格，有人認為是融王羲之優雅之風和顏真卿渾厚之氣，自成一體；也有人認為其更覺偏重於唐人格調。他一人能在篆、隸、楷、行、草各體中同時具有極高的成就，這大概是極少見的。

嵯峨天皇（786～842）平安前期漢詩人。大同四年（809）繼皇兄平城天皇后即位，在位多政績，尤重文化。他極富文彩、長於歷史，既為日本詞學開山，又系日本書法巨擘，為日本文學史、書法史上不可多得的「霸才」。平安朝書家輩出，無不與他身體力行地倡導書法密切相關。嵯峨天皇視王羲之和空海為圭臬，其書體近似歐陽詢又帶有空海筆法的痕跡。據傳，嵯峨天皇初不服空海，大有一比高低之意，後見空海佳作，遂心悅誠服、拜空海為師，以後書藝日進。傳世作中以《李嶠百咏》《光定戒牒》最為著名。從《李嶠百咏》中可以發現其書風勁健、頓挫間足可媲美歐陽詢行書，其戈戟森嚴處更有一股凌厲的氣勢，露峰頓筆亦頗見筆力。《光定戒牒》的書風則在峭撥與寬博之間。峭傳之處可能是他師從空海所致，顯然留有空海《風信帖》的影子。且粗細相同，比一般書法更富於繪畫性的效果。

橘逸勢（？～842），延曆二十三年（805）與空海隨遣唐使「藤原葛野麻呂」同時入唐留學。在書法上，除主要學習柳宗元外，還接觸到其他許多中國書跡，唐朝文人譽之為「橘秀才」。橘逸勢尤妙隸書，功底深厚、筆力剛健、用筆自由奔放。《伊都內親王願文》為其代表作。此外，今存名作尚有《興福寺南圓堂銅燈臺銘》等。與空海、嵯峨天皇不同，其書風多受李邕的影響。三筆中，他官位最低，但書風最近唐人趣味。[①]

「三跡」是日本平安時代中期著名書法家「小野道風」（野跡）、「藤原佐理」（佐跡）、「藤原行成」（權跡）的合稱。三跡的出現標誌著日本和風書法[②]的開創與勃興，成為後世較長一段歷史時期書家的楷模。

小野道風（896～966），和風書法的創始者。其家系源於日本遣隋使重要人物小野妹子。27 歲時以能書選入藏人所。官至藏人所長官，是以書法入朝為官的最早先例。他精於王羲之書法，時人譽之為「羲之再生」，又致力於漢字書法

①　劉德有等《中日文化交流事典》隋唐時期，遼寧教育出版社，1992 年，168 頁。
②　同上，215 頁。

的和風化,在格調清雅的王羲之書風上增添獨具日本風格的抒情趣味,開始了日本平安時代書壇的一種新體式。據載,其傳世真跡有書作(屏風土代)、(智証大師賜號敕書)、(玉泉帖)為律詩四首共40行,楷書、行書、草書摻合其中,非常自然。且在其卷末有評語曰:「以是不可為褒貶,緣非例體耳」,意思為因其志向當為優美的日本書風。而該詩卷卻是唐人書風,故希望後人不要隨意褒貶。其間隱約可見小野道風對唐人書風尚存仰慕的矛盾心態。

藤原佐理(944~998)出身名門,官至太宰府「大貳」,在書法上作為小野道風和風書法的後繼者,從20歲開始仿學小野書法。後來,他又把追求的趨向移到中國書法上,至30歲時所書(國中之帖)以蕩然無存小野書法的影子,在書法造型上蘊藏著流暢自如的魅力。其運筆輕妙,剛柔相濟的獨特書風曾為天皇學書的範本。永延二年(988)僧奝然遣弟子嘉因入宋時,曾以佐理書法2卷作為上呈宋帝的禮物。

藤原行成(972~1027)24歲起任「藏人頭」,至49歲任「權大納言」敕准佩劍大殿。由於他與攝政藤原道長相捻,一生仕途平坦。藤原不讀經、不吟詩,視書法為唯一的樂趣。他繼承了小野道風的和式書風,並在此基礎上迎合時人審美趣尚,增添了華艷潤美的特色。小野道風開創的和風書法,通過他所傾注的努力更臻完美。藤原型成的書法一直被尊為正統,承傳17代之久,後被推崇為世尊寺派的祖風。雖然如此,人們從他本人所寫的《權記》中可以發現,其習字範本多出於王羲之書迹。傳世書作有《白樂天詩卷》、《分數種斷簡》,其中以高松宮家藏本最為珍貴,《詩集斷簡》、《藤原行成書狀》、《親王位記草案》、《假名書狀》等。此外,他還獨立完成了平安以來對假名書法的探討業績,進行了大規模整理,有功於日本文化匪淺。①

日本弘法大師「空海」在唐朝,不僅鑽研佛教經典,而且藉機博覽群書,且向青龍寺曇貞和尚學習梵文,又向著名書法大家韓方明學習書法,中國許多文人名士認為像空海這樣多才多藝的僧人,在中國也不多見,中國詩人胡伯崇寫道「天假吾師多技術,就中草聖最狂逸」,把空海比作東漢書法家「草聖」張芝,高度評

---

①　劉德有《中日文化交流事典》,215頁。

價他的書法藝術。空海熱衷於中華文化，①自 607 年小野妹子訪中直接輸入中華文化，到 804 年學問僧遣唐研習書法至 1324 年共 717 年間為書法在日本發展鼎盛時代，所以有平安三筆、平安三跡之崛起，代表書道界奠定了日本書道發展之宏基。

七、結論

在中日兩國悠久文化交流中，中國書法暨文房四寶流傳到日本已千餘年，這項文化瑰寶早被日本吸取，首由宗教界錄經、政府辦公、商學界漸之採用，漸之流傳到民間，盛傳迄今。

河洛文化，始自秦、漢時代，盛產於隋唐、宋、元、明、清迄今兩千多年，而中華文化傳入日本亦有一千多年，在中日兩國兩千多年的歷史文化交流中，日本「書道」文化吸取自中國；日本弘法大師「空海」精研中國書法，因而中國書法先在宗教界抄經，漸之由政、商、學界普及到民間，歷千餘年，普遍引起研習興趣，而展開了書法（「書道」）之研習與宏揚。在日本，「書道」教育特別盛行，而現有書道人口就將近兩千萬人。

中國文房四寶，對日本書道文化產生重大的影響，所以在日本學術界研究中國文房四寶、愛好書道、蒐藏端硯，而精習書道對「書道」之宏揚研究發展和普亦在盛行當中，並由於時代的演進，愛好者日愈增多，單就中國文房四寶，目前在日本全國各大百貨店、商場、各大書店，如清雅堂、鳩居堂、雨宮屋、有鄰堂等著名商場，均有陳列銷售市場，尤其各大報社、各級學校、書道學會，在每年都有定期分季舉辦書道大會。

學術界、書道研修團體、專家學者，經常組團到中國各地作實地觀摩研修考察。並與中國各地方書法學術團體交流訪問。特於每次訪問考察歸國後，均刊發訪問考察專輯，介紹中國石雕、遺跡、博物館藏存實況。②

日本政府於 1987 年成立由文部省直接管理而供各大學利用之「國際日本文化研究中心」以拓展有關日本文化的國際學術綜合研究。日本各縣已將「書道」

---

①　陳福坡《中天文集》，269～274 頁。

②　陳福坡《中天文集續集》，遼寧嵩山書屋，2000 年 10 月。

列為中學必修課程,其中春日井市更將書道列為小學生必修課程。日本也正由書法「書道」文化吸取國漸漸向書道文化輸出國轉型,正正當當向國際社會宣揚日本書道文明,並對歐美弘揚書道藝術、加強宣傳書藝文化。

（作者為日本中華學會會長）

臺灣與新加坡城隍信仰之比較研究

——以城隍廟為中心的考察

陳　昊

Abstract：The City God Belief is a religious culture with a long history and rich connotation, which not only covers China, but also spreads to the Southeast Asian countries. The City God Belief of Taiwan and Singapore is derived from Chinese mainland, but in the long–lasting social change, which are showing different aspects of development. This article intends to explore the basic forms of the City God Belief of Taiwan and Singapore, outline their basic contours, and make relevant comparison.

中國本土的城隍信仰①源遠流長,根據正史記載,祭祀城隍最遲在齊梁之際(6世紀60年代)已經出現,城隍是城池保護神。唐代以來,城隍的故事廣泛流傳,奠定了城隍信仰的發展基礎。宋元以來,城隍神祠已遍及天下,城隍被納入道教神系。明清以降,城隍被納入國家祀典,成為強制性的天下通祀,具有擴散到全國的合法地位。清亡以後,中國歷經五四、「文革」等運動,中國本土的城隍信仰幾乎成為一種逝去的信仰文化,而臺灣與新加坡的城隍信仰仍然活力十足。②

臺灣與新加坡的城隍信仰雖然同源,卻不盡同流,他們在持久的社會變遷中

---

① 對城隍的歷史,鄧嗣禹有了更為細緻的考證,本文採納其說法。鄧嗣禹《城隍考》,《鄧嗣禹先生學術論文選集》食貨,1980年,頁55～95。

② 凌淑菀《臺灣城隍信仰的建立與發展(1683－1945)》《國立中正大學歷史研究所碩士論文》,2003年,頁40。

逐漸塑造出自己的特色。本文主要從城隍信仰在臺新兩地的建立、轉變，以及社會影響…等方面予以探析，並比較其中的差異，勾勒基本輪廓。

一、移神運動的塑造：城隍信仰在臺新兩地的建立

城隍信仰在臺灣與新加坡的建立主要是受移神運動的塑造。清代，中國東南沿海掀起了一股移民東南亞的浪潮，這些移民將自己的信仰帶到移民地，移神和移民幾乎同時進行。臺新兩地的城隍信仰即是在此背景下建立，但兩者建立的時間、原因，以及主導力量各不相同。

臺灣納入清代版圖後，便開始了官方的移神運動。清代沿襲明代舊制，將城隍列入國家祀典，規定每個城市必須設置一間城隍廟，以象徵帝國政權對當地社會的控制。因此，臺灣的城隍信仰在建立初期主要由官方主導，它的信仰基礎是從中國本土大量移殖而來的漢人，他們將自己的風俗習慣融入日常生活，把臺灣複製成了一個傳統的中國社會。

由於臺灣是新附地區，一切尚屬草創，待地方事務步入正軌後，地方官員就必須竭盡所能建造城隍廟。[①] 臺灣最早的一座城隍廟建於明鄭時期。康熙二十三年(1684)，清政府在臺灣建立一府三縣，該廟被確立為臺灣府城隍廟。臺灣縣城隍廟始建於康熙五十年(1171)，諸羅縣城隍廟始建於康熙五十四年(1715)，鳳山縣城隍廟建於康熙五十七年(1718)，這些寺廟多由當地知縣和士紳捐建。[②] 此後，隨著地方建置的擴增，各縣、廳也陸續建造起了城隍廟，一直到光緒年間，仍在建造城隍廟。清領時期的臺灣城隍廟還是官府發佈示諭的場所，借用城隍信仰來推行實際政務。[③]

除官祀城隍廟外，臺灣還有民祀城隍廟的情況，這也是臺灣城隍信仰建立的另一支力量。臺灣的民祀城隍廟主要由移居臺灣的大陸移民所建，他們往往從

---

① 在城隍廟建造之前，地方官員一般會在屬壇祭祀城隍。中國本土的城隍信仰自明代以來有壇祭和廟祭並存的現象，但在臺灣，壇祭由每年三次改為每年一次。同樣的，「三巡會」活動也由每年三次改為一次。在中國本土，城牆、官署、孔廟通常比城隍廟建設得早，但在臺灣，除各地官署早於城隍廟被建置外，城牆和孔廟未必有先建的趨勢。

② 蔣毓英《臺灣府志》卷六《廟宇》。謝金鑾《續修臺灣縣志》卷七《藝文》。周鍾瑄《諸羅縣志》卷十一《藝文志》。李丕煜《鳳山縣志》卷九《藝文志》。

③ 地方官員努力建造城隍廟除了城隍信仰具有神道設教的功能外，還具有鞏固和強調政權的正統性的功能。

原鄉攜帶香火或神像渡臺,建造分靈城隍廟。如大稻埕霞海城隍廟、重寮安溪城隍廟…等都是私祀城隍廟。這些城隍接近於鄉土保護神,更符合人民需求。並且,私祀城隍廟的慶典活動比官祀城隍廟更為熱鬧活潑。於是,臺灣的城隍信仰在官民的雙重移神運動中得以建立。

而城隍信仰在新加坡的建立要比臺灣晚得多。當 19 世紀 30 年代中國移民大規模進入新加坡時,新加坡已是英國殖民地,因此,對於新加坡的移神運動主要是民間自發行為。中國移民來到新加坡後,往往會根據他們的方言和習俗分成若干幫派①,建造供奉他們信仰神明的廟宇,成為同鄉活動、聯絡感情和解決地方事務的場所。新加坡的城隍一般被供奉在這些幫權廟宇之中。②

據現有文獻記載,新加坡最早供奉城隍神的廟宇是創立於道光八年(1828)的恒山亭,其與臺灣府城隍廟(1684)相比,相差近一個半世紀。在 19 世紀的鄉村或叢林地區,也有一些村民在簡單的亞答屋中供奉城隍,他們大部份是由華僑從中國祖籍地分靈而來。③ 這一時期,城隍與地域色彩濃厚的主祀神明④相比,其地位並不突出,但仍被視為保佑家鄉的神明,並且每年都會有盛大隆重的祭祀儀式舉行。⑤ 直到 1905 年,新加坡市區才建立了一間主祀城隍神的星洲城隍廟。⑥ 其與臺灣府城隍廟相比,相差兩個多世紀。

由此可知,中國本土的城隍信仰在臺灣與新加坡的建立都與移神運動有關,移神和移民幾乎是同時進行,但臺灣城隍信仰的確立時間要比新加坡早近一個半世紀。臺灣的移神運動主要由入主臺灣的清政權推動,移民起輔助作用。城隍納入國家祀典,城隍信仰成為官方主導的信仰,幾近官方宗教,並且在民間也有私祀城隍的現象。而新加坡卻是英國的殖民地,並不具備臺灣那樣的先天優

---

① 當時主要有五大幫派,以福建幫人數最多,勢力最大,潮州幫次之。

② 徐李穎《佛道與陰陽:新加坡城隍廟與城隍信仰研究》,廈門大學出版社,2010 年,頁 17。

③ 同上,頁 60。

④ 主祀神明主要有媽祖、大伯公、注生娘娘、觀世音、清水祖師等等,他們主要為福建人和廣東人所崇祀。

⑤ 轉引自李焯然《社群流徙與信仰遷移:新加坡的安溪移民與城隍廟的分靈活動》,《成大歷史學報》第三十六號,2009 年,頁 59。

⑥ 星洲城隍廟由瑞於法師創立,後改稱丹絨巴葛都城隍廟,簡稱都城隍廟。瑞於法師在新加坡佛教界有重要地位,並且和華人精英集團來往密切,因此都城隍廟在當時的華人社會中頗有影響力。同上,頁 60。

勢,城隍信仰只能在民間流行,臺灣比新加坡更具適合城隍信仰發展的文化土壤。①

二、隱形力量的衝擊:城隍信仰在臺新兩地的轉變

臺灣與新加坡的城隍信仰在建立之後,在歷史長河中都受到了隱形力量不同程度的衝擊,並發生了不同方式的轉變。臺灣的城隍信仰主要在日治時期(1895～1945)因政權鼎革而發生轉變,而新加坡的城隍信仰主要在新加坡獨立(1965)因佛道組織的影響而發生轉變。

日治時期,臺灣的城隍信仰因政權鼎革,其官方宗教的地位被國家神道或內地佛教所取代,而成為完全的臺灣民間信仰。政權鼎革後,新政權帶進優勢的武力、文化和宗教,將臺灣傳統的宗教信仰一概視為「舊慣習俗信仰」,城隍信仰由此失去了正統地位和國家支持。② 為了應對危機,臺灣的城隍信仰迅速轉入民間,經常舉行民間化的廟祭和迎神廟會,只是在表現方式和信仰內涵上有所變遷。

日治初期,殖民政權對民祀城隍廟的影響較官有城隍廟小,大稻埕城隍廟在1897年就恢復了迎神繞境的傳統。1898年以後,全臺各地的城隍慶典活動逐漸恢復,各地城隍廟紛紛仿照稻江城隍廟模式,舉行繞境活動。1908年,臺灣的縱貫鐵路全線通車,臺灣傳統的廟會節慶活動打破地域疆界的限制,逐漸擴展成全島性的活動。但1915年發生「西來庵」事件③後,日本採取比較嚴厲的宗教政策,將臺灣的舊慣信仰斥為「迷信」,但仍不能阻擋這種潮流。中日戰爭之前,全島各地的城隍廟會活動大多能引起相當的盛況,並且融入了日本文化。中日戰爭爆發後,島內掀起了皇民化運動,對原有寺廟進行整理,但島內的廟會活動並沒有遭到立即行和全面性的禁止,大稻埕、新竹、嘉義等地依然照常舉行。④

新加坡的情況與臺灣大有異趣。新加坡是英國殖民地,內部宗教多元和種

① 如前所述,中國移民入臺後,在臺灣複製了一個傳統的中國社會,有中國傳統文化的土壤,而新加坡是英國殖民地,在文化土壤上與臺灣相比顯得勢單力薄。
② 凌淑菀《臺灣城隍信仰的建立與發展(1683—1945)》,頁5,81。
③ 此事件是臺灣人民利用扶鸞、道教法術、天命觀等舊有的信仰思維,對日本政權進行的武裝反抗運動。凌淑菀《臺灣城隍信仰的建立與發展(1683—1945)》,頁87。
④ 凌淑菀《臺灣城隍信仰的建立與發展(1683—1945)》,頁95～120。

族多元。建國後,新加坡政府採取了靈活的宗教政策①,為城隍信仰在新加坡的發展提供了有利條件。新加坡早期中國移民以信奉道教或佛教為大多數②,並且基本上佛道不分。但新加坡獨立之後,隨著佛教組織和道教組織的日益完善和壯大,信徒開始對佛教和道教有了越來越多的認識,新加坡的城隍信仰出現了佛教化和道教化兩種發展道路③。在這場民間信仰佛道分流的過程中,新加坡四大城隍廟都做出了自己的選擇,都城隍廟「由僧到俗」,雙林城隍廟「佛道並立」,韮菜芭城隍廟和楊桃園城隍廟「由俗入道」。

　　都城隍廟由僧人瑞於法師創立,一開始就帶有深厚的佛教色彩,但他 1953年圓寂後,城隍廟由俗家弟子接管,他們把非佛教的儀式帶都進城隍廟,使其佛教色彩越來越淡,而民間信仰色彩越來越濃,並以舉辦「冥婚」出名。其在市區重建計畫中沒有順應時代潮流,成為公共社團,這座百年老廟現在淪為一間家族式的小廟。雙林城隍廟原為廣福宮,是一間鄉間小廟,後因在蓮山雙林寺修建在其地段上而被雙林寺歸併,成為其管轄下的廟宇。雙林城隍廟雖屬雙林寺管轄,但從信仰的性質上看,仍屬於道教俗神信仰。雙林寺是新加坡佛教最大叢林,其在新加坡建國後受到政府的鼓勵和支持,作為雙林寺的依附性建築,雙林城隍廟內常常舉行佛教儀式,這也顯示新加坡佛教對於民間信仰的包容性。韮菜芭城隍廟的城隍是福建安溪主神「清溪顯佑伯主」的第五副身,在 1918 年左右隨安溪移民分靈新加坡,而楊桃園城隍廟則是由韮菜芭城隍廟分靈而產生,這種分靈行為是城隍信仰流傳的常態,帶有強烈的地緣認同④。韮菜芭城隍廟在城市翻新運動中申請為合法社團⑤,並和鳳玄宮組建為聯合廟,由此變身為公共機構,獲得了極大的發展空間。韮菜芭城隍廟還積極向正統的道教靠攏,並一躍成為新加坡道教總會會長。而楊桃園城隍廟在向道教的靠攏過程中,既承認城隍信

---

① 新加坡政府在 1965 年展開了「居者有其屋」計畫,這項土地法令造就了很多聯合廟。1989 年又頒佈了宗教和諧政策,對華人民間廟宇起到了規範和引導作用。

② 李焯然《社群流徙與信仰遷移:新加坡的安溪移民與城隍廟的分靈活動》,頁 58。

③ 佛教化和道教化是徐李穎提出的概念,相對於佛教和道教對城隍信仰的影響力而言。

④ 韮菜芭城隍廟早期以福建安溪社群的敬仰與推崇為主,帶有強烈的地緣色彩。福建社群在新加坡華人群體中最有影響力,他們掌握著龐大的物質資源,集資興建城隍廟、贊助酬神活動,通過推崇城隍信仰來表達對家鄉的思念。

⑤ 廟宇在註冊為社團成為公共組織後,由社團組織管理並受國家監督,廟宇的收入必須公開透明,資金的流向也要得到國家認可。

仰屬於道教，又不想失去佛教徒，於是在旁邊建立了一間更為宏偉的佛寺，成為佛道並重的廟宇。[①]

臺灣與新加坡城隍信仰的轉變都某種隱性力量的衝擊，但他們在這種社會變遷中走出了自己的特色之路。

三、時代精神的要求：城隍信仰在臺新兩地的影響

進入現代以來，城隍信仰作為一種強有力的民間信仰，已經走出廟宇，深刻影響著人們的社會生活，這主要表現在城隍信仰的社會功能和信仰網路上。

臺灣的城隍信仰從日治時期開始，就經常舉行融入了宗教、民俗、商業、娛樂等元素的廟會活動，這些活動大多著眼於商業利益，且彼此間相互模仿改良，呈現出異中有同、同中有異的特點。[②] 近些年來，很多城隍廟陸續恢復了這些俗世的傳統，臺北霞海城隍廟即是其中的典型。臺北霞海城隍廟每年都會舉行慶祝城隍聖誕的迎神廟會，有「五月十三人看人」之說。臺北霞海城隍廟還會根據現代人的需求在廟宇內添加神明，月下老人即是其中之一，受到青年男女的特別青睞。這反映了現代人對美好姻緣的期待。[③] 臺北霞海城隍廟還一直朝著宗教和文化結合的方向轉型。自 1996 年起，為了響應迪化街「年貨大街」活動，每年都要供應約二十萬杯平安茶，並舉辦弄獅陣、寫春聯、捏面人等民俗活動。又為了使廟宇和社區有良好的互動關係，經常舉辦「大稻埕逍遙遊」的歷史古跡導覽活動。[④] 體現其社會功能。

另外，臺灣的城隍廟還加強與其祖廟的聯繫。如臺北霞海城隍廟經常組團到其祖廟福建後溪霞城城隍廟進香謁，鹿港城隍廟也經常組團到其祖廟福建石獅祖廟拜祖進香[⑤]，建立起謁祖網路，加深了海峽兩岸的文化交流。

新加坡的情況和臺灣頗為相似，但也各有特色。新加坡城隍信仰的發展屬於後起之秀，以韭菜芭城隍廟最為典型。韭菜芭城隍廟原本是鄉間小廟，自註冊為財團法人後，發展迅速，並一躍成為新加坡道教總會會長。韭菜芭城隍廟不僅

---

① 這四間城隍廟分別為都城隍廟、雙林城隍廟、韭菜芭城隍廟、楊桃園城隍廟，都建於 20 世紀初期。
② 凌淑菀《臺灣城隍信仰的建立與發展 (1683－1945)》，頁 98，108。
③ 據廟方指出，僅 2002 年一年，月下老人就幫助了 1638 對男女成為終身伴侶。
④ 凌淑菀《臺灣城隍信仰的建立與發展 (1683－1945)》，頁 165。
⑤ 石秋宏《石獅城隍信仰及其在臺灣、東南亞的傳播》，《閩臺文化》第四期，2000 年。

和城隍廟系統交流廣泛,而且和中國道教團體聯繫緊密。在新時期,韭菜芭城隍廟不僅進行商業化運作,還根據信徒需要增設神明,擴大信仰網路。其在1993年從北京白雲觀元辰殿分靈六十尊太歲神供奉在太歲殿,2007年從四川青城山請來武財神趙公明,自2004年以來每年舉行大規模的祭孔活動。在社會功能方面,還特別成立城隍慈善基金會,除分發獎助學金、教育基金,還與基層社區合作成立社會服務與慈善機構。

韭菜芭城隍廟從1990年開始,還加緊與祖廟福建安溪城隍廟建立聯繫,以確立其城隍信仰的正統性。韭菜芭城隍廟通過其優勢的經濟力量逆向控制了祖廟的分靈事務。在祖廟的支持下,韭菜芭城隍廟不僅獲得了豐厚的宗教資源,而且還利用其掌握的分爐權建立城隍信仰的跨國網路。在其主導下,福建安溪城隍廟恢復了城隍春巡活動,韭菜芭城隍廟每年都會派出龐大的謁祖進香團,以保持和鞏固它在這個跨國網路中的優勢地位。這種活動加深了中國大陸與臺灣和新加坡的文化交流。

如今城隍廟習俗已入選非物質文化遺產,每年都會有國際城隍文化學術論壇和世界城隍廟聯誼大會舉行,中國大陸、臺灣和新加坡等地的文化交流必然更加廣泛,同時也為中國傳統文化的傳播做出重要貢獻,更為三地之間的文化交融作出重要貢獻。

(作者為華中師範大學歷史文化學院研究生)

參考書目:

1. 鄧嗣禹《城隍考》,《鄧嗣禹先生學術論文選集》,食貨,1980年。

2. 淩淑菀《臺灣城隍信仰的建立與發展(1683~1945)》,國立中正大學歷史研究所碩士論文,2003年。

3. 蔣毓英《臺灣府志》,卷六廟宇。

4. 謝金鑾《續修臺灣縣志》,卷七藝文。

5. 周鍾瑄《諸羅縣志》,卷十一藝文志。

6. 李丕煜《鳳山縣志》,卷九藝文志。

河洛文化对媽祖文化及華僑的影響

羅海賢

Abstract：

1. Heluo culture derived from heluo region of China is the core of the traditional Chinese culture.

2. The development of Heluo culture has a close relation with Buddhism, Taoism as well as Confucianism

3. Heluo culture is the combination of Hakka culture, Taiwan culture and overseas Chinese culture

4. The Mazu culture has a great influence on Heluo culture, pushing it overseas and becoming a global culture.

5. In that there are no deferens in spoken language and belief as well as tradition Across the Taiwan Strait, Mazu is not only the axis of the shared religious beliefs and faith but also the peaceful bridge between the both sides of the strait

概括地說,河洛文化包含福老、客家、廣府等諸民系及融合各民系地域文化,並吸取其他不同文化而逐漸成為世界文化的一環。隨著時代的演進與華僑及華人的擴散至全世界無遠弗屆。舉著中華民族的旗幟。使河洛文化形成為世界文化的主流之一,更由於 20 世紀臺灣和中國大陸的先後崛起,中國人雪恥圖強,全面站起來了。因此,華人華僑帶動了河洛文化建構中華文化。成為世紀文化的一股強流。影響世界文化發展至鉅。所以西方人懼怕中國黃流而說是「黃禍」,其實,河洛文化傳承中華文化的和平傳統,沒有西方霸道殖民主義的氣味,而永遠存著河圖洛書的愛好和平精神。

　　歷史上,明朝鄭和航海走向世界,厚往薄來、敦睦邦交、濟弱扶傾,融合不同文化,尊重不同宗教信仰、協助平定內亂。發展經商等措施,都是以民為貴,以和為先,賓主交歡,從無侵略強奪的暴行。因此七航任務得以順利達成,為歷史見證,中華文化是愛好和平。河洛文化包含臺灣文化、客家文化、華僑文化都是傳承中華民族王道和平文化的精神。主張共榮共存,共同創造世界和平大同為目標。

　　河洛文化是和平文化,有賴於宗教的和諧及其大愛精神的發揚。故文化與宗教互相影響最密切,也最容易互助互補。如鄭和七航由於鄭和卓越的領導,包容、尊重、客觀、和諧。其中尤能重視宗教和諧的團結力量,結合宗教、政、軍一體,和平共處,戮力同心。故能化宗教信仰為力量,得以排除萬難而精神團結。得以化險為夷,集中力量,無堅不摧。故是鄭和得以率領百萬大軍、千百艦船,歷時28年,遠達非、亞、歐、美地域。最後終能順利完成任務,凱旋而歸!

　　鄭和是一位太監,回教世家,但是他能調和回、道、儒等教派,結合一起。化不同宗教信仰為共同力量。能以媽祖海神的大愛精神為核心,結合回人、華人、華僑的信仰力量為一體。發揮宗教信仰的力量,共同克敵制勝。

　　媽祖護航、護僑、護海、護鄭和,化媽祖信仰為力量,克服海上困難。化危為安,穩定軍心,安定民心,達成七航輝煌任務,使鄭和成為天下航海第一人。威加四海,名揚天下,把中華文化推展於全世界。媽祖也因七航而德澤四方,無遠弗屆,大愛廣佈全球。兩者天人合一,神龍一體。相輔相成,創造和平海權,和平海洋文化與文明。結合華僑文化,創構大中華商圈而成為王道日不落國,更使河洛文化成為世界文化!

　　河洛文化是媽祖文化的先導,由中原而傳佈至全中國,而後者(媽祖文化)確是前者經由華僑分佈到全世界。然而媽祖文化更是華人文化的精神和信仰的重心,因此河洛文化、華人文化與媽祖文化渾然一體,相互牽連、相互影響。

　　媽祖不但受華人敬仰,奉為水神、海神。普遍流傳中國本土各地,在沿海地區更受到廣大民眾的崇拜,感謝媽祖海神的庇佑。外國人受到華人的影響在世界諸多國家也崇拜媽祖。諸如日本軍艦商船很多祭拜媽祖,祈求平安。甚至日本神社也供奉媽祖天后(海神)。泰國天主教也尊敬媽祖為天上聖母之一。美國、法國也設立媽祖文化研究中心,重視媽祖大愛,救苦救難的精神對世界和平

文化的影響,此外在澳洲等地,凡是華人足跡走過的地方都看見媽祖神廟的設立,受到華人的崇拜和外國人的尊敬。因為祂和耶穌一樣救世人。

由上觀之,宗教信仰,來自人心靈需要。是人類除了物欲以外,精神之寄託。故宗教信仰所及之處,經濟、社會、文化常隨之牽動。媽祖文化信仰的傳播,除陸上外,更遠及海洋,既深且遠。由時間演化言,唐代的海神信仰在國家祭典中之「四海神」與民間之海神信仰,前者是從,後者是泛稱。在宋代,海神通巫術,是地方保護神。媽祖海神的發展,關於漢族移民社會與土著海洋民族是互助融合推動社會經濟發展的結果,但均為小型廟宇、影響侷限。至於莆田媽祖廟宇由簡陋而俱規模。元代重視海上貿易活動也如宋朝對海上女神媽祖推崇備至。奉媽祖為「海神」。明、清向海外移民,成為媽祖海神傳播至各地的流載體,媽祖信仰幾遍環球。

由空間拓殖言,媽祖文化傳播,多靠民間,尤其是漢民,所以海濱溪畔,必有媽祖廟宇神奇傳說,使媽祖事跡步步弘揚,由「人」而「神」;媽祖亦稱天祀、天后、天上聖母等,其出生身世眾說紛紜。媽祖由「凡人之身」因人們崇信而為天神,媽祖廟遍佈沿海,由莆田走向海洋:擴及香港、澳門、臺灣。隋以前,臺灣名為「夷州」意為較平坦之海島,捕魚人偶至此,泉州人接踵而來。至元代臺灣作為中國的保護地,泉州人開始在澎湖發展,閩粵人紛至踏來臺灣,媽祖信仰也傳到臺澎,媽祖成為移民的守護神。澎湖馬公市就有天妃宮,是臺灣最早的媽祖廟。但全臺媽祖信仰中心則在北港朝天宮,祀天后之神像得自湄洲,香火鼎盛。甲午之戰後割讓臺灣給日本,日本信仰佛教,把不屬於佛教的神均視為道教不予承認。光復之後臺灣人立即恢復對媽祖之信仰,而且日益昌盛,興建天后宮五百餘座。兩岸開放後到莆田湄洲朝聖的人日益增多、熱鬧非凡。媽祖在臺灣有求必應且「其效立應」,因而建天后宮多達八百餘座,香火最盛的是北港朝天宮。臺灣漁民在海上遇險時,呼救前來者紅衣女神即媽祖。

媽祖信仰從沿海拓展至到山區、內陸,因為山區也有湖河川流水患不斷,故山區常將媽祖視為海神也是水神。皆有熱烈之迎神祭祀。福建山區之西的永定縣建媽祖廟但快速且規模宏大,造型精美。永定山多田少、多出洋謀生,信奉媽祖神力保佑,深入人心。永定西陂天后宮完成於清順治十七年(660)為塔形殿堂,七層寶塔,有斗拱飛簷、觀戲臺、書院、側房、花園庭院、廣場石獅……造形精

美。明朝中葉,永定人多出洋謀生。此外如富嶺天后宮:虎形建造,有方型正殿三層。下洋天后宮:魏峨壯美。故永定建媽祖廟三百餘座,先後興建與其海上活動同步,發展密切相關,永定人多出洋謀生打天下,成為世界巨富者,如胡文虎等均為有名之士甚多,大家飄洋過海求生都感謝媽祖的庇佑,傳為美談。

總之,媽祖信仰由民間而到官方參與,甚獲歷朝敕官員封與官府宣揚,使媽祖形象獲得一次次躍昇與弘揚。當政者受人民影響也膜拜天后。歷代對媽祖文化的提升彌久不衰,日漸旺盛。媽祖信仰也隨著華僑而推展到全世界,影響華僑文化至鉅、發揚河洛文化的力量至大。因此河洛文化既是中華文化的傳統也是河洛文化經由媽祖文化成為聯合國非物質文化遺產而相得益彰,成為世界文化,是順應潮流的演進,而日漸發光發熱。臺灣人百分之七八十都信奉媽祖,華人渡海經商謀生十有八九也信奉媽祖,祈求庇佑平安。大陸沿海甚至內陸河川地區的人民都奉為水神。討海為生散布於島嶼的漁民、居民亦無不尊媽祖為海神。河洛文化融合媽祖文化逐漸成為世界文化主流。媽祖也由中國海神而成為世界海神,兩岸也因媽祖而建構和平。

（作者為臺灣中華鄭和學會常務監事）

河洛文化與香港新界傳統文化

廖書蘭

Abstract：Heluo culture, the origin of Chinese culture, profoundly influences Hong Kong culture. The ancestors of the New Territories Aborigines are from Heluo, the most prominent evidence being the fact that the five major surnames, namely Hou, Peng, Liao, Deng, Wen, all originate from the Central Plains. In the New Territories there are varieties of traditional culture such as the Bun Festival, firecracker ball and so on, through which the clansmen communicate more and become more united. Many people of the New Territories still keep those Chinese customs even after their migration to countries such as Britain and Holland.

一、河洛文化是華夏文化也是中原文化

河洛文化是中原文化的母體,我們都是炎黃子孫,沿襲上下五千年的歷史軌跡,無論是人種血脈或河圖洛書的傳說,都源自河洛源頭。

從地域範圍來看,河洛文化是指以洛水和嵩山為中心,河南省西部和中部地區的文化,而今整個河南省地區可說都是河洛文化區。從時間跨度來看,河洛文化是一種古代傳統文化,上自史前原始社會,傳說的三皇五帝時代,下至明清時期。從文化底蘊來看,河洛文化包括河洛地區在生活實踐中創造出來的物質與精神財富的總匯。

河洛文化是中華文化的源頭。其具體體現在以下幾個方面:第一,中華姓氏之根。《中華姓氏大典》記載4820個漢族姓氏中,起源於河南的有1834個,所包含的人口占漢族總人口的84.9%以上。無論是李、王、張、劉這中華四大姓,還是陳、林、黃、鄭這南方四大姓,均起源於河南。第二,元典思想之根。河洛文化

的思想源頭肇始於「河圖洛書」,凝結了古代先哲神秘的想像和超凡的智慧。第三,制度禮儀之根。河洛地區最早出現了國家治理的雛形。夏、商、周三代皆在河洛地區建立過國家,創立的各種典章制度和禮儀規範對華夏幾千年歷史都產生了重要影響,具有奠基意義。第四,文字文藝之根。歷史上的河洛地區首創漢字,並開啟中華文學藝術之門。我國第一部詩歌總集《詩經》中,屬於今河南境內的作品有 100 多篇,佔總篇目的三分之一以上。第五,農耕文明之根。我國農作物品種的出現、農業技術的發明、農業思想的形成,無不與河洛地區的生活文明密切相關。①

二、河洛文化與香港新界傳統文化

1898 年 6 月 9 日《展拓香港界址專條》,由李鴻章和竇納樂在北京簽訂,7 月 1 日起實行,租期 99 年,專條的全文如下:

　　溯查多年以來,素悉香港一處非展拓界址不足以資保衛。今中、英兩國政府議定大略,按照黏附地圖,展擴英界,作為新租之地。其所定詳細界線,應俟兩國派員勘明後,再行劃定,以 99 年為限期。又議定:所有現在九龍城內駐劄之中國官員,仍可在城內各司其事,惟不得與保衛香港之武備有所妨礙,其餘新租之地,專歸英國管轄。至九龍向通新安陸路,中國官民照常行走。又議定仍留附近九龍城原舊碼頭一區,以便中國兵、商各船渡艇,任便往來停泊,且便城內官民任便行走。將來中國建造鐵路至九龍英國管轄之界,臨時商辦。又議定在所展界內,不可將居民迫令遷移,產業入官,若因修建衙署、築建砲臺等官工需用地段,皆應從公給價。自開辦後,遇有兩國交犯之事,仍照中英原約香港章程辦理。查按照黏附地圖所租與英國之地,內有大鵬灣、深圳灣水面,惟議定該兩灣,中國兵船無論在局內、局外仍可享用,此約應於畫押後,自中國 5 月 13 日即西曆 7 月初 1 號開辦施行。其批准文據,應在英國京城速行互換,為此兩國大臣將此專條畫押、蓋印,以昭信

---

① 前河南省委書記徐光春在臺灣文化大學的演講

守。此專條在中國京城繕立漢文 4 份,英文 4 份,共 8 份。①

《展拓香港界址專條》簽訂後,將深圳河以南,界限街以北的九龍半島地區,以及附近大小 200 多個島嶼,總面積達 975.1 平方公裏,佔新安縣全縣面積三分之二,被稱之為「新界」的中國土地,就這樣被英國強行租去了。

1898 年,《駱克報告書》中說明新界社會的文化給予保留,所指的就是中國固有的傳統文化。

兩岸由於戰亂和逃亡,失去了某些中華傳統的民間文化,例如嫁娶、添燈、生老死葬、打太平清礁等等。恰恰在香港新界土地上,幸運地被保留下來,並得以延續。新界土地和大陸連接,由於是英國殖民地的關係,不受政治氣候所影響。

1. 歷經宋、元、明、清,至今,開枝散葉,成為香港新界(侯、彭、廖、鄧、文)五大姓氏之一,是為香港新界原居民。茲以其彭姓遷居至新界為例。

彭氏始祖據說源於彭祖,公元前二千多年的堯舜時代,彭祖受封於「彭城」今江蘇省境內,後人遂以「彭」之地社姓,至今四千餘年。新界彭族其遠祖源居於甘肅省隴西郡,在唐玄宗時,先祖彭雲因避天寶之亂,輾轉遷居於江西省宜春盧陵縣。至北宋年間彭雲的十八代孫彭延年受封為潮州知事,並從此居於潮州,揭陽縣蒲口村,彭延年生有六子在北宋末年金人南下時散居各地,其中第五子彭金營遷於今日廣東省東莞縣內,並在此立村繁衍。彭金營便成為東莞彭氏之始祖,南宋光宗年間,彭金營次孫彭桂率子廸然自東莞南下初卜居於龍山以農為業,後遷居於新界粉嶺樓一帶。②

彭氏為黃帝苗裔,錢鏗(帝之第七代孫)封於彭城,以國為姓,又名彭祖,是為我姓最高始祖。族譜所記顯貴先賢有戰國時彭更為孟子門子,秦朝彭越被誥封大梁王。唐代玕公曾為吉州刺史,躍公任大理寺評事。宋代延年公登進士第授潮州刺史後任大理寺正卿,其子彭澤北宗熙寧年間鄉誠解元,任湖廣桂陽縣令。其後人迪然公於南宗光宗紹熙年間從東莞南下卜居粉嶺龍山為粉嶺圍彭氏始祖。粉嶺圍立村建圍至今已有八百年,彭姓為新界原居民五大姓之一。如今

① 石羽編《鴉片戰爭與香港》第 68～69 頁。
② 《粉嶺圍庚寅年 2010 太平清醮特刊》。

子孫繁衍遍布世界五大洲,可謂源達流長,枝繁葉茂。①

2. 歷經宋、元、明、清,至今,開枝散葉,成為香港新界(侯、彭、廖、鄧、文)五大姓氏之一,是為香港新界原居民。茲以其侯姓遷居至新界為例。

新界侯氏源於「上谷郡」,即今河北中部及西部一帶。宋朝進士侯五郎東遊寶安時,見山川蒼翠,毓秀鐘靈,遂由番禺縣遷至寶安縣,此後子孫繁衍,為新界侯族的發展奠下根基。現在新界北區河上鄉、金錢、丙岡、燕岡及孔嶺等村的侯族,均為侯五郎之後裔。自侯五郎下傳至明朝十一世祖侯卓峰,因見河上鄉擁有廣闊的農田,且鄰近雙魚河,水源充足,始開基於河上鄉,至今已有六百年的歷史。

3. 新界傳統文化名目繁多,現以太平清醮為例稍加說明。

我國古代未有正式的宗教,人們心中以「天」為神祇。例如秦始皇秦山封禪,歷代帝皇設壇祈禱,以及民間舉行消災解難的儀式等,均是膜拜虛空上天,並無實質的偶像。

到了東漢時期,張道陵自號天師,創立了「五斗米道」,開創了我國的正式宗教。又有道士於吉,自稱獲神靈祕授經書,名為太平清領道,亦即太平經,後世的太平清醮之命名,實源於此。新界原居民雖南遷千年仍保中土習俗傳統,耕讀並重,宗教信仰如一。樹高百丈來自根本,祖宗傳統當志不忘。因此每到建醮海外遊子紛紛回鄉參予盛事。醮會開壇,依足科儀經三日四夜方功德完滿。應依俗齋戒,誠心共禱祈求,國泰民安,風調雨順,合境平安、和諧昌盛。②

雖然有人問:「打醮花費大,今時今日還有必要嗎?」但是對原居民來說,打醮是一個傳統風俗習慣,打醮是答酬神明過去的庇佑,並祈求來年風調雨順,合境平安。打醮也是一種傳統禮儀,傳承這種禮儀,醮會運作乃按照傳統程式,守規守禮,長幼有序,敬老扶幼,同舟共濟,團結一致,以求醮會達致真、善、美的境界。透過合作無間的努力,鄉情更堅固。

太平清醮其作用不祇是祈神庇佑降福,同時還具有悲天憫人,廣施功德,利物濟世。內裡「慎終追遠」意義深遠。總之「太平清醮」是重要的新界傳統鄉村

---

① 《粉嶺圍庚寅年 2010 太平清醮特刊》。
② 《粉嶺圍庚寅年 2010 太平清醮特刊》。

文化。

　　籌辦一次醮務,前前後後足足一年時間。從成立醮務委員會到選緣首,從發奏上頭表到上二表,從開工紮作啟搭醮棚到作齋灶,然後淨壇揚幡、迎神登壇、啟壇建醮到上三表、嗣後一連幾天的早午晚懺、至達文書、又祭大幽、酬神到行符到送神回位……這些工作是集體負責,長時間合作的成果。因此,每一屆的組籌建醮,都是村民代表、村務委員和村民之間和諧共融和齊心合力的表現。

　　醮會籌劃經年,由村民自發參與成立醮務委員會,肩負重任。耗資數百萬港元之鉅,其收入來自票務,祖堂資助或贊助,而活動內容則包括:廟宇及祖祠修葺,官民祭禮,粵劇歌藝娛樂,與齋宴嘉賓等等。

　　從經濟角度看,歷來各鄉太平清醮之舉辦,均需強大資源作後備;而祖堂經年能有良好管理以適當投資增值,確保財富充裕,經費承擔能力有餘,當為永久延續太平清醮命脈之關鍵。際此,歷年祖堂管理成員功不可沒。

　　各鄉歷屆舉辦之太平清醮,內外人士必然踴躍參與,究其原因,約為七:

　　一是對本族的歸屬及自豪。二是強烈的懷舊意識。三是慎終追遠,源遠流長的孝思。四是樂敘天倫。五是衣錦榮歸的苦盡甘來:海外宗親,少小離家。六是眾外氏族,社會賢達,大眾市民均不容錯過極具意義的歷史見證。七是懷舊粵劇歌藝:以我國世界文化遺產,共享昇平,歡樂滿堂。

　　4. 洪聖誕

　　每年農曆二月十三日,香港不少洪聖廟及鄉村都會慶祝這項盛事。相傳洪聖是唐朝番禺刺史洪熙,是一名清廉好官,對天文地理和數學甚有研究,曾設立氣象臺預測天氣,造福漁民和出海謀生的商人。可惜他英年早逝,為表其功績,皇帝追封他為「南海廣利洪聖大王」。由於有朝廷褒封,華南的漁民紛紛建廟祀奉,在水神中受歡迎的程度僅次於天后。又有傳說廣東民間視「火神」祝融為「南海之神」,廣州一間始建於隋朝的南海神廟是其祀所。歷代皇帝為了籠絡南方人,曾不斷給此神加封,計有「廣利王」、「洪聖」等,民間遂稱之為「廣利洪聖大王」。

　　洪聖誕搶花炮活動日漸式微。新界鄉村林立,雖然現代化已漸漸進入新界之地,但每年村民仍盛大地慶祝傳統節日,像天后誕或洪聖誕等。搶花炮是鄉村傳統節慶儀式之一,但近年為免出現危險,傳統的「搶花炮」活動已改為抽籤以

決定,所以搶花炮活動已日漸式微。

相信不少人都對花炮不太熟悉。搶花炮時,村民會把花炮號碼藏在小型炸藥筒內,竹筒向天一拋,為了爭福氣的男丁就會不顧一切去搶花炮。在搶花炮的傳統年代裏,奪得花炮是非常重要的榮耀,1966年暴動後香港政府禁止公眾藏有火藥和燃點爆竹,因此亦間接取締了搶花炮活動,所以在60年代後期,大部分地區的搶花炮活動都改以抽籤形式進行,來編配一眾花炮堂會的排位。

上水河上鄉是北區唯一一條保留了原本搶花炮儀式的鄉村,每年農曆二月十三日是一年一度搶花炮的日子,當天總共設有七個花炮,名稱順序為「發財炮」、「添丁炮」、「興隆炮」、「鴻運炮」、「丁財炮」、「吉祥炮」及「平安炮」等。村民都以搶得花炮為榮,希望藉此得到神靈保佑,來年丁財兩旺,大吉大利。

河上鄉搶花炮的氣氛絕不比長洲的搶包山遜色。村民首先會將供臺上的花炮逐一取出,用神像前的大燭燃點長香,然後把炮和香放到廟外廣場上的炮芯發射臺上。接著便引爆炮芯,當聽到「砰」的一聲,各參加了搶花炮活動的年輕人便蜂湧而上,爭奪從天掉下來的炮芯。經過一輪激烈的爭奪後,成功奪得炮芯的村民便從人群中舉起手來,標志著最後勝利者的誕生,掌聲與歡呼聲此起彼落。這時勝利者仰起頭來,驕傲地接受大家的讚賞。成功爭奪炮芯的村民可到廟內上香,而且可在一年內保存這個象徵幸運的花炮。

總括而言,河上鄉的搶花炮活動保留了原本搶花炮儀式,著重傳統文化氣息。河上鄉的搶花炮活動不但可令後人更清楚、了解先人的傳統習俗,間接拉近了我們與祖先們的關係。這個小小的炮芯就是村民對家庭的一種負責任的表現,因為搶花炮的主要目的就是得到神靈保佑,來年丁財兩旺。是他們對家庭的一種愛的表現,十分值得我們敬重。希望透過搶花炮的活動明白搶花炮箇中的精神及背後的意義,而不只是為了出風頭;亦希望人們能透過這類活動,更著重傳統歷史文化,更珍惜祖先留給我們的禮物。

三、香港新界傳統文化與英國華僑文化

1960年左右,大量的新界人前往英國、荷蘭謀生,因而將新界傳統固有的文化延伸至歐洲。筆者親身所見,由於新界某些鄉村人全部到英國謀生,因而克隆了原有家鄉移至英國,顯見中華文化的包容性及承載力和她的堅韌性。

　　由於 20 世紀五、六十年代香港興建多個水塘,導致新界多處地方無水耕田,新界人逼於無奈需要出外謀生。他們謀生的方向是英國、荷蘭、德國等歐洲一帶。他們當年都是乘船到利物蒲,再四散到歐州各處。當時,他們都是年齡二十歲上下的小伙子,在異地打拚,思念故鄉。當經濟開始穩定之後,便會接家裡的親人過來歐洲,所以產生了在歐洲的新界原居民同鄉會。在同鄉會內,他們會買下英國整幢房子作為同鄉會會址,筆者親眼所見,當踏入大門,就是一個天后娘娘神像、祖先牌位的神壇安放於此,再上樓,便有學書法班、國畫班、太極拳、麻雀房及粵曲團等等。同鄉會在大門口的招牌是中文——「某某同鄉會」。在這數層樓高的建築物內和花園內外,你全然不會覺得自己正身處外國。

　　這些新界人在歐洲打拚很不容易,一分一毫都可謂血汗錢,但他們依然願意把錢拿出來興建同鄉會,可見他們人在外國依然念念不忘的是我們中華傳統文化。

　　逢遇新界家鄉有打醮或拜山祭祖等的節日,這群歐洲華僑會組團,甚至包機回來新界。這些就是我們河洛文化中的慎終追遠的傳統精神。

四、結論

　　我相信隨著大陸國力的日強,河洛文化的滲透力將會影響世界。所謂傳統文化是有生命力的,傳承是經過時代的去蕪存菁,不斷加入新的進步的成分。

（作者為香港新界鄉議會議員）

河與海的交會

——鄭和下西洋對河洛文化傳承與發揚的貢獻

賴進義

Abstract：Zheng he's oceanic voyage era was the beginning of "The age of Exploration" in world history. This era had led people from his individual isolated world toward today's global village. As the first few explorers of the sea in that period, Zheng He's contributions in the progress of civilization are undeniable. Hence, his historic voyage experiences were mankind's assets; its value should not only belong to China but should be treasured by the world.

Zheng He's voyages also were the presentation of Chinese Science and Civilization, and were the embodiment of the Maritime Silk Route. In the story of Zheng He's voyages, there are many of Heluo cultural factors. The vigorous presentation of Heluo Cultural heritage, spread and promote, Zheng He's voyages had its contribution.

Chinese civilization is wonderful one of The River Civilization, and Heluo culture was the core of Chinese civilization. Through Cheng Ho's voyages, it spread overseas. This is a beautiful fusion story of the river and sea, and the Taiwan Strait is the center stage of this story.

一、跨洲際海上之旅

15 世紀的第五個年頭，大明帝國的第三任皇帝，用號稱「靖難」，其實就是軍事政變取得帝位的明成祖朱棣，在他上臺後的第三年，永樂三年（1405）的夏六月（（陰曆六月十五日，陽曆 7 月 11 日），下了一道詔書，命中官鄭和率領舟師出

使西洋。

中官是所謂太監的泛稱,而明朝「太監」則是一個負責皇帝內務,官居四品的正式要職,能夠官居太監,自然要受皇帝充分信任。鄭和本名馬和,因「靖難」有功被明成祖賜姓「鄭」。由他以宦官而能被賜姓,一如現代政府頒授榮譽勳章,可知明成祖對鄭和的欣賞與信任程度。因此鄭和能夠奉命作為帝國正使太監,率副使也是太監的王景弘等出使西洋。

太監出使,這是明帝國從太祖朱元璋以來就常有的事,鄭和特別的地方,是他帶走明帝國五分之一的海軍,而且沒有明確出使目標國家,這就反映了明成祖對鄭和,應不僅是一般信任而已。

鄭和通常從首都南京出發,由蘇州劉家河(今江蘇太倉劉家港)入海,先到福建,在閩江口旁邊的長樂太平港內外,會合集結從中國各地陸續到達的人員、物資與船隻等,然後就等待臺灣海峽上,適合大規模船隊航行的東北季風到來。一般大約就在秋末冬初的十一、二月間,所謂「好風」,也就是適當的北風一來,便由臺灣海峽南下,開始他現在名聞中外震碩古今的遠航。

由於中國所處地理位置在北半球,鄭和船隊是由北向南航行,因此叫做鄭和下西洋。明朝當時所謂「西洋」,大體上指的就是印度洋,但鄭和船隊實際航行範圍,大約只包括赤道以北的南中國海及印度洋週邊,赤道以南部分,可能只到過非洲東岸幾個地點。這個航行範圍,前此中國與阿拉伯的船隻,已經走了十幾個世紀,並有個響亮名稱「海上絲路」(Maritime Silk Route)。

鄭和帶的是一隻組織龐大的武裝艦隊,總人數約在兩、三萬人之間,各種船隻總在一、兩百艘。從明成祖永樂三年(1405)到明宣宗宣德八年(1433)的二十八年間,他前後總共出使七次,每次來回約需兩年。在十五世紀的頭三分之一個世紀裏,他成功的完成世界文明史上,前所未有的人數最眾多,規模最龐大的跨洲際海上之旅,而且不只一次,接二連三,總共七次。

鄭和下西洋,其時間跨度之長,到達地域之廣,動員人數之眾雖然絕對是中國及世界歷史上的一件大事。但這件大事不久便因中國朝廷的海禁政策而為人所遺忘;鄭和的壯舉似乎也不曾在世界範圍內引起重大的影響。翻閱各國出版的世界通史,每一本都敘述哥倫布(Christopher Columbus)、達伽馬(Vasco da Gama)及麥哲倫(Ferdinand Maellan)的航海事蹟,而沒有幾本提到鄭和的航海或

其出使南洋西洋的影響。

鄭和下西洋雖然未必影響歷史的發展,鄭和的故事仍無可置疑乃世界海洋史之先河。對中國而言,鄭和故事的意義,在提供歷史教訓的反思,對世界文明史而言,鄭和七下西洋顯示人類在 15 世紀,航海科學技術能力所具有的一定高度。儘管這些科學技術能力,並沒有或仍不足以使東方比西方更早發展出工業革命。但至少已有人信誓旦旦,極力證明成就「大航海時代」的哥倫布這些人,在航海科學技術上,是站在鄭和這位巨人的肩膀上①。

二、大航海時代的開啟行動

從 15 世紀初開始的大航海時代(Great Voyages of Discovery),是世界近代歷史的起點。眾所熟知的地理大發現,以及現代所謂的「全球化」,正是大航海時代帶來的具體成果。它將人類由各自生存在孤立的世界,帶向今日所謂的「地球村」。從人類文明發展的角度而論,大航海時代象徵人類敢於冒險犯難,勇於向不可知的未來挑戰,其精神之可貴,不僅是改變歷史的行動所足以概括。誠如亞當斯密(Adam. Smith)所言「發現美洲及經由好望角前往東印度群島的航道,是人類歷史上所記載的最偉大、最重要的事件。」②

大航海時代的形成,是建立在人類的地理知識和航海技術,因為前人在基礎上得到了極大的發展,方足以成就。這其中從古羅馬學者托勒密(Claudius Ptolemaeus)的地圓說到馬可波羅(Marco Polo)的遊記,以及 13 世紀,經由阿拉伯人傳入歐洲的中國羅盤,都有其貢獻。然而長久以來,由於近代中國的歷史處境;特別是拜工業革命之賜發展成強勢物質文明的西方國家,對相對落後地區的衝擊;世人論起大航海時代,只知有狄亞士(Bartholonew Diaz)、達迦馬、哥倫布、麥哲倫,以為那是從 15 世紀末發動,大都忽略了亨利王子(Prince Henry of Navigator,1394～1460)以致鄭和發微之功,尤其鄭和,臺灣前教育部長吳京博士甚至歎謂,那是段「被遺忘的航程」③。

---

① 孟席斯《1421 中國發現世界》2003 年,449 頁。
② 亞當斯密(Adam. Smith)著,周憲文譯,《國富論》,臺灣銀行經濟研究室,1971 年。
③ 吳京《走向世界維護和平》,范金民、孔令仁主編《睦鄰友好的使者——鄭和》,海潮出版社,2003 年,頁 2。

19 世紀的英國史家俾斯利（C. R. Beazley），在其 19 世紀末出版為航海家亨利王子所作的傳記裏曾說：「狄亞士、哥倫布、達迦馬、麥哲倫四大航海家的偉大成就，如果沒有亨利王子前四十年（1419～1460）的艱苦奮鬥，那這後四十年（1480～1520）征服海洋的驚人成果，就不知道要延至何年何月了。」①

俾斯利的意思是沒有前人種樹，後人哪來乘涼。不過俾斯利沒有提到鄭和，但和他同一時代的梁任公，稍後 1904 年在日本出刊的《新民叢報》發表「祖國大航海家鄭和傳」，同樣比較大航海家們的偉大成就，梁啟超倒是有注意到亨利王子的貢獻，但他歎道：「觀鄭君，則全世界歷史上所號稱航海偉人，能與並肩者，何其寡也。鄭君之初航海，當哥倫布發見亞美利加以前六十餘年，當維哥達嘉馬發見印度新航路以前七十餘年。顧何以哥氏、維氏之績，能使全世界化然開一新紀元。而鄭君之烈，隨鄭君之沒以俱逝。」②

俾斯利與梁任公大概想不到，近百年後，另一個英國人，他只是個業餘史家，一個退休的老船長，打算推翻他們以至世人既有的認知。孟西士（Gavin Menzies）先生在他那本極富爭議，卻已風行海內外的《1421 中國發現世界》裏說道：「哥倫布、狄亞士、達迦馬、麥哲倫、庫克，還有其他的歐洲探險家，這些人雖然既勇敢又堅毅，卻都是帶著地圖出海，按指示駛往他們的目的地。他們的成就完完全全應該感謝第一批探險家，就是永樂十九年到二十一年之間正在遠航的中國人。歐洲大探險家所用的海圖、船隻、海洋導航系統，有許多要感謝航海家亨利和他的兄長伯多祿大人，不過更應該感謝的還是中國的明成祖朱棣，以及他手下的勇敢又老練的太監司令官：鄭和⋯⋯」③

然而，就算中國曾經發現真實的世界，仍然無法改變她後來拒絕向世界開放並因此導致落伍的歷史事實。不過，不可否認的是，狄亞士、達迦馬、哥倫布、麥哲倫等，就如孟西士所言，是站在亨利、鄭和這些「巨人的肩膀上」前進。大航海時代是由他們不約而同的行動所帶來，對人類文明的發展，起了促進作用。所以，鄭和遠航的歷史，一如哥倫布等這些航海家，應該也是人類歷史的共同資產，

---

① C. R. Beazley, Life of Prince Henry the Navigator（1897, repr. 1968），轉引自馮作民編著《西洋全史》（九）《歐洲擴張史》燕京，1975 年，頁 36。

② 梁啟超《祖國大航海家鄭和傳》,《中國偉人傳五種》，臺灣中華書局，1957 年。

③ 孟西士（Gavin Menzies）著，鮑家慶譯，《1421 中國發現世界》，449 頁。

其價值應不僅為中國所獨有,該由國際間各國所共同珍視。

因此,大航海時代的開啟,不是從 15 世紀末,應該看向更早的亨利與鄭和時代的 15 世紀初才對,而鄭和還是其中唯一的東方英雄。他們從 15 世紀開始,前仆後繼地締造了人類文明的新地圖。或許 15 世紀前,從陸上絲路到海上絲路,特別是阿拉伯人穿越草原沙漠所累積的經驗,亨利與鄭和是站在他們的肩膀上,也要算上一份。湯恩比(AJ. Toynbee,1889～1975)所謂「草原上的大帆船就是駱駝,大草原上的大型划船就是馬,港口就是商隊的集中點」①,沙漠上的經驗也可以用在海上;中國人把戈壁沙漠也叫「瀚海」,真是貼切;這些可能對大航海時代的貢獻,過去並未獲得適當的重視,現在已不能忽略。人類文明的進展,是不管膚色人種,是大家共同努力的結果。

三、中國科技與文明的集大成展現

鄭和遠航歷史的內容,除了開啟大航海時代之外,這段歷史內容中的造船、航海圖、管理、外交、戰爭及國際貿易等等諸領域,還具備了跨科際(Inter - discipline)與跨領域(Cross Disciplinary)之特性,為中華文化,在世界文明史中,最傲人的一頁。

即使不誇大鄭和遠航對世界文明發展的貢獻,鄭和遠航至少也是中國科技與文明的集大成展現。鄭和能夠成功完成七次遠航,其中所包含的有關學問,除了航海學上的從天文、地文、水文到航海技術與醫學、食品、動植物、氣象等有關科學外,至少還涵括政治學上的國際關係與外交作為,經濟學上的國際貿易與商品經濟,軍事學上的指、管、通、情(C3I),戰略學上的從間接路線(Indirect approach)到大戰略(Grand Strategy)等等,實在難以計數。總而言之,有關鄭和遠航的研究,將會是呈現中華文明的寶庫,鄭和遠航本身就是一部中華文明的具體結晶。就現代意義而言,鄭和遠航的歷史,至少可以歸納出如下十大特性:

1. 海洋性:七下西洋自然是與海洋有關的歷史。

①　AJ. Toynbee,Civilization on Trial *NewYork*;Oxford,1948,pp. 69～70。

2. 國際性：從鄭和的身世到他拜訪過的國家（從三十餘國到三千都有人講①）。

3. 多元文化：從佛教、回教、道教等，到中華文化與阿拉伯文化等。

4. 和平海權：或可稱為有中國特色的海權。

5. 跨科際：人文科學、社會科學和自然科學皆可從其中找到題目。

6. 跨領域：管理學與地理學、軍事與貿易等，皆可切入。

7. 戰略性：從洋際聯盟到圍堵蒙古，都是戰略問題，甚至下西洋本身也是。

8. 集文明大成：不只中華文明，也與回教世界有關。

9. 科技性：從造船到海圖，牽星術與通訊等都是科技問題。

10. 中性：太監本身非男非女，音陰身陽，故稱中性。②

以上簡單列舉十項，其實仍不足以涵括鄭和遠航的歷史，在中華科技與文明中的內涵。二十世紀有關鄭和遠航的研究，包括李約瑟在內，有不少人發現鄭和遠航的航線，和從唐宋以降高度發展的海上絲路，有許多重疊的部分。大致上鄭和從中國航行到回教世界走的航線，也就是所謂的海上絲路。鄭和遠航等於也就是把所謂的海上絲路具體呈現，由於鄭和之後一個世紀，大航海時代帶來中國所謂「海通」的結果，鄭和七下西洋因此甚至於可以說，是海上絲路被取代前最後的完美呈現。眾所週知的陸上絲路因有「敦煌學」而斐聲國際，成為國際人士欲認識中華文化的招牌。以鄭和遠航和海上絲路的關係來看，陸上絲路雖有「敦煌學」讓世人仰慕中華文化，惟偏向宗教藝術層面，不免因神祕，難以讓人深刻體會，不若海上絲路的「鄭和學」，可以讓世人更具體而完整的認識中華文化其中精妙。

因此，鄭和遠航歷史的內涵，或許較其歷史教訓，更值得注意。概括而言，鄭和遠航的歷史，除了世人所熟知的海洋性與國際性之外，她還具有多元文化的特色。例如從宗教關係上來看，佛教、道教、印度教與伊斯蘭教，中國沿海盛行的媽祖信仰，都和鄭和遠航歷史有關。其實，從太平洋到印度洋，世界上有 2/3 的人

---

① 明史記載鄭和到過三十餘國；英國退休海軍孟西士（Gavin Menzies）在他頗具爭議的那本《1421 中國發現世界》一書中，則稱鄭和船隊到過三千多國，嘲諷者虐稱他把三十的十字，上面多看了一點，故有三千之數。

② 賴進義《鄭和遠航歷史的特性》，中華鄭和學會主辦，《第一屆 2009 臺北世界華人鄭和論壇暨鄭和與航海、文化、科技學術研討會論文專輯》，臺北亞太會館，2009，9，19～20。

口,可以和這段歷史產生關連。馬來西亞及印尼的一些地方,至今猶有與鄭和有關的紀念節日慶典。環南中國海週邊,有中國以外世界最大的華人生活圈,包括臺灣的移民,這未嘗不都是鄭和故事啟發所導致? 尤其這是在歷代中國政府,從未有鼓勵海外移民政策下,人民自主行動所形成。

四、傳承與發揚河洛文化

環南中國海週邊,後來中國人習慣稱為南洋的華人生活圈的形成,有其歷史因素,與海上絲路及鄭和下西洋雖有關係,但其大規模的移入,主要仍在大航海時代之後中國的明、清兩代。請注意,此時中國的國策是閉關自守,大部分時間,朝廷政策是嚴申海禁。西洋海權則逐漸縱橫七海,在世界各地建立殖民地,17世紀時,西班牙及葡萄牙甚至於曾經研議,兩國以太平洋中線為界瓜分世界。

中國一向缺乏在海外建立殖民地的概念與意圖,原因用明太祖「海禁遺訓」的話「得之無所加,失之無所損」①,便可理解,亞當斯密從經濟的角度講的更簡單明瞭「中國夠了!」。所以,環南中國海週邊華人生活圈的形成,不是政府授意,沒有對當地政治帶來衝擊,不像西洋海權那般改變歷史。不過,從中國文化發展的角度來看,源於中原,唐宋遍及華南,明、清進入南洋的以河洛文化為主的中原文化,並沒有讓南洋週遭的國家,變成中國的「一部份」,除了有爭議性地臺灣以外,就不能不說是鄭和遠航所啟發。

產生於夏、商,成熟於周,發達於漢、魏、唐、宋,傳承於其後中國歷代的河洛文化,是歷史上生活在黃河與洛水交匯流域的中華先民所創造的文化。它是中華文明的重要源頭之一,在中華文明中處於核心地位,甚至於可以說河洛文化孕育了中華文明。② 中華民族號稱是「炎黃子孫」,河洛地區是炎黃二帝誕生和活動的主要地區,古稱中原,歷代人主中國之人,必須控制此地,才算「定鼎中原」。河洛文化的特色,如尊崇先祖,講究郡望,崇尚禮教等,唐、宋以降逐漸在閩、粵地方生根和傳播③。鄭和遠航之後,閩、粵方之人,漸知海外另有休養生息之所,

---

① 朱元璋《皇明祖訓》,《明朝開國文獻》首章,臺灣學生書局,1966 年,頁 5~6。
② 楊中華《閩臺文化根在河洛》2005 年 2 月 7 日,原載中國文化網,引自網路,網址 http://big51.chinataiwan.org/twzlk/lsh/1368nyq/200803/t20080320_609380.htm
③ 同上註。

明末清初、清季中正當中國動盪之時，便走向南洋，這即是東南亞華人，大多是閩、粵之人的緣故。這也就讓中原文化走向海洋，從臺灣到東南亞，河洛文化蓬勃呈現，所以說對河洛文化的傳承與發揚，鄭和遠航有其一定的貢獻。

　　2010 年夏天，個人有機會在馬來西亞的馬六甲，參加一場有關鄭和的研討會，並參觀鄭和在馬六甲時設立「官廠」所在地，現在成為鄭和文化館的展覽。在鄭和文化館旁的一條唐人街上，親眼看見好幾戶人家，大門用金字貼著「河圖洛書」大字（見附圖 1、2），及「禮門義路」（附圖 3）等河洛文化特色標志。馬六甲的另一個與鄭和有關的景點「三寶井」，旁邊剛好是華人的墓園區，裏面充塞著皇明皇清附加郡望的墓碑，其中「潁川」正是陳姓郡望。為鄭和下西洋傳承與發揚河洛文化提供確切證明。

圖一

圖二

圖三

圖四

五、河與海的美麗交會

　　河洛文化是中華民族文明的源頭和主脈核心,中華文明因此成為人類大河文明中精彩的一支,透過鄭和下西洋,傳播海外。這是一段美麗的河與海交會的故事,而臺灣海峽則是這段故事的舞臺中心。鄭和下西洋是一段開始於臺灣海峽,也結束在臺灣海峽,600多年前,光彩奪目但曇花一現的故事。幸好閩、粵的先民,無視於朝廷的限山隔海,內向保守的禁令,在鄭和故事的啟發後,從唐山過臺灣,也從唐山下南洋,讓河洛文化從臺灣到南洋遍地開花,把祖先的珍貴傳統,帶到海外,傳播世界。

　　走向海洋的河洛文化,其內涵也因此增加了海洋性,由沉穩安土重遷的內陸取向,多了自由冒險活潑的因子,臺灣文化可為這個河與海交會下的代表,在傳承與發揚河洛文化外,也深化並轉化河洛文化內涵,使其更符合現代世界的需要。

　　鄭和七下西洋,使源於黃河洛水的河洛文化,在中國歷史發展的長河中,經過長江流域、珠江流域後,有機會走向海洋。擔憂文化窒息枯萎的河殤,能否看出河海交會後的無窮希望?

（作者為臺灣中華鄭和學會副理事長、新竹大華技術學院前通識中心主任）

馬來西亞血緣性組織的大整合

—— 以馬來西亞華人姓氏總會聯合會爲例

李雄之

Abstract：Most of the Malaysian Chinese came from coastal provinces such as Fujian, Guangdong, Guangxi, and Hainan, therefore there were certain genetic connections among them. Living under the rule of a foreign government, they found it difficult and inconvenient to communicate with people around them. Later they founded the clan organization, through which the Malaysian Chinese strengthened their communication, enhanced their cohesion, helped each other and built their internal.

一、緣起

2008 年 9 月 22 日,河南省社會科學院歷史與考古研究院所長兼河洛文化研究中心副主任張新斌教授,邀請了賴觀福博士、程道中與我前往河南鞏義市,參加「第七屆河洛文化國際研討會」。來自海内外的專家學者有 300 位,由於時間關係,獲得指定在大會上發言和交流研究成果者只有 30 位。我有幸被指定爲發言者之一。

我向大會所提呈的論文是《根係河洛的馬來西亞血緣性組織》。我根據馬來西亞血緣性組織的産生背景及發展過程分成幾個小節作分析。即移民文化、血緣性組織成立的宗旨、血緣性組織的命名及類型、早期血緣性組織的功能、後期血緣性組織的功能、與時俱進的血緣性組織,後記等。

文中我指出馬來西亞華人大多數來自閩、粤、桂、瓊等沿海省份。其中較大量的移民是在宋、元、明、清代。由於戰亂及天災人禍影響,農村經濟破産、人民

生活困苦,造成大量中國沿海省份的人民紛紛買棹,橫渡南中國海,到東南亞各國開創新天地。

由於移民是來自不同省份,他們之間存在着各種血緣關係。原本在中國時的錯綜復雜的宗族系統,被移植於僑居地的華人社會,同時又身處於外國政府的統治之下,生活在語言隔閡和難於交流的群體之中,使他們深感溝通和交往的不便。他們盼望建立聯絡方便,有利於自身生存和發展的空間,於是移民中一些有識之士,便以加强宗親團結、聯絡感情、崇尚禮教、調停糾紛、關注宗親福利以及爲新一代移民提供衣、食、住、行和就業服務,同時也爲孤苦無依,不幸客死异鄉的宗親舉殯收殮工作;更多的不同姓氏宗親會被成立起來。這也就是目前馬來西亞各種以姓氏爲主的血緣性組織産生的背景。

二、由各立山頭至相互交往

第二次世界大戰結束初期,英國殖民地政府以「軍政府」方式統治馬來西亞。殖民地政府宣佈撤銷「二戰」前實施的《社團註冊法令》,所有社團都被豁免註冊。造成馬來西亞華人社團如雨後春筍般紛紛成立。其中包括血緣性組織在內。

1948 年,殖民地政府恢復《社團註冊法令》,對社團的成立嚴加管制。即使是一些早在《社團註冊法令》生效之前已成立的政治和文化團體,也被强制關閉。華人社團活動又陷入低潮時期。

1952 年後,隨着馬來西亞政治局勢的暖和,華人社團的成立再趨活躍。不過,這時期,各血緣性組織之間的活動範圍,仍是處於移民時代的狀態;也就是説,與不同姓氏的血緣性組織鮮少有往來。

1957 年馬來西亞獨立之前,政權乃是隸屬於英國殖民地政府管轄之下。血緣性組織的功能依舊是處於「自我關閉」狀況。各種姓氏組織秉承一貫的作風僅專注於照顧本家宗親的利益或福利爲主。較少與其他不同姓氏的組織互通往來[1]。「山頭主義」觀念仍舊非常濃厚。因此大多數血緣性組織的宗旨,仍舊是奉祀祖先英靈。舉行春秋兩祭、聯絡宗親感情、籌辦社會福利、調停宗親之間的

---

[1]　石滄金《馬來西亞華人社團研究》,中國華僑出版社,2005 年,135 頁。

糾紛等①

　　及至 1988 年成立的北霹靂洪氏敦煌堂宗旨中,才出現「促進各族群親善團結」的條文。所謂的『各族群』是指馬來西亞的各民族,包括華人、印度人、馬來人、卡達山人等等。顯然血緣性組織已開始把「縱向深植」的『山頭主義』發展成爲「橫向溝通」的『博愛主義』了。不過,很可惜在宗旨上雖有超越族群,促進民族交流的突破;但是在實踐上,所發揮作用並不令人滿意。『山頭主義』的陰霾始終揮之不去。

　　及至 2006 年 5 月 21 日,雪隆李氏宗親會②第一次舉辦「血緣性組織研討會」時,受邀的 40 個血緣性組織中,③出席的團體多達 36 個。這是最大規模的血緣性組織互相交流,打破山頭主義的開始。其後的 4 年期間,這批參與研討會的血緣性組織,在舉行各自的會慶晚宴時,都有邀請其他不同姓氏的宗親會派代表參與。

　　當時,雪隆李氏宗親會所舉辦的「血緣性組織研討會」,是以「凝聚力量,開拓新機」爲主題。主講者有 3 位,即劉華才博士主講《血緣性組織的行政管理》、李雄之主講《血緣性組織功能的轉變》、陳瑋倫主講《血緣性組織資訊化》。出席研討會的聽衆多達一百五十位,把整個禮堂擠得滿滿的,反映非常熱烈。

　　更難得的是 2006 年 6 月 27 日,雪隆李氏宗親會又榮獲一項「品質管理系統驗証證書」(I. S. O.)④,這是馬來西亞血緣性組織獲得 I. S. O. 證書的先行者。顯見這是該會理事們決心改進會所的硬體設備,和改善行政管理系統所作出的努力成果。這也使一向閉門自守的血緣性組織,隨着時代進步的大氣候,打破『山頭主義』的舊框框,向前邁進一大步的良好現象。

三、由小團結至大團結

　　移民時代,血緣性組織是基於團結宗親,共謀宗親之利益而創立。初期之宗

---

① 葉毓光《雪槪莪葉氏宗祠成立 100 週年紀念特刊》,1933 年,《雪隆葉氏祠史》。

② 雪隆李氏宗親會指其會員所在地是雪蘭莪州,吉隆坡市範圍内。

③ 李萍《雪隆李氏宗親會鑽禧紀念特刊》,2008《血緣性組織研討會》47 頁。

④ 同上,第 45 頁。

親會多集中於馬六甲、雪蘭莪、霹靂及檳城四州,因爲這四州①是移民最早抵達之地。後來隨着歲月的飛逝,時代環境的改變,交通的發達,人口的增加和遷移,其他各州各地也陸續成立了相同姓氏的宗親會。根據史學家吳華的統計,馬來西亞和新加坡以華人姓氏命名的組織計有以下的姓氏②:

　　白、車、曹、蔡、岑、陳、程、戴、鄧、杜、董、范、方、馮、傅、符、高、龔、辜、關、郭、韓、何、洪、胡、黃、紀、簡、江、蔣、柯、祁、賴、藍、雷、龍、李、黎、廖、連、樑、林、劉、盧、陸、羅、呂、馬、麥、梅、莫、潘、彭、邱、全、佘、許、沈、宋、施、蘇、孫、談、譚、湯、唐、田、蕭、謝、邢、徐、許、薛、王、汪、魏、溫、翁、鄔、吳、伍、姚、顏、嚴、楊、葉、易、尹、餘、虞、尤、袁、雲、招、趙、詹、張、章、曾、甄、鄭、鄒、周、鐘、朱、莊、卓、司徒、歐陽等。

　　上述這些姓氏組織中,有些姓氏的人數不多,僅能在一個州或一個地方設立一個宗親會。不可能在其他州也設立相同的宗親會。只有人數較多的姓氏才有可能陸續在各州或各地方設立宗親會。比如:程姓宗親僅有的一間宗親會是設在霹靂州的實兆遠(Setiawan),其他州都沒有程氏宗親會的設立。可是陳姓人數衆多,他們就有能力在各州設立宗親會。隨後各州的陳姓宗親會聯合起來,進而設立了一個全國性的「馬來西亞陳氏宗親總會」其成員中包括:③

(1)隆雪陳氏書院宗親會　　　　(2)甲洞真山陳氏家族會

(3)巴生濱海陳氏宗親會　　　　(4)瓜拉冷岳丹絨士拔陳氏宗祠

(5)浮羅吉丹陳氏公會　　　　　(6)馬來西亞永春鴻榜陳氏宗祠

(7)拉瓜冷岳仁加隆陳氏公會　　(8)馬六甲潁川堂陳氏宗祠

(9)馬六甲客家潁川堂陳氏宗祠　(10)柔佛潁川陳氏公會

(11)柔中保赤宮陳氏宗祠　　　　(12)麻屬保赤宮陳氏宗祠

(13)麻坡潮州潁川公會　　　　　(14)苓珍潁川公會

(15)霹靂陳氏宗祠　　　　　　　(16)太平北霹靂陳氏宗祠

(17)威省大山腳陳氏潁川堂　　　(18)北海威省陳氏潁川堂

---

① 馬來西亞是由十三州,三直轄區所組成。十三州即玻璃市、吉打、檳城、霹靂、雪蘭莪、森美蘭、馬六甲、柔佛、彭亨、登嘉樓、吉蘭丹、砂拉越、沙巴。三直轄區即檳城、吉隆坡及納閩。

② 鄧永儉主編《河洛文化與閩臺文化》,李雄之《根係河絡的馬來西亞血緣性組織》,河南人民出版社,2008 年,251 頁。

③ 名單由馬來西亞陳氏宗親會總會提供。

（19）檳城穎川堂陳公司　　　　　（20）檳城陳氏宗義社

（21）檳城宗盟社陳氏宗祠　　　　（22）檳城陳氏潮塘社

（23）檳城海南陳氏宗祠　　　　　（24）吉坡陳氏穎川堂

（25）彭亨陳氏聯宗會　　　　　　（26）砂勞越古晋穎川陳氏公會

（27）直冷舉溪陳氏宗親會　　　　（28）永春東關偉公陳氏公會

（29）砂勞越詩巫穎川陳氏公會　　（30）福建永春外碧陳氏家族會

（31）砂勞越美裏陳氏宗親　　　　（32）隆雪海南穎川「陳」宗親會

（33）沙巴穎川堂陳氏宗親會　　　（34）沙巴鬥湖陳氏宗親會

（35）砂拉越民都魯穎川陳氏會　　（36）穎龍律陳氏家族會

（37）威省大山脚馬章武莫陳氏穎川堂

（38）沙巴穎川陳氏宗親會山打根分會

（39）曼絨陳氏宗親會　　　　　　（40）馬六甲陳氏官山家族

根據馬來西亞社團註冊局內部的規定，成立一個全國性的總會或聯合會，必須包含至少七個州的成員在籌委會中。不然很難獲得社團註冊局的批準。由上述陳氏宗親會的名單中，早已具有超過七個州的屬會在內。因此很容易就可成立一個「馬來西亞陳氏宗親總會」；它也是馬來西亞陳氏宗親的最高領導機構。其他如林氏宗親總會在全國至少在九個州內就擁有 47 個屬會。除此之外，還有「馬來西亞黃氏聯合總會」、「馬來西亞王氏宗親總會」、「馬來西亞馬氏宗親總會」等，這些都是代表各自姓氏最高領導的機構。這也是各自姓氏宗親會由小團結，進一步達致大團結的表現。

四、血緣性總會大整合

2008 年 1 月，陳錦龍、李雄之、陳瑞哲等，基於地緣性組織已經成立了「七大鄉團聯誼會」（七大鄉團），作爲地緣性組織最高組織。各州大會堂也成立了「馬來西亞中華大會堂總會」（華總）。還有「馬來西亞中華工商聯合會」（商聯會）、「馬來西亞華校董事會聯合會」（董總）、「馬來西亞華校教師會總會」（教總）、「馬來西亞留臺校友會聯合總會」（留臺聯總）、「馬來西亞華校校友會聯合會」（校友聯）等等，都代表着各自領域的最高機構。董總與教總爲進一步加強争取華文教育權益的力量，更進一步成立了一個以（董教總）爲名的機構，影響力之

强常被視爲民間的教育部。

代表各領域的最高機構紛紛成立之後,各姓氏總會之間却未成立一個代表華人姓氏總會的最高機構。因此,他們三人認爲有必要召集各姓氏組織,派代表出席一項交流會,以達致籌組聯合會的共識。於是便由陳總會長陳錦龍發函召開。出席人數相當踴躍。

先後經過兩次交流之後,大家一致同意成立一個由各姓氏總會組成的、「馬來西亞華人姓氏總會聯合會」(姓氏聯會)。與會者也同意把起草章程及向馬來西亞社團註册局註册的申請工作交由陳錦龍、李雄之及陳瑞哲三人負責。

由於在發起初期要召集七個來自不同州屬的總會代表成立籌委會實屬不易。於是他們三人便遵循社團註册局官員勸告,先由來自七個州屬的人,以個人身份去成立姓氏聯會。除原有的三人外,他們還找來拿督①洪來喜、拿督吳國强、顏世質、陳錦來、黃敏捷等八人,於 2008 年 10 月 7 日聯名向社團註册局申請註册。

經過將近一年的努力,姓氏聯會申請註册終於在 2009 年 7 月 19 日獲得批準。八位創會會員便退居幕後,改由即將加入的姓氏總會接管。

截至 2010 年 4 月 20 日已有十三個團體加入姓氏聯會。籌委會主席陳錦龍便發函召集第一屆會員代表大會②。

會中選出首屆理事如下:

總會長:陳錦龍

常務總會長:拿督洪來喜

副總會長:林家儀博士

　　　　 拿督吳世才

　　　　 拿督鄭金城

秘書長:李雄之(總會長委任)

秘書長:黃福地

姓氏聯會能够成立確是不易。成立初期就曾遭受一些人士誤會,認爲它將

① 拿督乃馬來西亞元首或蘇丹對有功人士所封賜的勛銜。
② 《星洲日報》,2010 年 4 月 26 日,國內版 11 頁。

被利用以削弱華社的力量。也有人認爲華團中已有太多的團體，不需要叠床架屋成立一個姓氏聯會。更有人認爲姓氏聯會的成立是幾個有野心人士，尋求出名的平臺等等。

姓氏聯會只好於 2010 年 2 月 19 日發表文告指出[①]：姓氏聯會是在七大宗旨下成立，即是：

1. 促進會員之間的友好關係與諒解。

2. 促進會員之間的福利。

3. 協助發展會員之經濟、文化及教育等。

4. 維護和努力以達致政府的政策。

5. 關注和提出對會員民生有廣泛性影響的政策與措施的意見。

6. 促進各民族親善與團結。

7. 聯絡與本會宗旨類似的團體以達至上述目標。

因此，姓氏聯會不可能遠離原來宗旨而使用於削弱華社力量。即使在非常時期只要華總、七大鄉團、董教總或商聯會對有利國利民之事登高一呼時，姓氏聯會也願附驥尾，給予全力支持。

文告又表示，基於年輕一代因教育背景的影響，對宗親情懷的冷漠，不免將造成宗親組織有逐漸趨向式微之虞。故姓氏聯會的成立可在追本溯源和尋根問祖方面盡一份綿薄之力。

姓氏聯會的成立是爲了結合更多團體的力量，提昇宗親組織的聯繫基礎，建立更大的華社支援力量。因此，姓氏聯會也進一步呼吁，尚未加入的各姓氏總會能盡快加入；共同凝聚力量，爲血緣性姓氏組織創造一個更美好的未來。

姓氏聯會於 2010 年 5 月 26 日舉行第一屆理事會宣誓就職暨籌募活動基金晚宴時，曾邀請衛生部長拿督斯裏廖中萊及華總總會長丹斯裏方天興聯合主持監督。中國駐馬大使館也派代表出席。衛生部長代表政府捐獻馬幣兩萬元作爲姓氏聯會的活動基金。當晚總共籌獲款額高達馬幣二十餘萬元，成績可嘉。

姓氏聯會成立之後，即獲印尼華人百家姓協會副主席許再山、羅秉光、陳社棟以及副秘書長蔡鎮偉一行四人到訪。他們呼吁姓氏聯會多派代表參加於

---

① 《南洋商報》，2010 年 2 月 20 日，雪隆版 B9 頁。

2010 年 10 月 17 日至 19 日在印尼首都雅加達舉行的「第四屆東南亞加中國大陸、臺灣、香港、澳門、新西蘭、澳洲」各姓氏宗親聯誼大會。大會主題爲:「增進宗誼,共謀發展,薪火相傳」。

後來,總會長陳錦龍還親自率領 28 人赴會。①團員們對這次的大會留下深刻印象。除此之外,爲配合世界書香日,姓氏聯會亦曾受馬來西亞國家圖書館邀請,贈送華文書籍予全國一千多間國民型中學的華文學會。2010 年 9 月旅遊部邀請姓氏聯會參於爲推動旅遊業而舉行的中秋提燈籠節目。

姓氏聯會成立之後,除積極加強各會員之間的聯繫之外,也積極走向世界,與各國的姓氏總會或百家姓總會加強聯繫,以促進文化交流。今後姓氏聯會將繼續努力以達致血緣性組織大整合的最終目標。截至本文截稿爲止,參加姓氏聯會爲會員的各姓氏總會已有以下列的 17 個團體,僅剩少數幾個姓氏總會尚未能作出決定。

1. 馬來西亞陳氏宗親總會　　2. 馬來西亞六桂堂總會

3. 馬來西亞傅氏公會　　4. 馬來西亞黃氏聯會總會

5. 馬來西亞蕭氏公會　　6. 馬來西亞吳氏宗親總會

7. 馬來西亞王氏宗親總會　　8. 馬來西亞榮陽聯合總會

9. 馬來西亞馬氏宗親總會　　10. 馬來西亞濟陽辛柯蔡宗親總會

11. 馬來西亞林氏宗親總會　12. 馬來西亞南陽葉氏宗親總會

13. 馬來西亞顏氏公會聯合會

14. 馬來西亞程氏宗親會　　15. 馬來西亞何氏總會

16. 馬來西亞彭氏總會　　17. 馬來西亞羅氏公會

（作者爲馬來西亞華人姓氏總會聯合會秘書長、雪隆李氏宗親會會長）

參考書目:

1. 石滄金《馬來西亞華人社團研究》,中國華僑出版社,2005 年。

───────────────

① 　詳見《南洋商報》,2010 年 10 月 24 號,雪隆版,12 頁。

2. 林水檺、何啓良、何國忠、賴觀福《馬來西亞華人史新編一册、二 册、三册》,馬來西亞中華大會堂總會,1998 年。

3. 吳華《馬新海南族群史料匯編》,馬來西亞海南會館聯合會,1999 年。

4. 顏清湟著《新馬華人社會史》,中國華僑出版社,1989 年。

5. 陳義初主編《河洛文化與漢民族散論》,河南人民出版社,2006 年。

6. 范如松主編《東南亞華僑華人》,世界知識出版社,1999 年。

7. 王俞春著《海南移民史志》,中國文聯出版社,2003 年。

8. 王賡武著《中國與海外華人》,臺灣商務印書館,1994 年。

9. 唐玲玲、周偉民《中國和馬來西亞文化交流史》,文史哲出版社,2002 年。

10. 鄧主儉主編《河洛文化與閩臺文化》,河南人民出版社,2008 年。

鄭和遺風在泰國──探討泰國有鄭和廟嗎

章樂綺　章樂民　邱清華

Abstract：Zheng He voyages departed from China, sailed through Taiwan Strait and across Indian Ocean, his fleet reached Siam, today's Thailand. In the Chapter of Siam, Ming History Archieve, "There is a Sam‑po Temple, worships Zheng He". The purpose of this article has to make a field study and to find out if there are Zheng He Temples in Thailand today.

一、前言

15 世紀初鄭和船隊由江蘇太倉出海,經臺灣海峽、南海,跨渡東南亞、印度洋,途經暹羅,據《明史》暹羅條云「其國有三寶廟,祀中官鄭和」,暹羅所在地為今日的泰國。鄭和船隊在東南亞停留過,且至今華人仍聚集之處的馬來亞麻六甲及印尼三寶瓏等地,均有供奉三寶(保)大人鄭和的三寶廟。泰國的三寶廟如今安在? 為此,曾數度在泰國實地察考供奉三寶公的帕楠稱寺、卡拉亞尼敏寺及烏拍寺等三寶公佛寺,一探究竟。

二、帕楠稱寺(Wat Panan Choeng)

泰國現有的三寶公佛寺中,規模最大,建造年代最早,也最負盛名的帕楠稱寺(Wat Panan Choeng,帕楠車寺,帕南瓊安寺),位於曼谷以北 85 公裏的大城府(Ayutthaya,阿瑜陀耶,阿猶他亞,艾尤塔雅)。阿瑜陀耶王朝(1350～1767 年)在 14～18 世紀興建多座宏偉壯麗的佛寺,有細高塔尖的緬甸式、吊鐘型的錫蘭式、還有圓錐型佈滿雕刻的高棉式佛塔,至今倖存,聯合國教科文組織於 1991 年,將大城列入「世界文化遺產」。

柏楠稱寺，信眾繁多，坐落於大城城南，瀕臨湄南河東岸。建築宏偉瑰麗，銅鑄的佛像高 19 公尺，高及屋頂，廟內匾額上有「三寶佛公」中文大字，對聯寫著「三寶靈應風調雨順，佛公顯赫國泰民安」，廟門對聯「七度使鄰邦有明盛紀傳異域，三保駕慈航萬國衣冠拜故鄉」，意指鄭和下西洋，但未見祭祀鄭和。

除《明史》「其國有三寶廟，祀中官鄭和」外，明萬曆年間出版的《東西洋考》，描述暹羅的名勝古蹟有「禮拜寺，永樂間，鄭和所建寺，甚宏麗，佛高與屋齊」，又說「三寶廟在第二關，祀太監鄭和」，所謂三關：「其一為程盡所轄，其二為木夷所轄，第三為佛郎機，日本所轄」。如今大城南面的河岸邊，確有日本城及葡萄牙城的遺址，鄭和所建宏麗的寺廟，是現今大城這座三寶佛公廟嗎？

豎立在寺廟的石碑以中文刻著，此寺廟始建於 1324 年，自清康熙五十七年（1718）稱為三寶佛公廟。鄭和船隊首次到暹羅是在第二次下西洋（1408～1411年）之時，年代在建廟之後將近一世紀，或許鄭和曾修建此廟，但欠缺可供印證的史料。

三、卡拉亞尼敏寺（Wat Kalayanamit）

在曼谷市區眾多佛寺中，位於湄南河西岸的吞武裏區，有座供奉三寶佛公的卡拉亞尼敏寺（Wat Kalayanamit），寺廟外觀與眾不同，因為主殿僧院（viharn）是中泰合璧的建築，納入了中式廊柱和裝飾風格，寺院前還有石材建造雕刻的中式牌樓、亭子與人像。

主殿供奉巨大的青銅佛陀，是尊坐佛，泰文稱之為 Phar Buddha Tri Rattana Nayok，或 Luang Pho Toa（大佛陀），門上匾額以中文寫著「三寶公佛祖」，華人稱為三寶公（Sam Poh Kong），據說也是紀念鄭和。佛高 15 公尺亦與屋齊，為 1837 年鑄造，在鄭和下西洋之後約四百年。

四、烏拍帕地卡寺（Wat Uphai Phatikaram）

在距離曼谷以東約 80 公裏的差春騷（Chachengsao），屬北柳府（Paet Riu），是個以農業經濟為主的城鎮，也有一座三寶公佛寺，名為烏拍帕地卡寺（Wat Uphai Phatikaram），簡稱烏拍寺。廟外牌樓上有紅色中文大字〝三寶公佛寺〞，廟門上懸掛的對聯寫著：「三保七次震西洋偉蹟勛功明代，寶筏一航威鄰國大顯

神威南疆」,意指鄭和七下西洋。跨過門檻,殿前彌勒佛笑臉迎人,主殿正中央為大雄寶殿,供奉的是佛陀,高 15 公尺,肇建於 1878 年,除了華人信眾,近年越南人也來此膜拜。

五、泰國有鄭和廟嗎

據北柳府烏拍寺前的說明牌,泰、英文併列,謂泰國有上述三座佛寺供奉三寶佛公。其實泰國不只有這三座三寶佛公寺,惟這三座佛尊均甚巨大,且建造歷史較久。從字面上來看三寶公,讓人聯想到三寶(保)大人鄭和,雖然三寶公佛寺門上的對聯有明代三保下西洋等字樣,但寺內供奉的並非鄭和,而是釋迦牟尼佛祖,均為泰國素可泰時期的佛陀造型,單腿盤坐,頭頂的佛光呈火焰狀,右手指垂下,左手掌朝上,以觸地印的手勢指地見證修道成佛。佛教中三寶係指「佛、法、僧」,皈依三寶獲得自信的「覺、正、淨」,是佛教修行正果的總原則,若三寶寺廟因而名之,那麼,就未必指的是三寶(保)鄭和了。

隨鄭和船隊下西洋的馬歡在《瀛涯勝覽》中記述,船隊到暹羅是由「新門臺海口入港,繚至其國,國週千裏」,到達地點「王居之屋,頗華麗整潔」,「國人為僧為尼者極多」。鄭和船隊遠航到泰國是在 15 世紀初,當時臨暹羅灣地區為阿瑜陀耶王朝的勢力範圍,長久以來華人經海路來到泰國貿易或移民,視三寶(保)大人鄭和為守護神,頌揚三保七下西洋的勛業。如今,以民間信仰言,三保太監與三寶佛公似已融合為一,泰國各地的三寶公佛寺香火鼎盛,不論是否祭祀當年遠航而來的鄭和或寺廟為鄭和在此修建,祈求護佑平安,信眾繁多,備受敬重,深植當地社會,是不爭的事實。

(章樂綺,中華鄭和學會理事長;章樂民,泰南臺商聯誼會名譽會長;邱清華,中華鄭和學會理事)

參考書目:

1.《明史》卷 324《外國傳暹羅》,中華書局,2003 年。

2. Garnier V. , *Ayutthaya – Venice of the East*. River Books, 2004, Bangkok.

3. 張燮著,謝方點校《東西洋考》,中華書局,2000 年。

4. Wood W. A. R. 著,陳禮頌譯《暹羅史》,臺北商務印書館,1947 年。

5. 馬歡著,馮承鈞校注《瀛涯勝覽校注》臺北商務印書館,,2005 年。

河洛文化與菲、臺衛星電視交流

陳偉之

Abstract：Great Manila area in Philippine had ever been the biggest one where helu – people emigrated overseas from mainland China. Recently, they usually watch Taiwan TV programs that accompanied by universal of satellite and cable TV. Such as the Formosa TV's program "Night market life" which open a new cultural communication.

There are two things I found when I went to Great Manila area to take a field research in December, 2008, one is Chinese offspring running's DESTINY TV which have been broadcasting Taiwan TV programs for a long time, another is Taiwan cable& satellite TV merchants also already open market over there. These phenomenon worth to study by who care the development of helu – cultural.

一、前言

河洛文化源自中原文化,卻有濃厚的閩南特色,例如具有海上冒險犯難的精神、移民海外經商或開墾的經驗。基於這兩項特色,閩南人在明末清初曾經寫下輝煌的「閩南人海上世紀(湯錦臺,2005)」,鄭芝龍、鄭成功父子是個中最具代表性的人物。當時閩南人的海上勢力範圍,包括今日越南中部(會安)、菲律賓呂宋島、臺灣、琉球,以及日本神戶等領海。河洛文化也隨之傳揚各地,迄今依然如故。

菲律賓呂宋島曾經是閩南人移民海外最大的聚居地,現在還有華人 117 萬多人,其中閩南人占八成多;臺灣為閩南人聚居的主要地方,在 2300 萬人中占了七成;兩地華人的祖先都移民自福建省南部,不但說著類似的方言,還有相同的

民情風俗。

　　1980 年後,許多臺商前往菲律賓投資經商,兩地閩南人再度攜手共創新一波的工商事業遠景;1990 年後,臺灣衛星電視興起,開始對海外播映,菲律賓的臺商、臺眷因此得以直接透收視臺灣的各項電視節目。

　　臺灣於 2000 年時成立「臺灣宏觀電視」,透過衛星對海外僑胞與華人提供資訊服務,筆者於 2008 年 12 月前往菲律賓大馬尼拉研究當地華人收視「臺灣宏觀電視」實況時,意外發現他們早經透過民間業者設立的有線及衛星電視,收視臺灣各家電視公司製播的閩南語電視劇。

　　本文目的即在闡述臺灣與菲律賓的閩南人,本於河洛文化基礎,同步分享衛星電視閩南語頻道的奧妙。

二、馬尼拉華人的河洛情結

　　印尼華裔學者王賡武(1987)指出,閩南人在 13 至 18 世紀期間曾是海外貿易商的大多數,他們在中國沿海口岸成為獨樹一幟的貿易力量,比葡萄牙人在歐洲沿海的商業活動還要早一些。臺灣學者湯錦臺(2005)也有相同論述:

　　宋元兩朝鼓勵海外貿易的政策,有利地促進了南方之民向海外的發展,特別是泉州地區的商民,以其有利的地理條件和勇敢與風浪搏鬥的特質,不斷衝出國門,大批南下散佈在中南半島、馬來半島、印尼群島和婆羅洲的南海諸國港口,與早已活躍當地的波斯、阿拉伯和印度商人會合交易。他們在這些海域的頻繁進出,不但大大增進了中國對世界的認知,也帶動了南海各國貿易港口的興旺發達。

　　大馬尼拉地區華人眾多,大部分是中國福建省的移民及其後裔,即是當年閩南人開創的海上世紀的遺跡之一。筆者於 2008 年 12 月前往馬尼拉進行田野調查之際,目睹當地華人社區宛如臺灣鄉鎮,有著濃濃的閩南風味之外,華人還普遍說著閩南語,包括筆者遇到的中國大陸其他省份的華裔,例如廣東省、浙江省的華人也都能說著流利的閩南語。

　　此外,筆者參觀當地由基督教會設立的靈惠中學、聖公會中學,由佛教團體所設立的能仁中學、普賢中學,以及由商業團體設立的菲華中學,學生上課雖然都使用華語及漢字,但是學生也普遍能說流利的閩南語。靈惠中學校長陳宏濤

告知,菲律賓華裔子女求學十分辛苦,除了必須學習菲律賓國語 Tagalog、接受英語教學之外,還得學習華語(普通話)、閩南語,因此攜帶的課本很多,學生只得以裝有拖輪的書包負荷,連學校教室的樓梯都已改成溜滑梯式,以利學生拖著書包上下樓層。

陳宏濤校長是菲律賓閩南人移民的第三代華裔,早年留學美國獲得教育學博士學位,返回菲律賓後即投入基督教會創辦的華文中小學教育工作;陳校長的夫人林芳惠女士是臺灣省臺中縣人,兩人是於留學美國期間認識,如今都已年逾花甲,依然攜手共同為當地創辦高等華文教育而努力。

陳宏濤夫婦不諱言,當初正是因為同為河洛人、會說閩南語而結下日後美好姻緣;而兩人固然致力於海外華文教育,但也希望河洛文化能夠長久在菲律賓傳承。至於臺灣與菲律賓之間,他們認為不過隔著巴士海峽而已,搭飛機兩小時都不到即可到達,陳宏濤夫婦一直希望兩地河洛文化能夠多多交流。

菲華中學校長李淑慧是臺灣省臺南縣人,因先生工作而僑居大馬尼拉地區奎松市,當子女就讀當地華商總會辦理的菲華中學時而投入該校教學工作;李校長說,由家長而任教,再任行政工作直至擔任校長職務,他非常希望幫助有意到臺灣就讀大學的學生赴臺升學。晨光中學校長范鳴英女士是臺灣省桃園縣人,也是一位臺商太太投入當地華文教育的工作者;范校長強調血濃於水的感情,讓他放不下這群海外閩南子弟的教學使命。

或許因為菲律賓並未禁止華文教育使然,大馬尼拉地區華文報紙長久以來均享有相當規模的市場,至今仍有多達八家報紙發行,包括《世界日報》、《聯合日報》、《菲華日報》、《商報》、《大公報》、《文匯報》。不過,幾位當地華裔人士抱怨這些華文報紙,大多未能與時俱進,除了《世界日報》較具現代報紙規格外,其它顯得因陋就簡,已經很難吸引年輕的一代閱讀。

筆者曾逐一翻閱每一份報紙,發現內容與臺灣報紙仍有明顯差別,其中最明顯的是各報對於東南亞的僑社新聞,十分重視。當然,臺海兩岸的新聞也是以較大篇幅報導,各報因而看起來更具國際觀;這個現象或許是因為海外華人對於祖國及其他地區僑胞動態較為關心的結果;臺灣報紙在這一方面相對失色,以致於國人對於東南亞僑情反而陌生。再者,筆者在參觀《聯合日報》編輯部時,發現設備非常簡陋、工作人員亦少,這可能是受到市場有限的影響,也就難怪這些華

文報紙難以現代化了。

三、馬尼拉華語電視發展

相對於大馬尼拉華文報紙的衰退,當地華語電視頻道可就不同了,多達13個,包括源自臺灣的「臺視」、「中視」、「華視」、「民視」、「中天」、「TVBS」等頻道,源自香港的「鳳凰衛星電視」、「亞洲衛星電視」,源自中國大陸的「中央電視臺」第4頻道、第9頻道以及「湖南電視」,跨及兩岸三地。

多年前我國僑務委員會曾為各個華人社團或華文學校,安裝衛星碟型天線,方便他們收視「臺灣宏觀電視」的節目,但這些衛星碟型天線因為年久失修,多已故障。筆者在往訪的幾所華文學校,目睹校內安裝的衛星碟型天線,由於未能進行保養,外型都已老舊,各校校長也告知早已失去功能,但因缺乏經費修理,只好任由荒廢。

另外,當地的有線電視「GLOBE」公司,早於二十多年前即已透過衛星碟型天線,收視來自臺灣及其他國家或地區的衛星訊號節目,提供以臺商為對象的電視服務。該公司創辦人簡先生是一位臺商,原於臺灣從事有線電視工作。來到馬尼拉經營有線電視的作法是,先行在馬尼拉恰當地區設置基地臺並安置大型碟型天線,接收各種衛星電視節目訊號,然後再經由電纜將所接收到的衛星電視節目傳輸到各個臺商家庭,然後按月向收視戶收費。

筆者察訪得知,「GLOBE」有線電視公司經營十分困難,籌集資金及開拓客戶都不容易,因此已在最近悄悄併入當地華裔經營的另一家「DISTINY」有線電視集團,而由簡姓臺商負責華語文衛星頻道業務;使得「DISTINY」有線電視集團所屬頻道中,既有當地電視臺節目,也有購自美歐受歡迎的諸如「HBO」與「DISCOVERY」頻道,還有來自臺海兩岸三地的華語節目,頻道因而大幅增加,相信對於延攬廣大的「分眾」或可產生巨大的規模效益,從而達到華語頻道永續經營的目標。

在馬尼拉還有專門為臺商安裝衛星碟型天線的衛星電視公司——「華人衛星電視」。這家總公司設在臺北市的衛星電視公司是透過承租各種衛星轉頻器,將國內外頻道轉播至當地客戶家中,當地客戶只需要安裝碟型天線,並且每月支付收視費即可接收來自該公司轉播的國內外頻道節目。該公司在馬尼拉的

代理商莊炳陽告知,目前他在菲律賓各地已經為臺商安裝了四百多戶衛星碟型天線,依據尺寸大小收費二至三萬元臺幣。他說,在菲律賓的臺商約有一千家,有許多位於菲律賓偏遠的地區,例如養魚養蝦場,無法像馬尼拉市內居家可以安裝有線電視,因此想看來自臺灣或其他衛星電視節目,只有安裝衛星天線,然後每月支付約 600 元臺幣收視費。

菲律賓有七家在地的電視臺,馬尼拉一般家庭經由有線電視還可接收境外頻道,有約七、八十個頻道,但以菲律賓國語 Tagalog 播出的頻道,由華裔曾煥彊經營的「Intelsuccess」電視臺,據稱最受歡迎。曾先生是以洽購臺灣、香港及中國大陸的戲劇節目,再經由改配 Tagalog 後播出,由於選購的節目都以趣味性較高的內容為主,深受一般菲律賓人歡迎,華裔也喜歡看。

曾先生是馬尼拉華裔,年少時讀華文學校,熟悉閩南語及華語,偶然機會與香港電視事業接觸,於二十多年前在馬尼拉經營電視臺,初期因逢前總統馬可仕企圖掌控電視臺而頻受打壓,隨著馬可仕下臺,他經營的電視臺反而受到菲律賓人歡迎。由於他經營的電視臺內容開始即以商業電視臺取向,儘可能提供能夠滿足觀眾嗜好的節目,從而奠定了穩定的基礎。曾先生說,菲律賓華人有限,而當時的香港電視劇多以廣東話發音,而臺灣的節目也以國語居多,不適合在馬尼拉播出;他為了打開市場,因此以 Tagalog 配音,由於節目有趣遠勝當地節目內容,很快就受到廣大觀眾歡迎。

曾先生認為不少華人都以維護自身文化出發,在海外經營華人報紙或電視臺,市場必然受限。反之,若能以僑居地的語言或文化考量,經營符合當地觀眾需求的媒體,再經播出改以當地發音的華語節目,可能更能拉近彼此之間的距離。他以當下臺灣《民視》推出的閩南語連續劇《娘家》為例,深受馬尼拉華人歡迎,但這些華人通常是指上了年紀的老華人,對於年輕的華人而言,受到福建話能力下降的影響,就無從接受;然而類似的節目一旦改以 Tagalog 配音,不僅年輕華人能接受,菲律賓人也喜歡。曾先生強調,如此作法,華語電視節目可能更容易擴展菲律賓的市場!

曾先生行事低調,他告知既不掛招牌也不打知名度,筆者接觸的華人中亦多不知這位著名電視臺的經營者,竟是一位華裔。然而曾先生卻十分關懷華人,筆者經由其曾就讀的華文母校連絡,當知筆者到訪之目的,即刻慷慨接受訪談,並

於次日主動電話問候訪問是否還有疑問,並含蓄拜託多多關照其華文母校發展。

四、臺菲跨國電視傳播分析

臺灣、呂宋隔巴士海峽遙望,都曾是閩南人移民海外開墾或經商的據點,奈何西方列強踵至,兩地分別落入荷蘭、西班牙統治,但是河洛文化不絕如縷;及至日本帝國南下,臺灣、呂宋兩地閩南人奮起抗爭,史蹟可歌可泣,萬古流芳。

二次世界大戰之後,臺海兩岸因國共內戰而對峙,臺灣與菲律賓的關係依然如故,風雨飄搖之際,不少菲律賓閩商反而來臺投資,振奮人心,例如中泰賓館、中華體育館的興建皆是案例;迄今中國國民黨菲律賓支部仍然在馬尼拉市運作,文化經貿交流也從未中斷;其間,固然有其歷史淵源,但何嘗不也是河洛文化「患難見真情」的寫照。

臺灣自 1895 年遭日本帝國割據後,與福建、呂宋之間的往來,不比往昔密切;加上 1960 年代後的經貿發展,漸漸倚重美、日兩國,反而與菲律賓疏遠了;甚至忘了呂宋華人原與臺灣居民同源同宗,講類似的方言之外,還具有相同的文化與信仰。

1980 年代臺商前往菲律賓投資經商、1990 年代臺灣衛星電視興起,臺灣與菲律賓華人雖然有著機會再次接觸,但卻是單方面的;也就是菲律賓華人有機會迎接來自臺灣的閩南商人、菲律賓的華人家庭有機會收看臺灣的閩南語電視劇。相對的,臺灣除了接納大批菲傭、菲勞之外,少有人知道菲律賓華人多為閩南人後裔,更不清楚他們現在的生活狀況。

日本帝國割據臺灣之時,臺灣人口僅 300 萬,1949 年撤退來臺時,也不過號稱 600 萬人。今日臺灣人已高達 2300 萬人,暴增近四倍,多為戰後出生的新生代;他們既無歷史教材教導早年呂宋與臺灣華人皆移民自福建南部地區,也無現代新聞媒體時時報導菲律賓華人社會所發生的事情,難怪他們對於菲律賓華人社會一無所知。

其實,這個現象在菲律賓年輕一代的華裔身上也可以發現,並令老一輩的華人感到憂心忡忡。大馬尼拉地區雖然華文學校林立,但是師長告知當地華裔學子學習中文的意願,反而不如學習英文來的熱衷。他們逐漸認同菲律賓文化,嚮往美國流行時尚,對於中華文化尚且不感興趣,遑論與臺灣人共有的河洛文化

了。

　　老一輩的華人擔心因為閩南語使用範圍十分有限，有一天將會消失。

　　語言是文化的基本要素，閩南語消失後很難期望菲律賓華人仍能延續河洛文化。早年菲律賓華人積極爭取到臺灣各大學讀書，即深受兩地河洛文化相近吸引，而臺灣也有人到菲律賓留學或弘揚佛法，也是受到兩地華人均是閩南人影響；這些景象如今已不復存在，兩地閩南人日漸陌生，就好像對於中國福建南部漸漸失去記憶一般，不再有著一家人的感情了。

　　但是這個現象隨著衛星電視跨國播出後有了變化，筆者在大馬尼拉進行田野調查期間，驚覺許多華人家庭按時收看臺灣製播的閩南語電視連續劇；造成這個光景的原因固然是受到以家庭人倫或社會生活等等劇情的吸引，更重要的原因是閩南語發音引起了他們的好奇，播出的劇情又與菲律賓華人家庭與社會結構諸多雷同，他們驚覺原來還有其他國度地區的人們廣泛使用閩南語，而且有著相同的河洛文化。年輕的菲律賓華裔開始關切臺灣了！

　　對於祖先語言的記憶與好奇，以及身處異鄉懷念故鄉文化的心理，正是今日全球各地移民激增後，跨國電視傳播受到重視的原因；臺灣跨國電視傳播在菲律賓華人社會發揮功能的關鍵，也正式繫於彼此之間共有的河洛文化。這也是為什麼臺灣民營「三立」、「民視」電視臺在菲律賓受歡迎的程度遠超過「臺灣宏觀電視」的原因。

　　菲律賓華人離中國故鄉福建省有一段距離，離中國首都北京的距離更遠，北京當局不比福建省更熟悉河洛文化，而福建省當局聽命於北京，縱使重視河洛文化，恐怕也不及臺灣河洛文化發展的程度。臺灣儼然已成河洛文化傳承的重鎮，面對海外閩南移民及其後裔，例如新加坡、檳城等地的閩南移民及其後裔，當應製播更具河洛文化意涵的電視節目，透過衛星跨國傳播一同分享。

五、結論

　　如果有人問今日河洛文化有何價值？從本研究中可以得到答案，即海內外閩南人及其後裔將因河洛文化而更加凝聚團結。閩南人移民海外歷史久遠，又受限於國際勢力變遷，分散各地的閩南人及其後裔彼此之間，少有機會直接接觸，關係也就日漸淡薄了，有些地方的閩南後裔甚至可能面對失去河洛文化記憶

的威脅;但是自從 1990 年代衛星電視普及以來,跨國電視傳播卻足以彌補這項缺憾。

本文中分析菲律賓華人收視臺灣各家電視臺製播的閩南語電視劇,正是印證臺灣電視跨國傳播已經發揮了交流河洛文化的功能。

但是臺灣各家電視臺播出的閩南語電視劇多是以臺灣觀眾為對象,少有顧及海外閩南人及其後裔的觀感或需求;換言之,以本文論述的呂宋華裔收看臺灣製播的閩南與電視劇,只是「旁觀」罷了,而臺灣製播單位也從未考量呂宋華裔的視角,更是完全談不上正規的河洛文化交流的意義了;然而,正如本文所強調的,臺灣已成河洛文化的重鎮,過去 60 年發展的結果顯示,臺灣不僅閩南人口眾多,河洛文化也得到良好的發揮,受到重視的程度則更勝過其他地方,有識之士應分外珍惜這份資源,善加利用才是。

(作者為玄奘大學資訊傳播學院院長)

參考書目:

1. 陳偉之《海外華人新聞聯繫之研究》,臺北虔誠文化出版社,2010 年。

2. 吳文煥譯《菲律賓簡史(Teodoro A. Agoncillo 原著)》,菲律賓華裔青年聯合會出版,1996 年。

3. 羅安順《融合是華社與時俱進的必由之路》,《椰島相思》,菲律賓華文作家協會出版,2008 年。

4. 黃哲真《菲律賓概觀》,臺北正中書局,1988 年。

5. 明安香《傳媒全球化與中國崛起》,社會科學文獻出版社,2008 年。

6. 楊海軍《傳媒經濟學》,河南大學出版社,2008 年。

7. 許正林《中國媒體國際傳播的障礙與應對策略探討》,《全球化華文媒體的發展和機遇》,復旦大學出版社,2007 年。

8. 葉虎《東南亞華文傳媒研究》,世界知識出版社,2007 年。

9. 彭偉步《海外華文傳媒概論》,暨南大學出版社,2007 年。

10. 馮應謙《全球化華文媒體的發展和機遇》,復旦大學出版社,2007 年。

11. 陸地《世界電視產業市場概論》,中國人民大學出版社,2003 年。

12. 李瑛、何力《全球新聞傳播發展史略》,鄭州大學出版社,2004 年。

13. 王賡武著《中國與海外華人》,臺灣商務印書出版社,1994 年。

14. 陳烈甫著《華僑學與華人學總論》,臺灣商務印書出版社,1987 年。

15. 湯錦臺著《閩南人的海上世紀》,臺北果實文化出版社,2005 年。

16. Alito L. Malinao, Jouralism for Filipinos, Mandaluyong: Echanis Press. 2003.

17. Leo Suryadinata, Chinese Diaspora Since Admiral Zheng He with Special Reference to Maritime Asia, Singapore: Chinese Heritage Centre and Huayiet. 2007.

18. Leo Suryadinata, Understanding the Ethnic Chinese in Southeast Asia, Singapore: Institute of Southeast Asian Studies. 2007.

19. Leo Suryadinata, Southeast Asia's Chinese Businesses in an Era of Globalization. Singapore: Institute of Southeast Asian Studies. 2006.

20. Andy Ruddock, Understanding Audiences, London: SAGE Publication. 2001.

鄭和奇案揭祕

錢肇昌

Abstract：Less than a century after Zheng He's legendary voyages Europeans took to the sea and discovered new lands. The close proximity of the two events in time and the unlikely ease with which Europeans accomplished their feats have long been suspect. Were the two events related?

The present research, relying on extant evidence, shows unequivocally that Europeans venturing out to sea was in fact the result of coming into knowledge of the world provided by the Chinese, thus implying that the Chinese were the first to explore the globe and not the Europeans.

Numerous pre – Age of Discovery (thirteenth to fifteenth century, before Christopher Columbus) maps now preserved in the world's institutions show that Europeans were drawing maps of the world—America, Australia, North Pole, South Pole. Greenland, Iceland, and so on—indicating they knew of such places before setting out to explore them and having surveyed them. Details of such maps reveal not only Chinese place names, but they were entered in exotic locations such as America, proving that Europeans had obtained geographical data about the world from outside—names and land shapes—but had no idea about their reality. That these exotic place names were Chinese identifies their source being China. Further, the names belong to terminologies of the Yuan Mongol era informs us that the Chinese had charted the world at least by Yuan times, and the knowledge gained directly enabled Zheng He's majestic undertakings.

Further, related European documents of the period explicitly state that they gained their knowledge in the middle of the fifteenth century, thus confirming knowledge transmission immediately after the termination of Zheng He's expeditions.

Being the personal project of Emperor Chengzu, considered a usurper by court ministers, the Zheng He missions were summarily shut down after Chengzu's death (the expedition was reenacted one time during Xuande's reign). Consequently the knowledge is lost to the Chinese.

鄭和下西洋後不到一個世紀歐洲人出海,引進大發現紀元(Age of Discovery, Age of Exploration)。歐洲人輕而易舉地發現新大陸,達成壯業。但這兩件事之間時間距離之接近一直令人懷疑是否是相關的。

這個問題目前在下的研究已得到了絕對的解釋。世界各國現存的證據顯示這兩件事確實是相關連的。歐洲人之所以能夠出海,事實上是因為得到了中國的世界地理知識而成,從而暗示中國人在歐洲人之前已經探索過整個地球。

此事是怎麼發生的呢?

從證據我們知道,大發現紀元歐洲文物裡的怪物原來都是東方來的。然而歷史對此事一字不提。我們對此又如何解釋?

事實證明,這不是記錄疏忽,而是歷史疏忽,因為知識轉移和採納的過程是曲折的,以至現在都已經忘了。事實是,對歐洲人來說,中國文化是陌生的,要吸收它是一個痛苦和辛苦的過程。這段困難的歷史現在仍保存在現存的文獻裡。

將1524年彼得·括潑的南美洲和今天的奧裡諾科河三角洲的地圖比較后發現,1524年的世界地圖繪製粗略,裡面畫的是一片大陸和一個在大西洋非洲以西的看起來像熊掌的陸地。大西洋沒有這樣的一個地方。這只是一個畫得很差的南美洲北部的奧裡諾科河(Orinoco)三角洲。

歐洲的製圖者從某處得到了一張地圖或者一張草圖描繪這條河的出口,這是毫無疑問的。製圖者知道這個地方是在非洲西邊,可是尚不知道它是一個新的大陸。這也明確表示他對原圖所用的尺度比例不熟悉,以至把它畫在大西洋中間,大得好像一個大陸一樣。

大發現紀元時代的許多歐洲地圖師都畫過奇大無比的土地。一個很好的例子,就是其中有一個特大的加勒比海畫得比整個非洲還要大。

另外,德絲聯士(Desliens)画有一张澳洲地图,圖上面畫了一個幾倍大的澳洲西北角。

看一下 1500 年的加勒比地圖我们就會发现,該圖兩大陸之間的比例差別是再明顯不過。該圖的製圖者根本不知道他在畫什麼。他得到了新的世界地理資料是不可能有任何疑問的了。

然而在一張兩年後出版的地圖裡不僅有一個大得不相稱的南美洲東北角,它還有格陵蘭和冰島。

同時歐洲人也在努力搜索亞洲的真形。這是一件特別辛苦的事,因為他們還沒去過亞洲。

我評語的用意並不是想貶低這些早期歐洲地圖師的藝術技巧。相反的,這些都是一流的老師傅。但正是因為他們是高手,而造出這麼差勁的產品,為我們提供了一個了解事实真象的線索。

1502 年堪亭懦(Cantiao)画了一张世界地图,然而画得也很不准確。

總之,大發現世紀前歐洲人的地理知識,大多來自中國,從其使用的地名多是蒙元時代可知,中國人最遲在元代就已經測繪過整個地球了,鄭和就是利用這些地理知識下西洋的。鄭和下西洋后,這些地理知識也立刻傳播到了歐洲。

（作者為旅美教授,獨立歷史學家）

世界各地華人電子族譜網絡平臺
發展現況與願景探討

張仲琪

Abstract：How to find the common characteristics of Chinese around the world，and change many of the original genealogy of the old traditional image of old and outdated ideas，to further attract the attention of young people today and Participation，and have been established or are developing Compilation of Chinese genealogy and care about this treasure of Chinese traditional culture of public sector institutions，researchers and Author of the Chinese people and so home and abroad to jointly create a "Chinese family network" exchange of information and database sharing of service platform，all at home and abroad Anytime，anywhere can access the Chinese ancestor of the global database to facilitate quick and easy to establish their own roots and family tree.

The purpose of this study，because of time constraints，is proposed based on the existing network platform for the development of Chinese e – pedigree and vision to make a preliminary study. To explore and expect to achieve the objectives stated in the previous paragraph，that the power can be integrated together to create overseas Chinese resources，the network platform of China's e – pedigree of expectations，And hopes to build with Chinese characteristics，the world famous brand community site.

一、前言

中國是一個歷史文化悠久的文明古國，遠稽自三黃、五帝至戰國時代以降的

天子、諸侯及士大夫等,在世系表、年表中已有血緣關係等譜牒資料的記載。①
以一個民族的體現與表徵內涵,大致可由血緣、地緣與文化緣等三大因緣形成而
來,在世界各地海內外華人,由古至今流傳下來之種類眾多繁雜的華人族譜文獻
中,在傳承我國久遠的宗法制度,藉由姓氏家族制度,成立各式各樣來自中國內
地緣流的宗親、同鄉會的發展歷程中,處處可見到譜牒文獻的所扮演重要的角色
與文化血脈傳承的意義。

　　尤以網路及科技應用普及的西方開發國家,更是他山之石,許多家族譜牒之
數位網絡化的成功經驗,對我們華人的電子族譜未來發展與願景探討是值得借
鏡學習的地方,並可彌補華人文化產業的高新科技創新服務與銜接應用不足之
憾。

二、世界各地族譜電子化網絡平臺發展現況與演進過程

　　當代世界華人共同生存在一個傳統文化傳承與科技網絡交流的轉變年代,
而網絡生活的價值在於其無價,它構成了一個與現實與虛擬世界同構異質並行
的社會。套用②霍金在《大設計》中對感覺世界的評價:「哪個方便,用哪個。」就
整個世界各地家族譜電子化的資訊系統之發展來看,以美國的族譜資訊網站的
內容資源與服務商業模式的運作,是最值得我們參考借鑒與學習的對象。

　　1. 臺灣地區族譜電子化網絡平臺發展現況

　　臺灣地區族譜文獻的出版、蒐集與整理,從紙本走向微縮膠捲與光碟,最近
幾年更是朝向建置族譜資料庫與典藏數位化方向邁進,這些都是結合科技與人
文發展趨勢的有利一面。將族譜書目直接上載於網站之內,可以方便海內外讀
者的搜尋與利用。

　　以下三個較具規模的族譜網站,簡介如次:

　　(1)「臺灣地區家譜聯合目錄資料庫」③臺灣地區現藏中國家譜約 28,846
種,藏量在中國家譜總數中佔有相當的比重,本館有鑑於家譜乃記載民族血緣的

　①　廖慶六著《我國族譜文獻蒐集整理與資訊化之研究》,《私立輔仁大學圖書資訊學研究所碩士論
　　　文》,1998 年,第 15、31 頁。

　②　史蒂芬·霍金、納德·蒙洛迪諾《大設計》,中國湖南科技出版社,2011 年 1 月。

　③　「臺灣地區家譜聯合目錄資料庫」網站:http://rarebook.ncl.edu.tw/rbook.cgi/frameset5.htm

歷史圖籍,故家譜資料有助於人文社會科學的研究。

(2)臺灣尋根網①由科學委員會所執行的國家型科技計畫－數位典藏與數位學習師範大學圖書資訊學研究所負責的「臺灣族譜資訊服務網」,由於分藏有全世界各地有關中國的族譜據估算約有六萬種之多。其主要尋根資料庫有:.姓氏資料庫、族譜資料庫、家族資料庫、人名資料庫、古代人物資料庫、宗祠資料庫及族譜網路資源等七大部分。

(3)臺北故宮博物院的家族譜牒文獻資料庫 ②本資料庫為臺北故宮博物院所建置,收錄大陸與臺灣地區家族譜文獻書目。故宮博物院原藏族譜資料不多,1996年獲聯合報文化基金會國學文獻館贈美國「猶他家譜學會」藏中國族譜縮微影片,共1萬餘種家族譜資料,含大陸地區2,000多種,臺灣地區近7,000種。

2. 大陸地區族譜電子化網絡平臺發展現況

目前網路上可搜尋到有關於華人族譜的網站,大致上可以區分為綜合索引型的族譜網站與單一姓氏型的族譜網站兩大類。

以下六個較具規模的族譜網站,簡介如次:

(1)上海圖書館——家譜資料庫

據統計,上海圖書館共收藏有約17,000種、110,000餘冊中國家譜,是國內外收藏中國家譜(原件)數量最多的單位。上海圖書館還開設了全國第一個家譜閱覽室。家譜閱覽室自1996年12月對社會開放以來,引起了海內外人士的關注。每年有數以萬計的海內外人士來家譜閱覽室參觀查閱。③

(2)中國家譜總目

《中國家譜總目》全書1200萬字、共10冊,共計收錄了中國家譜52,401,計608個姓氏,是迄今為止收錄中國家譜最多、著錄內容最為豐富的一部專題性聯合目錄。經過上海圖書館長達九年的編纂,2009年7月14日由上海古籍出版社正式出版。首次將全世界範圍內的中國家譜彙編成目,為全球華人尋根問祖提供了一份完整「路線圖」。④

---

① 科學委員會所執行的國家型科技計畫－數位典藏與數位學習國家型科技計畫,臺灣尋根網(http://www. genealogy. com. tw/index. jsp)。

② 漢學研究中心,2010年國際漢學研究數位資源選介,第八類族譜,第121頁。

③ 上海圖書館－家譜資料庫網站,網址: http://search. library. sh. cn/jiapu/

④ 中國家譜總目,百度百科網站,網址: http://baike. baidu. com/view/938355. htm

　　作者曾於 2010 年 6 月 23～24 日參觀上海世博會行程,順道拜訪上海圖書館家譜閱覽室,提出為何網站資料僅提供原上海圖書館之族譜藏書的檢索服務,據該館人員表示,係因經費問題,出版社基於印刷紙本製作成本浩大,須待銷售一定數額後再研議,可惜至今尚無法如願將所有《中國家譜總目》內容推出上網搜尋該全部目錄數據,供全球華人可網上尋根的計畫。

　　(3)中華尋根網

　　全球中華尋根網專案①(以下簡稱尋根網)建設始於 2008 年,由澳門基金會提供經費支援,中國國家圖書館負責專案實施。尋根網專案將採用分期建設的模式,第一期的主要任務是建立尋根網系統模型、資料模型和軟體系統。並製作姓氏資料 500 條、家譜書目資料 30,000 條,採用掃描、置標、全文化等多種方式逐步數位化全部館藏家譜,目前已完成 500 餘種約 50 萬葉。同時發佈與家譜相關的文獻 6,000 餘種約 300 萬葉。

　　(4)永恆族譜

　　《永恆族譜》作為一款功能強大的族譜製作軟體工具,已經成為大陸最受歡迎的家族譜軟體之一,由中國廣東 LWB 工作室開發完成(可能與臺商投資合作),為屬支援繁體中文之共享軟體。

　　(5)網同紀念企業

　　由 Netor 網同紀念所建立,網同紀念為眾多中國著名殯葬企業,此網站正式開站於 2000 年 3 月,是世界上第一家規模化經營線上紀念祖先的網路公司,目前在中國和新加坡兩地展開業務。至於其網站資料內容非常豐富,共登錄姓氏 3,480 個查詢姓氏,網上紀念已逝世親人、尋根問祖、族譜搜索、百家姓氏、家族登錄、人文知識以及搜尋引擎等,是值得推薦的網站。②

　　(6)中國電信廣東公司 e 家家園

　　廣東電信 e 家家園 SNS 業務策劃,引進美國目前最著名的 FNS(Family Networking Service,家庭社交網路)網站的 www. ancestry. com,以家庭及家族歷史記錄為核心展開關係網絡。③

───────────────

①　中華尋根網網站,網址:http://ouroots. nlc. gov. cn/

②　網同紀念企業,網址:http://www. netor. com/ 及 http://cn. netor. com/index. asp

③　中國電信廣東公司 e 家家園,網址:http://www. gdtel. com. cn/ehome/index. htm

作者經研究整理相關網站後,目前認為可能是華人經營家族譜服務中,引進歐美國家最為先進的營運策略方向與理念。但作者實際至該公司網站瀏覽後,絕大部分是服務手機 SNS 社群業務,幾乎與家族譜服務與搜尋無關,實為可惜。

3. 美國地區族譜電子化網絡平臺發展現況

目前在美國提供族譜資訊服務的網站很多,包括政府部門、網路公司、家族譜協會、摩門教會及各大圖書館所屬網站等,其中包括專門以族譜資料庫及提供尋根的相關網站,如主要的 Ancestry. com、Familysearch. org。

以下三個較具規模與受歡迎的族譜網站,簡介如次:

(1)美國 Ancestry 網站(www. ancestry. com)

該網站一開始以提供「血源研究中心」,專門追蹤已過世的親人,除了搜索工具外,還有聊天室,並將家族史有更新時主動通知用戶、及家族譜比對,方便網友追蹤還活著或失蹤的親人。[1]

該公司,總部設在美國猶他州,以出版族譜相關圖書資料為主,如暢銷書《美國族譜指南》,網站成立於1996 年,擁有2,500 個以上資料庫,號稱世界上最大的網上資源家族史文件、家譜和家族病史採集族譜,總資料量超過60 億筆記錄。[2]

(2)摩門教會 FamilySearch 網站:

由摩門教會(Mormon Church)設立,總部設在美國猶他州鹽湖城。摩門教十分重視家庭關係以及於宗教上安撫亡靈的目的,因此該教會於1894 年建立「猶他州家譜學會」,其家族史料即開始蒐集建檔以來,已有一百多年歷史,目前典藏中國家譜微捲種類約有2 萬種,其目錄均已完成數位化處理。FamilySearch 網站從1999 年5 月26 日正式啟用。截至2010 年6 月3 日止,國際家族系譜索引資料庫包含大約6.00 億筆死者的個人有超過資料可供檢索,已全部資訊化與網路化處理。[3]

————————————

①　美國 Ancestry 網站,網址:www. ancestry. com

②　陳昭珍,尋根:臺灣族譜資訊網的設計與建立,2004 年,第27~44 頁。

③　摩門教會 familysearch 網站,網址: http://www. familysearch. org/eng 及新 familysearch 網站: https://new. familysearch. org/zh/action/unsec/welcome

（3）美國加州洛杉磯 Geni 公司（自行上網參考）①

4. 其他各國或地區族譜電子化網絡平臺發展現況（自行上網參考）

（1）馬來西亞華裔族譜中心②

（2）香港原居民姓氏族譜③

（3）西班牙 Genoom Network 公司④

（4）俄羅斯 FamilyTree⑤

（5）以色列 MyHeritage⑥

5. 世界各地族譜電子化網絡平臺發展演進過程

有關世界各地族譜電子化網絡平臺發展演進過程，經本研究修改整理後，如下表 3－1 所示：

	紙本階段	微縮膠捲/光碟	個人編輯檔案(PAF)	資料庫/網路數位化	族譜網路/家族社群服務化
地區/年代	明清、民國初年為主~至今	1870~1945~1982年~至今	1995~2010年~至今	2000~2010年~至今	2008年~至今
台灣地區	A	B	C 不普及	A	無
大陸地區	AA	B	B 不普及	A	C
歐美地區	AA 令中斷過渡	A	A 很普及	AA	A

圖例：AA 代表發展很好、A 發展好、B 有，發展普通、C 有，發展不好。

三、世界各主要網站搜尋測試結果暨訪談家族譜編修者記錄

1. 世界各地族譜電子化網站平臺搜尋測試結果比較

有關世界各地族譜電子化網絡平臺實際選擇以臺灣、大陸及美國幾個主要提供華人族譜服務的網站為測試對象，經以張氏、安徽桐城、張廷玉等關鍵字搜尋測試比較，經本研究整理後，如下表 4－1 所示：

① 美國加州洛杉磯 Geni 公司網站，網址：http://www.geni.com/
② 馬來西亞華裔族譜中心網站，網址：http://www.mychinesefamilytree.net/
③ 香港原居民姓氏族譜網址：http://www.lib.cuhk.edu.hk/electronic/genealogy.htm
④ 西班牙 Genoom Network 公司網站，網址：http://www.genoom.com/
⑤ 俄羅斯 FamilyTree 網站，網址：http://www.familytree.ru/en/index.htm
⑥ 以色列 MyHeritage 網站，網址：http://www.myheritage.cn/（中文網）

地區	以關鍵字「張或張氏」搜尋結果	以「張或張氏＋安徽桐城」搜尋	以「」張廷玉」搜尋名人資料庫	說　明
臺灣	2,632/1,48筆(本)	9筆	0筆	臺灣地區家譜聯合目錄資料庫
	3,975筆人名	45筆(含張氏)	2筆	臺灣尋根網,須以 ip 權限登入方可使用六個資料庫數據。
中國大陸	953筆(本)	48/0筆(本)	0筆	上海圖書館－家譜資料庫,但不支援繁體
	1,000筆(本)	18筆(本)	0筆	中華尋根網,其中以安徽桐城搜尋結果12本在美國收藏,有影像的家譜534種之目錄及人名均已完成數位化處理。
美國	4,179/2,209筆(本)	14筆(本)	13筆	摩門教 Familysearch 英文網站以族譜數量為主,共有 240 萬卷縮微膠卷族譜記錄,中國佔約 2 萬卷,目錄均已完成數位化處理。
	5,916筆人名	273/6,691筆人名	0筆	新 familysearch 網以族譜之人名數量為主超過 6 億筆人名完成數位化建檔工作。
	31筆(本)	0筆	0筆	美國祖先網 www. ancestry. com,超過 60 億筆人名完成數位化建檔工作。

2. 訪談實際家族譜編修者紀錄

本文作者於 2010 年 7 月某天,在偶然機會拜訪臺北家譜中心,就結識該中心顧問汪海波先生,因機緣巧合汪老先生也是同鄉祖籍安徽桐城人氏,特別親切,受到許多照顧與指導,真是人不親土親,才體會到原來海外華人成立許多同鄉會的緣由。

按汪海波先生描述其背景及回憶錄資訊,自 1992 年第四次大陸行時,才開始尋根到桐城汪家墩,於 1996 年完成皖桐梅成汪氏家譜。①

據汪老先生的修譜過程及找尋家譜經驗談,作為其他有心製作家譜之後進者參考,其約略述如次:首先要有誘因或動機,二是開始做汪氏家譜,三是多次大

---

① 汪海波《回憶錄資訊及找尋家譜經驗談》,2009 年 8 月 9 日。

陸行訪尋,四是由老譜找出房譜,五是要访问縣志辦公室,六是介绍了完成梅城汪氏家譜主要步驟:(1)尋根。(2)商談:經驗談修譜要有三條件,要有老譜,要有政府支持,要有經費。(3)要付諸行動。(4)電腦排版:開稿、編印工作及出版,全部文字用電腦打出來的。(5)檢討:許多支系未上譜或經詳細查證是錯誤的。七是同时簡修吳姓母親家譜。

3. 世界各地族譜電子化網站測試結果與需求者分析

依照本章第一節作者選擇以臺灣、中國大陸及美國幾個主要提供華人族譜服務的族譜電子化網站為測試對象,經關鍵字搜尋測試比較,分析結果為美國摩門教會的 Familysearch 英文網站以族譜數量取勝,而新 familysearch 網以族譜之人名數量為主超過 6 億筆人名完成數位化建檔工作為最多。

至中國大陸之全球中華尋根網專案建設為期 10 年的專案規劃項目,可能是因經費有限所致,讓海外許多華人的想藉科技網路無遠弗界來尋根的夢想,恐要落空。君不知,海外有許多認同中華傳統文化與豪情萬丈愛國之情的老僑人數,已逐漸凋零減少,第二、三代或新一代華人移民,已漸淡忘什麼是中華傳統文化資產與美德。

據摩門教會臺北家族中心顧問稱,新 familysearch 網站將於今年內進一步開放給一般非教友使用,以世界強勢的美國媒體及科技實力優勢及免費的義工服務方式進行,如此做法,推估大概五年後,所有海外華人(包括臺港澳)的所有現存及過世的祖先人名資料庫,均將落入美國的檔案櫃中收藏利用,時間不會等候我們的。

四、結論與建議

依據前述之案例就世界各主要網站搜尋測試結果暨訪談家族譜編修者紀錄驗證後歸納出本研究的結論,並對相關使用者與政府部門提出建議。

1. 研究結論

(1)對本研究是文化產業的「電子族譜」為對象,以中華文化傳承為任務,更希能藉與科技應用結合,學習引進美歐西方開發國家服務網站的優點,他山之石,許多家族譜牒之數位網絡化的成功經驗,共同創建中國電子族譜的優質網絡服務平臺之期許,並可彌補華人文化產業的高新科技創新服務與銜接應用不足

之憾。

（2）數字時代的來臨,在比較美歐各國多國家族譜網站的電子化服務應用及測試結果上,從質與量上比較,兩岸的網路服務現況發展上,相對不足許多,實是一種文化實力的落差與棒喝警訊,對許多沉浸在傳統思維的文化業界與政府部門主其事者是一種轉型與昇級的考驗與契機。如何應用現代網路科技及資通訊(ICT)科技,將華人家族譜重新活化,賦予新的生命,找回中華文化中的最核心根本的價值。

（3）為改變許多人對原有家譜、族譜之老殘舊又落後的傳統印象觀念,進一步吸引現今青少年人的關注與投入。

（4）以目前中國大陸及臺港澳,加上海內外華人的經濟實力與網路使用者有約5億人口數與未來的使用人成長數量來衡量,已足以打造世界知名第一品牌的家族網站,來服務全球華人尋根問祖的快捷方便的平臺。

（5）誰掌握最先進尖端科技與技術,誰擁有最多最快訊息數據庫(含人事物、資源),如文化產業的中的提供優質的家族譜電子化具體服務應用網站,就是軟實力的一種展現,誰擁有真正的軟實力加硬實力,誰就是這個領域擁有話語權。

因美國資訊科技與主流媒體行銷壟斷力量的超強實力與影響力,使大部分的人習慣性擁用 Google、Yahoo、MSN 等的電郵信箱帳號或網路搜尋服務,對百度、QQ 騰訊的使用相對較少數。如果有一天,中國大陸號稱世界最多人口及第二大經濟體的泱泱大國,未來其代表自己文化根的血緣關係之家族譜的數據庫及文化軟力量,卻掌握在一個美國的摩門教會手中,豈不可笑。

2. 研究建議

以本研究主題「世界各地華人電子族譜網絡平臺發展現況與願景探討」而言,茲就使用者及政府立場來看,以下各點建議華人電子族譜網絡平臺之建議方向,即可對未來發展與願景提出研究者的期許。

（1）以使用者立場來看:對全球許多想來尋根問祖的海外華人的需求而言,歸納使用者的主要需求,為了提高服務功能,建議如下:

一是要提供符合使用者真正需求的服務網站,二是使其能在簡易快速的線上創建自己的家庭及家族譜系,三是為建立個人化社群的需求及家庭、家族社交

網路服務平臺等是必需的,四是開放免費給上網,使用戶能線上搜尋與自動比對連結後輕鬆完成創建自己的譜系,五是提供線上祭祀祖先及紀念親人服務,六是提供完善的個人家族譜編輯軟體的免費下載服務,七是提供線上即時溝通的家族譜顧問或義工諮詢服務及舉辦各式家族譜顧問、義工研習會及與使用者互動交流的研討活動,八是將建立母親的血姻緣的世系表納入家族中,中華民族才能生生不息,源遠流長,九是提供多樣行動裝置的上網服務與工具,建立優質的即時交流互動的平臺,十是電視報章媒體要重視宣導,舉辦電視及網路趣味性尋根活動的節目,對修譜者或贊助者的介紹與宣揚鼓勵。

(2)以政府部門之立場來看:綜合以上本研究結果與分析,茲建議下列幾點以為因應對策:

一是請相關政府文化主管部門積極爭取更多的補助導入文化產業管理體系之經費,二是北京圖書館的中華尋根網要提早於五年內,將所有現有家族譜的人名世系表數位化資料庫完成,建立數據庫建檔服務機制,三是建議兩岸政府按照圖書文獻及文化產業界及符合國際標準要求,制定文化產業在體系之間的導入之訊息交換標準,四是請政府比照國外的國家檔案館對於蒐集管理譜系的做法,提供人民尋找關於個人及家族文件的管道,五是政府部門若因經費資源有限,可鼓勵海內外認同中華文化的企業家共同投入,共同擘劃這個有時代意義與創舉的宏大電子族譜的網絡事業。

(作者為臺灣華人自在交流聯合網創辦人暨自在交流股份有限公司負責人)

河洛文化與宗族姓氏傳承

河洛文化與宗族姓氏傳承

陸炳文

Abstract：The surname culture is an important part of Heluo culture. Therefore, the surnames of clans play a crucial role in the harmony of the country and should be given more attention in our studies.

一、河洛姓氏乃河洛文化的維生素

1. 請問貴姓？

民國一零年，國父孫中山於廣州演說《三民主義》時，在民族主義第五講裏，有這麼一段精闢的見解：「中國人在路上遇見了，交談之後，請問貴姓大名，只要彼此知道是同宗，便非常之親熱，便認為同姓的伯叔兄弟。由這種好觀念推廣出來，便可由宗族主義擴充到國族主義」。孫中山的講話中，早以強烈語氣告誡國人，國族、宗族與家族之不可分；同宗、同姓與同族的宗親觀念之不可或缺。

自古以來，老百姓即使素未謀面，見面也不相識，都會互以貴姓、尊姓為問，如遇到同姓，就視為宗親，這在閩臺鄉親口中的「阿同」，頓時倍感親切，油然而生對同一姓氏、同一源流間之濃烈感情。這種與生俱來的文化認同感，正是維繫中華民族源源不盡，河洛文化繩繩不斷，臺灣大陸綿綿不絕之重要臍帶。

筆者早於 1982 年，在時任國史館館長朱匯森主持的學術研討會上，以《從中國姓氏源流談臺灣大陸一體關係》為題，向臺北地方志、史學界人士，發表專題講演就坦白指出：「不重視同姓同宗觀念，捨棄追溯中國姓的木本水源，甚至避而不談宗族，光是急就章要求團結，奢想一步登天，便能求得國族統一，如此捨本

逐末,如同緣木求魚」。

1995 年 10 月 25 日,慶祝臺灣光復 50 周年,臺灣電視臺頻道播出影片,全長 25 分鐘的《請問貴姓》,當時的臺灣省政府新聞處監製,就是由我負責制作,並擔任主持人,該專題宣導片中,透過同姓、阿同、同宗、和宗親的介紹,O. S 也特別強調:「當年對日抗戰勝利,靠的是緊密團結了全國各宗族的力量;今後國家社會建設成功,依舊有賴於各省市協同鄉親,各姓氏聯同宗親的力量」。

2. 民無姓不立

民無姓不立,寧可姓其有,均非戲言,而是民力可利用,百姓可依恃的良心話。姓氏是每個人特有的標志和符號,表示這個人的家族血緣關係。最早的時候,姓與氏不同;姓產生在前,氏產生於後。同一個祖先繁衍的後代稱為宗族,宗祖就成了同族人追源溯始的主要根據,宗姓也成了同宗親報本返始的主要憑據。每一個人立足於社群中,歸根結底到最簡單化的一二姓字,就不能沒有自己的代表姓,即使沒有可信可姓的,也得給自己找一個字姓來歸屬。此一對姓氏的歸屬感,與前述文化認同感,就足以說明河洛之姓氏確為文化的維生素。

當姓氏初始時,尚屬母系社會產物,女稱姓,男為氏,由來已久。姓的本意是女人生的子女,在上古時代,人類還處於「只知其母而不知其父」的草萊文明雛形社會,子女的姓是隨母親的姓而來,也可以看出那時姓姬、姒、嬀、姞、姜和嬴等字的部首,都有從女部這一特點。

與時俱進邁入父系社會後,姓則改隨父親,再隨著同一祖先的子孫繁衍增多,家族往往會分成若干支散居各處。各個分支的子孫除了保留姓以外,另為自己取一個稱號作為標志,這就是氏。也就是說,姓是一個家族的所有後代的共同稱號,氏則是從姓中派生出來的分支。

姓產生後,世代相傳,一般不會隨便更改,比較具備穩定性;而氏則隨著封邑、官職等的改變而作改變,史上偶見一個人的後代有幾個氏,或者父子兩代用不同氏的。此外,不同姓之間可能會以同樣的方式來命氏,在過去才出現姓不同而氏相同的奇妙現象。

我國古代自有男尊女卑社會觀以來,在大男人沙文主義威權下,就有謂:「士大夫行不改名? 坐不改姓」主張,人人以所沿襲父祖輩傳統姓氏為榮為傲,絕不輕言放棄祖姓或易名換姓,再加上彼時人稀族少,自然姓的數量也少。民族

共同始祖黃帝建國,娶正妃嫘祖及嬪三(嫫母、女節、彤魚氏),生子25人,依其為官之德,賜14子為12姓;迨至明朝顧炎武《日知錄》載明:「言姓者本於五帝,見於春秋者得二十有二」。可見2780年前,能信且能姓的字,為數極其有限。

　　首部姓書《百家姓》令人大開眼界,自此姓數不但破百,而且已達438個姓。

　　中國人常說自己是黃帝子孫,或炎黃子孫,實乃炎、黃二帝為同父異母的兄弟,分別傳宗接代之後,族人隨着族姓多了,人口數隨着時間也多了。據《世本》記載,單單黃帝後裔顓頊、帝嚳以及堯、舜等,作為部族首領,在河洛地區形成了152個邦國,其後代有875個姓氏,包括了直系裔孫遍及大陸各地的800多個大姓中的90%。中華民族正是仰仗着這幾百家族姓,發祥成千上萬族眾,立足於世,光大於史。

　　3.《百家姓》何其多

　　著名的《百家姓》一書共有118句,開頭一句為「趙錢孫李」,這四個姓是有來歷的。因為宋朝皇帝姓「趙」,五代十國時期,吳越國的國王為「錢」氏,而「孫」氏是指王妃,「李」則是南唐國君李後主的姓,所以才有這樣的姓字排列順序。現在通行的宋本《百家姓》,本子叫做百家,代表姓數的多,實際已收錄了當時流通的單字姓408個, 二字複姓30個;三字以上及俗謂之「奇姓」、「怪姓」者,宋本中尚付之闕如,表示在這之前,得姓受氏非常刻板而嚴謹,書後額外加上「百家姓終」四字句終結。

　　文字中最早提到《百家姓》的是筆者宗祖、南宋詩人陸放翁的《陸游詩選》,存世《秋日郊居》詩作三首,第三首曾寫道:「兒童冬學鬧比鄰,據案愚儒卻自珍;授罷村書閉門睡,終年不着面看人」。詩下有作者自注:「農家十月,乃遣子弟入學,謂之冬學。所讀《雜字》、《百家姓》之類,謂之村書」。

　　其間還有先後針對這本予以改編,出過多種版本,例如:《百家姓二編》、《百家姓新箋》、《增廣百家姓》、《禦制百家姓》、和《百家姓三編》等,姓字固雖不盡相同,姓量可是小異大同,所有都不出500個姓。到了明朝,吳沉、劉仲質合編《皇明千家姓》,改用開明皇帝朱元璋的朱姓打頭陣;明萬曆年間,又有人彙編《古今萬姓統譜》,千或萬姓,乃言其多,並非實數。直至時人王素存《中華姓府》問世,後來者居上,才印證了實用的漢字姓已上有一萬。

　　姓,在金文中直接寫作「生」,此「生」就是姓的本字,某人由誰生的,即某姓

之本義。其後加了女字旁,更清楚地表明它的涵義。而且姓的讀音起初也讀作「生」。明朝田藝衡《留青日劄》卷 16 之「姓」條云:「姓,象形也,從生從囧,象人生所自出之門戶也」。《說文》釋姓亦曰:「人所生也,從女,從生」。這些批註說明了,在中華傳統文化中,姓就像是一種維生素,姓氏生生不息,維持著世代的繁衍,家戶生生不已,維護着宗族的生命。

二、宗族姓氏是國族和諧的黏著劑

1. 河洛文化或宗族姓氏,自古以來,不論如何,就只有離合,從不曾分裂河洛文化或宗族姓氏,自古以來,不論如何,就只有離合,從不曾分裂。古老中國,就一直把宇內黎民叫做百姓,中國人的姓普通都說成是百家姓,不過經過年代太久,每姓中的祖宗或者有不同,由此所離合成的宗族或者不只 100 族,但是混化最多也不過 400 族,但其所擴散出去的萬家燈火,卻照亮了分散在海內外各地,華人社會的億萬炎黃子孫。

各族姓中總有連帶的關係,譬如各姓修家譜,常由祖宗幾十代推到從前幾百代,追求到幾千年以前,先祖的姓氏,多半是由於別姓改成的,考求最古的姓是很少的。像這樣宗族姓氏中窮源極流的舊習慣,在中國有了幾千年,愈久愈是習慣;像這樣河洛文化中繼往開來的舊傳統,在中國同樣幾千年,愈久愈傳愈廣。

大陸姓氏研究專家袁義達說得好:中國人姓氏以漢字形式表達,這與世界上絕大多數國家不同。「自從秦朝以來,中國漢字姓氏一脈相承,從未間斷,沉積了幾千年的姓氏文化在全球華人心中已經築起了一座雄偉的血脈豐碑。」所以,我才會小結說:中國姓氏自古一脈相傳,文化中國自始就是一個,姓氏源流自始就在中原河洛,中國人的根從頭到尾就在中原河洛。

2. 河洛文化即和諧文化,兩岸連緣,是中華民族團結進步的重要精神支撐。1987 年 5 月,中國科學院遺傳所研究人員杜若甫、袁義達首次公佈了他們對中國人姓氏分佈的調研成果,同時排出前 100 個人口大姓的順序。時隔 20 年,2006 年 1 月,袁義達又公佈了最新的研究成果和新的前 100 個人口大姓的排序。在兩次排序中,前 10 大的姓氏並沒有變化。

本人也曾在歷次會上發表過文章,針對上述資料進行了比較研究,拿臺灣地區的 100 大姓和全中國第一次排出的前 100 個大姓兩相比對,竟有 77 個完全相

同,尤其前 10 姓中有 8 個类同。與全中國第二次 100 大姓排序相比,相同的有 74 個,前 10 姓中仍有 8 個同字。當時下的結論是,不論走到任何地方,人口集中於大姓的態勢均至為突出,這也說明,各地大姓代表性很強,臺灣如此,大陸如此,華人世界亦如此。

據非正式估算,全球華人最大的 10 個姓,依序是:張、王、李、趙、陳、楊、吳、劉、黃、周。這 10 個姓幾占華人世界人口 40%,不連大陸大約就有 4 億人;如果加上臺灣前 10 姓的 0.18 億人,再加總大陸來算,這 10 個姓人口數幾達 10 億人。這表示什麼? 表明用政治力介入,或用國家疆界框入,都沒有辦法徹底做到的事情,或許只要結合了這 10 大姓便能做到,更要說能夠結合前 100 姓,甚而團結整個中華民族,就擁有極大的力量,來給力合辦一件大事。

這件大事又是什麼? 就是調配出國族和諧的最佳黏著劑,調合出宗族姓氏的最大凝聚力,使之成為孫中山看重之同宗、同姓與同族的宗親觀念,再進一步讓同族全體百姓都瞭解,河洛文化即和諧文化。國民黨主席馬英九提出和諧兩岸連緣是中華民族的希望,中共總書記胡錦濤指出和諧文化是民族團結進步的重要精神支撐;簡單地說,這兩位領導人已為兩岸的和平統一指點迷津,為中華民族的偉大復興計日成程。

總而言之,民族的希望在共促和諧,團結的支撐在和諧文化,在於多到海內外各地,舉辦類此研討河洛文化的學術會議。這次首度移來臺灣主辦,正是最正確又明智的決定,一方面能讓現在臺灣的人,直接接觸到和諧文化近年在大陸落實的情況;另一方面也讓大陸與會者,廣為接觸河洛文化流布到臺灣生存、發展進步的狀況。唯有如此激發出的火種,才可以引發傳宗族姓之再播種成長;唯有如此碰撞出的火花,才足以撞擊傳統文化之再開花結果。

(作者臺北市中華粥會理事長、臺灣文化藝術界聯合會理事主席、中華姓氏過臺灣宗親聯誼總會會長、海峽兩岸和諧文化交流協進會會長)

臺灣姓氏與固始移民

丁同民

Abstract：The source and the fathers area of Taiwan cuture, in the mainland of Fujian and Guangdong both, further tracing, then in Henan Guangzhou Gushi. Tang dynasty, Guangzhou Gushi become the immigrant center of HeLuo region and north China vast area, these immigrants moving direction is Lord of Fujian province, part of the Fujian immigration again by Fujian into Guangdong. After song dynasty, living on numerous, mesiodens continuously being much, to Ming and Qing dynasties, Fujian and Guangdong intrepid what all the Taiwan settlers, promoted Taiwan's development and prosperity. Today, Taiwan's various surname genealogy and Taiwanese mind retained many mark of Guangzhou Gushi. Can say, Taiwan's surname, root in Gushi, root in HeLuo.

據臺灣有關部門統計,臺灣的人口約 2300 萬,其中 98% 以上是漢族人,少數民族人口不到 2%,按照族姓追根溯源,80% 可以在福建找到近祖,12% 可以在廣東找到近祖。國民黨榮譽主席連戰的祖父連雅堂即在所著《臺灣通史》中說:「臺灣之人,中國之人也,而又閩粵之族也。」連氏之論述,說明臺灣族源是來自大陸,特別是來自福建和廣東兩地。

臺灣共有姓氏 1694 個,目前臺灣百家姓排名前十位為陳、林、黃、張、李、王、吳、劉、蔡、楊,與福建百家姓前十位的陳、林、黃、張、吳、李、鄭、王、劉、蘇也十分接近。臺灣姓氏的祖根在中原,在河洛,在光州固始。據 1953 年臺灣戶籍統計資料顯示,當時臺灣全省戶數在 500 戶以上的 100 個大姓中,有 63 個姓氏的族譜上均記載其先祖來自河南光州固始。

一

中原士民的四次大規模南遷,光州固始都在其中發揮了重要作用。

西晉末年,「永嘉南渡」,中原士民第一次大規模南遷。唐林諝《閩中記》云:「永嘉之亂。中原仕族林、黃、陳、鄭四姓先入閩。」據一些家譜記載,有些族姓是從固始南遷入閩的。

林姓。《崇正同人系譜》卷二云:「林氏,係出比干之後……秦漢以降,聚族於河南光州。東晉永和三年,林世蔭守晉安,因家焉。晉安,今閩侯也,是為入閩之始。」

黃姓。《金墩黃氏族譜序》說:「晉永嘉中,中州板蕩,衣冠入閩,而我黃遷自光州之固始,居於侯官。」臺北縣深坑鄉《黃氏族譜》稱:黃氏世居光州固始。至晉,中州板蕩,南遷入閩,固始黃氏族人黃元方,為官晉安太守,後定居福建,成為福建歷史上最早的黃氏望族——晉安黃氏。據說,後來的莆田黃氏、侯官黃氏等,都是黃元方晉安黃氏的後裔。還有黃姓族譜稱:當時河南光州固始有個黃舜夫,其子叫黃道隆,為避亂由光州入閩,初居仙遊,後居泉州。不久,北方稍為安定,道隆又迴光州,後來動亂,他的孫子元方與大批遊民入閩,居福州烏石山,即今日的黃巷。黃元方為開閩黃氏始祖。

鄭姓,據南湖系石獅市龜湖鄭氏譜牒手抄本記,晉永嘉元年,固始人鄭庠任東安太守,鎮守丹陽,次子鄭昭率兵入閩,先任建安太守,後為晉安郡(侯官)太守,死後葬長樂。

陳姓。陳政是唐代光州固始(今河南固始)人,曾任戍衛翊府左郎將歸德將軍。高宗總章二年(669年),閩南少數民族為亂,被朝廷委任為嶺南行軍總管,率府兵3600名、將士自副將以下123員前往征伐。陳政卒後,其子陳元光代領其眾,最終平定了叛亂。垂拱二年(686年),元光疏請朝廷批准,在潮州與泉州間設置了漳州郡,擔任刺史之職,闢地置屯,招徠流民,組織生產,經過34年的開發,使漳州一帶成為方圓千裏的沃土,對福建的歷史產生了巨大的影響,被閩粵及臺灣同胞尊奉為「開漳聖王」。臺灣的陳水扁是開漳聖王陳元光後裔,乾隆二年(1737年),其八世祖陳烏從漳州詔安太平鎮葉村遷入臺灣。

李姓。《漳州府志》載:高宗時河南光州固始人李伯瑤,隨陳元光入閩開漳,「平蠻獠三十六寨,戰功推為第一」,其子孫散龍溪、漳浦諸縣。

王姓。《漳州府志》載：唐初，隨陳元光開漳者，有王姓將佐三人，即府兵隊正王華、王一中及王佑甫，其後分佈漳、泉各地。

張姓。臺灣《張氏族譜源流紀略》載：唐初，河南祥符人張伯紀，從陳元光入閩開漳，因家漳州。

林姓。《臺灣省通志·氏族篇》載：《臺北縣虎丘林世族譜》謂：「先世固始人，祖有林一郎者仕唐，於光啟乙巳，遷福建永春機源大杉林保。」

唐代末年，「三王開閩」，中原士民第三次大規模南遷。史載，隨固始人王潮、王審知入閩者有陳、張、李、王、吳、蔡、楊、鄭、謝、郭、曹、周、廖、莊、蘇、何、高、沈、盧、孫、付、黃、薛、韓等 27 姓（後人考證為 34 姓），臺灣流傳家譜中寫明源於「光州固始」的有 18 姓。

張姓。據臺北縣《張氏族譜》載：世居光州固始，唐末，張延齊兄弟三人，隨王潮入福建，居泉州之惠安、安溪，支派甚盛。

楊姓。棲霞《楊氏族譜》載：其先為楊震之後，世居河南光州固始縣，唐末，楊榮祿率子逸、肅及孫明珠，隨王審知入閩。

黃姓。如宋人黃椿，其祖先是光州固始人，五季之亂時從王審知入閩為判官，因家焉。後析而為三：一居福清之嗒林，一寓閩邑之黃巷，一居長樂北鄉之黃壟。再如黃振龍，其九世祖自光州固始從王氏入閩，因仕焉，言路有直聲，後遷至中丞。如黃惟淡，福建邵武峭山派始祖。據宋人何澹《黃公（永存）墓志銘》記載，他也是唐末從光州固始徙邵武的。黃惟淡帶領家族隨王潮、王審知兄弟遷徙至福建，初居建州浦城（今福建浦城），不久遷居邵武，佔籍邵武平灑鄉（今邵武市水北鄉舊縣村），成為後世聞名的邵武黃氏一派始祖。如黃敦，他帶著弟弟黃膺參加王潮、王審知領導的農民起義軍進入福建。弟弟黃膺奉命率部鎮守今邵武、順昌斷後，哥哥黃敦隨王審知率領的一支農民起義軍從河南一路南下，轉戰到福建，最後攻克福州。後來人們把留在閩北的弟弟黃膺後裔這一支稱作「江夏黃」，將後來遷居到閩清的黃敦後裔這一支稱作「六葉黃」。閩國建立後，黃敦辭官歸隱，隱居在閩清縣塔莊鎮秀環村鳳栖山，結廬躬耕，生有六子：黃宗、黃禮、黃凝、黃勃、黃啟、黃餘，世稱「六葉」。

鄭姓。唐僖宗光啟二年（886），光州固始人鄭璘、鄭戩隨王潮兄弟入閩。據鄭芝龍撰《石井本宗族序》載：南安石井鄭氏之始祖，即此時自河南固始入閩。

鄭芝龍是鄭成功之父。

連姓。臺灣國民黨榮譽主席連戰的先祖是唐光啟元年（885年）隨王審知從河南光州固始入閩的，後在清代康熙年間由漳州入臺。

兩宋之際，「建炎南渡」，中原士民第四次大規模南遷。《宋史》稱：「高宗南渡，民之從者如歸市。」朱熹也說：「靖康之亂，中原塗炭，衣冠人物，萃於東南。」這次北人南遷，使福建人口劇增，並奠定了近代福建、廣東地區姓氏人口分佈的基本格局。福州學者劉觀海在《閩臺同胞同宗同文初探》一文中考證說：「北宋元豐年間（1078～1085年），福建人口達204.59萬人。南宋嘉定年間（1208～1244年），人口為324.06萬人。宋末南下的姓氏約有50個，其中趙、簡、遊、范、杜、紀、程、姜、田、白、塗、袁、邵、童、駱、饒、華、凌、俞、錢等姓，是宋代以前從未入閩的」。①

二

中國五千年文明史上，人口流動非常頻繁，也形成了多個重要的移民集散地，其中河南光州固始、山西洪洞大槐樹、福建寧化赤壁村、廣東南雄珠璣巷、湖北孝感麻城鄉等，是比較著名的幾個。在上述幾個移民集散地中間，光州固始移民規模大，時間跨度長，是當代許多閩臺居民的先祖曾經攜妻將子、荷戈佩劍尋找理想和幸福的始發地，是他們永遠難以忘懷的家族生命之根。

光州固始能夠成為著名的移民集散地，還有以下幾個原因：

其一，「光州固始」所在的史灌河流域通過淮河幹流與華東地區連通，是中原地區進入華東的咽喉要地。它在春秋時期處於吳、楚兩國交界處，有「吳頭楚尾」之稱，是南北交會之地，東西連通之區，地理位置十分重要，歷來為兵家所必爭。清初顧祖禹《讀史方輿紀要》論及「光州固始」地理位置的特別性時說：「州控三關，為全楚之襟要。襟帶長淮，控扼潁蔡，自古戍守重地也。……建安（固始縣衛城，位於縣東），淮南重鎮，彼此（指豫皖之境）要衝，得之義陽可圖，不得則壽春難保。」中原漢人的南遷，大多由淮河支流汝潁河東南下進入淮河，或者從淮河上游沿河而下。這些非光州固始籍的中原漢人在固始集結、中轉、出發。因為「光州固始」是他們離開中原文化圈、走向別的文化圈，由豫州走向揚州的

<hr>

① 轉引自「首屆海峽百姓論壇」組委會編印的《首屆海峽百姓論壇文選》，2007年版。

最後一站,給他們留下了難以磨滅的印象。他們將這種記憶傳給後世子孫,從而形成了「閩人稱祖皆曰從光州固始來」這一現象。譚其驤先生說:「淮域諸支流皆東南向,故河南人都由東南遷安徽,不由正南移湖北也。」

其二,唐末及五代時,固始是中原藩鎮之亂的重要地區。如吳元濟、秦宗權之亂,固始是重要的基地。黃巢起義期間,固始先後為農民軍和秦宗權攻陷。固始是五代王朝與十國吳、南唐之間的爭戰地區,後樑與吳之間、後周平淮南的戰事都在這一帶展開。人口的移入和移出頻繁,使固始有人口中轉地的特徵。固始正是由於戰亂「每每徙其治,每每虛其地」,成為中原人南遷的中轉站。

其三,文化認同。今「閩人稱祖皆曰從光州固始來」,南宋史學家鄭樵以為,五代時王審知據有閩地,優待同鄉,一些原本並非來自「光州固始」的閩人冒充固始籍。我們認為,這種「冒籍」現象,屬於一種文化認同。但是,遷入閩地的中原漢人以「光州固始」及其附近人居多也是歷史事實,也是今「閩人稱祖皆曰從光州固始來」現象的歷史基礎。

其四,固始地處淮河流域,而淮河流域的人口密度自古位居全國各大流域之首。由於固始地處交通要道,士民不斷湧入,導致人口激增,迫使固始先民走出家門,到別的地方重新開拓家園。

三

明清時期,從中原的固始等地南遷閩粵的中原移民後裔大批赴臺。在中國移民史上,福建是一個極具代表性的地方。福建的移民再移民有一定的規律可循:明清以前,福建接受外來人口比較多,即以人口移入為主;之後,福建的移民主要以移出為主。明清以前,北方人大量向福建移民的原因是「漢晉以至五代……以避亂以及拓邊戡亂的突發性移民為主……宋代……常規性移民所佔的比重則有所加大。所謂常規性移民,是指那種在非戰亂時期主動遷徙入閩的移民」①明清以後,隨著福建省的開發和發展,福建的人地關係漸趨緊張,福建的對外移民也多了起來,而臺灣則是主要移入地之一。據史載,閩粵居民遷徙臺灣,規模較大的有三次。

第一次在明朝末年。崇禎元年(1628年)鄭芝龍被明廷招撫後,上疏朝廷,

---

① 林國平、邱季端《福建移民史》,方志出版社,2005年,第39頁。

要求派人開發臺灣。這次入臺人數有數万之眾。

第二次在鄭成功收復臺灣後。鄭成功誓以臺灣為基地,反清復明。為此,從漳、泉、潮、惠一帶大量招募人口入臺。一邊屯墾,一邊訓練,此次入臺人數大概有七萬人。

第三次在清朝收復臺灣之後。康熙二十二年(1683 年)六月,統一臺灣後,設置臺灣府。事後明令廢除「禁海令」和「遷界令」,因而閩粵沿海居民不斷遷入臺灣。

南宋洪邁的《夷堅志》,其中載有福建人到臺灣下南洋的事蹟。大批福建人移居臺灣,與臺灣先住民一道開發臺灣,臺灣因而日漸繁榮。現在的臺灣「本省人」其實多為福建人分脈而去,他們到福建來追根尋祖,絕大多數都可認到老家。

黃姓。據福建《金墩黃氏宗譜》記載,晉江黃姓系唐開國公黃岸之裔。黃岸裔孫黃光淵等於清康熙年間到臺北淡水潘湖渡頭定居,被認為是該地黃姓之始祖。在康熙到嘉慶的 158 年間,晉江潘湖黃姓就有 3 萬人遷居臺灣。又如福建石獅市有名的黃姓村落寶蓋鎮塘后村,為唐代黃守恭的後裔,號稱「紫雲衍派」。清代,石獅先民大量遷居開發臺灣,據《黃氏家譜》記載,早在 300 多年前的清康熙年間,塘后村黃姓中一位名叫黃鐘的先祖就是其中的移民之一;此外在臺灣經商並定居的還有生於 1733 年的黃廷佛、生於 1742 年的黃廷文等支派,他們主要聚居在臺南、彰化、淡水、新竹等地。在清代正式開放與鹿港對渡後,更多人遷居臺灣,他們不僅保留祖籍地使用的「輩分排行」,還把老家敬奉的「集福堂」信仰文化帶入臺灣,並集資在臺南建造廟宇。為了表明一本同源之情,直接使用老家「集福堂」的名稱,即現在臺南市西區信義街 83 號「集福宮」的前身。

葉姓。嘉慶五年(1800 年)有同安人葉天佑,入墾臺北縣八裏鄉古莊村山豬堀,以及閩人葉聘入墾臺北縣石碇鄉格頭村大湖。

中原士民從光州固始等地南遷福建、廣東,又從這些地方渡海入臺,對臺灣的發展做出了不可磨滅的貢獻。盧博文先生曾說:「臺閩地區是漢民族數千年來向外拓展過程中最為重要的一站。它不僅繼承了河洛文化的脈絡,並且還保存著最為古老與純真『河洛文化』的精髓。諸如風俗習慣、宗教信仰、姓氏堂號、文字語言,以及思想道德等,其保持的完整,較之今日中原,猶有過之而無不

及。」今天，臺灣的各姓家譜和臺灣人心目中留存了許多光州固始印記。可以說，臺灣姓氏，根在固始，根在河洛。

（作者爲河南省社會科學院副院長、研究員，河南省河洛文化研究中心主任）

論河洛移民與中國南方宗族

——以江西爲中心的歷史考察

施由明

Abstract：In this article. Heluo do not point to narrow sense's Henan Provine and point to breadsense's central plain. The fountainhead of clain's surame in chinese South could be tracked back to Heluo greater part. For example as Jiangxi, clan taked shape approximately in the South Song Dynasty. The cause which clan formed were multiplication of Heluo immigrants who entered Jiangxi since later stage of Tong Dynasty. These clan passed Heluoculture's spirit which is nucleus spirit of chinese tradition cuture, which formed the chinese south clan culture. The clan culture modeled the basic national nature.

　　中國的宗族經歷了秦統一以前的宗法制宗族、兩漢時期的豪强大族制宗族、魏晋南朝北朝及唐代的士族制宗族、宋以後的庶民制宗族，這已是學術界的共識。

　　江西在中國歷史上一直是一個遠離中國政治重心的區域，秦以前的宗法制宗族和魏晋南北朝及唐代的士族制宗族對江西没有多大影響，雖然在三國吴時期曾出現過類似於兩漢北方豪强宗族的軍事組織，但在孫吴的鎮壓下也都瓦解了，直到西漢時期，江西還是被認爲是「卑薄之域」①。江西社會經濟文化的較大發展是在唐後期及唐末五代之後，由於北方戰亂，河洛移民②較多地進入了江

---

① 《後漢書》卷八十三《徐稚傳》，上海古籍出版社，1986 年，196 頁。
② 本文所指的河洛是廣義上的河洛，即指整個黄河中下游地區。

西。北宋末南宋初金兵南侵,又有大量的河洛移民進入江西,宋代江西的社會經濟文化成爲了當時中國的名區。唐後期以來進入江西的移民(也許遷入時只是一人),不斷繁衍,到南宋後期,在人口數量上都已達到一個宗族的規模①,因而,到南宋後期,江西社會進入了一個自覺的平民宗族建設時期。

江西是宋以後中國南方宗族勢力典型的地區,宗族成爲社會的基本結構單位,宗族對基層社會的治理與控制起着重要作用。

本文以江西爲中心,對河洛移民與中國南方宗族幾方面的關係做一探討。

一、江西宗族的姓氏大多源自河洛移民

江西宗族的姓氏的來歷,從宋元明清江西文人文集中的「墓志銘」、「行狀」、「族譜序」等記載,及現存一些族譜來看,大多數可追溯到唐後期以後的河洛移民,晋末的「永嘉東遷」,進入江西者少,史料記載僅有萬餘人僑居贛北的彭澤等地,後來「土斷」之後也土著化了,關於這部分人的人口傳衍也就只有較少的歷史記載了。正史及考古發掘材料加上敦煌文書,有少量關於唐及其以前江西的姓氏的記載②,并且這些姓氏有的也明確可追溯到河洛,如贛北的徐、羅等。

宋元時期江西文人們在他們的文集中對江西宗族姓氏有許多追溯③,如臨川(今撫州)的胥、晏、饒、謝,豐城的王,浮樑(今景德鎮)的金,金溪的陸、黃、廬陵(今吉安)的胡、歐陽、王、段、彭、毛、曾,南豐的曾、趙,南康(今星子縣)的周,高安的劉,鉛山的傅、武寧的黄等等,這些姓氏都是唐末五代或宋代從河洛移入的。

實際上,還有許多這方面的記載,特別是明代文人文集中有很多關於贛中、贛北、贛東等地宗族姓氏在唐宋時期從河洛遷來的追溯,如南宋洪適《盤洲文集》關於鄱陽洪氏遷自徽州④,南宋周必大《文忠集》關於廬陵周氏遷自河南(世

---

① 對於移民宗族的形成,曹樹基先生認爲,由一人繁衍成一個宗族,按1人傳5人、25年一代計算,需要100年左右的時間,見曹樹基著《中國移民史》第六冊306頁,福建人民出版社,2004年。

② 可參見樑洪生《考古材料中唐以前江西姓氏考察》,《江西文物》1992年2期;樑洪生《唐以前江西姓望考》,《歷史地理》第十輯,上海人民出版社,1992年。

③ 這些文集見影印文淵閣四庫全書,上海古籍出版社,1987年(下同)。

④ 洪適《盤洲文集》卷三十三《盤洲老人小傳》,影印文淵閣四庫全書第1158冊470頁。

居鄭)①，南宋曹彦約《文昌集》關於都昌曹黃兩大姓分別遷自江夏、宣城②，南宋末元初吳澄《吳文正集》關於豫章奉新甘氏遷自丹陽③，元徐明善《芳谷集》關於德興王氏遷自太原、德興毛氏遷自益州、德興汪氏遷自徽州④，元劉將孫《養吾齋集》關於廬陵梅氏遷自汾陽⑤，元劉岳申《申齋集》關於撫州金溪鄧氏遷自汴(開封)⑥，元揭傒斯《文安集》關於臨江(今樟樹市)孔氏遷自山東、豐城揭氏遷自汾陽、廬陵奔氏遷自汴(開封)⑦，元李存《俟庵集》關於鄱陽李氏遷自汴(開封)⑧，明樑潛《泊庵集》關於廬陵大族楊氏遷自陝西華陰⑨，明金幼孜《金文靖集》關於新淦袁氏遷自河洛、新淦宋氏遷自丹陽⑩，明楊士奇《東裏集》關於泰和郭氏遷自河南⑪，等等，許多追溯難於盡述。贛南等地客家宗族姓氏的來歷主要反映在現存的清代所修族譜中，無論是唐宋定居在贛南的老客，還是明清時期從閩粵回遷入贛的新客，姓氏源頭大都可追溯到河洛，這方面已有諸多的研究，如上世紀三十年的羅香林等人及上世紀八十年代以來對客家的眾多研究，客家源自中原(廣義的河洛)，這已是學術界的共識。

二、河洛移民繁衍成宗族

　　北方戰亂而南遷的人口，或是家族式的遷移，或是單個人的遷移，不管何種形式，經過一定時間，都會傳衍成若干個家庭組成的家族，再傳衍成若干個家族

---

① 周必大《文忠集》卷三十《碑銘·子柔弟墓志銘》，影印文淵閣四庫全書第1147册347頁。
② 曹彦約《文昌集》卷十八《墓志銘·侄女曹氏墓志銘》，影印文淵閣四庫全書第1167册215頁。
③ 吳澄《吳文正集》卷四十六《記豫章甘氏祠堂後記》，影印文淵閣四庫全書第1197册482頁。徐明善《芳谷集》卷上，《太原族譜序》《毛耕道墓志銘》《汪縣令墓志銘》，影印文淵閣四庫全書1202册第580、609、611頁。
④ 劉將孫《養吾齋集》卷三十一《墓志銘二·郭梅垣墓志銘》，影印文淵閣四庫全書第1199册296頁。
⑤ 劉岳申《申齋集》卷十一《碑志·元故三公府掾鄧克順墓志銘》，影印文淵閣四庫全書第1204册325頁。
⑥ 揭傒斯《文安集》卷八《序·孔氏譜序》、《序·重修揭氏族譜序》、卷十二《碑·奔清甫墓志銘》，影印文淵閣四庫全書第1208册212、213、275頁。
⑦ 李存《俟庵集》卷首《俟庵集墓志銘》，影印文淵閣四庫全書。
⑧ 樑潛《泊庵集》卷五《序·楊氏族譜序》影印文淵閣四庫全書第1237册。
⑨ 樑潛《泊庵集》卷五《序·楊氏族譜序》影印文淵閣四庫全書第1237册。
⑩ 金幼孜《金文靖集》卷九《墓志銘·孔處士立夫墓志銘》《宋惟學墓志銘》，影印文淵閣四庫全書第1240册839頁、838頁。
⑪ 楊士奇《東裏集》卷三《序·郭氏續譜序》，影印文淵閣四庫全書第1238册36頁。

組成的宗族①。從宋元明江西文人文集中的記載來看,江西的許多家族都是由一人傳衍而成。如唐宋時期江州德安縣著名的「義門」陳氏大家族、南昌奉新縣著名的華林胡氏大宗族、吉安的歐陽修家族、吉安的楊氏(曾產生過楊萬裏、楊邦乂、楊士奇這樣的著名文人和忠臣義士)、吉水的解氏家族(曾產生過解縉這樣的大明才子)等,都是由一人從河洛而來,傳衍成大宗族。

　　這種由河洛移民傳衍而成的平民宗族,自覺與正式的宗族建設主要在南宋後期,其標志是修族譜。由於自唐後期至北宋末南宋初移民而來的河洛移民,經過數百年(至少也有一百多年)的傳衍,人口規模已達到成爲宗族或家族的狀態,這些傳承着河洛文化精神的移民後裔們便開始了自覺的敬宗收族。從現存江西文人的文集中可知,這種較普遍而自覺的敬宗收族主要始於南宋後期。盡管在北宋時已有歐陽修的《歐陽氏譜圖序》,爲後人留下了修譜的範式,但從現存宋代江西文人文集中的「族譜序」來看,北宋和南宋中前期,江西境内還没有較普遍地進入修譜的階段,因爲僅有北宋嘉祐年間(1056～1063)歐陽守道《巽齋文集》卷十二《序》中《黄師董族譜序》,而到了南宋後期江西的文人們寫的「族譜序」就多了,如景定壬戌(1262)及第的劉辰翁所著《須溪集》卷六《序》中就寫有《王氏族譜序》《泰和胡氏族譜序》《吳氏族譜序》,南宋末文天祥《文山集》卷十二《記》中有《李氏族譜亭記》。到了元代初期,江西的文人們寫了很多的「族譜序」,如王義山《稼村類稿》、劉壎《水雲村稿》、吳澄《吳文正集》、徐明善《芳谷集》、劉岳申《申齋集》、劉詵《桂隱文集》、揭傒斯《文安集》等②,都寫有一些「族譜序」,特別大儒吳澄寫得較多。這都標志着宋末元初,河洛移民傳衍而成的宗族們,正在進行自覺的宗族建設,如修譜、建祠堂等。

　　明代,江西如同中國南方其他地域一樣,進入了一個宗族大發展時期,這方面已有很多研究,不再贅述。③

三、宗族傳承河洛文化精神

河洛移民進入南方後世代傳承着河洛文化精神。什麼是河洛文化精神? 筆

---

① 參見曹樹基著《中國移民史》第六册306頁,福建人民出版社,2004年。
② 這些文集見影印文淵閣四庫全書。
③ 明代江西的宗族建設可參見常建華先的有關論文及其專著《明代宗族研究》,上海人民出版社,2005年。

者在第六屆河洛文化國際研討會上的論文《河洛文化在江西客家社會中的傳承與演變》①中曾談到:河洛文化的原始形態是一種和全國其他地區原始文化一樣富有地域特色的文化,從裴李崗文化到仰韶文化,再到龍山文化,都是富有地域特色的文化,到漢武帝接受董仲舒「罷黜百家,獨尊儒術」的建議之後,河洛文化也就成爲了中國傳統文化中的核心文化。因而,唐以後的河洛移民們所傳承的河洛文化精神也就是中國傳統文化的核心精神。對於何爲中國傳統文化的核心精神,仁者見仁,智者見智,觀點不一,如認爲是專制皇權文化、史官文化、中和文化、生的文化、三綱文化(君爲臣綱、父爲子綱、夫爲妻綱)、愛國主義等,這些觀點都有一定的道理,各自的視覺不同而已,這正説明了中國傳統文化的核心精神不是一兩句話所能概括的,而是有着較豐富的内涵。早在 1984 年,著名學者張岱年先生在《論中國文化的基本精神》②一文中指出,中國文化的基本精神是剛健有爲、和與中、崇德利用,天人協調。我贊同張岱年先生的觀點,但我認爲,不管怎麽概括,主要離不開中國儒家的思想,如仁、義、禮、忠、孝、和、健(自强不息)等,關於這些方面的内涵,因已有許多研究,本文限於篇幅,不多述。本文所要指出的是,進入江西的河洛移民及其後裔們,以及他們所形成的宗族,所傳承的河洛文化的核心精神(同樣是中國傳統文化的核心精神)正是這幾方面。這可從宋元明清江西文人文集中所記載的家族實例或個人事迹實例得到説明。

在宋元明清江西文人文集中記載有大量的「墓志銘」、「行狀」、「族譜序」、「題跋」等,文人們往往寫家族或個人的事迹時會寫道:服詩禮、敦忠厚、通經史禮樂詩文、讀書力學取進士、延師教子,孝悌忠信、端厚、好仁篤義、守禮蹈義、友兄弟、睦宗族等,如:

元代大儒吳澄在《豐城縣孫氏世譜序》中寫道:「同造裏之孫,豐城鉅族也。沂唐沿宋五六百年,子孫蕃衍綿延以至於今,代有科名而官不甚貴,家有恒産而資不甚富,人人被服儒術,其間通經通史工文工詩之人卓爾不群……一族聚處彬彬文物視昔無衰殺也,其裏距吾崇仁之境僅隔一嶺,風聲氣習大略相似。」③

---

① 見陳義初主編《河洛文化與殷商文明》,河南人民出版社,2007 年,第 135 頁。

② 見《中國文化研究集刊》第一輯,復旦大學出版社,1984 年,第 49 頁。

③ (元)吳澄《吳文正集》卷二十三《序·豐城縣孫氏世譜序》,影印文淵閣四庫全書第 1197 册 338 頁。

明代著名文人王直在《送劉經歷序》中寫道:「吾邑多大家,服詩書循禮義者所在皆然,而縣之西鄙則稱劉氏……一鄉之人皆安之,蓋詩書禮義之習勝,流風餘韵足以善其後,故今之爲子孫者皆知以詩書禮義爲務而不愧於前人。」①

也許文人們在爲文時有夸大與恭維的成份,但可以肯定的是,這些方面確是河洛移民們在宗族内與宗族間世代傳承的價值追求與人格典範。

四、河洛文化精神塑造基層國民性

關於中國的國民性,160多年來中外學者已做了大量的討論②,取得了許多成果,發表了許多觀點。本文重提中國國民性的問題,旨在探討河洛移民及其後裔們是如何在中國南方社會生存發展,及中國古代南方社會的發展歷程,以及河洛文化在中國南方是如何地傳承。解讀這幾個問題不能不談到國民性問題。

僅從宋元明清時期江西文人文集及明清時期江西的方志記載的許多家族和人物事迹個案,對河洛文化精神塑造出的基層國民性,我們可得到如下歸納:

一是重學、好學、科舉仕進。宋元明清時期的江西是中國著名的重學、好學與科舉人才輩出之區。在明清江西方志中的「風俗篇」都有這方面記述,最具代表性的是明萬曆年間王時槐主修的《吉安府志》卷十一《風土》對贛中吉安地域風俗的一段記述:「自唐顏真卿從事吉州、鏗訇大節、誦慕無窮,至歐陽修一代大儒開宋三百年文章之盛,士相繼起者必以通經學古爲高,以救時行道爲賢,以犯顏敢諫爲忠,家誦詩書,人懷慷慨……五尺童子稍知詩書,慨然有志。」③

正是這種以科舉爲實現儒家的個人社會價值追求成爲河洛移民們世代傳續不斷的家族性追求,成就了宋元明清江西科舉的顯著業績!

二是好仁尚義、樂善濟貧。仁和義是儒家思想的核心,也是河洛文化精神的核心,河洛文化精神塑造出的國民,有着好仁尚義、樂善濟貧的特質也就自然而然了。

明代王直在《抑庵文集》中的《旌義楊君墓表》記載了一個普通村民的事迹:

①　王直《抑庵文集》後集卷十《序·送劉經歷序》,影印文淵閣四庫全書第1241册562頁。
②　1849年英國學者亨利·查爾斯·薩(Henry Charles Sirr)寫了《中國和中國人》一書,開啓了中外學者討論中國國民性。參見沙蓮香主編《中國國民性(一)》,中國人民大學出版社,1989年。
③　萬曆《吉安府志》卷十一《風土》,書目文獻出版社,1991年,第170頁。

「楊君諱旦,字廷暹,別號暉庵,泰和之義人也。景泰中,歲饑,上聞以爲憂,詔巡撫大臣,民有出谷二千石以助賑濟者,旌其義。於是廷暹首應詔而勑書冠帶、餼牢、酒醴之賜並及之,鄉邑以爲榮而他鮮有及焉。蓋楊氏自宋以來好仁篤義,讀書力學以取進士,有名於當時,至今而家益盛……君嘗曰上好仁則下必好義,上以仁感則下必以義應,故凡發廩以佐官而楊氏必先焉,凶年饑歲細民無失所者賴濟爲多。」①

如這種好仁尚義、樂善濟貧的普通人,在文獻中有很多記載,是宋元明清時期江西(也是中國南方)河洛移民傳衍而成的宗族社會的一種普遍民性。

三是忠義孝悌、守禮中節。忠與義、孝與悌、禮與節,都是儒家思想的核心,也是儒家對社會大衆的要求,是中國文明能穩定傳續五千多年的重要原因。忠義孝悌、守禮中節,是一個優良國民的基本素質。河洛移民正是世代傳續着這種基本素質,在南方社會開拓發展。以江西爲例,在文獻中記載了許多這樣的個人事迹。

王直在《袁處士仲彬墓志銘》中記載了一普通縣民事迹:「泰和袁氏唐司徒滋之後,其少子邯爲吉州刺史,子孫因家泰和汝南坊爲望族……處士諱斌,字仲彬,自幼端重喜讀書……篤於事親,先意承志,必盡其道,生致其樂,死致其哀,於兄弟極恭順,内外之間無彼此言者,宗族姻屬亦以禮相親愛,交朋友重然諾,其行於家及教鄉人子弟必以孝弟、忠信、禮義、廉恥;待臧獲下人尤有恩;其是非好惡必以公,不以情;見人有爲不善必面斥其非,改之乃喜;事有不平而質於處士,一言折其中,無不服;每遇凶歲,周人之急不少吝;雖居城市足跡未嘗至公門,縣大夫雅敬之,鄉飲以大賓禮焉。其性淡然以儉薄自足,時俗所好無一動其心,不肯苟取妄求,嘗作堂以待賓客,凡堂中服食器用皆質素,曰:此吾性之所宜也。」②

這種普通縣民忠義孝悌、守禮中節的事迹,在文獻的記載很多,表明瞭一種河洛文化精神熏陶出來的普遍的民性。

對於婦女的忠義孝悌、守禮中節,在中國古代社會有着一些特別的要求。王直在《太孺人陳氏墓表》中也爲人們記述了一個有普遍意義的人物事迹:「陳氏

---

①　王直《抑庵文集》後集卷二十八《墓表·旌義楊君墓表》,影印文淵閣四庫全書第 124 册 132 頁。

②　王直《抑庵文集》後集卷三十三《墓銘·袁處士仲彬墓志銘》,影印文淵閣四庫全書第 1242 册 258 頁。

泰和故家,蓋太丘之後,世有德義,多顯人。……太孺人諱貴,自幼聰慧端重,寡言笑,讀《論語》《孝經》《女教》諸書皆能通其意,而見於行事、衣服、飲食,凡女子所宜務者皆不待教而能,父母最鍾愛。爲擇婿於楊氏得仲穆,遂歸焉。楊氏亦泰和故家,動有禮法,太孺人之爲歸也,移其所以事父母者事舅姑,祭祀、賓客必適其宜,内外姻族、尊卑、疏戚不可一二計,而歲時時往來慶吊問遺,無不當於理者。」①

這便是河洛文化精神熏陶出的中國婦女的普遍民性。

四是純本尚質、和厚處世。按儒家思想的要求,國民應當品質純厚、善良、和氣、質樸,實際上,以儒家思想爲核心的河洛文化,教育出的國民正是具有這些品質。

從戰亂移民到傳衍成宗族,從宗族到個人,傳承着河洛文化精神,中國南方社會走過了從開發到繁榮發展的歷程,河洛移民對中國南方社會的發展功垂史册!

（作者爲江西省社會科學院歷史所副所長、《農業考古》雜志副主編、研究員）

---

① 王直《抑庵文集》後集卷二十七《墓表·太孺人陳氏墓表》,影印文淵閣四庫全書第 1242 册 112 頁。

臺灣女真人後嗣之姓氏

方　衍

Abstract：Throughout the gallery of history, the progresses in cultural awareness impact on the development of academic directly. This paper will explore the culture of Jurchen which created by Jin Dynasty during the second period of Southern and Northern Dynasties.

The study about the constitution of Jurchen tribe during the period of Yuzhai started at Mr. Chen Shu, the advanced experts, who discussed it fifty years ago. Japanese scholar, Shigeru Matsuura said, but for the book "The completion in five aspects of Jin Dynasty" written by Mr. Chen Shu, we should not understand Jurchen.

After the fall of the Jin Dynasty, Jurchen flew to the motherland in, West, South and Taiwan Province where living their offspring. Some natives in Taiwan who are the offspring of Wanyan Zhanhan are the descendants of ancient nation, which is a national inheritance.

The paper quoted the earliest record of ancient literature. According to what Mr. Zhan Xuqun, Mr. Zhan Hexing and Mr. Zhan Wanyu said in the Zhan's descendants moving road map, the man Wen Weijian who lived in Southern Song Dynasty owned a Jurchen surname.

在歷史的長河中,隨著人們對文化認知的進步,直接影響著學術的發展。往事真的沒有過去,過去的就活在今天 。白壽彝先生在年尊時還在講,其實歷史是過去的東西,也在很大程度上是眼前的現實。文稿探討祖國歷史上第二次南

北朝期間,金代創造的金源文化。二次南北朝說,是我的老師陳述教授在80年代初提出的,在學術界得到認同,對祖國各民族交往、融合、和社會發展有重大意義。

女真人建國之前的社會組織是怎樣的呢?人類生活都有一個基本的血緣群體,它們處於氏族部落社會。氏族有特定的生活地域,氏族有自己的為標志,氏族管理權屬於氏族會議,並由氏族長行使權力。氏族結成部落組織。政治制度為孛極烈。「金國自胡來以諳版孛極烈為儲副,掌管都帥之權。」①阿骨打弟吳乞習任國相孛極烈,吳乞買立為國主後,孛極烈制廢止了。

公元10世紀初,在女真完顏部始祖函普時開始按男系計算血統關係,結寨而居。到景祖時,完顏部「始建官屬,紀綱漸立,統諸部以專征伐,歸然自為一國。」②昭祖時部落漸強,景祖時部落發展了,至太師楊割(太祖父)始雄諸部。遼人呼節度使為太師。部落聯盟成為更大的在社會組織,履行完整的政治、經濟、軍事、禮儀職能。氏族和部落在婚制上有著明確的世系,家庭按譜系確認一個共同的始祖。由祖廟、祖墳和宗譜維繫。女真人以部為姓,不同的部落有不同的姓。

關於女真姓氏構成的探索,元(元本義是人頭、首,後引申為始,第一之意,故用之。)於五十年前,已故老一輩遼金史專家陳述先生。日本學者松浦茂說,人們正確理解它們(女真人姓氏——本文注),是在陳述《金史拾補五種》問世之後。其實早在1935年先生就撰寫《金史氏族表初稿》了,深得陳垣、傅斯年、朱希祖教授的器重。

朱先生說,「頗於金源氏族有研究之志,此文頗精審不苟。」③此後先生又撰寫《女真漢姓考》、《金賜姓表》、《金史同姓名表》、《金史異姓名表》裒集成卷,以《金史拾補五種》於1960年由北京科學出版社出版。今年先生(1911～1991)陳諱述,字玉書,河北樂亭人。百年誕生之時,讀老師之文,特示紀念。

女真人姓氏,各以其先世所居地名為姓。部族不同,姓氏亦異之。宋時,南

---

① 宇文懋昭撰,崔文印校証《大金國志》,中華書局出版,1986年7月,卷3,頁37。
② 《金史》,中華書局出版,1975年7月,卷55,頁1215。
③ 朱希祖《金源姓氏考》前言,載《國立中山大學文史學研究所月刊》,第2卷,第3、4期合刊號,1934年1月5日出版。

朝官員出使北朝的來往活動中,出了一本小冊子,供出使者閱讀。是南宋人文維簡寫的《虜廷事實》。列有諸條,第一條便是姓氏。有「夾穀、赤盞、溫熱、馳滿、納合、徒丹、烏古論、烏林答[巷]、紇石烈等數十姓,唯完顏一姓則有異焉。」①實其列九個姓氏。爰書其事以告。《說郛》稱文維簡燕山人進士。《三朝北盟會編》政宣上帙三所收《女真史》列有長白山女真三十部姓氏。

完顏部十二部,有泰神忒保水完顏氏、神隱水完顏氏、馬紀劾嶺保村完顏氏、雅達瀾水完顏氏、那懶路完顏等。「金之徒單、努懶、唐括、蒲察、裵滿、紇石烈、仆散皆是族。」②「昭祖威順皇后為徒單部人,景祖昭肅皇后為唐括部人、世祖翼簡皇后為努懶部人、肅宗靖宣皇后為蒲察部人、穆宗貞惠皇后為烏古論部人、康宗敬喜皇后為唐括部人。」③完顏部家族的女子也嫁到徒單、蒲察、唐括、紇石烈、烏古論諸部貴族,這是女真貴族婚姻制度。天子娶後必於是,公主下嫁必於是。函普、綏可一支居住在按出虎水(今哈爾濱阿什河)、來流水(今黑龍江五常拉林河)一帶。石魯、劾孫、歡都一支居住在胡凱山(今尚志縣大青山附近)。分佈它處的有耶懶水(濱臨東海的雅蘭河)的保活裏一支。有曷蘇館(今蓋平縣南)的阿古乃一支,還有朝鮮咸鏡南道北部的完顏部,有忒黑辟剌水(可能是今呼蘭河的一支流),的徒單部。有渾蠢水(今渾春河)徒單部、烏古論部,有蘇濱水(今綏芬河)的烏古論部。有統門(今圖們江)、渾春(今渾春河)合流處的烏古論、蒲察部。有斡泯水(今通化東北哈密河)的蒲察部。有神穩水(今吉林省安圖縣白河,一說為牡丹江支流)完顏部。馬紀嶺(今牡丹江與綏芬河間的老爺嶺)赫保村完顏部、徒單部。有活剌渾水(今通河縣境內的付拉葷河徒單部)。有世居安虎水(今阿什河)的蒲察部。

「還有系遼籍的胡十門、曷蘇館、有宗室完顏、歡都、婁室等完顏部。」④前面談及的部落之間,發展時期的情勢。可見女真人的姓氏的廣大的區域性,這是氏族社會的姓氏特點。《金史・百官志》談到白號、黑號之姓。列有白號之姓有完顏等二十七姓,皆封金源郡。裵滿、徒單等三十姓,皆封廣平郡。吾古論等二十

① 文維簡《虜廷事實》,見《說郛》,涵芬樓本,卷8。
② 脫脫等撰《金史・世戚傳》,頁2629。
③ 脫脫等撰《金史・后妃傳上》,頁1499,1501。
④ 陳述主編《辽金史论集・第5輯》文津出版社,1991年11月,頁229。

六姓,皆封隴西郡。黑號之姓唐括、蒲察等十六姓,皆封彭城郡。凡九十九姓氏。黑號之姓後來融合了它姓,僅有蒲察一支大系。而白號在融合中發展為完顏、徒單、吾古論等三大支系。《金史·百官志》所列九十九姓,也並非都是女真人。王可濱教授在他的文章中援引陳述先生《金史拾補五種·金史氏族表》說,「據陳述先生云,歸於白號完顏一大支系的移剌答(耶律)是契丹皇族,光吉剌(廣吉剌、弘吉剌)是附金的蒙古人,歸於吾古論一大支系的黃摑(汪古、汪骨、雍古)出自沙陀突厥。歸於黑號蒲察一大支的蒙古(蒙括、蒙刮)也是附金的蒙古人。」① 他們的姓氏之源,不應屬於女真族系。

日本學者松蒲茂在他寫的《金代女真氏族的構成》一文中,提到有關金封爵制,並列舉女真姓為 98 個,與《金史·百官志》所記之數少一姓氏,應以《金史》為准。② 松蒲茂說,「女真姓氏雖早已被人們所注意,但正確理解它們,是在陳述《金史拾補五種》(1960,北京)問世之後。本文很多問題也得到它的啟發。」③他把女真 98 個姓,整理於一個附表中。他說,表中之姓據陳述《金史拾補五種》作,但有更改。在表 1 注(3)說,陳述認為阿裏班姓和阿裏姓是一,今從之。表 1 他列白號之姓封爵於金源郡的是 26 姓,與《金史·百官志》27 姓少一姓,少回特一姓。他把回特二字分開列為卓魯回和特黑罕,無回特一姓。譯文中未見相關回特一姓的敍述。陳述先生在這篇譯文附記中說,關於卓魯回氏,在《金史氏族表》裏並存兩說,漢有專從《續通志》的分法。這一點彼此意見無分歧。我在增訂本《氏族表》裏,還補充了交魯胡氏,我認為交魯胡氏就是卓魯回氏。

女真人的姓氏一直流傳到今天的滿族中,它是女真人的真系後裔。在滿族中通常將佟、關、馬、索、赫、富、那、朗稱為八大姓,為著姓。比如佟姓為童姓、仝姓,同為滿族一姓。女真姓氏中有夾溫一姓,亦曰夾谷,是金代一個著姓。《金史·國語解》注釋為「夾谷曰仝。」④他們均出自金代的夾穀姓氏。如關姓,是由女真姓瓜爾佳氏而改用漢字姓演變的一姓氏。如關姓,是由女真姓瓜爾佳氏而改用漢字姓演變的一姓氏。女真古裏甲是一個大姓,漢字姓為汪姓。如馬姓宗

①　陳述主编《辽金史论集·第 2 辑》書目文献出版社,1987 年 7 月,頁 214。
②　《金史·百官志》,卷 55,頁 1229、1230。
③　中國社會科學院民族研究所歷史研究室編译《民族史译文集·第 10 辑》,1981 年印本,頁 69。
④　《金史·國语解》,頁 2896。

族之先是女真裴滿姓氏，漢譯為麻姓，《金史‧國語解》注釋為「裴滿曰麻。」後演變為馬姓。如索姓，氏族為海西女真人，他們隨海西女真人遷徙，由松花江流域來到輝發河流域，其先世為黑龍江女真人益得裏氏，在金代屬於女真尼厖古都，如索綽羅氏族姓氏，在演變中以多章節的第一字為漢字姓。如赫姓，赫氏是滿族著姓之一，它於何氏同由滿族姓氏赫舍甲裏氏，其先世，歷史上生活在松花江與黑龍江匯合處，金代歸胡裏改路，後來，先世遷徙綏芬河流域，圖們江流域及長白山地區，最後定居在蘇子河、渾河流域。先世為金代女真紇石烈部人，姓氏為紇石烈氏。女真紇石烈氏早在金代就是一個族眾甚繁的氏族，紇石烈氏漢姓為高姓。如富姓氏，他們氏族原始居住地，在黑龍江中下游地區，在金代，富察氏的氏族姓氏為蒲察氏，並為金代女真人大姓，也是金代望族。《金史‧國語解》注釋為「蒲察曰李。」即漢譯為李姓。今日滿族富姓（傅姓）的姓氏演變，形成由蒲察氏——富察氏——富（傅）氏。①

　　比如，那氏宗族，納拉氏是以歷史上氏族的居住地納拉河流域，以河名為姓氏的。金代女真納蘭姓氏為納剌姓，部名為納喝。納喝部在歷史上曾居住在今吉林省葉赫河流域。在金代，納剌氏的女真姓氏漢釋為唐姓。朗姓，由滿族姓氏紐祜祿氏而用的漢字姓。金代，祜祿氏的姓氏為女奚烈氏，《金史‧國語解》注釋「女奚烈曰朗。」即女真語漢譯為郎。在金代，由於女奚烈宗族龐大，朝廷時女奚烈宗族組建弟子軍，就是以姓氏命名的。這是滿族姓氏與先祖女真人姓氏之關係。在中原氏族中，出於金、元之裔者很多。那麼漢族的姓氏中那些為女真人的後嗣呢？據陳述先生考證，女真人改用漢姓的有「完顏曰王、曰陳、烏古論曰商、紇石列曰高、曰盧、徒單曰杜，女奚烈曰郎、兀顏曰朱、蒲察曰李、顏盞曰張、溫蒂罕曰溫、奧屯曰曹、孛術魯曰魯、斡勒曰石、納剌曰康、夾穀曰同、裴滿曰麻、尼忙古曰魚、斡准曰趙、阿曲曰雷、阿裏侃曰何、溫敦曰空、吾魯曰惠、抹顏曰孟、都烈曰強、散答曰駱、呵不哈曰田、烏森答曰蔡、仆散曰林、術虎曰黃、古裏甲曰汪、赤盞曰張，等等。」②漢族已經融入在這三十多個姓氏中。元朝時，蒙古西征南下，元軍的女真人，在南方省區中留住下來了。如福建、臺灣等。臺灣省居住著

────────────────

① 趙維和等《遼東滿族望族八大姓氏探源》，《滿族研究》1996 年第 1 期，頁 38。

② 陳述著《金史拾補五種》，科學出版社出版，1960 年，頁 156～178。

完顏氏粘罕的後裔。姓氏者,乃人們之根本,所關甚為緊要。粘氏先世,始祖函普至昭祖五世,暫且不談。景祖(烏古乃)為遼太師(遼人呼節度使)起,至粘罕的子孫。景祖子,劾者。於次最長。其弟世祖(太師)劾裏鈢,宮居同邸,劾者治家事,世祖主外務。景祖孫,撒改。康宗後,阿骨打稱都勃極烈,與撒改分治諸部,匹脫水以北阿骨打統之,來流水部族撒改統之。管理所屬區域。收國元年正月(1115)阿骨打繼位,撒改仍任國相,初任國相為肅宗時。參與攻打遼國的政策制定。天輔年間,太宗(阿骨打之弟)為諳版勃極烈,撒改為國論勃極烈。位尊且重,身任大計。治國家,定計劃,尊立太祖。當時有言,不見國相,事何從決。為一代宗臣。天輔五年五月(1121)卒時,太祖往弔。天會十五年(1137)追封燕國公,大定三年(1163)改贈金源郡王,配享太祖廟廷,諡忠毅,大定十五年(1175),其圖像於衍慶宮。

下列表(完顏氏粘罕家族)

表列世系、子系情況,始祖函普至昭祖五世(略),景祖烏古乃起列之。景祖任太師,遼人呼節度使為太師。

譜系(據《金史》作)

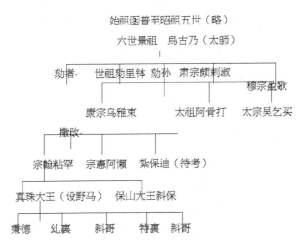

我們知道,族譜文化很久遠了。古之就有述其事者。後來,譜牒乃為私家世守之冊,子孫於以知世事,主旨是敬宗收族。纂修家乘,保其姓氏為尤急之。家譜內容,一般由以下諸項,列全族的世系和血緣關係圖表,記載全族男子的名諱、字型大小、生卒年月、葬地、婚配姓氏及卒年月等。以及生幾子幾女、子何名、女

適何地何姓等,為官者還要記其簡歷。記載「制定家族族規,家訓家範。祠堂、祖塋、族產公田坐落方位、形勝地圖,以及田記、墓志銘、買地契等。」①家族的歷史,即宗族源流,均在首譜。這是我國譜學的傳統。

臺灣粘氏播遷路線圖大率情勢,據粘旭群先生家裏庋藏的四個版本粘氏譜書,一曰,泉州的潯南皆山家譜。一曰,晉江衙口的潯海粘氏家譜。一曰南安梧坑的粘氏家譜。一曰臺灣的開基粘氏源流。譜牒所記載的粘氏開基始祖粘氏均為粘罕,粘老說,閩臺的粘氏家族,是晉江遷徙過去的。粘老還講了他的先祖原來姓完顏,為滿族先人。金亡後,為了保實力,有的改姓為完或者姓顏,有的改姓連的等。②

元朝時期,宗翰六世孫粘重山,任左丞相。生一子,名南臺,任安撫使。粘南臺亦生一子,稱溫博察兒為粘氏,為粘氏第八世祖。溫博察兒生三子,長子為子壽,次為子祿,三子為子正。明初,由江淮,行海路南遷至福建泉州晉江縣(今泉州市)的永寧(今永寧鎮)卒於永寧,是粘氏入閩開基祖。晉江永甯有粘溫博察兒的墓地。粘氏子孫移居晉江縣的龍湖鎮,亦稱潯江(今衙口村),在衙口村形成厝莊和頂粘兩個粘氏村落。子壽一支,居於衙口村、粘厝埔。子祿一支居於泉城(今泉州),子正一支主居蕭妃村、許婆莊、吳坑鄉、杆柄村一帶,後又遷廈門、福州、香港。遷往臺灣的宗翰二十二世祖,為粘德尚、粘德粵、粘德恩三兄弟。於乾隆五十三年(1788),由衙口村粘厝埔,東渡到臺灣彰化鹿港登陸,是臺灣粘氏開基三祖。在鹿港(今福興鄉)建粘厝莊,有頂粘村和廈粘村。粘氏後裔,粘合興先生說,臺灣福興鄉是粘氏宗親全國最大的居住區。在臺灣繁衍發展著,凝聚宗族。建有粘氏宗祠。粘氏東渡臺灣至今二百餘年了。

2002 年 6 月 9 日,《哈爾濱日服》、《新晚報》等報導,關於粘氏開基始祖粘罕基事。報導指出,最近粘罕「其家族基地已在黑龍江五常市發現。」報導稱,說某專家最新研究成果:「金代的淶流河即今日的拉林河,而粘氏家庭的祖基最確切的地點在拉林河右岸,即五常市營城子古城遺址。」而且據他的考證,「拉林河右岸有金代古城遺址 27 座,規模建制較大,出土文物中有皇族用品,與粘罕多次受

---

① 中國民族史學會编《第四次學术讨论會論文集》,中央民族學院出版社,1993 年 7 月,頁 193。

② 《泉州晚报》1998 年 10 月 30 日。

皇帝獎賞的史實吻合。週邊的文化遺址也特別豐富,符合國相的家族身份條件。」那麼,粘氏祖先的墓址在哪呢? 不得確考。我們要發現和考證一座歷史上的基地,頗非易事。要有考古文化學的記錄,要有古文獻的記載,考古特別重要。自周秦以來,家譜有著傳統記載,以「兆」代表墳,以「兆域」代表墳地,以「世」代表輩份,有墓圖。墓記於譜,始於隋代。人們對墓主的憑證,要有信物,比如墳墓的墓志銘,或墓主印章等。我國古代下葬,穴地而墓,墓多傍依山陵,葬於平原者,則於墓上堆土,使之隆起,並封以樹木,曰墳。後世不分,通曰墳墓。墳墓多有墓志或碑碣,其初用木,有文字亦甚簡,僅記死者的姓名、籍貫、卒年。漢以後,始用刻石,文記漸繁,又祥記生平、業績。碑亦因立異處而有異名,立於墓道的,稱神道碑,其立於墳前或墓地者,稱墓碑或墓表,名稱雖異,實則相同。碑文的體例,碑文是由志(或稱序)與銘兩部分構成。志用散文,記敘死者加贊詞。

歷史上黑龍江和吉林管屬區,與今天有異。或為甲者,或為乙者,檢譚英傑等先生《黑龍江區域考古學》一書,列有金源內地古城遺址表,沒有五常市營城子古城遺址。檢《黑龍江省志・文物志》、《吉林省志・文物志》所列的遺址、城址、墓葬中,均未有五常營城子古城遺址。1988 年阿城市巨源鄉城子村,發現的齊國王墓,墓內出土遺物中,有銀質冥牌和木質房券。冥牌壓印有「太尉開府儀同三司事齊國王」,12 字文。木質房券正面墨書「太尉僅同三司事齊國王」,背而墨書「房一坐」,均為楷體。上述的冥牌的銘文,可確知,標明墓主之身份。木質房券如同地券。這種以地契形式置於墓內的物品,又稱「墓別」、「地券」,是我國古代特有埋葬之俗。齊國王墓發現,有黑龍江省文物考古研究所的發掘報告刊發。在今吉林省的遺址、墓地中比如,完顏希尹家族墓地,有完顏希尹神道碑,或墓碑(或墓碣)。有大金故尚書左丞金郡貞憲王完顏公之神位。有完顏婁室墓地碑。標明墓主人之身份,以征信不疑。可見,粘罕墓地論,有疑之,可謂不徑之談,不足信。學術是有思想的,不見考古文化的發現,不見墓地發掘報告,猜測的研究,怎麼能行呢? 闕疑任其闕疑,否則臆說耳,空談耳。

在讀《金史》時,得知有粘罕墓地之記錄,在大定六年(1166),世宗曾派遣政府官員辦理撒改、宗翰墓地之事,將他們墓地改葬於山陵西南二十裏,讓官員去墓地致奠。改葬前之墓地在何地呢? 改葬後的墓地又在何處呢? 山陵在中都(今北京)大房山金帝陵西南二十裏呢? 還是它處。有待考據。正如曹廷傑在《二聖墓

說》一文中說,乾道七年(1171)七月,「金葬欽宗於鞏洛之原,惟鞏洛之源,不知何地,故未敢斷」。

（作者為黑龍江省民族研究所研究員）

河洛文化與臺灣宗族姓氏傳承探討

高安澤

Abstract：Heluo culture originates from the Central Plains. Taiwan is an immigrant society, and in history the immigrants from Fujian and Guangdong promoted the development of Taiwan；therefore the surnames of Taiwan are derived from the Mainland, mainly from the Central Plains.

　　河洛文化，源於儒家禮孝仁義。孔子曰：「宗族稱孝，鄉黨稱弟。」陳立夫云：「中華文化，自家庭而家族，而宗族。」文崇一《臺灣社區權力結構》說：「個人、家庭、親戚。分為換貼兄弟、同事、同學、朋友，合而為宗族。」陳衡道說：「考我民族姓氏之由來，遠溯三代以上。」根據史書記載，秦至三國，已有華夏人入臺，兩晉隋唐，宋元明清，以至民國，移民逐漸增多，宗族姓氏傳承，繼續繁衍昌盛。

　　河洛文化的傳承，來自中原地區。自秦漢以來，漢人逐漸南遷。先移民嶺南廣東和江西、福建，再渡海來到臺澎。初為營生，男性冒險入島墾植，後攜眷住臺灣蕃衍。進入臺灣宗族次序為：高砂族居山區，福佬族種植西部平源，客家族在丘陵地開墾。至 1949 年，國共在內陸爭戰，國軍退守臺灣，跟來政教軍警商民，為北京族。1987 年人口調查，全民貳仟餘萬，各族比例：高砂族 2.4%，福佬族 74.5%，客家族 13.3%，北京族 9.8%，此數字見於《臺灣歷史的軌跡（上）》①。

一、臺灣風土和澎湖列島

　　臺灣總面積35.961 平方公裏，本島佔99%，小島有龜山、蘭嶼等。東徑 122 度 6 分 15 秒——119 度 18 分 3 秒，北緯21 度 45 分 25 秒——25 度 37 分 53 秒，島形

---

　①　陳水源《臺灣歷史的軌跡》，臺灣晨星，2000 年。

如蕃薯,人稱蕃薯仔。南北長 377 公裏,東西寬 142 公裏。中央山脈由北至南縱橫,西部平地,中央山嶽,東部溪谷,最高玉山 3950 米。淡水河 144 公裏,濁水溪 170 公裏,下淡水溪 158 公裏,平均年雨量 2500 耗。海島土地肥沃無雪霜,草木不死,可種水稻、甘蔗、五穀,耕田古用水牛,今用機械。沿海多漁村,以捕魚為生,古以木船,今為電機發動,可前往遠洋。《臺灣人四百年史》有詳細記述①。

　　澎湖在臺灣西方,有 64 個島嶼,其中 21 個島有居民,總面積 127 平方公裏,1982 年人口有壹百萬。三大島為馬公、白沙、漁翁(西嶼),海拔最高 79 米,陸地種植高梁、花生。港灣多漁民家,以機動船捕魚、蝦、蟹、螺、蛤、蚌等,別有珊瑚、文石等,詳見《百科全書》②。歷史上凡侵臺者,必先攻占澎湖,可知其位置重要。

二、秦漢三國隋唐瀛州夷州流求澎湖移民

　　秦始皇二十八年,齊人徐福帶男女童數千人,入海到瀛州求仙人。三國孫權黃龍二年春正月,遣將衛溫,諸葛直,率甲士萬人,浮海求夷州及亶州。隋大業元年,海師何蠻等,每春秋二季,東望千裏有島嶼,煬帝命騎尉朱寬,入海到流求,水行五日而至。見男用鳥羽為冠,女以白羅紋佈為帽。唐憲宗(806~820)時,詩人施肩吾島夷行,後人難信施氏全家移居澎湖。曹永和認為涉足澎湖人,雖然附會,但其年代,不會晚於南宋。③《史記・越王句踐世家》:「越釋齊而伐楚,楚威王興兵而伐之,大敗越殺王無疆,盡取故吳至浙江,北破齊於徐州,而越以此故,諸族子爭立。或為王,或為君,漂於江南海上。」史家疑越之子孫,曾逃亡臺澎。《三國志・吳書・諸葛恪傳》:「恪於建興元年十月,合象於東興……遣將軍留贊等攻魏軍,魏諸將會飲,見贊軍少,解置鎧甲,不持予戰,吳軍乃得勝。十二月恪欲再整軍,明年伐魏,見江南人少,民懷溫柔,乃派將士海徵山民。」因來往人見臺灣西部土地肥沃,兩晉隋唐人逐漸增多。

三、宋元明時代移民澎湖和臺灣

　　宋宣和二年(1120)陸藻任泉州知府,以炫示繁華,開書坊八十,人數十萬,

---

①　史明《臺灣人四百年史》,臺灣蓬島文化,1989 年。

②　《大不列顛百科全書中文版》(12)1987 年臺灣 公司 99 頁澎湖。林會承《澎湖為聚落單元》中華民國八十五年春季,中央研究院《民族研究所集刊》第八十一期。

③　臺灣省文獻會《臺灣史》,象文圖書,1984 年。

東遊澎湖三十六島。近人郭廷以《臺灣事書概說》:「元當時澎湖居民二百戶,人口千餘。」元世祖二十九年(1292)和成宗元貞三年(1297),兩次徵臺,擒130人。明洪武五年(1372)至二十年(1387),主遷民澎湖事。永樂二年(1404)有招諭澎湖流民業得義之事。嘉靖四十二年(1563),有剿林道乾及澎湖再置巡檢之事。萬曆二十五年(1597)澎湖正式設置遊兵。《明史·外國四》:「琉求居東南大海,元世祖遣官招不能達。」洪武初其國有三,中山、山南、山北。永樂元年(1403),成祖詔諭三王來貢。八年(1410)山南遣官生三人入國學,賜巾靴絛,衾褥帷帳。成化五年(1469)貢使蔡景言:「其祖父本福建南安人」。雞籠山在澎湖嶼東北,故名北港,又名東番,去泉州甚近。崇禎八年(1635)給事中何楷陳靖海之策:「自袁進、李忠、楊祿、楊策、鄭芝龍、李魁奇、鍾斌、劉番相繼為亂,海上無寧日,欲其共窟,臺灣不可,臺灣在澎湖外,距漳、泉只兩日夜程」。《明史》323卷載資料甚多。[①]

四、葡萄牙西班牙荷蘭人開發及侵占情形葡

馬可波羅1254年生於意大利,1275年來北京,元世祖為明瞭西方文時,任馬為官仕,十七年後,馬可由福建泉州,乘船返國。1296年因戰爭被俘入獄,在監內寫《東方見聞錄》,稿被獄友貴族魯氏地華羅出版,引起歐人注意東方,葡萄牙人先來臺澎貿易。1520年(明正德十四)葡使由廣東到南京,明朝官方都主張驅除葡人佔領海島。1553年(明嘉諸三十二)指定白澳為葡商交易所。次年葡船過臺灣海峽稱「美麗之島」(Formosn)。1470～1521年成立東印度公司投靠於西班牙。

葡來東是1511年(明正德六年),葡西在臺澎爭執是1529年(明嘉靖八),荷蘭戰勝西班牙是1624年(明天啟四)。荷蘭退出臺灣是1661年(清順治十八),荷人在臺重城堡建設,餘文義臺灣府志記載,有赤嵌樓、紅毛城、淡水炮臺、雞籠城和炮臺等。

五、明鄭驅逐荷蘭與清朝殖民臺灣

1683年(清康熙二十二),施琅兵入臺灣,清朝認為彈丸小島欲棄之,施琅極

---

① 杨家路主編《新校本明史亦附編六程》臺灣鼎文與 印 卷323 列待211,8361～8382

力反對,理由有三:甲、臺灣為江、浙、閩、粵四省屏障,地位重要。乙、土地肥沃,漁鹽滋生;物產豐富。丙、臺灣若海盜佔據,澎湖亦不能守。清朝雖然決定留置臺灣,暫設臺灣一府三縣,澎湖設巡檢,由臺廈兵備道統轄。直到 1874 年,日軍犯臺才加以重視。先下封山令,又限至兩岸人民往來,再是不準男人攜眷來,1760 年(乾隆二十五)福建巡檢員吳士功上書,才於十六年正式解除前令。1680 年臺灣人口僅十二萬左右,1811 年已增至一百九十四萬五千人。1874 年(同治十三)5 月,日本以山民殺人而攻占恆春,福州船攻大臣沈葆楨奉命經理臺灣防務,經英、美協調以撫卹受者,於 12 月 31 日撤兵。沈乃上奏移民開山撫番及調整行政區劃。1895(光緒元年)四月沈調任兩江總督,丁日昌接承後,整理吏治與財政,廣招廈門、汕頭人攜眷來臺開墾。1877 年(光緒三年)丁因病回籍。1884 年(光緒十年)5 月中法戰爭,清特受直劉銘傳晉升巡檢,到臺灣督軍,9 月擊退法軍。欽差大臣左宗棠上奏,改建臺灣為巡檢,臺灣財政、國防、交流、生產、教育等,進步神速。1895 年(光緒二十一年)臺灣通志記載,戶數 50%、105 戶,人口 2.545.731 人。

六、甲午戰爭割讓臺灣於日本

　　1895 年(光緒二十一年)3 月 23 日,李鴻章簽訂《馬關條約》,將東半島及臺澎兩島,割讓於日本。5 月 3 日,臺灣義士邱逢甲等成立「民主獨立國」,擁唐景松為大總統。5 月 6 日日軍統師山資紀,率日船四十艘,兵九萬五千人,在三號嶺登陸。守軍不足五萬,節節敗退,14 日唐由淡水返廈門。9 月 1 日劉永福亦內渡廈門,9 月 3 日全臺陷落。[①]

　　日本對臺灣殖民政策,由 1896 年 6 月開始,先是辯理交守割手續及應付義民抵抗,1898～1906 年,派政界有關人來臺治理,如土地調查、戶籍調查、度量衡規定、建立稅制、樹立警察、設立醫業學、銀行等。日治時警政等還好,但財政、教育極不公平。如 1944 年臺北帝國大學,學生總數 546 人,臺籍生僅 11 人。1905 年 10 月 1 日臺灣第一次調查戶口,計總數 3.039.751 人,男 52%,女 47%。

---

① 韓逎仙《中國近代史》,臺灣大中國圖書,1977 年。

七、1945 年至今

1945 年 8 月 15 日,日本宣布投降,9 月 9 日在南京宣布受降典禮,10 月 25 日,在臺北正式接收,任陳儀為主任委員,丘念臺等七人為委員,研究軍事、政治、經濟接受統計畫。1945 年發生二二八事件,政府命陳誠來臺任主任委員,推行土地改革,施行三七五減租、公地放領,耕者有其田。1949 年蔣中正經第一屆國民大會選為中華民國總統,後於 1 月 21 日宣布引退,副總統李宗仁宣布代理總統職。12 月 7 日,決議將中央政府遷移臺北,李未來臺而赴美。1975 年 4 月 5 日老蔣去世。1987 年解除戒嚴,開放黨禁,1991—1992 中央民意代表全面改選,臺灣政治、經濟、教育走向繁榮,臺灣、香港、日本、新加坡號稱東西四小龍,此是臺灣最富裕、安定,自由的時期。

八、臺灣人口姓氏宗族親戚關係及組織

1987 年二千餘萬人,今 2011 年二千三百餘萬,姓氏以 1970 年《臺灣區姓氏堂號考》有 1695 個,有 1694 姓。

姓氏之來源,顾炎武《原抄本日知錄》卷二十四載:「姓本於五帝見於春秋,……戰國以氏為姓,如孟氏、田氏……」由此看來姓與氏,可相互通用,漢應邵《風俗姓氏篇》,分姓氏為九:以號、諡、爵、國、官、字、居處、事、職位為姓氏。[①]

宗族見於《爾雅·釋親》,從高曾祖父之姓者為宗族。《周禮·春官》:「以欽食之禮,親宗族兄弟。」《禮記·曲禮下》:「去國三世,若兄弟宗族猶存,則返告於宗後。」返鄉探親,父母或不存,但仍應探堂兄弟宗親。《左傳·僖公二十四年》:「周厲王之時,周德衰徵,如是兄弟雖有小忿,但不發懿德。故糾合宗族,於成周以作詩。」宗族詩酒聚會,是團結的措施。《論語·子路》:子貢問士,孔子答行己有恥。再問其次? 孔子答:「宗族稱孝焉,鄉黨稱弟焉。」這是說宗族之間,應以孝道為主,所以出外人都要返鄉探親祭祖。

宗親會組織。《譜系與宗親組織》1985 年記載,臺北市有吳、李、趙……詹、尤、周等 106 個宗親會。高雄市有許、柯、莊……曹、徐、蒲等 26 個宗親會。臺灣

---

① 林衡道《臺灣區姓氏堂號考》,臺灣新生報,1980 年。

省可能因地區疏散,僅曾、陳、丘(邱)、林、蕭等 6 個宗親會。《臺灣社會权力結構》說:「宗族關係:甲、一般原則:個人、家庭、親戚,再分朋友,或宗族。乙、特殊原則:個人、家庭、親戚,再分換貼兄弟,或同事、同學、朋友,又合起來是宗族。」現在選舉投票,可能有此關係,或者亦不一定。不過姓氏使宗族團結,是可以確定的,大陸與臺灣姓氏相同,亦是實的。① 簡略結語。

　　本人生於戰亂,父早亡家窮,讀書不多,近來見沈清松先生《臺灣精神與文化發展》②,結語中「二元封立與宰制」為主調文化。又「多元封此」與「充量和諧」,轉向為「互補和諧」。心甚敬佩。《中庸》:「致中和,天地位,萬物育寫」。近兩三年,世界災害頻繁,天地相似與萬物爭戰,如能發揚儒(柔、弱)精神,「和中共濟」,天地萬物互門,應該平息吧! 我年近九十,仍想多活動幾年,此內心所企盼。

　　　　　　　　　　　(作者為臺灣《中原文獻》經理、《安陽文獻》主編)

---

①　文崇一《臺灣社會权力結构》,1989 年,东大書局。
②　沈清松《臺灣精神與文化發展》,臺灣商務印書館。2001 年。

臺灣姓氏之根與中原

黃庭月　黃有漢

Abstract：Ancient archaeological materials on the current account for 96.54% of Taiwan residents to study the top 100 most common surname research that the most common surname in the top 100 in Taiwan, more than half from Henan. Including Chen, Wu, Tian, Sun, Wang, Zhang, Li, Zhu, Song, surnamed Lai, from the Yudong; Lu, Zeng, Tang, Xie, Ye, Huang, Jiang, Shen, Jiang, Bai, Cai, Liu, Fan, Liu, Dong surname from the south of Henan Province; Lin, Su, Wen, Ma, were, Hung, Shi, Liu, Dong, Fang, and even, Fu, Hong, Fu, Gu, soup from the North of surname; Guo, He, Zhang, Li, Xu, Cheng, Yu, Wang, Xia, Zheng, Dai surname from western Henan Province and central Henan. Taiwan surname in Central China; than the Central Plains, the other name also from Taiwan, the Yellow River basin. Chinese Kuomintang Honorary Chairman Wu Poh – hsiung said："The people of Taiwan, also surnamed Ho Lo, who is also the family of Fujian and Guangdong." Residents of Taiwan and the Yellow River basin, in particular, and Henan have flesh and blood relationship.

　　臺灣內政部門對臺灣居民的姓氏進行統計，於 2007 年 6 月印行了《姓氏要覽》一書。根據《姓氏要覽》的資料，臺灣、澎湖、金門、馬祖，「整個臺灣現存姓量雖有 1542 個，累計前 100 個大姓人口數占總人口數達 96.54 ％。」[①]

[①]　陸炳文《從最新臺灣姓氏要覽看河洛姓氏連接於國族團結問題》，《河洛文化與嶺南文化》河南人民出版社,2010 年,118 頁。

臺灣的前100個姓氏主要是：

1陳、2林、3黃、4張、5李、6王、7吳、8劉、9蔡、10楊、11許、12鄭、13謝、14郭、15洪、16邱、17曾、18廖、19賴、20徐、21周、22葉、23蘇、24莊、25呂、26江、27何、28蕭、29羅、30高、31潘、32簡、33朱、34鐘、35彭、36游、37詹、38胡、39施、40沈、41餘、42盧、43趙、44梁、45顧、46柯、47翁、48魏、49孫、50戴、51方、52宋、53范、54鄧、55杜、56傅、57侯、58曹、59薛、60丁、61卓、62馬、63董、64唐、65藍、66蔣、67石、68溫、69古、70紀、71姚、72倪、73連、74馮、75歐、76程、77湯、78康、79田、80姜、81汪、82白、83鄒、84尤、85巫、86鐘、87涂、88阮、89龔、90黎、91韓、92嚴、93袁、94金、95童、96陸、97夏、98柳、99涂、100邵

中國國民黨榮譽主席連戰的祖父連雅堂的名著《臺灣通史・風俗志》云：「臺灣之人，中國之人也，而又閩粵之族也。」中國國民黨的另一位榮譽主席吳伯雄對《臺灣通史・風俗志》加注腳題詞曰：「臺灣之人，河洛之姓也，而又閩粵之族也。」

筆者查閱古籍，對此問題進行研究，發現在臺灣的前100個大姓中，出自河南的姓氏占53個；而且臺灣的前十個大姓中，有八個出自河南。姓氏是民族的族源，是一個民族的祖根。臺灣的前100個大姓中，一半以上出自河南，其他的姓氏也幾乎皆出自黃河流域的山西、陝西、山東等省份，還有一些出自湖北的姓氏，表現出黃河流域與臺灣血濃於水的關係。

一、陳、胡、田、孫、王、張、李、朱、宋、賴姓皆出自豫東

陳姓形成於淮陽，陳、胡、田、孫、王等姓氏是陳姓的分支。

陳姓出自今河南省淮陽縣，是大舜的後裔。舜是中國古代的帝王，出自嬀姓。《史記・陳世家》云：「陳胡公滿者，虞帝舜之後也。昔舜為庶人時，堯妻之二女，居於嬀汭，其後因以為氏姓，姓嬀氏。……至於周武王克殷紂，乃複求舜後，得嬀滿，封之於陳，以奉帝舜祀，是為胡公。」其後，陳胡公滿的後裔或以國為姓，或以名為姓。陳、胡而行皆出於陳胡公滿之後裔。

《左傳・莊公二十二年》記載，陳國發生內亂，「陳公子完與顓孫奔齊」。陳公子完被齊桓公封為工正，即掌百工之官。《左傳・莊公二十三年》有卜辭云：

「鳳皇於飛,和鳴鏘鏘,有媯之後,將育於姜。五世之後,並於正卿。八世之後,莫之與京。」陳氏在齊國迅速發展,但陳姓貴族發展過程中,不想突出他們原是陳國後裔,故稱為田氏。《通志・氏族略》云:「田氏,即陳氏。陳屬公子完,字敬仲。陳宣公殺其太子禦寇。敬仲懼禍奔齊,遂匿其姓為田。田、陳近聲故也。」在齊國,陳公子完的一支又稱為田氏。

陳氏在齊國的發展過程中,還有一支孫姓。《新唐書・宰相世系表》云:「齊田完字敬仲四世孫桓子無宇。無宇二子:桓、書。書字子占,齊大夫伐莒有功,景公賜姓孫氏,食采於樂安。生憑,字起宗,齊卿。憑生武,字長卿。以田鮑四族為亂,奔吳為將軍。」這條史料儘管晚出,但說明了孫氏亦是田氏的一個分支。

另外孫氏有一支是衛武公之後裔。《通志・氏族略》云:「孫氏,彌氏,姬姓,衛武公之後也。武公和生公子惠孫,惠孫生耳為衛上卿,食邑於戚。」戚在今河南省濮陽市。

王姓,是戰國時期齊國的齊王建之後裔,也是陳氏之裔。

張姓,(宋)鄧名世《古今姓氏書辯證》卷十三云:「張出自姬姓,黃帝子少昊青陽氏第五子揮為弓正,始造弓矢,實張羅以取禽獸,主祀弧星,世掌其職,賜姓張氏。」這裏的記載當有誤。杜預《春秋釋例・土地名》云:「少昊之後,嬴姓之國。」少昊,嬴姓,屬於東夷族,而黃帝是華夏族的代表部族。如果張姓出自少昊部族,那麼應出自東夷嬴姓。河南省鹿邑縣,在三代時期,屬於東夷地區。鹿邑縣太清宮遺址發現長子口墓,時代為商末周初。「該墓隨葬50件有銘銅器中,32件銘為『長子口』。」[①]墓主為「長子口」。「長子」,當為張姓之祖先。張氏,出自河南省鹿邑縣是有道理的。

李姓,亦出自河南省鹿邑縣。《通志・氏族略》云:「李氏,嬴姓。高陽氏生大業,大業生女華,女華生皋陶,字庭堅,為堯大理,因官命族為理氏。夏商之李有理征為翼隸中吳伯以直道不容得罪於紂,其妻契和氏攜子利真逃於伊侯之墟,食木子而得全,遂改理為李氏。利貞十一代孫老君,名耳,字伯陽,以其聃耳故,又號為老聃,居苦縣賴鄉曲仁裏。」「苦縣賴鄉曲仁裏」,即今河南省鹿邑縣。

朱姓出自河南,河南柘城是朱襄氏的發祥地。(宋)羅泌《路史・國名紀》引

---

① 林歡《試論太清宮長子口墓與商周「長」族》,《華夏考古》,2003年第2期,64頁。

《九域志》云：「南京柘城，古朱襄氏之邑。右上古帝王之世。」《路史》的作者是宋朝人。商丘是宋代的南京。《路史・國名紀》所說的「南京柘城」，就是商丘柘城。宋潘自牧《記纂淵海・郡縣部・京東西路》亦云：「襄邑，古朱襄氏邑，春秋時為陳株野地。柘城，漢屬淮陽國，以邑有柘溝，故名。」《大清一統志・歸德府》云：「朱襄氏陵在柘城縣東十裏，今地名朱堌。」《河南通志・帝王》云：「朱襄氏自庖犧氏後，曆十一氏而至朱襄氏，都柘城。」

朱襄氏是活動在今河南省柘城縣的一個遠古部落。朱襄氏以後繼續東遷至山東為邾氏。

根據《通志・氏族略》的記載，胡、袁、宋、陳、賴、童，皆出自河南。

《通志・氏族略》云：「胡氏，巴氏，子爵。其地在今潁州汝陰西二裏，胡城是也。定十五年楚滅之。其後以國為氏。或云胡公滿封於陳，其後亦為胡氏。」胡氏出自今河南省淮陽、潁州一帶。

「袁氏，亦作轅，亦作爰，媯姓，舜後陳胡公之裔。胡公生申公，申公生靖伯，十八世孫莊伯生諸，字伯爰，孫濤塗以王父字為氏，世為陳上卿。」袁氏出自今河南省淮陽境。

「宋氏、荊氏、陳氏，子姓，商之裔也。武王克商，封紂子武庚以紹商。武庚與管蔡作亂，成王誅之，立紂庶兄微子啓為宋公，以備三恪，都商邱。」商邱，即今河南省商丘市。

「賴氏，子爵，今蔡州襃信有賴亭，即其地也。昭四年為楚所滅，子孫以國為氏。」賴姓出自今河南省

「童氏，顓頊帝生老童，其子孫以王父字為氏。」顓頊活動在今河南濮陽市內黃縣，「顓頊帝生老童」，童姓出自今河南省內黃縣。

二、呂、曾、鄧、謝、葉、黃、江、沈、蔣、白、蔡、劉、范、廖、董姓源於豫南呂、曾、鄧、謝、葉姓皆源於今河南省南陽地區

呂姓，《詩經・大雅・崧高》云：「維嶽降神，生甫及申。」呂、甫，一聲之轉，呂侯後爲甫侯，《詩經》及《禮記》作「甫」。《尚書》有「呂刑」，《韓詩外傳》有「呂望」，皆作「呂」。（宋）鄭樵《通志・氏族略》云：「呂氏，姜姓，侯爵，炎帝之後也。虞夏之際受封為諸侯，或言伯夷佐禹有功，封於呂，今蔡州、新蔡，即其地也。」申

就在今河南省的南陽市,那麼呂也在距申不遠的河南境內。

鄧姓,《通志・氏族略》云:「鄧氏,曼姓,商之侯國,其地今襄陽鄧城是也。……魯莊十六年楚文王滅之,子孫以國為氏。」襄陽鄧城,就是今河南省南陽鄧州市。

謝姓,《詩經・大雅・崧高》云:「於邑於謝,南國是式。……因是謝人,以作爾庸。」(宋)朱熹《詩經集傳》云:「謝在今鄧州南陽縣,周之南土也。式,使諸侯以為法也。」「因謝邑之人而為國也。鄭氏曰:庸,功也;為國以起其功也,徹定其經界,正其賦稅也。」謝人以國為姓,謝國在今河南省南陽唐河境內。

曾姓,曾氏相傳是大禹之後裔,姒姓。《路史後記》十四云:(夏帝紓)」乃封其仲曲列於繒衍」。《左傳・哀公四年》云:「致方城之外於繒關。」很明顯的說曾在「方城之外」,在今河南省方城縣,而且在南陽方城發現許多二裏頭類型的文化遺址。今山東兗州府繹縣東八十裏有鄫城,但在。《左傳・襄公六年》載:「莒人滅鄫,鄫恃賂也。」夏朝末年,曲列受封於方城之繒國;春秋中期,莒國所滅之鄫國,當是「方城之繒國」,在商人的威逼之下輾轉遷徙後的鄫國。

葉姓,《通志・氏族略》云:「葉氏,舊音攝,後世與木葉同音。《風俗通》楚沈尹戌生諸梁食采於葉,因氏焉。」葉在今河南省葉縣,是葉姓發祥地。

黃姓、江姓,源於今河南省之信陽地區。《史記・秦本紀》云:「太史公曰:秦之先為嬴姓,其後分封,以國為姓有:……黃氏、江氏。」又《通志・氏族略》云:「黃氏,嬴姓,陸終之後,受封於黃;今光州定城西十二裏有黃國故城在,楚與國也。僖十二年為楚所滅,子孫以國為氏。」「江氏,舊云汝南安陽縣江亭。按:此在信陽縣之東南、新息縣之西,安陽故城是也。嬴姓之國,顓帝元孫伯益之後也。文四年楚滅之,子孫以國為氏。」即黃氏、江氏是以國為姓的部族。春秋時期黃國在今河南省潢川縣,江在今河南省的羅山、光山境內。

沈姓、尤姓,皆出自沈姓。《通志・氏族略》云:「沈氏,姒姓,子爵。春秋有沈子逞、沈子嘉,定四年蔡滅之其地。杜預云汝南平輿縣沈亭。按平輿故城在蔡州汝陽縣東北沈國也,子孫以國為氏。又楚有沈邑,楚莊王之子公子貞封於沈鹿,故為沈氏,其地在今潁州沈邱。」「尤氏,五代閩王審知時,閩人沈氏避諱去水,為尤氏。」由此可見,沈姓、尤姓所起源的平輿、沈丘,皆在河南省內。

《通志・氏族略》認為蔣、白,皆出自河南。「蔣氏,周公之第三子伯齡所封

之國也。杜預云弋陽期思縣是。按：期思，宋改為樂安，今光州仙居縣是也。」「白氏，芊姓，楚白公勝之後也。楚有白邑，其地在蔡州襃信。」「劉氏，祁姓，帝堯陶唐氏之後，受封於劉，其地今定州唐縣也。」

蔡姓，出自河南省的上蔡縣。西周時期，蔡叔度風雨蔡國，即今上蔡縣。

劉姓，出自河南省平頂山市。《左傳・昭公二十九年》云：「有陶唐氏既衰，其後有劉累，學擾龍於豢龍氏；以事孔甲，能飲食之。夏後嘉之，賜氏曰御龍，以更豕韋之後。龍一雌死，潛醢以食夏後。夏後饗之，既而使求之，懼而遷於魯縣。」杜預注曰：「魯縣，今魯陽也。」魯縣在河南省評點山地區的魯山縣。

范姓，與劉姓為同一族源，以出自河南省平頂山市。《左傳・昭公二十九年》記載：劉累「懼而遷於魯縣，范氏，其後也」。杜預注：「晉范氏也。」《通志・氏族略》云：「范氏，陶唐之裔，歷虞夏商周成王遷之杜為伯，宣王殺杜伯，其子隰叔奔晉為士師，故為士氏，其子孫處隨及範。故經傳見三族焉，范，晉邑也，其地濮州範縣是也。」春秋晉國的范氏當是劉姓之後裔，皆出自河南省魯山縣。

三、林、蘇、溫、馬、共、洪、石、廖、董、方、連、傅、康、傅、顧、湯姓出自豫北

林姓，殷商王朝的比干之後裔。（唐）林寶《元和姓纂》卷五云：「林，殷太丁之子比干之後。比干為紂所滅，其子堅逃難長林之山，遂姓林氏。」林姓是殷商王朝的比干之後裔，比干是殷商大臣。殷商之都在河南省之淇縣朝歌鎮，比干死於此，其墓在今河南省衛輝縣。

蘇姓，《通志・氏族略》云：「蘇氏，己姓，顓帝裔孫吳回為重黎，生陸終，陸終生昆吾，封於蘇。其地鄴西蘇城是也。至周武王用忿生為司寇，邑於蘇，子孫因以為氏，世居河內。」蘇國在今河南省獲嘉縣一帶。

洪姓，《通志・氏族略》云：「洪氏，本共氏，因避仇改為洪。豫章有弘氏因避宋朝諱亦改為洪。」共氏，是我國古代部族共工氏之後裔。共工氏最早活動的地域當在周代的共國。那裏因共山而有名。沈炳巽《水經注集釋訂訛・濟水》「共山，在濟源縣北十二裏。」共山從濟源市一直綿延到輝縣。共工氏當活動在這一帶地方。共工氏活動的主要地區在古共國，即今河南省濟源、輝縣一帶。

《通志・氏族略》云：「馬氏，即馬服氏，嬴姓，伯益之後。趙奢封馬服君因以為氏。」趙奢曾被封為平原君，主要活動在今河南省新鄉境。

《通志·氏族略》云：「石氏，姬姓，靖伯之孫石碏有大功於衛，世為衛大夫。」石氏所在的衛國在今河南省濮陽境。

廖姓、董姓同源，出自河南。廖。亦作飂。《左傳·昭公二十九年》云：「昔有飂叔安，有裔子曰董父。帝賜之姓曰董，氏曰豢龍。」注：「飂，古國也。叔安其君名。」「飂水上夷皆董姓。」《國語·鄭語》云：「已姓：昆吾、蘇、顧、溫、董。董姓飂夷、豢龍，則夏滅之矣。」韋昭注：「五國，皆昆吾之後別封者。」董姓與昆吾、蘇、顧、溫，皆為已姓之國。《左傳·哀公十七年》云：「衛侯夢於北宮見人登昆吾之觀。」杜預注：「衛有觀在於昆吾氏之虛，今濮陽城中。」既然「昆吾氏之虛」在今濮陽城，而且蘇、顧、溫，皆在今豫北，那麼董姓擋在今豫北一帶。

方姓，是周大夫方叔之後裔，出自今河南省安陽、焦作一帶。《論語·微子》：「鼓方叔入於河。」（宋）真德秀在《論語集編·微子》注曰：「鼓，擊鼓者方叔名。河，河內。」安陽、焦作指的是今安陽、焦作等地。《通志·氏族略》：「方氏，周大夫方叔之後，以字為氏。」

根據《通志·氏族略》的記載：「溫氏，姬姓唐叔虞之後，晉郤至為溫大夫，號溫季，因以為氏。……溫，今河內溫縣是也。」「連氏，左傳齊大夫連稱之後又是連氏改為連望出上党。」「康氏，姬姓，衛康叔支孫以諡為氏。」「傅氏，商相。傅說之後築於傅巖，因以為氏。」

顧姓，「顧氏，已姓，伯爵，夏商之諸侯。濮州范縣東南二十八裏有故顧城，是其地也。子孫以國為氏。」「湯氏，子姓，夏商之前未有諡法，堯舜禹湯皆名也。」「巫氏，《風俗通》凡氏，於事巫卜匠陶也，商有巫咸巫賢。」溫、連、康、傅、顧、湯、巫，皆出自豫北地區。

四、郭、何、張、李、許、程、游、汪、夏、鄭、戴姓出自豫西及河南中部

郭氏，由虢氏而來。郭姓有二：一支出自今三門峽靈寶縣，另一支出自河南省滎陽。《通志·氏族略》云：「公羊曰虢謂之郭，聲之轉也。」「虢氏有二，皆王季之子虢仲之國，在今虢州。謂之西虢，僖五年晉滅之。虢叔之國在鳳翔虢縣，公子譜云在滎陽，謂之東虢，虢叔之國為鄭所並，以建鄭國。虢仲之國，僖五年晉滅之，子孫以國為氏。」虢、郭同音，郭氏出自河南豫西。

何氏，是由戰國時期的韓氏音訛而來。韓氏在戰國時期在今河南省新鄭市

《通志·氏族略》云:「何氏,姬姓,唐叔虞裔孫。韓王安為秦所滅,子孫分散江淮,音訛以韓為何氏。」

《通志·氏族略》云:「許氏,薑姓,與齊同祖,炎帝之後,堯四岳伯夷之子也。周武王封其苗裔文叔於許,以為太嶽後,今許州是也。」許州,今河南許昌。

根據《通志·氏族略》的記載:程、游、馮、方、夏、鄭、戴皆出自豫中、豫西地區。《通志·氏族略》云:「程氏,伯爵,風姓,重黎之後也。重為火正裔孫封於程,洛陽上有程聚,即其地也。」「游氏,姬姓,鄭穆公之子公子偃字子遊,其後以王父字為氏。」「馮氏,《世本》云:歸姓,鄭大夫馮簡子之後。《姓纂》云周文王第十五子畢公高之後。畢萬封魏,支孫食采於馮城,因氏焉。」「方氏,周大夫方叔之後,以字為氏。」「汪氏,汪芒氏之裔……芒氏,姓氏辨證曰出自夏王帝芒之後。」「陸氏,嬀姓,田敬仲之後也。十一世齊宣王少子通封於平原般縣陸鄉,即陸終氏之故地因以為氏。」「夏氏,亦曰夏後氏,姒姓,顓帝之後也。……禹為司空,治水有大功,舜以天下授之,是為夏後氏,今陝州夏縣,禹之所都也。禹之受舜禪至桀凡十七君十四世四百七十一年為湯所伐放於南巢武王克商封其後於杞,其非為後不得封者,以夏為氏焉。」「鄭氏,周厲王之少子、宣王之母弟、桓公友之後也。桓公初受封於鄭,在周之畿內,今華州鄭縣是也。封三十三歲為周大司徒,……後幽王有犬戎之禍,桓公死難,其子武公從平王東遷,卒有虢鄶之地,號為新鄭,今之鄭州也。……以國為氏。」

戴姓出自河南蘭考縣。《通志·氏族略》云:「戴氏,開封封邱縣,戴城是其國。隱十年鄭人伐取之,或云舊考城縣是為宋人所滅,改名穀城,子孫以國為氏。又宋戴公之後亦為戴氏是以諡為氏者。」

由以上論述可知,臺灣居民的前100個大姓,有一半以上出自河南,而其他的姓氏也出自黃河流域。如高、彭、曹、薛、丁、卓、紀、倪、鄒、徐、蕭、邱等出自山東,唐、楊、姚、韓、古、侯、魏、趙、黎出自山西,周、姜、餘、杜、阮、梁等出自陝西,藍氏出自河北。其他姓氏出自湖北,如羅、潘、簡、詹、莊、鐘等。從臺灣居民的姓氏來看,臺灣居民與黃河流域,特別是與河南有血濃於水的關係。

(黃庭月:河南財經政法大學副教授;黃有漢:河南大學文物館原館長 研究員)

河洛文化與臺灣姓氏傳承

—— 例述四姓淵源、祖祠、名裔以明

黃邦宿

Abstract：In 2007, the government of the Republic of China announced that there were around 1500 surnames, of which 80 surnames were included in the 200 main surnames recorded in the Baijiaxin (hundreds of surnames) Shrine in Luoyang. In addition, eight of the ten most populous surnames in Taiwan coincide with those recorded in Baijiaxin Shrine. The clan – related pedigrees, temples, house titles, ancestral tombs (with birth places inscribed) as well as the prevalent custom to visit ancestral tombs at Qingming witness the inheritance.

一、姓氏榮耀精神，培育賢哲輩出

中華民族何以五千年來固守姓氏制度？此乃姓氏光彩，宗族榮耀所致，榮譽感係天賦，人皆有之，且為進步之原動力。日前（元月十五日）美英報導：耶魯教授蔡美兒對兩女兒「愛嚴兼俱」的管教，成為傑出，發出疑問：「中國母親何以更優越？」造成震撼。洋人不知，國人盡知，秘密即在：姓氏榮譽感，要光耀祖先。此一精神，不只海外華人蒙利，國人千百年來均蒙其利。世界六大文明古國，中國獨秀獨存，即此制度造就無數賢傑貢獻之功。對內而言，中國為世界人口最眾之民族，若無精妙漢文，供明血統，辨貴賤之姓氏制度，十幾億人，同處神州大地，社會群己，親疏倫理，關係和諧，秩序井然，在姓氏宗族長流中，和平安詳生活，胥賴其功。

二、姓氏堂號起源，五千年歷史榮耀

中國人之所以認同姓氏，歸屬宗族？簡言之：姓因生，源於父母血統，生育教養胥賴之。豈能不認同？不思報？氏表功德，榮譽羞恥之心，出於天賦，再因姓族演生堂號郡望聲望，使姓族觀念，迄今不拔。

1. 姓氏之起因

相傳太昊伏羲氏（風姓），鑒於長久以來，族內婚姻，生育不蕃。族外婚姻，爭搶女性，殺掠不已。於是正姓氏、定嫁娶。以姓表血統而示女系。氏表宗族而示男系。《說文解字》云：「姓，人所生也，因生以為姓，從女生」。上古八大姓：姬、姜、媯、姒、嬴、姞、妘、姶，均從女，足可證明，然而姓依何而起？曰：「因居地而起。」例如神農母居姜水而姓姜。黃帝母居姬水而姓姬、虞舜母居姚墟而姓姚。黃帝建國娶正妃嫘祖及嬪妃三，合生子二十五人，依其為官之德，賜十二姓成廿五宗。繁衍百姓。姓乃奠定其強固發展基礎。

氏本係表宗族而示男系。卻因：「天子建德，因胙之土而命之氏」（左傳隱公八年）。周滅殷商。分封同姓於魯、晉、蔡、曹、鄭、吳等十八國。異姓之功臣、姻親，以及舊有諸侯、殷商後裔。總計七十一國。而在商末周初時，據陳致平中國通史稱：「約有一千幾百個國家」。凡此受封諸侯子孫，多以國為氏。氏因之代表尊貴權威。成為貴族標志。榮耀符號。氏之尊貴地位確立。

姓源除前述：因生、因地、因官、因封而外，尚有因諡、因爵、因志（圖騰）、因事（職業）為姓。後有避禍避諱及異族改姓，訛音筆誤，新字新姓，千奇百怪。現有四千姓。

姓與氏之分別及作用，漢班固白虎通姓名篇，分辨極其清楚：「姓崇恩愛，厚親親、遠禽獸、別婚姻、使生相愛、死相哀、同姓不婚、以重人倫。氏貴功德，聞其氏，即可知勉人為善」。此項作用同時形成倫理基礎。

夏商周三代以前，姓與氏猶分為二。惟以周經過八百年大體和平歲月，人口遽增。降至戰國，氏族日眾。秦滅六國，封建崩潰，貴族淪為庶民。氏失卻尊榮特質。不再代表特權，氏為眾所共有。姓氏遂混然一體。不再有女姓男氏之別。故漢司馬遷著史記：本紀：稱秦始皇，姓趙氏。稱漢高祖，姓劉氏。惟社會重男輕女，仍男稱姓，女曰氏。

2. 堂號之興起

實肇因於秦漢郡縣制度,而其盛行則因漢魏用人制度。原來秦併吞六國,調整政區以利統治,全國劃設四十二郡及若干縣。漢且兼採郡國制。《漢書地理志》載:「訖於孝平,凡郡國一百三、縣邑千三百一十四,侯國二百四十一」。至若用人漢初仍兼採分封制度。劉氏封王、功臣封侯。一般首長官吏則採郡國察舉。魏用九品中正法,人才評選首重家世之簿伐,及晉武帝泰始元年(公元265)復行分封王室、郡公郡伯、縣公縣伯。選官用人,盡屬豪門巨族。自漢至南北朝,傳襲達八百年之久,形成:「上品無寒門,下品無士族」。著名強族轉而成郡縣之權力中心,眾望所歸之標幟。流風所及,各姓乃競題郡名以為「堂號」,誇示榮耀。迨北魏以鮮卑族入主中原,厲行漢化,改漢姓,獎通婚。北方中原士族望族。撰宗族譜錄:示所承以自貴,標郡號而別異族。姓氏堂號,乃尤受重視。隋唐之際,趨於鼎盛。雖因故遷徙流離,無不忘冠郡號於姓氏之上,或匾額居室之中,不忘本源,永志世系。

唐宋而後,政府用人雖不以察舉選官,改以科舉取士,卻首重身家清白可稽,家世仍受重視。尤其一舉成名天下知,考試成為個人尊榮富貴不二法門,亦為家族無上榮耀。此於聚族而居之千百姓而言。益增其重視代表宗族榮耀之堂號。新添一因素,此所以堂號歷千餘年不衰。

堂號之取捨,從前述諸姓可歸納為三類:

(1)以得姓始祖封地郡為堂號,且多屬總堂號,黃氏之江夏,王氏之太原即其顯例。

(2)以遷徙郡地,為分堂號。晉室南渡,中原著姓以居地郡號為分堂號。謝氏之會稽,曾氏之廬陵皆是。

(3)諸姓支脈間,以其傑出人才之德望、功勳、文學、嘉行自創堂號,三槐、四知、百忍、寶樹均其顯例。

發祥地郡號作總堂號,與望出某地郡名作分堂號,兩者合稱郡望。因此同一郡名,有若干姓以之為總堂號或作分堂號。且有若干姓氏有二個以上分堂號。張姓堂號多達四十五個即其顯例。

三、民族遷徙六次,歷時二千餘年

姓氏傳承臺灣,自秦一統一(公元前221年)至公元1949年,二千餘間,民

族遷徙,間接三次,直接三次。經過為:

1. 秦漢至魏晉時期:秦蒙恬率 50 萬大軍戍嶺南並及廣西南寧(古稱邕州)。西晉末永嘉之亂,百萬士族南遷,入閩贛浙湘。(故來臺漢族以閩粵居多)

2. 唐初,泉,潮民亂,陳政陳元率 3600 人,五 58 姓隨之,唐末黃巢之亂,自乾符二年至中和四年,十年間由長安至湖南,全國流竄,士族大舉南遷,巢亡翌年,繼有壽州農民亂起,王審潮王審知率鄉民 5 千入閩,陳、李、張 34 姓隨之。

3. 北宋末康王南渡杭州,五百萬臣民相隨,南宋末文天祥抗元,義軍十餘萬入粵。此外狄仁傑,楊文廣率禁軍萬餘征邕州,查多為河南白馬縣人。

4. 直接來臺者:明、鄭成功於永曆十五年(1661)率軍二萬五千收復臺灣。清康熙二十二年(1483)施琅率水師二萬攻臺,收歸版圖,僅 22 年間兩次直接遷四萬餘官兵,並有源源不絕,從閩粵而來之移民。迄 1949 年遷臺,200 萬軍民隨之,大姓固多,小姓不少,姓量千百。

四、姓氏傳承與影響

1. 兩岸著姓排序大同

2007 年 6 月,臺灣公佈之姓氏 1542 姓,其人口數前十名:陳、林、黃、張、李、王、吳、劉、蔡、楊。竟與洛陽百家姓祠,和大陆 2007 年 4 月公佈之前十名,幾乎完全相同。只有林、蔡兩姓不在洛陽榜十名內。而係人文發展因地之差異,何以有此巧合? 一言蔽之:姓氏宗族均來自河洛中原也! 且臺灣 2300 万人口數排序前 200 姓與洛陽百家姓祠前 200 姓排序,竟有 80 同姓①,足証傳承。此外由於臺灣民眾重視姓氏榮耀,產生影響,舉例以見一般:施琅帶水師收臺而敗鄭成功,成敗榮辱。施鄭兩姓因而禁通婚。其次在西螺有張廖祖廟:崇遠堂。族人生姓廖,死姓張,各有光榮,不願改姓。更屬重視姓氏榮耀特例。再次世居彰化花壇鄉橋頭村之錫闌王子後裔:名曰:世來法,帶領家人回到澗別五百年的故鄉尋根,受中華重姓氏榮耀影響。(見聯合報 2007.6.8.),尤足稱奇。

---

① 相同八十姓:陳黃張李王,吳劉蔡楊許,鄭謝邵洪邱,曾賴周葉蘇,呂江鍾游詹,胡盧柯魏戴,方宋鄧傅侯,丁石溫古連,馮康白巫鐘,阮龔韓袁夏,邵於熊顧甘,毛史尹孔辛,陶龍葛韋孟,殷賀管文向,武丘梅花塗,成谷申岳牛。

2. 堂號郡望地相同

茲以臺灣區前十大姓堂號郡望半在中原為例,以見傳承:

(1)陳氏:汝南(河南汝寧)。河南(河南北部、治洛陽)。

(2)林氏:西河(古冀州地)、南安(甘肅隴西等地)。

(3)黃氏:上谷(河北保定)。江夏(湖北雲夢)。譙邵(安徽亳縣)。安定(甘肅平涼)。

(4)張氏:清河(河北清河)。南陽(河南南部)。

(5)李氏:隴西(甘肅蘭州)。

(6)王氏:太原(山西太原)。瑯琊(山東兗、青、沂、萊諸城地)。

(7)吳氏:延陵(一在江蘇武進縣,一在陝西綏德縣)。渤海(河北河間縣等)。濮陽(山東濮陽縣)。

(8)劉氏:彭城(江蘇銅山)。

(9)蔡氏:濟陽(山東定陶縣)。

(10)楊氏:弘農(河南靈寶)。

3. 譜、祠、墓傳承,祭拜盛典處處

姓氏宗族者:必然著譜載族史,建祠崇祖,修墓懷恩,春秋兩祭,清明掃墓祭祖,儀典盛衰,關乎政治經濟時地不同而有差異。30 年前大陸難見,而今風氣丕變。2004 年,深圳福田下沙黃氏,來自海內外一千五百人拜祖,盛況空前。筆者家鄉江西興國祖祠十餘年來亦千百裔祀祖,隨處可見。臺灣祭祖活動尤盛而敬,報刊 2009 年清明,苗栗公館劉家主祭者藍袍,奏客家八音,唱祭祖頌,三跪九叩古禮,桃園新屋鄉,來自閩南的葉五美家族,竟有來自巴西、澳洲、美國專程拜祖的八千人,圍繞五層祖塔,依廣播口令拜祖,可謂奇觀,亦足証祀祖之虔敬。而祭祀品亦因經濟繁榮多以高級品、多樣,不止香燭三牲而已!

五、舉四姓例,見証傳承

1. 中華第一大姓:王氏、太原郡

王氏堂號多達 21 個,族派極繁姓氏之一。唯以太原、瑯琊最著。三槐為自立堂號。

據臺北王氏大宗祠沿革志略稱:吾族源黃帝出於姬周繫姓祖:二世敬宗公、

仕周為司徒,周衰避亂,卜居太原(秦郡,今山西原太原、汾州二府及保德、平定、忻州等地)。人稱王家,故以為氏……而太原成總堂號。……唐僖宗時,黃巢反亂,四十九世審潮率弟奉母,從河南固始經山西入閩,因功授福建觀察使,弟審知為副使,審邽為泉州刺史,世稱開閩三宗,後審知子王廷鈞,自立為帝,國號大閩。

王氏來臺於明永曆間,王團由漳浦、浮南橋林內社,入墾臺南縣新化。王審知八世孫王璉,宋末遷居金門山後,王莊嚴遷住呂厝。人口有 703878 人,居臺第六大姓,名裔王玉雲高雄市議長、市長,王民寧臺灣光復接受委員,警務處長,王吳清香北市婦女會長、議員。

宗祠有:臺北市迪化街二段 243 巷 2 號,建於 1952 年王氏大宗祠,主祀開閩三祖。嘉義太保鄉太保村 152 號,建於道光二十一年(1841)王氏家廟,主祀一世祖晉贈振威將軍奇生公。金門金沙鎮山后王氏總祠:十八棟厝。主祀三審公。擬一聯贊敬曰:

太原華胄,秦統名將,開閩三審,臨川宰相,世澤綿百代。

翰苑宗風,輞川山水,右軍書聖,浙西理學,儒門式千秋。

2. 君相將道宗族:李氏、隴西郡

李氏堂號:隴西(郡號)。

李氏來臺:明隆武元年(1645),李順由同安遷澎湖湖西鄉。雍正時李福入墾嘉義布袋,明代李應祥遷居古寧頭,人口有 875595 人,位第五大姓。名裔:李建春省糧食局長,國民黨中評委,李鳳鳴宜蘭縣長。

宗祠:一、桃園大溪鎮月眉裏九鄰 15 號,建於清同治元年(1862),李氏大夫第。二、臺北市松山區南京東路三段 309 號,建於 1962 年。隴西李氏宗祠。均主祀隴西堂上列祖。擬聯贊敬曰:

源溯隴西,數十代帝王將相,功勳耀國史。

道參天地,五千言名經教義,自然化群倫。

3. 臺灣第一大姓:陳氏、潁川郡

陳氏堂號:潁川、汝南、下邳、廣陵、東海、河南(均郡號)、德星、聚星、繩武。以潁川為最著。

據譜載:東漢陳實子侄以孝賢著稱,於訪名士荀淑父子時德星集聚,德星歲星也。歲星所在有福,故曰德星,族人遂以德星或德聚為堂號。唐書宰相世系

表：西晉太尉陳畛於元帝大興初、渡江居曲阿新豐湖（今江蘇丹徒）、孫陳逵為長城令（浙江長興縣），遂家其地，傳至南朝陳霸先，建立陳朝，都建康（今南京市），族人遍傳長江粵江。唐高宗總章二年（669），大將軍陳政，原籍河南固始，偕子陳元光（即開漳聖王）入閩，子孫繁衍成一大宗。又南陳始祖陳忠，原居京兆府萬年縣（陝西長安），仕唐贈鄂國公。子陳邕中宗進士，官太子太傅被謫入閩。先居興化，再遷漳州南廂山，衍脈甚眾，稱太傅派。

以開漳聖王、太傅派、南朝派來臺者極多且著聲望：任明鄭諮議參軍之陳永華。乾隆時陳維藻、陳維英、侄樹藍，先後中舉，入泮者達十六人，文風頗盛。

陳氏來臺：明萬曆年間，陳振遙由同安金門水頭鄉，遷澎湖西沙港開基。宋末陳七郎自晉江圍頭遷金門及後園。人口有1580423人，為第一大姓。名裔：陳世榮大法官，陳正雄基隆市長二任，陳孟鈴，臺中縣長。

宗祠四：一、臺南市永福路152巷20號德聚堂，建於明永曆十五至二十八年間，主祀潁川列祖。二、臺北市北投區中央北路四段19號陳懷公宗祠，建於乾隆十七年（1752）主祀陳時英。三、北市寧夏路27號德星堂，建於清咸豐十年（1860）主祀聖祖舜帝。四、漳化永靖鄉港西村中山路繩武堂，建於民國二十一年主祀開饒始祖陳木苑。五、金門金寧鄉安美村安岐42號陳氏潁川堂。擬聯贊敬曰：

開漳、太傅、南朝，傳宗競秀、寶島人文推首姓，

封侯、食邑、建國，樹德流芳、中原衣冠萃潁川。

4. 仁孝詩理大家：黃氏、江夏郡

黃氏堂號：江夏、櫟陽、安定、房陵、漢東、上谷、譙郡、紫雲、種德等九個，以江夏、紫雲最著。

姓源有三：一、出自金天氏，二、出自嬴姓，三、出自顓頊、陸終之後：姓纂載：陸終之後，受封於黃（河南潢川縣西），後為楚滅，遂以國為氏。黃氏大宗譜載：以陸終長子、昆吾之子、高為一世祖。十三世石，佐周有功，賜姓為黃，世居江夏（顧炎武稱：秦南郡地、漢置江夏郡，今德安、承天、漢陽、武昌、黃州府境地），傳衍各地，族人遂以為郡號。其南遷分佈；由潢川，固始南下，由江夏南下，傳六十八世黃珣郎、仕晉、徙江西信州、七十三世黃志由信州遷邵武，後分晉江。八八世黃蕭生四子，分居福州及江西南劍。九十世黃峭山，乾德三年（965）進士，天章

閣直學士,官、吳、鄭三妻生 21 子,83 孫。家業大,因以詩遣子分基。詩曰:

駿馬驍驍出四方,任從隨地立綱常,年深外境猶吾境,日久他鄉即故鄉,時刻莫忘親命語,晨昏須荐祖宗嘗,但願蒼天垂庇佑,三七男兒永吉昌。

此乃千百姓先祖中一殊勝事,裔遍大江南北。

據水文派族譜稱:先世居固始,晉時南遷入閩,黃元方仕晉,卜居侯官為入閩始祖,唐時黃岸、黃崖兄弟,分遷莆田、泉州。崖子黃守恭於垂拱二年(686),捨宅捐建泉州名刹開元寺,屢見紫雲護頂祥瑞,後裔遂以「紫雲」為堂號,守恭生四子:經、綸、綱、紀分遷南安、惠安、安溪,同安稱四安公。明清兩代來臺黃氏多屬紫雲堂下。

戰國楚公子春申君黃歇,漢名相黃霸、瓊、琬、香(孝子)。吳蜀虎將黃蓋、黃忠、宋江西詩派祖黃庭堅、明理學大儒黃宗羲、抗清節臣黃道周、清革命家黃興,均江夏系。

黃氏來臺:明崇禎十年(1673),黃正束由南安居覺山內厝鄉,遷澎湖馬公。元初黃輔由同安縣金柄遷金門。人口有 1030571 人,居臺第三大姓。名裔:抗日名將黃國書任「立法院」院長、黃朝琴省議會議長、黃啟瑞臺北市長、黃信介市議員。

宗祠有五:一、臺中市南屯永春路 22 號之四美堂,建於清乾隆年間。二、桃園大溪鎮福仁裏普濟路 118 號江夏堂,建於清咸豐十六年(1860)。三、嘉義朴子鎮市東路一之十六號黃姓宗祠,建於 1985 年。四、臺北市廣州街種德堂,1976年整修,均主祀江夏堂列祖。五、金門後浦頭黃氏宗祠,建有約六百年,主祀開浯祖。擬聯贊敬曰:

封國姓而胤光州、將相儒宗、累世勳名垂青史。
承龍胄以分脈流、江海山原、開基立業遍中華。

(作者為臺灣中華文聯會副會長,退休教授)

參考書目:

1. 楊緒賢《臺灣區姓氏堂號考》,(臺灣)新生報,1979 年 4 月。

2. 彭桂芳《唐山過臺灣的故事》,(臺灣)青年戰士報,1979 年。

3. 文化基金會《洛陽百家姓祠》,《河南省炎黃姓氏歷史》,2008 年。

4. (臺北)戶政司《全國姓氏要覽》,2006 年 6 月。

5. 雨青《客家人尋根》,1985 年 9 月,(臺灣)武陵出版社。

6. 張聯芳《中國人的姓氏》,新華社,1992 年 8 月。

7. 《中華民國當代名人錄》,(臺灣)中華書局,1978 年 11 月。

8. 葉鈞培、黃奕展《金門族譜探源》,金門縣政府版,2001 年 5 月。

天下劉氏　根在魯山

——兼及臨潁、偃師、唐縣與劉累之關係

郭成智　张次第

Abstract：Lushan county of Henan province, the birth land of Liu, is the place where Liu Lei lived in seclusion as well as his death and burial place. In Lushan there are a lot of relics of Liu Lei, such as Qiugong city – the ruins of Liu Lei, Yao shrine, pavilion of Liu Lei, and Liu Lei's tomb.

Linying county of Henan province is the place where Liu Lei raised the dragons. In Linying there is Longdang Ditch, Liu Lei's temple and the legend of Liu Lei's fleeing to Lushan after the dragon's death. Tang county of Hebei province is the ancestral place and birth place of Liu Lei, while Yanshi of Henan province is the manor of Liu Lei as a reward for his work of raising the dragons.

2008 年 4 月 20 日，世界劉氏會館在劉氏始祖地，今河南省魯山縣（古稱魯陽）劉累陵園舉行了落成典禮。世界劉氏宗親聯誼總會會長、馬來西亞丹斯理拿督劉南輝先生，新加坡劉氏宗親祭祖團團長劉瑞生先生，馬來西亞劉氏祭祖團團長劉增欽先生以及河南省政協港澳臺僑外事委員會主任張亞洲，河南省社會科學院副院長劉道興等，參加了會館落成典禮。典禮結束後，來自世界各地的劉累後裔一千多人，舉行了祭拜始祖劉累公的大典。

陵園坐落於魯山昭平湖遊覽區東岸山坡高處。坐東向西，面對昭平湖的湖面和蒼翠的遠山。視野開闊，風景宜人，明淨清雅，蕭穆莊嚴。累公塑像端坐祠內，平靜的眼神遙望前方，昭示著劉氏子孫和中華民族的不斷奮進和平安。如今這裏不僅是世界劉氏子孙尋根祭祖的聖地，也成了中華兒女緬懷先聖和追思前

賢的祭拜地。

　　然而,由於長期以來對一些史料的不同理解,至今對劉姓的發源地還有一些不盡相同的認識。一是今天的河北省唐縣,二是今天的河南省偃師市,三是今天的河南省臨潁縣。由於這三地都有與劉累相關的史料記載和遺跡,因而就有了稍為不同的觀點。

　　為了澄清歷史事實,20 世紀末的 1999 年,筆者曾同張新河等朋友到以上三地進行考察。考察後所得的結論是:河南魯山是劉累的隱居地、卒葬地和劉姓之發源地;河南臨潁是劉累之養龍地;河北唐縣是劉累之祖居地或出生地;偃師是劉累之封地。

一、魯山是劉累隱居地、卒葬地和劉姓發源地

1. 有關文獻典籍之記載

河南魯山是世界劉姓的祖根地,既是當今學界的共同結論,也是世界劉氏之共識。歷史文獻和諸多典籍多有詳細記載。現僅舉數例,略作說明。

《竹書紀年》曰:「帝孔甲七年,劉累遷於魯陽。」

《春秋·左傳》昭公二十九年,載:「陶唐氏既衰,其後有劉累,學擾龍於豢龍氏,以事孔甲。能飲食之,夏後嘉之,賜氏曰禦龍,以更豕韋之後。龍一雌死,潛醢以食夏後。夏後饗之,既而使求之。懼而遷於魯縣。」

《漢書·郡國志·南陽郡》曰:「魯陽有魯山,古魯縣。禦龍氏所遷。」

《後漢書·郡國志》曰:「魯陽有魯山,封劉累,立堯祠。」

《史記·夏本紀》載:「孔甲立,好方鬼神,事淫亂。夏後德衰,諸侯畔之。天降龍二,有雌雄。孔甲不能食,未得豢龍氏。陶唐氏既衰,其後有劉累,學擾龍於豢龍氏,以事孔甲。孔甲賜之姓曰禦龍氏,受豕韋之後。龍一雌死,潛醢以食夏後。夏後使求,懼而遷去。」

《路史·國名紀》曰:《魯,禦龍邑,魯陽國,夏魯陽縣。亦號唐侯,漢屬南陽。今汝之魯山有魯陽關,有大龍山、堯山……豢龍城。》

《水經注·滍水》曰:「滍水出南陽魯陽縣西之堯山。堯之末孫劉累,以龍食帝孔甲。孔甲又求之,不得。累懼而遷西山,為之堯山。」

《讀史方輿紀要》曰:「堯山在縣西四十裏。夏孔甲時,劉累遷魯。立堯祠於

山上，故名。」

《唐書·宰相氏系表》載：「舜封堯子丹朱為唐侯。至夏時，丹朱裔孫劉累遷於魯縣，累孫猶守故地。至商，更號豕韋氏。周，複改為唐公。成王滅唐，以封弟叔虞。其後，更封劉累在魯縣者為唐侯，以奉堯祠。」

武億主纂清嘉慶《魯山縣志·歷代爵封表》，也轉引了《左傳》、《史記》、《竹書紀年》、《唐書》等關於劉累禦龍、遷魯的史料。

2. 魯山劉累之遺跡、遺址、遺俗、遺風

除以上史料記載劉累遷魯山外，魯山還有多處劉累遺址、遺跡、遺物和與劉氏相關的習俗。如劉累故城遺址（今邱公城遺址），劉累亭、劉累墓、堯祠、劉相公莊等。

（1）劉累故城（邱公城）。在今魯山縣城西約 12 公裏處，原有 30 萬平方米的臺地，存有新石器時代到商周及秦漢時期的豐富文化遺存。上層為漢代文化層，中為龍山文化層，下為仰紹文化層。自 1969 年修成昭平臺水庫後已沒入水中。劉累墓原在臺地東北約 50 米處。

（2）堯祠。堯祠是劉累遷魯山后為追思先祖堯帝所建。位於今魯山縣城西北董周鄉董村村北、張莊村西的眠鳳山上。群眾俗稱堯廟或堯神廟。如今有正殿 3 間。根據《讀史方輿紀要》「堯山在縣西四十裏」的記載是準確的。因為眠鳳山既是堯山之餘脈，又距劉累居地較近。

（3）累亭。《後漢書·郡國志》載：「魯陽有累亭。」清嘉慶《魯山縣志》案：「劉累遷於魯陽，亭當於此取名。」原亭已不存，今已在堯山風景區重建。

（4）劉相公莊。該村坐落於劉累故城西北約 3 公裏處，傳為劉累子孫所居。因古人常以其先輩的官銜而被尊稱為公子、相公，故該村以劉相公莊而名。

（5）魯山劉、龍二姓不分。劉累卒後，其子孫多以劉累之劉為姓，這便是中國劉姓之始。但其後裔中也有以劉累封號禦龍氏之龍為姓者，故魯山又有龍姓。且魯山劉、龍兩姓不分，既稱其姓龍，又稱其姓劉。這種一姓兩說的情況，更加證明了劉、龍等姓源於劉累。

二、河南臨潁是劉累養龍地，而非卒葬地

長期以來，魯山劉累故城被稱為邱公城而不是劉公城，一直使廣大群眾與研

究者困惑不解,而產生了一些猜測。

猜測一:認為邱公城就是「丘」公城,即葬邱公的地方。

根據《說文》對丘的解釋:「丘,土之高也。」《廣雅·釋丘》也曰:「小陵曰丘。」就是說,丘就是平地所起之大土堆或小土山,諸如土丘、沙丘、丘陵、丘壟、丘墓或墓丘等等。因為魯山人在一些情況下,有把死者的棺材暫時用磚石封起來以待將來正式埋葬的習俗,這種臨時封在地表的墓,魯山人稱之為墓丘。加之劉累墓比較大,且又在劉累城近處,所以劉累城便被認為是丘公城了。

猜測二:認為是音轉而致。因堯出生於伊祁山而姓伊祁,後又省為祁姓,劉累也姓祁。祁、邱聲母同為「q」,祁的韻母為『i』,丘的韻母為『iu』。後來音轉,而便把祁讀成了邱。而認為邱公城就是祁公城。

這種猜測自然都很有道理,因為時代久遠,人們把一些音讀轉是常有的事。但邱公城的「邱」是姓,不是墓丘或丘墓。也不是祁音被讀轉。那麼姓祁的劉累怎麼成了邱公呢? 這需要從劉累養龍說起。

1999 年初冬,筆者在臨潁縣巨陵鎮豢龍村考察時,發現了劉累養龍的龍蕩溝和現存的劉累廟。儘管今天的龍蕩溝只是個小窪溝,而劉累廟卻依然香火很盛。廟堂裏彩繪著巨龍,騰雲駕霧,栩栩如生。1995 年新修《臨潁縣志》也記載說:「劉累墓在縣城東北 7.5 公裏豢龍村西南……占地約 700 平方米,1958 年挖河毀去。」

豢龍村 75 歲的侯向恭老先生告訴筆者:「1958 年修運糧河,突然挖住一個大墓的墓門。墓門是用大磚圈成的,磚有二尺多長,一尺多寬。還從墓中挖出一把鐵劍,長有二三尺,劍柄上還鑲著銅飾。」還說「村的東南角就是龍蕩溝,龍就是從那裏落下來的,劉累也是在那裏養龍的……」

從侯老先生的講述中,筆者覺得該墓不大可能是劉累墓。因為將近 4000 年前的劉累時代,還不可能有鐵銅和那樣的大磚。儘管世界上鐵出現比較早,但多是天上隕落下來的隕鐵,隕鐵數量極為有限。人們掌握煉鐵技術,最早也要在商代後期。

侯向恭老先生還說,劉累當年去今天臨潁這地方養龍,並未帶家口老小,是他一人去的。既然今之臨潁既不是劉累的故里,又不是他的封地,對他又無牽無掛,所以他根本沒有理由再回臨潁安葬。因而他說的劉累墓也根本無從說起。

但劉累在臨潁養過龍,應是不爭的事實。因為直至今天,魯山、唐縣和偃師都無發現劉累養龍的任何遺跡,唯這裏卻有龍蕩溝和劉累廟。

侯向恭先生還提到一個問題,說豢龍村一直住的是邱姓人家。這使筆者聯想到,魯山劉累故城之所以叫邱公城,而不是祁公城或劉公城,肯定與他出逃躲藏和隱姓埋名有關。而且在中國之姓氏中,丘姓出現得很早,且「丘」這一概念常被王者所用。古帝王之廢墟也都稱為「丘」,如帝丘、商丘、靈丘等等。但後來因避孔丘之諱,丘姓才變作邱了。

三、唐縣是劉累祖居地或出生地,偃師是劉累之封地

關於《通志·氏族略·以邑為氏》所記:「帝堯陶唐之後,受封於劉,其地在今唐縣也。裔孫劉累,以能擾龍,事夏後孔甲……」這條記載所指「受封於劉,其地在今唐縣也」者,不是指劉累,而是劉累的先人。劉累根本不曾受封於唐縣之「劉」地,也不曾姓過劉。劉累是他的名,只可能是他出生於唐縣罷了。今河北唐縣原是堯和其子丹朱及其後人的封地,而不是劉累之封地。

再者,《新唐書·宰相世系表》所言:「劉氏出自祁姓。帝堯陶唐氏子孫生子有文在手曰『劉累』,因以為名。之後受封於劉。」這段話中的「之後受封於劉」的「劉」,並非唐縣之「劉」,而是偃師劉聚之「劉」。是劉累為孔甲養龍以後被封的禦龍邑。劉累之劉是其名,而不是姓。

再者,今河北唐縣之「劉」,只是那個地方的名字。不同於今天的劉姓。按劉字的繁寫「劉」,它有三個字組成,即卯、金、刀。這顯然是一種帶著卯眼、安著長柄的利器。辭源對「劉」的解釋是:「斧鉞一類的兵器。」《廣雅·釋器》曰:「劉,刀也。」《正字通·刀部》也曰:「劉,鉞屬。」《爾雅·釋古》曰:「劉,殺也。」

很顯然,「劉」是一種裝著長柄的極具殺傷力的利器。它應是一個族群顯示自己力量的一種標志、徽記或者說是一種圖騰。並不是那個族群的姓氏,也不是這一居地的名字。至於後來人們把那個族群的居地稱劉,那是後人的理解和認知,與當時之史實不一定有直接聯繫。所以劉既不是地名,也不是姓氏。劉累既不姓劉,當時也沒有劉姓,自然劉姓也不會發源於今之唐縣。在 1999 年那次考察中,我們專門拜訪和請教了新編《唐縣志》的主編張孝琳先生。張先生客氣地說,我們對於劉累和劉國、劉姓的記載,主要是根據原有的一些史料和姓氏辭典

寫的,除此唐縣還沒有更多的考古和史料發現。

關於河南省偃師留下的一些關於劉累之遺跡,是緣於當時夏的都邑在今日偃師境。後來劉累又為孔甲養龍有功而被封在那裏。《史記·正義》引《括地志》曰:「劉累故城在洛州緱氏縣南五十五裏,乃劉累封之地也。」乾隆《偃師縣志·金石錄》也曰:「劉聚即劉累故城也。」1999 年三秦出版社出版的《古都偃師史話·劉累豢龍》也曰:「豕韋──河南偃師縣緱氏鎮。」又說:「古代首陽、劉聚、豕韋都在偃師境內。」這說明了偃師是劉累封地這一事實。但因劉累被派去今之臨潁養龍,後又逃匿魯山,劉累就再沒有與那裏發生過聯繫。筆者 1999 年在偃師考察時,也沒有發現任何關於劉累養龍的蹤跡。劉聚之劉緣於劉聚封給劉累,而不是劉姓之發源地,劉姓發源地只能是河南魯山。

但隨著歷史的發展和氏族的不斷融合和演變,又有諸多的劉姓產生。這些新產生的劉姓,不論是何種方式和原由,也不论他们来自何种族群和姓源,但經過幾千年的歷史演變,都早已融入了中華民族和劉姓大家庭之中了。大家同為炎黃子孫,同為中華民族之血脈。大家都爲中華民族的振興和發展做出了不朽的贡献。所以大家要携起手來,為我們中華民族的興旺發達和海峽兩岸的团結合作而高歌向前!

(郭成智,中國魯山墨子研究中心主任;張次第,瀋陽師範大學教師專業發展學院副教授)

歷史上中原士民的南遷與當代閩臺姓氏人口特點的形成

陳建魁

Abstract：Fujian and Taiwan's surname population similarity is extremely strong. As Chen, Lin, yellow, zheng four surname percentage than national, and Chen, Lin, yellow has been one of surnames population's first, second, three. The formation of this situation with zhongyuan Chen, Lin, yellow, zheng four surname in history, the earliest south fujian has moved greatly relations. Can say, the historical zhongyuan immigrated from official on today's surname, Taiwan, fujian population of the formation of its has played a pivotal role.

一

福建和臺灣姓氏人口相似性極強。我們先來看一下福建與臺灣排名前 10 位的姓氏：

福建：陳、林、黃、張、吳、李、鄭、王、劉、蘇。

臺灣：陳、林、黃、張、李、王、吳、蔡、劉、楊。

從中可以看出，福建與臺灣前十大姓中有九個姓氏是重合的，其中僅福建排第七位的鄭姓沒有進入臺灣前十大姓名單。鄭成功收復臺灣並在臺灣建立朝廷，後來鄭氏王朝為大清政權覆滅，鄭氏王族在在臺灣受到迫害，致使部分鄭氏族人逃歸大陸。如若不然，臺灣鄭姓也應是臺灣前十大姓之一。今天，臺灣鄭姓人口雖未入前十，但仍排名第十三位。造成福建與臺灣姓氏人口相似程度極高的情況，與歷史上中原士民的南遷關係重大。

歷史上，中原士民曾四次大規模南遷，而陳、林、黃、鄭四姓為每次南遷都包

括的姓氏,且是最早入閩的一批姓氏。陳、林、黃、鄭四姓都是起源於河南的姓氏。陳、林、黃、鄭四姓經過這四次南遷入閩,對當今福建、臺灣人口姓氏特點的形成起到了極其重要的作用。

西晉末年,中原士民第一次大規模南遷。唐林諝《閩中記》曰:「永嘉之亂。中原仕族林、黃、陳、鄭四姓先入閩。」是陳、林、黃、鄭為最早入閩四姓。南宋泉州晉江人梁克家撰《淳熙三山志》、乾隆《福州府志・外記》中引路振的《九國志》也有同樣記載。中國大陸所形成的陳、林、黃、鄭四姓在分佈上南多北少的基本格局,其根源便是由此引起的。

總章年間,中原士民第二次大規模南遷。唐朝初期,陳政、陳元光父子帶兵入閩平定「蠻獠嘯亂」,奉朝準建置漳州及屬縣。據統計,陳元光父子入閩所帶府兵將士與眷屬共有 84 個姓氏,其中包括陳、林、黃、鄭四姓。

唐代末年,中原士民第三次大規模南遷。唐朝末年,中原動亂,固始人王潮、王審知兄弟帶領鄉民義軍入閩,除暴安民。後梁太祖進封王審知為閩王。隨從「三王」入閩,開發建設閩地的光州固始籍民五千多人。據《八閩祠堂大全》等資料記載,隨從「三王」入閩的姓氏有 83 個。陳、林、黃、鄭四姓也均在其中。

北宋末年,金軍佔領開封,中原士民第四次大規模南遷。在這次著名的「宋室南渡」過程中,大批皇親國戚、官吏、平民向今天的浙江、福建、江蘇、江西、湖南、廣東等地遷移。陳、林、黃、鄭四姓許多人遷至福建。

陳、林、黃、鄭四姓經過四次入閩,尤其是第一次入閩,對福建人口姓氏特點的形成起到了關鍵作用。唐代這四姓的兩次入閩,又對這四姓人口在福建的持續增長創造了條件。明清以後,福建人許多渡海入臺。現在的臺灣人有 80% 來自福建,這也使福建的姓氏人口特點帶到了臺灣。在福建和臺灣,陳、林、黃、鄭四姓中,陳、林、黃三姓均排在姓氏人口的一、二、三位,只有鄭姓略有差異,福建的鄭姓排第七,臺灣的鄭姓則排第十二位。在福建和臺灣,都有「陳林半天下,黃鄭排滿街」之說,就是閩臺姓氏人口特點和生動寫照。而在陳、林、黃、鄭四姓的起源地河南,這幾個姓氏所佔的人口比例則大大低於福建和臺灣,這就是歷史上中原人南遷帶來的後果之一。

因文章篇幅所限,本文不再對陳、林、黃、鄭四姓的入閩及其在閩臺的興盛情況進行一一考證,而僅茲結合黃姓家譜所載,就歷史上黃姓南遷及其在閩臺的發

展和興盛情況略作考述。

二

源於河南的黃姓是從中原較早南遷的姓氏之一。黃姓南遷之後，在福建獲得了極大發展，並播遷臺灣等地，使黃姓成為當今閩臺名列前茅的大姓。

黃姓源出河南潢川的黃國。黃國滅亡後，黃國遺民由原黃國王族淪為楚國臣民。戰國晚期，黃歇家族黃姓宗族之代表。宋人鄧銘世在《古今姓氏書辯證》中說：「楚滅黃，其族仕楚，春申君黃歇即其後。」黃歇為戰國四公子之一。他官至楚相，封春申君，封地原在黃國故地淮北12縣。有關黃歇的遺跡佈於河南、安徽、上海、江蘇、浙江、湖北等等。春申君黃歇死後，黃姓的發展陷入低潮。但原黃國子民及春申君後裔一直在各地默默生存，至兩漢時期，多支黃姓大族競相迸發，開啟了黃姓發展史上新的時代。黃極忠、黃霸、黃石、黃香、黃瓊、黃蓋、黃忠、黃憲、黃承彥等等，都是這些黃姓家族中的佼佼之士。

兩漢黃姓大族多出於江夏郡望和淮陽陽夏郡望，淮陽陽夏黃姓的代表人物是「循吏」黃霸。

關於黃姓的郡望，魏晉門閥制度初興之時，黃姓的郡望已有江夏、會稽、零陵、巴東、西郡、江陵、晉安等七八個之多。

隋唐時期，隨著世家大族的衰落和門閥制度的變化，黃姓的郡望也有變化。總計自魏晉至宋代黃姓的郡望共有江夏郡、會稽郡、零陵郡、巴東郡、西郡、江陵郡、洛陽郡、晉安郡、濮陽郡、東陽郡、松陽郡、南安郡等12個。

在黃姓歷史長河中，地位最尊，影響最大，族姓最繁的宗族，無可爭辯地要推漢魏之世的江夏黃氏。這支黃姓宗族世居江夏安陸（今湖北雲夢東南），代為冠族。至孝子黃香，才傾天下，黃瓊，黃琬，位至三公，名震宇內。時人譽稱「江夏黃氏，天下無雙」。今天海內外數千萬黃姓子孫，都無不追宗江夏，認江夏為黃姓的郡望與發源地。

江夏黃氏雖然在東漢時期即已形成，但江夏黃氏為天下所知還要歸功於黃香，所以當今黃姓人多以黃香為江夏黃姓始祖。幾乎所有的族譜不約而同地認為黃香的江夏黃氏是西漢丞相黃霸的後裔分支。黃香傳記見於《後漢書》、《東觀漢紀》、《楚國先賢傳》等書，他被尊為後世天下黃姓江夏大始祖。

三

漢代以後,主要由於任官的原因,黃氏分別向大江南北遷徙,北遷至河南固始、南陽等地,南遷至江西、湖南、四川等地。西晉末年,是中原人南遷的一個高潮,由於「八王之亂」、「永嘉之亂」、「蘇峻、祖約為亂於江淮」,中原人結族南遷,到達閩、粵等地。

黃氏也是從晉代開始大批入居福建。臺北縣深坑鄉《黃氏族譜》稱:黃氏世居光州固始。至晉,中州板蕩,南遷入閩,固始黃氏族人黃元方,為官晉安太守,後定居福建,成為福建歷史上最早的黃氏望族——晉安黃氏。據說,後來的莆田黃氏、侯官黃氏等,都是黃元方晉安黃氏的後裔。譜志所載,不但與西晉末年中原士民南遷的史實相吻合,而且移民的時間與當時福建設置「晉安郡」的時間也是一致的。

當然,諸姓入閩並非始於永嘉之亂,而是在此之前。王充《論衡》云:「越在九夷……今皆夏服,褒衣履舄。」這就是說,在東漢時期,閩越人已經開始漢化。《三國志·吳書·賀齊傳》記載,東吳第一次出兵閩中之時,福建豪強詹強、何雄的武裝力量大到足以抵抗孫家軍。其時福建居民結構已是漢越交融,以漢為主。地方志書也對永嘉之亂以前漢人入閩有詳細記載。例如,《惠安縣志》載:「錦田黃氏,泉之世家著姓。始祖隆公,為東漢會稽令。東漢末亂甚,於建安,棄職避世入閩。」又云:「黃興,吳孫權將也,與妻曹氏入閩,居邑之鳳山。」

莆田黃氏是黃姓中著名支系。黃氏族譜稱,黃知運、黃元方父子是晉安黃氏和莆田黃氏的開基始祖。黃知運在兩晉之際任永嘉(今浙江溫州市永嘉縣)太守,有子黃元方,任晉安(今福州)太守。因為當時中原戰亂頻繁,於是在晉懷帝永嘉二年(308年),舉家入閩,卜居侯官烏石山,黃知運也隨子入閩。

黃元方後裔中的有人由福州遷泉州,至唐朝漸顯。黃守恭為巨富,名聞遐邇。另一支由黃元方11世孫桂州刺史黃岸遷居莆田涵江區黃巷村,後裔形成著名的莆田黃氏。

四

唐代以後,由江夏黃氏分出的金華黃氏與邵武黃氏名震天下,開闢了黃姓歷史的新篇章。

唐代期間,曾有兩次中原人口大規模南遷。一次是高宗總章年間,陳政、陳

元光父子入閩。據學者研究,隨陳政、陳元光父子入閩者有中原將士及家屬近萬人,分屬 84 個姓氏,黃氏即為其中之一。臺灣《紫雲黃氏歷代世系表》亦有這方面的記載:有名黃守恭者,於唐高宗總章年間隨陳政、陳元光入閩,墾荒致富,其子孫蕃昌興旺,成為閩南大族。

　　一次是唐末王潮、王審知入閩。前後追隨者數万人,有 27 姓(後人考證為 34 姓),其中有黃姓。中原黃姓特別是固始黃氏紛紛渡江南下入閩,前往投奔。如宋人黃椿,其祖先「光州固始人也,五季之亂,從王審知入閩為判官,因家焉。後析而為三:一居福清之嗒林,一寓閩邑之黃巷,一居長樂北鄉之黃壟。」再如黃振龍,「九世祖自光州固始從王氏入閩,因仕焉居,言路有直聲,後遷至中丞。」據宋人何澹《黃公(永存)墓志銘》記載,福建邵武峭山派始祖黃惟淡,也是唐末從光州固始徙邵武的。河南光州固始,是黃氏人閩的一個重要「源頭」或途徑。唐末,洛陽人黃子棱隨父入福建,事後梁太祖朱全忠義子,累官侍御史,後避亂居於建陽之東。今福建建陽西南有考亭。相傳為五代南唐時黃子棱所築,以望其父(考)墓,因名望考亭,簡稱考亭。南宋朱熹晚年居此,建滄洲精舍。

　　邵武黃氏根在固始。邵武黃氏是與金華黃氏齊名的黃姓巨族。邵武黃氏有許多支,最初都是由江夏北遷至中原光州固始,然後再折而向東,於晉末及隋唐之時再遷居於福建邵武。

　　如果說東漢時期黃道隆入閩只是黃姓入閩的開始,那麼兩晉之際則是中原,特別是固始黃姓遷入福建的第一個高潮。據記載,這次中原士族入閩浪潮中,有多支黃氏入閩,而其中落籍邵武的也有黃裳一支。

　　邵武黃氏發展至第 22 世孫時,出了中國黃姓歷史上最富有傳奇色彩而至今仍為黃氏族姓家喻戶曉的大始祖黃峭山公。今日,無論是臺灣、港澳、國外還是大陸各地的黃姓,絕大多數都自稱是峭山公的後裔。

五

　　唐代,從河南固始進入福建邵武的主要有兩支:一為黃惟淡後裔峭山派(禾坪黃氏),一即黃膺派(邵武仁澤派)。黃惟淡原籍河南光州固始,後帶領家族隨王潮、王審知兄弟遷徙至福建,初居建州浦城(今福建浦城),不久遷居邵武,佔籍邵武平灑鄉(今邵武市水北鄉舊縣村),成為後世聞名的邵武黃氏一派始祖。邵武黃峭派《禾坪黃氏大成宗譜》載,為海內外黃姓萬派共宗的邵武黃氏大顯祖

黃峭山，是邵武黃氏始祖黃惟淡之孫。據禾坪譜，黃峭山是唐末五代人，是邵武黃氏始祖黃惟淡之孫。黃惟淡學富五車，傳說他以五經教子，五子各通一經，時人因稱他為「黃五經」。五代後周廣順元年（951 年）正月初二日，正處在新春佳節的喜慶之時，年已 80 歲的黃峭山將 21 房子孫召集齊全，並當眾宣布了一個重大的決定：將黃家數十代積累的祖產——銅錢 80 萬貫，金銀 800 餘兩，一併均分為 21 份，除官、吳、鄭三位夫人名下各留長子一房奉養老母外，其餘 18 房子孫，不許戀此一方故土，令其各自信步天下，擇木而棲。今黃峭山 21 房子孫徙居之地遍及福建，也有在江西等地者。

邵武仁澤派黃氏入閩始祖黃膺，也是與兄長黃敦一起隨王潮、王審知兄弟領導的農民起義軍入閩的。建立閩國後，兄長黃敦移居閩清蓋平裏鳳棲山，成為虎丘黃氏入閩始祖，弟弟黃膺初居長樂青山，成為青山派黃氏入閩始祖，後遷居邵武仁澤，又成為邵武仁澤派黃氏入閩始祖。

唐朝末年（893 年），黃敦帶著弟弟黃膺參加王潮、王審知領導的農民起義軍進入福建。弟弟黃膺奉命率部鎮守今邵武、順昌斷後，哥哥黃敦隨王審知率領的一支農民起義軍從河南一路南下，轉戰到福建，最後攻克福州並在福州建立閩國。後來人們把留在閩北的弟弟黃膺後裔這一支稱作「江夏黃」，將後來遷居到閩清的黃敦後裔這一支稱作「六葉黃」。閩國建立後，黃敦辭官歸隱，隱居在閩清縣塔莊鎮秀環村鳳栖山，結廬躬耕，生有六子：黃宗、黃禮、黃凝、黃勃、黃啟、黃餘，世稱「六葉」。閩清六葉祠就是六葉後裔為緬懷入閩先祖黃敦「篳路藍縷、奠定基業」偉績所立，該祠位於閩清縣坂東鎮幹上村松柏林下。

由於戰亂、經商、致仕等原因，六葉後裔從唐末五代十國始，就開始從閩清紛紛外遷全省和南方各省各地，有的還漂洋過海遷移到臺灣、港澳、東南亞和世界各地。這在宋朝時尤為顯赫，黃裳、黃洽等為其顯者。近代民主主義革命家黃乃裳，甲午海戰中犧牲的民族英雄、「致遠」號副樂帶黃乃模等，也是六葉後裔。

六

黃姓由閩入臺多在明清時期。

今臺灣臺北有黃氏大宗祠，位於臺北淡水潘湖渡頭村。據福建《金墩黃氏宗譜》記載，晉江黃姓系唐開國公黃岸之裔。黃岸裔孫黃光淵等於清康熙年間到臺北淡水潘湖渡頭定居，被認為是該地黃姓之始祖。在康熙到嘉慶的 158 年

間,晉江潘湖黃姓就有 3 萬人遷居臺灣。

　　福建石獅市寶蓋鎮塘后村是有名的黃姓村落,塘后黃姓為唐代黃守恭的後裔,號稱「紫雲衍派」,約在南宋時期就遷居此地。清代,石獅先民大量遷居開發臺灣,據《黃氏家譜》記載,早在 300 多年前的清康熙年間,塘后村黃姓中一位名叫黃鐘的先祖就是其中的移民之一;此外在臺灣經商並定居的還有生於 1733 年的黃廷佛、生於 1742 年的黃廷文等支派,他們主要聚居在臺南、彰化、淡水、新竹等地。在清代正式開放與鹿港對渡後,更多人遷居臺灣,他們不僅保留祖籍地使用的「輩分排行」,還把老家敬奉的「集福堂」信仰文化帶入臺灣,並集資在臺南建造廟宇。為了表明一本同源之情,直接使用老家「集福堂」的名稱,即現在的「集福宮」前身。集福宮位於臺南市西區信義街 83 號。

　　臺灣移民大部分從閩遷出,《福建省志·人口志》指出:「宋代以前,以北方人口遷入為主,宋代以後逐漸變為向國外和臺灣省遷出人口為主。」如今,黃姓今已遍布臺灣各個地方,目前,臺灣的黃姓人接近 180 萬人,約佔臺灣人口總數的 6% ,是島內僅次於陳姓(佔 116%)和林姓(8 %)的第三大姓。與福建黃姓佔其總人口的比例(5.5%)近似。

(作者為河南省河洛文化研究中心副主任、副研究員)

姓氏起源的文化意義

馬保記

Abstract：The surnames traced back to original totemism is due to low productivity. With social development and progress，the surnames are endowed with important social significance. The origin of Chinese surnames is with full of deep culture，which is the concrete reflection of social thought、life custom and the development of civilization in all aspects，in a special historical period. By learning it，we can know the ancient production and living in people，s own emotions in more depth and detail.

姓氏起源於原始圖騰崇拜，是社會生產力低下的產物。隨著社會的發展進步，姓氏成了人有別於其他人、其他族群和社會群體的基本方法，具有了重要的社會意義。我國的姓氏制度，確立於秦漢時期，質變於魏晉南北朝時期，定型於多民族大融合。

我國的姓氏起源，具有非常深刻的文化內涵，是我國特定歷史時期社會思想、生活習俗、文明發展等各方面的具體反映。通過姓氏起源，我們可以更加深入、詳細地瞭解到先民們的生產生活狀態，瞭解他們內心蘊含的豐富的情感世界。

一、姓氏起源現象是社會發展進步的標志

從歷史發展軌跡來看，「姓」和「氏」起源的時間和內涵是不相同的，「姓」起源於母系社會，所以早期的姓如「姜」、「姬」等都帶有「女」字部首，是區別婚姻、種族的重要方法；「氏」則起源於父系社會，主要起區別子孫門第的作用。關於

這點,從音韻學上也可看出,「氏」藉為支,音支,可見,氏的本義為「支」,意謂分支。戰國時期,姓、氏合一,不再有區分。到了漢代,姓氏又統稱為姓。正如鄭樵所謂:「三代以前,姓氏分而為二……三代以後,姓氏合二為一。皆所以別婚姻,而以地望明貴賤。」①

姓氏起源具有深厚的歷史淵源,表現形式可謂五花八門,王符《潛夫論·志氏姓》曾概括了姓氏形成的各種因素,他說:「故或傳本姓,或氏號邑諡,或氏於國,或氏於爵,或氏於官,或氏於字,或氏於事,或氏於居,或氏於志。若夫五帝三王之世,所謂號也;文、武、昭、景、成、宣、戴、桓,所謂諡也;齊、魯、吳、楚、秦、晉、燕、趙,所謂國也;王氏、侯氏、王孫、公孫,所謂爵也;司馬、司徒、中行、下軍,所謂官也;伯有、孟孫、子服、叔子,所謂字也;巫氏、匠氏、陶氏,所謂事也;東門、西門、南宮、東郭、北郭,所謂居也;三烏、五鹿、青牛、白馬,所謂志也:凡厥姓氏,皆出屬而不可勝紀也。」②其實,姓氏起源的因素遠非王符所列,今人已有詳細考論,自不贅述。③

姓氏起源反映了宗族聚居與謀求發展的強大動力。最基本的內涵主要有三點:其一,通過姓氏這一無形的力量,有效地將同一姓氏的族群穩定下來,獲得集體發展的牢固基礎。先民聚居地具有共同生活、共同生產、共同防禦、共同發展的作用,是生產力低下時期關乎族群生存的關鍵因素。早期姓氏的出現,與圖騰崇拜、生活地域等密切相關,④這就表明,姓氏產生的最重要原因是族群的生存。在具體的姓氏產生過程中,以圖騰、國名、地名、族號、食邑等為姓,就是這種族群需要的延伸。其二,姓氏的自上而下發展,是社會文明不斷進步的標志。早期的姓氏只有貴族才有權享有,是貴族階層的特權,處於社會底層的勞動者,沒有資格冠以姓氏。隨著社會勞動力的提高,社會對勞動者的認識也一步步改變,普通

---

① 鄭樵《通志》,中華書局,頁439。
② 王符《潛夫論》,中華書局,頁401。
③ 張世國《百家姓姓氏溯源》中國社會科學出版社,2001年,認為有十四種形式之多(見該書前言)。胡堯《中國姓氏尋根》,上海文化出版社,1987年,認為氏起源的形式有五種,姓起源的形式有四種(見本書《代序》)。陳瑞松《百家姓溯源》,中國華僑出版公司,1990年,認為「起姓命氏」的原因有十條(見該書前言)。籍秀琴《中國姓氏源流史》,文津出版社,1998年,認為姓氏起源有12種情況(見該書第二章「我國姓氏起源舉要」,頁21。鄭樵《通志·氏族》將氏的來歷分為33類。
④ 參雁俠《中國早期姓氏制度研究》,天津古籍出版社,1996年,頁52。

人也逐漸有了自己的專有名字和姓氏,這是社會文明進一步發展的標志。其三,同姓不婚符合現代優生優育觀念,族群的相對穩定並堅守同姓不婚原則,對宗族延續至關重要。從婚姻的發展變化來看,也經歷了由群婚制到一夫一妻婚制的漫長演變,而這種演變的顯著標志之一就是同姓不婚,同姓不婚既保證了族群繁衍的品質,又拓展了族群發展的空間和範圍,不同族群相互聯姻,增強了信任感,加強了依賴性,增進了彼此之間的合作,對聯姻雙方來說,都具有非常重要的意義。後世出現的「政治婚姻」、「權利婚姻」等現象,就是同姓不婚的深層次衍變。

從姓氏的起源現象,我們可以看到人類社會在不斷地發展、進步。班固說:「人所以有姓名者何?所以崇恩愛、厚親親、遠禽獸、別婚姻也。」①

二、姓氏的地域化源頭,是傳統農業化社會的反映

在姓氏的發展歷程中,姓氏的「地域化」成因是一個最為突出的現象,反映了典型的以農業活動為核心的社會特點。在傳統的思想認識中,以農為本、重農抑商是最基本上的社會思想。《史記·平准書》載:「天下已平,高祖乃令賈人不得衣絲乘車,重租稅,以困辱之。」②漢初晁錯曾在《論貴粟疏》中說:「貧生於不足,不足生於不農,不農則不地著,不地著則離鄉輕家,民如鳥獸……神農之教曰:有石城十仞,湯池百步,帶甲百萬,而無粟,弗能守也。以是觀之,粟者,王者大用,政之本務。」③《漢書·食貨志》:「理民之道,地著為本。」顏師古注:「地著,謂安土也。」④這些觀點都說明了古代統治者對農業的高度重視,反映了傳統農業國家對土地的依賴性。

對土地的依賴反映在姓氏文化上,就是以封國名、封地名、居住地名等作為姓氏,這種姓氏的地域化特徵,在姓氏發展形成過程中十分普遍並長期存在,具有相當重要的文化意義。

姓氏的地域化特點,既有姓氏形成初期帶有明顯母系社會特點的姓氏形式,即根據女性始祖生育時的地點而名姓氏,如《說文解字》載:「姜,神農居姜水,以

---

①　《白虎通德論》,上海古籍出版社,1990 年,頁 63。

②　《史記》,中華書局,1959 年,頁 1418。

③　《漢書》,中華書局,1962 年,頁 1131 ~ 1133。

④　《漢書》,中華書局,1962 年,頁 1119。

為姓。」「姚，虞舜居姚墟，因以為姓。」①《史記‧五帝本紀》索隱載堯姓伊祈氏，並引皇甫謐云：「堯初生時，其母在三阿之南，寄於伊長孺之家，故從母所居為姓也」。② 也有各民族根據實際需要而依地名改定的姓氏，據《契丹國志》載：「契丹部族本無姓氏，惟各以所居地名呼之。婚嫁不拘地裏，至阿保機變家為國之後，始以王族號為橫帳，仍以所居之地名曰世裏著姓。裏者，上京東二百地名也。」③還有以封國為姓氏者，《左傳‧隱公八年》載：「（天子）胙之土而命之氏。諸侯以字為謚，因以為族。官有世功，則有官族，邑亦如之。」④據鄭樵《氏族目錄》所載諸氏共計 1745 個，大體屬於漢族者為 1450 個，其中以國、邑、地名命氏者有 564 個，約占總數的 39%，以官、爵、技為氏者 150 個。⑤ 如周武王之弟姬封（康叔）封於衛國（今河南衛輝市），那麼，他就是衛氏的始祖。夏王朝後裔東樓公（姒姓）封於杞國，其後人便以杞為氏。著名的鮑叔牙之鮑姓，就是因為齊桓公將鮑城封給他，後人才稱其為鮑叔牙。越王勾踐之後支孫封於烏程（今浙江吳興）歐陽亭，其後裔即以歐陽為氏。商代武丁的大臣傅說本為傅岩（今山西平陸）版築之徒，後便以傅為姓氏。其實不只是中國，據資料顯示，日本人的姓氏中，80% 以上是以地名、住所為姓氏的。⑥

　　這些帶有明顯地域特徵的姓氏，反映出了古代社會深深的土地情結，無論是封國還是居邑，甚至是一衣帶水的河流山川，在居住者看來，這就是生活的依靠、生命的源泉、族群的根基，將它們作為自己的姓氏，就仿佛賦予了它們一種強大的生命力，它們會帶給後代無窮的財富和無限的繁衍，在這種土地上枝繁葉茂順理成章。

　　以地域為姓氏，突出了以農為本、依靠土地生存的基本要求。其一，以封地、食邑為姓，是佔有意志的反映，具有排他性，是宗族實力和要求的體現。本來，凡封地或食邑，都是受封人特權與利益的體現，有封國、封地、食邑者，都是皇親國戚、達官貴人、文臣武將等，他們自身擁有絕對的權利，將封地固化為姓氏，就是

① 《說文解字》，中華書局，1963 年，頁 258。
② 《史記》，中華書局，1959 年，頁 15。
③ 葉隆禮《契丹國志》，清乾隆刻本，承恩堂藏版卷二十三，頁 1。
④ 洪亮吉《春秋左傳詁》，《左傳》，中華書局，1987 年，頁 202。
⑤ 王泉根《中國姓氏的文化解析》，團結出版社，2000 年，頁 62。
⑥ 王泉根《中國姓氏的文化解析》，團結出版社，2000 年，頁 81。

對其固有權利的進一步肯定與認可,顯示出對該封地的獨佔意志。《史記·秦本紀》謂:「秦之先為嬴姓,其後分封,以國為姓。」①其二,以封地、食邑為姓具有自給自足的自然經濟特徵,可以最大限度的維持宗族的基本生存需要。一個封國、封地、食邑,就是一個相對固定的群體,其所有者依靠該群體勞動者的供給,可以最大限度的滿足自身生存需求,達到延續、發展的目的。其三,以河流、山川、鄉邑等居住地為姓氏者,有貴族,也有由貴族變為平民者,他們將居住地作為自己的姓氏,其實也是佔有意志的表現,只不過,這種佔有意志不是絕對的,而是帶有隨意性和較為勉強的特點。如魯莊公公子遂,字襄仲,因住在東門而號東門襄仲,後代便以東門為氏,另如守黃帝橋山者為橋氏,居城東郭者為東郭氏,居西門者為西門氏,居泉水者為泉氏等。

三、姓氏的貴賤尊卑是特定歷史時期或特定環境下姓氏的政治化體現

姓氏最初的姓氏都為貴族階級所有,平民百姓與姓氏無緣。但隨著姓氏文化的發展,普通百姓也都擁有了自己的姓氏,只不過,姓氏的起源與定型包涵了極為複雜的社會因素,在特定的歷史時期和特定的環境之中,姓氏的貴賤尊卑現象還是十分明顯的。《白虎通德論·姓名篇》云:「所以有氏者何? 所以貴功德,賤伎力,或氏其官,或氏其事,聞其氏即可知其(德),所以勉人為善也。」②說明了姓氏與權勢地位的關係。魏晉南北朝時期的門閥制度,造成了姓氏高低貴賤的巨大差別,這是姓氏發展歷史上的一段特殊的歷史時期,在這一歷史時期內,姓氏成了人與人之間存在巨大差別的一種特定符號,著姓與庶姓在選官用人、締結婚姻等方面極不平等,「上品無寒門、下品無士族」、門當戶對成為社會發展的畸形標志。但是因為姓氏本身的巨大社會作用,又反過來促進了人們對姓氏學、譜牒學的深入研究,並取得了明顯成效,這種情況對姓氏學發展具有重要意義。

「賜姓」是先秦時期姓氏產生的一種主要方式,主要用於對有功、有德者的嘉獎。《國語·周語下》云:「皇天嘉之,祚以天下,賜姓曰姒,氏曰有夏。謂其能以嘉祉殷富生物也。」③王符《潛夫論》亦謂:「昔堯賜契姓子,賜棄姓姬;賜禹姓

---

① 漢·司馬遷《史記》,中華書局,1959 年,頁 221。
② 班固《白虎通德論》,上海古籍出版社,1990 年,頁 63。
③ 徐元皓《國語集解》,中華書局,2002 年,頁 96。

姒,氏曰有夏;伯夷為姜,氏曰有呂。」①這種賜姓是當時較為普遍的現象,目的是建立新的政治秩序,是出於統治的需要。秦漢之後的賜姓,則是統治者作為特殊手段對受賜者的「恩惠」,是姓氏尊貴化的一種終極表現。《史記·劉敬叔孫通列傳》載劉邦賜姓婁敬云:「於是上曰:『本言都秦地者婁敬,婁者乃劉也』。賜姓劉氏,拜為郎中,號為奉春君。」②劉邦將「國姓」賜予婁敬,就是一種統治手段,目的是獎掖婁敬的功績,籠絡出謀劃策者,借帝王至高無上的權威,彰顯劉姓的榮耀,把姓氏的作用發揮得淋漓盡致,把劉姓的尊貴體現得無以復加。而對於婁敬來說,能與帝王同姓,則是莫大的榮耀,也是後代引以為榮的資本。漢代以後,歷代都有將「國姓」賜予臣下的,《漢書》載莽新時王莽賜姓劉龔等人云:「明德侯劉龔、率禮侯劉嘉等凡三十二人皆知天命,或獻天符,或貢昌言,或捕告反虜,厥功茂焉。諸劉與三十二人……賜姓曰王。」③李唐王朝不但賜姓有功之人以示恩寵,也賜予來投降的叛將和異族首領,以示安撫、籠絡。《通志·氏族略四》云:「又徐氏、邴氏、安氏、杜氏、胡氏……並以立功從唐國為李氏。」如徐世勣,因功封曹國公,賜姓李,後因避諱為李勣;羅藝,因功封燕郡王,賜姓李等。宋神宗時,西藩木征來降,神宗封其官為榮州團練使、賜其姓為趙、更其名為思忠。明太祖七年,一年就賜姓 120 人姓朱④。除「國姓」外,也有賜予一般姓氏的,漢武帝曾賜予匈奴休屠王的太子日磾姓金。可見,「賜姓」這種手段是歷代帝王都較為常用的方法,給姓氏這一特殊文化符號增添了諸多耀眼的光環和神秘的力量,也將姓氏伴隨著皇權變得更加尊崇。

當然也有例外,據《北史·元景安傳》載,元景安事北齊文宣帝高洋,「天保時誅諸元親近者,如景安之徒疏宗,議請姓高氏。景皓云:『豈得棄本宗,逐他姓? 大丈夫寧可玉碎,不能瓦全。』景安以白文宣,乃收景皓誅之,家屬徙彭城。由是景安獨賜姓高氏,自外聽從本姓。」⑤元景皓為元景安堂兄,寧可被殺,也不改姓。

姓氏的尊卑貴賤,在魏晉南北朝時期政治、社會生活中體現得尤為明顯。從

---

①　王符《潛夫論·志氏姓》,中華書局,1985 年,頁 401。
②　《史記》,中華書局,1959 年,頁 2717。
③　《漢書》,中華書局,1962 年,頁 4120。
④　王圻《續文獻通考·氏族考》。
⑤　《北史》,中華書局,1975 年,頁 1929。

兩漢劉氏開始,特定群體的特殊姓氏與權勢高度結合,共同鑄成了一併光芒四射的利劍,在保護自身家族利益的同時,對影響自身利益者格殺勿論。整個魏晉南北朝時期,南方有由北而南的王、謝、袁、蕭四大「僑姓」[①],朱、張、顧、陸四大「吳姓」,北方有「郡姓」與「虜姓」[②],北魏孝文帝甚至制定了等級森嚴的姓族制度。可以說,高姓大戶具有非同尋常的權勢與地位,完全左右了國家機器的運轉。正如《南史》所謂:「晉自中原沸騰,介居江左,以一隅之地,抗衡上國,年移三百,蓋有憑彥。其初諺云:『王與馬,共天下。』蓋王氏人倫之盛,實始是矣。」[③]這種特權姓氏的優越,直到唐代中期才有所緩解。

著姓的政治優勢、社會地位遠遠高於庶姓,這就形成了兩個壁壘森嚴的社會階層,一邊是特權階級,一邊是處於底層的勞動者。兩者之間具有天壤之別,包括婚姻、門第、仕宦等都出現了分明的對立。

姓氏的尊卑貴賤因在當時的巨大政治作用而產生了重大的歷史影響,人們的皇權意識、光宗耀祖思想、門當戶對觀念、攀龍附鳳行為等,都與之有深刻的淵源關係。

四、姓氏的變易析分是特殊背景下違背宗族意志與自我價值否定的反映

「合久必分,分久必合」似乎是中國歷史發展的內在規律,當一個朝代統治到一定時間,其內部總會聚集大量陳舊的、落後的、甚至是反動的東西,諸多矛盾總要伺機爆發,而這種爆發具有顛覆性、毀滅性,對舊有的統治格局、統治思想等進行否定,表現在歷史進程中,就是改朝換代。從社會發展來看,每一次動亂,就會迎來一次新的整合,戰亂中被破壞的,經過整合就會以新的面貌出現,這或許就是「革命」的意義與價值所在。

從姓氏文化發展的歷程來看,也多次經過這樣的整合過程。先秦時期的姓、氏合一,南北朝時期的民族大融合都促進了姓氏文化的發展與進步,當然,其代價是痛苦的,因為,除非伴隨的是榮耀,否則,沒有人願意否定家族的價值、違背

---

① 同一姓氏中地位也不同,如王氏,建康烏衣巷王姓被視為「萬王之王」,其後依次是琅琊王、清河王、河間王等。

② 《新唐書·柳沖傳》載:「山東則為郡姓,王崔盧李鄭為大;關中亦號郡姓,韋裴柳薛楊杜首之;代北則為虜姓,元長孫宇文於陸源寶首之。」

③ 《南史》,中華書局,1975年,頁583。

個人的意志、忍受痛苦去改變具有榮譽與尊嚴的姓氏。但是,當「變易姓名」成為不得已的選擇的時候,還是有不少人義無反顧。

除了前述「賜姓」之外,變易姓名還有許多原因,當然,更多的是不得已而為之。王符《潛夫論‧志氏姓》云:「故有同祖而異姓,有同姓而異祖,亦有雜錯,變而相入,或從母姓,或避怨仇。」①

歷史上最大規模的變易姓名活動要數北魏孝文帝拓跋宏的改革,太和二十年(496),拓跋宏下令將鮮卑姓改為漢姓,自己率先垂範,將拓跋改為元,另改賀魯為周,拔拔為長孫等,共改了144姓。② 開啟了歷史上少數民族姓氏大規模漢化的先例,之後歷代,大量的少數民族因各種原因將姓氏漢化,極大地促進了各民族之間的大融合。孝文帝的目的是加強漢化改革,但這種以否定本民族歷史為代價的改革,阻力可想而知。事實上,孝文帝改革60年之後的西元557年,同樣是鮮卑族的宇文覺,建立北周後立刻下令「變夏為夷」,不但全部恢復已經漢化了的鮮卑姓氏,還將大量漢姓胡化,如蔡氏改為大利稽,張氏改為叱羅,周氏改為車非,南氏改為宇文等。③ 由此可見,即便是帝王,想變更姓氏也是十分困難的。

因戰亂、避禍而改姓,在歷史上也十分常見。《元史‧王珣傳》載:王珣本姓耶律氏,「世為遼大族。金正隆末,契丹窩斡叛,祖成,從母避難遼西,更姓王氏。」④也有因避禍而將姓氏析出,另改新姓的。如司馬遷後裔為避禍而將司馬析分為馮、同二姓。其他如端木氏改為木、沐,陸改為褥等。

因避諱改姓的情況也很多,避諱是古代封建君主制、家長制的產物,為尊者諱、為親者諱等,導致許多同名避諱現象。東漢嚴子陵本姓莊,但為避漢明帝劉莊諱,改姓嚴。漢宣帝名詢,所有荀姓及同音字都要改,如荀卿被改為孫卿,唐玄宗名李隆基,所有隆字改為盛,基字改為本或根,姬姓改為周。

總之,變易姓氏已經改變了「行不更名,坐不改姓」的傳統觀念,大多情況下都是不得已而為之的,為了生存,他們不得不違背自己或宗族意志,無奈地、艱難

① 王符《潛夫論》,中華書局,1985年,頁405。
② 鄭樵《通志》,中華書局,1987,頁483。
③ 鄭樵《通志》,中華書局,1987年,頁484。
④ 《元史》,中華書局,1976年,頁3534。

地做出這樣的選擇。這是中國姓氏文化在發展中的重要組成部分，也是姓氏具有深刻文化內涵的具體體現。

（作者為河南許昌學院魏晉文化研究所教授）

論蔡國歷史與蔡姓的南遷

金榮權

Abstract：The first king of Cai State was Cai Shudu who was conferred in Shangcai, Henan, and his position was inherited for 26 generations. Cai State was wiped out by Chu. After the destruction of Cai, its descendents changed their surname into Guo. In Xianqin time, Cai Shi lived in Henan, Anhui, some were found to live in Hubei and Jiangxi. Starting with the time of Liang Jin, Cai family from Centre Region tranferred to the south and then lived in the area of Jiang and Zhe.

蔡國始封之君為蔡叔度,本是周文王之子,與武王、周公旦皆為同母兄弟。蔡國所封之地為中原腹地,土地肥沃,且處於軍事要衝;蔡叔相祿父、治殷遺民,肩負監視武庚、鞏固周人既得政權之重任。由此可見蔡叔雖沒有周公地位之顯赫,但也十分受武王所依重。蔡叔後來參與了武庚的叛亂,以致失國,其子發憤圖強,表現出優秀的品質,又複封於蔡。其子孫先後經過兩次遷都,初遷於新蔡(今河南新蔡縣),後遷至州來(今安徽鳳臺縣),前後相承二十六世,為楚所滅。

蔡滅之後,其子孫以國為姓,四處播遷,其中多支南遷至福建一帶,後又渡海入臺,遂成為今天臺灣蔡氏之祖。

一、蔡國歷史與世系

1. 蔡國歷史

從眾多的典籍記載來看,在周武王滅商之後,大封諸侯,而蔡即是周初所分封的第一批諸侯國。《史記·管蔡世家》載:「管叔鮮、蔡叔度者,周文王子而武

王弟也。……武王已克殷紂,平天下,封功臣昆弟。於是封叔鮮於管,封叔度於蔡。」①《史記·周本紀》也有相同的記載。蔡之始封之地當在今河南上蔡縣。當時西方屬於周王朝的王畿之地,西方相對安全;以召公奭的燕國鎮守北境,節制北方異族;以周公之魯國守東土,以防東夷;以蔡叔度守淮河上游,這也是西周初年的南土,用來監視南國異族;命管叔扼守中原腹地。這樣初步形成了對宗周的堅固屏障。所以蔡始封於河南南部的上蔡,合乎西周初年的形勢,也體現出周武王分封諸侯國的政治目的和戰略意圖。

宋人鄭樵的《通志·氏族略》云:「蔡君叔度既遷而死,其子胡改德率行,周公聞之,舉以為魯卿士,魯國治。於是言於成王,複封於蔡,以奉蔡叔之祀,是為蔡仲。其地今蔡州上蔡縣西南十裡故蔡城是也。至平侯,徙居新蔡,今蔡州新蔡是也。至昭侯衰微,服役於楚,遂徙於州來,謂之九江,下蔡是也。自昭侯以下春秋後。相承二十六世,為楚所滅,子孫以國為氏。」②表明,蔡國歷史上有過兩次重大的舉國遷移行動,一遷至新蔡(今河南新蔡縣),再遷至州來(今安徽鳳臺縣)。

從叔度之子胡複封於蔡之後,在整個西周時代,蔡國屬於一個二等大國,週邊國家無論疆域還是實力都不足以威脅它的生存,所以較為安逸。而至春秋之後,它卻成了多事之地,也面臨著生存的挑戰。由於楚人北侵,蔡人歸附於楚,成了楚國在中原的重要同盟。此後,夾居於楚與中原諸侯之間的蔡國,或為中原諸侯所圍攻,或被迫隨楚人參加征伐北方諸侯的戰爭,國無寧日。《左傳》載,昭公十一年(前531),楚靈王在申地召蔡靈侯而殺之,並率兵滅蔡,殺蔡靈侯之子隱大子以祭岡山,佔有蔡國之地,使棄疾為蔡公。昭公十三年(前529)楚靈王死,楚平王繼位,為了安撫諸侯,平息楚國的內憂外患,楚平王複封陳、蔡等,「求蔡景侯少子廬,立之,是為平侯。」③此前,蔡之都城在上蔡,前529年楚平王複立蔡國之後,蔡平侯就把都城南遷至新蔡,這裡屬於楚人的勢力範圍,一方面可以遠離晉、鄭等國的圍攻,同時也能夠更好地得到楚人的庇護。蔡國從前529平侯複封,到西元前493年蔡昭侯遷州來,在楚人的壓迫與驅使下,蔡人在新蔡生存了

---

①　《史記》,上海古籍出版社,1997年,第1255~1256頁。
②　鄭樵著,王樹民點校《通志》,中華書局,1995年,44頁。
③　《史記·管蔡世家》,上海古籍出版社,1997年,第1258頁。

37年,歷經平侯廬、蔡侯朱、悼侯東國和昭侯申等四代君主。

至昭侯時又遷至州來(今安徽鳳臺縣)。再遷的原因是為了避楚而親吳。當楚人複封蔡之後,蔡國實際上已經失去了獨立地位,一切聽從楚人的安排。蔡昭侯因不堪楚人驅使而終於和楚反目。定公四年(前506),蔡人受晉人指使滅了楚的同盟國沈國,又隨著吳軍侵入楚之郢都。哀公元年(前494)為報蔡侵楚之仇,楚子圍蔡,蔡國男女分別自系而出降,「使疆於江、汝之間而還。蔡於是乎請遷於吳。」所謂「江、汝之間」,杜預說:「楚欲使蔡徙國在江水之北,汝水之南,求田以自安也。蔡權聽命,故楚師還。」①新蔡之都在汝水之北岸,如果讓蔡國移至汝水之南,則完全遷到了楚人的轄地,這是蔡昭侯最不能接受的。為了擺脫楚人的控制,蔡人決定遷入近吳之地。為了保證遷移順利,昭侯先讓吳師入駐都城,並殺掉反對者公子駟,前493年「蔡遷於州來」。州來在今安徽鳳臺縣,史稱為下蔡。蔡國東遷之後,以淮水北岸的州來城為都城,以南岸的壽春城為重要軍事屏障和王室墓葬所在地。建國以後所發現的蔡國在州來期間的君王大墓都出現在壽縣及週邊地區:一座在壽縣西門內,另二座在縣東的淮南市蔡家崗。

蔡國在州來又生存了42年,昭侯之後,又有成侯、聲侯、元侯和侯齊四代君主,終於在周貞定王二十二年(前447)被楚所滅。

2. 蔡國的世系

《通志・世族略》云:「蔡君叔度既遷而死,其子胡改德率行,周公聞之,舉以為魯卿士,魯國治。於是言於成王,複封於蔡,以奉蔡叔之祀,是為蔡仲。……自昭侯以下春秋後。相承二十六世,為楚所滅。」②而羅泌的《路史》則云:「蔡叔既蔡於郭淩,子胡改行帥德,周公使為魯卿,魯治,乃複之王,邦之,蔡澤是為蔡仲。……二十四世而楚滅之。」③

清人馬驌的《繹史》「世系圖」排列蔡國的世系有:蔡叔、蔡仲、蔡伯、宮伯、厲侯、武侯、夷侯、僖侯、共侯、戴侯、宣公、桓公、哀侯、穆公、莊公、文公、景公、靈侯、平侯、蔡侯朱、悼侯、昭侯、成侯、聲侯、元侯、侯齊,④共二十六世。

---

①　杜預《春秋經傳集解》,上海古籍出版社,1988年,第1707頁。

②　鄭樵著,王樹民點校《通志》,中華書局,1995年,第44頁。

③　羅泌《路史・後紀十》(四庫全書本・別史類),上海古籍出版社,2003年,第163頁。

④　馬驌撰,王利器整理《繹史》,中華書局,2002年,第39頁。

據《史記·管蔡世家》,蔡國之君有:蔡叔度、蔡仲胡、蔡伯荒、宮侯、厲侯、武侯、夷侯、釐侯所事、共侯興、戴侯、宣侯措父、桓侯封人、哀侯獻舞、繆侯肸、莊侯甲午、文侯申、景侯固、靈侯般、平侯廬、悼侯東國、昭侯申、成侯朔、聲侯產、元侯、侯齊。

與《繹史》相比,《史記·管蔡世家》只有二十五世,將太子朱視為一個過渡性人物。按《左傳·昭公二十一年》載:蔡平公死後,太子朱繼位為蔡侯,而隱太子東國在費無極的幫助下欲奪君位,逼走太子朱,自立為君,史稱悼侯。

《史記》稱「釐侯」,而《繹史》稱「僖侯」;《史記》云「宣侯措父」,《春秋·隱公八年》為「蔡侯考父」,《史記》稱「繆侯」,《左傳》、《繹史》為「穆侯」,「繆」、「穆」通。

綜合《春秋》、《左傳》、《史記》等史料,《通志》所言蔡從蔡叔始封至滅亡,前後「相承二十六世」是正確的。

從宣侯考父(措父)開始,進入春秋時代。

二、蔡姓子孫的播遷

1. 蔡國的滅亡與子孫的播遷

昭侯遷州來之後,雖然可以依靠吳國的保護,然而州來正處於吳楚爭奪的前沿,所以並沒有擺脫楚人的威脅。一方面對吳稱臣,一方面又不敢過度激怒楚人,完全在惶恐不安中度日。從出土銅器的銘文來看,當時蔡侯「既要虔誠『左右楚王』,又要嫁姊以『敬配吳王』。」[①]

前473年越滅吳,夫差自殺。是年蔡成侯卒,蔡聲侯繼位。隨著越人勢力的北進,蔡聲侯又只有投靠越人,為越人所驅使。1959年安徽淮南市蔡家崗發掘的蔡侯產墓,出土一對《越王者旨於賜戈》。《越王者旨於賜戈》製作精良,銘文錯金鳥篆,是越國贈蔡的貴重禮物。戈銘自稱為:「徐侯之皇、越王者旨於賜。」董楚平認為,當時「淮河下小游是徐人故土,徐國遺民散居其間者當不在少數。蔡為姬姓,與徐族類不同,戈銘的用意可能是希望蔡代越監視淮濱徐人。」[②]這種

---

①　中國社會科學院考古研究所《新中國的考古發現與研究》,文物出版社,1984年,第303頁。

②　董楚平《六件「蔡仲戈」銘文匯釋——兼談蔡國的鳥篆書問題》,《考古》,1996年第8期,第78~79頁。

解釋是有道理的。

據程恩澤《戰國策地名考》及蘇時學《爻山筆話》,戰國時又複建國於今湖北巴東縣、建始縣一帶,更至楚宣王八年時,而蔡始亡。孫玉玲等著《蔡國史考》也說:楚滅蔡後,「把蔡人大部分遷到今湖北保康以東、南漳以北、襄陽西南的群山之中,蔡人的集中地稱為高蔡……。後來,蔡人在戰國末期又繼續南遷,到達今江西省上高縣,史稱望蔡。」①

羅泌《路史》說:「蔡叔既蔡於郭淩,子胡改行帥德,周公使為魯卿,魯治,乃複之王,邦之,蔡澤是為蔡仲。子蔡伯生宮侯,至平侯徙新蔡。益微,每賦役於楚,遷之州來,二十四世而楚滅之。有蔡氏、辰氏、盰氏、朝氏、歸生氏、生氏、太史氏、蔡仲氏、子履氏、大利稽氏。」②

先秦時期,蔡氏主要是在今河南、安徽境內發展繁衍,也有生活在湖北、江西者。時有晉國太史蔡墨,秦相蔡澤,楚大夫蔡鳩居,齊大夫蔡朝。漢代,蔡姓遷移範圍更大一些,西漢的蔡千秋為沛人(今江蘇沛縣),東漢蔡邕為陳留人(今河南省開封市);漢末,蔡丕任五原(治所在今内蒙古包頭市西北)太守,其子孫遂居於北方;同時,蔡姓人也開始自西北遷移至寧夏、甘肅一帶。

2. 中原地區蔡姓子孫的南遷

世代居於中原地區的蔡氏家族的南遷,始於兩晉之際,尤其是東晉時期。南遷後的蔡氏家族主要居於江、浙一帶。其中,居在濟陽考城(今河南蘭考縣)的蔡謨家族也隨晉室南渡於江蘇太湖流域;據《晉書》卷77蔡謨本傳載:蔡謨,蔡充之子,字道明,博學而有才識,西晉時,東海王司馬越征辟,多次以各種理由推辭。避亂渡江之後,明帝任其為東中郎將,引參軍;元帝時為丞相,辟為掾,轉參軍,歷任中書侍郎、義興太守、大將軍從事中郎、司徒左長史、侍中、吳國內史、五兵尚書、琅邪王師、吏部尚書等職,封濟陽男。

中原濟陽考城的另一支南遷者,蔡大寶和蔡大業兄弟。據《周書》二人本傳載:蔡大寶字敬位,濟陽考城人。其祖父蔡履為齊尚書祠部郎,其父蔡點為梁尚書儀曹郎、南袞州別駕。大寶少孤,而篤學不倦,善屬文,梁時任中書侍郎、員外

散騎常侍、吏部郎、吏部尚書。後來又任荆州刺史，進位柱國、軍師將軍，領太子少傅，轉安前將軍，封安豐縣侯，邑一千戶。蔡大業，字敬道，大寶之弟，梁時歷任尚書左丞、開遠將軍、監利郡守、散騎常侍、衛尉卿、貞毅將軍、漳川太守、太常卿。卒後贈金紫光禄大夫。大業有五子，蔡允恭最為知名陳時拜尚書庫部郎，入隋，授起居舍人，《舊唐書》卷126有其傳稱：蔡允恭美姿容，工為詩。與虞世南等相交，仕於隋，歷起居舍人。煬帝有所賦，必令諷誦。遣教宮人，允恭恥之，數稱疾。授内史舍人。入唐，為秦王策府參軍、兼文學館學士，與房玄齡等十八人榮稱登瀛洲之選。太宗即位，以允恭為大學士。允恭於唐垂拱二年（686），被謫遷閩漳，其子蔡鎧同時隨之入閩，遂成為較早進入閩地的蔡姓大家族。蔡允恭卒後，葬於龍溪新恩裡嶼頭山，今墓尚存。

　　唐代後期，河南信陽有多支蔡姓人南遷入閩。如唐乾符五年（818年），原居河南弋陽郡光州固始的蔡爐舉進士，於乾寧四年（893）調任建陽縣令，德政愛民，後與其妹夫劉翔和西河節度使翁郜率固始五十三姓入閩。蔡爐定居建陽麻沙。四堂本《蔡氏家譜》載：「吾宗系出弋陽，自始祖諱爐公，唐宣宗朝官拜鳳翔節度使，至昭宗朝謫次從王潮入閩為建陽長官。遂卜居於麻沙鎮水北，六傳至司空諱用元公，始遷莆之楓亭市赤湖焦，又六傳至端明殿學士諱襄公始發祥。」①唐末，中原戰亂，河南蔡氏又有隨王潮、王審知等入閩，先居於福建寧化縣，又遷至廣東梅州。

　　蔡姓從福建、廣東省一帶進入臺灣當在明代，據鄭金洪《福建蔡姓遷臺錄》說：「明天啟年間，莆田蔡文舉徙居臺南市，定居岡山鎮，創設『慎德堂』，人稱『蔡阿公』。崇禎年間蔡鳴震由金門入澎湖，永歷年間蔡相將、蔡到寶兄弟也由金門入澎湖墾殖。清康熙年間南安人蔡為謝、蔡廷、蔡構等入臺開墾。《臺灣通志》載南明永歷年間蔡月等七人徙居高雄市並建媽祖廟．康熙年間蔡廷入墾嘉義，雍正年間蔡媽面入墾雲林縣大埤鄉，漳人蔡德建攜眷入臺北萬華，道光年間蔡氏入居臺南監水鎮，光緒年間蔡華光等人入墾新竹縣。」②

　　蔡姓在臺灣經過近400年的繁衍，其後裔遍及臺灣全省，人口超過68萬，並

①　鄭金洪《福建蔡姓遷臺錄》，《尋根》，2003年第6期，第108頁。
②　鄭金洪《福建蔡姓遷臺錄》，《尋根》，2003年第6期，第109頁。

成為臺灣的第八大姓。而這些蔡姓的子孫都視河南上蔡為自己的祖根所在地。據晉江青陽《蔡氏總譜》載:「自殷以來,吾蔡氏族人遷徙情況是:上蔡—新蔡—下蔡—濟陽—莆陽—青陽」。當然,這是蔡姓南遷的一個主流路線。

（作者為信陽師範學院淮河文明研究中心教授）

謝姓遷臺分佈及其貢獻

謝純靈

Abstract：In Taiwan people with the family name Xie were mainly immigrants from Fujian and Guangdong Province while people with this family name in these two provinces were from the central part of the main land. Thus, lot's of people with the family name Xie moved to Taiwan. After their coming to Taiwan, they worked hard and endured great hardships in pioneer work. However, they made great contribution to the development of Taiwan. Nowadays, the family name Xie has become the 13th greatest family name in Taiwan.

在臺灣的兩千多萬人口中，謝姓為第十三大姓，據有關報刊的統計資料，謝姓約385660人，所占比率約為1.753%，分佈在臺北市、彰化縣、臺北縣、臺南縣高雄市等地。人口較多的鄉鎮市區依序為：臺北市松山區、臺北縣板橋市、彰化縣芳苑及和美、桃園縣中壢市；另同姓同籍較集中之村落有：苗栗市及頭屋、彰化縣二水、芳苑、和美、田中、北斗、臺南縣學甲鎮、麻豆鎮、西港鎮、高雄縣大樹鄉、桃源鄉（原住民）、臺東縣蘭嶼鄉（達悟族），謝姓人口在這些鄉鎮之地位皆居前五大姓。

一、謝姓為何遷臺

謝姓為何遷臺？有以下幾個原因：

一是跟隨鄭成功退入臺灣的謝姓士兵。鄭成功輔佐永曆帝朱由榔抗清失敗，於永曆十五年（1661）率領殘部退入臺灣，其中便有謝姓士兵，福建省連江縣《謝姓族譜》載，連江縣第八都曾家楊景鄉人謝新凱跟隨鄭成功渡海入臺，到了

臺南墾荒種田。

　　二是因生活困窘而跋山涉水入臺尋找安身立命之處的謝姓貧困農民。遷入臺灣者以閩粵謝姓居多。閩粵兩省多是山地，土質貧瘠，灌溉不易，靠天吃飯，廣種薄收，而山區又人多田少，謀生不易，只得遠徙他鄉。當時臺灣還未開發，草菜還未闢為良田，於是閩粵的謝姓有不少人渡海來臺灣發展。據清朝康熙年間修的《長隆謝氏族譜》記載，當時有 25 人去了臺灣雲林縣北港鎮，在那裏墾田稼穡，後來定居於此。如今福建省長泰縣謝氏與臺灣雲林縣北港謝姓仍有往來。謝姓入臺者大多屬這種情況。

　　三是因經商赴臺定居者。據臺灣謝啟文先生《謝寶樹堂派下晉江遷臺譜序——臺灣安平謝氏源流介紹》一文（載《謝氏研究》第 9 期）說：根據大房水公之次子天福公所述：我祖先是隨同安平已故區長林勇先生之先祖由晉江遷徙來臺，查林勇先生所記最早之祖先為林睿，生於康熙中，系漳浦縣烏石人氏，其後遷晉江經商擁有船隊，並往來於晉江、臺灣之間，因此得以隨船渡臺，同族之人尚有妙壽宮西側國勝路旁謝雲鐵之先祖，與我宗族皆來自於同一地方，林勇及我之先祖墓碑上皆刻有「晉江」二字，現留存最久遠之墓為水公之墓，建造於同治九年，墓碑記載皇清謝府君水之佳塋。

　　安平最早居住之民族為屬於平埔族群的蕭瓏族，稱臺窩灣人，安平原系——沙洲，內有——大海灣，至荷鄭時期始漸開發，迨至清朝已發展成六角頭，我祖先開基就在妙壽宮社旁，並以海上貨物運輸為業，至於今將近 170 年[大房來公、戀公與二房天從公分戶於明治三十三年八月一日，二房喜公之次子天從公（26歲）、三子天賞公（16 歲）]從事海上運輸，於光緒二十六年（1900）因颱風流落屏東縣枋寮鄉北旗尾（現為東海村），乃將所剩貨品與當地平埔人交易，漸次發跡，遂成巨富（另有祖厝所傳系挖到白銀致富），並肇基於此。今兩房子孫散居高雄、臺中、臺北、海外。男丁傳衍已逾百人。

二、謝氏遷臺及其分佈

　　據臺灣謝啟文先生《臺灣謝姓之根在大陸》一文（《謝氏研究》第 9 期）說：明、清二代，謝氏族人渡海來臺者，以閩籍居多。茲依籍別，列述如下：

　　本自福建福州府者：連江縣：永曆十五年，謝新凱隨鄭成功渡臺，入墾今學

甲。

　　來自福建泉州府者:(1)晉江縣:明鄭末葉,謝明初入墾今臺南,於清康熙中葉,移墾今彰化北斗。雍正年間,謝國叔、送叔入臺建業。乾隆初葉,謝錫珪、錫琛入墾今新竹香山。乾隆末葉,謝元勳、謝元孔入墾今彰化、和美。道光年間,謝套、務、鈴入墾今雲林北港;謝子輔、謝立闖八兄弟等,先後入墾今彰化和美、鹿港。(2)同安縣:康熙末葉,謝用入墾今嘉義布袋。乾隆二十五年,謝朝、謝建等八人,入墾今彰化芳苑;謝清、謝輝等16人,先後入墾今彰化二林、芳苑。乾隆末葉,謝教等,入墾今臺南麻豆謝厝寮;謝小營入臺建業,派下分傳今花蓮玉裹。道光、鹹豐年間,謝抵、謝學、謝土玄、謝倚、謝元評、謝良及謝元拔等,先後入墾今麻豆謝厝寮,分傳學甲、臺南等地。(3)安溪縣:康熙末葉,謝允連入墾今和美。雍正年間,謝備入墾今彰化北斗;謝候軒入墾今彰化溪湖。乾隆初葉,謝維梯入居今北斗,業醫;謝戀高、謝衛及謝承降、承受等,入墾今北斗。道光四年,謝至愜、謝孝是等,入墾今北斗;九年,謝齊、電、霹、罾等,入居今北斗,業商;稍後,謝文治、謝友越、謝傳海等,入墾今北斗。(4)南安縣:乾隆末葉,謝六爻入墾今高雄市左營區。(5)不詳縣別者:乾隆元年,謝榜入墾今臺北林口;乾隆年間,謝友遠入墾今臺北石碇。嘉慶年間,謝品入墾今石碇。

　　來自福建漳州府者:(1)龍溪縣:永曆三十二年,謝達我卒葬今麻豆。康熙中葉,謝維良入墾今麻豆,後移墾今學甲。雍正年間,謝傑入墾今學甲。(2)漳浦縣:康熙六十一年,謝七夕入墾今彰化田中。乾隆初葉,謝光照入墾今彰化二水;謝禹入墾今南投名間。乾隆中葉,謝達入墾今二水,系前「副總統」謝東閔先生之渡臺始祖。乾隆末葉,謝謹信、謝永捷等,入墾今田中;謝純直、謝雀等,入墾今名間;謝健脾、謝傳盛等,入墾今南投鎮、中寮。(3)南靖縣:雍正年間,謝昭、謝其仁等,入墾今南投鎮。乾隆中葉,謝王入墾今南投鎮。稍後,謝石、謝旭等,入墾今名間。(4)海澄縣:乾隆末葉,謝記涼入墾今學甲,分傳臺南西港。

　　來自福建永春直隸州者:永定縣:雍正年間,謝克法入墾今溪湖。

　　來自福建汀州府永定縣:乾隆初葉,謝昌壬入墾今桃國無中壢,分傳彰化竹塘。

　　來自廣東嘉應州者:(1)鎮平(今蕉嶺鎮)縣:康熙末年,謝光榮入墾今苗栗縣,後裔移墾苗栗頭屋。乾隆年間,謝士可、廷旺、廷尚父子入墾今苗栗鎮。嘉慶

年間,謝來麟入墾今苗栗銅鑼。(2)梅縣:雍正年間,謝元廣入墾今臺中神岡,後移墾後裏。乾隆初葉,謝成柱入墾今苗栗公館。乾隆中葉,謝成亮、謝仙仁、謝俊仁及謝成長等,入墾今苗栗縣。嘉慶年間,謝鳳藩入墾今苗栗鎮。

來自廣東惠州府者:康熙乾隆年間,謝仲振入墾今苗栗通霄。謝梅欽入墾中壢。

據陳萬年先生撰寫的《福建漳浦傳臺世系源流》(《世界謝氏通訊》第八期)、《臺灣謝氏在漳浦後雄村的祖地溯源》(《世界謝氏通訊》第九期)兩文,臺灣基隆市南境村的謝姓就是福建省漳浦縣赤湖南境村清代移民的後裔,彰化縣觀音亭村的謝姓則是漳浦赤湖觀音亭村移民的後裔,他們遷臺時連村名也帶了過去,以示不忘故土。桃源縣龍潭高奪村大莊有一支謝姓,2萬餘人,是清代從福建省永安縣下洋鎮洋背鄉東山村遷入的。東山村的謝耀承,回憶孩提時跟父親到村口南邊山頂上為祖父掃墓,就提出了他祖父的墳墓為什麼要選在高山頂上的疑問,回答是他們這支謝姓家族200年來一代代往臺灣遷徙,留在祖籍的已所剩無幾,因此生前都把墳墓選在高山頂上,以便遙望天際的臺灣親人。謝耀承的曾祖父於光緒辛醜年(1901)前往臺北敦睦族誼,返程時帶回一本族譜,謝四九是永定縣洋背鄉謝氏開墓始祖。第三世謝福全脈下第十五世至二十世共為六代,這六代人中不少人葬於臺灣。桃源縣高原村大莊謝氏遷臺已有130多年,他們除集中居住在高原村外,還分佈在臺北市、中壢市、平鎮鄉、八德鄉、新竹縣關西等地。

其實,謝姓自閩、粵渡臺開基,為時甚早,鄭成功收復臺灣期間便出現過謝姓先人,如徙居今臺南市,死葬新豐區埤仔頭的謝某,來臺後輾轉定居於桃園縣的謝某等。苗栗縣、臺北市等地的謝姓都是清代康熙、乾隆、嘉慶時進入的。

三、臺灣謝氏有十二支脈

據謝啟文《臺灣謝氏之根在大陸》一文,如今臺灣謝姓已形成12個支派:

1. 寶樹堂派下:原高雄市長謝長廷之開基始祖謝世美生於清康熙六十一年,歿於乾隆十八年(1722—1753),由福建省泉州府晉江縣八欻十三都南門外遷徙至臺灣臺南縣北門鄉舊埕村,謝世美生旅懿下再傳六房,謝長廷之曾祖父謝為系屬長房所傳;已故前高雄市市議員謝清標先生亦為謝世美之後裔。

2. 清溪派（安溪派）：相傳先祖於唐朝末葉隨王審知入閩，今以元時安溪始祖大帽公為一世，居永安裏後安鄉，至13—14世衛公、承受公、承降公入墾北斗，14世允連公於康熙末遷居和美鎮，16—17世，道光四年至愜公、孝是公、文治公、有越公渡臺，居鹿港、北斗。

3. 萬興戶派：據苗栗縣鎮平萬興戶謝氏家譜載，其先為謝安之後，唐末因避黃巢之亂，遷居寧化石壁裏，數傳至謝安山，於明洪武四年（1371），移居廣東鎮平（今蕉嶺縣），康熙末年，謝光榮入墾苗栗縣，後裔移墾頭屋。

4. 新凱公派下：明永曆十五年，謝新凱隨鄭成功，自福建省福州府連江縣第八都曾家楊景鄉渡臺建業，分奉、承、祖、勇四房傳衍。高雄市灣仔內謝遊通、芩雅區謝東儒等為其後裔。

5. 錦湖派（得利公派下）：宋末，光啟祖傳至澄源公時，尚居河南光州固始縣，乾隆中葉光啟公14世孫謝達公隨福中堂康安來臺平亂，後入墾今二水，系前「副總統」謝東閔先生之渡臺始祖。乾隆末葉，15世孫謹信、永捷二公入墾田中，純直、雀二公入墾名間，健脾、傳盛二公入墾南投。

6. 德良公派下：前述萬十四郎公三哥十二郎公，遷居漳州南靖縣龍岩洲適上坪，松坑始祖九二郎，七傳至德良公，14世其仁公、15世昭公於雍正間入墾南投，15世王公、營公於乾隆中入墾南投、集集鎮；石公、旭公入墾名間。

7. 澄江派：始祖千祿公，分傳三房悟真、整官、清履。明鄭末謝明初入墾臺南，至康熙中移墾彰化縣北斗。

8. 後寮派（宏猷公派下）：其先安石公，宋末大亂，子孫逃至浙、閩、粵三省，泉地即泉州西塔巷，傳至宏猷公遷居同安縣馬巷廳十二都翔風裏井頭堡後寮鄉創業垂統，再傳七世有朝公暨入世祖誇公、標公、建公、群公、欽公等於乾隆二十五年入墾彰化縣芳苑（另屬寶樹堂派下謝七夕於康熙六十一年自漳州漳浦縣，隨藍廷珍將軍渡臺平定朱一貴之亂）。

9. 青蓮派：始祖均儀公，居泉州晉江縣青蓮鄉，乾隆末年，17世孫謝子輔、立閣、樹頭公與18世孫德培、德登、看等還有謝繼先後入墾彰化縣和美、鹿港。

10. 鋐言習公派下：乾隆末年，謝鋐言習、教二公由泉州同安縣刺林內，遷至臺南縣麻豆鎮謝厝寮。另有謝抵、學、王玄、倚、元評、元拔、良等公亦先後入墾謝厝寮。

11. 維良公派下：康熙中葉，謝金玉子維良公，自漳州府龍溪縣劉瑞堡二八都嶺兜社，遷居麻豆，後移墾學甲，是為謝六房。

12. 中鵠鄉派：浙江省會稽派 15 世祖謝林公生有三子，長曰偉公，居會稽，子孫化於浙江，明相國謝遷便是餘姚人，已故司法界名人謝冠生亦是此地人；次曰傑公，為翕欠州教授，為遷翕欠始祖，皖南、江蘇武進一帶，都是他的後裔，安微省繁昌人謝鴻軒先生即是中鵠派人，傑公 48 世孫，於民國 38 年來臺，系前最年少之資深國代，其長女謝啟大為臺灣三大駢文大家之一。

四、臺灣供奉陽夏（今太康）謝氏先賢的廟宇近 150 座

臺灣新竹縣謝興榜先生歷時半年調研採訪，發表了五十篇《紀念晉太傅謝安 1690 年誕辰系列報導》說，全臺約有 140 餘座以謝安與謝玄為主祀和陪祀的廟宇，其中以中部南部最多。在臺灣南部，有很多保安宮奉祀保生大帝，都會同祀晉太傅謝安，及謝府諸元帥，這些廟宇保留福建原鄉保安宮的祖廟傳統，同時祭拜謝安、謝玄。另外，開漳聖王陳元光奉命開拓漳州七縣地區，五十一姓軍民人等南逃並落籍漳州時，即奉晉代兩位武神謝安、謝玄為軍隊守護神，至忠順聖王陳邕入籍漳州後亦崇祀有加，歷數百年，漳泉兩地崇祀更形普遍。迨明鄭時期漳、泉軍民渡海來臺，便自家鄉抱來王公爺與謝府元帥之香火、神像等至臺灣奉祀之，因此臺灣的陳姓潁川堂，奉禮謝安謝玄的情形也非常普遍。臺灣有很多謝氏家祠，和寶樹祖廟、公廟，也都供奉謝安王公及謝府諸元帥。

綜上所述，唐宋時期已有謝姓遷臺灣，但更多謝姓遷臺主要是明清時期。

臺灣謝姓是由固始、陽夏（河南省太康縣）遷閩、粵，再遷臺灣的，而且他們都是中原陳郡郡望始祖謝安曾祖父謝纘的後裔，現在臺灣 150 處謝氏廟宇，供奉祭祀的大都是謝安、謝石（謝安弟）、謝玄（安侄）、謝琰（安次子）及其後裔金龍四大王謝緒、民族英雄謝枋得等。謝氏為臺灣的經濟發展和社會發展做出了卓越的貢獻。

（作者為華夏姓氏源流謝氏文化研究會會長、《中華謝氏簡史》編委會主任、《謝氏天地》主編）

河洛臺灣同淵源

——河洛文化與臺灣姓氏文化傳承

龔良才　龔九森

Abstract：Heluo culture is the cradle of Chinese civilization and the origin of Chinese nation. Through the course of historical development, Heluo culture, which originates from the Central Plains, spreads to coastal areas such as Fujian and Guangdong first, and then expands to Taiwan, merged into Taiwan culture. In Taiwan, Heluo culture is inherited and developed into a new state with Taiwan characteristics.

河洛地區位於黃河中游潼關至鄭州段的南岸,包括洛水、伊水、嵩山週圍地區和潁水上游登封等地,即今河南西部地區。河洛在古代雄踞中原,為「天下之中」,是古代中國東西南北的交通中樞,地理位置十分優越。

河洛是河南龍山文化的主要分佈地區,是華夏文化的發源地及其形成、發展的核心地區,是中華民族文化的發源地和中華民族的發祥地。

河洛文化是中華文明的搖藍文化,是中華民族的生命之根。源於中原的河洛文化,在數千年的歷史發展進程中,由中原輾轉到閩粵沿海,再由閩粵擴展臺灣,與臺灣當地文化相融合。當今臺灣的姓氏文化是對河洛文化的繼承與發展,並開創成為具有臺灣特色的臺灣姓氏文化。

現在臺灣的為數眾多的閩南人仍稱自己為「河洛郎」,講「河洛話」,表演欣賞「河洛歌仔戲」成為臺灣文化的一大特點。在臺灣的客家人稱其「根在河洛」。

一、中華姓氏,源於河南

1996 年 10 月,由中國科學院遺傳研究所長期從事人類群體遺傳研究的自然科學家袁義達和杜若甫編著、教育科學出版社出版的《中華姓氏大辭典》,用現代數理統計分析方法分析不同時期、地區的姓氏頻率,研究不同地區漢族人群間的親緣關係以及歷史上的人口遷移和融合,首次統計出中國古今各民族有漢字記錄的姓氏為 11969 個,其姓氏統計的全面性、準確性在中國姓氏研究史上是第一次,比 1969 年臺灣出版的《中華姓府》記載的 7720 個姓要多出 4249 個。

據初步統計,在《中華姓氏大辭典》中所列的 11969 個姓氏中,有 4925 個姓未註明姓氏來源,有 2224 個姓為少數民族姓氏,二者合計 7149 個,佔 11969 個姓氏的 59.7%,下餘 4820 個姓為漢族姓氏。

根據著名姓氏文化專家謝鈞祥的研究結果,在來源可考的 4820 姓氏中,起源於河南的姓氏有 1834 個,佔 38%。全國當今人口最多的 120 個大姓中,來源於河南的姓氏 52 個(即李、張、陳、黃、周、林、何、宋、鄭、謝、馮、袁、鄧、許、傅、蘇、蔣、葉、閻、潘、戴、夏、范、方、石、姚、廖、孔、江、康、史、邵、段、雷、湯、尹、武、賴、樊、蘭、殷、陶、翟、安、倪、嚴、牛、溫、俞、蘆、葛),部分源頭在河南的姓氏 45 個(即王、劉、趙、吳、徐、孫、胡、朱、高、郭、羅、梁、韓、唐、董、程、沈、呂、盧、蔡、丁、魏、薛、杜、鐘、姜、熊、陸、白、毛、邱、秦、顧、侯、孟、龍、黎、常、賀、龔、文、施、洪、季),兩項合計起源於河南的姓氏共 97 個,佔 120 個大姓的 81%,佔全國漢族人口的 79.52%。如果減去一些多源姓氏中源於河南以外的成分 97 個,仍還有 1737 個,起源於河南的姓氏佔全國漢族人口的百分率仍在 85% 以上。河洛文化是中華文化的「母文化」,姓氏文化是河洛文化的一個重要組成部分,中華姓氏前 100 個大姓有近 80 個姓氏起源於以洛陽為中心的河洛地區,1 億 2 千多萬客家人的祖籍在河洛。據考證資料表明,福建人 70% 源自河洛地區,臺灣人大多數是由河南去臺灣的河洛人。由此可以說,中華姓氏源於河南,根在河洛。

二、五次播遷,入閩粵臺移民根在河洛

河南是炎黃子孫的祖根地,華夏民族在這裡融合。中華姓氏由此發源,中原後裔遍布各地,形成了民族大融合、大發展、大繁榮的格局。

　　源於中原的姓氏,在數千年的歷史發展進程中,由於諸多原因不斷向外遷徙,其中由中原向南北各方的大遷徙有五次:

　　第一次是秦漢至魏晉時期(前255~479),中原人向南方遷徙。

　　秦統一中國後,曾派數万大軍深入嶺南,之後大批秦軍留在嶺南鎮守。為進一步打通南北交通,始皇二十六年(前221)「使尉屠睢發卒五十萬」到嶺南「鑿渠而通糧道」(開鑿靈渠),幾十萬北方軍民留在南方,有的繼續南下到邕州(今南寧市)定居。東漢大將軍馬援平息戰亂後,也留下部分官兵戍邊屯墾。這些北方土兵和移民,多數來自中原。西晉時期,中原戰亂不已,中原大批士族隨晉室南遷。新《固始縣志》載:「永嘉之亂,中原士族林、黃、陳、鄭四族先入閩。今閩人皆稱固始人」,「永嘉三年(309),中原板蕩,衣冠姓氏入閩者八族,所謂林、黃、陳、鄭、詹、丘、何、胡是也」。兩晉交替之際,北方人紛紛移居江南,是中國歷史上影響巨大的移民潮。移民姓氏不僅有以上八姓,還有范、蔡、於、王、袁、謝、周、苟、江、殷等多個姓氏近100萬人口渡江南下,遷徙南方各地。

　　第二次是唐初(669~686),陳政、陳元光率部入閩

　　唐高宗李治總章二年(669),泉州、潮州發生山民騷亂。唐高宗令光州固始(今河南固始縣)人陳政為嶺南行軍總管事,率府兵3600名、將校123員,前往閩粵之界的綏安縣予以鎮撫。初戰獲勝,後因將士不服水土,病死較多,寡不敵眾,作戰失利,退守九龍山(今福建漳州南),奏請朝延拔兵增援。朝延命陳政兄陳敏、陳敷率固始「五十八姓」軍校增援,軍隊行至浙閩交界,陳敏、陳敷染病卒。其母魏氏率眾與陳政會合。儀鳳二年(677),陳政卒,其子元光代父領兵,繼續鎮撫嶺南,屯墾建宅,興修水利,發展農桑和文化教育。垂拱二年(686),奏請獲准開建漳州,3600名官兵和「五十八姓」軍校在漳州落籍。據後人考證,唐初隨陳政父子入閩將士和眷屬近萬名,有陳、許、盧、戴、李、馬、歐、張、沈、黃、林、鄭、魏、朱、劉、徐、廖、湯、塗、吳、周、柳、陸、蘇、歐陽、司馬、楊、詹、曾、蕭、胡、趙、蔡、葉、顏、柯、潘、錢、餘、姚、韓、王、方、孫、何、莊、唐、鄒、邱、馮、江、石、郭、曹、高、鐘、汪、洪、章、宋、丁、羅、施、翟、卜、尤、尹、韋、甘、寧、弘、名、麥、陰、邵、金、種、耿、謝、上官、可空、令孤、薛、蔣等84姓。

　　第三次是唐末(885~909),王潮、王審知入閩

　　唐僖宗光啟元年(885),壽州人王緒率農民軍攻陷光州,固始人王潮、王審

知兄弟,奉母董氏率鄉民 5000 人從義軍入閩。唐昭宗大順二年(891),王潮為福建書度使。光化一年(898),王審知為威武軍節度使。後梁開平三年(909),王審知被封為閩王,隨王審知入閩的固始縣籍姓氏有王、陳、李、張、關、蔡、楊、鄭、謝、郭、曾、周、廖、莊、蘇、何、高、詹、林、沈、施、盧、孫、傅、馬、董、薛、韓、駱、蔣、黃、包、袁、賴等 34 姓。

　　第四次是北宋皇祐年至南宋末年(1049～1278),北方百姓向江南大播遷。

　　北宋仁宗皇祐年間(1049～1053),廣源州壯族首領儂智高起兵邕州,狄青上表請行,願得蕃落騎(少數民族騎兵)數百和禁兵出征平亂。狄青敗儂智高於邕州後,部分官兵戌邊屯墾。《宋史》載,楊文廣從狄青南征,皇祐五年(1053),留禁兵四千戌邕州,於廣西屯兵一萬人。靖康元年(1126)金兵攻入汴京,俘虜徽、欽二帝和皇親、將臣及百姓數万人北去。宋康王趙構率領殘餘的宗室、朝臣逃至江南,定都臨安(杭州),中原百姓為避戰亂大規模南遷。據有關資料統計,自宋建炎元年(1127)至紹興十一年(1141)的 14 年間,大約有 500 多萬中原百姓南遷,寓居於今江蘇、浙江、福建、江西等地。據史料記載,還有相當一部分中原移民隨隆佑太后到達贛南,其中又有部分人在動亂中繼續南下,到達珠江一帶定居下來。南宋臨亡際,文天祥等擁戴 9 歲皇子趙昺為帝,從溫州沿海撤至福州。元軍自浙江進入福建,宋殘軍節節敗退,倖存下來的 10 餘萬人大部分隱匿於廣東各地;同時,文天祥組織的江西百姓抗元義軍兵敗後,大部分由贛南逃入廣東。另據史料載,南宋末年,為避戰亂逃入廣東的中原人 97 戶 33 姓,在南雄市珠璣巷一帶相約一同南遷,臨行前發誓:「如果遇到能安居之地各家分居,各姓子孫應世代友好相處,富者建祠奉祀,貧者同堂共食,萬代永世不相忘也」。這 33 姓是羅、湛、鄭、趙、張、尹、文、蘇、謝、陳、麥、盧、湯、溫、胡、趙、伍、曹、區、李、梁、吳、馮、譚、蔡、阮、郭、廖、黃、周、黎、何、陸、高。據後人統計,宋代自南雄珠璣巷南遷珠江三角洲的北方移民後裔現已遍布廣東 29 個市、縣,分佈在 668 個鄉鎮、村,總計 143 姓。

　　第五次是明清時期(1561～1863),閩粵之族大量向臺灣移民

　　明末,顏思齊、鄭芝龍設據點於北港一帶,形成了海上經商集團,吸引了大陸居民東渡臺灣。鄭芝龍歸降清廷後,適逢福建發生旱災,即建議災民往臺,授以耕牛和種子,讓他們致力農墾,這是大規模移民之始。清順治十八年(1661)民

族英雄鄭成功決心從荷蘭侵略者手中收復臺灣,親率將士25000人,乘艦數百艘自金門料羅灣出發,經過8個月戰鬥,荷蘭兵彈盡糧絕,於次年被迫投降。這次收復臺灣的將士,有相當大的部分是從北方遷到南方各省,特別是遷到福建的河南人的後裔。鄭成功將士中有鄭、馮、馬、楊、劉、陳、董、臧、曾、前施等姓,其祖根在河南。鄭成功的祖先是從「王潮自光州固始入閩」的鄭氏後裔,跟隨鄭成功赴臺軍民達數十萬。1683年清廷統一臺灣後,由大陸渡海入臺墾殖的百姓逐漸增多,形成由大陸向臺灣的移民高潮。據有關資料記載,大陸向臺灣移民,歷來以閩人居多,閩人又以泉州、漳州各縣為最。據1926年調查,臺灣省漢族居民375萬多人,福籍福建者達310多萬,佔83%以上。另據臺灣、廣東的一些家譜記載,明清時期移入臺灣的移民,有相當一部分來自廣東省,其人數僅次於福建。

臺灣早期住民中,大部分從大陸直接或間接移居而來。臺灣有文字記載的歷史可以追溯到公元230年,當時三國吳王孫權派一萬官兵到達「夷州」(臺灣),吳人沈瑩根據調查材料寫成的《臨海水土志》,留下了世界上對臺灣最早也是最詳細的記載。大陸漢族居民移民臺灣主要是從宋元開始,明清時期出現大規模移民高潮。清廷開海禁以後,大陸移民私渡赴臺。乾隆五十四年,正式實行官渡赴臺,大陸人員赴臺進入高峰期。抗戰勝利後臺灣光復,當時統計祖籍大陸者佔臺灣總人口的91.6%。據最新資料統計,臺灣族姓有1694種,其中陳、林、張、王、曾、李、吳、蔡、劉、楊列為「十大姓」。陳林二姓人口最多,有「陳林半天下」之說。臺灣歷史學家連橫在其《臺灣通史》稱「臺灣之人,乃中國之人,閩越之族也」。

三、臺灣之人,河洛之姓,閩粵之族

臺灣與大陸不僅有著連成一體的地緣關係,更有血濃於水的血緣關係。臺灣2300萬居民,其中絕大部分是漢人,少數民族45萬人,佔2%。無論是漢人還是少數民族,都與大陸有著濃厚的血緣關係。

20世紀70年代,臺灣掀起了尋根熱。從1978年10月16日開始,臺灣《青年戰士報》連續刊載《唐山過臺灣的故事》,從臺灣的姓氏、文化、風俗等方面詳細考察臺灣與祖國大陸的骨肉關係,明確指出「臺灣的祖根在唐山,唐山就是祖國大陸」。1979年6月11日,臺灣《中國時報》發表題為《鄉土·血統·根》的文

章,指出:「臺灣是我們直接的根,而這根嵌含在更大的根裡,那便是中國。」1987
年,臺灣當局開放了臺灣居民赴大陸探親的政策,尋根正式形成高潮。二十多年
來,臺灣每年到大陸探親、旅遊、經商人數都超過百萬,2000 年達到 285 萬,此後
每年均達 300 萬以上。一批批回大陸探親的人中,有的手捧族譜來尋根,有的尋
找祖墓來祭祖,有的憑藉姓名來尋源,有的出席會議組成社團來謁祖,還有不少
來函來電尋找自己的祖籍。

　　河南是華夏姓氏主要發祥地之一,臺灣同胞「尋根的起點在閩南,終點無疑
是河南」。回大陸的臺灣同胞到福建、廣東以後,到河南追尋祖根的也特別多。
據統計,每年到河南尋根旅遊的臺灣同胞超過 10 萬人。不少臺灣同胞通過尋根
祭祖活動增進了對祖國和家鄉的了解,積極為家鄉建設貢獻自己的力量。

　　現在臺灣的為數眾多的閩南人仍稱自己為「河洛郎」,講的話為「河洛話」,
表演欣賞「河洛歌仔戲」更成為臺灣文化的一大特色;在臺灣的客家人也稱其
「根在河洛」。正如中國國民黨榮譽主席吳伯雄先生為河洛文化研究會贈送的
題詞所指:「河洛臺灣同淵源」、「臺灣之人,河洛之姓,而又閩粵之族也。」

（龔良才,江西省修水縣縣志辦編輯;龔九森,江西省修水縣僑聯秘書長）

唐代宰相鍾紹京史實考論與臺灣
《鍾姓大族譜》中對鍾紹京之相關記載

張正田

Abstract：According to the related records of Tang‑dynasty historical resources in the Xin‑Tang‑Shu, Jiu‑Tang‑Shu and Zi‑Zhi‑Tong‑Jian etc, the prime minister of Tang Emperor Xuanzong, Zhong Shao‑jing, who is from Qianzhou of Jiangnan Dao (Today's Ganzhou City in Jiangxi Province), and had helped Xuanzong to eradicate the revolts of Queen Wei and therefore he became an important figure on the founding of Xuanzong's royal empire.

一、前言

唐代宰相鍾紹京,為幫助玄宗誅殺韋后黨羽政變(以下簡稱「誅韋政變」)[①]之重要功臣,學界關於該政變的論述頗多,[②]但是以鍾紹京為主述對象的相關論述並不多見。[③] 本文則是嘗試對鍾紹京在「誅韋政變」中所扮演的重要角色,與日後玄宗初掌權並迎立父親睿宗復辟之際,對鍾紹京的政治遷轉情況做一考論。

---

① 以下內文、引文或註腳中,如果是縮小字體的括弧字,如「玄宗遇(鍾)紹京」者,是筆者為便於讀者閱讀而所加,非原文即如此;但如果是正常大小字體的括弧字,如:「唐中宗(景龍)年間」,則是原文史料就有的括弧字。以下皆如此,不再累敘。

② 如王壽南《畫虎不成——唐中宗韋皇后的故事》,《歷史月刊》,236(臺北),2007.09,頁50~54;劉騰《唐中宗暴亡之謎》,《科學大觀園》,16(北京),2010,頁55~57;唐華全《試論唐中宗時期的諸武勢力》,《中國史研究》,03(北京),1996;張劍光. 鄒國慰《玄宗朝初期政治鬥爭論略》,《求是學刊》,05(哈爾濱),1998,頁110~114等文。

③ 筆者目前僅見邱娟娟. 吳光輝《略析鍾紹京由相而外放的原因》,《四川教育學院學報》,10(成都),2009,頁80~81。但此篇主要重點是說鍾紹京被外放的原因是因為鍾氏出身卑微,為當時士族與士人所輕使然。

此外,也與今日臺灣客家大姓鍾姓宗親會所編《鍾姓大族譜》①對鍾紹京之記載,做一相互對照,以觀察今日臺灣鍾姓客家人族譜中,對該姓所共同認同之先祖鍾紹京的相關記載與歷史記憶,和真實史實的差異處,並由此觀察臺灣客家人族譜中,表彰「慎終追遠」之歷史意義。

二、鍾紹京在「誅韋政變」中所扮演的角色與日後境遇

在武則天晚年將皇位歸還李唐後,其子中宗皇帝再次復位為唐朝皇帝。而中宗之妻韋皇后,在當年武則天還當權並流放中宗時,曾與被貶為庶人的中宗朝夕同甘共苦,時時激勉中宗當發憤圖強。當時落魄的中宗曾感慨地向韋后發誓:「若我有一天能活著回長安城,必定讓你為所欲為,來報答妳對我的夫妻恩情。」未料日後中宗果真為狄仁傑向武則天勸諫後,被接回長安,數年後又再為張柬之等朝臣迎立復位為天子。此時的韋后也「鹹魚翻身」,再度復為皇后。但韋后此時,卻一心想效法她婆婆武則天,以皇后之尊來掌控朝權,加上中宗也曾經對她承諾過若能活著回長安,就讓她為所欲為,所以韋后逐漸肆無忌憚,在朝中漸次佈滿自己的韋氏黨羽與心腹。

韋后不但在政治上干預朝政,而且據說還「帷幕不修」,與武三思等朝臣傳有姦情。當時武三思經常入宮禁中,就在中宗夫妻倆的龍床上,和韋后下一種叫做「雙陸」的棋,而中宗就站在一旁幫忙數籌碼,全然不在意自己已經「戴綠帽」,還聽信韋后意見,任命武三思為宰相②。加之,中宗與韋后生有一女,即是安樂公主。中宗復辟後,對她們母女都十分縱容,要什麼給什麼,她們母女倆想要任用私人黨羽時,就用黑墨書寫公文斜著封口來發佈人事命令,這種「黑官」,被當時人稱為「斜封官」③,以至於官爵浮濫,政風不振。中宗復位,韋后濫權,已是將唐朝基業,推向一個充滿危機的政治風暴中。

但真正點燃這個政治不定時炸彈的,卻是韋后與安樂公主母女兩人。韋后在陸續嚐到權力滋味後,越發覺得當年同甘共苦過的老公,如今卻是妨礙自己掌

---

① 臺灣區鍾姓宗親總會《鍾姓大族譜》(中壢:百族姓譜社,1999 重修版,苗栗縣公館鄉五穀崗鍾屋伙房藏)。筆者於此感謝該鍾姓伙房人士提供借閱。

② 王壽南《畫虎不成——唐中宗韋皇后的故事》,頁 52～53。

③ 《舊唐書》,鼎文書局,1998 年,卷七《中宗本紀・景龍二年》,頁 145。

權的大絆腳石;而安樂公主也同樣迷戀權力,一直要求父親封自己為「皇太女」,也就是唐朝的皇位繼承人。可是休說大唐開國以來從沒有「皇太女」這制度,連傳統中國直到中宗時,數千來以來也從未有過這種將皇位傳給女兒的制度,這要中宗如何給起? 中宗只能拒絕安樂公主的無理要求。不料安樂公主此時也嫌棄父親是自己掌權的一大絆腳石,就在公元710年5月,安樂公主與母親韋后聯手,一起毒死中宗皇帝,再找一位李唐宗室立為傀儡皇帝,並想繼續控制朝政。

　　然而政治豈能如此兒戲? 先前韋后大置私黨,已讓李唐宗室與朝臣們大為不滿,如今擅殺皇帝,更是重大惡罪。於是宗室李隆基,也就是日後的唐玄宗,決定在中宗被弒後十餘日,夥同心腹發動政變,誅殺諸韋勢力,這即是「誅韋政變」。而本文主角鍾紹京,也在此場政變中扮演重要的關鍵角色,幫助李隆基平定諸韋勢力。

　　鍾紹京,史載其為江南道虔州人,唐之虔州即今江西省贛州市。他在武則天當權時期,即以擅長書法,為武后賞識而直於門下省(當時武后改稱門下為「鳳閣」),當時皇宮附近的明堂大門之匾額、以及諸宮殿之門榜等,有許多都是武后命鍾紹京所題書①。而當「誅韋政變」之時,鍾紹京正巧擔任皇宮內的「西苑總監」,這職務是掌管皇宮內的內館園池門禁②,若李隆基要政變,鍾紹京絕對是必須要拉攏的對象之一。《資治通鑑》記載:

　　庚子,晡時,(李)隆基微服與(劉)幽求等入苑中,會鍾紹京廨舍。紹京悔,欲拒之,其妻許氏曰:「忘身徇國,神必助之。且同謀素定,今雖不行,庸得免乎?」紹京乃趨出拜謁,隆基執其手與坐。時羽林將士皆屯玄武門,逮夜,葛福順、李仙鳧皆至隆基所,請號而行。向二鼓,天星散落如雪,劉幽求曰:「天意如此,時不可失!」福順拔劍直入羽林營,斬韋璿、韋播、高嵩以徇,曰:「韋后酖殺先帝,謀危社稷,今夕當共誅諸韋,馬鞭以上皆斬之,立相王(唐睿宗,玄宗之父)以安天下。敢有懷兩端助逆黨者,罪及三族!」羽林之士皆欣然聽命。乃送璿等首於隆基,隆基取火視之,遂與幽求等出苑南門,紹京帥丁匠二百餘人,執斧鋸以從,使福順將左萬騎攻玄德門,仙鳧將右萬騎攻白獸門,約會於凌煙閣前,即大

---

① 《舊唐書》,卷一百五十,《鍾紹京傳》,頁3401。
② 《資治通鑑》中華書局,1995年,卷二〇五,《景龍元年五月壬辰條》,頁6644。

謀,福順等共殺守門將,斬關而入。隆基勒兵玄武門外,三鼓,聞謀聲,帥總監及羽林兵而入,諸衛兵在太極殿宿衛梓宮者,聞謀聲,皆被甲應之。韋后惶惑走入飛騎營,有飛騎斬其首獻於隆基。安樂公主方照鏡畫眉,軍士斬之。斬武延秀於肅章門外,斬內將軍賀婁氏於太極殿西……

是日,赦天下,云:「逆賊魁首已誅,自餘支黨一無所問。」以臨淄王隆基為平王……以鍾紹京守中書侍郎,劉幽求守中書舍人,並參知機務。①

由上引文可知,由於當時鍾紹京的職務屬於大內禁苑要職之一,使玄宗李隆基要發動「誅韋政變」時,必須親自去拉攏鍾紹京加入自己陣營。於是鍾紹京在妻子許氏鼓勵下,加入李隆基的政變行列,也終於在政變成功後,獲得睿宗、玄宗父子的嘉賞,與另一位政變要角劉幽求,同時拜為宰相(參知機務)。不久,鍾紹京又再改拜為更高一階的宰相「同中書門下三品」,又不久,再改拜為「中書令」②,一時之間,位極人臣。

不過鍾紹京因政變之功爬得太快,難免為人所忌,當時擁有進士出身資格,同時又是河東望族薛氏子弟的另外一位宰相薛稷,便向睿宗進讒言,說:「鍾紹京素無才望,出自胥吏,雖有功勳,未聞令德」,於是睿宗就要鍾紹京辭了中書令,而改為低幾品階的戶部尚書③,但是仍然還比照以往是可以「參知政事」的宰相④。但不久,鍾紹京竟又被貶出京城長安,外放為蜀州(今成都市)的州刺史,原因概就是因為他當宰相時,難免一時得意,不免「當朝用事,恣情賞罰,甚為時人所惡」⑤,因而得罪了諸如像薛稷等另一些朝廷權貴。

鍾紹京經這次貶官後,官運浮沉,過了幾年,睿宗讓位給玄宗後,玄宗又召鍾紹京回長安城。雖此次鍾紹京又再度當了戶部尚書一職,但似乎不能再當知政事的宰相了⑥。加上連當時的宰相姚崇,也「素惡紹京之為人,因奏紹京發言怨望」,所以鍾紹京又再被貶官,依《舊唐書‧本傳》載,鍾紹京這次是被外放到綿

---

① 《資治通鑑》,卷二〇五《景龍元年五月庚子條》,頁6644~6647。
② 《資治通鑑》,卷二〇五,龍元年五月,頁6648~6649。
③ 《舊唐書》,卷七十三《薛稷附傳》,頁2591。
④ 《舊唐書》,卷七《宗本紀》,頁154。
⑤ 《舊唐書》,卷一百五十,,鍾紹京傳》,頁3401。
⑥ 《舊唐書》,卷一百五十,《鍾紹京傳》,頁3401:「玄宗即位,復召拜(鍾紹京為)戶部尚書,遷太子詹事。」此處史料並未說鍾紹京此時可以參知政務或同平章事,可知其未能再任宰相。

州(今四川省綿陽市)當州刺史①。不過,司馬光《資治通鑑》則認為鍾紹京這次應該是被外放到果州(今四川省南充市)當州刺史②,大抵都是被外放今日四川省一帶。

鍾紹京這次再度外放,未來也再回不去京城長安擔任要職了。後來,他又遇到官非而被牽連,又再被貶為琰川縣(今貴州省黔西南州一帶)的一名小縣尉,並「盡削其階爵及實封」,不但降了許多品的官,而且還被外放到當時還算是窮山惡水的今日貴州省山區一帶,可謂境遇悽慘。爾後,鍾紹京又官運浮沉,「累遷溫州別駕。③」一直要到玄宗開元十五年(727),鍾紹京才再被玄宗召回朝廷。此次他能再度面聖,便與玄宗盡泣訴往事。玄宗此時算是念了舊情,但也只給鍾紹京擔任一些閒官,不能再居要職④。

三、臺灣《鍾姓大族譜》中的鍾紹京之記載

鍾姓是臺灣客家人大姓,臺灣的閩南人較少姓此姓者,故藉由臺灣區鍾姓宗親總會編印,厚達幾兩千頁的《鍾姓大族譜》(以下簡稱《臺灣鍾姓族譜》),可觀察出臺灣鍾姓客家人對自己姓氏源流的族譜記憶,與臺灣客家人慎終追遠之心。筆者翻閱《臺灣鍾姓族譜》,概發現書中的臺灣數百餘鍾姓房支,幾乎都是源自廣東的清代廣東省惠州府、嘉應州、潮州府等粵東之地、與福建省汀州府等處,這些都是今日我們所認知的客家人原鄉,也可知臺灣的鍾姓確實是客家大姓。這些鍾姓房支族譜記載,大概都可上溯到唐宋時代,且大多記載他們是唐代宰相鍾紹京之後裔。當然,由今日史學界研究已可知,大凡家修族譜史料中,對年代越久者,難免多有附會,故未可全信。不過由此倒可知,客家人在修族譜時,也常會藉攀附古代同姓名人,以光己族,並教化子弟必須常懷「慎終追遠」、「不忘舊祖之風」的心態。

《臺灣鍾姓族譜》中,對鍾紹京的記載概有下:

---

① 《舊唐書》,卷一百五十,《鍾紹京傳》,頁3401。
② 《資治通鑑》,卷二一一,《玄宗開元二年二月丁卯條》,頁6697。
③ 《舊唐書》,卷一百五十,《鍾紹京傳》,頁3401。
④ 《舊唐書》,卷一百五十,《鍾紹京傳》,頁3401:「開元十五年,(鍾紹京)入朝,因垂泣奏曰:『陛下豈不記疇昔之事耶?何忍棄臣荒外,永不見闕庭。且當時立功之人,今並亡歿,唯臣衰老獨在,陛下豈不垂愍耶?』玄宗為之惘然,即日拜銀青光祿大夫、右諭德。久之,轉少詹事。」。

南北朝鍾姓歷代祖,略)……及二十餘世而有酉公,配孫氏,生三子,長竇
……

時隋煬帝無道,恭帝丁丑年禪位唐高祖之時,寇如蜂發,(鍾竇)公收拾金銅
寶圖,避兵江南,至金陵卜居。後二十六年,諱竇,字紹京,因金陵歲荒,移居江南
虔州孝義坑卜居,不得,更居興國縣鯀藍裏立業。公仕唐(景龍)中宗時,為宰金
吾屯田使,平韋氏難,拜中書侍郎,睿宗元年改戶部侍郎同平章事,出為彭州刺
史。玄宗初,復拜戶部尚書,封越國公,年八十而薨。……此鍾氏人文之盛,實始
於此。①

上引文是《臺灣鍾姓族譜》轉引自《(廣東)梅縣松口鍾氏譜抄》之族譜史料
中,有關唐代鍾紹京的記載,由於唐代至今已經千餘年之久,對唐代鍾紹京之史
實難免傳抄有誤。但由文中「此鍾氏人文之盛,實始於此」一句,可知粵東至汀
州客家原鄉鍾氏,對鍾紹京的光榮歷史記憶與慎終追遠之心。上引之引文若比
對正史史料,可知有以下傳抄的歷史記憶錯誤:

根據《新唐書・宰相世系表・鍾氏》可知以下:

……(鍾)嶼字秀望,(南朝)梁(朝)永嘉縣丞。生寵,字元輔,為臨海令。
(鍾寵)避(南梁武帝時)侯景之難,徙居南康贛縣,生(鍾)寶慎。

寶慎,字無惑,隋睦州參軍。	子威,字之武,安福令。	法遵,字從道	紹京,字可大,相睿宗	嘉璧,晉州長史。
				嘉諤,太子典膳郎、山陰縣公。
				嘉偉,左領軍衛長史。②

由上引文可知,史實上的鍾紹京並非《臺灣鍾姓族譜》引《(廣東)梅縣松口
鍾氏譜抄》的「諱竇,字紹京」。鍾紹京其實字可大,所謂「諱竇,字紹京」者,應該
是將鍾紹京跟其曾祖父鍾寶慎,互相混淆為同一人。且鍾紹京也沒有因「隋煬
帝無道」而「避兵江南,至金陵卜居」,這應該是鍾紹京之高祖父鍾寵「避侯景之
難,徙居南康贛縣」所相混淆。而《臺灣鍾姓族譜》引《(廣東)梅縣松口鍾氏譜

① 臺灣區鍾姓宗親總會《鍾姓大族譜・文獻篇》,轉引《梅縣松口鍾氏譜抄》,頁文40。
② 《新唐書》,鼎文書局,1998年,卷七五上,《宰相世系表五上・鍾氏》,頁3355。

抄》中,都混為同一人,當成皆是鍾紹京所為。且該族譜中之時間記憶亦有誤,從隋煬帝到唐中宗復位,起碼經過八十餘年,並非《臺灣鍾姓族譜》引《(廣東)梅縣松口鍾氏譜抄》所謂的「後經二十六年」。此外也有地點方面,亦有傳抄錯誤,考唐代,虔州並未設興國縣,該縣乃遲至宋代,才析虔州的州治贛縣所設,見北宋初年所編《太平寰宇記》載:「興國縣,本(虔州)贛縣地,皇朝太平興國年中(976~984)析贛縣七鄉,於瀲江鎮置興國縣,以年號為名。①」

　故可知唐代並未有興國縣,這也是該族譜又一誤。

　此外比照前一小節鍾紹京仕官的史實考論,校之族譜,也多有出入。鍾紹京在助玄宗「誅韋政變」前,並非當「宰金吾屯田使」一職,而是「西苑總監」;「誅韋政變」後,鍾紹京一時得寵,也是陸續遷轉到「中書令」,按照中國歷代的族譜或墓志銘等這類家修史料,對先祖之任官情況,通常多半是記載到當時最高官位為原則,因為這才符合傳統中國人對彰顯先祖名譽之敬祖心理。不過前引《臺灣鍾姓族譜》中只記載鍾紹京在「誅韋政變」後當「中書侍郎」,在唐代,這「中書侍郎」一職之品級,畢竟比「中書令」較低,故倒不太符合此原則。此外,前一節已考鍾紹京在睿宗復位當宰相的相銜是「參知政事」,而非如《臺灣鍾姓族譜》中所記載之「同平章事」宰相銜,可知該族譜亦傳抄有誤,或許是因為後來的鍾氏後裔並不清楚唐代宰相制度的複雜性與多樣性使然。又,鍾紹京在睿宗復辟時,為薛稷所讒而被貶官外放,若依《舊唐書》所載,是去當蜀州刺史,而並非《臺灣鍾姓族譜》中所記載之彭州(今四川省成都市彭州市)刺史。這可能是因為對日後的粵東、汀州等客家原鄉之鍾氏後裔而言,今日四川一帶,都是遙不可及之地,故歷代以來,就可能將蜀州傳抄失誤成彭州,但大抵都還算位於今日四川之地。

　又,玄宗朝初時,鍾紹京從蜀州被召回京,也又被拜為戶部尚書,但此時並沒有封他為越國公。封越國公這一榮銜,是早在「誅韋政變」後不久,鍾紹京當宰相之時,為睿宗所封②,故此時間點記載亦有誤。

四、結語

族譜史料往往都是歷代傳抄而來,在幾百年的歷次傳抄的過程中,難免會出

① 樂史《太平寰宇記》,文海出版社,1993年,卷一○八,第三冊,頁64。
② 《舊唐書》,卷七《睿宗本紀》,頁154:「中書令鍾紹京為戶部尚書、越國公,實封五百戶。」

現逐漸與史實有所出入之景，也難免會有後人攀與附會之舉。故《臺灣鍾姓族譜》中的數百房支之鍾姓，都難免將祖先上溯附會到唐代宰相鍾紹京的身上；加之，鍾紹京也是出身於所謂「客家人搖籃地」——今江西省贛州市，舉凡閩粵邊境的客家鍾氏後裔，或許都認為若能將先祖附會於既是唐代虔州人、又曾當做唐代宰相的鍾紹京身上，似乎更具客家人由北往南遷徙的文化與血緣之正當性。這，本也是族譜史料所難免常見之景。故，雖然「客家鍾氏都源於鍾紹京」這點的可能性很可能不太高，但也間接透露出傳統漢人，特別是客家人的「慎終追遠」以求「漢人血緣正統」之心理。這可以《臺灣鍾姓族譜》所引《（廣東）梅縣松口鍾氏譜抄》中一語：「此鍾氏人文之盛，實始於此。」可之，也可見我們客家人，向來都有務求追遠，以崇正中原文化之心。

　　又，本文以正史史料與族譜史料相考證，雖發現後者所記載的鍾紹京事跡可能與史實多有出入，但這本是筆者身為歷史工作者的「求史實」、「求真」之職責與工作，而非企圖顛覆臺灣客家鍾氏族人對先祖的歷史記憶。相反地，也因為我們客家人風俗，向來都十分重視修族譜，以示崇正。若將來鍾氏族人需再修族譜時，則本文之考證工作，或許能再對修譜時提供一些小小幫助。

（作者為臺灣交通大學客家文化學院博士後研究員）

宗族文化在金門的傳承與發揚

黃振良

Abstract：Quemoy（Kinmen）was originally called Wuzhou（浯洲）. Although Kinmen had a very strong military imagery, it was still a cultural rich area, and embraced the abundant traditional Han culture over the last thousand years. In historical records, Han people immigrated to Wuzhou could be traced back to AD 317 years, which was more than 1600 years ago. In Tan dynasty（early 9th century） Chen Yuan, an agriculture minister, came to develop this uncultivated land of Quemoy. He developed the farming, fishing, salt plantation, etc. and was recognized by the local as "En Zhwu Gong"（the man who brought the great charity.）At the late 13th century, most of immigrants from Mainland China moved to Quemoy, and were the ancestors of many current settlements. They followed and inherited the traditional clan cultural system in the new settlement.

There are fifty thousand people live in Quemoy now, but they build more than 170 ancestral halls in towns and villages and hold the ancestor worship ceremony in the spring and fall every year. Some clans also buy the public farmland and register the populace. Most of clan has compiled their pedigrees and established naming ethics（also named zhau－mu）. Even they move other place or go aboard, their member of family could identify themselves. This is a very important thing for searching their ancestors. The lineage system helps to build a stabilization of local society in Quemoy.

一、金門宗祠

宗祠亦稱家廟或祠堂,金門人對於自己的家廟又稱為「祖厝」,是奉祀祖先神位的神聖殿堂。《尚書》、《易經》、《禮記》等商周時代的典籍,都有關於宗廟的記載,可知宗祠的由來少說也有三千年以上的歷史。不過百姓興建宗祠祭祀祖先的風氣,是在漢唐以後才逐漸形成;明清兩代,國人多建宗祠於族人聚居之處,歲時節慶由族內長輩率宗親共同向祖先拜祭。①

金門保有中原漢文化的遺風,傳統聚落正是宗族聚居的社會與空間組織。宗祠是奉祀的中心,與祖墳、族譜同為慎終追遠的三要素,維繫著宗法倫理的社會運作。凡開族成村或聚族而居者,所在多有宗祠,有同姓而不同房者,雖同住一村,因其族眾人多或後人有功名成就,除全村合建其大宗始祖廟外,另以分世或分房另建小宗祠堂;當然,亦有一村數姓各建宗祠,或合全縣同姓而建總祠者。宗祠的興建正是金門人重視祖先奉祀的特徵。②

金門的聚落大部分是單姓聚落,即同一聚落的絕大部分居民,都是同一位祖先傳衍的族裔,有少部分是二～三姓聚落,至於多姓雜居者,則只有後浦、沙美、新市幾個市集以及明代守禦千戶所駐地的金門城而已。正因為普遍都是同族聚居,所以宗祠建築到處可見。

1. 建祠史略

金門最早建立的宗祠,目前可知者當數位於陽翟的浯陽五恆堂,該家族於五代時入居金門陽翟,歷經二百多年的繁衍,到南宋乾道元年(1165)創建了祠堂,與蔡厝蔡氏祠堂,都在南宋時所建。③

青嶼張氏宗祠,是明正統五年(1440),皇帝賜恩於御馬監太監張敏的「褒忠祠」。嘉靖十五年(1536)十一月,禮部尚書夏言上疏《請定功臣配享及令臣民得祭始祖立家廟疏》促成家廟的普及,到萬曆年間金門人在科舉、宦績上大放異彩時期,許多家廟乃應運而建。

明末之後,金門先是因為明鄭渡臺,沿海遷界的影響,房屋廬舍幾遭全毀,接

---

① 陸炳文《金門宗祠大觀》自序文,金門縣政府,1991 年 7 月。
② 江柏煒、王建成合著《安定的家園》,金門縣文化局出版,2009 年 12 月,頁 39～40。
③ 黃振良主編《陽翟文史采風》,金門縣金沙鎮公所出版,2010 年 12 月,頁 50。

著屢受戰亂、海盜侵擾不斷，所以到清代中葉之後，金門人大舉下南洋，在異鄉艱苦奮鬥，經濟有成之後，陸續返鄉置華屋、建宗祠者，從清末延續到民國初年，是島上閩南傳統民居和宗祠建築的高峰期。接著是日據和國共對峙時期的破壞，到1990年代後，又是金門宗祠整修、重建、增建的一段時期。

只要是經濟環境許可，金門人對於宗祠的修建一向極為重視且持續不斷。陸炳文先生在1990年進行調查時，大、小金門兩島有宗祠160座，目前可知者近170座，且年年都在增加當中，由此可見金門人對於我國宗族文化重視的程度。

2. 宗祠形制

金門宗祠建築形制沿自一水之隔的同安、晉江，全島除了一座洋房式建築和兩座中西合璧建築的宗祠之外，其餘都是閩南古厝式建築，其規模有一進、二進、也有三進者，一進式宗祠又分為帶門亭和不帶亭者兩種，端視該家族的經濟能力而定。目前計有三進（三落）宗祠二座，二落宗祠有數十座，最多的是一進宗祠。在170座宗祠中，列為國定古蹟者有「瓊林蔡氏祠堂」七座八祠，列為縣定古蹟者有西山前李氏家廟和東溪鄭氏家廟二處，此外還有多座宗祠已公告為歷史建築來加以保護。

依據王建成先生於2004年所作的調查①，金門當時的人口數約五萬人，共有155個姓氏，34姓人家有大小宗祠167座，這167座宗祠建築，分佈在大、小金門兩島的99個聚落當中，以陳氏最多，王、林、黃、蔡、李居次，同時也有異姓聯宗宗祠，是位於烈嶼東坑的六姓宗祠（杜、孫、程、林、蔡、陳合祠同祀）。

一座聚落的同姓宗祠中，以瓊林蔡氏有七座八祠最多，其次是古寧頭北山有五座李氏家廟，西園有四座黃氏家廟，斗門也有四座陳氏家廟。同一聚落有多座異姓宗祠者，後浦有許（二座）、陳（聯宗）、王、六桂（洪、江、翁、方、龔、汪六姓同宗）五座，因為後浦乃是清初至民國時期全島的行政中心駐地。

從外觀上看，金門的宗祠與傳統民居建築最大的差別，也是最容易辨認的地方，在於屋脊上的龍隱，宗祠有龍隱而民居沒有。不管是幾進式的宗祠，每一道屋脊兩端都有燕尾，而在每一個接近燕尾約一米處，都豎有一尊瓷質的龍隱。另

---

① 王建成《金門祠廟的祭祖活動儀式》，《金門宗族文化》創刊號，金門縣宗族文化研究會出版，2004年12月，頁77。

外凡二進式、三進式或加門亭的宗祠,在正門左右都留有一對螭虎窗,這一對螭虎窗猶如宗祠的一對眼睛,宗祠正門平時都關閉,只有在祭祀、結婚喜事或族裡有大事時才打開。

3. 建祠習俗

金門有兩句和宗祠有關的俗語:「有宮(寺廟)有祖厝(宗祠)才成鄉裏」;另一句俗語是:「有宮,住得才會興;有祖厝,住得才會富。」兩句話的意思都是說明:一個聚落要有神明和祖先的保佑,子孫才能在此安居樂業、繁衍生息。因為金門聚落的形成,大部分從一家繁衍成一族,屬同族聚落,所以對於宗族社會制度的保存非常完好,時至今日,宗族的凝聚力量依然很強,各家族對於宗祠的修繕、營建都非常重視。

宗祠建築完成之後,必須選擇該宗祠的大利之年、大吉之日舉行奠安慶典,奠安盛典是整個家族數十年甚至上百年難得的一次,所以非常慎重,也會配合宗祠奠安盛典舉行「晉主」,所謂晉主就是「神主牌位進入宗祠」,將數十上百年來家族內已經過逝者的神主牌位,從原本奉祀於私宅祖龕中移奉於宗祠內,這時所奉者並非原有的神主牌位,而是新刻的。原有的神主牌是孝男所立祀,故以「顯考妣」稱,由其後代子孫於年節及忌辰日祭拜,而一旦進入宗祠之後,就成了全族共祀的祖先,其牌位不雕刻子孫名諱,而以「○(朝代)○世祖考 諱○○公暨妣○孺人」,此後其祭祀活動就依該族的既定規制在宗祠內舉行,忌辰日也不再另行祭拜了。

二、宗祠祭祀

《周禮·春官·家宗人》載:「家宗人掌祭祀之禮,凡祭祀致福⋯⋯以冬日至,致天神人鬼,以夏日至,致地示物魅,以禬國之凶荒、民之札喪。」《近思錄集解》:「冬至陽氣始生之時,始祖子孫所從生之始,祭以此時者,取報本返始之義也。」

金門有170座各姓氏宗祠,其祭祀的日子不一,而大致上都在每年的清明及冬至前後幾天,有的選定農曆的固定日子,有些則以節氣日作為祭祖之期。

2003年以後,金門縣政府為配合這一具有特殊意義的日子,則將每年冬至這一天列為地方性節日,各機關學校自行決定全天或半天假期,以方便員工學生

回家參加宗祠祭祀。宗祠祭祀儀式,以瓊林蔡氏家廟的祭祀最隆重,該族係依官宦人家祭祀儀式,過程最為繁複,其他各族大同小異,也較簡單。

1. 冬至祭祖

在傳統民俗節日中,二十四節氣的冬至在一般地區是「吃湯圓」表示年終團圓日,而在金門,冬至被列為一年三大節日之一,當地民間有一句俗諺「年兜無返是無姥(老婆),清明無返是無墓,冬至無返是無祖。」可見金門民間對於冬至祭祖這個傳統節日的重視。

「金門各氏族宗祠,春冬有祭,春季用清明,冬祭用冬至,春祭在墓,冬祭在祠……祭後會飲。」[①]

2. 食頭、報丁

食頭是一項宗族大聚餐,餐會中不但可聯絡族人感情,最重要的是透過這項餐敘,讓每一個人彼此認識自己在族中的輩份,這就是中國人的「倫常」。

有些大家族,因為平日大家見面相聚的機會少,也利用這項聚會,進行「報丁」。報丁就是每個家庭將過去一年內添了多少丁口,藉此機會向族裡申報,就如同一年一度的申報戶口一樣,不同的是這個「丁」字,報的是男丁,生女孩則不必申報。在重男輕女的中國傳統農業社會,添丁才能使家族人口愈來愈旺。

三、祖公園(公田)

金門可耕地少,且絕大多數是旱地,對於地產多稱為「園」而不叫「田」,家族的共有地也稱為「祖公園」,如果是水田則曰「公田」,是家族的公有田產。

金門各家族對於「祖公園」的輪作制度到 1950 年代還普遍存在,到了 1960 年之後,由於年輕人口大量外移,農耕人口銳減,各人的耕地都任其荒蕪了,祖公園即使有也形同虛設,加上新土地法實施之後,有些耕地被作為軍事用地佔用,以致無法登記而喪失了所有權。[②]

家族設置「祖公園」的制度,也隨著清初移民帶到臺灣。竹塹墾首王世傑在竹塹開避大片土地後,依照家鄉祖例設置了「公田」制度,將每年公田的租金送

---

① 《金門縣志》《卷三人民志》,金門縣政府出版,1992 年,頁 431。
② 金門的土地登記及測量始於 1954 年,當時許多土地已經被軍方佔用作為軍事營區,至今已經因為「數十年來都無人耕種」被視為無主土地,或淪為國有財產。

回金門老家,作為年節祭祖、修建祖墳、祖屋的經費。[①]

另一個來自金門而定居新竹的鄭用錫家族,在其族譜的「新竹鄭氏家族公產」中明白記載著:「由董理人出贌佃戶早季登場應納小租穀四百石,充作祖忌祭祀費,⋯⋯每年寄付金門祖祠祭祀及分配本族各房義捐金參佰圓,由董理公產人給發,以重木本水源永久閣替。」[②]

四、族譜與昭穆

1. 族譜:

族譜又有家譜、家乘等名稱,一般是指記載同一家族的世系及其事跡的譜牒,其所包括的範圍可以是同一始祖下分支並且遷居外地的各派子孫的譜牒,也可以是住在同一地方、同一家族之下各分支、分房的譜牒,有些地方把包含範圍大於一般族譜的,稱為世譜或宗譜,以資區別。

族譜可使每個人知道族群的來龍去脈、人際關係與個人在族群中的地位;祠堂有聯合族屬,發揚慎終追遠之義;公田可以贍濟同宗,可以彌補族內貧富的差距;族長則調理族群,維繫全族於不墜。宋元以來的新宗族儼然成為自治的單位,與行政系統的鄉裏保甲相輔相依,穩固既定的政治社會秩序。[③]

金門的大部分家族,一向都非常重視族譜的編修與保存,清末民初時期許多下南洋的人,也有將族譜攜帶出洋或抄錄外帶的習慣。就因為有這份族譜,可方便來日尋根認祖的依據,且因為其中有許多是族內秘密,且有家族產業之記載,所以一直都有「不將族譜輕意示人或外借」的觀念,這種視族譜為私產的習慣,造成許多族譜因為後人之無知、不識或因為長期戰亂,造成許多譜牒資料流失的情形。近年來民智漸開,大家體認到族譜的重要性,才願意將譜牒提供給當地文史工作者研究,許多原本在地方志上未曾見到的史料乃一一浮現,使族譜成了研究地方文史最可靠的資源。

「金門縣宗族文化研究協會」於 2004 年成立之後,傾力蒐集金門各姓氏族

---

① 黃振良《竹塹墾首王世傑原籍金門之確認》,《臺灣源流》第 48,49 期合刊,臺灣省姓氏研究學會,2009 年 10 月出版,頁 68。

② 鄭毓臣《浯江鄭氏族譜》,新竹鄭氏,1914 年修,頁 24

③ 杜正勝《古代社會與國家》,臺北允晨,1992 年,頁 851。

譜,包括金門各氏族以及福建晉江、同安、漳州、臺灣與金門有關之族譜,目前已有大約300份左右。在金門本地現有的族譜中,較大者有《金門王氏族譜》,包括金門各王姓家族都匯於其中,再者就是《金門珠浦許氏族譜》和《金門盤山翁氏族譜》,都是將金門的各該姓氏匯入其中,其餘的都是一村一族或一房的家譜。

這些族譜內容的格式,概要者大致有以下幾項:

(1)譜序:包含修譜緣由、修譜經過、家族淵源傳承,可從其中瞭解該宗族的大概情形。

(2)修譜凡例:或稱譜例,如地方志之體例,方便查閱者了解。

(3)先世考與像贊:考其先世之源流,各分支遷徒的概況,並將該族顯赫的先祖之圖像繪於譜中,有激勵子孫見賢思齊之效。

(4)恩榮錄:記載該族累世有誥封、賜諭等恩榮者。如恩榮坊、恩榮匾、皇恩誥命,聖旨等榮耀。

(5)族規:如家法、家規、家訓、祠規等,都載明於族譜中。

(6)祠堂和墳塋:載明家族累世有幾座祠堂之位置,始祖或某世祖的祖墳位置、座朝向、規制、風水地圖,訓示子孫宜加保護。

(7)世系:世系是家族血緣的系統表,某人系出何人,傳衍子嗣多少,都可從世系表中看出,就像一片線路板一樣。

(8)傳記:族內名人、仕宦人物,對於地方、國家著有貢獻者,列其傳於族譜中,包括行狀、墓志銘、神道碑、年譜等。

(9)仕宦錄:包括科第名錄、著述等。從金門各姓氏族譜中記載的仕宦人數,當前可知者多達525人,包括文宦武將、進士、舉人等,從基本的品階到一品官者都有。

(10)族產及其契據文書:包括祀田、墳地、山林、廟產、店鋪等族產及帳目。

(11)家禮:祭祖禮儀、祭祀牲禮、擺設、祭文等文書資料。

(12)藝文錄:包括祖先之著述、奏本,數量少者可列於仕宦錄,數量多者就另列藝文錄收集。

（13）編後記：編修者的修撰經驗、心得感言，可作為後修者之借鏡。①

2. 昭穆：

昭穆又稱行序、輩序、輩份、輩文、字派，金門民間一般多稱為字勻。輩序上金門也有句俗語說：「論輩不論歲。」族人之間以輩份而不以年齡論長幼，兩同姓人初次見面，一旦知道彼此係同族人，問明對方屬某一輩序後，就知道彼此輩份的高低，該是你稱我為叔，或是我稱妳為姑，一清二楚。如果不知道彼此輩序，則只能稱兄道弟，說不定就會有「亂倫」的情況出現了。

昭穆係我國社會倫理制度之一，父曰昭，子曰穆，《禮記·祭統》：「夫祭有昭穆者，所以別父子，遠近長幼親疏之序而無亂。」昭穆多用四字、五字或七字為詞句，或有對偶落韻而成詩，盡屬勉勵族裔昌盛發達之嘉言，其撰寫者皆出自族內名人或官家手筆。

昭穆更是同族人兩地相隔長久之後重聚相認的重要依據。前文所舉新竹王世傑家族即是一個實例。王世傑於清康熙年間得墾田令開拓竹塹，在新竹墾田造圳，奠定竹塹基業，死後骨骸也回葬金門，卻因為《竹塹開拓先賢王世傑派下族志》及《臺灣通史》記載其原鄉係「泉州同安金城馬巷人」②，且 1895 年臺灣割日後，金、臺兩地交通中斷，從此兩地不相往來。2006 年 10 月 21 日，金門縣文化局在審查歷史建築申請案中，位在浦邊 39 號的王世傑古厝名列其中之一，經確定此王世傑與竹塹墾首王世傑係同一人之後，將「王世傑古厝與古墓列為古蹟」，其最可靠的證據，乃從新竹和金門浦邊兩個王世傑家族的昭穆都是「世德際美士，鳴清國家盛；忠孝承先業，詩書啟後昆。」而確認，也因此幫新竹的王世傑家族找到其數十年苦覓不著的根。③

五、郡望　堂號　燈號

在金門許多民居的大門或大廳門楣上方，常可見到一方匾額，上書「○○衍派」，門楣上所寫的，就是這戶人家的堂號。

堂號來自郡望，是中華民族傳統維繫家族與宗族的一個重要力量，在姓氏上

---

① 葉鈞培、黃奕展合著《金門族譜探源》，稻田出版有限公司，2001 年 5 月，頁 18～23。
② 同安縣後金門一直為同安縣轄地，清乾隆年間設馬巷廳，金門劃歸馬巷廳，1915 年始設縣。
③ 黃振良《竹塹墾首王世杰原籍金門之確認》，頁 83。

標示堂號則源自魏晉南北朝時代，至隋唐而蔚為風氣。郡是秦漢時代的行政區劃，漢、魏、晉均以郡中有名望的人家立姓並做為選官標準，族大勢盛後，該姓氏便以發祥地郡名作為郡號，稱為「總堂號」（發祥地郡號）；如果某一姓氏自發祥地移居他郡，慢慢形成該郡大族，或是以該姓某一位著有名望的歷史名人系出何郡，即以其州郡名為郡號，意為「望出〇郡」，兩者合稱「郡望堂號」。堂號並不是專屬於單一姓氏，相同姓氏也可能有不同堂號，這是追溯堂號起源時必需了解的。

臺灣地區的堂號絕大部份都屬郡號，如陳氏的潁川堂、林氏的西河堂、黃氏江夏堂、張氏清河堂、李氏隴西堂、王氏太原堂、吳氏延陵堂、劉氏彭城堂、蔡氏濟陽堂等。而在金門，幾乎都不用這個「堂」字，而多用「〇〇衍派」，如陳姓的潁川衍派，黃姓的紫雲衍派，李姓的隴西衍派，這種在門額上書寫堂號衍派的情形，在金門非常普遍，尤其是近代所建的民居更處處可見，由此也可見金門民間對於自己「系出何地」觀念之重視。

金門還有一項更是其他地方所少見的，那就是「燈號」。這種現象在每個家庭的大廳裡都可以看得到。閩南話當中，燈與丁同音，男女結婚主要是為了繁衍後代，尤其重視男丁，所以在結婚拜祖先時，都由同族兩位小男孩各提一個燈籠，這對燈叫做「新郎燈」。新郎燈上一面書寫姓氏，一面書寫「燈號」，拜過祖先後，這對新郎燈就懸掛於廳堂中，以祈求吉祥如意、人丁興旺。

六、結論：宗族文化、木本水源

儒家的孝道是中華文化的主幹，宗族倫理則是中華文化的精髓；孝的基本在於「慎終、追遠」，這就是中國一向最重視的「木之本、水之源」。在金門宗祠左右兩門的門扇或門額上普遍都有「木本水源」、「左昭右穆」兩組字。數千年來，不論是戰亂造成政治領域的演變、天災人禍造成人口的遷徙、經濟環境形成的離亂分衍，中華民族代代子孫都沒有忘記自己的根源，即使是遠渡重洋、在海角天涯紮根異鄉，這種倫理思想的陶鑄，宗族觀念的凝結，全靠一種若有若無的潛在因素在維繫著，那就是「宗族制度」，是一個姓氏發祥的本源。

金門先民於東晉之際南遷入島，至宋代而文明昌盛，再經朱熹儒家孝道思想薰陶，歷代忠臣孝子輩出，對於宗祠之興建、族譜之修撰、郡望堂號之確認傳衍，雖長期

處在戰亂中而不流失。近百年來,有大量移民僑居南洋,但對於中華民族特有的宗族文化內涵都不曾稍忘,雖然有些已歷四、五代,但他們依然憑著祖先所留下的字紙或口傳的一些蛛絲馬跡,回到金門這個在地圖上找不到的小島,尋到自己的根,其所依恃者,正是金門人一向重視的宗族文化這項中華傳家至寶。金門雖然只是福建東南的一個小島,但分散在東南亞各地的一百多萬僑胞,卻始終都知道自己是福建金門人,這種現象不得不歸功先民智慧所創宗族制度作媒介導引。

（作者為金門縣采風文化發展協會榮譽理事長、金門縣文化資產審議委員）

河洛一脈孝親祖

潘樹仁

Abstract：Heluo culture is one of the main origins of traditional Chinese culture, this is already a proven historical fact. From Ethnic Researches, after numerous migrations, the social structures of Taiwan and mainland China remain basically identical. One of the main features of Chinese culture lies in the interpersonal relationship within a family, with filial piety guiding the respect and admiration towards seniors and ancestors, resulting in cohesion and harmony within clan. Filial to parents shows the respect towards ancestor and life itself. While western world does not have similar concept in their culture, they have proposed recently the idea of Life Education, which propagates into the concept of The Holistic Curriculum of life.

一、大陸與臺灣一脈相依

1. 從河洛到歷史移民之開展

人類在地球何處誕生，或許永遠是一個謎。中華文化在黃河及長江流域產生，大家都一致同意這個看法，當然河洛地區就是其中一塊中心福地。

人們為了種種不同原因，尋找更舒適之空間和生活理想，或迫不得已進行遷徙及移民，逃避戰亂和生命之威脅，強忍別去之鄉愁，離開原居地，自古不計其數。當然也有少數俠義之士，或者修道之人，隱居崇山峻嶺幽壑之溝澗。要遠離中原，祖先們首選南方，往南遷移生存條件較佳，天氣較和暖，攀過嶺南丘陵地帶也較容易，海洋亦有魚類海產食物供應，要再跨越海岸線，最接近海岸之兩大地區，就是臺灣和海南島，經閩粵到臺困難不大，臺灣離開海岸線遠一點，心理上較

為安全穩定。客家文化①也是臺灣主軸文化之一,稱為客家,就是永遠視中原河洛為「祖家」,不會忘記,而且永恒追念。

2. 姓氏族群之一脈

從姓氏族群來研究,臺灣地區之民眾,根本就是一脈相承中原河洛而來,有稱為「光州固始」②之祖籍,臺灣 100 個大姓(1953 年戶籍統計)內有 63 個族譜記載光州固始,五分之四戶口自稱來自光州固始。當然也有其他移民從四方八面進入臺灣,但大部份人都背負著祖先之姓氏,懷著「開枝散葉」之心情,希望氏族繁衍壯大,或者基於人群增多,可以加強自我保護之力量,若果在社會略有成就,光宗耀祖,令全族親屬共沾榮寵,也是中國人一貫之想法。族群之間都知道大家來自中原,既有他鄉共同扶持之心,亦有良性競爭之處,大體上而言,臺灣內部之種族矛盾較輕微,對外之團結力量則非常巨大。

由較狹窄之單一族群來研究血脈相連,客家族群是分散最多,而且是保留自身文化和習俗較強之群體,臺灣客家人佔整體約 5.8%③,《現代漢語辭典》解釋歷史上在四世紀開始,形成客家漢人從中原流徙,到南方和臺灣等地。黃遵憲則直接指出,客家人「來自河洛,三代遺民」。雖然作客臺灣,他們延續著團結精神、崇文精神、尚武精神、崇正精神和敬祖孝親精神,形成獨特之飲食文化及生活習慣,無論身在何處,祖先牌位永遠在身邊,綑綁著家族之譜牒,父母永存心中。對祖先的尊崇,其實不分族裔,他們都對自己之姓氏心繫敬意,在祭祀膜拜之時,都以一脈承傳先祖之家訓而戰戰兢兢,希望繼承高尚之道德聲譽。

3. 全球一體化之啟示

大多數學者認為,全球一體化由交通和通訊兩大科技產業帶動,中國人為了謀生或種種因素,遷徙到世界各地,但因為交通發達方便,造就旅行時間縮短,華僑便有機會返回祖國,尋找家鄉之根柢,交通頻密使經濟貿易增加,也依靠通訊快捷,使貨物訊息加速傳達,而其中有一個重要原因,便是華僑可以用華語,直接找到生意之合伙人,或者跟進物品之流通及運輸。雖然上述兩種科學技術發源

---

① 臺灣客委會 2004 年調查報告,客家人口約 460 萬,佔人口 20.4%。
② 陳榕三《臺灣的閩粵移民祖籍地「光州固始」》,詳細說明光州人遷移入臺之歷史,論文被收入《河洛文化與嶺南文化》,河南人民出版社,2010 年 9 月。
③ 廣東行政學院教授丘立才《客家文化在世界文化中的地位和作用》,2010 年 12 月 5 日在香港「國民教育暨客家文化論壇」發表。馮秀珍則認為只佔 5%。

自西方,但日本和中國之緊隨或超越,令西方在多方面不再是唯一之國際領導者。

全球一體化也帶動文化之交流,很多外國人都想探索古老和擁有深厚文化之中國,學習東方巨人優秀之處,適逢西方經濟混亂之際,經濟和文化都開始轉向中國傾斜,但大趨勢已經形成,中國已經脫貧,漸漸能夠掌握世界經濟,當主軸握在中國人手上,全球一體化就變成東西方均衡,在平等互惠互利之情況下,華僑不再是外地之二等公民。而優良之中華文化就更大規模地現代化,古為今用不再是遙遠之目標,是全人類未來共同之一體相融文化,互相包容小異,大部份成為融合之整體,難以分解。例如《孫子兵法‧謀攻篇》:「是故百戰百勝,非善之善者也;不戰而屈人之兵,善之善者也」①,這種智慧,既可用於美國之西點軍校,更被應用在商場上,成為互惠雙贏。這就是由經濟一體化,進入文化一體化之進程,或許是歷史之偶然,或者是權位之自然輪替。這些流轉變動,又似乎合於河圖洛書之數理,篇幅所限,本文不作詳述。

二、孝親敬祖

1. 孝道文化之獨特性

尊重先輩尊重歷史,也是華夏文化之特色,除了怪異故事吸引人之外,道德故事和大德君子之傳奇,流傳很多,其中廿四孝之故事,一直被人讚不絕口。元朝郭居敬編撰《二十四孝》,綜合漢唐以來大量之民間故事,包括《孝子傳》、《孝行傳》、《孝友傳》及《孝義傳》等等,雖然廿四人當中與清代版本有異,卻清楚顯示孝道一直傳遞著善良訊息,這些故事配以簡短之詩文圖畫,又成為歌謠傳誦,在宋元時代,更大量製造各種孝子之畫像磚和雕塑藝術品,令人隨時隨地受到感染。

研究孝字之甲骨文古意(古字是上有爻,下有人或子),發現孝字、教字和學字同源,學字有冖是學舍或學宮(即現今之學校),在特別之地方才有正規之學習,孝和教兩字同旁,「二字是一個事物的兩個方面:教是要人學習,所以加棍

---

① 黃朴民《〈孫子兵法〉解讀》,中國人民大學出版社,2008 年 10 月。

棒；孝是自己學習，就無須強迫」①，進一步理解，服從長輩之教誨，便是孝順，是一種首先順從之學習態度，縱然老師長輩之見解不合於自己，不是用反駁之心態，要好好辯論，尋求真理。《呂氏春秋.孝行覽》：「民之本教曰孝，其行孝曰養。養可能也，敬為難；敬可能也，安為難；安可能也，卒為難。父母既沒，敬行其身，無遺父母惡名，可謂能終矣」②。爻字在這裡是共通點，或許代表著易學，或者是數學，或者是象、數、理之基礎知識，隱含著中華文化「大道」哲學之縱橫交錯，而為人子者，頂立天地之間，必須首先學習孝道，就是對先祖之敬仰，對父母恩賜生命之尊重。

2. 華夏文化之凝聚

凝聚文化，要有以下之必要條件。一是有的共同文化內涵：人群聚居之處，必須有共同文化內涵，有共通話語，因為易於溝通了解，才能往來聚集，否則只會疏離隔閡。例如拜月亮之文化，半夜起來膜拜，很難找來不同文化之其他人士；二是有不易改變之文化主體：文化主體之軸心，一旦易於動搖，很快會自行覆滅消失。配帶禿鷹羽毛之文化，要顯示飛騰之勇猛，高高在上，卻較容易被改變，因為禿鷹數量少，而且不易捕捉，唯有改用其他飛鳥之羽毛替代，但由威猛變成普通之飛躍，核心主體意義便有所改變；三是文化轉移不被政權封殺：文化若被當權者用政治清洗，很快便會湮沒，這是難以抗拒之現實情形。

從華夏文化之角度加以審視，中華民族現在雖然包括五十六個民族，但是有強大之共同文化內涵，例如以中原漢文化為領導地位，應用中文字為主，對孝道、忠誠、寬恕、和諧、道德、仁義等善良品德，都共同重視，不分種族。哪些是華夏之文化主體，可能仁者見仁各抒己見，這裏提出天、地、人和大道哲學，是文化主體，在大道之內劃分天、人、地，人在其中，才能構成整體文化，若果人失去地位，則天崩地坍，大道不成。這種強化人之生命主體，是生存意志之支柱，人可以忍受外在一切苦難，皆因明白天地在包容著自己，在眷顧著自我之善良，因而這忍耐力可以是與生命同步；生命就是大道主體之彰顯，不容倒下。中國人移民到外國，為了生存而流佈廣泛，佈滿地球每一個角落，可幸不致於被野蠻政權消滅，建家

---

① 唐冶澤《甲骨文字趣釋》第七章「甲骨文中的繁衍生養」，重慶出版社，2006 年 8 月。
② 李然《二十四孝圖說》，上海大學出版社，2007 年 4 月。

立業,以孝道傳流家風,因而華夏文化能夠凝聚在世界各地,「唐人街」就是一個歷史標志。

3. 社會和諧與世界和平

自古以來,孝道治家治國,都有和諧暢樂之良好結果,例如宋、元、明三朝之江南「第一義門」鄭氏,清朝湖南之曾氏(包括曾國藩延綿之五世其昌)。中國社會向來提倡和諧,自商周以來,中華民族之統合,都是由眾多不同部落結聚而成,各部族有不同文化背景,卻接受漢族為主軸之河洛中原文化,作為文化之領導標桿,而河洛之漢文化不以大欺小,反而維護和尊重少數族群之生活。現代人傅佩榮這樣理解禮之秩序和諧:「一個貴族子弟不能因為有錢有權,就逾越了「禮」的規定,舉行超出身份的喪葬儀式,讓天下人都知道我孝順父母」①(亂花錢鋪張儀式,是不孝,破壞了社會禮儀和諧)。周公制禮作樂,這種是一件好事,他要建設一個和諧秩序之理想社會,沒有制度,必然混亂。當時之制度為人所接受,現代人無須特別批評。每一代人都可以改變制度,迎合多數人之共同目標,但以循序漸「改」為重要原則,這是和諧社會之基本要求。

地球一體這話題已不新鮮,但世界和平則是大多數人類之理想,人們希望自己家庭和諧,自己不沾染戰爭,子女們和世世代代都沒有戰爭。聖雄甘地之名言:「要改變世界,必須改變自己」。世界和平不只是理想,只要人人有同一個理想,加以實行,必可達到。實踐之方法很容易,就是用孝道去敬愛父母、師長、別人之父母、上司等等,實踐之起點是自己,不要用孝道之個人標準去批判其他人,但求自問行孝道恰如本份,合乎良知而已,平民百姓與帝王都同樣可以推行孝道。有了孝親之起點,人人以禮相待,父母以身作則,同樣孝順翁姑,用不言之教,禮敬老師長輩,自己必須作高標準之道德榜樣,仿效天地之自強不息。《孝經.庶人章第六》:「用天之道,分地之利,謹身節用,以養父母。此庶人之孝也,故自天子至庶人,孝無終始,而患不及者,未之有也」②。孝道文化影響中國鄰近地區和國家,既深厚又悠久,而且在很多家庭都產生良好之和諧效果。孝道或許

---

① 傅佩榮《國學的天空》「孝與守禮」,陝西師範大學出版社,2010 年 5 月。
② 楊汝清《〈孝經〉與成功人生》「孝道無疆,薪盡火傳」,吉林出版集團,2010 年 5 月。

對西方人士是一件嶄新之理論,能夠踐履於日常生活之中,內心之人性親情必會有一種自然之親和體會,所以孝道文化具有普世價值,是河洛文化推動之先鋒尖子,亦為世界人民帶來大同和平。

三、中華文化建構生命教育

1. 現代生命教育之要點

西方教育理念提出生命教育(Life Education)已有近四十年之歷史,蛻變而成為現在之全人教育或整全教育(The Holistic Curriculum),教育內涵及理念相當宏闊,約翰·米勒博士(John P. Miller)[1]提出三個核心:「平衡的」、「總括性的」和「關聯性的」,貫穿直觀的關聯、身體與心智的關聯、科目的關聯、社群的關聯、與地球的關聯、與真我的關聯等範疇。完整的(wholistic)指生物形態或物質狀態,偏向強調物質與社會之間,兩者相互關係之聯結。整全(holistic)描述宇宙是統合完全地呈現,不可簡單化約為部份之總和,因其蘊涵著靈性或神聖之內容,這些都是不能量化之非實體哲理形態。

從人類肉體生命之存有,深入了解開展各種哲學探索,觸及生命與教育之根本,即是人性之真誠關懷和慈悲博愛之流露,將身體與心靈之分離對立關聯在一起,提升社會關係與永恒存在之觀念,最終必定連繫地球環境和自然生態,回歸到天地人我真性之共通處,讓人們不再孤立,生活之單調和零碎可獲重新併合。整全教育使靈性之生命拓闊視野,擴大潛能爆發及感染力量,而且聯繫著社會之商業、政治和醫藥等情況來觀察世界,互動地啟發人性之道德內涵,相互關聯之動力性大得無法想像,身心超越高峰,令人類圓滿和諧之力量大大地增強。

2. 中華文化之應用

中華文化雖然多元,卻沒有排他性。《易經》「生生之德」這句總綱領,啟迪著華夏子孫之尊重生命,愛自己愛一切生靈。現在之中華民族包括56個不同族群,大家都和平相處,而且交流來往自由,元朝及清朝雖然被視為異族主政,到了民國及新中國後,世界之視野胸襟加大,文化融和跟著資訊頻繁已經成為一體化。人類將共同建設未來文明,這個文明是東西方文化之融合,西方以歐美為

---

① John P. Miller《生命教育－全人課程理論與實務》,心理出版社股份有限公司,2009年1月。

首,東方以中華文化為首,用了兩百年之西方科學技術,到了一個盡頭,只有加入中華文化,才有創意思維,才會創新全人類文明之路,締造和平大同之地球村。《易經》之「參贊」,是說「宇宙及歷史乃因人之參與、投入而彰顯其意義」①。

河洛文化作為中華文化之領導標志,大部份以道德人文精神為主,很多人認為對文明之進步沒有裨益,甚至有人認為道德是文明之障礙,是一種封建之桎梏。道是宇宙人生之秩序道路,不同年代可以有不同道路,各種思想派別也有各自之道路,原則是社會人類之德行,必須有禮貌秩序,不能破壞別人來滿足自己,因此儒家之倫理秩序一向被受重視,並且是家庭延續及社會和諧之磐石。中華文化之再生和應用,龔鵬程提供其中一種方式:天德聖教以「忠、恕、廉、明、德、正、義、信、忍、公、博、孝、仁、慈、覺、節、儉、真、禮、和」等二十字為其教義真言,所信仰的,正是儒家的倫理觀②。

3. 生命教育之系統化

在此物質為先之文明社會,精神文化受到貶抑,而中華文化重視生命之核心,卻一直沒有被動搖或改變,因為人之存在就是生命在活動,物質之活動只是基礎,精神之開顯才是無限寬廣,「形而上者謂之道,形而下者謂之器」,過份倚重物質,並非文化之建設重點,精神文明必須是主軸,物質為副,這才是永續發展之道。

河洛文化要引領全人類之生命步向更高文明,必須重新整合文化教育,配合西方之客觀秩序,古為今用地套入中華文化,使生命活得精彩而各顯特式。輔導生命成長,當今西方學界,解讀中國古老經典為「生命意義」,並且進入「意義治療學」③ Logotherapy 之自然療法領域, 配合詩詞韻律之「音樂治療」Music therapy,治理青少年之身心和道德教育問題,令很多中國學者感到驚訝。以往有一種說法是「儒家治世,道家治身,佛家治心」,揉合三者,確實可以調節身心,令生命在曲折起落之間,增添韻律高低之舒暢妙音,譜出一闕絢麗燦爛之人生樂曲。

---

① 龔鵬程《中國傳統文化十五講》第十五講:「華夏文明的異化與再生」,五南圖書出版股份有限公司,2009 年 7 月。
② 龔鵬程《中國傳統文化十五講》第十五講:「華夏文明的異化與再生」,五南圖書出版股份有限公司,2009 年 7 月。
③ 林安梧《中國宗教與意義治療》第五章第,文海學術思想研究發展文教基金會出版,2001 年 7。

中華傳統文化,禮樂為教育系統之主軸,著重德才兼備之培養,用五育「德、智、體、群、美」之指引為目標,更以老師之賢良身教為理想場合,提昇生命總體之正能量(文德氣質),呈現為優雅之教養,此為禮樂教育之功能。簡釋「禮」就是秩序,令過份之動態給予界線規律,作為大多數人所接受之無形律法,便是社會文化之禮儀。音樂反過來是引發靜態變得活潑起動,肢體成為美妙之舞蹈,心靈之舞動,可平衡孤獨或負面之情緒,調解消溶負面創傷。現代有音樂治療,對禮樂之應用,作科學化之證明,故禮樂作為教化是最佳之原動力。

四、結語

上文作為引子,指出河洛文化成為中華文化之標桿,這一脈絡之推進,可開出一條中西文化共融之路,大家都關心人們之生命教育,傳統中華文化在整全之生命教育中,可以發揮其強大之教化力量。河洛文化一脈相承,可總括下列三點工作建議,為重開中華新紀元而著力:

1. 孝親為起點;禮儀為開始;家長為身教;尊師為感恩;先祖為樹德;天地為自強。以此為綱領原則,人人活用於日常生活裡。

2. 用綜合性之文化教育或整全之大道哲學,切合生命成長之路,例如:《論語.為政》「吾十有五而志於學,三十而立,四十而不惑,五十而知天命,六十而耳順,七十而從心所欲不踰距」,八十而逍遙自在,體證大道哲學。

3. 以古為今用方式,發揮傳統文化之現代應用功能,例如重新編排「尊師開筆禮:主題～勤學孝親」及「成人加冠禮:主題～責任與承擔」,供小學生和中學生參與,令他們尊重別人,在平常之行為裏個個實踐孝道,了解孝親敬祖之重要性。

(作者為香港濟川文化研究會會長)

河洛文化與文化創意產業

文化創意視野下的河洛文化
——以河圖洛書為例

衛紹生

Abstract：HeLuo culture is a historical and cultural resources in Henan, one of the characteristics and advantages, also the implementation of cultural province of Henan strategy to enlist the help of the advantages of cultural resources. Shall, through innovative and creative culture creativity, give HeLuo culture new content and vitality, activation HeLuo Cultural Heritage, revitalize the HeLuo cultural resources, the resource advantages into product and brand advantages, in resources to product and brand to achieve the transformation ofthe contemporary value of Heluo Culture.

近年來,文化建設越來越受到有關方面的重視。不少省份先後提出了建設文化強省的發展戰略,廣東在 2009 年提出用 5 至 10 年的時間建設文化強省,山東省提出了建設經濟文化強省的發展目標,湖北省制定了到 2012 年實現文化大省向文化強省的跨越式轉變,河南省則把實現由文化資源大省向文化強省的跨越作為「兩大跨越」之一,湖南省則提出了建設全國「文化高地」的發展目標,江西省的目標是到 2020 年基本建成文化強省。這些省市提出建設文化強省的發展目標,除出於當地政治、經濟、社會、文化發展的需要和黨委、政府高度的文化自覺之外,另一重要原因,就是基於已有的文化資源優勢。如河南省制定的實現由文化資源大省向文化強省跨越的戰略目標,就是基於文化資源優勢而提出的。

　　如同自然資源優勢是發展經濟的基礎優勢一樣,文化資源優勢也是建設文化強省的基礎優勢之一。豐富而優越的文化資源,可以為文化強省建設提供必要的資源條件。但是,文化資源優勢不同於自然資源優勢,自然資源優勢是大自然的賜予,明擺在那裡,什麼時候開發、怎麼開發、開發多少,完全可以由所在地政府根據國家的產業政策和經濟發展的需要來決定。文化資源就不同了,除去歷史文化遺址和遺存、名勝古蹟、古建築、地下文物等不可移動的文化資源以及部分可移動文化資源(如出土文物等),由於受屬地原則的限製而無法為其他省市所利用外,其餘文化資源,包括歷史文化名人、故事傳說、民間藝術、戲曲曲藝以及從事文化生產的組織和個人,都不具有專屬性。這些文化資源可以為你所用,也可以為他人所用,甚至也可以為外國文化機構所利用。最為典型的例子就是花木蘭。花木蘭是源出於北朝民歌《木蘭辭》的藝術形象,在中國民間有廣泛影響。隨著文化建設被擺上各級政府的議事日程,木蘭形象的文化價值逐漸為人們所認識,一些地方開始在花木蘭身上做文章,木蘭文化節隆重登場,《木蘭詩篇》隆重上演,花木蘭故里也引起了爭議。但是,所有這些加在一起,也抵不過美國迪斯尼公司拍攝的動漫《花木蘭》產生的影響和創造的票房價值。美國夢工廠巧妙地利用大熊貓和中國功夫等元素,製作的動漫電影《功夫熊貓》也是一例。2008 年夏天,《功夫熊貓》在中國登陸後,很快就取得了 1.8 億元的票房,令中國的許多動漫製作公司為之瞠目。文化資源的非專屬性,使得所謂的文化資源優勢消解於無形。因此,基於文化資源之上的文化強省建設,必須強力拓展文化創意之路,借助文化創意,把專屬的和非專屬的文化資源轉化為文化產品和文化實力,進而通過文化實力的增強和提升,實現文化強省的發展戰略。

　　以根源性、正統性、包容性和連續性為基本特色的河洛文化,是以河洛地區為中心的區域文化,是河南歷史文化資源的一大特色和優勢。黃河中游幹流與黃河最為重要的支流伊洛河在河南鞏義市境內交匯,形成了以洛陽為中心、南北延伸、東西輻射的河洛地區。這裡是華夏文明的發源地,十三朝帝都所在地,歷史文化悠久厚重,源遠流長;這裏文化資源非常豐富,許多文化資源在中國歷史上具有舉足輕重的地位,對中國的歷史進程發生過非常重要的影響。司馬遷「昔三代之居,皆在河洛之間」(《史記‧封禪書》)之說,司馬光的詩句「若問古今興廢事,請君只看洛陽城」(《傳家集》卷六《過故洛陽城二首》),等等,都反映

出河洛文化在中國社會歷史發展進程中的重要地位和作用。在我國「三線兩片」的大遺址佈局中，洛陽處於中心地位。列入國家大遺址保護名錄的二裏頭遺址、偃師商城、洛陽漢魏故城、隋唐洛陽城等四處國家級大遺址，都在河洛地區。這些大遺址上起夏朝，下迄隋唐，見證了 2400 年間中國社會的興衰變遷。同時，誕生於這塊熱土的歷史文化名人，發生在這裡的重大歷史事件，起源於這裡的故事傳說，產生於這裡的文學藝術，生長在這裏而遷徙於外地的河洛郎，以及他們帶往異國他鄉的河洛文化，都極大地豐富了河洛文化的內涵，使河洛文化在不斷凸顯其根源性、正統性、包容性和連續性的同時，逐漸發展成為中原文化中最具影響力的文化，成為當今正在進行的文化強省建設的重要文化資源。

　　文化資源是人們進行文化生產及相關文化活動的基礎要素，是進行資源產業化的基礎條件，但它並不能直接轉化為文化產品，也不能直接轉化為文化實力。只有經過文化創意，通過必要的生產流程，把基礎要素轉變為能夠為人們欣賞或使用的文化產品，文化資源才能轉化為文化實力。沒有文化創意，文化資源只能停留在資源層面，而不可能轉化為文化產品和文化實力。從這個意義上說，文化創意是文化資源轉化為文化產品和文化實力的關鍵環節，也是文化資源轉化為文化產品和文化實力的必由之路。

　　文化創意是指創意者（個人或團體）借重其智慧、天賦和技能對文化資源進行凝練、昇華和創造，從而產生出可以付諸生產與生活實踐的形像或方案。文化創意既然主要是依靠創意者的智慧、天賦和技能，那麼毫無疑問，在對文化資源進行凝練、昇華與創造的時候，不僅需要知識儲備與知識更新，而且更需要新思路、新理念和新觀念，需要跳出既有思想觀念的束縛，借助智慧、靈感和想像力大膽創新。由此視角切入，對河洛文化資源進行審視可以發現，河洛文化中的許多內容可以通過文化創意轉化為文化產品或文化產業。鑑於河洛文化包容甚廣，本文不可能逐一進行討論，這裡僅以河圖洛書為例，對如何借助文化創意開發利用河圖洛書作簡要探討。

　　河圖洛書是河洛文化的重要內容，也是河洛文化之所以稱為河洛文化的重要原因之一。它的發生、發展和演變，與河洛文化的發生、發展與演變息息相關。數千年來，河圖洛書作為一個故事，一個傳奇，一個為後人一代一代不懈求解的客觀存在，其與河洛文化的淵源自不待言，其在河洛文化中的重要地位亦自不待

言。從傳說伏羲之時，龍馬負圖從黃河而出，伏羲受河圖啟發而作八卦，到大禹之時，有神龜負書出於洛河，大禹受洛書啟發而作《洪範》；從《周易》「河出圖，洛出書，聖人則之」（《周易‧繫辭》）的記載，到漢儒對河圖洛書的種種解釋，河圖洛書內涵的神奇性和闡釋的多元性逐漸成為人們的共識，這一共識使河圖洛書從河洛文化的核心內容上升為河洛文化的標志之一。的確，河洛文化之所以成為一種影響深遠的文化形態，不僅因為它產生於華夏腹地河洛地區，而且因為它與河圖洛書有著不解之緣。從文化發生學的角度來看，河洛文化的許多內容，都與河圖洛書有著這樣那樣的聯繫，有著無法割捨的血緣關係。

河圖洛書神奇性及其在傳統文化中的特殊地位，決定了它必然成為歷代研究者關注的對象，成為世人關注的對象。然而迄今為止，除了有關河圖洛書的一些遺跡以及後人根據自己的理解繪製的各種河圖洛書圖像、製作的河圖洛書實物之外，河圖洛書主要還是保存在文獻中，沉澱在泥土中，流傳在傳說中，這種情況造成了很多人對河圖洛書知之甚少，甚或一無所知。在這種情況下，河圖洛書也就很難進入文化創意者的視野，自然就更談不上河圖洛書的開發利用了。在文化強省建設已經進入攻堅階段的今天，河圖洛書仍然停留在文獻中和傳說中，而不能進入文化創意的視野，不能不說是一件非常遺憾的事情。

從文化創意的視野來看，作為河洛文化的標志性內容，作為中國傳統文化的重要元素，河圖洛書具有非常巨大的開發利用價值。具體而言，河圖洛書的開發利用可以分為系列開發、重點開發和應用性開發三個層級。

通過文化與旅遊相結合，實施河圖洛書的系統開發，是開發利用河圖洛書的首要任務。河圖洛書在河南省留下了不少遺跡和遺存，較為重要的有孟津龍馬負圖處、洛寧神龜負書處、鞏義河洛匯流處和伏羲臺、淮陽太昊陵、安陽羑裏文王演八卦處、鶴壁淇河天然太極圖，等等。這些與河圖洛書相關的遺跡集中在洛陽、鄭州、周口、安陽、鶴壁等地，且大多位於黃金旅遊線路附近，如果以有關河圖洛書的故事傳說為紐帶，以現有文化遺跡為基礎，以河圖洛書遺跡所在地的風景名勝為依托，聯合相關地市，經過科學論證，合理規劃，週密佈局，系統開發「河圖洛書——河洛文化尋根遊」，完全可以形成新的旅遊精品線路，從而吸引海內外遊客來河南追尋河洛文化之根，追尋中華文明起源之根。在實施河圖洛書的系統開發中，應注重發揮河圖洛書內容的神秘性和闡釋的多元性特色，利用河圖

洛書的神奇性和多元性,調動遊客參與體驗的積極性;應加快修繕和整修河圖洛書相關遺跡與景點,挖掘河圖洛書的文化內涵,增加景觀的欣賞點,調動遊客的興奮點,激發遊客參與河洛文化尋根遊的積極性。

對河圖洛書進行系統開發,既要注重保持河圖洛書的元典特質,尊重歷史,尊重已經形成的故事傳說原型,以敬畏之心善待河圖洛書的相關遺跡和文物,同時還必須結合現代人的審美情趣和審美心理,利用河圖洛書的神秘性及其與傳統文化的緊密聯繫,在合理演繹、必要補充的基礎上,盡可能地豐富和完善河圖洛書的故事傳說,借助一定的藝術形式,使之更具故事性和觀賞性,以滿足遊客尋幽探秘的好奇心理。同時,還應通過遊客的參與,把河圖洛書的發生、發展與演變過程,河圖洛書那富於傳奇色彩的故事傳說,河圖洛書的相關文化知識及河洛文化的精華,形象化地展示給遊客,真正讓遊客通過「河圖洛書——河洛文化尋根遊」,有所見,有所得,有所感,有所悟,實現身心愉悅和精神享受。

結合現代人的審美需求,對河圖洛書進行重點開發,是開發利用河圖洛書關鍵所在。河圖洛書最早出現於伏羲和大禹之時,而伏羲和大禹的時代是充滿神秘和迷幻的時代,截至目前,有關伏羲和大禹的文獻記載,皆是既無法證實又無法證偽。河圖洛書出現於這樣的時代,而且又與伏羲、大禹緊密聯繫在一起,所以,河圖洛書同樣也是既無法證實又無法證偽。漢代以後,許多學者孜孜以求,欲得真解,而實際上大多是自說自話,無法求得基本一致的看法。即以今天所能見到的最早的河圖洛書圖形而論,究竟出於何時、出自何人之手,仍是迄無定論。但這絲毫不影響河圖洛書作為河洛文化標志性內容的價值,絲毫不影響河圖洛書在傳統文化中的重要地位。譬如《易傳》所言「河出圖,洛出書,聖人則之」,表明河圖洛書對八卦和周易的產生具有非常重要的意義;又如河圖洛書蘊含的陰陽思想,不僅成為道家和陰陽家的重要範疇,而且對中國傳統文化有深遠影響;再如河圖洛書體現的數理思想及其所表現的數理關係,對中國古代算術影響甚為深遠。對於河圖洛書的這些精華,應該有針對性地加以重點開發。只要能夠準確把握河圖洛書的精華,結合人們的現實生活需求和審美需求,大膽創新,勇於創造,就可以開發出不同系列的文化產品,以滿足不同層次消費者的文化需求。

對河圖洛書進行重點開發,關鍵是要準確把握河圖洛書的精華。河洛文化

源遠流長,在發展過程中衍生出許多新的東西,因而顯得內容比較枝蔓龐雜,尤其是宋代以後,河圖洛書的數理思想及其所表現的數理關係被術數家所借用,一些術數類著作借重河圖洛書在民間的廣泛影響,把河圖洛書作為一塊金字招牌來利用,以此自神其術,擴大其影響。坊間曾經十分流行的《河洛理數》、《鐵板神數》、《梅花易數》、《邵子神數》等等,皆屬此類。對於從河圖洛書衍生出來的其他內容,應加以認真研究,分別對待。應圍繞河圖洛書的核心內容,對其精華部分加以開發;那些能夠為現實所利用且可以開發者,可以進行失當開發;不適宜開發的,則應暫時擱置;至於那些落後腐朽的內容,則應堅決擯棄之。

結合河圖洛書的發展演變,對其進行應用性開發,是開發利用河圖洛書的基礎性工作。雖然一些學者已經進行了一些河圖洛書的普及性工作,但河圖洛書作為河洛文化、中原文化乃至中華文明的源頭之一,其神秘色彩從來不曾消褪。應充分利用河圖洛書的神秘性和多元性,對其進行應用性主體開發。從傳說中的伏羲、大禹時代開始一直到清末民初,河圖洛書一直在隨著人們的最新闡釋而不斷變化,尤其是宋代出現河圖洛書的圖形之後,河圖洛書的圖形一直處於變化之中。根據筆者掌握的資料,宋代以後出現的各種形式的河圖洛書多達數十種。這些河圖洛書雖然在數點上沒有大的變化,但畫法卻是各不相同,其所表達的意義也不盡一致。許多新出現的畫法,不再是單純地對河圖洛書的數點作變形處理,而是和某些理念或事物相聯繫,藉以傳遞和表達相互間的關係,譬如通過河圖洛書與五行、方位、色彩、聲音等相聯繫,以突出彼此間的對應關係,強調河圖洛書的價值與作用。這些圖形既沒有多麼高深的理論,又比較機械呆板,缺乏美感,但它畢竟能夠啟發人們從新的角度看待不同的問題,可以豐富人們的歷史文化知識,有其存在的價值。如果把有關河圖洛書的各種圖形加以蒐集整理,按照時代、功能、價值等進行分類,開發出相應的文化產品,其市場前景應是可以預期的。

河洛文化內容豐富,源遠流長,對中國社會歷史和傳統文化的發展曾經產生過重要影響。河洛文化是至為寶貴的文化遺產,是河南實現文化強省戰略的重要文化資源,也是建設中原經濟區的重要文化支撐。對於河洛文化,一方面應加強研究,在研究中認識和發現其價值,在研究中發現可以實現資源轉化的內容,在研究中尋找實現資源轉化的途徑與方式,以期實現文化資源向文化實力的轉

化,進而實現河洛文化的現實價值。另一方面,對那些可以實現轉化的文化資源,要通過富有創新性和創造力的文化創意,賦予其新的內容與活力,把河洛文化的新形象、新面貌、新形式和新品牌展示出來,使之鮮活起來,生動起來,靚麗起來。惟其如此,才能活化河洛文化遺產,盤活河洛文化資源,讓資源優勢轉化為產品優勢和品牌優勢,而河洛文化的資源優勢,只有在這樣的轉化中才能得以充分顯現,其價值也才能得以充分發揮。

(作者為河南省社會科學院文學研究所所長、研究員)

傳統文化再現風華

——河洛文化在創意商品設計中的運用

林伯賢　葉茉俐

Abstract：Taiwan is now approaching a new era of aesthetic economy powered by cultural creative. In addition to convenience in manufacturing and functionality for problem – solving, new design concepts put more emphasis on the creation of lifestyles, the experience of tastes, and the realization of life values—all with the core essence of culture. Taiwanese culture is rich and diversified, among which He Le culture imposes the most significant impact on the dialects, religions and customs. As Chinese styles and culture is turning to be the focal point in the world in recent years, He Le culture elements will certainly become an accelerating force for the pursuit of culture creative product design.

一、前言

臺灣正進入一個以文化創意帶動美學經濟的時代。

臺灣文化多元而豐富，河洛文化更是對臺灣人民在語言、宗教、生活習俗等方面有著最深沈的影響。近幾年在世界各地吹起中國風的熱潮，華人文化逐步邁向世界舞臺，河洛文化成為臺灣追求文化創意產品設計的重要原動力。本論文以河洛文化的精神特色為出發點，並擷取傳統節慶、禮教、器物等文化元素，透過臺灣藝術大學工藝設計系學生實際創作設計的案例，分析如何運用文化符號的轉化，將傳統文化融入現代產品之設計中。

二、文化創意產品設計的美學基礎

　　臺灣自 2002 年起推動挑戰 2008 國家重點發展的計畫，即將工藝產業納入十三個文化創意產業的範疇之中。2008 年政府推出第二期文化創意產業發展計畫，並於次年由文建會統整相關部會的文創推動計畫，提出「創意臺灣——文化創意產業發展方案」，標舉六大旗艦計畫，其中包含工藝產業。2010 年二月《文化創意產業發展法》三讀通過，為臺灣推動文化創意產業立下法源基礎，在文創法所規範的十六項產業之中，工藝仍然包括在內。

　　文化創意產業講求對生活的深度感動，林榮泰指出，「文化」是一種生活形態，「設計」是一種生活品位，「創意」是經由感動的一種認同，「產業」則是實現文化設計創意的媒介、手段或方法[1]。工藝設計運用在文化創意產業的概念，可以用圖一所示的架構來說明。簡而言之，文化創意設計的要義在於萃取文化元素，轉化文化符號，賦予商品新的美學意涵，帶給消費者一種感同身受的感動。感動心靈的最大力量來自於美學家所強調的移情作用（empathy），移情作用的基礎往往建立在每個人對生活經驗最真切的迴響，而人類生活經驗的整體就是文化。

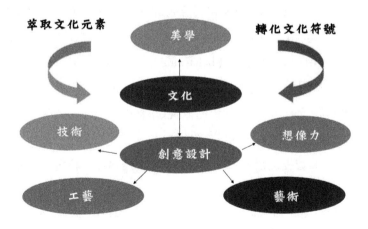

圖一　活化文化創意產業的工藝設計

誠如德國哲學家 Cassirer 所言，文化是人的外化、物件化，是符號活動的現

---

① 　林榮泰《「工」不可沒，「藝」不可失——現代藝術的美學表現與可能》，《臺灣工藝》，33，6－12。

實化和具體化,而核心關鍵則是符號,他斷言:符號形式是一切人類的文化形式①。德國哲學家 Worringer 在其《抽象與移情》(Abstraction and Empathy)一書中指出,人類能夠從藝術中獲取幸福,主要在於人類能夠將外在世界的個別事物,從變化無常的偶然性中抽取出來,並藉由抽象形式將其化為永恆②。而這個將個別的偶然,以抽象形式轉化為永恆的機制,正是符號所展現的力量。美國哲學家 Langer 深受 Cassirer 的影響,Langer 所主張的「藝術是人類情感符號的創造」(Art is the creation of forms symbolic of human feeling)成為近代影響深遠的美學理論。Langer 指出,技術與藝術的差別在於藝術是一種情感的表現,工藝創作的美學基礎在於多了一份創作者的想像力,因此工藝家不只是在安排生產性的製造,技藝是基礎,創意與設計才是核心③。

當自動化、數位化帶動少量多樣化生產的可行性,工業產品的工藝特質越來越受到重視,誠如 Norman 所言,一件成功的產品也應該是一件的好藝術品,情感因素才是產品設計成功與失敗真正的關鍵④。Norman 的理念,代表著當代設計哲學的新走向,也呼應了近年來工藝在文化創意產業的地位與價值。

三、文化創意產品設計的模式

21 世紀設計哲學的轉變,為文化創意設計的架構提供了多元而豐富的理論基礎。Norman 在其《情感設計》(Emotional Design)一書中,提出情感設計的三個層次:本能的(visceral)、行為的(behavioral),以及反思的(reflective)⑤,其中本能的層次是指接觸作品的直接感覺,包括形狀、造形、觸感、材質、重量等;行為的層次則是無意識行為,包括運動後的愉悅、淋浴的快感等;而反思的層次則是有意識的行為,包括:流行文化、風格時尚等。

Leong 與 Clark 曾提出研究文化產品設計的簡單架構,將之區分為外在的實

---

① Cassirer, E. An essay on man: An introduction to a philosophy of human culture. London: Yale University Press.

② Worringer, W. Abstraction and empathy: A contribution to the psychology of style. Chicago: Ivan R. Dee, Publisher. (Original work published in 1953)

③ Langer, S. K. Feeling and form: A theory of art developed from philosophy in a new key. NY: Charles Scribner's Sons.

④ 林榮泰《「工」不可沒,「藝」不可失——現代藝術的美學表現與可能》。

⑤ 林榮泰《「工」不可沒,「藝」不可失——現代藝術的美學表現與可能》。

體感觸層次、中間的行為層次,以及無法觸摸的內在無形精神層次等三個空間架構①。徐啟賢、林榮泰、邱文科將此三個層次加以擴充並區分解釋得更為詳盡②,經林榮泰進一步整理,並將產品設計時所需考慮到的對應設計因素列表說明,提供進行設計時可以更容易比對、應用及思考的文化創意設計模式(如圖二)③,該理論架構也可用來探討文化產品設計在各個研究分析階段的重點。

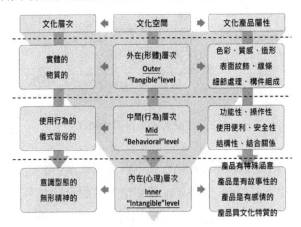

圖二 文化層次與產品屬性

資料來源:徐啟賢、林榮泰、邱文科(2004)

在設計實務上,徐啟賢根據原住民文化元素產品的研究,將文化資料、產品內涵、設計檢查與設計評價進行因素分析,並整合在消費者期望認知與設計行為認知兩個面向,衍生出一套十個步驟的文化產品設計概念模式④。此概念模式經徐啟賢重新整理,將十個步驟歸納在「訴說現況」、「設定目標」、「編寫分析」,以及「設計產品」四個階段之中(圖三)⑤。

---

① Leong, D., & Clark, H, (2003). Culture – Based Knowledge Towards New Design Thinking and Practice—A Dialogue. Design Issues, 19, 48～58.

② 徐啟賢、林榮泰、邱文科《臺灣原住民文化產品設計的探討》。《國際暨兩岸創新設計研討會論文集》頁157～164。臺北科技大學。

③ Cassirer, E. An essay on man: An introduction to a philosophy of human culture. London: Yale University Press.

④ 徐啟賢《以臺灣原住民文化為例探討文化產品設計的轉換運用》。長庚大學工業設計研究所碩士論文。

⑤ Hsu, (C) H., Lin, R. T., & Lin, (C) L. (2010). A study of framework and process development for cultural product design. HCI International 2011, July 9 – 14, 2011, Orlando, Florida, US(A) (已接受)

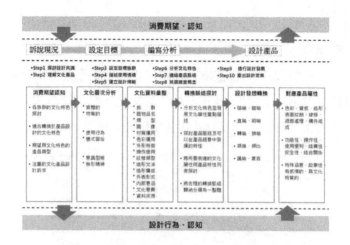

圖三 文化產品設計概念模式

資料來源:徐啟賢(2010)

　　如前所述,文化創意設計的要義在於萃取文化元素,轉化文化符號。圖三所列舉的十個步驟中,前二個步驟主要在於釐清產品設計的基本立足點,第三到第五個步驟強調從消費者的角度建立設計方針,第六到第八個步驟具體而微的呈現擷取文化元素的過程,第九與第十個步驟的重點則是文化符號的轉化。就整體設計程序而言,前五個步驟仍適用於一般產品設計的概念,後五個步驟則是文化創意產品設計最重要的精髓。

　　至於如何將文化符號藉由設計加以轉化為具體的產品,在圖三中徐啟賢列舉了隱喻、直喻、轉喻、類推、諷喻等修辭學常用的手法。將修辭學的概念運用在產品設計由來已久,從 80 年代開始,設計學者便致力產品語意學(product semantics)的研究,Krippendorff 與 Butter 認為,傳統上語意學著重記號(sign)、指涉對象(referent),以及思想(thought)三者之間的相互關連性,強調的是語言的表現(linguistic expression);產品語意學則是將產品視為一種符號系統,從操作與運用的情境著眼,研究產品造形的象徵特質(symbolic qualities),並且將其知識應用於產品設計上。Krippendorff 與 Butter 指出,從語意學的觀點來看,產品設計的成敗不但表現在產品的物理機能與生理機能,更展現在其心理機能,以及產品與社會、文化脈絡的銜接[1]。

---

　　[1] Krippendorff, K., & Butter, R. Product semantics: Exploring the symbolic qualities of form. Innovation Spring, 4–9.

事實上，好的產品就像一件藝術品，透過感性形象向人們進行「言說」（discourse），為人們帶來感動。法國結構主義大師 Levi－Strauss 曾說，藝術也是一種語言。更貼切的說法，語言和藝術都是一種符號，承載了人類的思想和情感[1]。言語的表達必須透過適當的修辭才能形成意義，英國極具影響力的文學評論學者 Richards 在《修辭的哲學》（The Philosophy of Rhetoric）一書中便指出，所謂修辭學就是對於文字如何在言說中產生作用的一種哲學性探討（a philosophic inquiry into how words work in discourse）[2]。

在諸多修辭學手法中，又以隱喻（metaphor）最受到重視，Cassirer 便指出，人們在日常言談中，並不是以概念的方式，而是以比喻的方式交談，其中不可避免地用到隱喻[3]。美國語言學家 Lakoff 和 Johnson 在其《我們賴以生存的隱喻》（Metaphor We Live By）一書中則指出，隱喻充斥在人類的日常生活中，不但是語文，更包括思想和行動。他們斷言，人類言行思考的本質就是隱喻式的[4]。

所謂隱喻，簡而言之就是藉由人們對某物的認知來說明另一物的表達方式。中國文學很早就有這樣的修辭方式，在《詩經》中有所謂賦、比、興三種不同的表現手法。根據劉勰在《文心雕龍》中的說明：「比者，附也；興者，起也。附理者切類以指事，起情者依微以擬議」。宋代學者朱熹解釋：「賦者，敷陳其事而直言之者也。比者，以彼物比此物也。興者，先言他物以引起所詠之詞也。」[5]

根據 Richards 的理論，隱喻的組成可以分成主體（tenor）以及載體（vehicle）兩部分，作者在描述時，將載體的特徵轉嫁到主體之上[6]。Richards 的理論說明了主體與載體間的互動性。蘇以文強調，隱喻的功能不僅止於修辭，更反映著人類對外在世界的認知方式[7]。蘇以文進一步指出：

從隱喻的使用我們可以發現，語言作為人類世界的一種系統，不只是傳遞資

---

① Levi－Strauss,（C）Structural and anthropology.（C）Jacobson &（B）G. Schoepf（Trans.）. NY：Basic Books.

② Richards, I.（A）. The philosophy of rhetoric. NY：Oxford University Press. Levi－Strauss,（C）. Structural and anthropology.（C）Jacobson &（B）G. Schoepf（Trans.）. NY：Basic Books.

③ Cassirer, E. Symbol, myth, and culture. London：Yale University Press.

④ Lakoff, G, & Johnson, M. Metaphor we live by. Chicago：University of Chicago Press.

⑤ 中國文化研究院《詩經藝術特徵——賦比興的表現手法》，擷取自：http://www. chiculture. net/0402/html/b18/0402b18. html

⑥ Cassirer, E. Symbol, myth, and culture. London：Yale University Press.

⑦ 蘇以文《隱喻與認知》，臺大出版中心。

訊的工具,更是資訊的來源。我們以特殊符號來表達現實的各種現象,也藉此串聯各種領域的語意,這種隱喻的過程塑造了我們對外在世界的認知。許多沿用已久的符號雖然已成定律,我們卻可以藉著隱喻的使用,賦予它們新的意義,藉此表達生活的新面貌①。

　　設計者在進行符號轉化時,除了載體本身原來具備的意義之外,更重要的是要掌握載體所能提供的延伸意涵。英國文學批評學者 Bryson 在其《視覺與繪畫:凝視的邏輯》(Vision and Painting: The Logic of the Gaze)一書中曾提出:藝術是文化符號(cultural sign)的組合,他強調符號所乘載的言外之意(connotation)與其本義(denotation)是一種共生(symbiosis)的關係②。前者反映藝術的真正價值,並有賴觀者從文化背景切入做深入的觀察解讀。綜合以上分析,建構文化產品隱喻設計的概念模式如圖四所示。

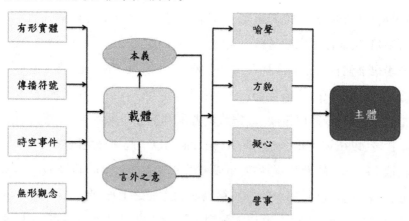

圖四　文化產品隱喻設計概念模式

四、河洛文化在創意商品設計之運用

　　林榮泰指出,工藝相關的「工」與「藝」,將是臺灣未來發展文化創意產業的基礎。工業產品的著眼點為功能(use),工藝產品的主體則是人(user)。工藝產

① 蘇以文《隱喻在文學及語言學中之體現——隱喻與認知》。國科會人文學研究中心網站。擷取自:http://www. hrc. ntu. edu. tw/index. php? option = com_content&view = article&id = 237&lang = en&Itemid

② Bryson, N. Vision and painting: The logic of the gaze. New Haven: Yale University Press.

品講求的是「藝術」的美學特色,工業產品講求的是「標準」的科技規格①。如前所述,技術與藝術的差別在於藝術是一種情感的表現,工藝創作的美學基礎在於多了一份創作者的想像力。臺灣多元而豐富的文化中,河洛文化源遠流長,在文學藝術、宗教禮俗、器物發明等方面的發展成果,正是提供工藝產品設計最大的創意來源。以下將針對文化產品設計概念模式實際運用在工藝設計的案例,進行介紹與分析。

1. 喻聲取譬

圖五是臺灣藝術大學工藝設計系蔡承育與王至維兩位同學,參加 2009 年法藍瓷舉辦的創意設計大賽獲得佳作的作品。當次競賽以「繫」為主題,標榜用創意打造傳統文化的現代魅力經典,創造歷久彌新、傳頌百世的代表作品,具有引線相銜、一脈相承意義。這兩位學生以喻聲的手法,取同音字《戲/繫》為題,利用傳統民俗遊戲中的毽子、陀螺,以及扯鈴作為創意設計的文化元素,所創作的餐具組。整個設計巧妙地運用木材與陶瓷兩種複合材質,兩雙木筷刻意將尾部做出扁平狀,模擬毽子的羽毛。一對瓷碗,圈足以木質處理並加裝強力磁鐵,組合時碗底相靠,利用碗的弧度曲線形成扯鈴的造形。調味罐則做成陀螺形狀,並豎立在木墊上。整組作品收存時彷彿一套童玩,擺開來連同兩個瓷盤變成滿滿一桌餐具,饒富趣味。

圖五　《戲/繫》,2009 年法藍瓷杯陶瓷設計大賽佳作（設計者:蔡承育、王至維）

2. 方貌塑形

圖六是臺灣藝術大學工藝設計碩士班學生符麗娟與沈士傑的作品,產品是

---

① Cassirer, E. An essay on man: An introduction to a philosophy of human culture. London: Yale University Press.

一組調味罐,取名《菩提味》,選取臺灣原生的檜木,以木工車床做成和尚打坐禪修的型態。和尚表情恬淡,給人一種清心寡欲、悠然自得的感覺。頭部簍空,頭上鑽有三組「戒疤」做成蓋子,可填裝鹽、胡椒等調味料。在藉由戒疤的意義引申到我們的日常飲食中,將我們最常攝取過量的調味料裝進罐中,在平常使用時由戒疤中倒出。提醒自己要適可而止,遵守戒律。藉由這個小小的戒律促使我們更加健康。

圖六　《菩提味》,2007 年(設計者:符麗娟、沈士傑)

3. 擬心換物

　　圖七是臺灣藝術大學工藝設計學生李俊華參加 2007 年新一代設計展的作品,產品本身是一組鑰匙圈與鑰匙箱,藉由月餅的造形意象,形成與中秋節的聯想,再由中秋節,轉換為團圓的概念。使用情境設定為一般家庭,每天早上家人陸續出門,將鑰匙圈依序攜出,鑰匙箱留下空蕩蕩的缺口;傍晚家人陸續返家,攜出的鑰匙一一歸回原位,缺口補齊了,家人也團圓了。作品結合皮革及木材兩種材質,鑰匙箱內加裝 LED 燈,給人一種溫馨的親和力,更能烘托中秋佳節月圓人團圓的意境。

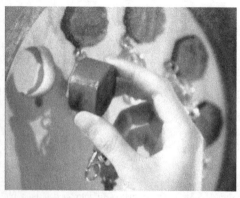

圖七　《團圓》,2007 年(設計者:李俊華)

四、結語

臺灣工藝之父顏水龍在 50 年代即提出,臺灣工藝應創造出捕捉社會人心、能深入日常生活廣泛普及的作品,並善加運用原生材料之美與適應現代人的生活①。《周禮·考工記》有云:「知者創物,巧者述之,守之世,謂之工」。連雅堂先生作《臺灣通史》特別立「工藝志」一篇,認為工藝是一種福國益民之道;工藝之巧,可以「侔神明而制六和」。綜言之,工藝是先民開物成務,解決食、衣、住、行各項生活問題的一種創造性活動,更在文明發展的過程中,不斷改良製作技術,提升器物的使用機能,並將器物的外觀形式加以裝飾美化。一個社群地區的工藝水準,也就成為文明進化的重要指標。從最初的原始工藝活動開始,人類利用工具來解決生活困難,生活無虞後,進一步成為陶冶心靈的工具。

目前全球正進入一個美學經濟的時代,對於許多先進國家的消費者而言,產品價格不再是影響消費意願的最大因素,逐漸取而代之的是產品的創意與設計。近年來國內大力推動文化創意產業,正是反映了此一趨勢。我們所看到的是工業產品和工藝品在本質上的界線逐漸模糊,新一代設計師要能掌握對於工藝素材運用設計的表現力,反映個人對於在地生活的真實體驗。

（林伯賢,臺灣藝術大學工藝設計系副教授;葉茉俐,臺灣明道大學時尚造形學系副教授）

---

① 顏水龍《臺灣工藝》,光華印書館。

中國風格動畫角色設計之分析

黃於倩　王年燦

Abstract：characters are the soul of a whole animation, not only that they project the dream of human fantasy but also carries a great meaning of inheriting culture. Despite animations adapted from Chinese culture and legend had not decrease in the recent years, it is often considered stale and boring. The reason to that is because it is criticized as imitations from America or Japan, making it a loss of national uniqueness and a barrier to break through character prototype.

The goal of this study is to discover the innovative element of character design. The research method for this study is the documentary analysis method. First, it defines the five elements of a character structure which are facial features, personality, model, clothing, and style. Next, the analyzing of Western and Eastern culture, identity, and the different historical effects on character design. Lastly, the study seeks to discover the innovative traits and culture heritage of Chinese character design from existing samples to provide an expandable path, future, and commercial value for Chinese character design.

一、緒論

1. 研究背景與動機

近年來由於美日動畫發展蓬勃,相較之下中國動畫顯得逐漸式微,雖有關於中國文化、傳說等改編的動畫作品並沒有減少,但於內容上卻不再受到新時代年輕人甚至是孩童的歡迎,探究其原因,除了習慣接納美日動畫風格,讓中國風格動畫不再受到注目為一大主因外,缺乏具有中國特色的動畫角色形象,成為了國

產中國風格動畫無法打入市場,甚至是鮮少為觀眾所認同的一大原因。我國經濟部工業局(2009)在發展數位內容產業時也曾指出:數位內容產業需要倚靠文化創意來凸顯其特色,發展更多元的創意內容,足夠的特色在市場上具有辨識度,才能作為永續發展的基石。

在全球化的趨勢中,有兩樣是無可取代的,那就是「藝術的創作」與「在地文化」的特色(賴依秀,2004)。動畫角色不只是實現人們夢想的具象化形象,更無形中肩負著傳承文化的重大意義。這群不受時間、空間甚至任何因素影響的角色,無形中成為孩童仿效的對象。因此將屬於中國文化的民族精神不著痕跡的融入動畫角色,無形中達到了傳承文化的重大意義。

2. 研究目的

現有的動畫角色分析多半偏重外型與五官為主,本研究將從比較東西方於設計中國風格角色時之不同與優劣(包含民族性、傳統色彩、風格等),吸取西方優點轉化為創作能量,立足於民族深厚文化,兼容並收、不落窠臼,找出符合新時代的設計特質。本研究目的包括:

(1)瞭解目前東西方於設計中國風格角色時之差異。

(2)找出符合新時代的中國風格角色設計特質。

(3)提升觀眾對於中國風格角色造型的認同性。

(4)對中國風格角色之未來發展性提出建議。

本研究使用文獻分析法,首先藉由東西方於「文化、認同與歷史」三個層面的問題探討,從中解析東西方思想差異對於角色設計個別的影響,作為研究參考的背景依據,最後定義構成角色的五元素「五官、性格、造型、服裝色彩以及風格」,透過案例分析從中找出同時兼具東西方設計優點與傳承文化意涵之角色設計特質。

1. 文化問題

中國人深受千年傳統影響,西方則如同文化大融爐,兩者迥異的東西方價值觀大不同是不爭的事實。從中國傳統故事不難看出,中國人喜歡小人物成為大英雄、犧牲小我完成大我的悲壯型角色,例如哪吒在《哪吒鬧海》動畫片中犧牲自我的性命救贖他人之幸福;以及上海美術電影製片廠的《火童》,主角明札為黑暗的大地挑戰怪獸取回火種,燃燒自身成為太陽照亮他人,有評論說這是從傳

說中取火的燧人氏延伸而出的故事,這種小人物犧牲小我完成大我,最終成為大英雄的戲碼,常常在中國的傳說裡出現;此外中國人也重視群體合作,如西遊記唐僧四人互相協力克服萬難前往西天取經,就是很典型的例子,集體主義的概念。

反之西方則重視角色的自我成長,以及個人英雄主義的彰顯,從好萊塢電影形態,不難看出西方人對於角色認同與東方人十分不同,所以在迪士尼改編花木蘭為動畫時,也將原本為了孝道而代父出征的孝女花木蘭,搖身一變成為了證明女性也可以與男性平等並肩作戰,不斷接受挑戰而成長的女強人性格,把原本闡述的孝之意義降到最低,電影中的木蘭既不是中國文化的縮影也不是美國文化的縮影,她是跨文化的形象;東方與西方、傳統與現代、個人主義和集體主義、順從和婦女解放,子女孝順和雙向的愛,在電影中得到體現(沈妍斌,2010)。受到西方文化影響的木蘭,女性與個人主義明顯融入了中國故事中,不談利弊,這樣的花木蘭的確廣受全球歡迎 。

2. 認同問題

為觀眾所認同,是一個動畫角色是否成功的指標,東西方在對於同一個角色之見解時常有所不同,因此也衍伸出了各式各樣的設計,認同感是作為角色設計時很重要的課題,因此了解東西方之見解,取其中間值,才能找出最佳範疇。

對於認同問題蔡穗如(2008)在其論文中指出:關於「人物」,先就外形探討。接受西方標準的東方,型塑出一個類同於西方人物的形象時,對於西方而言,容易產生既不像西方角色,東方人物的形象也消失的狀態。舉花木蘭為例,西方人看花木蘭細長的鳳眼、瓜子臉,認同這是東方人美女的模樣,但對於同樣置身於中國文化的我們,卻不會認同花木蘭就代表東方人的長相,而只是因為習慣接受西方所認知的東方人面孔而認同,似乎少了那雙上揚的鳳眼,就稱不上中國味。

3. 歷史問題

動畫歷史發展的特點,在於動畫成為一種龐大的商業產業,美國、日本動畫產業國家的興起,使世人對動畫的理解大部份來自於這兩個國家,主要觀眾群普遍接受日本動畫,而拋棄日益乏味的國產動畫。由於1990年代日本、歐美動畫的大量進口,但中國方面技術上落後,加上題材曲高和寡,導致1990年代中國動畫日漸低齡化。雖然中國動畫業得到中國政府扶持,偶爾出現得到好評的作品,

不過也被指抄襲、複製日本動畫。

臺灣動畫更是浮浮沉沉存在諸多問題，經濟部工業局於 2005 年指出，臺灣動畫產業具備豐富的國際代工經驗，與擁有眾多待開發的東方題材創意潛力等優勢，但仍然存在人才培養不足、製作技術落後、缺乏創意劇本、與廠商規模不足等劣勢。政府對於動畫發展大多使用補助為主，卻沒有積極的調整與規劃在學教育與人才培養。這些問題使動畫發展與發展較進步的日本、韓國以及正在起步的中國比較，水準與專業性差距甚遠。

從動畫歷史脈絡可循，西方動畫之商業模式已經鞏固。基於商業考量，很多現有的中國動畫不得不拋棄自身風格向西方靠攏，但模仿無法超越，只是讓東西方發展動畫的步調越拉越遠，也許跳脫出一般的商業思維轉而執行「藍海策略」，專心致力於走出自我風格，再逐步開發新商業市場，是另外一項值得思考之議題。

三、案例分析

本研究探討分析之角色主要以中國風格為主，取樣的範圍為東西方之動畫角色，無分長片短片，著重於角色設計本身，就構成角色五元素「五官、性格、造型、服裝色彩以及風格」做為探討之主軸，分析既有之動畫角色並統整其優缺點。

1. 五官設計

五官原本是指人的「眼、耳、口、鼻、心」五個感官，但本研究主要著重造型設計，所以採用面相學上所謂的「五官」——眼、耳、口、鼻、眉五種人體器官，一般人所說的「相由心生」也可套用於角色設計上。

表一為《大鬧天宮》中之角色五官分析，透過設計法則中的簡化，反向把已經設定好的角色簡化為最原始的線條，以利於角色五官的分析。

表一　大鬧天宮角色五官分析

原始角色五官	簡化的五官比例	分析
孫悟空		五官分佈上最為勻稱 雙眼炯炯有神 取自猿猴的嘴型仍被保留 紅色桃心臉表示忠勇耿直 橢圓臉型受歡迎
玉皇大帝		五官較為平板下臉長 養尊處優、無所用心之徒 外表端莊、慈祥但眼尾上揚顯露城府較深 眉間狹窄代表自我為中心 刻畫了偽善的性格
土地公		五官比例多集中於臉部中央向外發散 ——心胸寬大 圓臉展現出親和力 眼尾下垂不具威脅性 白眉與鬍鬚為和藹形象加分
東海龍王		綠色長方臉型不討喜的角色 瞪得大大的圓眼加上兩顆利牙,相貌凶惡 但大三角鼻子卻看起來有點滑稽,不夠聰慧
哪吒		使用反向思考設計之角色 五官與娃娃圓臉成對比 上揚三角眼加上一張血口,邪氣逼人 對比反而更凸顯了暴戾之氣

　　經由表一整理出中國動畫中角色的五官設計,發現臉型是首要定義角色個性的元素,橢圓臉型因為最接近真實的人類的臉型,最容易被觀眾接受與認同,所以把主角設定為橢圓臉十分恰當,三角臉角色常與邪惡反派的角色畫上等號,

四方臉則通常古板或深沉,圓臉則是親和力的代表,有稜有角的多邊形臉型角色通常個性古怪不受歡迎。

這些定律不只出現在中國動畫的角色設計,檢視西方動畫也可發現臉型給人的感覺是一種跨越種族隔閡的普遍意識,例如皮克斯的《天外奇蹟》中主角老人與小孩(圖一),活用了臉型設計,老人古板不知變通長的生得一副正方的臉,而小孩天真親切充滿生命力則使用了圓臉設計,最右邊的反派角色則是多邊形的臉型,印證了無論是中國動畫還是西方動畫,臉型是決定角色個性十分重要的指標,臉型與個性的關聯性解讀更是一種無國界的普遍意識。

圖一　皮克斯的天外奇蹟角色臉型示意圖

經由上述之分析,整理出了臉型與五官個別分析,將之套用於 BBC 製作之《西遊記》動畫《東遊記》上(表二),發現同樣為孫悟空角色,《東遊記》中的悟空一張有稜有角的臉,上揚又瞪得大大的雙眼,加上咧嘴一笑,比起大鬧天宮的悟空,多了一分野性,卻少了一點靈性,臉上的圖騰看起來反而像是野生動物彩面山魈一般,不如大鬧天宮中悟空畫龍點睛的紅心桃那樣秀美蘊含文化氣息。由此發現在《東遊記》中比較重視角色的動態表演,對於角色五官的描繪細膩度略顯不足,角色少了民族文化精神,無法傳達出中國風格獨特的秀美神韻,對於東方人看這些角色的眼光,比較像是穿著中國服裝的西方人,雖有個性,但秀美的中國意境並沒有完整表達出來。

表二　《東遊記》角色五官分析

原始角色五官	簡化的五官比例	分析
孫悟空		有棱有角的臉較具攻擊性不討喜 上揚又瞪得大大的雙眼 野性大於靈性 型似狒狒不似猿猴
沙悟淨		橢圓臉但是色彩設定綠色感覺不易輕近 五官平均分佈集中於中央給人壓迫感 比較像反派角色
豬八戒		傲氣的眼神與原本好吃懶做貪生怕死之 個性不相符

2. 性格設定

當一個角色經由文本描述出性格,進入設計階段時,除了面相與各種外在的造型設計外,角色的姿態更是展現出角色性格十分重要的一環。Keith Lango 動畫公司曾提出了一個「Power Center」理論,他們把 Power Center 定義為一個角色發展出各種姿態的重心,此重心就像是驅使這個角色所有動力的源頭(Lango, 2002),如圖二可以明顯看出明顯不同,左圖為正常人體的重心使他看起來非常自在;中間重心似乎在地板上,角色顯得沮喪沒自信;而右邊角色重心提高在胸上,顯得角色充滿力量與自信。

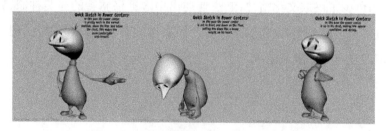

圖二　不同的角色重心顯現出角色性格

資料來源:Keith Lango Animation(Lango,2002)

　　舉《大鬧天宮》孫悟空一角為例（圖三），他的角色重心位於胸上，所以姿態皆是由胸骨帶動其他部位，向上提的感覺，顯示出他桀傲不遜充滿自信的風采，同時重心在高處者動作比較輕盈靈活，與孫悟空頑皮好動的性格十分相符。

圖三　孫悟空的角色姿態

資料來源：《大鬧天宮》

　　反之重心位於較低處者，走起路來沉穩，常常用於體型較大或是呈現倒三角形身材的角色，如《花木蘭》中大反派單於（圖四），他的重心居下位，走起路來駝著厚重的背很有份量，步步散發豺狼虎豹的氣勢，充分展現出冷冽的壞人性格。

圖四　《花木蘭》中單於的角色姿態

　　由研究分析得知，定出角色的重心，就像定出一個角色的靈魂泉源一般，透過這種性格重心發展出角色各種姿態與表演，不但可以顯現出角色的情緒，更能凸顯角色性格。

　　3. 擬人化造型

　　動畫角色之所以迷人，一部分就是來自讓人意想不到的造型，將故事中的角色轉換為人，也能幫助人們在閱讀或聽故事時，更容易產生共鳴。

　　本研究就龍的擬人化形象做分析，取《大鬧天宮》中的東海龍王與《花木蘭》中的木須龍為樣本。在西方神話中，龍是一隻巨大的蜥蜴，長著翅膀，身上有鱗，拖著一條長長的蛇尾，能夠從嘴中噴火，如同史瑞克動畫中的噴火龍（圖五）。

在西方的龍總是代表著邪惡,可是在東方古代傳說中,龍是一種能興雲降雨的神聖動物。在封建時代,龍作為皇帝的象徵,兼有蛇、獸、魚等多種動物的形態,是一種尊貴的象徵。

圖五　《史瑞克》中龍的形象

迪士尼於 1998 年以傳統中國民間故事為題材的迪士尼經典動畫《花木蘭》,加入靈魂人物木須龍的角色,讓龍這種深具中國民間傳說色彩的神秘角色,與外國人印象中的中國達到一致(葉欣怡,2007)。因此光是龍的角色經由東西方設計都呈現了不同的樣貌(圖六)。

圖六　不同樣貌的龍之角色設計

資料來源:《大鬧天宮》、《花木蘭》

表三中取《大鬧天宮》中的東海龍王與《花木蘭》中的木須龍做比較,發現木須龍從暖色調的色彩設定到圓滑的角色造型都十分討喜,不僅打破了東方人認為龍是尊高而難以親近的迷思,更擺脫了西方人對於龍不吉利的印象,經由角色剪影也可以發現,東海龍王造型多銳角、角色重心居下位,木須龍多為圓角、角色重心集中於胸骨處,明顯的呈現截然不同的個性。

表三　龍之形象比較

東海龍王	木須龍
代表	代表東方龍的形象	代表西方對東方龍的想像
形象	威嚴	可愛
色彩	冷色調	暖色調
造型	多銳角	多圓角
個性	奸詐	俏皮
討喜	不討喜	討喜

4. 色彩與服裝

　　動畫角色形象的塑造中,色彩不僅僅是為了豐富視覺效果和提高觀賞性的裝飾,色彩的情感特徵能通過視覺刺激喚起觀賞者的情感體驗,這種情感體驗直接影響到觀賞者對角色形象的認知。在動畫角色造型的色彩設計通常採用的顏色種類較少、配色簡單。當某種顏色在設計與配色中占的比例較大時,動畫角色就給人以該顏色為基調的色彩感覺。黑、紅、白是中國傳統色彩中最常用的色彩,而且都與中國獨特的文化有著很深的淵源。中國的傳統色彩肯定受到了儒、釋、道的深刻影響。比如道家「五行」有五色,為青、黃、赤、白、黑,恰巧與西方色彩學提出的三原色與黑白無彩色的組合相符。

　　「五色」為正色,其他為間色,並且還為這些色彩規定了尊卑、等級、君臣、生剋關係等,非常具有中國特色。如《大鬧天宮》中,孫悟空的角色造型中就以鮮明的紅色和黃色為主,塑造出一個自由的、充滿智慧的、正義勇敢的、不畏強權的角色形象。色彩學中也提及在觀看過程當中,人對於紅、黃、藍三種「原色」會特別留意,進而形成特殊的視覺經驗,此概念在動畫中孫悟空的服裝色彩配置上清楚可見,黃色上衣加紅色褲子配上藍色圍巾,不脫離三原色,並以暖色調為主,給人活潑、跳躍的感受。

四、結論

根據文獻探討的整理,經由分析東西方之文化、認同與歷史差異,以及案例分析就五元素檢視既有中國風格角色,整理出執行創新中國風格角色設計時須注意的特點。

第一,打破觀眾對東方角色之刻板印象。東方於思考中國風格設計時比西方容易掌握其傳統藝術精神,但於認同層面卻習慣於接納西方人認知中的東方人長相,如果想發展出獨具中國風格之角色亟需打破西方人的刻板印象。在五官與造型設計中,東方已有將傳統藝術與文化精神帶入的特質,但設計中運用「誇張」技法使角色具有張力則略顯不足。

第二,角色性格設定須符合時下狀態。中國傳統說教式的角色設定已過時,不利於商業市場發展。

第三,突破角色原型,將傳統藝術轉化為創新的能量。目前東方於中國風格角色設計時遇到兩大困境:難以跳脫角色原型,以及為了迎合市場而多模仿美日造型,逐漸喪失獨特的民族性。此困境最大原因在於美日動畫發展地位鞏固,觀眾習慣接受美日風格,導致傳統角色設計顯得過時。

整合這三項問題發現,完全背離傳統顯然不可取,但是對西方現代藝術純粹的模仿、挪用也會使中國的藝術喪失民族個性,如何拿捏恰當,才能讓角色充滿創造力。因此,只有在深入領悟傳統藝術精神、充分認識來自現代西方的各種設計思潮的基礎上,兼收並蓄、融會貫通,才能尋找傳統與現代的契合點。

(黃於倩,臺灣藝術大學多媒體動畫藝術學系研究生;王年燦,臺灣藝術大學多媒體動畫藝術學系教授)

以中華藝術文物爲基礎之文化創意產業發展途徑與策略

——以國立故宮博物院爲例

黃美賢

Abstract：It is the fundamental and important strategy to highlight the local characteristic nowadays. Art relics are the essence of culture. However, The National Palace Museum collects four axis imperials of the art heritage：Song, Yuan, Ming and Qing. They are not only the fine local representatives of Taiwan culture, but also the principal development strategy of the government in Taiwan. In recent years, the National Palace Museum has efforts to promote the cultural industrialization, is achieved considerable achievement. The past experience is worthy to be reviewing, sorting and exploring. The author had been worked in the National Palace Museum before February 2010, and now have been a professor in Graduate School of Creative Industry Design in the National Taiwan University. The author would like to study and explore the research of the development and strategy of cultural creative industries based on the Chinese Art Heritage of National Palace Museum oriented. The results of the output value of main paths are：collection navigation display, collections image and brand licensing, collection development of derivatives production and sales, catering services.

一、前言

文化創意產業為國際多年來的美學經濟力發展趨勢,也是我國政策發展的重點。在今全球化的產業爭競中,以本土文化特色的風格品牌,在國際市場中,已為競爭力的重要本質。藝術文物為文化的精髓,以宋、元、明、清四朝皇室蒐藏文物為主軸的臺北故宮,典藏質精量豐,更是中華藝術文物之精髓,也是臺灣在地精緻文化特色的表徵,更是臺灣政府的國家政策的展重點。在 1998～2010 年的政策方案中,將故宮明列為「打造故宮為文化創意產業旗艦的應用重鎮」,因此,近年故宮致力推動產業化,已有相當成績。其以往的文創經驗值得回顧梳理,而尚未開展的能量與策略,更值得探究。

筆者 2010 年 2 月前服務於故宮,從事教育推廣與觀眾服務業務之規劃與執行,對故宮之行政作業了解較為深入,爰故宮以中華藝術文物為基礎點的文化創意產業發展策略,兼容參與觀察及文獻探討的方式進行探究,目的在系統性地探究以故宮中華藝術文物為基礎的文化創意產業之發展方向與策略,期能透過釐清探究與分析整理,瞭解故宮的資源內涵,並為其他博物館之參考。

二、以中華文化藝術為文化創意產業基礎的優勢

新興產業的開發,必須先釐清其利基與優勢。以中華文化藝術為基礎發展文化創意產業,筆者認為具有基於以下基礎的優勢如下:

1. 具有獨特的風格品牌

回顧臺灣經濟的發展情形,可分為三階段:第一階段為代客加工(OEM, Original Equipment Manufacture),著重降低成本,生產物美價廉的產品,強調設計標準化與設計模組化,屬勞力密集。第二階段為代客設計(ODM, Original Design Manufacture),著重經由設計提高價值,發展致力於商品差異化,屬技術密集。第三階段為透過文化加值設計產業,自創品牌(OBM, Original Brand Manufacture),以提升產品的附加價值,著重以商品風格化與品牌形象化,屬知識密集。(林榮泰)在經濟全球化,生活地球村的風潮影響下,各國世界的產品設計,逐漸開始尋求發展出強調自己文化特色的設計風格,中華文化藝術也就成為臺灣在國際市場中,具有在地獨特風格的代表。

2. 感質化商品為當今消費與設計的趨勢

由產品設計發展史觀之,產品設史發展概可分為五階段(5F)。第一階段為 1930 年代的機能設計(Design for Function),著重產品的機能,造態由機能來決定;第二階段為 1950 年代的親人性設計(Design for Friendly),著重符合人因工程的造形(form follows user friendly);第三階段為 1970 年代的趣味性設計(Design for Fun),著重產品的趣味性;第四階段為 1990 年代的新奇性設計(Design for Fancy),著重造型的新奇與個性化;第五階段為 21 世紀的人性化貼心設計(Design for Feeling),著重講究愉悅性與感性的創造設計。[1]由此可知,目前消費者需求與設計趨勢,已不再是只注重功能用途,更著重於產品提供給消費者的愉悅性與感動性。日本 SONY 公司的前董事長出井伸之[2]也認為:過去的企業重視的是品質,但是現在只講品質是不夠的,還必須創造屬於感性或塑造生活經驗層次的差異優勢,他進而提出「感質經濟魅力」的概念。日本狩野紀昭也提出感質力的五大元素:創意(Creativity)和工學(Engineering),是實現與創造顧客心中所需產品的重要過程;而魅力(Attractiveness)、美感(Beauty)、與精緻(Delicacy),則是提升商品附加價值與獨特風格的重要手段。中華藝術文物具有精緻性與美感性的本質,散發著獨特的文化魅力,透過創意開發與工學的結合所推展文化創意產品,是高度感質化的文創產品。

3. 藝術生活化的體現與中華傳統文化的發揚

中華藝術文物為中華文化之精髓,透過創意化與生活化的產業的結合,將我國的傳統文化發揚,提高民族與國家的形象及可見度。學者 Leong(2003)[3]提出一個三層次的文化產品設計架構。這架構區分為外在層次、中間層次與內在層次的文化空間。如以文化層次來區分,外在(外型)層次包涵有形的、物質的;中間(行為)層次指的是使用行為的、儀式習俗的;而內在(心理)層次則包括意識型態的、無形精神的,形成文化整合的設計論點。林榮泰、徐啟賢(2005)[4]從

---

① 林榮泰《文化創意·設計加值》,《藝術欣賞 1:7》,頁 26～32。

② 同上註

③ Kano, Noriaki(ed.)(1996). Guide to TQM in Service Industries. Tokyo: Asian Productivity Organization. ISBN 978－9283311300.

④ Leong,(B)(D)(2003). Culture－Based Knowledge towards New Design Thinking and Practice－A Dialogue. Design Issues, 19, 48－－58(2003)

產品設計的角度,進一步研究指出:內在或心理層次上,產品設計應有特殊涵意、故事性、產品感情、等產品文化特質。思考現代生活的產品設計,融入中華藝術文化的造型與意涵,不僅引發豐富思古幽情的文化內涵,也是為藝術生活化的體現與傳統文化的發揚。

三、故宮文化創意產業發展的方向與策略

臺北故宮博物院向來以質精量多的珍貴華夏藝術文物聞名於世,收藏以中華宋、元、明、清四朝宮廷之國寶文物為主,藏品多達 67 萬餘件,是為臺灣文化創業的主力資源。[①]「文化創意產發展方案」明定「打造故宮成為臺灣文化創意產業旗艦的應用重鎮」。檢視故宮,為臺灣全國 600 餘家的博物館中行政位階最高,行政資源最豐富的博物館,並為臺灣最熱門觀光景點之一,近三年平均每年有 250 萬人次參觀[②],該院發展文化創意產業有其獨特性與代表性。因此,本文以故宮為個案,透過文獻內容分析與參與體驗的方法,探討其文化創意產業發展之策略,由於篇幅有限,本文僅就四項主要具高度經濟產值的活動說明如下。

1. 藏品展示導覽

由於故宮藏有舉世聞名之豐富精緻藏品,參觀展示為民眾參觀消費之首要項目,參觀門票為博物院重要的收入來源。而導覽服務,增進觀眾對文物的了解,提升轉參觀者的文物鑑賞素養,也增加了參觀者的參觀消費意願。

(1)展示作品

展出藏品為博物館提供觀眾分享之主要方式。透過有系統地將作品規劃配置陳設,並以相關圖畫文字與數位影音介紹說明,使觀眾得以更清楚明白的認識所見到各類珍品。故宮依展示規劃的性質,院內可分為常設展、特展。常設展為經常性的展出,展品展示規劃較為結構系統化,展期比較長,例如:2010 年展出的中國歷代陶瓷展。特展為針對特定的主題規劃展出,例如院慶展出之「文藝紹興－南宋藝術與文化特展」。特展有包含國際展,為國際性的大型展覽,由於所需財力與人力支出龐大,常與民間企業合作。例如 2010 年展出的「古希臘人

---

① 故宮博物院《承傳與延續》取自 2009 年 10 月 15 日,網址:http://www.npm.gov.tw/zh－tw/about/tradition.htm

② 故宮博物院,國立故宮博物院教育展資處提供。

體之美－大英博物館珍藏展」。①。另有院外巡迴教育展，多以文物複製品與數位影音資料巡迴於院外的各縣市展出，對於民眾的參觀學習及故宮的行銷推廣，助益也頗大。

（2）導覽解說

為促進觀眾對展品的了解，導覽解說的安排規劃，常為受歡迎的有效策略。導覽解說概可分為四種：其一，導覽人員解說，主要由館內導覽人員或觀光導遊執行。故宮提供一般定時導覽與不定時導覽二種，也另針對視障人士進行特別導覽；其二，策展人對談，由於故宮展品作者多為其與觀眾的問答互動，可以協助觀者更了解展品。其三，租借語音設備導覽，以中、英、日、韓四種語文錄製語音導覽，提供個人或團體使用，亦為重要的導覽方式。其四，影音與書面資訊導覽，於展場一樓設置導覽大廳，並於展場內設有影音影像特別放大介紹作品。另也編製各種專書、導覽、簡介放於展場服務臺或展場入口處，提供民眾自由瀏覽。

2. 藏品圖像與品牌授權

為增加典藏文物之應用效益，將文物數位影像化，不僅可以提高研究與教育之功能，透過圖像與品牌之授權，促進藏品應用設計製作各種衍生商品，提升經濟產值，也為博物館帶來可觀之經濟收益。

（1）數位文物圖像授權

故宮為將典藏文物數位圖檔化，透過高階6000萬畫素養上的數位攝影系統，以及通過國際色彩標準認證之色彩管理校正系統，從相機、電腦到印刷一系列的色彩校正，以追求與文物原有色彩的準確記錄及傳承。另制定授權作業法規，將藏品圖像授權作業標準化，提供公開受理國內及國外各界索取故宮文物藏品圖像授權。以2009年為例，故宮共授權319件，權利金收入新臺幣724萬元。②

（2）品牌授權

故宮近年來為推廣文化創意產業，授權自有品牌之廠商企業使用故宮註冊商

① 故宮博物院(2010c)，當期展覽。摘自2010年10月20日網站：http://www.npm.gov.tw/zh－tw/visiting/exhibit/exhibit_03.htm.

② 《故宮98年度年報》，摘自2011年2月1日 http://www.npm.gov.tw/UserFiles/File/zh－tw/335000000E－I52－133.pdf.

標及與故宮進行品牌合作。合作廠商須以典藏數位圖檔為靈感發揮創意,製造出質感優美且富含故宮風格及中華文化元素之加值商品,同時透過自有品牌之通路,共同推廣文化創意商品,為故宮及合作品牌打開國際知名度。以 98 年度為例,履約中之品牌授權廠商計有 15 家廠商,品牌授權之簽約金及權利金收入為新臺幣 76 萬 8 千餘元。①

3. 餐飲服務

由於參觀博物館需要長間與體力,因此餐飲為觀眾常去的休憩消費地,也成為博物館重要的產業。餐廳的優雅舒適空間與可口美味餐點,是為觀眾美好的五官體驗享受,在顧客導向的服務行銷理念下,因應顧客的不同經濟、興趣、喜好、背景需求,博物館在空間許可下,提供不同口味與價位的餐飲,以滿足各種觀眾的需要。以故宮為例,於不同地點提供不同風格口味的餐飲,並在室內設計上,賦予不同的品味與創意,試圖提供更多休閒生活美感的體驗。茲分別說明如下:

(1)三希堂

位於第 1 展覽區 4 樓,供應中國茶、熱食、點心、咖啡;「三希堂」原是乾隆皇帝的書房名稱,位於紫禁城養心殿的西暖閣,以寶藏王羲之「快雪時晴帖」、王獻之的「中秋帖」及王珣的「伯遠帖」的「三希」命名。故宮以此典故為餐廳設計主軸,裝潢結合了東方藏書閣元素與西方圖書館概念,全場以深褐沉靜色為基調,展現沉穩優雅的人文風格。此外,每週六、日下午常有現場傳統樂器彈奏,並推出「故宮夜宴·夜宴故宮」活動,使消費者能體驗傳統藝術文化生活化的美感與創意。

(2)閒居賦

位於第 1 展覽區 1 樓,挑高的玻璃落地窗,可以眺望平臺環視故宮群山翠綠之美,供應花茶、咖啡、蛋糕、三明治。閒居賦玻璃落地窗挑高,以傳統仕女美人窗簾營造舒雅的氣氛。燈光採用白光創造明亮舒適感,白色傢俱擺設簡單俐落。另外,牆上掛著複製品及櫥窗文創商品,兼具裝飾與行銷的效果。此餐廳位於正館入口右側,適合觀專種等候提供件單的西式點心及咖啡茶點,適合短暫歇腳停留。

(3)富春居

富春居位於行政大樓與圖書文獻館之間。以元代著名書畫家黃公望膾炙人

---

① 同上註。

口的名作《富春山居圖》命名,環境幽靜清雅,擺設簡樸,充滿著文人氣息。該餐廳提供中西合併式簡餐點心,尤其方便進入展場前或觀賞展場後的短暫停留休憩。

(4)故宮晶華

故宮晶華位於故宮行政大樓旁,以晶華飯店經營得名,2008年方成立使用。該餐廳以故宮中華文物精華為設計元素,融入於建築、室內裝潢及餐飲中。仿宋瓷之冰裂紋為貫穿整棟餐廳之關鍵元素。色調則使用與背景山水結合之藍綠色為基調,既不搶走故宮本建築之風采,也巧妙結合現代與復古風味;從玄關與餐桌間的隔屏,皆處處可見中國藝術品中自成一格的特有紋路－冰裂紋。走道兩旁矗立的陶柱是根據新石器時代的玉琮造型為藍本所打造而成。著名的「國寶餐」,菜色均以著名的文物為造型及命名,即使高價,好奇與點菜者的消費者仍大有人在。故宮晶京華一樓為大眾的港式飲茶,二樓為臺菜包廂,三樓為大型宴會使用。地下室則為臺灣小吃,提供臺南傳統的各式小吃。

四、藏品衍生商品的開發製作與銷售

故宮每年有250萬以上的人數參觀,特別是很多人遠從外地及國外來到故宮,很自然地有想買個紀念品。故宮於院內正館、地下室及二、三樓均設有禮品販售的部門,販售各式各樣的商品,文物加值衍生的文創商品多達三千餘件,種類包括禮盒、書畫、服飾、3C、文具、雜貨、公仔、影音、家庭生活用品及精緻典藏系列,常為遊客購買的旅遊紀念品。

(1)文創商品委外合作開發

故宮文物仿製品、藝術紀念品及其他與典藏相關的文化創意商品之生產製作,係由故宮每年3次公開徵求國內優良廠商,以廠商設計提案的方式,應用故宮典藏文物的文化元素、數位圖像或文物知識,針對故宮禮品經銷通路進行商品的設計開發。各合作廠商可透過與故宮文物知識之交流與支援,提升商品之文化內涵與藝術收藏價值,運用故宮獨特的通路與客商共創商機。

(2)品牌授權

故宮近年來為推廣文化創意產業,積極推動品牌授權業務,授權自有品牌之廠商企業使用故宮之註冊商標與故宮進行品牌合作。合作廠商須以典藏數位圖

檔為靈感發揮創意,製造出質感優美且富含故宮風格及中華文化元素之加值商品,同時透過自有品牌之通路,為故宮及合作品牌打開國際知名度。

(3)文創商品經銷與行銷

故宮典藏文物創意產品之經銷業務委託故宮消費合作社,經營院區禮品部及桃園中正國際機場店機場二航站專賣店據點,同時與41家實體通路經銷商簽約合作。另與民間公司簽約合作虛擬通路經銷,透過網路及完整的國際物流,提供無法親臨故宮參觀之國內外人士選購之。為推廣文創商品,故宮參加國內外的王創商品展售推廣。以2009年為例,故宮於臺北、義大利米蘭、南京、北京進行文創商品展售會,對於文創商品打入國際市場,具有突破性意義與成果。①

四、結語

在國際化與地球村的競爭中,奠基於中華藝術文化的文化創意產業,具有獨特精緻美感的傳統文化特色,是相當具有優勢的利基,而以之為基礎發展文化創意產業,具有無窮的潛力與商機。本研究發現國立故宮博物院目前在發展文化創意產業的策略上,就高產值的角度而言,主要在於文物展示導覽、藏品圖像與品牌授權、文物衍生商品的開發製作與銷售、餐飲服務四方面。在教育學習方面,以故宮的文物特色及教育研究人員之精良,透過商業運作,亦具有很大商機。然而故宮本身為文化公立文化教育及研究機構,教育推廣為其崇高使命與社會責任,近年雖有積極推展各項教育措施與辦理活動,但仍以非營利為原則,這對中華文化宣揚及生活藝術化有著正面的貢獻,然私立博物館在本身人力財力資源有限下,則較難以此機制運作。如何兼顧博物館的社會責任與經濟收益,是值得進一步探討的課題。再者,傳統中求創新,如何萃取傳統藝術文化的精髓,而不僅只是圖像的複製,並注入高度創意設計形式與豐富內涵,更是博物館必須把關與努力的重點。

(作者為臺灣藝術大學創意產業設計研究所專任助理教授)

---

① 《故宮98年度年報》,摘自2011年2月1日 http://www.npm.gov.tw/UserFiles/File/zh－tw/335000000E－I52－133.pdf

今為古用:三維地理資訊系統展示
《大唐西域記》內容的示範

史先澍

Abstract：This article has a two – fold purpose. It demonstrates how to reproduce and trace Xuanzang's journey passage between his starting point the Changan city and the destination the Nalandar Buddhist University by using modern Geographical Information System（GIS）, mainly 3D Virtual Earth software like Google Earth. Secondly, it tracks down the similarities between ancient Tang's spoken sound and today's Hok – Lo language.

一、前言

唐朝玄奘法師的西行取經,經過小說《西遊記》的加工渲染變成神話之後,是每一個國人都熟知的故事。真實世界裡三藏法師到中亞南亞的親身經歷,則可從由他口述,弟子記錄而成的《大唐西域記》一書得知。而書中所載,和小說不同的地方是語語皆有所本,不僅當時各國的地理位置、風土物產、政經形勢均為實事實錄,就連實物名稱的發音,因為三藏法師唯恐音訛則義失,語謬則理乖。所以都用當時最接近各地語音的漢字清楚標明。後世各國考古、歷史、語言、宗教各門研究工作也因此獲益良多。

《大唐西域記》所記三藏法師西行經過地點的現代位置,大約都有定論,本文將敘述如何將三藏法師從長安出發,一路馬不停蹄,直至求法的目的地那爛陀寺地整個路線,以三度空間的虛擬地球及地理資料系統(3D – Virtual Globe Geographical Information System)電腦軟體將之整理運用。軟件上疊加的衛星空照圖,可以讓使用者如同身歷其境,了解古代旅人經歷的山川險阻。軟件附加的

多媒體功能,也可用來紀錄參照比較各地語音,了解唐代漢語的發聲。橢圓球體球面兩點計算公式,是估算出各個路段距離的主要工具。

　　三藏法師(602 至 664 年)俗家姓陳,陳留縣人,和我們當中許多人的直系先祖,開闢漳州的光州固始人陳元光(657 至 711)是同宗,兩人生卒年份有所重疊,出生地又相近(直線距離 300 公裏左右),可以說是同一個時空的人。檢視三藏法師親身記載的西行見聞,對於祖先們為著達成理想,不畏艱險的精神可以有所體會。用現代各國語音和書中所載漢文譯音相對照,則可以回溯唐代漢語,和現代河洛語了解比較之後,也可以對祖先們使用的語言另有體會與認知。

二、資料建檔

　　三藏法師西行求法的最主要目的,是取得佛教經典《瑜伽師地論》的完整經義,當時中印度摩揭陀國王舍城附近的那爛陀寺有著相當於現代意義大學的教學環境,該寺住持戒賢是當時的權威學者,所以是求法最佳的地點。

　　玄奘法師以那爛陀寺為旅途目標,從長安出發,要歷時三年才見到戒賢律師。其間經過的 72 個地點即下表所列,其名稱(當時多為城邦國家)取自《大唐西域記》及《大唐大慈恩寺三藏法師傳》等書,相關的現代地名和經度緯度者則經由互聯網,利用谷歌(google. com)及百度(baidu. com)網站提供的搜尋器搜尋得知,搜尋結果主要出自維基百科(wikipedia. org)及亞洲佛寺網(monastic - asia. wikidot. com)等網站。

　　兩地的直線距離,以橢圓球體球面兩點間距算法 Vincenty 公式求出。網站movable - type. co. uk 提供有輸入經度緯度以求得距離的計算工具。依照三藏法師的記憶,可考的兩地距離有 54 處,將其與直線距離相比較,得出比例的中數,應該就是實際旅程和直線距離的比例,95% 信任區間內兩者比數的平均值是2.03。直線距離總和為 9663 公裏,所以整段旅程大約是兩萬公裏。三藏法師的隨行人員有高昌王指派的四位僧人和二十五位隨從,一行人經過蔥嶺折損了十之三四,倖存的二十人仍然有相當規模。就是這樣的一支隊伍,平均每日要行進18 公裏,才能在三年內到達目標。

表一：玄奘法師西行求法裏程統計表

古名	今名	經度	緯度	裏程(華裏)	直線距離 (公裏)	實際距離 (公裏)	實際距離/ 直線距離
長安	西安	108°54'E	34°16'N		294		
秦州	天水	105°43'26"E	34°34'42"N		464		
涼州		102°38'31"E	37°55'42"N		658		
瓜州		95°47'11"E	40°31'16"N		318		
伊吾	哈密	93°30'52"E	42°49'10"N		269		
白力城	鄯善	90°13'19"E	42°52'28"N	暮至白力城,數換良馬,夜半至王城。	85		
高昌王城	吐魯番	89°11'22"E	42°57'5"N		237		
阿耆尼國	焉耆	86°34'12"E	42°34'5"N	行二百餘裏,渡二大河,西履平川,行七百餘裏	302	450	1.49
屈支國	庫車	82°57'43"E	41°43'5"N	西行六百餘裏	233	300	1.28
跋禄迦國	姑墨	80°14'22"E	41°16'37"N	西北行三百餘裏	86	150	1.74
凌山	別迭裏山口	79°28'42""E"	41°48'4"N	7 日	143		
大清池	Issyk–Kul	77°53'16"E	42°18'46"N	西北行五百餘裏	222	250	1.13
素葉城	Burana,chui river valley	75°15'1"E	42°44'47"N	西行四百餘裏	205	200	0.98
屏聿(千泉)	Logovoy	72°45'16"E	42°56'42"N	西百五十裏	113	75	0.66
呾邏斯	Taraz(Talas)	71°22'E	42°54'N	西南二百裏	134	100	0.75
白水城	Sayram	69°46'E	42°18'N	西南二百裏			
恭御城	Mankent	69°50'E	42°25'N	南五十裏	26	25	0.96
笯赤建國	Shymkent	69°34'12"E	42°17'41"N	西二百裏	112	100	0.89
赭時國	Tashkent/ Chach	69°16'48"E	41°18'42"N	西南行,千餘裏	261	500	1.92
窣堵利瑟那國	Panjikand	67°37'E	39°30'N	西北行五百餘裏	57	250	4.38
颯秣建國	Samargand	66°59'1"E	39°39'41"N	西三百餘裏	69	150	2.17

古名	今名	經度	緯度	裏程(華裏)	直線距離 (公裏)	實際距離 (公裏)	實際距離/ 直線距離
羯霜那國	Shahrisabz	66°50′E	39° 3′N	西南二百餘裏入山,南行三百餘裏	94	250	2.66
鐵門	Derbent	67° 14″E	38°12′50″N	數百裏渡縛芻河	113		
呾蜜國	Termez	67°17′E	37°13′N		151		
活國	Kunduz	68°52′E	36°44′N		172		
縛喝國	Balkh	66°56′25″E	36°46′23″N	南行百餘裏	40	50	1.25
揭職國	Darrah Gaz	66°55′E	36°25′N	東進行六百餘裏	195	300	1.54
梵衍那	Bamyan	67°49′E	34°49′N	經十五日出梵衍	131		
迦畢試國	Kapisa	69°15′17″E	34°52′41″N	東進行六百餘裏	90	300	3.33
濫波國	Laghman	70°12′E	34°39′36″N	南二十餘裏	33	10	0.3(不計)
那揭羅喝國	Jalalabad	70°31′E	34°31′N	東南山行五百餘裏	113	250	2.21
健陀邏國	Peshawar	71°35′E	34° 1′N		20		
布色羯羅伐底城	Charsadd	71°43′51″E	34° 8′43″N	東北百餘裏	55	50	0.91
烏鐸迦漢荼城	Attock	72°18′40″E	33°54′26″N	城北陟履山川,行六百餘裏,至烏仗那國,烏鐸迦漢荼城南渡信渡河至呾叉始羅國	97	300	3.09
烏仗那國	Mingora, Swat Valley, Oddiyana	72°22′E	34°47′N		97		
烏鐸迦漢荼城	Udakakhanda	72°18′40″E	33°54′26″N	南渡信渡河	48		
呾叉始羅國	Taxila	72° 47′15.00″E	33°44′45.00″N	東南行二百餘裏,經大石門,又從此東南山行五百餘裏"	82	350	4.27
烏剌尸	Urasa	73° 10′30″E	34°24′30″N	東南登度鐵橋,行千餘裏	153	500	3.27

古名	今名	經度	緯度	裏程(華裏)	直線距離(公裏)	實際距離(公裏)	實際距離/直線距離
迦濕彌羅國	Srinaga, Kashmir	74°47′24″E	34°5′24″N	西南逾涉山澗,行七百裏	73	350	4.79
半笯嗟國	Poonch	74°6′E	33°46′12″N	東南行四百餘裏	47	200	4.26
遏邏闍補羅國	Rajauri	74°18′E	33°22′48″N	東南下山渡水行七百餘裏	100	350	3.5
磔迦國	Sialkot	74°32′10″E	32°29′50″N	東行五百餘裏	100	250	2.5
至那僕底	Chiniyari, Amritsar	74°51′36″E	31°38′24″N	東北行百四五十裏	77	75	0.97
闍爛達那國	Jalandhar	75°34′45.12″E	31°19′32.16″N	東北行七百餘裏	160	350	2.19
屈露多國	Kullu	77°6′E	31°57′36″N	西南行八百餘裏	195	400	2.05
設多圖盧國	Sirhind	76°13′48″E	30°22′12″N	西南行八百餘裏	324	400	1.23
波理夜呾羅國	Bairat	76°10′48″E	27°27′N	東行五百餘裏	116	250	2.16
秣兔羅國	Mathura	77°21′25″E	27°27′N	東北行五百餘裏	285	250	0.88
薩他泥濕伐羅國	Thanesar	76°49′12″E	29°58′48″N	東行四百餘裏	51	200	3.92
祿勒那國	Sugh	77°18′E	30°10′N	渡河東岸至秣底補羅國	109		
秣底補羅國	Mandawar	78°8′E	29°30′N	北行三百餘裏	80	150	1.88
婆羅吸摩補羅	Garhwal	78°30′E	30°30′N	東南行四百餘裏	244	200	0.82
醯掣呾羅國	Ahichchhatra	79°7′17″E	28°2′23″N	南行二百六七十裏	93	135	1.45
毗羅刪拏國	Etah	78°40′E	27°38′N	東行二百餘裏	127	100	0.79
劫比他國	Sankasya	79°30′E	26°46′N	西北行二百裏	54	100	1.85
羯若鞠闍國/曲女城	Kannauj/Kanyakubja	79°55′12″E	27°4′12″N	東南行百餘裏	35	50	1.43

古名	今名	經度	緯度	裏程(華裏)	直線距離 (公裏)	實際距離 (公裏)	實際距離/ 直線距離
納縛提婆矩羅城	Newal	80°13′E	26°54′N	東南行六百餘裏	153	300	1.96
阿踰陀國	Awadh	81°9′50″E	25°48′32″N	「行可百餘裏,東行三百餘裏」	83	150	1.81
阿耶穆佉國	Daundia-khera	81°58′59″E	25°55′59″N	東南行七百餘裏	73	350	4.79 (不計)
鉢羅耶伽國	Allahabad	81°41′33″E	25°20′N	經五百餘裏	29	250	8.62 (不計)
憍賞彌國	Kosam	81°24′E	25°20′N	東行五百餘裏	181	250	1.38
鞞索迦國	Oudh	82°12′E	26°48′N	東北行五百餘裏	81	250	3.09
室羅伐悉底國	Sahet	82°3′E	27°31′N	東南行八百餘裏	99	400	4.04
劫比羅伐窣堵國	Tilaurakot or Nigliva	83°3′18″E	27°34′35″N	東行荒林五百餘裏	39	250	6.41 (不計)
藍摩國	Ramagrama	83°27′E	27°30′N	沙彌伽藍東大林中行百餘裏	118	50	0.42 (不計)
拘尸那揭羅國	Kasia	83°14′24″E	26°27′N	大林中經五百餘裏	126	250	1.98
婆羅疪斯國/鹿野苑	Sarnath	83°0′E	25°20′N	順殑伽河流東行三百餘裏	64	150	2.35
戰主國	Ghazipur	83°34′12″E	25°34′48″N	東北渡殑伽河,行百四五十裏	163	75	0.46(不計)
吠舍釐國	Basarh	85°7′48″E	25°59′24″N	南境去殑伽河百餘裏	42	50	1.19
摩揭陀國	patna	85°8′38″E	25°36′40″N	南行百餘裏	103	50	0.49
菩提伽耶	BodhGaya	84°59′29″E	24°41′42″N	行可七踰繕那至寺莊 7 yojana 210 裏	67	105	1.56
那爛陀寺	Rajgir	85°26′38″E	25°8′12″N				
				總共裏程 =	9663	95%平均	2.03
				距離數目	70	54	

三、地理資訊系統軟體及計算機多媒體功能的利用

下圖一為取自谷歌地球（Google Earth）的截圖（screen shot），表一所列各個地點的經度緯度以軟件附加的嵌入功能輸入，在圖中用紅色工字釘（push pin）代表，地標間以粉紅直線相連，即可顯示玄奘法師西行的大略路線。

圖一　唐玄奘法師西行求法路線圖

谷歌地球附帶的距離量測器等工具，可以用來對本文有關的地理位置作更為深入的了解與認識。如哈薩克境內的白水、恭御兩城，有關文獻的記載顯示兩地均位於呾邏斯城的西南二百裏處（見表一），將可能的現代位置及距離於圖上比較，放大空照圖，依地形判斷三藏法師行走路線，可以知道三藏法師當時應該只是經過其中的一個城市，或者是兩地實為一處，不會重複計算行走的路線。

GIS 軟件多半已附行政區域、道路、水體、河流等各種線段，如圖一中的國境線，可以顯示三藏法師去程經過了今天的吉爾吉斯、哈薩克、烏茲別克、阿富汗、巴基斯坦、印度、尼泊爾等國，幾乎就是中亞南亞的所有國家。

三藏法師西行經過地形環境最險惡之處，當屬凌山（由別迭裏山口進入）及大雪山（阿富汗境內的興都庫什山）。谷歌地球顯示的地表為衛星從各個角度攝製的影像疊加而成，下圖二為別迭裏山口附近地面放大旋轉側傾而得。三藏法師由此處進入蔥嶺北隅，經過七天才出得險境，在這裡他看到了「凌峰摧落，橫路側者，或高百尺，或廣數丈。」大規模的山崩，地面沒有一處是乾燥的，需要「懸釜而炊，席冰而寢，所以徒侶之中，輚凍死者，十有三四。」[1] 人員駄馬在此處大有折損。

圖二　別迭裏山口衛星空照圖

　　谷歌地球並附帶與網址聯結顯示的功能,下圖三有關颯秣建國(即烏茲別克第二大城撒瑪爾干)的圖片及波斯語發聲檔案儲存於 podomatic. com 網站,將該網站提供的 HTML 程式語言原始碼(見圖四)加至谷歌地球地標的說明欄,即可同時顯現地點,圖像及聲音,賦予古地名更豐富的意義。

圖三　谷歌地標外聯圖片聲音
　　　代理網站例

圖四　谷歌地標外聯圖片聲音 HTML
　　　程式語言原始碼

四、初唐漢語與河洛語

　　推敲上述各個地點確切位置的方法之一,是從各國語音著手,和三藏法師使用的漢字譯音互相比對。我們使用的工具是谷歌翻譯器 translate. google. com 提供的字音功能,若地名物名出自粟利故地,可依伊朗語發音,若出自印度,則依巫毒語 Urdu 或 印地語 Hindi 發音。各國文字以羅馬拼音替代。比較的結果見下文,也就是三藏法師所用中亞及印度各國地理風物的漢文譯名極其精準,但是需以河洛語,也就是初唐的可能語音發聲。

　　三藏法師進入當時操波斯語的粟特人勢力範圍後,首先到達的大城之一是

現代烏茲別克的首都 Toshkent，該城以前叫做 Chach，玄裝法師用的是「赭時」兩個字，與河洛音若合符節。烏茲貝克的的第二大城 Samarkand 即「颯秣建」國，也是粟特人區域，該城臺灣從前譯做「薩瑪爾干」，現在的譯法「薩瑪爾罕」不知道依據為何。波斯語的 Samarkand 字中「kan」的讀音接近「gian」，和河洛語「建」的讀音是一樣的。

又如吐貨羅人所在，現在阿富汗境內的縛喝國，拉丁文拼作 Balkh，縛就是綁，河洛語入聲念作 bak，翻譯之貼切，真是無與倫比。

玄裝法師在梵衍那國，也就是 Bamyan，見到了「金色晃曜、寶飾煥爛」的巴米揚大佛，原來「梵」字的聲母當時是「b」，和 brahman 一詞作「梵」的翻法是一致的。三藏法師在印度時也注意到四個種性之一商人階級吠奢（Vaishya）從前的譯法「毗舍」是錯誤的，不論「吠」或「毗」，河洛語的聲母都是「b」，這也是古代漢語及現代河洛語沒有輕唇「v」音的例證。印度教主神之一濕婆（siva）的翻譯，則是另外一個「v」音唸做「b」音的例子。

三藏法師解釋的印度這個名稱的由來：「天竺舊雲身毒、或曰賢豆，今從正音，宜雲印度。」無論天竺、身毒、或是賢豆，應該都出自 Hindi、Sindhu、Hindu 等詞，與 河洛語發聲甚為相似。若將印度地名的漢字譯名與梵文原音比對，則可見到特定漢字非以河洛語發聲，無法解釋翻譯的原由，如烏仗那（Oddiyana）的仗字之於「diya」，羯若鞠闍國（ Kanyakubja）的若字之於「nya」音，迦濕彌羅國（Kashmir）的迦之於「ka」音，羅之於「r」音，初唐的漢語大約沒有卷舌音，所以無法翻作「克什米爾」。印度的恆河，西方人稱為 Ganges 河，三藏法師譯作「殑伽河」，原音「Ganga」的印度語與河洛語的發音也極為相似。

玄裝法師翻譯的原則有所謂的五不翻，就是有五種情形，只將外文原音標出，不翻譯原來的意思：第一秘密類，咒語密語不翻。第二含多意類，意思多指不翻。第三中夏所無，中國沒有的東西不翻。第四順古不翻，就是按照約定俗成的方式翻譯。第五是為生善故，保持原音，讓聽講者可以生崇敬之心。本文三藏法師所訂的外國地名，大約都是緊循第三個原則翻譯。所以《大唐西域記》一書保存了大量的唐代漢語原音，我們也才有機會追溯河洛語原來的面貌。

五、結論

本文展示了以當代計算機科技了解研究古籍的的一個實例。使用三維地理

資料系統（GIS）及虛擬地球軟體，能夠準確快速地繪製整理展示古代有關地理位置的相關資訊，適當嵌入多媒體功能，則可利用語音及圖片，增加所要傳達內容的深度廣度。以《大唐西域記為例》，Google Earth 的三維顯示功能，應證了三藏法師西遊時經歷的山川險阻。以當地語音與使用的漢字翻譯互相比對，則可了解漢字原音，提供對於相關內容極為有用的註解，三維地理資料系統（GIS）及虛擬地球軟體實為文史工作者需要掌握的一個利器。

（作者為美國麻塞諸塞州註冊專業工程師）

參考書目：

1. 玄奘《大唐西域記》。
2. 慧立 彥综《大唐大慈恩寺三藏法師傳》。

河洛文化與臺灣

——以文化創意產業為例

唐學斌　吳勉勤

Abstract：Carry forward the Chinese culture it is not just a concept, it must implement the real Chinese culture in order to achieve the goal of reunification of China, in other words, preserving the uniqueness of Taiwan culture, and then end in cultural traditions, promote social and cultural identity towards a more reasonable, so, cultural exchanges and cooperation across the Taiwan Strait under the foundation to jointly create a harmonious world peace.

一、前言

河洛文化產生於夏商，成熟於周，發達於漢魏唐宋，傳承於其後歷代的河洛文化，是生活在黃河與洛河交匯的流域的中華民族先民所創造出來的文化。它是一種地域文化，是華夏文明的重要源頭之一，在華夏文明中處於核心地位，河洛文化之所以形成一個含義固定的文化概念，最主要的標志就是「河圖、洛書」。

河洛文化是一個地域的與歷史的文化概念。歷史上的「河洛」不僅指洛水與黃河交匯形成的夾角地帶，而是泛指以嵩山、洛陽為中心的河南、河內、河東等廣大地區，這片沃土是中華先民最古老的繁衍生息之地，更是中華文明誕生的源頭之地。

中華民族文化從河洛發端、孕育，形成融會四方與輻射四方的文化特性。臺灣文化源於河洛文化的傳播、繼承和發展，乃是中華文化的一個重要組成部分。早期隨閩粵移民進入臺灣的中華文化，即是河洛文化南播之後所形成的一種具有地域色彩的文化。臺灣文化與河洛文化的關係，就好比母與子的關係，河洛文

化是母，臺灣文化是子，因此河洛文化在臺灣，是全面性的移入，而不是局部的傳播與影響。

臺灣居民的祖先大多數從閩南來的，從歷史上探究其淵源，閩南的居民，又有許多是從中原遷徙而來的。追本溯源，臺灣同胞的老祖宗，是從中原來的，是從我們中華民族的老家黃河流域來的，所以可以證明臺灣文化本來是中國文化，出自同源且一脈相承，在歷史上有憑據的。

二、文化創意產業的內涵

文化為人類在實踐過程中所獲得物質的、精神的生產能力和創意的物質財富、精神財富之總和，文化因各地的特色而有所不同，創意為文化本質，也是文化最大的優勢，不論是歷史文物或古蹟、藝術的原創作品，其中所販賣的都是每一個地方的文化創意。如何在文化的商品或服務之上創造出特色來，將此新穎的概念傳遞給社會大眾，為拓展文化創意產業重要課題之一。

1. 文化創意產業之意義

（1）文化創意之意義

「文化」一詞，普遍為人們所使用，惟其定義到底是什麼呢？卻沒有明確的定論。一般而言，廣義的文化是指於特定社會中，人們共有或接受的信仰、生活方式、藝術與習俗；狹義的文化是指藝術、音樂與文學。

（2）二、文化創意產業之意義

所謂「產業」是指生產特定的同類及具有密切替代關係的產品、服務的企業集合。產業發展得好，可以為國家帶來財富，改善人民的生活。

文化創意產業（culture & creative industry）係指以創意文化累積，透過智慧財產的生存與應用，有潛力創造財富與就業機會並促進整體生活環境提升之活動，因此文化創意產業的核心價值（core value）在於文化創意的生成（culture & creative production），其發展關鍵則在於具有國際競爭力的創造性與文化的特殊性。

2. 文化創意產業之特性

文化創意產業具有創造性、多元性、自主性等特質，是促進產業轉型，提高國民生活品質與品位的重要產業。歸納言之，文化創意產業之特性，如下：

（1）多樣性、小型性、分散性。

（2）促進就業人口和產值能量。

（3）創新注入新的能量資源。

（4）有助於提高國內環境和生活品質。

3. 文化創意產業之範疇

Hesmondhalgh 曾提出「核心文化產業」一詞,內容包括廣告及行銷、廣播與電視產業、電影產業、網際網路產業、音樂產業、印刷及電子出版業、影視與電腦遊戲產業。如再延伸文化產業的涵義,亦可稱為「週邊」文化產業,如劇院、視覺藝術的產銷、運動、軟體、消費性電子、文化產業硬體、流行時尚,甚至包括旅遊、手工藝、建築、休閒產業、資訊產業、娛樂產業、媒體產業等。

歸納言之,文化創意產業之範疇,大致如下:視覺藝術產業、音樂與表演藝術產業、文化展演設施產業、工藝產業、電影產業、廣播電視產業、出版產業、建築設計產業、廣告產業、設計產業、創意生活產業、數位休閒娛樂產業等。

三、河洛文化與臺灣文化的關係

1. 河洛文化的內涵

河洛文化係指中國古代河洛地區的文化,河洛文化亦可以說是中原文化的核心。河洛文化主要是指河洛地區的歷史文化,它與中華文化內容上有許多共同點。河洛文化應該如何界定呢? 其界定方式主要有兩種,一是「河圖洛書」說,一是「地域」說,因為洛水自匯入黃河,形成了一個夾角,內夾角小些,外夾角大些,如以洛汭為圓心,洛陽、鄭州都均在其範圍之內,進而形成以河洛文化為中心的中原文化,這是屬於空間的基本概念,換言之,河洛文化僅是中原文化的一個代名詞而已。

2. 河洛文化與臺灣文化之淵源

河洛文化與臺灣文化,兩種文化之間究竟有什麼關係? 是否是一種文化的兩種不同表達方式,或者是兩種完全不同的文化。一般而言,河洛文化是以洛陽為中心的古代黃河與洛水交匯地區的物質與精神文化的總和。歸納言之,河洛文化與臺灣文化是一個既相互區別,又相互聯繫的區域文化。

由於任何文化的存在,都離不開相對穩定的地域範圍,任何文化又具有無限

傳播的本質特徵。當某種文化較穩定地存在於某一地域範圍內時,以地域為概念的文化稱呼是可行的,但如果當文化無限擴張與傳播時,則存在有超越地域的文化概念,如以此概念廣泛稱呼,應當更為恰當。

中國文明史連綿不斷的原因,是因為有一些文化紐帶起著決定性的作用。海內外華人引以自豪的民族文化標志:漢字,乃是中華文化的主要載體,最早產生於河洛文化圈之內,中國人對「陰陽對立統一」的宇宙觀、「天人合一」的哲學思想,及「自強不息,厚德載物」的民族精神等概念,早在《河圖》、《洛書》及創始於河洛的《易經》中已有相關的論述。

其次,河洛文化在其發展的過程中不斷與週邊地區的文化相互交融、優勢互補,最後普及神州大地的每一個角落,其精髓滲透在億萬華人的心中。臺灣同胞是從中原各地直接、間接遷來的中華民族的裔嗣,共同領受了中華文化固有的倫理與道德,保有中華民族純粹的血統。其語言源於河洛的古辭古音,風俗是中原的古禮古儀,心志是受教於河洛父老的忠厚與仁義,行為則是師法中原祖輩的樸實與堅毅,凡此足資證明河洛文化與臺灣文化之綿密關係,因此臺灣文化與河洛文化實為一體,無法分離。

臺灣居民之祖先大多是從河洛南遷至閩粵,渡海來臺,因此臺灣人自稱「河洛郎」。《臺灣省通志》中明確指出:本省人係行政上之一種名詞,其實都是明清時期以來大陸閩粵之移民,亦即是河洛與客家之苗裔。目前臺灣人的衣食住行均與大陸相同,婚喪喜慶遵循古禮儀式,年節慶典均沿襲河洛之傳統禮俗,宗教信仰亦源於河洛。無論從生活習俗、社會活動,抑是從精神文明等不同層面觀之,臺灣文化與河洛文化的關聯,真的是血脈相連。臺灣有句俗諺稱:「人同根,語同根」,可以看出河洛文化的基因與民族血脈,已在臺灣根深蒂固且保存完整,因此,河洛文化為臺灣文化之根源,應無疑義。

千百年來的歷史已經證明,燦爛的河洛文化是臺灣文化之根,始終是維繫中國人的精神文化紐帶,也是實現民族團結、國家統一的共同基礎。

四、文化創意產業發展與傳承

文化創意產業依靠的是文化衍生的附加價值,即創意與文化累積。一方面可扶持產業轉型,另一方面能帶動新的產業與生活價值。文化創意產業以文化

創意核心為基礎,是精緻藝術創作與發表,包含音樂、戲劇、舞蹈、視覺藝術、傳統民俗藝術、廣播、電視、電影、博物館文物等,進而發展文化創意相關週邊產業之應用藝術類型,例如:流行音樂、服裝設計、廣告與平面設計、影像與廣播製作、遊戲軟體設計、拍賣等,最後為支持文化創意延伸層,例如:展覽設施經營、策展機構、展演經紀、活動策劃、出版行銷、廣告企劃、流行文化包裝、工藝品生產銷售等,以建構出完整的文化創意產業鏈。

文化創意產業的源頭往往來自一國的文化底蘊,「精緻藝術」是其中最重要的基礎,這也是為何從事廣告、設計、電影等創意產業工作者,往往是精緻藝術的重度消費者,他們需要大量從中汲取靈感。發展文化藝術是世界先進國家的趨勢,「軟實力」成為帶領國家經濟前進的動能,以「文化立國」的確有其實踐的必要,特別是臺灣已經擁有非常豐富精緻的文化,長期累積出相當的文化能量,這都是非常有利於臺灣文化之發展。

臺灣經濟面臨著高度科技化的局面,過去以製造業為主的經濟型態,在人力成本的壓力之下,臺灣逐漸朝向高經濟附加價值、高科技產業方面發展。惟為延續傳統創意文化,當前應結合社會形態與思維模式,深入研究如何以創意設計的領域突破傳統文化思維,經由創新變革中再造另類文化之藝術氣息。

五、結論

臺灣文化與中原河洛文化之間,有著深厚的不可分割的淵源關係,已被臺灣人與河洛人所認同。基於人要拜祖、神要認宗,即使民俗、藝術、工藝、建築等,也要尋找自己的祖根淵源,形成臺灣人普遍存在的民族意識與歸屬要求,以及對中華文化的向心性,這也是長時期來河洛文化與臺灣血肉相連的根本原因。

河洛文化的傳承與發揚,需要海峽兩岸以史為鑒、以文為媒、以和為貴,共同努力。河洛文化是中華民族的核心文化,它塑造了民族精神,形成核心價值,處於基石的地位。河洛文化對臺灣文明的發展,具有積極促進的作用,包括:推動社會生產的發展、影響禮俗制度的形成、促進民眾素質的提高,以及繁榮文學藝術等。

隨著臺灣經濟社會的不斷發展,大批名儒賢士紛紛來到臺灣從事文化活動,使臺灣文風蓬勃發展,營造了臺灣社會崇尚文化的風氣;然而,河洛文化還有許

多文化創意方面等待我們進一步探究,使河洛文化研究和開發能夠達到新的水準;其次,以河洛文化爲媒介,促進兩岸文化互動、共生發展,共同推進文化合作項目,切實做好文化資源與保護和開發利用,實現共存共榮之目標;再者,宜深化經貿往來,抓住兩岸實現全面「三通」,建立完善合作措施,拓寬合作領域,提高合作層次,努力在觀光旅遊、農業、能源、技術等方面實現新突破,才能促進兩岸社會領域合作無間之光明契機。

　　鑑於千百年來的歷史已證明,河洛文化與臺灣同根同系,不僅始終是維繫世界華人強大精神的文化樞紐,也是實現民族團結、兩岸統一認同的基礎,大力發揚河洛文化精神,對振興中華文化及實現祖國的統一,具有非常重要的意義。因此,發揚中華文化不僅只是一個理念而已,更須落實中國文化的真實存在,才能實現中國統一的目標,換言之,保存臺灣文化的獨特性,進而連結文化傳統,促使社會邁向更合理之文化認同,如此,在海峽兩岸文化交流與合作的基礎之下,共同開創和諧的大同世界。

　　(唐學斌,中國國民黨中央評議委員、臺灣經濟科技發展研究院總院長;吳勉勤,臺灣觀光局編審兼課長)

參考書目:

1. 唐學斌《社會學》,臺灣豪峰出版社,1998 年。

2. 唐學斌《觀光學研究論叢》,臺灣豪峰出版社,2008 年。

3. 唐學斌《社會組織與社區發展》,臺灣豪峰出版社,1986 年。

4. 吳勉勤《餐旅服務業管理概論》,臺灣華立圖書股份有限公司,2008 年。

5. 吳勉勤《觀光學概要》,臺灣龍騰圖書事業股份有限公司,2001 年。

6. 黃清源《閩南文化在臺灣的傳承發展與變化》,臺灣泉南文化編輯部,2003 年。

7. 楊海中《閩臺傳統文化與河洛文化同根同系》,《光明日報》,華夏經緯網,2008 年。

8. 楊海中《閩臺文化根在河洛》,《北京日報》,2005 年 2 月 7 日。

9. 劉新圓《什麼是文化創意產業》,臺灣國政研究報告,財團法人國家政策研究基金會,2009 年。

10. 廖珮君譯/Hesmondhalgh, David《文化產業》,臺灣韋伯文化國際出版有限公司,2006

年。

11. 鄭自隆、洪雅慧、許安琪《文化行銷》,臺灣空大中大學,2005 年。

12. 張哲維《文化創意產業國際行銷策略之研究——以臺灣電影產業為例》,《臺北大學公共行政暨政策學系碩士論文》,2010 年。

從文化創意產業看弘揚河洛文化

陳文華

Abstract：Heluo culture is mainly distributed in the Heluo areas（the Yellow River, the Luo River）,the core of which is the Shang and Zhou culture, its root and original thinking is different from the other regional cultures. "He Tu" and "Luo Shu" is the roots of cultural symbols and signs of Heluo culture. Heluo culture spread from Heluo areas to all of China, and finally develop from a regional cultural into the mainstream of traditional Chinese culture, in Chinese history, it shines in the light of immortality, reflecting the simple harmony, inclusiveness and hard work, and other patriotic spirits. The development of Heluo culture is inseparable from creative cultural, The development of industries puts focus on the original art of the background, taking into account of the development of traditional cultural resources, and ultimately realizing cultural heritage, prosperity and innovation between Mainland and Chinese Taiwan.

　　歷史的車輪跨越 21 世紀的第二個十年,河洛文化也以其強勁的態勢和飽滿的能量融入時代的洪流,日益彰顯出更富生命力和感召力的時代強音。而文化創意產業的研究也正充實著河洛文化博大精深,與時俱進的內涵,開拓著河洛文化的新境界。

一、關於河洛文化

司馬遷在《史記·封禪書》中曰,「昔三代之居,皆在河洛之間。故嵩高爲中

岳，而四岳各如其方，四瀆鹹在山東。至秦稱帝，都鹹陽，則五岳、四瀆皆幷在東方。」①「河洛」一詞既有地域意義，又有人文内涵，其作爲一個文化概念無數次地出現於中國浩瀚的典籍之中。可以說，河洛文化是一種地域文化，更是一種歷史文化，是中華文化的奠基石。

最初，作爲地域文化意義上的河洛文化形成於夏商周時期，主要分佈於河洛地區（黃河中游、洛水流域）。河洛地區南爲外方山、伏牛山山脉，北爲黃河，西爲秦嶺與關中平原，東爲豫東大平原，北通幽燕，南達江淮，在古代雄踞於中原，爲「天下之中」②，即所謂「中國」（西周何尊銘文）。正因爲河洛地區是古代中國東西南北的交通中樞，地理位置十分優越，又率先跨人「文明門檻」，中華先民在此創造形成了以農耕爲中心的政治、經濟、生活、習俗以及由此產生的信仰、禮儀等文化。它既包括物質方面的文明，也包括精神方面的建樹。在以後的長時期内河洛地區又是我國政治、經濟、文化、交通中心，這不但使河洛文化在由「野蠻」進人「文明」的大變革時期搶占了先機，充分展示了它的先導性，幷爲它最終成爲中華民族的主體文化，爲它的正統性打下了寬厚堅實的基礎。

作爲歷史文化意義上的河洛文化是由「河圖洛書」衍生的古代文化。河圖洛書作爲中華文明之始已經得到了廣泛的認同。《易經·系辭》上說：「河出圖，洛出書，聖人則之。」《論語》上講：「鳳鳥不至，河不出圖。」《竹書紀年》裏講：「黃帝在河洛修壇沉璧，受龍圖龜書。」「河圖」、「洛書」的古老傳說反映了河洛地區史前文化、河洛文化在中華文明史上獨特而重大的作用。相傳伏羲氏時，有一匹龍馬從黃河浮出，背負「河圖」；還有一隻神龜從洛河浮出，背負「洛書」，伏羲依此「圖」和「書」畫作八卦，就是後來《周易》一書的來源。《易經·系辭上》說：「河出圖，洛出書，聖人則之。」在後來的長時期裏，人們對「河圖、「洛書」作了種種推測、探索、解釋，甚至譽爲「中國先民心靈思維的最高成就」。

河洛文化是中華文化的主要根底和源頭。具體體現在以下幾個方面：第一，中華姓氏之根。《中華姓氏大典》記載的 4820 個漢族姓氏中，起源於河南的有

---

① 《史記·封禪書》，中華書局，1959 年。
② 《史記·周本記》，中華書局，1959 年。

1834 個,所包含的人口占漢族總人口的 84.9% 以上。無論是李、王、張、劉這中華四大姓,還是陳、林、黃、鄭這南方四大姓,均起源於河南。第二,元典思想之根。河洛文化的思想源頭肇始於「河圖洛書」,凝結了古代先哲神秘的想像和超凡的智慧。第三,制度禮儀之根。河洛地區最早出現了國家治理的雛形。夏、商、周三代皆在河洛地區建立過國家,創立的各種典章制度和禮儀規範對華夏幾千年歷史都產生了重要影響,具有奠基意義。第四,文字文藝之根。歷史上的河洛地區首創漢字,并開啟中華文學藝術之門。我國第一部詩歌總集《詩經》中,屬於今河南境內的作品有 100 多篇,占總篇目的三分之一以上。第五,農耕文明之根。我國農作物品種的出現、農業技術的發明、農業思想的形成,無不與河洛地區密切相關。

隨著歷史的發展,河洛文化普及到神州大地的每一個角落,它的精髓滲透在億萬華人的心中,形成了中華文化連綿不斷蓬勃發展的紐帶和動力,形成了中華民族堅如磐石的凝聚力。河洛文化所體現的基本精神歸納爲以下六點:一是獨立自主、維護統一的愛國精神,二是艱苦奮鬥、自強不息的奮鬥精神,三是與時俱進、不斷開拓的創新精神,四是崇實求真、經世致用的實事求是精神,五是天下爲公、公而忘私的忘我精神,六是協和萬邦、愛好和平的和諧包容精神。因此,河洛文化與中華民族精神也成爲了牽系兩岸關係和平發展的精神紐帶。

二、關於文化創意產業

不同國家和地區對文化與經濟結合有不同的主張,有關文化創意產業的表述也不盡相同。

英國是第一個推動創意產業的國家。英國政府對文化創意產業的定義是:創意產業源起於個人的創造力、技能和才華,創意產業與開發爲知識產權之後,具有開創出財富、就業的潛力。從某種意義上講,英國政府強調的是個人的創造力。香港使用文化及創意產業,中國大陸多直接稱呼爲創意產業,法國和芬蘭使用文化產業,這些不同的稱呼中可以找到一些共同的元素。文化與經濟的結合,或者說文化的經濟效益主要是建立下列三項核心構成元素基礎之上:以創意爲內容的生產方式;以符號意義爲產品價值的創造基礎;知識產權的保護。本文認爲,作爲政策概念存在的文化產業、文化創意產業、創意產業等,其本質都是把文

化作爲核心產品或者是以其他產品爲載體、文化作爲產品的核心價值,因此,本文統一使用文化創意產業(Cultural creative industries)這個概念。

綜上所述,文化創意產業是文化、技術、經濟的結合,不具有單一的產業屬性和產業形態,它是居於價值鏈頂端,跨行業跨部門跨領域融通的產業概念。而良好的知識產權保護機制是文化創意產業發展的基本保障和基本特徵之一。清晰的要素界定是我們推動文化創意產業發展、構建文化創意產業發展體系的邏輯和物質起點。總的來說,「知識密集型、高附加值、高整合性」是文化創意產業的基本特徵。高新技術的運用、良好的創新創意策劃孕育及生髮機制的形成、先進的管理和運營理念的生髮是發展文化創意產業的重要基礎;通過創意的引入及其核心「引擎」作用的發揮,帶動系列產業集群的連鎖反應,催化資本的「溢出效應」,實現創意資源和產業的鏈狀拓展和輻射以及產業邊際的重新界定,進而形成產值幾何級的增長和效益、規模等「質變」,是文化創意產業的驅動源泉;多元產業架構以及產業鏈內部上、中、下游設計、製作、包裝、消費群培育、市場涵養等全流域環環相扣集約型、緊密型的運行狀態是文化創意產業運行的基本物質形態。

在當今世界,文化創意產業已不再僅僅是一個理念,而是有著巨大經濟效益的直接現實。約翰·霍金斯在《創意經濟》一書中明確指出,全世界創意經濟每天創造 220 億美元,并以 5% 的速度遞增。在一些國家,增長的速度更快,美國達 14%,英國爲 12%。縱觀全球,發達國家的衆多創意產品、營銷、服務,吸引了全世界的眼球,形成了一股巨大的創意經濟浪潮。各發達國家的創意產業以各自獨擅的取向、領域和方式迅速發展,展現了一幅創意產業全球蜂起的熱烈景象。促使當今的信息革命已經從硬件時代走到了以軟件爲王的轉型時期,正從網絡爲王時代走向內容爲王時代。歐洲人將「內容革命」稱爲信息社會第二發展階段,在這個階段文化產業發展中技術瓶頸已經或正在被突破,文化產業的生存發展能力越來越取決於文化內容的創造和消費,文化產業發展中「文化」含量越來越重要,產業化只是手段,文化內容才是靈魂。文化創意產業是一個知識密集型的產業,體現了產業融合發展的新趨勢。同時它是一種典型的節能產業,可以爲產業的發展提供一條可持續發展的道路。

三、文化創意産業是弘揚河洛文化的重要途徑

發展文化創意産業是優化産業結構的有效途徑。以臺灣地區經濟發展爲例，雖然臺灣曾因過去的「製造優勢」，創造了第一次的「經濟奇迹」，不過隨著數字化、全球化的風起雲涌，資金、人才、資源的全球性流動，臺灣地區的製造優勢逐漸被其他生産成本更低的地區所取代，尤其邁入知識經濟時代，臺灣面臨缺乏特色商品競爭優勢的危機，不得不尋找另一條出路。而整合臺灣的智能與文化魅力結合新的創意，并將其應用於産品發展或生活質量與美學中，不啻是臺灣許多産業焕發新生機、新潜能與新商機的關鍵策略，既能創造就業機會，促進經濟增長，同時也能平衡臺灣過度偏向製造業的産業發展型態。有鑒於此，臺灣地區將「文化創意産業發展計劃」列入重點推動項目。文化創意産業的發展，不但可帶動經濟增長，更重要的是可以發揚人類寶貴的文明菁華，使世人同時享有物質與精神的富足。尤其在弘揚河洛文化方面，更是具有重要的作用。

發展文化創意産業可以進一步提升臺灣地區的知名度。文化創意産品的製作、承載和播撒，是以大衆傳媒爲依托的信息擴散，具有迅速增殖、瞬間化、一體化等特質。在當今社會，信息較之歷史上任何時期都凸顯出爆炸的趨勢，并在流通過程中不斷調整加工而聚合成龐大的信息群。信息的這種跨地域性、聯結分散個體的跨階層性，傳播的平等性和廣泛性，使它的市場能够突破了狹小的地域限制甚至全球化。文化創意産品的縱向傳遞和横向轉讓（各年齡層文化的相互交流）；順向傳播與「逆向擴散」，在獲得效益的同時，又擴大了地域的知名度，對地域經濟的發展將帶來積極的影響，還可以帶動地域相關的旅游、餐飲、交通、物流、金融服務乃至加工業等各業的發展。所以，河洛文化極具開發的潜力，更適於創意性開發。

發展文化創意産業，是弘揚河洛文化的重要手段。文化創意産業作爲一種充分體現現代性的産業，其内容藴含著諸多現代的思想、理念和文化成果。文化創意産業正是通過現代科技手段，把傳統文化所表達的價值觀和其他各種精神追求，與其現代表達方式有機地結合在一起，構成鮮活的當代河洛文化的新成果。發達國家的發展經驗表明，文化創意産業可以爲國家和地區集聚和培養一大批創新型人才。任何創意活動都依賴於「創意人」針對不同需求，對其自身知

識、技能和經驗等智能因素進行綜合運用。在創意過程中，一方面人的創造性被激發，固化於創意産品，通過市場交換獲得價值實現，另一方面創意主體在此過程中完成新一輪的知識、技能和經驗的積累，從而實現人力資源價值的提升，進一步豐富和發展河洛文化。

（作者爲湖北省社會科學院楚文化所助理研究員）

贛南客家文化創意產業開發研究

王猶建　劉徽平

Abstract：Hakka culture has gone through a long historical period, in its forming process, due to large – scale evolution of the flow of migration and the environment, arduous spirit and morale have formed, thus creating a unique Hakka culture ethos. In order to better protect the heritage of the Hakka culture and promote Hakka culture industrial development, I focus on the innovative models and approaches of creative industries based on the local characteristics of "Cultivating local culture and Refining the local spirit"；proposed the research on the the creative cultural development model based on the conception of"relying on cultural resources, cultivating local characteristics"；set up the construction plan of Hakka Cultural Resources digital corpus and carried out the platform building and information storage based on the process of information and the construction of the cultural digital resource library. And based on the characteristics of the Hakka cultural heritage, Gannan Hakka creative cultural development model is proposed to meet the inheritance relations, and the problems encountered during the process of development can be resolved.

　　以河圖洛書為早期主要標志的河洛文化,是產生於以河洛地區為中心的區域文化。而具有移民特徵的客家文化,是具有濃郁中原文化底蘊並恆久保持至今的一種族群文化。這兩種文化,從核心內涵上去認識,前者有其遠古性,後者有其近一千年的後時代性,但二者都具有鮮明的特色和個性,對中國乃至世界文明的進步都產生了深刻而久遠的影響。同時,這兩種文化又與中原區域文明的

發展直接相關,並具有深層的淵源聯繫①。

　　客家作為漢族最重要的民系(族群),是漢族在世界上分佈範圍最廣闊、影響最深遠的民系之一。客家民係有著自身獨有的宗祠文化、民俗文化和客家話,其民間工藝在客家的發展過程中也獨具一格。作為漢語七大方言之一的客家話是在客家的發展過程中形成和完善起來的,是客家民系的共同語言,同樣,也是客家文化的重要載體之一。客家人分佈在世界各地。據有關學者估計,目前全世界約有1億多客家人,約6500萬人分佈在大陸,約1500萬人分佈在港、澳、臺地區,近3000萬人分佈在世界各地的80多個國家。正所謂「有海水的地方就有華僑,有華僑的地方就有客家人」②。

一、河洛文化與客家文化的傳承關係及歷史意義

1. 河洛文化與客家文化的發展現狀

　　客家文化是由於人口遷移而形成的具備與河洛文化一脈相承的源流關係,是在客家族群中一直保持下來並富有個性的傳統文化。它既表現出早期河洛文化的內涵,又具有魏晉唐宋時期的中原世風。若從整個中國傳統文化的發展過程去認識,客家文化既表現出唐宋以前不同歷史階段中原文化的兼容性,又表現出北宋滅亡前早期中原文化的原始韻味。客家族群是歷史上自河洛、中原地區南遷聚居的移民後裔群體。客家族群是在一定時期內、特殊環境下形成的,在所有移民群體中,客家人也最具有特色和文化個性。

2. 河洛文化與客家文化的文脈關係

　　文脈傳承以文化的繼承與發揚為基礎,體現在物質文化和精神文化的相輔相成,相互影響。精神文化為核心文化,決定著物質文化的形成與發展;物質文化是精神文化與物質文化的外在表現形式。河洛文化與客家文化的物質與精神文明之間存在關辯證關係:

　　(1)客家文化對河洛文化的物質文化傳承

　　物質文化,是指為了滿足人類生存和發展需要所創造的物質產品及其所表

---

① 安國樓《河洛文化與客家文化》,《中州學刊》2007年第3期。
② 聶婷《客家文化產業化的經濟學思考》,《時代經貿》2007年第5)期。

現的文化,包括飲食、服飾、建築、交通、生產工具以及鄉村、城市等,是文化要素或者文化景觀的物質表現方面。物質文化構成了整個文化創造的基礎,生產方式對物質文化起著決定性的作用。中原先民南遷帶來先進的犁耙等農業生產資料和先進的生產技術,使南屬地域原有的落後耕作方式得到了根本性的改變,並且興水利、灌農田,農耕文明得到了發展。當今客家的民俗服飾,農耕、建築、制器理念等,都是客家文化對中原河洛文化的物質承襲。

(2)客家文化對河洛文化的精神文化繼承

精神文化是文化的心理要素,也是文化的精神觀念層面,包括思維方式、思想觀念、價值觀念、宗教情緒和民族性格等。精神文化作為動力源泉,是一個民族自強不息的根本所在。客家人在長途遷移過程中秉承了中華民族的傳統美德,沿襲了中原尊師重教的風氣;同時客家人承襲了中原地區的宗教信仰,使佛教、道教在閩、贛、粵等地得以廣泛傳播;中原先民還將中原的民間信仰帶入移居地,在客屬地域,客家人的生活起居,勞作方式也一直延續著中原文化,他們在物質文化生活中體現出來的製器思想、傳統習俗也無不體現著中華文明的脈絡①。

(3)河洛文化與客家文化的傳播必將促進創新文化產業發展

從文化的產生與發展的原因出發,論證河洛文化與客家文化的傳播繼承關係,深入探討客家文化中的民族因素,挖掘客家民系的內涵,是發展客屬文化產業的重要依據。發展文化產業是世界的潮流,在當代,國家越來越注重文化產業的高效健康發展,這將大大的推動客家文化產業化的進程,因此,形成一個符合市場發展規律、充滿生機與活力的產業群,其文化影響力會成倍增加,所創造的經濟效益就會更為可觀。

大眾媒介作為傳播信息的主要渠道,已滲透到社會生活的各個方面,對思想、文化的傳播影響非常大。延續河洛文化的客家文化傳播也需要大眾媒介的介入,要通過各種途徑包裝、宣傳和推銷,凝聚人氣,擴大需求,並直接服務於經濟和文化品牌的營銷。同時,在弘揚客家文化、開發客家文化產業方面,傳播方式的推廣要發揮其導向作用,要使媒體從內容及形式上都能成為反映客家文化

---

① 馬帥袁書琪《基於文脈傳承的河洛文化與客家文化的旅遊協作開發》,《洛陽理工學院學報(社會科學版)》2010 年第 3 期。

的一個窗口。

二、民族文化資源開發與區域文化創意產業發展的意義

發展文化創意產業對實現區域產業結構調整與經濟可持續發展具有深遠的戰略意義,是提升區域經濟質量的必備前提。文化創意產業與優勢產業的結合更是加快產業結構調整和經濟轉型升級,逐步改變過分依賴傳統支撐發展格局的重要手段。文化創意產業的發展不僅將拓展新的空間,而且還可通過對工業、農業等其他產業部門的融合、滲透,把文化創意、技術產品服務和市場有機地結合起來,從而改變傳統產業低附加值、高消耗、高污染的生產方式,帶動區域傳統產業結構優化、促進傳統產業實現轉型升級①。

民族文化是指一個民族群體在共同地域、共同語言、共同經濟生活及共同宗教信仰、共同習俗環境中形成的物質成果和精神成果的總和。目前,民族文化資源開發中存在著無序和濫用、資源破壞和功利化傾向,如何有效地開發和保護民族文化資源,是擺在我們面前的一個重要課題。民族文化資源開發和保護是一項涉及民族文化是否能夠得以傳承、發展、光大的社會系統工程,而要保證這項工程順利實施,必須以科學理念為指導,大力提昇文化產業的軟價值,結合民族文化資源的開發與保護,推進區域文化創意產業的發展;只有對民族傳統文化進行發掘和整理,對優秀的民族傳統發揚光大,才能更好地利用文化資源為社會經濟建設服務②。

三、發達國家發展文化創意產業的經驗及啟示

在當今世界,創意產業已經從一種理念轉化成為巨大的市場經濟價值,在全世界每天創造出 220 億美元的價值,並以 5 % 的速度遞增,其中,美國達 14 % ,英國達 12 %③。英國是世界上第一個政策性推動創意產業發展的國家,在國際上具有標杆作用,從英國的經驗來看,文化創意產業的快速發展離不開政府的重

---

① 鄒立清《區域文化創意產業發展戰略研究》,《北方經濟》2010 年第 10 期。

② 趙文廣《論民族文化資源開發與保護》,《中共貴州省委黨校學報》,2007 年第 2 期。

③ 約翰·霍金斯《創意經濟》,金元浦《當代文化創意產業的勃興》,中國藝術設計聯盟 http://art2ing3651com1200614130121。

視。英國政府從 1991 年開始重視創意產業的發展,1997 年布萊爾出任英國首相後,將文化創意產業作為國家重要產業加以支持,提出把文化創意產業作為振興英國經濟的聚焦點①。

英國、美國、澳大利亞、韓國、丹麥、荷蘭、新加坡等都是文化創意產業快速發展的典范國家,雖然各國的資源稟賦不盡相同,發展創意產業的基礎條件也存在差異,且其創意產業的發展特點和模式也有所不同,但各國政府都十分重視文化創意產業的發展這一點卻是共同的。他們把發展創意產業作為提升產業結構、提高國家綜合競爭力的主要手段,制定了創意產業發展國家戰略,並成立專門機構進行統一指導落實。

當今,發展創意產業是實現從中國製造向中國創造轉型的關鍵,將會使中國的創造能力大大增強,中國應當把文化創意產業提升到國家戰略產業的高度,制定促進文化創意產業發展的戰略規劃和行動計劃,以引導文化創意產業快速、健康發展②。

四、河洛文化、客家文化創意產業發展模式的思考

客家文化雖歷史悠久,但經過千年歷史的延續,文化的傳承和發展近年來在部分地區逐漸呈沒落的態勢。客家文化沒有得到充分的利用和發揮,文化產業化的進程滯後,民系文化的保護也出現雜亂不堪尷尬的局面。而從地理上和史實上看,贛南是客家大本營地區,是接受北來漢族移民的第一站,全區客家人口占百分之九十五以上,超過了 700 萬。因此,贛南獨特的地理地位使得在研究贛南的客家歷史文化中變得更為突顯,也更有實際價值。

傳承河洛文化中的贛南客家文化創意產業發展模式可以從以下幾點進行思考:

1. 加強政府的積極推動和導向作用

贛南的客家文化產業地域性特點較強,政府應制定有針對性的產業政策,倡導「深挖掘,厚積澱,凝本土,顯特色」的地域文化表徵,強調特點,彰顯特色,引

---

① 張文潔《國創意產業的發展及啟示》,《雲南社會科學》2005 年第 2 期。
② 汪曼《發達國家文化創意產業發展經驗及對我國的啟示》,《中共合肥市委黨校學報,》2010 年第 2 期。

導文化創意產業持續健康發展。主要從以下幾個方面推進文化創意產業的發展：（1）健全制度保障，強化知識產權保護；（2）深化文化體制改革，構成特色的產業鏈；（3）政策導向和支持，形成產業集聚效應；（4）多渠道籌措發展資金，經費上確保產業的發展。

2. 整合區域文化資源

審視文化創意資源是規劃區域文化創意產業發展戰略的前提。文化創意資源可分為有形的物質資源、無形的精神資源。有形的物質資源是文化創意產業的基本載體，它大致包括四個方面的基本內容：一是富有特色的自然生態景觀；二是富含歷史文化內涵的遺址和文物；三是具有鮮明特色的工藝、飲食文化資源；四是文化設施與設備資源；無形的精神資源是文化創意產業取之不盡、用之不竭的智慧源泉。一是優良的精神傳統資源，如歷史傳說；二是通過文化藝術體現出的藝術審美資源，如贛南採茶戲；三是民俗風情資源，如生活生產習俗、社交禮儀習俗等。

發展區域文化創意產業必須堅持集聚發展、資源整合的發展思路。要以文化資源為依托，建設文化類資源數據庫，以資本為紐帶，以創意人才為支撐，以產業園區、重點項目為載體，以市場化為基本取向，進行全方位的資源整合。

3. 培育創意文化產業的基礎環境

寬容的氛圍是創意生成的前提，在全面了解區域資源的優勢基礎上，以科學發展觀為統領，找准切入點，對文化資源盤點梳理，整體規劃，深入挖掘，科學合理開發，重點培育培養產業環境。創意人才資源是文化創意產業第一資源，創意人才資源整合得好，才能集聚起雄厚的人才資本，增強人才資源整體競爭力，促進文化產業的發展，提升競爭力。建設良好的產業基礎環境能夠通過環境引人、感情留人、項目聘人、投資育人，達到整合人才資源的目的。

4. 提倡錯位發展，彰顯地域文化特色，塑造地域文化品牌

中國地域遼闊，長期以來由於受經濟條件、社會政治和文化環境以及民族、宗教等多種因素的影響，形成了不同的文化區，使我國的文化及文化資源具有地域性的特點。發展區域文化創意產業要在審視區域文化資源的基礎上，實現差異化發展，與週邊及全國其它區域形成錯位發展。在差異化發展的同時要注重塑造文化品牌，這可以提昇文化創意的核心競爭力，對文化創意產業有著巨大的

提升和帶動作用。文化品牌所具有的整合效應、聚集效應、增值效應、輻射效應、放大效應等,可以使得區域文化資源得以優化配置。

5. 大力發展高科技產業,重點構建符合地域化特點的文化產業鏈

文化創意產業雖然有不同於高科技產業的特點,但其發展離不開高科技。文化創意產業就是人類社會經濟發展水平和科技水平發展到一定階段的產物,文化創意產業最大的特點之一是藉助高科技手段使文化創意產品迅速流通,只有快捷的傳播速度才能保證其巨額利潤,所以,創意只有與高科技結合才能產生更大價值。

五、贛南客家文化資源庫數字化建設方案研究

文化產業的發展重在文化遺產資源的保護和延續。按照聯合國的定義,文化遺產包括「可接觸遺產」和「不可接觸遺產」及其相關信息,對這些遺產實物進行保護十分重要。解決此問題的最好方式就是對其進行數字化資源庫的建設及其進行數字化的管理和保護,即,依靠信息時代數字化的進程入手,從文化的數字資源庫建設進行平臺的建設和信息儲存,進而對客屬贛南文化產業的發展提供文化的資源保障。

贛南客家文化數字化建設研究的意義有如下幾點:首先,客家文化是中華文化的一部分,發掘、研究客家文化可豐富中華文化寶庫;其次,文化數字資源庫的建設可以為客家社會和文化的發展提供理論研究依據;再次,四海為家而興邦愛國是客家人在長期遷移過程中保留的民族特性,從更高的愛國主義精神上考慮,研究客文化具有傳承美德、弘揚愛國主義的重要意義;最后,客屬文化數字資源庫的建設可以為中國古代文化的研究提供資料和依據。

六、小結

我國文化創意產業發展起步比較晚,基於文化傳承的地域性文化產業還沒有完全彰顯特色,客家文化在市場移植的過程中,雖然湧現了不少能有效挖掘和利用客家文化底蘊、提升客家文化品質、拓展客家文化經濟的舉措,但仍然存在大範圍的對客家文化的產業化開發概念缺乏認知的現象,這些都是文化背景下客家人利用客家文化發展地方經濟的不利因素。

　　開發贛南的客家文化產業具有重大的經濟現實意義和文化戰略意義。為傳承華夏文明中的客家民系文化、為了促進贛南客家文化產業化的發展，我們應該有先驅意識，對贛南客家文化的傳承和利用要有「知物善用」的概念，在保護民間、民俗工藝等非物質遺產的內容和形式上面也應該有戰略規劃，要善於利用近年來江西省大力發展經濟與文化的契機，集中精力發揮客家文化的聚合優勢為區域經濟的發展做出貢獻。

（作者為江西理工大學文法學院副院長、副教授）

漢字的文化創意產業應用探討

徐啟賢　林榮泰

Abstract：Each country has its distinctive and identifiable culture style derived from traditional customs and lifestyle of the people. The development of Chinese characters, including the application of calligraphy and classical writing of rhymes, is one of the most significant inventions of the world. Chinese characters feature pictographic forms and abundant transformations in accord with aesthetic effects of proportion and balance. The uniqueness of Chinese characters has become an important source of cultural and creative industries especially in this wave of Chinese fever. Through analyses of literatures and practical design examples, this study investigated the possibility of applying Chinese characters to cultural and creative industries, especially concentrated on establishing a concept model and a design process. A series of cultural products were demonstrated employing the design process, some practical design examples were as references for the following studies.

一、前言

　　在強調美學體驗的時代，包括經濟與文化發展成熟的已開發國家，或是積極想突破產業定位的新興國家等，已經意到文化創意可以帶動整體經濟成長、提昇產業競爭力、傳承文化資產，以及在國家形象上所能創造的高附加價值。英國的白鑞製造業者，經由與工藝設計師的聯盟，藉此增加產品的附加價值並產生新的產業知識（Yair, 2001）；南太平洋的斐濟，在傳統蔗糖產業沒落之後，靠著舉辦民俗文化藝術節，帶動觀光收入並支撐國家經濟；而日本舉辦的「町造運動」，同樣也是以文化的力量帶動農村與小鎮的復興（彭蕙仙, 2009）。

　　近來華人文化受到全球矚目,而臺灣社會多元文化的族群特色、民眾熱情友善的形象,也已經成為國際間認同的特色。臺灣過去的經濟奇蹟是架構在臺灣人的勤奮,拼的是如何「降低成本」製造「物美價廉」的產品。隨著產業結構轉變與外移,經由設計「提高價值」,與透過文化創意加值產業,提升產品的「附加價值」,正是目前需要努力的方向(榮泰、伯賢 2009)。

二、漢字文化的獨特性

　　文字是承載歷史與傳承文化的重要工具,在既知的世界文明中,有三千多年歷史的漢字,與蘇美楔形文字、埃及聖書文字並列世界三大古老文字,但卻是唯一沿用至今的文字,是全世界重要的文化資產(張知萱,2008)。目前全世界掀起華語熱,除原本使用中文人口外,估計現在有三千萬人學習漢字,形成一股新的文化推廣助力。臺灣近年來更年年舉辦「漢字文化節」,藉由舉辦活動,肯定漢字的價值,讓漢字文化可以更廣被瞭解與重視(羅皓恩,2010)。所以從漢字出發,思考在文化創意產業的應用,除將能讓人認識中華文化外,並可藉著更多的產業應用,提昇國家整體文化創意的競爭實力。

　　歐美各國擁有高科技優勢並掌握世界流行趨勢,最擅長將他們的傳統文物工藝結合品牌行銷,像 LV、Hermes、GEORG JENSEN 等精品,讓全球趨之若鶩。反倒是我們對自己值得驕傲的傳統文物,卻是如此的熟悉又陌生。而在以漢字文化作為創意來源基礎,運用在文化創意產業上,在國內各個領域都已有初步成果,甚至國外亦有應用漢字文化的設計案例。但是關於整體性的分析歸納,在目前的研究中尚屬少見。本研究主要目的係以整理目前漢字於文化創意產業應用的趨勢與實例,並架構漢字轉換應用於文化創意產業的運作模式,後續再以工藝、設計產業上的實作驗證研究成效。

三、漢字文化的應用探討

　　中國的史文化包萬象,而漢字的演變僅代表著文化傳承和演進,是傳統美學的象徵。東漢許慎的《說文解字敘》則將漢字歸納為象形、指事、會意、形聲、轉注與假借等構成法則,稱為「六書」(許慎撰,段玉裁注,1996)。漢字起源於原始圖畫,從自然的實物轉換成平面的意象,經過長久演變後,其結構和比例具有成

熟美感(林漢裕、林榮泰、薛惠月,2005)。更在形式表現上激盪留下珍貴動人的詩、賦、詞、曲等文學創作。由於漢字文化獨樹一格,已經逐漸成為藝術、時尚和設計等各領域的創作元素,帶動東方風味的流行趨勢。以下就目前漢字文化在各領域的應用實例逐一整理說明。

1. 藝術、表演領域應用趨勢

漢字的起源史悠久,從而衍伸出的書法文化,是透過點畫架構所組成的藝術表現,藉著線條的處理而抒發其情緒及美感。隨時空演進,書法曾經逐漸式微。但近來藝術家董陽孜卻用書法來撼動人心,創作如《金石堂書店》、《新舞臺》等醒目的墨寶標題。她的書法創作中融入西洋構圖的理論,兼具傳統書法與現代視覺設計的美學,構成整體的新意象(李貞億,2003)。並曾以巨幅創作呈現書法的空間感,將書法結合影音技術,表達書法律動的音樂性,呈現跨領域的數位藝術體驗(陳淑芬,2009)。

在雲門舞集林懷民的邀請下,董陽孜應邀書寫的《雲門舞集》四個字,筆勢起落與墨色飛舞,正是最美麗的舞蹈呈現。雲門舞集也在2001年編作了《行草》,2003年推出《行草 貳》,2005年又創作《狂草》,完成以漢字書法為主題的三部曲聯作,傳遞中國漢字文化結合臺灣舞蹈之美(蔣勳,2009)。另在華人流行音樂創作方面,周杰倫和方文山創作的《青花瓷》橫掃金曲獎最佳詞曲和年度歌曲大獎,使得「中國風歌曲」成為華語流行音樂市場的時尚指標。創作的歌詞從古代文學轉化為流行文化時,充滿強烈的畫面感及濃郁的東方味文字,具有特殊的本土創意性格(方文山,2008)。說明臺灣在地環境對中國傳統文化的轉化力量,是臺灣重要文化資產。

2. 工藝、設計領域應用趨勢

由於科技的進步,使得設計的型態不斷地轉變,尤其是全球化的設計行銷和在地化的設計特色,是近年來熱門的設計話題。Featherstone(1993)認為,全球化的過程,不是產生同質性,而是讓我們熟悉更多元、更廣大的在地文化。漢字的形式內涵具有文化的價值,書法筆觸具有藝術的美感,讓人就算不懂漢字的意義,也會覺得像幅漂亮的畫。這樣的藝術價值及創意來源,不僅是華人文化創意工作者愛用的元素,連國際間不同領域的人士也喜歡嘗試運用。例如上海為2010年世貿體育及會議中心而建的飯店,丹麥哥本哈根的設計小組提出使用漢

字「人」作為創意概念,設計的兩棟建築分別象徵大腦與軀體(世貿地標,2008)。

　　工藝家蔡漁結合深具人文意涵的漢字和流行時尚的珠寶,設計成《漢字珍寶》,令人驚艷(圖一)。2010 年在北京進行的國際拍賣,蔡漁提供的作品分別以六萬至四十五萬元人民幣不等的高價拍出。其中《美夢成真》係以「夢」字為藍圖,使用翡翠、鑽石等材料創作,最後以四十五萬元人民幣拍出(黃博郎,2010)。成為漢字文化攻佔全球藝術市場的最好例子,讓世界看見臺灣的文化創意。

圖一　《美夢成真》、《眉目傳情》(資料來源:蔡漁,2009)

　　1980 年代開始,臺灣書法家興起「現代書藝」的創作表現。書法家徐永進能使「書法入畫,畫入書法」,2001 年時,接受觀光局委託設計臺灣觀光標志,「以粗獷的書法寫出 Taiwan 六個英文字(圖二),線條中的臺灣風土文化意象」,已成為觀光局行銷臺灣最鮮明的文化圖騰(廖慶華,2006)。而 2008 年北京奧運會的會徽「中國印」,讓世人重新認識中國印章文化的獨特魅力。此印採用中國印章的形式,色彩選用中國傳統顏色紅色作為主題基準色,以漢字「京」的篆書形體為基礎,造型極富動感,讓世界從新認識中國文字的各種應用及變化(圖三)。

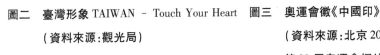

圖二　臺灣形象 TAIWAN－Touch Your Heart　　圖三　奧運會徽《中國印》
　　　(資料來源:觀光局)　　　　　　　　　　　　(資料來源:北京 2008 年
　　　　　　　　　　　　　　　　　　　　　　　　第 29 屆奧運會網站)

四、應用於文化創意產業的概念模式

　　一般而言,各種產業在開發製造過程中都有既定的程序與模式,那麼漢字文化在應用於各類產品或各種產業的過程中,是否也有可供依循的程序方法,幫助應用過程中的思考及轉換。例如,以工藝產業或設計產業而言,在進行特色文化的轉換應用之前,創作者或設計者大都會對文化的表象及意涵加以調查,並進行資料收集、分析、綜合等設計準備工作。當進入設計發想階段時,運用發想方法與設計手法,適切的把文化訊息表達在產品上,達到消費者深層的期望,以觸發其使用需求並使消費者產生情感的共鳴(徐啟賢,2004;林榮泰,2005)。

　　經由目前產業應用的實例及趨勢探討,本研究參考林榮泰(2005)所提出的文化創意加值模式架構,改編而成文化創意產業應用概念模式,如圖四所示。就漢字文化特色應用的程序而言,其擷取轉換的過程可區分為:擷取漢字文化特色、經由轉換的應用概念模式,與完成文化創意產業實作等三個步驟。就文化創意加值而言,第一個階段是如何把原始的「文物資料」,經由分析歸納,成為有用的「釐清資訊」;再透過賦予創意,變成可行的「轉換應用」;最後,則經由經驗的累積,形成有價的企業「智慧財產」。有經驗的文化創意產業工作者可以利用圖四所架構的系統自我思索,完成產業的文化創意;而對於無經驗的工作者、消費者或是學生族群而言,也可經由這個架構學習如何進行文化創意的轉換應用。

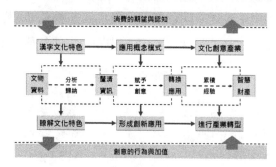

圖四　文化創意產業應用概念模式(資料來源:本研究整理)

五、漢字文化產品的釋例

　　臺灣文化創意產業發展策分為「環境整備」及「旗艦產業」。從現有各產業範疇中,擇取發展較為成熟、具產值潛、產業關效大的業別,包括工藝產業、電視

內容、電影產業、音、設計產業、位內容,針對其發展特性及需求提出規劃,期能在既有基礎上再作強化及提昇,帶動其他未臻成熟的產業。在文化創意產業的分類範疇中,與生活最息息相關的就屬工藝及設計產業,工藝及設計產業不僅包含藝術價值也融合生活中的實用性。

　　Leong and Clark(2003)曾提出研究文化產品設計的簡單架構,將之區分為包含實體、使用行為、無形精神層次的文化空間觀點。而徐啟賢、林榮泰、邱文科(2004)試著將其三個層次區分解釋得更為詳盡,並將對應產品設計時所需考慮到的設計因素列表說明,提供設計進行時可以更容易的比對、應用及思考;後經林榮泰(2005)進一步整理成完整圖表,如圖五所示。該理論架構也可用來探討文化創意產品在各個文化層次應用中應該思索的著重之處。

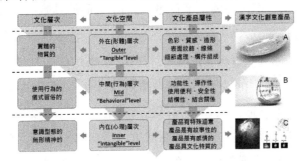

圖五　漢字文化轉換的產品層次(資料來源:本研究整理)

　　本研究嘗試擷取漢字詩詞的內涵以進行設計創作,徐啟賢(2004)曾提出文化產品設計的 10 個程序步驟,本研究將之重新歸納為四個設計階段,用以說明文化產品的設計過程並據以進行設計創作(圖六)。「訴說現況」階段主要在於瞭解設計趨勢並釐清文化產品該具有的特點;「設定目標」階段則強調從消費者的角度探討設計需求與擬定設計方針;「編寫分析」階段具體而微的呈現文化元素擷取與產品訴求之間的交互過程;「設計產品」階段則是文化元素轉化的合理性與產品設計的成熟度探討。就整體設計程序而言,前兩個階段仍適用於一般產品設計的進行,後兩個階段則是文化創意產品設計的重要之處。此設計程序的訂定,可提供個人及設計團隊進行文化產品設計時的參考依據,以邏輯性的程序方法,導引出適宜的設計轉換呈現及適切的文化訊息傳遞。

　　目前臺灣產業結合傳統工藝或文化創意的設計開發,已初步見到成效。然而多數的文化創意產品仍較侷限於實質面的物質文化應用,像漢字這類的無形

圖六　文化產品的設計程序（資料來源：本研究整理）

文化資產，值得深入研究。但以現今漢字的設計應用或研究來說，也都較偏重於字形字體的應用轉換（林漢裕、林榮泰、薛惠月，2005），而漢字所延伸變化的各種形式，諸如在詩、賦、詞、曲等文學創作的內涵上，則更為動人且具探討的價值性。Lin（2007）曾以魯凱族的陶壺為例，探討文化特色轉換的三個層次類別與設計呈現形式。而漢字詩詞中的文字敘述，有的是物品的具體描寫，更多的卻是寄情於景物的情感抒發，所以可以藉著詩詞內容所得到的設計參考資料，將極為豐富，亦可以產出不同文化層次屬性的設計轉換，如圖五右側 A、B、C 的產品所示。

白居易《琵琶行》裡的詩句：「大絃嘈嘈如急雨，小絃切切如私語。嘈嘈切切錯雜彈，大珠小珠落玉盤。」用以描寫琵琶的聲音，響亮、細微的聲響交雜彈奏，圓潤清脆的音樂，聲音就像是珠子落在盤中一樣。圖五 A 產品的概念，為藉由玉盤實物與描述琵琶音樂無形文字的結合，在產品呈現虛實音樂意象間，以現代的不鏽鋼材質，呈現古代玉盤的典雅與現代創意，屬於形體層次的設計轉換（圖七）。

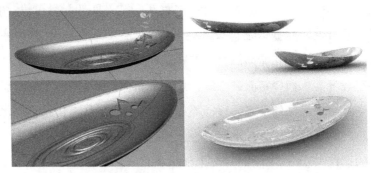

圖七　《玉盤》概念草圖及設計完稿，2010 年（設計者：徐啟賢）

圖五 B 產品的概念，則一樣取材自白居易《琵琶行》。藉由感質及體驗的角度進行設計，以存錢投入錢幣時，大小不一的銅板落下產生的聲音，聯想白居易文詞之美及琵琶聲韻的動人，使消費者產生思古情懷。而古代玉盤裝盛著珍貴

之物、或是玉盤本身就具有可觀的價值,藉此轉換為存錢的現代產品,不只讓消費者感受「大珠小珠落玉盤」的趣味,更聯想到玩彈珠臺的兒時記憶。藉由使用產品的動作,觸發使用者的認知感受,屬於行為層次的設計轉換。

六、結語

近年來臺灣致力於文化創意產業的推動,但目前大都是由較具體的傳統生活文物等方面切入,從而進行產業應用的創意轉換。但是中國文物豐富多樣且各有特色,其中漢字更在國際間具有強烈的識別度,並在書法或詩詞等方面延伸出各種的形式變化,在文化創意應用上亦極具探討價值。漢字不僅是華人鮮明的文化特色,更超越疆界而為全球所喜愛。如果能善加利用珍貴的漢字文化資產,相信在各領域創意來源及實際應用上,定能產出更豐富且獨具特色的應用呈現。

而漢字詩詞中不管是對物品的具體描寫,或是寄情於景物的情感抒發,都是可以讓人再三細細回味的文字敍述。而據以進行的文化創意,正是想藉以讓消費者體會思古幽情,並再現於現代創意的生活產品體驗。而這樣將無形文化轉換應用於文化創意產業的構思,也能使臺灣的產業發展出更具深度及內涵的獨特性,進而形塑臺灣風格的文化創意產業。

(徐啟賢,臺灣藝術大學創意產業設計研究所博士;林榮泰,臺灣藝術大學設計學院院長)

河洛文化的傳承與發揚

閩粵地區文化融入河洛文化的歷史過程與作用

——以福建崇安漢城遺址與廣州南越國都城、王陵考古發現爲例

劉慶柱

Abstract：

1. Heluo Culture was viewed as the "core" culture of the ancient China. The Han people stood as the main stream of the ancient Chinese. It was during the Qinhan Period the notion of "Chinese" came into being, thus to say that the Qin and Han Dynasty laid a foundation of the modern China.

2. Archaeological discoveries at Chong'an Capital Site indicated the evidence of Minyue Culture's involving into Heluo Culture.

3 Archaeological discoveries at Nanyue Capital Site and Nanyue Mausoleum showed the evidence of Nanyue Culture's involving into Heluo Culture.

4. Minyue Area, conquered as the remote reign of Qin and Han Empire, were involved into ancient Chinese Culture (Heluo Culture) in the early Chinese history.

5. After Qinhan Period, Minyue existed as the "back yard" of the ancient Chinese Culture, and then became the base of "Kejia Culture", at the same time, contributed to the continuity and development of the ancient Chinese Culture (Heluo Culture).

　　河洛文化是中華民族的「核心」文化,以漢族爲主體的中華民族形成於秦漢時代,秦漢時代基本奠定了現代中國的「國家」基礎。

　　「中華民族」文化源於「華夏文化」,「華夏文化」是「中華民族」文化的「母體文化」。一般説「華夏文化」屬於秦漢時代以前的古代文化,它們包括先秦時代和新石器時代(主要爲新石器時代末期)考古學文化,如由近及遠的周文化、商文化、夏文化、河南龍山文化等,「華夏文化」的中心區域在中原地區。中原地區的華夏文化又以河洛地區爲核心。河洛地區是河南龍山文化最爲重要的分佈地區,這裏的河南龍山文化孕育了二裏頭文化(即夏文化的主體文化),最早的「中國」從這裏走來,此後這裏出現了鄭州二裏崗文化(早商文化)。在河洛地區考古發現了夏代都城遺址——二裏頭遺址、商代都城遺址——鄭州商城、偃師商城遺址和洛陽的周代洛邑,在中原地區發現了商代中晚期的都城遺址——殷墟遺址(包括洹北商城遺址)。中原地區、河洛地區理所當然成爲先秦時代中國歷史上的核心地區。秦漢時代完成了先秦時代「中國」從「中原」走向「九州」、走向基本屬於現代中國的廣袤地區,其中包括閩粤地區。

　　閩粤地區(即現在的福建地區和嶺南地區,下同)是中國週邊地區最早進入秦漢王國的地區,是最早融入中華民族「大家庭」的地區,此後兩千多年來又是保留、傳承、發展中華民族文化最重要的地區,閩粤(即福建與嶺南,下同)及其附近地區的考古發現研究佐証這一歷史。

　　在中華民族的傳統物質文化中,古代都城和陵墓具有最爲重要、最爲典型的歷史意義。古代都城是古代國家(或中央政府所屬的「王國」、「屬國」及「地方政權」)的歷史縮影,是其政治統治中心、經濟管理中心、軍事指揮中心、文化禮儀活動中心。如果將古代都城視爲「陽間世界」的縮影,那麼帝王陵墓則是「陰間世界」的古代都城的縮影。古代都城與陵墓兩個方面的考古發現與研究,可以從更爲深刻、更爲本質的層面上認識其歷史文化「遺傳基因」。據此,本文擬據秦漢時代閩粤地區的都城遺址與陵墓考古發現資料,探索秦漢時代閩粤地區文化與中華民族文化、河洛文化的密切關係,並進而研究閩粤地區在中華民族歷史發展中的作用與貢獻。

　　根據歷史文獻記載:福建地區在秦始皇統一國家後即設置了「閩中郡」,這

裏是秦帝國最早進入國家版圖的週邊地區之一。秦漢之際,「閩中郡」無諸因佐漢滅秦有功,劉邦封其爲「閩粵王」[①]。20世紀50年代後半葉至90年代,考古工作者在福建省武夷山興田鎮城村考古發掘了西漢前期至西漢中期前段的閩越國都中的王城(宮城)遺址[②]。通過考古調查、勘探、發掘,揭示出來的城村王城遺址,在建築布局形制與建築技術方面,是仿照中原地區秦漢都城遺址的。如:高胡坪甲組建築遺址中的回廊、散水、天井等形制及其所使用的建築材料,與秦咸陽宮第一號宮殿建築遺址相似。王城遺址之內,宮殿建築均建於高地之上,主要宮殿建築遺址基本位於城內中部,體現出統治者的宮殿建築「居高」、「居中」的設計理念。王城遺址之中,基本不存在一般民居遺址,這可能反映出王城規劃者的「築城以衛君」的思想,這與秦漢都城遺址考古發現是基本一致的。在王城東門遺址之外左右發現的「宮廟」和「壇地」遺址,似受到《周禮‧考工記‧營國》的「左祖右社」設計原則影響。王城遺址考古發現的磚瓦、瓦當等遺物,與中原地區、河洛地區秦漢都城遺址出土的磚瓦、瓦當等建築材料相近,如王城遺址出土板瓦、筒瓦的陶文風格,陶文在板瓦內面、在筒瓦上面的位置,篆隸並行的書法藝術,陶文內容中的人名、職官、吉語等,瓦當的制法與瓦當當面的「萬歲」、「樂未央」、「常樂」、「長樂萬歲」等文字內容,鋪地磚的花紋紋飾等,均可在秦漢時代中原地區、河洛地區都城遺址找到相同或相近的文化特色遺存[③]。

　　象福建地區一樣,嶺南地區也是中國古代週邊地區最早實施郡縣制的地區,文獻記載:秦統一天下「置桂林、南海、象郡。」西漢初年,漢高祖十一年,劉邦立秦代南海郡官員趙佗爲「南越國」的國王,趙佗原籍今河北省正定[④],趙佗與他所率領的中原地區部隊,成爲後來「客家人」、「河洛人」最早定居嶺南地區的先民。正是趙佗及其後代對南越國近百年的經營,使嶺南地區早在兩千多年前的中華民族形成之際,使中華民族文化基本成爲嶺南地區的社會主體文化,嶺南也就成爲秦漢帝國週邊地區最早進入中華民族文化圈的區域,南越國王陵與都城遺址

---

① 《漢書》卷九十五《西南夷兩粵朝鮮傳》第3859頁,中華書局,1962年。注:此處的「閩粵王」的「閩粵」爲今福建,不包括嶺南。
② 國家文物局主編《中國考古60年‧1949~2009》,文物出版社,2009年,第290~292頁。
③ 福建省博物院、福建閩越王城博物館《武夷山城村漢城遺址發掘報告》,福建人民出版社,2004年,第378頁、393頁、397頁、400頁、404頁等。
④ 《史記》卷一百一十三《南越列傳》,中華書局,1962年,第2967頁。

的考古發現,佐証了上述歷史。

南越國在今嶺南地區,其都城與王陵區在今廣州市一帶,南越國的王陵與都城遺址,南越王墓和南越王都城遺址的考古工作始於 20 世紀 80 年代,20 多年來開展了大量考古工作,取得了豐碩的學術成果。使我們對兩千多年前嶺南地區的文化面貌有了更爲全面、深入的認識。

1983 年,考古工作者在廣州市越秀公園以西的象崗山上發掘了可能屬於第二代南越王的陵墓,該墓坐北朝南,一條墓道,爲竪穴石坑石室墓。陵墓自南向北由墓道、前室及其東西兩側各一耳室、主棺室和後藏室及其東西兩側各有側室。主棺室有一棺一椁,墓主着絲縷玉衣。墓葬保存完好,出土大量銅、鐵、陶、玉石、金、銀、玻璃器、漆木竹器、象牙、絲織品等。從南越王墓出土文物可以看出,在西漢時代,南越國社會「發展水平已接近中原内地。一部分南下漢人和漢化越人的經濟文化生活,與中原内地的同階層相比較,幾乎不存在差異。」從南越王墓的文化内涵來看,如:墓葬形制方面的前後室及側室與耳室設置,墓主身着玉衣,這些都是直接仿傚漢王朝帝王喪葬制度;隨葬器物中的「銅戈、銅鏃和鐵劍、鐵矛、鐵戟,與中原内地所見的器形類同。」至於作爲隨葬品中的重要器物——玉器,南越王墓出土的「240 多件玉器,除玉衣外,都是實用器物、禮儀用玉、珮飾品和工藝品。」通過對比研究發現,「南越國玉器與全國各地出土的漢代玉器並没有太大區別。……南越玉器的製作工具和製作豐富與同時期的中原玉器基本相同。」出土遺物之上的文字及其所反映的南越國官制、度量衡制度等,無不説明其「漢化」(即「中華民族化」)程度[1]。

趙佗在嶺南建立南越國,以番禺(今廣州)爲都城,這裏成爲南越國五代國王的政治活動平臺,作爲南越國都城長達 93 年。1995 年發現了南越國都城遺址,至 2006 年先後進行了多次考古發掘,基本探明瞭南越國都城和宮城遺迹,確認了其分佈範圍與具體位置。發掘了宮城的宮墻和兩座大型宮殿建築遺址,瞭解了部分宮殿建築遺址的形制。考古發現研究表明,南越國都城東西約 500 米、南北約 800 米,面積約 40 萬平方米。都城東界在今舊倉巷、長塘街一綫以西,西

---

① 廣州市文物管理委員會、中國社會科學院考古研究所、廣東省博物館《西漢南越王墓》,文物出版社,1991 年,第 340、342、349、351、353、356 頁。

界在教育路和吉祥路以東，北界在越華路南側，南側在惠福路與西湖路之間。宮城位於都城北部，約在今舊倉巷以西，吉祥路以東，中山路以北，越華路以南，宮城東西 500 米、南北 300 米。宮城遺址現在已經考古發掘的是部分宮殿建築遺址和宮苑遺址。這裏「出土了大量『萬歲』文字瓦當、戳印『居室』、『華音宮』、『未央』、『中共（供）厨』、『殿中』等陶文的磚瓦和陶器以及『中府嗇夫』封泥等。」此外在南越王墓和淘金坑漢墓還出土了戳印「長樂宮器」、「長秋居室」等宮殿名的陶器。由此可以看出，「南越國的宮室名稱多是仿傚漢廷的，其建築形制也與漢廷中央的宮殿建築形制大體一致，但規模要小，建築用材也有自己特色」①。

在不同地區的文化比較中，不同物質文化載體所體現出對社會歷史的「權重」是不同的，古代社會的帝王都城、宮城（王城）、宮殿、廟壇、陵寢等建築及其建築材料，其「權重」要遠遠超過諸如一般百姓的陶器等生活用品。建築是凝固的歷史，也是凝固的政治，更是凝固的文化，古代都城與帝王陵寢是古代國家、古代民族歷史物化載體的集中體現。因此，秦漢時代閩粵地區的古代都城（福建武夷山城村王城遺址、廣州南越國都城遺址和宮城遺址）與王陵（南越王墓）考古發現所揭示的歷史，有力説明，早在秦代或秦漢之際的兩千多年，閩粵地區已經成爲秦漢帝國週邊地區最早設置了「郡縣」的地區，成爲秦漢帝國的組成部分，成爲最早融入中華民族文化（即河洛文化）的地區。相比較來看，西北地區、東北地區和西南地區（主要指雲南、貴州地區），其國家行政設置要晚到西漢中期或其後。

更爲重要的是，自秦漢時代以來，中國古代歷史上發生了多次因戰亂、王城更迭、自然災害等，由於中國古代的政治中心基本在北方，形成了一次又一次的北方人的南遷，如西晉永嘉之亂、唐代安史之亂、五代時期的動亂、兩宋之際的戰亂、元滅南宋與明清之際形成北方人大規模的南遷活動。在西方殖民時代之前，閩粵地區一直是中華民族的「大後方」、中華民族文化、河洛文化的「大後方」。正是兩千多年來的那些「客家人」、「河洛人」的先民和他們保存、延續、支撑着中華民族文化、河洛文化。這從考古學、語言學、分子生物學、體質人類學、民族學、

---

① 南越王宮博物館籌建處、廣州市文物考古研究所《南越宮苑遺址·1995、1997 年考古發掘報告》，文物出版社，2008 年，第 308～310 頁。

民俗學等多學科可以得到佐证。客家人、河洛人、客家文化、閩越文化、嶺南文化等的考古發現見证了這一重要歷史。

更爲重要的是,中華民族文化、河洛文化通過閩粤地區中華兒女的一代又一代人的艱辛努力,使中華民族文化、河洛文化得到巨大發展。根據有關資料,「占98%以上的漢族人,大都是從閩粤移民臺灣的,即我們所説的閩南人(河洛人)和客家人;而閩南人和客家人,又都是秦漢以後歷經唐宋元明清,北方中原河洛地區的士族,黎庶因不堪戰亂、灾异肆虐等大批逃往閩粤的」①。又據1953年户口統計,臺灣有828804户,其中670512户的祖先來自河南,也就是説臺灣人口的祖籍80.9%來自河南②。即是占臺灣總人口2%的原住民(絶大部分是高山族),也是百越先民的後裔。他們從夏商時期直至漢代的不同時期,古越人從大陸東南沿海渡船到臺灣島,爲開發臺灣做出了貢獻③。歷史上隨着古越人、客家人、河洛人等移居臺灣,華夏文化、中華民族文化、客家文化、河洛文化、閩越文化、嶺南文化在臺灣得到進一步發展,致使現在華夏文化、中華民族文化成爲大陸和臺灣人民的共同文化。

　　(作者爲中國社會科學院學部委員、中國社會科學院考古研究所研究員)

---

① 張振犁《根在河洛·序》,河南人民出版社,2000年。
② 許順湛《河洛文化與臺灣》,許金星主編《河洛學與民族聖地研究》,大衆文藝出版社,2008年。
③ 張文軍《河洛文化的融合性——兼談河洛文化與閩臺的關係》,許金星主編《河洛學與民族聖地研究》,大衆文藝出版社,2008年。

生態視野的河洛文化與嶺南文化

雷學華　王玉德

Abstract：The study of the relationship between Heluo culture and Lingnan culture inevitablely involves the study of their ecological environment. This paper expounds on the interdependence between Heluo culture and Lingnan culture in their dissemination from the perspective of area, time and culture. The paper maintains that the two cultures are polybasic, dynamic, holistic and counterbalanced.

談到河洛文化與嶺南文化的關係,有必要從生態環境視野加以探討。

一、從區位而言

中國是一個大家庭,相對獨立的 960 萬平方公裏土地養育了中華先民,使得這塊土地上的人們能夠共享文化的成果。

中華地勢北高南低,西高東低。文化容易從北向南、從西向東流動。於是,南方經常受到北方的影響。

河洛文化在中華文化圈的腹地,是文化的創生區。中國各地雖然都有文化的發生,但學術界仍然有一個共識,即河洛是中華文化的核心區。河洛文化必然向四週傳播其文化。河洛文化在向四周傳播其文化的過程中,必然選擇需要文化與容易吸收文化的地區,嶺南就是這樣的地區。

事實上,在中華文化之中,南方受益於北方多,北方受南方文化相對較少。換言之,長江流域受黃河流域多,珠江流域受長江流域影響多。

中華文化是向內凝聚的,河洛地區文化有極大的吸引力。嶺南地區在山海之間,只不過是偏居一隅的欠發達地區。這裡的南邊是大海,大海以外無文化,

古代的嶺南只能接受北邊來的文化,北邊來的文化畢竟比當地的土著文化要發達。

廣東、廣西等省都是濱海省份,都有海洋文化的特徵。大海給嶺南人提供了無窮的資源,使人們能夠依海而生。大海給嶺南人提供了便利的交通,使人們能夠從事貿易,並培養出冒險精神。大海無比遼闊,使濱海居住的嶺南人心胸寬廣,也生髮出許多幻想、暇想。

嶺南人、近代大儒康有為對海洋文化有一段很有意思的解釋,他在《內外篇?地勢篇》從地勢角度解釋社會文化的傳播說:印度坐北向南,南海為襟,海水為襟帶,海水向東流,佛教順勢到了中國。中國的山川坐西向東,使得儒教傳入日本,而沒有傳到印度。在世界文化中,地中海向東流,使西方的政治盛行於亞洲。這段話有簡單化的唯地理論傾向,但對我們從生態環境角度認識文化走向是有啟迪的。

二、從時間而言

環境史的觀點,時間愈往上追尋,南方的瘴癘之氣愈重。6000 年前的嶺南是不太適應人的生存,而黃河流域的生態處於黃金時期。

漢唐之際,嶺南的生態情況仍然不容樂觀。《資治通鑑・東漢》漢和帝永元十五年(103),記載嶺南的生態說:「南州土地炎熱,惡蟲猛獸,不絕於路,到於觸犯死亡之害。死者不可複生,來者猶可救也。」《隋書?地理志下》談到嶺南時說:「自嶺已南二十餘郡,大率土地下濕,皆多瘴厲,人尤夭折。」這些說明,在河洛人看來,嶺南的生態環境不太適應人的生存。清代範端昂在《粵中見聞》卷二《天部》記載:「嶺南歲中風雨暖寒,罕應其候,蒸變為瘴。」其書記載了啞瘴、冷瘴、香花瘴對人身體的影響。

隨著時間的流逝,南方的生態狀況有所改變,文化漸生,文明逐漸繁榮。

中國歷史上先後出現過幾次文化南移。公元 100 年至 600 年,東漢魏晉南北朝時期,北方大旱,匈奴分別西遷和南遷,因此出現「五胡亂華」。公元 1050 年至 1350 年,宋遼金元時期,蒙古高原寒冷,迫使少數民族向西向南發展。公元 1600 年至 1850 年,明清之際,塞外酷寒,災害頻仍,蒙古人不斷騷擾河洛,滿族乘河洛內亂而進關。在這樣一些社會變動中,河洛文化向嶺南流動,推動了文化

的交流。

三、從人文而言

文化的傳播載體主要是人群。在歷史上的族群遷移過程中,從北方向南方移動的族群,往往是大的家族,他們攜老扶幼,帶著全家積蓄,事著幾千年的文化積累,來到南方的土地。他們帶來了河洛文化的精華、原生態的河洛文化。移民雖然離開了土地,但他們的心沒有離開土地,他們是裹著文化來到新的環境之中。他們絲毫沒有想到放棄原有的文化,他們還時刻想回到原來的土地。

移動的先民無比珍惜祖輩創造的文化,以「慎終追遠」的心情恪守著這份文化。凡是移到新地區的先民族群,守成多於創新。對於農耕時代人們來說,在沒有新的生產方式、新的思想出現之前,固守原有的文化,遠比創新文化重要。正因為移民是從外地遷來的,所以稱為客家人。客家人重視傳統,富於進取,堅忍不拔,對粵文化有很大影響。他們與原有土著人一同開發了嶺南。

古人說「禮失求諸野」,此語不無道理。我們現在要尋求唐宋時期的文化或更早時間的六朝文化,在河洛地區也許難以尋覓,但在南方的山區也許還保存較為完好。大山如同人類大腦中的皺摺,蓄存著古老的文化。所有的大山都是文化沉積帶。歷史的歲月一般難以清洗皺摺中的積垢,積垢中不乏我們需要的東西,那是歷史的記憶。如,河洛的語言、民俗、觀念,都可以在嶺南這塊大地搜尋到中古的遺存。通過科學的方法,我們可以穿越時空的邃道,在嶺南這塊大地再現河洛文化。

南方是河洛古老文化的蓄存器,是延續河洛文化淵海,是河洛文化向海外播化的中轉站。事實上,嶺南地區在接受了河洛文化之後,又把文化傳向海外。從廣東到福建、浙江,沿海地區是中華河洛文化走向世界的起跑線。

嶺南遠離河洛地區,與中華政治中心的都城相隔很遠,所以政治意識淡薄,與河洛等地相比,往往缺乏政治熱情。嶺南在古代是流放官員之地,韓愈曾被貶到潮州。他們雖然在政治上失意,但卻不乏幹事業的熱情。唐代的廣東人張九齡開通了大庾嶺「新道」,使廣東加快了與河洛文化的交流,能不斷地吸收了北方文化。

話又說過來,海外文化,如歐風美雨通過嶺南地區傳到了中華大地,輾轉遞

進到了河洛。從這個意義而言,嶺南文化曾經反哺河洛,為河洛文化的新生作出了貢獻。廣東在明清時期的學術文化有一定的地位。明代陳獻章、王陽明對廣東學術有影響。陳獻章創立學派,又有姚江學派。清中葉、阮元、陳澧在廣東講學。其後,康有為、梁啟超成為學壇巨學。孫中山緊接其後。廣東在近代是中西文化衝撞的橋頭堡,民性活潑,熱情敏感,接受力強,人才輩出。洪秀全是太平天國領袖,康有為、梁啟超領導了戊戌變法,孫中山被稱為「國父」。

河洛人文以尊重和順從自然為重要內容,嶺南人重視駕馭和征服自然。嶺南人梁啟超在《孔子》一文中曾經評論說:孔子終是崇信自然法太過,覺得天行力絕對不可抗,所以總教人順應自然,不甚教人矯正自然,駕馭自然,征服自然。原來人類對於自然界,一面應該順應它,一面應該駕馭它。非順應不能自存,非駕馭不能創造,中國受了知命主義的感化,順應的本領極發達。所以數千年來,經許多災害,民族依然保存,文明依然不墜,這是善於順從的好處。但過於重視天行,創造力自然衰弱,所以雖能保存,卻不能向上,這是中華民族一種大缺點。①

四、從多元視野而言

嶺南文化不是河洛文化的簡單複制。嶺南地區本身就有獨特的文化,是一個文化發生區,是多元大家庭中的一個文化圈。在這個文化圈中,有其獨特的文化層與文化結構。我們在談到河洛文化對嶺南文化影響時,絕不能忽略嶺南先民的創造能力,並且還應當充分肯定嶺南先民的包容性。正是嶺南先民具有「海納百川,有容乃大」的海洋胸襟,才使得嶺南成為具有伸縮性極強的文化。如果說中華根繁於河洛,那麼,我們可以說中華文化葉茂於嶺南。

嶺南又可以細分為幾個文化圈。嶺南包括廣東、海南、廣西的一部分。嶺指大庾嶺、騎田嶺、越域嶺、揭陽嶺、萌諸鄰。在這個遼闊的地域之中,文化形成了相互聯繫的多元文化,如:

嶺南的中心是廣州。廣州位於珠江三角洲北端,珠江水系的東、西、北三江由此匯聚於南海,城區以白雲山和越秀山為依托。這兩座山是從粵北九連山綿

---

① 《飲冰室合集》,中華書局,1989 年,《專集之三十六》,第 25 頁。

延而來,在城區形成東北高、西南低的臺地,南邊有一片沖積平原。廣州冬不冷、夏不熱,屬於南亞熱帶海洋性秀風氣候,雨水充足。今廣州所在地,最早稱為番禺,秦朝在此設番禺城,作為南海郡冶。秦末漢初,趙佗在此建南越國,築趙佗城。城區在越秀山與珠江古河之間,依山疊石為臺,週迴十裏,氣勢很大。起初,嶺南設有交州,州治從廣信縣遷到番禺,東吳在交州東部析置廣州,於是,番禺兼有了廣州之名。宋代,廣州城擴大,分為中、東、西三城。明代將三城合併,並有所拓展,當時在越秀山建有鎮海樓,以壯景觀。廣州是華南的重鎮,是一個河港兼海港的城市,其興盛與交通貿易有很大關係。唐宋以後,海上通道使廣州與世界有了密切聯繫。明清以來,西方文化從嶺南登陸,廣州是改革開放的前沿窗口。廣州人靈活敏銳,對新生事物接受快,具有很大的活力。

佛山市緊鄰廣州,是珠江三角洲北部的名城。傳聞在唐代時有人在此掘得佛像,故名佛山。明清時商業發達,與湖北的漢口、河南的朱仙、江西的景德鎮合稱四大名鎮,清人稱「北則京師,南則佛山,東則蘇州,西則漢口」為「天下四聚」。佛山的祖廟很有名,僑民出海必到祖廟燒香禮佛,以求平安。祖廟的靈應祠供奉著真武帝銅像。祖廟是佛教、道教、民間宗教融合的文化遺存。反映了粵人對文化的統納性。

在廣東第二條大河——韓江岸邊,發展起兩座城市,一座是韓江西岸的潮州,另一座是韓江入海處的汕頭。其間又形成了潮州文化與汕頭文化。這兩處人能吃苦,擅經商,把文化帶到了海外。

廣東江門市新會週邊一百公裏範圍內,產生了康有為、梁啟超、孫中山等近代精英。這不是偶然,是近代社會嶺南經濟文化發展的必然。在世界現代化的進程中,最早接受歐風美雨的廣東必然出大思想家。新會有較深厚的文化土壤,南宋末年在此地有過激烈的大戰,元朝軍隊把南宋皇帝逼得跳海。陸秀夫、文天祥的事蹟在當地頗有影響。明代還出了陳獻章,也是一個敢於懷疑的大學者。

廣西文化的始祖是布山文化。所謂的布山文化,就是河洛夏文化和嶺南粵文化的混合文化。其中有龍母文化,江塔文化,地理風水文化、師公文化、歌圩文化,生殖文化,婚姻文化,服飾文化、民間習俗文化、土攔文化、節日文化、飲食文化、銅鼓文化等。

多元的嶺南居中國最南端,將是支撐中國文化最堅實的大後方,是中華文化

的全部希望所在。我們是文化危機主義者,從歷史學者的眼光看,北方的地氣逐漸減弱,生機不再。中國的希望在南方,可持續發展的機遇也在南方。

　　因此,我們要愛惜嶺南地區一山一水、一草一木,這裡是民族文化所繫。對於這裡的文化,應當是保護重於開發,固守重於創新。如果在創新中把傳統文化變了味,那就是破壞了文化。要精心調查文化資源,歸納文化的元素,打造原生態的文化。

　　（雷學華為中南民族大學教授;王玉德為華中師範大學教授）

我國古文明中有夏一代對中華文化
承先啟後的貢獻

吳疏潭

Abstract：The study of Heluo culture has been carried on for many years and is quite fruitful. Many brilliant ideas have been put forward and they give illuminations for the promotion of Chinese culture. However, little attention has been paid to the study of some dynasties in question；therefore, it is proposed in this paper that Xia dynasty served as a link between past and future in the development of ancient Chinese civilization. The writer humbly looks forward to your advice on the paper.

探索我國文化中儒家思想之源流。必須認知的前提是：儒學之形成，乃承緒中國古文明，經纂整、演繹與引申，以致燦然大備，垂範萬世者也。自溯本追源的角度言，這些古文明中的人文面相，疑古學派，祇肯上溯自「信史時期」肇始的殷商（因有出土的器物可資考證），尚未承認夏朝的史料。

三皇五帝之世，在史學研究領域裏，屬「傳疑時期」，是先民世代口耳相傳的「故事」。若干歷史學者，嘗以「神話」視之。事實上，單靠語言的聲音符號，作為體現「先王」事蹟的唯一溝通方法，，語意誤解、穿鑿附會，甚至誇假杜撰、無中生有的諸多變數，自是不免。然若干地區雖異、卻眾口一詞的說法，倒也頗有可信的成分在焉。最古老的史籍尚書，顯然是靠這些「口傳歷史」始克成書；太史公司馬遷，即是根據尚書暨先秦諸子百家的著作，以及親身遊歷大江南北，作尋根的探訪，博采周諮，寫成「五帝本紀」與「夏本紀」等傳疑時期的史料。

20世紀60年代，河南洛陽附近偃師二裏頭村文化出土，陸續發現與夏代有關的器物，經考證已超越殷商不下千年之久。質言之，夏禹一代，不應再以「神

話」視之，更不應再謂：「並無夏禹其人」。事實上，漢儒劉歆著「三統曆」，請自禹至桀，十四代十七君共 432 年；晚近甲骨文專家，根據出土器物推算，認為大禹係於公元前 2183 年即帝位，至桀亡夏在公元前 1751 年，共 432 年，與劉歆的統計完全符合。

夏代的文化已經進入銅器時代，雖然現在我們出土的銅器還沒有顯著的文字考據，能夠確實證明是夏代的銅器，可是，近代在山西與河南一帶所發現的許多銅器中，我們相信，其中必有夏朝的銅器，而且所謂「禹鑄九鼎」的傳說，經載於各種古史之中，這也可以相信，或者有這樣的故事可資查證。無怠無

我們從夏禹的「治水」、「興農」、「朝萬國」、「定傳子」之局，建「貢賦之制」，劃「九州」，鑄「九鼎」，說明他從披荊斬棘的奮鬥工作，到完成建立一個泱泱大國，這是我們中華民族在歷史上真正建國的開端，從那個時候起，我們有一個版圖。我們的祖先，才能免於洪水之災，安定的生活下來，才能建立一個全面的農業社會，所以梁任公說：夏朝以後才有真正的中國歷史，所以夏之成就值得吾人進一步探索。

堯、舜、禹、湯以至周公、孔子、孫文，被奉為中華道統一脈承襲的代表人物，自各有孕育孔學，並發展為中華文化主軸的無匹貢獻。儘管後世有「非湯武而薄周孔」、「越名教而任自然」如老莊荀墨，或竹林玄學之類異化流派的縱橫肆為，惟仍無礙於儒家思想居中華文化萬古常新的地位。

有夏一代，應是儒學思想源頭得以暢流的關鍵時代。就時間而言，經歷四百多年的朝代，仍能堅守敬天、明德、慎罰、保民等重倫理、行仁政的先王之道，且為儒學孕育成長，建構出可觀的規模；以空間而言，自大禹披九山、通九澤、決九河、定九州等拓疆闢土的勳功懋業之後，將以往部落氏族的原始社會架構，改變為版圖擴大，政權統一的雛形「國家」，而「華夏」之代表中國，仍成後世習用之詞。

探尋夏禹及其後裔對儒學形成的貢獻，自應以大禹服膺並實踐堯舜重倫理、行仁政的言論與作為加以評騭。以政治制度言，唐堯虞舜之世之禪讓制度，是氏族酋長結盟經君主提名選舉產生帝王，而能讓各諸侯信服者，必有賢德盛名。

當舜以禹「克勤於邦，克儉於家，……天下莫能與汝爭能，……天下莫與汝爭功。」為唯一人選著繼帝位時，禹不僅跪拜固辭，且以自己「德罔克，民不依」為由，大力推荐同殿為臣的皋陶：「邁種德（勇於行德），德乃降（普及）。」最後舜以

著毋庸議的口吻說：「毋！惟汝諧。」「不要再說了！祇有你合適」，才成定局。這種謙沖為懷的美德，在卡位攘奪，當仁不讓的現代社會是看不到的了。

夏禹建國之後，被認為傳子之私，而肇「家天下」之制。但事實上，禹有生之年，已安排禪讓帝位於伯益，在東巡殂喪於會稽之時，益曾接位執政，三年之後，始因人民懷念大禹恩德，擁戴禹子啓繼帝位，而啓也頗有賢達之名。伯益乃於三年喪期屆滿，禪讓帝位予啓，自己則隱居箕山之陽。後世不察，竟致夏禹受「阻絕禪讓」的不白之冤，仍有學者，更有以鬥爭觀念，厚誣啓率兵誅殺伯益奪取政權的說法，頗難令人置信。

從既有的史料中，可以發現舜的多位重臣，與大禹議政時，彼此激勵影響，仁德情操溢於言表。這種良性互動，對政經、司法、教育等卓見，為後世修齊治平的理想修養與抱負，提供了系統的脈絡。尚書「舜典」、「大禹謨」、「皋陶謨」、「益稷」等篇，有關制約道德，規範行為等儒家思想源頭的痕跡，俯拾可得。

在政治方面，禹曾向舜晉言：「后克艱厥后，臣克艱厥臣，政乃乂，黎民敏德。」他認為君王與眾臣，如能認知作好君王，作好臣子的職分是很艱難，則必能治理好政事，老百姓也必會勉力修德。

舜的回應是：「嘉言罔攸伏（好意見不埋沒），野無遺賢，萬邦咸寧。稽於眾（重民意），……不虐無告，不廢窮困。」那位曾經與大禹一同治水的伯益則強調：「罔失法度，罔遊於逸，罔淫於樂，任賢勿貳，去邪勿疑。……罔違道以干百姓之譽，罔咈（不違背）百姓以從己之欲。無怠無荒，四夷來王（歸心）。」這是謹守法度，不荒淫逸樂，專任賢能，黜袪邪僻，不沽名釣譽，克己從民的建言，也是他們的為政之道。

禹頗同意益的意見，並請舜多作思考。並隨即提出他的為政的意見：「德為善政，政在養民。……正德、利用、厚生惟和。」明德保民的理念於焉可見。

政經話題之外，君臣之間又嘗涉及司法事務。舜提出了垂範後世的名言：「明於五刑，以弼五教。期於予治，刑期於無刑。」後世中外法界，無不崇尚「刑期無刑」的法治創見。

對舜禹兩代均有極大貢獻的皋陶，更有重人權、倡人道的法治觀念：「帝德罔愆，臨下以簡，御眾以寬。罰弗及嗣，賞延於世。宥過無大（誤犯者可寬恕），刑故無小（故意犯小罪也要判刑）。罪疑惟輕（判刑可輕可重者，從輕），功疑惟

重,好生之德,洽於民心。」。處於尚未完全脫離原始社會型態的先賢們,能有如此睿智的刑罰觀念,中國古文明進步,於此可見一般。

皋陶的民本思想,也是領先群賢的。他除了強調在上位者「在知人,在安民。」之外,更提出:「天聰明,自我民聰明;天明畏,自我民明威」的卓見,後世儒學「天視自我民視,天聽自我民聽」與「民為貴,社稷次之,君為輕」的民貴思想,正是源自皋陶的智慧哲言。

在禮樂方面,堯帝殂落,百姓如喪考妣。三載,四海遏密八音,百姓為堯服喪三年,如喪父母,並停止一切樂器演奏。有夏一代,仍然遵循此一傳統。至於一般禮儀與音樂的用途,也有不少講究。舜帝在位之時,曾有:「予欲聞六律、五聲、八音、在治忽,以出納五言。」要從音樂聲中考察治亂,聽取各方意見的宣示。周公制禮作樂,乃循此綱要。

夏啟之子太康,不肖乃父祖,沉緬逸樂,遭后羿逐出朝廷。他的五個弟弟,作「五子之歌」,以大禹的告誡,責備太康。其中有:「皇祖有訓,民可近,不可下。民惟邦本,本固邦寧」。以及「今失厥道,亂其紀綱,乃底滅亡。」、「荒墜厥緒,覆宗絕祀。」、「鬱陶乎予心,顏厚有忸怩。弗慎厥德,雖悔可追」等「祖訓」與喪德失國,覆宗絕祀的嚴辭,予以譴責。夏朝第三代遭后羿、寒浞先後篡位,國祚幾乎中斷,後賴少康一旅之師復國,才寫下有夏中興史頁。其後十一代天子,孔甲虐民自專,夏政衰敗,最後一君履癸即是夏桀,誅戮忠臣,荒淫無道,鬧得百姓大喊:「時日曷喪,予及汝偕亡……」,要跟他同歸於盡。湯武順天應人,弔民伐罪,將桀流放,死在南巢。殷商立國之後,中華文化的道統,乃得賡繼發展。

綜觀禹夏一代,工農建設,頗有成就,土地稅收實始的貢法,亦是土地開發利用的新猷,夏曆更是四千年來使用不輟的農曆,是世界發明最早的天文學成果。

夏禹對中華道統之貢獻,具有承先啟後的關鍵作用。除了儒家予以肯定之外,最崇仰大禹的,莫過於墨翟。他的著作中多稱頌夏禹,而莊子、淮南子皆有「墨學出於夏禹」之說,墨子公孟篇:「墨子謂公孟曰:『子法周,而未法夏也,子之古非古也。』頌禹之情,可見一般。

(作者為臺灣中華民族文化藝術交流協會理事長、中華文藝界聯誼會副會長、中國作家藝術家聯盟副會長)

河洛文化與「洛學」及其閩學化略論

王志立

Abstract：In comparison with the others regional cultures，"Huanghe – Luohe culture" has its own identity，It is featured by its origin，inheritance，mainstream and radiation，and Confucianism is its inner core．The Confucianism core of"Huanghe – Luohe culture"has different forms at different times，which is a unique character on the"Huanghe – Luohe culture" genealogy．With alternating of south – north Song dynasty，political and economic center took place the southward shifting，and"the men of HeLuo"migrated to south，"Huanghe – Luohe culture"took place transferring． "Luo culture"gradually changed into"Min culture"．

一、河洛文化的主流性

自古以來，在華夏文化話語系統中，河洛地區始終被認為居於「天下」之中，河洛文化「……是中原文化的核心，也是中華傳統文化的精華和主流。」①

河洛文化的主流特質有其「器物」和「制度」保證。裴李崗文化時期的舞陽賈湖遺址發掘出土文物上帶有大量刻畫符號，「可能同後來商代的甲骨文有某種聯繫」。② 仰韶文化時期的鄭州大河村遺址發掘出土的陶片也有大量刻畫符號。「彩陶上的那些刻畫符號，可以肯定地說就是中國文字的起源，或者中國原始文字的孑遺。」③於省吾直截了當地認為「是文字起源階段所產生的一些簡單

---

① 羅豪才《弘揚傳統文化 推進文化創新》，《人民政協報》2006 年 2 月 27 日。
② 李學勤《文物研究與歷史研究》，《中國文物報》1988 年 3 月 11 日
③ 郭沫若《古代文字之辯證的發展》，《考古學報》1972 年第 1 期。

文字」①。我國最早的成熟文字甲骨文出土於河洛地區的安陽,更是人皆共知的事實。河洛地區一系列古代都城遺址的發現,尤其是屬於夏代中晚期固定的都城遺址的洛陽偃師二裏頭遺址的大規模發掘也為華夏文明找到了源頭。學術界稱之為「迄今所發現的最早的王都的遺址」、「進入文明歷史的新時期」的標志。② 後來十數個王朝在河洛地區建立大一統政權,是的這一地區長期成為政治經濟活動中心,「不為都薊即為重地」。正是有了文字、都城以及較為穩定的社會環境,文化才有了得以孕育發展的「器物」和「制度」保證。從這個意義上說,華夏文化一定時期內實際上就是河洛文化。河洛文化一開始就佔據了華夏文化的主流地位。

河洛地區的文化演變與華夏文化主流演變同步。「河出圖,洛出書,聖人則之」。③「河圖」出現在黃河與伊洛河交匯處,「洛書」出現在洛河中游洛寧縣境內。華夏始祖伏羲受河圖的啟發,繪製八卦,周文王進而推伏羲八卦為六十四卦,是為《周易》。孔子釋《周易》而作《系辭》十篇,是為先秦儒學之濫觴。周公攝政時期,「營洛」,「制禮」,並在洛邑形成「德治」思想,建立禮樂文明,這些對儒學思想的興起功莫大焉。《論語・八佾》說:「周監於二代,鬱鬱乎文哉,吾從周。」可見當時孔子已將商湯文武視為聖人。視周政治文化為上古典範。孔子人生早期,遠赴洛陽向老聃學習「禮」,向萇弘學習「樂」,同時觀先王之遺制。在其人生晚年,週遊處於河洛文化圈的列國,從而萌生、形成並闡發關於人生、社會的系列思想。就中華文明源流而言,「沒有周公不會有武王滅殷後的一統天下;沒有周公不會有傳世的禮樂文明;沒有周公就沒有儒家的歷史淵源,沒有儒家,中國傳統的文明可能是另一種精神狀態。」④而儒學源頭和後世流變幾乎均在河洛地區展開,可以說,河洛文化自始就與儒學同質同構。

先秦儒學內容不夠精煉,體系比較粗糙,論說不夠嚴謹,哲理思辨性不強。更由於漢唐諸儒只注重對孔孟經典的注疏解說,經而有傳,傳而有疏,疏而再注,注而又疏。經典之中一句話,動輒注解上萬言。抱晤一室,往復數百年,卻缺乏

---

① 《關於古文字研究的若干問題》,《文物》1973 年第 3 期。

② 鄭傑祥《新石器時代與夏代文明》,江蘇教育出版社,2005 年,第 446 頁。

③ 《周易・系辭上》。

④ 楊向奎《宗周社會與禮樂文明》,人民出版社,1992 年,第 136 頁。

超越前人的才情與勇氣,以至於儒學日漸衰微。但在此期間,伴隨政治局面分和不定,南北民族相互融合的歷史進程,多元文化之間激蕩競鋒,百舸爭流。東漢明帝年間佛學西來,魏晉時期玄學風行,北魏佛教興盛,唐代道教日隆。華夏文明處於營養豐富,融合發展的良好機遇期。此一時期河洛地區仍是全國政治經濟中心,重大歷史事件、主要政治經濟活動均在這一地區進行。所以儒、釋、道、玄各大學術流派的紛爭融合主要發生地也在河洛地區。該時期的河洛文化樣態,依然體現著華夏文化紛爭融合的主流趨勢。

二、洛學的主流傳承和理論創新

(一)洛學產生的社會條件

洛學為北宋中期程頤、程顥兄弟所創立。因其居住於洛陽伊川,一生主要學術和政治活動均在西京洛陽,所以人們把他們的學術思想稱為「洛學」。洛學的出現既有當時現實社會需要,也有儒學自我發展的內在需求。

唐宋之間,中國歷史出現了五代十國這一段軍閥割據,戰亂紛爭的分裂局面。伴隨「城頭變幻大王旗」的政治亂象的,是倫理綱常的敗壞,宗法制度的廢棄。手握著重兵弒君奪權,文人士大夫「享人之祿、任人之國者,不顧其存亡,皆恬然以苟生為得,非徒不知愧,而反以其得為榮」。① 作為道德力量,儒學越來越沒有感召力和約束力。作為思想學說,急需除舊立新,繼往開來。

儒學本身在秦漢以後日漸衰微的狀況令儒學後人痛心疾首。早在唐朝中期,柳宗元、韓愈就通過發起「文以載道」的古文運動,極力宣導儒學復興。柳宗元主張「興堯舜孔子之道,利安元元」。② 韓愈通過《原道》一文,論證了儒家的君子之道,批駁了佛教的小人之道。系統闡述了從堯舜禹、商湯文武、周公直到孔孟思想學說,並且認為這些正是儒家一以貫之的道統。通過《原性》一文,韓愈論述了性與情、善與惡的關係。韓愈門生李翱寫了《複性書》,論述了性善情惡的觀點。柳宗元、韓愈、李翱關於道統、性情、善惡的觀點開了「洛學」的先河。

北宋建立以後,定首都為開封,定洛陽為西京,河洛處於當時政治經濟文化

---

① 《新五代史》卷三十三《死事傳序》。
② 《寄許京兆孟容書》,《柳宗元集》,人民出版社,1979年,第780頁。

中心。而且有宋一代始終保持寬鬆的文化環境和優待知識階層的政策,書院林立,講學之風盛行。印刷術的發明,儒學典籍得以大量刊行,儒家經書「國初不及四千,今十餘萬。《經傳》、《正義》皆具,⋯⋯斯乃儒者逢辰之幸也。」①而「宋初三先生」、歐陽修、范仲淹等時代知識精英暢言改革、懷疑經傳、自由解經、重新研討儒學典籍的治學思想,以及慶歷年間「學統四起」的現象,也表現出富於憂患意識的學者復興儒學的內在精神追求。

宋朝建立以後,通過杯酒釋兵權等措施,強化中央政權,削弱地方勢力,建立了整套中央集權的政治制度。「⋯⋯本朝鑒五代藩鎮之弊,逐盡奪藩鎮之權,兵也收了,財也收了,賞罰刑政一切收了。」②為了避免出現前朝藩鎮勢力過於膨脹,以至於尾大不掉的局面,統治者需要整頓倫理秩序,強化道德規範。加上北宋始終面臨北方少數民族政權的軍事威脅,民族矛盾比較緊張。在內外雙重壓力之下,北宋統治者開始提倡儒家思想,抬高孔子地位。宋太祖、宋太宗曾親自到國子監祭祀或拜謁文宣王,太祖將貢舉人到國子監拜謁孔子作為定例。太宗恢復了孔氏後人免賦役的特權。宋真宗也於封禪泰山途中到曲阜拜謁孔墓。真宗甚至加諡孔子為「玄聖文宣王」。太祖請王昭素在殿上講《易經》,宰相趙普「半部《論語》治天下」。宋仁宗在位期間的宰相多為儒學門生。表現出統治階級重新建立一套適應並維護專制主義統治的理論體系的急切呼喚。

(二)洛學的「宗儒」

理學是儒學在宋代的階段性表現,在宋代文化中起主導作用,而洛學則是理學最重要的流派。所以洛學的「宗儒」是顯而易見的。

在洛學學派看來:「古之學者一,今之學者三,異端不與焉。一曰文章之學,二曰訓詁之學,三曰儒者之學。欲趨道,舍儒者之學不可。」③就是說古代的學問是統一的,而現代的學問卻分裂為三派。其中「文章之學」批判唐代文化偏重詩詞歌賦,「訓詁之學」批判漢儒治學只能尋章摘句,注經作傳。只有二程自許的「儒者之學」才是學問正途,代表道學正統。程頤又將沉溺於「文章」、「訓詁」和

---

① 《宋史·邢昺傳》。
② 朱熹《朱子語類》卷一二八。
③ 《二程集·遺書卷一八》,中華書局,1981年。

流於「異端」並稱為「學者三弊」,「苟無此三者,則將何歸? 必趨於道矣。」①認為只有剔除這三弊,才能回歸儒學正途。洛學之所以旗幟鮮明地排斥訓詁之學與文章之學,並非人為漢代經學,唐代詩賦造詣不夠精湛。而是因為在二程看來,恰恰是漢代經學和唐代詩賦成就卓著,盛極一時,而導致偏入旁門,離開了孔、孟學說之本意。程頤在《明道先生墓表》中甚至說:「周公沒,聖人之道不行;孟軻死,聖人之學不傳。道不行,百世無善治;學不傳,千載無真儒。無善治,士猶得以明夫善治之道,以淑諸人,以傳諸後;無真儒,天下貿貿焉莫知所之,人欲肆而天理滅矣。先生生千四百年之後,得不傳之學於遺經,志將以斯道覺斯民。」②明確認為漢唐以來百千年間沒有「真儒」產生,儒學正道沒有得到傳承。他們把傳統儒學視為「聖人之學」,表明願意以繼承發揚孔孟所創立的傳統儒學之道為己任,傳「聖人之學」而實現天下「善治」的人生追求。

二程以宗儒為本,自幼讀儒家經典,被稱為儒學道統的繼承人。程頤為學「以《大學》、《語》、《孟》、《中庸》為標指,而達於《六經》」③。二程深入研究了儒家經典,並且對儒學經典重新作了闡釋修正和解說,如《易傳》、《書解》,《大學》、《論語解》、《孟子解》、《中庸解》,或者是運用儒家倫理綱常表述安邦治國的政治思想。從二程志向追求、治學經歷、學術成果等方面看,洛學源於儒而歸於儒,宗儒的本質特點十分鮮明。

(三)洛學的兼收佛道

洛學融匯佛道,借用佛道成熟的理論特長,把體系紊亂、哲理思辨性不強,帶有天命思想的傳統儒學發展到了一個新階段。

宋初學者表現出疑古惑經的勇氣和反對固守前人的治學風尚。這種大膽獨創而不隨便迷信古人的精神對二程影響很大。他們曾說:「信有二般,有信人者,有自信者。如七十子於仲尼,得他言語,便終身守之,然未必知道怎生是,怎生非也,此信於人者也。學者須要自信。既自信,怎生奪亦不得。」④

同時社會上盛行的儒釋道相互融合的思想也為洛學借鑒吸收佛道有用成分

---

① 同上
② 《二程集》,中華書局,1981 年。
③ 《宋史·程頤傳》。
④ 《二程集》,中華書局,1981 年。

提供了可能。「本朝承平時,禪說尤熾,儒釋共駕,異端會同。其間豪傑之士,有欲修明吾說以勝之者,而周張二程出焉,自謂出入於佛老甚久。」①宋儒「目擊佛老濤張幽渺,而聖人之精旨微言,反有所簡而未宣;於是入虎穴,探虎子,闖二氏之室,儀神、儀貌而心性之學出焉。」②「兩宋諸儒,門庭徑路半出於佛老」,③程顥也「出入釋老幾十年」。④ 其實這也正是宋儒的共同特徵,也是社會思潮的主流。當時的佛教道教人士都曾論說三教合一的合理性,還能熟練引用儒學觀點闡發本派思想。道士張伯端認為「教雖分三,道乃歸一」,應該「混而同歸」。⑤佛學大師契嵩主張「儒釋一貫」,把儒家的孝和佛家的戒結合起來,證明佛教也講孝道。⑥ 就連真宗皇帝也認為「釋氏戒律之書與周、孔、荀、孟,跡異而道同」⑦。

　　洛學援道論儒,主要在於吸收改造道教學說中「理」「道」關係。二程洛學超越前人的地方主要在於自覺建立自身哲學體系,「天理」是洛學的全部理論基石。但是洛學「理」這一核心範疇最早是由莊子提出的。洛學還把老子思想中的最高範疇「道」移植到自己的理學體系當中,將「理」「道」並列,「理便是天道也」。⑧ 二程在「返求諸《六經》」之前,曾「出入於老釋者幾十年」。而且非常讚賞道家某些觀點,認為「莊子形容道體之語,盡有好處。老氏『穀神不死』一章最佳。」認為「道」乃「生生之謂易,是天之所以為道也。天只是以生為道,繼此生理者,即是善也。」,「天理雲者,這一個道理,更有甚窮已? 不為堯存,不為桀亡。」⑨

　　洛學援佛論儒,主要在於借用改造佛教的心性學說,尤其是禪宗的心性觀念。宋代許多學者受佛學思想觀念或理論體系的影響很大,「宋儒之學,其入門皆由於禪。」⑩周敦頤曾經跟隨佛印和東林寺常總研究佛法,張載「訪諸釋老之書,累年盡究其說」。⑪ 宋明理學又稱心性學說。「心性」在洛學中佔有重要地

---

①　《習學記言序目》卷四十九。
②　袁枚《小倉山房文案》卷二十一。
③　全祖望說《題真西山集》。
④　《宋史·程顥傳》。
⑤　《悟真篇·序》。
⑥　鐔津文集[M],卷三。
⑦　《景德傳燈錄》序。
⑧　《二程集》,中華書局,1981年
⑨　同上。
⑩　黃綰《明道編》卷一。
⑪　呂大臨《橫渠先生行狀》。

位。洛學在繼承先秦孟子性善論的基礎上,改造吸收了佛教的心性學說,以理為性,建立起洛學獨特的心性論。尤其是禪宗慧能講究「頓悟」,「明心見性」的悟道路徑,對洛學富有啟迪。由於二程「出入釋老幾十年」的治學經歷,對於佛理有關心性的見解頗有感悟。洛學講究「道在自悟」,而非「外求」。「道即性也,若道外尋性,性外尋道,便不是。」強調盡心知性,以心為性,識心見性,心性合一,「只心便是天,盡之便知性,知性便知天,當處便認取,更不可外求。」「性即是理也,所謂理,性是也。天下之理,原其所自,未有不善。」道即性,性即理,從而實現「理」「道」「性」的統一。從體用關係和悟道路徑上洛學與佛教有一定邏輯相通之處。

　　洛學繼承儒學注重道德教化,關注現實人生的思想傳統,基本堅持了對宗教神學的否定態度。雖然二程認為「異教之書,雖小道,必有可觀者焉」,洛學也積極汲取佛道的有益成分,但洛學「宗儒」的本質一以貫之。只不過是提高了運用非理性的宗教學說的理論武器,對宗教進行理性批判的水準和能力。

三、洛學閩學化──主流文化輻射性的有力體現

　　自二程肇始,直到北宋末期,洛學始終處於和其他學派的相互鬥爭之中。尤其是和蘇門蜀學和王安石新學的關係更為緊張。除了學術源流的價值取向,思想論說的邏輯方式不同的因素外,政治權利的鬥爭更是主要原因。出於黨同伐異的需要,元祐更化時期司馬光等當權人物曾經予以洛學大力支持,但時隔未幾就被禁止。洛學「為世大禁,學者膠口無敢複道。」程頤「止四方學者曰:尊所聞,行所知可矣,不必及吾門也。」①不像新學,一開始就受到最高統治者的支持,「獨行於世者六十年」②。也不像關學,在張載有生之年頗為興盛,但張載一死,「再傳何其聊聊」③但是作為有著主流潛質的洛學,創立之後能夠「一時之英才輻輳於其門」④而且弟子薪火相傳,不斷將洛學發展完善。到南宋偏安,洛學更是在南方以其「閩學化」的形式展現出主流文化的強大生命力和影響力。

---

①　《中庸義序》《楊龜山集》正誼堂全書本,第82頁

②　晁公武《郡齋讀書志》卷一上。

③　全祖望《宋元學案序錄》

④　王夫之《張子正蒙注·序論》

　　對洛學「閩學化」做出傑出貢獻的主要是楊時、羅從彥、李侗和朱熹。洛學自二程肇始，因朱熹而集其大成，此間楊時、羅從彥、李侗道統相傳，是洛學「閩學化」不可或缺的人物。「他們遞相傳授，致力於二程洛學的傳播和闡發，為閩學及其思想體系的形成和成熟作了必要的準備。」①楊時更被人稱為「理學大師」、「閩學鼻祖」。

　　楊時就學於程顥，程顥也對楊時另眼高看。楊時學成南歸時，程顥「送之出門，謂坐客曰：『吾道南矣』」②。在二程的高足弟子中，「龜山獨邀省壽。遂為南渡洛學大宗」③。楊時在洛學冷落的時候不改志向，積極傳播二程之學。在洛學南傳過程中，楊時首先發起對新學的猛烈批評，將北宋滅亡的根本原因歸結為新學以及王安石的新法。同時大力宣導洛學，以致「士大夫尊信其學者漸眾」④。更重要的，楊時能夠根據二程遺訓，加以闡發，著書立說，講學東林，盡力擴大洛學影響。

　　羅從彥師從楊時，期間遠赴洛陽就學程頤，南歸後終生從學楊時，「盡得龜山不傳之秘」⑤。這樣的求學經歷使得羅從彥掌握洛學正宗，並能繼往開來。康熙皇帝禦書匾額「奧學清節」。

　　二程洛學和閩學合稱程朱理學，從其學術流變來看，經朱熹之手集於大成的閩學是洛學的發展頂峰，代表洛學的最高成就。朱熹理學是對宋代理學思想的融會貫通，對於周敦頤、邵雍、程顥、程頤等人的思想繼承關係更是直接的，他以周敦頤所提倡的無極、太極和二程提出的理作為他的哲學體系的基本範疇。⑥理論結構宏大，邏輯縝密，真正稱得上傳統學術裏面最完備的哲學體系。

　　就其與洛學關係密切的思想而言，首先把洛學天理論發展為體系完整的「理氣論」。他是第一個系統解決理氣關係的哲學家。「理氣論」是朱熹的理論基礎，理與氣的關係問題是這一理論的核心。朱熹認為「有是理，便有是氣，但理是本。」⑦也就是說，理是本，氣是末。理與氣是本體與現象的關係。另外「理

　①　劉樹勳《閩學源流》，福建教育出版社，1993 年。
　②　《二程集》，中華書局，1981 年。
　③　全祖望《宋元學案序錄》。
　④　《楊龜山先生集》卷十九。
　⑤　張伯行《重刻羅先生集序》，《羅豫章先生集》卷首。
　⑥　任繼愈《中國哲學史》，人民出版社，1979 年。
　⑦　《朱子語類》卷一。

與氣本無先後之可言,推上去時,卻如理在先,氣在後相似。」①在理氣動靜關係上,「太極理也,動靜氣也。……蓋一動一靜,而太極之妙未嘗不在焉。」②認為理無動靜,而氣有動靜。

在認識論方面,關於「格物致知」,認為「格物,致知,只是一個。」③屬於一個認識過程的兩個方面,統一於一個認識過程中。認識主體通過「格物」,達到「致知」。致知的途徑在於長期積累,最後「豁然貫通」。

與洛學相比,朱熹在心性學說上更加完備。認為現實的人性總是天命之性與氣質之性的統一。並且系統論述了「心」這一概念,「心者人之知覺,主於身而應於物者也」。④ 並且把「心」分為「道心」和「人心」。進一步論述了心與性、情的關係,提出「心統性情」的觀點,「性者心之理,情者心之動,心者性情之主也」。尤其值得一提的,朱熹將洛學天理人欲的關係推到絕對對立的位置,明「天理人欲」之辨的結果,就是要求「存天理,滅人欲」。這個主張為歷代封建統治階級所提倡,在歷史上成為阻礙人性健康發展的一大理論惡果。

（作者為中共河南省委黨校講師、鄭州大學歷史學院在讀博士）

參考書目:

1. 張允熠《中國文化與馬克思主義》,陝西教育出版社,1999 年。

2. 陳直鍔《北宋文化史述論》,中國社會科學出版社, 1992 年。

3. 徐遠和《洛學源流》,齊魯書社,1987 年。

4. 侯外廬《宋明理學史》,人民出版社,1984 年。

5. 程有為《河洛文化概論》,河南人民出版社,2007 年。

6. 陳來《古代宗教與倫理——儒家思想的根源》,三聯書店,1996 年版。

7. 周桂鈿《秦漢思想史》,河北人民出版社,2000 年。

---

① 《朱子語類》卷一。
② 《朱子語類》卷九四。
③ 同上,卷一五。
④ 《朱文公文集》卷六五。

周易的和諧精神和茶文化

朴文鉉

Abstract:This paper mainly sheds lights on the idea of the tea culture by mainly focusing on the I ching's Harmony(和諧), which affects on the development of the Confucianism, Buddhism, and Taoism. The spirit of 『the way of tea(茶道), tends to be diluted by the commercialization and the materialism in the modern society. This essay could be the self-reflection of the current situation around the tea culture.

This paper will interpret processing tea(製茶), steaming tea (煎茶), and drinking tea (飲茶) with the hexagrams (卦) in I ching. I ching functions as a symbol to interpret the ideology of tea, and as a ladder that leads tea to the state of Tao. Understanding I ching, one of the Humanities in East Asia, is one way to lead this world to Harmony(和諧) and uplift the level of the tea culture.

如果把周易看做一個巨大的有機整體,那麼一個卦就是 64 卦這一有機整體的構成部分,一個爻就是 384 爻這一有機整體的構成部分。因此,某一個爻的變化會影響整體的變化,某一卦的變化也會對 64 卦全體造成影響。但是,從宇宙全體來看,處於這些相互緊密有機關系中的單獨個體的變化,是在實現均衡的同時變化的。周易中的均衡、和諧可通過乾坤陰陽的交感,從 64 卦全體中體現出來。

1. 陸羽和周易 :風山漸卦

把周易和茶文化中體現的和諧精神聯系起來看之前,我們不能不提到《茶經》的作者陸羽和周易的關系。陸羽(733～804)是一個僧侶從河邊帶回來養大的,因此他無從知道自己的姓和名。由於他喜歡周易,於是通過占卦來找到他的

姓名。占卦結果是水山蹇卦,可能是對蹇卦本身不太滿意,他選擇了水山蹇卦的
上六爻變爻後的之卦風山漸卦。

　　漸卦上是象徵風或樹木的巽卦,下是象徵山的艮卦,是逐漸嚮上飛起的漸進
的卦。這卦不能固定在一地,是居無定所到處漂泊的不安定的候鳥的象。因此
這一卦的爻辭中,出現了候鳥大雁。陸羽占卦獲得的水山蹇卦的上六之卦的變
爻就是風山漸卦的上九爻。他從「鴻漸於陸,其羽可用爲儀,吉」中找到了他的
姓名。陸羽把『鴻漸於陸』中的『陸』定爲姓,把『其羽可用爲儀』中的『羽』選爲
自己的名,並把大雁高飛的『鴻漸』定爲他的字。上爻是分散的大雁聚集排成隊
列在高空飛翔,作爲離太陽最近的象,在六爻中是最吉祥的,並且比其他卦的平
凡的吉爻要更加吉祥。把此爻注釋爲「完美模範人生在以他爲典範敬仰的地上
人間發出耀眼光芒」,指的不正是寫下《茶經》而成爲茶聖受萬人尊敬,直到今天
仍作爲我們茶文化中耀眼的光芒而存在的陸羽嗎?

　　2. 火和風:火風鼎卦

　　把通過自然提示人生道路的周易哲學作爲人生指南的陸羽,在《茶經》的四
之器中引用周易表達了和諧精神。陸羽把水、風和火用周易的卦來加以說明。
凡三足,古文書二十一字,一足云:,坎上巽下離於中,一足云:體均五行去百
疾一足云:聖唐滅胡明年鑄」火爐內做個坎,設成三個隔板。其中一隔板上畫野
雞,野雞是象徵火的鳥,所以畫火的卦即離卦。另一隔板上畫豹子,豹子是起風
的獸類,因此畫象徵風的巽卦。最後一個隔板上畫魚,魚是水中生活的動物,因
此畫坎卦。巽卦主宰風,離卦主宰火,坎卦主宰水。風能引火,火能煮水,於是有
了這樣的三個卦。

　　這就是說,水、火和風達到和諧的狀態時,就能得到合口味的茶。因爲茶是
只要有合口味的水泡來喝就行的了。煮水指的是水和火相遇。水和火要和平地
相遇,火的調節即火候很重要。風就象徵著調節火的火候。

　　如此看來,我們可以知道,陸羽在火爐中畫水、火和風的周易卦並不是單純
地想告訴我們水、火和風是泡茶時重要的三要素。火和風要很好地相遇,火候才
能得到調節,因此火和風的關系很重要。在周易中有說明火風關系的卦火風鼎
卦,這就像是鍋的卦。這卦的上卦是離卦,下卦是巽卦。離象徵著火,巽指的是
風或樹木。可以看做是火在樹木上燃燒,風在煽火的狀態。火必須有樹木才能

燃燒,燃燒的火若有風便能加大它的氣勢。火和樹木以及風是氣息相通的要素,是互相必要地存在,也是爲了某個目的的必要存在。而當他們各自樂在其職時,便有出色合作的結果,即和諧的形成。這樣一連串的呼應合作的和諧狀態用鼎來表現,把它和茶事聯系起來思考是有意義的。

3. 茶和生命力

周易表現了生命不絕的創達和創化,代表卦是地雷復卦。復卦上是坤卦,下是震卦。即地下有雷的象,五個陰下麵有一個陽。位於消息卦中坤卦之後,指的是冬至。冬至是一個陽最初移動的時候,象徵的是天地生成萬物的心情。復卦展現了天地萬物的生成,因此很多易學者把它作為詩加以讚揚。看看邵康節的詩.。「冬至子之半 天心无改移 一陽初動處 萬物未生時 玄酒味方淡 大音聲正希 此言如不信 更請問包羲。」

《大觀茶論》中把像雀舌或米粒的茶芽作為最好的鬥品,這就是剛產生的陽氣,就類似復卦中一陽的氣韻。且摘茶葉就是在夜深後晨曦初起的黎明之際,這時間和冬至的節氣一樣,是一天中陽的氣韻剛剛生成的時間,正像這詩中所說的光亮剛剛移動的時候。這時水的味道清淡,充滿生機。把綠茶而不是發酵茶放到茶罐後,用適當的開水泡上 2~3 分鐘,這時再看茶罐,可看到雀舌活現靈動的樣子。乾癟成赤褐色的茶葉在舌中伸縮變成淡綠色,讓人不禁想到這就是重生,這就是復活。原以為去年春天摘下製成的茶葉已經死了,過了一年後,卻仍像當時春天摘的一樣,原來的顏色又回來了。「地雷復卦」的初爻一陽的光亮在茶罐中復活了。像山地剝卦的上爻一陽在黑暗中的重地坤卦的地下埋藏後因地雷復而再生一樣,看到綠茶經過了黑暗的沉潛,再次以淡綠色重生,變回綠茶,我們不禁對大自然的神秘感到驚歎。由此我們大概就知道為什麼周易說「天地之大德曰生」了吧。

4. 水和火 : 水火既濟卦

圃隱鄭夢周是性理學者,他喜愛讀周易並愛喝茶。他寫的詩中,有一首叫《讀易》,這就是他在泡茶時寫的詩。「石鼎湯初沸,風爐火發紅,坎離天地用,即此意無窮,以我方寸包乾坤,優遊三十六宮春,眼前認取畫前易,回首包羲迹已陳」

圃隱泡茶時觀察鍋依火而熱,從而煮開水。他研究性理學的要諦,周易的原

理已經36年了,卻仍無法透徹地理解周易的原理。後來他看到風爐中的火煮水,從中看到了周易64卦中的亮點——水火既濟卦。在腦中縈繞的水火既濟卦就出現在了眼前。

圃隱從鍋中的水和風爐中看到八卦中的水火,想起說卦傳中說過水火不相射的話。水和火在五行中是水火相剋的,而在這裏,不僅不是互相傷害的,反而可以認為是互相幫助的關係。周易中,水在上火在下的卦稱之為水火既濟,象徵著完結和完遂。水有向下流的特性,火有往上燃的特性。水在上,心卻向下,火在下,心卻向上,因此水和火相見,互相交錯。並且水放在鍋裏,在下生火的話,水和火的氣韻就相互結合,起著煮熟東西的作用。可見水火既濟卦象徵著各自得到恰當的位置,互相合作的和諧狀態。

煮水的氣韻最合適的時候稱之為經熟。經熟是煮的水本身對流作用消失的狀態。經熟指煮沸的水完全受熱或煮水時使水完全煮沸。這指的是經過超過萬物的分的純熟,再繼續加熱純熟的湯水結熟以後,達到聽不到任何聲音的境地。周易的既濟卦是水升火降,即象徵著水的氣韻向下,火的氣韻向上相遇的對流作用。這時陰氣和陽氣既相互對立,又通過對立達到和諧統一。如果說煮茶水時,結熟相當於陰陽動盪的水火既濟卦,那麼受熱後進入靜的狀態的經熟就相當於水和火互換位置等待新的出發的水火未濟卦。因此周易就暫以未濟卦結束了64卦。

5. 茶和水的和諧:風水渙卦與山雷頤卦

受熱後經熟的湯放在茶壺裏等2~3分鐘,然後成為茶體的湯水中會發出茶別有風味的神氣在水全體中擴散開來,這就稱之為茶神。這茶神和茶體要很好地彌漫開來才能合口味。這合口味的茶確實能使我們的口中大感驚喜和涼爽,成為三昧之一。這裏所說的茶神就像《老子》中說穀神不死時的山谷一樣,意味著茶的神秘。周易中「陰陽不測之謂神」中的神起的就是使萬物充滿奧妙的作用。朱子說這是「形容不能奧妙地捉摸或認識的東西」。對朱子來說,神不是氣本身,而是氣的精英。水的氣韻和茶的氣韻在茶壺中相遇創造出的奧妙就是茶神。這也是陰氣和陽氣的相遇。由於陰氣和陽氣相遇後形成的變化令人無法捉摸,因此稱之為神。

讓我們用周易來解釋它吧。茶在五行中屬木,湯屬水。因此茶是巽卦水是

坎卦,於是形成了風水渙卦。渙卦中的「渙」指像雪融化慢慢散開一樣,遇到糾結的問題是時像雪融化一樣去解開,不要著急。尤其上卦巽又意味著風和樹木,因此渙卦是樹木浮在水上的形象。由此我們可以類推出茶和水相協調從而產生妙用。渙卦象徵風在水面吹。意味著風把水面上蒙著的灰塵和其他渾濁骯髒的東西都吹幹淨的狀態。收拾掉髒東西,水就變得清澈乾淨,掀起波浪時曾停滯腐敗的水面會再次充滿生機。

風水渙卦中的互卦是山雷頤卦。這是水和茶相遇時形成的內容。山雷頤卦的解釋如下。卦辭中說「頤,貞吉,觀頤自求口實」。頤卦的下卦震是移動的卦,上卦艮是靜止的卦。嘴是以下唇動,上唇壓擠的方式動。因此頤卦象徵下巴,是和吃的,喂的和說的相關聯的卦。下麵的三個爻描寫自己的養育,且是身體上的養育。上面的三個爻描寫其他人的養育和照顧,而且是精神上的高層次的養育和照顧。我們吃東西來養身體,積累修養來培養精神。水和茶葉相遇形成的茶就像君子一樣,無一點邪氣,因此茶使我們的頭腦清晰,全身爽快。許俊的《東醫寶鑑》中也說它「使頭腦和眼睛清晰靈敏,解渴,減少睡眠,解毒」。作為『風水渙』卦無絲毫邪氣的茶,又作為『山雷頤』卦培養了我們的身心。

6. 結束語

周易的均衡、和諧的面貌是通過乾坤陰陽的交感在全部 64 卦上表現出來的。这篇论文是想从儒、佛、道思想的根底说明爲它们的发展做出不少贡献的,以《周易》的和谐精神爲中心的茶文化的精神世界。希望这样的工作能成爲对到了现代茶的精神性即茶道被物質的商業性的波浪所冲掉致使它的光被退色,进行反省的机会。

现在的韩国从物質上看很丰富,可是和先進国家比起來文化水平还是落后。韩国社會正在被阶层、理念、地域、世代的纠葛而折磨,所以我們所期待的真正的人的社會正被纠葛、脆弱的社會结构所遲滯。先進国家也經歷了激烈的社會纠葛,但他们是依靠全社會所擁有的文化资源來克服的。我們要以能消除阶层、理念、地域、世代等纠葛的总体资源來瞩目东洋的傳统文化,尤其是茶文化。东洋的根本思想儒、佛、道对茶文化的形成起了很大的作用,其中周易的思想也成了茶文化的精神支柱。唐代的茶圣陆羽也是从周易的風山漸卦上找到了自己的姓名,由此可见周易和茶文化有着密切的关系。特别是如同羹的味道好就是

因爲放了用各種各樣的食料才好吃一樣,周易的和谐精神也是滲透於茶文化,使茶進入道的境地。水和火相遇而形成的和谐的茶水開的声音成了天籟,茶和水相遇而形成的颜色和香味使我們進入仙境。所以我們用含有自然規律的周易的地雷復卦、火風鼎卦、水火既濟卦、火水未濟卦、風水渙卦及山雷來解释製茶、煎茶和飲茶。周易以解释茶的精神世界的象征來起了作用,并成了把茶引到道的境地的梯子。朝鲜的丁若鏞説過:「不會喝茶的民族會灭亡。」我們应该更加深刻地认识东方的人文學説,尤其是周易,從而更加提高茶文化的水平,把有纠葛的这个社會建设成和谐的社會。

（作者韓國東義大學教授）

參考書目:

1.《茶經》。

2.《東茶頌》。

3.《大觀茶論》。

4. 金吉子譯註《中國茶詩》,玄岩社,1999 年。

5. 郭信焕《周易的理解》,曙光社,2003 年。

6. 南晚星譯《周易》,玄岩社,1972 年。

7. 賴功歐《茶哲叡智》,光明日報出版社,1999 年。

8. 成百曉譯《周易傳義》上下,傳統文化研究會,1998 年。

9. 李允熙譯《周易參同契闡幽》,驪江出版社,1989 年。

10. 崔凡述《韓國的茶道》,寶蓮閣,1980 年。

11. 鄭英善《茶道哲學》,廣岩,2000。

12. 朴文鉉《周易與氣功》,韓國精神科學學會志,第 4 卷第 2 號,韓國精神科學學會,2000 年。

從《周易》卦爻辭看商周婚姻狀況

劉玉娥

Abstract：Starting from the study of the ballad of Gua Yao in Book of Changes, the paper discusses the marital status in Shang and Zhou dynasties, including not only the relic in ancient times such as marriage by capture, group marriage, but also the marriage customs in Shang and Zhou dynasties, namely, incest between the son and his father's concubines, maid escorting bride to new home, polygyny, May to December marriage, and divorce. With discussing the marital status mentioned in Book of Changes, it is helpful to understand and study further the custom of marriage in Shang and Zhou dynasties.

商周時期，是由父權制完全確立但又存留着母系社會遺風的一個歷史的過渡階段。這時期的婚姻禮俗呈現出豐富多彩性，既有遠古社會的遺風流韵，也有周代獨有的特色；既有父母之命、媒妁之言的婚嫁，辭中也涉及的婚姻狀況研究，既可以瞭解商周時期婚姻方面的大致情況，又能窺視上古婚姻一些遺風遺俗。因此，研究《周易》卦爻辭中涉及的婚姻狀況，是很有意義的事情。

一、古代搶婚制遺風留存

在中國古代從母系向父系社會轉變時，用武力搶婚的方式曾經盛行一時。最初是那些氏族或部落的頭人、酋長、大家族長以及勇敢善戰的武士，利用當時部落之間頻繁的戰爭機會，把戰争中掠奪來的婦女，强制作爲自己的妻室，視之如奴婢。甲骨文中的妻字都從手，像長髮女子被人用手捉住，壓迫、跪跽，呈現屈服狀。古代女即奴字，這些都反映出妻最初可能較多是從其他部落、氏族擄掠而

來,地位等同於奴隸。這是最早的情況,後來,一些有地位和權勢的男子,開始傚法那些首領或武士,不僅從敵對的部落中掠奪婦女,而且對傳統的通婚氏族,也采取搶妻的手段,於是,搶婚逐漸發展成爲某些部落的一種婚姻形式。

《周易》爻辭多處提到「匪寇婚媾」的搶婚現象。如《賁·象辭》:「六四,當位,疑也。匪寇婚媾,終无尤也。」象辭作者認爲,從六四的情況看,雖然是正當的事,却仍有懷疑。不過,這不是强盜搶掠而是前來搶婚。於是,疑慮冰釋,終無灾禍。再如《屯·六二》:「屯如邅如,乘馬班如。匪寇婚媾,女子貞不字,十年乃字。」初起艱難,仿徨不前。乘馬的人接踵而至,但他們不是賊寇而是求婚者。女子貞静自守,不急於出嫁,再過十年才締結良緣。《六四》:「乘馬班如,求婚媾。往吉,無不利。」來者並非爲了劫奪,而是爲了謀求婚姻,因此前往没有什麽不吉利。《上六》:「乘馬班如,泣血漣如。」「泣血漣如」有兩解:一種認爲這次搶婚没有成功,乘馬的人雖接踵而來,但一個個都落得泣血傷懷,泪流不止。另一種認爲,是女子被掠奪成婚,哭泣反抗,乘馬盤旋不前,哭的泪如雨下。不管具體文字如何解釋,但透出來的是搶婚的信息。《睽·上九》:「睽孤,見豕負涂,載鬼一車,先張之弧,後説之弧,匪寇婚媾,往遇雨則吉。」象曰:「遇雨之吉,群疑亡也。」睽卦是象徵離散的,《上九》的爻辭説明主人孤獨寂寞,仿佛看見一頭猪滿身污泥,一輛大車滿載惡鬼奔馳而過,先是張弓欲射,後又放下箭來,原來不是賊寇,而是求婚者的隊伍。搶婚遇雨,冲掉了足迹,無法被女家追趕,所以吉利。《儀禮·士昏禮》記載,男方去迎親時,要坐黑色蓬帳的車,稱作「墨車」,男方迎親的人要全部穿黑色的衣服,這些規定其實都是搶婚制的遺俗。我們可以想象那些求婚的男子乘車馬而來,車上的人都是一色的黑色裝備,手裏還拿着武器。既然婚禮與「掠奪」有關,當然黄昏時舉行最爲適宜。我們從文字的演變也可以看出這種搶婚的迹象。娶字原作「取」,甲骨文中像一人手持斧對女,威懾之,使之馴服。也從側面反映出娶妻捕獲、擄掠的性質。作爲婚姻的「婚」原只寫作「昏」,女字旁是後來加上去的。《禮記·經解》云:「昏姻之禮,所以明男女之别也。」男女結親爲什麽稱作「昏」? 這大概就是因爲古代迎親多是在黄昏時進行的。那麽,爲什麽婚禮要定在黄昏時分舉行呢? 許慎在《説文·女部》「婚」字下解釋説:「禮,娶婦以昏時。婦人陰也,故曰婚。」女性屬陰,故而婚禮放在黄昏之時,這種解釋似乎有些牽强,其實婚禮定在黄昏舉行,不過是上古搶婚制的遺風

留俗。娶婦以昏時者,是因爲黃昏時光綫昏闇不清,便於搶婚者偷襲搶劫。《詩經》亦多有「昏以爲期」的記載。如《陳風・東門之楊》:「昏以爲期,明星煌煌。」《小雅・我行其野》:「昏姻之故,言就爾居……昏姻之故,言就爾宿。」《邶風・谷風》:「宴爾新昏,不我屑以。」大概都是上古黃昏時搶婚制遺風留俗在字體上的演變。

二、媾婚制

從《周易》卦爻辭中看出,我國古代在婚姻形式方面留存有媾婚形式。何謂媾婚?依據《說文》所解:「媾,重婚也。」這裏許慎所說的重婚並非今天意義上的停妻再娶或私奔再嫁,而是指氏族間的男女群相互爲婚,是族外男女群重疊交互爲婚姻的一種婚姻形式。《周易》爻辭多處說到媾婚。如《震・上六》爻辭:「震索索,視矍矍,征兇。震不於其躬,於其鄰,无咎。婚媾有言。」《屯・六二》:「屯如邅如,乘馬班如,匪寇婚媾。」又《六四》:「乘馬班如,求婚媾,無不利。」這裏都說到「婚媾」,應是當時一種很普遍的婚姻形式。《賁・六四》:「賁如皤如。白馬翰如,匪寇婚媾。」修飾的那樣素雅,乘坐着雪白的駿馬,奔馳前來的並非是搶劫的強盜,而是前來求婚的人。《左傳》也有「婚媾姻亞」的記載。於此可見,媾婚也是古代的一種婚姻習俗。

三、一夫多妻制

在婚姻方面,古代還存在着「烝」和「媵」等一夫多妻的制度。何謂烝、媵?兒子收納父親的妾謂之烝,一女出嫁,姐妹或隨侍陪嫁,謂之媵。《左傳・莊公二十八年》記載:「晉獻公娶於賈,無子。烝於齊薑,生秦穆夫人及太子申生。」齊薑是晉武公的妾,獻公是武公的兒子,獻公收了父親的妾妃,並生了秦穆夫人及太子申生。可見當時不僅存在「烝」,而且還比較普遍。所謂「媵」,其本意是陪送,即把姊妹或家奴作爲陪送,隨嫡夫人一起出嫁。這些陪嫁的女子或男性奴隸、僕從統稱爲「媵」。《公羊傳・莊公十九年》記載:「諸侯娶一國,則二國往媵制,以姪、娣從。姪者何?兄之子也。娣者何?弟也。諸侯一娶九女。」「九女」是禮制的規定數目,實際上諸侯佔有和奴役的女子遠遠超過這個規定數目。相傳文王有百子,可以想見他擁有多少后妃。《大雅・思齊》載「大姒嗣徽音,則百

斯男。」大姒是文王的皇后,「百男」應該是包括衆妃所生之子。《爾雅・釋親》:
「女子同出,先生爲姒,後生爲娣。」在西周時期,天子和諸侯的婚配一直盛行着
「媵」的制度。一夫多妻制在《周易》爻辭中也多有記載。如《剥・六五》:「貫
魚,以宮人寵,無不利。」象曰:「以宮人寵,終无尤也。」宮女魚貫而入承寵於君
王,真實反映出商周時期的多妻制。《歸妹・初九》:「歸妹以娣,跛能履,征吉。」
象曰:「歸妹以娣,以恒也。跛能履吉,相承也。」帝乙嫁女時,又以次女陪嫁,妹
妹從嫁作側室,只要遵守婦道,仍然吉利。又《六三》:「歸妹以須,反歸以娣。」象
曰:「歸妹以須,未當也。」少女嫁出後亟欲成正室,應當反歸以待時,仍然嫁作側
室。《六五》:「帝乙歸妹,其君之袂,不如其娣之袂良,月幾望,吉。」象曰:「帝乙
歸妹,不如其娣之袂良也。其位在中,以貴行也。」這裏是説帝乙嫁女於周文王,
出嫁姐姐的衣飾却不如隨嫁妹妹的衣飾,表明位尊守中,以高貴之身行謙卑之
事。成親日期選在月亮將圓之時,是吉祥的。另外如《鼎・初六》:「鼎顛趾,利
出否,得妾以其子,无咎。」《遯・九三》:「係遯,有疾厲,畜臣妾吉。」象曰:「係遯
之厲,有疾憊也。畜臣妾吉,不可大事也。」也都言及畜妾生子之事,而且認爲是
吉利的。

氽、媵、娣、妊隨嫁的婚姻狀況一直延續到春秋時代。如《詩經・大雅・韓
奕》:「韓侯娶妻⋯⋯諸娣從之,祈祈如雲。韓侯顧之,爛其盈門。」寫到韓侯娶
妻,諸娣從嫁如雲的盛況。朱熹《詩集傳》釋云:「諸侯一娶九女,二國媵之,皆有
娣妊也。」韓侯娶妻,隨嫁的娣妊「祈祈如雲」,「爛其盈門」,何其多也。諸侯之
子娶於國中,貴家大族聯姻公室,同樣有一大群娣、妊隨嫁。這裏説的都是姊妹
隨嫁的媵婚。媵婚制盛行於商周時期,是一個女子出嫁,衆姊妹或奴僕隨嫁的婚
姻禮俗制度。

四、老夫少妻

在婚姻的年齡方面,古代不僅存在着年長男子娶少女,而且也允許年長婦人
嫁少壯男人的習俗。《周易》裏面有明確記載。如《大過・九二》:「枯楊生稊,老
夫得其女妻,無不利。」《九五》:「枯楊生華,老婦得其士夫,无咎無譽。」枯萎的楊
樹上長出了嫩芽新枝,年邁老漢娶了一個年少妻子,這不會有什麼不利。同樣枯
萎的楊樹上長出了花朵,年邁老婦嫁給一個少壯丈夫,也沒有什麼灾禍,但是也

不值得稱道。《大過·象辭》:「老夫女妻,過以相遇也……枯楊生華,何可久也?……老婦士夫,亦可醜也。」認為夫老妻少,過失在於陰陽失調,行為欠妥。枯槁的楊樹即使開了花,生機也很難長久。以此比喻年老的婦人嫁了年輕的丈夫,行為有失莊重,終歸不會長久。《姤》卦辭亦云:「女壯,勿用取女。」認為女子過於強壯,不宜娶為妻。由此可以看出,周人在婚姻的年齡方面,雖沒有強制性的規定,允許不同年齡階段的人締結婚姻,但傾向性却是非常明顯的。老夫娶少婦,老婦嫁壯男,雖不為人們所稱道,亦非多數人行為,但作為婚姻的一種習俗一直延續到今日,即使在 21 世紀的今天,在婚姻方面仍然有不少老年男子娶少婦,也有年老婦人嫁給少壯男子作妻的情況存在。不過,後者畢竟為極少數。社會常見的情況多是老年男子娶少女,而老年婦人嫁少男的則不多見。

五、婚姻裂痕與重德

周代注重禮樂文明,在婚姻方面也充分體現出「禮」和「義」的制約作用,把「禮」和「義」看成是夫妻關係中最重要和最根本的特徵,雖承認「飲食男女,人之大欲存焉。」但同時又把婚姻看成是「合二姓之好,上以事宗廟,下以繼後世」的宗族繁盛的大事。因此,可以説周代婚姻是一種在「禮」、「義」的嚴格規範下的純宗法,為宗族服務的婚姻。它要求婚姻當事人必須按照宗族利益以及社會規定的「義」來運行,人們對男女之情的追求,影響到家族利益的時候,必須放棄個人情感服從家族利益。雖然如此,但婚姻畢竟是個人的事情,而且夫妻長年生活在一起,如果雙方性格、愛好、旨趣差距太大,肯定會產生嚴重的摩擦和矛盾,使婚姻不和諧。所以在《周易》爻辭中,有夫妻反目成仇的記載,《詩經》中也記載有大量「棄婦詩」,反映出婚姻家庭中出現的問題。總體説周代婚姻是比較看重德行的,如《周易》中的《恒·六五》爻辭:「恒其德,貞婦人,吉。」長久保持柔順訓從的德行,女人可以獲得吉祥。《恒·象辭》解釋云:「婦人貞吉,從一而終,夫子制義,從婦兇也。占卜婦人之事,可獲吉祥。」女子獲得吉祥,是因為從一而終。由此可以看出,在周代已有了明顯的男尊女卑的思想傾向。再如《蒙·九二》爻辭:「納婦吉,子克家。」娶了賢淑的妻子吉祥,生了兒子也能够治家。又《蒙·六三》:「勿用娶女;見金夫,不有躬,無攸利。」象曰:「勿用娶女,行不順也。」強調不要娶那種見了有錢的人就不顧體統的女人。因為,這樣的女人不守

禮儀,難保節操。所以,這種婚事有害無益,一旦勢變無錢必然離异。

　　婚姻就其特徵而言,充滿變量,是一個很復雜的矛盾體。由於生活是不斷變化的,婚姻也會不斷發生變化。從《周易》的《大過》、《震》、《漸》等爻辭看,其中有反映夫妻反目的,有看重金錢輕視情愫的,有女子之間相互嫉妒的,等等。如《小畜・九三》:「輿説輻,夫妻反目。」象曰:「夫妻反目,不能正室也。」作者用車輪與輻條相脱離,形容夫妻的反目離异。《漸・九三》:「鴻漸於陸,夫征不復,婦孕不育,兇;利禦寇。」象曰:「夫征不復,離群醜也。婦孕不育,失其道也。利用禦寇,順相保也。」鴻雁飛行漸進於小山,預示丈夫出征一去不復返,妻子懷孕却不生育,必有兇險,宜於防禦賊寇。妻子懷孕不孕育,可能有失婦道,所以對禦寇有利。《革・象辭》:「革,水火相息,二女同居,其志不相得。」認爲水火相息不相容,如同兩個女子同住一起侍奉一人,志趣各异,必起衝突。《睽・彖辭》亦有記載:「睽,火動而上,澤動而下;二女同居,其志不同行。」睽,象徵對立,火焰燃燒向上,澤水流動向下,自然形成對立。好比兩女同室共侍一夫,情意相背而其情勢必然妒忌,心志不同而行爲各异。衆女共侍一夫的相互嫉妒和煎熬,反映出多妻婚姻的不幸。

六、婚姻儀禮

　　中華民族是一個重禮的民族,婚禮起源很早,史傳伏羲氏時就有了制儷皮之禮。古代以獸皮爲貨幣,儷皮爲禮,實爲酬女子父母養育女子之回報,也是女子身價之標明,商周時仍保存這一遺風。西周時期婚禮除納徵用元纁、束帛、儷皮之外,還有納採、問名、納吉等禮儀。婚禮必有媒氏以交通二家,依媒氏介紹而後舉行禮節。其禮節程序如下:「凡娶女先由夫家托男子贄物於媒氏,納於女家之父,謂之納採;女方及承諾,則問女之名,謂之問名;媒氏歸於夫家而卜其吉凶,若吉,則更遣使告之於女父,謂之納吉;納吉之式既終,則納元纁十端,獸皮二枚於女父,爲納婚之約信,謂之納征;由是自夫家請求婚禮之期日,謂之請期;至期爲婿者着禮服,乘黑車,往女家親迎其婦,謂之親迎。」①這就是所謂的周之婚姻「六禮」。其實周代的婚姻「六禮」只是在王侯之間通行,以示婚姻的莊重。而民間

---

　　①　張亮採《中國風俗史》,第24頁。商務印書館,1915。

一般不實行完整的「六禮」，而只有「三禮」，包括男方執財物向女方家求婚，經過核對八字，問卜吉凶，然後由男方派專人到女方家請求確定婚期，到時由新郎親到女家迎娶完婚，而且強調婚禮進行要適時。從《詩經》所言「九十其儀」來看，在舉行婚禮的過程中，其儀式是十分繁瑣的。在《周易》爻辭中也多處提及婚姻的儀式，如《泰·六五》：「帝乙歸妹，以祉元吉。」象曰：「以祉元吉，中以行願也。」帝乙適時嫁出少女，以此獲得福祉，吉祥。《漸·上九》爻辭：「鴻漸於逵，其羽可用為儀，吉。」象曰：「其羽可用為儀，吉；不可亂也。」婚姻的儀式用大雁的羽毛做裝飾，可稱吉祥，但不可由此惑亂素潔的心志。《歸妹·上六》：「女承筐無實，士刲羊無血，無攸利。」婚禮儀式上，新娘捧着筐，但筐中無物。新郎以刀宰羊，但羊不流血。這應是婚禮上的一種儀式。《坎·六四》：「樽酒簋貳，用缶，納約自牖，終无咎。」用一樽薄酒，兩簋淡食，瓦缶盛着禮品，通過窗口接納信約，終無災禍。強調了婦德謹慎的一面。

　　婚姻關係種族、家庭、事業，因此周人十分看重婚禮。《齊風·南山》：「藝麻如之何？衡從其畝。取妻如之何？必告父母。既曰告止，曷又鞠止！析薪如之何？匪斧不克。取妻如之何？匪媒不得。既曰得止，曷又極止！」一方面強調婚姻需要遵從父母之命，媒妁之言。另一方面要求一旦成婚，不得隨意毀婚，以保証家庭的穩固。所以，《豳風·東山》有：「之子於歸，皇駁其馬。親結其縭，九十其儀。」在女子出嫁離家時，母親親自為女兒結上佩巾，反復叮嚀一些話，要求女兒到了夫家守禮有節。《儀禮·士昏禮》說，「女子出嫁時，父送女，命之曰：戒之敬之，夙夜毋違命。母施衿結帨。曰：勉之敬之，夙夜無違宮事。庶母及門內施鞶，申之以父母之命。命之曰：敬恭聽從爾父母之言，夙夜無愆。」父母告誡女兒，要遵守禮儀，早晚勤事灑掃，不要有過錯。這應為上流社會所遵循的婚禮儀式。與《東山》詩中的「親結其縭」之禮可以相互映証，說明在當時，女子出嫁之時，母親要為女兒親自佩戴禮巾，接受父母的訓命。「九十其儀」表明父母對女兒婚姻的重視，不厭其煩，千叮嚀萬囑咐，生怕女兒有差錯，以遭受婚姻變故。於是，長此下來，「結縭」就成了一種婚禮儀式。

（作者為鄭州師範學院教授）

參考書目：

［1］朱熹《周易注》,古籍出版社,1987 年。

［2］楊伯峻《春秋左傳注》,中華書局,1990 年。

［3］《禮記·昏義》,《十三經注疏》,中華書局,1980 年。

［4］朱熹《詩經集注》,光緒乙巳新鎸《奎壁詩經》,登郡文成生梓行。

生態環境的嬗變與河洛文化的源起和早期勃興略論

張　強

Abstract：The early ecological environment of HuangHe and LuoHe river zone was greatly different from now. With the evolution of ecological environment, powerful tribes and early countries were established on the zone of HuangHe and LuoHe river, which provided the material basis and the political guarantee for the formation and development of the HuangHe － LuoHe culture. HuangHe － LuoHe culture was originated from the periods of "SanHuang" and "WuDi", and Xia, Shang and Zhou Dynasty is the early booming period of "HuangHe － LuoHe culture". The factor of the ecological environment played one of the most vital role in the generation and prosperity of "HuangHe － LuoHe culture".

　　河洛文化作為中華傳統文化的核心,與三皇五帝有著深刻的歷史淵源。「昔三代之君,皆在河洛之間,故嵩高為中嶽。」「昔唐人都河東,殷人都河內,周人都河南。夫三河在天下之中,若鼎足,王者所更居也,建國各數百千歲。」①太史公所記,更明確的指出了河洛文化源起及勃興期之地區所在。就三皇五帝的起源和夏商周三朝的建立,學者曾從政治、經濟和文化等諸方面做出過解讀。實際上,在我們先人活動的早期,生產力水準是極其低下的,先人對生態環境的依賴程度、生態環境因素對社會形態的影響程度都是巨大的。以氣候波動為主而引發的環境變化,使史前和夏商周時期的河洛地區表現出與現今極大不同的生

---

① 《史記·封禪書》、《史記·貨殖列傳》,中華書局,1982 年 11 月。

態環境因素。生態環境因素的變化對華夏文明的源起和發展產生了重要的影響。李根蟠在談到經濟史的研究過程中,生態環境因素的作用時曾指出:「人類回歸自然,自然進入歷史。」①對河洛文化的歷史發展,從生態環境因素方面進行重新解讀便成為本文之趣旨。

一、夏朝以前河洛地區的生態環境狀況與河洛文化之源起

傳說中的三皇五帝時期是和考古學上的新石器時代相對應的。大抵距今10000年左右是新石器時代的開始,此時地球史上最後一次冰期結束後,出現了全球性的距今8500～3000年之間的「全新世氣候最適宜期」。這一時期學術界也稱為「全新世大暖期」,由於這個時期和仰韶文化時期有某些聯繫,還被我國學者稱為「仰韶溫暖期」。全新世大暖期延續時間長達5500年,正好和黃河中下游地區的裴李崗文化、仰紹文化、龍山文化、夏商王朝的時代相對應。全新世大暖期的氣候特徵在上世紀七十年代就為竺可楨所初步揭示:「在近五千年中的最初二千年,即從仰紹文化到安陽殷墟,大部分時間的年平均溫度高於現在2℃左右。一月溫度大約比現在高3℃～5℃。」②滿志敏依據施雅風等的研究,將這一階段的氣候波動劃分為四個階段:在距今約8500～7200年的氣候不穩定期;距今7200～6000年的大暖期鼎盛階段,氣候表現為穩定的溫濕階段;在距今6000～5000年的全新世大暖期氣候波動劇烈期;距今5000～3000年是大暖期的後期,前一千年氣候波動和緩,距今4000年前後溫度開始下降。

其中,距今7200～6000年大暖期的鼎盛期,我國古代的各地區都出現了暖濕的氣候,植被生長空前茂盛。「寒溫帶的北方林群落主要由落葉松組成,在大暖期的鼎盛時期的南界移動到北緯50°左右,比現代的北界偏北2個維度左右。」「在中國的大部平均氣溫較現代升高2.5℃左右,西部的資料較少一些,估計在3℃～4℃」。③ 這一氣候特徵對中華民族的早期文明產生了重要的影響。

就具體地區來講,在全新世大暖期「河姆渡地區古氣候主要要素值為:年平均氣溫約19℃～20℃(高於現代3℃～4℃),最冷月平均氣溫10℃～11℃(高於

① 李根蟠《环境史視野與經濟史研究——以农史爲中心的思考》,《南開大學學報》2006年 第2期。
② 竺可楨《中國近五千年氣候變遷的初步研究》,《中國科學》1973年2期。
③ 滿志敏《中國歷史時期氣候變化研究》,山東教育出版社,2009年3月,頁95～105。

現在 6℃ ~7℃)，≥10℃ 活動積溫約 6500℃ (高於現代 1400℃)，年降水量約 1600 ~ 1800mm (多於現代 300 ~ 500mm)。」氣候「大致與現今福州一帶相近，相當於氣候帶較今北移 4 ~ 5 個維度。」①有學者指出，全新世大暖期整個長江流域「氣候變化導致的海面上升對長江下游河段徑流的頂托作用導致河流上溯以及地面排水不暢，導致洪水發生頻率加大以及洪水災害程度的加強，以至於出現『小水大災』的現象。」②这些研究表明，長江流域全新世大暖期相對酷熱的氣候條件和生態環境因素對原始農業生產的開展是不利的。西部地區由於地勢較高，且起伏較大，自西向東形成巨大的溫度和濕度梯度。在全新世大暖期的鼎盛期，森林和森林草原帶雖向西遷移了 3 ~ 4 個經度，③但這種變化只是開展畜牧業生產的範圍的擴大，早期農耕文明在西部地區的開展還是極為困難的。北部地區面臨著和西部地區同樣的情況。「當堯之時，水逆行，氾濫於中國，蛇龍居之，民無所定。」④這其中「水逆行」甚為關鍵，這種「水逆行」是否和上述全新世大暖期氣候變化所導致的海平面上升有關雖有待討論，但從一定程度上提示我們，歷史上著名的堯時大洪水時期，東部的海岱地區可能面臨著更為嚴重的洪澇災害。而裴李崗文化所在的中原地區平均氣溫要比現今高 2℃—3℃，年降水量高出 600 毫米。⑤ 此時原始聚落的週圍有廣闊的蒿屬草原，附近的崗丘或山坡上，有著稀疏的麻櫟、栗、核桃、榛等組成的落葉闊葉林，林下或溝坎、斷崖邊，生長著酸棗、檉柳等灌木，草原和林中時有鹿、麂、野兔、野豬等動物出沒，湖沼及河灣等水面上，魚、蚌、螺、龜、鱉、鱷在水中遊弋，獐、麇不時在岸邊飲水，鶴鳥在空中鳴叫。整个中原地區表現出不同於現今的氣溫和降水量，與現今的長江流域相似。裴李崗文化的這一時期「黃河流域氣候溫暖濕潤、環境優越。黃河中下游地區在全新世既有土壤的形成又有黃土的堆積，距今 8500 年至 3100 年溫暖濕潤，生物成壤作用旺盛。」⑥全新世大暖期濕潤氣候所帶來的豐沛的降水量同

---

① 周子康等《全新世溫暖期河姆渡地區古植被和古氣候的重建研究》，《地理科學》1994 年第 14 卷第 4 期，頁 367。
② 張強等《長江三角洲地區 1 萬年以來洪水與氣候變化的關係》，《海洋地質與第四紀地質》2003 年第 23 卷第 3 期。
③ 滿志敏《中國歷史時期氣候變化研究》，山東教育出版社，2009 年，頁 101。
④ 楊伯峻《孟子譯注·滕文公下》，中華書局，1990 年。
⑤ 張居中《環境與裴李崗文化》，《環境考古研究》第一輯，科學出版社 1991 年，頁 122 ~ 129。
⑥ 王暉，黃春長《商末黃河中游氣候環境的變化與社會變遷》，《史學月刊》，2002(1)。

時保證了《尚書.禹貢》所記載的華北地區的古湖群的形成。六千年前的仰紹文化薑寨遺址出土了大批的動物骨骼,有獼猴、中華鼢鼠、鹿;還發現有草魚、鯉魚、鶴、兔、水鳥的骨骼,說明全新世大暖期的晚期黃河流域鳥獸蟲魚很多,有著良好的生物鏈。河南龍山文化早期的姊娌遺址一墓葬中,一男性青年遺骸手臂上帶有象牙箍,①龍山文化時期喜暖動物大象牙齒的出土為當時的暖濕氣候環境狀況提供了證明。

　　生態環境因素作為早期農業生產過程中的最為重要因素,對農業的起源和發展有著極大的影響。全新世大暖期適宜的氣候為早期人類生活資料的獲取方式由採集業和獵取業向農耕文明發展提供了客觀條件。李菲所做的考古學研究表明②:在渭河上游的大地灣文化時期(距今7800～7000年)已出現出定居文化的特徵。裴李崗遺址③考古所發現的大量窖穴、陶穴及出土的豐富的石器和陶器說明定居文化在新石器時期的河南地區已經出現。歷史文獻的記載也為此時的河洛地區定居文化的出現提供了佐證,《史記・五帝本紀》、《史記・封禪書》、《世本》等記載,黃帝時代,中原地區已開始作宮室、制衣服、營殯葬、制曆法、作舟車等。一旦人類實現了定居這種生活方式,那麼技術水準要求相對較低的旱耕農業就自然成為農耕方式的首選。正如德國哲學家黑格爾認為的那樣,在極熱和極寒的地帶是找不到世界歷史民族地盤的,因為這些地方的酷熱或嚴寒使人類不能作自由運動。河洛地區在全新世大暖期擁有較其他地區更為適宜氣候條件和生態因素,這就使我們的祖先率先在這裏走出蒙昧、跨入文明的門檻;以旱耕農業為主的農耕文明首先在這裏開始在起源並迅速發展。神農氏「作耒耜,始教民耕農。」④「軒轅乃修德振兵,治五氣,藝五種,撫萬民,度四方……」⑤(裴駰《集解》引鄭玄曰「五種:黍、稷、菽、麥、稻。」)帝堯時「乃命羲、和,敬順昊天,數法日月星辰,敬授民時。」⑥由神農氏「始教民耕農」到黃帝時的「治五氣,

① 河南省文物管理局,水利部小浪底水庫樞紐建設管理局移民局《黃河小浪底水庫文物考古報告集》黃河水利出版社,1998年。
② 黃丕遠《中國歷史氣候變化》,山東科技出版社,1996年。
③ 李友謀《裴李崗文化發現十年》,《中原文物》1989年第3期。
④ 皇甫謐《帝王世紀・帝王世紀第一》,齊魯書社,2010年,頁4。
⑤ 《史記・五帝本紀》中華書局,1982年。
⑥ 《史記・五帝本紀》,中華書局,1982年。

蓺五種」再到堯時「羲、和」的「敬授民時」,明顯的可以看出原始農業的發展規模在不斷地增大,生產的組織形式也變得越來越複雜,整個農業生產過程也越來越重視自然環境因素的作用。(需要說明的是,全新世大暖期良好的生態環境因素是允許稻作農業等其他耕種形式的①,但旱作農業由於耕作方式相對簡單、生產所要求的技術含量相對較低,作為農耕文明的最初形式理應是當時農業生產的主體形式。)

　　全新世大暖期河洛地區良好的生態環境因素,為該區農業經濟的發展提供了堅實的基礎,而經濟的發展為催生政治權利提供了支撐。依據經濟的支持,華夏的始祖——三皇五帝,先後在河洛地區建立起了國家的初級形式——族落或部落。有了初級的政治權利形式,與這種政治權利形式相適應的文化形態便自然的產生了。就河洛文化的產生過程來看,環境因素是通過影響與其直接相關的諸如農作物生長、植被變化等人類社會生存必要條件,進而產生對社會的影響的。可以這樣認為,生態環境因素對河洛文化的影響機制是:生態環境→經濟→社會組織結構→文化形態。

二、生態環境的嬗變與河洛文化在夏商周時期的勃興

　　夏、商時期正處於全新世大暖期的晚期,此時的古氣候出現了較大的波動。正如前文所述的那樣,在全新世大暖期的晚期前一千年氣候波動和緩,在距今4200～4000年間,農業界線由原來的北緯36.5°左右南退到北緯35.5°左右,氣溫和降水量均出現了明顯的下降,②但總的來說此時的氣候還是以相對溫暖濕潤為基本特徵。河南淅川下王崗遺址的考古發現有水鹿和軸鹿等現見於熱帶地區的動物標本,下王崗遺址文化層中出土的動物種類共有9種,喜暖的動物占22.22%,喜寒的動物占11.11%,其餘為適應性較強的動物占66.66%。③對河南偃師二裏頭遺址環境考古孢粉分析表明:偃師二裏頭遺址一期氣候溫暖濕潤、二期屬溫涼濕潤氣候、第三期明顯顯示出氣候轉涼而乾燥的跡像。洛陽皂角樹

---

①　王星光、徐栩《新石器時代粟稻混作區初探》,《中國農史》2003.3,p3。

②　張丕遠主編《中國歷史氣候變化》,山東科學技術出版社,1996年。

③　賈蘭坡、張振標《河南淅川下王崗遺址中的動物群》,《文物》1977年第6期。

二裏頭文化層孢粉分析結果也顯示出與上述相類似的結果。① 夏代時的氣候，表現出比現在的中原地區更為溫暖濕潤的特點。商代從其建立到西元前 11 世紀的滅亡，正好位於中國全新世大暖期的終止前夕。殷墟考古發現，在殷商時期有獐、竹鼠、犀牛、大象等中小型和大型熱帶和亞熱帶動物出沒；在我國已絕跡現僅見於東南亞熱帶森林中的貘和聖水牛在考古中也有發現；②特別需要強調的是雉科的原雞和鱘魚兩種現僅見於長江以南地區的動物，也在殷墟考古中被發現。③ 熱帶和亞熱帶動物在殷墟考古中的發現直接的證明了殷商時期中原地區的氣候特點，孢粉研究也表明殷商時期亞熱帶北界應較現在北移 2 ~ 3 個緯度，整個河洛地區應處在亞熱帶的範圍。

上述全新世大暖期的溫濕氣候一直維持到距今 3000 年左右才開始逐漸出現衰落，在距今 3200 ~ 2900 年商代末期又有一個明顯的降溫過程，年平均氣溫較前期跌落 1℃左右④，在公元前 1000 年左右氣溫減低到最低點。考古學成果同時顯示西周時期動物種類已趨向單調，水鹿、軸鹿、犀牛、亞洲象等喜熱動物此時開始南遷。文獻記載武王伐紂時期是犀牛和大象成群退出黃河流域的關鍵時期。西周中晚期的夏季乾旱、冬季寒冷是周代氣候變化的另一特點，「宣王元年，不籍千畝，虢文公諫而不聽。天下大旱，二年不雨，至六年乃雨。」⑤武王伐紂時「陰寒雨雪十餘日，深丈餘。」⑥周孝王時長江、漢水等江河凍結⑦的文獻記載為殷末周初的氣候轉冷提供了作證。需要說明的是，周朝早期的寒冷情況沒有延長多久，到了東周時期氣溫又出現了回升⑧。《左傳》往往提到，山東魯國過冬，冰房得不到冰。此外，象竹子、梅樹這樣的亞熱帶植物，在《左傳》和《詩經》中也常常被提及。

就商朝來講，其興起和頻繁遷都也和生態環境因素有著密切的聯繫，強盛的

---

① 王星光《黃河中下游地區生態環境變遷與夏代的興起和嬗變探索》，《鄭州大學博士論文》2003 年。

② 德日進等《安陽殷墟之哺乳動物群》，《中國古生物雜志》丙種第十二號，第一冊，1936 年。

③ 鄒逸麟《黃淮海平原歷史地理》，安徽教育出版社，1997 年。

④ 施雅風《中國全新世大暖期氣候與環境》，海洋出版社，1992 年。

⑤ 《帝王世紀》，錢保塘《帝王世紀續補》引《詩・雲漢》正義，齊魯書社 2010 年第一版 p77。

⑥ 《太平禦覽》卷 12 引《金匱》。

⑦ 方詩銘《古本竹書紀年輯正》，上海古籍出版社，1981 年。

⑧ 竺可楨《中國近五千年氣候變遷的初步研究》，《中國科學》1973 年 2 期。

商王朝在全新世大暖期的尾聲中崛起後,正是由於王城所都地區生態環境的不斷惡化,盤庚才做出將生態環境因素相對優越的「殷」「用永地於新邑」歷史性選擇的。① 殷商末期的全新世大暖期後期的明顯降溫事件,也為周朝推翻商朝提供了客觀條件。

周於關中地區的興起及中後期東都洛陽的興建也是和生態環境因素息息相關的。在周的早期,一旦出現氣候轉冷的情況,西北地區遊牧民族的生存空間就會被大大的壓縮,狄人紛紛沿東南方向向內地遷移。古公亶父時期,「狄人攻之,以皮幣事之不得免焉,又事之玉帛不得免焉,又事之犬馬不得免焉,遂策杖而去,逾梁山,止於岐山之陽,邑於周地,故始改國曰周。」②以原始農業為主要生產方式的先周「逾梁山,止於岐山之陽」,應該是生態環境因素的改變造成梁山之陰旱耕農業生產開展越來越困難和狄人沿東南方向內移綜合作用的結果。「而公劉適邠,大王、王季在岐,文王作豐,武王制鎬,……」③文獻記載表明,周都城在周朝發展過程中一步步向東遷移。考慮到殷末的降溫事件,用生態環境因素的變化,是可以對周都城東移的史實予以合理解釋的。

河洛文化在河洛地區得以發展所應考慮的另外一個重要因素是河洛地區特有的地理因素。從人類的生存和發展的角度來看,人類定居地的選擇要考慮的主要要素是(1)生態環境因素所支持的經濟要素;(2)地理環境所可能提供的戰爭安全環境;(3)一定的社會群體所提供的政治安全環境。

都邑作為政權的政治中心,在建造過程中更是要對上述諸因素進行深入的考察。古代諸王朝都邑的選擇從某種程度上講,就是上述因素博弈的結果。在這些因素的博弈過程中地理條件始終是作為一個重要因素加以考慮的,「國有三守:卑辭重幣以服之,弱國之守也;修備以待戰,敵國之守也;循山川之險而固之,僻國之守也。」④「關中自汧、雍以東之河、華,膏壤沃野千裏,自虞夏之貢以為上田,而公劉適邠,大王、王季在岐,文王作豐,武王制鎬,……」「故關中之地,於天下三分之一,而人眾不過什三;量其富,什居其六。」⑤關中地區良好的生態環

① 李民《殷虛的生態環境與盤庚遷殷》,《歷史研究》1991 年第 1 期。

② 皇甫謐《帝王世紀》,《帝王世紀第五周》,齊魯書社,2010 年。

③ 《史記·貨殖列傳》中華書局,1982 年。

④ 袁 宏點校《逸周書》卷十《武紀解第六十八》,齊魯書社,2010 年。

⑤ 《史記·貨殖列傳》,中華書局,1982 年。

境因素首先為周王朝的建立提供了農業經濟上的支持,「鎬京」相對安全的地理環境條件也是「武王制鎬」的另一主要原因。

所以,不論從農業經濟發展,還是從戰爭安全的角度上來講,沒有比河洛地區更為理想的都城之地了,再加上自夏代以來河洛地區為「天下之中」傳統思想,終於使周公做出「乃作大邑成周於土中」①的抉擇。

夏、商、周王朝作為一種政治權利形式相繼河洛地區建立起來以後,為穩定國家政權就必須有一定的文化形態來凝聚民族的團結。河洛文化形態為滿足凝聚民族的團結的政治訴求,便逐步發展起來。河洛文化在其發展過程中,明顯體現出夏、商、周三族文化融和的特徵。在制度上、文化上夏、商、周雖有些許差異,但在內涵上卻表現出一定的延續性。《論語‧為政》談到的「殷因於夏禮,所損益,可知也;周因於殷禮,所損益,可知也。」《论语‧八佾》記孔子曰「周監乎二代,郁郁乎文哉!」均顯示出河洛文化發展過程中一脈相承的特點。李民先生《河洛文化與〈尚書‧洪範〉》②的研究也揭示出河洛文化發展過程中的歷史傳承性及周朝在河洛文化發展過程中的重要作用。《尚書大傳》所載「周公攝政,一年救亂,二年克殷,三年踐奄,四年建侯衛,五年營成周,六年制禮作樂,七年致政成王,北面就群臣之位。」雖有學者對周公旦「制禮作樂」提出異議③,但周代確為河洛文化以穩定形式出現的關鍵時期,河洛文化的的基本部分是在周朝得到確立的應該是學界的共識。從一定意義上講,周朝的建立也是中華民族的傳統文化核心文化——河洛文化得以確立。可以這樣說,相較於前期文化的緣起來講,河洛文化在周朝得到了迅速發展。

綜上,河洛文化作為一種文化形態是伴隨著政治權利中心的形成而逐漸發展起來的。在河洛文化形成過程中,生態環境、政治權利、文化形態三者相互影響,相互作用,體現出極強的辯證性。我們可以這樣認為,就河洛文化的早期發展來看,其勃興是伴隨著強大政治權利中心夏、商、周三朝建立而逐步實現的。

(作者為鄭州大學歷史學院教授)

---

① 袁宏點校《逸周書》卷五《作雒解第四十八》,齊魯書社,2010 年。
② 李民《河洛文化與〈尚書‧洪範〉》,《光明日報》2004 年 9 月 14 日。
③ 楊天宇《略論〈周禮〉的成書年代與真偽》,《鄭州大學學報》2004.4。

中央研究院對河洛文化保護
和研究的貢獻

郭勝強　李雪山

Abstract：It was more badly in Henan Province where many wars broke out. In 1928, the Chinese Central Academe（CCA）which Cai yuanpei was the director founded and began to protect the historical and cultural heritage. The History and Language Institute of CCA took measures to primarily protect and research the He – Luo culture in the presiding of Fu Si – nian who was the superintendent of it. The main projects related to the investigation, protection and research to 3 – Style – Word Stele Inscriptions of Luoyang, Yin Ruins of Anyang and the Zhou gong Measuring Shadow Dais of Dengfeng. It was very outstanding to excavate and research Yin Ruins of Anyang. In the tough environment, the great work was uninterrupted and lasted 10 years from 1928 to 1937 when the Anti – Japan War broke out. It was made of 15 times great excavations. After the Anti – Japan War broke out, The History and Language Institute of CCA made significant contributions to protecting Chinese excellent culture heritage by elaborately escorting the Oracle Bones and bronze wares which were valuable unearthed relics and excavated material to the southwest China.

中國歷史悠久,文化燦爛,幾千年連續不斷的文明史是世界上任何國家都無法比擬的。自 13 世紀《馬可·波羅遊記》風行歐洲以來,西方人漸漸認識了中國,在對中國文明的羨慕嚮往的同時,也產生了嫉妒佔有的欲望。

鴉片戰爭西方殖民者以炮艦打開了中國的大門,中國的珍貴歷史文物開始遭受了空前的浩劫。當時的途徑主要有三,一是帝國主義列強從明火執仗的公

然搶掠;二是來華的外國人從中國偷走的;三是外國人勾結當時的反動軍閥和奸商以極低的價格買下。

中原地區是中國古代文明的搖籃,河洛文化是中國古代文化精華,近代飽經戰亂的中原地區歷史文化遺產損失破壞尤為嚴重。洛陽地區的青銅器、瓷器、雕塑,安陽殷墟的甲骨文、青銅器,南陽地區的漢畫像石等,都慘遭掠奪和破壞。

據調查截止到目前,國家文物部門已掌握了 70 餘件流失龍門石窟文物的具體下落,集中在日本、美國、加拿大、法國、英國、瑞典等國,其中流失到日本的最多。安陽殷墟共出土甲骨文約 12 萬片,其中有 3 萬多片流失海外,也集中在上述國家。

1928 年以蔡元培為院長的中央研究院成立,下設歷史語言研究所,由傅斯年出任所長。中研院史語所成立後,即開始了對我國珍貴歷史文化遺產的研究和保護。中原地區的河洛文化成為首選重點,其中主要專案有對河洛文化腹地的洛陽三體石經、登封周公測影臺和河洛文化重要組成部分北部邊緣地區的安陽殷墟調查、發掘、保護和研究等。

當時傅斯年聘請河南南陽人、廣州中山大學教授董作賓為史語所編輯員,先期進行調查,為大規範開展工作做準備。時董作賓正在故鄉休假,遂應聘史語所並邀請對河南歷史地理很有研究的前輩學者張嘉謀一同北上展開調查。

洛陽三體石經是三國魏齊王曹芳正始二年(241),由嵇康等人用古文、小篆與隸書三種書體書寫刻立的《尚書》、《春秋》、《左傳》等經文,原碑石共有 28 塊立在太學講堂西側,史稱「正始石經」,又稱「三體石經」或「魏石經」。刊刻石經的目的是「以弘儒訓,以重儒教」,後毀於戰火。清光緒二十二年(1896)有人最先在洛陽東郊漢魏故城太學遺址獲得石徑殘石一方,存字僅 11 行。

1922 年冬,太學遺址附近的村民朱某在棉田中掘出一大一小兩塊石經殘石,大塊陽面刻《尚書》兩篇文字,陰面刻《春秋》經文,這就是赫赫有名的魏三體石經尚書春秋殘石,俗稱「大三體」。大三體出土後,為洛陽古董商購得,因碑石過大運輸不便,就雇石工連夜鑿開,鑿開前拓得 10 多份。「大三本」拓片極為珍貴,著名學者、書法家、收藏家徐森玉、馬衡、許光宇、於右任、羅振玉等各有收藏。開始 50 元購得一份,一年後於右任以 270 元得一份,再後來,羅振玉以 500 元購得一紙。

由於三體石經碑石出土不多,董作賓很快就搞清了其出土、流傳和收藏的脈絡,調查任務也就完成了。當時洛陽一帶兵匪猖獗,就沒再多停留,離開洛陽北渡黄河,取道輝縣、衛輝北上到達安陽進行殷墟甲骨文的調查。

自1899年王懿榮發現了甲骨文以後,原來幾文錢一斤的龍骨「身價倍增」,一下子成為一個字就價值幾兩紋銀的「珍寶」。暴利驅使人們都紛紛挖掘出售甲骨,在挖掘過程中許多完整的龜甲被損壞,更多很有學術價值的小片甲骨都被隨便丟掉。同時,也嚴重破壞了地下文化堆積的層次關係,擾亂了甲骨與其它共出文物之間的聯繫,許多很有價值的陶器、石器、骨蚌器和人骨等都被破壞拋棄。

村民挖到甲骨後賣給古董商人,古董商人再高價出售給學者們和一些文人雅士。一時間搜購、收藏和研究甲骨文成為一種時尚。在華的外國人也當然不會放棄這個機會,都紛紛加入收售甲骨的行列,如英國浸禮教駐青州(今山東益都)傳教士庫壽齡、美國長老會駐山東濰縣傳教士方法斂、德國人衛禮賢、英國人金璋、日本人林泰輔、加拿大長老會駐安陽傳教士明義士等。方法斂和庫壽齡合作,在濰縣買到大量的甲骨文高價販賣到英國、美國的一些博物館和高等院校,獲得豐厚的利潤。

對國家的珍貴歷史文化遺產遭到破壞和流失海外,不少有識之士都感到無比痛心。由國家文化機構進行殷墟發掘,加強殷墟甲骨文的保護,也是當務之急。

但在當時由於甲骨文發現以來近30年大量的出土,以至不少人都認為安陽殷墟小屯地下甲骨已經不多了,甲骨學家羅振玉就認為「小屯地下寶藏一空矣」。古董商為牟取暴利,更是大造甲骨已告罄的輿論。殷墟到底還有沒有甲骨,也就是殷墟還有沒有發掘價值,董作賓此行至關重要。

董作賓到達安陽後,先找當地的文化教育界人士安陽十一中校長張尚德瞭解情況,還走訪了安陽的幾家古董店。一家叫「遵古齋」的古董商王嘉瑞告訴董作賓,現在還有很多甲骨出土,就在當年(1928)春天也曾出土了一大宗。

之後,董作賓一行前往小屯進行實地考察,訪問了當地的一位私塾先生閻金聲,閻介紹了近年出土甲骨的情況,並讓學生回家拿甲骨片來。村民聽說有人收購甲骨文還以為是古董商又來了,不少婦女兒童過來把他們團團圍住出售甲骨。從村民的口中知道,經常有古董商到村中購買甲骨,只要片大字多,古董商出價

都很高,小屯村民幾乎家家都有甲骨。

接著,又請當地的小孩為嚮導,帶著他們到出甲骨文的地方考察,在洹水西岸靠近一塊棉花地的地方,發現了一些剛剛挖過又回填不久的土坑。在一個土坑邊撿到了一塊無字的骨片,仔細觀察,確認它是商代占卜所用的甲骨。至此,完全可以斷定小屯地下確實仍然還有甲骨。

董作賓很快向中央研究院歷史語言研究所提交了《洛都石經、殷墟甲骨調查報告暨發掘計畫書》,提出了進行殷墟發掘的意見和計畫,並呼籲:「甲骨既尚有留遺,而近年之出土者又源源不絕。長此以往,關係吾國古代文化至巨之瑰寶,將為無知之土人私掘盜賣以盡,遲之一日,即有一日之損失,是則由國家學術機關以科學方法發掘之,實為刻不容緩之圖。」①

董作賓不虛此行,在較短時間裡,很快達到預期目的完成調查任務,以此為契機開始了中央研究院歷史語言研究所歷時十年之久大規模的安陽殷墟科學發掘。正如李濟在其考古學名著《安陽》一書中所指出:「讀了董作賓第一次初訪安陽報告後,傅所長毫不猶豫,馬上採取措施,開始在小屯進行初步發掘。」②

從 1928 年至 1937 年抗日戰爭爆發,中研院史語所對安陽殷墟進行了十五次科學發掘,共得甲骨文 24900 多片甲骨文。由於科學發掘有明確的坑位元和層位元的記載,並伴有出土物,因此比傳世的甲骨文更具有重要的史料價值。還發現了王宮、居住區、手工業作坊、王陵和眾多的一般墓葬,並獲得大量的青銅器、石玉器、陶瓷器等珍貴文物,為搞清殷墟的佈局、研究殷商的歷史奠定了基礎。

十五次殷墟科學發掘,是我國學者首次在獨立自主的基礎上,對古文化遺址的大規模發掘。其時間之久、規模之大、收穫之豐富,在我國考古學史上是空前的,在世界考古史上也不多見的。國外有學者曾這樣評論:「安陽殷墟發掘工作堪與蘇利曼(Heinrieh Schliemam)的特洛伊(Troy)遺址發現媲美。因為這一不朽的發掘所得到的證據,使傳說中的商朝成為信而可證的史實,正如蘇利曼使希

①　董作賓《民國十七年十月試掘安陽小屯報告書》,載《安陽發掘報告》1929 年,第 1 冊,又載《董作賓先生全集·甲編》第 3 冊,臺北藝文印書館,1977 年 11 月。

②　李濟《安陽》,上海世紀出版集團,上海人民出版社,2007 年 3 月,第 43～44 頁。

臘神話中的人物由虛構成為真實。」①

　　十五次殷墟科學發掘,培養造就了我國近代一批考古學家,標誌著西方近代考古學和中國傳統的金石學相結合,從而中國近代考古學開始形成,奠定了我國現代考古學基礎。據胡厚宣《殷墟發掘》、石璋如《殷墟發掘簡表》等資料統計,從 1928 年至 1937 年十五次殷墟發掘中,先後參加的人員有董作賓、郭寶鈞、李濟、斐文中、梁思永、石璋如、尹達、許敬參、馬非百、胡厚宣、夏鼐、高去尋尹煥章、祁延霈、李光宇、潘愨等共 40 多人。後來,他們均成為海峽兩岸考古學界的骨幹和帶頭人。

　　因此,殷墟科學發掘意義重大,正如原中共中央政治局委員、中國社會科學院院長李鐵映所指出:「安陽殷墟是中國考古學的發祥地。70 年前開始的殷墟發掘,是我國學術機關第一次獨立進行的考古發掘,標誌著中國近代考古學的興起,在我國學術史上具有劃時代的意義。它並且證實,早在 3000 多年前的商代,已經存在高度發達的青銅文明,為因疑古思潮而陷入迷茫的中國古史研究開闢了廣闊天地。」②

　　1937 年抗日戰爭爆發後,由傅斯年主持中央研究院向西南大後方遷移。歷史語言研究所先後經長沙、昆明,最後定居四川南溪李莊。這是一場歷盡艱辛的大撤退,董作賓、趙元任、潘愨等,精心護衛著甲骨文、青銅器等珍貴文物和儀器圖書資料,跋山涉水輾轉遷徙。在宜賓碼頭因駁船傾倒,裝載圖書資料的箱子落水被打濕,幸好及時打撈出來晾曬避免了損失。

　　在極為艱難困苦的環境條件下,史語所同仁堅持對殷墟資料進行整理研究,並取得了令世人矚目的成績。一批中國近代學術史上的不朽著作《殷墟文字甲編》、《殷墟文字乙編》、《殷曆譜》、《甲骨文字集釋》、《六同別錄》等都是在這一時期完成的。

　　1948 年年底,中央研究院搬遷臺灣,在其下屬各研究機構中,基本只有史語所是「整體搬遷」。到臺後史語所同仁持續不斷對殷墟甲骨文和其他資料進行整理研究,對安陽殷墟和甲骨文進行了全面總結。董作賓的《甲骨學六十年》、

---

① 郭勝強《殷商文化研究的歷史和現狀》,《殷墟——世界瑰寶 安陽驕傲》,《殷墟申報世界文化遺產名錄特刊》,2006 年 7 月。

② 李鐵映《殷墟發掘 70 週年學術紀念會賀信》,《安陽日報》1998 年 10 月 20 日。

《中國年曆總譜》等,李濟的《安陽》、《殷虛出土青銅爵形器之研究》(與萬家保合著)、《殷虛出土青銅鼎形器之研究》(與萬家保合著)等,石璋如的《殷墟墓葬之一·北組墓葬(上、下)》、《甲骨坑層之一》及《甲骨坑層之一附圖》等,高去尋的《侯家莊》等,都是中國考古學史上著名的階段性總結著作。

　　2008年是殷墟科學發掘80週年,中國社會科學院考古研究所、安陽師院等部門聯合發起在安陽舉辦「世界文化遺產殷墟考古發掘80週年暨考古與文化遺產論壇」,來自中國、美國、英國、韓國、日本等國的180多位專家學者應邀出席。中國社科院考古所所長王巍研究員在演講中指出:「80年前的10月,中國考古學家開始在安陽對殷墟進行第一次考古發掘,拉開了中國考古學的大幕。殷墟的發掘是中國學術研究機構獨立組織、獨立實施的第一次發掘,是中國考古學的正式發端,在中國考古學歷史上具有裏程碑的意義。老一代學者開拓性的辛勤工作,我們是永遠不會忘記的。」①臺灣中研院史語所副所長臧振華在演講中說:「我特別高興我是中央研究院歷史語言研究所的一份子,80年前,史語所的老前輩們包括董作賓先生、李濟先生、還有梁思永先生、石璋如先生、高去尋先生、胡厚宣先生等等他們為殷墟做出了巨大的貢獻,在這個貢獻裡面最重要的是,不只是發現了一座商朝晚期的都城遺址,更重要的是為中國考古學建立了一個學術傳統。」②

　　1936年秋蔣介石駕臨洛陽,10月30日是他的50歲誕辰,為「避壽」在湯恩伯等一大批軍政要員陪同下來到登封「密遊」嵩山。蔣及其隨從在登封縣長毛汝采的陪同下,遍游少林寺、達摩洞、周公測景臺等名勝古跡,興致頗高。毛縣長乘機向蔣介石狀告軍閥石友三在民國十七年(1928年)火焚少林寺,燒毀藏經樓,擊碎達摩人影面石的罪行,同時向蔣介石提出希望政府撥款維修古物。蔣認為測景臺奇特少見且最為古老,答應先行維修。

　　周公測景臺(古代景與影通用)位於登封縣城東南15公裏的嵩山南麓告成鎮周公廟內,距今已有3000多年的歷史,是我國現存最早的天文臺遺址,是古代測量日影、驗證四時、定時計年的儀器,是我國古代在天文觀測方面卓越成就的

①　郭勝強《董作賓傳》,鳳凰出版集團、江蘇文藝出版社,2001年,第262頁。
②　同上。

見證。西周初年周公旦輔佐成王攝政，為營建東都洛陽，首先「辨方正位」，便立「圭表」以測地之中。「表」就是直立於圭一的杆子，「圭」就是放在地面上的土堆，用圭表測影，也叫立杆測影，是天文學發展的一次飛躍。

根據觀測，周公把表影最長的那天定為「冬至」，表影最短的那天定為「夏至」；把一年中日影長度相等的那兩天，分別定為「春分」與「秋分」，後逐步總結出二十四氣節，用於指導人類的生產和生活。

周公測景臺原物已毀，現存的測景臺為唐代天文學家於開元十一年（723）所重建，距今已有1000多年的歷史了。夏至之日，影長正好與石座北上沿的長度吻合，石座下部四週看不到影子，好像這一天無影，故俗稱此臺為「沒影臺」。

周公廟的後院有一座高大的磚石建築，這就是元代著名科學家郭守敬所建舉世聞名的觀星臺，距今已有700餘年的歷史。觀星臺的作用與測景臺相似，郭守敬通過實地測驗，掌握了日月星辰和地球的運轉規律，測定出一年二十四節氣的精確時刻，制定了當時世界最先進的曆法——授時曆，歷代對測景臺曾有所養護修葺，乾隆南巡途經此處，親題「千古中傳」四個大字並撥款修護，清末戰亂以來就無人問津了。石友三火焚少林後，嵩山一帶的文物古跡破壞更加嚴重，周公祠內房屋頻臨倒塌，圭表臺基多有鬆動，已出現傾斜。

蔣介石的旨意很快轉達給中研院，此時史語所一部分人員在安陽進行殷墟發掘，一部分在南京、蘇州等地進行文物調查。此等任務責無旁貸，最後落在經驗豐富且身為「中央古物保管委員會」大員的董作賓身上。

1936年11月中旬，董作賓攜史語所同事王湘，並邀請河南省古跡研究會會長張嘉謀一同前往登封。初步調查摸清了測影臺基本情況並收集了有關資料，但董作賓認為此事重大，涉及的知識面很廣，非一個機構一個人所能完成，即邀請著名天文學家、中研院天文研究所專任研究員高平子、王顯廷、餘青松，建築學家中國營造學社研究員劉敦楨、楊廷寶等人共同參與此事。

1937年5月中旬，在董作賓率領下一行人浩浩蕩蕩開赴登封告成，或實地考察測量，或策劃設計修復，根據各人的專業分頭忙碌。而後董作賓又往返於汴登之間，收集查閱有關資料，研究土圭測影，並親自做實驗觀察測量，最後完成長達4萬餘言，附圖27幅的《周公測景臺調查報告》。同時，劉敦楨完成《告成周公廟調查記》，高平子寫出《圭表測景論》。

董作賓一行卓有成效的工作，頗得有關人士的贊許，中央研究院為此出了一冊院刊專輯《中國測景臺調查報告》，收入三篇大作。前有研究院總幹事朱家驊的序言，後有梁思成寫的英文擇要。報告共分七項，分別論證了登封告成歷史的沿革，周代和以後歷代沿用改進測景臺情況，明清以來的周公廟的興建和提出修復保護計畫。

院刊專輯《中國測景臺調查報告》於1937年5月底交商務印書館，原本年內就見書，但不久抗戰爆發，機關內遷，直至1939年5月《調查報告》才出版，而修復保護測景臺的計畫就付之東流了。儘管如此，中研院史語所半年多來緊張的卓有成效工作還是有著重要意義的，他們提出的報告不僅為以後測景臺的修復保護提供了借鑒，更使人們認識到中華文明史上這一光輝燦爛文化瑰寶的重要性。正如朱家驊在《中國測景臺調查報告》序中所說：「周公測景臺是世界天文臺之唯一僅存最古遺跡，近來歐美設備精良之天文臺，大抵建於文藝復興以後，若亞歷山大天文臺及洛迪斯島觀察所，建立於公元2、3世紀，亦較陽城測景臺為後，且其保護不若陽城之久遠。仰漢人創立，而唐表元臺，當為世界上唯一僅存之最古天文臺無疑，況歷經唐元兩代天文家修葺改造，實為天文學界保存一部分極可珍貴之史料。」①董作賓邀請天文學家、建築學家共同參與調查研究，這種多學科橫向聯繫做學問的方法，也是值得今天我們借鑒的。

（郭勝強，安陽師範學院殷商文化研究中心教授；李雪山，安陽師範學院殷商文化研究中心主任、教授）

---

① 朱家驊《中國測景臺調查報告·序》，中央研究院院刊，1939年5月。

《墨子》的和諧理念探析

楊　昶　李曉明

Abstract：The sources of Ancient Chinese Confucianism、Taoism、Legalism、Mohism、Strategism、Agriculturism and other Theories can be traced back to He Luo Culture。Mo Zi is the essence Mohism。Now，people are committed to building the values of harmonious society，and continuously from the pre－Qin Dynasty"Jian－ai" and other ideas of Mohism to get inspiration. According to Mo Zi information provided by the theory of Mohism re－examination of the concept of harmony，we hope that the desire to achieve a harmonious world help.

　　河洛文化底蘊博大精深，古代儒、道、法、墨、兵、農等諸子百家的淵源均可追溯於斯。就墨家而言，其創始人墨子是海峽兩岸共同尊奉的「平民聖人」，內地和臺灣學者大都認為墨子就誕生於魯陽（今河南魯山）。自東漢高誘提出墨子裡籍魯人說，至清分化為西魯說和東魯說，前者為清嘉慶時畢沅所持，後者為孫詒讓在清末提出。西魯指楚魯陽，即今河南魯山，東魯謂魯國即今山東曲阜。20世紀80年代，山東社科院原院長劉蔚華撰文主張西魯說，山東大學張知寒教授又提出滕州說。臺灣學術界研究墨子學者馮成榮出版有關墨學著作六部，比較了墨子裡籍之東西魯說，認為東魯說不夠週嚴，很難成立，滕州說是空穴來風，不辨菽麥，西魯說論據充分，令人信服。內地亦有《墨子魯山人十二證》等，均已為其定讞①。《漢書·藝文志》著錄的先秦墨家著述，有《尹佚》、《田俅子》、《我子》、《隋巢子》、《胡非子》、《墨子》凡「六家，八十六篇」。今流行於世者，除《墨

---

① 郭成智《墨子魯陽人考論》，黃山書社，1999 年，64～73 頁。

子》之外，其餘五家均已亡佚，且《墨子》為墨家學說精華所萃，故研究先秦墨家學說者素來重視《墨子》其書。

一

戰國末年，韓非子曾經有過這樣的發難：「孔子、墨子俱道堯、舜而取捨不同，皆自謂真堯、舜。堯、舜不復生，將誰使定儒墨之誠乎？」[1]此話雖是韓子對於儒家、墨家立論的真實性所表示的懷疑，但它從另一個側面證明，當時儒、墨都自稱自家學說源於堯、舜之道，而且對堯、舜之道「取捨不同」，即各取所需，有所改造。至於「皆自謂真堯、舜」一語，則道破了《墨子》中和諧理念的思想淵源和理論基礎是所謂「聖王之法，天下之至道」。

墨家在闡發其和諧理論體系時，與儒家自詡「祖述堯、舜，憲章文、武」的做法幾無二致，也是言必稱引堯、舜等「先王之治天下」的舉措，及其所建構的和諧之世作為根據。《墨子》主張以宣導「兼相愛，交相利」的辦法，來糾正人們相惡相害的陋習，並且把它說成是取法於古代聖王，是「聖王之道，而萬民之大利也」[2]。這種追溯先聖的表述模式，不僅在作為墨家和諧理念的代表作《墨子·兼愛》上、中、下三篇屢見不鮮，在《墨子》其他篇目中如：「兼王（兼愛天下的君王）之道」[3]、「舜染於許由、伯陽」[4]、「天之行廣而無私……故聖王（禹湯文武）法之」[5]、「聖王之命（教令）」[6]、「欲祖述堯舜禹湯之道，將不可以不尚賢」[7]、「古者聖王之為刑政賞譽也，甚明察以審信」、「今天下之所同義者，聖王之法也」[8]、「古者聖王制為節用之法」[9]、「厚葬久喪果非聖王之道」[10]、「昔三代聖王禹湯文武……祭祀上帝鬼神而求祈福於天」[11]、「古者聖王治天下也……必先鬼神而後

①　《韓非子·顯學》。
②　《墨子·兼愛下》。
③　《墨子·親士》。
④　《墨子·所染》。
⑤　《墨子·法儀》。
⑥　《墨子·尚同》。
⑦　《墨子·尚賢》。
⑧　《墨子·非攻》。
⑨　《墨子·節用》。
⑩　《墨子·節葬》。
⑪　《墨子·天志》。

人」①、「譬之若聖王之為舟車也」②、「尚觀於聖王之事」③、「凡言凡動,合於三代聖王堯舜禹湯文武者為之」④、「古聖王皆以鬼神為神明……是以政治而國安」⑤、「昔者三代聖王禹湯文武……說忠行義取天下」⑥……凡此種種,不一而足。在墨者心目中,古代的聖王堯、舜、禹、湯、文、武,皆為兼愛天下的君王;他們「萬民之大利」的統治經驗,則是臻於理想的和諧之世所必須效法的「道」。

　　基於上述,筆者認定「法先王(古代聖王)」的印記幾乎遍及《墨子》諸篇章之中,似不為過分。

二

　　《墨子》作為墨家學說的代表作,其主旨在於追求社會的公正與和諧,而「兼相愛,交相利」則是墨家和諧理論體系的核心內容。

　　墨家流派的創始人墨子,生活在以血緣為基礎的氏族貴族世襲、分封、等級制為特徵的四分五裂的戰國時期。其時,社會混亂,禮崩樂壞,「天下失義,諸侯力征」⑦,家與家爭,國與國戰。作為一個手工業者出身的知識份子,墨子生活在社會的底層,對所處的社會狀況有深刻的認識,把一切動亂、災難、禍害、罪惡都歸咎於不「兼愛」。他說:「今若國之與國之相攻,家之與家之相篡,人之與人之相賊,君臣不惠忠,父子不孝慈,兄弟不和調,此天下之害也……此害何用生哉?以不相愛生邪。」⑧墨子從親身經歷中體察到種種極不合理的社會現實,對飽受苦難的民眾寄予深切的同情。他說:「民有三患,饑者不得食,寒者不得衣,勞者不得息。三者,民之巨患也。」⑨同時又提出「三害」:「當今之時,天下之害孰為大?曰:若大國之攻小國也,大家之亂小家也,強之劫弱,眾之暴寡,詐之欺愚,貴之傲賤,富之侮貧,此天下之大害也。又與(若)為人君者之不惠也,臣者之不忠也,父者之不慈也,子者之不孝也,此又天下之害也。又與(若)今人之賤人,執

①　《墨子・明鬼》。
②　《墨子・非樂》。
③　《墨子・非命》。
④　《墨子・貴義》。
⑤　《墨子・公孟》。
⑥　《墨子・魯問》。
⑦　《墨子・明鬼下》。
⑧　《墨子・兼愛中》。
⑨　《墨子・非樂上》。

其兵刃毒藥水火,以交相虧賊,此又天下之害也。」①墨子認定「三患」及「三害」來自於人們不相愛,自愛而不愛人,虧人以自利,歸根結蒂乃是利己主義。總之,在《墨子》所凸顯的觀念中,社會混亂與天下一切「禍篡怨恨」的根源就在於不相愛;因此,消弭所有禍亂災難的最佳途徑就是「兼相愛,交相利」。

如何理解《墨子》和諧理念的核心「兼相愛,交相利」呢?「兼」,是總全之意,即不分人我,視外人、視天下為一家。「兼愛」意謂不分等級、遠近、親疏,愛所有的人;就是要將愛普遍施予每個人,無有偏私,寬厚仁德,相親相愛,不受等級地位的限制而自由平等地生活著,打破貴賤貧富的界限,既愛統治者也愛被統治者,既愛富人也愛窮人,做到「視人之國若視其國,視人之家若視其家,視人之身若視其身」,達到「天下之人皆相愛,強不執弱,眾不劫寡,富不侮貧,貴不傲賤,詐不欺愚」的局面②。為此,墨家主張王公與奴隸一律平等,愛人若愛己身,愛無差等,不分遠近親疏貴賤,一視同仁地相親相愛。《墨子》認為「兼相愛」的實質內容就是「交相利」,「兼而愛之」即「兼而利之」③,相互的愛就成了相互的利;主張人人必須參加勞動,有利相交、有力相助、有財相分。《墨子》的此類論說,如「愛利天下」④、「利人者,人亦從而利之」⑤、「有力相營,有道相教,有財相分」⑥等等,都具有超前意識。「兼愛」「交利」在感情層面和利益層面上,都提出了處理人際之間、個人與社會、家庭之間、國家之間關係的原則。它的重大意義在於,反對宗法等級制下的貴族和官位世襲,對當時的黑暗社會狀況予以道德譴責,呼喚人間的平等和諧,重視人民的權利。就當時等級森嚴的社會而言,這確實是難能可貴的。

《墨子》中的「兼愛」「交利」,是針對儒家的「別愛」而提出來的。儒家「別愛」具有鮮明的家族本位的特點,是有程度差別的,先愛其身、其家、其族,然後推己及人、天下。墨家的「兼愛」是無此差別的。墨子將與「兼愛」相反的言行稱

---

①　《墨子·兼愛下》。
②　《墨子·兼愛中》。
③　《墨子·法儀》。
④　《墨子·尚同下》。
⑤　《墨子·兼愛中》。
⑥　《墨子·天志中》。

為「別」，他說：「亂何自起？起不相愛」①；「別之所生，天下之大害也」②。在《墨子》中，反復辨析了「兼」與「別」的不同，提出：「仁人之所以為事者，必興天下之利，除去天下之害」③；「今吾本原兼之所生，天下之大利者也，吾本原別之所生，天下之大害者也，是故子墨子曰：別非而兼是者……」④由此可知，墨子認為治理天下的正確途徑就是「兼以易別」，他堅信只要普天下之人們都遵循「兼愛」，就必然會害除利興，國泰民安，天下和平，達到樂園一般的完美境界。在《墨子》的和諧理論體系中，「利」更多的是與天下、國家、萬民等緊密相連，根本大利乃是天下之利、百姓之利。

墨家通過利國利民而達至和諧社會的理念，比起儒家王天下的主張和法家富國強兵的綱領要純粹、理想得多。《墨子》的和諧理論體系完全是從下層平民的利益出發，使其不受饑害之苦、亂世之憂，致力於消除「三患」及「三害」，使勞者得息、天下得治、社會和諧。墨家是先秦百家爭鳴中唯一代表下層平民利益和願望的學派。

三

《墨子》在構擬其和諧的理想社會時，還強調了倫理道德的規範作用。墨家的和諧理論體系所注重的修養準則「君子之道」，乃是廉、義、愛、哀「四行」。

春秋戰國時期，講學著書風氣大盛，各派學術思想飛躍發展，形成了歷史上著名的「百家爭鳴」的局面，各派思想家根據社會的需要，提出了許多具體的德目，如管子提出了「四維（禮、義、廉、恥）」，孔子提出了「三達德（智、仁、勇）」，孟子提出了「四端（仁、義、禮、智）」，而墨子則提出了「四行」。墨子在論述君子的道德操守時說：「君子之道也，貧則見（現）廉，富則見（現）義，生則見（現）愛，死則見（現）哀；四行者不可虛假，反之身者也。」⑤把廉、義、愛、哀四種品行定位為實在的、不可違背的倫理道德規範。於是在諸子百家筆下，中國倫理中個體道德的一些德目便正式問世了。

以「廉」德為例。當時儒、道、法、墨等主要學派，在著述中均已開始提到

---

① 《墨子·兼愛上》。
② 《墨子·兼愛下》。
③ 《墨子·兼愛中》。
④ 《墨子·兼愛下》。
⑤ 《墨子·修身》。

「廉」德,譬如儒家之《論語・陽貨》、《荀子・榮辱》、《孟子・盡心下》,道家之《老子・德經》、《莊子・齊物論》,法家之《管子・侈靡》、《韓非子・詭使》等等,但都未能充分加以闡發;《墨子・明鬼下》亦有言論及廉政之語:「是以官府不敢不潔廉,見善不敢不賞,見暴不敢不罪。」認為「廉」是構建和諧社會的必備條件。與其他先秦諸子相比較而言,法、墨兩家對「廉」進行了更深層次的表述。《管子・牧民》將「廉」視為立國的「四維(綱領)」之一,並制定了「廉不蔽惡」原則。墨家乃是最先把「廉」作為重要德行提出來的學派,「廉」被墨者列為「不可虛假,反之身者」,即實實在在而不可違背的倫理道德規範之一。自此以後,「廉」便成了中國倫理中個體道德的基本德目之一,成了治理國家、維護社會和諧公正的施政思想的萌芽。

再如「四行」之一「義」,也是墨家宣導的實實在在而不可違背的修養準則;墨子認為,凡是能夠符合「兼相愛,交相利」這一宗旨的就是「義」,反之就是「不義」;表示要盡自己的力量,率天下之人「敲而進於義」。墨子主張兼愛、交利的和諧社會必須「貴義」:「萬事莫貴於義」,「從事於義,必為聖人。」①墨子將「義」視為「天下之良寶」,認為「義可以利人」,他反對「倍(背)義而鄉(向)祿」,贊許「倍(背)祿而鄉(向)義」②;墨子還抨擊「為君則不義」等等惡行是「暴人之道」③。顯而易見「義」在《墨子》的和諧理論體系中也是佔有較大分量的。

《墨子》提及的哀、儉、君惠、臣忠、父慈、子孝、兄友、弟悌等道德規範,也是墨家和諧理念的組成部分。本文限於篇幅,就不加贅述了。

四

毋庸置疑,《墨子》的和諧理論體系也是有其缺陷和誤區的。墨子以彰顯「法先王」的旗號,來推行「兼愛」、「交利」等和諧觀,就如同握著一把雙刃劍;既受惠於古代「聖王」的強大影響力,又受制於古代「聖王」的認識局限性,這也為後世墨者的沉淪埋下了伏筆。

從《墨子》的和諧理論體系的全部主張看,兼愛是以利他為前提的。然而,

---

① 《墨子・貴義》。
② 《墨子・耕柱》。
③ 《墨子・非命上》。

墨家也說過「愛人不外己，己在所愛之中。」①可見利他也包含著利己，墨家對個體並沒有完全排斥。墨家在重視人的道德性方面，與儒家並無區別。但是他們不像儒家那樣注重道德主體的自覺，而是強調借助上帝的力量來推行道德，於是乎人的主體地位就被貶低了。上帝與人是勢不兩立的。後世董仲舒繼承墨家「天志」說，又加進「天地之性人為貴」的內容②，以天、地、人為萬物之本，試圖把儒家與墨家溝通起來，但這種溝通頗為勉強。上帝是人的異己力量，不否定天國，人的地位就難以提升。這些均為《墨子》的和諧理論體系的矛盾之所在。

《墨子》的和諧理論體系提倡「兼愛」，君臣、父子、兄弟等都要踐履「兼相愛，交相利」，即不僅要求他們精神上互愛，而且也要求他們經濟上互利，看起來似乎很平等。也就是因為這一點，孟子才批評墨者「無父」。實際上，墨家所講的兼愛，也只是建立在不平等的基礎上的互愛互利。因為墨家也講過：「入則孝慈於親戚，出則弟長於鄉裡，坐處有度，出入有節……君有難則死，出亡則送。」③特別是在君臣關係上，墨子則要求「上同而下不比」④，其實是主張絕對君權主義。墨子觸犯等級制度之處，主要是要求在經濟方面人際的互利，這才是一個帶有根本性的問題。倘若將這一條真正落到實處了，等級制度就有可能徹底崩潰。因此，即使墨家希望在不平等的基礎上實現互利，也是當時的制度所不能容忍的，墨家的這一主張不免會四處碰壁。

（作者均為華中師範大學歷史文獻研究所教授）

---

① 《墨子·大取》。
② 《漢書·董仲舒傳》。
③ 《墨子·非命上》。
④ 《墨子·尚同上》。

黃帝時代河洛地區的科學技術及其特點

陳習剛

Abstract：Yellow Emperor, the national and cultural ancestor of the Chinese nation, created the splendid ancient Chinese civilization. The accomplishment of Yellow Emperor covered almost every aspect of society including politics, military affairs, economy and culture. In terms of science and technology, in Heluo area there were some influential achievements and inventions on astronomical calendar, meteorology, mathematics, physics, geosciences and medicine. The technology in Heluo area during Yellow Emperor time was dominating, syncretic, significant, and unbalanced.

　　黃帝的年代約爲公元前 4420～前 2900 年。黃帝時代所對應的考古學文化主要是仰韶文化的中晚期。黃帝出生於有熊的軒轅丘，有熊的地望在今河南新鄭市（從建制沿革來說，還包括今新密市）。

　　黃帝時代，在中華遠古史上第一次統一了黃河中下游各部落，出現了具有國家職能的社會管理機構；物質、精神、制度等等方面取得了重要成就，出現了文明的曙光。黃帝時所開創的業績幾乎涉及政治軍事、經濟、社會文化等領域的方方面面，如清人《新鐫古今帝王統系天下分合圖》說：「黃帝有熊氏，……在位百年，年一百十一歲，制文字，制陣法，造律呂，制曆象，制醫書，制衣裳、宮室、器用、舟車、貨幣，劃野分州，立井制畝……」這基本上指出了黃帝時創制發明的領域與行業。黃帝時代的河洛地區在天文曆法、氣象、數學、物理學、地學、醫藥衛生等領域取得了重大的成就，出現了一系列具有深遠影響的創制發明。

一、天文曆法

黃帝時河洛地區地區在天文曆法領域有了多方面的進展。《世本》說:「黃帝使羲和占日,常儀占月,臾區占星氣,伶倫造律呂,大橈作甲子,隸首作算數。容成綜此六術而著《調曆》也。」《呂氏春秋·勿躬》亦載:「大橈作甲子,黔如作虜首,容成作曆,羲和作占日,尚儀作占月,後益作占歲,……此二十官者,聖人之所以治天下也。」《史記·五帝本紀》載:黃帝「獲寶鼎,迎日推筴」。《集解》:「晉灼曰『筴,數也,迎數之也。』瓚曰『日月朔望未來而推之,故曰迎日。』」《索隱》:「《封禪書》曰『黃帝得寶鼎神策』,下云『於是推策迎日』,則神策者,神蓍也。黃帝得蓍以推算歷數,於是逆知節氣日辰之將來,故曰推策迎日也。」《正義》:「筴音策。迎,逆也。黃帝受神筴,命大橈造甲子,容成造曆是也。」可見,「寶鼎神策」就是指的歷數之書。《淮南子·覽冥訓》說:「昔者黃帝治天下,而力牧、太山稽輔之。以治日月之行律,治陰陽之氣;節四時之度,正律曆之數。」《拾遺記·軒轅黃帝》說黃帝「考定曆紀,……吹玉律,正璿衡」。《路史·疏仡紀·黃帝》載:黃帝「乃設靈臺,立五官以敘五事。命臾區占星,鬥苞授規」,「命羲和占日」,「尚儀占月」,「車區占風」,「隸首定數」,「伶倫造律」,「大橈正甲子」,「命容成作蓋天」。

黃帝時制定了甲子。「大橈作甲子」,是當時紀時方法的反映。大橈是黃帝的史官,黃帝曾以爲師。甲子就是後來的干支。

黃帝時已出現了曆法,制定了《調曆》。《竹書紀年》也載:黃帝「遊於洛水之上……龍圖出河,龜書作洛,赤文篆(綠)字以授軒轅」。這裏提到的「河圖」、「洛書」,有學者認爲就是古代的天象曆法。[①]《史記》卷26《曆書》引太史公司馬遷的話說:「神農以前尚矣。蓋黃帝考定星曆,建立五行,起消息,正閏餘,於是有天地神祇物類之官,是謂五官。各司其序,不相亂也。」《索隱》按:「《系本》及《律曆志》:『黃帝使羲和占日,常儀占月,臾區占星氣,伶倫造律呂,大橈作甲子,隸首作算數,容成綜此六術而著《調曆》也。』」可見,黃帝考定星曆就是指制定

----

① 陳久金,張敬國《含山出土玉片試考》,《文物》1989年第4期第1～9、30頁;許順湛《黃河文明的曙光》,第165頁,中州古籍出版社,1993年。

《調曆》,《調曆》是當時天文、氣象、數學、紀日等領域所取得成果的體現與總結,也就是漢朝初年流傳的六種古曆之一的《黃帝曆》。《史記》卷26《曆書》說:「昔自在古,曆建正作於孟春。」《索隱》按:「古曆者,謂黃帝《調曆》,以前有《上元太初曆》等,皆以建寅爲正,謂之孟春也。及顓頊、夏禹亦以建寅爲正。唯黃帝及殷、周、魯並建子爲正。」

關於「正閏餘」,《集解》說:「《漢書音義》曰:『以歲之餘爲閏,故曰閏餘。』」《正義》:「鄧平、落下閎云:『一月之日,二十九日八十一分日之四十三。』按:計其餘分成閏,故云正閏餘也。每一歲三百六十六日餘六日,小月六日,是一歲餘十二日,大計三十三月則一閏之耳。」這說明黃帝時代已有了曆法上的閏年閏月知識。如大河村仰紹文化遺址中出土了一批帶有太陽紋、日暈紋、月牙紋、星座紋的彩陶片,其中一件陶缽上的 12 個太陽紋,有學者認爲 12 個太陽可能象徵 12個月,其星座紋有學者認爲與星座紀年有關。

當時的曆法水平,從河南濮陽西水坡 45 號墓穴的設計上可見一斑。「西水坡 45 號墓的墓穴形狀選取了蓋圖中的春秋分日道、冬至日道和陽光照射界限,再加上方形大地,一幅完整的宇宙圖形便構成了。它向人們說明了天圓地方的宇宙模式、寒暑季節的變化、晝夜長短的更替、春秋分日的標準天象以及太陽週日和週年運動軌迹等一整套古老的宇宙理論。」「尤其令人驚訝的是,依照墓穴的實際尺寸,這張蓋圖所表示的分至日的晝夜關係非常合理,特別是春分日道,其晝夜關係的準確程度簡直不差毫分。這比依《周髀算經》所復原的蓋圖更符合實際天象。」[1]

黃帝時設置了天文官。由上述記載可知,當時已設置了分管天文曆法方面的官職。如羲和是占日的官,負責觀測太陽的運行。常儀是占月的官,負責對月亮運行的觀測。臾區又叫鬼臾區、鬼容區,負責星辰天象的記載,包括劃分星宿,根據星光的昏明、流星、隕星來推測祥瑞災異等。當時的天象觀測達到了較高水準。西水坡 45 號墓主人兩側擺放著蚌塑龍虎圖案,北側擺放著蚌塑三角形圖案。[2] 其中龍在墓主人東側,虎在墓主人的西側,布列的方位與東宮蒼龍、西宮

① 馮時《河南濮陽西水坡 45 號墓的天文學研究》,《文物》1990 年第 3 期。
② 濮陽西水坡遺址考古隊《1988 年河南濮陽西水坡遺址發掘簡報》,《考古》1989 年第 12 期。

白虎相一致,而北側的三角形圖案就是北斗的象徵。這反映了「二宫與北斗」的天象佈局,有學者認爲中國的二十八星宿及四象的恒星分群理論體系即起源於此。大河村類型的仰韶文化中,有很多日、月、星紋圖案,如有繪製 12 個太陽的彩陶鉢。洛陽王灣遺址發現有六角星圖案的彩陶。[①]

「命容成作蓋天」,說明當時已形成原始的宇宙觀,即蓋天說,認爲天是圓的地是方的。「天圓地方」蓋天說觀念的形成,在河南濮陽西水坡 45 號墓葬中得到印證。西水坡 45 號墓穴向人們說明了天圓地方的宇宙模式。墓穴平面的南部呈圓形,北部呈方形,墓主人則是頭南足北,這象徵天圓地方,是「天圓地方」蓋天說觀念的形象反映。

二、氣象

黃帝時氣象是包括在天文曆法裏面的,因爲與生産生活關系密切,受到高度的重視。《世本·作篇》載有黃帝使「臾區占星氣」。《路史·疏仡紀·黃帝》也載黃帝「乃設靈臺,立五官以敘五事。命臾區占星,鬥苞授規」,「命羲和占日」,「尚儀占月」,「車區占風」。「占星氣」、「占風」,都涉及到對天氣現象的觀測,包括憑經驗來判斷天氣的風雨陰晴,根據雲的色彩、狀態及風的方向、緩急來預測事情的發生。《史記·五帝本紀》載:「而蚩尤最爲暴,莫能伐。」《正義》引《山海經》說:「黃帝令應龍攻蚩尤。蚩尤請風伯、雨師以從,大風雨。黃帝乃下天女曰『魃』,以止雨。雨止,遂殺蚩尤。」這實際上反映出蚩尤在與黃帝的爭戰中,能充分地利用天氣狀況來決定進攻或退守。

觀測天象,望雲占雨,以掌握季節、不違農時,成了那個時候的重要職掌,並衍變成官名,如春官青雲氏、夏官縉雲氏、秋官白雲氏、冬官黑雲氏、中官黃雲氏。《周禮》上說:「以五雲之物辨吉凶、水旱,降豐荒之祲象。」《史記》卷 26《曆書》載黃帝時,「有天地神祇物類之官,是謂五官。各司其序,不相亂也」。《正義》:「應劭云:『黃帝受命有雲瑞,故以雲紀官。春官爲青雲,夏官爲縉雲,秋官爲白雲,冬官爲黑雲,中官爲黃雲。』按:黃帝置五官,各以物類名其職掌也。」

---

① 北京大學考古實習隊《洛陽王灣遺址發掘簡報》,《考古》1961 年第 4 期。

三、數學

黃帝時農業、手工業、天文學和聲學的發展,推動了數學的不斷進步。《世本》有載黃帝使「隸首作算數」。《路史‧疏仡紀‧黃帝》載:黃帝時「隸首定數」。隸首是黃帝的史官,也是一位古算學家。當時河洛地區先民已掌握一定的數量和運算知識。如大河村彩陶缽上繪有 12 個太陽;安陽後崗出土有由 8 條斜線組成的圖案的彩陶缽;廟底溝出土有由 9 條與 12 條斜線交叉組成的網紋圖案的彩陶器等。

當時幾何知識有所發展。從出土陶器的器形和圖案看,已有三角形、等邊三角形、方形、菱形、五邊形、六邊形、弧形、圓形、橢圓形、圓錐形等各種幾何圖形,並已注意到幾何圖形的對稱、圓弧的等分等問題。[①] 如有的彩陶圖案對分爲兩組圖案,有的等分爲三組圖案。

對形和數之間的關係也有一定的認識。如竹篾編織物和絲麻織品圖案與其包含的經緯線數目之間存在著一定的關係。黃帝時出現了度、量、衡等數量概念,數與音律密不可分,它們由樂律推衍而來。

黃帝時有著初步的測量知識和簡單的測量工具。《世本‧作篇》載:黃帝時「垂作規矩, 作準繩」。如考古發現,當時的房屋、墓穴、陶窰、窖穴、壕溝、城牆及陶器等,方圓平直,規整劃一,表明繪製方、圓和直線等簡單工具和方法的出現,原始的規矩已被使用。從一些墓葬相當一致的方向來看,當時人們已有較強的方向概念和定位知識。

四、物理學

黃帝時物理學的進步主要體現在聲學方面。當時已有音律的定位,開始區分音調,並制定音調區分的標準。黃帝時伶倫取榖之竹以作簫管,定五音十二律。《呂氏春秋‧古樂》載:「昔黃帝令伶倫作爲律,伶倫自大夏之西,乃之阮隃之陰,取竹於嶰谿之榖,以生空竅原鈞者、斷兩節同、其長三寸九分而吹之,以爲黃鍾之宮,吹曰『舍少』。次制十二筒,以之阮隃之下,聽鳳凰之鳴,以別十二律。

---

① 杜石然,范楚玉,陳美東等《中國科學技術史稿》上冊,科學出版社,1982 年,第 26 頁。

……黃帝又命伶倫與榮將鑄十二鍾,以和五音。」《路史·後紀五》羅注引《晉志》:「黃帝作律,以玉爲琯,長尺六寸,爲十二月。」伶倫是黃帝的大臣,他奉命作律。律指十二律,即音樂的 12 個音調。伶倫從大夏到阮隃山北,在嶰溪谷找到適合的竹管後,截下一段,吹它的聲音作基本音,這就是「黃鍾之宮」。作基本音的這段有一定的長短,以它作標準,製成長度不同的 12 個管,並與十二律相對應。然後,他又以在阮隃山所聽到的鳳凰的鳴聲來校正它們。竹管不易保存,黃帝又命伶倫和榮將鑄 12 個鍾作樂音的標準。

黃帝時聲學的進步還體現在曲譜和樂器的製作上。當時已編有曲譜,如《楓鼓之曲》十章、《咸池》、《英韶》、《清角》等。黃帝作了一部《咸池》樂,很有名。《莊子·天下》說:「黃帝有《咸池》。」《呂氏春秋·古樂》說:「黃帝又命伶倫與榮將鑄十二鍾,以和五音,以施《英韶》,以仲春之月,乙卯之日,日在奎,始奏之,命曰《咸池》。」《史記》卷 24《樂書》載:「《咸池》,備也。」《集解》:「鄭玄曰:『黃帝所作樂名,堯增修而用之。鹹,皆也。池之言施也,言德之無不施也。』王肅曰:『包容浸潤行化皆然,故曰備也。』」唐人徐堅《初學記》卷 9 引《歸藏·啓筮》說:黃帝殺蚩尤於青丘之後,「作《楓鼓之曲》十章。」《清角》是一種很高尚的音樂。《韓非子·十過》載:「昔黃帝合鬼神於(西)泰山之上,駕象車而六蛟龍,……大合鬼神,作爲《清角》。」《路史·疏仡紀·黃帝》則載黃帝「命大容作《承雲》之樂,是爲雲門,大卷著之栝楊」。黃帝時還有軍樂。如「岐伯作鼓吹鐃角」;又如《古今注》載:「短簫鐃歌,軍樂也,黃帝使岐伯所作也,所以建武揚德,風勸戰士也。」

黃帝時的樂器有鼓、瑟、簫、鐃、角、鉦統、磬等。《世本》說「夷作鼓」,夷即黃帝之子夷鼓。黃帝時已有很響的鼓。《山海經·大荒東經》載:「東海之中有流波山,……其上有獸,……其名曰夔。黃帝得之,以皮爲鼓,橛以雷獸之骨,聲聞五百裏,以威天下。清人馬驌《繹史》卷 5 引《黃帝內傳》說:「黃帝伐蚩尤,玄女爲帝制夔牛鼓八十面,一震五百裏,連震三千八百裏。」又引《廣成子傳》說:「蚩尤銅頭啖石,飛空走險,以徇牛皮爲鼓,九擊止之,尤不能飛走,遂殺之。」《路史·疏仡紀·黃帝》亦載黃帝時「岐伯作鼓」。鼓首先用於戰爭,是一種軍鼓。《世本》又說:「黃帝使素女鼓瑟,哀不自勝,乃破爲二十五弦,異二均聲。」

如上《呂氏春秋·古樂》、《古今注》所載,黃帝時已有簫、鐃。《黃帝內傳》

也載有鉗鐃:玄女「請帝鑄鉗鐃以凝電之聲」。角、鉦鐃、磬也是黃帝時的樂器。《黃帝內傳》載:「玄女請帝制角二十四以警衆。」「玄女請帝鑄鉦鐃以擬電擊之聲,今銅鑼,其遺事也。」《通纂》:「黃帝使伶倫造磬。」

　　黃帝時河洛地區在力學方面的知識突出表現在輪軸離心力原理的認識上。如制陶上,大河村仰韶文化區已普遍使用快輪修整技術。這一技術反映人們對輪軸離心力原理的認知與利用。當時,人們已能燒制出大小不等、輕重不同的陶紡輪,這表明他們在實踐中也認識到紡輪重量和拉力強弱的關係。

　　黃帝時指南車的製造,反映出人們對磁石指南原理的認識與利用。指南車,據《晉書·輿服志》的記載,「刻木爲仙人,衣羽衣,立車上,車雖回運,而手掌指南」。

五、地學

　　黃帝時出現了區劃地理的萌芽。《漢書》卷 28 上《地理志》載:「昔在黃帝,作舟車以濟不通,旁行天下,方制萬裏,畫野分州,得百裏之國萬區。是故《易》稱『先王以建萬國,親諸侯』,《書》云『協和萬國』,此之謂也。」唐顏師古注:「方制,制爲方域也。畫謂爲之屆也。」《路史·疏仡紀·黃帝》載:黃帝「乃立四輔……地典州絡,七輔得而天地治,神明至」。「方制萬裏,畫野分州」,「地典州絡」,說明黃帝時開始有了區域的初步劃分。這從黃帝時在洛陽地區出現的河圖洛書上也能得到證明。《春秋命曆序》云:「河圖,帝王之階圖。載江河山川州界之分野。」這裏的河圖,是記載帝王次序之圖,又是記載山水名稱及行政區劃的地理圖,類似於今天的歷史地圖。地理意義上的測量技術也出現了。《古今事物考》說:「黃帝遊幸天下,而有計裏之車。疑道路之紀以裏堠,起軒轅氏也。」《路史·疏仡紀·黃帝》說黃帝「命豎亥通道路,正裏候;命風後方割萬裏,畫土分疆」。

六、醫藥衛生

　　黃帝時,醫學有了進步。當時的名醫有岐伯、巫彭、桐君、雷公、俞跗等。《呂氏春秋·勿躬》說:「巫彭作醫。」《帝王世紀》載:「黃帝使歧伯嘗味草木,典醫療疾,今經方本草之書鹹出矣。」《路史·疏仡紀·黃帝》也載:黃帝「命巫彭、

桐君處方,蠱餌湔浣刺治而人得以盡年」。就是說,黃帝時出現了醫藥方面的專家,他們使時人能夠延年益壽。如巫彭、桐君能據病人病情開出處方,通過藥物及湔浣刺治等手段,使病人能夠盡其天年。俞跗就是當時有名的外科醫生,擅長剖割洗滌等外科手術。最古的醫書《黃帝內經》包括《素問》和《靈樞》,就托始於黃帝和岐伯、雷公等關於病理討論的問答。《帝王世紀》又說:「岐伯論經脈旁道,問難八十爲《難經》,教制九針,著內外術經十八卷。」《難經》與《黃帝內經》一樣,也系漢儒所托,但它們在一定程度上反映出黃帝時原始醫藥已有相當發展。

當時已有砭石技術的應用。考古發現,砭石及與砭石有相同功用的石針、骨針、石刀、骨刀等,在河洛地區仰韶文化中隨處可見,而砭石是最早的醫療工具,是原始的外科工具,可以用來刺破膿腫。砭石技術是我國針刺術的萌芽。還出現了外科正骨手術。如淅川下王崗仰韶文化一、二期墓葬中,發現有人骨骨折後又癒合的現象。據研究,當時對古病認識差,不能妥善處理,畸形癒合現象多。[①]這反映出當時僅僅出現初步的接骨技術。

當時醫藥方面的進步還表現在飲食、衛生等方面。黃帝發明了火食,當時已吃熟食。《管子·輕重戊》說:「黃帝作,鑽燧生火,以熟葷臊。民食之,無茲胃之病,而天下化之。」如前所述,當時已有舂掉五穀如稻、高粱殼子的杵臼。《古史考》就說:「黃帝始蒸穀爲飯,烹穀爲粥。」肉食及五穀方面的熟食,顯然減少了疾病,增強了先民的體質。

當時出現了一些預防潮濕、保持清潔、改善環境的措施,如採用整塑整燒建築技術建成地面房子,用白灰鋪地粉牆,用料礓砂石混合土鋪地或夯砸居住面等。這些措施有益於防止關節炎、風濕病等疾病的發生,或延緩病情的發展。另外,如《世本》所說,黃帝發明了井,解決了水的問題。井的發明,改善了先民的用水條件和衛生。《拾遺記·軒轅黃帝》說:「詔使百辟群臣受德教者,先列矽玉於蘭蒲席上,燃沈榆之香。」沈榆之香具有消毒功用,香的使用,一定程度上有益於居住環境的改善。

---

① 杜百廉,范天生《下王岡遺址人骨骨病所見》,河南省文物研究所,長江流域規劃辦公室考古隊河南分隊《淅川下王岡》,文物出版社,1989 年,第 425 ~ 428 頁。

七、其他

化學方面，陶器的燒制、房屋居住面和牆壁的燒烤陶化及鋪地粉牆的白灰等，都是原始化學知識使用的見證。

（作者為河南省社會科學院歷史與考古研究所副研究員）

楊時與「道南衍派」

蔡登秋

Abstract：Yangshi is the founder of Science communication to the south in the Song Dynasty, he is considered "Cheng's theory of authentic", his "dedication", "intellectual" "strive for perfection" of the Confucian style, sophisticated way of diligent scholarship, and "clean", "patriotism" of the Confucian filial loyalty practice, eventually the image of the achievements of the generation of Daru. Additionally, descendants flourish, forming a large Young's Southeast Asia group, the "Road South Yan School."

楊時對洛學的南傳,程氏理學的發揚光大,有著功不可沒的卓傑貢獻,並成為福建理學、即閩學的開山鼻祖,成就了他名噪天下的聲望,最終成為南方楊氏族人的驕傲,也成為楊氏百姓爭先攀附的望族之始。

一、楊時的功績與聲望是「道南衍派」枝繁葉茂的基礎

據文獻史料記載:楊時(1053年~1135年),初字行可,因犯友人父諱,後改中立,號龜山,閩將樂縣人,世居古塘州北龜山下,宋熙寧九年(1076年)登進士第,南宋紹興五年(1135年)辭世,享年83歲,葬於將樂縣水南烏石山。宋高宗賜「太師、大中大夫」,諡「文靖」。紹興十二年追封為「吳國公」。由於楊時在當時朝野的名望,以及對儒學的南傳作出貢獻,所以他為歷代帝王的尊崇。鹹淳三年(1267年),朝廷下旨在將樂縣北龜山之麓建「龜山書院」,宋度宗親題「龜山書院」匾額。並詔郡縣撥田優恤其後代,定每年春秋兩季祭祀。元至正二十七年(1367年),朝廷追封「太師、吳國公。」明洪武十三年(1380年),明太祖敕將樂

知縣重修書院。成化元年(1465年)朝廷敕在延平(今南平)建「道南祠」,祭祀楊時。弘治八年(1495年)明孝宗追封楊時為「將樂伯」,從祀曲阜孔廟。萬曆十二年(1584年),朝廷敕將樂縣撥田153畝供祀楊時。清康熙四十五年(1706年),清聖祖親題「程氏正宗」賜龜山書院。以上是楊時受到歷代統治階級尊崇的具體體現。究其原因,我們認為有以下幾點:

(一)「道南聖舉」是楊時受到歷代尊崇的根本原因

楊時於公元1076年,登狀元徐鐸榜進士,次年授汀州司戶未赴任;1081年授徐州司法,聽說「河南程明道與弟伊川講孔孟絕學於河洛,遂棄仕,與建安遊君定夫往潁昌,以師禮從學焉」。[①] 程顥去世,元祐八年(1093年),又一次攜遊定夫到洛陽拜程頤為師,始出現了「程門立雪」的尊師重道的佳話。楊時一生享年83歲,近五十年的時間在做學問,這種風範直接影響了閩學做學問的精誠之風。如後來的理學集大成者朱熹享年71歲,卻用了近50年的時間來做學問,這種勤於致學、精於致術的治學態度任後人感到汗顏。從楊時讀書的感懷中可以見到,即《含雲寺書事六絕句》的第六節:蝶夢輕揚一室空,夢回誰識此身同。窗前月冷松陰碎,一枕溪聲半夜風。講述的是楊時清貧守道、勤奮精誠的治學思想。正是因為這樣治學態度,才可能把博大精深的程氏理學傳到閩北,也是因為有如此治學用功的態度才可能致使理學到福建後,得於發揚光大。所以,楊時的理學被認定為「程氏正宗」,其本人也被尊之為「閩學鼻祖」。

楊時學術活動影響面廣,影響力深遠。據明代學者顧先成《請複東林書院公啟》記載:「有宋龜山楊先生受業於二程夫子,載道而南。一時學者翕然從之,尊為正宗,考錫乘,先生常廛學是邑十有八年,建有東林書院。」[②]從天慶四年(1114)至保大四年(1124),在江蘇一帶(今鎮江、常州、無錫等地)著書講學,各地學者慕名紛至遝來,講學之處後來成為著名的東林書院。他的學說很快傳播到日本、朝鮮,並逐漸取代了在日本占統治地位的佛教禪學,成為官學。楊時的學生很多,據估算有千餘人,比較有名氣的有羅從彥、劉勉之、張九成、胡寅、關治、呂本中等人。正因為他的學術和傳播理學者的成就,所以被東南學者們尊為

---

① 宋呂聰《聞書冊》。

② 吳肖《楊時——將樂之光》,將樂縣政協文史資料委員會、將樂縣楊時研究會編。

「道南第一人」、「南渡洛學大宗」。就這樣，理學通過羅從彥，再傳到李侗，最後到朱熹，完成了從洛學到閩學的的轉變。

（二）「盡心」、「知性」「止於至善」的儒家行為風範是楊時受到尊崇原因之一

從洛學到理學的核心，仍然是對儒家思想的「仁」的實現，理學家們的觀念是「去私欲，存天理」。比如二程的觀念認為要達到「去欲存理」這一目標，只有一個辦法，即用提高修養來「窒欲」，具體方法有三：一是主敬和集義。之二是格物致知。之三是克己。克己偏重於對外物的抵制。① 要克己，才能複禮，二程的目標是儒家核心思想的追認，楊時作為「程氏正宗」，對儒家的「仁、禮」的理解當然是到位的。所以，楊時對功名利祿、物質享受一貫淡漠。呂聰的《問書冊》載：「（楊時）自京城辭官還鄉後，視公（楊時）一飯，雖蔬食脆甘皆可於口，未嘗有所擇也；平生居處，雖敝廬傴屋皆可以托宿，未嘗有所羨而求安也。」為了教育兒孫「儉以養德」，立家規：「三餐飯蔬，不論脆甘酸苦，只要是可以吃的，就不可有所嗜好；衣服鞋帽，不論布料精細，只要合身，就不許挑挑揀揀；所處房屋，儘管簡陋，只要還能居住，就應安居樂業，不要羨慕別人雕樑畫棟；故山田園，先祖遺留，應該守其世業，不可增營地產，侵犯他人利益。」勉勵兒孫詩云：「敝裘千裏北風寒，還憶簞瓢陋巷安；位重金多非所慕，直緣三釜慰親歡。」告誡弟子們：「富貴如浮雲，苟得非所藏。貧賤豈吾羞，逐物乃自戕。胖肫奏艱食，一瓢甘糟糠。所逢義適然，未殊行與藏。」（楊時《書含雲寺學者》）以上所列的楊時語言行為，其實是楊時對儒家的「止於至善」的核心思想的實踐，朱熹在《大學章句》中解釋說的「止者，必至於是而不牽之意；至善，則事理當然之極也。言明明德、親民，皆當至於至善之地而不遷。」是楊時自為的人生修為的現實實踐，只有放棄物質和功名的追求，提高人的修養和行為，才能直抵「天理」之境。學術的精微和潛進要靠求學者下工夫，為形物所累，必然事倍功半。所以，朱熹和楊時等人為理學研究領域的開拓和完善，耗盡畢生精力。這種精誠於學術做學問的態度是讓後輩學習的楷模，也是後人稱讚和羨慕的原因。

（三）「清廉」、「愛國」的儒家忠孝實踐是楊時受到尊崇的另一原因

他為官清廉，愛國恤民，在為官過程中，重視民生大事。哲宗紹聖四年

---

① 李宗桂《中國文化概論》，中山大學出版社，1988 年 10 月，頁 191～92。

(1097)任瀏陽(今屬湖南)知縣,值多災,先後上書有司如實反映災情,為民請求賑濟。他認為:「心有偏系,在不得其正,不得其正,則便嬖寵昵之私,得以自近,而正士遠矣。夫公則明,私則蔽,公天下之善惡而無容心焉,則君子小人之情得矣」①這段話其實認為君子應身正才能治理天下,正如《論語》裏孔子說的:「苟正其身矣,於從政乎何有?不能正其身,如正人何?」也就是說,君主要治理好國家,首先要端正自身,嚴於律己。那麼為官者也是一樣的道理,孔子認為要有「懂禮、有道、正直」才可以務政,《論語‧子路》中孔子說:「其身正,不令而行;其身不正,雖令不從。」說的就是這個道理。楊時是宋代洛學道南的一代大儒,對儒家經典的恪守也是不可置否的事了。所以,表現於民時,往往施之於「仁」;表現於己時,往往清正廉潔,這就是儒家仁政的實踐。

楊時忠貞愛國,匡扶正義,曾多次上書力排靖康和議的主張。兩宋時期,金人不斷侵擾中原,楊時與當朝李綱、陳東等人是堅決的主戰派,反對割地求和,楊時不畏當朝的奸臣,欽宗靖康元年(1107),力挺愛國志士陳東(1086－1126),於靖康元年1126年,率太學生並京城居民十餘萬人伏闕上書,請誅童貫等「六賊」,乞留李綱,恢復李綱職位,抵抗金兵,面陳欽宗,「士民出於忠憤,非有作亂之心,無足深罪」。《宋元學案‧龜山書案》②與此同時,他還力陳童貫帶兵無能:「童貫為三路大帥,敵人侵疆,棄軍而歸,孥戮之有餘罪,朝廷置之不問,故梁方平、何灌皆相繼而遁。當正典刑,以為臣子不忠之戒。童貫握兵二十餘年,覆軍殺將,馴至今日,比聞防城仍用閹人,覆軍之轍,不可複蹈。」③由此可見,楊時是一位置功名利祿、個人安危於不顧的愛國者。楊時除了有愛國一腔熱情,也不乏抗金的理論。他作戰思想是:作出充分準備,振奮人心和士氣,「今日事勢如積薪已然,當自奮勵,以聳動觀聽。若示以怯懦之形,萎靡不振,則事去矣。」「要害之地,當嚴為守備,比至都城,尚何及哉?近邊州軍宜堅壁清野,勿與之戰,使之自困。若攻城略地,當遣援兵追襲,使之腹背受敵,則可以制勝矣。」④只可惜楊時不過是一介儒生,他軍事言論並不能引起重視。所以,當朝抗金愛國將領李綱

---

① 《龜山集》,第142頁。
② 吳肖《楊時——將樂之光》,將樂縣政協文史資料委員會、將樂縣楊時研究會編。
③ 《宋史》,吉林人民出版社,1995年,頁9957。
④ 《宋史》,吉林人民出版社,1995年,頁9956。

有詩贊他：「儒林儀錶，國家棟樑；風雲翰墨，錦繡文章；駕長虹於寥廓，聽鳴鳳於高崗。」作為一代大儒，一位抗金英雄的老鄉，對之讚賞應該是深切的、中肯的。所以，在儒學偏廢的北宋，楊時，「一生名聲頗好，表現為官清正，為民興利除弊，勇於彈劾權奸，力主抗金等方面。」①都受到了朝野內外的好評。從上至朝堂，下至民間，都對這位儒雅風範的學者、忠貞的愛國志士有著良好的聲望。

楊時作為一代大儒，一位很有聲望的名宦，「道南第一人」、「程氏正宗」、「閩學鼻祖」等頭銜，世人對他的尊崇不已，那麼作為楊氏的後裔，必然趨之若鶩，倍加尊崇了。所以，「道南衍派」就有了族脈形成的核心，也具備了形成的基礎，這一核心與基礎就是楊龜山的功績與聲望。

二、「道南衍派」繁榮的文化現象

楊時冠蓋群儒，受到歷代儒生的尊重。尤其值得注意的是，在名望獲得以後，在講究名節的中國社會歷史環境中，他就是其族人大為榮耀的象徵。因此楊時被尊為福建將樂楊氏的祖先的靈魂人物，也成為東南亞的諸多楊氏的始祖。如臺灣的楊氏族人，稱「道南衍派」，以楊時為族脈源頭，其他地區也不例外。我們知道，中國人追宗認祖情結很濃，如客家人都喜歡稱自己的祖先是什麼時候，本為中原望族，因中原板蕩，舉族南遷。就歷史而言，中原舉族南遷可能性最大的，不過也就是東晉時期，而其他時代南遷的客家先民，大多是一些迫於生計的戰亂流民。質言之，中國人在敘述自己的家族史時，從來都有「攀龍附鳳」的文化傳統。如福建省自唐末五代王審知帶領族兵到福建建立閩國後，帶來的入閩八姓大多是河南固始縣人，後來遷移過來的很多姓氏都依附王審知，自詡自己是固始人。正因為這種文化現象，將樂的楊時比開基於此的五代南唐的先祖楊榮更有聲望，楊時以外楊榮一世祖後裔幾乎有被忽略的態勢，楊時的後裔很自然地浮出水面。就臺灣的「道南衍派」而論，也正是因楊時的聲名而得來的稱號，是當代楊時後裔比較顯赫的幾支族脈。

根據將樂縣楊時研究會同志統計，在臺灣幾支「道南衍派」支系溯源族脈秩序如下：

---

① 《楊時研究文集》，福建人民出版社，2008 年 10 月，頁 3。

（一）臺北楊循敏支系

楊時→楊適→楊岳→楊公輔→楊汝虎→楊衍慶→楊廣智→楊永盛→楊德成→楊世華→楊金（廣東梅州程鄉開基祖）→楊福清→楊繼宗→楊茂林→楊李貴（由廣東大埔縣遷往汕尾海豐縣坊廓都葫蘆峰，為海豐縣開基祖）→楊承宗→楊法榮→楊北岩→楊樂素→楊受先→楊俊造→楊瑞耀→楊循敏（遷臺始祖）

（二）臺中楊舜支系

楊時→楊適→楊岳→楊公輔→楊汝虎→楊衍慶→楊廣智→楊永城→楊德南（漳浦開基祖）→楊世忠（漳州開基祖）→楊大成→楊一祿→楊三郎→楊希叔→楊樂善→楊志珍→楊欽隆→楊耀（耕樂）→楊恒質（逸）→楊宗慎→楊世繁→楊留恒→楊鼎→楊圭→楊舜（耕山）（清朝雍正年間，遷臺始祖）

（三）新竹楊瓚坤支系

楊時→楊造→楊世松→楊公著→楊汝龍→楊衍孫（宋朝寶佑年間遷往連城小沛，為連城開基祖）→楊廣義→楊太一郎→楊九三郎→楊奇→楊宗淵（廣東長樂縣排嶺開基祖）→楊均勇→楊茂林→楊秀文→楊福→楊瓊→楊世俊→楊崇義→楊縉→楊高震→楊志煥→楊選→楊明誠→楊瓚坤《清朝乾隆三年（西元1738年），由廣東長樂縣（今梅州市五華縣）遷臺始祖臺灣新竹市霄裏南興莊墾荒》

（四）臺北楊國策支系

楊時→楊適→楊岳→楊公著→楊汝龍→楊衍孫（連城開基祖）→楊廣義→楊太一郎→楊十四郎→楊滓子（平和開基祖）→楊福生→楊德潤→楊元美→楊茂森→楊念三（世熙）→楊雲岳→楊翠岩→楊亮齋→楊榮山→楊欽爵→楊興貴→楊振林→楊寅五→楊一淑→楊延淡→楊其取→楊國策：清朝乾隆十七年（1752年）遷臺北市士林墾殖始祖

（五）臺北楊潮瑚支系

楊時→楊適→楊岳→楊公著→楊汝龍→楊衍孫（連城開基祖）→楊廣義→楊太一郎→楊九二郎→楊阡六郎（吉安開基祖）→楊仲二郎→楊癸三（明朝洪武年間，遷往長沙，即善化，成開基祖）→楊本端→楊思仁→楊萬富→楊廷志→楊在中→楊長春→楊允魁→楊仕欽→楊文光→楊守立→楊可成→楊之鳳→楊開幹→楊應魁→楊世達→楊業鎮→楊仲勳→楊增祺→楊錫武→楊潮瑚（遷臺始祖）

（六）彰化楊賢來支系

楊時→楊適→楊岳→楊公著→楊汝龍→楊衍孫（連城開基祖）→楊廣義→楊太一郎→楊十四郎→楊淬子（平和開基祖）→楊福生→楊德盛→楊繼宗→楊耕野→楊靜來→楊肅清→楊震軒→楊肖墩→楊志武→楊仕對→楊賢來（遷臺始祖）

（七）嘉義楊國俊支系

楊時→楊適→楊岳→楊公著→楊汝龍→楊衍孫（連城開基祖）→楊廣義→楊太一郎→楊十四郎→楊七一郎→楊伯九郎（從福建連城縣遷居廣東梅州攀桂坊，後再遷廣東豐順縣大堪蒔螺洋，豐順開基祖）→楊梅庵→楊承泰→楊松隱→楊純直→楊前崗（揭陽開基祖）→楊秀軒→楊萬及→楊德俊→楊應和→楊富春→楊宏瑞→楊應庶→楊開鐃→楊貽政→楊伯志→楊之道→楊秋陶→楊國俊（遷臺始祖）

據以上資料統計顯示，可以追溯出臺灣楊時後裔的整體脈絡，但其中好像有些瑕疵，如（三）新竹楊瓚坤支系：楊時→楊造→楊世松→楊公著→楊汝龍→楊衍孫（宋朝寶佑年間遷往連城小沛，為連城開基祖），與（四）臺北楊國策支系：楊時→楊適→楊岳→楊公著→楊汝龍→楊衍孫（連城開基祖），兩比較中可見出第二、三代的不同，但從第四代開始又相同了。又以以下幾種說法為例：1. 明溪蓋洋薑坊《宏農楊氏族譜》）記載楊時5個兒子的分佈情況，除長子楊迪後裔分遷將樂、沙縣外；迴，生子航（遷居舍人，葬宜興）；遘（傳三子：彬遷常州；戀移邵武；森衍萬禧、萬福、俊華、茂誠和萬禎，後裔分居明溪蓋洋、寧化縣城、寧化泉上延祥、江西寧都等地）；適（後裔分居高灘、福州鳳池等地）；造（後裔居將樂華陽上吳坊、連城等地）。2. 五代十國時，楊榮任鏞州（今將樂縣）司戶，定居將樂；其次子楊勝遠徙居連城縣光都漠等處。長子楊勝達的後裔也有向外遷徙，主要播遷地有：河南、江蘇、安徽、湖南、浙江、福建、江西、廣東、海南、臺灣、香港和馬來西亞、泰國、新加坡、美國等。3. 北宋大觀年間（1107～1110），原居甯化石壁楊家排的楊勝二的第四世孫楊威遷居江西石城，清乾隆年間複徙福建邵武；楊德海、楊德潭俱遷徙廣東；楊堂遷徙江西石城；楊綿遷徙福建浦城，等等如此說法說明，從五代的楊榮遷至將樂後，其子孫就已陸續向外散佈，而楊子江的第三代就有不少於五位的同胞或腔兄弟，人口開始漸多，外遷的也漸多。就楊子江入閩後，楊

氏修譜方面,大多是從楊時開始,或者是追認楊時為「始祖」,這恐怕是修譜「攀龍附鳳」的文化現象了,這種現象往往會可能造成除楊時以外的兄弟後裔記載的缺失。當然,中國的修譜大多也是明清時期以來的事,由於歷史的不可還原性,在對祖宗的追認時,「攀龍附鳳」文化現象表現尤其突出,這也是中國譜諜的歷史精確性問題受到學者質疑的主要原因。如自明代以來,就「楊時出生地之爭」現象而言,僅以譜牒為依據,而忽視歷史資料的全面性和歷史的本真性,那將是片面的,所以作為研究者在應用譜牒作為史料的時候,必須慎重,否則將可能落入虛無文化的陷阱中。當然,中國譜牒應用於族群的血脈溯源,還沒有出現過比它更好的文獻資料,中國的譜牒文化也是世界文化汪洋中的獨特遺產。但譜牒資料只是一個家族史的敘事,並不是史家敘事,它是一種文化現象,並不能完全與寫史完全等同,拘泥於譜牒而去確認一個史實,將導致史學論證中可能出現的硬傷。所以,「道南衍派」只能作為一種族脈追求中一種文化現象。

就「道南衍派」而言,可以說是:枝繁葉茂,瓜瓞綿綿。楊時有五個兒子,那麼一定有五支道南衍派的支系了。除了臺灣、道南衍派以外,還有國內的道南衍派也相當繁多,據將樂縣楊氏研究會統計:楊時後遍及河南、江蘇、安徽、湖南、浙江、江西、廣東、海南和福建各地區。道南衍派遍及中國中東南各地區,臺灣當然自不必說是一個主要遷居點,其他地區還有不少,此不俱論。綜上所述,「道南衍派」在謀種意義說,是中國普遍存在著的族群譜系追逐名望的文化現象,同時也是維繫楊氏族群繁榮昌盛的一種符號,也正是有了這一文化現象,「道南衍派」才可能得於發揚光大。

（作者為三明學院副教授）

從周公之國所遺「中庸九經」
以觀河洛文化之弘揚

呂繼增

Abstract：The state of Lu is the manor for Zhou Gong, and in cultural preservation there is the saying of "Zhou Rituals are all in the state of Lu" Confucius is the successor of Zhou Lu culture and he advocates running government with Chinese classics, aiming to establish a peaceful and stable world through cultivating oneself, respecting the wise, and loving one's relatives. Those thoughts are of great significance in Chinese culture, and they constitute the essence of Heluo culture. Nowadays Chinese culture is greatly influenced by western culture and is in adverse conditions, risking difficult days ahead. This paper expounds on the thought of "valuing the common people" in Chinese culture.

一、前言——生民哀樂述要

河洛文化為中華民族歷代列祖列宗所遺,遺愛是它、遺產是它、遺道是它、遺命也是它。所謂遺愛,指的是列祖列宗以其「愷悌君子、民之父母」一片盼望子孫成德成材成器,「惠我無疆,子孫保之」;遺產是這一片疆土,乃是列祖列宗焚山澤、導洪水、驅虎豹、播百穀、藝蠶桑、興水利、建園莊、服牛乘馬、以固邊圍,歷盡艱辛,遺留給我輩子孫接手,還要代代相傳,永保勿失的;所謂遺道,是所謂「一片中原萬裏餘,自非屠德所宜居」,有人斯有土,若是子孫毫無「人生、人道」,入不得「人譜」,只知將自己「物化」,不知同類相恤互保之義,只一味效法動物的凶猶殘忍狡詐,貪婪愚昧自私,完全背棄了「萬物本乎天,人本乎祖」,人類有兄弟之情,所謂「豈伊異人,伯舅昆甥」之間的應有倫常道理,「德惟善政,政在養

民。水火金木上穀惟修,正德利用厚生惟和」,這樣的民生必要條件,正是祖先睿智,本天道而建人道,業已經過數千年傳承實踐,遺給現世子孫,切不可見異思遷,數外夷之典則而忘本祖之根本;所謂遺命,便是這歷代祖遺的經典寶訓,但其中有正面教諭亦有負面反證,正面者為踐行有效而有信徵,負面者啟衰敝而民生病苦,必須審慎抉擇。

哀與樂,有俗諦、有真諦。如報紙上的「娛樂版」中聲色煽慾,乃是俗而又俗;即使提升為創造性藝術,然而票房之費,動輒傾基層勞工一月之食方得一見,其偏私狹諂可鄙,要之俗諦所染,無可足稱。人之得者自欣其樂,不得者感歎興哀,如此之輩,無非俗漢!

馬一浮先生有精語釋哀樂云:「心之專真為志,言之精純為詩,行之節為禮,德之和為樂。和順積中,發為愷悌,動為惻怛;智大者悲深,愈愷悌則愈惻怛。就其愷悌名樂,就其惻怛名哀。」哀樂一源,哀樂相生。

如何?這才是哀樂真諦,人人能知能行能達。引申下去便是性理之學,兩岸原本有共同源脈,洙泗濂洛關閩之傳,不過近百年以來,大陸上一度抄而焚之、鬥而整之,於今欣見日月重光,而臺灣則是囿於功利,視之為枯淡之學,所幸此道有強韌的自然生命力,桀紂之主邪佞之臣以及不具心肝之俗子,終不能隻手遮天。

孟子所言君子三樂,也正可作為中華文化(主軸為河洛文化)之另一證:「父母俱存,兄弟無故」是慈孝踐履之樂。「仰不愧於天,俯不怍於人」是修身之道,發皆合德之樂。「得天下英才而教育之」是播揚文化、排除物化的事業正在進行,大道繩繩可繼之樂。

在此世界上,蜉蝣的生命甚為短暫,它只能生殖下一代幼蟲,教養是無從進行了,人類應該有其適合於萬物之靈地位的生命過程,然而可悲的是人類之中也有若干比率,其處境並不比蜉蝣高出太多。這要算是全人類的恥辱。因為我們業已自知「哀樂相生」。

哀樂相生的哀字不是自私的一己的感受,而是提升到與天下古今來世的人類眾生的共有「生命」意義,把自己放在物我一體的境界,哀而後能生悲憫、能悲憫則能從事明道弘道,在大道中致其心念粹一,以成無人而不自得之樂。然而今日世界之所謂「全球化」,亦無非萬物皆商品化而已,也就是連每個人的身體、心志以至靈魂皆設法使之「物化」,進而標價行銷而已。這正是本文所關心的主要

之點。

以河洛文化為中心的中華文化,原本是以「凝結、和睦」為取向,但在現況之下,卻相反的以「分離、猜忌」為取向。其中緣由,有加以探究之必要。

二、九經——完整的文化綱領

河洛文化是什麼樣兒的? 也就是它的特色在哪裡? 這要到中庸裡找答案,並輔之以其他儒家經典。

依沈清松教授研究,文化是個系統結構,其中有五個子系統:終極信仰、認知、表現、履踐、規範。茲據以分析河洛文化由《中庸‧九經》呈現的狀況。

《中庸》之為書,主要是為君子傳先聖之統,而非為小人文飾欺眾,君子有「君子之德」,具體應現在於周易六十四卦大象傳(周公所繫);在昔日、父師以教子弟者莫不以成就君子之德給予勉勵,而以勿為小人作詬誡。這是世運升降的重要徵兆。

《中庸》提到的九經:「凡為天下國家有九經,曰修身也、尊賢也、親親也、敬大臣也、體群臣也、子庶民也、來百工也、柔遠人也、懷諸侯也,修身則道立、尊賢則不惑、親親則諸父昆弟不怨、敬大臣則不眩、體群臣則士之報禮重、子庶民則百姓勸、來百工則財用足、柔遠人則四方歸之、懷諸侯則天下畏之。」下面的運行方法就不具錄了。

看起來中庸之道似乎極端保守,沒有戰克攻取的企圖心。倘若如此存心,那先得好好就反省反省《中庸》第一章「致中和、天地位焉、萬物育焉。」,為何要戰? 為的是掠奪財富、奴役他人嗎? 那是四海惡絕、天地不容的事。

這個文化的終極信仰便是由天地位萬物育衍申出來的,而且衍申原則是「道並行而不相悖(和諧),萬物並育而不相害(和平)。」從哪裡開始? 從自然人住胎出生開始,一直發展到「以孝治天下」,因為只有遵循自然的生育秩序和理性親情,人間才有和諧和平(自兄弟到姻婭之親)的起點,猶之乎燧人氏帶來的第一支火炬。

孝道第一是「祭祀」,河洛文化中受到最大破壞的也正是祭祀這「報本之禮」。祭祀,看似向墳墓、向牌位(神主)、向虛空(天、神)膜拜,似乎愚蠢迷信。但是凡有人心者如何能忘卻父母親長的生養教誨、傳產成家之恩! 倘若有人竟

然公開宣之於眾:「我不愛爸爸,我不愛媽媽,我愛孔仲尼(或其他人士)。」則孔仲尼在天之靈必然拒之門外:「你是不仁之徒、極凶之殃,我門中無位可容。」

孝道的祭禮是親親治民合理化體制的定期演習,其中有:序昭穆、辨貴賤、訓練考核才能、普遍霑潤祖德、公平對待合族,於是「彝倫攸敘」。推之國家天下亦然。

人有人的品質條件、物有物的品質條件。《中庸》裡對此有所明辨:「盡性」而已。盡己之性則能盡人之性,進而盡物之性。盡性一詞今日已遭誤用,如盡性尋歡作樂,盡性更轉化與盡興同義。盡性的正解是「盡其性者、德無不實,故無人欲之私,而天命之在我者,察之由之,巨細精粗無不盡也。」能如此則是「天地無私」,無私方足以承當眾人之事乃至天下之事。今世往往有引進企業中 CEO 來公共行政部門者,蠻夷之風,不足稱也。其事類於將財神爺趙公明迎上自家神桌,卻將祖先牌位收入廁所(迴避財神,結果是祖先怒棄而財亦不來)。

三、論來日大難————一切商品化結果

《中庸》裡有一句寓意深遠的話:「小人之反中庸也,小人而無忌憚也。」表面看來只是一句敘述紀實之詞而已。其實它是一個「嚴重警示」,萬萬不可使小人得志。

有一點應先敘明者,前面已提到一切「商品化」之弊,此處又用了「商機」一詞,似乎筆者是個「反商傾向」者,此在今日,如果加以羅織,在不少地方會有「動搖國本」之嫌。其實《中庸》裡提到工業原則是「日省月試,既稟稱事」,而商業功能則是「通功易事」的媒介,只要各安本份、天下太平,別把金融海嘯、失業遍地當作家常便飯,便足以告慰天下庶民,除了極少數「無所不為」的人之外,量來都能接受筆者的看法。

第一,商品化的正確用途應該只是物的部份,「物」是可以創新其式樣、增加其功能、改進其便利、強化其對人對資源對環境的安全無害,這些是可以予以「商品化」的,但像人群中的「普世價值」、「人的尊嚴」、「人身權利」之類,則絕不可商品化,推上市場去成為買賣標的。近年來,據說兩岸的殘體乞丐(為何致殘?)有黑幫操控、貧戶賣血賣器官、弱女賣身入「性產業」且有高級人士發言要求正常化,真令人恍如倒退三四百年之前。

第二，在法律上，兩岸都尚不能突破世界通弊：對人權保障不若對物權保障週到。例如：勞動者身心安全之保障規定雖然洋洋灑灑，好像甚為重視而且週延，但是只要在工作權（取得、保有工作之權，合理工資之權）和身體支配權兩者一放水，則一切都是有名無實，花拳繡腿而已。看看商場上的「訂價權」實例，一件襯衫售價三百元，標價牌則可掛上四千元，號稱特別優惠!?

第三，民生危機視若無睹。猶記20世紀70年代初，農業專家張研田氏警告：世界存糧只有不到六個月之量! 籲請社會共同謀求解決。而最近新聞報導，此數字已降到「不足兩個月」。看看兩岸無數高等則良田、水利，都被工業區和別墅區吞噬而去，農田水利是要經過少則百年三代的開發而來，但破壞只要數月。古籍載「國無三年之蓄（糧），曰國非其國也。」也就是說「這個國家已經失去其立國條件了」，什麼立國條件? 民糧不缺，可以穩度空前災害嘛!

這當然是過份重視工業、過份信賴商業的結果。

第四，金融體系，內容是應該有的功能欠缺很多，不應該有的毛病倒是暴露不少（還有保密中的，意料之外的）。其中最大紕繆便是掌握鉅量的實體財富，卻把些虛花好看的「虛擬財富」丟給所有的受薪人、老幼無業之輩! 再細究，則可見那些實體財富中，竟赫然有正常需要之外的毒物（如菸草）、軍用毀滅武器等等。

第五，總之，今日世界最大弊端來自真知、大道的退隱，被忽視，歸原分析，又是中庸之道在競爭中落敗之故。或曰：中庸如係真理，何能落敗! 既然落敗，必須自我反省，勿咎他人。這正是言偽而辯，無須答辯。

四、結語——《中庸》踐履，調整人際關係吧

人際關係，要調整嗎? 當然要，而且越快開始越好。圖一所示者是一片和諧的人際關係。因為其中「族無浪子、國無棄民」，當家的人也即是主政的人，是在德、功、年、才等多重要求，公開推舉而來，一切行事有典則可循，唯一缺點是對圖二的破壞性抵抗尚未能達到完全免疫。圖二雖然幾百年來整得世界代代哀鴻遍地，它卻能發揮病毒細菌般繁殖力，後繼者源源補充；它也有致命傷，當人類大都毀滅時，它失去了寄生宿主，也就氣數到了；另外則是在世界資源被它浪費得極其窘乏時，它自然也就沒得要了!

關鍵點在於教育，孔孟都是教育家，他們都極力推動人文化成，反對化人為物，所謂「禽獸不可與同群」是也。今日的河洛文化，是應該能夠、也勇於負責的承當起這當代的「牖民大任」。

《中庸》裡視為大事的「春秋修其祖廟，宗廟之禮」，還要等待麼？勇敢的承認祖先們守護國土的光輝史實吧！

《中庸》裡視為宇宙主宰的「天」，我們還要否定麼？真誠地承認了吧，「天命、百年之壽」，是個事業，好好運用自己的時間生命吧！

（作者為臺灣中華易學研究會常務監事）

河洛文化對越、日、韓諸友邦之廣泛影響

曹尚斌

Abstract：Looking about the Heluo Culture, it is be known all around the world. The Heluo Culture is in the central position in Asian Cultures. It can be seen from Vietnam documents, like "Vietnam Records of the Historian", "Vietnam History Comprehensive Mirror for Aid in Government".

and "The Charter of Korean History" etc. From Japanese documents, like "Nihon Shoki", "History of Japan" and "Dai Nihonshi". Korea is named themselves as Chinese Culture inheritor, and their numbers of historical documents are not less than Japan and Vietnam's, like "History of Three kingdoms", "Korean History", "Comprehensive Mirror for East Countries" etc. Every documents of nations are written by Chinese version.

Vietnam, Japan, Korea are three friendly countries and they have a close communication with Chinese. The power of both Chinese and Vietnam, Japan, Korea influences each other. It is obvious that Chinese have a close life with each three countries in Asian.

一、緒言

文化與人類歷史產生之先後的認知,殊難分軒輊! 竊以為二者乃相互俾倚、齊頭並進。

近世倡言文化之立論,有以遠古伏羲氏為首始者;歷述其年代迄今約為六千五百年前,當是時初民已奠基於祭祀神鬼、天地所用之禮器。乃顯現文化之徵狀。由祭祀禮儀蛻化為教規法律。進而宗教與文化相濡以沫,累世傳承,漸成風

俗,普化社稷人群,溶融為民族習性。此先有河洛文化之孕育,漸次衍進發展為中國文化之芻型。

文化型塑之功能,首推河洛文化之孕育廣被,厥惟黄河流域肇其端,尤其黄河兩岸各支流水系三角地帶星羅棋佈之居民,相互交融綿延創發各自形成因地因時因人制宜其自然增長發展,日趨繁榮,根基奠厚,乃成為民族共通生活之準繩,亦即歷史胚基。

二、河洛文化發展之區別

1. 夏文化孕育之地帶

起於河南西部之伊水洛水兩岸,沿入黄河之三角地帶。筆者於前三篇河洛文化拙文中已歷述淵源事例。[①]

2. 殷商文化發展地域

當自河南安陽之漳水、洹水兩支流沿岸并入於黄河三角洲地區。並非嚴刻劃定界限,只籠統指述。自古至今之發展,各地域乃有此消彼長、盛衰起伏之跡象。

3. 周文化發源於陝西東部之廣大區域

相對於陝西東邊境域之西部則為孔子言必稱堯舜之唐虞世紀為輝皇的歷史文化總源頭。其各自發展,迨後必有參次變化,所謂三十年河東、河西之狀況,興替互見。

綜上概述中國河洛地區早期文明世代所孕育之文化型塑,乃緣於黄河繞流之廣大地域內之居民,各以其交流融溶之便利,而匯為一龐雜廣大,淵源深厚的文化體系。因以促成政治社會、文明之啟迪,建構為文化根柢!終成為大領土、大一統之民族國家!相應蔚成絢爛輝皇博大,無遠弗屆——由中國全境,進而擴大其功能,影響於世界。

姑且就我國近鄰近友邦越、日、韓三國,於中古之世,即受到中國文化之薰陶化育之榮景,略指大端。

---

① 《河洛文化與民族命脈神髓禪聯》,見《第九屆河洛文化研討會論文集》,《臺灣與河俗文化之淵源》,經臺北《中原文獻》季刊第四十卷第四期刊行,并經臺北市田彬先生之網站引用。

三、中國人何以能創造永不滅絕之卓越文化

吾人當知文化乃指人類生活之總體，人們因文化之演進，方面逾廣，部門體系愈雜。目前因各類生態科學之極其發達，有屈指難數之窘況，若舉其耳熟能詳之門類，當以政治、經濟、科學、宗教、道德、文學、藝術之要項。茲就此七標題略敘大要：

1. 經濟——衣食住行等物質生活，寔為人類生活之基石，拙文《淺談生活與為學》文中指出生活之偉大壯貌。[①]

2. 科學——人文科學以人類生活行為擷取人生法則，自然科學，探求自然界之真理。雖為人生外在之影響，但卻影響人生至鉅。

3. 藝術——包括一切美學如：音樂、繪畫、雕塑、建築等，但雖亦面對物質世界，而藝術創作必得把心靈投入。故藝術是趣味的，重在「再創造」，即使是面對物質之描繪表達，但應賦予新生命，並與觀賞者心靈相交融。

4. 政治——包含人群組合的種種法律、風俗習慣、典章制度，為政者必得依上述規章促使人際關係之和諧安樂。彼此須以良性互動為之。

5. 文學——泛指一切詩歌、小說、戲劇、舞蹈等，把人生投向於大眾人生世界，以求人之呼應。故文學是情感的，使爾、我心心互交融。

6. 宗教——是人類心靈中要求「忘我」和「寄託」之信仰，可以說是人們不能全知之宇宙，尋求一種心靈之慰藉及解脫。在此附記日前臺灣「人間」電視播出臺灣佛光山星雲大師專題演講（轉錄大師在上海交通大學演講寔況）對企業家應抱持何種心情擁有并享用自身經營賺得之財富新觀念。大師提出四項思維。（本文略）[②]而陳光標卻以具體行為作了完善答案。2011年1月底大陸富豪陳光標暨其妻、子一家人來臺於新竹、桃園、南投、花蓮等縣市當街行走發給數以億萬計之現金紅包。除了受惠者之感激戴德，並也引致一些雜音——有讚譽之

---

① 《淺談生活與為學》一文見於《中原文獻》季刊第四十一卷第四期2009年10月1日臺北刊行，《文聯文藝》第三期轉載，臺北刊行。
　　此七項之標目擷取自《中國文化史》陳正茂、林寶琮合編。臺北縣中和市「新文京開發出版股份有限公司」印行
② 2011年2月5日晚間臺北人間衛視節目九至十時播出。星雲法師在上海交通大學演講原文《現代企業家對財富擁有、享用之觀念》，及《陳光標來臺發紅包之新聞報導》。

詞也有非議之詞。上述兩大事件,星雲與陳光標行事之風評定位,將載之史冊垂諸後世迨無疑義。筆者以為此乃文化薰被之效應,胥俟專文記述。

7. 道德——屬於心靈世界之精神標幟! 文學、藝術、宗教有所為,有所求。而道德則無所求,惟只求盡其在我,只求「付出」不求「報償」。故言道德是人性之光輝,是崇善之心靈世界。(星雲法師、陳光標是一例)

四、越、日、韓諸鄰邦承受中國文化之洗澧述要①

將河洛文化提稱為中國文化,是水到渠成之酌稱詞。中國歷史綿長,早在數千年前中央政府就有史官專職! 所謂左史記官,右史記事。而史書無論編年或斷代之體例或記事本末之綱鑑,都稱得上卓越之創作! 如孔子春秋、公羊、穀梁、左秋明等三傳,降及宋司馬光《資治通鑑》皆稱著史典範,至於司馬遷《史記》之書出儼然為千古不世出之傑作。而班氏兄妹、范曄、陳壽等《前後漢書》、《三國志》等都為「地球村」世界東西文明古國卓越史冊之代表。梁啟超、錢穆等各有讚譽之言喻。

自古即有「六經皆史」之評斷,又言:文史不分。吾人亦須體認:歷史與文化是為一體兩面之箴啟詞,如欲暢說:越、日、韓三友邦汲取中國文化而光大其國家文化者,自必由史籍尋繹其脈絡。

試一回顧我國古代究以何種寶典,最為他國所仰望者?

1. 儒學典範

中國在儒家受世人推尊之前,先民以六藝(又稱六經)易、詩、書、禮、春秋樂經早自漢代及亡佚,故後習稱五經之教。敘其項目:

(1)易——以陰陽解說天道人事,按易之本義內涵為三:簡易、變易、不易。筆者於2008年4月撰易學淺說一文經《中原文獻》季刊第四十卷刊布。②③

(2)詩——中國文學之寶典,但亦為歷史文獻,其於教育更具多方面功用。古之諺語:不學詩無以言,不學禮無以立。

---

① 以下資料素材酌採朱雲影編著之《中國文化對日韓越之影響》一書(臺北市黎明文化事業公司出版印行)及《中原文獻》季刊曹尚斌讜述之《臺灣與河洛文化之淵源》一文之大要。(見臺北田彬網站)

② 2008年7月1日《中原文獻》季刊第40卷三期刊布《易學淺說》頁1。

③ 公元604年為中國隋高祖仁壽四年甲子、次年即隋煬帝大業一年乙丑。

以下書、禮、春秋等，本文略。

越、日、韓各國薰沐於中國經學教育下，初為生根發展，繼之則轉化為他國文化道統，以此為津梁，而卒見奠定其政治、哲學之基礎。

2. 正統論之篤行

中國正統論最早見於「書」大禹謨曰：「皇天眷命奄有四海」。又見於「詩」北山曰：「溥天之下莫非王土，率土之濱莫非王臣」。此蓋因春秋戰國之時：列國分立，因而有「正」與「不正」之辨，明夷夏之分，如：漢儒董仲舒策對曰：「春秋大一統者天地之常經，古今之通誼也。」可見儒家之政治文化即大一統理念。

宋歐陽修正統論曰：「正者所以正天下之不正也，統者所以合天下之不一也。」爰於正統論，以尊王攘夷為標榜。

五、分述日、韓、越汲取中國文化所影響之大略

1. 日本對中國文化欽仰有自

17世紀(中國明神宗萬曆朝)日本德川家康創幕府於江戶，開二百餘年武人治國之局面，由於武人專政之桎梏壓抑！日本竟嚮往文人當政之恢復，因而對中國正統論之提倡者朱熹倍極推崇，江戶時代，朱熹學說，定位為官學，儒學亦隨之普及人心。對中國文化有五體投地之崇拜。有荻生徂徠其人，為翻譯華文，而倡組譯社，於其社約之最後一條曰：「凡會之譯，其要在以夏變夷，不得以俗亂華也。」此是明指「夏」為中國，「夷」為日本，而他在題孔子畫像自稱「日本國夷人物茂卿」。可見其對中國文化仰慕之熱誠，致吾人自嘆之弗如。

日本自大化革新迄奈良平安時代約五百年之王政，寔即中國正統思想之表徵。主要是辨內外明夷夏之道統文化的踐履篤行。至於明治維新，乃轉而傾慕歐美船堅砲厲之霸權興起，側致其侵略思維膨脹，竟妄想征服中國稱強於東亞，其野心猖狂，卒致玩火自焚。

2. 朝鮮為中國文化之大宗

13世紀末之元代有高麗僧一然其人：著《三國遺事》，卷一：「魏書云：乃往二千載，壇君王儉，立都阿斯達，開國號朝鮮，與(唐)高(堯)同時。古記云：………周虎王即位已卯，封其子於朝鮮壇君乃移位於藏唐京，後還。隱於阿斯達為山神，壽一千九百八歲。」據查中國魏書無此記述，顯係向壁虛構之寓言。

除壇君建國之說外,更有百濟建國傳說(茲略)惟韓國之地理人種歷史都與中國有密不可分之關係。韓人一向仰中國為本位。自稱為中國之分支,此堪為韓國傳統之特色。溯自中國漢武帝以後,將朝鮮半島設置郡縣約四百年,降至西晉末年,高句麗百濟、新羅三國崛起,中國退出朝鮮半島,自此,中國韓國始有內外之別。約在六世紀初已輸入儒學,因而春秋大義深入人心! 如新羅朝法興王二十三年(536)[1]新羅初建年號,有違春秋精神曾為韓國史猛烈抨擊。[2] 至真德王四年(650)新羅始行唐永徽年號。自始以後,歷代皆行中國年號,一直繼續一千兩百餘年至清季甲午[3]光緒二十年。後韓國始自建年號。新羅之行中國年號,正為其貫徹春秋大一統主義。高麗史家金富軾論其事曰:「三代更正朔後代稱年號,皆所以大一統,新百姓之視聽者也。事故苟非乘時並起,兩立而爭天下,與夫奸雄乘間而作,窺視神器,則偏方小國,臣屬天子之邦者,固不可以私名年。」[4]

新羅且以我王制有「天子七廟、諸侯五廟之說,則安於諸侯之分。而立五廟。又因有「天子祭天下名山大川,諸侯祭社稷之說,彼亦安於諸侯之分而祭社稷。如其「三國史記」卷三十二,雜志一,祭祀曰:按「新羅宗廟之制……至三十六代惠恭王(765～779年)始定五廟……第三十七代宣德王(780～784)立社稷壇,又見於祀典,皆域內山川而不及天地者,蓋王制曰,天子七廟,諸侯五廟,二昭二穆與太祖之廟,而五。又曰:天子祭天地名山大川,諸侯祭社稷,名山大川之雖在其域者,是故不敢越禮而行之者嶼。」。[5]

3. 越南受中國文薰染型塑良深

越南在我國後唐五代之前,屬我國郡縣,而其歷史於石晉時,越人吳權,始倡獨立,繼之有丁、黎、李、諸朝代,皆著有史記,惟現已無存。而其近代史書可考正者,乃為陳朝所保留之典籍文獻,有黎崱撰著之《安南志略》,佚名撰著之《大越史略》,胡宗粟撰著之《越史綱目》,黎文休撰著之《大越史記》,斯一史記尤稱重

---

① 東晉梁武帝大同二年丙辰(536)輸入儒學春秋大義。
② 見青柳南溟朝鮮四千年史、箕子朝鮮(頁12～19)修史之風,自是彰顯。
③ 唐高宗永微一年庚戌(650)新羅初建年號,行千百年。
④ 公元1894年,自此脫離中國年號。
⑤ 《中國文化對日、韓、越的影響》,朱雲影著,臺北市黎明文化出版,頁265。

要之典籍。此為黎氏於陳太宗時奉命編撰者。至陳聖宗紹興十年（1242）[①]完成。上起趙武帝下迄李昭皇，凡三十卷。此書為越南十四世紀以前所見之史書內容最豐富者。

　　繼陳朝之後，黎氏王朝建立伊始。黎太祖首命之臣，著《藍山實錄》斯編之主要內容，則為藍山起義抗明事端。後黎仁宗延寧二年（1455）[②]又命潘宗先續撰《大越史記》斯編與黎氏原編先後比美。然而大越史記之成為完璧，當歸功於吳士連奉黎聖宗之命，綜合黎潘二氏原註補修《大越史記》全書於洪德十年（1479）完成。[③]

　　承黎氏王朝而興之阮朝，歷八十年過程，更重視修史事業。阮福映為開國主，性嗜文史，在統一越南前一年（1801）[④]即命侍書院撰《綱目正編》，至嘉隆十年（1811）[⑤]議修《國朝寔錄》，且下詔懸賞徵求遺典故事，明命元年（1820）[⑥]設立國史館。嗣德八年（1855）[⑦]越帝鑒於「士之讀書為文，惟知有北朝之史（指中國清朝），於本國（指越南）之史，鮮或過而問焉？昧於古者，何以驗今？特命潘清簡等將《歷代史編年》一書參以諸家之言，勒成欽定《越史通鑑綱目》全部。

　　綜觀越南歷代各朝纂修國史之盛況，亦如日本、韓國之見賢思齊。竊慰私衷。至於吸收我國文化而廣被其自身以文化，吾人不禁感慨良多，果面臨「禮失求諸野」之窘況矣。至其所修史籍之特色，約為：

　　1. 褒、貶勸戒之筆意：如《大越史記續編》序云：「國史何為而作也？蓋史以記事為主。有一代之治，必有一代之史。而史之載筆，持論甚嚴。如黼黻至治與日月之並明，鈇亂賊與秋霜而俱厲，善者知可以為法；惡者知可以為戒，關係治體，不為不多，故有為而作也。」

　　2. 通鑑綱目卷首載嗣德帝諭旨曰：「史者，域中至大之事，考古修史鑑戒關焉，勸懲寓焉；義例須精，而當筆削，須嚴而公……發凡起例，提綱分目，著遵前

①　公元 1272 年宋度宗咸淳八年壬申，陳太宗令撰大越史記。
②　公元 1455 年明景帝景泰六年乙亥，撰《藍山寔錄》。
③　公元 1479 年明寧宗成化十五年己亥綜合黎潘二人修補史書。
④　公元 1801 年清嘉靖六年辛酉，命侍書院撰《綱目正編》。
⑤　公元 1811 年清嘉慶十六年辛未，議修《國朝寔錄》。
⑥　公元 1820 年清嘉慶二十五年庚辰，設立國史館。
⑦　公元 1855 年咸豐五年乙卯，編纂《越史通鑑綱目》全部。

論:依據紫陽目書法。亦如孔子春秋別內外,辨華夷精神。」然此筆法,乃引致越之史家強烈反應。(原文略)

前已提及(本文之陸),公元939年即中國後晉天福四年,越之吳權倡獨立稱王後,旋即詔令「制朝儀,定服色」[1]乃越人衣冠文明一大推展。此後,九七五年(中國宋太宗開寶八年乙亥),丁朝代興,越南脫離中國郡縣體系,雖然,而中國文化之影響力則由北而南次第光大,如:中國二十五史梁書扶南(早期高棉之稱號)傳云:

「吳時……國人猶裸,唯婦人著貫頭,雖國中實佳,但,人褻露可怪耳,尋始令國內男子著橫幅,大家(蓋指豪富大戶)乃截錦為之,貧者乃用布。」[2]《大越史記》轉述中國廿五史‧梁書

六、後記

越南與日、韓同為中國文化圈構成之一邦,而越南民族與中國之東南沿海的古越族為同系脈之源流,并為史家所公認者。筆者於公元2002年、2003年、2005年三次應越南河內市國家大學之社會人文大學邀約訪問,並作一個月之專題演講,並承社會人文大學校長范春恒博士、阮文盛教授共同聲請國家大學總校長陶仲詩、副總校長阮德政博士、及漢學碩儒賴高愿、傅氏梅教授等以教授團會議商酌,翻譯拙著之《先秦儒學人本思想津梁》論文為越文版,供作人文大學之參考書。[3] 筆者殊為欣倖。

(作者臺灣空中大學兼任講師)

---

① 《大越史記外紀》全書卷之五吳紀前吳王己亥元年條擷取衣冠文明之573頁(朱雲影著書)。

② 《大越史記本紀全書》卷之一丁紀先皇帝乙亥六年條。

③ 見阮文紅、范春恒、阮金山書函及《中原文獻》季刊專欄文章。曹尚斌撰《中越兄弟情誼》、《海內存知已天涯若比鄰》。

河洛文化的傳承與發揚

胡東隆　周寶鎣

Abstract：Heluo culture, the main origin and essence of Chinese civilization, plays a dominant role in the development of Chinese civilization. Heluo culture enhances the production and development of Taiwan society, quickens the step of Taiwan's development, and promotes the inner quality of Taiwanese. Both sides of Taiwan Strait take history as mirror, literature as media, and harmony as the most precious thing, trying hard to carry forward Heluo culture.

一、河洛精神

河洛之地天賦中庸靈氣，性理安舒，適合人類發展與繁衍，是中華民族先民早期活動的核心地區。在中華文明的起源和發展過程中，河洛文化是主要源頭也佔有主體核心地位，發揮著主流與主導作用。所孕育的河圖和洛書成為中國哲學之開端，「河圖」發展形成了周易八卦，「洛書」則發展形成陰陽五行，反映自然界物質在運動中互相依存、互相制約，在矛盾中逐漸衍生統一、和諧發展的關係。

河洛精神主要具有如下特徵：①《易》以貫之。《易》是主流文化。②人文遞嬗，聖人化之；文明之裳，聖人垂之。③道以導之，德以得之，學以致之。④河洛文化，風俗成之。河洛文化在全球古文化中是具有代表性的先進文化。其文化形成經歷了「終日乾乾，與時偕行」的過程。

河洛文化既屬於地域文化概念，同時也屬歷史文化概念。從形成到發展，以頑強的生命融入中華文化的體系中，它在中國歷史上的影響極其深廣。這說明河洛文化在低谷階段能以博大的胸懷吸納、融合外域文化而補其不足；在高峰階

段,又能以強勁的態勢和飽滿的能量向外域揮發和輻射。如此恪守傳統、兼容並蓄、開拓進取地由河洛而澤中原,由中原而廣播中國,最後終於由地域性文化發展成為中國傳統文化的主流。河洛文化是中國最核心的、生命力最強的文化,是中華民族共同賴以生存的精神源泉,是中華民族自強不息的靈魂。

二、河洛的傳承

河洛文化以「河圖」為標志,「洛書」作廣義傳學,巧妙地將人與自然萬物間的相互尊重和學習延伸成共存一體的生活哲學,體現了中華傳統文化的根源性。以夏、商、周三代文化為主幹,體現了中華傳統文化的傳承性;以洛陽古都所凝聚的文化精華為核心,體現了中華傳統文化的厚重性。以「河洛郎」南遷為途徑,把這一優秀文化傳播到海內外,體現了中華傳統文化的輻射性。歷史上,河洛地區的居民因多種原因遷至福建等沿海地區,又由福建渡船向臺灣遷徙。河洛文化隨人口轉遷傳至臺灣,雖然歷經荷蘭、日本統治過,但仍然保留了五千年前老祖仙的語言生活方式,深刻的將河洛文化深殖蓬萊仙島(臺灣)。臺灣大多數人與中原人血脈相襲、臺灣文化與河洛文化一脈相承之證據如下。

第一,族群同宗,血脈相連。陳、林、黃、鄭四姓的根源均在中原河洛。

第二,語言同系,文字相同。臺灣語言「言多周秦之語,聲含中原之音」。

第三,禮儀同承,民俗相近。臺灣地區的風俗民情、飲食起居、婚喪嫁娶、節日慶典,尤其祭祖等習慣,都繼承了河洛文化傳統。

第四,宗教同源,信仰相通。臺灣的民間宗教信仰和神像雖直接來自閩、粵,但是追溯歷史淵源,又是與河洛宗教文化一脈相承的。

第五,農耕文明之根。臺灣農作物品種的出現、農業技術的發明、農業思想的形成,無不與河洛地區密切相關。

三、河洛文化的發揚與價值

河洛文化是推動中華文明及華人生活凝聚的重要力量,也是推動全球文明延續的重要力量,五千年的河洛生活模式,不去開採石油,不製造有害氣體,毫無疑問的,其中博大精深之內涵,堪稱是世界上最適合人類生活的主義。概述如下:

第一，具有原創性。河洛文化起步最早，中華文明孕育形成的標志在這裡都可以找到。

第二，具有先進性。長期以來，河洛文化的發展繁榮程度超過其他區域文化，引領著主流思想的光大、重大制度的形成、文學藝術發展以及科學技術的進步，是中華文明的前進方針和發展潮流。

第三，具有基礎性。河洛文化是中華民族的核心文化，它確立了治國思想、塑造了民族精神、形成了核心價值，處於基石地位，在中華文明進程中起著靈魂塑造和精神維繫作用。

第四，有輻射性。河洛文化在化民成俗中普及、在人員遷徙中傳播，具有很強的影響力及擴張力，極大地促進了其他區域文明的發展提升。

第五，具有延續性。河洛文化延綿不絕、強勢地位長期保持、持續影響生生不息，以其頑強的生命力，始終堅韌強固、生生不息，使中華文明傳承不止、代代相續。

河洛文化對臺灣文明發展具有正面意義與其價值：第一，推動社會生產發展。河洛人大量移入帶來了當時大陸較為先進的農業、手工業技術和文化傳統，加快了臺灣地區的開發步伐。第二，影響禮俗制度形成。隨著河洛人在閩、臺的移民擴散，河洛文化的婚俗、喪俗、節慶等民俗也逐漸移入臺灣。第三，促進民眾素質提升。隨著大陸士子文人的不斷匯集和本地教育的大力發展，以系統化的儒家思想為核心的中華傳統文化在臺灣漸成體系，提高了臺灣民眾的文明水準。第四，繁榮文學藝術。隨著臺灣經濟社會的不斷發展，大批名儒賢士紛紛來到臺灣從事文化活動，使臺灣文風漸開，營造臺灣社會崇尚文化的風氣。

四、河洛文化與於西方文化的衝擊

傳統河洛文化與現代西方社會基本上是格格不入；甚至全面對立的。比如《老子》的精義是「守柔、無用」，儒家追求「明其道不計其功，正其義不計其利」。而後工業化時代的訴求是「個人本位主義、利益導向、科技至上」，以致現代人普遍有身心靈失衡的現象。

透過瞭解自己的血脈去體認到只有讓自己生活在一個有淵源、有傳承的文化共同體中，才能真切地感受到自己行動的意義。人們常說的歷史感不僅包括

個人的記憶,還有關於民族文化的記憶;若淪落「文化孤兒」東討一口,西吃一勺的情形是很難堪的。

　　河洛文化受西方文化的衝擊所帶來的是全面性影響,人民生活中的衣食住行育樂及思想行為莫不與傳統漸行漸遠,我們在享受科技進步的生活同時,卻忘了要順乎自然愛護天地。例如:我們大量飼養牛隻所排放的甲烷廢氣造成全球暖化問題日趨嚴重,衣著方面為了符合時尚潮流,以石油提煉化學籤維,研發各種高科技布料,所耗掉的地球資源不計可數,發明電燈之後人們不再日出而作日落而息,大量耗電成為人們習以為常的生活,汽機車、火車、飛機、輪船等交通工具所耗燃料,也成為近代地球最大存亡課題,不容忽視。

　　落實河洛文化能直接影響一個人、一個家庭,甚至全體人民的人生觀、價值觀、道德觀。例如一個孩子除了在學堂念書,回家還會看到父母如何相處、如何待人接物,然後依著所學所悟經驗人生。「臨財毋苟得,臨難毋苟免」這種教化要轉化為個人道德一定要從經驗而來,從小知道什麼是對的,在人生中面臨各種抉擇時就能穩得住。

　　近20多年來,臺灣與大陸有過度西化的問題,地球村的概念使全球文化差異性越來越小,「成功、奮鬥、財務自由」這些關鍵字佔據了許多人的頭腦。功利主義的渲染之下造成人際關係疏離、家庭關係緊張、離婚率居高不下等問題……本人近年來為河洛文化投入許多心力,例如:闡揚敬天禮地、百善孝為先、以大自然為師修身養性等正確的價值觀。

五、河洛推行願景之臺灣篇

　　綜觀上述所論,不難發現河洛文化的生活哲理實為世界人類生活方式之效仿與覺醒,淪落於西化現象與過度工業發展的當代河洛子民,身處貪婪西化民主之中,於現實生活中隱忍痛苦而不自知。敝人從事因果玄學研究工作,經年累月開放個人時間,協助一些為生活中受困惑之來訪訪客,十年之中所經手之個案,諸如家庭、婚姻、身體健康,以及子女,甚或宗教迷信等問題,綜觀其原因皆不離西化而不自知。而解決諸多困惑之法不外乎以河洛生活法則與易相,配合順乎自然,題以中庸之道誘之,並列舉有關近百年全面西化、過度工業化所造成的種種迷思與覺醒,十年下來小有心得,今適逢貴單位有心有情開辦此一研討會,敝

人文疏學淺,期望咱們河洛文化能落實華人生活之中,如願先民期盼。

河洛推行方針如下:第一,形成共識。河洛文化還有許多方面需要我們進一步研究挖掘。期許未來兩岸能進一步加強協同研究,增進溝通交流,開展系統宣傳,努力使河洛文化研究和開發達到新的水準,形成同宗同源、相互依存、和則兩利的共識。第二,開展共建。以河洛文化為媒介,促進兩岸文化互動、共生發展。雙方著力構築共建機制,形成定期協商合作、共同謀劃發展制度,協調推進重大文化合作項目和重要事宜,共同做好文化資源的保護和開發利用。第三,實現共榮。深化兩岸經貿領域往來,實現全面「三通」的理想,積極完善合作措施,拓寬合作領域,提高合作層次,努力在農業、旅遊、能源、高新技術等方面實現新突破,並深化社會領域合作和政治領域溝通。

河洛文化的繼承與河洛精神的發揚需要海峽兩岸以史為鑒、以文為媒、以和為貴並共同努力之。

（胡東隆,臺灣天地根節能工程公司總經理;周寶瑩,臺灣中華河洛研究發展協會研究員）

參考書目:

1. 周文順、徐寧生《河洛文化》。
2. 鄭淑真、蕭河、劉廣才《根在河洛》。
3. 張華、蕭河、劉廣才《臺灣河洛郎》。
4. 劉登翰《從原鄉到新土・臺灣文化剖析》。

河洛——華夏文化的強大凝聚力

劉 清

Abstract：The day faces according to the ages the strong line in Japanese doctrine splits into pieces the China everybody the court culture origin of "the people of Royal turns the sport", the compatriot of Taiwan then approves with the stubborn and tough and resilient race, Heluo—China the feeling knot resists mutually with it, combining the Chinese nation that remitted this conflict into the billowing big current fight the invading army, now the compatriot of Taiwan stands in no fear of to violate the Vowdie to defend with the spirit appearance that keep the China culture with Heluo—the consciousness of the root of the China.

最早發現、開發以及管理臺灣的無疑是中國人。臺灣在元代之前基本是「自治」的，朝廷不時予以「體恤」，從元代開始，臺灣的重要性日益突出，當時的元政府已認識到臺灣「海外諸國，蓋由此始」，故設巡檢司管轄，而我們的東鄰日本在很早的時候就有了征服擴張的野心，從豐臣秀吉時代直到明治維新之前，日本多次對臺灣及其附近島嶼進行侵擾，明治維新後的日本更是加快對外擴張侵略的步伐，他們終於等到了機會，1895 年因甲午戰敗，中國被迫接受《馬關條約》，臺灣及澎湖列島被日本割占，直至 1945 年才光復。這 50 年的時間被稱為日據時代即在日本統治的殖民時代。在這 50 年中尤其是抗戰全面爆發之後，日本帝國主義在臺灣強行推行「皇民化運動」，而廣大臺灣同胞則在思想文化教育生活等領域裏進行堅決、堅韌的抵制與鬥爭，體現了臺灣同胞河洛——華夏的中國意識。

一、用意極其毒也的「皇民化運動」

　　日本人到臺灣,開始的是刺刀子彈政治,頭幾任日本總督都是武將出身,並且實施總督獨裁制,很多人稱總督為「臺灣的天皇」。抗戰爆發後,日本對臺灣實施高壓統治和類似希特勒納粹文化的「皇民化運動」。何為「皇民化」? 借用日本人的說法是與日本人「一視同仁」使臺灣人和日本人一樣,有「渾然一守的皇道精神」,有「忠君愛國」(天皇,日本國)的精神,即換腦手術,讓臺灣人成為日本人,至少是候補日本人。其實在抗戰全面爆發前,日本就在實施這一行動了,那時日本在臺灣的教育目的就十分明確,不是提高臺灣人的素質,也不是為了給臺灣培養人才,而是貫徹殖民政策,主要目的是在臺灣普及日語,強化「大和國民精神」,企圖以此割斷臺灣人民與祖國的文化聯繫。在小學課程上,日語占總課時的 70% ,用日本人的講話「以將作為中華民族的臺灣人同化於日本為其根本方針。」

　　「皇民文化運動」的其主要內容是:其一,推行日本語言的政策,禁止說漢語(閩南語、客家話),違者罰款;其二,更改姓氏運動,強迫利誘臺灣居民改用日本姓氏及名字;其三,要求民眾對日本敬愛、尊崇,如忠於天皇,熱愛國旗(太陽旗),會唱國歌《君之代》;其四,實行日式生活方式,禁止過中國傳統規定每家設置榻榻米,崇拜日本神社,行禮不得用中式的三拜九叩,而用日式九十度鞠躬;其五,加強對文化藝術的控制,禁演閩南布袋戲、歌仔戲,禁唱客家山歌,強迫作家和刊物創作、發表皇民文學,大力推行日本歌劇;其六,以「日臺融合」為名,要求臺灣民眾參加「聖戰」特別是太平洋戰爭爆發後,日本殖民當局進一步加強對臺灣青壯年男子的軍事訓練,將大批臺灣青年輸送到軍隊充當炮灰,據瞭解,在整個戰爭期間有 20 萬臺灣人被「調征」前線。這場「運動」大致分兩個階段;1937年至 1940 年為「國民精神總動員時期」,1941 年至 1945 年為「皇民奉公運動時期」。日本推行「皇民化運動」的目的是力圖在臺灣培養大批日本順民,從根本上割斷臺灣的文化之根,極力消除臺灣民眾的祖國觀念,驅使臺灣人民為日本帝國盡忠、玉碎,使臺灣永遠充當日本的殖民地,這些尤其反映在教育上,日本在臺灣辦教育只是為了培育殖民地的技術人才,不准擁有臺灣意識、中國意識,也不得嚮往世界文化,日據 50 年中,臺灣人不得學習歷史、法律、哲學等課程,只能念

農業、工商、醫學等專業,某位人士曾經說「除醫科之外,中國人沒有受到教育的機會,尤其文法各科更非中國人所能就讀」。

二、河洛——華夏文化意識是全體臺灣人民抵制「皇民化運動」的有力武器

1.「皇民化運動」遭到廣大臺胞的普遍抵制而失敗

「皇民化運動」引起臺灣人民的強烈反抗。首先,中華意識是臺灣社會意識的主體。社會意識是指社會生活中一股人的意識或心理,文化條件是影響社會意識的一個重要因素。臺灣人民世世代代傳承著中華文化,即使是在「皇民化運動」中,這個意識也從來沒有動搖過。中華民族有五千年的文明史,在歷史發展過程中形成了強大的民族凝聚力,這一凝聚力表現在全體華夏兒女對於自己國土熾熱的感情,對於整個民族,文化認同的堅定不移。遠古時期形成的河洛文化是華夏中華文化的源頭和核心,它孕育古老的華夏文明。河洛地區是當時女媧始祖、羲皇及炎黃領袖活動的主要地區,早年出現的「河圖」、「洛書」及八卦、《周易》凝結著古代先哲的神秘,想像和超凡智慧,也體現了中國哲學最古老的原創思想,並確立最初的治國安民思想。河洛文化最使世人驚歎的顯著特點是其文明久遠,且連綿不斷,它以頑強的生命力,始終堅韌頑強,生生不息,使中華文明傳承不止、代代相續,在華夏文明進程中起著靈魂塑造和精神維繫作用。直至今天包括臺灣同胞在內的華人都自豪地稱自己為「河洛郎」、「根在河洛」。同時,河洛——華夏文化的堅韌延綿奇跡。在歷史長河中以河洛文化為源頭和核心的華夏文化也曾經受到多次的挑戰和冲擊,由於其深厚的文化底蘊和寬廣的胸懷,具有一種很強的應對環境變化的能力,鍛造出華夏文化頑強的生存、拓展能力,並形成一股強大的民族凝聚力,每當中華民族處於危難之際,這種凝聚力表現得尤為突出。自近代以來,正是由於中華民族這種敢於同外來侵略者血戰到底凝聚起來的抗爭精神,才使得帝國主義最終沒有滅亡中國。日本殖民當局在臺灣所推行的「皇民化運動」,遭到臺灣同胞的抵制和抗爭而最終失敗。

2. 民族與文化的堅持、認同是抵制日本殖民者「皇民化運動」的重要精神支柱。

臺灣與大陸有著密不可分的關係。從地緣上看,臺灣自古就是中華大家庭的一部分,臺灣海峽,曾經山巒起伏,臺灣與大陸本為同一塊陸地,只是因為地

質、氣候的變化，才形成今天的海峽，但波濤洶湧的臺灣海峽，並非是臺灣與大陸之間的天然屏障，在遠古時代中國就有對臺灣記載的典籍，魏晉隋唐，大陸和臺灣交往十分頻繁，宋元兩代開始對臺灣進行治理，尤其是元王朝在 13 世紀時正式將臺灣正式納入版圖，清王朝在 19 世紀 80 年代將其升格為省，只是 1895 年被迫割讓給日本。當臺灣光復後，中國政府又恢復了對臺灣的主權。從血緣上看，臺灣人就是中國人。在臺灣漢人占 98%，在漢人族群中有閩南人、客家人，而他們的祖籍全部來自中原地區。從文化上看，臺灣與大陸文化同根，臺灣文化傳承著河洛—華夏文化，閩臺方言同屬古代河洛語系，習俗源自河洛古風，留有深深的中原華夏農耕之痕跡，所以說臺灣文化之根在大陸在中原，這是任何人任何勢力都無法否認、切割的。

　　臺灣人民具有強烈的愛國主義與民族認同感。這種民族之魂不僅僅體現在對日本侵略者的武力反抗鬥爭上，更突出的是貞守中華的民族氣節和深厚的河洛——華夏情結。面對日本殖民主義者強行灌輸大和文化和為天皇效忠的壓力，心向祖國，不作「皇民」是廣大臺灣同胞始終如一的原則立場。廣大知識份子為此奔走呼號「堅持我們漢家兒女的傳統精神，不被日本人同化為日本皇民，乃是我們不可否認的原則」。一些文人作家有的自行結為書社，寫詩填詞作賦，維繫漢文化，抒發中華民族的情懷，有的以筆為刀槍，在極其艱難的環境裏創作了一批謳歌中華反抗日本殖民者的優秀文學作品，如著名作家吳濁流在小說《亞細亞孤兒》中吶喊「原鄉人的血，必須流回原鄉，才會停止沸騰」。這些在臺灣社會具有強烈的反響，全臺社會包括小學生在內，普通掀起了抵制奴化教育的鬥爭浪潮。在語言習俗上，臺灣同胞更是以頑強、堅韌的精神抵制日本殖民主義者。其一，堅持講漢語。語言是民族文化和傳統的化身，是一個民族存在的重要特徵。臺灣民眾在日本殖民當局取消漢語漢文，強制推行日語的同化政策面前，恪守「甯賣祖宗田，不賣祖宗言」的傳統，設法堅持講漢語、寫漢文。儘管在公開場合，日本殖民當局嚴禁使用漢語，但回到家裏人們依然使用閩南語、客家話。不少家庭偷偷聘請中文教師給自己的孩子傳授中華民族的傳統文化。甚至在學校，只要日藉教習不在場，師生之間就講中國話；其二，開設私塾。在公辦學校不得不使用日語，但在民間的私塾、義塾，仍讀漢書，習漢文，講漢語，以《三字經》、《子弟規》等為幼童啟蒙，在極端困難的殖民統治時期，臺灣老百姓始終以漢語

言為母語,堅持中華文化的傳存,這種堅毅之情是任何外來力量和外來語言都無法取代的。其三,堅持民間藝術。藝術展上層建築的組成部分「皇民化運動」中,日本殖民當局極為推廣「皇民劇」、「新臺灣音樂」,嚴禁創作和演出中國傳統劇碼,但愛國藝術家們仍以京韻京腔演唱「三國演義」、「包公案」、「封神榜」,用客家山歌傳唱著歷史故事和歷史人物,堅守著傳播華夏文化維繫著中華精神的陣地。其四,堅守姓氏,固守習俗與信仰。連橫先生說「風俗之在,或數百年,或數十年,或遠至千年,潛移默化,中於人心」。姓氏是人類血緣,親族關係的標志,姓氏文化在河洛——華夏文化中是一個重要的組成部分。在原始社會末的河洛地區就開始有了姓氏,這是河洛中原血脈衍派發展的標志,一祖之宗,不可改變,中國人尤其強調「行不改姓,坐不更名」。「皇民化運動」期間,為挖掉臺灣人身上的中國根,日本殖民當局推行更改日式姓名運動,甚至以物質優待誘使臺灣民眾改用日本姓名,但臺灣民眾普遍反映冷淡,1940 年整整一年的時間,600萬民中改用日本姓名的不到一千個,在高壓之下的 1942 年,也只有 10 萬人改換日姓,占當時臺灣人口的 2% 左右,即使迫不得已改姓者,也儘量保持中國文化或暗喻族源如姓陳改為穎川,或使用拆字術,如姓鐘改為金中,體現臺灣民眾的鬥爭智慧。民間宗教信仰也是河洛——華夏文化的一個重要組成部分。日本殖民當局在推行「皇民化運動」中,由總督出面設置「臺灣神職會」強迫臺灣人民改變中國傳統的宗廟神明而奉祀日式神社,要求各家各戶設立日式神座供奉日本神靈,讓人們參拜神社,銷毀中華民間所信奉的關帝、保生大帝、開漳聖王、媽祖等神靈,臺灣民眾對此深惡痛疾,紛紛堅持原有的信仰,殖民主義者始終撲滅不了臺灣同胞對傳統神靈的拜祭,如對媽祖的信仰尤為突出,每年農曆的三月二十三,總有不少信徒不顧當局禁令,設法衝破重重阻力,渡海回湄洲進香。海峽兩岸同祖同宗同根同源,這一習俗同樣在臺灣也極為普遍,祖宗奉拜與一般宗教信仰有所不同,它深受儒家倫理的影響,沒有統一的教義、教規,祭奠習俗多在民間與家庭。因此任何人,任何家庭都可在足不出戶的情況下向祖宗先人們進香獻禮祈福避災,這種既神聖而又簡明的祭祀活動為臺灣百姓在「皇民化運動」中保持民族信仰提供了生存空間。甚至在日本殖民當局強行拆毀,各家各產,祖宗牌位的情況下,中國傳統的祭祖活動依然在民間悄然進行,家庭化的傳統祭拜從未停止過。

　　海峽兩岸榮辱與共,唇齒相依,「皇民化運動」之時也是中日戰爭全面爆發之時,臺灣民眾不少回大陸參加抗日,留在臺島的人們拒絕日本殖民當局徵兵,甚至舉行暴動,誓死不為日本帝國主義充當炮灰,展示了臺灣民眾愛祖國愛家鄉堅定不屈的情感與性格。

　　面對日本殖民當局所強制推行的「皇民化運動」,臺灣廣大人民群眾依靠著他們自己固有的中華民族精神風貌頑強地進行著抵制和抗拒,這種對祖國民族的向心力、歸屬感、凝聚力,正是歷史源遠流長的河洛——華夏文化作用力的結果,正是這種抵制抗拒,日本殖民當局煞費苦心的「皇民化運動」隨著抗日戰爭節節勝利而宣告破產,當時的日本殖民主義者曾歎「假如要將臺灣的中國人同化,再花50年,或者100年時間 成功的話,已經是僥倖的。」後來日本總督甚至欲以更毒辣的計畫來取代「皇民化運動」,即從日本向臺灣大量移民,以大和人佔據臺灣,將臺灣人趕回大陸或驅向南洋,只是這個毒辣的計畫因抗戰勝利臺灣光復而中止。

三、餘論

　　臺灣人民以五千年的中華民族文化為榮,臺灣人民的思想文化意識深受中國傳統文化的影響,這種民族意識是牢不可破的,抗戰時期,臺灣人民對「皇民化運動」的抵制和反抗,便是這種意識使然,向世人展示了中華文化的血脈相聯。日本殖民當局的「皇民化運動」不僅沒有將臺灣人民的民族意識打壓下去,反而更強化了臺灣人民的河洛——華夏意識,在異族文化的壓迫中,臺灣人民這種埋藏在內心的無形的但又是強大無比的故國、民族意識,充分顯示了中華民族文化強大的感召力、凝聚力,也更加證實臺灣民眾是在特殊環境下成長起來的英雄人民,他們的鬥爭、犧牲,為整個中華民族贏得了尊嚴和自豪。

（作者為湖北黃岡師範學院政法學院教授）

參考書目:

1. 倪健中《臺灣禍福》,中國社會出版社,1996年。

2. 曾純等《閒話臺灣》,百花洲文藝出版社,1996 年。

3. 連橫《臺灣通史》商務印書館,1983 年。

4. 陳孔立《臺灣歷史綱要》,九洲圖書出版社,1996 年。

5. 王芸生《臺灣史話》中國青年出版社,1978 年。

6. 黃少萍《閩南文化研究》,中央文獻出版社,2003 年。

河洛文化的傳承發揚與展示的重要陣地

——河南的博物館

湯淑君

Abstract：The Heluo culture, as geographically culture, is the confluence of the material and spiritual civilization created by the people in this area. henan Museums, as the carrier of these materials culture, provide for the field of cultural exhibition. The article probes into the important role of the henan museum in the exhibition and promotion of cultural tradition.

河洛文化是中華文明的搖籃文化,是以中原文化為代表的黃河文明的核心和發祥地,是數千年來的中國傳統文化的主體。由於位居中心,歷來古代文化發展水平較高,中原文化如果從河南裴李崗文化算起至今已綿延 8000 多年之久,它從一開始就處於中華文明的重要地位,中間雖經歷了時盛時衰的曲折過程,但始終不曾被異化、被中斷過。由於中原文化又能夠吸收週邊地區有利於自身發展的文化因素和精華,因而較早產生了階級和國家,出現了城市,發明了文字和開始使用青銅器,也率先進入了文明社會。我國第一個階級社會夏之所以在中原地區建國,絕非偶然,而是歷史發展的必然結果。經過五六個世紀的發展,到商王朝。

河洛文化作為這一區域文化,在歷史長期的發展中河洛人創造出了許許多多的物質文化與精神文明,博物館作為繼承人類歷史文化遺產的重要載體,是人類文化記憶、傳承、創新和展示的重要陣地,通過博物館對這些文物的展示、宣傳,使這些文化得了到傳承和發揚。目前河南各地有百餘座博物館,並且還有一些新建博物館、大學博物館、私立博物館等。可以說門類齊全,內容豐富多彩。從類型上可以劃分為綜合類博物館、專題類博物館、紀念類博物館和文化主題公

園四類。綜合類博物館占我省博物館的大多數，如河南博物院、鄭州博物館、洛陽博物館等，這些博物館的藏品種類較多，陳展內容豐富多彩，如有古代史、近代史等，還有各種臨時展覽等。專題類博物館，如河南地質博物館、洛陽古墓博物館、南陽漢畫館、黃河博物館、洛陽民俗博物館、內鄉縣衙博物館、鄭州大河村遺址博物館等；如鄭州大河村遺址博物館，他們依托考古遺址所代表的歷史文化通常具有的較強時代性，並且表現出明顯的地域特色，所展示的文化內涵在時間和地域上都表現出明顯的不可替代的專題性。而且還具有展示環境氛圍的原真性，再現了歷史上某一人類群體的生活面貌。這些博物館都有各自的專題與特色，滿足不同社會文化需求的觀眾群體；紀念類博物館，包括以重大歷史事件為背景建立的紀念館如鄭州二七紀念館、確山竹溝紀念館、新縣鄂豫皖首府革命紀念館等和以紀念歷史人物而籌建的博物館如許慎紀念館、湯陰岳飛紀念館、南陽張衡博物館等，這些紀念館以豐富的實物資料，靈活多樣的陳列展覽形式，充分展示了中原歷史文化名人、革命先烈和英雄人物的生平業績；文化主題公園，如殷墟博物苑、開封清明上河園、濮陽戚城風景區、正在籌建的鄭州商城遺址公園等。這些文化主題公園，文化底蘊深厚，集民族傳統文化、地域文化、生態文化為一體，使人們在休閒中得到知識。這四類不同性質的博物館各具特色，互為補充，從不同的側面展現了河南悠久的歷史和文化。

特別是河南博物院作為綜合類博物館又是河南的龍頭老大，館藏文物數量達 13 萬餘件之多，是全國館藏文物數量較多的博物館之一。這裡收藏的一件件文物精品，上至白堊紀的恐龍蛋化石，下迄近現代文物，琳琳琅琅，目不暇接。展示了河洛文化的輝煌，尤其是在陶瓷器、青銅器方面，具有天然的優勢，成為館藏文物中的一大特色。河南博物院收藏的陶器，不僅種類繁多，而且具有時代連續性，從七八千年的樸拙器皿，到唐宋時期色彩艷麗、巧奪天工的三彩器等，應有盡有。其中的裴李崗文化時期的夾砂紅陶和灰陶器，雖然說質地鬆軟，器形簡單，火候較低，但卻彌足珍貴，是中國早期陶器的原始形態；距今五六千年前的仰韶文化彩陶，個個造型別緻新穎，彩繪線條古樸流暢，風格獨特，是史前居民生活習俗和宗教信仰的真實表露，也是原始思維的藝術表現；館藏的鄭州大河村遺址出土的彩陶雙連壺、淅川下集遺址出土的彩陶缽、汝州洪山廟遺址出土的彩陶缸等，便是這一時期的代表之作；淅川黃楝樹遺址出土的高足黑陶杯和蛋殼黑陶杯

是與仰韶文化一脈相承的屈家嶺文化在河南的傑出代表,河南博物院收藏的龍山文化晚期用高嶺土燒製而成的白陶器,為商代原始瓷器的出現奠定了基礎,河南博物院收藏的原始瓷器,揭開了中國原始瓷器發展的序幕,在陶瓷發展史上具有重要地位。進入文明社會以後,製陶業不斷向前發展,燒造技術進一步提高,並從普通器皿發展到建築、雕塑等方面。釉陶的燒製成功,是漢代製陶藝術的傑出成就。河南博物院館藏的綠釉陶器,綠如翡翠,釉面光亮,光彩照人。唐宋時期的三彩器,更是河南博物院引以自豪的藏品。河南鞏義市的黃冶窑是目前發現唯一的專業性的唐宋三彩製品的生產基地。這種獨特的地緣因素和人文因素,致使河南博物院收藏的唐宋三彩不僅數量多、品類齊全,而且多為精品之作。如 1966 的河南密縣北宋法海寺塔基地宮中出土的宋三彩舍利塔,造型與釉色艷為一體,鮮豔奪目,反映了宋三彩高超的工藝成就。另外,河南博物院收藏的歷代陶建築明器最具特色,文化內涵豐富、造型生動逼真。從漢代的陶倉樓、陶望樓、陶水榭、陶井、陶圈、陶莊園到隋代的殿宇、直至明代的三進四合式陶宅院等,極富生活氣息。如淮陽出土的陶莊園、鄭州出土的陶宅院,焦作出土的七層連閣等建築明器較為完整的記錄了中國古代民居建築的發展軌跡。中國是世界上最早燒製瓷器的國家,河南則是中國最早燒製瓷器的地區。早在三千多年前,河南就已經燒製瓷器。河南博物院所藏鄭州商城出土的原始青瓷,是我國目前所見最早的瓷,被譽為瓷器的鼻祖;這種原始青瓷經過西周和東周時期的不斷發展,到漢代時已完全成熟。魏晉南北朝時期,製瓷業迅速得到發展,其重要的歷史過程都能在河南博物院的藏品中得到反映。院藏湯陰出土的青釉亭闕人物穀倉罐是西晉南方越窑青瓷的精品之作,安陽北齊範粹墓出土的黃釉瓷扁壺等和濮陽北齊李雲墓出土的瓷器,是北方安陽相州窑瓷器生產成功熟階段的代表作品,特別是范粹墓出土的白釉綠彩長頸瓶,是我國目前所見的最早的白瓷和加彩瓷。白瓷的產生,掀開了製瓷史上嶄新的一頁,為日後中國瓷器的繁榮創造了條件。至隋代,白瓷的燒製水平進一步提高。河南博物院收藏隋代張盛墓出土的白瓷器,其種類、造型與工藝水平都達到了製瓷業的新境界。其中的白瓷圍棋盤,還是我國迄今發現時代最早的十九道圍棋盤,在我國體育史上亦佔有一席之地。院藏鞏縣窑生產的白瓷多足硯和白瓷杯等代表了鞏縣窑白瓷生產已走向成熟階段,為唐青花的出現奠定了堅實的基礎。特別是中國陶瓷史上最具歷史地

位的當屬鞏縣窯首創用鈷料在白釉瓷器作裝飾的唐青花及禹州和郟縣一帶窯場燒製的在黑、黃釉上出現灰藍和乳白的彩斑的花瓷,直接影響了後世的青花和鈞瓷兩大瓷系。唐三彩的燒製是河南對中國陶瓷發展的又一頁獻,院藏的三彩馬、三彩駱駝等精品,反映了高超的製瓷成就。降至宋金元時期,河南的製瓷業達到了輝煌鼎盛階段。北宋的五大名窯,河南佔其三,即汝窯、鈞窯和官窯。除官窯外,汝窯、鈞窯的產品,河南博物院都有收藏。從方城縣出土的鈞窯彩斑花口盤、寶豐出土的汝瓷刻花鵝頸瓶,我們不難看出昔日河南瓷業發展的輝煌。明清時期院藏的青花雲龍玉壺和康熙款五彩十二月花卉是明清官窯瓷器的代表作品。

河南博物院所藏青銅器的種類十分豐富,有禮器、樂器、兵器、車馬器、生產工具、生活用具以及雕塑藝術品等,數量達數千件之多,在全國享有很高的聲譽。其中有偃師二裏頭出土的我國最早出現的有舌青銅樂器,雖然形制簡單樸拙,但其合瓦形玲體繼承了中原地區古樂器陶玲的橢圓式樣,作為中國合瓦形銅鐘形制的先源,它奠定了商周青銅樂器形式的基礎,在青銅文明史上的意義十分重大。進入商代以後,青銅器日漸發達,鄭州商城和安陽殷墟出土的青銅藝術品是河南博物院藏品中最值得驕傲的部分之一。這些青銅器以面目猙獰的獸面紋為典型特徵,器物造型凝重堅實,莊重典雅,花紋富麗繁縟,代表了商代青銅文化發展的水平。如1974年出土於河南鄭州杜嶺張寨前街的杜嶺方鼎,高87厘米,口邊61厘米×61厘米,重64.25千克。由於銅方鼎的發掘地在鄭州杜嶺街,於是它們就被命名為「杜嶺鼎」。此鼎系商代早期器物,經專家考定,其準確年代應該是公元前1400年左右。鼎是我國古代一種飪食器,既可烹飪亦可盛食。在商代是一種祭祀用器。該鼎為多範分鑄而成。口近方形、外侈,上立微微外張的拱形耳一對,耳的外側面呈凹槽形,斗形方腹,腹壁微內斂,平底,下有四個上粗下細的圓空柱形足,器身四面和四隅及足上部各鑄單線精美的饕餮紋一組。每面兩側與下部飾乳釘紋。杜嶺方鼎體形碩大,造型渾厚莊重,霸氣沖天,一派王者風範,散發著獨特的藝術魅力。據《史記》記載:「禹收九牧之金,鑄九鼎,象九州。」在中國,九鼎象徵九州,是國家政權的象徵。這麼巨大的鼎只有商王才能擁有,由此可見,鄭州商城遺址不是一座普通的城市,杜嶺方鼎的重見天日,為鄭州商城遺址確實是一座王者之城提供了確切的證據。它的發現為研究商代前期青銅冶鑄和商代城垣的性質提供了寶貴的實物資料。又如1976年出土於河南

安陽小屯婦好墓的以動物為造型特徵的婦好鴞尊,通高45.9厘米,口徑16.4厘米。鴞尊為盛酒器,形體呈站立狀的鴟鴞(貓頭鷹狀),頭部略揚,挺胸直立,寬喙高冠,圓眼豎耳,雙翅併攏,寬尾下垂,雙足粗壯有力,同垂地的寬尾構成三個支撐點,給人以沉穩之感。鴞首後部有一呈半圓形的開口,其上有蓋,蓋上飾以立鳥及龍形鈕,以此用作蓋鈕,小巧精緻,獨具匠心。蓋下有內折子口,與器口相合。背有獸首弓形鋬。口下內壁鑄有銘文「婦好」二字。婦好鴞尊係安陽殷墟婦好墓所出468件青銅器中的精品。器身通體佈滿縟麗多姿的複層花紋。它造型新穎,典雅凝重,具有獨特的神韻和較強的藝術感染力,無愧於戰神之美譽。婦好鴞尊的出土見證了中國青銅時代發展到一個新的高峰,銘刻「婦好」或「好」字,是能與甲骨文相印證而確定其年代與身份的商王室墓葬,同時也見證了商王武丁之妻婦好這位中國傳奇女性的一生。鴞尊在婦好墓中同出兩件,另一件現存中國國家博物館。

　　至西周時期,以禮制為特徵的青銅禮器,在繼承商代鑄造工藝的基礎上,將青銅文明又一次推向繁榮的境界,青銅器銘文日漸發達,並成為青銅文明的重要內涵之一。如河南博物院所藏的「保」尊,圓筒形,侈口,腹略鼓,高圈足,腹部飾雷紋襯地的饕餮紋,饕餮紋上下各飾連珠紋一週和凸弦紋兩週。圈足內壁鑄銘文46字,記載了周伐東方五國叛亂的史實,是研究西周早期歷史價值極高的實物資料。逮至春秋戰國,青銅文明仍保持著旺盛的生命力,河南博物院所藏東周列國的青銅器正反映了這一發展趨勢。其中比較典型的當數淅川下寺楚國貴族墓地、三門峽虢國墓地、平頂山應國墓地、新鄭鄭韓故城窖藏坑、信陽長臺關楚墓、固始侯古堆大墓等出土的各類青銅器,其氣勢宏大,精美絕倫,再現了鐘鳴鼎食王侯氣度。從院藏青銅器中可以看出,東周青銅器有兩個重要特色,一是新穎、奇麗的造型大量湧現,如著名的蓮鶴方壺,1923年出土於河南省新鄭城關李家樓村。此壺為盛酒或盛水器,其主體部分為西周後期以來流行的方壺造型,垂腹、長頸、圈足。壺上有冠蓋,它是由10組兩重並列的盛開蓮瓣形裝飾組成,蓮瓣上為鏤空的龍紋。平蓋中間上立一展翅欲飛之鶴,器蓋口沿飾龍紋,每組兩個,頭各東西,尾姣結。壺身的紋飾為淺浮雕並有陰線刻鏤的龍、鳳紋飾。承托壺身的龍和壺體上所有附飾的龍、獸向上攀援的動勢,相互應合,共同在觀者視覺上造成壺身輕盈、移動的感覺。此壺構圖極為複雜,設計非常奇妙,鑄作技藝

卓越精湛,造型宏偉氣派,裝飾典雅華美。融清新活潑和凝重神秘為一體,特別是蓮鶴方壺的龍紋蓮瓣向四週翻仰,有力地烘托出蓋心展翅欲翔的鶴。鶴的形像生動真實,為早期青銅器藝術中所罕見,是春秋時期時代精神的象徵,是當時社會變革的時代風貌在藝術上的真實體現。郭沫若先生早在 30 年代就給予很高的評價,把他視為新時代開端的標志。另一方面,青銅製作工藝十分精湛,錯金銀、鑲嵌、髹漆、失臘法等工藝均被廣泛的應用於青銅鑄造之中。如 1978 年出土於河南省淅川下寺 2 號楚墓的雲紋銅禁。禁為承置酒器的一種案形器,器身為一長方形,中部為一平面。整體由三層粗細不同的銅梗相互穿插套結而成,似焊無焊縫,似鉚無鉚痕。通體鏤空透雕雲紋,呈不規則自由組合,禁面中部的素面矩形又與週邊圍繞的多層透雕雲紋形成簡與繁的鮮明對比,顯示了作者駕馭形式因素的傑出技巧。禁身四週攀附有 12 個龍形怪獸,挺胸凹腰的怪獸支撐整個器物。此器莊重而瑰麗,為淅川下寺楚墓青銅器群中鏤空透雕手法最為精巧,氣勢最為宏偉的作品。巧妙的構思和鏤空透雕及復雜而又精湛的鑄造工藝,堪稱中國工藝史和青銅鑄造史上的不朽傑作。

漢代以後,青銅器的重心發生了轉移,逐步向世俗化、商品化的方向發展,日用品漸漸成為青銅器的主流。儘管如此,河南博物院所藏漢以後的銅鏡、印璽、銅燈、銅薰爐等,仍不泛精品之作。如焦作出土的五鳳鏤空薰爐,立於盤中的鳳鳥昂首挺胸,口中含珠,雙翅舒展,前胸、兩翼與尾部各鑄一雛鳳,鳳尾、雙翅與背部鏤空,造型別緻,栩栩如生。漢代的鎏金工藝、唐代的螺鈿和金銀平脫工藝,使走向尾聲的青銅文化,如同迴光返照,放射出亮麗的光彩……折射出了河洛文化的燦爛輝煌。

博物館作為珍藏著傳承文化傳統的物證——精美的文物,這些文物藏品既是古老的、飽經滄桑的,又是年輕的、充滿活力的。博物館以其獨有的文化資源和對這些資源的展示,讓觀眾接受文明的熏陶,為社會及其發展服務,並以其獨立的文化形態和文化價值深植於現代社會之中。讓民眾更加關注自己民族的文化傳統,關注自己的文化之根。找到個人與社會的文化認同,也使本民族的文化得以薪火相傳。

（作者為河南博物院副研究員）

「開閩三王」傳承河洛文化在閩臺

陳榕三

Abstract：

the open three – Min Wang, "benevolence", "unification" of the Luo culture, based on the Taiwanese, unified whole Min

"On three – Min Wang," Min governance advocates, "the village worship ancestors," Luo cultural practices, pay attention to the harmonious development of family of origin. Today, in Fujian and Taiwan, the people are very stressed Prefecture Hall number. Are proud to call themselves "Luo Lang."

五代閩國是開閩三王——广武王王潮、武肅王王審邽、忠懿王王審知兄弟所創。開閩三王先是立根閩南,尔后统一八閩。開閩三王傳播河洛文化的作爲在福建歷史上是收获最大的,对今日臺灣亦影響甚巨。

一、開閩三王以「仁爱」、「一统」的河洛文化立足閩南、统一全閩

河南地处中原,古稱「河洛」地區。「河洛文化」正是在这一土地上孕育、產生、繁衍的一种具有鮮明地方特色的區域性文化。它與今天的閩臺文化有密切关系。

河洛地區在政治、軍事、經濟、文化諸多领域中诞生了一大批精英,如黄帝、夏禹、周公、老子等,形成了儒、道等諸多河洛文化流派,并産生了衆多的各具特色的典籍,如《诗》、《書》、《易》、《礼》、《樂》、《春秋》等。这些典籍被后人尊稱爲「修身、齐家、治國、平天下」和安身立命之「經」。「仁爱」、「孝义」、「爱國」、「一统」是河洛文化的核心思想。

河洛文化既属於地域文化概念,同时也属歷史文化概念。它恪守傳统,兼收并蓄,開拓進取,由河洛而泽中原,由中原而广播中國。

河洛文化的影響在夏代已經达到江浙一带。商王朝,河洛文化的影響已到达江西的吴城和南方洞庭湖地區。唐末、五代时期,王潮、王審知兄弟進入福建建立政权,使河洛文化繼續南傳到了遥远的东南海疆。

唐僖宗中和元年(881)八月,寿春人王绪、劉行全聚万餘人并攻占了光州。当时蔡州刺史秦宗权發兵進攻王绪,王绪裹挟民衆南逃至赣境,略浔阳、赣水;入闽地,取汀州、陷漳浦,但皆未能据之。

当时王绪率领軍队到了漳州(今福建漳浦),借口路险粮少,命令軍中不得携带老弱之人。王潮兄弟因坚持带母親同行受到王绪之逼。王潮與劉行全商议,衆人议欲杀绪,劉行全念其有親戚关系,有所不忍,终以缚禁而夺王绪兵权。王绪受禁后情绪忧悒,遂自杀身亡。軍中无主,王潮插剑於地,说:「我们都來拜剑,谁拜时剑能三动谁就爲主帅。」轮到王審知拜剑,突然暴風骤雨、电闪雷鸣,剑竟三拜三动,衆皆大哗,此爲神,審知说:「我德才不如兄长,宜請长兄爲主。」於是衆拥王潮爲帅,審知副之。

后人爲了紀念这项盛事,立「拜剑石」爲证,现收存在福州闽王祠,同安北辰山后修祠祀王審知,并建「拜剑臺」。①

王潮领軍后,义軍面临着一次何去何从的重大决择。《新唐書﹖王潮傳》说:「南安之变后,潮欲出交、广,入巴、蜀,以干王室。」即参與保卫中原國家王朝。

可是一件突發的事件,打乱了义軍的计划:义軍過境泉州时,泉州百姓因不堪刺史廖彦若贪暴,耆老张延鲁等衆奉牛酒趕到闽北沙縣請求王潮軍回師闽南泉州。

於是,王潮回師圍攻泉州。沿途民衆纷纷響应,協助軍输。「圍泉州岁餘,州民弃戈不守。」王潮占领了泉州后,福建观察使陳岩因此上表奏請封潮爲泉州刺史,審知副之。「潮既得泉州,招怀离散,均赋缮兵,吏民悦之」。②

---

① 据《新唐書》與《十國春秋》。
② 诸葛计《閩書・王潮傳》,福建人民出版社,1995年8月,第78頁。

　　王潮軍得泉州后迅速采用一系列行之有效的措施：平定狼山的流寇薛蕴、投顺福州观察使陳岩和「悉心治郡」。从此王潮兄弟便以泉州爲根据地，苦心耕营多年，准备了充足的人力、物力，先统一了閩南，爲后來统一全閩建立巩固基础。

　　因爲紀念王潮兄弟在五代閩國时期还特别开發了閩南地區，当时的閩南人就称他爲「开閩王」。而从宋代开始，厦门集美一带百姓就已經开始爲缅怀「开閩王」的功绩而爲其塑像建廟了。如同安五显鎮北辰山广利廟，就矗立着一座高达12米的閩王王審知雕像。

　　也有不少王姓子孙远走臺灣，特别是郑成功收复臺灣后，王氏子孙大量迁臺，所以審知公在臺灣也被尊爲「王氏閩臺祖」，并且也廟宇及塑像。

　　大顺二年冬，「福建观察使陳岩疾病，遣使以書召泉州刺史王潮，欲授以軍政。」王潮便将泉州事务交二弟審邽打理，自己與三弟審知趕赴福州受命。可是，王潮兄弟还没有到福州，陳岩已病逝。陳岩妻弟、兵马使范晖自称留后，拒绝王氏兄弟入城。

　　景福二年(882年)二月，王潮令从弟彦复爲都统、王審知爲都监共同领兵攻打福州。王潮攻福州得到了民衆的支持，「民自請输米饷軍。平湖洞及滨海『蛮夷』皆以兵船助之。」王潮虽然得人时地利人和，但福州毕竟是一座城池坚固的省城，加之范晖得到陳岩翁親、威胜节度使董昌的支援。董昌派五千温、臺、婺州兵助守。王審知率軍久攻不下，将士又伤亡惨重，一度想「欲罢兵更图后举。」王潮清醒地认识到这是关系到能否统一福建，生死存亡的一战。他親临前线，对将士们说：「兵尽添兵，将尽添将；兵将俱尽，吾当自來。」五月初二，王潮軍攻陷福州。「潮入福州，自称留后」。「建州人徐归范以州应潮」，「汀州刺史锺全慕举籍听命，岭海间群盗二十餘辈皆降溃，潮乃尽有福建的福、泉、漳、建，汀州之地」。

　　同年十月初四，唐王朝任命王潮爲福建观察使，王審知爲副使。至此，王潮、王審知完成了对福建省的统辖和治理。乾宁三年(896)九月，唐王朝升福建爲威武軍，拜潮爲节度使、检校尚書左仆射。

　　明代河南副使、泉州人苏茂相曾赋诗赞颂王潮功绩：「鼙鼓中原沸似波，将軍閩峤还横戈」，「事定千年无战伐，时清万户有弦歌」。

二、「开閩三王」以开拓進取的河洛文化影響閩臺千年

河洛文化长期处於我國传统文化的制高点，长期是中華民族先進生产力、先

進文化、先進社會制度的代表。河洛先民具有河洛文化先進的社會制度、思想文化、生產技術、生活方式,因而他們在迁移到边疆之地后,不仅能够迅速立足,而且有能力不断拓展自身的生存空间,优化自身的生存环境,包括成功地向海外發展。

乾宁四年(897)底,王潮卒。次年,朝廷任審知爲威武軍节度使。

王審知在福州执掌福建軍政大权前後达 29 年,他一生以河洛歷史爲鉴,以当地人民爲本,广施仁政,使福建成爲当时全國比较稳定繁荣的地方,被喻爲「文儒之乡」。因此他也被后世稱爲「開疆閩王」,深受百姓爱戴。

「沿江、临海、依山」是福建地域經濟和文化的一大特色。而福州是位於閩江下游出海口的低洼盆地,自古以來不是海水倒灌,就是山洪泛滥。作爲省會,长期受限在北面的屏山、新店的山腰上。当时有人要王審知另寻省會。敢於開拓進取的王審知拒绝了。

王審知協同河洛水利人才,親自主持興建或擴建了閩江口的福清、長樂沿海大堤、连江排灌用的东湖;把原來週圍 20 裏的福州西湖,擴展到 40 裏;疏通百餘裏的閩江水道。修建的部分水利工程,直到今天还在發揮效用。擴展的福州城區,面積也比旧城擴大了七倍多。

王審知还两度擴大福建首府福州城池。唐天复元年(901),於小城外加筑城墙,稱爲「羅城」。后梁開平元年(907)筑南北夹城,天祐二年,王審知開始修筑福州南北夹城。南北夹城又谓之南北月城,合大城而爲三,週二十六裏四千八百丈。

他在筑羅城的同时,挖护城濠,建有去思桥、津通门等。天祐三年(906),王審知又在福州正街(今东街口北)毛应桥南筑还珠门,建南关桥(今稱安泰桥),还開河通沃桥浦,引潮贯城,后梁開平二年(908)建沙合桥(又名九仙桥)等。以拒海水、山洪。从此奠定了今日福州市的城市规模。福州城池后來还在抵抗南唐軍的進攻中起了積極作用。民衆誉其爲「開閩王」。

福州作爲歷史文化名城,全興时期始於王審知治閩。閩王重仕興教,「延揽中原文學之士」。經濟的繁荣也促進了文化發展,爲以後各个时期英才辈出打下良好基础。唐、宋、明、清以來,福州籍進士达 3600 多人,其中,文状元 16 人,武状元 7 人,位居全國各城市的前列。福州著名的文儒坊和庆城路就是人们爲

紀念他而设立,保留至今。

王審知在發展商業和海外貿易上,可谓前无古人。他躬身踏察海灣,修建码头,辟建港口。制造出可载六七百人的大船。使福州由此成爲我國东南沿海的重要港口,也是当时中國最大的港口。海上航线北至日本,南至南海诸岛,以及阿拉伯地區。

他擴大内外貿易。取消閩江流域的关卡,以便货物畅通,以保山區、沿海城市的物资交流。同时,他在閩江口的黄岐半岛開辟对外貿易港。随后福州與朝鲜、印度、苏门答腊的三佛齐等國家,都經常有使者和商旅往來,在福州等地進行經濟、文化等貿易活動。舶來品有象牙、犀角、珍珠、香药等应有尽有。

而王審邽入閩之后,一直留守泉州,任泉州刺史十二载。《新唐書》载:審知仲兄審邽(858～904)「爲泉州刺史,检校司徒。喜儒术,善吏治。」。其長子延彬繼任,后任泉州刺史二十六载。

父子兩代經营泉州,政绩声望卓著。举招怀离散,發展經濟、安定民生;建立「招贤院」,广纳中原入閩士族,借以興举泉州文教;開拓泉州海港,多發蛮舶,招引海上蛮夷商贾,擴大对外貿易;開辟澎湖渔场;鼓励與臺灣原住民通商;擴建泉州子城等等。

延彬长子繼崇后又繼任泉州刺史,次子繼枢任漳州刺史。繼崇子傳懿,后又官漳州刺史。

王審邽也爲保位於晋江下游出海口的泉州免受海水倒灌、山洪泛滥,建了南安「九溪十八陂」、挖「万人川」、「晋江六裏陂」等工程,保证了泉州安全。

王審邽任泉州刺史十二年期间,岁岁粮丰足食。因爲他是个善於搞經濟的人,时刻盘算着怎樣才能让农民增加收入:泉州内地山丘多,农民有着種茶的經验,而晋江、木兰溪沿岸民众,有着植桑养蚕的习惯。他因地制宜,鼓励山區农民大力垦荒種茶,沿江海地區植桑养蚕,副业生産紅紅火火。真是,男耕女织,家无闲人。茶叶、丝绢更爲贡品,还能出口海外。

冶炼业也随着發展,陶瓷业格外興旺,已發現的古代窑场就达数十处。閩南的陶瓷至今还扬名海内外。

到了王延彬时期,泉州的农业、手工业、海上貿易已达到空前未有的發展。王延彬还學其叔審知置榷货务、设立榷利苑使、专管海貿。还设「海路都指挥

使」，保护海上航道安全。王延彬执政期间，「凡三十年，仍岁丰稔。每發蛮舶，无失坠者」。

來往的商賈多了，出入货物多了，爲方便货物交易管理，王延彬便在城外晋江边開辟一地，让商賈集中於此，摆摊设点進行交易，后來逐渐形成固定的贸易街區，每有海外商舶往來，满街珠光寶气，耀人眼目，泉人则藉此获利，遂稱该街曰「聚寶街」。

此街經歷千年，至今建设一新，其貌虽改，而名依旧，那时，泉州人因爲延彬带领民衆致富，民衆悦服，美誉他爲「招寶侍郎」。

王延彬治理泉州，让两岸人民自由往來，使对臺貿易發达興旺起來。这爲当时閩南開發、經营臺澎提供了方便，使两岸又出现了「千帆竞發」的景象。

今天的閩南、臺灣之地重儒术、义學、礼儀、诚信，爱拼敢贏精神等實始於「開閩三王」儒治的結果。

三、「開閩三王」铸造閩臺千年的敬祖河洛文化習俗

「開閩三王」治閩倡导「重乡崇祖」的河洛文化，讲究家族源流的和谐發展。今天，在閩臺地區，人民都十分强调郡望堂號，都自豪地稱自己爲「河洛郎」。

閩臺文化的基本特点是移民文化，是唐、五代时期河洛文化的延伸。

尤其是唐代移民的開放性表现在唐朝朝廷鼓励移民。首先在唐代，长期存在人口分佈不均等现象。因此，统治者鼓励人民从窄乡向宽乡迁移。无论是週边少数民族内迁，还是汉族人民移往边疆地區，都有这方面的要求。唐末王審知兄弟率兵入閩，被稱爲「開閩王」，固然属於軍事移民，但同时也有開發泉州、福建，增强中央政权在当地影響力的現實考虑。

其次，唐代移民的家族性表现得也非常充分。唐代重视家族门第，个人和家族往往紧密联系在一起。家族是个人發展的重要基础，家族地位的升降关系到个人荣辱的变化。出於这方面的考虑，唐统治者在处理移民安置时，多从家族（或部落）整体控制的角度考虑问题，如少数民族内迁，提出「全其部落，顺其土俗，以實空虚之地」。王審知兄弟開閩时，王氏家族也是集体迁入。

唐代移民的第三个特点是移民工程的系統性。首先，用軍事威慑保证当地社會安定；其次，积极開發当地經濟；再次，通過各种途径宣扬河洛文化。

　　王潮、王審知兄弟率数万衆入閩,许多光、寿两州的将士或拖儿带女,举家随军,或「违坟墓,捐妻子,羁族外乡爲盗。」一点也没「奉版而南下」的轻鬆和惬意。

　　从这次大的南迁可以看出,在閩臺地区開發的大舞臺上,河洛人始终扮演着十分重要的角色。正是有这樣一个坚實的人文基础,河南人與福建、臺灣人血脉相通,有着割舍不断的文化情感。

　　河洛文化的包容性、统一性、乡土情谊、家族本位和崇儒重德等典型特征,在閩臺文化中都有体现。使閩臺文化包含了崇儒拜祖、家族經濟、乡土情怀、習俗傳承、自强不息等傳统文化的重要元素。

　　树有根,水有源,追根溯源是人类的天性。尤其是敬祖的河洛文化習俗。

　　王審知重视、并積極開展敬祖的河洛文化習俗工作。他本身也还带了头,續写了自家遗书。如住今河南信阳地區的固始縣城东 60 華裏外,分水亭乡王堂村。(縣志記载:这裏是五代十國时期「閩王」王審知的旧居。)本琅琊人,出身名门望族。秦将王翦 34 代孙。其五代祖王晔爲固始令,善政多多,民爱其仁,勉留之,因迁家於此,遂世爲固始人等。

　　天佑元年(904),王審知组织了大批知识分子,搜集缮写各家遗书,奉献给唐政府,充實编史资料,又爲徐寅刊印《钓矶文集》等,爲抢救和保存祖國的文化遗产作出了贡献。

　　王審知重视搜集整理本土文献,以教閩士之秀者;又在各地广设庠序,推广敬祖的河洛文化習俗,使閩中文教事業得到發展。

　　官方的敬祖政策催动了民间的敬祖習俗熱潮。并使这一熱潮延續至今。

　　徜徉泉州的大街小巷、村间乡裏,常可见建筑物的门额横匾往往镌刻着诸如「九牧傳芳」、「江夏衍派」的醒目大字。有人就能够看着这些郡望堂號而立即讲出房主的姓氏來。泉州这些郡望堂號又是怎麽來的? 当然还得往上追根溯源到河洛。

　　何乔远《閩书》载,早在西晋永嘉之乱,「中原板荡,衣冠始入閩者八族」。从晋朝以來陆續南迁的河洛汉族移民,在这裏沿江而居,「晋江」因此而得名。保留较多的中原傳统習俗。例如,被誉爲「活化石」的泉州南音南戏,至今仍保存中原晋唐古音。还有许许多多的河洛古姓氏,也保留在閩南。

　　目前臺灣2300 多万人口中,泉州府籍的占 44.8%。这些泉州移民,对於開

發寶島臺灣,繁荣經濟,發展科技文化事業起了重大作用。臺灣《『唐山過臺灣』的故事》説:「臺灣人的姓氏,名字的排行,乃至家族世代相襲的堂號和郡望,无一不是大陆各地的延續,臺灣有的,大陆必定會有。」

根据最新统计资料表明,目前臺灣「百家姓前十名爲陳、林、黄、张、李、王、吴、劉、蔡、杨」。这與泉州百家姓前十名(陳、林、黄、王、李、吴、张、郑、蔡、苏)的排列顺序十分接近。因此,臺胞若欲寻根问祖,来泉州是首选第一站。

据前些年统计,福建省人口有汉族人2958万人,占全省总人口的98.45%,其中祖籍在河南固始的就有1000多万人,加上客家人500多万人和河南其他地區的入閩人口,河南籍后裔已占福建人口一半以上。

在臺灣,汉族人占83%左右,其中,80%是閩南、客家移民,约1200多万人,20%是祖籍广东的客家人,他们都自稱自己是「河洛郎」。

臺灣族群的歷史源流,连横在《臺灣通史》記載:「歷經五代,终及两宋,中原板荡,战争未息,漳、泉边民,漸來臺灣;而以北港爲互市之口。故《臺灣旧志》,有臺灣亦名北港之语。」绝大多数臺灣人根在閩粤,源在河南。

据报载,目前,閩臺和海内外「三王」子孙宗親共有200多万人,其中臺灣岛内有50万人,金门当地有1万餘人。

因此,臺灣现有縣志和谱牒中也不断出现臺閩祖根在河洛的论述。1988年,臺灣出版了世著《臺灣族谱目録》,收録多姓万餘谱牒,这些家族开基祖,大部分来自中原河洛。

（作者爲福建社會科學院現代臺灣研究所研究員）

淺談青年在河洛文化傳承中的
作用及影響

王劍峰　李　華

Abstract：In recent years, the scholars have made many valuable achievements in Heluo cultural studies, but the cultural heritage and development can't only depend on scholars of our generation. The young are the future of our motherland and hope of our nation, especially those young intellectuals, many of them are willing to contribute to the country's cultural heritage and development, but there is no stage for them to grow up and performance. If it is able to combine contemporary scholars'broad knowledge and experience with young people's patriotic enthusiasm, thus the Chinese culture, with the culture of Heluo as a representative, can be better and better！

一、河洛文化的研究現狀

近年來,廣大的學者們在河洛文化的研究上取得了許多寶貴的成績,這是與他們辛勤的付出以及知識的積累分不開的。由於對河洛文化感興趣,經過網絡搜索和資料查找,筆者對關於河洛文化的研究中所取得的成就做了一個較爲簡單的統計。學者們對河洛文化的研究非常廣泛,也很深入,大致包括有:

1. 河洛文化與中華文明的關係
2. 河洛文化對我們的啓示
3. 河洛文化與客家文化的聯繫、關係
4. 河洛文化的歷史與發展
5. 河洛文化與閩、臺及其他地區的淵源和影響

7. 河洛文化與城市發展

8. 河洛文化與旅遊

9. 河洛文化與文學、藝術

10. 河洛文化的内涵、價值等等

由此可見,前輩學者們在河洛文化的研究上可謂是費盡了心血,但不無遺憾的是較少有學者將關注的焦點集中在青年身上。筆者認爲,前輩學者們的心血不能白費,而且應該被傳承和發揚光大,但這些寶貴的財富如何才能被更好的傳承而不至於消亡呢? 這就必須要考慮到青年人的作用及影響,這個問題值得我們加以細細的思考。

二、文化的傳承應當重視青年的作用及影響

1. 青年人的特點分析

清代學者樑啓超先生曾經在其《少年中國説》這篇文章中描述:「少年智則國智,少年富則國富,少年强則國强,少年獨立則國獨立,少年自由則國自由,少年進步則國進步,少年勝於歐洲,則國勝於歐洲,少年雄於地球,則國雄於地球。」

不可否認,樑啓超先生的這篇文章有其歷史局限性和片面性,因爲具有廣博學識的學術前輩們不僅不是社會的負擔,相反,他們是社會的寶貴資源和財富。這裏借用樑啓超先生的話只是爲了説明青年人在前輩學者的指引下也能爲中華民族文明的傳承起到重要的作用。

青年人是祖國的未來和民族的希望,特別是他們當中的具有一定文化修養的知識青年,很多人都願意爲祖國文化的傳承和發展做出貢獻,但是往往缺乏一個有力的舞臺來讓他們成長和發揮。當今的社會有着較多的誘惑,因此貪玩、浪費、厭學、攀比、抗挫折能力差等詞語幾乎成了青年人的專用評語。年青人由於涉世不深,心理不成熟,對很多事情的處理不當是在所難免的。但在他們身上同樣也存在着容易接受新事物、精力旺盛、可塑性較强等長處。比如,曾經被「70後」瞧不起的「垮掉的 80 後」經過鍛煉和引導也取得了很大的成績,2008 年的「5.12 汶川大地震」的救援隊伍中「80 後們」成爲了主力軍,不論是解放軍戰士,或是志願者都向國人證實了「80 後」也能成爲「最可愛的人群」,「感動時代的人

群」。因此需要對青年們加以正確的引導和啓迪,這樣才能够發揮出他們的積極作用,也只有這樣才會讓中華優秀文化得以更好的傳承。

2. 文化傳承與青年的關係

邵金遠認爲:「文化是人類在社會歷史發展過程中所創造的物質財富與精神財富的總和。中華民族具有悠久的歷史,有優秀的傳統文化。瞭解過去的優秀文化,正是爲了創造未來的新文化。繼承的目的,是爲了創新;而真正的創新,又不能不包含着繼承。這是歷史運動的辯證法,也是文化發展的辯證法①」。大凡在世界上能够源遠流長的文化都有個共同的特點,那就是都很重視青年在文化傳承中的作用。包括河洛文化在内的許多人類文化和文明,之所以能够一直流傳到今天,其中有一個不容忽視的因素就是有衆多的青年人在爲文化的傳承付出了自己的青春和汗水。前輩專家、學者們經過努力得出了寶貴的成果,爲人類文明的發展做出了不可磨滅的貢獻,而要想這些成果能够順利地被傳承下去,同樣也不能忽視青年人的作用。

一種文化要是缺乏了青年人對它的激情和關注,就難以長久的存在下去,因爲這時適合它繼續傳承的土壤和條件會逐漸喪失,而想使這種文化得以創新就更不可能了,這樣的教訓在歷史上並不少見。例如,在我國曾經被奉爲經典的「四書五經」自新文化運動時起就被全部打上了腐朽落後的標籤,衆多的青年以學習中國傳統文化知識爲恥,最終帶來的結果是「四書五經」在後來最終退出了歷史舞臺。其實「四書五經」中也包含有中華民族的經典思想和文化精髓,但最終却遭到全盤否定,其中很重要的原因就是因爲忽視了對青年人文化傳承作用的重視,這不能不説是中華傳統文化的遺憾。

3. 青年在文化傳承中的作用及影響

當代青年是新時期公民的特殊群體,在他們身上有着價值取向多元化、社會認識上片面化、價值判斷上感性化等特點,加之社會主義市場經濟思想對他們意識的衝擊,西方社會文化對他們道德觀念所產生的變化,以及青年人本身的不成熟,這衆多的問題使得學校和社會經常會忽視對他們進行傳統文化的教育,我們在弘揚中華民族傳統文化方面的確還做得不够。一些青年没有理想信念,連最

---

① 邵金遠《河洛文化興衰的啓示》,《蘭臺世界》,2007 年 8 月。

起碼的基礎文明都不懂，學習無目的，只貪圖享受，缺乏喫苦耐勞的精神，這些現象恰巧與中華民族傳統文化所倡導的優良的道德品質是相違背的，也值得我們反思。如果能够將當代學者們廣博的學識以及豐富的經驗與青年們的報國熱情相結合，並對青年們加以正確的引導。那麼，以河洛文化爲代表的廣大中華文化定能得以更好的傳承和發揚光大，也只有這樣才能發揮青年在文化傳承中的積極作用及正面影響。

三、關於激發青年傳承河洛文化熱情的思考

1. 傳承河洛文化的意義

河洛文化是誕生在古老中原大地上的古代物質文明與精神文明的總和，尹江勇認爲：「深入研究河洛文化，有利於更好地繼承和弘揚中華優秀傳統文化，有利於中國的和平崛起和現代化建設，有利於更廣泛地團結海内外中華兒女，促進祖國的和平統一，有利於加强國際文化交流與合作。[1]」孟令俊認爲：「河洛文化的基本精神是奮發向上、勇於創新、自强不息的民族精神；大團結、大聯合、大統一的愛國主義精神。[2]」楊海中認爲：「我們研究河洛文化的目的，就是要繼承中華優秀的傳統文化，振奮民族精神，勇於創新，自强不息，建設我們偉大的祖國。河洛文化是全人類歷史文化寶庫中的瑰寶，充分反映了中華傳統文化的厚重性，其影響從秦漢、唐宋到當代數千年，同時又隨着中原漢人的南遷和客家民係的形成而傳播四海，至今仍然是維係和連接包括港澳臺同胞和海外華人華僑在内的所有中華兒女的强大精神文化紐帶。因此，深入研究河洛文化，大力弘揚中華優秀傳統文化，不僅有利於海内外華人華僑的文化認同、民族認同和祖國認同，也有利於實現國家的和平統一和中華民族的昌盛與團結[3]」。

隨着我國現代化事業的發展，文化建設越來越受到人們的重視，文化與經濟和政治相互交融，在綜合國力競爭中的地位和作用越來越突出。我們已經探討過河洛文化在中國乃至全世界華人心目中的地位，也知道了青年人在文化傳承中的作用及影響，接下來要關注的便是如何將二者有機的結合起來，只有這樣才

---

[1]　尹江勇《河洛文化是中華民族核心文化》，《河南日報》，2004 年 10 月 28 日

[2]　孟令俊《漫談河洛久化》，《河南社會科學》，1998 年第 4 期，第 92 頁

[3]　楊海中《傳承河洛文化弘揚中華文明》，《中國社會科學院院報》，2008 年 1 月 3 日。

能使河洛文化得以振興和發展。

2. 激發青年傳承熱情

在包括河洛文化在内的博大精深的華夏文化影響下,造就出了中華民族堅忍不拔、百折不撓、艱苦樸素、舍己爲人、尊老愛幼等種種優秀的精神品質,這些優秀的傳統思想和品質一直爲中華民族的兒女們所傳承,它們深深地影響了中國的社會和每一代中國人。在文化傳承的過程中,青年人有着自己特有的優勢,爲了激發他們傳播和繼承優秀文化的熱情,我們可以通過各種方式大力向青年們進行宣傳、教育和引導。

(1)以國學熱爲契機,激發青年人對河洛文化的興趣

國學其本義是國家設立的學校及制度。教育内容爲禮、樂、射、御、書、數,合稱「六藝」。《周禮》載:「樂師掌國學之政,以教國子小舞」①。而到了 20 世紀的二三十年代對於國學的論爭賦予了這個詞彙更多重的涵義。當代人重新定義「國學」爲包括中國所有的學術與文化的經典總和。它們都是舉世聞名的東方巨著,是無比燦爛的文化瑰寶。從古至今,它們啓迪了炎黄子孫對世間萬物的體會和領悟,使我們能深刻地認識人生哲理,特別是國學經典中對人倫天理的創造性闡釋,千百年來爲國人提供了修身、齊家、治國、平天下的智慧和經驗。

自 20 世紀我國實施改革開放以來,隨着中國在政治、經濟、軍事、文化等各方面的全面復興,中國在國際上的地位也變得舉足輕重起來。而與之形成鮮明對比的則是在世界上,主要的一些資本主義國家的發展速度却明顯放緩。中國熱,特別是國學熱似乎又呈現出了復新的强勁勢頭,像私塾的重新出現、國際性的公祭孔子活動、漢語的國際性熱潮、世界上許多國家孔子學院的建立、漢服逐漸在國人中的流行等等就很能説明問題,特別是近兩年以來由中央電視臺推出的百家講壇節目,以於丹教授的《論語》講解、厦門大學易中天教授《品三國》、臺灣曾仕强教授對《易經》的評講,還有《三字經》、《唐詩》等等的再講解和闡釋,正好藉助了當前的這股國學熱潮,適時地把國學經典思想的研究和運用再次推向了一個全新的高度,而我們也正好可以藉助這股國學熱潮來激發青年人探求河洛文化的熱情。

---

① 《周禮·春官·樂師》

（2）舉辦交流互動活動，使青年人在實踐中感受河洛文化的博大精深

人類歷史上還沒有哪一種文化能够像中華文化一樣源遠流長，也沒有哪一個文明能像華夏文明一樣延續至今，從不中斷。中國傳統哲學思想有着天、地、人、物、我之間的相互感通、整體和諧、動態圓融的觀念與智慧。華夏族群長期的生存體驗形成了我們對於宇宙世界的獨特的覺識與觀法和特殊的信仰與信念，肯定天、地、人、物、我彼此間的對話、包涵、相依相待、相成相濟，與此相聯繫的是寬容、平和的心態①。將優秀傳統文化融於青年人的實踐中，有助於全面提高當代青年人的思想道德素質和科學文化素質；有利於他們的思想道德素質和科學文化素質的全面提高，是把思想道德素質的養成和科學文化素養的培養有機結合起來的有效途徑，有利於使他們形成與現代社會相適應的價值觀。

河洛文化正是中華優秀文化的典型代表，但河洛文化的博大精深遠不是通過講授和閱讀就能完全感受的，青年們只有通過親身的實踐才能去真正瞭解和領會。比如，可以通過舉辦一些邀請青年知識分子參加的學術大會，或是通過舉辦一些關於如何傳承河洛文化的創意大賽等等，使得青年人對河洛文化產生興趣，接下來他們就會被激發出熱情，這樣產生的效果絕對是要好於單純的説教的。

（王劍峰，武漢科技大學文法與經濟學院碩士研究生；李華，中南民族大學工商學院外語系講師）

參考書目：

1. 邵金遠《河洛文化興衰的啓示》，蘭臺世界，2007 年 8 月。

2. 孟令俊《漫談河洛文化》，《河南社會科學》，1998 年第 4 期。

3. 楊海中《傳承河洛文化　弘揚中華文明》，《中國社會科學院院報》，2008 年 1 月

4.《周禮·春官·樂師》。

5. 郭齊勇《中國哲學史》，高等教育出版社，2007 年。

6. 尹江勇《河洛文化是中華民族核心文化》，《河南日報》，2004 年 10 月。

---

① 郭齊勇《中國哲學史》，高等教育出版社，2007 年版，第 6 頁。

臺灣與湘西的龍舟競技

——以瀘溪縣洲村龍舟競技爲研究對象

曹亞男

Abstract：Dragon boat competition is a very commom phenomena in China, while there are different features between Mainland and Taiwan. In this paper, Zhoucun, a village located in Luxi county of Tujia and Miao autonomous region in Western Hunan province, was chosen to be the field survey spot for its centuries – old history of dragon boat competition. Under this background, with the oral materials of the villagers, the paper tries to explain the history, significance, contemporary inheritance and change of dragon boat competition. Meanwhile, this paper has described the feature of dragon boat festival and discussed the important relationships among folk knowledge, folk culture reproduction and folk culture inheritance which are formed in the village tradition and known by the villagers. This paper aims to provide some referance for folklorists and sociaologists in comparative study.

一、前言

水，作爲大自然的一個强力元素，爲人類生命的一個重要依託，因而人類從誕生之日起就與之結下了不解之緣，並形成了厚重而多彩的水文化。

《周易・繫辭上》曰：「河出圖，洛出書，聖人則之。」由此可知，水不僅是中國傳統文化的重要内容，也是河洛文化形成之源頭。先秦時期在河洛地區產生的五行學説認爲，木、火、土、金、水五種最基本的物質是構成世界不可缺少的元素，並認爲水主智，其性聰，其情善，其味咸，其色黑。在諸子學説中，老子説「上善

若水,水善利萬物而不爭」①。在這裏,「水」成了其學說「道」的載體,「道」則是水的哲學昇華。孔子進一步發揮説:「知者樂水,仁者樂山。」②在這位聖者看來,人與自然應合而爲一,「樂山」、「樂水」成了人的重要素質。

在水文化發展過程中,行爲水文化是其重要的分支,其中,愛水、親水是行爲水文化的重要内容。

愛水、親水是人的本性,人們都希望與水和諧相處,享受水給人們帶來種種利益和快樂,因而各種與水有關的健身與娱樂活動也應運而生,龍舟競技便是其中最有代表性的一種。

「龍舟」一詞最早出現於《穆天子傳》「天子乘鳥舟、龍舟浮於大沼」,③可見我國在很早就有了龍舟競技的游樂活動。之所以稱「龍舟」,一方面與龍的圖騰崇拜有關,一方面也反映了農耕文化對水神的敬畏。關於龍舟競技的起源,雖然説法很多,但它是我們的先人祭拜水神或龍神的一種祭祀活動的認識却是一致的。

在一般人看來,龍舟競技活動是南方老百姓的民間活動,其實,這一活動在北方、在宫廷也很盛行。如《舊唐書》中就有唐穆宗、唐敬宗觀看競渡的記載。吳自牧《東京夢華録》就記述了汴京金明池的龍舟競渡,大臣們在臨水殿陪皇帝觀賞賽事和娱樂活動;著名畫家張擇端不僅有《清明上河圖》傳世,還有專畫龍舟比賽的《金明池奪標圖》。明代的皇帝在中南海、清代的皇帝在圓明園都舉行過龍舟競渡比賽活動。

龍舟競賽不僅漢族老百姓喜歡,少數民數也喜歡並有自己的特色,如湘西、貴州、雲南的苗族、土家族、傣族等,都有龍舟競賽。漢族的龍舟賽多在端午節即農曆五月初五舉行,苗族稱端午節爲龍船節,時間在農曆的五月二十四日至二十七日。清人徐家干《苗疆聞見録》:「(苗人)好鬥龍舟,歲以五月二十日爲端節,競渡於清江寬深之處。其舟以大整木刳成,長五、六丈,前安龍頭,後置鳳尾,中能容二、三十人。短橈激水,行走如飛。」④

---

①　《道德經》第 8 章。

②　《論語·雍也》。

③　《穆天子傳》,嶽麓書社出版社,2006 年 1 月。

④　徐家干著、吳一文注釋《苗疆聞見録》,貴州人民出版社,1997 年。

苗族是我國人口較多的少數民族。據 2000 年第五次全國人口普查統計，大陸共有苗族 894 萬人，居全國人口第五位。2006 年末，湘西州有苗族 89 萬人，占全州總人口的 33%。關於苗族的族源，有研究者認爲，古史傳説中與黃帝、炎帝並稱的蚩尤爲今日苗族所尊奉的始祖，4000 多年前，他們的部落在黃河流域到長江流域，被稱爲「南蠻」、「九黎」或「三苗」。後來，他們的後裔分散遷徙至湘西，並以大雜居小聚居方式定居，漢史典籍中稱湘西的苗族爲「荆楚蠻」、「武陵蠻」等。湘西苗族是史籍上泛稱的「紅苗」。元、明、清時期，隨着民族文化的融合，湘西地區成爲了苗漢文化融合的典型地域。湘西苗族雖然吸收了漢文化的有益成分，但民俗活動還保持着本民族的文化特色，如民間信仰與崇拜還具有很多的原始特徵，龍舟競技即是最突出的一例。

臺灣和大陸一樣，端午時期，主要的河流區域都要舉行盛大的龍舟競技。福建的專家認爲，閩南龍舟競賽有着悠久的歷史，臺灣賽龍舟的習俗是閩南人明清時傳過去的。也有的專家認爲，臺灣賽龍舟風俗源於當地平埔族原住民噶瑪蘭人祭祀河川水神的禮俗。閩南人把端午賽龍舟的傳統民俗帶到臺灣以後，祭水神儀式便與龍舟賽相互結合，取長補短，成了臺灣民間的重要習俗。

臺灣最早的龍舟賽會，應是清乾隆三十年（1765）臺灣知府蔣允焄在臺南法華寺的南湖舉辦了一項類似龍舟賽的女子划船競賽。蔣允焄，貴州貴築縣（今息烽）人乾隆二十八年（1763）任臺灣知府，到任後在擴修了城南法華寺時，他利用寺前地勢低窪修建了一個廣有數畝的大池塘，名曰南湖，在湖畔又築一亭臺，名半月樓。蔣太守風流倜儻，於端午節時在湖內舉辦一場別開生面的龍舟賽會。連橫《臺南古迹志》「半月樓」條對此有一段記述：「半月樓在小南門外，廣可十畝，即南湖也。左受蓬溪，以接內山之流；右出大南門，經新昌裏，蜿蜒入海。知府蔣允焄濬之，爲旱潦蓄洩之資。又建半月樓其上，端午之日，召妙齡妓女，衣輕綃，持畫漿，競渡於此。水花一濺，脂肉畢呈，太守顧而樂之。闔城男女遂隊以觀，極一時之盛。」①至清末，臺灣各地的龍舟賽會已成爲端午節活動的重要内容。

---

① 連橫《雅堂筆記》卷六《臺南古迹志》，廣西人民出版社，2005 年 7 月。

二、瀘溪縣洲村

洲村位於武水（又名㟧河）和沅水交匯處，是沅水流域中面積較大的冲積島。因位置優越、土壤肥沃，早期，沅江和武水流域的漁民在此定居。南宋紹興十九年，江西詩人王庭珪被流放此地，當時洲村名爲「武口洲」，詩人作詩云：「卧聽邊城鼓角聲……更看蠻戶帶刀迎」，「五溪蠻子樂耕鋤，連營十萬無饑色」。[①]可見，在南宋時，洲村是少數民族的主要居住地。現在，全村户數 691 户，人口 3121 人。苗族大約占總人口的 30%，漢族大約占 70%，還有極少數土家族。在調查過程中發現，具體的民族成分已經難以區分，有的在民族成分識別時改苗族，出現父母是漢族、子女是苗族的情況，村民並不刻意區分自己是什麼民族，這種情況説明苗、漢、土家族基本融合。村中姓氏，胡、汪、楊、金、瞿爲村中大姓，還有文、龔、許、卓、曾、楊等姓，是一個擁有三十多個姓氏的雜姓村。在空間分佈上，定居時間早、人口多的大姓均居住在村中，後來者則多住在洲的頭、尾區域。村民的主要生計方式爲蔬菜種植、務工、上班、做小生意、打漁等。家庭人均年收入 7000 元左右。村中有年代久遠的將軍廟、土地廟等神聖空間，老人經常參與走庵、走廟活動。在節日期間，村民大多祭祀祖先、鬼神。

洲村的龍舟競技帶有很强的民族融合特徵，當地既有解釋端午賽龍舟是紀念屈原的説法，也流傳着辛女劃着龍舟尋找盤瓠的傳説。參加龍舟競渡已經成爲村落模式化的生活文化，成爲端午期間必然而然要舉行的儀式活動。同時，這項活動也有很强的時間性和週期性。即在端午前後人們普遍參與其中，過了這個時間，人們就很少提及此項活動。

作爲一個多民族、多姓氏村落，參加龍舟賽對村民來説是一項具有重大意義的集體活動，也是傳承村落文化、促進村落認同、加强村民内部以及村際交流的方式。端午前夕，村民自發組織訓練、自願參與競賽，村中其他成員自費外出觀戰，條件是必須有本村的龍舟隊參賽。2010 年，該村成立了神州龍船隊，參加全國龍舟賽，賽前曾以「重金」聘請職業教練對隊員進行訓練、指導。此外，除了代表本村參賽，還常被縣城各單位請做外援，參與單位間的龍舟競渡。洲村龍舟隊

----

① 轉引自楊昌家、龔仁俊編《瀘溪民俗拾貝》，中央民族大學出版社，2009 年。

的出現以及參賽模式的更新是以傳統端午節的民俗活動爲基礎的,今天呈現的新特徵是傳統民俗活動在當代的延續和發展。

三、傳統的記憶

北京大學教授高丙中認爲:民俗是具有普遍模式的生活文化。因此,作爲生活文化的民俗應具有以下特徵:民俗的形成是模式化的,民俗事象的結構作爲一個相對穩定的統一體被人們完整的在生活中重復。民俗事象在特定的群體中是普遍的,其在群體中是共知共識,共同遵守;在時空上則是固定的,因此多位個體可以共同參與。共知共識的民俗知識,並非是千篇一律、不同的個體着重記憶一個方面的知識,而是以民俗事象爲中心,涉及一個活動的多個層次、多個方面。

作爲一個熱衷龍船競技的村落,村民很好地保存了這一民俗競技活動的各種記憶和知識。村落的歷史就在這種代代相傳的民俗競技活動中不斷地重復展示,並呈現出時代的特徵。在訪談中,被訪談者的叙述內容、方式、語調的選擇以及個人行爲和面部表情都給我留下了深刻的印象。他們所陳述的並不僅僅是民俗事象本身,也包括他們對這項競技傳統的理解,以及賦予它的意義。在對龍舟這一話題進行探討時,多數村民都能表達自己的看法,很多人都能參與對話,從而形成了以龍舟賽爲主題的交流和探討。

龍船競技知識由兩部分構成,一部分是龍船比賽的歷史知識、一部分是專業的競技知識。前者是後者的基礎,後者是在傳統經驗基礎上的累積。民眾知識是一種具有歷史向度的知識,往往與傳統相關聯,它可以跨越時空而存在。訪談所獲得的口述資料有以下幾個方面:

關於龍舟的記憶:瀘溪縣龍舟分爲幾大派別,紅皮船和白皮船一派,黃皮船和黑皮船一派,花皮船單獨成一派。以龍舟尾部的顏色爲標誌。派內不分輸贏,舉行友誼賽,异派之間競爭异常激烈。洲村過去也被分成三派,洲尾屬於黑皮,楊、張二村爲紅皮,其餘屬於花皮。競賽都在武水上舉行,民國時期,最多有13只龍舟參賽。

關於儀式的記憶:五月初三划船到都生廟,請菩薩,將他接到船上,游神並祭拜,求神保佑風調雨順。再把船劃到秤砣山(盤瓠墓所在地),圍遶秤砣山轉一圈,求神。(瀘溪縣是盤瓠文化的發源地,境内廣泛流傳的盤瓠傳說被列爲國家

第三批非物質文化遺産。)村民稱之爲傳統,過去的人都是這樣的。

　　關於組織的記憶:龍船賽的組織方面,過去專門由頭人和有威望的人去求錢集資。村民自願參與,到端午節時將龍舟劃到武水上自由競技。上世紀六十年代,政府組織龍舟競賽,並邀請沅陵、辰溪參加。當時有 37 只龍舟參賽,隊員達1600 人。「文化大革命」期間,龍舟被當作「四舊」,禁止活動。1979 年後,民衆自發組織,龍舟競技復興。

　　其他的記憶:龍舟小端午下水,大端午上岸。在交往方面,村落出嫁在外的女子要準備食物、爆竹、煙、酒等,犒勞本村的隊員,促進與娘家人的交往。作爲一種模式性的民俗生活,在民俗氛圍中的個體都會自覺遵守各自的角色。

　　洲村村民還有一整套與龍船競技相關的知識:參賽人員的身體素質、掌握的划船技巧、參賽經驗、龍船隊員的角色分配、艄公、鼓手、鑼手、旗手、爬頭人應該具備的技巧、比賽河段的挑選、龍船的製作技藝、什麼是好的龍船等都是參賽隊員耳熟能詳的話題。

　　「我十五六歲的時候就開始了,這是個傳統,每到端午節就開始劃。進入五月就開始訓練,大概半個月左右,我們這裏是五月初五到十五在河裏比賽。參賽隊員要求身體非常好,身高平均,不能太肥,人重壓船,對船前進有阻力,要長得比較精幹的人。划船時後面的要高人,因爲船的後半截較高,腰長、手長,橈片才能喫水較深。身體的傾斜度要把握好,要用力劃,使船速加快。」

　　「我們的龍船有十九隊橈,一米一對橈,加兩頭兩尾,總共長 28 米左右。隊員 48 人左右。艄公、鼓手、鑼手、舞旗手都要有技巧,都是輸贏的關鍵。過去,划船頭的人很重要,他要轉彎,到終點後,還要飛快地跳下岸拉船。現在有了標準綫,就不用看誰先跳上岸了。沅江的水非常急,艄公如果没走好艄,没穩好船,關鍵時刻就會落後。」

　　「船太寬、船頭太高,都不便滑行,船型是關鍵。如果建好的龍船速度不快,滑行吃力,就會馬上拆了重做。有時候,要到村外請來好木匠製作,有時還要連夜趕制出一只船來。」

　　「峒河適合比賽,水流平緩,兩岸都是平地,適合群衆觀看。沅水不行,水非常深,河道又彎曲,不利用公平競爭,所以都不在沅江上比賽。」

　　「2009 年,我們參加了縣裏舉辦的龍舟邀請賽,並獲得了第一名,每人獎勵

500 元,資金由私營企業主贊助。2010 年在沅陵縣舉辦的龍舟賽,有很多實力強的隊伍參加。兩棵樹、二游、清浪、浙江溫州隊、洪江一號、洪江二號,還有我們村的神舟龍。明年會在瀘溪舉行。」……①

不同身份的村民對龍舟競技知識的表述呈現出差異性、多角度性。如:村中長者能清楚的講述村落龍舟賽的歷史情況、儀式活動、傳説故事。參賽隊員更關注技術性層面的專業知識及最近幾次比賽的各種具體情況。村幹部則重視競賽所獲得的村落榮譽、村民的參與情況以及組織人員等。成年女性關注的事情更細微些,如誰家男人或孩子參加了,參加了多少次等。但是這些知識並不相互排斥,而是相互補充。「在民俗生活中,主體一方面是行使意志的,有選擇自由和選擇能力的,因而是富有個性的;另一方面,又是被賦予了的,被決定的,需要群體協作的,因而又是富於集體性的」②

四、新的特點

近年來,很多曾經擁有龍舟隊的村落都因各種原因(如外出務工人員增多導致村中青壯年勞動力減少、無人出面組織等)解散了龍舟隊。洲村的龍舟競技活動仍然繼續傳承,這與洲村特殊的地理位置有很大的關係。洲村位於冲積島嶼上,土地肥沃、地勢平坦,種地仍然能够滿足家庭的基本需求,加上政府扶持,村中修了水泥渠道,在乾旱季節,每家每户土地都能得到灌溉。政府出錢幫助村民建了蔬菜大棚。這些都是村民不願遠離家鄉外出打工的原因,也是民俗知識得以代代相傳的基礎。

洲村的龍舟競技表現出一些新的特徵。組成了一支專業的草根龍舟隊,在龍舟競技時會被邀請代表單位去參賽。獲勝後會得到一筆獎金,隊員每人能拿到 200 元左右。代表本村參賽時,也會請一些專業賽手加入,以增加獲勝的機會。在端午節前,會花錢請專業的教練進行技術指導,據説教練費很昂貴,一天1000 元左右,還要好好招待。有時,他們也會被邀請作外援,邀請當替補、當教練,體現了與以往不同的特點。

---

① 口述資料由村民許德生、卓定生、金秘書等人提供。
② 高丙中《民俗學的路徑——中國人的生活世界》,北京大學出版社,2010 年。

龍舟競技也處處體現着國家的在場。村民都普遍記得這樣一件事情：2010年，沅陵縣舉辦了第五屆全國傳統龍舟大賽。對於比賽地點的選擇，村民一致認爲應在瀘溪老縣城所在地的武溪上舉行，因爲武溪河面寬廣，兩岸地勢平坦，也適合觀看。但是縣政府認爲老縣城很破敗，比賽時各地記者、電視臺以及大量遊客的涌入，不利於展示瀘溪形象，因此堅持要在新縣城所在地白沙鎮的沅水流域舉行，以展示瀘溪縣的新風貌。由於民間和縣政府意見不一致，最後由省政府決定在沅陵縣舉行。對於這一事件的解釋不管合理與否，政府參與其中都是不爭的事實。

龍舟製作和隊員補助是一筆很大的花銷，村民介紹，一只船要花 2 萬元左右，再加上給每位隊員補貼生活費，參賽的費用不菲。過去都是找有名望的大戶人家資助，現在，主要是找縣內的企業家進行資助。企業家們也願意慷慨解囊，如 2009 年的比賽，就是由縣內的中國五百强企業金旭鋁業進行贊助的。

在參賽模式方面，與以往相比，呈現出跨區域性。一方面是因爲本地有能力組織競賽的村落越來越少，選手也越來越少；此外，交通通信工具方便，爲區域間的合作提供了便利條件，使跨區域參賽成爲可能，因而村民外出觀戰的熱情也很高。據村秘書介紹，2010 年端午節，本村有 600 餘人自費到鄰縣沅陵縣觀看龍舟賽，有的還會在當地住上一晚。之所以如此，是因爲我們自己的龍船參加了比賽，希望能獲勝。

總之，湘西洲村的龍舟競技在傳承中不斷變遷。今天，村民以更加輕鬆的方式來表達這項傳統民俗活動，曾經儀式感隆重地求神、游神活動逐漸成爲年長者的記憶，龍舟競技的娛樂性得到加强。臺灣的龍舟比賽今已遍於各地，爲有利於社會學、民俗學愛好者對臺灣龍船競賽和湘西的龍舟競技進行比較研究，筆者特以湘西瀘溪縣一個村的龍舟競技爲個案於以述録，俾便考查，所見不當之處，亦望方家指正。

（作者爲贛南師範學院歷史文化與旅遊學院研究生）

河洛文化的傳承與圓明

何勇正

Abstract：Schedule of Tang Dynasty years, the capital of Japan sent to China to learn Chinese culture, then the Chinese integration into the Japanese, the pronunciation of Chinese characters in Japanese, such as News, Stationery is same as Heluo language, therefore, everyday language in the capital of Tang Dynasty is Heluo language.（Tang capital terms）

Heluo culture moved from the Central Plains to the coast of Fujian and Guangdong, Taiwan and around the world, the cultural integration with the regional characteristics of thick bringing out a new culture of continuity, Innovation Yuanming. Attached a sentence of Heluo《Also looked at, also look so sober, days life is empty, practice early, keep fast Xiu Yuan Ming》, would like to encourage each other.

一、河洛文化的傳承

1. 一脈相承

中華民族「炎黃」子孫,自伏羲皇帝,神農「炎帝」,軒轅「黃帝」再傳至堯、舜、禹、湯、文王、武王、周公、老子、孔子一脈相承;至唐朝貞觀之治,國家富強,聲名遠播。日本派人到中國京城學習中華文化後,漢字融合到日文裡,很多日文的漢字如「新聞」和「文具」等讀音就像「河洛話」。可見「河洛話」就是唐代京城的日常用語。

2. 尋根溯源

參天之木,必有其根,通過姓氏,我們能知道生命的由來,我們與祖先血脈相

連,祖先的苦難與輝煌會通過這血脈留傳下來。兩岸常用姓氏表①收姓大陸500,臺灣300,均按使用頻率由高至低排列,臺灣與大陸前10序號姓氏有80%相同,前50序號姓氏也有70%相同,臺灣以陳、林居多,大陸以王、李領先。

根據《姓纂》的記載②,陳姓最早出自媯姓,也就是大舜的後代,陳最初是一個地方名,周武王的時候,把這個地方封給了舜的後裔媯滿,還把女兒太姬嫁給他,後來,他的十世孫媯完因故奔齊,才開始以國為氏,創造了陳這個姓氏。自陳國內亂後,陳氏有幾次外遷,分別遷到陳留,楊武和固始。唐高宗二年.朝廷派陳政率兵鎮壓福建南部的「蠻獠嘯亂」,陳政卒後,其子陳元光代父領兵,平定局勢後,設置了漳州郡,被後人稱為「開漳聖王」。

根據《通志氏族略》的記載③王姓出自姬姓,是周武王第十五子的後代,出自媯姓者,是舜的後代,出自子姓者是王子比干的後代。唐僖宗時,河南固始人王審知入閩,被封為閩王。宋末元初,居住在福建的一支王氏進入臺灣。華夏名居第一宅——王家大院位於山西省晉中市靈石縣靜升村,是靜升王氏家族耗費半個世紀建成的豪華住宅。

李姓源於嬴姓,顓頊帝的重孫,他任堯帝的理官,以理為姓,他的後裔理征沿襲了祖上剛正不阿的稟性,因直諫惹怒了紂王被殺.理征的兒子理利貞逃到了河南④,靠樹上的果實(當時稱為「木子」)充飢活命. 由此「指樹為姓」改為李姓。(《新唐書,宗氏世系》)河南周口市鹿色縣是老子李聃始祖留下很多遺跡的地方。

林姓最早出自子姓形成於西周初期是比干的後裔。⑤商朝末年,紂王荒淫無道,紂王的叔父比干冒死進諫,被紂王挖心而死,比干的夫人陳氏帶著身孕逃到牧野一帶避難,在深山的石洞裡生下孩子,取名叫堅。不久,周武王滅商,陳夫人帶著兒子投靠武王姬發,武王因為堅生在林中,賜姓林,從此有了林姓,林姓的發源地牧野,即是河南淇縣以南.衛輝以北地區。林祿是林姓入閩第一人,開創林姓在東南沿海一帶發展的歷史。唐代開元年間,林之祥的兒子林鹽是最早到達

---

① 見文后參考書目1,第1530至1539頁。
② 見文後參考書目2,《陳氏尋根溯源·開枝散葉》,第43~45頁。
③ 見文後參考書目2,《王氏尋根溯源·開枝散葉》,第192~194頁。
④ 見文後參考書目2,《李氏尋根溯源·開枝散葉》,第28~30頁。
⑤ 見文後參考書目2,《林氏尋根溯源·開枝散葉》,第294~296頁。

臺灣的林姓。

3. 遷徙

因王室之亂及少數民族入主中原而導致各地連年戰亂,再加上嚴重的自然災害,使成千上萬的家族被迫離鄉背井遷徙外地以求生存.這是導致各姓氏家族遷徙的主要原因,尤以魏晉.唐五代.金元三個不同時期最為突出。自唐玄宗天寶十四年(775)至代宗廣德元年(783)歷時八年的「安史之亂」,使中原在一次遭受空前的浩劫,一直持續到五代的黃巢起義,中原長期動亂,再次迫使中原士族大舉南遷,其影響最大的是向福建等地的遷徙。唐末五代時,河南固始人王潮、王審知兄弟在黃巢起義的影響下率眾起義,曾領兵數萬人轉戰安徽.浙江等地,後在福建創建閩國,連同子孫經營福建五十餘年,其中就有許多士族隨王審知開基閩地,據有關資料載,入閩的有陳、張、李、楊、吳、蔡、王、鄭、謝、郭、曾、周、廖、莊、蘇、何、高、詹、沈、施、盧、孫、傅、馬、董、薛、韓計 27 姓,①且以固始人居多。河洛文化以古代京城為中心,尤指黃河,河南,洛水,洛陽一帶。中華姓氏導源於上古,姓的本義是指源於同一女性始祖,具有共同血源關係的部族符號標志。在漫長的歷史進程中離合演化,非常繁雜,探究兩岸姓氏文化與發展,依以上擇要的姓氏資料與民族大遷徙的過程可以看出臺灣姓氏是從大陸主流姓氏播遷而來。中原先民多次的南遷,帶來了中原的文化和先進的技術。經多方接觸中國的友人,在河南地區,河南光州固始人能講「河洛話」,其他地區河洛人大都南遷閩粵,臺灣與世界各地,以致中原河南地區大多不講「河洛話」了。

4. 唐詩河洛韻

《唐詩・夜雨寄北》李商隱七言絕句（寫於四川巴山,抒談巴山夜雨時,心中的感受）

　　君問歸期未有期(ㄑㄧˊ),巴山夜雨漲秋池(ㄔˊ)。

　　何當共剪西窗燭(ㄓㄨˊ),卻話巴山夜雨時(ㄕˊ)。

以「河洛話」來讀是押韻的,如以國語(普通話)來讀就無押韻的優美。②

5. 文言與官話

---

① 見文後參考書目 2,《民族大遷徙原因何在?》,第 9～11 頁。

② 見文後參考書目 3,《夜雨寄北》,第 54～55 頁。

　　很多「河洛郎」常用語如「請裁」、「妻操」等都是文言,簡捷又優雅,可見「河洛話」是京城官話,源遠流長,河洛文化是中華民族的核心文化,博大精深。「請裁」是河洛人尊重主人,隨和隨緣的常用語。去那裡? 做什麼? 吃什麼? 客隨主便,通常由主人作主,請主人裁定的文言就是「請裁」。天地萬物,隨緣就好,修福修慧來世更好,親友來訪,主人熱誠,妻子高興地做了很多菜餚款待客人,客人讚美主人熱誠,菜餚豐美就以「妻操」稱讚之。「摸蜆兼洗褲」是在鄉下小河裡摸蜆子,又可洗褲子,一舉兩得之意。「五官不整」是說人只知眼耳口鼻四官,最重要的一官不知去把握與感悟,故說五官不整,欠人點醒。「我」字少了第一筆就是「找」,找不到自我的人就迷失了方向,迷者酒色財氣都來了,要趕緊找回自我。「理」字少了第一筆就是「埋」;天理、地理、性理、物理都見不到,好像入土為安了。「真真假假,假假真真」是說人事萬物,都有真與假兩面或兩部份,人字是由左一撇代表自性、靈性不生不滅永遠存在,與右一捺,代表實體,身體(假體)組成的。身體實際上是假的,有壽命的,借給我們用來修身,光明自性的。若是「生生死死,死死生生」,生了又死,死了又生,就在六道之中輪迴是否太不值得呢?「真作假時假亦真, 假作真時真亦假」是說真的永遠是真的,假的永遠是假的,把真當作假,此假也真,把假當作真,此真也假,何不把握時機「借假修真」。就是說借用我們有限的壽命修成圓明的自性,相生相成,成聖成賢最重要了。

二、河洛文化的圓明

1. 圓明的真義與靈通山景的圓明

　　清代慈禧太后以國家的軍資,私用於建造圓明園,腐化貪婪、外患連連,只是表面的圓明花園,不是圓明的真義。「圓明」是說「與日月合其明,與天地合其德,與四時合其序,斷除所蔽,使之圓滿光明」。明大學士黃道周在《梁峰二山賦》中稱之,「其峰三十有六,一一與黃山相似,或有過焉,無不及者」,尤其是321米「世界第一天然大佛頭像」與千米飛瀑為靈通山景區獨特的風貌。福建漳州平和縣靈通山風景區,以「雄、奇、險、幽」稱絕。話說八仙過了東海之後,又結伴到南海拜訪觀音菩薩。[1] 半路上,八仙看見靈通山甚是巍峨雄偉,便降下雲頭觀

---

　　① 見文後參考書目4,《靈通十八景的由來》, 第152～153頁。

看，八仙遊覽一番都說是好山，只可惜沒有風景，於是八仙便在石洞中聚會，商量如何為靈通造景。八仙各自造了二景，「巨石擎天」、「三蟲遊鬥」、「珠帘化雨」、「九牛拉車」、「猛虎守峽」、「和尚背尼」、「玉洞回風」、「五鯉朝天」、「獅峰眺海」、「神碑庇舵」、「擊鼓回音」、「三童戲獅」、「雲梯取月」、「鳴蟬飲露」、「畫眉跳架」、「菊花引路」；再把聚會的山洞造成一景「仙人聚會」，八位仙人又在靈通岩上開鑿七口泉眼，「七景眺星」紀念黃道周、徐霞客、林釬、陳天定、陳新治、張一棟、張士良等七位賢士，以激勵後人；以上八仙造了十八景，團結力量大，圓明了靈通山景。

2. 道家與老子的圓明——最對得起百姓

宇宙萬物紛紜複雜，靠甚麼力量生成的？支配宇宙萬物運行秩序的根本法則是甚麼？老子認為，這個根本的力量就是「道」，宇宙的秩序就建立在「道」的法則之上。宇宙萬物都由「道」所生，都是「道」的表現形式，都包含著「道」的力量和規律，都按「道」的法則運行。凡文字語言對「道」的描述都不能完全說明「道」的全部內涵。《老子》五千言，就圍繞著「道」展開，從方方面面進行描述，試圖將無形的「道」的法則揭示出來。「無名，萬物之始。有名，萬物之母。」[1]宇宙萬物是由「無名」的「道」生出來的，所以「無名」是「宇宙萬物的本源和起始」。陰陽和，萬物生；「陰陽」可算是最初能夠「有名」的，是宇宙萬物的母親。

3. 佛家與釋迦牟尼佛的圓明

佛說：「金剛」是萬劫不壞的本性，至圓至明。「妙行無住」就是憑良心做事，就是無為，有為只是福報的緣份，「無為」是心無存功德的念頭是超生之道。六祖慧能說：「菩提自性本來清靜，但用此心直了成佛。」[2]心無妄想亦無物慾，明心見性，自性自然流露，也就見性成佛。一念悟時，悟即是覺，人的本性就是佛，萬法盡在自心，對於身外之物看淡了，可以漸入其境，見到真如本性，只有本性才是真我。真我是永生的，存在宇宙萬有之中。凡人因有妄想心，所以真良心不能實現，妄想心是因有我相、人相、眾生相、壽者相，故妄想不能去。能入「無我」的境界，認識人間之苦為我己之苦，置身於人間之中而不為己，四相可破。既能無

---

① 見文後參考書目5，《老子詳解·一章》，第20～31頁。
② 見文後參考書目6，《金剛經·壇經》，第9～122頁。

我,即是法平等,無有高下,與世無爭矣。佛是覺,思想無邪念、無貪念,心之動念皆以天地之心為心,是心是佛,不隨環境而變。眾生是迷,思想有邪念、有貪念,心之動念皆以自私之心為心,未達境界隨環境而變,故眾生速速醒悟,內修性去妄想心,外行功培養功德。佛家的真樂就是極樂,在於人心之自造,人心良善可在天堂;人心險詐自造地獄。佛以度眾生為樂,度眾生上岸為樂,不以自己求安樂,而為眾生脫苦淵。人心合天心,即通天理,天堂傾刻即到。

4. 儒家與孔子的圓明

　　身為炎黃子孫,以浩然正氣為綱維,要做天下第一等人,做天下第一等事,就是各自復其本性,不斷地實踐「明道」、「行道」、「了道」的功夫。大學、中庸兩書正是論性了命的最佳經典,凡立志進德修業者,實乃肩負有復興中華(河洛)文化之重責大任,應不遺餘力加以闡述,以提升生命的意義,昇華心性的功夫。① 大要而言,大學為德,中庸為道,明德成己,新民覺他。中庸是體,大學是用,兩書互為體用,大學以格物致知為重,得圓明妙果,中庸直指本性至善寶地,明善復初。兩書互為表裡,相輔相成。

　　「大學之道;在明明德,在親民,在止於至善。」②「大學」是大人之學,學習做人做事的根本道理也是成聖成賢之學,故玄妙包定奧妙千層。「道」字上兩點,左太陽,右太陰,把「一」抱定,下自字觀自在,道在自性中,「辶」字是通天路,回到老家極樂世界。「明德」是上天所賦人人皆有的「本性」即是良心。「明明德」是使本性良心斷除所蔽,格外光明。③「親民」是新民,日新又新,親近民眾,渡化濟民。「止於至善」將心安於自性良知處便到達最好的地步,最高的境界,天人相通之境(靈性所在地)。知「至善所在」,則志有「定」向,定之「心不妄動」則「靜」,靜之極則所處而「安」穩,安之處事精祥,謂之「慮」,慮之則「得」其所止於至善靈臺。

　　中庸是「天人之學」,講述至中至正,不偏不倚的常理,以發展靈明的本性。故子程子曰:「不偏之謂中,不易之謂庸,中者天下之正道,庸者天下之定理。」④

---

① 見文後參考書目7,《新編四書心德·前言》,第1~2頁。
② 見文後參考書目8,《四書讀本·大學經一章》,第2~4頁。
③ 見文後參考書目7,《新編四書心德·經一章》,第9~28頁。
④ 見文後參考書目7,《新編四書心德·中庸》,第96~200頁。

「天命之謂性,率性之謂道,修道之謂教。」「天命」＝天之令＝賦性於人,是上天所賦於人的「明德」靈光。「率」＝帥＝統領周身之神。能率性就是道,道以率性為本,依循天理良心,順天應人走上光明大道。明修道就是教化仁義禮智信(五常),去人欲存天理。「中也者,天下之大本也;和也者,天下之達道也。致中和,天地位焉,萬物育焉。」「中」是天下人的良知良能,本性天理,來去的大根本(性之體);「和」是天下人所共由的路程,處事做人的根本原則(性之用)。進德修業完全做到「中」、「和」這兩種境界,則宇宙萬物必端正其位,進而使萬物都順此正道而發展成長。詩曰:「上天之載,無聲無臭。」至矣。以德化人,使人易接受,不著痕跡,毛雖輕,仍有其跡象;唯有詩經所說:「上天化育萬物,真是妙極了,既無聲色,又無氣味」此句話將德性之本體形容得至善至美,淋漓盡致。

　　《禮運・大同篇》「大道之行也,天下為公;選賢舉能,講信修睦。」《中庸・第三十章》[1]「仲尼祖述堯舜,憲章文武上律天時,下襲水土。萬物並育而不相害,道並行而不相悖。」《大學・第十章釋治國平天下》[2]上老老而民生效,上長長而民興弟;民之所好好之,民之所惡惡之,得眾則得國,失眾則失國,天命不是固定不移的,有善行能得天命,仁德的政府,愛好仁道,發揚德譽,不把財貨當作利益,應以道義做為國家的利益。

三、結語

　　彌勒佛樂觀,「大肚能容天下可容之事,笑口常開,笑天下可笑之人。」在中國是心胸開闊的象徵,執政者也要有如此的心胸,遵從大道,包容一切。道曰理,理曰佛,佛曰覺,覺者一切無虧,知天命,耳耳順,不踰矩。今世所得的福報是前世所留下來的和今世所努力來的,惟性與天同體,清靜而無濁,去凡心,恢復本來面目即是淨,以真理及修養感化度人,知真理,守真理,行真理而無為,放下自心所敝之妄想,以超生了死。修道在心,離心無佛,違背正理修道者均是左道旁門;心善者無憂,現在是天堂,死後亦是天堂;心惡者受苦,現在是地獄,死後也是地獄,佛欲使人間為天堂,即是世界大同。

---

① 　見文後參考書目7,《新編四書心德・中庸》,30章,第186～188頁。
② 　見文後參考書目7,《新編四書心德・大學》,10章,第78～94頁。

　　天地之定理「真者藏,假者顯」,有價之珠寶那有隨便露白;結穴的地理,必有主山之來龍去脈,必是藏而不顯。人理亦然;懷有大才的人,不隨便顯露才華,大智若愚。人居住在後天,五行世界之中,必受五行生剋造化所影響,得了天時地利人和的力量,更要修心行功立德,見機(緣)造機(因)而轉機。救劫先救人心,人心善而劫自消,促使早日世界大同,化人間為天堂。現劫難連連為警惡,使人不敢為惡,道為救善,使人恢復本來面目。河洛文化從中原傳遷至閩粵沿海,臺灣與世界各地,經文化融合孕育出具有地域特質的新文化,承先啟後,創新圓明。心要空,勞勞碌碌苦無窮;心要閒,休將煩事積心田;心要開,心花開放見如來;心要和,一團和氣致中和;心要超,超群拔俗出塵囂;心要純,掃除雜念養天真;心要幽,逍遙快樂度春秋;心要安,同登彼岸合家歡。附「河洛話」一句:「望也望,等也等,人生茫茫愛清醒。天時不早快修持,快快來修愛圓明」,願共勉之。

(作者為臺灣愛信文具公司董事長)

參考書目:

　　1. 北京語言大學/(臺北)中華語言研究所合編《兩岸現代漢語常用詞典》北京語言大學出版社,2004 年。

　　2.《中國分類旅遊圖集·尋根問祖》,珠海出版社。

　　3. 朱賜麟主編《兒童讀唐詩》,臺灣愛智圖書,1994 年。

　　4. 何強總策劃《海峽 27 城市歷史文化系列·柚都平和》,海峽文藝出版社。

　　5. 楊鵬《老子詳解》,陝西師範大學出版社,2008 年 7 月。

　　6. 張玲主編《金剛經·壇經》,珠海出版社。

　　7. 孟穎《新編四書心德(大學 中庸)》,臺灣藾巨書局。

　　8. 張有池《四書讀本》,臺灣智楊出版社,1995 年。

河洛文化與臺灣鄉土文化尋根溯源

——一位鄉土文化工作者的河洛文化尋根歷程

鄭溫乾

Abstract：Heluo culture originated from the middle reaches of the Yellow River in central China, due to its unique environment, accumulate over after thousands of years, became the Chinese historical stage of the political, social, economic and cultural center. Wei Jin Southern and Northern dynasties up, each case natural or man‐made disasters of era, Zhongyuan population be large external migrated, and emigrants team bring the Heluo area advanced of agricultural production technology, and customs, and religious belief, and humanities art, and living technology, and language education to the new land, then combined with local ethnic for assimilation and fusion, locally open branch and bulk leaves, not only save fine traditional of Chinese culture, also became local of culture characteristics, Heluo culture spread to Minnan, and Taiwan, it is the main spindle of this article.

一、緣起

2009 年 7 月 12 日（星期日）下午四時,高雄市鳳山區曹公路 25 之 3 號曹公廟中庭,鳳邑赤山文史工作室策劃一場座談會,由中華河洛文化研究發展協會高雄召集人洪條根律師主持的海峽兩岸河洛文化與臺灣姓氏交流座談會,接待來自中國河洛文化參訪團團長鄧永儉（河南省政協副主席、中國河洛文化研究會副會長）及常務理事王偉平（河南省政協副秘書長）中國河洛文化研究會理事朱慧靈（河南省政協港澳臺僑和外事委員會副主任）、理事何新年（河南省新聞出版局副局長）、理事李立新（河南省社會科學院歷史與考古研究所副所長）、會員唐銀浩（河南省政協辦公廳接待處處長）等一行六位河南省嘉賓,揭開第八屆河

洛文化研討會(10月21～23日)公開邀請的序幕。高雄地區高雄農田水利會、財團法人曹公農業水利研究發展基金會、國立國光豫劇團、高雄市百姓交流協會、高雄市河南同鄉會、高雄縣河南同鄉會、鳳邑赤山文史工作室等單位代表三十餘人參與此次盛會。

另外,河南省固始縣史志研究室戴吉強主任也提供首屆中國固始根親文化節(10月2～27日)邀請函,希望邀請更多的閩臺歷史文化研究者共襄盛舉。

這兩項研討會對在臺的河洛文化研究者相對的重要,透過來自海內外專家學者的學術經驗交流平臺,切磋交流,有助於爾後的論述與研究深度更鏗鏘有力。

為串連這兩項行程,筆者於2009年8月22～24日親自到平頂山市、固始縣跑了一趟,與承辦單位工作人員作了面對面的溝通,行程範圍以河南省中南地區為主,路經鄭州、平頂山、漯河、固始等地。最難得的是最偏東南隅的固始縣,我終於有機會首次踏上研究閩臺歷史文化中這塊河洛人老祖宗生活過的土地——「唐人固裏、閩臺祖地」。以前研究閩南語淵源史料時,書中常提到閩臺姓氏百分之八十以上來自固始縣,認為去一趟固始縣是遙不可及的夢幻之境,現在卻要去參加第八屆河洛文化研討會與首屆固始根親文化節研討會,這不是很奇妙的事嗎?

這兩年來,筆者出席河洛文化研討會與固始根親文化節各兩次,會後繼續在河南、福建閩南地區進行田野調查,足跡遍及河南省洛陽澠池縣仰韶文化遺址、偃師縣二裏頭文化遺址、鄭州大河村文化遺址、新鄭市裴裏崗文化遺址、河南博物院、福建省福州的閩王祠、漳州雲霄縣威惠廟、第三屆海峽兩岸開漳聖王文化節……。

河南地處中原,古稱「豫州」,因處九州之中,又稱「中州」,遠古民族稱「華夏」,週邊諸侯國稱此為「中國」,世界四大古文明中,只存中華民族一脈相傳;位於鄭州市的河南博物院有這樣的介紹文字:

中國的文字源在甲骨,出於殷墟。

中國的哲學源在周易,成於老子。

中國的姓氏源在炎黃,根在中原。

中國的國家源在夏代,都於偃師。

中原開啟了中華民族文明之源，並在歷史發展中揮灑重捲。這裡名都相望，城垣相疊，文化厚積。數不盡的先賢生於斯，長於斯，創造驚世奇蹟。絲綢古道從洛陽延伸，佛教傳經從白馬寺開始。中原文化廣納百川，輻射四海，演繹中華民族輝煌生機。

中原古稱「河洛」地區。「河」，指的是中華民族的母親河——黃河；「洛」，即今黃河中段南面之支流——洛水；「河洛」泛指黃河與洛水交匯之流域，即今河南省境。以河洛為中心的中原土著的遠古祖先，可以追溯到六十萬年前的「南召猿人」，南召猿人逐漸進化成舊石器、新石器時代河南裴李崗文化—仰韶文化—二裏頭文化的河洛文化後裔，以至成為華夏遠祖伏羲、炎帝、黃帝、顓頊、帝嚳、堯、舜、禹等部族先祖。夏、商、周三代國家政權的形成，都與中原地域有關，並成為歷朝歷代中華文化的主流。

距今 8,000 至 4,000 年前，長江流域下游有「良渚文化」、珠江流域有「石峽文化」、東北三省有「紅山文化」，都是具有代表性的中華古文明發祥地之一，最後都與「河洛文化」融合，成為廣義的中華文化。

河洛地區在歷代稱「居天下之中」，是「中國」、「國中之國」的發源地。從舊石器到新石器時代一脈相傳的河南裴李崗文化—仰韶文化—二裏頭文化（夏王朝的誕生地），考古挖掘出土的陶器、石器、宮殿建築遺跡，將河洛文化的演進時間往前推至八、九千年前的史前歲月。

裴李崗文化遺址因最早發現於新鄭裴李崗而得名，是分佈於河洛地區的一種新石器時代早期的文化遺存，距今約 8,700 至 6,800 年。出土有半地穴建築、窖穴、墓葬等遺跡；石製農具和糧食加工工具、手製的各種陶器、從事漁獵用的魚鏢、骨鏃、飼養的家禽骨骼、骨笛、刻符龜甲等宗教藝術用品。說明中原地區已經進入以賴耕農業為主，以採集、漁獵為輔的原始氏族社會。為因應農業定居生活，裴李崗人開始採用泥條盤築、疊築等手工製作陶藝。炊食用的陶鼎、盛食用的陶鉢、盛水用的陶壺等種類齊全的陶製品，成為後世器皿的雛型。

偃師二裏頭文化遺址位於伊洛河交匯處，面積約 40 萬平方米，擁有規模宏大的城市道路網、宮殿基址、官營手工業作坊和等級不同的墓葬，出土眾多具有禮儀性質的青銅器和玉器等，是夏王朝中心地域內的大型都邑，沿用達數百年之九。齊中發現夏代一號宮殿基址，坐北朝南，四周廊廡相繞，布局井然有序，是我

國最早宮殿建築的典範。相傳夏禹鑄九鼎，開啟了青銅時代的大門。考古工作者在此發掘出煉渣、煉銅坩鍋、陶範殘片，證明二裏頭文化已經有了冶煉和製作青銅器的作坊。「河洛文化」是一種具有鮮明地方特色的區域性文化、歷史文化概念，根在河洛，則是閩臺文化尋根的源頭。河洛文化的語言與文字，是作為人與人間的溝通工具，是我們祖先智慧世代積累下來的文化載體，語言學者認同臺灣的方言「閩南話」或「客家話」均源自於中原古音河洛話。以漢字為載體的《三字經》、《四書》、《五經》、《唐詩三百首》……，除了用國語(普通話)吟誦之外，用閩南話或客家話吟誦，更能顯示原作的「原汁原味」。

二、「唐人」、「唐山」、「唐山過臺灣」

福建省漳州市雲霄縣是開漳文化的發祥地。在唐初固始縣人歸德將軍陳政、陳元光父子入閩平亂，開創了漳州文明，隨軍入閩的固始縣軍民，自稱「唐人」。

唐高宗總章二年(669)，泉州與潮州之間發生「蠻獠嘯亂」，歸德將軍陳政奉詔出任嶺南行軍總管，與其子陳元光先後率領八十七姓府兵九千多人，來到這閩粵交界的蠻荒地區平亂，並首先在今天的雲霄縣開屯建堡、播傳農耕，結束了閩南地區刀耕火種的時代。

陳政病逝葬於雲霄縣將軍山。朝廷命子陳元光襲職，最後平定了閩南一帶的「獠亂」，陳元光並於唐垂拱二年(686)奏請朝廷設置漳州府，河洛人從此在閩南落戶生根，奠定河洛文化在閩粵地區一千三百多年的基業。

漳州最早的州治所在為雲霄縣火田鎮西林村，西林村地處漳江之畔，故州以江名，得名「漳州」。朝廷封陳元光為首任漳州刺史。陳元光自幼受中原文化薰陶，飽讀經書，承父職代領戍閩唐軍時《請建州縣表》中說，平亂政策帶來的弊端是：「元兇既誅，餘凶復起，法隨出而奸隨生，功愈勞而效愈寡……誅之則不可勝誅」。所以，他主張行王道與仁政，對歸順的蠻獠山民，採取以撫綏策略，對首惡分子採取嚴懲，即「落劍唯戎首，遊繩繫脅從」(許天正和陳元光《平潮冠詩》)。並實行「耕戰結合」的政策，開荒生產，營建村宅，安置軍眷，做到糧食自給、兵不擾民。對這些歸附的蠻獠，撫而籍之，並免除其賦稅徭役。這一連串的政策，不但贏得了人心，緩和種族對峙，漳州的九龍江兩岸漸成村落，拓地千裏，漸成富饒

之地。

　　陳元光又用中原先進的生產技術,取代獠民刀耕火耨的落後生產方式,積極推廣鐵器農具,提倡精耕細作,大力興修水利,雙季稻帶來豐收,漳州地區農業生產得到初步發展。

　　他向朝廷上《請建州縣表》奏請興庠序,「化蠻貉之俗為冠帶之倫、荒陬蠻獠盡沐皇恩」,在浦南唐化裏創辦松州書院,成為漳州學校教育的源頭,而且使漳州邁入封建科舉制度的軌道。此外,曬鹽、造船、制瓷、治陶、冶鐵、織染、農機具製造等中原手工業技術也在這裡得以傳播。陳元光開創了漳州的安定與繁榮,被後世尊稱為「開漳聖王」。明末,追隨鄭成功來臺的漳泉地區移民,從雲霄威惠廟分刣開漳聖王香火,在臺灣蓋廟膜拜,多達三百多座。華人圈融合漳州歷史人文的河洛文化又從臺灣遍及五大洲。

　　開漳祖廟——雲霄威惠廟,位於漳江邊的雲霄城西門外,地屬雲陵鎮享堂村。該廟建築宏偉,坐西北朝東南,始建於唐嗣聖元年(684),古稱陳將軍祠,宋徽宗政和三年(1113)賜名「威惠廟」,主祀「開漳聖王」陳元光,被海內外尊為威惠祖廟。

三、閩南文化大舉播遷臺灣

　　明末清初,抗清民族英雄鄭成功,祖先來自光州固始縣,而後遷至福建,定居於泉州南安縣,其父親鄭芝龍因來往於中日之間,經商致富,其武裝船隊縱橫海上,稱霸一方。明天啟四年(1624)鄭成功生於日本平戶,清康熙元年、明永曆十六年(1662),薨於臺灣安平。

　　明永曆十五年(1661),鄭成功抗清受困於金門與廈門,為取得反清復明的永久基地,親自率領四百餘艘戰船及兵將兩萬五千名,同年四月首先佔領澎湖島,繼而渡過臺灣海峽,襲擊荷蘭人的「普羅民遮城」,包圍「熱蘭遮城」,次年二月接受荷蘭人投降,結束荷蘭在臺灣長達三十八年的統治。隨後大批閩粵移民入臺開墾,河洛文化也漂洋過海,成為早期創造臺灣文明的先驅者。

　　清朝統治臺灣期間,迄中日甲午戰敗簽訂馬關條約,割讓臺灣給日本,臺灣與閩南兩地仍然沿續河洛文化薪傳。日治後期的皇民化教育,臺灣民間私底下傳授漢學並未中止。日本治臺五十年期間,日式現代教育思想融入臺灣,河洛文

化與東洋文化有一段時間的接觸,一直到國民政府接收臺灣,日本話、閩南話、客家話為閩粵同胞的流通語言。

1949 年之後,臺灣為落實推行國語運動,各級學校禁止說日本話、閩南話、客家話,鄉土語言一度嚴重受挫,幾近面臨存續關頭。直到 1987 年解除戒嚴令,開放大陸探親、開放黨禁、報禁……,鄉土文化才出現生機。關心河洛文化傳承的專家、學者、耆老積極投入鄉土文化的發掘與保存,開始長期的教材整理、師資培訓、招收學生,最後教育部將鄉土語言納入國中小學正規課程,並開辦支援鄉土語言教學師資認證(閩南語、客語、原住民語)。各縣市教育局也舉辦活化教學觀摩競賽,或將教材掛上鄉土網站,頗有百花齊放之勢。

四、臺灣鄉土文化與尋根溯源

現今臺灣文化是由多元族群發展而成,有來自閩粵的閩南文化、客家文化及少數民族的原住民族文化。為保存各民族的傳統文化,客家民族設有「客家文化委員會」、少數民族設有「原住民文化委員會」,分別進行傳統文化的保存與推廣,唯獨閩南文化未有專司的委員會,但並未影響閩南文化的推廣,蓋因閩南文化已融入臺灣人的生活之中。臺灣保有豐富的閩南習俗與宗教節慶活動,每個月都有不同的鄉土廟會慶典,多彩多姿,蓬勃發展,展現多樣貌的河洛文化。

「鄉土文化」概括言之,就是傳統文化,是祖先遺留的文化資產。科舉時代,歷代的孩童在啟蒙童書中,最常使用的鄉土教材《三字經》冊子,蘊含數千年中華文化的精隨,此書歷經宋朝以後的數百年,家喻戶曉,至今仍廣受好評。有關《三字經》作者是誰,一直是個歷史「公案」。《辭源》說:「相傳為南宋王應麟編」,又有一說是「宋末區適撰」。《三字經》是我國宋元以來流傳最廣的兒童啟蒙教育課本,是不爭的事實,爾後歷代迭有增補,版本不一,但不影響此書的影響力。河洛文化藉由《三字經》而普及海內外各地,這本冊子無可置疑的起了催化作用。

為了論述本文「河洛文化與臺灣鄉土文化尋根溯源」,筆者舉《三字經》為例,印證河洛文化自唐宋以來深入閩粵地區,再由閩粵地區進入臺灣。在臺灣的鄉土語言教學中,這本《三字經》冊子,做為鄉土語言鄉土教材,除用官方語言吟誦外,用閩南語或客家語吟誦,更能連接唐宋時代的時空背景。用文讀音吟誦

《三字經》,接近唐宋年代讀書人的口語,《三字經》包羅萬象的河洛文化與思想,具有很大的薰陶力量,早被臺灣鄉土文化學者列為鄉土語言教學的輔助教材。

五、結論與建議

水有源,樹有根。四百年來,臺灣在薪傳河洛文化上,並未因海峽相隔而疏遠。身為研究鄉土文化的工作者,窮根究柢探索河洛文化是必要的。所幸河洛文化研討會已在大陸各地召開九屆,各屆主題論文經專家學者發表,取得豐碩的成果。今年在臺北市舉辦第十屆河洛文化研討會,為河洛文化根植臺灣以來,百年難得一見的盛事,參酌河洛文化未來的推展,在此提供建議以供專家學者參考。

1. 固始縣素有「中原僑鄉」之稱,是港澳臺同胞和海外僑胞的祖根地。根親文化的研究和發展由來已久,近年前往固始縣尋根謁祖的海內外人士絡繹不絕。「唐人故里‧閩臺祖地——中國固始根親文化節」已舉辦兩屆,固始縣上下一心型塑「中原僑鄉」不遺餘力。到固始,讓人有回到家的親切感!往後舉辦時,可以朝實質的文化扎根方面著手,避免熱鬧有餘而深度不足的人力、物力、財力開銷。

2. 固始縣固然是閩臺祖地,當年陳政、陳元光父子率領的家鄉子弟兵到閩越開疆闢土,傳播河洛文化,將「河洛漢語」的家鄉話在閩臺及海外地區保存下來,作為閩臺文化的源頭,「河洛漢語」應帶回固始和中原,讓「河洛漢語」在發祥地得以繼續發揚光大。

3. 漳泉地區的學者已有隱憂,擔心閩南話急速衰微,老成凋萎,而年青的一代多數不會說母語,無法以母語教育下一代,將步臺灣後塵,臺灣的許多兒童講閩南語(客語、原住民語)是跟阿公阿嬤學的,因為爸爸媽媽的母語「不輪轉」,將來須花更多的精力找回來。

4. 海內外專家學者藉研討會交換心得之外,亦可結合網絡科技的無遠弗屆特性,以多媒體型式建置雲端資料庫平臺,讓更多有興趣認識河洛文化的愛好者取用。

20 世紀是英語的時代,21 世紀隨著中國大陸經濟的崛起,是華語的時代,這已是時勢所趨,河洛文化為華夏文化的核心,肩負時代使命,朝多元化、國際化傳

播中華文化,是值得大家期待的!

（作者為臺灣高雄市鳳邑赤山文史工作室、河洛文化工作室負責人）

參考書目：

（1）李紹連《河洛文明探源》,河南人民出版社,2007 年。

（2）徐光春《一部河南史 半部中國史》,大象出版社,2009 年。

（3）尹全海、崔振檢《固始移民語閩臺文化研究》,九州出版社,2010 年。

（4）李友謀《裴李崗文化》,文物出版社,2003 年。

（5）郭大順《紅山文化》,文物出版社,2005 年。

（6）張學海《龍山文化》,文物出版社,2006 年。

（7）鞏啟明《仰韶文化》,文物出版社,2002 年。

黃帝文化向海外發展的重要性

黃孔威　蔣明

Abstract：China has five thousand years long history and glorious history of scientific development, but because most Westerners do not understand, and they often cause a lot of misunderstanding. Huangdi Culture through overseas promotion, can increase the adoption of specific historical facts, to understand the true development of Chinese history, a comprehensive understanding of China.

我們美國休士頓等地華僑和國內有識之士聯合發起在海外籌建「炎黃堂」，目的是為了更好地宣傳和紀念中國人民的始祖軒轅黃帝，繼承中華五千多年文明史，增強海外華僑對祖國的向心力，同時宣揚海外華人華僑的歷史貢獻。

此項工作自 2007 年開始，由休士頓黃氏宗親會等社團發起，為增加知識，加強聯絡，曾多次訪問中華民族始祖黃帝故里新鄭市。河南省黃帝故里研究會亦組團於 2009 年 11 月訪問休士頓，開辦黃帝故里文化展和新鄭黃帝故里文化講座，同時，還設立河南省黃帝故里建設基金會北美辦事處，授權休士頓黃氏宗親會代理，並與「炎黃堂」籌備組建立了良好互動關係。這些聯繫自始至終得到中華人民共和國駐休士頓總領事館和中華人民共和國國務院僑務辦公室的支持，也得到新鄭市政府，河南省僑辦，鄭州市僑辦的支持。「炎黃堂」（燕黃湯公司）已於 2009 年在美國德州政府正式註冊為非營利機構。兩年多來，亦已籌集一部分資金，社團已提供土地來建設「炎黃堂」，並將命名此一活動地段為」炎黃廣場「，以有利今後開展有關炎黃文化的宣傳和發揚工作。為了更好地盡快建好炎黃堂和開展一系列宣傳文化工作，也為了使更多的人了解此一宏偉計劃的意義，現將有關工作加以說明。

一、炎黃堂的架構

向海外宣傳黃帝文化必須有一個好的載體和場所，因而在「炎黃堂」籌建組成立之後，重要的工作之一就是盡快把炎黃堂修建起來。經過與專家和有關人員的協商，大家感到炎黃堂最基本的架構應有如下機件組成，即：黃帝塑像，炎黃歷史文獻展示館。為了使宣傳的更有力度和深度，還要在「炎黃堂」內設立炎黃歷史研究所，這個研究所要和美國的大學合作，以充分利用好社會的有生資源。還將設立海外華僑傑出成就展示館，建壇重大貢獻人士展示廳，中華文化教育交流中心等。要通過舉辦各種學術和社會活動，逐步擴大其影響。

二、建造炎黃堂的意義

在中國和中國文化在世界上越來越受到重視的今天，建造海外炎黃堂的不僅必要，而且有著深遠的意義。

首先，有利於確立中華民族在世界科學歷史中應有的地位。目前的狀況是世界的絕大多數只認為中國的文明發展只有大約二千年左右的歷史，在各國的世界歷史教科書中基本沒有中國早期科技記載。我們要將炎黃時期的科學貢獻讓世人認知和記載進去，將中華民族的科學文明發展史肯定到五千年的淵源歷史。使其載入世界史冊。這是一項需要我們——中華民族自己化大力氣以多種形式走向海外進行宣傳的大型長期工程。

其次，有利於改變西方世界對中國改革開放 20 餘年迅速發展的不適當宣傳。一些西方人因不明白中華民族五千的悠久歷史，認為中國改革開放以來的發展是「暴發戶」，歪曲了中國的形象。宣傳炎黃文化，還有利於改變西方世界對中國先古的認知只停留在四大發明的科技水平層面的錯誤看法。中華民族的天文曆法，甲子週年等科學創見，早在四千年前就已產生。指南車的機械傳動分向原理更是全球最早的發明。然而由於我們缺乏很好的宣傳，世界的絕大部分人對此更是不甚了了。

第三，整個籌建過程將是弘揚中華文化和更正中華歷史的宣傳過程，也將成為海外各協會，宗親社團大團結的過程，更是兩岸同胞和世界炎黃子孫攜手同思合作融為一體的自然契機。

　　我們身為炎黃子孫，身在海外，心系祖國，我們將為這項意義深遠的工程盡力作出自己的貢獻，我們也衷心地期望有更多的人士加入進來，同時我們深信，有無數專家學者的鼎力支持和指導下，這項工作必將會得到更好，更快，更順利的進展。

（作者為海外華人華僑休士頓「炎黃堂」籌備組成員）

臺灣「端午龍船競渡」的早期真相與變化

——清風俗圖卷·方志文獻的探討

黃麗雲

Abstract: The aim of this paper is to present the status of the Dragonboat Festival in Taiwan Ch'ing dynasty. The research was carried out by utilizing Taiwan's local histories from the Ch'ing Dynasty and data from folklore figures, records, photos.

In this way, we can see the early style of Dragonboat racing and the changes brought about by the political treaty arrangement by the Ch'ing Dynasty. Actually, the Dragonboat Festival symbolizes an ancient belief in the Dragon God. This belief reminds the people in society to reflect on the original meaning of religion (= popular religious meaning) and its social and economic function (= contests, local performances). In other words, it works in the sense of Chinese philosophical thinking: "If wind and rain are smooth, the country and people will be peaceful". The "religious meaning" in this paper refers to the Dragon's character as a holy and magical power. On the other hand, "contests" are also part of the process of praying and of religious ceremony. It is popularly believed that by correctly guessing the winner, a spectator of the race can bestow upon himself a prosperous year ahead and that correct observance of worship would result in economic success.

During the above – mentioned political upheavals, the degree of wealth, the scope of business or power of a person were important elements in deciding who was going to arrange a Dragonboat race. Powerful men had also to be rich, such as those who had already become wealthy during the Ch'ing Dynasty. They organized farmers or fishers to take part in Dragonboat racing on the fifth day of the lunar month. These groups became the backbone of Taiwan's economic growth in the early days. They made use of the Dragonboat racing as a platform for presenting their achievements. Therefore, religious meaning and competition can be found as elements in Dragonboat racing and they function as a way to exemplify the phrase "Religious beliefs will never perish and the economical effects are related to the original social functions"

一、龍神信仰的追遡

研究龍舟作競渡的誕生,往往引出龍神信仰的追遡。現代人一般認為龍是非科學、形而上的,但遠古時代至近代,龍卻被當成是看不見的農業神(水神、雨神等),因而有龍神信仰的普遍存在。相應而生的龍船,被視為龍的幻化,亦被視為是出現在祭儀中的龍之實像。「龍」附身於龍船,龍船變成真龍的俗信,充分表現在端午節的龍舟競渡上。從來世人對漢人「端午競渡」的理解,都認為出自龍神信仰的農耕儀禮之乞雨儀式,或從水神祭延伸出來的驅疫釀災呪術。

按字面的意思,龍神即以龍為形象的神祇,多為水神、海神。如水域的「龍王」、四象中的青龍神。閩南人除信仰一般的龍神外,並與廣東人、客家人同樣信仰所謂的守護風水的龍神,一說是四神獸中的青龍,另說為居於山陵的山神。

筆者淺見,認為端午競渡的演變與根生蒂固的龍神信仰血脈相連。關係著基礎信仰層面的宗教意識不滅,以及巫祝俗信化的競技所代表占卜的經濟效應固有之社會功能、其結果造成地方的活絡與發展。

二、清代風俗圖卷中的競渡

未深入探討方志之前,筆者偶見中央研究院臺灣史研究所珍藏有畫本《臺灣民情風俗圖卷》,其中有一幅《搶水標》(圖一)、①以及中央圖書館臺灣分館藏的《漂流臺灣チョプラン嶋之記》之《競渡船の図》(圖二);②此外,著名的日本

---

①　出自李獻璋提供的《臺灣民情風俗圖卷》。
②　三島格,《漂流臺灣チョプラン嶋之記》,《愛書》第十二集,臺灣愛書會編集所,1939(昭和14)年刊行,24圖。

江戶時代情報書類《清俗紀聞》中,①亦有一幅《福建競渡船》(圖三)。這三幅圖,筆者認為相當程度可作反映清代的端午競渡風貌,亦可充作本文比較研究之用。

《搶水標》圖所繪以及圖中文字,可歸納如下事實:①桴即指竹筏、是臺灣原住民與漢人使用的特有漁船或水上交通工具。但端午日變身競渡船、且二隻相競。②府城居民不分貴賤、皆參與搶水標、標的物為手巾及紙扇。此活動贊助者即府城富家子弟或風雅之士。此圖可能表現臺灣比較原初的池面競渡風貌,估計大約成於康熙年間。至於端午競渡時,較勁勝負的搶標或奪標的傳統,在中國早出現於盛唐時期。競技是民俗活動中因襲過去自然村生活共同體的定律而漸成形的。二龍相鬥能致雨的人類智慧讓生存條件不受威脅,年年以競技的祭儀方式挑戰上天賜與的五穀豐穰,確保風調雨順、國泰民安。

圖二的《競渡船の図》,乃嘉慶七年(1802)日本船頭文助漂流臺灣チョプラン嶋(即花蓮的泗波瀾,今大港口)後,於嘉慶十一年(1806)秋天乘臺灣商人マアン(man)的船,經枋寮鳳山進入臺灣西部的臺灣縣域時所見的競渡船之圖。這幅圖與大約成於康熙五十九年的《臺灣縣志》所記載之西部近海居民的競渡船景象大致相同。② 本圖可貴之處,明顯呈現:①船一隻,計水手16名。②前有鼓手(兼指揮者)1名,後有舵手及敲鑼者(鳴鑼以為得采)各1名,操手13名。③船為舢板船,或稱三板船。與圖一相較,圖二應該是表現比較進一步的端午競渡景觀。依此推測臺灣西南海岸,現今雲林、嘉義、臺南沿海地方的端午競渡,於清領期其前身都是與此同一模式才對。

圖三的《清俗紀聞》福建競渡船,與圖二相似,繪有船二隻相競,每隻水手各16名。兩者皆是舢板船,船上前有鼓,後有銅鑼。船尾設操舵者一名。然而,不同處,一言概之乃官方競渡與地方競渡的差別。圖三屬官方競渡,故操槳者服裝為長袍,且船頭操鼓者著官服(詳見左側船隻),不似圖二的地方競渡,著上衣、長褲與戴斗笠的平民裝束。換言之,官方競渡由官吏於船頭操鼓任指揮,地方競渡則由沿海居民操鼓指揮於船頭。圖一的府城居民搶水標亦屬地方競渡,競渡

---

① 中川忠英,《清俗紀聞》,東洋文庫,平凡社,昭41年(1966)。
② 參見「五月五日……近海居民羣鬥龍舟以為樂。」。陳文達,《臺灣縣志》,(1)卷一,輿地志,歲時端午日,康熙五十九年(1720),頁240。

二者顏色不同的臺灣杉可能意味貴賤的身分區別。打鼓者著深色服飾,代表與深色競渡者同為富家子弟的可能性,且透露操鼓者即為指揮者的訊息。

　　從圖一、圖二與圖三的比對可知,清領期的臺灣端午競渡純屬地方領導的下層結構。但此處的所謂下層結構僅止於清初地主與民眾階層,而不涉及中國以來的鄉紳或士太夫與民眾的階層。若從清社會秩序解構的話,臺灣的競渡模式實與圖三的福建官方領導之上層結構大相逕庭,但卻受其所在地組織(福建)的影響。總結臺灣的早期傳統競渡型態,大致可歸納如上所述圖一與圖二的二種類型。

圖一　搶水標(《臺灣民情風俗圖卷》)

三、清代文獻與方志記錄的競渡

　　清朝歷代皇帝(雍正例外)隨需要而有的編纂、重修、或新地新編方志,除少部無相關「端午競渡」的歲時記載外,[1]臺灣大小地方志的歲時五月之項均記載「端午競渡」之事。[2] 康熙三十三年(1694)清朝第一次編纂臺灣地方志,康熙三十五年(1696)付梓的「臺灣府志」便載有:

[1]　嘉慶期的《續修臺灣縣志》及咸豐期的《噶瑪蘭廳志》、同治期的《淡水廳志》等幾乎無相關「端午競渡」的歲時記載。由於陳述過於簡略,推測與乾隆期或道光期無甚大差別。

[2]　康熙期的《臺灣府志》、《諸羅縣志》、《鳳山縣志》、《臺灣縣志》、乾隆期的《澎湖紀略》、道光期的《臺灣志略》、《彰化縣志》、《噶瑪蘭廳志略》、光緒期的《苗栗縣志》、《恒春縣志》、《苑裡志》、《新竹縣志初稿》、《樹杞林志》等。

搶水標

此乃端午之日滿城居民及富家子弟、各持浮寸池面令人各爭其先、若先者貴于中及紙扇若被為被人嘲笑每年逐此以增隹即名曰搶水標

圖二　競渡船の図(《漂流臺灣チョプラン嶋之記》)

圖三　福建競渡船(《清俗紀聞》)

　　端午日、競渡雖云弔屈、亦以辟邪、無貴賤咸買舟出遊、中流簫鼓歌舞凌波、遊人置竿船頭、掛以錦旗、捷者奪標而去。①

---

① 　高拱乾,《臺灣府志》,(2)卷七,風土志,歲時端午日,康熙三十五年(1696),頁653~654。

是為臺灣端午競渡最古的本土史料記載。而從乾隆七(1742)完成的《重修福建臺灣府志》所記也右可看到：

> 近海居民羣鬬龍舟……捷者奪標鳴鑼而去、以為得采、三月盡、四月朔望、五月初一至初五日、各寺廟及海岸各船、鳴鑼擊鼓名曰龍船鼓。[①]

所記與康熙期略有不同。乾隆十二年(1747)的《重修臺灣府志》云：

> 自初五至初七、好事者於海口淺處、用錢或布為標、杉板魚船爭相奪取、勝者鳴鑼為得采，土人亦號為鬬龍舟，謂至一年旺相。以上類舊志。

從上述方志所記之事可知，[②]每遇時代變遷臺灣端午競渡亦隨之產生變化。清領期在臺灣各地拓殖、開發的結果，不論農、漁、商業，端午競渡與福州的乞雨和驅疫釀災的呪術行為同俗。[③] 端午日一到，臺灣南部(最早開發)、北部(次之)及西部(次次之)地域都必行祭龍競技活動。臺灣東部地域(除宜蘭外)因開發比較晚，於光緒初年(1875)才設置卑南廳。又因地形險阻，漢人移民極少，故臺東的龍舟競渡於20世紀才登場。筆者根據地方志記載認為，清代兩百多年間，大致可以分為四大類型：(一)康熙期富人主導，以遊戲為主；(二)乾隆期為「好事者」主導的時期；(三)道光期「龍船」正式形成；(四)光緒期郊商主導。茲以表二分述如下：

---

① 劉良璧，《重修福建臺灣府志》，(1)卷六，風俗志歲時端午日，乾隆七年(1742)，頁310。
② 劉良璧，《重修臺灣府志》，(3)卷十三，風俗志歲時端午日，乾隆十二年(1747)，頁851～852。
③ 參見「清明四月八日、及端午皆與福州同。」。《康熙福建通志臺灣府》，(全)土風，康熙二十三年(1684)，頁171。

表二 清代端午競渡內容對照表

時間	成因	目的	活動流程	領導者	船的形式	奪標物
康熙期 (1684— 1722)	與福建同俗	風調雨順 國泰民安	祭祀—競 渡—奪標 —放彩	府縣池面、沿海、 或西部海口處的 非組織單位—富 家子弟與有力地 方人士、沿海漁民 或遊人之類。	舢板（三 板）魚船、 小艇、竹筏	府縣沿海置 竿掛錦旗或 有搶水標的 巾扇、西部海 口處施以布 與銅錢。
乾隆期 (1736— 1795)	傳承	同康熙期	龍船鼓— 祭祀—競 渡—奪標 —放彩	有組織的好事者， 包括寺廟關係者、 富家子弟與有力 地方人士、或沿海 漁民之類，而且初 具現今寺廟管理 委員會的模式，是 有組織性的。	同康熙期	同康熙期。
道光期 (1821— 1850)	傳承	同康熙與 乾隆期以 來	龍船鼓— 彩蓮（並 唱曲）— 祭祀—競 渡—奪標 —放彩	同乾隆期	舢板（三 板）漁船、 飾以龍頭 的小船	同康熙與乾 隆期。
光緒期 (1875— 1908)	傳承	同康熙、乾 隆、道光期 以來	同道光期 以來	除舊有領導性格 外，郊商領導從中 興起。	同道光期 以來	郊舖的送標 結以玉環、銀 標等物。

（黃麗雲製作 2010·5）

要而言之，從清代方志等所記來看，到了道光時期，亦即十九世紀前半，臺灣的端午競渡相對於乾隆期，除仍一貫操作舢板魚船之外，有個應特別留意的記事，即道光十門年(1836)出版的《彰化縣志》，[1]其上有云：

> 五月初五日……近海處作龍舟競渡之戲，兼奪錦標。先是初一日，以旗鼓迎龍頭，沿門歌唱，曰：「採蓮」，所唱即採蓮曲也，寺廟海船、皆鳴鑼擊鼓謂之龍船鼓。

從這段資料可知，彰化縣地方在「端午競渡」時，除五月一日舉行龍船鼓外，

① 李廷璧《彰化縣志》，(2)卷九，風俗志，歲時，道光十六(1836)年，頁996。

亦開始有所謂沿門歌唱的「採蓮」前奏儀式。此「採蓮曲」①，在日治時代初期的文獻上則被更名為「龍頭船歌」。② 圖四乃為「採蓮」前奏儀式變身成目前的彰化鹿港「龍王祭」。

圖四　彰化鹿港「龍王祭」（鹿港龍舟賽提供 2002）

清光緒時期比較值得一提的是《新竹縣志初稿》的記載，③云：

> 濱海作競渡戲，郊舖送標到港，奪標者以標所繫玉環、銀標、綉帕等物獎之，觀者冠蓋如堵云。

「郊舖送標到港」，意指競渡搶標獎品提供者是「郊舖」的商人，亦即與中國貿易的商人。當時，臺灣民眾在社會地域的生產與再生產（物質、財貨）方面，是仰賴上位者（包括鄉紳「豪紳」商紳）的指導，但並未打破舊有的「國泰民安、風調雨順」觀念與共同體秩序的維持。進一步地，縣域與城鄉之間，漸進式地產生了市場秩序以順應農民勞動力多元分化。市場圈社會的形成更帶動了地方經濟効應的活絡。

---

① 閩王王延均令各鄉端午出龍舟，在民間寵妃陳金鳳作樂遊曲唱之，由各家釀出金錢，此云「採蓮」。

② 參見臺灣事務局，《臺灣事情一班》，上卷，1898 年。

③ 鄭鵬雲，《新竹縣志初稿》，(全)卷四，風俗考閩俗，光緒二十四(1898)，頁 180。

四、結語

臺灣「端午龍船競渡」之早期真相與變化的特徵,大致可如下結論:(1)臺灣傳統龍船使用之前,是利用一般日常的舢板魚船。(2)競渡之標的提供者,由初期的「遊人＝富人」,演變為中期的「好事者」;到了清代末期,則由郊商主導。此外,至後期,端午競渡有前奏行事的龍船鼓,以寺廟為中心,並有龍船頭遊街巡行、唱彩蓮曲的民俗活動。(3)清代臺灣「端午龍船競渡」的變遷,明白顯示古來的龍神信仰與臺灣人的早期生業(農、漁或商)有密切關係。

由是可知,臺灣「端午龍船競渡」關乎社會秩序的維持而自成地方的自然法則。回顧前述歷史,不難發現,龍神信仰在臺的宗教性與競技性的民俗價值及經濟影響。而影響經濟成長的主體者,可謂都是端午競渡的參與者或是指導提供者。換句話說,端午的競渡活動是臺灣經濟的主體者展示其成果的舞臺。諸如製造龍船、收納的龍船厝、開「龍船會」的帷幄運籌、賞金賞品的提供,以及事前的競渡練習、「龍王祭」儀式的準備等等,皆為經濟投資;它也帶動週邊商業行為、招來觀光熱潮、形成地方集團經濟圈。每一次的端午競渡活動經費,就是出自上年度地方活絡化的經濟成果驗收。臺灣有句俗語:「輸人勿輸陣」,與湖南汨羅流行語「甯輸一年田、也不能輸一年船」,成為最佳說明。最後,筆者認為,祭龍競渡的演變,與龍神信仰的宗教意識不減(宗教普遍性)以及經濟效應(地方活絡)固有之社會功能有關。

(作者為臺灣世新大學助理教授、經國管理暨健康學院助理教授)

參考書目:

1. 范咸《重修臺灣府志》(三),《中國方志叢書》成文 乾隆十二年。

2. 魯鼎梅《重修臺灣縣志》,《中國方志叢書》成文 乾隆十七年。

3. 王瑛曾《重修鳳山縣志》,《中國方志叢書》成文 乾隆二十九年。

4. 胡建偉《澎湖紀略》,《中國方志叢書》成文 乾隆三十六年。

5. 謝金鑾《續修臺灣縣志》,《中國方志叢書》成文 嘉慶十二年。

6. 楊浚《淡水廳志》,《中國方志叢書》成文 同治十年。

7. 李廷璧《彰化縣志》,《中國方志叢書》成文 道光十八年。

8. 吳孝銘《噶瑪蘭志略》,《中國方志叢書》成文 道光十七年。

9. 林豪《澎湖廳志稿》,《中國方志叢書》成文 光緒十八年。

10. 陳淑均《噶瑪蘭廳志續補》,《中國方志叢書》成文 道光十七年。

11. 陳淑均《噶瑪蘭廳志》,《中國方志叢書》成文 咸豊二年。

12. 沈茂蔭《苗栗縣志》,《中國方志叢書》成文 光緒十九年。

13. 屠継善《恒春縣志》,《中國方志叢書》成文 光緒二十年。

14. 蔡振豐《苑裡志》,《中國方志叢書》成文 光緒二十三年。

15. 不著輯人《安平縣雜記》,《中國方志叢書》成文 光緒二十三年。

16. 鄭鵬雲《新竹縣志初稿》,《中國方志叢書》成文 光緒二十四年。

17. 林百川《樹杞林志》,《中國方志叢書》成文 光緒二十四年。

18. 黃叔璥《臺海使槎録》,《中國方志叢書》成文 乾隆元年。

19. 陳壽祺《泉州府志》《漳州府志》,《福建通志》卷56,中國省志薈編之九,華文書局同治十年重刊本。

20. 黃麗雲《龍舟競漕に見る宗教心理の普遍と経済効果》,臺灣東吳大學《日本語學報》2005年28期(卷)。

21. 黃麗雲《臺北州美裏龍舟文化祭－屈原宮觀光計劃的期待－》,《臺灣風物》2007年57卷3期。

22. 黃麗雲《屈原宮と臺北州美裏龍舟文化祭》,《國學院雑志》2008年109卷1號。

23. 黃麗雲《臺灣における「端午扒龍船」の早期変遷について―清朝の方志資料と日本統治期の相關資料を主に―》,兵庫教育大學《教育實踐學論集》2008年第9號。

24. 黃麗雲《第二次世界大戰前後の臺灣端午扒龍船研究》,《東洋史訪》2008年第14號。

25. 黃麗雲《臺灣における端午扒龍船の研究－長崎ペーロン及び沖繩ハーリーとの比較を通じて－》博士論文,兵庫教育大學連合大學院教育學研究科,2008年。

26. 森正夫《地域社會的視角―地域社會與指導》,中國史學術研究討會《地域社會觀点下的中國前近代史研究》主題報告,名古屋大學文學部東洋史學研究室,1981年。

編　後　記

「河洛文化」若從字面上看，它和齊魯文化、荊楚文化、閩南文化、嶺南文化一樣，也屬中國地域文化之一。然而，由於河洛文化產生於「天下之中」（司馬遷語）的河（黃河）洛（洛河）地區，而這一片廣袤、神奇的土地又是遠古傳說中人文始祖黃帝的故鄉、中國第一個國家形態夏王朝的誕生地，因而隨著歷史長河的流淌，河洛文化就成為了中國傳統文化的主流和幹流，成為了中華民族文化這棵參天大樹之根。正是由於這個原因，河洛文化研討會才從鄭州開到了廣州，又從廣州開到了臺北。

第十屆河洛文化得以在臺灣舉行，是中國河洛文化研究會和中華僑聯總會友好協作的產物，也是陳雲林會長和簡漢生理事長遠見與卓識的結晶。為組織好此次研討會，雙方工作人員付出了巨大的努力，多次往返於「北京—鄭州—臺北」之間，進行協商與溝通，海內外諸多專家學者也為此付出了辛勤的勞動和智慧。

這次研討會雖然準備時間不足半年，但卻收到大陸、臺灣、香港以及日本、美國、韓國、馬來西亞等地專家學者的論文 123 篇，內容涉及河洛文化與臺灣文化、河洛文化與客家文化、河洛文化與海外華人文化、河洛文化與文化創意產業、河洛文化與宗族姓氏傳承、河洛文化的傳承與發展等六個大的方面。論文集中收錄臺灣學者文章 44 篇，是歷屆研討會論文集收入最多的一次，由此可以看出，臺灣社會各界對中國傳統文化之重視，對河洛文化研究之深入，對臺灣文化發展之關注。從收入集中的文章還可以看出，儘管大家對諸多學術性之問題看法並不一致，但對河洛文化的博大精深，河洛文化的元典根性，河洛文化對嶺南文化、閩

南文化、客家文化、臺灣文化影響深刻,中華民族文化具有強大的凝聚力、親和力,要大力傳承和弘揚傳統文化等方面卻是十分認同的。

閩臺隔海相望。前些年,福建在總結閩臺關係時將其簡要地概括為「五緣」,即地緣相近、血緣相親、文緣相承、商緣相連、法緣相循。豫臺關係其實也是如此。歷史上由於中原漢人的數次大規模南遷,促成了客家民系在南方的形成,而閩贛粵交界處正是客家的大本營,其中尤其閩南之泉漳,更是明清時期漢人東渡開發臺灣的橋頭堡。大批閩南人及客家人移墾臺灣,這是臺灣許多人至今還自稱「河洛郎」、「根在河洛」,表示其先祖「五百年前在福建,一千年前在中原」的重要緣故。因而就豫臺今日之關係而言,將上述「五緣」稍加改動為「血緣相親、文緣相承、商緣相連、法緣相循、情緣相通」,便是河南與臺灣關係的真實寫照了。讀論文集中1949年前後到臺灣的部分河南籍老先生(如盧博文、楊祥麟、高安澤、曹尚斌、高雙印等)的文章,其對原鄉及原鄉文化的摯愛,充滿在字裡行間。河洛文化哺育了一代又一代的中華兒女,河洛文化與臺灣文化同根同系,由此可以管窺一斑。

論文集編輯過程中,我們得到了海峽兩岸許多專家學者的支持和幫助,也聽到了他們殷切的期待和中肯的建議,這不僅使我們受到了極大的鼓舞和鞭策,同時也對未來的研究充滿了信心和希望。第十屆河洛文化學術研討會在臺灣召開,必將對今後河洛文化研究領域的拓展與深化、研究力量的整合與發展、組織方式的繼承與創新、合作管道的多樣與優化等產生深遠的影響。我們深信,只要海峽兩岸及世界各地的同仁繼續發揚通力攜手,精神貫注,猛力向前的精神,河洛文化研究就一定能夠不斷地取得新的進展和新的成果。

由於一些論文的內容與此次研討會的主題有些距離,一些論文未能在規定的載稿日期(2011年2月20日)前送達,因而未能入選,特此說明並對所有撰稿者表示衷心的感謝。

中華僑聯總會、中國河洛文化研究會《河洛文化與臺灣文化》編委會

2011年3月1日